Bülow · Recht der Kreditsicherheiten

Recht der Kreditsicherheiten

Sachen und Rechte,
Personen

von
Dr. iur. Dr. h.c. Peter Bülow
Universitätsprofessor in Trier

6., neu bearbeitete und erweiterte Auflage

CFM

C.F. Müller Verlag
Heidelberg

Peter Bülow, Jahrgang 1941, lehrt Bürgerliches Recht, Handelsrecht, deutsches und europäisches Wirtschaftsrecht mit Steuerrecht, außerdem Zivilverfahrensrecht an der Universität Trier. Bis zu seiner Habilitation an der Universität Saarbrücken bei Dietrich Schulz und anschließender Berufung nach Trier (1981) war er selbständiger Rechtsanwalt bei dem Oberlandesgericht Frankfurt am Main.

Bibliografische Information der Deutschen Bibliothek
Die Deutsche Bibliothek verzeichnet diese Publikation in der Deutschen Nationalbibliografie; detaillierte bibliografische Daten sind im Internet über http://dnb.ddb.de abrufbar.

Gedruckt auf säurefreiem, alterungsbeständigem Papier aus 100% chlorfrei gebleichtem Zellstoff (DIN-ISO 9706).

Satz: Textservice Zink, Schwarzach
Druck: Gulde-Druck GmbH, Tübingen
Buchbinderische Verarbeitung: Heinr. Koch GmbH & Co. KG, Tübingen
ISBN 3-8114-1980-3

Für Margret und Margret

Vorwort

Die neue Auflage berücksichtigt die Änderungen, die auf Grund der Schuldrechtsmodernisierung und ihrer Reform vom 1.8.2002 eingetreten sind. Zwar ist der Schwerpunkt von Kreditsicherungsrecht eher im Sachenrecht angesiedelt, aber unmittelbare schuldrechtliche Auswirkungen des neuen Rechts ergreifen nicht nur das Kausalverhältnis in Gestalt von Darlehensverträgen, sondern auch den obligatorischen Sicherungsvertrag und nicht zuletzt den Eigentumsvorbehalt. Auch die neuen Formvorschriften berühren die Bestellung von Sicherheiten.

Sekundärrechtliche Grundlagen, namentlich in Gestalt der Richtlinie über den Elektronischen Geschäftsverkehr, der Verbraucherkreditrichtlinie oder der Richtlinie über Finanzsicherheiten und Rechtsprechung des EuGH strahlen auf das deutsche Recht aus.

Eine ständige und immer ergiebiger sprudelnde Quelle höchstrichterlicher Rechtsprechung und vorbereitender und nachfolgender Literatur ist das Bürgschaftsrecht. Es ist für den Problembereich der Sittenwidrigkeit zu einem Schlusspunkt gekommen und hat sich auch bei der Herausarbeitung der causa-Frage gefestigt, macht aber etwa beim Ersten Anfordern und bei der Gewährleistung immer neue Fragestellungen notwendig. Aufholbedarf ist zur dogmatischen Erfassung der Sicherungsgesamtschuld zu beobachten. Bei den Grundpfandrechten hat umfangreiche Judikatur die Grundsätze zur Sicherungszweckerklärung erhärtet, ohne die Diskussion zu beenden. Kein Bereich des Rechts der Kreditsicherheiten ist ohne weiterführende Erkenntnisse geblieben. All dies ist Gegenstand der neuen Auflage.

Rechtsprechung und Literatur sind auf dem Stand von Anfang Oktober 2002 mit Nachträgen während der Drucklegung bis Ende Dezember 2002.

Ohne den engagierten Einsatz des Lehrstuhlteams wäre das Buch so nicht fertig geworden. Mitgewirkt haben, jeder verantwortungsvoll an seiner Stelle, Herr Dr. Markus Artz als wissenschaftlicher Assistent, Jutta Hartmann, Angela Jakobs, Felix Kessens, Patrick Kroker, Carina Neumüller und Haydée de Sousa als studentische Mitarbeiter und, bravourös und nimmermüde am Schreibautomaten, Frau Gerda Winkel. Ihnen allen sage ich auch an dieser Stelle meinen Dank.

Trier, im Januar 2003 *Peter Bülow*

Aus dem Vorwort zur 4. Auflage

… Gegenstand des Lehrbuchs ist das auf Dauer bestehende deutsche Recht, will sagen die aufgrund der Wiedervereinigung entstandenen besonderen Lagen sind ausgespart.

Was die europäischen Bezüge angeht, so gehören die Ausprägungen des Kreditsicherungsrechts zum Kernbereich des Privatrechts, und es gibt so viele Kreditsicherungsrechtsordnungen wie Mitgliedstaaten. Ein europäisches Kreditsicherungsrecht liegt in der weiten Ferne eines einheitlichen europäischen Privatrechts und hat heute nocht keine Gestalt angenommen, abgesehen von zaghaften Schritten wie den Überlegungen zu einer Eurohypothek. Der rechtliche Blick über die deutsche Grenze in einen Mitgliedstaat eröffnet keine andere Sicht als in einen beliebigen Drittstaat, und das heißt Besinnung auf Internationales Privatrecht. Für die Realsicherheiten bedeutet dies Geltung der lex rei sitae, so daß es beim deutschen Recht bleibt (hierzu umfassend und kritisch *v. Wilmowsky*, Europäisches Kreditsicherungsrecht, 1996). Wo sich aber die Gelegenheit anbot, sind grenzüberschreitende Gesichtspunkte angesprochen worden.

Aus dem Vorwort zur 3. Auflage

Die Rechtsmaterie bringt es mit sich, daß sich für ihre Gliederung zwei unterschiedliche Blickwinkel anbieten: Man kann die Kreditsicherheiten nach ihrer Qualität einteilen und Real-, Rechts- und Personalsicherheiten abhandeln, muß dann aber bei jeder Kreditsicherungsart ihre rechtliche Grundlegung, nämlich ihren gesetzlichen oder kautelarischen Charakter, jedes Mal erneut erörtern, vielleicht ein dem Kreditsachbearbeiter dienliches Vorgehen; man kann aber auch die rechltiche Grundlegung zum Ausgangspunkt des systematischen Aufbaus machen, also zunächst die gesetzlichen Kreditsicherungstypen und sodann die kautelarischen Ausformungen aufarbeiten und Real-, Rechts- und Personalsicherheiten das eine Mal unter jenem, das andere mal unter diesem rechtlichen Kriterium erörtern. Für die rechtliche Durchdringung der Kreditsicherheiten erscheint der letztgenannte Aufbau der richtige (durch den zum Beispiel der Treuhandcharakter von Erstrekkungsformen des Eigentumsvorbehalts deutlicher gemacht werden kann), und er wurde den beiden Vorauflagen folgend beibehalten.

Inhaltsübersicht

Einführung
Allgemeine Lehren. Kredit und Kreditsicherung, gesetzliche Typen und Kautelarjurisprudenz

1. Kapitel: Die gesetzlichen Kreditsicherungstypen

1. Abschnitt: Pfandrechte

2. Abschnitt: Einfacher Eigentumsvorbehalt

Inhaltsverzeichnis

Einführung
Allgemeine Lehren.
Kredit und Kreditsicherung, gesetzliche Typen und Kautelarjurisprudenz

2. Kapitel
Kautelarische Kreditsicherungen

1. Abschnitt
Sicherungstreuhand

2. Abschnitt

Besondere Formen der Sicherungstreuhand – Erstreckungen des Eigentumsvorbehalts

3. Abschnitt
Kautelarische Personalsicherheiten

2. Abschnitt
Sicherungskonflikte

Abkürzungsverzeichnis

a.A.	anderer Ansicht
a.a.O.	am angegebenen Ort
a.E.	am Ende
a.F.	alte Fassung
a.M.	anderer Meinung
abl.	ablehnend
ABlEG	Amtsblatt der Europäischen Gemeinschaften (Nummer, Seite und Datum)
Abs.	Absatz
Abschn.	Abschnitt
abw.	abweichend
AbzG	Abzahlungsgesetz vom 16.5.1894 (RGBl 450), aufgehoben am 1.1.1991 durch Art. 10 des Gesetzes über Verbraucherkredite, zur Änderung der Zivilprozeßordnung und anderer Gesetze vom 17.12.1990 (BGBl I, 2840)
AcP	Archiv für civilistische Praxis (Band [Jahrgang], Seite)
AG	Amtsgericht; Aktiengesellschaft; Die Aktiengesellschaft (Jahr und Seite)
AGB	Allgemeine Geschäftsbedingungen
AGB-Banken	Allgemeine Geschäftsbedingungen der (privaten) Banken i.d.F. vom 1.4.2002
AGB-Bundesbank	Allgemeine Geschäftsbedingungen der Deutschen Bundesbank i.d.F. vom 1.1.1999
AGBG	Gesetz zur Regelung des Rechts der Allgemeinen Geschäftsbedingungen i.d.F. vom 29.6.2000 (BGBl I, 946), aufgehoben am 1.1.2002 durch Art. 6 Nr. 4 SchRModG vom 26.11.2001 (BGBl I, 3187)
AGB-Postbank	Allgemeine Geschäftsbedingungen der Postbank vom 1.1.1998
AGB-Sparkassen	Allgemeine Geschäftsbedingungen der Sparkassen, i.d.F. vom 1.4.2002
Alt.	Alternative
Altern.Komm.	Alternativ Kommentar
AnfG	Gesetz betreffend die Anfechtung von Rechtshandlungen eines Schuldners außerhalb des Konkursverfahrens vom 21.7.1879 (BGBl III, 311 – 5); Neufassung durch Artt. 1, 110 Abs. 1 EGInsO vom 5.10.1994 (BGBl I, 2911)
Anh.	Anhang
Anm.	Anmerkung
AnwBl	Anwaltsblatt (Jahr und Seite)
AO	Abgabenordnung i.d.F. der Bekanntmachung vom 1.10.2002 (BGBl I, 3866), zuletzt geändert durch Art. 8c Zweites Dienstleistungs-Modernisierungsgesetz vom 23.12.2002 (BGBl I, 4621)
ArchBürgR	Archiv des Bürgerlichen Rechts (Band, Jahr und Seite)
Art./Artt.	Artikel
Aufl.	Auflage
AuslInvG	Gesetz über den Vertrieb ausländischer Investmentanteile und über die Besteuerung der Erträge aus ausländischen Investmentanteilen i.d.F. vom 9.9.1998 (BGBl I, 2601), zuletzt geändert am 21.8.2002 (BGBl I, 3322)

AWD	Außenwirtschaftsdienst des Betriebsberaters (4.1958-20.1974; davor und danach RIW s.dort)
Az.	Aktenzeichen
BAG	Bundesarbeitsgericht
BAnz	Bundesanzeiger (Jahr, Nr. und Seite)
BauGB	Baugesetzbuch i.d.F. der Bekanntmachung vom 27.8.1997 (BGBl I, 2141), zuletzt geändert am 23.7.2002 (BGBl I, 2850)
BauR	Baurecht (Jahr und Seite)
BayObLG	Bayerisches Oberstes Landgericht
BB	Der Betriebsberater (Jahr und Seite)
BBankG	Gesetz über die Deutsche Bundesbank vom 26.7.1957 (BGBl I, 745) i.d.F. vom 22.10.1992 (BGBl I, 1782), zuletzt geändert am 23.3.2002 (BGBl I, 1159)
Bd.	Band
Beil.	Beilage
Bem.	Bemerkung
betr.	betreffend
BeurkG	Beurkundungsgesetz vom 28.8.1969 (BGBl I, 1513), zuletzt geändert am 23.7.2002 (BGBl I, 2850)
BFH	Bundesfinanzhof
BFHE	Entscheidungen des Bundesfinanzhofes (Band und Seite)
BGB	Bürgerliches Gesetzbuch vom 18.8.1896 (RGBl 195), i.d.F. der Bekanntmachung vom 2.1.2002 (BGBl I,42), zuletzt geändert am 24.8.2002 (BGBl I, 3412)
BGB-InfoV	Verordnung über Informations- und Nachweispflichten nach bürgerlichem Recht (BGB-Informationspflichten-Verordnung), i.d.F. der Bekanntmachung vom 5.8.2002 (BGBl I, 3002)
BGBl	Bundesgesetzblatt, Teil (Jahr und Seite)
BGH	Bundesgerichtshof
BGHZ	Entscheidungen des Bundesgerichtshofs in Zivilsachen (Band und Seite); amtliche Sammlung
BinnenSchG	Binnenschifffahrtsgesetz vom 15.6.1895 betreffend die privatrechtlichen Verhältnisse der Binnenschifffahrt (RGBl 301 i.d.F. vom 20.5.1898, RGBl 369), zuletzt geändert am 16.5.2001 (BGBl I, 898)
BKR	Zeitschrift für Bank- und Kapitalmarktrecht
BörsG	Börsengesetz i.d.F. vom 9.9.1998 (BGBl I, 2682), zuletzt geändert am 29.10.2001 (BGBl I, 2803)
BR-Drucks.	Drucksache des deutschen Bundesrates (Jahr und Seite)
BRAO	Bundesrechtsanwaltsordnung vom 1.8.1959 (BGBl I, 565), zuletzt geändert am 11.7.2002 (BGBl I, 2592)
BSpKG	Gesetz über Bausparkassen vom 16.11.1972 (BGBl I, 2097) i.d.F. vom 15.2.1991, i.d.F. vom 15.2.1991 (BGBl I, 454), zuletzt geändert am 21.8.2002 (BGBl I, 3322)
Bspr.	Besprechung
BStBl	Bundessteuerblatt, Teil (Jahr und Seite)
BT-Drucks.	Drucksache des deutschen Bundestages (Legislaturperiode/Nummer und Seite)
BuB	Bankrecht und Bankpraxis (Loseblattwerk)
BVerfG	Bundesverfassungsgericht
BVerfGE	Entscheidungen des Bundesverfassungsgerichts (Band und Seite)
bzw.	beziehungsweise

c.i.c.	culpa in contrahendo
CISG	Convention on Contracts for the International Sale of Goods vom 11.4.1980, UN-Kaufrecht (BGBl II, 1989, 588)
CR	Computer und Recht (Jahr und Seite)
DAR	Deutsches Autorecht (Jahr und Seite)
d.h.	das heißt
DB	Der Betrieb (Jahr und Seite)
DepotG	Gesetz über die Verwahrung und Anschaffung von Wertpapieren i.d.F. der Bekanntmachung vom 11.1.1995 (BGBl I, 34), zuletzt geändert am 8.12.1999 (BGBl I, 2384)
ders.	derselbe
DGVZ	Deutsche Gerichtsvollzieherzeitung (Jahr und Seite)
Die Bank	Die Bank (Jahr und Seite)
dies.	dieselbe(n)
diff.	differenzierend
Diss.	Dissertation
DJT	Deutscher Juristentag
DJZ	Deutsche Juristenzeitung (Jahr und Spalte) [1.1896-41.1936]
DNotZ	Deutsche Notar-Zeitschrift (Jahr und Seite)
DÖV	Die Öffentliche Verwaltung (Jahr und Seite)
DR	Deutsches Recht (Jahr und Seite) [1.1931-15.1945; ab 9.1939 vereinigt mit JW]
DRiZ	Deutsche Richterzeitung (Jahr und Seite)
DStR	Deutsches Steuerrecht (Jahr und Seite)
DVBl	Deutsches Verwaltungsblatt (Jahr und Seite)
DZWIR	Deutsche Zeitschrift für Wirtschaftsrecht (Jahr und Seite) früher DWiR
ebda.	ebenda
ec	eurocheque/Euroscheck
ECU	European Currency Unit
EG	Europäische Gemeinschaften
EGBGB	Einführungsgesetz zum Bürgerlichen Gesetzbuches i.d.F. der Bekanntmachung vom 21.9.1994 (BGBl I, 2494, ber. 1997 I, 1061), zuletzt geändert am 21.8.2002 (BGBl I, 3322)
EGInsO	Einführungsgesetz zur InsO vom 5.10.1994 (BGBl I, 3836), zuletzt geändert am 26.10.2001 (BGBl I, 2710)
EGV	Vertrag zur Gründung der Europäischen Gemeinschaft vom 25.3.1957 (BGBl II,766), zuletzt geändert durch den Amsterdamer Vertrag vom 2.10.1997 (BGBl 1998 II 387, ber. 1999 II, 416)
EGZPO	Einführungsgesetz zur Zivilprozessordnung
Einl.	Einleitung
Entw.	Entwurf
Erl.	Erläuterungen
EStG 2002	Einkommensteuergesetz i.d.F. der Bekanntmachung vom 19.10.2002 (BGBl I, 4210), zuletzt geändert am 23.12.2002 (BGBl I, 4621)
et al.	et alii
etc.	et cetera
EU	Europäische Union (ab 1.1.1993)
EuGH	Gerichtshof der Europäischen Gemeinschaften
EuGHE	Sammlung der Entscheidungen des EuGH (Jahr und Seite)

EuGVO	Verordnung (EG) Nr. 44/2001 des Rates über die gerichtliche Zuständigkeit und die Anerkennung und Vollstreckung von Entscheidungen in Zivil- und Handelssachen vom 22.12.2000 (ABlEG 2001, Nr. L 12, 1)
EuGVÜ	Übereinkommen vom 27.9.1968 der Europäischen Gemeinschaft über die gerichtliche Zuständigkeit und die Vollstrekkung gerichtlicher Entscheidungen in Zivil- und Handelssachen vom 3.6.1971 (BGBl II 1972, 846) i.d.F. vom 29.11.1996 (BGBl II 1998, 1412), seit 1.3.2002 nur noch wirksam im Verhältnis zu Dänemark (s. EuGVO)
EuZW	Europäische Zeitschrift für Wirtschaftsrecht (Jahr und Seite)
e.V.	eingetragener Verein
EVO	Eisenbahnverkehrsordnung i.d.F. vom 20.4.1999, (BGBl I, 782), zuletzt geändert am 15.10.2002 (BGBl I, 4046)
EWG	Europäische Wirtschaftsgemeinschaft
EWiR	Entscheidungen zum Wirtschaftsrecht (Entscheidungssammlung), mit Kennziffer
EWS	Europäisches Wirtschafts- und Steuerrecht (Jahr und Seite)
f./ff.	folgend/fortfolgend
FamRZ	Zeitschrift für das gesamte Familienrecht (Jahr und Seite)
FernUSG	Gesetz zum Schutz der Teilnehmer am Fernunterricht vom 4.12.2000 (BGBl I, 1670), zuletzt geändert am 23.7.2002 (BGBl I, 2850)
FernAG	Fernabsatzgesetz vom 27.6.2000 (BGBl I, 897), aufgehoben am 1.1.2002 durch Art. 6 Nr. 7 SchRModG vom 26.11.2001 (BGBl I, 3187)
FertigpackungsVO	Fertigpackungsverordnung vom 18.12.1981 (BGBl I, 1585) i.d.F. vom 8.3.1994 (BGBl I, 451, ber. 1307)
Festschr.	Festschrift
FGG	Gesetz über die Angelegenheiten der freiwilligen Gerichtsbarkeit vom 17.5.1898 (RGBl S.189), i.d.F. der Bekanntmachung vom 20.5.1898 (RGBl S. 771), zuletzt geändert am 23.7.2002 (BGBl I, 2850)
FLF	Finanzierung – Leasing – Factoring (Jahr und Seite)
Fn.	Fußnote
FuR	Familie und Recht (Jahr und Seite)
GBO	Grundbuchordnung i.d.F der Bekanntmachung vom 26.5.1994 (BGBl I, 1114), zuletzt geändert am 26.10.2001 (BGBl I, 2710)
gem.	gemäß
GenG	Gesetz betreffend die Erwerbs- und Wirtschaftsgenossenschaften i.d.F. der Bekanntmachung vom 19.8.1994 (BGBl I, 2202), zuletzt geändert am 10.12.2001 (BGBl I, 3414)
GewO	Gewerbeordnung i.d.F. der Bekanntmachung vom 22.2.1999 (BGBl I, 202), zuletzt geändert am 11.10.2002 (BGBl I, 3970)
GFVO	Gruppenfreistellungsverordnung vom 30.11.1988, ABlEG L 359/46 sowie ABlEG 1995, 1/21
GG	Grundgesetz für die Bundesrepublik Deutschland vom 23.5.1949 (BGBl I, 1), zuletzt geändert am 26.7.2002 (BGBl I, 2863)
ggf.	gegebenenfalls
GmbH	Gesellschaft mit beschränkter Haftung
GmbHG	Gesetz betreffend die Gesellschaften mit beschränkter Haftung vom 20.4.1892 (RGBl 477), zuletzt geändert am 19.7.2002 (BGBl I, 2681)
GmbHR	GmbH-Rundschau (Jahr und Seite)
Großkomm.	Großkommentar
Gruch.	Beiträge zur Erläuterung des Deutschen Rechts (1.1857-73.1933), begründet von Gruchot (Band, Jahr und Seite)

GRUR	Gewerblicher Rechtsschutz und Urheberrecht (Jahr und Seite)
GRURint	Gewerblicher Rechtsschutz und Urheberrecht (Jahr und Seite) internationaler Teil (ab 1977 ff.)
GWB	Gesetz über Wettbewerbsbeschränkungen i.d.F. vom 26.8.1998 (BGBl I, 2547), zuletzt geändert am 23.7.2002 (BGBl I, 2850)
HBG	Hypothekenbankengesetz vom 9.9.1998 (BGBl I, 2674), zuletzt geändert am 22.8.2002 (BGBl I, 3387)
h.L.	herrschende Lehre
h.M.	herrschende Meinung
Halbbd.	Halbband
HdWW	Handwörterbuch der Wirtschaftswissenschaften, 1977 ff. (Band und Seite)
HGB	Handelsgesetzbuch vom 10.5.1897 (RGBl I, 219), zuletzt geändert am 24.8.2002 (BGBl I, 3412)
HRR	Höchstrichterliche Rechtsprechung (Jahr und Nr.)
Hs.	Halbsatz
HWiG	Gesetz über den Widerruf von Haustürgeschäften und ähnlichen Geschäften i.d.F. vom 29.6.2000 (BGBl I, 955), aufgehoben am 1.1.2002 durch Art. 6 Nr. 5 SchRModG vom 26.11.2001 (BGBl I, 3187)
i.d.F.	in der Fassung
i.d.S.	in diesem Sinne
InsO	Insolvenzordnung vom 5.10.1994 (BGBl I, 2866), zuletzt geändert am 13.12.2001 (BGBl I, 3576)
InsO-E	Regierungsentwurf einer Insolvenzordnung, BR-Drucks. 1/92
IPR	Internationales Privatrecht
IPrax	Praxis des Internationalen Privat- und Verfahrensrechts (Jahr und Seite)
IStR	Internationales Steuerrecht (Jahr und Seite)
i.S.v.	im Sinne von
IuKDG	Gesetz zur Regelung der Rahmenbedingungen für Informations- und Kommunikationsdienste (Informations- und Kommunikationsdienste-Gesetz vom 22.7.1997) (BGBl I, 1870)
i.V.m.	in Verbindung mit
JA	Juristische Arbeitsblätter
Jb.	Jahrbuch
JBl.	Juristische Blätter (Jahr und Seite), Wien
JR	Juristische Rundschau (Jahr und Seite)
Jura	Juristische Ausbildung (Jahr und Seite)
JurA	Juristische Analysen (Jahr und Seite) bis 3/1971
JurBüro	Juristisches Büro (Jahr und Seite)
JuS	Juristische Schulung (Jahr und Seite)
JW	Juristische Wochenschrift (Jahr und Seite)
JZ	Juristenzeitung (Jahr und Seite)
KabelpfandG	Kabelpfandgesetz vom 31.3.1925 (RGBl I, 37), außer Kraft getreten durch das Postneuordnungsgesetz am 22.9.1994 (BGBl I, 2325)
KAGG	Gesetz über Kapitalanlagegesellschaften i.d.F. der Bekanntmachung vom 9.9.1998 (BGBl I, 2726), zuletzt geändert am 21.6.2002 (BGBl I, 2010)
Kap.	Kapitel
KG	Kommanditgesellschaft; Kammergericht

KO	Konkursordnung vom 10.2.1877 (RGBl 351), zuletzt geändert am 25.8.1998 (BGBl I, 2489), aufgehoben m.W.v. 1.1.1999 gem. Art. 2 Nr. 4 i.V.m. Art. 110 EGInsO vom 5.10.1994 (BGBl I, 2911)
Komm.	Kommentar
KreisG	Kreisgericht (neue Bundesländer, jetzt: Amtsgericht)
krit.	kritisch
KritJ	Kritische Justiz (Jahr und Seite)
KritV	Kritische Vierteljahresschrift für Gesetzgebung und Rechtswissenschaft (Jahr und Seite)
KTS	Zeitschrift für Konkurs-, Treuhand und Schiedsgerichtswesen (Jahr und Seite)
KWG	Gesetz über das Kreditwesen i.d.F. der Bekanntmachung vom 9.9.1998 (BGBl I, 2776), zuletzt geändert am 22.8.2002 (BGBl I, 3387)
LAG	Landesarbeitsgericht
lat.	lateinisch
LG	Landgericht
lit.	litera
LM	Lindenmeyer-Möhring, Nachschlagewerk des Bundesgerichtshofs in Zivilsachen (Nummer und Paragraph)
LuftRechteG	Gesetz über die Rechte an Luftfahrzeugen vom 26.2.1959 (BGBl I, 57 und 223 mit AusführungsVO in Banz. Nr. 61 vom 1.4.1959), zuletzt geändert am 5.10.1994 (BGBl I, 2927)
m.	mit
MaBV	Makler- und Bauträgerverordnung i.d.F. der Bekanntmachung vom 7.11.1990 (BGBl I, 2479), zuletzt geändert am 19.6.2001 (BGBl I, 1149)
m.a.W.	mit anderen Worten
MarkenG	Gesetz über den Schutz von Marken und sonstigen Kennzeichen (Markengesetz) vom 25.10.1994 (BGBl I, 3082), zuletzt geändert am 23.7.2002 (BGBl I, 2850)
MDR	Monatsschrift für deutsches Recht (Jahr und Seite)
MedR	Medizinrecht (Jahr und Seite)
MittRhNotK	Mitteilungen der Rheinischen Notarkammer (Jahr und Seite)
Mot. I-V	Motive zu dem Entwurf eines Bürgerlichen Gesetzbuches für das Deutsche Reich (Erste Lesung) (Bd. I Allgemeiner Teil; Bd. II Recht der Schuldverhältnisse; Bd. III Sachenrecht; Bd. IV Familienrecht; Bd. V Erbrecht)
MünchKomm	Münchener Kommentar
m.w.N.	mit weiteren Nachweisen
NdsRPfl	Niedersächsische Rechtspflege (Jahr und Seite)
n.F.	neue Fassung
nachf.	nachfolgend (Verweis innerhalb eines Paragraphen)
NJ	Neue Justiz (Jahr und Seite)
NJW	Neue Juristische Wochenschrift (Jahr und Seite)
NJWE-VHR	NJW-Entscheidungsdienst-Versicherungs- und Haftungsrecht (Jahr und Seite)
NJW-RR	NJW- Rechtsprechungsreport (Jahr und Seite)
NJW-WettbR	NJW Entscheidungsdienst Wettbewerbsrecht
Nr.	Nummer
NVwZ	Neue Zeitschrift für Verwaltungsrecht (Jahr und Seite)
NZA	Neue Zeitschrift für Arbeitsrecht (Jahr und Seite)
NZM	Neue Zeitschrift für Mietrecht (Jahr und Seite)

NZV	Neue Zeitschrift für Verkehrsrecht (Jahr und Seite)
o.	oben
ÖBA	Österreichisches Bankarchiv (Jahr und Seite)
OFD	Oberfinanzdirektion
OGH	Oberster Gerichtshof der Republik Österreich
OHG	Offene Handelsgesellschaft
OLG	Oberlandesgericht
OLGE	Rechtsprechung der Oberlandesgerichte auf dem Gebiete des Zivilrecht einschließlich der freiwilligen Gerichtsbarkeit (Jahr und Seite [ab 1929 aufgegangen in HRR]
OLG-NL	Entscheidungen der Oberlandesgerichte der neuen Länder (Jahr und Seite)
OLGVertrÄndG	Gesetz zur Änderung des Rechts der Vertretung durch Rechtsanwälte vor den Oberlandesgerichten vom 23.7.2002 (BGBl I, 2850)
OLGZ	Entscheidungen der Oberlandesgerichte in Zivilsachen (Jahr und Seite), amtliche Entscheidungssammlung
OlSchVO	Verordnung über Lagerscheine vom 16.12.1931 (BGBl III, 4. Nr. 4102-1), außer Kraft getreten am 25.6.1998 (BGBl I, 1604)
p.a.	per annum
PAngVO	Preisangabeverordnung i.d.F. der Bekanntmachung vom 18.10.2002 (BGBl I, 4197)
PatentanwO	Patentanwaltsordnung vom 7.9.1966 (BGBl I, 557), zuletzt geändert am 27.4.2002 (BGBl I, 1467)
PatentG	Patentgesetz i.d.F. der Bekanntmachung vom 16.12.1980 (BGBl I, 1), zuletzt geändert am 23.7.2002 (BGBl I, 2850)
PKrG	Pachtkreditgesetz vom 5.8.1951 (BGBl I, 494), zuletzt geändert am 8.11.1985 (BGBl I, 2065)
ProdHaftG	Gesetz über die Haftung für fehlerhafte Produkte (Produkthaftungsgesetz) vom 15.12.1989 (BGBl I, 2198), zuletzt geändert am 19.7.2002 (BGBl I, 2674)
Prot. I-VI	Protokolle der Kommission für die zweite Lesung des Entwurfs des Bürgerlichen Gesetzbuches; s. auch Mot.
RabattG	Gesetz über Preisnachlässe vom 25.11.1933 (RGBl I, 1011) i.d.F. vom 31.7.1986 (BGBl I, 1169), aufgehoben am 1.1.2002 durch Art. 1 des Gesetzes zur Aufhebung des Rabattgesetzes und zur Anpassung anderer Vorschriften vom 23.7.2001 (BGBl I, 1663)
RAG	Reichsarbeitsgericht; zugleich amtliche Sammlung der Entscheidungen des Reichsarbeitsgerichts (Band und Seite)
RAnz	Deutscher Reichsanzeiger (Jahr, Nr. und Seite)
Rechtsberatungsgesetz	Rechtsberatungsgesetz vom 13.12.1935 (BGBl III, 303-12), zuletzt geändert am 21.6.2002 (BGBl I, 2010)
RegE	Regierungsentwurf
resp.	respektive
RFHE	Amtliche Sammlung der Entscheidungen des Reichsfinanzhofs (Band und Seite)
RG	Reichsgericht
RGBl.	Reichsgesetzblatt, Teil (Jahr und Seite)
RGRK-BGB	Das Bürgerliche Gesetzbuch mit besonderer Berücksichtigung der Rechtsprechung des Reichsgerichts und des Bundesgerichtshofs – Kommentar (Band und Seite)

RGZ	Amtliche Sammlung der Reichsgerichtsrechtsprechung in Zivilsachen (Band und Seite)
RIW	Recht der internationalen Wirtschaft (Jahr und Seite); Außenwirtschaftsdienst des Betriebsberaters (von 4. 58 – 20 1975 AWD s. dort)
Rn.	Randnummer
RPfl	Der deutsche Rechtspfleger (Jahr und Seite)
RPflG	Rechtspflegergesetz vom 5.11.1969 (BGBl I, 2065), zuletzt geändert am 30.1.2002 (BGBl I, 565)
RpflBl	Rechtspflegerblatt (Jahr und Seite)
RRa	Reiserecht aktuell (Jahr und Seite)
s.	siehe
S.	Seite
Savigny Rom.Abt.	Zeitschrift der Savigny-Stiftung für Rechtsgeschichte – Romanistische Abteilung
ScheckG	Scheckgesetz vom 14.8.1933 (RGBl I, 597), zuletzt geändert am 23.7.2002 (BGBl I, 2850)
SchiffsRechteG	Gesetz über Rechte an eingetragenen Schiffen und Schiffsbauwerken i.d.F. vom 30.9.1992 (BGBl I, 1760), zuletzt geändert am 26.11.2001 (BGBl I, 3183)
SchiffsregisterO	Schiffsregisterordnung vom 26.5.1951 (BGBl I, 359, III 3. Nr. 315-18), zuletzt geändert am 28.6.1990 (BGBl I, 1221)
SchweizJZ	Schweizerische Juristenzeitung (Band und Seite)
Seuff.A.	Seufferts Archiv für Entscheidungen der obersten Gerichte in den deutschen Staaten (Band und Nummer)
SigG	Signaturgesetz vom 16.5.2001 (BGBl I, 876)
SJZ	Süddeutsche Juristenzeitung (Band und Seite) [ab 6.1950 JZ s.dort]
skept.	skeptisch
sog.	sogenannt
s.o.	siehe oben
Sp.	Spalte
Sparkasse	Die Sparkasse (Band und Seite)
StB	Der Steuerberater (Jahr und Seite)
StGB	Strafgesetzbuch i.d.F. der Bekanntmachung vom 13.11.1998 (BGBl I, 3322), zuletzt geändert am 22.8.2002 (BGBl I, 3390)
str.	streitig
s.u.	siehe unten
TranspR	Transportrecht (Jahr und Seite)
TVG	Tarifvertragsgesetz i.d.F. vom 25.8.1969 (BGBl I, 1323)
TzWrG	Gesetz über die Veräußerung von Teilzeitnutzungsrechten an Wohngebäuden (Teilzeit-Wohnrechtegesetz) i.d.F. vom 29.6.2000 (BGBl I, 957), aufgehoben am 1.1.2002 durch Art. 6 Nr. 6 SchRModG vom 26.11.2001 (BGBl I, 3187)
u.	unten
u.a.	unter anderem
UklaG	Gesetz über Unterlassungsklagen bei Verbraucherrechts- und anderen Verstößen (Unterlassungsklagengesetz) in der Fassung der Bekanntmachung vom 27.8.2002 (BGBl I, 3422)
UmwG	Umwandlungsgesetz vom 28.10.1994 (BGBl I, 3210, ber. 1995 I, 428), zuletzt geändert am 23.3.2002 (BGBl I, 1163)

UrhRG	Gesetz über Urheberrecht und verwandte Schutzrechte (Urheberrechtsgesetz) vom 9.9.1965 (BGBl I, 1273), zuletzt geändert am 23.7.2002 (BGBl I, 2850)
UStG	Umsatzsteuergesetz i.d.F. der Bekanntmachung vom 9.6.1999 (BGBl I, 1270), zuletzt geändert am 1.9.2002 (BGBl I, 3441)
u.s.w.	und so weiter
UWG	Gesetz gegen den unlauteren Wettbewerb i.d.F. vom 1.9.2000 (BGBl I, 1374), zuletzt geändert am 23.7.2002 (BGBl I, 2850)
v.	von/vom
VAG	Versicherungsaufsichtsgesetz i.d.F. vom 17.12.1992 (BGBl I 93, 3), zuletzt geändert am 13.7.2001 (BGBl I, 1548)
VerbrKrG	Gesetz über Verbraucherkredite zur Änderung der Zivilprozeßordnung und anderer Gesetze i.d.F. vom 29.6.2000 (BGBl I, 940), aufgehoben am 1.1.2002 durch Art. 6 Nr. 3 SchRModG vom 26.11.2001 (BGBl I, 3187)
VerlagsG	Gesetz über das Verlagsrecht vom 19.6.1901/BGBl III, 441 – 1) zuletzt geändert am 22.3.2002 (BGBl I, 1155)
vgl.	vergleiche
VIZ	Zeitschrift für Vermögens- und Investitionsrecht (Jahr und Seite)
VO	Verordnung
VOB	Verdingungsordnung für Bauleistungen Teile, A, b und C, Beil. BAnz. 79 Nr. 208 S.4
Vor., Vorbem.	Vorbemerkung
vorst.	vorstehend
VuR	Verbraucher und Recht (Jahr und Seite)
VVG	Gesetz über den Versicherungsvertrag vom 30.5.1908 (RGBl I, 263), zuletzt geändert am 26.11.2001 (BGBl I, 3138)
VwVfG	Verwaltungsverfahrensgesetz i.d.F. der Bekanntmachung vom 21.9.1998 (BGBl I, 3050), zuletzt geändert am 21.8.2002 (BGBl I, 3322)
Warn.	Warneyer, Die Rechtsprechung des Reichsgerichts (Band und Nummer), ab 1961: Die Rechtsprechung des Bundesgerichtshofs in Zivilsachen
WEG	Wohnungseigentumsgesetz vom 15.3.1951 (BGBl I, 175; BGBl III, 4. Nr. 403 – 1), zuletzt geändert am 23.7.2002 (BGBl I, 2850)
WG	Wechselgesetz vom 21.6.1933 (RGBl I, 399), zuletzt geändert am 23.7.2002 (BGBl I, 2850)
WiB	Wirtschaftsrechtliche Beratung (Jahr und Seite)
WiGVBl.	Gesetzblatt der Verwaltung des Vereinigten Wirtschaftsgebietes (Teil und Seite)
WM	Wertpapiermitteilungen, Teil IV (Jahr und Seite)
WoBauG	Zweites Wohnungsbaugesetz (Wohnungsbau- und Familiengesetz) i.d.F. der Bekanntmachung vom 19.8.1994 (BGBl I, 2137), zuletzt geändert am 16.12.1997 (BGBl I, 2070, 2986), aufgehoben am 1.1.2002 durch Art. 2 des Gesetzes zur Reform des Wohnungsbaurechts vom 13.9.2001 (BGBl I, 2393)
WoVermittG	Gesetz zur Regelung der Wohnungsvermittlung vom 4.11.1971 (BGBl I, 1745, 1747), zuletzt geändert am 13.9.2001 (BGBl I, 2399)
WpHG	Wertpapierhandelsgesetz i.d.F. vom 9.9.1998 (BGBl I, 2708), zuletzt geändert am 23.7.2002 (BGBl I, 2778)
WR	Wirtschaftsrecht (Jahr und Seite)
WRP	Wettbewerb in Recht und Praxis (Jahr und Seite)
WuB	Wirtschafts- und Bankrecht (Entscheidungssammlung mit Kennziffer)

z.B.	zum Beispiel
ZBB	Zeitschrift für Bankrecht und Bankwirtschaft (Jahr und Seite)
ZfBR	Zeitschrift für deutsches und internationales Baurecht (Jahr und Seite)
ZfgG	Zeitschrift für das gesamte Genossenschaftswesen (Jahr und Seite)
ZfRV	Zeitschrift für Rechtsvergleichung (Jahr und Seite)
ZGR	Zeitschrift für Unternehmens- und Gesellschaftsrecht (Jahr und Seite)
ZHR	Zeitschrift für das gesamte Handels- und Wirtschaftsrecht, Band (Jahr und Seite)
ZIP	Zeitschrift für Wirtschaftsrecht und Insolvenzpraxis (Jahr und Seite)
ZIR	Zeitschrift für Immobilienrecht (Jahr und Seite)
ZKW	Zeitschrift für das gesamte Kreditwesen (Jahr und Seite)
ZLW	Zeitschrift für Luft- und Weltraumrecht (Jahr und Seite)
ZMR	Zeitschrift für Miet- und Raumrecht (Jahr und Seite)
ZPO	Zivilprozeßordnung i.d.F. vom 12.9.1950 (BGBl I, 533; BGBl III, Nr. 310 – 4), zuletzt geändert am 23.7.2002 (BGBl I, 2850, ber. 4410)
ZRP	Zeitschrift für Rechtspolitik (Jahr und Seite)
ZVG	Gesetz über die Zwangsversteigerung und die Zwangsverwaltung i.d.F. der Bekanntmachung vom 20.5.1898 (RGBl 369, 713), zuletzt geändert am 5.4.2002 (BGBl I, 1250)
ZZP	Zeitschrift für Zivilprozeß (Band [Jahr] und Seite)
ZugabeVO	Verordnung des Reichspräsidenten zum Schutze der Wirtschaft; Erster Teil: Zugabewesen (Zugabeverordnung) vom 9.3.1932 (RGBl I, 121), zuletzt geändert am 25.7.1994 (BGBl I, 1688), aufgehoben am 1.1.2002 durch Art. 1 des Gesetzes zur Aufhebung der Zugabeverordnung und zur Anpassung weiterer Rechtsvorschriften vom 23.07.2001 (BGBl I, 1661)
zust.	zustimmend
z.T.	zum Teil
zzgl.	zuzüglich

Schrifttum

Alternativkommentar	Alternativkommentar zum Bürgerlichen Gesetzbuch, hrsg. von *R. Wassermann*, 1979 ff., bearb. u.a. von *Ott* (§§ 398 ff.), *Reich* (§§ 455, 765 ff., 929 ff., 1204 ff.), *Winter* (§§ 1113 ff.)
Assmann/Schütze	Handbuch des Kapitalanlagerechts, 2. Aufl. 1997
Bärmann, Johannes	Recht der Kreditsicherheiten in Europäischen Ländern, Teil I: Bundesrepublik Deutschland, bearb. von *Brink, Petereit, Reinecker, Scheerer*, 1976
Bankrecht und Bankpraxis (BuB)	Loseblattwerk, Hrsg. *Hellner* und *Steuer*, 54. Lieferung, Stand 2002
Baumbach/Hefermehl	Wechselgesetz und Scheckgesetz, Kommentar, 22. Aufl. 2000
Baumbach/Hopt	Handelsgesetzbuch, Kommentar, 30. Aufl. 2000
Baumbach/Lauterbach/ Albers/Hartmann	Zivilprozeßordnung, Kommentar, 61. Aufl. 2003
Baur/Stürner	Sachenrecht, Lehrbuch, 17. Aufl. 1999
Baur/Stürner	Zwangsvollstreckungs-, Konkurs- und Vergleichsrecht, Lehrbuch, Band 1: Einzelvollstreckungsrecht, 12. Aufl. 1995; Band 2: Insolvenzrecht, 12. Aufl. 1990
Baumgärtel/Laumen	Handbuch der Beweislast, Band 1, 2. Aufl. 1991, bearb. u.a. von *Strieder*; Band 2, 2. Aufl. 1989, bearb. u.a. von *Bülow, Hepting, Schmitz*
Beck	Bundesbankgesetz, Kommentar, 1959
Becker-Eberhard, Ekkehard	Die Forderungsgebundenheit der Sicherungsrechte, 1993
Bülow, Peter	Handelsrecht, Grundriß, 4. Aufl. 2000
Bülow, Peter	WG, ScheckG, AGB, Kommentar, 3. Aufl. 2001
Bülow, Peter	Verbraucherkreditrecht, Kommentar, 5. Aufl. 2002
Canaris, Claus Wilhelm	Die Vertrauenshaftung im deutschen Privatrecht, 1971
Canaris, Claus Wilhelm	Handelsrecht, Lehrbuch, 23. Aufl. 2000
Dilcher, Hermann	Sachenrecht in programmierter Form, 5. Aufl. 1990
Ehmann, Horst	Die Gesamtschuld, 1972
Ehmann/Sutschet	Modernisiertes Schuldrecht, 2002
Enneccerus/Lehmann	Recht der Schuldverhältnisse, Lehrbuch, 15. Aufl. 1958
Enneccerus/Nipperdey	Allgemeiner Teil des Bürgerlichen Rechts, Lehrbuch, 2 Halbbände, 15. Aufl. 1959/60
Erman, Walter	Handkommentar zum Bürgerlichen Gesetzbuch, 10. Aufl. 2000, bearb. u.a. von *Westermann* (§§ 398 ff.), *Seiler* (§§ 765 ff.), *Michalski* (§§ 929 ff.), *Grunewald* (455), *Räfle* (§§ 1113 ff.), *Küchenhoff* (§§ 1204 ff.)
Esser/E. Schmidt	Schuldrecht Bd. I, Allgemeiner Teil, Lehrbuch, 8. Aufl. 1998 (Teilband 1), und 7. Aufl. 1993, 2. Halbband
Esser/Weyers	Schuldrecht Bd. II, Besonderer Teil, Lehrbuch, 8. Aufl 1998
Fikentscher, Wolfgang	Schuldrecht, Lehrbuch, 9. Aufl. 1997

Flume, Werner	Allgemeiner Teil des Bürgerlichen Rechts, Bd. I/1: Die Personengesellschaft, 1977 Bd. I/2: Die Juristische Person, 1983 Bd. II: Das Rechtsgeschäft, 4. Aufl. 1992
Gerhardt, Walter	Immobiliarsachenrecht – Grundeigentum und Grundpfandrechte, 5. Aufl. 2001
Gerhardt, Walter	Mobiliarsachenrecht – Besitz, Eigentum, Pfandrecht, 5. Aufl. 2000
Gernhuber, Joachim (Hrsg.)	Handbuch des Schuldrechts Bd. I: Schadensersatz, 2. Aufl. 1990 (*Herm. Lange*) Bd. II: Sukzessionen, 2. Aufl. 1999 (*Nörr/Scheying/Pöggeler*) Bd. III: Die Erfüllung und ihre Surrogate, 2. Aufl. 1994 (*Gernhuber*) Bd. IV: Ungerechtfertigte Bereicherung, 1983 (*Reuter/Martinek*) Bd. V: Mehrheiten von Gläubigern und Schuldnern, 1984 (*Selb*)
Grunewald, Barbara	Bürgerliches Recht, Repetitorium, 5. Aufl. 2002
Hachenburg, Max	GmbHG, Großkommentar, 8. Aufl. 1991 ff. bearb. u.a. von *Hohner, Schilling, Ulmer, Zutt*
Hadding/Schneider (Hrsg.)	Gesellschaftsanteile als Kreditsicherheit, 1979
Hager, Johannes	Verkehrsschutz durch redlichen Erwerb, 1990
Heck, Philipp	Grundriß des Sachenrechts, 1930
Heinsius/Horn	Depotgesetz, Kommentar, 1975
Henseler/Adomeit/Kronenbitler/Magnussen	Kreditsicherungsrecht, 2. Aufl. 1990
Heymann/Bearbeiter	Handelsgesetzbuch, Kommentar, Bd. I, 2. Aufl. 1995; Bd. II, 2. Aufl. 1996; Bd. III, IV, 1989; bearb. u.a. von *Emmerich, Honsell, Horn*
Hoffmann von, Bernd	Internationales Privatrecht, 7. Aufl. 2002
Hofmann, Paul	Handelsrecht, Lehrbuch, 11. Aufl. 2002
Hueck/Canaris	Recht der Wertpapiere, Lehrbuch, 12. Aufl. 1986
Jauernig, Othmar	Bürgerliches Gesetzbuch, Kommentar, 10. Aufl. 2002, bearb. u.a. von *Schlechtriem, Stürner, Teichmann, Vollkommer*
Jauernig, Othmar	Zwangsvollstreckungs- und Insolvenzrecht, Lehrbuch, 21. Aufl. 1999
Jaeger, Ernst	Lehrbuch des Deutschen Konkursrechts, 8. Aufl. 1973, bearb. von *Lent, Weber, Klug, Jahr*
Jaeger/Henckel/Weber	Konkursordnung, Kommentar, 9. Aufl. 1977 ff.
Kölner Kommentar	Kölner Kommentar zum Aktiengesetz, 2. Aufl. 1986 ff., bearb. u.a. von *Kraft, Biedenkopf/Koppensteiner, Lutter, Zöllner*
Kuhn/Uhlenbruck	Konkursordnung, Kommentar, 11. Aufl. 1994
Lambsdorff, Hans G. Graf	Eigentumsvorbehalt und AGB-Gesetz, 1982
Lambsdorff, Hans. G. Graf	Handbuch des Eigentumsvorbehalts im deutschen und ausländischen Recht, 1974
Lang/Weidmüller/Schafflung	Genossenschaftsgesetz, 32. Aufl. 1988
Larenz/Wolf	Allgemeiner Teil des deutschen Bürgerlichen Rechts, 8. Aufl. 1997
Larenz, Karl	Lehrbuch des Schuldrechts, Bd. I: Allgemeiner Teil, 14. Aufl. 1987 Bd. II: 1. Halbband, 13. Aufl. 1986
Larenz/Canaris	Bd. II: 2. Halbband, 13. Aufl. 1994
Löwe/Graf v. Westphalen/Trinkner	Großkommentar zum AGB-Gesetz, Bd. 1: 2. Aufl. 1983; Bd. 2: 2. Aufl. 1985; Bd. 3: 2. Aufl. 1985
Medicus, Dieter	Allgemeiner Teil des BGB, Lehrbuch, 8. Aufl. 2002
Medicus, Dieter	Bürgerliches Recht, Examinatorium, 19. Aufl. 2002
Meulenbergh/Beuthien	Genossenschaftsgesetz, Kommentar, 13. Aufl. 1983
Meyer-Cording/Drygala	Wertpapierrecht, Lehrbuch, 3. Aufl. 1995

Müller, Klaus Sachenrecht, Lehrbuch, 4. Aufl. 1997

Münchener Kommentar Münchener Kommentar zum BGB 4. Aufl., bearb. u.a. von *Roth* (§§ 398 ff.) 2001, 3. Aufl., bearb. u.a. von *H.P. Westermann* (§ 455) 1995, *Habersack* (§§ 765 ff.), *Mertens* (§§ 826 ff.), *Quack* (§§ 929 ff.), *Eickmann* (§§ 1113 ff.), *Damrau* (§§ 1204 ff.) 1997

Mugdan, Benno Die gesamten Materialien zum Bürgerlichen Gesetzbuch, 1. Lesung (Motive), 2. Lesung (Protokolle); Bd. I: Allgemeiner Teil, Bd. II: Schuldverhältnisse, Bd. III: Sachenrecht etc., 1899

Nobbe, Gerd BankR, Aktuelle höchstrichterliche Rechtsprechung, 1999

Obst/Hintner Geld-, Bank- und Börsenwesen, 39. Aufl. 1993

Oertmann, Paul Das Recht der Schuldverhältnisse, 2. Aufl. 1906

Palandt, Otto Bürgerliches Gesetzbuch, Kommentar, 62. Aufl. 2003, bearb. u.a. von *Heinrichs* (§§ 398 ff.); *Putzo* (§ 449), *Thomas* (§§ 765 ff.), *Bassenge* (§§ 929 ff., 1204 ff.)

Pottschmidt/Rohr Kreditsicherungsrecht, 4. Aufl. 1992

Raiser, Ludwig (s. auch Wolff/Raiser) Dingliche Anwartschaften, 1961

Raiser, Thomas Recht der Kapitalgesellschaften, Lehrbuch, 2. Aufl. 1992

Reinhardt/Schultz Gesellschaftsrecht, Lehrbuch, 2. Aufl. 1981

Reinicke/Tiedtke Kaufrecht, Lehrbuch, 6. Aufl. 1997

Reinicke/Tiedtke Gesamtschuld und Schuldsicherung, Lehrbuch, 2. Aufl. 1988

Reinicke/Tiedtke Kreditsicherung, 4. Aufl. 2000

RGRK Reichsgerichtsrätekommentar; Das bürgerliche Gesetzbuch mit besonderer Berücksichtigung der Rechtsprechung des Reichsgerichts und des Bundesgerichtshofs, 12. Aufl. 1974 ff., bearb. u.a. von *Weber* (§ 398 ff.), *Mezger* (§ 455), *Mormann* (§§ 765 ff.), *Pikart* (§ 929 ff.), *Mattern* (§§ 1113 ff.), *Steffen* (§ 1198 ff.); *Kregel* (§§ 1204 ff.)

Rimmelspacher, Bruno Kreditsicherungsrecht, Examinatorium, 2. Auf. 1987

Rosenberg/Schwab/Gottwald Zivilprozeßrecht, Lehrbuch, 15. Aufl. 1993

Schapp, Jan Sachenrecht, Studienbuch, 2. Aufl. 1995

Schimansky/Bunte/Lwowski Bankrechts-Handbuch, 2. Aufl. 2001

Schlegelberger, Franz Handelsgesetzbuch, Kommentar, 5. Aufl. 1973 ff., bearb. u.a. von *Martens* (§§ 161 ff.), *Schmidt* (§§ 171 ff.), *Hefermehl* (§§ 343 ff., Anh. nach § 382), *Schröder* (§§ 407 ff.), *Geßler* (§ 425 ff.)

Schlosser/Coester-Waltjen/Graba Kommentar zur Regelung des Rechts der Allgemeinen Geschäftsbedingungen, 1977

Schmidt, Karsten Gesellschaftsrecht, Lehrbuch, 4. Aufl. 2002

Schmidt, Karsten Handelsrecht, Lehrbuch, 5. Aufl. 1999

Schmidt-Salzer, Joachim Allgemeine Geschäftsbedingungen, 2. Aufl. 1977

Scholz/Lwowski Das Recht der Kreditsicherung, 8. Aufl. 2000

Schultz, Dietrich Kreditsicherungsrecht, in: Handbuch der Wirtschaftswissenschaften, Bd. 4, 1978, S. 606

Schwab/Prütting Sachenrecht, Lehrbuch, 30. Aufl. 2002

Serick, Rolf Eigentumsvorbehalt und Sicherungsübertragung, Bd. I: Der einfache Eigentumsvorbehalt (1963), Bd. II: Die einfache Sicherungsübertragung – Erster Teil (1965), Bd. III: Die einfache Sicherungsübertragung – Zweiter Teil (1970), Bd. IV: Verlängerungs- und Erweiterungsformen des Eigentumsvorbehalts und der Sicherungsübertragung – Erster Teil: Verlängerungsformen und Kollisionen (1976), Bd. V: Verlängerungs- und Erweiterungsformen des Eigentumsvorbehalts, (1982), Bd. VI: Dritter Teil: Sonstiges; Insovlenzrecht (Vergleich); Insolvenzrechtsreform

Serick, Rolf Deutsche Mobiliarsicherheiten: Aufriß und Grundgedanken, 1988; 2. Aufl. 1993: Eigentumsvorbehalt und Sicherungsübereignung – Neue Rechtsentwicklungen

Soergel/Siebert Bürgerliches Gesetzbuch, Kommentar,13. Aufl. bearb. u.a. von *Konzen* (§§ 1113 ff.), *Habersack* (§ 1204 ff.) 2001; 12. Aufl., bearb. u.a. von *Mühl* (§§ 455 ff.) 1991 und (§§ 929 ff.) 1990; *Zeiss* (§§ 398 ff.) 1990, 11. Aufl., bearbeitet u.a. von *Mühl* (§§ 765 ff.)

Staub, Hermann Großkommentar HGB, 4. Aufl. 1983 ff. (3. Aufl.: Großkommentar HGB; 2. Aufl.: RGRK-HGB), bearb. u.a. von *Canaris*, §§ 352 ff. (Anh. § 357: Bankvertragsrecht in 2. Bearb. 1980, Rn. 1-1162 in 3. Bearb. 1988), *Brüggemann* (§§ 1 bis 7, 84 bis 104, 377 bis 382), *Koller* (§§ 373 bis 376, 383 bis 406)

Staudinger Kommentar zum Bürgerlichen Gesetzbuch, 13. Bearb. u.a. von *Dilcher*, (§§ 90 ff.) 1995, *Bork*, (§§ 158 ff.) 1996, *Selb*, (§ 273 BGB) 1995, *Löwisch*, (§ 306 BGB) 1995, *Busche*, (§ 398) 1999, *Honsell*, (§ 455) 1995, *Emmerich*, (§§ 535 ff., 558 ff.) 1995, *Horn*, (§§ 765 ff.) 1997 *Wiegand*, (§§ 929 ff.) 1995, *Frank*, (1030 ff.) 1994, *Wolfsteiner*, (§§ 1113 ff.) 1996, *Wiegand* (§§ 1204 ff.), 1997, *Riedel/Wiegand*, (§§ 1273 ff.) 1997 12. Aufl., bearb. u.a. von *Hopt/ Mülbert*, (§§ 607-610) 1988

Stein/Jonas Kommentar zur Zivilprozeßordnung, 21. Aufl. 1993 ff., bearb. u.a. von *Münzberg* (§§ 803 ff., 771)

Thomas/Putzo Zivilprozeßordnung, Kommentar, 24. Aufl. 2002

Tuhr von, Andreas Der Allgemeine Teil des Deutschen Bürgerlichen Rechts, Bd. I (1910), Bd. II, 1. Halbband (1919), 2. Halbband (1918)

Ulmer/Brandner/ Hensen/Schmidt AGB-Gesetz, Kommentar, 9. Aufl. 2001

Weber, Hansjörg Kreditsicherheiten. Recht der Sicherungsgeschäfte, Lehrbuch, 7. Aufl. 2002

Westermann, Harm Peter BGB-Sachenrecht, 10. Aufl. 2002

Westermann, Harry Lehrbuch des Sachenrechts, 5. Aufl. 1966 mit Nachtrag 1973; 7. Aufl. 1998, bearb. v. *H.P. Westermann, Eickmann, Gursky*

Wieling, Hans Sachenrecht, Bd. I: Sachen, Besitz und Rechte an beweglichen Sachen, 1990

Wieling, Hans Sachenrecht, 4. Aufl. 2001

Wilhelm, Jan Sachenrecht, Lehrbuch, 2. Aufl. 2002

v. Wilmowsky Europäisches Kreditsicherungsrecht – Sachenrecht und Insolvenzrecht unter dem EG-Vertrag, 1996

Wolf, Ernst Lehrbuch des Sachenrechts, 2. Aufl. 1979

Wolf, Manfred Sachenrecht, Lehrbuch, 18. Aufl. 2002

Wolf/Horn/Lindacher AGB-Gesetz, Kommentar, 4. Aufl. 1999

Wolff/Raiser Sachenrecht, Lehrbuch, 10. Aufl. 1957

Zöller, Richard Kommentar zur ZPO, 23. Aufl. 2002, bearb. u.a. von *Scherübl* (§§ 803 ff., 771)

Zöllner, Wolfgang Wertpapierrecht, Lehrbuch, 15. Aufl. 1998

Einführung

Allgemeine Lehren. Kredit und Kreditsicherung, gesetzliche Typen und Kautelarjurisprudenz

I. Kreditsicherung und Misstrauen

1 Nach alter Banker-Weisheit ist der sicherste Kredit derjenige, für den man keine Sicherheit braucht. Wer Kredit gibt und dafür Sicherheit verlangt, lässt es nicht bei dem Vertrauen bewenden, das im Begriff des Kredits liegt, sondern zieht in seine Überlegungen die Möglichkeit ein, der Kreditnehmer werde den Kredit nicht begleichen. Nur für diesen Fall will er auf die Sicherheit zurückgreifen. Hat der Kreditgeber aber keinerlei Zweifel, dass sich der Kreditnehmer vertragstreu verhalten wird, braucht er keine Sicherheit. Das Verlangen nach Kreditsicherheit ist also Ausdruck von Misstrauen, nämlich Misstrauen in die Solvenz des Kreditnehmers, die Sorge vor dessen wirtschaftlicher Krise. Was bleibt, ist die Hoffnung, dass die Krise nicht eintritt und im Nachhinein festgestellt werden kann, dass es keiner Kreditsicherheit bedurft hatte und ihre Bestellung gegenstandslos wird. Die angenehmste Kreditsicherheit ist diejenige, auf die man nicht zurückzugreifen braucht. Die Bestellung der Kreditsicherheit ist demnach ein Hilfsgeschäft, ein Sekundärgeschäft, das ein Hauptgeschäft, die Kreditgewährung, voraussetzt, und das gleichsam im Hintergrund ruht, solange der Kredit vereinbarungsgemäß abgewickelt wird und erst dann hervortritt, wenn dies nicht mehr der Fall ist. Dann tritt die Abwicklung der Kreditsicherheit an die Stelle der Abwicklung des Kredits. Kreditsicherung bedeutet Bestärkung des Kredits. Eine Person oder ein Gegenstand tritt hinzu, um, lediglich im Falle der Insolvenz oder auch der Zahlungsunwilligkeit, einzuspringen. Wenn Kreditsicherung trotzdem so große wirtschaftliche Bedeutung hat, so aus dem Grunde, dass die Sorge vor der Krise des Kreditnehmers nicht nur allgegenwärtig ist, sondern dass die Sorge oft auch Wirklichkeit wird. Und weil Krise oft Insolvenz bedeutet, misst sich der Wert einer Kreditsicherheit an ihrer Bewährung dort.

II. Standort im Zivilrecht

2 Kreditsicherheiten sind demgemäß rechtliche Institutionen, die das Ziel haben, die Erfüllung einer Forderung zu gewährleisten. Die Sicherung liegt darin, dass der Gläubiger auf die Sicherheit zurückgreifen kann, wenn der Schuldner seiner Verpflichtung zuwider nicht leistet, so dass der Rückgriff auf die Sicherheit an die Stelle der Leistung des Schuldners tritt und auf diese Weise doch noch zur Befriedigung des Gläubigers führt. Mit welchen rechtlichen Konstruktionen die Befriedigung des Gläubigers herbeigeführt wird,

richtet sich nach der Art der Kreditsicherheit; die Konstruktionen sind ganz unterschiedlich.

3 Das Gesetz – d.h. vor allem: das BGB – regelt nur Teile des Kreditsicherungsrechts. Es finden sich ins Einzelne gehende Regelungen über die Belastung von Grundstücken mit Grundpfandrechten (Hypothek, Grundschuld, Rentenschuld, §§ 1113 bis 1203), von beweglichen Sachen mit Faustpfandrechten (§§ 1204 bis 1258) und von Rechten mit Pfandrechten (§§ 1273 bis 1296). Bereits ihr Standort im Sachenrecht verrät, dass es um Verfügungsgeschäfte geht, während die Gesetzesverfasser keine Notwendigkeit sahen, auch die obligatorische Grundlage dafür, die causa, das Verpflichtungsgeschäft, in Normen zu fassen. Das Gesetz kennt darüberhinaus auch gesetzliche Pfandrechte, die ihren Schwerpunkt im Handelsrecht haben (§§ 397, 441, 464, 475g, 674, 755 HGB oder auch 89, 97, 103 BinnenschiffahrtsG, 8, 25 bis 75 SchiffsrechteG, 4, 57 LuftrechteG), aber durchaus auch im BGB vorkommen (§§ 562, 583, 592, 647, 704). Die Einstandspflicht eines für den Schuldner haftenden Dritten als schuldrechtliche Personalsicherheit erfasst die Bürgschaft in §§ 765 bis 778 BGB. Andere Arten der Garantiehaftung zu kodifizieren, sahen die Gesetzesverfasser wiederum keinen Anlass. Hinzu kommt die rudimentäre Regelung des Eigentumsvorbehalts in § 449 BGB.

4 Neben diesen gesetzlichen Kreditsicherungstypen entwickelten sich in der Rechtspraxis andere Arten, die aus allgemeinen Rechtsinstituten zusammenkonstruiert sind wie Sicherungsübereignung und Sicherungsabtretung (Sicherungstreuhand, vgl. § 216 Abs. 2 Satz 1 BGB), die §§ 929 ff., 398 BGB instrumentalisieren oder etwa wie die Forderungsgarantie.

5 Man sieht daraus, dass das Recht der Kreditsicherheiten zahlreiche Rechtsbereiche des Privatrechts berührt und eine typische Querschnittsmaterie ist. Aber natürlich gibt es gemeinsame Prinzipien, die alle Kreditsicherheiten verbindet, und die es, gleichsam als Allgemeinen Teil des Kreditsicherungsrechts, herauszuarbeiten gilt, während man die einzelnen Kreditsicherungsarten als Besonderen Teil ansehen mag, in dem es wiederum allgemeine Grundsätze gibt, etwa zur Sicherungstreuhand (*Hadding*, in: Festschr. Frotz, Wien 1994, S. 459).

6 Eine Zukunftsaufgabe ist die Rechtsharmonisierung im **europäischen Binnenmarkt** oder doch die gegenseitige Anerkennung durch die Mitgliedstaaten der EU (*Pajunk*, Die Bedeutung und Reichweite der Kapitalverkehrs- und Dienstleistungsfreiheit des EGV, 1999, S. 165 ff.).

III. Kreditarten: Darlehen und Vorleistung

1. Geldkredit, Waren- und Dienstleistungskredit

7 Bei dem Wort Kredit mag man zuerst an den Geldkredit denken, das zurückzuzahlende Darlehen gem. § 488 BGB. Kredit ist aber auch die vertragliche Vorleistung, also die von einem Vertragsteil erbrachte Leistung, deren Gegenleistung durch den anderen Teil noch aussteht. Der Rechtsanwalt, der seinen Mandanten berät und ihm danach die Rechnung schickt, hat die Beratung vorgeleistet und Dienstleistungskredit gewährt. Die Autowerkstatt, die ein Auto repariert und danach die Rechnung stellt, hat ihre Arbeit vorgeleistet und das darin liegende Werk als Kredit gewährt. Der Verkäufer einer Sache, der liefert und den Kaufpreis stundet, hat die Sache vorgeleistet und Warenkredit gewährt. Das Misstrauen des Vorleistenden liegt in der Sorge, der andere Vertragsteil werde die Gegenleistung nicht erbringen, und er überlegt sich, wie er in diesem Fall auf eine Kreditsicherheit zurückgreifen kann. Der Vorleistungskredit bedarf der Sicherheit für die Gegenleistung, der Geldkredit der Sicherheit für den Rückzahlungsanspruch und darüber hinaus ebenfalls für die Gegenleistung, nämlich den Anspruch auf die Zinsen und andere Kapitalnutzungsentgelte.

Die Art des Kredits beeinflusst die Art der Kreditsicherheit. Der vorleistende Rechtsanwalt hat kaum praktikable Möglichkeiten, seinen Dienstleistungskredit zu sichern; sein Misstrauen beseitigt er am besten, indem er die Gegenleistung, sein Honorar, verlangt, bevor er tätig wird, also die Vorleistung unterlässt. Wer ein Auto repariert, hat für sein vorgeleistetes Werk einen Vermögenswert des Bestellers in der Hand, der die Werklohnforderung zu befriedigen geeignet ist (§ 647 BGB). Der Verkäufer gibt zwar den Besitz an der Ware auf, braucht sich aber nicht aller rechtlichen Beziehungen zu ihr zu entkleiden, nämlich nicht des Eigentums an der Ware. Der Geldkreditgeber dagegen gibt eigenes Vermögen her und muss sich andere Vermögenswerte hereinnehmen. Immer geht es darum, dass dem Kreditgeber Vermögenswerte zur Verfügung stehen, auf die er anstelle der vom Kreditnehmer zu erbringenden Leistung zurückgreifen kann. Das Maß der Kreditsicherung ist der Kredit; der Kreditgeber soll, wenn er sich an die Kreditsicherheit hält, nicht mehr bekommen, als die vom Kreditnehmer zu erbringende Leistung ausmacht (nachf. Rn. 26). **8**

2. Strukturen der gesicherten Forderung

Aus dem Kredit erwächst die Forderung, die gesichert werden soll. Die Sicherheit kann schon bestellt werden, auch wenn die Forderung noch nicht fällig, also betagt ist oder unter Bedingungen steht, die noch nicht eingetreten sind. Die Forderung braucht es aber überhaupt noch nicht zu geben, sondern sie kann erst in der Zukunft entstehen; so ist Voraussetzung für den Anspruch auf Rückzahlung des Darlehens gem. § 488 BGB, dass der Darlehensnehmer das Geld empfangen hatte, aber eine Hypothek pflegt schon vor der Auszahlung, der Valutierung, bestellt zu werden (vgl. § 1163 Abs. 1 Satz 1 BGB, unten Rn. 350). Die Sicherheit braucht außerdem nicht nur für eine einzige, sondern kann auch für eine Vielzahl von Forderungen bestellt werden, z.B. für alle gegenwärtigen und zukünftigen Forderungen aus der Geschäftsverbindung zwischen Kreditgläubiger und Schuldner (nachf. Rn. 17). **9**

IV. Arten der Kreditsicherheiten

Kreditsicherung heißt also, dem Kreditgeber Vermögenswerte zur Verfügung zu stellen, also denen er sich für die ausbleibende Leistung auf seine Forderung befriedigen kann. In Frage kommen Vermögenswerte aller Art; entsprechend mannigfach sind auch die rechtlichen Konstruktionen, durch die Vermögen zur Verfügung gestellt werden kann. Man mag daran denken, den Kreditgeber zum Inhaber oder Eigentümer des Vermögensgegen- **10** standes zu machen. Man kann ihm auch lediglich das Recht einräumen, den Vermögensgegenstand zu verwerten. Oder man gibt ihm einen Anspruch gegen eine andere Person, die ihrerseits Vermögensträger ist, so dass der Kreditgeber erst bei der Verwirklichung dieses Anspruchs auf Vermögensgegenstände des Vermögensträgers zugreifen kann, nämlich durch Zwangsvollstreckung. Die Kreditsicherheiten lassen sich demgemäß einteilen nach der Art der Berechtigung des Kreditgläubigers – Anspruch gegen einen Vermögensträger oder Recht an einem Vermögensgegenstand –, nach der Art der Berechtigung an einem Vermögensgegenstand – Rechtsinhaberschaft oder Verwertungsrecht – und nach der Art des Vermögensgegenstandes – Rechte oder Sachen.

1. Personal- und Realsicherheiten

11 Soll die Kreditsicherung darin liegen, dass der Kreditgeber einen Anspruch erhält, den er bei Krise des Kreditnehmers für den Rückzahlungsanspruch bzw. den Anspruch auf die Vorleistung geltend machen kann, so nutzt es dem Kreditgeber nichts, wenn der neue Anspruch gegenüber dem Kreditnehmer besteht: Ihm gegenüber hat er ja schon den primären Anspruch aus dem Kredit. Deshalb springt eine andere Person, ein Vermögensträger, ein. Gegen ihn hat der Kreditgeber den neuen, sekundären Anspruch, der neben den primären Anspruch aus dem Kredit tritt. Das gesamte Vermögen der anderen Person ist Haftungsmasse für den Kredit. Stellt sich eine Person zur Kreditsicherung zur Verfügung, so spricht man von **Personalsicherheit** (Interzession). Weil der Schuldner gegenüber dem Gläubiger eine Verbindlichkeit hat (**Valutaverhältnis**), erklärt sich der Dritte, der Vermögensträger als Interzessionar, dem Schuldner gegenüber bereit, für die Verbindlichkeit einzustehen (**Deckungsverhältnis**), indem er sich gegenüber dem Gläubiger eben dazu verpflichtet (**Außenverhältnis**).

12 Personalsicherheiten sind die Bürgschaft, die Forderungsgarantie, der Schuldbeitritt und Modifizierungen davon, auch Formen der wertpapierrechtlichen Haftung (unten Rn. 1070, 1631).

13 Soll die Kreditsicherung darin liegen, dass dem Kreditgeber ein Recht an einem Vermögensgegenstand eingeräumt wird, so kann der Kreditgeber diesen Vermögensgegenstand bei Krise des Kreditnehmers nehmen und sich daran schadlos halten. Er braucht also nicht erst einen Anspruch gegen einen Dritten durchzusetzen. Der Vermögensgegenstand, auf den der Gläubiger zugreifen kann, wird zur **Realsicherheit**. Die Realsicherheiten können nach der Art des zur Verfügung gestellten Gegenstands sein **Sachsicherheiten** (der Begriff wird gelegentlich synonym mit Realsicherheiten gebraucht), nämlich unbewegliche und bewegliche Sachen, oder **Rechtssicherheiten**, soll heißen Rechte aller Art, z.B. Forderungen, dingliche und andere absolute Rechte. Realsicherheiten sind das Pfandrecht an Sachen und Rechten, der Eigentumsvorbehalt, Sicherungsübereignung und Sicherungsabtretung. Unter ihnen sind Sachsicherheiten die Grundpfandrechte und das Pfandrecht an beweglichen Sachen, die Sicherungsübereignung, der Eigentumsvorbehalt. Rechtssicherheiten sind die Pfandrechte an Rechten und die Sicherungsabtretung.

2. Vervielfältigungslagen

a) Drittsicherung (Interzession)

Der Vermögensgegenstand, der dem Kreditgeber als Realsicherheit zur Verfügung gestellt wird, kann dem Kreditnehmer gehören, aber das braucht nicht so zu sein. Wie sich ein Dritter für die Schuld des Kreditnehmers verbürgt, so kann auch ein Dritter einen ihm gehörenden Gegenstand zur Verfügung stellen, damit die Kreditschuld gesichert werde, und stellt sich helfend zwischen Gläubiger und Schuldner. Sicherungsgeber (nachf. Rn. 44) ist also nicht der Kreditnehmer, sondern der Dritte. Auch dieser Dritte ist wie ein Bürge Interzessionar (vorst. Rn. 11). Aber nicht nur ein einziger Dritter kann die Schuld bestärken, sondern auch – vielleicht neben dem Kreditschuldner selbst – mehrere Dritte. Sie können unterschiedliche Sicherheiten stellen: Der Kreditschuldner selbst bestellt eine Grundschuld, ein anderer verbürgt sich, der letzte tritt eine Forderung an den Gläubiger zur Sicherung derselben Schuld ab, oder an mehreren Grundstücken wird eine Gesamthypothek bestellt (§ 1132). Daran können sich vier Problemkreise knüpfen, nämlich 14

- ob der Dritte das Recht hat, den Kredit des Schuldners, um der Verwertung seines zur Verfügung gestellten Gegenstandes zuvorzukommen, **ablösen** zu dürfen (unten Rn. 213 ff., 328),
- ob sich der Dritte gegen seine Inanspruchnahme mit zwar bestehenden, aber vom Hauptschuldner nicht ausgeübten Gestaltungsrechten verteidigen kann (so für die Bürgschaft §§ 768, 770, unten Rn. 980 ff. sowie 987a, 1383c),
- wie er seine Sicherheit nach Erledigung des Sicherungszwecks zurückbekommt (nachf. Rn. 53 ff.) und
- wie sich mehrere Dritte, die interzediert haben, untereinander ausgleichen (**Sicherungsgeberausgleich**, unten Rn. 252, 1044).

b) Mehrfachsicherungen (Globalsicherheiten)

aa) Gläubiger und Sicherungsgeber können vereinbaren, dass nicht nur ein einziger Gegenstand (Singularsicherheit), sondern mehrere, sogar eine Vielzahl von Gegenständen zur Sicherung des Kredits bestellt werden sollen (Globalsicherheit). Die Mehrfachsicherung, sei es durch den Kreditnehmer selbst oder durch Dritte, kann notwendig sein, damit die einzelnen Sicherungsgegenstände in ihrer Gesamtheit den Wert des Kredits decken. Aber die Kumulation von Sicherheiten kann auch dazu führen, dass der Gläubiger mehr Sicherheiten erhält als er braucht, also die gesicherte Forderung hinter dem Wert der Sicherheiten zurück bleibt, so dass sich das Problem der **Übersicherung** (nachf. Rn. 30 und unten Rn. 1106) stellt. Es kann vor allem bei abstrakten Sicherheiten auftreten (nachf. Rn. 27 f.). 15

bb) Auch in anderer Hinsicht bedarf die Bestellung mehrerer Sicherheiten der Konfliktlösung, nämlich dann, wenn nicht für ein und dieselbe Forderung mehrere Sicherheiten bestellt werden, sondern an ein und demselben Gegenstand für die Forderungen mehrerer Gläubiger mehrere Sicherheiten, z.B. mehrere Hypotheken an einem einzigen Grundstück. Es gilt der Grundsatz der **Priorität**, indem diejenige Hypothek den Vorrang hat, die zuerst (und damit an erster Stelle) im Grundbuch eingetragen wurde. Dieser Grundsatz gilt für Personalsicherheiten nicht: Schließt ein und derselbe Bürge mit mehreren Gläubigern Bürgschaftsverträge ab, hat der Zeitpunkt des Vertragsabschlusses für den Vorrang 16 keine Bedeutung. Die Priorität ist allenfalls eine vollstreckungsrechtliche Frage, indem das Pfändungspfandrecht desjenigen Gläubigers Vorrang hat, der es als erster begründete (§ 804 ZPO).

c) Mehrheit gesicherter Forderungen; gegenwärtige und zukünftige

17 Der Kredit, die gesicherte Forderung, kann ein einzelner sein, z.B. ein Darlehensrückzahlungsanspruch nach § 488 Abs. 1 Satz 2 BGB. Die geschäftlichen Verhältnisse zwischen Gläubiger und Schuldner können aber auch eine Mehrzahl von Forderungen hervorbringen, die allesamt der Sicherung bedürfen. Es kann sich beispielsweise um sämtliche Forderungen handeln, die durch eine dauernde Geschäftsverbindung zwischen Gläubiger und Schuldner entstehen, z.B. im Verhältnis von Bank und Kunde. Gegenstand der Sicherung sind in diesem Fall nicht nur gegenwärtige, sondern auch erst in der Zukunft entstehende Forderungen (§§ 765 Abs. 2, 1113 Abs. 2, 1204 Abs. 2 BGB, nachf. Rn. 28). Die Parteien müssen nur klarstellen, welche Forderung in den Bestand der gesicherten Forderungen aufgenommen sein sollen, damit bestimmt werden kann, wofür die Sicherheit bestellt wurde und im gegebenen Falle (unten Rn. 61) ihre Verwertung betrieben werden kann.

18 Die Globalisierung auf der Seite der zu sichernden Forderungen kann Probleme aufwerfen, wenn das Sicherungsverhältnis durch **Allgemeine Geschäftsbedingungen** begründet wird. Ist Anlass der Kreditsicherung eine einzige Forderung, z.B. der Rückzahlungsanspruch aus einem Darlehensvertrag, werden aber durch die AGB auch andere Forderungen zum Gegenstand der Sicherung gemacht, kann deren Einbeziehung an § 305c oder § 307 BGB scheitern (unten Rn. 158, 913, 1045, 1593).

3. Dingliches Verwertungsrecht und Vollrechtsübertragung

19 Die Realsicherheiten lassen sich weiter unterteilen nach der Art der Berechtigung, die der Kreditgeber an dem Vermögensgegenstand hat. Wird ihm das Eigentum an einer Sache übertragen oder die Inhaberschaft an einem Recht, so wird er Vollrechtsinhaber, ist dem früheren Rechtsinhaber gegenüber aber verpflichtet, mit dem Gegenstand nicht wie ein Vollrechtsinhaber zu verfahren (z.B. § 903), sondern Rücksicht zu üben nach Maßgabe des Sicherungszwecks (nachf. Rn. 61). Man spricht von Sicherungstreuhand, die Sicherungsübereignung oder Sicherungsabtretung sein kann. Beim Eigentumsvorbehalt wird auf den Kreditgeber nichts übertragen, sondern er behält, was er schon hat, und der Kreditnehmer bekommt solange kein Eigentum, wie er den Kredit noch schuldet. Auch der Eigentümer der Vorbehaltsware darf mit ihr nicht nach Belieben verfahren, sondern nur im Rahmen des Sicherungszwecks.

20 Der Kreditnehmer (oder ein Dritter, der für ihn einspringt) braucht sich des Eigentums oder der Rechtsinhaberschaft aber nicht zu begeben und kann trotzdem den Sicherungszweck erfüllen. Das Gesetz hält nämlich beschränkte dingliche Rechte bereit, deren Inhalt das Recht zur Verwertung des sichernden Vermögensgegenstands durch den Gläubiger ist. Die Beschränktheit des dinglichen Verwertungsrechts bedeutet, dass alle anderen Rechte wie das Nutzungsrecht und das Veräußerungsrecht beim Kreditnehmer bleiben (bzw. dem Dritten, der Eigentümer oder Rechtsinhaber ist). Kreditsicherheiten in der Form beschränkter dinglicher Rechte, die den sichernden Vermögensgegenstand als Verwertungsrecht belasten, sind die Pfandrechte: die Grundpfandrechte an unbeweglichen Sachen (Hypothek, Grundschuld, Rentenschuld) und die Pfandrechte an beweglichen Sachen und Rechten.

4. Gesetzliche Typen und kautelarische Ausprägungen

Das Gesetz stellt einige der skizzierten Sicherheiten als Typen zur Verfügung und formt sie aus. Andere dagegen sind Rechtsinstitute, die nicht als Kreditsicherheiten konzipiert sind, die aber, soweit Privatautonomie reicht, von der Kreditsicherungspraxis für Kreditsicherungszwecke nutzbar gemacht worden sind. **21**

Man hat sich also vertragliche Gestaltungen ausgedacht, mit denen etwa die Übereignung von Sachen gem. §§ 930, 929 oder die Abtretung von Forderungen gem. § 398 so ausgestaltet werden, dass sie dem Zweck, Forderungen zu sichern, dienen können. Es wurden mithin neben den gesetzlichen Kreditsicherungstypen solche durch vertragliche Kautelen geschaffen, die demgemäß kautelarische Kreditsicherheiten sind („gekorene Sicherheiten", *Rehbein*, in: Festschr. Heinsius 1991, S. 659; *Langenfeld*, in: Festschr. Rheinisches Notariat 1998, S. 3). Die gesetzlichen Kreditsicherungstypen sind die Bürgschaft, auch die Kreditsicherung durch bestimmte Wertpapiere, sowie die Pfandrechte: Grundpfandrechte, Pfandrechte an beweglichen Sachen und an Rechten, außerdem der einfache Eigentumsvorbehalt. Kautelarische Kreditsicherheiten sind Sicherungsübereignung und Sicherungsabtretung, Erweiterungs- und Verlängerungsformen des Eigentumsvorbehalts als Sachsicherheiten; Forderungsgarantie, Schuldbeitritt und Modifikationen als Personalsicherheiten. **22**

Warum kam es zur Ausformung kautelarischer Kreditsicherheiten? Einige gesetzliche Kreditsicherungstypen werden den Bedürfnissen der Wirtschaftspraxis nicht oder nicht hinreichend gerecht und erweisen sich als wenig tauglich. Dies gilt für die Mobiliarpfandrechte; lästig an ihnen ist das Erfordernis der Offenlegung, der Kundbarmachung der Tatsache, dass eine Kreditsicherheit bestellt worden ist (Publizität), sei es durch das Erfordernis der Übertragung des unmittelbaren Besitzes auf den Kreditgläubiger beim Sachpfand (§ 1205 Abs. 1 Satz 1), sei es durch die Anzeige an den Schuldner beim Forderungspfand (§ 1280). Freilich hat der Gesetzgeber die Last der Offenkundigkeit, der Publizität, den Beteiligten des Kreditsicherungsverhältnisses mit Bedacht auferlegt, und die kautelarischen Kreditsicherheiten stehen damit vor der Frage, ob sie, da sie gerade vom Gesetzestypus abweichen, überhaupt zulässig sind. Das ist die Frage nach der Reichweite der Privatautonomie, die nicht nur durch Gesetzes- oder Sittenverstoß markiert ist, sondern auch durch institutionelle Schranken, also durch begrenzte Verwendungsmöglichkeiten für ein Rechtsinstitut, wenn und soweit die Schranken ihm innewohnen. So mag man sich fragen, ob das Rechtsinstitut der Übereignung durch Einigung und Vereinbarung eines Besitzkonstituts gem. §§ 930, 929 für alle Zwecke, eben auch für Kreditsicherungszwecke, verwendet werden darf oder ob es vielleicht gerade die Last der Offenkundigkeit ist, die seine Verwendung für Kreditsicherungszwecke verbietet. Bei der Suche nach der Antwort leistet die Feststellung, dass ein Kreditsicherungstypus nicht im Gesetz erwähnt ist, nicht mehr als einen vorläufigen Anhaltspunkt; das Gesetz erfasst ja durchaus nicht jeden Vertragstyp, vielmehr erscheinen Regelungen oft entbehrlich, ohne dass Zweifel an ihrer Zulässigkeit bestehen. So ist in den Gesetzesmaterialien der Garantievertrag als allgemeiner Fall der Bürgschaft erwähnt, doch darüber „spezielle Normen aufzustellen, ist … kein Be- **23** dürfnis“ (Mot. II 657/658, bei *Mugdan* S. 367). Die Sicherungsabtretung ist in § 216 Abs. 2 Satz 1 genannt und ihre Zulässigkeit damit vorausgesetzt. Ein Institutionsmissbrauch ist als Folge dessen nicht ersichtlich (näher unten Rn. 1100). Keine Freiheit besteht freilich für die Schaffung neuer, durch das Gesetz nicht vorgesehener dinglicher Rechte: Ihre abschließende Regelung ist dem Gesetz vorbehalten (numerus clausus der Sachenrechte).

24 Die gesetzlichen Regelungen über Kreditsicherheiten geben für die meisten Fallgestaltungen eine Antwort, das System ist weitgehend geschlossen, Konflikte sind bedacht und eine Lösung vorgeschrieben worden. Kautelarische Kreditsicherheiten haben notwendigerweise keine besondere, auf die Kreditsicherung zugeschnittene gesetzliche Konfliktlösung, sie richtet sich vielmehr nach allgemeinen Grundsätzen des Privatrechts. Die Anwendung allgemeiner Grundsätze zur Lösung des besonderen Konflikts von Kreditsicherheiten lässt freilich viele Zweifel offen und eindeutige Antworten oftmals ausbleiben. Als Folge dessen ist die Konfliktlösung für kautelarische Kreditsicherheiten zu einem Schwerpunkt des Kreditsicherungsrechts geworden (unten Rn. 1130, 1527 ff.).

25 Eine andere Frage ist, wie eine im Gesetz ausgeformte Kreditsicherheit entsteht. Sie kann durch Rechtsgeschäft, nämlich durch Willenserklärungen der Beteiligten, die auf seine Entstehung gerichtet sind, entstehen oder kraft Gesetzes, wenn dessen Voraussetzungen erfüllt sind (rechtsgeschäftliche und gesetzliche Kreditsicherheiten, nachf. Rn. 48).

5. Abhängigkeit der Sicherheit vom Kredit

26 Wenn der Kreditgläubiger den Sicherungsgeber bzw. den von diesem zur Verwertung gestellten Gegenstand in Anspruch nimmt, so soll er wegen seines Kredits befriedigt werden, nicht aber einen höheren Betrag erhalten. Die Bestärkung der Schuld soll nicht zu einem zusätzlichen Gewinn für den Kreditgläubiger führen. Der rechtstechnische Weg, die Abhängigkeit der Sicherheit vom Kredit herzustellen, kann verschieden ausgestaltet sein:

a) Akzessorietät

27 Für den Umfang der Kreditsicherheit kann der jeweilige Bestand des Kredits Maß geben, eine Änderung des Kredits also unmittelbar, ipso iure ohne irgendeine zusätzliche Rechtshandlung auch eine gleiche Änderung der Sicherheit bewirken. Auf diese Weise wird der Kreditgeber aus der Sicherheit immer nur wegen des noch offenen Kredits befriedigt. Insbesondere die Erfüllung der gesicherten Forderung wirkt sich ohne weiteres auf die Sicherheit aus, die im Maß der Tilgung erlischt (aber wohl nicht bei Novation der gesicherten Forderung, *Wacke*, DNotZ 2000, 615; *Gröschler*, NJW 2000, 247). Beispielsweise steht dem Hypothekar der Erlös aus der Versteigerung des Grundstücks nur in der Höhe zu, wie die gesicherte Forderung noch bestand; der Anspruch des Gläubigers gegen den Bürgen ist nur insoweit begründet, wie die Hauptverbindlichkeit noch offen ist. Kredit und Kreditsicherheit sind akzessorisch miteinander verbunden.

28 Wird eine akzessorische Sicherheit für eine künftige, also erst später entstehende Forderung bestellt (vorst. Rn. 17), kann die Sicherheit gegenwärtig noch nicht bestehen. Vielmehr ist der Bestand der Sicherheit aufschiebend bedingt durch die Entstehung der Forderung. Entsprechendes gilt, wenn die gesicherte Forderung ihrerseits unter aufschiebender Bedingung steht (vgl. § 765 Abs. 2 BGB). Natürlich kann auch die Bestellung der Sicherheit selbst unter Bedingungen gestellt, beispielsweise von einer Gesellschafterstellung oder dem Bestand einer Ehe abhängig gemacht werden (vgl. unten Rn. 954, 957).

Akzessorisch sind die meisten gesetzlichen Kreditsicherungstypen ausgestaltet: Die **29** Bürgschaft (§ 767 Abs. 1 Satz 1), das Faust- und Rechtspfandrecht (§§ 1210, 1273), die Hypothek teilweise (insofern, als ihr Erwerb ohne Forderung möglich ist, unten Rn. 299, und als das Erlöschen der Schuld nicht den Untergang des Grundpfandrechts, sondern die Verwandlung in eine Eigentümergrundschuld bewirkt, unten Rn. 327), nicht jedoch die Grundschuld, die abstrakt ist. Mit der Akzessorietät einher geht typischerweise das Recht desjenigen Sicherungsgebers, der den Kredit eines Dritten bestärkt (der also als Interzessionar nicht selbst Kreditschuldner ist), den Kredit abzulösen (§§ 1142, 1192, 1223, vorst. Rn. 14), wodurch die gesicherte Forderung nicht erlischt, sondern auf den Sicherungsgeber übergeht (§§ 1143, 1225).

b) Abstraktheit, Kausalität und Kausalabhängigkeit

aa) Für den Umfang der Kreditsicherheit kann der jeweilige Bestand des Kredits auch **30** nur mittelbar Maß geben in der Weise, dass eine Änderung des Kredits die Sicherheit zunächst unberührt lässt, die Verwertungsbefugnis des Kreditgläubigers trotz Verminderung der gesicherten Forderung also aufrechterhalten bleibt; Sicherheit und gesicherte Forderungen können sich losgelöst von einander und selbständig entwickeln, die Sicherheit ist abstrakt vom Kredit und steht zu diesen in nur mittelbarer, nicht akzessorischer Abhängigkeit. Aber der Sicherungsgeber hat gegen den Kreditgläubiger Anspruch auf Freigabe der Sicherheit, den er dem Verwertungsanspruch zurückbehaltend (§ 273 BGB) entgegensetzen kann. Freigabe heißt, dass der Kreditgläubiger als Sicherungsnehmer dem Sicherungsgeber gegenüber verpflichtet ist, die Grundschuld oder die zur Sicherheit übereignete Sache oder die abgetretene Forderung zurückzugewähren, wie der Bestand des Kredits, also der gesicherten Forderung, Maß gibt; die abstrakte Garantie kann den Gläubiger, an den der Garant geleistet hatte, zur Rückzahlung verpflichten (unten Rn. 1567). Im Gegensatz zur akzessorischen Sicherheit tritt die richtige Zuordnung bei der abstrakten Sicherheit mithin erst durch ein darauf gerichtetes Rechtsgeschäft – die Rückübertragung des Sicherungsgegenstandes, die Erhebung von Einwänden – ein und nicht ipso iure, anders gewendet: nur mittelbar und nicht unmittelbar (*A. Michel*, Überschießende Rechtsmacht als Problem abstrakter und nicht-akzessorischer Konstruktionen, 2000, S. 56; *Habersack*, AcP 198 – 1998 –, 152, 153. Letztendlich bekommt der Kreditgläubiger mit seiner abstrakten Sicherheit also nicht mehr als bei akzessorischer Abhängigkeit. Für den Kreditgläubiger hat die Abstraktheit den Vorteil, dass er die Sicherheit länger in der Hand behält, bis das Rechtsgeschäft vorgenommen wird; er kann dem Sicherungsgeber im gegebenen Falle z.B. Zurückbehaltungsrechte gegen den Rückgewährsanspruch entgegensetzen. Die Abstraktion kann allerdings bewirken, dass der Kreditgläubiger Sicherheiten behält, die den Wert des Kredits in einem Maß überschreiten, das mit den guten Sitten (§ 138 Abs. 1 BGB) unvereinbar ist (unten Rn. 1106 ff.): Es entsteht das Problem der Übersicherung.

bb) Indem das Rechtsverhältnis, aus dem die gesicherte Forderung entspringt (Kredit-, **31** Kausal- oder Grundverhältnis), Grundlage für die Ansprüche des Sicherungsgebers gegen den Kreditgeber auf Vornahme von Rechtsgeschäften in Bezug auf die abstrakte Sicherheit ist, besteht zwischen beiden Kausalität. Das Kreditverhältnis als Kausalverhältnis bildet aber nicht die causa der Sicherheitenbestellung. Deren Rechtsgrund ist vielmehr bei den Realsicherheiten (vorst. Rn. 13) ein eigenständiger obligatorischer Vertrag, nämlich der Sicherungsvertrag (nachf. Rn. 49), der von der dinglichen Bestellung getrennt und seinerseits abstrakt, also kausalunabhängig ist (*Jauernig*, JuS 1994, 721), während die Personalsicherheiten die causa in sich selbst oder in einem Sicherungsversprechen (nachf. Rn. 57) tragen. Es sind zu unterscheiden das Kausalverhältnis (z.B. der Darlehensvertrag), von dem die Sicherheit abstrakt besteht, sie aber kausal beeinflusst, von der causa, nämlich dem Sicherungsvertrag und der dinglichen, kausalunabhängigen Sicherheitenbestellung (§§ 873, 929 BGB, *Röver*, Vergleichende Prinzipien dinglicher Sicherheiten, 1999, S. 136; *Eisenhardt*, in: Festschrift Kroeschell 1997, S. 215; *Schindler*, ebda., S. 1033). Der Sicherungsvertrag begründet Verpflichtungen in Bezug auf den Sicherungsgegenstand, die sich nach dem Kausalverhältnis, nämlich nach dem Zustand und dem Bestand der zu sichernden Forderung, richten. Er ist gleichsam die rechtliche Brücke zwischen Kausalverhältnis und Sicherungsgegenstand.

32 Abstrakt zur gesicherten Forderung sind die kautelarischen Sicherheiten, weil der in der Akzessorietät liegende Automatismus nur durch Gesetz angeordnet werden kann (siehe freilich unten Rn. 1154), im Allgemeinen aber der Grundsatz von Trennung und Abstraktion zwischen Verpflichtungs- und Verfügungsgeschäft gilt. Mit der Grundschuld erfasst aber auch das Gesetz eine abstrakte, nicht-akzessorische Sicherheit.

33 Die Forderungsgarantie als abstrakte Personalsicherheit kennzeichnet sich dadurch, dass die Einstandspflicht gerade auch dann besteht, wenn die gesicherte Forderung mit Einwendungen behaftet ist. Nur die Erfüllung wirkt für den Garanten (den Sicherungsgeber), im Übrigen endet der Anspruch des Kreditgläubigers aus der Garantie trotz Einwendungen gegen die Forderung erst an der Grenze zum Rechtsmissbrauch (unten Rn. 1562).

c) Gesamtschuld

34 Durch den Schuldbeitritt (kumulative Schuldübernahme) bestärkt der Beitretende die Verbindlichkeit des Schuldners, indem er mit diesem ein Gesamtschuldverhältnis gem. §§ 421 ff. BGB bildet. Unmittelbare Wirkung für den Beitretenden haben gem. §§ 422 bis 424 nur Erfüllung, Erlass und Gläubigerverzug, während gem. § 425 andere Tatsachen nur für oder gegen denjenigen Gesamtschuldner wirken, in dessen Person sie eintreten. Die gesamtschuldnerische Bindung ist also nur teilweise akzessorisch, freilich unter dem Vorbehalt, dass sich aus dem Schuldverhältnis nicht ein anderes ergibt (§ 425 Abs. 1 BGB, unten Rn. 1580). Eine andere Frage ist, ob einerseits mehrere Sicherungsgeber (vorst. Rn. 14) oder andererseits Hauptschuldner und Dritter, z.B. der Bürge, Gesamtschuldner sind (unten Rn. 1005) und in welchem Verhältnis Gesamtschuldner als solche zu den Kreditsicherheiten stehen (nachf. Rn. 35 ff.).

V. Kreditsicherung und Gesamtschuld

35 Das Verhältnis von Kreditsicherungsrecht und dem Recht der Gesamtschuld nach §§ 421 ff. BGB wirft neben dem Problem der Abhängigkeit der Sicherheit vom Kredit (vorst. Rn. 34) Fragen ganz unterschiedlicher Richtung auf. Zunächst gilt es zu klären, wann ein Gesamtschuldverhältnis zugleich eine Personalsicherheit (vorst. Rn. 11) darstellt. Eine weitere Frage ist, ob der Sicherungsgeber (z.B. der Bürge) und der Schuldner der gesicherten Forderung (Hauptschuldner) Gesamtschuldner sind. Diese Frage stellt sich nur, wenn Kreditschuldner und Sicherungsgeber verschiedene Personen sind (Kreditsicherung für eine Drittschuld), stets bei den Personalsicherheiten, im besonderen Fall bei den Realsicherheiten. Schließlich ist fraglich, ob mehrere Sicherungsgeber untereinander Gesamtschuldner sind.

1. Gesamtschuld als Personalsicherheit

Ein Gesamtschuldverhältnis kann dadurch begründet werden, dass auf der einen Vertragsseite mehrere Personen stehen: Zwei Gewerbetreibende kaufen zusammen einen Bürocomputer, Eheleute kaufen gemeinsam ein Auto, mehrere Kaufleute nehmen zusammen einen Kredit auf. In diesen Fällen kann der Gläubiger im Allgemeinen die Leistung gem. § 421 Satz 1 BGB nach seinem Belieben von jedem Schuldner ganz oder teilweise fordern. Insofern ist seine Aussicht auf Befriedigung bestärkt wie bei einer Personalsicherheit. Aber während sich die Personalsicherheit dadurch kennzeichnet, dass sie eine einseitige Pflicht des Interzessionars begründet und der Gläubiger allenfalls Nebenpflichten hat, steht der Gläubiger im typischen Fall des Vertragsschlusses mit mehreren Personen auf der Gegenseite zugleich in der Schuld dieser Personen, hat also z.B. gegenüber allen die Vertragspflicht eines Verkäufers oder Darlehensgebers; diese können Gesamtgläubiger gem. § 428 BGB sein oder Leistung an alle gem. § 432 Abs. 1 Satz 1 BGB fordern können. Der Gläubiger auf der einen und die Mehrheit der Vertragspartner auf der anderen Seite stehen im Gegenseitigkeitsverhältnis, im Synallagma. Soweit die Mehrheit der Vertragspartner in ihrer Eigenschaft als Gesamtschuldner betrachtet werden, hat sich ihre Verbindlichkeit gegenüber dem Gläubiger aus gleichem, primärem Schuldgrund ergeben, nicht aber hat der eine die Schuld des anderen bestärkt, ist nicht der eine hinzugetreten, um für den anderen einzuspringen (unten Rn. 1589). Deshalb sind solche paritätischen oder „gleichgründigen Gesamtschulden" (*Ehmann*, Die Gesamtschuld, 1972, S. 359) nicht Personalsicherheiten (Interzessionen). 36

Das schließt nicht aus, dass der eine mit einem anderen, sei es von Anfang an oder nachträglich, das Gesamtschuldverhältnis nur aus der Absicht begründen will, dem Gläubiger einen weiteren Schuldner zu bieten, ohne selbst auch Gläubiger der Leistungspflicht des Kredit gebenden Gläubigers zu werden. In diesem Fall begründet das Gesamtschuldverhältnis eine einseitige Verpflichtung des Gesamtschuldners und dient mithin der Bestärkung der Hauptschuld. Die Gesamtschuld ist als **Sicherungsgesamtschuld** Personalsicherheit, so der Typus des Schuldbeitritts (unten Rn. 1580 ff.), und unterliegt im Gegensatz zur Ausgangslage der Gesamtschuld dem Grundsatz der Subsidiarität, der die Anwendung von § 421 Satz 1 BGB ausschließt (nachf. Rn. 72). 37

2. Gesamtschuldverhältnis zwischen Hauptschuldner und Sicherungsgeber

Bei der Interzession kann der Gläubiger, der Kreditgeber, sowohl den Hauptschuldner wie den Sicherungsgeber oder doch dessen Gegenstand (das Grundstück, das Sicherungsgut) in Anspruch nehmen. Der Umstand allein, dass ein Gläubiger mehrere Schuldner wegen 38 desselben Zugriffsgegenstandes in Anspruch nehmen kann, begründet jedoch noch kein Gesamtschuldverhältnis. Für die einzelnen Kreditsicherungsarten ergibt sich vielmehr:

39 Der Gläubiger kann den Bürgen nach der – wenn auch dispositiven – Regelung von § 771 (unten Rn. 999 ff.), den Sicherungstreugeber aufgrund des Sicherungsvertrags (nachf. Rn. 49 ff.) nicht wie gem. § 421 BGB nach Belieben in Anspruch nehmen, sondern muss sich zunächst an den Hauptschuldner halten (Subsidiarität, näher nachf. Rn. 72). Bei den akzessorischen Kreditsicherheiten bewirkt die Erfüllung der gesicherten Forderung durch den Hauptschuldner oder der Erlass das Ende der Kreditsicherung (§§ 767, 1163, 1210). Die Leistung des Sicherungsgebers führt zum Übergang der gesicherten Forderung auf ihn (§§ 774, 1143, 1225), der anders als im Fall von § 426 Abs. 2 Satz 1 ein vollständiger ist. Bei den nichtakzessorischen Sicherheiten (Grundschuld, Sicherungstreuhand) hängt das Schicksal der gesicherten Forderung von rechtsgeschäftlichen Erklärungen der Beteiligten ab (unten Rn. 244, 1199).

40 Was das Innenverhältnis von Sicherungsgeber und Kreditschuldner angeht, so ist ein gesamtschuldnerischer Ausgleich nach § 426 BGB durch den gesetzlichen Forderungsübergang ausgeschlossen. Allerdings kann der Sicherungsgeber aus dem Innenverhältnis Einwände geltend machen (§ 774 Abs. 1 Satz 3 BGB, unten Rn. 1015). Bei den nichtakzessorischen Kreditsicherheiten entsteht bei Leistung des Sicherungsgebers, sofern die Kreditforderung nicht gem. § 267 BGB erlischt, ein obligatorischer Anspruch auf Abtretung gegen den Gläubiger (unten Rn. 1199). Das Reglement über den Gesamtschuldnerausgleich ist also nicht anwendbar, wenngleich der sicherungsrechtliche Ausgleich wesensähnlich ist. Das Problem endet in der Definition: Erkennt man ein Gesamtschuldverhältnis nur dann an, wenn die gesetzlichen Vorschriften über die Gesamtschuld anwendbar sind, besteht es zwischen Hauptschuldner und Interzessionar nicht; begreift man die Gesamtschuld aus dem Wesen des Ausgleichsverhältnisses, ohne dass es auf die Anwendbarkeit von § 426 ankäme, mag man die Gesamtschuld bejahen.

3. Gesamtschuldverhältnis unter mehreren Sicherungsgebern

41 Der Hauptschuldner kann den Kredit durch mehrere Sicherheiten bestärken: Er kann z.B. mehrere Mitbürgen stellen oder mehrere Dritte veranlassen, dass jeder von ihnen eine bewegliche Sache oder ein Grundstück verpfändet oder jene zur Sicherheit übereignet oder dass an zwei Grundstücken eine Hypothek und eine Grundschuld bestellt wird etc. (Mehrfachsicherung, vorst. Rn. 16). Sind die Sicherungsgeber untereinander Gesamtschuldner, gleichen sie sich also gem. § 426 BGB aus?

42 Mehrere Bürgen (Mitbürgen) sind gem. § 769 kraft gesetzlicher Anordnung Gesamtschuldner. Dies ist eine gesetzliche Vermutung, die widerlegbar ist. Es muss also auch nicht-gesamtschuldnerische Mitbürgschaften geben: Das richtet sich nach dem Einzelfall. Für die Mitverpfändung verweist § 1225 Satz 2 BGB zwar auf die Bürgenvorschrift des § 774, der in Abs. 2 wiederum auf § 426 verweist. Das bedeutet aber lediglich, dass gesamtschuldnerischer Ausgleich nur dann stattfindet, falls Gesamtschuld unter den Mitverpfändern vereinbart oder sonst begründet wurde. In anderen Fällen sind die Mitverpfänder, davon geht das Gesetz aus, also nicht Gesamtschuldner. Die Eigentümer mehrerer Grundstücke, die Hypotheken bestellt haben (Gesamtgrundpfandrecht, unten Rn. 391), sind nur kraft besonderer Begründung im Einzelfall Gesamtschuldner, wie aus § 1173 Abs. 2 folgt (unten Rn. 385); Gleiches gilt für Gesamtgrundschulden. Für die Sicherungstreuhand sowie für das Zusammentreffen nicht gleichartiger Sicherheiten kommt es ebenfalls auf die vertraglichen (oder auch deliktischen, § 840 BGB) Umstände des Einzelfalls an, ob die Sicherungsgeber Gesamtschuldner sind (unten Rn. 517, 1021). Als Folge dessen ist zweifelhaft, ob mehrere Sicherungsgeber untereinander im Allgemeinen Gesamtschuldner sind. Allerdings sind sie stets durch den Sicherungszweck miteinander verbunden, und der Gläubiger soll die Leistung nur einmal erhalten (Erman/*Ehmann*, § 421 BGB Rn. 46).

VI. Die Beteiligten der Kreditsicherheit

An der Begründung der Kreditsicherheit sind der Kreditgeber und Kreditnehmer beteiligt **43**
und, wenn ein Dritter die Sicherheit stellt, dieser als Interzessionar. Sie treten im Kreditsicherungsverhältnis in verschiedenen Funktionen auf, und danach werden sie bezeichnet: Wer den Kredit gibt, ist Gläubiger dessen, der den Kredit nimmt. Der **Kreditgeber** ist also **Kreditgläubiger**, der **Kreditnehmer** ist **Kreditschuldner**. Betrachtet man die Beteiligten bei der Hingabe der Kreditsicherheit, ist es der Kreditgläubiger, der sie nimmt und der Kreditschuldner, der sie gibt: Der Kreditgläubiger ist **Sicherungsnehmer**, der Kreditschuldner ist **Sicherungsgeber**.

Stellt nicht der Kreditschuldner selbst, sondern ein Dritter die Sicherheit, so ist er der Si- **44**
cherungsgeber (s. auch nachf. Rn. 53) und **Interzessionar** (vorst. Rn. 14; man mag ihn als denjenigen, der einspringt, auch als Interzedenten bezeichnen). Eine andere Frage ist, ob der Kreditschuldner oder der Dritte zugleich Partei des obligatorischen Sicherungsvertrags (nachf. Rn. 49, 54) ist. Wenn es der Kreditschuldner ist, bleibt der Dritte zwar Sicherungsgeber, ist dem Gläubiger aber nicht obligatorisch verbunden. Bei den Personalsicherheiten hat der Gläubiger zwei Schuldner, nämlich den Interzessionar und den Kreditnehmer, den man als **Hauptschuldner** bezeichnet.

Bei der Bestellung eines Pfandrechts wird der Kreditgläubiger zum Pfandgläubiger und **45**
Pfandnehmer, der Kreditschuldner wird Pfandschuldner und Verpfänder. Verpfänder kann auch der vom Kreditschuldner verschiedene Eigentümer der Sache oder Inhaber des Rechts als Interzessionar sein. Bei der Sicherungsübereignung wird der Kreditgläubiger Sicherungseigentümer des Sicherungsguts, er ist Treuhänder des Kreditnehmers, dieser ist Treugeber. Ist die Kreditsicherheit eine Forderung, tritt eine weitere Person hinzu, nämlich diejenige, gegenüber der die Forderung besteht: Das ist der Forderungsschuldner. Der Kreditschuldner ist Gläubiger des Forderungsschuldners und Sicherungsgeber des Kreditgläubigers, oder ein Dritter, der eine Forderung als Sicherheit stellt, ist Gläubiger des Forderungsschuldners. Wird eine Forderung im Wege der Sicherungsabtretung auf den Kreditgläubiger übertragen, ist der Kreditgläubiger als Sicherungsnehmer zugleich Sicherungszessionar und der Kreditschuldner als Sicherungsgeber (oder der Dritte) Sicherungszedent. Es gibt also zwei Schuldner und zwei Forderungen: Die Kreditforderung und die Forderung, die die Kreditsicherheit darstellt. Man bezeichnet sie als **gesicherte Forderung** und **Sicherungsforderung**. Ist eine Sache die Kreditsicherheit, so heißt sie Sicherungsgut, gegebenenfalls Pfandsache oder verpfändete Sache (während eine gepfändete Sache diejenige ist, die der Gerichtsvollzieher in der Zwangsvollstreckung durch Pfändung in Beschlag nimmt, § 808 ZPO).

46 Beim Vorbehaltskauf ist Sicherungsgut die unter Eigentumsvorbehalt verkaufte Sache, die Vorbehaltsware; Kreditgläubiger ist derjenige, der die Vorbehaltsware liefert, also der Vorbehaltsverkäufer (Lieferant), und Kreditschuldner ist derjenige, dem die Vorbehaltsware vorgeleistet wurde und der die Gegenleistung, den Kaufpreis, schuldet, also der Vorbehaltskäufer.

47 Die Personalsicherheiten kennzeichnen sich dadurch aus, dass ein Dritter (Interzessionar, vorst. Rn. 11, 14, 44) da sein muss, gegen den der Kreditgläubiger einen obligatorischen Anspruch erhält. Der Kreditgläubiger wird auch Gläubiger des Dritten, dieser wird Schuldner des Kreditgläubigers. Der Bürge ist (sekundärer) Schuldner des Kreditgläubigers, der Kreditschuldner als primärer Schuldner heißt Hauptschuldner (vorst. Rn. 44).

VII. Rechtsgeschäfte im Umfeld einer Kreditsicherheit

1. Kreditgeschäft und Sicherungsgeschäft

48 Kreditsicherheiten haben ihren Ursprung in einem Rechtsgeschäft, nämlich in dem Vertrag, der dem Kredit zugrunde liegt: Darlehen, Kaufvertrag, Werkvertrag. Das gilt auch für gesetzliche Kreditsicherheiten (vorst. Rn. 25); so setzt das gesetzliche Unternehmerpfandrecht aus § 647 einen wirksamen Werkvertrag voraus, das Pfandrecht des Kommissionärs aus § 397 HGB einen wirksamen Kommissionsvertrag etc. Während jedoch gesetzliches Pfandrecht heißt, dass ein beschränktes dingliches Recht am Vertragsgegenstand entsteht (vorst. Rn. 20), ohne dass der Vertragswille der Parteien auf diese Rechtsfolge gerichtet sein müsste, kennzeichnen sich die rechtsgeschäftlichen Kreditsicherheiten gerade dadurch, dass ihre Entstehung und die Verpflichtung dazu vom erklärten Willen der Parteien abhängt.

2. Der Sicherungsvertrag: Begriff und Wesen

a) Verfügung und causa

49 *aa)* Die Bestellung eines Pfandrechts, die Übertragung einer Sache oder eines Rechts zur Sicherheit ist eine Rechtsänderung, also eine Verfügung über den Gegenstand, der zur Realsicherheit wird (vorst. Rn. 13). Die Rechtsänderung tritt im Allgemeinen ein ohne Rücksicht auf den Rechtsgrund, die causa dafür; Verpflichtung und Verfügung sind voneinander getrennte und in ihrem unmittelbaren Bestand unabhängige Geschäfte (Trennungs- und Abstraktionsprinzip, vgl. vorst. Rn. 31). Die causa liegt in einem obligatorischen Geschäft, durch das sich derjenige, der den Kredit haben will, verpflichtet, die Verfügung über den Sicherungsgegenstand herbeizuführen. Dieses Verpflichtungsgeschäft liegt nicht im zugrundeliegenden Geschäft: Darlehensgewährung, Kauf, Bestellung eines Werks begründen die Pflicht zur Kapitalüberlassung, Übereignung, Herstellung, aber nicht zur Sicherheitenbestellung. Neben das zu sichernde Grundgeschäft tritt ein weiteres Geschäft, dessen Inhalt eben die Pflicht zur Sicherheitenbestellung ist. Die Willensübereinstimmung der Parteien zur Begründung dieser Pflicht ist ebenfalls ein Vertrag, der eigenständig neben denjenigen Vertrag tritt, der das Kreditgeschäft ist. Dieser, die Pflicht zur Sicherheitenbestellung begründende Vertrag, ist im Allgemeinen der Sicherungsvertrag (Sicherungsabrede, zum Begriff Sicherungszweckerklärung als Teil des Sicherungsvertrags nachf. Rn. 64; denkbar ist auch eine Schenkung, ein Auftrag). Er ist causa der dinglichen Verträge aus §§ 873 i.V.m. 1113 bzw. 1191 oder 1199, 1205, 1293, 398, 929 BGB, die man als Sicherstellungsvertrag bezeichnen mag (BGH NJW 98, 2097 zu II. 1.), wenngleich dadurch die Abstraktheit des dinglichen Geschäfts vom obligatorischen Geschäft eher vernebelt wird. Erweist sich der Sicherungsvertrag als fehlerhaft, bleibt das Bestellungsgeschäft wirksam, ist aber Gegenstand der Kondiktion. Ist der Sicherungsvertrag ein Formularvertrag, unterliegt er der Kontrolle durch die Vorschriften über Allgemeine Geschäftsbedingungen nach §§ 305 ff. BGB (unten Rn. 158 ff., 1122 ff.).

bb) Die Parteien schließen den Sicherungsvertrag ab zu dem Zweck, das zwischen ihnen **50**
bestehende Grundverhältnis, namentlich die Darlehens- oder sonstige Kreditgewährung, zu sichern. Das Grundgeschäft ist folglich ursächlich für den Abschluss des Sicherungsvertrags. Das Darlehen wird meist nur gegen Sicherheit zur Verfügung gestellt. Aber es ist gerade nicht causa der Sicherheitenbestellung (vorst. Rn. 31), sondern allein der Sicherungsvertrag. Infolgedessen kann die Wirksamkeitskontrolle gem. §§ 138, 307 BGB auf das Sicherungsgeschäft bezogen werden, so dass der sitten- oder treuwidrig handelnde Sicherungsnehmer riskiert, das Darlehen ohne Sicherheit gewährt zu haben. Würde man den Darlehensvertrag als zusätzliche causa ansehen, also eine Doppelcausa durch Darlehensvertrag und Sicherungsvertrag annehmen, die bei nichtigem Sicherungsvertrag noch zum Rechtsgrund bei wirksamem Darlehensvertrag führt, bliebe der Sitten- oder Treueverstoß für den Bestand der Sicherheit ohne Folgen. Er ist aber grundlegender Wertungsparameter der Privatrechtsordnung. Die Lehre von der Doppelcausa (so *Richrath*, Die Übersicherungsproblematik bei nichtakzessorischen Kreditsicherheiten, 1995, S. 39 ff.) ist unhaltbar (*Bülow*, NJW 97, 641).

cc) Die Gesetzesverfasser sahen keine Notwendigkeit, den Sicherungsvertrag über die **51**
allgemeine Bestimmung von § 311 Abs. 1 BGB hinaus zu regeln; er ist im Allgemeinen (s. aber unten Rn. 173, 1151) formlos wirksam und kann stillschweigend und zusammen mit dem Kreditvertrag abgeschlossen werden. Kreditvertrag und Sicherungsvertrag sind zwar von einander getrennt, aber abstrakt nur nach Maßgabe von § 139 BGB: Ist der Kreditvertrag nichtig, wird im Allgemeinen anzunehmen sein, dass auch der Sicherungsvertrag nichtig ist (mit der Folge, dass die gleichwohl bestellte Sicherheit kondizierbar ist, unten Rn. 1146); ist dagegen der Sicherungsvertrag nichtig, dürfte der gem. § 139 zu ermittelnde hypothetische Parteiwille meist dahin gehen, dass der Kreditvertrag wirksam bleiben soll.

dd) Personalsicherheiten sind obligatorische Geschäfte: Bürge oder Garant verpflichten **52**
sich, in der Krise des Hauptschuldners mit ihrem Vermögen einzustehen. Diese Geschäfte tragen den Rechtsgrund in sich selbst, so dass es im Außenverhältnis zwischen Interzessionar und Gläubiger der Rechtsfigur eines gesonderten Sicherungsvertrags nicht bedarf (unten Rn. 852, es kann aber einen Sicherungsvertrag im Valutaverhältnis zwischen Gläubiger und Schuldner geben mit dem Inhalt, einen Interzessionar beizuschaffen, nachf. Rn. 56, und einen Sicherungsauftrag zwischen Interzessionar und Hauptschuldner im Deckungsverhältnis, nachf. Rn. 55).

b) Beteiligung Dritter

53 Besonderer Betrachtung bedarf der Sicherungsvertrag für den häufig auftretenden Fall, dass am Sicherungsverhältnis nicht nur die Parteien des Kreditvertrages beteiligt sind, sondern auch Dritte.

54 *aa)* Dritte sind notwendigerweise am Personalsicherheitenverhältnis beteiligt: Bürge oder Garant treten als weitere Schuldner neben den Hauptschuldner, der den Kredit nimmt. Aber Dritte können auch einem Realsicherheitenverhältnis hinzutreten, nämlich wenn sie es sind, die den Sicherungsgegenstand stellen und nicht der Kreditschuldner selbst (vorst. Rn. 14). Fraglos sind sie Partei des dinglichen Bestellungsvertrages, des Verfügungsgeschäfts (§§ 929, 873, 398 BGB) und damit zugleich Sicherungsgeber (vorst. Rn. 44). Aber das bedeutet nicht notwendig, dass sie zugleich **Partei des Sicherungsvertrages** im **Außenverhältnis** mit dem Gläubiger sind. Das kann auch der Hauptschuldner sein mit der Folge, dass Grundlage der Sicherheitenbestellung unter Gläubiger und Drittem ein obligatorischer Vertrag unter anderen Parteien, nämlich der Sicherungsvertrag zwischen Gläubiger und Hauptschuldner im Valutaverhältnis ist.

55 In Erfüllung dieses Sicherungsvertrages erteilt der Kreditnehmer dem Dritten einen Auftrag (§ 662 BGB), dessen Inhalt es ist, mit dem Kreditgläubiger als Sicherungsnehmer das Verfügungsgeschäft über den Sicherungsgegenstand abzuschließen, z.B. eine Grundschuld am Grundstück des Dritten zu bestellen. Man mag diesen Auftrag, der auch konkludent erteilt werden kann, **Sicherungsauftrag** nennen. Ob Dritter oder Hauptschuldner Partei des Sicherungsvertrages mit dem Gläubiger ist, richtet sich nach dem Einzelfall. Typischerweise stellt der Dritte den Sicherungsgegenstand nur aufgrund seiner geschäftlichen Beziehungen mit dem Hauptschuldner (im sog. **Deckungsverhältnis**) zur Verfügung, kennt den Gläubiger aber oft gar nicht. Deshalb wird meist anzunehmen sein, dass der Hauptschuldner und nicht der Dritte Partei des obligatorischen Sicherungsvertrages ist. Der Sicherungsgeber ist folglich in diesem Fall nicht zugleich Partei des Sicherungsvertrages, obwohl er notwendigerweise Partei des Verfügungsgeschäfts ist.

56 *bb)* Für den Fall, dass der obligatorische Vertrag zwischen Gläubiger und Drittem zustandekommt – stets der die Personalsicherheit bildende Vertrag (Bürgschaftsvertrag, Garantievertrag), seltener der Sicherungsvertrag als causa der Realsicherheit –, kann sich auch der Hauptschuldner gegenüber dem Gläubiger gebunden haben. Zwar wird der Kreditgläubiger den Abschluss des Kreditvertrages häufig davon abhängig machen, dass der Kreditschuldner einen Dritten stellt, der die geforderte Sicherheit bietet, dies kann zur Bedingung erhoben werden (§ 158), die aufschiebend oder auflösend gestaltet werden kann. Aber der Kreditvertrag kann auch endgültig bindend abgeschlossen und der Kreditschuldner darüberhinaus verpflichtet werden, den Dritten, also z.B. einen tauglichen Bürgen, zu stellen. Der Gläubiger könnte Erfüllung verlangen. Grundlage dafür ist wieder ein Sicherungsvertrag eigenen Inhalts im Valutaverhältnis (Sicherungsversprechen nachf. Rn. 57), der neben Kreditvertrag, Sicherungsvertrag zwischen Drittem und Gläubiger resp. Bürgschaftsvertrag und gegebenenfalls dinglichen Bestellungsakt tritt.

c) Sicherungsversprechen als causa einer Personalsicherheit

Der die Personalsicherheit bildende Vertrag (Bürgschaftsvertrag, Garantievertrag, Schuldbeitrittsvertrag) ist selbst obligatorischer Vertrag, der im Außenverhältnis zwischen Drittem und Gläubiger abgeschlossen wird. Dieser Vertrag kann seinen Rechtsgrund in dem Versprechen des Hauptschuldners gegenüber dem Gläubiger im Valutaverhältnis, eine Personalsicherheit zu stellen, haben. Das Versprechen des Hauptschuldners gegenüber dem Gläubiger, das ebenso wie im Falle einer Realsicherheit ein Sicherungsvertrag ist (vorst. Rn. 54), ist die causa für das Recht des Gläubigers, den Dritten im Sicherungsfall in Anspruch zu nehmen (unten Rn. 835). **57**

3. Inhalt des Sicherungsvertrags

Ausgangspunkt der Willensübereinstimmung unter den Parteien (Gläubiger und Schuldner, aber auch ein Dritter und der Gläubiger, vorst. Rn. 53) ist es, die Verpflichtung zur Stellung der Sicherheit zu begründen, die causa des Bestellungsgeschäfts ist (vorst. Rn. 49). **58**

a) Der Sicherungszweck

Umfang und Ausgestaltung dieser Verpflichtung, welcher der Anspruch des Gläubigers entspricht, richten sich nach dem Zweck, den die Parteien mit der Sicherheitenbestellung erreichen wollen. Vertragszweck ist nicht die Bestellung der Sicherheit schlechthin, sondern die Sicherung der Forderung, die der Schuldner noch nicht erfüllt hat. Die zu sichernde und nach Vollzug gesicherte Forderung ist das Maß des Vertragsinhalts und der Auslegung des Vertrags. Ihr dient die Sicherheit. Der Zweck des Sicherungsvertrags ist der Sicherungszweck. **59**

Der Sicherungszweck bestimmt zuvörderst die Identität der gesicherten Forderung oder auch einer Mehrzahl davon. Nur wenn feststeht, welche Forderung es ist, die gesichert werden soll, kann beurteilt werden, ob sie erfüllt oder noch offen ist. Der Sicherungszweck bestimmt die Rücksichtnahmen, die einen Gläubiger im Schuldverhältnis treffen. Aus ihm folgt die Entstehung, Veränderung und Beendigung von Vertragspflichten im Zeitablauf des Sicherungsverhältnisses. **60**

b) Zeitablauf

Das Sicherungsverhältnis teilt sich in aufeinander folgende zeitliche Phasen, die der Dauer des Kreditverhältnisses, in dem die gesicherte Forderung begründet ist, folgen (*Becker-Eberhard*, Die Forderungsgebundenheit der Sicherungsrechte, S. 252). Das Sicherungsverhältnis beginnt mit der Begründung der Sicherheit (**Begründungsphase**). Solange die gesicherte Forderung nicht fällig ist, ruht das Sicherungsverhältnis im Hintergrund (vorst. Rn. 1) und erledigt sich, wenn der Schuldner erfüllt (**Latenzphase**). Die Erledigung des Sicherungszwecks begründet die Notwendigkeit, die bestellte Sicherheit wieder zurückzuführen (**Abwicklungsphase**). Im Nachhinein hatte sich gezeigt, dass der Gläubiger auf die Sicherheit nicht zurückzugreifen brauchte. Erfüllt der Schuldner die gesicherte Forderung aber nicht, obwohl er sie erfüllen müsste, wird der latent gewesene Si- **61** cherungszweck virulent. Der Gläubiger darf auf die Sicherheit zurückgreifen, weil und soweit der Schuldner nicht leistet (**Ausübungsphase**). Der **Sicherungsfall** ist eingetreten. Der Gläubiger kann sich nun überlegen, ob er von seinem Recht auf Zugriff auf die Sicherheit Gebrauch macht, d.h. zur Verwertung des Sicherungsgegenstandes schreitet (**Verwertungsphase**). Sie kann bei einer als Sicherheit bestellten beweglichen Sache in deren freihändiger Veräußerung liegen, bei einer zur Sicherheit abgetretenen Forderung in deren Einziehung beim Schuldner dieser Forderung, bei einer Personalsicherheit in der, vielleicht klageweisen, Inanspruchnahme des Interzessionars. Sofern der Gläubiger aufgrund der Verwertung Leistungen erlangte, hat er mit dem Schuldner abzurechnen. Wie sich die Rechtsbeziehungen unter den Parteien in all diesen Phasen gestalten, kann dem Sicherungszweck entnommen werden.

62 Die Parteien können die sich aus dem Sicherungszweck ergebenden Rechtsverhältnisse ausdrücklich bestimmen, so dass sich allenfalls die Frage stellen kann, ob ein Sitten- oder Treueverstoß (§§ 138, 307 BGB) darin liegt, dass die ausbedungenen Vertragsbedingungen in unerträglicher Weise den Sicherungszweck missachten. Wo die Parteien keine ausdrücklichen Regelungen treffen, ist ihr rechtsgeschäftlicher Wille auf die Erreichung des Vertragszwecks gerichtet, was zugleich bedeutet, dass der Sicherungszweck dem Vertrag – mangels etwaiger entgegenstehender Anhaltspunkte im Einzelfall – konkludent zugrundeliegt und deshalb Umfang und Ausgestaltung der Vertragspflichten in jeder seiner zeitlichen Phasen bestimmt.

c) Vertragspflichten

aa) Rechtsverhältnisse bis zur Fälligkeit der gesicherten Forderung – Begründungsphase und Latenzphase

63 In der Begründungsphase hat der Schuldner die Pflicht, dem Gläubiger den Sicherungsgegenstand zu übertragen, also das Verfügungsgeschäft abzuschließen, z.B. eine bewegliche Sache nach § 929 BGB zu übereignen. Der Gläubiger hat in dieser Phase keine Hauptpflicht, wohl aber die Nebenpflicht alles zu unterlassen, was gegen die Erreichung des Vertragszwecks gerichtet ist (nachf. Rn. 67). Erst im weiteren Verlauf des Sicherungsverhältnisses treffen den Gläubiger Rücksichtnahme- und Handlungspflichten, z.B. zur Rückgewährung des Sicherungsgegenstandes nach Wegfall des Sicherungszwecks (nachf. Rn. 69), zur bestmöglichen Verwertung (nachf. Rn. 79). Der Sicherungsvertrag ist mithin kein gegenseitiger, aber auch nicht ein schlicht einseitig verpflichtender, sondern ein **unvollkommen zweiseitiger Vertrag.**

64 *aaa)* Da die Sicherheitenbestellung zweckgebunden ist, muss im Sicherungsvertrag zugleich der Sicherungszweck, also bestimmt werden, welche Forderung mit der Sicherheit gesichert werden soll. Die Parteien können den der Forderung unterworfenen Sicherungszweck stillschweigend oder durch ausdrückliche **Sicherungszweckerklärung** bestimmen. Die hinreichend genaue Bestimmung der gesicherten Forderung ist bei den akzessorischen Sicherheiten unerlässlich, um den Bestand der Sicherheit festmachen zu können (vorst. Rn. 27); ohne Bestimmung der gesicherten Forderung scheitert die Sicherheitenbestellung. Das gilt auch für die Bürgschaft. Bei den abstrakten Sicherheiten ist die Bestimmung der gesicherten Forderung gleichermaßen unentbehrlich, weil sonst der Sicherungsfall (vorst. Rn. 61) und infolgedessen das Verwertungsrecht des Gläubigers (nachf. Rn. 79) nicht festgestellt werden können.

Die Sicherheit kann auf eine einzige Forderung bezogen sein oder auch auf eine Vielzahl, **65** vielleicht zukünftiger Forderungen, vielleicht aus der gesamten Geschäftsverbindung (vorst. Rn. 17, **Kontokorrentsicherheit**, man spricht von „weiter Sicherungszweckerklärung" im Gegensatz zur Begrenzung des Sicherungszwecks der Sicherheit auf eine oder auch mehrere fest umgrenzte Forderungen, *Rehbein*, Festschr. Heinsius 1991, S. 659 sowie unten Rn. 951, 228); die ursprüngliche gesicherte Forderung kann im Wege des Abänderungsvertrages durch eine neue ersetzt werden (s. § 1180 für die Hypothek). Inhalt des Sicherungsvertrages kann sein, dass der Kreditschuldner neue Sicherheiten herbeischaffen muss, wenn die bislang gestellten an Werthaltigkeit verloren haben, so Nr. 13 AGB-Banken, 15 AGB-Postbank, 22 AGB-Sparkassen (**Nachsicherung**, *Wenzel*, WiB 94, 596; OLG München BB 97, 435).

bbb) Da der Gläubiger mit der Kreditsicherheit legitimerweise seine eigenen Interessen **66** wahrt, hat er im Allgemeinen **keine Obhuts- und Aufklärungspflichten** (Diligenzpflichten, unten Rn. 864) gegenüber dem Sicherungsgeber. Beispielsweise braucht der Gläubiger den Schuldner nicht über steuerrechtliche Veränderungen, die mit der Sicherheit zusammenhängen, zu unterrichten (BGH NJW 98, 305; WM 92, 977). Den Interzessionar braucht er nicht über das Risiko aufzuklären, tatsächlich aus der Sicherheit in die Haftung genommen zu werden (BGHZ 125, 206, 208; BGH WM 94, 1064; 96, 475; 97, 1045). Der Gläubiger haftet dem einen Sicherungsgeber nicht für die Werthaltigkeit einer weiteren, von einem anderen gestellten Sicherheit (BGH WM 94, 1064). Bei erneuter Kreditvergabe braucht er auf die Interessen des Interzessionars keine Rücksicht zu nehmen. Vereinbarungen zwischen Gläubiger und Schuldner über die Verrechnung von Teilleistungen (vgl. § 366 BGB), die sich zu Lasten des Interzessionars auswirken, muss dieser hinnehmen (BGH WM 93, 1078). Nur wenn der Gläubiger einen Irrtum des Sicherungsgebers erkennt, ist er zur Aufklärung darüber verpflichtet (BGH WM 96, 475; 91, 315); er darf einen Irrtum nicht veranlassen (BGH WM 97, 1045). In Ausnahmefällen (s. auch unten Rn. 928) hat der Gläubiger dem Sicherungsgeber einen konkreten Wissensvorsprung zugute kommen zu lassen, z.B. wenn eine Bank selbst Initiatorin eines von ihr finanzierten – und zu sichernden – Anlagemodells ist (BGH WM 92, 901; *Ganter*, WM 98, 2045, 2051).

Der Sicherungsnehmer hat jedoch die **allgemeine Nebenpflicht**, alles zu unterlassen, was **67** die Erreichung des Sicherungszwecks beeinträchtigen würde, namentlich den Anspruch des Sicherungsgebers auf Rückübertragung des Sicherungsgegenstandes nach Tilgung der gesicherten Forderung zu wahren (nachf. Rn. 69). Deshalb darf der Sicherungsnehmer seine Vollrechtsinhaberschaft nur mit Rücksicht auf den Sicherungszweck ausüben und das Sicherungsgut vor Eintritt des Sicherungsfalls (nachf. Rn. 75) nicht verwerten, die zur Sicherheit abgetretene Forderung nicht einziehen (unten Rn. 1372), in der treuhänderisch übernommenen Gesellschafterstellung das Stimmrecht nicht gegen die legitimen Interessen des Sicherungsgebers, der wieder Gesellschafter werden soll, ausüben (unten Rn. 1442 f.). Die Pflicht zur Rücksichtnahme folgt nicht nur aus dem Vertragszweck, sondern auch aus dem gem. § 241 Abs. 2 BGB zu wahrenden Integritätsinteresse des Sicherungsgebers.

68 *ccc)* Ist die Bestellung der Sicherheit vollzogen, kann der Gläubiger vom Schuldner der gesicherten Forderung aber mangels Fälligkeit noch nicht Erfüllung verlangen (oder auch, weil die Forderung einredebehaftet ist, unten Rn. 1162), hoffen die Parteien, dass es nicht zum Sicherungsfall kommt, sich der Sicherungszweck also erledigt. Das Sicherungsverhältnis befindet sich in der **Latenzphase**. Würde der Schuldner später erfüllen, erhielte er den Sicherungsgegenstand zurück. Deshalb hat der Gläubiger die Pflicht, die Rückführung der Sicherheit nicht zu gefährden, also alles zu unterlassen, was die dem Schuldner wieder einzuräumende Rechtsstellung beeinträchtigten würde. Deshalb darf der Gläubiger als Sicherungseigentümer mit der Sache nicht nach Belieben verfahren, also seine dingliche Rechtsstellung aus § 903 BGB nicht ohne Rücksicht auf den Sicherungszweck ausüben. Namentlich darf er nicht Herausgabe der Sicherheit verlangen, und er darf sie nicht verwerten. Der Pfandgläubiger hat gem. § 1215 BGB die Pflicht eines Verwahrers (unten Rn. 506). Der Sicherungszessionar darf die Sicherungsforderung (vorst. Rn. 45) nicht einziehen; einziehungsbefugt bleibt im Allgemeinen vielmehr der Zedent (unten Rn. 1448 ff.). Andererseits sind natürlich die Rechte des Gläubigers für den möglichen Eintritt des Sicherungsfalls zu wahren; deshalb darf das mit einem Grundpfandrecht belastete Grundstück nicht verschlechtert werden (§§ 1133 ff., unten Rn. 202). Der Vorbehaltslieferant kann den vertragswidrigen Gebrauch der Vorbehaltssache durch den Käufer unterbinden (unten Rn. 755).

bb) Rechtsverhältnisse bei Fälligkeit – Abwicklungsphase und Subsidiarität des Zugriffs auf die Sicherheit

69 *aaa)* Ist der Zeitpunkt der Fälligkeit da, gibt es zwei Möglichkeiten, nämlich dass der Schuldner die gesicherte Forderung erfüllt oder dass er trotz Fälligkeit und mangels Einrede nicht leistet. Im ersten Fall ist der Sicherungszweck erledigt. **Akzessorische** gesetzliche (oben Rn. 32) Sicherheiten erlöschen: Die verpfändete bewegliche Sache ist nicht mehr belastet (§ 1252, unten Rn. 530), so dass der vormalige Pfandgläubiger kein Recht zum Besitz mehr hat (§ 986 BGB, unten Rn. 485) und der Vindikation des vormaligen Schuldners ausgesetzt ist; die Fremdhypothek wird zur Eigentümergrundschuld (§ 1163 Abs. 1 Satz 2, unten Rn. 327); der Bürge ist frei. **Abstrakte** Sicherheiten treten in die **Abwicklungsphase** ein. Abstraktheit heißt gerade, dass die Erfüllung der gesicherten Forderung den Bestand der Sicherheit unmittelbar nicht berührt, sondern aufgrund der kausalen Verknüpfung mit ihr nur mittelbar (oben Rn. 30). Die Mittelbarkeit der Verknüpfung liegt im Sicherungsvertrag. Danach sind diejenigen Rechtshandlungen zu vollziehen, die den vormaligen Schuldner wieder in seine frühere Rechtsstellung versetzen. Die zur Sicherheit übereignete Sache ist auf den vormaligen Schuldner gem. § 929 BGB zurückzuübereignen, die zur Sicherheit abgetretene Forderung gem. § 398 BGB zurückabzutreten, gleichermaßen die Sicherungsgrundschuld (unten Rn. 174, 227). Der **obligatorische Rückgewährsanspruch** ist Inhalt des Sicherungsvertrags. Dieser Anspruch entsteht nicht erst mit dem Wegfall des Sicherungszwecks, sondern schon mit Bestellung der Sicherheit, jedoch gem. § 158 Abs. 1 BGB aufschiebend bedingt durch den Zweckwegfall, also die Tilgung der gesicherten Forderung (unten Rn. 176).

70 Im Falle der Sicherheitenbestellung für eine **Drittschuld**, bei der der Dritte nicht Partei des Sicherungsvertrags ist, hat dieser aus dem Sicherungsauftrag im Deckungsverhältnis (vorst. Rn. 54) einen typisierten Anspruch gegen den Kreditnehmer als Schuldner auf

Geltendmachung des Rückübertragungsanspruchs gegenüber dem Sicherungsnehmer als Gläubiger und zugleich auf Abtretung dieses Anspruchs auf sich selbst (nachf. Rn. 77 und unten Rn. 181).

Es gibt praktisch bedeutsame Fälle, in denen der Sicherungszweck, jedenfalls teilweise, noch vor der Fälligkeit der gesicherten Forderung wegfällt, nämlich in bestimmten Fällen von Globalsicherheiten (oben Rn. 15). Erstreckt sich die Rechtsübertragung auch auf erst in der Zukunft entstehende Forderungen oder etwa auf Sachen, die ein zur Sicherheit übereignetes Warenlager auffüllen (**revolvierende Globalsicherheiten**, im einzelnen unten Rn. 1106 ff. sowie vorst. Rn. 15), kann sich ergeben, dass sich der Sicherheitenbestand in einer Weise vergrößert, die den Umfang der gesicherten Forderung in erheblicher Weise übersteigt. Die Höhe des Sicherheitenbestandes ist vom Sicherungsinteresse des Gläubigers nicht mehr gedeckt. Inhalt des Sicherungsvertrages ist es, denjenigen Teil der Sicherheiten freizugeben, der das Sicherungsinteresse des Gläubigers übersteigt, also vom Sicherungszweck nicht gedeckt ist. **71**

bbb) Erfüllt der Schuldner die gesicherte Forderung bei Fälligkeit nicht, wird das latent gewesene Sicherungsverhältnis virulent. Der Gläubiger kann seine Rechtsstellung als Sicherungsnehmer wahrnehmen, wenn der Sicherungsfall eingetreten ist. Dessen Voraussetzungen sind mit dem Eintritt des Fälligkeitszeitpunktes allein allerdings noch nicht erfüllt. Das Wesen des Sicherungsverhältnisses liegt in seiner Funktion, Ersatz für die ausgebliebene Leistung des Schuldners zu sein. Deshalb steht es nicht im Belieben des Gläubigers, ob er Leistung vom Schuldner verlangt oder die Sicherheit in Anspruch nimmt. Vielmehr muss feststehen, dass der Schuldner nicht leistet, obwohl er leisten müsste. Infolgedessen muss der Gläubiger den Schuldner zur Leistung aufgefordert haben und die Leistung trotzdem ausbleiben, um zur Ausübung seines Sicherungsrechtes berechtigt zu sein, oder es muss ein vereinbarter Leistungstermin verstrichen sein. Aus dem Wesen des Sicherungsverhältnisses folgt dessen **Subsidiarität**. Sie unterscheidet sich von der bürgschaftsrechtlichen Subsidiarität nach § 771 BGB durch ihre weit geringeren Anforderungen, indem sie nicht Vollstreckungsversuche beim Hauptschuldner, sondern schlicht die nicht befolgte Aufforderung an den Hauptschuldner resp. das Verstreichen des Termins voraussetzt. Die Subsidiarität bestimmt den Sicherungsfall sogar bei Garantie oder Bürgschaft auf Erstes Anfordern (unten Rn. 1571, 974). Da die Aufforderung des Gläubigers zur Leistung im Allgemeinen die Voraussetzungen einer Mahnung erfüllt, tritt der Sicherungsfall meist erst bei Verzug ein. Die Subsidiarität der Befriedigung aus der Sicherheit unterscheidet das Sicherungsverhältnis von einer gleichgründigen Gesamtschuld (§ 421 BGB, oben Rn. 39 und unten Rn. 1598), kennzeichnet aber gerade auch die Sicherungsgesamtschuld (was *Pöggeler*, JA 2001, 65, 70 verkennt). **72**

Die Subsidiarität setzt voraus, dass der Sicherungszweck noch besteht, also nicht durch Erfüllung der gesicherten Forderung weggefallen ist. Die Erfüllung ist gem. § 362 BGB rechtsvernichtende Einwendung, mit der sich der Schuldner gegen den Anspruch des Gläubigers verteidigen kann. Als Folge dieses Grundtatbestands ist auch die Subsidiarität als Einwand des Sicherungsgebers, der gegenüber dem Verwertungsanspruch des Sicherungsnehmers erhoben wird, aufzufassen, nicht jedoch als negative Anspruchsvoraussetzung für die Verwertung (*Bülow*, ZIP 1999, 985, 986). **73**

74 Die Parteien des Sicherungsvertrages können den Sicherungsfall von Umständen abhängig machen, die neben die Fälligkeit treten müssen. So kann beispielsweise die Auslegung ergeben, dass der Interzessionar nur haften soll, solange er Gesellschafter der Schuldnerin oder Ehegatte des Schuldners ist (vgl. unten Rn. 956); der Sicherungsgeber kann zur Kündigung befugt sein (unten Rn. 197, 951).

cc) Rechtsverhältnisse nach Eintritt des Sicherungsfalls – Ausübungsphase und Verwertungsphase

75 *aaa)* Im Allgemeinen begründet der Verzug den Sicherungsfall, so dass die **Ausübungsphase** beginnen kann. Sie bedeutet im Falle einer Interzession (oben Rn. 14) immer noch nicht, dass der Gläubiger ohne weiteres zur Verwertung des Sicherungsgegenstandes, also zur Versteigerung des mit dem Grundpfandrecht belasteten Grundstücks, zum freihändigen Verkauf der zur Sicherheit übereigneten Sache (unten Rn. 1223), zur Einziehung der abgetretenen Forderung schreiten könnte. Vielmehr zeigt sich auch in dieser Phase die Subsidiarität des Sicherungsverhältnisses (vorst. Rn. 72), indem der Interzessionar Gelegenheit erhalten muss, den Gläubiger anstelle des Hauptschuldners zu befriedigen und auf diese Weise der Verwertung des Sicherungsgegenstandes zuvorzukommen. Dieser Grundgedanke kommt für das Mobiliarpfandrecht durch das Erfordernis der Verkaufsandrohung nach § 1234 BGB (unten Rn. 575), bei den Grundpfandrechten durch die Notwendigkeit, sich einen Vollstreckungstitel zu beschaffen (§ 1147 BGB, unten Rn. 409), zum Ausdruck. Bei den Personalsicherheiten verwirklicht sich dieser Grundgedanke durch die allgemeine zivilprozessuale Regel, dass der klagende Gläubiger unter den Voraussetzungen von § 93 ZPO die Kosten des Verfahrens trägt, wenn der beklagte Interzessionar keinen Anlass zur Klageerhebung gegeben hatte, also die Leistung von ihm nicht vorprozessual verlangt worden war.

76 Am Beginn der Ausübungsphase gibt es im Falle der Interzession wiederum zwei Möglichkeiten, nämlich dass der Sicherungsgeber zur Abwendung der Verwertung auf die gesicherte Forderung leistet oder dass er es zur Verwertung kommen lässt. Im ersten Fall stellt sich die Frage, welche Wirkung die Leistung des Interzessionars auf die gesicherte Forderung hat. Leistet der Interzessionar im Verhältnis zum Hauptschuldner als Dritter i.S.v. § 267 BGB, erlischt die gesicherte Forderung (§ 362 BGB). Im Falle akzessorischer, also gesetzlicher (oben Rn. 32) Sachsicherheiten hat der Interzessionar dagegen ein **Ablösungsrecht** (§§ 1142, 1223 BGB), welches bewirkt, dass die gesicherte Forderung nicht untergeht, sondern kraft Gesetzes auf den Interzessionar übergeht. Dieser Forderungsübergang erleichert den Regress des Interzessionars beim Hauptschuldner. Für kautelarische Realsicherheiten ist statt dessen die Vertragspflicht des Gläubigers anzunehmen, die gesicherte Forderung gegen die Leistung des Interzessionars an diesen abzutreten, so dass sie nicht erlischt (unten Rn. 244, 1199).

77 Die Abwendung der Verwertung hat das Ziel, die Sicherheit auf den Interzessionar zurückzuführen. Der Interzessionar kann selbst Partei des Sicherungsvertrages mit dem Gläubiger sein und hat infolgedessen selbst Anspruch auf Rückübertragung des Sicherungsgegenstandes (vorst. Rn. 69). Ist aber nicht er, sondern der **Hauptschuldner Partei des Sicherungsvertrags** (vorst. 48), ist dieser zugleich Gläubiger des Rückübertragungsanspruchs gegen den Sicherungsnehmer. Dem zwischen Hauptschuldner und Interzessionar abgeschlossenen Sicherungsauftrag im Deckungsverhältnis ist jedoch die Vertragspflicht zu entnehmen, den Rückübertragungsanspruch, nachdem der Interzessionar für den Hauptschuldner geleistet hatte, an den Interzessionar abzutreten, wie dies auch in der Abwicklungsphase der Fall ist (vorst. Rn. 69). Hat der Hauptschuldner den Rückübertragungsanspruch an den Interzessionar abgetreten, ist dieser als Zessionar Gläubiger des Rückübertragungsanspruchs gegen den Sicherungsnehmer geworden und bekommt das Sicherungsgut zurück. Danach ist die Ausübungsphase beendet. Aber das Deckungsverhältnis zwischen Hauptschuldner und Drittem, dem Interzessionar, kann auch anderes ergeben: Hatte der Interzessionar die Sicherheit bestellt, weil er zugleich Schuldner des Hauptschuldners war und auf diese Weise seine Schuld tilgen wollte, kann der Sicherungsauftrag der Regelung von § 1164 BGB entsprechend (unten Rn. 333) so auszulegen sein, dass der Rückübertragungsanspruch beim Sicherungsauftraggeber, der zugleich Kreditnehmer und Partei des Sicherungsvertrages ist, bleibt, der Dritte, der Interzessionar, also keinen Anspruch auf Abtretung des Rückübertragungsanspruchs hat (unten Rn. 1170).

Bei **Personalsicherheiten** findet der Forderungsübergang kraft Gesetzes statt, nämlich **78**
bei der Bürgschaft nach § 774 BGB (unten Rn. 858) und beim Schuldbeitritt nach § 426 Abs. 2 BGB (unten Rn. 1606), nicht jedoch bei der Garantie (unten Rn. 1566).

bbb) Lässt es der Sicherungsgeber, sei er mit dem Schuldner identisch oder sei er Inter- **79**
zessionar, auf die Verwertung ankommen, sind die Rechtsverhältnisse bei den gesetzlichen Realsicherheiten bis ins einzelne ausgeformt (unten Rn. 402, 568, 688), bei den Personalsicherheiten liegen sie in der Inanspruchnahme des Interzessionars (unten Rn. 1058, 1629). Die Verwertung kautelarischer und damit abstrakter (oben Rn. 32) Realsicherheiten richtet sich nach dem Sicherungsvertrag; danach hat der Sicherungsnehmer diejenige Verwertungsart auszuwählen, welche den bestmöglichen Erlös verspricht. Er hat also eine Prognose über die Erlösaussichten anzustellen (unten Rn. 1224). Demgemäß kann der freihändige Verkauf, die Versteigerung (unten Rn. 1221), aber auch der Selbsteintritt (unten Rn. 1228) geboten sein. Ein **Mehrerlös**, der den Anspruch des Gläubigers übersteigt, ist dem Sicherungsgeber als Partei des Sicherungsvertrages zu erstatten (unten Rn. 1215); dieser wird zum Gläubiger einer Geldforderung gegen den Sicherungsnehmer.

VIII. Gang der Darstellung

Um zu verstehen, aus welchem Grunde die Kautelarpraxis von gesetzlichen Kreditsiche- **80**
rungstypen abweicht, muss man diese gesetzlichen Typen kennen. Im ersten Kapitel sind deshalb die gesetzlichen Kreditsicherungstypen dargestellt, im zweiten Kapitel kautelarische Kreditsicherheiten. Das dritte Kapitel befasst sich mit der Darstellung und der Lösung der Fragen, die sich stellen, wenn mehrere Sicherungsnehmer auf dieselbe Kreditsicherheit zugreifen wollen.

1. Kapitel

Die gesetzlichen Kreditsicherungstypen

81 Sicherungsmittel für einen Kredit können bewegliche und unbewegliche Sachen sein, Rechte und Personen. Für die Kreditsicherung durch eine Person stellt das Gesetz die Bürgschaft als Typus zur Verfügung. An Sachen und Rechten kann der Gläubiger dadurch gesichert werden, dass ihm die Befugnis übertragen wird, Sache oder Recht zu verwerten und sich aus dem Verwertungserlös zu befriedigen. Darin verkörpert sich der Typus des Pfandrechts. Im Falle des Kaufs beweglicher Sachen kann sich der Verkäufer im Hinblick auf den noch nicht erbrachten Kaufpreis dadurch sichern, dass er trotz Übergabe der Sache den Eigentumserwerb des Käufers nicht eintreten lässt: Hierin liegt der gesetzliche Typus des Eigentumsvorbehalts.

1. Abschnitt

Pfandrechte

82 Nach dem Gegenstand, auf dem das Pfandrecht lastet, unterscheidet das Gesetz Grundpfandrechte, Mobiliarpfandrechte und Pfandrechte an Rechten.

I. Wesensmerkmale

A. Abschlussfreiheit und zwingendes Recht

83 Sollen nach dem Willen der Parteien des Sicherungsgeschäfts, Sicherungsgeber und Sicherungsnehmer, bewegliche oder unbewegliche Sachen oder Rechte (z.B. Forderungen) den Kredit sichern, stellt das Gesetz die Pfandrechte als Kreditsicherungstypen zur Verfügung. Die Ausformung der Rechtsbeziehungen unter den Beteiligten einer Pfandrechtsbestellung ist durch den gesetzlichen Typus in den meisten Einzelheiten zwingend vorgegeben, und der Privatautonomie sind Grenzen gesetzt: Zwar ist die Frage, ob das Pfandrecht überhaupt bestellt werden soll, den Parteien überlassen, aber weitgehend nicht die Frage, wie es ausgestaltet ist. Haben die Parteien ein Pfandrecht erst einmal bestellt, müssen sie sich dem gesetzlichen Muster unterwerfen, auch wenn es ihren wirtschaftlichen Bedürfnissen, Vorstellungen und Wünschen nicht entsprechen sollte. Schon hier ist der Ursprung für Überlegungen der Parteien gelegt, wie sie Rechtsgegenstände als Kreditsicherungsmittel nutzbar machen können, ohne den Typus des Pfandrechts zu wählen (oben Rn. 21) – Privatautonomie ist ja gerade nicht begrenzt, solange es um den Vertragsschluss selbst geht.

B. Zuweisung der Verwertungsbefugnis; Teilrechtsabspaltung

1. Dogmatische Begründung des Pfandrechts

Das Ziel des Pfandrechts liegt in der Verwertung des Gegenstandes und der Befriedigung des Gläubigers aus dem Verwertungserlös, wenn der Sicherungsfall (oben Rn. 61) eingetreten ist. Die Art der Verwertung steht dem Pfandgläubiger als Sicherungsnehmer nicht frei, sondern kann sich nur in den vom Gesetz zugelassenen Bahnen vollziehen, in erster Linie durch öffentliche Versteigerung (unten Rn. 402 ff., 575 ff., 690). Die Verwertung durch Veräußerung des verpfändeten Gegenstands bleibt durch die Verpfändung unberührt, steht also nach wie vor dem verpfändenden Rechtsinhaber (Pfandschuldner) zu und ist Teil des umfassenden, durch § 903 BGB für den Fall einer Sache beschriebenen Herrschaftsrechts des Eigentümers, gleichermaßen des Inhabers einer Forderung oder eines anderen Rechts. Die Befugnis zur Verwertung durch Versteigerung wird dem Pfandgläubiger als Belastung des Rechtsgegenstands zugewiesen und ist ein beschränktes dingliches Recht daran. Es entsteht durch Verfügungsgeschäft zwischen Rechtsinhaber und Gläubiger, dem Verpfändundungsvertrag nach §§ 1205, 1273, 873 BGB. Der Rechtsinhaber selbst ist auf der anderen Seite zur Verwertung des Gegenstandes durch öffentliche Versteigerung nach §§ 1228 ff., 1281 ff. resp. dem ZVG nicht befugt, weder nach noch ohne Verpfändung (unten Rn. 352). Der Pfandgläubiger erhält ein dingliches Recht der Art, wie es der Rechtsinhaber vorher nicht hatte und nicht erlangen kann. Dies unterscheidet das Pfandrecht vom Nießbrauch, wo dem Nießbraucher als beschränkt dinglich Berechtigtem die ausschließliche Nutzungsbefugnis an der Sache (§ 1030) oder am Recht (§ 1068) übertragen wird, die vorher dem Rechtsinhaber als Teil seines umfassenden Herrschaftsrechts zugewiesen war. Man kann im Falle des Pfandrechts folglich nicht mit Fug davon sprechen, dass aus der umfassenden Herrschaftsbefugnis des Inhabers ein Teil davon abgespalten würde[1]. Was der Inhaber nicht hat, kann er nicht abspalten; was er aber hat, nämlich die Verwertungsbefugnis im Wege der Veräußerung, behält er und spaltet es ebenfalls nicht ab. 84

2. Pfandrecht als beschränktes dingliches Recht

Das Pfandrecht ist demgemäß ein beschränktes dingliches Recht, das seinem Inhaber, dem Pfandgläubiger, eine besonders ausgestaltete Verwertungsbefugnis zuweist[2]. Das Pfandrecht wird dem Gläubiger, gegenüber jedermann wirkend, insbesondere gegenüber dem Eigentümer, als dingliches Recht eingeräumt und berechtigt ihn weder zur Nutzung der Sache[3] oder des Rechts noch zur Verfügung darüber oder zu sonstiger Ausübung von 85

1 So aber die Lehre von der Teilrechtsabspaltung, *Baur/Stürner*, § 3 II. (Rn. 23, S. 17); § 36 II. 2. a. (Rn. 62, S. 399); § 60 I. 2. (S. 610); s. auch *Enneccerus/Nipperdey*, § 79 A. I. 4. (S. 459); *Schapp*, Sachenrecht, Rn. 383, zur **Theorie der Realobligation** (der Eigentümer schulde die Geldsumme, hafte aber nur aus dem Grundstück) so jetzt noch *Eickmann*, in: Westermann, Sachenrecht, § 93, S. 686 und in MünchKomm. § 1147 BGB Rn. 4, sowie zur **Theorie der dinglichen Schuld** (der Haftung mit dem Grundstück entspreche eine persönliche Schuld des Eigentümers) s. die Darstellung bei *Baur/Stürner*, § 36 II. 2. a. dd. (Rn. 68, S. 400); die Gesetzesformulierungen in §§ 1113, 1192, 1199 sind wie diejenigen in § 1204 Abs. 1 zu verstehen.

2 *Dernburg*, Das Pfandrecht, 1860, S. 97.

3 Es gibt freilich den Sonderfall der Antichresis gem. § 1213, unten Rn. 509.

Herrschaft über den Gegenstand. Der Gläubiger darf nach Maßgabe des Gesetzes nur die Verwertung betreiben, mit den Worten von § 1204 Abs. 1: Befriedigung aus der Sache (resp. dem Recht) suchen. Nur die Befugnis zur Befriedigung aus dem Gegenstand und nichts weiter ist ihm zugeordnet, alle anderen dinglichen Befugnisse bleiben beim Eigentümer oder Inhaber, insbesondere kann dieser den Gegenstand veräußern und auf diesem Wege – belastet mit dem beschränkten dinglichen Recht des Gläubigers – verwerten.

86 Indem der Rechtsinhaber zur Verwertung des Pfandgegenstandes durch Veräußerung trotz Verpfändung unverändert befugt bleibt, stehen beide Verwertungsbefugnisse, die des Rechtsinhabers und die des Pfandgläubigers, nebeneinander und schließen sich gegenseitig aus. Mit dem Pfandrecht findet eine **additive Zuweisung der Verwertungsbefugnis** statt.

3. Causa des Pfandrechts

87 Verpfändung bedeutet den dinglichen Vollzug der Zuweisung des Verwertungsrechts auf den Pfandgläubiger. Obligatorische Grundlage, causa dieser Verfügung, des Verpfändungsvertrags (§§ 1205, 1273, 873), ist ein Sicherungsvertrag (oben Rn. 48), durch den sich Pfandgläubiger und Verpfänder zur Durchführung der Verpfändung verpflichten. Dieser Sicherungsvertrag wird oft zusammen mit dem Kreditvertrag abgeschlossen, ist von diesem als eigenständiger Vertrag aber zu trennen.

C. Arten der Pfandrechte und gemeinsame Merkmale

88 Das Gesetz formt die Pfandrechte unterschiedlich nach der Art der sichernden Rechtsgegenstände aus:

In §§ 1113 bis 1203 sind die Pfandrechte an Grundstücken geregelt (Grundpfandrechte: Hypothek, Grundschuld, Rentenschuld), in §§ 1204 bis 1258 das Pfandrecht an beweglichen Sachen (Faustpfandrecht) und in §§ 1273 bis 1296 das Pfandrecht an Rechten.

89 Die gesetzliche Ausgestaltung gilt dem dinglichen Recht des Pfandrechtserwerbers und -inhabers, des Pfandgläubigers, während die davon getrennte und in ihrem unmittelbaren Bestand unabhängige obligatorische Grundlage, der Sicherungsvertrag, nur eine allgemeine Regelung durch §§ 311 Abs. 1, 241 BGB gefunden hat. Die Pfandrechtsbestimmungen des Gesetzes befassen sich also nur mit dem sachenrechtlich-dinglichen Teil der Kreditsicherung.

90 Das Gesetz kennt ferner Pfandrechte, die als gesetzliche Folge eines schuldrechtlichen Vertrags, also kraft Gesetzes entstehen (**gesetzliche Pfandrechte**, oben Rn. 48) und solche, die durch gerade darauf gerichteten **rechtsgeschäftlichen** Willen des Gläubigers der zu sichernden Forderung und dem Eigentümer der Pfandsache oder dem Inhaber des verpfändeten Rechts begründet werden, also durch Vertrag. Dieses durch Rechtsgeschäft, also durch dingliche Einigung (§§ 873, 1205, 1273) begründete Pfandrecht ist Gegenstand der gesetzlichen Vorschriften. Für die gesetzlichen Pfandrechte sind diese Vorschriften teilweise, z.B. durch § 1257, für anwendbar erklärt.

Gemeinsam sind den Pfandrechten die Grundsätze der **Publizität**, also dem Erfordernis, die Begründung des beschränkten dinglichen Rechts kundbar zu machen (sei es durch Registereintragung, Besitzeinräumung oder Anzeige an Dritte), der **Priorität**, also dem Vorrang des früher bestellten Pfandrechts vor dem später an demselben Gegenstand bestellten, und der **Spezialität**, also der Pfandrechtstauglichkeit nur für einzelne bestimmte Gegenstände, nicht für Sach- oder Rechtsgesamtheiten als solche. **91**

Typischerweise, aber nicht notwendigerweise gilt der Grundsatz der **Akzessorietät** für die Pfandrechte. Akzessorietät bedeutet die unmittelbare Abhängigkeit des Bestands des Pfandrechts vom Bestand der gesicherten Forderung (oben Rn. 27 f.). Der Grundsatz der Akzessorietät gilt zwar für die Hypothek (§ 1163, jedenfalls teilweise, s. oben Rn. 29 und unten Rn. 299), für das Pfandrecht an beweglichen Sachen und an Rechten (§ 1252) – und auch für die Bürgschaft (§ 767 Abs. 1 Satz 1) –, aber nicht für die Grundschuld: Erlischt die gesicherte Forderung, bleibt die Grundschuld dem Gläubiger unverändert zugeordnet, und er verliert sie erst, wenn er sie auf den Eigentümer (oder einen Dritten, unten Rn. 340) rechtsgeschäftlich überträgt (wozu er obligatorisch verpflichtet ist, unten Rn. 174). Bis dahin behält er sie in der Hand und kann sie sich z.B. im Rahmen eines Zurückbehaltungsrechts dienstbar machen (zu Fällen der unmittelbaren Änderung der Zuordnung auch bei der Grundschuld unten Rn. 223). Die sich für die kautelarischen Kreditsicherungsformen notwendigerweise ergebende rechtliche Unabhängigkeit von Sicherheitenbestand und Forderungsbestand (oben Rn. 32) ist also durch die Grundschuld vorgezeichnet. **92**

Sofern der Eigentümer seine Sache oder der Inhaber seine Rechte nicht für eine eigene Schuld zum Pfand hergibt, sondern als Interzessionar (oben Rn. 14) für die Verbindlichkeit eines Dritten, kann er, um Sache oder Recht vor der Verwertung zu bewahren, die Verbindlichkeit des Dritten selbst begleichen, ohne durch den Widerspruch des Dritten oder die Ablehnung der Leistung durch den Gläubiger gehindert werden zu können (anders gem. § 267 Abs. 2), so §§ 1142, 1192, 1223 Abs. 2; das gilt auch für die Sicherungstreuhand (unten Rn. 1198). Diese Leistung zum Zwecke der **Ablösung** der Schuld, also nicht zum Zwecke der Erfüllung, führt nicht zum Erlöschen der gesicherten Forderung gem. § 362, sondern zu einem Wechsel in der Zuständigkeit für die Forderung: Sie geht auf den Eigentümer oder Rechtsinhaber über, so ordnen es §§ 1143, 1192, 1225, auch 774 an (**cessio legis**, die nicht für kautelarische Sicherungen eintreten kann, s. unten Rn. 1199; zur Grundschuld unten Rn. 244). **93**

II. Pfandrechte an Grundstücken (Grundpfandrechte)

Literatur: *Ahrens*, Von der Position als Sicherungsvertragspartei unabhängige Einreden gegen die Sicherungsgrundschuld aufgrund des Kausalgeschäfts, AcP 200 (2000), 123; *Armbrüster*, Die hoffnungsvollen Grundpfandgläubiger, JuS 89, 824; *Basty*, Der Rückzahlungsvorbehalt nach § 3 Abs. 1 Satz 3 der Makler- und Bauträgerverordnung, WM 95, 1525; *Baur*, Entwicklungstendenzen im Sachenrecht, JA 87, 161; *Bayer/Wandt*, Das Verhältnis zwischen Bürgen und Grundschuldbesteller, JuS 87, 271; *Becker*, Ausgleich zwischen mehreren Sicherungsgebern nach Befriedigung des Gläubigers, NJW 71, 2151; *Behnke*, Das neue Minderjährigenhaftungsbeschränkungsgesetz, NJW 98, 3078; *Bestellmeyer*, Die grundbuchmäßige Euro-Umstellung von Grundpfandrechten, Rpfl 99, 368; *Blaurock*, Aktuelle Probleme aus dem Kreditsicherungsrecht, 3. Aufl. 1990; *Boehmer*, Trennung von Hypothek und Forderung, ArchBürgR 37 (1912), 205; *Bodenbenner*, Bereicherungsrechtliche Rückabwicklung nach Belastung des rechtsgrundlos erlangten Gegenstandes mit einem Kreditsicherungsrecht, 2002; *Börstinghaus*, Die Sicherung der Bauhandwerkerforderungen auf neuen Wegen, ZRP 90, 421; *Brandes*, Die Rechtsprechung des Bundesgerichtshofs zur GmbH, WM 2000, 217; *Budzikiewicz*, Keine Unverjährbarkeit des Anspruchs auf Rückgewähr der „stehengelassenen" Grundschuld, ZGS 2002, 276; *dies.*, „Stehengelassene" Sicherungsgrundschulden: Beginn der Verjährung des Rückgewähranspruchs, ZGS 2002, 357; *Braunert*, Haftungserstreckung bei formularmäßiger Bestellung von Sicherheiten für Darlehensverbindlichkeiten, NJW 91, 805; *Buchholz*, Abtretung der Grundschuld und Wirkungen der Sicherungsvereinbarung – Zur Anwendung des § 1157 BGB auf die Sicherungsgrundschuld, AcP 187 (1987), 107; *Braunert*, Haftungserstreckung bei formularmäßiger Bestellung von Sicherheiten für Darlehensverbindlichkeiten, NJW 91, 805; *Buchholz*, Sicherungsvertraglicher Rückgewähranspruch bei Grundschulden, ZIP 87, 891; *Büdenbender*, Grundsätze des Hypothekenrechts, JuS 96, 665; *Bülow*, Anwendbarkeit von Pfandrechtsbestimmungen auf die Sicherungstreuhand, WM 85, 373 und 405; *ders.*, Sicherungsgeberausgleich, in: Gedächtnisschrift für Dietrich Schultz 87, 49; *ders.*, Grundfragen der Erfüllung und ihrer Surrogate, Jus 91, 529; *Bülow/Artz*, Folgeprobleme der Anwendung des Verbraucherkreditgesetzes auf den Schuldbeitritt und andere Interzessionen, ZIP 98, 629; *Brammertz*, Die Merkmale des Zubehörbegriffs der §§ 97 und 98 BGB, Diss. Bonn, 1993; *Broihan*, Die Reichweite formularmäßiger Sicherungsabreden bei Bürgschaft und Grundschuld, Diss. Göttingen, 1991; *Burger/Schellberg*, Zur Vorverlagerung der Insolvenzauslösung durch das neue Insolvenzrecht, KTS 95, 563; *Canaris*, Der Bereicherungsausgleich bei Bestellung einer Sicherheit an einer rechtsgrundlos erlangten oder fremden Sache, NJW 91, 2513; *Clemente*, Recht der Sicherungsgrundschuld, 3. Aufl. 1999; *ders.*, Sicherungsabreden im Spiegel der neuen Rechtsprechung, ZIP 85, 193; *ders.*, Die Sicherungsabrede der Sicherungsgrundschuld – eine Bestandsaufnahme, ZIP 90, 968; *ders.*, Aktuelle Entwicklungen beim Anspruch auf Rückgewähr einer Sicherungsgrundschuld, ZfIR 97, 127; *ders.*, Gläubigerbefriedigung und Tilgungsverrechnung bei Grundschulden, in: Bankrecht 2000, S. 145; *ders.*, Nochmals: Die Anrechnung des Verwertungserlöses auf die von der Grundschuld gesicherten Forderungen, ZfIR 2000, 1; *Coester-Waltjen*, Die Durchsetzung der Hypothek: Einreden und Einwendungen des Eigentümers, Jura 91, 186; *Deimann*, Gesamtzwangsversicherungshypothek und die „vergessene" Regelung des § 868 ZPO, RPfl 2000, 193; *Dempewolf*, Bedeutung und Wirkung des Rückübertragungsanspruches bei Sicherungsschulden im bankgeschäftlichen Verkehr, 1957; *ders.*, Der Rückübertragungsanspruch bei Sicherungsgrundschulden als Kreditsicherungsmittel, NJW 57, 1257; *ders.*, Die Pfändung eines Anspruchs auf Rückgewähr einer Sicherungsgrundschuld, NJW 59, 556; *Derleder*, Die unsichere Sicherungsgrundschuld, JuS 71, 90; *Dieckmann*, Zur entsprechenden Anwendung der §§ 1164, 1165 BGB im Grundschuldrecht, in: Festschr. Söllner 1990, S. 25; *ders.*, Zur entsprechenden Anwendung der §§ 1164, 1165 BGB im Grundschuldrecht, WM 90, 1481; *Diepold*, Erschwerte Hypothekenpfändung infolge Änderung der BGH-Rechtsprechung, MDR 95, 454; *Dörrie*, Kreditgeschäfte mit Grundbesitzgesellschaften bürgerlichen Rechts, ZfIR 2001, 1; *Dux*, Die unwiderrufliche Vollmacht zur Unterwerfung unter die sofortige Zwangsvollstreckung bei Grundschulden, WM 94, 1145; *Ehlscheid*, Ausgleichsansprüche unter mehreren Sicherungsgebern, Diss. Bonn 1991; *ders.*, Die Ausgleichsansprüche unter Sicherungsgebern, BB 92, 1290; *Ehricke*, Die Anfechtung einer Tilgungsbestimmung gem. § 366 Abs. 1 BGB wegen Irrtums, JZ 99, 1075; *Eickmann*, Aktuelle Rechtsfragen zur Sicherungsgrundschuld, ZIP 89, 137; *ders.*, Die in der Zwangsversteigerung bestehenbleibende Grundschuld, in: Festschr. Merz, 1992, S. 49; *Eilmannsberger*, Die Liberalisierung des Hypothekarkredits in der EWG, EuZW 91, 691; *Fehl*, Identität von Besteller und Grundstückseigentümer bei der Bauhandwerkersicherungshypothek?, BB 87, 2039; *Felgentraeger*, Hypothek und Grundschuld, in: Festschr. Julius v. Gierke 1950, 140; *Fleischer*, Finanzplankredite und Eigenkapitalersatz im Gesellschaftsrecht, 1995; *Friedrich*, Anwendbarkeit des § 401 BGB auf die Sicherungsgrundschuld NJW 69, 485; *Fullenkamp*, Die erweiterte Zweckerklärung bei Bürgschaft und Grundschuld, 1988; *Gaberdiel*, Kreditsicherung durch Grundschulden, 6. Aufl. 2000; *Gerhardt*, Grundpfandrechte im Insolvenzverfahren, 5. Aufl. 1990; *ders.*, Grundzüge und Probleme der Zwangsversteigerung, JA 81, 12; *ders.*, Die Wirkung der Abrechnungsvereinbarung bei Sicherungsgrundschulden im Konkurs, ZIP 80, 165; *v. Gerkan*, Das Recht des Eigenkapitalersatzes in der Diskussion, ZGR 97, 173; *v. Gerkan/Hommelhoff*, Kapitalersatz im Gesellschafts- und Insolvenzrecht, 5. Aufl. 1997; *Gerth*, Zur Kündbarkeit der Zweckerklärung von Grundschulden, BB

90, 78; *Glaßer*, Die durch Grundschuld gesicherte Gesellschafterforderung und der Konkurs der Gesellschaft, BB 96, 1229; *Gnamm*, Der Rückübertragungsanspruch nach Abtretung einer nicht voll valutierten Sicherungsgrundschuld an Dritte, ZIP 86, 822; *ders.*, Eigenkapitalersetzende Nutzungsüberlassung – Nachteilige Auswirkungen für Grundpfandgläubiger?, WM 96, 189; *Goebel*, Reform des Zwangsvollstreckungsrechts im Spiegel dogmatischer Systemgerechtigkeit, KTS 95, 143; *Goedecke*, Die deutschen Hypothekenbanken, 3. Aufl. 1990; *Goertz/Roloff*, Die Anwendung des Hypothekenrechts auf die Grundschuld, JuS 2000, 762; *Gursky*, Die Belastung des Bereicherungsgegenstandes durch den Kondiktionsschuldner, JZ 92, 95; *ders.*, Gutglaubensschutz bei der Ablösung von Grundpfandrechten, WM 2001, 2361; *Haas*, Materiellrechtliche Einreden gegen die Sicherungsgrundschuld und ihre Drittwirkung bei rechtsgeschäftlichem Grundschuldübergang, Diss. Münster, 1992; *Habersack*, Die Akzessorietät – Strukturprinzip der europäischen Zivilrechte und eines künftigen europäischen Grundpfandrechts, JZ 97, 857; *J. Hager*, Streckengeschäft und redlicher Erwerb, ZIP 93, 1446; *ders.*, Ablösung von Grundpfandrechten und redlicher Erwerb, ZIP 97, 133; *ders.*, Der Erwerb der schuldnerfremden Sache in der Zwangsversteigerung, in: Festschr. Canaris 2002, S. 1; *Hahn*, Grundschuld und abstraktes Schuldversprechen, ZIP 96, 1233; *Hartenfels*, Euro-Bankrechtliche Aspekte am Morgen der Währungsunion, WM 99, Beilage 1; *Chr. Hattenhauer*, Grundschuldverwertung und Erlösanrechnung, JuS 2002, 601; *Hoes/Tetzlaff*, Ansprüche des Grundpfandgläubigers gegen den Gebäudeversicherer, ZfIR 2001, 354; *Hoche/Göhler*, Die Wirkung der Löschungsvormerkung, NJW 59, 413; *Holtz*, Erstreckt sich die Hypothek auch auf Zubehörstücke des Grundstücks, die noch nicht in das Eigentum des Grundstückseigentümers gelangt sind?, JW 33, 2572; *Hornung*, Vollstreckungsunterwerfung und Höchstbetragshypothek, NJW 91, 1649; *Huber*, Die Sicherungsgrundschuld, 1965; *Hueck*, Eigenkapitalersetzende Nutzungsüberlassung, in: Festschr. Walter Odersky 1996, S. 823; *Hüffer*, Die Ausgleichung beim Zusammentreffen von Bürgschaft und dinglicher Kreditsicherung als Problem der Gesamtschuldlehre, AcP 171 (1971), 471; *Hundt-Eßwein*, Stellt der Antrag der Vollstreckungsbehörde auf Eintragung einer Sicherungshypothek beim Grundbuchamt einen Verwaltungsakt dar?, BB 86, 1338; *Jäckle*, Die Sicherungsgrundschuld bei Störungen des Kreditverhältnisses, JZ 82, 50; *Jahr*, Die Einrede des bürgerlichen Rechts, JuS 64, 125, 218, 293; *Jahr/Kropf*, Die „pfiffigen" Miterben, JuS 63, 365; *Jestaedt*, Eine dingliche Komponente beim Grundschuld-Rückgewähranspruch?, in: Gedächtnisschrift für Dietrich Schultz 1987, S. 149; *Josef*, Das kausale Leistungsversprechen als alleiniger Klagegrund und die Rechtsstellung des bösgläubigen Erwerbers der Hypothek, AcP 109 (1912), 187; *Jost*, Duldung der Zwangsvollstreckung?, Jura 2001, 153; *Joswig*, Die weite Zweckerklärung bei der Sicherungsgrundschuld, ZfIR 98, 185; *ders.*, Ablösung von Grundpfandrechten und redlicher Erwerb, ZIP 97, 133; *ders.*, Sittenwidrige Sicherungsgrundschulden?, ZfIR 2000, 184; *ders.*, Die weite Zweckerklärung bei Übernahme der persönlichen Haftung zu einer Sicherungsgrundschuld, ZfIR 2000, 593; *ders.*, Beweis- und Darlegungslast bei der Grundschuld, ZfIR 2001, 613 und 712; *Karper*, Trennungs- oder Einheitstheorie bei gutgläubigem Pfandrechtserwerb an einer Hypothek, JuS 89, 33; *Kartzke*, Unternehmerpfandrecht des Bauunternehmers nach § 647 BGB an beweglichen Sachen des Bestellers, ZfBR 93, 205; *Kerbein*, Wettlauf der Sicherungsgeber; JA 99, 377; *Klinkhammer/Ranke*, Hauptprobleme des Hypothekenrechts, JuS 73, 665; *Klüsener*, Das neue Minderjährigenhaftungsbeschränkungsgesetz, RPfl 99, 55; *Knees*, Die Bank als Grundpfandrechtsgläubiger in der Unternehmensinsolvenz, ZIP 2001, 1568; *Knops*, Verbraucherschutz bei der Begründung, Beendigung und Übernahme von Immobiliarkreditverhältnissen, 2000; *ders.*, Tilgungsverrechnungsklauseln bei der Sicherungsgrundschuld, ZfIR 2000, 501; *Kohler*, Generalhypothek, besitzlose Mobiliarsicherheiten und Konkursrechtsreform, KTS 88, 241; *Kolbenschlag*, Grundschuld und Übernahme der persönlichen Haftung für den Grundschuldbetrag, DNotZ 65, 205; *Kollhosser*, Der Kampf ums Zubehör, JA 84, 196; *ders.*, Grundbegriffe und Formularpraktiken im Grundpfandrecht, JA 79, 61; *ders.*, Auflösung des Anwartschaftsrechts trotz Zubehörhaftung, JZ 85, 370; *Küchler*, Die Sicherungsgrundschuld, 1939; *Kürn*, Mortgage-backed-securities – Rechtliche Voraussetzungen und Hindernisse, Diss. Konstanz, 1997; *Landfermann*, Die Rechtsstellung der dinglich gesicherten Gläubiger im künftigen Insolvenzverfahren, KTS 87, 381; *Langford*, Sicherungsgrundschuld und persönliche Haftungsübernahme im Darlehenssicherungsfall, 1998; *Lauer*, Scheinbestandteile als Kreditsicherheit, MDR 86, 889; *Leifker*, Die Anwartschaft als Kreditsicherungsmittel unter Berücksichtigung von Eingriffsgefahren durch die Parteien des Vorbehaltskaufvertrags, Diss. Hannover 1996; *Lettl*, Vertragsgestaltung bei der Bestellung von Grundpfandrechten zur Sicherung von Verbindlichkeiten Dritter, ZBB 2001, 37; *ders.*, Das Entstehen des Rückgewähranspruchs bei Sicherungsgrundschulden, WM 2002, 788; *Lohmann*, Rechtsprobleme der Globalzweckerklärung, insbesondere in Formularverträgen, 1988; *Lopau*, Die Nichtakzessorietät der Grundschuld, JuS 72, 502; *v. Lübtow*, Das Grundpfandrecht am Vorbehaltseigentum, JuS 63, 171; *Ludwig*, Zur Auflösung des Anwartschaftsrechts des Vorbehaltskäufers, auch bei Zubehörhaftung, NJW 89, 1458; *Lüke*, Pfändung einer hypothekarisch gesicherten Forderung ohne Grundbucheintragung mit Folgen – BGH, NJW 94, 3225, JuS 95, 202; *ders.*, Bürgerliches Recht und Zwangsvollstreckungsrecht: Klippen bei Klausel und Kautelen, JuS 97, 142; *Chr. Marburger*, Grundschuldbestellung und Übernahme der persönlichen Haftung, 1998; *Medicus*, Die Akzessorietät im Zivilrecht, JuS 71, 497; *Meier*, Die Zwangsvollstreckung in Immobilien, JuS 92, 650; *Mertens/Schröder*, Der Ausgleich zwischen Bürgen und dinglichem Sicherungsgeber – Überlegungen zu BGHZ 108, 179 ff., Jura 92, 305; *Metz/Wenzel*, Vorfälligkeitsentschädigung: Entgelt für die Vertragsauflösung oder Schadensersatz, 1996; *Meyer*, Grundfälle zum Sicherungsgeberausgleich, JuS 93, 559; *Michalski*, Das Schuldanerkenntnis in der Praxis, insbesondere als Mittel der Kreditsicherung, ZBB 95, 260; *Moltke*, Beglaubigung und öffentlicher Glaube, AcP 142 (1936), 257; *Muscheler*, Haftungsbeschränkung zugunsten Minderjähriger (§ 1629a BGB), WM 98, 2271; *Obermüller*, Auswirkungen der Insolvenzrechtsreform auf Kreditgeschäft und Kreditsicherheiten – Teil I –, WM 94, 1829; – Teil II –, WM 94, 1869; *ders.*, Auswirkungen der Insolvenzrechtsreform auf die Kreditsicherheiten, FLF 94, 170; *ders.*, Auswirkungen der Insolvenzrechtsreform auf die Kreditsicherheiten, Schriftenreihe der Bankrechtlichen Vereinigung, 1995; *Oehler*, Sicherungsgrundschuld – Folgen der Zahlung durch den Eigentümer, JuS 89, 604; *Ogilvie*, Probleme der Übernahme durch Grundpfandrechte gesicherter Verbindlichkeiten und der lediglich dinglichen Übernahme von Grundpfandrechten, MittRhNotk 1990, 145; *Otte*, Verjährt der Anspruch auf Rückgewähr einer „stehengelassenen" Grundschuld schon in 10 Jahren?, ZGS 2002, 57; *Peters*, Grundschuldzinsen, JZ 2001, 1017; *Petersen/Rothenfußer*, Der Schutz des Schuldners bei Trennung von Hypothek und gesicherter Forderung, WM 2000, 657; *Pulina*, Gleichbehandlung von Sicherungseigentum und akzessorischen Sicherheiten im Sicherungsfall?, NJW 84, 2872; *Raape*, Die Verfallklausel bei Pfand und Sicherungsübereignung, Berlin 1913; *Räbel*, Rechtsfragen zur Kreditsicherungsgrundschuld, NJW 53, 1247; *Rambold*, Ausgewählte Probleme des gesetzlichen Löschungsanspruchs, RPfl. 95, 284; *Rastätter*, Grenzen der banküblichen Sicherung durch Grundpfandrechte, DNotZ 87, 459; *ders.*, Zur Zulässigkeit des Verzichts auf den Nachweis der die Fälligkeit begründenden Tatsachen bei notariellen Vollstreckungsunterwerfungsklauseln, NJW 91, 392; *Rauch/Zimmermann*, Grundschuld und Hypothek, 2. Aufl. 1998; *Rehbein*, Sicherung und Sicherungszweck, in: Festschr. Heinsius, 1991, S. 659; *Rein*, Die Verwertbarkeit der Eigentümergrundschuld trotz des Löschungsanspruchs gemäß § 1179a BGB, 1992; *M. Reinicke*, Der Kampf um das Zubehör zwischen Sicherungseigentümer und Grundpfandgläubiger, JuS 86, 957; *Reinicke/Tiedtke*, Der Schutz des guten Glaubens beim Erwerb einer Grundschuld kraft Gesetzes, WM 86, 813; *dies.*, Die Sicherung einer Gesamtgrundschuld durch eine Grundschuld auf dem Grundstück eines Dritten, NJW 81, 2145; *dies.*, Das Schicksal der persönlichen Forderung bei Ablösung der Grundschuld durch den Eigentümer des Grundstücks, WM 87, 485; *dies.*, Die Rechtsstellung des Kreditnehmers und des Grundstückseigentümers als Sicherungsgeber einer Grundschuld, WM 91, Beilage 5; *dies.*, Geheißerwerb von Briefgrundschulden, NJW 94, 345; *Reischl*, Grundfälle zu den Grundpfandrechten, JuS 98, 125, 220, 414, 516, 614; *ders.*, Fortwirkung von Einreden bei der Ablösung einer Sicherungsgrundschuld, JR 98, 405; *Reithmann*, Die Zweckerklärung bei der Grundschuld, WM 85, 441; *ders.*, Zulässiger Ausschluß des Rückübertragungsanspruchs bei löschungsbestimmten Grundschulden, WM 90, 1985; *ders.*, Neue Vertragstypen des Immobilienerwerbs, NJW 92, 649; *ders.*, Der Rückübertragungsanspruch bei Grundschulden – Eine Gefahrenquelle beim Grundstückskauf und beim Bauträgervertrag, DNotZ 94, 168; *Reuter*, Die Belastung des Bereicherungsgegenstandes mit Sicherungsrechten – Ein Beitrag zum Inhalt des Bereicherungsanspruchs, in: Festschr. Gernhuber, 1993, S. 369; *Rimmelspacher*, Gutglaubensschutz bei der Ablösung von Grundpfandrechten, WM 86, 809; *Rinke*, Die Kausalabhängigkeit des Anwartschaftsrechts aus Eigentumsvorbehalt, 1998; *Robrecht*, Anforderungen an Bestellung oder Abtretung von

Grundpfandrechten zu Sicherungszwecken, DB 96, 313; *Roemer*, Ausgewählte Probleme aus dem Bereich der Grundpfandrechte, MittRhNotK 1991, 69; *Rösler*, Aktuelle Rechtsfragen zu grundpfandrechtlich gesicherten Krediten, WM 98, 1377; *Rüßmann/Britz*, Bürgerliches Recht: Der Ausgleich unter Sicherungsgebern, JuS-Lernbogen 94, 59; *Rutke*, Praktische Handhabung der Teilabtretung von Briefgrundschulden ohne Teilbriefbildung, WM 87, 93; *Saar/Posselt*, Grundschuldbestellung mit Hindernissen, JuS 2002, 778; *Schanbacher*, Der Ausgleich zwischen dinglichem Sicherer und persönlichem Sicherer, AcP 191 (1991), 87; *ders.*, Die verlorene Regreßhypothek: Regreßvereitelung bei der Gesamthypothek, WM 98, 1806; *ders.*, Bürgerliches Recht: Der überrumpelte Grundschuldner, JuS 99, 44; *Schiffer*, Die formularmäßige erweiterte Zweckabrede bei Fremdkrediten, NJW 88, 2779; *Schlechtriem*, Ausgleich zwischen mehreren Sicherern fremder Schuld, in: Festschr. v. Caemmerer, 1978, S. 1013; *Eva Schmid*, Die Mehrheit von Sicherungsgebern in deutschem und französischem Recht, 2000; *Rudolf Schmidt*, Unechte Solidarität, Iher. Jb. 72 (1922), 1; *Karsten Schmidt*, Sinnwandel und Funktion des Überschuldungstatbestands, JZ 82, 165; *ders.*, Die Rechtsfolgen der „eigenkapitalersetzenden Sicherheiten", ZIP 99, 1821; *Schmitz*, Die neuere Rechtsprechung des Bundesgerichtshofs zu Hypothek und Grundschuld, WM 91, 1061; *Schmitz/Valckenberg*, Probleme bei der Bestellung von Grundschulden im Hinblick auf die Vorschriften der §§ 3 und 9 AGBG, DNotZ 96, 492; *Schönfelder*, Zivilrechtsklausur: Streit unter Banken, JuS 98, 445; *Scholtissek*, Mehr Sicherheit für Bauhandwerker, MDR 92, 443; *Scholz*, Das Anwartschaftsrecht in der Hypothekenverbandshaftung, MDR 90, 679; *Schultheis*, Rechtsbehelfe bei vollstreckbaren Urkunden, 1996; *Schulz*, Rückgriff und Weitergriff, 1907; *Schulz-Trieglaff*, Grundschuld und Floating Charge zur Absicherung von Unternehmenskrediten, 1997; *Schwintowski*, Gutgläubiger Erwerb bei einer mehrstufig gesicherten Forderung, JuS 90, 47; *Siol*, Die neuere Rechtsprechung des Bundesgerichtshofs zu Hypothek und Grundschuld, WM 96, 2217; *Sitzmann*, Zum Regreß des Hypothenschuldners gegen den Bürgen bei fehlenden Abreden, BB 91, 1809; *Solmecke*, Die Haftung für den Rückgewähranspruch bei der Sicherungsgrundschuld, Diss. Bonn, 1996; *Sostmann*, Die Mitverpflichtung von Bürgen bei Grundschuldbestellungen, DNotZ 95, 260; *Staudinger*, Das Gesetz zum Internationalen Privatrecht für außervertragliche Schuldverhältnisse und für Sachen vom 21.5.1999, DB 99, 1589; *Steinbach/Lang*, Zum Gesamtschuldregreß im Verhältnis zwischen Personal- und Realsicherungsgeber, WM 87, 1237; *Stöber*, Überweisung und Überweisungswirkungen bei Pfändung einer Hypothekenforderung, NJW 96, 1180; *Stöcker*, Die „Eurohypothek", 1992; *ders.*, Kreditsicherung an Immobilien im Europäischen Binnenmarkt, ZEuP 95, 676; *Storz*, Die nicht voll valutierte Sicherungsgrundschuld in der Zwangsversteigerung, ZIP 80, 506; *Stürner*, Die Kreditsicherung der Banken und das neue AGBG, JZ 77, 431, 639; *ders.*, Der hundertste Geburtstag des BGB – nationale Kodifikation im Greisenalter?, JZ 96, 741; *Suchan*, Auswirkungen eigenkapitalersetzender Sachwertüberlassungen auf Grundpfandrechtsgläubiger des Gesellschafters, 1998; *Sundermann*, Sicherungsgrundschuld – Schicksal der persönlichen Forderung bei Ablösung durch den insolventen Eigentümer – BGH, NJW 91, 1821, JuS 92, 733; *Theisen-Wacket*, BGH-Entscheidung zur Übernahme der persönlichen Haftung durch einen Grundschuldbesteller, der nicht zugleich Kreditnehmer ist, Sparkasse 91, 330; *Theobald*, Gesamthaftungsverhältnisse – Die Gesamtschuld als Ausgleichsmodell bei der mehrfachen Drittsicherung einer Forderung, 94; *Tiedtke*, Ausgleichungsansprüche zwischen dem Eigentümer des mit einer Grundschuld belasteten Grundstücks und dem Bürgen, BB 84, 19; *ders.*, Die Aufhebung des belasteten Anwartschaftsrechts ohne Zustimmung des Pfandgläubigers, NJW 85, 1305; *ders.*, Ausgleichsansprüche zwischen dem Bürgen und dem Besteller einer Grundschuld, WM 1990, 1270; *ders.*, Zur weiten Sicherungsabrede bei Bestellung der Grundschuld durch eine Personengesellschaft oder den persönlich haftenden Gesellschafter, NJW 91, 3241; *ders.*, Ausgleichsansprüche des Bürgen gegen andere Sicherungsgeber, DNotZ 93, 291; *ders.*, Verfallabrede ohne Bestellung eines (Grund-) Pfandrechts, ZIP 95, 57; *ders.*, Zur Anlaßrechtsprechung des Bundesgerichtshofs im Grundschuldrecht, ZIP 97, 1949; *ders.*, Die Entscheidungen des BGH zum Realkredit seit dem 1.1.1995, WiB 96, 1039; *ders.*, Zahlung des Grundstückseigentümers an den nichtberechtigten, im Grundbuch aber eingetragenen Gläubiger eines Grundpfandrechts, NJW 97, 851; *Thoma*, Die Akzessorietät bei der Sicherungsübereignung, NJW 84, 1162; *Uhlenbruck*, Bankrechtliche Aspekte der Insolvenzrechtsreform 1994, in: Festschr. Vieregge 1995, S. 883; *ders.*, Zur Kollision kapitalersetzender Gebrauchsüberlassungen (§ 32a GmbHG) mit

Grundpfandrechten und Zessionen der Kreditinstitute, in: Festschr. Heinsius, 1991, S. 841; *Vallender*, Zwangsversteigerung und Zwangsverwaltung im Lichte des neuen Insolvenzrechts, RPfl 97, 353; *Venohr/Wouterse/Eisinger*, Hypothekenbanken im Umbruch, Die Bank 94, 339; *Vinke*, Verrechnung des Erlöses aus der Verwertung einer Grundschuld für Verbindlichkeiten sowohl des Sicherungsgebers als auch eines Dritten, in: Festschr. Schimansky 1999, S. 563; *Volmer*, Die Vereinbarkeit der „weiten Grundschuldzweckerklärung" mit dem AGBG, WM 98, 914; *Wachter*, Die Euro-Hypothek, WM 99, 49; *L. Wagner*, Belastende Drittwirkungen im Recht der Sicherungsgrundschuld, 1995; *Weber*, Formularmäßige Sicherungszweckbestimmungen bei Grundschulden, ZfIR 99, 2; *Christoph Weber*, Sicherheitenfreigabe und Regressbehinderung, WM 2001, 1229; *Wehrens*, Überlegungen zu einer Eurohypothek, WM 92, 557; *Weimar*, Das Verhältnis mehrerer Sicherungsgeber bei Befriedigung des Gläubigers, WM 68, 294; *Weintraut*, Der Haftungsausgleich zwischen Grundschuldner und Bürgen, 1994; *Weitnauer*, Die bewußte und zweckgerichtete Vermehrung fremden Vermögens, NJW 74, 1729; *Wenner*, Gleitender und fester Rang der Grundpfandrechte im deutschen, schweizerischen und österreichischen Recht, 1990; *Wenzel*, Sicherungszweckerklärung bei Drittgrundschulden nach der neuen Bürgschaftsrechtsprechung, ZfIR 97, 13; *H.P. Westermann*, Verdeckte Nachverpfändung von Grundstücken, NJW 70, 1023; *ders.*, Das Schicksal von Gesellschaftersicherheiten nach Veränderungen im Mitgliederkreis der Gesellschaft, in: Festschr. Rowedder, 1994, S. 529; *Wieser*, Zur Pfändung von Gartenzwergen, NJW 90, 1971; *Wilhelm*, Sicherungsgrundschuld und Einreden gegen den Dritterwerber, JZ 80, 625; *ders.*, Das Anwartschaftsrecht des Vorbehaltskäufers im Hypotheken- und Grundschuldverband, NJW 87, 1785; *ders.*, Abtretungsanspruch oder gesetzlicher Forderungsübergang bei Zahlung des nicht mit dem Schuldner identischen Eigentümers aufgrund der Sicherungsgrundschuld, ZBB 89, 184; *ders.*, Die maßgebliche Einrede bei der Anwendung des § 1157 BGB auf die Sicherungsgrundschuld, NJW 83, 2917; *ders.*, Die Entwicklung des Zivilrechts aus seinen Grundsätzen am Beispiel des Anspruchs auf Rückgewähr der nicht valutierten Sicherungsgrundschuld in Zwangsversteigerung und Zwangsvollstreckung, JZ 98, 18; *ders.*, Die Erweiterung des Sicherungszwecks einer Grundschuld durch AGB?, in: 50 Jahre Bundesgerichtshof 2000, S. 897; *Wörbelauer*, Die verhinderte Eigentümergrundschuld, NJW 58, 1705; *A. Wolff*, Noch einmal: Gutgläubiger Erwerb bei einer mehrstufig gesicherten Forderung, JuS 90, 994; *Wolfsteiner*, Neue Verjährungsfristen: Sofortmaßnahmen bei Grundpfandrechten, DNotZ 2001, 902; *Wolfsteiner/Stöcker*, Nicht-akzessorisches Grundpfand für Mitteleuropa, DNotZ 99, 451; *Zeiss*, Der rechtliche Grund (§ 812 BGB) für Schuldanerkenntnisse und Sicherheitsleistungen, AcP 164 (1964), 50.

Fälle:

1. *B ist Inhaber einer Hypothek am Grundstück von E, der darauf ein Speditionsunternehmen betreibt. E erwirbt einen LKW unter Eigentumsvorbehalt. B schreitet zur Verwertung des Grundstücks. Kann B den LKW in Beschlag nehmen?*
(Lösung: Rn. 129 ff., 419 f.).

2. a) *B ist Inhaber einer Grundschuld am Grundstück von E, die für ein Darlehen bestellt wurde. Beide hatten vereinbart, dass Zahlungen von E als Leistung auf das Darlehen gelten sollen. E überweist den Darlehensbetrag mit dem Vermerk: Grundschuldablösung. E verlangt von B Berichtigung des Grundbuchs dahin, dass ihm die Grundschuld als Eigentümergrundschuld zustehe. Mit Recht?*
(Lösung: Rn. 232, 254)

b) *Im vorangegangenen Fall hatte B die Forderung an Z abgetreten. Z verlangt von E Zahlung. Dieser verweist auf seinen Grundbuchberichtigungsanspruch gegen B. Mit Recht?*
(Lösung: Rn. 248)

3. *E ließ für S eine Hypothek zugunsten von G bestellen. E befriedigt G bei Fälligkeit der Forderung. S hatte neben der Hypothek auch einen Bürgen gestellt. E verlangt von diesem Tilgung der Forderung an sich selbst. Mit Recht?*
(Lösung: Rn. 242)

4. *B ist Inhaber einer Hypothek am Grundstück von E. B überträgt die Hypothek an A, dieser an Z. Später ficht B die Übertragung an A wirksam an. Z verlangt von E Duldung der Zwangsvollstreckung in das Grundstück aus der Hypothek. B verlangt von E Erfüllung der Forderung. Wie ist die Rechtslage?*
(Lösung: Rn. 304, 305)

5. *B ist Inhaber einer Hypothek am Grundstück von E. Beide hatten Stundung vereinbart. Trotzdem kündigt B die Verwertung des Grundstücks an. Daraufhin tilgt nunmehr B, der Nießbraucher an dem Grundstück ist, die Forderung. Er betreibt selbst die Verwertung des Grundstücks. E wendet die Stundung ein. Mit Recht?*
(Lösung: Rn. 268, 442)

A. Grundlagen

1. Grundpfandrechte und Grundbuch

a) Publizität

Das Anliegen des Gesetzes, die Rechtsverhältnisse an Sachen kundbar zu machen, es also dem interessierten Betrachter zu ermöglichen, die Rechtsverhältnisse zu erkennen, wird bei beweglichen Sachen durch den Besitz verwirklicht; darauf gründet sich die Vermutung aus § 1006 Abs. 1, darauf beruht der Erwerb vom Nichtberechtigten gem. § 932. Einen anderen Weg geht das Gesetz bei unbeweglichen Sachen, den Grundstücken. Publizitätsmittel ist hier ein öffentliches **Register**, das Grundbuch. Der **Besitz** an einem Grundstück sagt also nichts über die dingliche Rechtslage aus, insbesondere nichts über die Eigentumsverhältnisse (der Besitzer kann Pächter oder Mieter sein) und ebenso wenig über die Frage, ob der Eigentümer sein Grundstück verpfändet hat. Über den Bestand eines dinglichen Verwertungsrechts an einem Grundstück – also eines Grundpfandrechts – gibt vielmehr das Grundbuch Auskunft. Die Eintragung in das Grundbuch ist konstitutiv für die Entstehung des Grundpfandrechts. Ebenso wenig wie ein Grundstück selbst im Rechtssinne ohne Grundbuch bestehen kann, ist es möglich, dass ein Grundpfandrecht ohne Grundbucheintragung existiert. Während der unmittelbare Besitz im Allgemeinen (vgl. aber §§ 854 Abs. 2, 857 BGB) ein natürlicher, physisch fassbarer Umstand ist, der die Beziehung der Sache zu einer Person darstellt, ist das Grundbuch und die das dingliche Recht konstituierende Eintragung die Umsetzung eines gedanklichen, künstlichen Umstands, mit dem rechtliche Kategorien gesetzt werden. Dieser Einsatz ist frei von Schranken, die die Natürlichkeit eines Umstandes wie z.B. des Besitzes setzen mag, wenn er rechtlich vereinnahmt wird, und der Einsatz kann gänzlich funktional gestaltet werden. So kann der Bestand des Grundpfandrechts je nach Typ neben der Eintragung von der Brieferteilung abhängig gemacht werden, diese ausgeschlossen oder vorgeschrieben werden (Sicherungshypothek oder Inhabergrundschuld, s. nachf. Rn. 152 ff.). **94**

b) Rangordnung

Das Faustpfandrecht erlischt gem. § 1256, wenn es mit dem Eigentum zusammenfällt (Konsolidation, unten Rn. 550). Bei den Grundpfandrechten ist das anders. Das ursprüngliche oder nachträglich entstehende **Eigentümergrundpfandrecht** gehört, in ganz unterschiedlichen Konstellationen (nachf. Rn. 350 ff.), zur (jedenfalls zeitweisen) typischen Erscheinungsform von Grundpfandrechten, und die wiederum beruht auf der Konzeption **95** des Grundbuchs, verbunden mit dem Prioritätsgrundsatz, der gerade auch für Grundpfandrechte gilt.

96 *aa)* Der **Prioritätsgrundsatz** regelt u.a. die Frage, wie sich das in der Begründung des Grundpfandrechts liegende Verwertungsrecht verwirklicht, wie also der Gläubiger eines Grundpfandrechts zu seinem Geld kommt, wenn das Grundstück versteigert wird. Ist das Grundstück nur mit einem einzigen Grundpfandrecht belastet, ist die Verwirklichung problemlos: Der Gläubiger bekommt den Verwertungserlös in Höhe seiner Forderung, der Rest geht an den (vormaligen) Grundstückseigentümer (im einzelnen nach Maßgabe des ZVG, nachf. Rn. 415 ff.). Prioritätsfragen stellen sich nicht, der einzige Gläubiger ist auch der erste. Wie aber, wenn mehrere Gläubiger Grundpfandrechte bestellt haben? Denkbar wäre, den Erlös aus der Verwertung des Grundstücks auf alle Gläubiger im Verhältnis des Wertes ihrer Grundpfandrechte zum Versteigerungserlös zu verteilen, wenn der Erlös nicht für alle ausreicht, ähnlich der Verteilung im Insolvenzverfahren. Aber eine solche gesetzliche Lösung wäre für die Kreditsicherungspraxis untauglich, wüsste der erste Gläubiger doch nicht, ob nach ihm noch andere Gläubiger kommen und seinen Anteil am Versteigerungserlös schmälern. Ein Gläubiger muss schon bei Bestellung des Grundpfandrechts abschätzen können, wie hoch der Verwertungserlös sein wird und ob er die dem Grundpfandrecht zugrundeliegende und zu sichernde Forderung deckt. Das ist gewährleistet, wenn die Rechte der Gläubiger nicht, wie im Insolvenzverfahren, im Allgemeinen gleichen Rang haben (§ 38 ff. InsO), sondern in Rangfolge stehen. Diesen Weg geht das Gesetz für die Grundpfandrechte (ebenso wie für Faust- und Rechtspfandrechte), und die Rangfolge richtet sich nach der Priorität (oben Rn. 91), das früher bestellte Grundpfandrecht hat also den Vorrang. Für die Verteilung des Verwertungserlöses heißt das: Zunächst wird der prioritätsältere Grundpfandgläubiger vollständig befriedigt (soweit der Erlös ausreicht). Bleibt ein Überschuss, wird der nächste, d.h. der in zeitlicher Abfolge der Begründung des Grundpfandrechts Zweitplatzierte, vollständig befriedigt, soweit der Erlös dazu ausreicht. Bleibt noch immer ein Überschuss, wird in gleicher Weise der in der zeitlichen Rangfolge nächste Gläubiger befriedigt, einen immer noch verbleibenden Überschuss bekommt der Grundpfandschuldner, der vormalige Grundstückseigentümer, dessen Grundstück versteigert worden ist. Der **Rang** des Grundpfandrechts, der durch die Priorität begründet wird, ist als Folge dessen der entscheidende Umstand, der den **Wert eines Grundpfandrechts** ausmacht. Entspricht z.B. das erste Grundpfandrecht dem Grundstückswert und dem Versteigerungserlös, ist ein nachfolgendes Grundpfandrecht wertlos. Aber auch nachfolgende Grundpfandrechte können je nach Gründstückswert einerseits und Höhe vorrangiger Grundpfandrechte andererseits werthaltig sein. Wichtigstes Bewertungskriterium für ein Grundpfandrecht ist jedenfalls der Rang, nach dem Wert richtet sich auch der Preis, der sich am deutlichsten in den Zinsen äußert: Der Gläubiger, der sich durch erstrangiges Grundpfandrecht der Befriedigung sicher sein kann, mag es sich leisten, geringere Zinsen auf die gesicherte Forderung, den Kredit, zu fordern als der Gläubiger, der mit den Zinsen auch das Risiko berücksichtigen möchte, das in der Sicherung durch nachrangige Grundpfandrechte liegt. Anders als beim Faustpfandrecht ist die Belastung von Grundstücken mit mehreren Grundpfandrechten auch durchaus gängige Kreditsicherungspraxis, so dass der Rangbestimmung auch insoweit große Bedeutung zukommt.

97 Die formal-rechtliche Gewährleistung des Rangs eines Grundpfandrechts, also des Prioritätsprinzips, verwirklicht sich ganz einfach in der Weise, dass die Grundpfandrechte in der

Reihenfolge des **zeitlichen** Eingangs der Anträge auf Eintragung beim Grundbuchamt im Grundbuch eben dort hintereinander eingetragen werden: Was auf dem Grundbuchblatt räumlich an erster Stelle steht, wurde auch zuerst eingetragen und hat mithin Priorität, also den ersten Rang. Der Blick in das Grundbuch offenbart die Reihenfolge und damit die Rangfolge.

bb) Besondere Notwendigkeiten für die Behandlung des Grundpfandrechts ergeben sich, wenn der **Sicherungszweck erledigt** ist. Die Erledigungsgründe sind vielfach. Zur Erklärung des Zusammenhangs von Grundpfandrecht und Grundbuch diene der Fall, der im ordnungsgemäßen Ablauf einer Kreditsicherheit durch Grundpfandrechte stets eintritt, nämlich der Fall der Tilgung des zugrundeliegenden Kredits. Denkbar wäre, dass Grundpfandrechte wegen Erledigung des Sicherungszwecks (nämlich dem Erlöschen der gesicherten Forderung) ihrerseits erlöschen, doch welche Folgen hätte das für die nachfolgenden Grundpfandrechtsgläubiger? Würden die vorrangigen Grundpfandrechte ersatzlos wegfallen, rückten die anderen nach, träten also in die vorrangige Stelle ein und würden mithin in den Genuss eines besseren Rangs kommen. Bei der hervorragenden wirtschaftlichen Bedeutung, die dem Rang zukommt und die sich im Preis des Grundpfandrechts niederschlägt (s. vorst. Rn. 96 f.), würden den nachrangigen Gläubigern Werte zufließen, für die sie nichts geleistet hatten und die ihnen deshalb nicht gebühren. Um diese Folge zu vermeiden, erlischt das Grundpfandrecht, dessen Sicherungszweck erledigt ist, deshalb nicht, sondern bleibt mit altem Rang bestehen, folglich behalten auch die nachfolgenden Grundpfandrechte ihren Rang. Aber für wen bleibt das Grundpfandrecht bestehen? Wenn der Sicherungszweck erledigt ist, darf es dem ursprünglichen Gläubiger nicht mehr zustehen. Vielmehr ist es nun der Grundeigentümer, der Inhaber des Grundpfandrechts wird. Folglich entsteht ein **Eigentümergrundpfandrecht** (wenn der Eigentümer selbst zugleich Schuldner ist, andernfalls kann das Grundpfandrecht gem. § 1164 auf den vom Eigentümer verschiedenen Schuldner übergehen, dazu nachf. Rn. 333). Welchen Sinn hat das, was soll der Eigentümer als Inhaber aller Herrschaftsrechte über das Grundstück mit dem beschränkten dinglichen Recht, dem Verwertungsrecht, anfangen, wenn er das Grundstück doch durch Veräußerung verwerten kann? Die Verwendungsmöglichkeit für den Grundeigentümer liegt in der **Rangwahrung**: Mit dem Eigentümergrundpfandrecht kann er sich den Rang reservieren, um ihn zu anderer Zeit zur Kreditsicherung zu verwenden. Nimmt er etwa später erneut Kredit auf, kann er dem Gläubiger eine gute, nämlich vorrangige Sicherheit, bieten. Er braucht sein Eigentümergrundpfandrecht nur auf den Kreditgläubiger zu übertragen, so dass dieser für den Kredit zum Fremdgrundpfandgläubiger wird. Diese Möglichkeit der Handhabung des Eigentümergrundpfandrechts eröffnet sich dem Eigentümer nicht nur nachträglich, also wenn der Sicherungszweck eines Fremdgrundpfandrechts erledigt ist, sondern auch von vornherein: Der Eigentümer kann das Grundpfandrecht als Eigentümergrundpfandrecht begründen, sein eigenes Grundstück belasten. **98**

c) Verfügung über das belastete Grundstück

Dingliche Belastung einer Sache heißt, dass das beschränkte Recht an der Sache haften **99**
bleibt, gleich, wer ihr Eigentümer ist. Ändert sich also am Stand der dinglichen Belastung bei Änderung der Eigentumsverhältnisse an der Sache nichts, so ist damit zugleich gesagt, dass der Verfügung über die belastete Sache nichts entgegensteht – die Verfügung beein-

trächtigt den Gläubiger ja nicht, er kann sich an den neuen Eigentümer halten[4]. Der Eigentümer kann also das Eigentum an der Sache auf einen anderen übertragen oder auch die Sache mit anderen dinglichen Rechten wie einem Nießbrauch belasten; letzteres ist durch den Rang geregelt.

d) Gang der Darstellung

100 Das Gesetz bietet einige Arten von Grundpfandrechten an, die einschneidende dogmatische Unterschiede aufweisen, die aber für die Kreditsicherungspraxis weitgehend gleichwertig und im wesentlichen austauschbar sind. Nach kurzer Vorstellung der Arten werden zunächst die gemeinsamen Grundsätze und die für alle Arten von Grundpfandrechten geltenden Rechtsregeln dargestellt, um danach die jeweils nur für eine Art anwendbaren Rechtsregeln aufzuzeigen.

2. Arten der Grundpfandrechte

a) Hypothek und Grundschuld: akzessorische und abstrakte (nicht-akzessorische) Pfandrechte

101 Wenn die unterschiedlichen Arten der Grundpfandrechte für ihre Verwender weitgehend gleichwertig sind, mag man sich fragen, warum das Gesetz nicht einen einheitlichen Typus zur Verfügung stellt. Das hat historische Gründe. Die bis zum Inkrafttreten des BGB begangenen Wege der Grundpfandrechte sollten nicht gänzlich neu gebahnt werden[5]. Die Unterscheidung der Grundpfandrechte ist danach geprägt durch die Rechtsinstitute Hypothek einerseits und Grundschuld (mit Rentenschuld) andererseits. Der dogmatische Unterschied liegt in dem Grad der Verknüpfung mit der zugrundeliegenden, der gesicherten Forderung, dem Kredit: Die Hypothek ist mit der Forderung akzessorisch verbunden (wie das Faustpfandrecht, § 1252, unten Rn. 471), also in ihrem Bestand von dem Bestand der Forderung unmittelbar abhängig und von ihr untrennbar: Forderung und Hypothek können nur zusammen übertragen werden (§ 1153 Abs. 2, nachf. Rn. 277). Entstehung und Bestand der Grundschuld setzen dagegen überhaupt keine Forderung voraus. Wo die Grundschuld aber zur Sicherung einer Forderung bestellt wird, ist sie in ihrem Bestand von dem Bestand der Forderung zunächst unabhängig, Forderung und Grundschuld können auf verschiedene Personen übertragen werden. Freilich: Forderung und Grundschuld sind zwar nicht miteinander akzessorisch verbunden, aber es besteht doch **Kausalität** zwischen beiden (oben Rn. 30), so dass sich der Bestand der Grundschuld letztendlich doch nach dem Bestand der Forderung richtet. Nur ist diese Abhängigkeit nicht eine solche, die den gegenseitigen Bestand von Forderung und Grundschuld mit gesetzlichem Automatismus, ipso iure, ohne weiteres und unmittelbar eintreten lässt, sondern mittelbar

4 Das gilt selbst dann, wenn das Grundstück ohne Rechtsgrund erworben und danach mit Grundpfandrechten belastet wurde und der vormalige Eigentümer nunmehr kondiziert: Der Bereicherungsschuldner braucht die Grundpfandrechte nicht zu beseitigen, sondern schuldet nur Wertersatz gem. § 818 Abs. 3 BGB, BGHZ 112, 376, dagegen *Gursky*, JZ 92, 95 und Anm. *Reuter*, JZ 92, 872; s. auch OLG Düsseldorf FamRZ 91, 1443. Zur Bemessung des Werts von Grundpfandrechten bei der Schadensfeststellung, z.B. wegen positiver Vertragsverletzung, BGH NJW 99, 430.

5 Motive III, S. 604-612, bei *Mugdan* S. 337-341.

durch die Erforderlichkeit weiterer Rechtshandlungen. Erlischt nämlich die Forderung, für die die Grundschuld bestellt wurde (z.B. aufgrund Tilgung durch den Schuldner), bleibt der Kreditgläubiger nach wie vor Grundschuldgläubiger, aber dieser Gläubigerstellung ist der Zweck, eben der Sicherungszweck entzogen. Ist das aber so, dann hat der Gläubiger das Grundpfandrecht ohne rechtlichen Grund inne[6], und der Eigentümer kann vom Gläubiger verlangen, dass dieser ihm die Grundschuld gem. § 812 übertrage (die dann zur Eigentümergrundschuld wird), oder dass der Gläubiger auf die Grundschuld verzichte (§§ 1169, 1192 Abs. 1) oder sie löschen lasse (freilich gibt es auch Fälle, in denen durch Zahlung sogleich und ipso iure eine Eigentümergrundschuld entsteht, dazu nachf. Rn. 221 ff.). Diesen Bereicherungsanspruch kann der Schuldner dem Gläubiger bei der Geltendmachung der Grundschuld einredeweise entgegensetzen.

Das Bereicherungsrecht führt aber nicht allein zu diesem Ergebnis. Auch der Grund- **102**
schuldbestellung als abstrakt-dinglichem Rechtsgeschäft liegt als causa der **Sicherungsvertrag** zugrunde (oben Rn. 48 und nachf. Rn. 154), dessen typischer, oft nur stillschweigend erklärter Inhalt es ist, dass die Grundschuld bei Erledigung des Sicherungszwecks auf den Gundstückseigentümer bzw. den Schuldner zurückzuübertragen ist. Die Medien, die die nichtakzessorische Abhängigkeit zwischen Forderung und Grundschuld herstellen, sind also Bereicherungsrecht und Sicherungsvertrag. Entsprechendes gilt für die Sicherungstreuhand (unten Rn. 1169).

Eine unmittelbare Verknüpfung von Forderung und Grundschuld kann aber dadurch her- **103**
gestellt werden, dass beide in Bedingungszusammenhang i.S.v. § 162 BGB gebracht werden, wie ja auch Verpflichtungs- und Verfügungsgeschäft, namentlich bei der Sicherungstreuhand (unten Rn. 1154), in dieser Weise miteinander verknüpft werden können.

Das Gesetz regelt die Rechtsverhältnisse der Hypothek durch §§ 1113 bis 1190 ausführ- **104**
lich und erklärt diese Vorschriften gem. § 1192 Abs. 1 für anwendbar auf die Grundschuld, „soweit sich nicht daraus ein anderes ergibt, dass die Grundschuld nicht eine Forderung voraussetzt". Die auf der Akzessorietät beruhenden Hypothekenvorschriften sind auf die Grundschuld also nicht anwendbar.

Unanwendbar sind danach §§ 1115 Abs. 1, Hs. 2, 1137 bis 1139, 1153, 1161, 1163 **105**
Abs. 1, 1164 bis 1166, 1173 Abs. 1 Satz 2 zur Konfusion, 1174, 1177, 1180, 1184 bis 1187, 1190. Andere Vorschriften, die sich mit der Forderung befassen, gelten für die Grundschuld selbst: Der Eigentümer darf die Grundschuld ebenso wie die Forderung im Falle der Hypothek gem. § 1142 Abs. 1 ablösen, sie geht auf ihn kraft Gesetzes gem. § 1143 über, zur Übertragung der Briefgrundschuld bedarf es u.a. der schriftlichen Abtretungserklärung wie bei der Forderung. Eine schematische Übertragung der Hypothekenregelungen auf die Grundschuld verbietet sich, vielmehr ist nach Funktion der Regelung und Wesen der Grundschuld zu fragen.

b) Eigentümergrundpfandrechte

Die Grundpfandrechte lassen sich nach weiteren Kriterien einteilen, die sich gegenseitig **106**
überlagern und untereinander kombiniert werden können. Eines dieser Kriterien war ein-

6 Siehe die Darstellung bei *Medicus*, JuS 71, 497 (503 zu V. 1.).

leitend (vorst. Rn. 98) gezeigt worden, nämlich dasjenige der Person des Gläubigers. Ist der Grundstückseigentümer zugleich Inhaber des Grundpfandrechts, so ist es **Eigentümerhypothek**, soweit eine Forderung besteht, die durch die Hypothek gesichert wird (§§ 1177 Abs. 2, 1143 Abs. 1), oder das Grundpfandrecht ist **Eigentümergrundschuld**, soweit die Forderung erloschen oder (noch) nicht entstanden ist oder unabhängig von einer Forderung bestellt wurde (§ 1163, nachf. Rn. 350).

c) Brief- und Buchgrundpfandrechte

107 *aa)* Grundpfandrechte können Gegenstand des Handels sein, also verkauft und von einem auf einen anderen übertragen werden. Das Übertragungsgeschäft kann, wie bei allen Grundstücksrechten, durch dingliche Einigung und Eintragung im Grundbuch gem. § 873 BGB vollzogen werden. Das ist umständlich. Um den Handel mit Grundpfandrechten zu erleichtern, fördert das Gesetz ihre **Umlauffähigkeit** dadurch, dass es – und dies als Regelfall, § 1116 Abs. 1 (nachf. Rn. 146) – ihre Verbriefung zulässt, also die Verkörperung des dinglichen Rechts in einem **Wertpapier**[7], dem Hypotheken- resp. Grundschuldbrief (nachf. Rn. 147). Die Eintragung des Gläubigerwechsels im Grundbuch wird durch die Übergabe des Wertpapiers ersetzt, während zur Begründung des Grundpfandrechts selbst die Eintragung im Grundbuch unverändert erforderlich ist, § 1115 Abs. 1. Das Grundpfandrecht, für das der Brief erteilt wird, heißt Briefgrundpfandrecht. Wird die Erteilung des Briefs ausgeschlossen, spricht man vom Buchgrundpfandrecht. Auch dieses ist zum Handelsverkehr durchaus geeignet, wenn die Übertragung auch umständlicher ist. Brief- wie Buchgrundpfandrechte sind **Verkehrsgrundpfandrechte**.

108 *bb)* Dagegen sind **Hypothekenpfandbriefe** Schuldverschreibungen (§ 793 BGB), die bestimmte Kreditinstitute (§ 1 Abs. 1 KWG) zum Zwecke ihrer eigenen Refinanzierung an Kapitalanleger ausgeben. Hypothekenbanken, deren Geschäftsbetrieb darauf gerichtet ist, Grundstücke zu beleihen und ihre Darlehen durch Hypotheken zu sichern (§ 1 Nr. 1 HypothekenbankG), dürfen Hypothekenpfandbriefe vergeben[8].

109 *cc)* Erschwert ist die Übertragbarkeit und damit die Umlauffähigkeit in einem Sonderfall der Hypothek, nämlich der sogenannten **Sicherungshypothek** gem. § 1184 (der Name ist nicht unterscheidungskräftig, Sicherungscharakter hat wohl jedes Grundpfandrecht). Bei ihr ist die Möglichkeit des gutgläubigen Erwerbs eingeschränkt, vor allem durch die Unanwendbarkeit von § 1138 (nachf. Rn. 300), also durch die noch engere Verknüpfung des Grundpfandrechts mit der gesicherten Forderung als im Regelfall der Hypothek. Der Akzessorietätsgrundsatz ist konsequent durchgehalten (dazu im einzelnen nachf. Rn. 361 ff.). Folgerichtig kann die Sicherungshypothek nur Buchhypothek und nicht Briefhypothek sein (§ 1185 Abs. 1), weil sie eben nicht dem Handel dient und kein Verkehrsgrundpfandrecht sein soll, und natürlich keine Grundschuld (wenngleich der Begriff

---

7 Hypotheken- und Grundschuldbrief als Namens- (Rekta-) Papier (vgl. § 952 Abs. 2 BGB): *Zöllner*, § 3 III. 4. b. (S. 18) sowie unten Rn. 147 (Bindung der Geltendmachung des Rechts an die Papierinnehabung); MünchKomm./*Eickmann* § 1116 BGB Rn. 7; Soergel/*Baur* § 1116 BGB Rn. 4; Wertpapier im weiteren Sinn (keine Verfügung über den Brief nach sachenrechtlichen Grundsätzen): RGRK/*Mattern* § 1116 BGB Rn. 7.

8 *Venohr/Wouterse/Eisinger*, Die Bank 94, 339; *Goedecke*, Hypothekenbanken, S. 170 ff.; unberührt bleibt die Möglichkeit der Verbriefung durch sog. mortgage-backed-securities, Monatsbericht der Deutschen Bundesbank Juli 1997, S. 57 und *Kürn*, Mortgage-backed-securities, S. 58 ff.

„**Sicherungsgrundschuld**" gebräuchlich ist, wenn eine Forderung zugrundeliegt, die zu sichern ist, nachf. Rn. 154).

dd) In anderer Richtung kann die Verkehrsfähigkeit der Grundschuld noch gesteigert **110**
werden: Der Brief als Wertpapier braucht nicht eine bestimmte Person zu bezeichnen, kann vielmehr jeden Inhaber legitimieren (§ 1195). Der Brief ist, wenn die Grundschuld als **Inhabergrundschuld** bestellt und als solche auch im Grundbuch eingetragen wurde (§§ 1192 Abs. 1, 1115 Abs. 1), **Inhaberpapier** und nicht wie bei Hypotheken- und gewöhnlichen Grundschuldbriefen Rektapapier, das den Berechtigten namentlich nennt, also nur diesen zur Geltendmachung des Rechts befugt[9] (vgl. § 952 Abs. 2 BGB).

d) Gesamtgrundpfandrechte

Schließlich können Grundpfandrechte nach der Anzahl der haftenden Grundstücke einge- **111**
teilt werden. Meistens ist die auf dem Kredit beruhende Forderung durch ein Grundpfandrecht an einem einzigen Grundstück gesichert. Während man zwar nicht für eine Forderung mehrere Grundpfandrechte bestellen kann, sieht das Gesetz doch vor, dass man ein einziges Grundpfandrecht an mehreren Grundstücken bestellen kann, sei es, dass die Grundstücke einem einzigen Eigentümer gehören, sei es, dass sie mehreren gehören. Es entsteht ein Gesamtgrundpfandrecht (§§ 1132, 1143 Abs. 2, 1172 bis 1176, 1181 Abs. 2, 1182, 1192 Abs. 1). Das Gesamtgrundpfandrecht kann Buch- oder Briefhypothek oder -grundschuld oder Sicherungsgesamthypothek oder Inhabergesamtgrundschuld oder Eigentümergesamtgrundpfandrecht sein.

e) Eurogrundpfandrecht

Im europäischen Binnenmarkt wird derzeit eine Harmonisierung des Hypothekarkredits **112**
nicht betrieben, vielmehr durch die Zweite Bankrechtskoordinationsrichtlinie 89/646/EWG[10] das Konzept der gegenseitigen Anerkennung verfolgt, wobei im Internationalen Privatrecht die Rechtswahl unter den Parteien durch die sachenrechtliche Situs – Regel (Recht des jeweiligen Lageorts, lex rei sitae) nach traditioneller Sicht[11] ausgeschlossen ist[12]. Aber Überlegungen zur Schaffung eines einheitlichen Grundpfandrechts in den Rechtsordnungen der Mitgliedstaaten werden angestellt, welches die bestehenden nationalen Modelle nicht ablösen, sondern als zusätzlicher Typus für den grenzüberschreitenden Verkehr in die nationalen Sachenrechte aufgenommen werden und nicht akzessorisch sein soll[13]. Insoweit ist die Bezeichnung „Eurohypothek" nicht ganz präzise. Schon jetzt

---

9 *Zöllner*, Wertpapierrecht, § 2 II. 2. (S. 11).

10 ABlEG 1989 L 386, S. 1, außerdem Vorschlag für eine Hypothekarrichtlinie, ABlEG 1985 C 42, S. 4; *Eilmannsberger*, EuZW 91, 691.

11 *V. Wilmowsky*, Europäisches Kreditsicherungsrecht, S. 149, stellt freilich die Vereinbarkeit mit den EU-Grundfreiheiten in Frage, dagegen *Wachter*, WM 99, 49 (54).

12 *V. Wilmowsky*, Europäisches Kreditsicherungsrecht, S. 94 ff.; Staudinger/*Stoll*, Internationales Sachenrecht, Rn. 177; *Firsching/von Hoffmann*, IPR, § 12 Rn. 10; *Staudinger*, DB 99, 1589 (1593).

13 *Wehrens*, WM 92, 557; *Stöcker*, Eurohypothek, S. 211; Bericht in ZEuP 95, 676; begrüßend *Stürner*, JZ 96, 741 (746); *Wolfsteiner/Stökker*, DNotZ 99, 451; Diskussionspapier in ZBB 98, 264; krit. *Habersack*, JZ 97, 857 (862): Akzessorietät als gemeineuropäisches Prinzip; für Akzessorietät auch *Wachter*, WM 99, 49 (60 f.).

gibt es auf Empfehlung der Kommission einen „freiwilligen Verhaltenskodex über vorvertragliche Informationen für wohnungswirtschaftliche Kredite“[14].

3. Grundpfandrechtsprinzipien

113 Das beschränkte dingliche Recht bedarf zu seiner Wirksamkeit der Kundbarmachung. Der **Publizitätsgrundsatz**, das Erfordernis der Offenkundigkeit für jeden interessierten Dritten, ist durch die Eintragung im Grundbuch gewährleistet (§ 1115 Abs. 1). Der Grundsatz der **Akzessorietät** (oben Rn. 27), die unmittelbare Abhängigkeit des Bestands eines Pfandrechts vom Bestand der gesicherten Forderung (auch einer oder mehrerer künftiger, § 1113 Abs. 2, gleichermaßen für das Faustpfandrecht, § 1204 Abs. 2, unten Rn. 471, und für die Bürgschaft, § 765 Abs. 2, unten Rn. 837)[15], gilt für die Hypothek (vgl. §§ 1163 Abs. 1, nachf. Rn. 327 ff., 1153 Abs. 1, nachf. Rn. 240), jedoch eingeschränkt durch die Möglichkeit des gutgläubigen Erwerbs auch bei nicht bestehender Forderung (§ 1138, dazu nachf. Rn. 299 ff.)[16], uneingeschränkt aber bei der Sicherungshypothek (§ 1185 Abs. 2). Nicht akzessorisch zu einer Forderung ist jedoch die Grundschuld.

114 Der Grundsatz der **Spezialität**, der die Belastung einer Gesamtheit von Sachen als solcher verhindert[17] und nur die Verpfändung einzelner bestimmter Sachen (auch mehrerer, vorst. Rn. 111), erlaubt, ist ebenfalls durch das Grundbuch gewahrt: Erst nach genauer katastermäßiger Bestimmung wird ein abgegrenzter Teil der Erdoberfläche zum Grundstück im Rechtssinne und erhält ein Grundbuchblatt, und nur dort kann das Grundpfandrecht eingetragen werden. Die Belastung von Grundstücksbruchteilen ist gem. § 1114 möglich (vorst. Rn. 111).

115 Der Grundsatz der **Priorität** bedeutet, dass das früher bestellte Grundpfandrecht befriedigt wird, ehe das später bestellte bedient wird; er bestimmt den **Rang** des Grundpfandrechts, der durch das Grundbuch gewahrt wird (vorst. Rn. 96).

116 Das Grundpfandrecht kann an Grundstücken bestellt werden, die dem Schuldner gehören, aber auch ein Dritter kann für den Schuldner einspringen und seine Sache zum Zwecke der Haftung zur Verfügung stellen. Schuldner und Eigentümer brauchen also nicht identisch zu sein (**Interzession**, oben Rn. 14). Die Grundpfandrechtsbestellung für eine **Drittschuld** führt vor allem aus dem Grunde zu besonderen Rechtslagen, als das Grundpfandrecht nicht erlischt, wenn die Forderung getilgt wird, sondern zum Eigentümergrundpfandrecht wird (vorst. Rn. 106) oder bei Leistung durch den Schuldner auf diesen übergehen kann (§ 1164 Abs. 1, nachf. Rn. 335).

---

14 *Hök*, MDR 2000, 613, 618.

15 Gem. § 762 Abs. 2 keine Verpfändung für Naturalobligationen: RG Warn. 1915, Nr. 177.

16 Nach *Medicus*, JuS 71, 497 (501) stellt auch die Verwandlung in eine Eigentümergrundschuld eine Durchbrechung des Akzessorietätsgrundsatzes dar; a.A. *Büdenbender*, JuS 96, 665 (670).

17 Keine Generalhypothek: *Kohler*, KTS 88, 241; anders das englische Recht: Belastung des Vermögens als solchem durch floating charge, *Schulz-Trieglaff*, Grundschuld, S. 33 ff.

B. Gegenstand der Haftung

1. Haftungsverbund

Belastet mit dem dinglichen Verwertungsrecht, das dem Gläubiger zugewiesen ist (oben Rn. 85), ist nicht nur das Grundstück selbst als rechtliche Einheit, vielmehr ist Gegenstand der Grundpfandhaftung das Grundstück als **wirtschaftliche Einheit**. Über das im Grundbuch eingetragene Grundstück (auch: Wohnungseigentum) und seine wesentlichen Bestandteile hinaus erstreckt sich das Verwertungsrecht auf **117**
- nicht wesentliche Bestandteile (§ 1120 BGB),
- Erzeugnisse (§ 99 Abs. 1),
- Zubehör (§§ 97, 1120),
- Miet- und Pachtzinsforderungen als mittelbare Rechtsfrüchte (§§ 99 Abs. 3, 1123 ff.),
- wiederkehrende Leistungen (§ 1126),
- Versicherungsforderungen als Surrogate für Gegenstände, die der Haftung unterlegen hatten (§§ 1127 bis 1130), und schließlich
- zugeschriebene Grundstücke (§§ 890 Abs. 2, 1131).

In §§ 1121 Abs. 1, 2, 1122 Abs. 1, 2, 1123 Abs. 2, 1124 Abs. 1, 2 und 1126 fällt der Begriff „**Beschlagnahme**" als Haftungsvoraussetzung. Er bezeichnet den Rechtsakt, durch den der Gläubiger – nach Maßgabe von §§ 864 ff. ZPO und § 20 ZVG, s. § 1147 BGB – in den Stand gesetzt wird, auf das Grundstück und die in §§ 1120 bis 1131 bezeichneten Vermögensgegenstände zuzugreifen. Die Beschlagnahme ist eine Maßnahme der Zwangsvollstreckung am Beginn des Verwertungsverfahrens und setzt Pfandreife, also Fälligkeit der gesicherten Forderung resp. der Grundschuld selbst (vorst. Rn. 105) voraus (im einzelnen nachf. Rn. 402 ff., 418 ff.). Die Beschlagnahme wirkt sich auf den Haftungsverbund aus (nachf. Rn. 126, 133, 134, 137). **118**

2. Das Grundstück und zugeschriebene Grundstücke

In erster Linie haftet das Grundstück mit seinen wesentlichen Bestandteilen (§ 93 BGB), namentlich Gebäuden (§ 94), in seinem katastermäßigen Zustand (vorst. Rn. 114), den es bei Bestellung des Grundpfandrechts hatte. **119**

Außerdem erstreckt sich das Grundpfandrecht auf zugeschriebene Grundstücke (§ 1131). Dabei geht es um folgendes: Wird das Grundstück nach Grundpfandbestellung geteilt („abgeschrieben" i.S.v. § 2 Abs. 3 GBO), werden also aus einem Grundstück mehrere selbständige Grundstücke gemacht, haften alle diese neuen Grundstücke, das Grundpfandrecht wird zum Gesamtgrundpfandrecht[18] (§ 1132 und nachf. Rn. 379 ff.). Werden mehrere Grundstücke zu einem einheitlichen verbunden, so kann das auf zwei Wegen geschehen: durch Vereinigung gem. § 890 Abs. 1 oder durch Zuschreibung gem. § 890 Abs. 2. Durch die Vereinigung werden die früher selbständigen Grundstücke Bestandteile des neuen Grundstücks, durch Zuschreibung wird das zugeschriebene Grundstück zum – nicht wesentlichen – Bestandteil des anderen (§§ 5, 6 GBO). An sich gilt der Grundsatz, dass Verbindung und Trennung von Bestand und Umfang am Grundstück nichts an der bisherigen Belastung ändern[19]. § 1131 schafft dagegen Ausnahmen für den Fall der Zuschreibung **120**

18 Alltäglich bei der Begründung von Wohnungseigentum, BGH ZIP 92, 317 zu II. 1.
19 RGRK/*Mattern*, § 1131 BGB Rn. 1; BGH NJW 78, 320 für Dienstbarkeiten.

(nicht der Vereinigung): Grundpfandrechte des Hauptgrundstücks erstrecken sich auch auf das zugeschriebene Grundstück. Bestanden aber bereits am zugeschriebenen Grundstück Rechte, so gehen diese den neuen Grundpfandrechten vor (§ 1131 Satz 2).

3. Nicht wesentliche Bestandteile

121 Bestandteile, die nicht wesentlich sind (§ 93), können zwar Gegenstand eigener Rechte sein, teilen ansonsten aber das Schicksal der Hauptsache, stehen also regelmäßig auch im Eigentum des Eigentümers der Hauptsache. Weil das so ist, erstreckt sich die Grundpfandhaftung auch auf sie. Stand der nicht wesentliche Bestandteil aber schon bei Grundpfandbestellung ausnahmsweise im Eigentum eines anderen, erstreckt sich die Grundpfandhaftung darauf nicht, z.B. im Falle eines Eigentumsvorbehalts am Bestandteil (dazu aber nachf. Rn. 125). Wird der nicht wesentliche Bestandteil vom Grundstück getrennt und veräußert, endet die Haftung, wie § 1121 Abs. 1 bestimmt.

122 Wird z.B. die Holztäfelung in einem Gebäude[20] abgetragen, vom Grundstück weggeschafft und veräußert, braucht der neue Eigentümer den Zugriff des Grundpfandgläubigers nicht zu fürchten. Bleiben die nicht wesentlichen Bestandteile auf dem Grundstück, besteht die Haftung trotz Veräußerung fort. Gem. § 1122 Abs. 1 kann die Enthaftung aber auch ohne Veräußerung eintreten, wenn die Bestandteile vom Grundstück in den Grenzen einer ordnungsgemäßen Wirtschaft getrennt wurden. Im Beispiel könnte § 1122 Abs. 1 anwendbar sein, wenn die Holztäfelung zugunsten energiesparender Wärmedämmungen ausgetauscht wird. Solange die Bestandteile noch auf dem Grundstück, also noch nicht entfernt sind, bleibt es bei der Haftung.

123 Die Enthaftung tritt weiter dann ein, wenn nach der Trennung nicht **derivativer Erwerb** eines anderen, sondern **originärer** gem. §§ 954 bis 957 eintritt, z.B. aufgrund Nießbrauchs. Gleiches gilt, wenn der getrennte Bestandteil durch Verbindung, Vermischung oder Verarbeitung (§§ 946 bis 950) zu einer neuen Sache wird. Gem. §§ 949, 950 Abs. 2 erlöschen Rechte Dritter, auch die des Grundpfandgläubigers.

124 **Nicht** unter die Grundpfandhaftung fallen **Scheinbestandteile** im Sinne von § 95 wie etwa die Garage, die der Pächter für die Dauer der Pachtzeit errichtet hat[21].

4. Erzeugnisse

125 Erzeugnisse sind bis zu ihrer Trennung wesentliche Bestandteile des Grundstücks (§ 93, arg. § 953), insbesondere die Ernte eines landwirtschaftlichen Grundstücks. Für getrennte Erzeugnisse gelten dieselben Bestimmungen wie für nicht wesentliche Bestandteile.

---

20 Sie ist als nicht wesentlicher Bestandteil in RGZ 158, 362 (367) angesehen worden.

21 *Baur/Stürner*, § 39 III. 1. (Rn. 24, S. 461); BGH NJW 96, 916 mit Komm. *Kohler*, EWiR § 95 BGB 1/96, 631 und Anm. *Welter*, WuB IV A. – 1.97: Ladenlokal; 94, 999: Energieleitungen; 92, 1101 zu I. 2. a: Kinderschaukel und Sandkasten; Anbau: BGH NJW 87, 774; Teppichboden: OLG München NJWE-VHR 96, 202; Sträucher: OLG Düsseldorf NZM 98, 1020; MünchKomm./*Eickmann*, § 1120 BGB Rn. 11; Lauer, MDR 86, 889; der Bestandteil eines Erbbaurechts ist nicht Bestandteil des Grundstücks: BGH NJW 85, 789 zu II. 2. b. Kein Scheinbestandteil ist Leasinggut im Falle von Finanzierungsleasing mit Vollamortisation, bei dem der Leasingnehmer und Grundstückseigentümer bei Vertragsende Eigentümer des Guts wird, BGH EWiR § 95 BGB 1/99, 103 (*Eckardt*).

5. Zubehör

a) Haftung und Entwidmung

Gem. § 97 ist Zubehör eine bewegliche Sache, die dem wirtschaftlichen Zweck der Hauptsache, hier des Grundstücks, zu dienen bestimmt ist und zu ihr in entsprechendem räumlichen Verhältnis steht[22]. Dazu gehören etwa der Fuhrpark eines Hotelgrundstücks oder regelmäßig des Betriebsgrundstücks einer Fabrik oder eines Handelsunternehmens (nicht aber eines Frachtunternehmens[23]), der Kran auf einem Fabrikgrundstück[24]. Wird die Zubehöreigenschaft der Sache – in den Grenzen ordnungsgemäßer Wirtschaft – aufgehoben (§ 1122 Abs. 2), also die Sache aus ihrer dienenden Funktion entwidmet, endet die Grundpfandhaftung, so etwa, wenn der Kleinbus des Hotels, mit dem Gäste abgeholt wurden, ausgemustert wird und nur noch privaten Zwecken dient. Keine Entwidmung tritt ein, wenn das Zubehör lediglich einem Dritten zur Sicherheit übereignet wird[25], auch nicht bei vorübergehender Trennung (§ 97 Abs. 2 Satz 2)[26], aber auch nicht bei endgültiger Stilllegung eines Fabrikgrundstücks im Rahmen einer Insolvenz[27]. Die Veräußerung des Zubehörstücks bewirkt gem. § 1121 Abs. 1 die Enthaftung nur, wenn es vom Grundstück vor der Beschlagnahme (vorst. Rn. 118) entfernt wird. Auch die Übereignung eines Grundstücks erstreckt sich gem. § 926 Abs. 1 Satz 2 BGB im Zweifel auf Zubehör[28]. **126**

b) Vorbehaltseigentum

aa) Voraussetzung für die Grundpfandhaftung ist, dass der Grundeigentümer auch der Eigentümer des Zubehörs ist, gleich ob er das Eigentum vor oder nach Grundpfandrechtsbestellung erwirbt. Besonderer Betrachtung bedarf die Rechtslage, wenn das Zubehör vom Grundeigentümer unter Eigentumsvorbehalt erworben worden war. Zweifellos unterliegt die Vorbehaltssache dem Zugriff des Grundpfandgläubigers dann, wenn der Grundeigentümer die Bedingung des Eigentumserwerbs gem. §§ 449, 929 BGB erfüllt, also den Kaufpreis für das Zubehör vollständig tilgt: Der Zeitpunkt des Eigentumserwerbs ist **127**

---

22 BGH NJW 94, 864 zu III. 1. a.

23 BGHZ 85, 234: Das Grundstück dient dem Fuhrpark und nicht umgekehrt, abl. *Brammertz*, Zubehörbegriff, S. 145 ff.

24 BGH NJW 85, 789 zu II. 2. a.; nicht: mobiler Baukran, OLG Koblenz BB 89, 2138; Baumaterial: BGHZ 58, 309 (311); Baumaschinen, die außerhalb des Betriebsgrundstücks auf Baustellen eingesetzt werden: BGHZ 124, 380 (393); Pferd im Reitstall: AG Aschaffenburg DGVZ 91, 45; Einbauküche: BGH NJW-RR 90, 586; OLG Nürnberg NJW-RR 2002, 1485; OLG Düsseldorf NJW-RR 94, 1039; OLG Zweibrücken RPfl 93, 169; KG NJW-RR 96, 1010; LG Berlin NJW-RR 97, 1097; anders nach Lage des Einzelfalls: OLG Karlsruhe NJW-RR 88, 459 mit Bspr. *K. Schmidt*, JuS 88, 736; KG BauR 91, 484; AG Göttingen NJW-RR 2000, 1722; Gartenzwerge? *Wieser*, NJW 90, 1971; Heizöl in Mietshaus: OLG Schleswig SchlHA 97, 110; Gastank: LG Gießen NJW-RR 99, 1538; nicht: Kinderschaukel und Sandkasten, BGH NJW 92, 1101 zu I. 2. a.; nicht: demontable Sauna, AG Ludwigsburg DGVZ 91, 95; RGRK/*Kregel*, § 97 BGB Rn. 26; Staudinger/*Dilcher*, § 93 BGB Rn. 27; nicht: Notstromaggregat in Diskothek, das wesentlicher Bestandteil ist, OLG Saarbrücken NJW-RR 2001, 1632.

25 BGH NJW 79, 2514 zu III. 3. b.; anders aber, wenn die Sicherheit zeitlich vor dem Grundpfandrecht bestellt wurde: *Kollhosser*, JA 84, 196 (199 f.); MünchKomm./*Eickmann*, § 1120 BGB Rn. 32; RGRK/*Mattern*, § 1120 BGB Rn. 17.

26 Dazu BGH NJW 86, 59 zu II. 4.

27 BGH NJW 96, 835 mit Komm. *Plander*, EWiR § 1122 BGB 1/96, 259 und Bspr. *K. Schmidt*, JuS 96, 647; BGHZ 56, 298 mit Anm. *Mattern*, LM Nr. 1 zu § 1122 BGB.

28 Dazu OLG Düsseldorf MDR 93, 143; für den Kaufvertrag gilt § 311o BGB; OLG Celle NJW-RR 98, 1168.

gleichgültig. Wenn das Zubehör zum Zeitpunkt des Zugriffs aber noch dem Vorbehaltsverkäufer gehört, darf der Grundpfandgläubiger natürlich nicht dessen Eigentum beeinträchtigen. Fraglich ist nur, wie es sich auf die Grundpfandhaftung auswirkt, dass der Grundeigentümer als Vorbehaltskäufer zwar nicht Eigentum am Zubehör, aber schon das **Anwartschaftsrecht** daran erworben hat (unten Rn. 771 ff.). Diese Frage wird virulent, wenn der Vorbehaltskäufer über das Anwartschaftsrecht verfügt (nachf. Rn. 130) mit dem Ziel, dass der Erwerber des Anwartschaftsrechts in dem Zeitpunkt Eigentümer der Sache wird, in dem die aufschiebende Bedingung eintritt (vollständige Kaufpreiszahlung, § 449 Abs. 1). Erstreckt sich der Zugriff des Grundpfandgläubigers auf die nunmehr dem Erwerber, also einem Dritten, gehörende Sache oder erwirbt der Dritte die Sache lastenfrei (unten Rn. 789)?

128 Richtigerweise ist der Fortbestand der Grundpfandhaftung anzunehmen. Das Anwartschaftsrecht ist ein dingliches Recht zum Besitz (unten Rn. 777), das der Grundeigentümer einbringen kann, ohne dass dadurch in die Rechte Unbeteiligter eingegriffen werden könnte[29], insbesondere nicht in das Eigentum des Verkäufers (vorst. Rn. 127). Ebenso wie sich das Vermieterpfandrecht aus § 562 BGB auf Anwartschaftsrechte an eingebrachter Vorbehaltsware des Mieters erstreckt[30] (unten Rn. 1636), erfasst die Grundpfandhaftung nach § 1120 nicht nur bewegliche Sachen, die im Eigentum des Grundstückeigentümers stehen, sondern auch solche, an denen er ein Anwartschaftsrecht hat[31]. Wäre das Anwartschaftsrecht nicht mit der Grundpfandhaftung belastbar und könnte der Anwartschaftsrechtserwerber das Volleigentum später lastenfrei erwerben, stünde er besser da, als wenn er gleich das Vollrecht erwürbe[32].

129 Die Verfügungsmöglichkeit über das Anwartschaftsrecht bedeutet für den Vorbehaltskäufer ja auch und in seiner praktischen Bedeutung vor allem, dass er es als Kreditsicherungsmittel einsetzen kann (unten Rn. 781). Für die Grundpfandrechtsbestellung folgt daraus, dass die Kreditwürdigkeit des Schuldners durch den Wert des Grundpfandrechts verbessert wird, wenn das Anwartschaftsrecht über Zubehör unter die Grundpfandhaftung fällt. Der Erwerber des Anwartschaftsrechts wird zwar bei Bedingungseintritt Eigentümer der Sache, ohne dass der Grundeigentümer jemals, etwa in einem Zwischenstadium, auch Eigentümer der beweglichen Sache geworden wäre (Direkt-, kein Durchgangserwerb, unten Rn. 1334 bis 1337), aber das Eigentum des Anwartschaftsrechtserwerbers ist von vornherein belastetes Eigentum, nämlich belastet mit der Grundpfandhaftung gem. § 1120[33]. Der Anwartschaftsrechtserwerber des Zubehörs muss also den Zugriff des Grundpfandgläubigers dulden (hierzu im einzelnen nachf. Rn. 419).

130 *bb)* Allerdings könnte der Vorbehaltskäufer als Grundeigentümer die Grundpfandhaftung am Zubehör, das unter Eigentumsvorbehalt steht, vereiteln, indem er das Anwartschaftsrecht durch Rechtsgeschäft mit dem Verkäufer aufhebt (z.B. im Rahmen einer Finanzierung zugunsten einer Bank, die Sicherungseigentümerin des Zubehörstücks werden soll) und nicht lediglich auf einen anderen überträgt, so dass die Grundpfandhaftung enden

29 *Rinke*, Kausalabhängigkeit des Anwartschaftsrechts, S. 228.
30 BGH NJW 92, 1156 zu 4. b.
31 BGHZ 35, 85; 92, 280; *Baur/Stürner*, § 39 IV. 1. b. (Rn. 38, S. 464); MünchKomm./*Eickmann*, § 1120 BGB Rn. 38; Soergel/*Konzen*, § 1120 BGB Rn. 7; *v. Lübtow*, JuS 63, 171; *Klinkhammer/Ranke*, JuS 73, 665 (669).
32 BGHZ 35, 85 (89 f.) für die Hypothek; BGH NJW 65, 1475 für das Vermieterpfandrecht.
33 Ebenso BGHZ 35, 85 (88 ff. m.w.N.); *Holtz*, JW 33, 2573 (2574); a.A. RGZ 140, 223 (226 ff.).

würde. Umstritten ist, ob der Grundpfandgläubiger die **Aufhebung des Anwartschaftsrechts** hinnehmen muss[34] oder in analoger Anwendung von § 1276 BGB von seiner Zustimmung abhängig machen kann[35].

Nach dieser Vorschrift kann ein verpfändetes Recht nur mit Zustimmung des Pfandgläubigers aufgehoben werden (unten Rn. 685). Eine entsprechende Regelung für die Grundstücks- oder Mobiliarverpfändung enthält das Gesetz nicht. Scheinbar bedarf es dessen nicht: Der Pfandgläubiger ist weder gegen die Zerstörung der Pfandsache durch den Eigentümer und mithin den Untergang seines Pfandrechts geschützt, sondern hat nur Schadensersatzansprüche, noch bedarf er besonderen Schutzes gegen rechtliche Einwirkungen auf die Pfandsache (in Frage kommt die Dereliktion gem. § 959 BGB), weil sich das Pfandrecht an der nun herrenlosen Sache fortsetzt. Im Gegensatz zur gewöhnlichen Verpfändung des Eigentums an einer Sache besteht im Falle der Verpfändung eines Anwartschaftsrechts an einer Sache aber ebenso wie im Falle der Rechtsverpfändung überhaupt die Möglichkeit, auf das Recht selbst durch Rechtsgeschäft (eben durch die Aufhebung) einzuwirken und dadurch das Pfandrecht zu vereiteln. Dieser Konflikt ist durch die Anwendung von § 1276 zu lösen. Der Eigentümer und Vorbehaltskäufer kann das Anwartschaftsrecht also nicht ohne Zustimmung des Gläubigers aufheben. **131**

6. Miet- und Pachtforderungen

a) Haftungsausmaß

Gem. § 1123 Abs. 1 kann der Grundpfandgläubiger auch auf die Miet- und Pachtforderungen zugreifen. Probleme entstehen, wenn die Fälligkeit des Grundpfandrechts einerseits und die Fälligkeit der Miet- und Pachtforderung andererseits auseinanderfallen: Haften auch Forderungen, die früher als das Grundpfandrecht fällig waren? Die Antwort geben §§ 1123 Abs. 2 und 1124: **132**

Miet- und Pachtforderungen werden von der Grundpfandhaftung frei, sobald ein Jahr seit ihrer Fälligkeit vergangen ist (und sie vorher nicht in Beschlag genommen wurden, nachf. Rn. 134). Darüber hinaus werden solche Forderungen gem. § 1124 Abs. 1 in dem Zeitpunkt frei, in dem sie der Grundeigentümer eingezogen hatte. Mithin bezieht sich § 1123 Abs. 2 nur auf noch nicht eingezogene, also noch offene Forderungen. Der Einziehung stehen sonstige Verfügungen gleich, z.B. die Verpfändung (§ 1279, unten Rn. 633) oder Abtretung[36]. Im Falle der Verpfändung bleibt die Grundpfandhaftung zwar bestehen, geht aber im Range nach (§ 1124 Abs. 1 Satz 2, 2. Hs.); bei Abtretung erlischt die Grundpfandhaftung (§ 1124 Abs. 1 Satz 2, 1. Hs.). Der Abtretung der Miet- oder Pachtzinsforderung steht es gleich, wenn das Grundstück veräußert wird, aber ohne die Forderungen, diese also dem – früheren – Grundeigentümer bleiben. Der Gläubiger kann dann also zwar trotz **133**

---

34 So BGHZ 92, 280 (290/291), zust. *Wilhelm*, NJW 87, 1785 (1788), im Ergebnis auch *Ludwig*, NJW 89, 1458; *Schönfelder*, JuS 98, 445 (448).

35 So *Tiedtke*, NJW 85, 1305 (1307); 88, 28; *M. Reinicke*, JuS 86, 957 (961); *Kollhosser*, JZ 85, 370 (373) und JA 84, 196 (202); *Leifker*, Anwartschaftsrecht, S. 167 ff., abl. *Scholz*, MDR 90, 679; *Rinke*, Kausalabhängigkeit des Anwartschaftsrechts, S. 233, hält für die *Verpfändung* §§ 1273 ff. und nicht §§ 1205 ff. für anwendbar (unten Rn. 779) und gelangt so problemlos zu § 1276.

36 Auch: an den Gläubiger selbst, OLG Köln WM 97, 759 mit Anm. *Rehbein*, WuB I F 3. – 4.97 und Komm. *Johlke*, EWiR § 9 AGBG 13/96, 579.

Eigentümerwechsels nach wie vor auf das Grundstück selbst, nicht aber auf die Forderung zugreifen (§ 1124 Abs. 3).

134 All das gilt für den Fall, dass der Gläubiger nicht zur Realisierung seines Grundpfandrechts geschritten ist: Sobald er das Grundstück in Beschlag nimmt, sind die Wirksamkeit von Verfügungen und die Befreiung offener Miet- und Pachtzinsforderungen eingeschränkt (§§ 1123 Abs. 2, 1124 Abs. 1 S. 1, Abs. 2; nachf. Rn. 420). Gleichermaßen sind Verfügungen eingeschränkt, die darin liegen, dass der Schuldner – Mieter oder Pächter – gegen die Forderungen aufrechnet (§ 1125).

b) Insbesondere: Kapitalersetzende Nutzungsüberlassung

135 Mieter kann eine GmbH oder GmbH & Co KG[37], Vermieter ihr Gesellschafter sein. Die Gesellschaft darf Vermögen, das zur Erhaltung ihres Stammkapitals erforderlich ist, gem. § 30 GmbHG nicht an ihre Gesellschafter auszahlen. Diese **Rückzahlungssperre** tritt ein, sobald das Aktivvermögen der Gesellschaft nicht höher als das satzungsgemäße Stammkapital (§ 3 Abs. 1 Nr. 3, § 5 GmbHG) ist. In diesem Fall entspricht das Aktivvermögen dem gesamten Eigenkapital (vgl. § 266 Abs. 3 HGB). Müsste die Gesellschaft den Mietzins an ihren Gesellschafter aus Mitteln bestreiten, die zur Erhaltung des Stammkapitals erforderlich sind, hat die Nutzungsüberlassung eigenkapitalersetzenden Charakter mit der Folge, dass die Gesellschaft das Grundstück zwar nutzen darf, der Gesellschafter gegen die GmbH aber keinen Anspruch auf Mietzins hat (s. auch nachf. Rn. 190), soweit die Rückzahlungssperre eingreift, die ihrerseits vom Betrag des Stammkapitals abhängt. Im Insolvenzfalle wird der Gesellschafter gem. § 32a Abs. 1 i.V.m. mit Abs. 3 Satz 1 GmbHG wegen rückständigen Mietzinses nicht Insolvenzgläubiger unabhängig vom Betrag des satzungsgemäßen Stammkapitals. Mietzins, den er trotz des eigenkapitalersetzenden Charakters der Nutzungsüberlassung von der Gesellschaft erhalten hatte, muss er der Insolvenzmasse gem. § 32b GmbHG erstatten (eine Beteiligung von mehr als 10% vorausgesetzt, § 32a Abs. 3 Satz 2). Bis zur Grenze des Betrags der Rückzahlungssperre und eventueller Verjährung gilt dies auch für Zeiträume, die länger als ein Jahr vor Eröffnung des Insolvenzverfahrens zurückliegen[38].

136 Ist das Grundstück mit einem Grundpfandrecht belastet und will der Gläubiger auf den Mietzins zugreifen, ist er daran gehindert, weil in Wahrheit kein Anspruch auf Mietzins besteht. In der Zwangsverwaltung ist der Verwalter darüber hinaus gem. § 152 Abs. 2 ZVG (nachf. Rn. 434) an den Gebrauchsüberlassungsvertrag zwischen GmbH und Ge-

---

37 BGHZ 123, 289 mit Anm. *v. Gerkan*, WuB II C. – 1.94; BGH WM 2001, 316 mit Anm. *Balke*, WuB II C. – 1.02; 98, 1778 und *Ebbing*, WuB II G. – 1.98.

38 BGHZ 140, 147 (150 ff.) = NJW 99, 577 mit Rezension *Jungmann*, ZIP 99, 601 und Anm. *Obermüller*, WuB II C.-1.99; BGHZ 109, 55; 121, 31 (42); 127, 1 und 17, sog. Lagergrundstückentscheidungen, dazu umfassend *Fleischer*, Finanzplankredite, S. 244 ff. sowie *G. Hereck*, in: Festschr. Odersky, S. 823 (829) und *Brandes*, WM 2000, 217 (220 f.); BGH NJW 2000, 3565 mit Anm. *Friedrich*, WuB II C. – 1.01; WM 2000, 525 mit Anm. *v. Gerkan*, WuB II C. – 2.2000, 316; WM 2001, 316; OLG München EWiR § 32a GmbHG 4/99, 263 (*Muth*); OLG Düsseldorf ZIP 98, 1910 mit Komm. *v. Gleichenstein*, EWiR § 32a GmbHG 1/99, 23; OLG Karlsruhe ZIP 96, 918 mit Komm. *Fleischer*, EWiR § 30 GmbHG 2/96, 553 und Rezension *Altmeppen*, ZIP 96, 909; NJW-RR 98, 1569 mit Komm. *Brandes*, EWiR § 32a GmbHG 4/97, 991; OLG Köln ZIP 96, 915 und GmbHR 96, 367; Stundung: OLG Düsseldorf, GmbHR 96, 201.

sellschaft gebunden[39]. Dies gilt allerdings nur bis zu demjenigen Zeitpunkt, in dem der Beschluss des Vollstreckungsgerichts über die Beschlagnahme wirksam wird[40].

7. Wiederkehrende Leistungen

Gem. § 96 gelten Rechte, die mit dem Eigentum an einem Grundstück verbunden sind, als **137**
Bestandteile des Grundstücks und sind mithin von der Grundpfandhaftung erfasst. Das bestätigt § 1126 Satz 1 und erfasst die Ansprüche des Grundeigentümers auf derartige wiederkehrende Leistungen, z.B. Reallasten (§ 1105 Abs. 2), Überbau- und Notwegrenten (§§ 912, 917), Grunddienstbarkeiten (§§ 1021 Abs. 2, 1022). Auch solche Leistungen werden nach Maßgabe von § 1123 Abs. 2 S. 1 frei, der Grundstückseigentümer kann über sie gem. § 1124 Abs. 1 und 3 verfügen (§ 1126 S. 2). Im Falle der Verwertung (Beschlagnahme) gelten Modifizierungen.

8. Versicherungsforderungen

Geht ein Gegenstand, der von der Grundpfandhaftung erfasst ist, unter, ist für diesen Fall **138**
aber ein Versicherungsunternehmen verpflichtet zu leisten, erstreckt sich die Grundpfandhaftung auf die **Versicherungsforderung** (§ 1127 Abs. 1). Diese ist gleichsam Surrogat für den Gegenstand; versicherungsrechtliche Komplementärvorschriften sind §§ 97 ff. VVG[41]. Zwar trifft den Grundeigentümer keinerlei Obliegenheit gegenüber dem Gläubiger, überhaupt eine Versicherung abzuschließen (wenngleich das meist besonders vereinbart wird). Besteht aber Versicherungsschutz, bleibt der Haftungsrahmen erhalten. Folgerichtig wird die Versicherungsforderung gem. § 1127 Abs. 2 wieder frei, wenn der versicherte Gegenstand wiederhergestellt oder ersetzt wird: Der Gegenstand haftet in diesem Fall selbst, der Haftungsrahmen bleibt gleich.

Besondere Bestimmungen gelten für die **Gebäudeversicherung** (§ 1128) und sonstige **Schadens-** **139**
versicherungen (§ 1129). Der Grundpfandgläubiger hat bei der Gebäudeversicherung im Verhältnis zur Versicherungsforderung eine ähnliche Stellung wie der Gläubiger zu einer verpfändeten Forderung (§§ 1279 ff., unten Rn. 633 ff., 693 ff.): Er kann nur an Grundpfandgläubiger und Grundstückseigentümer gemeinschaftlich leisten, solange das Grundpfandrecht noch nicht fällig ist (§§ 1128 Abs. 3, 1281 Satz 1). Um aber die Verwendung des Geldes nicht so lange hinauszuzögern, kann der Versicherer den Versicherungsbetrag an den Grundeigentümer auszahlen, wenn der Schaden dem Grundpfandgläubiger angezeigt wurde und ein Monat ohne Widerspruch verstrichen ist (§ 1128 Abs. 1 Satz 1, 2). Hat seinerseits der Grundpfandgläubiger dem Versicherer das Grundpfandrecht angemeldet, muss der Grundpfandgläubiger der Zahlung an den Grundeigentümer schriftlich zustimmen (§ 1128 Abs. 2). Weitere Anzeigepflichten des Versicherers bestimmt § 101

---

39 OLG Düsseldorf ZIP 98, 810 mit Komm. *v. Gleichenstein*, EWiR § 32a GmbHG 1/99, 23; *Suchan*, Sachenwertüberlassungen, S. 89/90; abl. OLG München ZIP 98, 1917; *Uhlenbruck*, in: Festschr. Heinsius, S. 841 (846); *Gnamm*, WM 96, 189 (191); *v. Gerkan*, ZGR 97, 173 (189); *v. Gerkan/Hommelhoff*, Kapitalersatz, Rn. 8.28a.

40 BGHZ 140, 147; OLG München EWiR § 30 GmbHG 3/01, 963 (*Storz*).

41 Motive III S. 660, bei *Mugdan* S. 372; Staudinger/*Wolfsteiner*, § 1127 BGB Rn. 2; Hellner/*Steuer*, BuB, Rn. 4/1976; Soergel/*Konzen*, § 1127 BGB Rn. 3; Beispielsfälle BGH WM 81, 488; NJW 81, 1671; BGHZ 107, 255 mit Anm. *Bülow*, WuB IV A. – 2.89.

VVG. Die Gebäudeversicherung kann der **Wiederherstellungsklausel** gem. § 97 VVG unterliegen, d.h. der Entschädigungsbetrag ist nur zur Wiederherstellung des Gebäudes zu leisten, also zweckbestimmt gem. § 1130[42]. Solche zweckbestimmten Zahlungen haben gem. § 1130 ohne die Anzeigepflicht aus § 1128 Abs. 1 Satz 1 befreiende Wirkung für den Versicherer gegenüber dem Grundpfandgläubiger, aber nur, wenn die bestimmungsgemäße Verwendung sichergestellt ist (§ 99 Abs. 1 VVG, sonst bleibt es bei der Anzeigepflicht) oder der Grundpfandgläubiger der Zahlung an den Grundeigentümer zustimmt (§ 100 VVG). Dadurch kann der Fall eintreten, dass der Gläubiger gar keinen Zugriff auf die Versicherungsforderung hat[43]. Das Versicherungsverhältnis zwischen Versicherer und Grundeigentümer kann gestört sein[44], z.B. wenn der Versicherungsfall grob fahrlässig herbeigeführt wurde (§ 61 VVG) mit der Folge, dass der Versicherer nicht zu leisten braucht. Der Versicherer bleibt dann aber trotzdem gegenüber dem Grundpfandgläubiger gem. § 102 VVG verpflichtet[45]. Im gegebenen Falle kann er gegenüber dem Hypothekengläubiger nicht einwenden, das Grundstück sei nicht werthaltig gewesen, der Gläubiger wäre also auch ohne das schädigende Ereignis ausgefallen[46]. Zahlt der Versicherer daraufhin an den Grundpfandgläubiger, geht das Grundpfandrecht auf den Versicherer über (§§ 104, 107b VVG).

140 Sind andere der Haftung unterliegende Gegenstände versichert, z.B. **Zubehör** im Rahmen einer Hausratsversicherung, sind gem. § 1129 die Bestimmungen über Miet- und Pachtzinsforderungen (vorst. Rn. 132) anwendbar. Ist hierbei Wiederherstellung ausbedungen, gelten die Regelungen zugunsten des Grundpfandgläubigers aus §§ 97 ff. VVG nicht.

C. Begründung von Grundpfandrechten

1. Dinglicher Verpfändungsvertrag

141 Wie alle dinglichen Rechte an Grundstücken bedarf die Begründung von Grundpfandrechten der dinglichen **Einigung** der Parteien – Grundeigentümer und Grundpfandgläubiger – gem. § 873 Abs. 1 (Verpfändungsvertrag) und der **Eintragung** im Grundbuch. Die dingliche Einigung über die Belastung des Grundstücks ist ein Verfügungsvertrag, der keiner Form bedarf und auch durch Allgemeine Geschäftsbedingung geschlossen werden kann, so z.B. durch Nr. 14 AGB-Banken und AGB-Postbank, 21 Abs. 1 AGB-Sparkassen[47] (formbedürftig ist nur die Auflassung – die dingliche Einigung im Falle der Übertragung des Eigentums an Grundstücken – gem. § 925 Abs. 1). Zur Eintragung im Grundbuch muss freilich die Eintragungsbewilligung des Berechtigten[48] in beglaubigter oder notariell beurkundeter Form vorgelegt werden (§§ 19, 29 GBO). Die notarielle Beurkundung bewirkt auch, dass die Einigung nicht mehr frei widerruflich ist (§ 873 Abs. 2). Die

42 Beispielsfall: BGH MDR 81, 130, auch BGH NJW 87, 1631; *Hoes/Tetzlaff*, ZfIR 2001, 354 (356 f.).

43 Bankrechtshandbuch/*Merkel*, § 94 Rn. 97.

44 Beispielsfall: BGH WM 81, 488 zu II. 1.

45 BGH NJW 81, 1671 zu I. 1. und 2.; OLG Saarbrücken NJW-RR 98, 1486; OLG Hamm, Beschluss v. 18.6.2002, 15 W 105/01.

46 BGH WM 97, 358 mit Komm. *Littbarski*, EWiR § 102 VVG 1/97, 325 und Anm. *Reusch*, WuB I F 3. – 10.97.

47 BGH NJW 88, 3260 zu III. 2.; NJW-RR 89, 752 zu III. 1. d. bb.; *Blaurock*, Aktuelle Probleme aus dem Kreditsicherungsrecht, S. 1.

48 Auch kraft Vertretung oder Ermächtigung, zur Prüfungspflicht des Notars BGH NJW-RR 98, 133 mit Anm. *Reithmann*, WuB IV A. – 2.97, OLG Frankfurt WM 98, 337 (339/340) mit Anm. *Bader*, WuB I E 1. – 2.98, des Grundbuchamts LG Hamburg RPfl 98, 469.

Erklärungen minderjähriger Eigentümer bedürfen gem. § 1821 Abs. 1 Nr. 1 BGB vormundschaftsgerichtlicher Genehmigung[49] (s. auch nachf. Rn. 274).

Besondere Bestimmungen zur Eintragung enthält § 1115, jedoch nur für Hypotheken, nicht für Grundschulden. Danach muss – in Gemäßheit zum Akzessorietätsgrundsatz – auch die Forderung nach Gläubiger[50], Geldbetrag – in Euro, Deutscher Mark oder anderer Währung, näher § 28 Satz 2 GBO[51] –, ggf. Zinssatz, Zinsbeginn[52] (s. auch nachf. Rn. 276) und Nebenleistungen, im Grundbuch eingetragen werden. Dadurch werden nachrangige Gläubiger gegen Veränderungen geschützt[53]. Im Übrigen kann auf die Eintragungsbewilligung Bezug genommen werden, was für den Inhalt des Grundpfandrechts selbst schon gem. § 874 gilt. **142**

Ob bei Nichtigkeit der Forderung der **Bereicherungsanspruch** gesichert wird, beantwortet sich wie bei der Bürgschaft (nachf. Rn. 159 und unten Rn. 966); wenn nicht, entsteht gem. §§ 1163 Abs. 1 Satz 1, 1177 eine Eigentümergrundschuld (vorst. Rn. 106). **143**

Der Gläubiger kann das einmal entstandene Grundpfandrecht in mehrere selbständige Grundpfandrechte aufteilen, ohne dass es der Zustimmung des Eigentümers bedürfte (§ 1151)[54]. **144**

2. Buch oder Brief

Weitere Voraussetzungen für die Begründung von Grundpfandrechten außer der dinglichen Einigung (vorst. Rn. 141) richten sich nach der Art des Grundpfandrechts als Buch- oder Briefgrundpfandrecht, wodurch seine Umlauffähigkeit bestimmt wird (vorst. Rn. 107). **145**

a) Einigung über Briefausschluss

Die einfachere Art der Begründung eines Grundpfandrechts, nämlich das **Buchgrundpfandrecht**, sieht das Gesetz als Ausnahme an: § 1116 Abs. 1 bestimmt lapidar, dass ein Brief zu erteilen sei. Wollen die Parteien die Brieferteilung ausschließen, müssen sie sich auch über diesen Ausschluss einigen. Diese zusätzliche Einigung muss im Grundbuch eingetragen werden, damit ein potentieller Erwerber des Grundpfandrechts, weiß, welche Erwerbsvoraussetzungen er gem. § 1154 beachten muss (dazu nachf. Rn. 286 ff.). Zur Begründung eines Buchgrundpfandrechts sind also erforderlich: Einigung über die Bestellung gem. § 873 Abs. 1, Einigung über den Ausschluss der Brieferteilung gem. § 1116 **146**

---

49 Nicht: Grundpfandrechte zur Finanzierung des Grundstückserwerbs, BGH NJW 98, 453 mit Bspr. *Hohloch*, JuS 98, 269 und Komm. *Dauner-Lieb*, EWiR § 1821 BGB 1/98, 359; BGHZ 24, 372; RGZ 108, 356 (363).

50 Instruktiv KG NJW-RR 98, 447.

51 *Hartenfels*, WM 99, Beil. 1, S. 30; Institut für Finanzdienstleistungen, VuR 98, 117; Verordnung über Grundpfandrechte in ausländischer Währung und in Euro v. 30.10.1997, BGBl. I. 2683; EuGH WM 99, 946 sowie EuZW 2001, 121 zu Art. 73b EGV.

52 BGH NJW 95, 1081 mit Anm. *Kutter*, DNotZ 96, 86 und Komm. *Clemente*, EWiR § 881 BGB 1/95, 445; BayObLG DNotZ 96, 96; OLG Frankfurt am Main EWiR § 881 BGB 1/96, 649 (*Gaberdiel*); vom Zinsbeginn hängt gem. § 199 BGB die Verjährung (§ 902) ab, keine Hemmung (§ 209) bis Eintritt des Sicherungsfalls: BGHZ 142, 332 = NJW 99, 3705 mit Rezension *Sostmann*, MittRhNotK 99, 274, Anm. *Schmidt-Lademann*, LM Nr. 29 zu § 197 BGB, *Eidenmüller/Terhar*, WuB I F 3. – 3.2000 und Bspr. *K. Schmidt*, JuS 2000, 495, XI. Zivilsenat gegen IX. Senat (ZIP 93, 257).

53 RGZ 104, 352 (355).

54 OLG Hamm WM 88, 112 zu II. 2. b. bb. mit Komm. *Eickmann*, EWiR § 1151 BGB 1/88, 151.

Abs. 2 Satz 1, Eintragung des Grundpfandrechts selbst im Grundbuch und Eintragung des Briefausschlusses gem. § 1116 Abs. 2 Satz 3. Wollen die Parteien eine Sicherungshypothek gem. § 1184 bestellen (vorst. Rn. 109 und nachf. Rn. 361 ff.), können sie nur den Weg der Buchhypothek wählen (§ 1185 Abs. 1); außerdem muss die Hypothek im Grundbuch als Sicherungshypothek bezeichnet werden (§ 1184 Abs. 2). Folgerichtig bedarf es nicht der Einigung über den Briefausschluss und mithin nicht der Eintragung des Briefausschlusses.

b) Brieferteilung

147 *aa)* Vereinbaren die Parteien nichts zur Umlauffähigkeit, ist das Grundpfandrecht Briefgrundpfandrecht (§ 1116 Abs. 1). Voraussetzung für die wirksame Begründung ist auch hier die dingliche Einigung gem. § 873 Abs. 1 und die Eintragung im Grundbuch (vorst. Rn. 141 ff.). Hinzu kommt die **Übergabe des Briefes** vom Grundeigentümer an den Gläubiger gem. § 1117 Abs. 1 Satz 1. Ohne den Brief zu haben kann der Grundpfandgläubiger sein beschränktes dingliches Recht nicht geltend machen. Das bestimmt § 1160 Abs. 1. Er kann das Grundpfandrecht auch nicht übertragen, wie aus § 1154 Abs. 1 Satz 1 hervorgeht (im einzelnen nachf. Rn. 307 ff.). Eine Urkunde, die ein privates Recht in der Weise verbrieft, dass es ohne diese Urkunde nicht geltend gemacht werden kann, ist Wertpapier[55]. Da – vom Sonderfall der Inhabergrundschuld abgesehen, s. nachf. Rn. 152 ff. – der Gläubiger im Brief mit Namen vermerkt ist und nur an ihn geleistet werden soll, ist der Brief Namens- und Rektapapier. Das Eigentum am Brief steht gem. § 952 Abs. 2 dem Gläubiger zu, so dass die Gläubigerstellung und Eigentum am Brief kongruent bleiben.

148 Der Brief wird vom Grundbuchamt erteilt (§ 56 GBO) und ist dem Grundeigentümer auszuhändigen (§ 60 Abs. 1 GBO), der ihn dann an den Gläubiger gem. § 1117 Abs. 1 Satz 1 übergeben kann. Erst mit dieser Übergabe, so bestimmt es § 1117 Abs. 1, erwirbt der Gläubiger das Grundpfandrecht. Die Übergabe kann in selber Weise ersetzt werden[56] wie die Übergabe bei der Eigentumsverschaffung an beweglichen Sachen (§§ 929 ff.). Ist der Gläubiger also auf irgendeine Weise in den Besitz des Briefs gelangt, können sich die Parteien gem. §§ 1117 Abs. 1 Satz 2, 929 Satz 2 nachträglich darüber einigen, dass der Besitz die Gläubigerstellung begründen soll. Gem. § 930 kann der Eigentümer den unmittelbaren Besitz behalten und mit dem Gläubiger vereinbaren, dass dieser mittelbarer Besitzer werden soll (Besitzkonstitut, §§ 930, 868, näher unten Rn. 1277). Ist der Brief im Besitz eines Dritten – z.B. des Grundbuchamts –, können die Parteien gem. § 931 die Abtretung des Anspruchs des Eigentümers auf Herausgabe des Briefes (§ 60 Abs. 1 GBO) vereinbaren. Mit Wirksamwerden des jeweiligen Ersatzrechtsgeschäfts wird der Gläubiger Inhaber des Grundpfandrechts.

149 Aus all dem folgt, dass der Gläubiger Besitzer des Briefes sein kann, ohne das Grundpfandrecht erworben zu haben, nämlich dann, wenn keiner der genannten Besitzerwerbstatbestände gegeben ist. Ob das der Fall ist, kann streitig sein. Um solchen Streit zu schlichten, begründet § 1117 Abs. 3 eine **Vermutung**: Ist der Gläubiger im Besitz des Briefes – unmittelbarem oder mittelbarem – wird vermutet, dass die Übergabe erfolgt sei. Allerdings reicht die Vermutung gem. § 1117 Abs. 3 noch nicht aus, um davon ausgehen zu können, der Gläubiger sei Grundpfandrechtsinhaber, weil ja auch die unstreitige Briefübergabe dazu nicht ausreicht. Es müssen Einigung gem. § 873 und die Eintragung im Grundbuch hinzukommen. Hier steht die allgemeine Vermutungsregelung von § 891 offen:

---

55 H.M., siehe nur *Zöllner*, Wertpapierrecht, § 3 III. 4. b. (S. 18) und oben Fußnote 6.

56 Einzelfragen dazu *Rutke*, WM 87, 93 und BGH WM 82, 1431; BGHZ 85, 263; OLG Düsseldorf NJW-RR 2002, 711.

Ist im Grundbuch für jemanden ein Recht eingetragen, so wird vermutet, dass ihm das Recht zustehe. Ist also jemand im Grundbuch als Grundpfandgläubiger eingetragen und hat er den Brief, wird ihm aber trotzdem die Inhaberschaft streitig gemacht, so wird zugunsten des Eingetragenen gem. § 891 vermutet, dass die dingliche Einigung gem. § 873 Abs. 1 getroffen und gem. § 1117 Abs. 1, dass der Brief übergeben worden sei. Diese beiden Vermutungen können nur durch den Beweis des Gegenteils entkräftet werden (§ 292 ZPO). Gelingt dieser Beweis nicht, ist der Eingetragene als Grundpfandgläubiger anzusehen.

Wie ist die Rechtslage, solange der Brief noch nicht übergeben und die Übergabe auch noch nicht ersetzt worden ist? Das Grundpfandrecht ist ja schon im Grundbuch eingetragen und existiert. Kann es gem. § 1117 Abs. 1 nicht dem Gläubiger gehören, so verbleibt der Eigentümer, dem es zusteht: § 1163 Abs. 2. Bis zur Übergabe des Briefs besteht also eine Eigentümergrundschuld. **150**

bb) Die Entstehung der Eigentümergrundschuld können die Parteien gem. § 1117 Abs. 2 vermeiden. Die Übergabe, der Realakt, kann danach durch eine Vereinbarung, durch übereinstimmende Willenserklärungen – auch im Wege Allgemeiner Geschäftsbedingungen[57] –, ersetzt werden[58], nämlich durch die sog. **Aushändigungsabrede**. Danach ist der Gläubiger berechtigt, sich den Brief vom Grundbuchamt aushändigen zu lassen (§ 60 Abs. 2 GBO). Bereits mit dem Abschluss dieser Vereinbarung, also vor der tatsächlichen Übergabe durch das Grundbuchamt, wird der Gläubiger Inhaber des Grundpfandrechts. Wird die Aushändigungsabrede zusammen mit der dinglichen Einigung getroffen, kann von Anfang an ein Fremdgrundpfandrecht für den Gläubiger entstehen. In diesem Fall gilt andererseits die Vermutungsregelung gem. § 1117 Abs. 3 nicht: Der – zukünftige – Hypothekar ist ja weder mittelbarer noch unmittelbarer Besitzer (vorst. Rn. 147 ff.)[59]. **151**

cc) Eine **Inhaberbriefgrundschuld** kann nach Maßgabe von § 1195 Satz 1 begründet werden. Das dingliche Verwertungsrecht kann danach der jeweilige Inhaber des Briefs geltend machen, er wird auf diesem nicht namentlich bezeichnet. Wie die Inhabergrundschuld bestellt wird, bestimmt § 1195 Satz 2: Aus dem Verweis auf die Vorschriften über Hypotheken für Schuldverschreibungen auf den Inhaber (§ 1188, nachf. Rn. 365) folgt, dass zur Bestellung die einseitige Erklärung des Grundeigentümers genügt. **152**

c) Änderung

Das Buchgrundpfandrecht kann in ein Briefgrundpfandrecht, dieses in ein Buchgrundpfandrecht **umgewandelt** werden (§ 1116 Abs. 2 Satz 2 und Abs. 3). Der Grundeigentümer kann das Buchgrundpfandrecht von vornherein für sich selbst, also als Eigentümerbuchgrundpfandrecht, bestellen und so den Rang wahren (vorst. Rn. 98). **153**

3. Die causa: Sicherungsvertrag als obligatorischer Vertrag

a) Dogmatische und praktische Bedeutung

Causa des in der Verpfändung liegenden dinglichen Rechtsgeschäfts (vorst. Rn. 141) kann ein Auftrag oder eine Schenkung sein (oben Rn. 49). Dient die Grundschuld der Siche- **154**

57 Instruktiv *Saar/Posselt*, JuS 2002, 778 (780).

58 Freilich enthält die Übergabe i.S.v. § 1117 auch ein rechtsgeschäftliches Element, die Besitzeinräumung zum Zweck des Grundpfandrechtserwerbs: Staudinger/*Wolfsteiner*, § 1117 BGB Rn. 2; MünchKomm./*Eickmann*, § 1117 BGB Rn. 12. Daher genügt es nicht, wenn der Gläubiger ohne Zustimmung des Erwerbers einseitig von dem Brief Besitz ergreift.

59 BayObLGZ 73, 246 (250); RGRK/*Mattern*, § 1117 BGB Rn. 20.

rung eines Kredits, ist causa ein Sicherungsvertrag. Eine darauf beruhende Grundschuld nennt man **Sicherungsgrundschuld** (s. auch vorst. Rn. 109). Der Sicherungsvertrag und nicht etwa der Vertrag über die zu sichernde Forderung, z.B. über einen Kredit als Darlehensvertrag nach § 488 BGB[60], bildet den Rechtsgrund (oben Rn. 30, Partei des Kreditvertrages braucht der Grundeigentümer gar nicht zu sein, er kann das Grundpfandrecht für die Schuld eines Dritten, des Kreditnehmers, begründen, und einem Bürgen ähnlich Interzessionar sein – vorst. Rn. 116 und nachf. Rn. 180). Im Sicherungsvertrag bestimmen die Parteien den Sicherungszweck (oben Rn. 59), namentlich die Forderung, die gesichert werden soll. Dementsprechend verpflichtet der Sicherungsvertrag den Schuldner einseitig, das Grundpfandrecht zu bestellen, während der Gläubiger in der Begründungsphase (oben Rn. 63) allenfalls Nebenpflichten hat. Die Abwicklungsphase, die mit der Erledigung des Sicherungszwecks beginnt (oben Rn. 69), kann aber Vertragspflichten des Gläubigers auslösen, nämlich auf Rückübertragung einer Sicherungsgrundschuld (nachf. Rn. 174). Der Sicherungsvertrag ist nicht Gegenstand der meist zwingenden gesetzlichen Regelungen über die Grundpfandrechte und deshalb der privatautonomen Gestaltung zugänglich. Er unterliegt, von verbraucherkreditrechtlichen Aspekten abgesehen (nachf. Rn. 173), **keiner Form**.

155 Bei der **Hypothek** spielt der Sicherungsvertrag freilich eine eher untergeordnete praktische Rolle. Aufgrund der Akzessorietät zwischen Hypothek und gesicherter Forderung sind die zu regelnden Vertragsgegenstände – Bestimmung der zu sichernden Forderung, Schicksal des Grundpfandrechts nach Wegfall des Sicherungszwecks, §§ 1115, 1163 – zugleich Inhalt des dinglichen Rechts und als Folge des diesen prägenden Typenzwangs (oben Rn. 83) durch das Gesetz in den meisten Einzelheiten erfasst. Für den Sicherungsvertrag bleibt bei der Hypothek die Begründung der Verpflichtung durch den Sicherungsgeber übrig, überhaupt die Sicherheit zu bestellen (oben Rn. 58), was konkludent geschehen kann. Dagegen hat das Verpflichtungsgeschäft, das causa der Bestellung einer **Grundschuld** ist, wegen der **Abstraktheit** dieses Grundpfandrechts (oben Rn. 30, 92, 101) grundlegende Bedeutung zur Frage, ob überhaupt ein Sicherungszweck besteht oder ob die Grundschuld vielleicht schenkweise oder in Erfüllung eines Auftrags bestellt wurde: Wie der Übertragung beweglicher Sachen oder Rechte ein beliebiges Verpflichtungsgeschäft zugrundeliegen kann, der Sicherungstreuhand aber ein Sicherungsvertrag (unten Rn. 1146 ff.), braucht Rechtsgrund der Grundschuldbestellung nicht notwendigerweise ein Sicherungsvertrag zu sein[61], man mag die Grundschuld als „gekorene“ und nicht „geborene“ Sicherheit bezeichnen[62]. Soweit denn die Grundschuld dem Sicherungszweck dient, ist ihr mit den anderen abstrakten Sicherheiten, die allesamt zugleich kautelarische Sicherheiten sind, nämlich die Sicherungstreuhand bilden, der Sicherungsvertrag als derjenige rechtliche Ort gemeinsam, der den Sicherungszweck (oben Rn. 59) enthält. Dem Sicherungsvertrag ist der Umfang des Sicherungszwecks, der Eintritt des Sicherungsfalls (oben Rn. 75) resp. die Voraussetzungen, unter denen der Sicherungszweck wegfällt (nachf. Rn. 210) nebst den sich daraus ergebenden Folgen, namentlich den Anspruch auf Rückübertragung der Sicherheit (nachf. Rn. 174), zu entnehmen. Allerdings sind dem zur

60 *Buchholz*, ZIP 87, 891 (897); *Jäckle*, JZ 82, 50 (52); *Zeiss*, AcP 164 (1964), 50 (69); *Schapp*, Sachenrecht, Rn. 489.
61 BGH NJW-RR 91, 759 zu II. 2.
62 *Rehbein*, in: Festschr. Heinsius, S. 658 (660).

Grundschuldbestellung verpflichtenden Sicherungsvertrag Grenzen der Gestaltungsfreiheit gesetzt, als das Gesetz manche Strukturen dem dinglichen Recht zuordnet, die bei der Sicherungstreuhand schuldrechtlichen Absprachen zugänglich sind. Zwingend sind beispielsweise die Regelungen über die Verwertung (§§ 1147 i.V.m. 1192 BGB und dem ZVG – nachf. Rn. 402 ff.) oder etwa über das schuldrechtliche Veräußerungsverbot aus § 1136 (nachf. Rn. 208 f.).

Der Stellenwert des Sicherungsvertrags ist bei der Sicherungstreuhand also noch umfassender als **156** bei der Grundschuld, so dass der Schwerpunkt der Erörterungen zum Sicherungsvertrag als solchem dort liegt (unten Rn. 1146 ff.), während hier grundschuldspezifische Ausprägungen des Sicherungsvertrages aufzuzeigen sind.

Der Ausgangspunkt rechtlicher Erfassung des Sicherungsvertrags ist wiederum allgemei- **157** ner Art, liegt nämlich in den Wirksamkeitshemmnissen aus § 138[63] oder auch aus § 177 BGB[64] und, in der Praxis weit wichtiger, denjenigen des Rechts der Allgemeinen Geschäftsbedingungen, da Sicherungsverträge in aller Regel Formularverträge sind (§ 305 Abs. 1 BGB), wenngleich kein Formzwang besteht (s. aber nachf. Rn. 173) und auch konkludenter Abschluss in Frage kommt[65] (unten Rn. 1140). Sowohl Sicherungsvertrag wie Verpfändungsvertrag, die ein Ehegatte im **gesetzlichen Güterstand** abschließt, können unter den Voraussetzungen von § 1365 BGB (näher unten Rn. 1213) mangels Einwilligung des anderen Ehegatten scheitern[66].

b) Bestimmung des Sicherungsumfangs durch den Sicherungsvertrag, insbesondere durch Allgemeine Geschäftsbedingungen

aa) Die Zweckerklärung

Bei der nichtakzessorischen Sicherungsgrundschuld bestimmt der Sicherungsvertrag den **158** Zweck, den die Bestellung hat. Der Zweck liegt darin, eine oder auch mehrere Forderungen des Gläubigers zu sichern (oben Rn. 59). Die Individualisierung der zu sichernden Forderungen muss sich – gegebenenfalls im Wege der Auslegung – aus dem Sicherungsvertrag ergeben, weil sonst nicht feststeht, wann der Sicherungsfall eintritt (oben Rn. 61), der Voraussetzung der Verwertung des Grundstücks durch Versteigerung und zugleich für das Recht zur Kündigung der Grundschuld nach § 1193 (nachf. Rn. 197, 275) ist. Notwendiger Bestandteil des Sicherungsvertrags ist deshalb die rechtsgeschäftliche Einigung der Parteien über den Sicherungszweck, also die Festlegung der gesicherten Forderung. Diese Zweckerklärung ist Bestandteil des Sicherungsvertrags und bestimmt infolgedessen den Sicherungsumfang. Die Sicherungszweckerklärung kann eine bestimmte Forderung aus § 488 Abs. 1 Satz 2 BGB bezeichnen, aber auch eine Vielzahl von Forderungen und künftige Forderungen (oben Rn. 17). So kann eine Grundschuld der Sicherung aller zu-

---

63 Im Allgemeinen nicht nach den Grundsätzen über die Sittenwidrigkeit von Bürgschaften wegen Leistungsunfähigkeit des Bürgen (unten Rn. 872): Vermögenswert ist das Grundstück, BGH WM 2002, 1642 zu II. 2.; aber § 310 BGB kann anwendbar sein, nachf. Rn. 164.

64 BGH NJW-RR 96, 673 zu II. 1.; BayObLG NJW-RR 95, 1167 mit Komm. *Hintzen*, EWiR § 1274 BGB 1/95, 979.

65 OLG Celle WM 95, 1014 mit Anm. *Rimmelspacher*, WuB I F 3. – 6.95.

66 BGHZ 123, 93 mit Bspr. *K. Schmidt*, JuS 93, 1062; für Anwartschaftsrecht BGH NJW 96, 1740.

künftigen Forderungen aus laufender, z.B. bankmäßiger[67] Geschäftsverbindung (**Kontokorrent**) dienen, sei persönlicher Schuldner (also Partner der Geschäftsverbindung) zugleich der Grundstückseigentümer oder sei ein Dritter der Sicherungsgeber (oben Rn. 93).

159 Die zu sichernde Forderung kann mangelhaft, z.B. der Darlehensvertrag wegen Wuchers nach § 138 Abs. 2 oder nach den Grundsätzen sittenwidrige Konsumentenkredite nach § 138 Abs. 1 BGB[68] nichtig sein. Ist der Darlehensnehmer zugleich Verbraucher nach § 13 BGB, kann der Darlehensvertrag wegen Formverstoßes nach §§ 494, 491 Abs. 3 Nr. 1, 125 nichtig sein, so dass der Sicherungszweck von vornherein verfehlt wird. Eine Fremdhypothek kann nicht entstehen, sondern das eingetragene Grundpfandrecht ist gem. § 1163 Abs. 1 Satz 1 Eigentümergrundschuld (nachf. Rn. 350). Die eingetragene Grundschuld ist zwar Fremdgrundschuld, aber sie ist auf den Eigentümer zurückzuübertragen. Sollte, wie meist in diesen Fällen, auch der Sicherungsvertrag nichtig sein, gründet sich der Rückübertragungsanspruch auf § 812 BGB (nachf. Rn. 174). Allerdings kann ein wirksam gebliebener Sicherungsvertrag so auszulegen sein, dass die gesicherte Forderung auch der Bereicherungsanspruch des Darlehensgebers ist[69], der als Folge der Nichtigkeit des Darlehensvertrags entsteht (vgl. auch vorst. Rn. 143 und unten Rn. 966). Dann bleibt insoweit ein Sicherungszweck erhalten.

bb) Vorformulierte Sicherungszweckerklärung

160 Den Inhalt der Zweckerklärung können die Parteien privatautonom bestimmen. Schranken der Inhaltsbestimmung können jedoch auftreten, wenn die Zweckerklärung als Allgemeine Geschäftsbedingung in den Vertrag einbezogen wurde (§§ 305 Abs. 2, 310 Abs. 1 BGB).

161 *aaa)* Eine Kontokorrentklausel, die zugleich Allgemeine Geschäftsbedingung ist, kann nämlich **überraschenden Charakter** haben, so dass sie gem. § 305c BGB nicht Vertragsbestandteil wird. Das richtet sich nach subjektiven, wenn auch überindividuellen Erwartungen in der Person der Vertragspartei (Grundeigentümer resp. persönlicher Schuldner). Unterschiede können sich für private und unternehmerische Parteien ergeben (unten Rn. 912). Ist die Vertragspartei des AGB-Verwenders, z.B. einer Bank, Privatperson, kann sich die Unwirksamkeit nach § 305c daraus ergeben, dass die Grundschuld der Sicherung eines bestimmten, nicht vom Grundeigentümer, sondern von einem Dritten aufgenommenen Darlehens diente, das **Anlass** der Grundschuldbestellung war (s. auch unten Rn. 913), der Sicherungsumfang durch die Klausel aber in einem nicht zu erwartenden Ausmaß auf eine Vielzahl anderer, auch zukünftiger Ansprüche des Darlehensgebers gegen den Dritten als persönlichem Schuldner ausgedehnt wird (**weite Zweckerklärung**)[70]. Sieht man

67 So Nr. 12, 13 AGB-Banken; hierzu gehören nicht Prozesskosten, BGH WM 97, 2355 mit Komm. *Heinrichs*, EWiR § 1191 BGB 1/98, 113 und nicht notwendigerweise Vorfälligkeits- oder Nichtabnahmeentschädigungen, OLG Rostock WM 2001, 1377 mit Anm. *Wenzel*, WuB I F 3. – 4.01 und Komm. *Fraune*, EWiR § 3 AGBG 5/01, 977.

68 Z.B. BGHZ 128, 255; *Bülow*, Sittenwidriger Konsumentenkredit, Rn. 33 ff.

69 OLG Celle WM 2002, 2453; *Joswig*, ZfIR 2000, 184 (187).

70 BGHZ 83, 56 (59); 109, 197; BGH NJW-RR 96, 673 zu II. 2. c. mit Anm. *Vortmann*, WuB I F 3. – 10.97; NJW 96, 191 mit Anm. *Weber-Rey*, WuB I F 3. – 3.96; NJW 92, 1822 mit Anm. *Obermüller*, WuB I F 3. – 6.92; BGHZ 130, 19 zu II. 2. m.w.N. für Bürgschaft (unten Rn. 913); 126, 174 (177); OLG Koblenz NJW-RR 93, 176 mit Komm. *Clemente*, EWiR § 1191 BGB 3/92, 1189; anders nach den Umständen des Einzelfalls (mit Kreditgeschäften vertrautes Unternehmen), BGH WM 91, 1748 mit Anm. *Obermüller*, WuB I F 3.

diesen Anlass als das vor dem Formular individuell Verabredete an, folgte die Unverbindlichkeit der weiten Zweckerklärung bereits aus dem Vorrang der Individualabrede nach § 305b BGB[71]. Für die Hypothek stellt sich das Problem nicht, weil sämtliche zu sichernde Forderungen gem. § 1115 bei der Eintragung im Grundbuch einzeln bezeichnet werden müssen.

Voraussetzung für die Bewertung als überraschende Klausel nach § 305c BGB ist nicht, dass das grundgesicherte Darlehen zweckgebunden ist[72]; Maß gibt vielmehr, dass anlassferne Verbindlichkeiten eines Dritten, der auch der Ehegatte sein kann, gesichert werden sollen[73]. Der überraschende Charakter entfällt aber, wenn Grundeigentümer und Darlehensnehmer persönlich und wirtschaftlich so eng miteinander verbunden sind, dass der Sicherungsumfang für den Grundeigentümer überschaubar und berechenbar ist, außerdem bei individuellem Hinweis des Sicherungsnehmers auf den Sicherungsumfang[74] (zur Beweislast nachf. Rn. 191). Unwirksam ist die Klausel, wenn Grundschuldbestellerin eine Personengesellschaft ist und sich der Sicherungsumfang auf Darlehen an ihre Gesellschafter erstrecken soll[75] oder wenn der Sicherungsumfang in dieser Weise durch eine nachträgliche in den Vertrag einbezogene Zweckerklärung erweitert werden soll[76] oder wenn Ehegatten die Grundschuld am gemeinschaftlichen Grundstück bestellen und sich die Haftung des einen Anteils auf alle zukünftigen Verbindlichkeiten des Ehegatten erstrecken soll, dem der andere Anteil gehört[77]. Wirksam ist die Klausel dagegen, wenn der Eigentümer zugleich persönlicher Schuldner (also nicht Dritter) ist[78] oder wenn die Grundschuld von vornherein der Sicherung eines Kontokorrentkredits dient[79] (in diesem Fall erstreckt sich die Haftung allerdings nicht auf Krediterhöhungen, die nach Eröffnung des Insolvenzverfahrens entstehen[80], und der Grundeigentümer kann, wie im Falle der Konto- **162**

– 2.92 und *Stürner*, DNotZ 92, 97; *Braunert*, NJW 91, 805; *Schiffer*, NJW 88, 2779; *Eickmann*, ZIP 89, 317; *Clemente*, ZIP 85, 319 und 90, 969 (973); *Lohmann*, Globalzweckerklärung, S. 103 ff.; *Rehbein*, in: Festschr. Heinsius, S. 658 (659); für Schuldbeitritt: BGH NJW 96, 249 zu 2. b. mit Komm. *Medicus*, EWiR § 9 AGBG 1/96, 3.

71 *Wilhelm*, in: Festschr. BGH, S. 897, 913 ff.

72 BGH NJW 92, 1822 zu II. 2. b. bb. mit Anm. *Obermüller*, WuB I F 3. – 6.92.

73 BGH WM 2001, 455 zu II. 2. a.; OLG Hamm WM 99, 2065 mit Anm. *Gaberdiel*, WuB I F 3. – 2.2000; KG EWiR § 3 AGBG 3/2000, 799 (*Knops*).

74 BGHZ 131, 55 (59); 109, 197 (203); 100, 82 (86); BGH 97, 2677 zu II. 1.; NJW 92, 1822 zu II. 2. a., auch NJW-RR 92, 1521 zu 2. b.; OLG Naumburg OLG-NL 2001, 121 zu I. 3. b.; OLG Köln ZIP 99, 1840 mit Komm. *Weber/Bonin*, EWiR § 3 AGBG 1/2000, 201 (Gesellschafts-Geschäftsführer – GmbH).

75 BGHZ 102, 152 (160); *Tiedtke*, NJW 91, 3241; *Dörrie*, ZfIR 2001, 1(a).

76 BGHZ 99, 203 (206) mit Komm. *Clemente*, EWiR § 1191 BGB 2/87, 593.

77 BGHZ 106, 19 (23/24) mit Komm. *Gaberdiel*, EWiR § 1191 BGB 1/89, 155; BGH WM 2002, 1117 mit Anm. Lwowski/Ivanovo, WUB I.F.3-3.02 und Komm. *Clemente*, EWiR § 1191 BGB 1/02, 809 und WM 2002, 1643 zu II. 1.; NJW 92, 1822 zu II. 2. a. mit Anm. *Obermüller*, WuB I F 3. – 6.92; ähnlich OLG Koblenz NJW-RR 90, 883; BGH NJW 97, 2677, dort aber individueller Hinweis.

78 BGH NJW 2000, 2675 zu II. 1. mit skept. Rezension *Joswig*, ZfIR 2000, 593, Bspr. *Schmidt*, JuS 2000, 1121, Anm. *Rimmelspacher*, WuB I F 3. – 8.2000, *Tiedtke*, DNotZ 2001, 122 und Komm. *R. Weber*, EWiR § 3 AGBG 2/2000, 797; WM 97, 1280 zu II. 3. a. mit Anm. *Wenzel*, WuB I F 3. – 8.97; *Schmitz-Valckenberg*, DNotZ 98, 575 und Komm. *Joswig*, EWiR § 3 AGBG 1/97, 673; NJW 87, 2228; 91, 286; krit. *Lettl*, ZBB 2001, 37 (39); anders nach Lage des Einzelfalls: OLG Düsseldorf MDR 93, 1197.

79 BGH NJW 87, 946; BGHZ 100, 82 (85); auch BGH NJW 92, 971; in diesem Fall kann aber die Auslegung zu einer Haftungseinschränkung führen, die bestimmte Ansprüche ausschließt, BGHZ 98, 256; OLG Karlsruhe EWiR § 1191 BGB 1/01, 225 (*Joswig*).

80 BGH WM 91, 60 mit Komm. *Bülow*, EWiR § 1191 BGB 2/91, 151.

korrentbürgschaft, unten Rn. 951, kündigen[81], so dass ihm die Grundschuld zurückzugewähren ist, nachf. Rn. 197 und 227).

163 *bbb)* Umstritten ist, ob eine weite und anlassferne Sicherungszweckerklärung eine **treuwidrige und unangemessene Benachteiligung** für den Sicherungsgeber darstellt und deshalb gem. § 307 BGB unwirksam ist, so dass es anders als in der Bewertung nach § 305c BGB auf die Erwartungen des Grundstückseigentümers, resp. persönlichen Schuldners, als Vertragspartner des Verwenders, also beispielsweise der Bank, nicht ankäme. Eine dem Bürgschaftsrecht in § 767 Abs. 1 Satz 3 BGB entsprechende Regelung, wo das Verbot der Fremddisposition – sogar im Verhältnis zu Kaufleuten als Vertragspartner des Verwenders[82] – im Hinblick auf zukünftig entstehende Forderungen Ausdruck gefunden hat (unten Rn. 913), fehlt für Grundpfandrechte, so dass die Unwirksamkeit nicht unmittelbar auf § 307 Abs. 2 Nr. 1 BGB – Abweichung von einer gesetzlichen Regelung – gestützt werden kann. Daraus zieht der XI. Zivilsenat des BGH den Schluss, dass der Umfang der Zweckbindung freier Vereinbarung unterliege[83]. Die unterschiedlichen gesetzlichen Regelungen für Bürgschaft einerseits und Grundpfandrechte andererseits rechtfertigten sich daraus, dass das Grundpfandrecht notwendigerweise auf einen bestimmten Betrag (vorst. Rn. 142) und einen bestimmten Gegenstand, eben das Grundstück, begrenzt sei[84]. Deshalb könne der Grundschuldbesteller, anders als ein Bürge, durch die Erstreckung des Sicherungszwecks auf künftige Forderungen nicht sein zukünftig erworbenes Vermögen verlieren[85]. Allerdings ist Ausgangspunkt jeder Bewertung nach § 307 BGB, dass der Vertragsgegenstand an sich freier Vereinbarung unterliegt; namentlich eine Bürgschaft kann wirksam zur Sicherung von Kontokorrentverbindlichkeiten eingegangen werden, wenn gerade derartige Verbindlichkeiten Anlass des Bürgschaftsvertrages sind (unten Rn. 919). Die Treuwidrigkeit liegt vielmehr darin, dass dem Sicherungsgeber eine Haftung gleichsam untergeschoben wird, die nicht Inhalt des Vertrages war, den er abschließen wollte. Nur bei vordergründiger Sicht scheint der Sicherungsgeber einer Grundschuld gegen den Verlust zukünftigen Vermögens geschützt zu sein; er kann durchaus genötigt sein, es einzusetzen, um den Verlust seines Grundstücks aufgrund ständig neu entstehender Verbindlichkeiten des Hauptschuldners zu vermeiden. Die unangemessene Benachteiligung des Sicherungsgebers liegt darin, dass er die Verbindlichkeit des Hauptschuldners, für die er sein Grundstück belasten wollte, tilgt und doch immer noch mit dem Grundstück verhaftet bleibt[86]. Das in § 767 Abs. 1 Satz 3 BGB formulierte Verbot der Fremddisposition erscheint demgemäß nicht bürgenspezifisch, sondern als Ausprägung eines allgemeinen, auch für andere Drittsicherungen geltenden Rechtsgedankens. Dass dieser Rechtsgedanke im Recht der Grundschuld keinen gesetzlichen Ausdruck gefunden hat, erklärt sich leicht aus dem Verweis auf das Hypothekenrecht in § 1192 Abs. 1,

81 *H.P. Westermann*, in: Festschr. Rowedder, S. 529 (545).

82 BGH NJW 98, 3708 zu II. 2. b.

83 BGH NJW 2002, 2633 mit Komm. *Joswig*, EWiR § 138 BGB 9/02, 845 und Anm. *Chr. Berger*, LM Nr. 64 zu § 138 (Aa) BGB; 97, 2677 zu II. 2. mit zust. Komm. *Hadding*, EWiR § 9 AGBG 19/97, 1105 und Anm. *Wenzel*, WuB I F 3. – 11.97; *Wolf*, LM Nr. 37 zu § 9 (cg) AGBG (krit.), *Schmitz-Valckenberg*, DNotZ 98, 581 (krit.); 97, 2320 zu III. 3. b.; 91, 3142 zu 2. b.; WM 96, 2233 mit Anm. *Vortmann*, WuB I F 3. – 3.97; 2002, 919; BGHZ 131, 55 (59); offen aber BGH WM 2002, 2367 zu 3. (II.ZS); OLG München EWiR § 1191 BGB 1/99, 451 (Clemente).

84 Gleichermaßen *Wenzel*, ZfIR 97, 13 (16); *Volmer*, WM 98, 914 (918).

85 BGH NJW 97, 2677 zu II. 2.

86 *Tiedtke*, ZIP 97, 1949 (1953).

wo die Problematik wenig virulent wird, weil die gesicherte Forderung im Grundbuch und folglich zuvor in der Eintragungsbewilligung des Grundeigentümers zu bezeichnen ist (vorst. Rn. 142). Richtigerweise ist infolgedessen anzunehmen, dass weite Zweckerklärungen nicht anderer Bewertung nach § 307 BGB unterliegen wie im Falle von Bürgschaften[87]. Anlassferne, zukünftige Verbindlichkeiten des Hauptschuldners können wirksam nur kraft Individualvereinbarung in den Sicherungszweck einbezogen werden. Der Rechtsgedanke aus § 767 Abs. 1 Satz 3 erfasst freilich nicht gegenwärtige, im Zeitpunkt des Sicherungsgeschäfts schon bestehende Verbindlichkeiten des persönlichen Schuldners (unten Rn. 915); hier bewendet es bei § 305c resp. § 310 Abs. 3 Nr. 3 BGB (nachf. Rn. 164). Auch hier ist nach Lage des Einzelfalls ein Verstoß gegen das Transparenzgebot aus § 307 Abs. 1 Satz 2 BGB[88] denkbar.

Jenseits dieser Kontroverse folgt eine besondere rechtliche Betrachtung daraus, dass der private Grundschuldbesteller zugleich **Verbraucher** i.S.v. § 310 Abs. 3 i.V.m. § 13 BGB ist. Infolgedessen sind bei der Beurteilung einer unangemessenen Benachteiligung nach § 307 BGB nicht nur abstrakt-generelle Kriterien anzulegen, sondern gem. § 310 Abs. 3 Nr. 3 auch die besonderen situativen Umstände des Einzelfalls ergänzend und korrigierend[89] zu berücksichtigen, wie das auch für die Beurteilung als Haustürgeschäft gilt (nachf. Rn. 172). Danach kann sich die Unwirksamkeit der Zweckerklärung, soweit sie über den Anlass für das Sicherungsgeschäft hinausgeht, aus struktureller Unterlegenheit (vgl. Rn. 869) des Eigentümer resp. persönlichen Schuldner gegenüber der Bank ergeben, weil keine Ausweichmöglichkeiten angesichts gleichförmiger Verhaltensweisen aller Banken bestehen[90]. **164**

Die Erstreckung der dinglichen Haftung auf anlassferne Forderungen ist zu unterscheiden von einer Klausel, durch die der Grundschuldbesteller zugleich die persönliche Haftung für die Schuld eines Dritten übernimmt[91] (zum umgekehrten Fall bei der Bürgschaft unten Rn. 923); sie stellt eine unangemessene Benachteiligung nach § 307 Abs. 2 Nr. 1 BGB dar[92]. Wirksam kann aber ein Schuldanerkenntnis nach § 780 BGB sein, mit dem die persönliche Haftung für den Betrag der Grundschuld übernommen wird (nachf. Rn. 193). **165**

Von der sich aus § 366 BGB ergebenden Tilgungsreihenfolge kann aufgrund von § 307 BGB nicht durch AGB abgewichen werden (nachf. Rn. 222). **166**

ccc) **Rechtsfolge** des überraschenden oder treuwidrigen Charakters einer Klausel ist ihre Unwirksamkeit (§ 306 Abs. 1 BGB), aber im Allgemeinen nicht des Sicherungsvertrags insgesamt (§ 306 Abs. 3 BGB) und schon gar nicht der dinglichen Einigung (Verpfändungsvertrag, vorst. Rn. 141). Das Grundbuch wird also nicht etwa unrichtig. Ist die Klausel teilbar, bleibt der unbedenkliche Teil wirksam, d.h. die Grundschuld sichert beispielsweise (vorst. Rn. 161) nur dasjenige Darlehen, das Anlass der Grundschuldbestellung war, aber nicht auch die übrigen Forderungen. Sollte ausnahmsweise der ganze Siche- **167**

87 Im Ergebnis ebenso *Tiedtke*, ZIP 97, 1949; *Schmitz-Valckenberg*, DNotZ 96, 492 (496); *Weber*, ZfIR 99, 2; *Knops*, Immobiliarkreditverhältnisse, S. 55; Institut für Finanzdienstleistungen VuR 97, 160.

88 OLG Naumburg OLG-NL 2001, 121 zu I. 3. c. bb.

89 MünchKomm./*Basedow*, § 24a AGBG Rn. 60.

90 Zutreffend *Joswig*, ZfIR 98, 185 (192).

91 BGH WM 93, 1079 zu II. 3. mit Komm. *Steiner*, EWiR § 366 BGB 1/93, 653, gleichermaßen BGH NJW 98, 601 mit Bspr. *K. Schmidt*, JuS 98, 460 und Komm. *Clemente*, EWiR § 1191 BGB 2/98, 305.

rungsvertrag unwirksam sein, kann der Sicherungsgeber kondizieren, so dass es zu einer Eigentümergrundschuld kommt.

cc) Änderung des Sicherungszwecks

168 Wie der Sicherungszweck durch den Sicherungsvertrag begründet werden kann, ist er auch der rechtsgeschäftlichen Änderung zugänglich. Die Parteien können den Sicherungszweck der Grundschuld namentlich dadurch ändern, dass sie z.B. ein neues Darlehen an die Stelle eines getilgten setzen (nachf. Rn. 228) oder auch durch Aufnahme neuer Forderungen erweitern. Dies geschieht durch Änderung oder Neuabschluss des Sicherungsvertrags, die formfrei sind[93]. Für die Beurteilung als überraschende Klausel nach § 305c BGB oder als treuwidrige Klausel nach § 307 BGB kommt es auf die jüngste Erklärung an[94]. Die Unwirksamkeit der Klausel wird also auch dann nicht vermieden, wenn von der Wirksamkeit des früheren Sicherungsvertrags auszugehen war. Der Austausch der Sicherungsverträge lässt die fortdauernde Inhaberschaft des Gläubigers an der Grundschuld unberührt[95].

169 In der **Insolvenz** des Schuldners können grundschuldgesicherte Darlehen nach §§ 129 ff. InsO anfechtbar sein und das zu ihrer Erfüllung Geleistete gem. § 143 InsO zurückzugewähren sein; geschieht das, lebt die Forderung gem. § 144 InsO wieder auf, und sie bildet den Sicherungszweck[96].

170 Auch bei der Hypothek können sich die Parteien durch den Sicherungsvertrag über die Neubestimmung des Sicherungszwecks einigen, indem die gesicherte Forderung ausgewechselt werden soll. Diese Verpflichtung wird durch Änderung des dinglichen Rechts, der Hypothek, gem. § 1180 Abs. 1 durch dingliche Einigung (§ 873) und Eintragung im Grundbuch vollzogen. Unberührt bleibt die Möglichkeit, die Hypothek von vornherein für mehrere, auch zukünftige (§ 1113 Abs. 2, vorst. Rn. 113) Forderungen zu bestellen (Global-, Kontokorrenthypothek, oben Rn. 58 und vorst. Rn. 158).

c) Schwebende Wirksamkeit durch Widerruflichkeit

171 Ein Vertrag ist lediglich schwebend wirksam, solange er unter den Voraussetzungen von §§ 312, 312d oder 495, 355 BGB widerrufen werden kann. Wird der Widerruf erklärt, ist der Vertrag endgültig unwirksam.

---

92 BGHZ 114, 9 (14); BGH NJW 2000, 2675 zu II. 1. mit skept. Rezension *Joswig*, ZfIR 2000, 593, Bspr. *Schmidt*, JuS 2000, 1121, Anm. *Rimmelspacher*, WuB I F 3. – 8. 2000, *Tiedtke*, DNotZ 2001, 122 und Komm. *R. Weber*, EWiR § 3 AGBG 2/2000, 797; BGH NJW 2001, 1416 zu II. 1. bb. (2) mit Anm. *Tiedtke*, DNotZ 2001, 627, *Rimmelspacher*, WuB I F 3. – 3.01 und Komm. *R. Weber*, EWiR § 3 AGBG 2/01, 553; *Joswig*, ZfIR 2000, 593 (595).

93 BGHZ 114, 9 (13) mit Anm. *Eickmann*, JZ 91, 876; OLG Oldenburg NJW-RR 90, 1523; ist die Klausel wirksam (Individualvereinbarung), entfällt im Zweifel die persönliche Haftung, wenn die Grundschuld erlischt, OLG Celle WM 85, 1313 mit Anm. *Aepfelbach*, WuB I F 3. – 1.86; unschädlich ist, dass der Sicherungsgeber seinen Anspruch auf Rückgewähr der Grundschuld abgetreten hatte (nachf. Rn. 184), OLG München WM 99, 1276 mit Anm. *Eickmann*, DNotZ 99, 746; *Fullenkamp*, S. 97 ff.

94 BGH NJW 2001, 1416 zu II. 2. a. mit Anm. *Schanbacher*, WuB I F 3. – 2.01; NJW 95, 1674 mit Komm. *Clemente*, EWiR § 1191 BGB 2/95, 565 und Anm. *Burghardt*, WuB I F 3. – 4.95; WM 97, 1280 mit Anm. *Wenzel*, WuB I F 3. – 8.97; *Schmitz-Valckenberg*, DNotZ 98, 575 und Komm. *Joswig*, EWiR § 3 AGBG 1/97, 673.

95 LG München I WM 95, 41.

96 OLG Brandenburg WM 2001, 626 zu I. 2. mit Anm. *Langbein*, WuB VI B. – 1.01.

aa) Ein Sicherungsvertrag kann unter den situativen (§ 312 Abs. 1 BGB) und persönlichen (§ 13 BGB – Verbraucher) Anwendungsbereich des Haustürgeschäftewiderrufsrechts fallen. Widerruflich ist der Vertrag nur, wenn er als Haustürgeschäft auch in den sachlichen Anwendungsbereich des Gesetzes fällt. Das könnte daran scheitern, dass es bei einem Sicherungsvertrag am Tatbestandsmerkmal der Entgeltlichkeit fehlt, das § 312 Abs. 1 BGB aufstellt. Entgeltlich ist aber nur der Kredit, nicht der Sicherungsvertrag (vorst. Rn. 154). Jedoch genügt die mittelbar im Kreditvertrag liegende Entgeltlichkeit, um den Sicherungsvertrag als Haustürgeschäft ansehen zu können[97], wie dies richtigerweise auch für die Bürgschaft (näher unten Rn. 934) anzunehmen ist. **172**

bb) Unter den persönlichen Voraussetzungen von § 13 BGB (Verbraucher) ist ein Kreditvertrag gem. § 495 BGB widerruflich. Widerruflich ist allemal der Verbraucherdarlehensvertrag (§ 491 BGB, vgl. auch vorst. Rn. 159), so dass die Frage, ob auch der Sicherungsvertrag widerruflich ist, nur Bedeutung erlangt, wenn der Grundeigentümer nicht zugleich Darlehensnehmer, wohl aber Partei des Sicherungsvertrages ist (oben Rn. 54). Richtiger-, aber umstrittenerweise ist der Sicherungsvertrag ebenso wie ein Schuldbeitritt als widerruflich anzusehen[98] (im einzelnen unten Rn. 934 ff., 1152). Der XI. Zivilsenat des BGH, der den Sicherungsvertrag als Haustürgeschäft ansieht, verneint jedoch mit nur lapidarer Begründung den sachlichen Anwendungsbereich von Verbraucherkreditrecht (unten Rn. 1153). Sieht man den Sicherungsvertrag dem entgegen als Verbraucherkreditgeschäft an, folgt daraus zugleich seine Formbedürftigkeit nach § 492 Abs. 1 BGB, wenn die gesicherte Forderung aus einem Darlehensvertrag entsteht, und nach § 502 Abs. 1, wenn gesicherter Vertrag ein Teilzahlungsgeschäft ist[99]. Jedenfalls ist die zu bestellende Sicherheit im Darlehensvertrag mit dem Verbraucher gem. § 492 Abs. 1 Nr. 7 resp. im Teilzahlungsvertrag gem. § 502 Abs. 1 Nr. 6 BGB anzugeben (unten Rn. 1151). **173**

d) Rückübertragung der Grundschuld in der Abwicklungsphase

Gegenstand des Sicherungsvertrages ist der Anspruch auf Rückübertragung der Grundschuld nach Erledigung des Sicherungszwecks, der in der Tilgung der gesicherten Forderung liegt (nachf. Rn. 227). Dadurch tritt das Sicherungsverhältnis in seine Abwicklungsphase ein (oben Rn. 69). Bei Nichtigkeit des Sicherungsvertrags folgt der Anspruch aus § 812 BGB[100] (nachf. Rn. 228). Er kann auch aus einer Störung der Geschäftsgrundlage (§ 311 BGB) folgen[101]. Er verjährt gem. 197 Abs. 1 Nr. 1 BGB in zehn Jahren[102], nicht jedoch der Anspruch auf Verzicht (nachf. Rn. 177), der als dinglicher Anspruch aus eingetragenem Recht gem. § 902 BGB unverjährbar ist[103]. Die Rückübertragung erübrigt sich freilich, wenn der Eigentümer nicht auf die Forderung, sondern auf die Grundschuld **174**

97 XI. Zivilsenat des BGH NJW 93, 1594; 96, 55 und 191 mit Anm. *Weber-Rey*, WuB I F 3. – 3.96; auch OLG Koblenz WM 99, 2068 mit Anm. *Gaberdiel*, WuB I F 3. – 15.99; OLG Düsseldorf NJW-RR 91, 436; OLG Hamm WM 99, 73 und 95, 1872; *Schanbacher*, JuS 99, 44 (46).

98 *Bülow*, NJW 96, 2889 (2891 ff.).

99 *Bülow/Artz*, ZIP 98, 629 (631).

100 BGH NJW 85, 800 zu II. 1.; unkorrekt OLG Saarbrücken EWiR § 1191 BGB 3/98, 737 (*Joswig*).

101 OLG Düsseldorf WM 97, 960 zu 2. mit Anm. *Ebbing*, WuB I F 3. – 5.97; OLG Köln MDR 97, 650; WM 97, 963.

102 Krit. *Wolfsteiner*, DNotZ 2001, 902.

103 *Otte*, ZGS 2002, 57 (58); a.A. *Budzikiewicz*, ZGS 2002, 276 und 357.

selbst leistete, die sich dadurch ipso iure zur Eigentümergrundschuld verwandelt (nachf. Rn. 226, 223).

175 *aa)* Rückgewähr bedeutet, dass sich Eigentümer und – vormaliger – Forderungsgläubiger im Falle einer Buchgrundschuld gem. § 873 BGB darüber einigen, dass die Grundschuld auf den Eigentümer übergeht und die Eintragung im Grundbuch vollzogen wird (nachf. Rn. 278), im Falle einer Briefgrundschuld, dass sie die Abtretung nebst Übergabe des Briefs erklären (nachf. Rn. 279). Die Fremdgrundschuld wird zur Eigentümergrundschuld. Ist der Sicherungszweck teilweise erledigt, bezieht sich der Rückübertragungsanspruch auf einen entsprechenden Teil der Grundschuld[104].

176 Der durch den Sicherungsvertrag begründete Rückübertragungsanspruch entsteht mit der Bestellung der Sicherungsgrundschuld, ist **aufschiebend** bedingt durch die Leistung auf die Forderung (§ 158 Abs. 1 BGB), also nicht lediglich ein zukünftiger Anspruch und infolgedessen gem. § 91 Abs. 1 InsO insolvenzfest (nachf. Rn. 463). Der Anspruch führt bei Geltendmachung der Forderung zum Zurückbehaltungsrecht des Eigentümers gem. § 273 BGB[105]. Er erlischt mit Löschung der Grundschuld[106].

177 Der Eigentümer kann nach seiner Wahl statt der Rückgewähr Verzicht oder Löschung verlangen[107]; die Beschränkung dieses Wahlrechts hält im Allgemeinen[108] der Inhaltskontrolle nach § 307 BGB stand[109]. Ein formularmäßiger Sicherungsvertrag braucht den Rückübertragungsanspruch nicht in der Form einer Freigabeklausel zu enthalten[110], wie dies auch bei Globalsicherheiten mit wechselndem Bestand entbehrlich ist (näher unten Rn. 1122, 1127), vielmehr ergibt er sich bereits aus dem Sicherungszweck (oben Rn. 69). Hält der Sicherungsnehmer mehrere Sicherheiten, von denen er eine zur Vermeidung von Übersicherung freizugeben hat, liegt das Wahlrecht (§ 262 BGB), welche Sicherheit er freigeben will, dagegen beim Sicherungsnehmer und nicht beim Eigentümer[111] (vgl. auch unten Rn. 1123). Für die Grundschuld als Sicherungsgegenstand kommt hinzu, dass ihr Umfang von vornherein klar umrissen ist und die Gefahren einer Übersicherung nicht eintreten. An dieser Bewertung ändert sich nichts, wenn sich der Kreditgläubiger mehrfach sichert, z.B. außerdem noch durch Bürgschaft oder Sicherungsübereignung, und ebenso wenig, wenn sich der Gläubiger für ein und dieselbe Forderung eine Gesamtgrundschuld

---

104 *Clemente*, ZfIR 97, 127 (128); *Solmecke*, Rückübertragungsanspruch, S. 52 ff.; *Rösler*, WM 98, 1377 (1382); Bankrechtshandbuch/*Merkel*, § 94 Rn. 364.

105 BGH LM Nr. 14 zu § 313 BGB; NJW 77, 247 zu II.; 82, 2768 zu II. 1.; 91, 1821 zu 2. a.; *Solmecke*, Rückgewährsanspruch, S. 133; BuB/*Wenzel*, Rn. 4/2388.

106 BGH NJW 91, 1821 zu 2. b.

107 BGH NJW-RR 94, 847 zu II. 1. b.; BGHZ 108, 237 mit Komm. *Clemente*, EWiR § 1191 BGB 4/89, 881 und Anm. *Ott*, WuB I F 3. – 15.89; BGH WM 67, 566 zu III. 3.; zur Löschung bedarf es der Bewilligung des eingetragenen Grundschuldgläubigers, im Falle einer Widerlegung der Vermutung aus § 891 BGB (nachf. Rn. 289) des wahren Berechtigten und der Zustimmung des Eigentümers, § 1183, BayObLG NJW-RR 93, 283.

108 Unzulässig, wenn der Eigentümer als Sicherungsgeber das Eigentum in der Zwangsversteigerung verloren hat: Dann muss die Möglichkeit der Abtretung des Anspruchs an ihn verbleiben, BGHZ 106, 375 mit Komm. *Köndgen*, EWiR § 9 AGBG 7/89, 417; *Reithmann*, WM 90, 1985.

109 BGH WM 90, 464; OLG Köln WM 98, 1924; *Schmitz*, WM 91, 1061 (1067); Bankrechtshandbuch/*Merkel*, § 94 Rn. 254.

110 BGH NJW 94, 1796 mit Anm. *Bruchner*, WuB I F 3. – 2.94; OLG Hamm WM 94, 1840 mit Bspr. *Wenzel*, WiB 94, 963 und Komm. *Grub*, EWiR § 1191 BGB 1/95, 139; OLG Karlsruhe WM 94, 1614 mit Anm. *Hj. Weber*, WuB I F 3. – 3.94; *Lettl*, WM 2002, 788 (790).

111 BGH ZIP 2002, 1390 mit Komm. *R. Weber/Madaus*, EWiR § 262 BGB 1/02, 849.

bestellen ließ, weil man in diesem Fall zwar von einer Globalsicherheit sprechen kann, diese aber einen festen Bestand hat[112]. Ohne Bedeutung ist dafür, dass die Zubehörhaftung aus § 1120 (vorst. Rn. 126 ff.) Veränderungen unterliegen mag[113].

bb) War der Rückübertragungsanspruch entstanden, haben die Parteien aber einen neuen Sicherungsvertrag abgeschlossen, durch den ein neuer Sicherungszweck (z.B. bei erneuter Darlehensaufnahme) für die unverändert im Grundbuch eingetragene Grundschuld vereinbart wurde[114] (vorst. Rn. 168), liegt darin zugleich ein **Verzicht** (§ 397 BGB) auf den zunächst einmal entstandenen Rückübertragungsanspruch. **178**

Auf der anderen Seite kann aber auch der Sicherungsnehmer, z.B. eine Bank, ganz nach Lage des Einzelfalls verpflichtet sein, auf die Grundschuld ersatzlos zu verzichten (vgl. § 1168, nachf. Rn. 328), wenn sich nur so ein günstiger freihändiger Verkauf des Grundstücks durchführen lässt, der zu einem deutlich besseren Ergebnis als eine mögliche Zwangsverwertung führt[115] (s. auch nachf. Rn. 406). **179**

cc) Bei Grundschuldbestellung für eine **Drittschuld** muss der Eigentümer zwar notwendigerweise Partei der dinglichen Einigung, die sein Grundstück belastet (Verpfändungsvertrag, vorst. Rn. 141), sein, aber der Eigentümer braucht nicht zugleich Partei des Sicherungsvertrages zu sein. Vielmehr kann der Sicherungsvertrag zwischen Gläubiger und persönlichem Schuldner abgeschlossen werden (oben Rn. 54) mit der Folge, dass Gläubiger des Rückgewähranspruchs der persönliche Schuldner und nicht der Eigentümer ist. Auf diese Weise kann der persönliche Schuldner neuer Grundschuldgläubiger werden und vom Eigentümer Verwertung des Grundstücks verlangen. Dies ist gerechtfertigt, wenn der Eigentümer vom Schuldner keinen Ersatz für die Grundschuldbestellung verlangen kann, z.B. weil der Eigentümer damit seinerseits eine Schuld erfüllen wollte, die dem persönlichen Schuldner ihm gegenüber zustand. In einer solchen Fallkonstellation darf der ursprüngliche Grundschuldgläubiger, der zugleich Gläubiger des persönlichen Schuldners ist, z.B. aus einem Bankdarlehen, dem Eigentümer gegenüber nicht gem. §§ 1168, 1192 Abs. 1 BGB (nachf. Rn. 328) auf die Grundschuld verzichten, weil der Rückübertragungsanspruch des persönlichen Schuldners dadurch vereitelt würde: Durch den Verzicht verliert der Gläubiger die Grundschuld und kann sie nicht mehr zurückübertragen. Er macht sich gegenüber dem persönlichen Schuldner wegen Pflichtverletzung (§ 280 Abs. 1 BGB) schadensersatzpflichtig[116]. **180**

Im Allgemeinen hat der Eigentümer, der nicht zugleich Partei des Sicherungsvertrages mit dem Gläubiger ist, aber aus dem im Deckungsverhältnis begründeten Sicherungsauftrag (oben Rn. 55) Anspruch auf Aufwendungsersatz gegen den persönlichen Schuldner, wenn er den Gläubiger befriedigt. Die Grundschuld gebührt weder diesem noch dem persönlichen Schuldner. Aus dem Sicherungsauftrag erwächst deshalb die Pflicht des persönlichen Schuldners, den Anspruch auf Rückübertragung an den Eigentümer abzutreten, der auf diesem Wege zu einer Eigentümergrundschuld kommt. Ein solcher Anspruch kann **181**

112 Das übersieht LG Bielefeld WM 93, 219.

113 OLG Hamm WM 94, 1840.

114 BGH NJW-RR 91, 759 zu II. 2.

115 OLG Köln WM 95, 1801 mit Anm. *Benckendorff*, WuB I E 1. – 1.96 und Komm. *Alisch*, EWiR § 242 BGB 5/95, 1167 für eine mit einer Grundschuld belastete Eigentumswohnung.

116 BGH NJW 89, 1732 mit Anm. *Bülow*, WuB I F 3. – 6.89; WM 69, 209; vgl. auch *Lettl*, WM 2002, 788 (789).

auch entstehen, wenn der Eigentümer ein bereits grundschuldbelastetes Grundstück erwarb (nachf. Rn. 340).

182 Der die Drittschuld sichernde Eigentümer braucht nicht der einzige Sicherungsgeber zu sein. Vielmehr kann der persönliche Schuldner noch andere Verbindlichkeiten beim Gläubiger haben, die nicht durch die Grundschuld gesichert sind. In diesem Fall kann der Grundeigentümer im Allgemeinen nicht verlangen, dass eine Leistung des Schuldners an den Gläubiger gerade auf die durch die Grundschuld gesicherte Forderung angerechnet wird und nicht auf andere, nicht durch die Grundschuld gesicherte Forderungen[117]. Anders gewendet: Der Grundeigentümer kann nicht verlangen, dass die Leistung des Kreditnehmers als persönlichem Schuldner den Fortfall des Sicherungszwecks der ihn belastenden Grundschuld bewirkt und den Rückübertragungsanspruch auslöst[118], vielmehr hat der Sicherungsnehmer unter mehreren Sicherheiten bis zur Grenze von § 242 BGB die Wahl (so auch Nr. 17 Abs. 1 AGB-Banken, Nr. 22 Abs. 2 AGB-Sparkassen; s. auch unten Rn. 1225). Deshalb bedarf er auch keines **Deckungsgesamtplans**[119] (näher unten Rn. 1123). Gleichermaßen kann der Gläubiger die Grundschuld, wenn sie mehrere Forderungen verschiedener Schuldner sichert, für eine dieser Forderungen verwerten, ohne auf die anderen Schuldner Rücksicht nehmen zu müssen, vorbehaltlich einer entgegenstehenden Vereinbarung[120].

183 *dd)* Auf der anderen Seite kann der Fall eintreten, dass der Inhaber der Grundschuld nicht zugleich Schuldner des Rückübertragungsanspruchs ist, nämlich nach Übertragung der Grundschuld vom früheren Gläubiger auf ihn (näher nachf. Rn. 231). Der Eigentümer kann seinen Rückübertragungsanspruch jedoch dadurch sichern, dass er mit der Bank das Verbot vereinbart, über die Grundschuld zu verfügen; dieses **Verfügungsverbot** wirkt aber gem. § 137 BGB nur schuldrechtlich unter den Parteien[121] (unten Rn. 1403). Die Vereinbarung, Forderung und Grundschuld nur zusammen an Dritte zu übertragen (vgl. nachf. Rn. 341), stellt dagegen bezüglich der Forderung ein absolutes Verfügungsverbot nach § 399 BGB dar (unten Rn. 1404), so dass die Grundschuld zwar alleine auf einen Dritten übergehen kann, aber nicht die gesicherte Forderung, und folglich beide getrennte Wege gehen (nachf. Rn. 230). Die Vereinbarung kann aber auch als nur schuldrechtliche Verpflichtung, nicht jedoch als Abtretungsverbot auszulegen sein, so dass der Übergang der Forderung möglich bleibt[122]. Der Eigentümer kann sich gegen die Gefahren aus der Abtretung der Grundschuld auf einen Zessionar auch dadurch zu schützen versuchen, dass er mit dem Gläubiger vereinbart, die Grundschuld werde **auflösend bedingt** mit dem Erlöschen der Forderung bestellt und entsprechend im Grundbuch eingetragen[123].

184 *ee)* Nicht nur die Grundschuld, sondern auch der Anspruch auf Abtretung der Grundschuld, der aus dem Sicherungsvertrag folgt, ist wie jeder schuldrechtliche Anspruch

117 BGH WM 2002, 1643 zu II. 2.; 2000, 1574 zu B. III. 1. mit Anm. *Rimmelspacher*, WuB I F 3. – 11.2000; OLG Hamm WM 94, 1840 mit Komm. *Grub*, EWiR § 1191 BGB 1/95, 139; Bankrechtshandbuch/*Merkel*, § 94 Rn. 366.

118 BGH WM 93, 1079 zu II. 3.; WM 98, 601 und vorst. Rn. 165.

119 BGH WM 97, 1280 zu II. 2.; OLG Celle VuR 97, 273.

120 BGH NJW 98, 601 mit Rezension *Chr. Hattenhauer*, JuS 2002, 118.

121 *Buchholz*, AcP 187 (1987), 107 (111); *Reithmann*, WM 85, 441 (442).

122 BGH WM 82, 839 zu I. 2.

123 OLG Frankfurt RPfl 93, 331; *Reithmann*, WM 85, 441 (442).

gem. § 398 BGB **abtretbar** und infolgedessen (§ 851 ZPO) auch pfändbar[124] und verpfändbar (unten Rn. 625). Dadurch kann der Rückübertragungsanspruch seinerseits für Sicherungszwecke nutzbar gemacht werden.

Allerdings setzt die Abtretbarkeit voraus, dass sich der Schuldner des Anspruchs, also der Kredit- und Grundpfandrechtsgläubiger, nicht ein Abtretungsverbot nach § 399 BGB (unten Rn. 1397) ausbedungen hatte[125]. Dies kann wirksam durch Allgemeine Geschäftsbedingungen geschehen. Der Gläubiger kann die Abtretung auch von seiner Zustimmung abhängig machen[126] (unten Rn. 1402). **185**

Ohne Abtretungsverbot kommt der Einsatz des Rückübertragungsanspruchs häufig wie folgt vor: Ist das Grundstück durch eine erstrangige Grundschuld belastet und wird weiterer Kredit gebraucht, kann sich der neue Gläubiger durch ein zweitrangiges Grundpfandrecht sichern. Er wird aber außerdem versuchen, den ersten Rang später zu bekommen (dazu auch nachf. Rn. 353). Das kann er erreichen, indem er sich den Anspruch auf Rückgewähr der vorrangigen Grundschuld abtreten lässt. Dadurch hat der neue Kreditgläubiger gegen den erstrangigen Grundpfandgläubiger Anspruch auf Abtretung der Grundschuld an sich selbst und wird auf diese Weise selbst Gläubiger der erstrangigen Grundschuld, wenn sich deren ursprünglicher Sicherungszweck erledigt[127]. Einer Abtretung durch Allgemeine Geschäftsbedingungen steht weder § 305c noch § 307 BGB entgegen[128]. Ist die Bank Zessionarin dieses Anspruchs (nachf. Rn. 234), ist es Auslegungsfrage, in welchem Umfang sie den Anspruch nutzen will: nur zur Sicherung des Rangs ihrer eigenen Grundschuld oder darüber hinaus[129]. **186**

Abtretbar sind nicht nur gegenwärtige Ansprüche, sondern auch **zukünftige, noch nicht entstandene Ansprüche** (Vorausabtretung, Antizipation, unten Rn. 1417 ff.). Wirksamkeitsvoraussetzung der Abtretung ist nur, dass die abgetretene künftige Forderung durch den Abtretungsvertrag so umschrieben wird, dass sie spätestens bei ihrer Entstehung nach Gegenstand und Umfang bestimmt, also die aufgrund der Abtretung konkret in Anspruch genommene Einzelforderung genügend individualisierbar ist; vorher muss sie nur bestimmbar sein (Bestimmtheitsgrundsatz, unten Rn. 1381). Deshalb kann der Rückgewähranspruch nicht nur bei schon bestellten Grundschulden, sondern auch bei erst zu bestellenden Grundschulden abgetreten werden, so dass sowohl die Grundschuld selbst wie der Rückgewähranspruch zukünftig sind. Bei mehrfacher Abtretung des selben Rückübertragungsanspruchs gilt der Prioritätsgrundsatz[130] (unten Rn. 1648). **187**

Die Abtretung des Rückgewähranspruchs ist **formfrei**. Zwar bedarf die Übertragung der Grundschuld selbst der öffentlich beglaubigten Einigung im Falle der Buchgrundschuld **188**

---

124 BGHZ 108, 237 mit Rezension *Wilhelm*, JZ 98, 18; BGH ZIP 98, 1539 mit Komm. *Schuschke*, EWiR § 857 ZPO 1/98, 815.

125 BGH WM 90, 464 mit Komm. *Serick*, EWiR 2/90, 341 zu § 399 BGB; OLG Köln WM 98, 1924 mit Anm. *Gaberdiel*, WuB I F 3. – 12.98; *Kollhosser*, JA 79, 61 (66) und nachf. Rn. 229 a.E.

126 BGHZ 110, 241.

127 Die Abtretung kann auch daneben einen anderen Zweck haben, nämlich den Sicherungsumfang zu erweitern, BGHZ 110, 108 (112); *Reithmann*, DNotZ 94, 168.

128 OLG Düsseldorf WM 92, 1895 mit Anm. *Rehbein*, WuB I F 1 a. – 10.93; OLG Koblenz ZIP 88, 1109 mit Komm. *Clemente*, EWiR § 1191 BGB 3/88, 989.

129 BGHZ 110, 108 (112); OLG Köln WM 98, 1924 mit Anm. *Gaberdiel*, WuB I F 3. – 12.98.

130 OLG Köln WM 98, 1924 mit Anm. *Gaberdiel*, WuB I F 3. – 12.98.

und der Abtretungserklärung in schriftlicher Form nebst Briefübergabe bei der Briefgrundschuld gem. §§ 1154 Abs. 1 Satz 1, 1192 (nachf. Rn. 279), aber der Rückgewähranspruch ist nur ein obligatorischer Anspruch auf Vollzug der Abtretung und deshalb ebenso wie der Sicherungsvertrag nicht formgebunden[131]. Deshalb bedarf auch die Verpfändung des Rückgewähranspruchs keiner Form (§ 1274 Abs. 1), so dass auch die Verpfändung durch Allgemeine Geschäftsbedingungen (Nr. 14 AGB-Banken[132], 22 AGB-Sparkassen, 14 AGB-Postbank) möglich ist. Notwendig ist aber gem. § 1280 die Anzeige an den Schuldner, den Grundpfandgläubiger.

189 Der Rechtserwerb des Zessionars ist insolvenzfest, da § 91 Abs. 1 InsO nicht anwendbar ist (näher nachf. Rn. 463).

190 *ff)* Der Rückübertragungsanspruch kann durch die Grundsätze über **eigenkapitalersetzende Leistungen** des Gesellschafters einer GmbH, gleichermaßen einer GmbH & Co. KG[133], beeinflusst werden[134] (vorst. Rn. 135 und unten Rn. 1049 ff. zur kapitalersetzenden Bürgschaft). Bestellt der Gesellschafter an seinem Grundstück eine Grundschuld für ein Darlehen der GmbH, das die Gesellschaft nicht zurückzahlen könnte, ohne ihr Stammkapital anzugreifen (§§ 30, 31 GmbHG) oder das gem. § 32a GmbHG eigenkapitalersetzenden Charakter hat, zahlt die Gesellschaft das Darlehen aber trotzdem an den Gläubiger zurück, muss der Gesellschafter das Darlehen gem. § 32b Satz 1 GmbHG im Insolvenzfalle an die Masse zurückerstatten. Gem. § 32b Satz 3 GmbHG kann er statt dessen die Grundschuld zur Verfügung stellen, indem er seinen Rückübertragungsanspruch an die Gesellschaft abtritt.

191 *gg)* Ist streitig, wer Partei des Sicherungsvertrags ist oder ob die Voraussetzungen des Rückgewähranspruchs – Wegfall des Sicherungszwecks, insbesondere nicht mehr bestehende Valutierung der Grundschuld – überhaupt erfüllt sind, trägt derjenige die **Beweislast** für den Inhalt des Sicherungsvertrags, der sich darauf beruft[135]. Das ist meist der Kreditnehmer bzw. der Grundeigentümer. Jedoch trägt der Sicherungsnehmer, z.B. die Bank, die Beweislast dafür, dass die gesicherte Forderung überhaupt entstanden ist, insbesondere durch Darlehenshingabe. Hat der Eigentümer, resp. persönliche Schuldner, (vorst. Rn. 180) den Beweis geführt, dass eine der gesicherten Forderungen erloschen ist[136], behauptet der Sicherungsnehmer aber, der Sicherungszweck umfasse noch andere, nicht erledigte Forderungen, bleibt es bei der Beweislast des Sicherungsgebers für Tatsachen, mit denen der vom Sicherungsnehmer behauptete Sicherungsumfang widerlegt werden soll[137].

131 BGH WM 57, 1458; OLG Schleswig WM 97, 965 mit Anm. *Rimmelspacher*, WuB I F 3. – 6.97 und Komm. *Mankowski*, EWiR § 1191 BGB 1/97, 355; *Dempewolf*, Rückübertragungsanspruch, S. 9 ff. zu III.

132 Zur Frage, ob der Rückübertragungsanspruch in die Verfügungsgewalt der Bank i.S.v. Nr. 19 AGB-Banken (Fassung 1988, jetzt Nr. 14) gelangt, abl. OLG Bamberg ZIP 84, 1213 (1215).

133 BGHZ 123, 289; BGH WM 2001, 316 mit Anm. *Balke*, WuB II C. – 1.02; 98, 1778 mit Anm. *Ebbing*, WuB II G. – 1.98.

134 OLG Köln DB 94, 2126; *Glaßer*, BB 96, 1229.

135 BGHZ 109, 197 (204); BGH WM 91, 668 zu II. 2.; vgl. auch BGH NJW 2000, 2499 mit Anm. *Rimmelspacher/Ultsch*, WuB I F 3. – 10.2000 und Komm. *Knops*, EWiR § 273 BGB 1/2000, 1099.

136 BGH WM 2000, 186 mit Bspr. *Schmidt*, JuS 2000, 712, Anm. *Heinrich*, WuB VII A. – 1.2000 und Komm. *Joswig*, EWiR § 1191 BGB 1/2000, 227; Beweiserleichterung hierfür nach Lage des Einzelfalls (Zeitablauf): AG München NJW-RR 96, 987; *Joswig*, ZfIR 2001, 613, 712 (716).

137 BGH WM 2002, 2367 zu 3.; MDR 97, 495; NJW 90, 392; WM 91, 668; nach OLG Köln EWiR § 1191 BGB 2/93, 667 (abl. *Reithmann*) erstreckt sich der Sicherungszweck „Grundschuldbetrag und Zinsen“ nur auf Vertrags-, nicht aber auf Verzugszinsen.

Folgt der so behauptete Sicherungsumfang bereits aus der Auslegung des Sicherungsvertrags, hat der Sicherungsgeber darzulegen und zu beweisen, dass bestimmte Ansprüche dennoch und ausnahmsweise nicht in den Sicherungszweck einbezogen worden waren[138]. Ist streitig, ob überhaupt ein Sicherungsvertrag abgeschlossen wurde oder ob der Grundschuldbestellung vielleicht ein Auftrag oder eine Schenkung zugrundeliegt (oben Rn. 49), trägt die Beweislast, wer Rechte aus einem Sicherungsvertrag für sich herleiten will[139]. Bei Streit über die Frage, ob im Falle der Erweiterung des Sicherungszwecks (vorst. Rn. 158) der Sicherungsnehmer hierauf hingewiesen hatte und folglich der überraschende Charakter dieser Erweiterung entfällt, trägt der Sicherungsnehmer die Beweislast für diesen Hinweis[140].

hh) Ob der Rückübertragungsanspruch oder eine Eigentümergrundschuld entsteht, hängt von der **Leistungsbestimmung** ab (nachf. Rn. 221). Die Parteien können vereinbaren, dass die Leistung stets eine Leistung auf die Forderung sein soll (und die Grundschuld jedenfalls zunächst beim Gläubiger bleibt, nachf. Rn. 224). Bestimmt der Eigentümer die Leistung später allerdings absprachewidrig (er erklärt die Tilgung der Grundschuld), kommt es auf die konkrete Bestimmung bei der Leistung an, die Grundschuld wird zur Eigentümergrundschuld. **192**

e) Abstraktes Schuldversprechen, Unterwerfung unter die sofortige Zwangsvollstreckung

aa) Zwar weisen Grundschuld und Hypothek im wirtschaftlichen Ergebnis letztendlich kaum Unterschiede auf (vorst. Rn. 101), doch kann die mangelnde Akzessorietät zwischen Forderung und Grundschuld für den Gläubiger vorteilhafter sein, weil er die Grundschuld auch bei Tilgung der gesicherten Forderung in der Hand behält und sie bis zur Befriedigung anderer Ansprüche zurückbehalten kann. Aber auch die Hypothek kann trotz Tilgung des gesicherten Kredits in der Hand des Gläubigers belassen werden. Wenn die Hypothek akzessorisch zur Forderung ist, so muss der Gläubiger nur dafür sorgen, dass die gesicherte Forderung – und damit die Hypothek – trotz Kredittilgung möglichst lange in seiner Hand bleibt. Da der Gläubiger das Erlöschen der Kreditforderung durch Erfüllung nicht verhindern kann, muss er sich eine andere Forderung schaffen, die trotz der Tilgung bestehenbleibt und durch die die Hypothek gesichert wird. Den dazu geeigneten Weg stellt das Gesetz durch die Vereinbarung eines abstrakten Schuldversprechens gem. § 780 oder -anerkenntnisses gem. § 781 BGB zur Verfügung, z.B. durch die Erklärung des Eigentümers, der nicht zugleich persönlicher Schuldner ist, die persönliche Haftung für den Betrag der Grundschuld zu übernehmen[141]. Die unabhängig vom Schuldgrund einer **193**

---

138 BGHZ 114, 57 (73).

139 BGH NJW-RR 91, 759 zu II. 2.; NJW 92, 1620 zu I. mit Anm. *Bruchner/Ott*, WuB I F 3. – 9.92.

140 BGH NJW 92, 1822 zu III. mit Anm. *Obermüller*, WuB I F 3. – 6.92.

141 BGHZ 98, 252 (259); BGH WM 99, 1616 mit Anm. *Pfeiffer*, WuB I F 3. – 14.99; NJW 92, 971 zu II. 1.: Die persönliche Haftung entfällt nicht aus dem Grunde, dass die Grundschuld nicht mehr eingetragen wird; kausales (bestätigendes) Schuldanerkenntnis: BGH NJW 95, 3311 mit Komm. *Medicus*, EWiR § 781 BGB 1/95, 59; wegen dieser persönlichen Haftung kann nicht noch zusätzlich eine Zwangshypothek (nachf. Rn. 416) eingetragen werden, OLG Köln WM 96, 151, weil es sonst zu einer Doppelsicherung käme; nach OLG Köln EWiR § 1191 BGB 2/93, 667 (abl. *Reithmann*) sollen nur Vertragszinsen, nicht aber Verzugszinsen erfasst sein.

Leistung versprochene Forderung aus Anerkenntnis oder Versprechen besteht weiter, auch wenn die zugrundeliegende Forderung, hier der Kredit, erlischt, und folglich besteht auch die Hypothek, akzessorisch mit der abstrakten Forderung verbunden, fort bzw. der Rückübertragungsanspruch auf die Grundschuld ist nicht entstanden. Aber der rechtliche Grund für den Bestand der abstrakten Forderung ist weggefallen, so dass Anerkenntnis oder Versprechen gem. § 812 Abs. 1 Satz 2, Abs. 2 kondiziert werden können[142]. Der Gläubiger erhält also nicht mehr als ihm zusteht. Nur trägt der Schuldner die **Beweislast** für die Voraussetzungen der Kondiktion. Während der Gläubiger in der Klage auf Duldung der Zwangsvollstreckung gem. § 1147 (nachf. Rn. 410) die anspruchsbegründenden Voraussetzungen und damit im Allgemeinen Fall die Entstehung der durch die Hypothek gesicherten Forderung im Bestreitensfalle beweisen muss – insbesondere die Darlehenshingabe[143] –, ist er dessen durch die Begründung der abstrakten Forderung enthoben. Vielmehr muss der Schuldner im Rahmen der Kondiktion beweisen, dass die gesicherte Forderung nicht entstanden ist. Darin liegt die Umkehr der Beweislast. Sie kommt dem Sicherungsnehmer vor allem bei weiter Zweckerklärung (vorst. Rn. 161) zustatten, wo streitig sein kann, ob eine bestimmte Forderung zum Sicherungsumfang gehört, und im Zusammenhang mit der Vollstreckungsunterwerfung.

194 *bb)* Die Fälligkeit der Hypothek ist von der Fälligkeit der Forderung abhängig, die Fälligkeit der Grundschuld gem. § 1193 Abs. 1 Satz 1 von deren Kündigung (nachf. 147), die Verwertung von der Klage auf Duldung der Zwangsvollstreckung gem. § 1147 (nachf. Rn. 410). Das Verfahren kann abgekürzt werden, indem sich die Parteien der Möglichkeit bedienen, gem. § 794 Abs. 1 Nr. 5 ZPO eine notarielle vollstreckbare Urkunde zu errichten, welche die **Unterwerfung unter die sofortige Zwangsvollstreckung** in das Grundstück (und zusätzlich in das gesamte übrige Vermögen) des Eigentümers enthält. Außerdem kann sich der Gläubiger vom Nachweis der Fälligkeit befreien lassen[144]. Mit dieser Urkunde, versehen mit der auf Antrag zu erteilenden Vollstreckungsklausel und dem Nachweis der Zustellung an den Eigentümer, kann der Gläubiger die Verwertung betreiben, und es ist Sache des Eigentümers, Einwände im Wege der Vollstreckungsgegenklage gem. §§ 797 Abs. 4, 767 ZPO[145] geltendzumachen oder Klage gegen die Erteilung der Vollstreckungsklausel gem. § 768 ZPO zu erheben oder Erinnerung gem. § 732 ZPO[146] einzulegen.

195 *cc)* Schuldanerkenntnis und -versprechen sowie die Unterwerfung unter die sofortige Zwangsvollstreckung sind legitime Rechtsformenwahlen[147]. Fraglich ist jedoch, ob die

---

142 BGH WM 2000, 1806; NJW 91, 286; NJW-RR 99, 573; *Michalski*, ZBB 95, 260 (269); *Kolbenschlag*, DNotZ 65, 205; *Langford*, Haftungsübernahme, S. 31.

143 BGH WM 2001, 1035.

144 KG JW 34, 1731; Verstoß gegen § 11 Nr. 15 AGBG (nachf. Rn. 195): OLG Düsseldorf NJW-RR 96, 148; eine Vollmacht hierfür bedarf, wenn sie unwiderruflich ist, der notariellen Beurkundung, *Dux*, WM 94, 1145.

145 Für deren Zulässigkeit kommt es nicht darauf an, ob die Unterwerfungserklärung aus materiell-rechtlichen Gründen – nachf. Rn. 195 – unwirksam ist, BGH NJW 92, 2160 mit Bspr. *K. Schmidt*, JuS 93, 166; s. auch OLG Düsseldorf MDR 93, 1147 zu I. 2. sowie *Michalski*, ZBB 95, 260 (270).

146 BGH NJW-RR 87, 1149; *Schultheis*, Rechtsbehelfe, S. 446; *W. Lüke*, JuS 97, 142.

147 Allerdings kann die Wirksamkeit durch einen Gesetzesverstoß gehindert werden (§ 134 BGB, unten Rn. 1136), wenn die Makler- und BauträgerVO (MaBVO) anwendbar ist; danach dürfen dem Bauträger Vermögenswerte des Bauherrn nur nach Absicherung durch Auflassungsvormerkung zufließen, OLG Hamm BauR 96, 141; OLG Köln NJW-RR 99, 22; dazu auch OLG Dresden NJW-RR 97, 1506.

Legitimität auch für die Einbeziehung in den Vertrag durch **Allgemeine Geschäftsbedingungen** gilt. Das Erfordernis notarieller Beurkundung hindert den Notar nicht, von der Bank gestellte Formulare für die notarielle Urkunde zu verwenden, so dass der sachliche Anwendungsbereich von § 305 Abs. 1 BGB erfüllt ist. Zwar werden Anerkenntnis und notarielle Urkunde im Allgemeinen[148] nicht überraschend i.S.v. § 305c sein[149] und als solche den Eigentümer auch nicht unangemessen benachteiligen[150], aber unwirksam sind gegenüber zu privaten Zwecken handelnden Sicherungsgebern (vgl. § 310 Abs. 3 Nr. 1 BGB) gem. § 309 Nr. 12 auch Klauseln, durch die der Verwender – die Bank als Gläubigerin – die **Beweislast zum Nachteil des anderen Vertragsteils** – des Eigentümers – ändert. Das aber geschieht, insbesondere dann, wenn der Bank auch der Nachweis der Fälligkeit erlassen wird[151]. Dass die Beweislastumkehr durch die Verwendung gesetzlicher Rechtsformen eintritt, ändert entgegen dem überwiegenden Standpunkt der Rechtsprechung[152] nichts an der in § 309 Nr. 12 angeordneten Unwirksamkeitsfolge; die gesetzlichen Rechtsformen dürfen für Individualvereinbarungen (§ 305 Abs. 1 Satz 3) verwendet werden, aber in Allgemeinen Geschäftsbedingungen kann ihre Legitimität enden[153]. Darüber hinaus kann aus den besonderen situativen Umständen des Vertragsabschlusses eine unangemessene Benachteiligung nach § 307 und aus § 310 Abs. 3 Nr. 3 BGB folgen (s. auch vorst. Rn. 161).

Ist die vertragliche Regelung, weil sie eine Individualvereinbarung darstellt, wirksam, **196**
kann der Gläubiger nur einmal vollstrecken, auch wenn die zugrundeliegende Forderung – vor allem denkbar bei Grundschulden für Kontokorrentverbindlichkeiten (vorst. Rn. 154) – höher ist als der Betrag des Anerkenntnisses[154].

f) Kündigung

aa) Gem. § 1193 Abs. 1 tritt die Fälligkeit der Grundschuld, die Voraussetzung der Ver- **197**
wertung durch den Gläubiger ist, durch Kündigung ein, gem. Abs. 2 sind abweichende Vereinbarungen zulässig. Im Falle der Sicherungsgrundschuld (vorst. Rn. 154) folgt aus dem Sicherungszweck (oben Rn. 59), dass die Fälligkeit der Grundschuld frühestens mit dem **Sicherungsfall**, der meist Verzug mit der gesicherten Forderung (§ 286 BGB, hierzu näher unten Rn. 1162) voraussetzt (oben Rn. 61) eintreten darf[155]. Aus dem Sicherungszweck folgt demgemäß, dass die Grundschuld entweder ohne Kündigung mit Eintritt des Sicherungsfalls fällig wird oder dass der Gläubiger erst kündigen kann, wenn der Sicherungsfall eingetreten ist. Auf der anderen Seite kann der Eigentümer (§ 1193 Abs. 1

148 Wohl aber im besonderen Falle eines geschäftsunerfahrenen Sicherungsgebers bei Sicherung eines Konsumentenkredits, OLG Düsseldorf MDR 93, 1197 zu I. 1.

149 BGHZ 99, 274 (282).

150 BGHZ 99, 274 (283); BGH NJW 91, 1677; 92, 971.

151 So für diesen Fall auch OLG Düsseldorf NJW-RR 96, 148; *Michalski*, ZBB 95, 260 (270); *Chr. Marburger*, Übernahme der persönlichen Haftung, S. 67.

152 BGHZ 99, 274 (284 f.) mit Anm. *Obermüller*, WuB I F 3. – 6.87; LG Waldshut-Tiengen NJW 90, 192; LG Mönchengladbach NJW-RR 91, 996; AG Köln DNotZ 90, 579; zum Streitstand OLG Köln NJW-RR 99, 22; *Rastätter*, DNotZ 87, 459 (461) und NJW 91, 392; *Reiner*, WM 88, 1657 (1661).

153 Ebenso im Ergebnis *Stürner*, JZ 77, 431 und 639; *Hahn*, ZIP 96, 1233; LG Stuttgart JZ 77, 760; nur für den Fall, dass der Beweis der Fälligkeit erlassen ist: OLG Nürnberg NJW-RR 90, 1467.

154 BGH NJW 88, 707 mit Anm. *Bülow*, WuB I F 3. – 6.88 und Komm. *Gaberdiel*, EWiR § 1191 BGB 1/88, 153; NJW 92, 971; OLG Düsseldorf WM 86, 1345 mit Anm. *Rehbein*, WuB I F 3. – 3.87; OLG Hamm NJW-RR 91, 819; *Langford*, Haftungsübernahme, S. 98.

155 Zutr. *Jäckle*, JZ 82, 50 (52).

Satz 2) die Grundschuld nur kündigen, wenn er zugleich die Fälligkeit der gesicherten Forderung herbeiführen darf (z.B. § 488 Abs. 1 Satz 2, Abs. 3 BGB). Im Allgemeinen darf der Kreditschuldner das Darlehen nicht vorzeitig kündigen. Die Auslegungsregel von § 271 Abs. 2 BGB greift nicht ein, weil der dort vorausgesetzte Zweifel nicht besteht.

198 *bb)* Hat ein Dritter auf seinem Grundstück eine Hypothek oder eine Grundschuld für eine **Kontokorrentverbindlichkeit** des Hauptschuldners zugunsten des Gläubigers bestellt (vorst. Rn. 158), kann in gleicher Weise wie bei der Bürgschaft (unten Rn. 951) das Recht zur außerordentlichen Kündigung des Sicherungsvertrags gegeben sein. Ist nicht der Eigentümer, sondern der persönliche Schuldner Partei des Sicherungsvertrags (oben Rn. 54), ist dieser aus dem Deckungsverhältnis mit dem Eigentümer verpflichtet, die Kündigung aus wichtigem Grunde dem Gläubiger gegenüber zu erklären[156].

D. Rechtsverhältnisse zwischen Eigentümer und Gläubiger bis zur Pfandreife (Latenzphase)

1. Kein durchsetzbarer Verwertungsanspruch des Gläubigers

199 Wesensgemäßes Ziel von Grundpfandrechten ist die Verwertung des Grundstücks. Sie setzt **Pfandreife** voraus, also Fälligkeit des Grundpfandrechts, die sich aufgrund der Akzessorietät bei der Hypothek nach der **Fälligkeit** der Forderung richtet. Bei der Grundschuld hängt die Pfandreife von einer Kündigung oder von einem kraft Vereinbarung (§ 1193 Abs. 2) Maß gebenden Ereignis ab, das im Falle der Sicherungsgrundschuld im Sicherungsfall liegt (vorst. Rn. 197).

200 Die Fälligkeit der Forderung kann von Anfang an feststehen und damit die Pfandreife der Hypothek. Die Fälligkeit kann aber auch von einer Kündigung abhängen, z.B. im Falle des Darlehens gem. § 488 Abs. 3 BGB. Die Kündigung ist dem persönlichen Schuldner gegenüber zu erklären. Sind Schuldner und Eigentümer nicht identisch (Verpfändung für eine Drittschuld), könnte dieser deshalb in die Lage geraten, dass er von der Pfandreife überrascht wird und die Ablösung (nachf. Rn. 213 ff.) nicht mehr bewerkstelligen kann. Davor schützt ihn § 1141: Um Pfandreife herbeizuführen, muss die Kündigung für die Hypothek dem Eigentümer gegenüber erklärt werden, die Kündigung gegenüber dem persönlichen Schuldner genügt nicht. Die Fälligkeit der Forderung ist unbeschadet dessen durch Kündigung gegenüber dem Schuldner herbeizuführen. Der Gläubiger muss also, um das Grundstück verwerten zu können, zwei Kündigungen erklären. Die Vorschrift bezieht sich nur auf die **Hypothek**. Bei der **Grundschuld** ist die Kündigung allein gegenüber dem Eigentümer gem. § 1193 zu erklären. Adressat der Kündigungserklärung ist bei Hypothek und Grundschuld derjenige, der im Grundbuch als Eigentümer des belasteten Grundstücks eingetragen ist, selbst wenn die Grundbucheintragung unrichtig sein sollte (§§ 1141 Abs. 1 Satz 2, 1192 Abs. 1). Bei unerreichbarem Eigentümer kann gem. § 1141 Abs. 2 ein Grundbuchvertreter bestellt werden (s. auch vorst. Rn. 152 ff. und § 132 Abs. 2 BGB).

201 Vor Pfandreife ist der Verwertungsanspruch des Gläubigers also nicht fällig. Doch darf der Eigentümer das Grundstück und damit den Wert des Grundpfandrechts nicht **verschlechtern** (§§ 1133 bis 1136, nachf. Rn. 202 ff.), um die Befriedigungsaussichten des Gläubigers nicht zu beeinträchtigen.

---

156 BGH WM 2002, 2367; *H.P. Westermann*, in: Festschr. Rowedder, S. 529 (545); *Gerth*, BB 90, 79.

2. Beeinträchtigung des Grundstücks

a) Beseitigungs- und Unterlassungsanspruch

aa) Ist die Verschlechterung des Grundstücks eingetreten und dadurch die Sicherheit, also die Verwirklichung des Grundpfandrechts gefährdet, kann der Gläubiger **Beseitigung** gem. § 1133 Satz 1 verlangen. 202

Die Gefährdung liegt in der drohenden geringeren Befriedigung im Falle der Verwertung[157]. Anspruchsvoraussetzung ist die objektive Gefährdung. **Verantwortlichkeit** für die Verschlechterung oder gar Verschulden des Eigentümers sind nicht Voraussetzung. Im letzteren Falle kann der Gläubiger über den Beseitigungsanspruch hinaus gem. § 823 Abs. 1 (Verletzung eines absoluten Rechts, eben des Grundpfandrechts) und Abs. 2 (§§ 1133 bis 1135 sind Schutzgesetze)[158] Schadensersatz verlangen. Der Gläubiger muss dem Eigentümer angemessene Frist zur Beseitigung setzen. Beseitigt der Eigentümer die Verschlechterung innerhalb der Frist, ist der Anspruch des Gläubigers erfüllt und erledigt. Verstreicht die Frist fruchtlos, hat der Gläubiger zwei Möglichkeiten: 203

Er kann entweder 204
- die Beseitigung klageweise durchsetzen oder
- gem. § 1133 Satz 2 zur Verwertung des Grundstücks schreiten.

Der Gläubiger hat also ein **Befriedigungsrecht vor Fälligkeit** der Forderung im Falle der Hypothek oder vor Kündigung im Falle der Grundschuld (§ 1193), gleichermaßen vor Fälligkeit der gesicherten Forderung kraft Vereinbarung im Falle der Sicherungsgrundschuld (vorst. Rn. 197), wegen des gesamten Grundpfandrechts, nicht nur wegen des gefährdeten Teils[159] (ähnlich §§ 1219 bis 1221 beim Faustpfand, unten Rn. 508). Ist das Grundpfandrecht – ausnahmsweise – unverzinslich, ist vom Verwertungserlös der Zwischenzins abzuziehen (§ 1134 Satz 3)[160]. 205

bb) Ist die Verschlechterung noch nicht eingetreten, aber zu besorgen, kann der Gläubiger gem. § 1134 Abs. 1 auf **Unterlassung** künftiger gefährdender Eingriffe klagen (die Einwirkung selbst braucht also entgegen dem Wortlaut der Vorschrift noch nicht stattgefunden zu haben). Der Anspruch richtet sich gegen denjenigen, der auf das verpfändete Grundstück einwirkt. Das kann der Eigentümer selbst, ein Dritter[161], es können auch beide sein. **Vorsorgliche Maßregeln** zur Abwendung der Gefährdung gem. § 1134 Abs. 2 können nur gegen den Eigentümer durch das Gericht angeordnet werden, auch dann, wenn er Vorkehrungen gegen Einwirkungen Dritter unterlässt[162]. 206

Inhaber des Anspruchs auf Beseitigung, vorzeitige Befriedigung oder Unterlassung ist der Gläubiger auch, wenn die Einwirkung das Zubehör (§§ 1120 bis 1122, vorst. Rn. 126) trifft, § 1135. Der Anspruch des Gläubigers kann – auch gegen einen Dritten – darauf gerichtet sein, entferntes Zubehör wieder zurückzuschaffen[163]. 207

157 Die Veränderung von Wohnungseigentum (§ 4 WEG) bedarf gem. §§ 876, 877 BGB der Zustimmung von Grundpfandgläubigern, BayObLG NJW-RR 92, 208.

158 BGH NJW 83, 746 zu II. 2. a. m.w.N.; 91, 695 mit Erl. *Küssner*, JA 91, 275; BGHZ 107, 255 mit Anm. *Bülow*, WuB IV A. – 2.89: kein Schutz des Erstehers in der Zwangsversteigerung.

159 RGRK/*Mattern*, § 1133 BGB Rn. 11; MünchKomm./*Eickmann*, § 1133 BGB Rn. 14.

160 RGRK/*Mattern*, § 1133 BGB Rn. 12: nach der Formel X = Kapital x Zinsfuß x Tage bis Fälligkeit: 100 x 365 Tage.

161 OLG Kiel JW 33, 634 (Nr. 5); MünchKomm./*Eickmann*, § 1134 BGB Rn. 7.

162 Unterlassung des Abschlusses einer Feuerversicherung: BGHZ 105, 231 (237/238).

163 OLG Kiel JW 33, 634 (Nr. 5), wenn in der Person des Dritten der Tatbestand einer unerlaubten Handlung erfüllt ist, MünchKomm./*Eickmann*, § 1135 Rn. 18.

b) Verpflichtung, nicht zu verfügen

208 Gem. § 1136 kann sich der Eigentümer gegenüber dem Gläubiger nicht zu einem **Verfügungsverbot** über das Grundstück verpflichten.

209 An sich sind darauf gerichtete Verpflichtungsgeschäfte wirksam, wie § 137 Satz 2 BGB zu entnehmen ist. Verfügungen, die der Schuldner trotz der Verpflichtung zur Unterlassung trifft, sind gem. § 137 Satz 1 aber ebenfalls wirksam und stellen nur eine Pflichtverletzung dar, die zum Schadensersatz führen kann. Vor solchen Schadensersatzansprüchen schützt § 1136 den Eigentümer: Die Verpflichtung des Eigentümers gegenüber dem Grundpfandgläubiger, über das belastete Grundstück nicht zu verfügen, ist entgegen § 137 Satz 2 nichtig. Dadurch soll die wirtschaftliche Macht des Gläubigers, sein Bestreben, die Bewegungsfreiheit des Eigentümers einzuengen, beschränkt werden. Nach Lage des Einzelfalls kann eine Vereinbarung, nach der im Falle der Verfügung durch den Eigentümer die **fristlose Kündigung** durch den Gläubiger zulässig sein soll oder auch eine hohe Vorfälligkeitsentschädigung bei vorzeitiger Rückführung des gesicherten Darlehens[164] (vgl. § 490 Abs. 2), die Umgehung[165] von § 1136 darstellen.

E. Rechtsverhältnisse zwischen Pfandreife und Verwertung (Abwicklungs- resp. Ausübungsphase)

210 Der Sicherungszweck ist erledigt, wenn der Gläubiger wegen seiner Forderung, zu deren Sicherung das Grundpfandrecht bestellt worden war, befriedigt wurde, so dass es nicht zur Verwertung des Grundstücks (nachf. Rn. 402 ff.) kommt. Dem Verwertungsanspruch des Gläubigers können Einwände des Eigentümers entgegenstehen (nachf. Rn. 256 ff.). Der Sicherungszweck kann verfehlt worden sein, wenn die zu sichernde Forderung nicht besteht.

1. Leistung des Schuldner – Eigentümers

211 Sind Eigentümer und Schuldner identisch, darf und muss dieser den Gläubiger bei Eintritt der Pfandreife befriedigen, also bei Fälligkeit der gesicherten Forderung (§ 271 BGB) im Falle der Hypothek oder bei Fälligkeit der Grundschuld selbst (§ 1193); trotz Fälligkeit braucht er nicht zu leisten, wenn er sich erfolgreich verteidigen kann (nachf. Rn. 256). Leistet er, erlischt die gesicherte Forderung, so dass der Gläubiger bei der Hypothek kraft Akzessorietät aus dem Sicherungsverhältnis ausscheidet; die Hypothek steht gem. § 1163 Abs. 1 Satz 2 dem Eigentümer zu und verliert ihre bisherige Qualifikation, indem sie sich gem. § 1177 Abs. 1 in eine Eigentümergrundschuld verwandelt (nachf. Rn. 253). Im Falle einer Grundschuld kommt es auf die Tilgungsbestimmung des leistenden Eigentümers an (nachf. Rn. 221). Leistet er auf die Grundschuld, verwandelt sich die Fremdgrundschuld in eine Eigentümergrundschuld (nachf. Rn. 226, 223). Will er allein die gesicherte Forderung tilgen, hat er aus dem Sicherungsvertrag Anspruch gegen den Gläubiger auf Übertragung der Grundschuld auf sich selbst (vorst. Rn. 174, nachf. Rn. 228).

---

164 *Metz*, Vorfälligkeitsentschädigung, Rn. 101.

165 *Baur/Stürner*, § 40 III. 2. (Rn. 15, S. 474), richtiger wohl: Die Auslegung einer solchen Klausel ergibt, dass es sich in Wahrheit um einen Vertrag gem. § 1136 handelt.

2. Fehlerhafte Forderung

Stehen der zu sichernden Forderung Wirksamkeitsmängel entgegen, z.B. wegen eines gegen die guten Sitten verstoßenden Darlehensvertrags nach § 138 Abs. 1 BGB, ist der primäre Sicherungszweck fehlgeschlagen. Die geplante Hypothek ist gem. §§ 1163 Abs. 1 Satz 1, 1177 Eigentümergrundschuld, die Fremdgrundschuld ist zurückzuübertragen (vorst. Rn. 174), bei Nichtigkeit auch des Sicherungsvertrags nach § 812 BGB. Allerdings können die Parteien vereinbaren, dass das Grundpfandrecht auch den Bereicherungsanspruch sichern soll, wenn der Grundpfandrechtsgläubiger trotz nicht bestehender Forderung geleistet hatte (vorst. Rn. 142). Es bleibt ein darauf bezogener sekundärer Sicherungszweck erhalten, der erst wegfällt, wenn die Bereicherungsforderung erfüllt ist. **212**

3. Ablösungsrecht des Eigentümers, der nicht zugleich persönlicher Schuldner ist (Interzession)

a) Hypothek und Grundschuld

aa) Hatte der Eigentümer als Interzessionar sein Grundstück nicht für eine eigene Verbindlichkeit, sondern für die **Schuld eines Dritten** verpfändet (vorst. Rn. 116) oder erwirbt er ein mit einem Grundpfandrecht belastetes Grundstück, so dass er selbst nicht Partei des Sicherungsvertrags ist (vorst. Rn. 180)[166], kann er darauf hoffen, dass der persönliche Schuldner den Gläubiger befriedigt. Leistet der persönliche Schuldner aber nicht, riskiert der Eigentümer die Verwertung seines Grundstücks. Dieses Risiko kann der Eigentümer beseitigen, indem er selbst statt des säumigen persönlichen Schuldners an den Gläubiger leistet. An sich könnte er als Dritter den Gläubiger gem. § 267 Abs. 1 Satz 1 befriedigen. Der Gläubiger könnte aber die Leistung gem. § 267 Abs. 2 dann ablehnen, wenn der persönliche Schuldner der Befriedigung durch den Eigentümer widerspricht und wenn der Schuldner sich dadurch auch nicht treuwidrig verhält (unten Rn. 1198). Der Eigentümer wäre der Verwertung durch den Gläubiger ausgesetzt. Außerdem würde, selbst wenn der Gläubiger die Leistung des Eigentümers annimmt, die gesicherte Forderung dadurch gem. § 362 Abs. 1 erlöschen, da § 267 BGB einen Forderungsübergang auf den Leistenden nicht vorsieht. Das Ablösungsrecht aus § 268 Abs. 1 (mit Forderungsübergang gem. § 268 Abs. 3) regelt einen anderen Sachverhalt[167]: Es geht dort um die Zwangsvollstreckung in einen dem Schuldner gehörenden Gegenstand, hier gehört das Grundstück dem Eigentümer und gerade nicht dem Schuldner. Nach allgemeinen Vorschriften könnte der Eigentümer also der Verwertung seines Grundstücks durch den Gläubiger ausgeliefert sein, wenn der Schuldner säumig ist. Dem treten die Vorschriften der §§ 1142 bis 1146, 1192 entgegen: **213**

Gem. § 1142 Abs. 1 ist der Eigentümer berechtigt, den Grundpfandgläubiger zu befriedigen, **214**
- wenn Fälligkeit von gesicherter Forderung und mit ihr der Hypothek eingetreten ist,

166 BGH WM 87, 202 mit Anm. *Bülow*, WuB I F 3. – 5.87; *Broihan*, Reichweite formularmäßiger Sicherungsabreden, S. 20.

167 *Bülow*, WM 85, 373 (380) zu 4. b. bb.

- wenn der Schuldner gem. § 271 Abs. 2 schon vor Fälligkeit leisten darf oder
- wenn die Grundschuld selbst fällig ist[168].

215 Der Gläubiger hat also anders als im Falle von § 267 Abs. 2 kein Ablehnungsrecht[169], selbst wenn der Schuldner widersprechen sollte.

216 *bb)* Der Eigentümer kann durch **Zahlung** an den Gläubiger leisten, er kann gem. § 1142 Abs. 2 auch mit einer Forderung **aufrechnen**, die er gegen den Gläubiger hat (zur Aufrechnungsmöglichkeit im Verhältnis zwischen Gläubiger und Schuldner nachf. Rn. 272) oder auch nach Maßgabe von §§ 372 ff. BGB **hinterlegen** bei Annahmeverzug oder anderen Erfüllungshindernissen[170].

217 Allerdings kann der Eigentümer seine Leistung auch anders bestimmen und nicht für sich selbst als Eigentümer, sondern für den persönlichen Schuldner zum Zwecke der Schuldtilgung zahlen (nachf. Rn. 225): Dann ist nicht § 1143, sondern § 267 Abs. 1 anwendbar, so dass die Forderung gem. § 362 Abs. 1 erlischt und die Fremdhypothek zur Eigentümergrundschuld wird[171].

218 *cc)* Leistet der Eigentümer auf das Grundpfandrecht, bleiben Grundbuch und Brief davon zunächst unberührt. Der unveränderte Brief birgt aber für den Eigentümer Gefahren, weil gutgläubiger Erwerb durch Dritte droht (§§ 1155 ff., s. nachf. Rn. 284 ff.). Dieser Gefahr kann der Eigentümer entgehen, indem er von seinem Recht aus § 1144 Gebrauch macht, vom Gläubiger **Aushändigung** des Briefs und anderer Urkunden (z.B. Berichtigungs- und Löschungsurkunden, die zur Grundbuchberichtigung oder Löschung des Grundpfandrechts vorzulegen sind[172]) zu verlangen. Bei Teilleistungen kann er einen entsprechenden Vermerk auf dem Brief verlangen (§ 1145 Abs. 1 Satz 2). Bei Verlust der Urkunden muss der vormalige Gläubiger gem. §§ 67 GBO, 1162 BGB Ersatz beschaffen und kann insoweit in Verzug geraten[173].

219 *dd)* Das Ablösungsrecht des Eigentümers ist nur von der Fälligkeit, nicht aber davon abhängig, ob der Gläubiger Befriedigung aus dem Grundstück verlangt, dieses also verwerten will. Dies ist Voraussetzung für ein anderes Ablösungsrecht, nämlich für dasjenige aus § 1150 (nachf. Rn. 436 ff.; für das Faustpfandrecht: § 1249, unten Rn. 591), das jedem zusteht, der durch die Verwertung ein Recht am Grundstück verlieren würde (vgl. § 268 – das ist ein Verwertungsproblem, nachf. Rn. 402 ff.).

b) Besonderheiten bei der Grundschuld

220 Die entsprechende Anwendung von § 1142 auf die Grundschuld (§ 1192 Abs. 1, vorst. Rn. 105) bedeutet, dass der Eigentümer anstelle des persönlichen Schuldners zur Befriedigung des Gläubigers berechtigt ist[174]. Die Grundschuld wird zwar in aller Regel zur Sicherung einer Forderung bestellt (Sicherungsgrundschuld, vorst. Rn. 154), aber es besteht keine Akzessorietät. Die Befriedigung des Gläubigers in der Weise, dass der Eigentümer

---

168 Bei der Grundschuld genügt Erfüllbarkeit bezüglich der gesicherten **Forderung** i.S.v. § 271 Abs. 2 also nicht, es besteht ja keine Akzessorietät, Soergel/*Konzen*, § 1142 BGB Rn. 5; anderes kann sich freilich kraft Vereinbarung, § 1193 Abs. 2, ergeben, vorst. Rn. 197.

169 Er ist dem Eigentümer über die Forderung sogar auskunftspflichtig: OLG Oldenburg WM 85, 748; a.A. MünchKomm./*Eickmann*, § 1142 BGB Rn. 25.

170 *Bülow*, JuS 91, 529 (534 ff.).

171 RGZ 80, 317 (320); gleiches gilt für die Bürgenzahlung: BGH NJW 86, 251, unten Rn. 947.

172 Dazu RGZ 116, 241 (242); OLG Düsseldorf NJW-RR 98, 1390; OLG Frankfurt am Main NJW-RR 97, 209 (211).

173 LG Düsseldorf WM 93, 1388 mit Komm. *Schlüter*, EWiR § 1144 BGB 1/93, 252 und Anm. *Langenfeld*, WuB I F 3. – 7.93.

174 MünchKomm./*Eickmann*, § 1142 BGB Rn. 25.

die Forderung tilgt, berührt den Bestand der Grundschuld deshalb zunächst (nachf. Rn. 227) nicht. Aus § 1142 folgt auch gar nicht das Recht zur Tilgung der Forderung (dazu näher Rn. 105), sondern zur Leistung auf die Grundschuld, die aber ihrerseits den Bestand der gesicherten Forderungen im Allgemeinen (s. aber nachf. Rn. 223) unberührt lässt. Um das Schicksal von Forderung einerseits und Grundschuld andererseits feststellen zu können, bedarf es deshalb der Klärung, was mit der Leistung des Eigentümers gemeint war: die Ablösung der Grundschuld oder die Leistung auf die gesicherte Forderung.

aa) Was der Eigentümer mit seiner Leistung, also in erster Linie der Zahlung an den Gläubiger (vorst. Rn. 216) meint, kann er selbst bestimmen. Die **Leistungsbestimmung** (wenn er die Forderung tilgen will: Tilgungsbestimmung) wird man als geschäftsähnliche Handlung anzusehen haben[175], so dass Vorschriften über das Rechtsgeschäft anwendbar sind; die Leistungsbestimmung bedarf demgemäß u.a. des Zugangs beim Gläubiger und kann durch Auslegung zu bestimmen sein[176]. Ist zweifelhaft, ob der Eigentümer auf die Forderung oder auf die Grundschuld leisten wollte, gibt Maß, wie sich die Leistung aus der Sicht des Empfängers darstellt[177]. Auf den inneren Willen des Leistenden allein kommt es nicht an. Daraus kann die Anfechtbarkeit der Tilgungsbestimmung folgen[178]. **221**

Wenn durch die Grundschuld mehrere Forderungen gesichert werden sollen und das Geleistete nicht zur Tilgung sämtlicher Verbindlichkeiten ausreicht, hängt es gem. § 366 Abs. 1 BGB ebenfalls von der Tilgungsbestimmung des Schuldners ab, welche Verbindlichkeiten getilgt werden[179]. Ohne Tilgungsbestimmung legt § 366 Abs. 2 BGB die Reihenfolge fest[180]. Hiervon kann aufgrund von § 307 BGB nicht durch Allgemeine Geschäftsbedingungen abgewichen werden[181]. **222**

Ist der Eigentümer zugleich persönlicher Schuldner, kann er mit der Zahlung auf die Grundschuld zugleich die Forderung tilgen. Von einer solchen Leistungsbestimmung ist regelmäßig auch auszugehen[182]. **223**

Die Parteien können im voraus Vereinbarungen über die Tilgungsbestimmung treffen und sie nachträglich ändern. Bei Bankkrediten ist im Allgemeinen die Leistung zur Tilgung **224**

---

175 *Chr. Wolf*, Drittleistung, S. 29; *Bülow*, JuS 91, 529 (531); offen BGHZ 106, 163 (166).

176 *Weitnauer*, NJW 74, 1729 (1731) zum bereicherungsrechtlichen Parallelproblem; RGZ 80, 317 (320); BGH MDR 71, 120; NJW 76, 2340.

177 BGH NJW 86, 251 (Bürgschaft); BGHZ 72, 247; Ehegattengrundschuld: BGH NJW 86, 1791; OLG Köln ZIP 87, 25 mit Komm. *Löwe*, EWiR 1/87, 63 zu § 21 HypothekenBankG; OLG Düsseldorf NJW-RR 87, 362; nachträgliche Leistungsbestimmung: BGH NJW 86, 2700 zu II. 2. a. mit Bspr. *K. Schmidt*, JuS 87, 142; die Leistungsbestimmung kann anfechtbar sein: BGH NJW 89, 1792 mit Bspr. *Emmerich*, JuS 89, 932; *Eichenhofer*, JuS 91, 553; Entsprechendes gilt für die Tilgungsbestimmung gem. § 366 Abs. 1 BGB, BGH NJW-RR 91, 169 zu I. 2. b.; 89, 1036 mit Anm. *Rimmelspacher*, WuB I F 3. – 14.89.

178 *Ehricke*, JZ 99, 1075 (1079).

179 BGH NJW-RR 95, 1257 mit Anm. *Grün*, WuB I F 3. – 1.96; *Stegmaier*, BB 96, 2587 und Komm. *Clemente*, EWiR § 366 BGB 1/95, 959; Weitnauer, NJW 74, 1729 (1731) zum bereicherungsrechtlichen Parallelproblem, sowie RGZ 80, 317 (320); BGH MDR 71, 120; NJW 76, 2340.

180 BGH WM 91, 60 mit Komm. *Bülow*, EWiR § 1191 BGB 2/91, 151; 99, 948 zu II 2.6.

181 BGH WM 99, 948 mit Anm. *A. Weber*, WuB I F 3. – 13. 99 und Komm. *Derleder*, EWiR § 9 AGBG 2/2000, 97; *Clemente*, ZfIR 2000, 1 (5); *ders.*, Bankrecht 2000, 145 (150); *Vincke*, in: Festschr. Schimanksy, S. 563 (569); *Knops*, ZfIR 2000, 501 (504).

182 BGHZ 105, 154 mit Komm. *Tiedtke*, EWiR § 1191 BGB 4/88, 1087; BGH WM 87, 202; NJW 96, 1207 zu 2.; 80, 2198 zu II. 2. b.; NJW-RR 90, 813; OLG München WM 2000, 2298 mit Anm. *A. Weber*, WuB IV A. – 1.01; *Huber*, Sicherungsgrundschuld, S. 215.

der Forderung – und sei es stillschweigend – vereinbart[183]. Bestimmt der Eigentümer die Leistung später allerdings absprachewidrig (§ 280 Abs. 1 BGB), indem er die Tilgung der Grundschuld erklärt, kommt es auf die konkrete Bestimmung bei der Leistung an[184], so dass die Grundschuld zur Eigentümergrundschuld wird. Ungeachtet dessen darf der Eigentümer ab dem Beginn der Vollstreckung auf die Grundschuld leisten[185] und ein Dritter nach Maßgabe von § 1150 ablösen[186] (nachf. Rn. 427). Auch die Leistung des Insolvenzverwalters in der Insolvenz des Eigentümers bezieht sich auf die Grundschuld[187].

225 *bb)* Bestimmt der Eigentümer seine Zahlung gem. § 1142 als **Leistung auf die Grundschuld**, deren Fälligkeit er ggf. gem. § 1193 (oben Rn. 197) durch Kündigung herbeiführen kann[188], bleibt der Bestand der Forderung unberührt[189] (zu ihrem Schicksal nachf. Rn. 244 ff.).

226 Die Grundschuld geht ohne weiteres, ex lege, auf den Eigentümer über. Das ist für die Grundschuld im Gesetz zwar nicht ausdrücklich geregelt (sondern nur für die Hypothek gem. § 1177 Abs. 1 und 2), folgt aber aus dem Wesen des Grundpfandrechts: Wo der Gläubiger aus dem Grundpfandrecht selbst befriedigt ist, kann es ihm nicht mehr zustehen, aber auch nicht erlöschen (zum anderen Fall in § 1181 Abs. 1 s. nachf. Rn. 348 und 430), so dass der Eigentümer übrigbleibt, auf den die Grundschuld übergeht[190]. In diesem Fall erwächst dem Eigentümer also nicht lediglich ein schuldrechtlicher Anspruch auf Rückübertragung der Grundschuld, sondern er wird ipso iure deren Inhaber.

227 *cc)* Eine andere Zuordnung ergibt sich bei **Leistung auf die Forderung** durch den Eigentümer.

228 *aaa)* Mangels Akzessorietät bleibt der Bestand der Grundschuld bei Forderungstilgung unberührt, so dass sie nach wie vor dem Gläubiger gehört. Die Forderung erlischt gem. § 362[191], wenn der Eigentümer zugleich persönlicher Schuldner ist, im Fall der Interzes-

---

183 BGH NJW 97, 2046 mit Anm. *Rimmelspacher*, WuB IV A. – 1.97 und Komm. *Hager*, EWiR § 366 BGB 1/97, 583; NJW 69, 2237; BB 69, 698; WM 64, 676; 70, 1516; die Leistung mehrerer Schuldner darf die Bank nicht auf die Schuld eines einzelnen verrechnen, OLG Düsseldorf WM 98, 1875 mit Anm. *Rösler*, WuB I F 3. – 1.99, die unzureichende Leistung nicht nach Belieben auf offene Forderungen, BGH WM 99, 948.

184 BGH NJW 76, 2340 zu II.; WM 87, 202 mit Anm. *Bülow*, WuB I F 3. – 5.87; 89, 1208; 97, 1012 zu II. 2. b.

185 BGH NJW 86, 2108 zu II. 2.

186 LG Memmingen NJW-RR 98, 1512 mit Komm. *Hager*, EWiR § 1150 BGB 1/98, 357.

187 BGH WM 94, 1517 mit Komm. *Gerhardt*, EWiR § 47 KO 1/94, 895 und Anm. *Benckendorff*, WuB I F 3. – 5.95.

188 *Räbel*, NJW 53, 1247 (1248 zu III. 1.). Zur Zweckbestimmung bei Gesamtgrundschulden auf Wohnungseigentum BGH NJW 76, 2132; 83, 2502 zu II. 2. mit Rezension *Coester*, NJW 84, 2548.

189 BGHZ 105, 154; 80, 228 (230); BGH WM 87, 202 zu II. 2. b. mit Anm. *Bülow*, WuB I F 3. – 5.87; NJW 96, 1206 mit abl. Rezension *Tiedtke*, NJW 97, 851 und Anm. *Grün*, WuB I F 3. – 4.96; *Reinicke/Tiedtke*, BGH WM 87, 485; *Gaberdiel*, EWiR 1/87, 237 zu § 1191 BGB; *Andrick*, JA 87, 272.

190 Es werden hierzu drei Ansichten vertreten: entsprechende Anwendung von (1) § 1163 Abs. 1 S. 2: *Harry Westermann*, Sachenrecht, § 115 II. 2. b. (S. 576), anders aber Westermann/*Eickmann*, § 117 III. (S. 821: wie zu (2)); (2) §§ 1142, 1143: vgl. *Baur/Stürner*, § 44 VI. (Rn. 24, S. 511); RGZ 78, 60 (68); BGH NJW 61, 414 (415); ZIP 85, 732; (3) §§ 1168, 1171: *Wolff/Raiser*, § 156 Fn. 11 (S. 646).

191 BGH NJW 82, 2308 zu 2. b.; KG NJW 61, 414 zu II. 1.; *Clemente*, Sicherungsgrundschuld, Rn. 455; *Gaberdiel*, Kreditsicherung durch Grundschulden, S. 230 ff.; *Tiedtke*, BB 84, 19 zu II. 1.; *Bülow*, JuS 91, 529 (532); teilweise Tilgung: BGH NJW-RR 90, 455 mit Komm. *Brink*, EWiR § 1191 BGB 3/90, 469; BGHZ 108, 372 (379); NJW-RR 90, 588; zur Beweislast für den Fortbestand der Forderung: BGH MDR 87, 124; für ihre Abtretung BGH NJW 86, 1295; für den Bestand des Sicherungsvertrags: BGH NJW-RR 91, 759

sion infolge Drittilgung gem. § 267 (s. auch unten Rn. 1198). Der Sicherungszweck für die Bestellung der Grundschuld ist mit Erlöschen der Forderung aber weggefallen. Deshalb hat der Eigentümer, der Partei des Sicherungsvertrages mit dem Gläubiger ist, daraus **Anspruch auf Übertragung der Grundschuld an sich selbst**[192], die nach Vollzug der Übertragung zur Eigentümergrundschuld wird. Wahlweise kann der Eigentümer Aufhebung oder Verzicht verlangen (vorst. Rn. 177). Ist der Sicherungsvertrag nichtig, folgt der Übertragungsanspruch aus § 812 Abs. 1 Satz 2. Bis zum Vollzug der Übertragung ist der Eigentümer nur schuldrechtlich gesichert. Wird der Gläubiger vorher insolvent, gerät die Grundschuld deshalb in die Insolvenzmasse, aber der Eigentümer ist absonderungsberechtigt (nachf. Rn. 463). Im Falle der Verpfändung des Grundstücks für eine Drittschuld (Interzession) kann der persönliche Schuldner Partei des Sicherungsvertrages sein und nicht der Eigentümer. Infolgedessen ist der persönliche Schuldner Gläubiger des Rückübertragungsanspruchs. Aus dem Sicherungsvertrag im Deckungsverhältnis mit dem Eigentümer (vorst. Rn. 55) kann aber die Vertragspflicht erwachsen, den Rückübertragungsanspruch an den Eigentümer abzutreten (oben Rn. 181 und nachf. Rn. 340).

Sofern Gegenstand des Sicherungsvertrages (vorst. Rn. 154 ff.) ist, dass eine nicht mehr valutierte Grundschuld der Sicherung zukünftiger Forderungen dienen soll[193], ist es eine Frage des Einzelfalls, wann der Gläubiger unbillig handelt, wenn er nicht valutierte Grundschulden nicht freigibt (dazu Nr. 16 Abs. 2 AGB-Banken, 22 Abs. 2 AGB-Sparkassen, 15 Abs. 2 AGB-Postbank)[194]. Im Übrigen bleibt bei derartiger Abrede der Sicherungszweck erhalten, und der Rückübertragungsanspruch entsteht nicht[195]. Welche Forderungen durch die Grundschuld gesichert werden sollen und ob gegebenenfalls der Sicherungszweck weggefallen ist, kann durch Auslegung des Sicherungsvertrages (Zweckerklärung, oben Rn. 58, 87, 158) zu gewinnen sein[196]. Mit einer einzigen Grundschuld können Forderungen mehrerer Gläubiger gesichert werden (Globalgrundschuld), z.B. bei einem Bauträgermodell die Anzahlungen einzelner Erwerber und Bankdarlehen[197]. Aus dem Sicherungsvertrag folgt im Allgemeinen kein Abtretungsverbot hinsichtlich der Forderung (§ 399, unten Rn. 1375)[198], es kann aber vereinbart werden. **229**

mit Komm. *Clemente*, EWiR § 1191 BGB 4/91, 567; 90, 392 zu II. 3. b. mit Komm. *Clemente*, EWiR § 1991 BGB 1/90, 251; Kreditkündigung, wenn die Grundschuld noch nicht valutiert war: BGH NJW 86, 2108 zu I. 2.

192 RGZ 78, 60 (67); BGH WM 57, 1458; 67, 566 zu III. 1. b.; NJW 76, 2340 zu II.; 82, 2768; 85, 800 zu II. 1.; WM 89, 209 mit Anm. *Bülow*, WuB I F 3. – 6.89; die isolierte Abtretung der Forderung braucht nicht zum Fortfall des Sicherungszwecks zu führen: BGH NJW-RR 91, 305 zu II. 2. a.; *Jestaedt*, in: Gedächtnisschrift Schultz, S. 149.

193 BGH NJW 86, 2108 zu I. 2.; *Reithmann*, WM 85, 441 (445); *Ogilvie*, MittRhNotK 90, 145 (159); *Reithmann*, WuB I F 3. – 19.85, zu III. 3.

194 BGH NJW 81, 571; 83, 1735; LG München ZIP 85, 27; Sonderfall bei der Verwertung: BGH NJW 79, 717.

195 Jedenfalls entfällt der Sicherungszweck nach Kündigung des Kreditverhältnisses, BGH NJW 86, 2108 zu I. 2.

196 *Roemer*, MittRhNotK 91, 69 (70); Kontokorrentgrundschuld: BGH ZIP 91, 155 mit Komm. *Bülow*, EWiR § 1191 BGB 2/91, 151; NJW 91, 3141 zu 2. b.; Unwirksamkeit gem. § 3 AGBG: BGHZ 109, 197 mit Komm. *Gnamm*, EWiR § 1191 BGB 2/90, 253; „weite“ Sicherungsabrede bei Grundstückskauf: BGH WM 91, 1742 mit Komm. *Clemente*, EWiR § 1191 BGB 6/91, 1079; Übernahme persönlicher Haftung durch Dritten: BGH WM 91, 758 mit Komm. *Clemente*, EWiR § 1191 BGB 3/91, 457, Anm. *Obermüller*, WuB I F 3. – 8.91 sowie *Theisen-Wacket*, Sparkasse 91, 330; NJW 91, 286 mit Komm. *Rehbein*, EWiR 1/91, 45 zu § 780 BGB; OLG Hamm NJW-RR 91, 819; BGH NJW 90, 576, dazu *Braunert*, NJW 91, 805; *Reinicke/Tiedtke*, WM 91 Beilage 5, S. 4 ff.; *Tiedtke*, NJW 91, 3241 (3245).

197 *Reithmann*, NJW 92, 649 (652).

198 BGH NJW-RR 91, 305 zu II. 2. a. mit Komm. *Gaberdiel*, EWiR 1/91, 53 zu § 1191 BGB.

230 Tilgt der persönliche Schuldner seine Schuld beim Gläubiger, so dass die gesicherte Forderung erlischt, entsteht gleichermaßen der Rückübertragungsanspruch in der Person desjenigen, der Partei des Sicherungsvertrags mit dem Gläubiger ist (vorst. Rn. 180).

231 *bbb)* Die Rechte aus dem Sicherungsvertrag nützen dem Eigentümer nichts, auch wenn er zwar selbst und nicht der persönliche Schuldner, aber der **Grundschuldgläubiger** nicht zugleich **Partei des Sicherungsvertrages** ist. Dieser Fall tritt ein, wenn der ursprüngliche Gläubiger die Grundschuld auf einen anderen übertragen hatte und der neue Gläubiger nicht in schuldrechtliche Verpflichtungen aus dem Sicherungsvertrag eingetreten war[199]. In diesem Fall ist nur der ursprüngliche Gläubiger noch Partei des Sicherungsvertrages. Gleichwohl muss der Eigentümer nicht fürchten, trotz Leistung auf die Forderung vom neuen Gläubiger aus der Grundschuld in Anspruch genommen zu werden. Das folgt aus §§ 1169, 1157 Satz 1, 1192 Abs. 1 BGB. In § 1169 ist bestimmt, dass der Eigentümer vom Gläubiger **Verzicht** auf das Grundpfandrecht dann verlangen kann, wenn dem Eigentümer eine Einrede zusteht, durch die die Geltendmachung des Grundpfandrechts dauernd ausgeschlossen ist (nachf. Rn. 328, statt des Verzichts kann der Eigentümer auch hier – vorst. Rn. 177 – nach seiner Wahl Löschung oder Rückgewähr der Grundschuld an sich selbst verlangen). Eine derartige peremptorische Einrede aber besteht im Verhältnis zwischen ursprünglichem Gläubiger und Eigentümer aus dem Sicherungsvertrag bzw. aus § 812 Abs. 1 Satz 2, 2. Alternative BGB. Sie liegt darin, dass gegenüber dem Grundschuldzedenten der Rückübertragungsanspruch besteht, den dieser aber nicht mehr erfüllen kann, weil er die Grundschuld nicht mehr hat, so dass das an sich dilatorische Zurückbehaltungsrecht des Eigentümers (nachf. Rn. 264) peremptorisch geworden ist. Diese gegenüber dem ursprünglichen Gläubiger, dem Grundschuldzedenten, begründete Einrede kann gem. § 1157 Satz 1 auch dem neuen Gläubiger entgegengesetzt werden[200], wenn er nicht gutgläubig war, § 1157 Satz 2 (dazu nachf. Rn. 261 ff. und 307 ff.). Hiervon abgesehen braucht der Eigentümer also nicht an den neuen Grundschuldgläubiger zu leisten.

232 Hatte der Eigentümer zwar die Grundschuld bestellt, war er aber nicht zugleich Partei des Sicherungsvertrags mit dem Gläubiger, ist nicht er Gläubiger des Rückübertragungsanspruchs, sondern der Schuldner (vorst. Rn. 180). Aus dem im Deckungsverhältnis abgeschlossenen Sicherungsauftrag zwischen ihm und dem Schuldner (oben Rn. 55) hat er aber Anspruch auf Abtretung des Rückübertragungsanspruchs gegen diesen und kann ihn nach Vollzug der Abtretung dem Gläubiger einredeweise entgegensetzen (vorst. Rn. 181, 228).

233 Die gegenüber dem Grundschuldzessionar bestehende peremptorische Einrede aus dem Rechtsverhältnis des Eigentümers zum Grundschuldzedenten begründet nunmehr den Anspruch auf Verzicht aus § 1169 gegenüber dem Grundschuldzessionar[201].

234 Der Anspruch auf Verzicht aus § 1169 ist ebenso wie der Rückübertragungsanspruch auf die Grundschuld (oben Rn. 181) abtretbar[202].

199 OLG Zweibrücken WM 98, 1927 mit Anm. *Ganter*, WuB I F 3. – 10.98.

200 BGH WM 67, 566 zu III. 1. b.; NJW 85, 800 zu II. 1.; Partei der Sicherungsabrede kann ein Gesamtrechtsnachfolger sein: BGH WM 81, 553 zu II. 2. (Sparkassenfusion), NJW-RR 87, 139 m. Bspr. *Schmidt*, JuS 87, 321 oder ein Vertragsübernehmer: BGH NJW 86, 2108 zu I. 1. b.

201 BGH NJW 85, 800 zu II. 1.

202 BGH WM 57, 1458; 67, 566; 90, 345 mit Anm. *Paschke*, JR 90, 467 und Komm. *Clemente*, EWiR 1/90, 339 zu § 398 BGB; NJW 85, 800 zu II. 1.; 91, 1197 zu II. 1. b.; OLG Schleswig WM 85, 700; *Dempewolf*, NJW 57, 1257 (1258); *Reithmann*, WM 85, 441 (443).

ccc) Mangels weitergehender Absprachen im Zusammenhang mit dem Grundstückserwerb hat der Eigentümer keinen Rückübertragungsanspruch, wenn er die Forderung tilgt. Sein Grundstück bleibt folglich grundschuldbelastet; er ist auf Regressansprüche verwiesen (nachf. Rn. 250). **235**

dd) **Zusammengefasst:** Leistet der Eigentümer auf die Forderung, erlischt diese, und er hat gegen den Gläubiger Anspruch auf Übertragung der Grundschuld. Leistet der Eigentümer auf die Grundschuld, geht diese auf ihn über, die Forderung bleibt bestehen; er hat Anspruch auf Abtretung dieser Forderung (nachf. Rn. 244 ff.). **236**

c) Regress des Eigentümers: Aufwendungsersatz und Übergang der gesicherten Forderung sowie des Grundpfandrechts

Hatte der Eigentümer zur Vermeidung der Verwertung an den Gläubiger geleistet, ist sein Grundstück zwar gerettet, und er ist Inhaber eines Eigentümergrundpfandrechts geworden, ispo iure (vorst. Rn. 226 und nachf. Rn. 253) oder nach Rückübertragung. Aber er hat durch seine Leistung an den Gläubiger Liquidität verloren und wird danach trachten, sein Geld vom Schuldner zurückzubekommen. Gegen ihn kann er Ansprüche aus eigenem (nachf. Rn. 238) und aus übergegangenem Recht haben, bei der Hypothek kraft Gesetzes (nachf. Rn. 240), bei der Grundschuld infolge Abtretungsvertrags (nachf. Rn. 244), der seinerseits einen Anspruch des Eigentümers gegen den Gläubiger auf Abtretung voraussetzt. **237**

aa) Aufwendungsersatz **238**

In erster Linie ist der persönliche Schuldner Adressat dieses Bemühens. Meist wird der Eigentümer das Grundpfandrecht im Auftrag des Schuldners für den Gläubiger bestellt haben (oben Rn. 55). Infolgedessen hat er Anspruch auf Aufwendungsersatz gegen den Schuldner gem. § 670 BGB (vorst. Rn. 181), gleichermaßen, wenn er als Geschäftsführer ohne Auftrag handelte, §§ 677, 683, 670.

Hatte der Eigentümer allerdings, wie dies häufig bei Grundstückskäufen vereinbart wird, das Grundpfandrecht in Anrechnung auf den Kaufpreis übernommen, hat er keinen Aufwendungsersatzanspruch gegen den Schuldner (in diesem Falle kann auch die Schuldübernahme mit dem Gläubiger vereinbart werden, § 416 Abs. 1 und nachf. Rn. 327 ff.). Oft wird der Eigentümer in diesem Fall seine Leistung auch gar nicht als Befriedigung i.S.v. § 1142 Abs. 1 bestimmen, sondern der Eigentümer wird auf die Forderung leisten, d.h. deren Erlöschen herbeiführen wollen. Dann stellt sich die Leistung nicht als Ablösung, sondern als gewöhnliche Dritttilgung gem. § 267 Abs. 1 dar[203] (s. auch vorst. Rn. 217). **239**

bb) Übergang der hypothekengesicherten Forderung

Der Eigentümer ist aber nicht allein auf Aufwendungsersatzansprüche angewiesen. §§ 1143 Abs. 1 Satz 1 i.V.m. 774 bestimmt vielmehr für die Hypothek, dass die Forderung nicht erlischt, sondern kraft Gesetzes vom Gläubiger auf den Eigentümer übergeht, soweit er den Gläubiger befriedigt (cessio legis). Der Eigentümer kann für denselben vom Schuldner zu leistenden Gegenstand also in zweifacher Weise vorgehen: aus Auftrag bzw. Geschäftsführung ohne Auftrag und aus der kraft Gesetzes übergegangenen Forderung. **240**

---

203 RGZ 80, 317 (320); 143, 278 (287); zu §§ 415, 416 BGB s. BGH NJW 91, 1822.

Das erleichtert die Rechtsverfolgung für den Eigentümer. Die Regelung ist dem Bürgschaftsrecht entnommen (unten Rn. 1015). Allerdings darf der Forderungsübergang nicht zum Nachteil des Gläubigers geltend gemacht werden (näher unten Rn. 1018).

241 Greift zugunsten des **Minderjährigen** die Haftungsbeschränkung aus § 1629a Abs. 1 BGB ein (nachf. Rn. 274), konnte der Eigentümer gem. § 1629a Abs. 3 doch in voller Höhe in Anspruch genommen werden. Sein Regress gegenüber dem minderjährigen persönlichen Schuldner ist gleichwohl beschränkt; andernfalls würde der Normzweck vereitelt[204].

cc) Das Problem des Ausgleichs unter mehreren Sicherungsgebern

242 Gem. § 412 BGB bewirkt die cessio legis, dass die meisten Vorschriften über die rechtsgeschäftliche Abtretung anwendbar sind, unter anderem auch § 401. Die für die Forderung bestellten Hypotheken, Pfandrechte und Bürgschaften gehen also auf den neuen Gläubiger der Forderung, hier den Eigentümer, über (im Falle der Gesamthypothek gilt allerdings die Sonderregelung der §§ 1173 ff., 1143 Abs. 2, nachf. Rn. 387). Neben der Hypothek des leistenden Eigentümers können also noch andere Sicherheiten anderer Sicherungsgeber bestellt worden sein. Dadurch stellt sich die Frage nach dem Ausgleich unter mehreren Sicherungsgebern[205]. Im Verhältnis zu anderen Sicherungsgebern, etwa einem Bürgen (zur Bedeutung von § 776 BGB unten Rn. 1021), werden oft besondere Absprachen bestehen, aus denen die Begründung einer Gesamtschuld folgt oder auch die Privilegierung eines der Sicherungsgeber[206]. Dann gleichen sich die Sicherungsgeber, Eigentümer und Bürge, gem. § 426 BGB aus[207]. Dass auch ohne besondere Absprache ein Gesamtschuldverhältnis besteht, also ein solches stets anzunehmen ist, wird vielfach vertreten[208]. Ob ein gesamtschuldnerischer Ausgleich unter mehreren Sicherungsgebern stets geboten ist, erscheint jedoch nicht selbstverständlich. Wer vom Gläubiger zuerst in Anspruch genommen wird und zahlt, verliert Liquidität. Es erscheint nicht ungerechtfertigt, wenn sich der Leistende dafür gem. §§ 1143 Abs. 1, 412, 401 an die nächsten Sicherungsgeber halten kann. Diese mussten ohnehin, wenn sie vorher nichts voneinander wussten, mit ihrer vollen Inanspruchnahme rechnen ohne die Erwartung, sich mit anderen

---

204 *Muscheler*, WM 98, 2271 (2284); *Klüsener*, RPfl 99, 55 (58 Fußn. 36).

205 Dazu gehört richtigerweise, aber entgegen BGH WM 2002, 744 mit abl. Komm. *Clemente*, EWiR § 1191 BGB 1/02, 427 und *Rimmelspacher/Luber* WuB I.F.1.a-11.02 auch der Erwerber des grundpfandbelasteten Grundstücks.

206 Ungleichstufige Sicherungsgeber, BGH NJW-RR 91, 170 zu II. 2. b.; *Sostmann*, DNotZ 95, 260 (268).

207 Das gilt auch dann, wenn einer der Sicherungsgeber die gesicherte Forderung kauft und an sich abtreten lässt, AG Rosenheim NJW-RR 2000, 863.

208 So jetzt auch BGHZ 108, 179 mit Stellungnahme *Bülow*, WM 89, 1877 und *Tiedtke*, WM 90, 1270 sowie Komm. EWiR § 426 BGB 2/89, 863, außerdem Rezension *Mertens/J. Schröder*, Jura 92, 305 und Anm. *Rehbein*, WuB I F 1 a. – 25.89; BGH NJW-RR 91, 170 zu II. 2. und 499 zu II. 1. mit Komm. *Selb*, EWiR § 426 BGB 2/91, 347; NJW-RR 91, 682; NJW 92, 3228 zu II. 2. unter Absage an § 776 BGB mit Komm. *Selb*, EWiR § 426 BGB 1/92, 1173 und Rezension *Tiedtke*, DNotZ 93, 291; *Esser*, Schuldrecht, 4. Aufl. 1970, § 58 II (S. 435); *Schlechtriem*, in: Festschr. von Caemmerer, 1978, S. 1013; *Hüffer*, AcP 171 (1971), 470 (479); *Weimar*, WM 68, 294 (295); *R. Schmidt*, Iher. Jb. 72 (1922), 1 (97); *Larenz*, Schuldrecht AT, § 37 I. (S. 632); *Ehmann*, Die Gesamtschuld, S. 332 (357); *Tiedtke*, WM 90, 1270; *Sitzmann*, BB 91, 1809; *Steinbach/Lang*, WM 87, 1237; *H. Meyer*, JuS 93, 559; *Rüßmann/Britz*, JuS 94, L 59; *Weintraut*, Haftungsausgleich, S. 134 ff.; diff. *Ehlscheid*, Ausgleichsansprüche unter mehreren Sicherungsgebern, S. 111 sowie BB 92, 1290; *Schanbacher*, AcP 191 (1991), 87; *Eva Schmid*, Mehrheit von Sicherungsgebern, S. 184; *Kehrbein*, JA 99, 377 (380).

Sicherungsgebern ausgleichen und bei ihnen erholen zu können. Derjenige Sicherungsgeber, der zuletzt in Anspruch genommen wird, trägt bei dieser Sicht also die ganze Last und kann sich nur noch an den Schuldner selbst halten, trägt also das Risiko, dass dieser insolvent sein könnte und sein wird[209]. Freilich ist nicht zu verkennen, dass auf diese Weise ein Sicherungsgeber, den der Gläubiger gerade geschont hatte, im Regress umso größere Gefahr läuft, die ganze Last zu tragen. Dagegen lässt sich entgegen anderer Ansicht[210] kein Anhaltspunkt entnehmen, §§ 401, 412 seien im Verhältnis mehrerer Sicherungsgeber untereinander insgesamt ausgeschlossen (so aber bei der Gesamthypothek: nachf. Rn. 387 ff.), so dass der zuerst in Anspruch Genommene die ganze Last allein trüge.

Verhindert der Gläubiger den Regress, indem er einen der Sicherungsgeber aus der Haftung entlässt, also z.B. auf eine Hypothek verzichtet (vgl. § 1168, nachf. Rn. 328), ist an eine Pflichtverletzung nach § 280 BGB gegenüber dem regresswilligen Sicherungsgeber durch diese Sicherheitenfreigabe zu denken[211], während einem Bürgen die Sonderregelung von § 776 BGB zugute kommt (unten Rn. 1021). **243**

dd) Anspruch auf Abtretung der grundschuldgesicherten Forderung; Probleme der isolierten Abtretung und der Doppelleistungsgefahr

Der Forderungsübergang kraft Gesetzes setzt voraus, dass das Grundpfandrecht notwendigerweise, d.h. akzessorisch mit der Forderung verbunden ist wie die Hypothek. Bei der **Grundschuld** kann die Forderung andere Wege gegangen, z.B. an einen Dritten abgetreten worden sein, ohne dass auch die Grundschuld übertragen worden wäre (nachf. Rn. 341 f., vgl. auch zur forderungslosen Hypothek nachf. Rn. 316 ff.). Eine cessio legis wäre hier nur schwer durchführbar. § 1143 Abs. 1 Satz 1 dürfte auf die Grundschuld auch nicht analog anwendbar sein[212]. **244**

aaa) Der Eigentümer kann aber trotzdem Inhaber der Forderung werden (sofern er nicht auf die Forderung gezahlt hatte und diese deshalb erlosch, vorst. Rn. 220 ff.). Hat er seine Leistung zur Tilgung der Grundschuld bestimmt, ist die Forderung zwar beim Gläubiger geblieben (nur bei Identität von Eigentümer und persönlichem Schuldner erlischt in der Regel auch die Forderung, vorst. Rn. 223). Aus dem **Sicherungsvertrag** zwischen Eigentümer und Gläubiger ist dieser aber verpflichtet, dem Eigentümer die Forderung abzutreten[213], so dass an die Stelle des gesetzlichen der rechtsgeschäftliche (§ 398) Forderungsübergang tritt (ebenso bei der Mobiliartreuhand, unten Rn. 1199). **245**

Umstritten ist, ob das auch dann gilt, wenn der Eigentümer im Innenverhältnis zum Schuldner keinen Ausgleich verlangen kann[214]. Das ist zu bejahen; leistet der Eigentümer auf die Grundschuld, erlischt die Forderung nicht; macht der Eigentümer nunmehr die ihm zustehende Forderung gegenüber dem Schuldner geltend, ist es dessen Sache, Einwände aus dem Innenverhältnis zu erheben (§ 404 BGB). Das Innenverhältnis zwischen Eigentümer und Schuldner rechtfertigt es aber nicht, **246**

209 *Bülow*, in: Gedächtnisschrift Schultz, S. 64; WM 89, 1877, dagegen *Theobald*, Gesamthaftungsverhältnisse, S. 41 ff.

210 *Becker*, NJW 71, 2151 (2153); *Gernhuber/Selb*, Handbuch des Schuldrechts, Bd. V, S. 233, 235.

211 *Chr. Weber*, WM 2001, 1229 (1235).

212 BGHZ 105, 154, dazu *Tiedtke*, JZ 88, 1006; *Oehler*, JuS 89, 604 und abweichend *Wilhelm*, ZBB 89, 184; *ders.*, Sachenrecht, Rn. 924.

213 RGZ 150, 371 (374); KG NJW 61, 414 (416); BayObLG NJW 73, 1881; *Tiedtke*, BB 84, 19; *Baur/Stürner*, § 45 IV. 3. (S. 465); *Weintraut*, Haftungsverhältnisse, S. 134 ff.

214 So *Reinicke/Tiedtke*, NJW 81, 2145 (2148).

den Anspruch auf Abtretung der Forderung im Rechtsverhältnis zwischen Gläubiger und Eigentümer zu verneinen.

247 Unabhängig davon kann der Eigentümer mit dem Gläubiger auch vereinbaren, dass die Ablösung nur gegen Abtretung der gesicherten Forderung stattfinden soll[215] (ebenso bei der Mobiliartreuhand, unten Rn. 1199).

248 *bbb)* Wurde eine derartige Vereinbarung nicht getroffen, ist Voraussetzung des Anspruchs auf Forderungsabtretung ein zwischen Gläubiger und Eigentümer geschlossener Sicherungsvertrag (oben Rn. 48, 87, vorst. 154 oder eine sonstwie getroffene Vereinbarung[216]). Er ist die Rechtsgrundlage für den Anspruch auf Abtretung. Am Sicherungsvertrag kann es aber fehlen, insbesondere dann, wenn der ursprüngliche Gläubiger Grundschuld und Forderung an einen anderen, einen Zessionar, abgetreten hatte, ohne dass dieser auch in die schuldrechtlichen Verpflichtungen aus dem Sicherungsvertrag eingetreten wäre, aber auch dann, wenn Partei des Sicherungsvertrags nicht der Eigentümer, sondern der persönliche Schuldner ist (oben Rn. 54, vorst. Rn. 116, 180 und nachf. Rn. 255). Leistet der Eigentümer in diesem Falle auf die Grundschuld, fehlt es an einer Rechtsgrundlage, aus der sich ein Anspruch auf Abtretung der Forderung ergeben könnte, es fehlt an einem zwischen Zessionar und Eigentümer wirkenden Sicherungsvertrag. Eine dem Einwendungserhalt gem. §§ 1169, 1157 Satz 1 vergleichbare Regelung für den Anspruch auf Abtretung (vorst. Rn. 230) gibt es nicht. Der Eigentümer wird also nicht Gläubiger der Forderung. Er ist auf Aufwendungsersatzansprüche gegen den Schuldner angewiesen.

249 Was den persönlichen Schuldner angeht, ist noch das Problem zu lösen, wie er gegen die **doppelte Inanspruchnahme** durch den Eigentümer aus § 670 BGB und durch den Zessionar aus der gesicherten Forderung geschützt wird. Der persönliche Schuldner hätte, wenn er noch vom Zedenten aus der Forderung in Anspruch genommen worden wäre, wegen seines Rückgewähranspruchs, den er als Partei des Sicherungsvertrages gegen den Zedenten hat, ein Zurückbehaltungsrecht aus § 273 BGB (vorst. Rn. 176), welches er dem Zessionar gem. § 404 entgegensetzen kann, so dass er zur Leistungsverweigerung berechtigt ist[217]. War der Rückübertragungsanspruch erloschen, weil die Grundschuld inzwischen gelöscht wurde, endet zwar auch das Zurückbehaltungsrecht (vorst. Rn. 176), aber die Geltendmachung der Forderung verstieße gegen Treu und Glauben, wenn der Gläubiger die doppelte Leistung erhalten würde[218]. Gleiches gilt, wenn der Schuldner keinen Rückübertragungsanspruch und folglich kein Zurückbehaltungsrecht hat, weil nicht er Partei des Sicherungsvertrages ist, sondern der Eigentümer (vorst. Rn. 230).

250 *ccc)* Es kann aber auch der Fall eintreten, dass der ursprüngliche Inhaber der Sicherungsgrundschuld das Grundpfandrecht auf einen Zessionar und die gesicherte Forderung an einen anderen Zessionar durch **isolierte Abtretungen** übertragen hatte, so dass sich der Eigentümer dem Grundschuldzessionar und der persönliche Schuldner dem Forderungszes-

215 BGHZ 80, 228; BGH NJW 82, 2308 zu 2. c. mit Rezension *Bayer/Wandt*, JuS 87, 271; BGH WM 87, 202 mit Anm. *Bülow*, WuB I F 3. – 5.87; *Bülow*, WM 85, 373 (379/380).

216 HBG WM 87, 202 mit Anm. *Bülow*, WuB I F 3. – 5.87.

217 BGH NJW 82, 2768 zu II. 1.; WM 87, 202 zu II. 2. b. mit Anm. *Bülow*, WuB I F 3. – 5.87.

218 BGHZ 105, 154 (158) mit Anm. *Tiedtke*, EWiR § 1191 BGB 4/88, 1087; BGH NJW 91, 1821 zu 2. b. mit krit. Rezension *Sundermann*, JuS 92, 733 (736): Erlöschen der Forderung.

sionar gegenüber sieht. Dem persönlichen Schuldner bleibt die Einrede des Rückübertragungsanspruchs gem. § 404 BGB erhalten, die zur peremptorischen Einwendung wird, weil der Forderungszessionar zur Übertragung der Forderung außer Stande ist. Er muss also, wenn er Partei des Sicherungsvertrags mit dem Zedenten ist, nicht leisten. Der Eigentümer, der nicht Partei des Sicherungsvertrags ist, hat andererseits keinen Anspruch auf Abtretung der gesicherten Forderung (vorst. Rn. 244), so dass er die Verwertung dulden muss, aber Regress beim persönlichen Schuldner nehmen kann (vorst. Rn. 248). Ist der persönliche Schuldner dagegen nicht Partei des Sicherungsvertrags, hat er keinen Rückübertragungsanspruch und muss den Forderungszessionar befriedigen. War vielmehr der Eigentümer Partei des Sicherungsvertrags, kann er dem Verwertungsanspruch des Grundschuldzessionars seinen eigenen Anspruch auf Abtretung der Grundschuld gem. § 273 BGB entgegensetzen, muss die Verwertung also nicht dulden. Es entsteht keine Gefahr der Doppelleistung. Hat nach Lage des Einzelfalls weder der Eigentümer noch der persönliche Schuldner einen Anspruch auf Übertragung, ist die Lösung am Einzelfall nach Treu und Glauben (§ 242) zu suchen.

Zuzugeben ist, dass die so entstehenden komplizierten Rechtsverhältnisse durch Anwendung von § 1143 Abs. 1 auf die Sicherungsgrundschuld mit der weiteren Folgerung, dass die gesicherte Forderung durch Leistung auf die Grundschuld erlösche[219], vermieden würden. **251**

An der Doppelleistung wiederum fehlt es, wenn die Leistung des persönlichen Schuldners einverständlich auf eine andere als die gesicherte Forderung angerechnet werden soll oder wenn die Grundschuld aus anderen Gründen (z.B. Sicherung zukünftiger Verbindlichkeiten, vorst. Rn. 228 oder etwa aus ungerechtfertigter Bereicherung) nach wie vor dem Gläubiger hätte zustehen sollen[220]. **252**

d) Übergang des Grundpfandrechts

Was geschieht mit dem Grundpfandrecht, wenn der Eigentümer ablöst? Da Forderung und Hypothek im Grundsatz (nachf. Rn. 299 ff.) untrennbar miteinander verbunden sind (§ 1153) und der Eigentümer gem. § 1143 Abs. 1 Satz 1 die Forderung erwirbt, wird er gem. §§ 401, 412 Inhaber des Grundpfandrechts. Gem. § 1177 Abs. 2 sind zwar die Vorschriften über die Eigentümergrundschuld (§§ 1196, 1197) anwendbar, der Charakter des Grundpfandrechts ändert sich aber trotzdem nicht, es bleibt vielmehr Hypothek: Das Grundpfandrecht ist nach wie vor mit der weiterbestehenden Forderung akzessorisch verbunden. Die Fremdhypothek wird also durch Ablösung zur Eigentümerhypothek, auf die nur, solange sie ihr Eigentümer nicht weiterüberträgt, die Bestimmungen über die Eigentümergrundschuld anwendbar sind, so z.B. § 1197 Abs. 1 (der Eigentümer kann nicht zur Verwertung in sein eigenes Grundstück schreiten, s. nachf. Rn. 352, 410). Tilgt der Eigentümer dagegen die Forderung (s. vorst. Rn. 217), so dass sie erlischt, geht die Hypothek als Grundschuld auf den Eigentümer über[221]. **253**

Bei der Ablösung einer **Grundschuld** entsteht eine Eigentümergrundschuld, wenn der Eigentümer seine Leistung zur Tilgung auf die Grundschuld bestimmt (vorst. Rn. 225), und **254**

219 *Wilhelm*, Sachenrecht, Rn. 924.
220 BGH NJW 91, 1821 zu 2. c.
221 RGZ 80, 317 (320).

es entsteht ein obligatorischer Anspruch auf Übertragung der Grundschuld auf sich selbst, wenn er auf die Forderung leistet (vorst. Rn. 227 ff.).

255 Ist der Eigentümer nicht zugleich persönlicher Schuldner, hatte er sein Grundstück also für die Schuld eines Dritten verpfändet (Interzession, vorst. Rn. 116), steht ihm der Rückübertragungsanspruch zu unter der Voraussetzung, dass er zugleich Partei des Sicherungsvertrags ist. Wenn nicht der Grundeigentümer, sondern was eher vorkommen wird (vorst. Rn. 54), der persönliche Schuldner Partei des Sicherungsvertrags ist (oben Rn. 180), steht diesem der Anspruch auf Übertragung der Grundschuld zu[222] (näher nachf. Rn. 340 ff.).

4. Verteidigung des Eigentümers

256 Der drohenden Verwertung kann der Eigentümer nicht nur durch Leistung auf seine Schuld, resp. durch Ablösung der fremden Schuld, entgehen. Ist der Sicherungsfall eingetreten und verlangt der Gläubiger Duldung der Verwertung des Grundstücks, kann sich der Eigentümer vielmehr auch durch Einwände verteidigen und diese, wenn der Gläubiger Klage auf Duldung der Zwangsvollstreckung gem. § 1147 erhebt (nachf. Rn. 410), im Prozess entgegensetzen oder den Gläubiger durch vorprozessuale Geltendmachung von der Klageerhebung oder der Verwendung einer Urkunde gem. § 794 Abs. 1 Nr. 5 ZPO (nachf. Rn. 413) abhalten und gegen letztere Vollstreckungsabwehrklage gem. §§ 797 Abs. 4, 767 ZPO erheben[223].

257 Einwände können sich unmittelbar gegen das Grundpfandrecht selbst richten, aber auch aus der gesicherten Forderung erwachsen oder sich aus Vereinbarungen mit dem Gläubiger über die Verwertung ergeben. Forderungsbestimmte Einwände verändern das Grundpfandrecht nur aufgrund Akzessorietät zwischen Forderung und Pfandrecht (gleichermaßen im Falle des Faustpfandrechts, § 1211, unten Rn. 496). Daraus folgt, dass sich die Verteidigungsmöglichkeiten unterschiedlich gestalten, wenn der Eigentümer eine Hypothek oder eine Grundschuld bestellt hat. Im folgenden werden zunächst die gegen beide Typen von Grundpfandrechten gerichteten Einwände dargestellt, danach nur die gegen Hypothek und nur die gegen Grundschuld gerichteten Einwände.

a) Einwände gegen Hypothek und Grundschuld

258 *aa)* Einwände können sich gegen den **Bestand des Grundpfandrechts** selbst richten:
- Nichtigkeit der dinglichen Einigung (§ 873 Abs. 1), z.B. wegen Geschäftsunfähigkeit gem. § 105, wegen Wuchers gem. § 138 Abs. 2[224], in Ausnahmefällen auch wegen Sittenverstoßes nach § 138 Abs. 1 BGB[225], wegen fehlender kommunalrechtlicher Genehmigung[226],

222 BGH WM 89, 210 mit Anm. *Bülow*, WuB I F 3. – 6.89; 69, 209.
223 Besprechungsfall: *W. Lüke*, JuS 97, 142 (144).
224 BGH NJW 82, 2767 zu II. 1; *Coester-Waltjen*, Jura 91, 186.
225 Vgl. BGH NJW-RR 2001, 1097: Nichtigkeit auch der dinglichen Einigung wegen sittenwidriger Umschuldungmodalitäten; nicht wegen auffälligen Missverhältnisses von Vertragszins und Marktzins, BGH WM 2000, 1580 zu II. 4. b. gegen Vorinstanz OLG Köln ZIP 99, 2092; krit. *Joswig*, ZfIR 2000, 184 (188).
226 BGH MDR 2000, 1247 mit Anm. *J. Hager*, LM Nr. 159 zu § 276 (fa) BGB; OLG Naumburg, EWiR § 31 BGB 1/99, 583.

- fehlende Briefübergabe, Nichtigkeit der Aushändigungsabrede (§ 1117 Abs. 1 bzw. Abs. 2),
- fehlerhafte Grundbucheintragung im Hinblick auf § 1115 (vorst. Rn. 142),
- Erlöschen des Grundpfandrechts (unten Rn. 346 ff.).

Der Einwand des Eigentümers kann sich auch gegen die Inhaberschaft des Verwertung verlangenden Gläubigers am Grundpfandrecht richten, weil **259**
- die Gläubigerstellung durch Übergang des Grundpfandrechts auf einen anderen geendet habe, resp.
- die Abtretung des Grundpfandrechts zwischen Zedent und Zessionar unwirksam sei, z.B. wegen vertraglichen Ausschlusses der Abtretung nach § 399 BGB[227].

Es handelt sich um rechtshindernde, rechtsvernichtende bzw. rechtsverändernde Einwendungen gegen das dingliche Recht. **260**

bb) Trotz wirksamer Bestellung des Grundpfandrechts und fortbestehender Gläubigerstellung kann durch Vereinbarung zwischen Gläubiger und Eigentümer das Recht des Eigentümers begründet werden, die Verwertung des Grundstücks zu verweigern, so dass **eigentümerbezogene Einreden** entstehen[228]. **261**

Derartige Vereinbarungen können in folgendem liegen: **262**
- der Gläubiger sagt zu, das Grundpfandrecht für bestimmte Zeit nicht geltendzumachen (Moratorium, Stundung[229]),
- das Grundpfandrecht erst geltendzumachen, nachdem die Geltendmachung der Forderung beim Schuldner, der nicht der Eigentümer ist, versucht wurde (**dilatorische Einrede**).

Dagegen ist bei vertraglichem Ausschluss der Abtretbarkeit[230] das Übertragungsgeschäft unwirksam, so dass sich die Einwendung gegen die Inhaberschaft des Verwertung verlangenden Gläubigers richtet (vorst. Rn. 259).

Der Eigentümer kann auch Einreden haben, die nicht auf verwertungsbezogenen Absprachen mit dem Gläubiger beruhen, sondern **kraft Gesetzes** entstehen: **263**
- Das Grundpfandrecht ist durch unerlaubte Handlung (§ 853, z.B. durch Betrug)[231] oder
- ohne rechtlichen Grund (§ 821, der Sicherungsvertrag ist nichtig)[232] erlangt,
- die Verwertung stellt sich auf Dauer als unzulässige Rechtsausübung dar[233] (**peremptorische Einreden**).

Wann eine **Sicherungsgrundschuld** verwertet werden kann, richtet sich nach dem Sicherungszweck, der dem Sicherungsvertrag zu entnehmen ist. Demgemäß kann der Eigentümer dem Verwertungsanspruch **die Einrede der Nichterfüllung des Sicherungszwecks** **264**

---

227 *Baur/Stürner*; § 4 Rn. 22 (S. 35).

228 *Baur/Stürner*, § 38 VII. 1. d. (Rn. 67, S. 444).

229 RGZ 67, 390 (392); 104, 352 (357); *Westermann/Eickmann*, § 101 III. 1. (S. 728); vollstreckungshindernde Vereinbarung: BayObLG NJW-RR 99, 508; ist die Grundschuld noch nicht fällig (s. vorst. Rn. 199), fehlt es an einer Voraussetzung für den Verwertungsanspruch.

230 Vgl. *Josef*, AcP 109 (1912), 187; *Baur/Stürner*, § 38 VII. 1. d. (Rn. 67, S. 444); *Schwab/Prütting*, § 58 III. 3. b., Rn. 671.

231 OLG Hamm MDR 77, 668.

232 RGZ 78, 60 (67); 86, 301 (304); BGH NJW 71, 1750; 75, 1126.

233 BGH NJW 53, 1865; OLG Düsseldorf WM 95, 877 mit Anm. *Heinrich*, WuB I B 4. – 2.95.

entgegensetzen, namentlich die fehlende Fälligkeit der gesicherten Forderung oder den Rückübertragungsanspruch auf die Grundschuld bei Erledigung des Sicherungszwecks nach vollständiger oder teilweiser Tilgung der gesicherten Forderung (**Einrede der Nichtvalutierung,** nachf. Rn. 275) oder auch den Anspruch auf Verzicht zur Ermöglichung der freihändigen Veräußerung (vorst. Rn. 179, **dilatorische,** bei Wegfall des Sicherungszwecks **peremptorische Einreden**)

265 *cc)* Hat der Eigentümer peremptorische Einreden, kann er nicht nur die Duldung der Verwertung verweigern, sondern er kann darüber hinaus verlangen, dass der Gläubiger auf das Grundpfandrecht verzichtet (nachf. Rn. 327 ff., im Falle der Grundschuld wahlweise deren Abtretung oder Aufhebung[234]). Eigentümerbezogene Einreden können gem. §§ 1157 Satz 1, 1192 auch dem Erwerber des Grundpfandrechts entgegengesetzt werden (nachf. Rn. 309).

266 *dd)* Für Briefgrundpfandrechte kommt das **Widerspruchsrecht** wegen fehlender Briefvorlegung gem. § 1160 hinzu (s. nachf. Rn. 326).

267 *ee)* Besondere Einwendungslagen kann der **Prozess** hervorbringen: Hatte der Gläubiger den Schuldner wegen der Forderung verklagt und wurde die Klage rechtskräftig abgewiesen, erwächst dem Eigentümer eine Einrede gegen die Verwertung, weil der Schuldner aufgrund der materiellen Wirkung der Rechtskraft die Klageabweisung auch im Duldungsprozess gem. § 1147 geltend machen kann. Sind Schuldner und Eigentümer verschiedene Personen, entfaltet die Klageabweisung bezüglich der Forderung zwar keine Rechtskraft gegenüber der Verwertung, gleichwohl wird im Falle der Hypothek eine eigentümerbezogene Einrede des Eigentümers bejaht[235] und damit ein erneuter Prozess über den Bestand der Forderung (den der Eigentümer als Dritter in Bezug auf die Forderung führen müsste) vermieden. Das ist keine Ausprägung der Akzessorietät der Hypothek zur Forderung und gilt deshalb gleichermaßen für die Grundschuld, der gegenüber der Eigentümer den Fortfall des Sicherungszwecks wegen Abweisung der Klage auf Erfüllung der gesicherten Forderung geltendmacht. Ist über die Klage des Gläubigers gegen den Schuldner noch nicht rechtskräftig entschieden, hat der Eigentümer eine dilatorische Einrede. Klagt umgekehrt der Schuldner gegen den Gläubiger auf negative Feststellung, muss das gleiche gelten.

b) Besonderheiten der Verteidigung des mit einer Hypothek belasteten Eigentümers

268 *aa)* Akzessorietät zwischen Hypothek und Forderung bedeutet, dass der Bestand der Hypothek unmittelbar von der Forderung abhängt. Entsteht die Forderung nicht oder wird sie vernichtet, ist das dennoch bestellte Grundpfandrecht keine Hypothek. Ficht z.B. der Schuldner der Forderung die dieser zugrundeliegende Willenserklärung erfolgreich an, so dass sie gem. § 142 Abs. 1 BGB als von Anfang an nichtig anzusehen ist, gab es nie eine Hypothek (sondern in Wahrheit nur eine Eigentümergrundschuld, nachf. Rn. 350) und mithin kein Verwertungsrecht des im Grundbuch eingetragenen Gläubigers. **Rechtshindernde oder rechtsvernichtende Einwendungen gegen die Forderung** ergreifen also unmittelbar die Hypothek. Mit diesen Einwendungen kann sich der Eigentümer verteidigen, ohne dass es dafür besonderer Vorschriften bedürfte. Gleiches gilt, wenn der persönliche Schuldner eine ihm zustehende Einrede (nachf. Rn. 270) erhoben hatte. Anders ist die Rechtslage aber, wenn **Einreden gegen die Forderung** bestehen, die der Schuldner

234 BGH NJW 85, 800 zu II. 1.

235 Staudinger/*Wolfsteiner*, § 1169 BGB Rn. 4.

nicht erhebt oder wenn zwar Einwendungen entstehen können, aber noch nicht entstanden sind, weil ihre Entstehung von einer Rechtshandlung des Schuldners der gesicherten Forderung abhängt, dieser aber untätig bleibt (**Einwendungslage**), seien Schuldner und Eigentümer verschiedene Personen (Sicherung einer Drittschuld) oder seien sie identisch. Einreden lassen den Bestand des Anspruchs gerade unberührt und führen erst zu Rechtsfolgen, wenn der Schuldner des Anspruchs von ihnen Gebrauch macht: Dann kann er die Leistung verweigern. Der Grundsatz der Akzessorietät allein würde dem Eigentümer bei bloßer Existenz einer Einrede des persönlichen Schuldners gegen die Forderung also keine Verteidigungsmöglichkeit bieten. Dieser Grundsatz wird zugunsten des Eigentümers durch § 1137 erweitert (gleichermaßen zugunsten des Bürgen gem. § 768, unten Rn. 981): Ist die Forderung einredebehaftet, hat der Eigentümer das Recht, die Einrede gegen die Hypothek zu erheben, m.a.W.: Die Einredebehaftung der Forderung führt zur Einrede gegen die Hypothek in der Person des Eigentümers. Er kann also gem. § 1137 Abs. 1 Satz 1, 1. Alt. BGB ein fremdes Leistungsverweigerungsrecht, nämlich dasjenige des persönlichen Schuldners gegen die Forderung, für seine eigene Verteidigung nutzbar machen, indem er die dem persönlichen Schuldner zustehende, aber von diesem nicht erhobene Einrede erhebt. Da jede Einrede die Rechtsbeziehungen unter den Parteien gestaltet[236], wird die bloße Gestaltungslage zur Einrede für den Eigentümer. Er kann die Einrede gegen die Forderung nicht etwa an Stelle des persönlichen Schuldners erheben, vielmehr bleibt das Valutaverhältnis zwischen Gläubiger und persönlichem Schuldner unberührt. Der persönliche Schuldner muss beispielsweise auf die gesicherte Forderung leisten, auch wenn er konnexe Gegenansprüche hat, die Einrede des Zurückbehaltungsrechts (§ 273) jedoch nicht erhob. Aber der Eigentümer kann die Duldung der Verwertung seines Grundstücks verweigern.

Gem. §§ 1137 Abs. 1 Satz 1, 770 erwachsen außerdem andere, aber nicht ausgeübte Gestaltungsrechte des Schuldners zum Leistungsverweigerungsrecht, also zur Einrede für den Eigentümer (s. nachf. Rn. 272). **269**

bb) Die dem persönlichen Schuldner zustehenden Einreden, die der Eigentümer zu seiner eigenen Verteidigung verwenden kann, können etwa sein: Stundung der Forderung, nicht erbrachte Gegenleistung beim gegenseitigen Vertrag (§§ 320, 321), Zurückbehaltungsrecht (§§ 273, 1000), Erlangung der Forderung durch unerlaubte Handlung (§ 823), Erlangung der Forderung ohne rechtlichen Grund (§ 821). Die beiden letztgenannten Fälle sind zu unterscheiden von der deliktischen oder rechtsgrundlosen Erlangung des Grundpfandrechts selbst (s. vorst. Rn. 261 ff.!). **270**

Gem. § 216 Abs. 1 BGB kann sich der Eigentümer anders als ein Bürge (unten Rn. 981) allerdings **nicht** mit der Einrede der **Verjährung** verteidigen: Auch wenn der Gläubiger seinen Anspruch aus der gesicherten Forderung gegen den persönlichen Schuldner also nicht mehr durchsetzen kann, weil dieser Verjährung einwendet, kann er sich doch noch aus dem Grundstück befriedigen (anders aber bezüglich Rückstände von Zinsen und anderen wiederkehrenden Leistungen, § 216 Abs. 3)[237]. Der Eigentümer kann sich – hier dem Bürgen gleich – auch **nicht** auf die **beschränkte Erbenhaftung** (§§ 1975, 2016, z.B. **271**

236 *Jahr*, JuS 64, 293.
237 BGH NJW 93, 3318 mit Komm. *v. Feldmann*, EWiR § 223 BGB 1/93, 1163 und Anm. *Moritz*, WuB IV A. – 1.94.

wegen Dürftigkeit des Nachlasses (§ 1990) berufen (§ 1137 Abs. 1 Satz 2) und auch nicht darauf, dass die Forderung in einem bestätigten Insolvenzplan gemindert worden sei (§ 254 Abs. 2 InsO – gleiche Rechtslage bei der Bürgschaft, unten Rn. 971 f.): Das sind Folgen der Insolvenz des persönlichen Schuldners, für die der Eigentümer als Interzessionar gerade einsteht.

272 *cc)* Der Eigentümer kann zwar nicht **Gestaltungsrechte des persönlichen Schuldners** ausüben ebenso wenig wie er an dessen Stelle Einreden erheben kann (vorst. Rn. 268), also z.B. nicht das Erlöschen der gesicherten Forderung durch Aufrechnung mit einer Gegenforderung des Schuldners gegen den Gläubiger herbeiführen. Aber er kann die Duldung der Verwertung verweigern, wenn der Schuldner Gestaltungsrechte hat, sie aber nicht ausübt. Die Forderung bleibt in ihrem Bestand also unberührt, so dass es dem Gläubiger freisteht, sie gegen den persönlichen Schuldner geltend zu machen, aber der Verwertungsanspruch des Gläubigers gegen den Eigentümer (§ 1147) ist einredebehaftet. Das bestimmt § 1137 Abs. 1 Satz 1 durch Verweisung auf die bürgenrechtlichen Bestimmungen in § 770. Danach erwächst dem Eigentümer die Einrede gegen die Verwertung, wenn der persönliche Schuldner anfechten (§ 770 Abs. 1, unten Rn. 985), mindern oder zurücktreten könnte (unten Rn. 987). Die bloße Gestaltungslage wird zur Einrede für den Eigentümer (**Einrede der Gestaltungslage**). Eine Aufrechnungslage ist dem Eigentümer dann zu seiner Verteidigung dienlich, wenn die Aufrechnungsbefugnis dem Gläubiger zusteht, § 770 Abs. 2. Kann bei nur einseitiger Aufrechnungsmöglichkeit, etwa aufgrund von §§ 390, 393, 394, zwar der Schuldner, nicht aber der Gläubiger aufrechnen, hat der Eigentümer keine Einrede gegen die Verwertung; ob auch der Schuldner aufrechnungsbefugt ist, spielt keine Rolle (Einzelheiten zu dieser umstrittenen Frage, unten Rn. 988 ff.).

273 *dd)* Der Schuldner könnte die Einredebefugnis des Eigentümers zunichte machen, indem er den **Verzicht** auf seine Einrede erklärt. Durch den Verzicht erlischt das Leistungsverweigerungsrecht gegen die Forderung. Gem. § 1137 Abs. 2 bleibt das Leistungsverweigerungsrecht des Eigentümers (ebenso des Bürgen gem. § 768 Abs. 2) gegen die Verwertung des Grundstücks aber trotzdem erhalten (eine andere Frage ist, ob der Eigentümer selbst gegenüber dem Gläubiger auf sein Einrederecht gem. § 1137 trotz Einredemöglichkeit für den Schuldner verzichten kann – das ist ohne weiteres möglich).

274 *ee)* Eine Durchbrechung des Akzessorietätsgrundsatzes tritt ein[238], wenn der persönliche Schuldner minderjährig war und seine gesetzlichen Vertreter die zu sichernde Forderung im Namen des Minderjährigen begründeten. Gem. § 1629a Abs. 1 BGB ist die **Haftung des Minderjährigen beschränkt** auf dasjenige Vermögen, das bei Eintritt der Volljährigkeit vorhanden ist. Auf diese Haftungsbeschränkung kann sich der Eigentümer jedoch gem. § 1629a Abs. 3 – der Regelung von § 1137 Abs. 1 Satz 2 entsprechend[239] – nicht berufen. War die Hypothek auf einem dem Minderjährigen gehörenden Grundstück eingetragen worden (§ 1821 Abs. 1 Nr. 2 BGB), stellt sich das Problem nicht[240].

238 *Behnke*, NJW 98, 3078 (3080).
239 *Muscheler*, WM 98, 2271 (2284).
240 BR-Drucks. 366/96, S. 33/34.

c) Verteidigung des Grundschuldners

aa) Die eigentümerbezogenen Einreden (vorst. Rn. 261 ff.) können sich bei der Grundschuld in besonderer Weise gestalten. Hat der Eigentümer nicht auf die Grundschuld, sondern **auf die Forderung** geleistet, entsteht zwar keine Eigentümergrundschuld, aber der Eigentümer hat Anspruch auf Rückübertragung (vorst. Rn. 227). Diesen aus dem Sicherungsvertrag folgenden Anspruch kann der Eigentümer dem Verwertungsanspruch einredeweise, nämlich zurückbehaltend (§ 273, vorst. Rn. 264), entgegensetzen (Einrede der Nichtvalutierung). Bei **Leistung auf die Grundschuld** (vorst. Rn. 225) hat der Eigentümer und Schuldner zwar Anspruch auf Abtretung der Forderung (vorst. Rn. 244), aber die Entstehung einer Einrede gegen die Grundschuld erübrigt sich, weil diese ohnehin ex lege zur Eigentümergrundschuld wird (vorst. Rn. 226). Ist die durch die Grundschuld gesicherte Forderung noch nicht fällig, wäre die Verwertung nach dem Sicherungsvertrag sicherungszweckwidrig, so dass es bereits an der Pfandreife fehlt, also auch die Grundschuld selbst nicht fällig ist (vorst. Rn. 197). Nach a.A.[241] ist der Verwertungsanspruch zwar entstanden, aber einredebehaftet. Aus dem Sicherungsvertrag können also sowohl peremptorische Einreden folgen – Anspruch auf Übertragung der gesicherten Forderung bei Leistung auf die Grundschuld (oben Rn. 244) oder auf Rückübertragung der Grundschuld bei Wegfall des Sicherungszwecks[242] (vorst. Rn. 227), das Grundpfandrecht dürfe nicht abgetreten werden[243] (vorst. Rn. 261); oder es können dilatorische Einreden entstehen – die Grundschuld ist noch nicht oder sie ist nicht mehr valutiert, aber durch neue Forderungen aufzufüllen[244]; oder die gesicherte Forderung und als Folge dessen der Verwertungsanspruch ist nicht fällig. Ebensowenig wie in der Mobiliarsicherungstreuhand kann sich der Eigentümer aber eine bloße Gestaltungslage im Verhältnis zwischen Gläubiger und persönlichem Schuldner (Valutaverhältnis) einredeweise zunutze machen (unten Rn. 1163); eine den Vorschriften von §§ 1137 Abs. 1 Satz 1, 770 BGB entsprechende Regelung (vorst. Rn. 272) fehlt für die abstrakten Sicherheiten. 275

bb) Besonderheiten gelten für **Zinsen**. Während sich die Verzinsung bei der Hypothek nach der gesicherten Forderung richtet, ist die Grundschuld selbst verzinslich. Die **Verjährung** der Zinsen richtet sich nach § 196 BGB. Die Frist von drei Jahren kann abgelaufen sein, bevor die Grundschuld fällig ist (§ 1193, vorst. Rn. 197). Die Verjährung ist auch nicht bis zum Eintritt des Sicherungsfalls gehemmt[245]. Es können folglich nur die Grund- 276

---

241 BGH ZIP 85, 732 zu 2.

242 *Huber*, BB 70, 1233 in Anm. gegen OLG Köln, a.a.O.; *Derleder*, JuS 71, 90 (93 f.); *Lopau*, JuS 72, 502 (503).

243 *Baur/Stürner*, § 38 VII. 1. d. (Rn. 67, S. 444); *Schwab/Prütting*, § 58 III. 3. b. (S. 301); *Josef*, AcP 109 (1912), 187 (197).

244 Die Grundschuld dient der Sicherung zukünftiger Forderungen, z.B. einer Kontokorrentsicherheit (vorst. Rn. 158), BGHZ 83, 56; BGH NJW 87, 1637 mit Komm. *Clemente*, EWiR § 1191 BGB 2/87, 593; WM 87, 586; ZIP 87, 764 zu 3. b.; WM 79, 866; 91, 60 mit Komm. *Bülow*, EWiR § 1191 BGB 2/91, 151; LG Waldshut-Tiengen WM 87, 665; *Clemente*, ZIP 85, 193.

245 BGHZ 142, 332 (335) = ZIP 99, 917 mit Rezension *Sostmann*, MittRhNotK 99, 274 und abl. Anm. *Peters*, JR 2000, 323 sowie Komm. *Medicus*, EWiR § 202 BGB 1/2000, 59 entgegen der früheren Rechtsprechung: BGH ZIP 93, 257 mit Komm. *Clemente*, EWiR § 1191 BGB 1/93, 369; Antwort des IX. Zivilsenats auf die Anfrage des XI. Zivilsenats nach § 132 Abs. 3 GVG, WM 99, 1165; OLG Koblenz WM 93, 1033 mit abl. Anm. *Blaschczok*, WuB I F 3. – 6.93; OLG Stuttgart WM 2001, 2206 mit Anm. *Batereau*, WuB I F 3. – 1.02; LG Bückeburg WM 94, 202 mit Anm. *v. Feldmann*, WuB IV A. – 1.94; abl. *Peters*, JZ 2001, 1017.

schuldzinsen für die letzten drei Jahre durchgesetzt werden. Ist dagegen die gesicherte Forderung samt schuldrechtlicher Zinsen[246] verjährt, kann der Eigentümer gem. § 216 Abs. 2 BGB zwar hinsichtlich der Hauptforderung nicht die Verjährungseinrede gegen die Vertwertung der Grundschuld erheben, wohl aber wegen der Zinsen gem. § 216 Abs. 3[247] (vorst. Rn. 271).

F. Rechtsgeschäftliche Übertragung von Grundpfandrechten

1. Übertragung durch den Berechtigten

277 Die Übertragungskonstruktion bei der Hypothek ist aufgrund der Akzessorietät zur Forderung in ihrer dogmatischen Grundlegung anders als bei der Grundschuld, in ihrer praktischen Durchführung aber nahezu gleich. Die Hypothek selbst ist nämlich gar nicht Gegenstand der Übertragung, sondern die Forderung. Die Forderung wird nach Maßgabe von § 398 BGB (mit Modifikationen durch § 1154) abgetreten, und gem. §§ 1153 Abs. 1, 401 folgt dieser Abtretung der Übergang der Hypothek kraft Gesetzes, ohne besonderen, gerade darauf gerichteten Parteiwillen (der Übergang der Hypothek selbst folgt also immer aus Gesetz und nur mittelbar aus Rechtsgeschäft – Abtretung der Forderung). Die Modifikationen durch § 1154 unterstellen die **Abtretung** aber in ihrer entscheidenden Ausgestaltung den Regeln des **Immobiliarsachenrechts**. Da die Übertragung der Grundschuld als nichtakzessorischem Grundpfandrecht ebenfalls nur dem Immobiliarsachenrecht folgen kann, ergibt sich die Geringfügigkeit der praktischen Unterschiede in den Übertragungsmodifikationen bei Hypothek und Grundschuld.

a) Buchgrundpfandrechte

278 Gem. § 1153 Abs. 2 kann die Forderung nicht ohne die Hypothek, die Hypothek nicht ohne die Forderung übertragen werden. Anders als bei der Grundschuld können Forderung und Grundpfandrecht also nicht verschiedene Wege gehen, d.h. nicht verschiedenen Rechtsinhabern zustehen. Gem. § 1153 Abs. 1 geht mit der Übertragung der Forderung auch die Hypothek auf den Zessionar über. Folglich ist die Grundlage des rechtsgeschäftlichen Übergangs der Hypothek die Forderungsabtretung nach § 398 BGB. Diese ist, ebenso wie die dingliche Einigung gem. §§ 929, 873 Abs. 1, ein abstraktes dingliches Rechtsgeschäft und formlos wirksam. Die Abtretung der Hypothekenforderung unterwirft § 1154 dagegen den Formvorschriften der dinglichen Einigung für Grundstücke mit den Besonderheiten der Grundpfandrechte. Das bedeutet: Zur Übertragung der Forderung (und mit ihr der Hypothek) ist im Falle der Buchhypothek § 873 entsprechend anwendbar (§ 1154 Abs. 3). Die Übertragung bedarf der formlosen, dann aber auch unverbindlichen (§ 873 Abs. 2) dinglichen Einigung zwischen Inhaber und Erwerber sowie der Eintragung im Grundbuch (für die die einseitige, dafür aber öffentlich beglaubigte Eintragungsbewilligung des Inhabers gem. §§ 19, 29 GBO genügt); einigen sich die Parteien erst nach der

246 Die Vertrags- oder Verzugszinsen sein können; ob letztere gesichert werden sollen, ist dem Sicherungsvertrag zu entnehmen, abl. OLG Köln EWiR § 1191 BGB 2/93, 667 (abl. *Reithmann*).

247 BGH WM 93, 2041 mit Komm. *v. Feldmann*, EWiR § 223 BGB 1/93, 1163 und *Moritz*, WuB IV A. – 1.94.

Eintragung, wird die Übertragung erst mit dem Zeitpunkt der Einigung wirksam[248], und nachträgliche Verfügungsbeschränkungen machen die einmal erklärte Einigung nicht unwirksam (§§ 1154 Abs. 3, 878)[249]. Die Übertragung der Buchgrundschuld, für die gleichfalls der Begriff „Abtretung" gebräuchlich ist, richtet sich allein nach § 873 BGB.

b) Briefgrundpfandrechte

aa) Im Falle der **Briefhypothek** bedarf es neben dem Abtretungsvertrag nach § 398 zur Übertragung der Forderung der Übergabe des Hypothekenbriefs, wie § 1154 Abs. 1 Satz 1, 1. Halbsatz bestimmt. Die Briefgrundschuld wird durch Abtretungsvertrag nach §§ 1154 i.V.m. 1192 und Übergabe des Grundschuldbriefs übertragen. **279**

Übergabe heißt Verschaffung des unmittelbaren Besitzes durch den Veräußerer mit dessen Willen oder durch eine Geheißperson wie bei der Übereignung nach § 929 (unten Rn. 1334)[250]. Gem. § 1117 kann an die Stelle der Übergabe ein Übergabesurrogat treten. Gelangt der Erwerbswillige auf andere Weise in den Besitz des Briefs, tritt der Rechtsübergang nicht ein[251]. **280**

Die Abtretungserklärung selbst bedarf bei der Briefhypothek gem. § 1154 Abs. 1 der Schriftform, ersatzweise gem. § 1154 Abs. 2 der Eintragung im Grundbuch. Die Abtretung ist ein Vertrag und besteht aus zwei Willenserklärungen: Der des Anbietenden und der des Annehmenden; dem Formzwang unterliegt nur die Erklärung des Anbietenden, also des Zedenten. Das ist mit „Abtretungserklärung" in § 1154 Abs. 1 Satz 2 gemeint, die der Zedent dem Zessionar erteilt, indem er die Abtretungsurkunde aushändigt (unten Rn. 894). Die Annahme kann mündlich oder auch stillschweigend erklärt werden. Bei der Grundschuld gilt Gleiches für die Übertragungserklärung als Teil der dinglichen Einigung aus § 873. Nicht bedarf es auch der Eintragung im Grundbuch. Offen bleibt die Möglichkeit, gem. § 1154 Abs. 2 statt der Abtretungs- bzw. Übertragungserklärung die Abtretung bzw. die dingliche Einigung im Grundbuch eintragen zu lassen. **281**

Schriftliche Form bedeutet Anwendung von § 126 BGB (wobei die elektronische Form nach §§ 126 Abs. 3, 126a nicht in Betracht kommt, weil die Verbriefung Papierform bedeutet). Notwendiger, den Rechtsübergang begründender Inhalt der Abtretungserklärung ist neben der Kundbarmachung des Abtretungswillens die Bezeichnung des Zessionars (während sich der Zedent aus der vorangegangenen Übertragung ergibt und zum ersten Inhaber zurückführt)[252] des zu übertragenden Grundpfandrechts, bei der Hypothek die Bezeichnung der Forderung einschließlich etwaiger Zinsen und des Zinsbeginns[253]. Nach allgemeinen Auslegungsgrundsätzen (§§ 133, 157 BGB) dürfen außerhalb der Abtretungs- **282**

248 RGZ 117, 431 (436).

249 Dazu BGH NJW 97, 2751 mit Anm. *Wieling*, LM Nr. 7 zu § 1191 BGB, *Rimmelspacher*, WuB IV A. – 1.97, *Gerhardt*, JZ 98, 159 und Komm. *Stürner/Bormann*, EWiR § 878 BGB 1/97, 887.

250 BGH NJW-RR 93, 369 zu II. 1. a., wo allerdings vom „Vertreter" die Rede ist, mit abl. Rezension *J. Hager*, ZIP 93, 1446 und krit. Komm. *Kollhosser*, EWiR § 1155 BGB 1/93, 253 sowie zust. Anm. *Rimmelspacher* WuB I F 3. – 2.93; *Reinicke/Tiedtke*, NJW 94, 345.

251 *Robrecht*, DB 96, 313 (315).

252 BGH WM 97, 675 mit Komm. *Reimann*, EWiR § 1154 BGB 1/97, 505; NJW 89, 3151 mit Komm. *Häsemeyer*, EWiR § 1154 BGB 1/89, 879.

253 OLG Frankfurt am Main NJW-RR 93, 1299.

urkunde liegende Umstände nur herangezogen werden, wenn sich in ihr selbst Anhaltspunkte dafür finden. Dem Schriftformerfordernis gem. § 126 genügt auch eine Blankoabtretung[254], die ein Ermächtigter, der auch der Zessionar sein kann, vervollständigt. Da die Schriftform Beweisfunktion, aber nicht Warnfunktion hat, bedarf die dem Dritten erteilte Ermächtigung anders als bei der Bürgschaft (unten Rn. 900) nicht ihrerseits der Schriftform.

283 *bb)* § 1154 Abs. 1 Satz 2 erwähnt eine weitere Formvorschrift: Auf Verlangen des Erwerbers (des neuen Gläubigers, Zessionars) hat der bisherige Gläubiger die Abtretungserklärung (bzw. die Einigungserklärung bei der Grundschuld) auf seine Kosten **öffentlich beglaubigen** zu lassen[255]. Dieser zusätzliche Anspruch des Erwerbers auf Formerfüllung hat keinen Einfluss auf die Wirksamkeit der Übertragung des Grundpfandrechts. Sofern neben der Briefübergabe die Abtretung in einfacher schriftlicher Form erklärt und formlos angenommen wurde, ist der Rechtsübergang vielmehr abgeschlossen. Der Beglaubigungsanspruch hat seinen Sinn in dem weiteren Problem, wie der neue Gläubiger sein dingliches Verwertungsrecht durchsetzen kann. Die materiell-rechtliche Inhaberschaft am Grundpfandrecht genügt dazu nämlich nicht, vielmehr kann der Grundeigentümer den neuen Gläubiger zwingen, sein materielles Recht nachzuweisen, und dieser Nachweis ist nur dann geführt, wenn die Abtretungserklärung öffentlich beglaubigt (oder im Grundbuch eingetragen) ist; andernfalls kann der Eigentümer gem. § 1160 widersprechen (nachf. Rn. 318). Auf diese Weise löst sich das Problem der **Legitimierung** des neuen Gläubigers gegenüber dem Eigentümer (nachf. Rn. 315 ff., 320). Das Gesetz stellt also unterschiedliche Anforderungen an den Rechtsübergang selbst und an die Geltendmachung des übergegangenen Rechts. Außerdem gewinnt die öffentliche Beglaubigung als Voraussetzung für den gutgläubigen Erwerb gem. § 1155 Bedeutung (nachf. Rn. 288).

2. Übertragung durch den Nichtberechtigten

a) Gutgläubiger Erwerb und Publizität

284 Grundstücke und Grundstücksrechte können übertragen werden, die dem Veräußerer gar nicht gehören. Anliegen des Gesetzes ist es, den Handel mit bestimmten Rechtsgegenständen zu erleichtern. Zu diesem Zwecke müssen die Gegenstände Verkehrsfähigkeit haben. Das Gesetz macht sie u.a. dadurch verkehrsfähig, dass es den Erwerb durch denjenigen ermöglicht, der aus bestimmten, durch das Gesetz genau abgegrenzten Umständen redlicherweise schließen darf, dass der zu erwerbende Rechtsgegenstand dem Veräußerer gehört. Nicht alle Rechtsgegenstände sind in dieser Weise verkehrsfähig. So können in der Regel Forderungen nicht gutgläubig erworben werden (nur in den in § 405 genannten Fällen bei Urkundenausstellung sowie dann, wenn sie in einem Wertpapier, s. Art. 16 Abs. 2 WG, 21 ScheckG, oder einem Erbschein, § 2366 BGB, verkörpert sind). Bewegliche Sachen sind dagegen auch erwerbbar, wenn sie dem Veräußerer nicht gehören, gleicherma-

254 BGHZ 22, 128 (132); RGZ 81, 257 (258); MünchKomm./*Eickmann*, § 454 BGB Rn. 8; *Reischl*, JuS 98, 220.

255 Diesem Anspruch kann der bisherige Gläubiger kein Zurückbehaltungsrecht entgegensetzen: BGH NJW 72, 44; bei der Auslegung keine Heranziehung von Umständen, die außerhalb der Urkunde liegen: BGH BB 91, 2398.

ßen Grundstücke und Grundstücksrechte. Die Umstände, denen das Gesetz eine Bedeutung beimisst, welche den Erwerb des Redlichen gerechtfertigt erscheinen lassen, sind bei beweglichen Sachen der Besitz (§§ 932 ff.) und bei Grundstücken die Grundbucheintragung (§§ 892 ff.), also diejenigen Umstände, die nach der Konzeption des Gesetzes die Publizität für die rechtlichen Verhältnisse an dem Gegenstand ausmachen (vorst. Rn. 94). Forderungen haben kein Publizitätsmedium, deshalb gibt es auch keinen gutgläubigen Erwerb, nur ausnahmsweise dann, wenn eine Urkunde über sie ausgestellt ist und Publizität erzeugt: Darauf beruhen § 405 BGB, Art. 16 Abs. 2 WG, 21 ScheckG.

Bei den Grundpfandrechten überlagern und kreuzen sich mehrere verschiedene Prinzipien zum gutgläubigen Erwerb. Am wenigsten problematisch ist der gutgläubige Erwerb der **Buchgrundschuld**: §§ 892 ff. und nur diese Vorschriften sind anwendbar. Der gute Glaube an den Grundbuchstand kann aber nicht ausreichen, wo die Übertragung außerhalb des Grundbuchs verläuft, also im Regelfall bei der Briefgrundschuld. Die allgemeinen Vorschriften versagen auch, wenn es um den gutgläubigen Erwerb der Hypothek geht und der Mangel in der Forderung liegt (sie existiert gar nicht oder steht nicht dem Zedenten zu): Gem. § 1153 Abs. 2 kann die Hypothek nicht ohne die Forderung übertragen werden, Forderungen sind aber im Allgemeinen nicht gutgläubig erwerbbar. Ist der gutgläubige Erwerb von Hypotheken in diesen Fällen ausgeschlossen, wird der gutgläubige Erwerb der Forderung ausnahmsweise zugelassen oder aber wird die akzessorische Verbundenheit zwischen Forderung und Hypothek gelockert? Die gesetzlichen Problemlösungen sind die nachfolgenden: **285**

b) Briefgrundpfandrechte

aa) Das Problem, wie der gute Glaube des Erwerbers zu schützen ist, wenn sich die Rechtsübertragung außerhalb des Grundbuchs vollzieht, lösen §§ 1155, 1140 BGB. **286**

Die Vorschriften lösen also nicht den Akzessorietätskonflikt (vorst. Rn. 285): Dass die Forderung im Falle der Hypothek nicht nur existiert, sondern auch dem Zedenten zusteht, setzen beide Vorschriften voraus bzw. bedürfen insoweit der Ergänzung. Bestand oder Zuordnung der gesicherten Forderung spielen hier also keine Rolle. Deshalb sind die Vorschriften gleichermaßen auf Hypothek und Grundschuld anwendbar. **287**

Der Umstand, dem das Gesetz **Publizität** beimisst, die den Schutz des Redlichen erheischt, ist der **Besitz am Brief** einerseits und eine **ununterbrochene Kette** von öffentlich beglaubigten (vorst. Rn. 283) Abtretungs- bzw. Einigungserklärungen i.S.v. § 1154 Abs. 1, die auf den ersten Inhaber des Briefgrundpfandrechts zurückführen, andererseits. So bestimmt es § 1155 Satz 1. Der Besitz des Veräußerers kann unmittelbarer oder mittelbarer sein, und zwar entweder bei Abgabe der Abtretungserklärung oder bei Übergabe (vorst. Rn. 280) des Briefs[256]. Die zusammenhängende Reihe der Übertragungserklärungen gewährleistet ihrem äußeren Anschein nach, dass der Übertragende, der Zedent, der wirkliche Rechtsinhaber sei, weil er seinerseits vom wirklichen Inhaber als Rechtsvorgänger erworben hat, dieser von seinem Rechtsvorgänger bis hin zum ersten Gläubiger. Da der erste Gläubiger nur aus dem Grundbuch ersichtlich ist, spielt dieses auch im Rahmen **288**

256 BGH NJW-RR 93, 369 zu II. 2. b. mit Komm. *Kolhosser*, EWiR § 1155 BGB 1/93, 253; *Reinicke/Tiedtke*, NJW 94, 345 (347).

von § 1155 Satz 1 eine Rolle: Gutgläubiger Erwerb ist nur möglich, wenn der erste Gläubiger, auf den die Übertragungserklärungen hinführen, im Grundbuch steht. Die öffentliche Beglaubigung der Übertragungserklärungen erweckt den Anschein ihrer Ordnungsgemäßheit, auch wenn eine der Erklärungen nichtig sein sollte (der Beglaubigungsanspruch gem. § 1154 Abs. 1 Satz 2 hat also nicht nur Bedeutung für die Legitimation, s. vorst. Rn. 279 f., sondern auch für den gutgläubigen Erwerb durch nachfolgende Zessionare und damit für die Verkehrsfähigkeit des Grundpfandrechts). Will deshalb ein Redlicher ein Briefgrundpfandrecht erwerben und ist der Übertragende sowohl Briefbesitzer[257] wie durch die ununterbrochene Erklärungskette ausgewiesen, ist er m.a.W. **formell legitimiert**, so sind die §§ 891 bis 899 anwendbar, wie wenn der Briefbesitzer im Grundbuch eingetragen wäre (s. auch die wertpapierrechtliche Parallele in Art. 16 Abs. 1 WG, 19 ScheckG). Das bedeutet:

289 Gem. § 891 wird vermutet, dass der im Brief bezeichnete Gläubiger der Inhaber des Grundpfandrechts sei. Wer das bestreitet, muss darlegen und beweisen, dass er es nicht ist, also den Beweis des Gegenteils führen; es findet eine **Umkehr der Beweislast** statt[258]. War der im Brief bezeichnete Gläubiger in Wahrheit nicht der Inhaber des Grundpfandrechts – die Übertragungserklärung an ihn ist z.B. nichtig, weil der vorangegangene Zedent geschäftsunfähig war –, gelten die Übertragungserklärungen gem. §§ 1155 Satz 1, 892 Abs. 1 Satz 1 zugunsten des redlichen Erwerbers trotzdem als wirksam. Ein relatives Verfügungsverbot wirkt gegen den redlichen Erwerber nur, wenn es aus den Übertragungserklärungen ersichtlich ist. Wird an den gem. § 1155 Ausgewiesenen eine Leistung bewirkt, so wird der Leistende gem. § 893 frei. Das kann im Falle der Grundschuld nur gelten, wenn die Leistung zur Tilgung der Grundschuld selbst, nicht lediglich der gesicherten Forderung bestimmt wird[259] (vorst. Rn. 221). Der wahre Grundpfandgläubiger[259a] kann gegen den fälschlich durch Übertragungserklärung Ausgewiesenen Berichtigung des Grundbuchs gem. §§ 894 ff. und Widerspruchseintragung im Grundbuch gem. § 899 verlangen. Für die Übertragung des Grundpfandrechts hat § 1155 also die Bedeutung, dass der durch die Übertragungserklärung Ausgewiesene zugunsten des redlichen Erwerbers als Rechtsinhaber behandelt wird, auch wenn er in Wahrheit, also nach materiellem Recht, gar nicht Rechtsinhaber, sondern Nichtberechtigter, m.a.W. **nicht materiell legitimiert** ist. Der Rechtsschein einer wirksamen vorangegangenen Übertragung wirkt zu Gunsten des Redlichen, die formelle Legitimation kompensiert die fehlende materielle Legitimation. Deshalb kann der Redliche das Grundpfandrecht vom Nichtberechtigten erwerben.

290 Wer vom Nichtberechtigten erwerben will, aber unredlich ist, wird nicht Rechtsinhaber, sondern selbst Nichtberechtigter. Er kann das Recht aber auf einen anderen redlichen Erwerber übertragen, der dann wahrer Rechtsinhaber, also Berechtigter, wird. Kann dieser Berechtigte das Grundpfandrecht auf den vorangegangenen Nichtberechtigten zurückübertragen (**Rückerwerb des Nichtberechtigten vom Berechtigten**)? An sich ist das ohne weiteres möglich, das Problem des gutgläubigen Erwerbs stellt sich gar nicht, weil es eben ein Berechtigter ist, der das Grundpfandrecht zurücküberträgt. Jedoch können die hintereinander geschalteten Erwerbsakte das Ziel haben, dem Bösgläubigen Rechte aus nur scheinbarem Tatbestand (Inhaberschaft am Grundpfandrecht) zu

257 Der Besitz ist Voraussetzung für die Vermutung von § 891: BayObLG DNotZ 74, 93.

258 BayObLG Rpfl 92, 56 mit Anm. *Bestelmeyer*, RPfl 93, 279.

259 BGH NJW 96, 1207 zu 2. mit Bspr. *K. Schmidt*, JuS 96, 649 und Anm. *Grün*, WuB I F 3. – 4.96.

259a Nicht der Grundeigentümer, BGH NJW 2000, 2021 mit Bspr. *K. Schmidt*, JuS 2000, 920 und Komm. *Clemente*, EWiR § 1191 BGB 2/2000, 1049.

verschaffen, auf den er gar nicht vertraut hatte. Richtiger Ansicht nach (näher unten Rn. 1485) ist in diesem Fall ein unmittelbarer Rechtserwerb des Altinhabers und nicht des Nichtberechtigten anzunehmen, gleichermaßen, wenn das der Abtretung des Grundpfandrechts zugrundeliegende Verpflichtungsgeschäft, z.B. ein Kaufvertrag (§ 433 Abs. 1 Satz 2) oder ein Sicherungsvertrag aufgrund wirksam erklärten Rücktritts gem. § 346 BGB zurückabzuwickeln ist.

Der Anwendung von § 1155 bedarf es nicht, wo §§ 891 ff. ohnehin und unmittelbar anwendbar sind. § 1155 ist eine Sonderregelung für den Fall, dass der Veräußerer Nichtberechtigter ist. Wo das Recht überhaupt nicht existiert, geht § 1155 ins Leere. Ist das Grundpfandrecht also nicht wirksam bestellt (weil der Eigentümer z.B. bei der dinglichen Einigung, § 873, geschäftsunfähig war), aber trotzdem im Grundbuch eingetragen worden, kann es der Redliche gem. § 892 erwerben (auch mit privatschriftlicher Abtretungserklärung des Buchinhabers[260]), der Grundbuchinhalt gilt gem. § 891 als richtig, es besteht der Grundbuchberichtigungsanspruch gem. §§ 894 ff. und das Recht auf Eintragung eines Widerspruchs gem. § 899. **291**

bb) Der Zedent muss sich durch die Kette von Erklärungen in beglaubigter Form ausweisen. Für den gutgläubigen Erwerb ist es unschädlich, wenn die Übertragung zwischen Zedent und letztem Erwerber in **einfacher schriftlicher Form** erklärt wird[261] (freilich kann er sich dann nicht gem. § 1160 legitimieren, nachf. Rn. 315 ff.). Wenn der Zessionar, der durch einfache schriftliche Übertragungserklärung wirklich Grundpfandrechtsinhaber geworden ist, das Grundpfandrecht weiterüberträgt, gilt folgendes: Die späteren Zessionare können sich nicht auf eine ununterbrochene Kette öffentlich beglaubigter Erklärungen stützen. Trotzdem können sie für den Fall, dass eine der einfach-schriftlichen folgende Übertragung fehlerhaft war, gutgläubig erwerben, nur muss die Wirksamkeit der einfach-schriftlichen Übertragungserklärung feststehen und gegebenenfalls bewiesen werden[262]; für diesen einen der Übertragungsakte reicht also Gutgläubigkeit nicht aus. Dagegen bedarf es für die Legitimation gem. § 1160 der Beglaubigung trotz gutgläubigen Erwerbs (s. nachf. Rn. 318). § 1155 ist auch dann anwendbar[263], wenn sich der Zedent zwar durch die ununterbrochene Kette ausweisen kann, eine der Unterschriften aber trotz Beglaubigung **gefälscht** ist – ein Zedent hat den Notar über seine Person getäuscht. Auch im Falle der Fälschung entsteht der Rechtsschein einer wirksamen vorangegangenen Übertragung, die den Rechtsverlust des wirklichen Inhabers rechtfertigt. Ebenso wie im Wechselrecht gem. Art 16 Abs. 2 WG[264] vergrößert die Verbriefung in einem Wertpapier das Risiko des Rechtsverlusts zugunsten der Verkehrsfähigkeit. **292**

Ein Grundpfandrecht kann im Wege der **Zwangsvollstreckung** gepfändet und gem. § 835 Abs. 2 ZPO dem Vollstreckungsgläubiger zur Einziehung überwiesen werden. Dieser **Überweisungsbeschluss** steht der öffentlich beglaubigten Übertragungserklärung gleich: so bestimmt es § 1155 Satz 2. Ist der Überweisungsbeschluss fehlerhaft, kann ein Redlicher das Grundpfandrecht dennoch erwerben, mit dem Beschluss in der Hand kann es der Nichtberechtigte wirksam übertragen. **293**

Gleichgestellt ist außerdem das **öffentlich beglaubigte Anerkenntnis** einer Legalzession. Beispiel dafür ist die Entstehung einer Eigentümergrundschuld durch Leistung des Grundeigentümers auf das Grundpfandrecht (nachf. Rn. 327). Der Erwerb ist ein gesetzlicher, der eintritt, ohne dass die Eintragung der Änderung im Grundbuch Voraussetzung wäre; einer Übertragungserklärung bedarf **294**

260 RGRK/*Mattern*, § 1155 BGB Rn. 11.

261 *Baur/Stürner*, § 38 V. 2. a. (Rn. 33, S. 437); RGRK/*Mattern*, § 1155 BGB Rn. 14; a.A. MünchKomm./*Eickmann*, § 1155 BGB Rn. 8.

262 A.A. MünchKomm./*Eickmann*, § 1155 Rn. 8, wie hier aber *Westermann/Eickmann*, § 105 IV. 2. b. (S. 752) und *Westermann*, 5. Aufl., § 106 IV. 2. b. (S. 530).

263 RGZ 85, 58 (60/61); 86, 262 (263) und 93, 41, zur Scheinerklärung gem. § 17 BGB RGZ 90, 274 (278); Staudinger/*Wolfsteiner*, § 1155 BGB Rn. 13; RGRK/*Mattern*, § 1155 BGB Rn. 5; a.A. *Baur/Stürner*, § 38 V. 2. a. (Rn. 34, S. 438); *Moltke*, AcP 142 (1956), 257 (270) sowie noch Vorauflage Rn. 177.

264 *Bülow*, WG, ScheckG, AGB, Art. 16 WG Rn. 14.

es gerade nicht. Die Kette der Zessionserklärungen ist mithin unterbrochen. Sie kann durch das Anerkenntnis des früheren Rechtsinhabers geschlossen werden.

295 *cc)* § 1155 beseitigt zugunsten des Redlichen den Mangel der Berechtigung in der Person des Zedenten. Der Erwerber kann sich aber nicht ausschließlich auf den Brief verlassen. § 1155 bewirkt ja nur, dass der Erwerber so behandelt wird, als sei der Zedent und Briefbesitzer im Grundbuch eingetragen. Es kann aber **Divergenz zwischen Brief und Grundbuch** bestehen. Folgt danach aus dem Brief die Unrichtigkeit des Grundbuchs, darf sich der Erwerber nicht auf den Grundbuchstand verlassen. Das bestimmt § 1140. Die Divergenz im Brief beseitigt den guten Glauben, so dass § 892 nicht anwendbar ist. Häufigstes Beispiel ist die Teilzahlung:

296 Ist eine Hypothek für 10 000 € im Grundbuch eingetragen, sind aber 3000 € zurückgezahlt und wurde die Rückzahlung auf dem Brief quittiert (§ 1145 Abs. 1 Satz 2), so ist wegen der Differenz die Anwendbarkeit von § 892 ausgeschlossen. Nur hinsichtlich der noch valutierten 7000 € ist der Erwerb möglich, also nur, soweit Grundbuch und Brief übereinstimmen. Sind im Beispiel also noch weitere 2000 € zurückgezahlt worden, ist die weitere Zahlung aber nicht auf dem Brief vermerkt worden, ist gutgläubiger Erwerb in Höhe von 7000 € möglich.

297 Unanwendbar ist gem. § 1140 auch § 893. Der Eigentümer, der trotz Divergenz von Grundbuch und Brief nach Maßgabe des Grundbuchs an den vermeintlichen Gläubiger leistet, wird insoweit nicht frei, als die Divergenz besteht. Folgt also aus dem Brief, dass der im Grundbuch eingetragene Gläubiger nicht mehr Gläubiger ist, weil er das Grundpfandrecht übertragen hatte, zahlt der Eigentümer aber trotzdem an den Buchgläubiger, muss er nochmals an den wahren Gläubiger leisten und vom Buchgläubiger kondizieren. Ein Widerspruch gegen die Richtigkeit des Grundbuchs, der auf dem Brief vermerkt ist, wirkt wie ein gem. § 899 im Grundbuch eingetragener Widerspruch (§ 1140 Satz 2). Gutgläubiger Erwerb ist insoweit also ausgeschlossen, als gegen eine Tatsache auf dem Brief ein Widerspruch vermerkt ist, auch wenn der Widerspruch nicht im Grundbuch eingetragen ist (§ 892 Abs. 1 Satz 1, 2. Hs.).

298 §§ 41, 42, 57 Abs. 2, 62, 68 Abs. 2 GBO sollen gewährleisten, dass Grundbuch und Brief möglichst übereinstimmen, indem nachträgliche Grundbucheintragungen nur bei Briefvorlage vollzogen werden sollen.

c) Besonderheiten der Hypothek

aa) Durchbrechung der Akzessorietät

299 § 1155 schützt den guten Glauben an die materielle Berechtigung des Übertragenden, also daran, dass dieser wahrer Inhaber des Grundpfandrechts sei. Den guten Glauben an die Berechtigung an einer Hypothek kann nur haben, wer den – in Wahrheit Nichtberechtigten – zugleich für den Gläubiger der akzessorisch verbundenen Forderung hält. Der gute Glaube an die Zuordnung einer Forderung ist jedoch nicht geschützt. Zwar ist die Regelung in § 405 insoweit vergleichbar, als mit Grundbucheintragung oder Hypothekenbrief ein äußerlich sichtbarer Umstand gesetzt wird, der ebenso wie eine Schuldurkunde geeignet ist, Vertrauen in die Gläubigerstellung des Zedenten zu erzeugen (vgl. vorst. Rn. 283). Die Voraussetzungen von § 405 sind im Falle der Hypothek aber zweifellos nicht gegeben. Das Gesetz geht mit § 1138 einen anderen Weg. Es ermöglicht den gutgläubigen Erwerb der Hypothek, ohne damit auch den gutgläubigen Erwerb der Forderung zu verbinden. Ist das aber so, geht also die **Hypothek ohne Forderung** über, muss der Akzessorietätsgrundsatz Einschränkungen erleiden. Letztendlich darf der Redliche das Grundstück verwerten, ohne Forderungsinhaber zu sein.

Gem. § 1138 sind die Vermutungs-, Gutglaubens- und Berichtigungsvorschriften der §§ 891 bis 899 auch in Ansehung der Forderung anwendbar. Weist der Grundbuch- bzw. Briefstand (§ 1155) also ein Hypothek aus, besteht die Forderung aber in Wahrheit überhaupt nicht oder besteht sie zwar, gehört aber nicht dem als Hypothekar Bezeichneten, so erwirbt der Redliche trotzdem die Hypothek (nicht aber die Forderung). Ist z.B. die Hypothek wirksam für ein Darlehen bestellt, dieses aber nicht ausgezahlt worden, konnte gem. §§ 1163 Abs. 1, 1177 noch keine Hypothek entstehen, weil der Gläubiger noch keine Darlehensrückzahlungsforderung aus § 488 Abs. 1 Satz 2 erworben hatte. Gleiches gilt, wenn der Darlehensrückzahlungsanspruch schon vor Bestellung der Hypothek an einen Zessionar abgetreten worden war. Entgegen dem Grundbuch- oder Briefausweis war gem. § 1163 Abs. 1 Satz 1 eine Eigentümergrundschuld entstanden. Inhaber ist also der Grundeigentümer, nicht der im Grundbuch oder Brief ausgewiesene Gläubiger. Tritt der Gläubiger das Grundpfandrecht gleichwohl an einen Dritten ab, erwirbt dieser gem. §§ 1138, 892 das Grundpfandrecht, kann das Grundstück also verwerten. Keineswegs bestimmt § 1138 aber, dass der redliche Erwerber, nachdem das Darlehen zur Verfügung gestellt worden war, auch Inhaber der Forderung auf Rückerstattung nach § 488 Abs. 1 Satz 2 würde. Insoweit bleibt es bei dem Grundsatz, dass der gutgläubige Erwerb von Forderungen im Allgemeinen nicht möglich ist. § 1138 **fingiert** nur den Erwerb der Forderung mit dem einzigen Zweck, den gutgläubigen Erwerb der Hypothek zu ermöglichen[265]. Die Hypothek bleibt trotzdem forderungslos („forderungsentkleidete Hypothek"), ist also **in Wahrheit Grundschuld**. Würde der redliche Erwerber Klage auf Erfüllung der Forderung erheben, würde er damit abgewiesen. Er könnte mit Erfolg nur Klage auf Duldung der Zwangsvollstreckung in das Grundstück gem. § 1147 erheben. Der Akzessorietätsgrundsatz ist durchbrochen. **300**

Gem. § 1138 sind auch die §§ 891, 893 bis 899 anwendbar. Gem. § 891 wird der Bestand der Hypothekenforderung vermutet. Wer an den durch das Grundbuch oder gem. § 1155 Ausgewiesenen auf die vermeintliche oder einem anderen zustehende Forderung leistet und redlich ist, wird frei (§ 893). Der Eigentümer kann bei Mangel der Forderung Grundbuchberichtigung gem. § 894 verlangen und einen Widerspruch eintragen lassen (§ 899). **301**

Die Eintragung des Widerspruchs wird gem. § 1139 bei **Buchhypotheken** erleichtert. Entgegen § 899 Abs. 2 genügt anstelle der Bewilligung des Eingetragenen ein bloßer Antrag des Eigentümers, wenn der Antrag darauf gestützt wird, die Hingabe des zugrundeliegenden Darlehens sei unterblieben und wenn der Antrag innerhalb eines Monats nach Eintragung der Hypothek gestellt wird. Bei der Buchhypothek ist der Eigentümer besonders gefährdet, weil er anders als bei der Briefhypothek nicht Darlehensauszahlung Zug um Zug gegen Briefherausgabe verlangen kann. In anderen Fällen als der unterbliebenen Hingabe des Darlehens bleibt es beim Bewilligungserfordernis nach § 899 Abs. 2. **302**

§ 1138 stellt die Akzessorietät zur Ermöglichung gutgläubigen Erwerbs hintan. Unberührt bleibt der unmittelbar auf § 892 beruhende gutgläubige Erwerb, wenn der Mangel der **303**

265 *Jahr/Kropf*, JuS 63, 356 (357 zu 8.); OLG Hamburg MDR 53, 171: „Treuhänderischer Erwerb"; Soergel/*Baur*, § 1138 BGB, Rn. 9; *Boehmer*, ArchBürgR 37 (1912), 205 (206).

Forderung gar keine Rolle spielt. Besteht die Forderung und wird dafür eine Hypothek bestellt, ist der Eigentümer im Zeitpunkt der Hypothekenbestellung aber geschäftsunfähig, ist trotz Eintragung im Grundbuch und trotz bestehender Forderung keine Hypothek entstanden. Tritt der Gläubiger Forderung und Hypothek an einen Redlichen ab, so wird dieser in unmittelbarer Anwendung von § 892 Inhaber der Hypothek. Die Forderung erwirbt er gem. § 398 vom Berechtigten. § 1138 ist in diesem Fall gegenstandslos.

bb) Das Problem der Doppelleistungsgefahr

304 § 1138 kann also zur Entstehung einer forderungslosen Hypothek führen. Wie ist es aber, wenn die Forderung durchaus besteht, nur dem Zedenten nicht zusteht? Dieser Fall tritt ein, wenn die Abtretung nach § 1154 nichtig ist (z.B. nach § 105 Abs. 2 BGB), später aber gutgläubiger Erwerb des Grundpfandrechts stattfindet: Der Erwerber ist nicht zugleich Inhaber der Forderung geworden, diese steht vielmehr immer noch dem geschäftsunfähigen Zedenten zu. Der Fall kann auch in folgendem, gleichgelagertem Beispiel eintreten: Einer Bank wurde eine Buchhypothek bestellt, die sie einem Zessionar überträgt, dieser an einen weiteren Zessionar. Die Bank ficht ihre auf Abtretung der Forderung gerichtete Willenserklärung (§§ 1154 Abs. 3, 873, 398, vorst. Rn. 278) der ersten Übertragung wirksam an mit der Folge rückwirkender Nichtigkeit gem. § 142 und der weiteren Folge, dass der erste Zessionar nichts erworben hatte und von Anfang an als Nichtberechtigter anzusehen ist. Der spätere Zessionar erwirbt die Hypothek trotzdem vom ersten, in Wahrheit nichtberechtigten Zessionar gem. §§ 1138, 892. Wem aber steht die Forderung zu, deren Bestand durch die Anfechtung ihrer Abtretungserklärung beim ersten Übertragungsgeschäft natürlich unberührt bleibt? Bleibt man bei dem Grundsatz, dass der **gutgläubige Erwerb von Forderungen** ausgeschlossen ist, wäre die Bank Inhaberin der Forderung geblieben und der spätere Zessionar gleichwohl Inhaber der Hypothek geworden. Könnte der Grundeigentümer also von der Bank wegen der Forderung, vom Zessionar wegen der Hypothek in Anspruch genommen werden, besteht also die Gefahr der Doppelleistung? Ist zur Vermeidung dieser Gefahr der gutgläubige Erwerb der Forderung systemwidrigerweise zuzulassen? Dieses Problem ist höchst umstritten.

305 Man könnte erwägen, der erste Gläubiger (die Bank) müsse sich den Grundbucheintrag als Umstand zurechnen lassen, der Vertrauen auf die Zuordnung der Forderung zugunsten des gutgläubigen Erwerbers schafft, und er verliere deshalb die Forderung an den gutgläubigen späteren Zessionar. Aber diese Erwägung gibt nichts für die zu lösende Problematik, die Gefahr der Verpflichtung zur Doppelleistung, her. Die Lösung ist[266] in dem Umstand zu suchen, dass die kraft guten Glaubens gem. § 1138 erworbene Hypothek ein nicht akzessorisches Sicherungsrecht, nämlich in Wahrheit eine Grundschuld ist (vorst. Rn. 300), und dass deshalb die Grundsätze, die zur Vermeidung der Doppelleistung bei nicht akzessorischen Sicherungsrechten gelten, heranzuziehen sind. Danach hat der Grundeigentümer Anspruch auf Übertragung der Sicherheit, wenn die gesicherte Forderung wegfällt (vorst. Rn. 220). Diesen Anspruch kann er der Forderung zurückbehaltend entgegensetzen, braucht auf die Forderung also nur Zug um Zug gegen Übertragung der Sicherheit zu leisten (§ 273, vorst. Rn. 176). Sind aber Inhaber der Sicherheit und Inhaber der Forderung verschiedene Personen, kann der Forderungsinhaber seine Forderung nicht

266 Mit der überzeugenden Argumentation von *Jahr/Kropf*, JuS 63, 356, insbesondere 359 zu 17. und 18.

durchsetzen, weil er außerstande ist, die Sicherheit zu übertragen, die er nicht hat. Solange der Forderungsinhaber nicht zugleich Sicherheiteninhaber wird, ist er folglich dauernd dem Zurückbehaltungsrecht des Grundeigentümers ausgesetzt, die Forderung ist entwertet. Bei nicht-akzessorischen Sicherheiten wie Grundschuld und Sicherungstreuhand (unten Rn. 1184) ist der Eigentümer also gegen Doppelleistungen geschützt. Ist das als Hypothek bezeichnete Grundpfandrecht in Wahrheit ebenfalls nicht akzessorisch, sondern Grundschuld, gilt nichts anderes. Der Grundeigentümer braucht auf die Forderung, die nicht dem Hypothekar zusteht, nicht zu leisten, wenn er dafür nicht das Grundpfandrecht erhält. Die Gefahr der Doppelleistung besteht nicht. Dann aber gibt es auch keinen Grund, den gutgläubigen Erwerb der Forderung zuzulassen. Sie bleibt vielmehr bei ihrem Inhaber[267]. Sind Eigentümer und Schuldner nicht identisch und nimmt der Forderungsinhaber den Schuldner in Anspruch, braucht dieser, wenn er Partei des Sicherungsvertrags ist, nur gegen Rückübertragung des Grundpfandrechts an sich selbst oder an den Eigentümer zu leisten. Zur Rückübertragung ist der bloße Forderungsgläubiger aber außerstande, so dass er die Forderung nicht durchsetzen kann. Auf der anderen Seite muss der Eigentümer, der nicht Partei des Sicherungsvertrags ist, die Verwertung dulden, ohne Anspruch auf Abtretung der gesicherten Forderung zu haben (vorst. Rn. 250).

cc) Einreden

§ 1138 bezieht sich auch auf die dem Eigentümer gem. § 1137 zustehenden Einreden **306**
(vorst. Rn. 233 ff.), also bei Verschiedenheit von Eigentümer und Schuldner auf diejenigen Einreden des Schuldners gegen die Forderung, die der Eigentümer dem Verwertungsanspruch entgegensetzen kann. Ist eine Einrede nicht im Grundbuch eingetragen oder auf dem Brief vermerkt, wirkt sie gem. § 892 nicht gegenüber dem Redlichen. Ist beispielsweise die Hypothekenforderung als Kaufpreisforderung im Grundbuch bezeichnet, so ist es allein deshalb nicht als Inhalt des Grundbuchs anzusehen, dass die Einrede des nichterfüllten Vertrages gem. § 320 bestehe[268]. Ist die Einrede eingetragen, wird die Richtigkeit des Grundbuchausweises und infolgedessen der Bestand der Einrede gem. § 891 vermutet. Wird sie gelöscht, so wird gem. § 891 Abs. 2 zugunsten des redlichen Erwerbers vermutet, dass sie nicht besteht. Die Eintragung einer Einrede kann gem. §§ 894 ff. erzwungen, zur Sicherheit gem. § 899 ein Widerspruch eingetragen werden.

3. Rechtsverhältnis zwischen Eigentümer und neuem Gläubiger

a) Schutz des Eigentümers durch §§ 1157, 892 BGB

Grundsätzlich sind Rechte übertragbar, ohne dass der Schuldner zustimmen müsste, ja, er **307**
braucht von der Übertragung nichts zu erfahren. Umso mehr muss das Gesetz gewährleis-

267 So jetzt auch *Westermann/Eickmann*, § 105 III. 4. (S. 750); MünchKomm./*Eickmann*, § 1153 BGB Rn. 13; *Reinicke/Tiedtke*, Kreditsicherung, S. 305; *Petersen/Rothenfüßer*, WM 2000, 657 (660); a.A. *Baur/Stürner*, § 38 IV. 1. (d) (Rn. 28, S. 436); *Wolff/Raiser*, § 137 1. d. (S. 565); *Wilhelm*, Sachenrecht, Rn. 719 (S. 468); *Wieling*, Sachenrecht, § 27 II. 4. b. bb. („eher ästhetischer Charakter"); *Prütting*, Sachenrecht, § 60 V. (Rn. 694); RGRK/*Mattern*, § 1138 BGB Rn. 4; *Küchler*, Sicherungsgrundschuld, S. 84; *Böhmer*, Archiv bürgerliches Recht 37 (1912), 205 (216); *Karger*, JuS 89, 33; *Schwintowski*, JuS 90, 47 (49) gegen ihn *Wolff*, JuS 90, 994.

268 BGH LM Nr. 6 zu § 892 BGB = JZ 64, 772 zu II. 2. c.

ten, dass der Rechtsstand des Schuldners auch im Verhältnis zum neuen Gläubiger erhalten bleibt. Bei der Übertragung von Forderungen werden die Rechte des Schuldners durch die Regelungen in §§ 404 ff. (unten Rn. 1425 ff.) gewahrt. Auch über Grundpfandrechte kann ohne Zustimmung und Wissen des dinglichen Schuldners, also des Grundeigentümers verfügt werden. Der Eigentümer kann seine Rechte nach Maßgabe von §§ 1157, 892 wahren.

308 *aa)* **Rechtshindernde und rechtsvernichtende Einwendungen** gegen das dingliche Recht bleiben ihrer Natur entsprechend von einer Übertragung unberührt, können also auch dem neuen Gläubiger entgegengesetzt werden. Eine Schranke bildet aber der Schutz des Redlichen. Ist das Grundpfandrecht, auch wenn es in Wahrheit nicht oder nicht mehr besteht, im Grundbuch eingetragen, ist gutgläubiger Erwerb gem. § 892 möglich. Liegt der rechtshindernde Einwand aber gerade in der fehlenden Grundbucheintragung, kommt gutgläubiger Erwerb natürlich nicht in Frage.

309 Auch **eigentümerbezogene Einreden** (z.B. ein Moratorium, vorst. Rn. 262, die Tilgung der Forderung bei der Grundschuld, vorst. Rn. 174, 227, 264) können dem neuen Gläubiger entgegengesetzt werden, wie § 1157 Satz 1 bestimmt. Doch geht auch insoweit das Vertrauen in die Richtigkeit des Grundbuchs vor: Gem. § 1157 Satz 2 sind die §§ 892, 894 bis 899 und 1140 auf solche Einreden anwendbar. Das bedeutet: War die Einrede im Grundbuch eingetragen oder im Brief vermerkt oder war ihr Bestehen dem Erwerber zum Zeitpunkt des Erwerbs bekannt oder ein Widerspruch im Grundbuch oder im Brief eingetragen, ist der Erwerber der Einrede ausgesetzt[269]. In allen anderen Fällen ist der Erwerber insoweit redlich mit der Folge, dass der Eigentümer gegenüber dem Erwerber nicht das Recht hat, die Duldung der Verwertung zu verweigern. Die Einrede kann dem neuen Gläubiger im Übrigen nur entgegengesetzt werden, wenn sie dem Eigentümer im Übertragungszeitpunkt bereits zustand[270].

310 Wer die Grundschuld demgemäß einredefrei erworben hat, ist Berechtigter. Er kann die Grundschuld einredefrei auf einen Erwerber übertragen, ohne dass es im Allgemeinen eine Rolle spielen könnte, ob der Erwerber das frühere Bestehen von Einreden kennt[271]. Im Besonderen wird diese Rechtslage aber problematisch bei der Übertragung in **Treuhandverhältnissen**: Angenommen, der Zedent hat Schulden beim Erwerber. Zur Sicherheit lässt sich dieser das Grundpfandrecht übertragen. Oder der Zedent möchte sich selbst nicht der Mühsal der Verwertung unterziehen. Er überträgt das Grundpfandrecht auf den Erwerber, damit dieser im eigenen Namen, aber für Rechnung des Zedenten, die Verwertung betreibt (Inkassozession, unten Rn. 1447). Im ersten Falle vollzieht sich der Erwerb zu eigenem Nutzen des Erwerbers, im zweiten Fall zum Nutzen des Zedenten (eigen- und fremdnützige Treuhand, unten Rn. 1098). Bei der fremdnützigen Übertragung sind Zedent und Zessionar, vom wirtschaftlichen Standpunkt aus gesehen, eine Person, so dass es als Missbrauch der Gutglaubensvorschrift erscheint, wenn der gute Glaube des Zessionars dem Zedenten zugute käme (vgl. die Parallele zum Rückerwerb des Nichtberechtigten vom Berechtigten, vorst. Rn. 290). Es kommt infolgedessen allein auf die Redlichkeit des Zedenten an. Dagegen sind bei der eigennützigen Treuhand Zedent und Zessionar durchaus nicht wirtschaftlich identisch. Sobald nämlich der Ze-

---

269 BGH WM 84, 1078, NJW 86, 2108 zu 3. c.; LG Düsseldorf, EWiR 1/91, 149 zu § 1169 BGB (*Hartl*); krit. *Buchholz*, AcP 187 (1987), 107 (123 f., 128 ff.); *Haas*, Drittwirkung, S. 161.

270 Die Tilgung der Forderung muss deshalb zeitlich vor der Abtretung liegen; für die Tilgung danach gilt § 1156 (s. nachf. Rn. 321 ff.), BGH NJW 83, 752 zu II. 1.; *Wilhelm*, JZ 80, 625 (631) und NJW 83, 2917.

271 BGH WM 2001, 453 mit Komm. *Clemente*, EWiR § 1191 BGB 2/01, 805, Anm. *Eckert*, WuB I F 3. – 2.02 und Bspr. *Löhnig*, JA 2001, 531.

dent seine Schuld nicht tilgt und der Zessionar zur Verwertung schreitet, offenbart sich die Gegensätzlichkeit der Interessen. Der Zessionar erlangt also Vollrechtsinhaberschaft, die von den Interessen des Zedenten unabhängig ist. Hier kann der Zessionar aufgrund seiner Redlichkeit das Grundpfandrecht einwendungsfrei erwerben[272].

Im Falle der Hypothek kann der Grundeigentümer gem. § 1137 aufgrund nicht ausgeübter **311**
Einreden des Schuldners gegen die Forderung die Verwertung seines Grundstücks verweigern. Die Einreden bleiben also gegenüber dem Erwerber bestehen. Der Grundbuch- oder Briefstand wirkt aber auch insoweit zugunsten des Redlichen: Gem. § 1138 gelten die Vermutungs-, Gutglaubens- und Grundbuchberichtigungsregelungen auch hinsichtlich der schuldnerbestimmten Einreden aus § 1137 (vorst. Rn. 301).

bb) Umstritten ist, wie sich der Eigentümer eines Grundstücks verteidigen kann, das mit **312**
einer **Sicherungsgrundschuld** belastet ist. Die Sicherungsgrundschuld kennzeichnet sich dadurch, dass sich ihre Verwertung nach den schuldrechtlichen Bindungen des Sicherungsvertrags richtet. Die Verwertung ist insbesondere von der Fälligkeit der gesicherten Forderung abhängig, die nicht mehr eintreten kann, wenn die gesicherte Forderung ganz oder teilweise erfüllt worden war, oder anders gewendet, nicht oder nicht mehr voll valutiert ist. Auch bei voller Valutierung steht der Sicherungszweck einer Verwertung der Grundschuld entgegen, wenn die gesicherte Forderung nicht fällig ist wie im Falle eines Festkredits. Der Gläubiger darf nicht verwerten, der Eigentümer kann die Duldung der Verwertung verweigern. Der Eigentümer hat folglich aus dem Sicherungsvertrag eine Einrede gegen die Verwertung, die als eigentümerbezogene Einrede gegen die Grundschuld eintragungsfähig ist, sei es im Grundbuch oder auf dem Brief. Die Einrede wird bereits dadurch deutlich, dass die Grundschuld als „Sicherungsgrundschuld“ bezeichnet wird; die Einzelheiten des Sicherungsvertrags sind nicht Gegenstand der Eintragung wie z.B. auch ein Moratorium schlicht mit den Worten: „Dem Recht steht die Einrede der Stundung entgegen“ einzutragen ist[273]. Aufgrund der Bezeichnung als Sicherungsgrundschuld[274] oder aufgrund der Kenntnis des Erwerbers davon wirkt die Bindung an den Sicherungszweck gem. § 1157 Satz 2 also auch gegenüber dem Erwerber[275], der weiß, dass es dem Zedenten von Anfang an verboten war, die Grundschuld zu verwerten, und der solange nicht vom Wegfall der Einrede ausgehen darf, wie sie noch eingetragen und noch nicht gelöscht ist. Für die Einrede kommt es also nicht auf eine etwaige Kenntnis vom Stand der Valutierung an.

Der Zessionar einer Sicherungsgrundschuld kann sich folglich nicht über den Sicherungs- **313**
zweck hinwegsetzen, kann Verwertungsreife also nicht lediglich durch Kündigung nach § 1193 BGB herbeiführen (vorst. Rn. 200). Insoweit leidet die Verkehrsfähigkeit, was jedoch bei jeder eingetragenen oder bekannten Einrede der Fall ist. Akzessorisch wird die Sicherungsgrundschuld dadurch nicht[276], weil die Einrede des Sicherungsvertrags nur die

---

272 OLG Hamburg MDR 53, 171; *Baur/Stürner*, § 38 VII. 2. b. (Rn. 77, S. 446).

273 MK/*Eickmann*, § 1157 BGB Rn. 19.

274 Diese Möglichkeit der Eintragung verneint freilich BGH NJW 86, 53 zu 3. b. ohne Begründung; wie hier MK/*Eickmann*, § 1191 BGB Rn. 41.

275 *Wilhelm*, Sachenrecht, Rn. 921; *ders.*, JZ 80, 625 (630); *Ahrens*, AcP 2000, 123 (134).

276 Zweifelnd *Wieling*, Sachenrecht, S. 476; BGHZ 59, 1 (2); BGH WM 84, 1078; NJW 86, 2108 zu 3. c.; LG Düsseldorf EWiR § 1169 BGB 1/91, 149 (*Hartl*); krit. *Buchholz*, AcP 187 (1987), 107 (123 f., 128 ff.); *Haas*, Drittwirkung, S. 161.

Verwertungsreife bestimmt, welche ihrerseits allenfalls mittelbar vom Bestand der gesicherten Forderung, also von ihrer Valutierung, abhängt[277]; wie gesehen, kann die Einrede der Nichterfüllung des Sicherungszwecks gerade auch dann der Verwertung entgegenstehen, wenn die gesicherte Forderung voll valutiert. Deshalb kann es auch nicht darauf ankommen, ob der Anspruch auf Rückgewähr der Grundschuld (vorst. Rn. 174) durchsetzbar ist[278].

314 *cc)* Der Verlust von Einwänden stellt sich **zusammengefasst** dar:
- Bestandshindernde und -vernichtende Einwendungen bestimmen sich nach § 892,
- Eigentümerbezogene Einreden richten sich nach § 1157,
- Einreden des persönlichen Schuldners bei der Hypothek richten sich nach § 1138.

b) Legitimation des Gläubigers (Durchsetzung des Verwertungsanspruchs) und Befreiung des Schuldners (Liberation)

315 *aa)* Weil der Grundeigentümer die Übertragung des Grundpfandrechts nicht beeinflussen kann und darüber noch nicht einmal Kenntnis zu erlangen braucht, kann Unsicherheit über die Person des Gläubigers bestehen. Ist es derjenige, für den das Grundpfandrecht bestellt wurde oder ist es ein dem Eigentümer Unbekannter, an den es ohne Wissen des Eigentümers übertragen wurde? Diese Unsicherheit wird zur **Gefahr der Doppelleistung** für den Eigentümer (s. auch vorst. Rn. 305): Leistet er an seinen dinglichen Kontrahenten, geht die Leistung ins Leere, wenn dieser gar nicht mehr Gläubiger ist; gibt sich jemand als neuer Gläubiger aus, ohne es in Wahrheit zu sein, erreicht die Leistung ebenfalls den falschen Adressaten. Muss der Eigentümer die Leistung vom Falschen kondizieren und an den Richtigen nochmals leisten? Was muss der Eigentümer beachten, damit seine Leistung an den wahren Gläubiger geht oder zumindest doch so behandelt wird, mit anderen Worten: Wann wird der Eigentümer von seiner Schuld befreit, tritt Liberation ein, selbst wenn er seine Leistung an den Falschen erbringt? Die Kehrseite der Frage nach der Befreiungswirkung ist die Frage nach der Durchsetzung des Verwertungsanspruchs durch den Gläubiger, also die Frage, was der Gläubiger unternehmen muss, um den Eigentümer zur Leistung, der Duldung der Verwertung, zwingen zu können. Das ist die Frage nach der Legitimation des Gläubigers. Muss der Eigentümer leisten, so wird er auch befreit: Legitimation und Liberation decken sich.

316 Bei der Forderungsabtretung ist die Frage der befreienden Leistung durch §§ 406 bis 408 geregelt (unten Rn. 1428 ff.): Leistet der Schuldner an den Zedenten, weil er ihn redlicherweise für den richtigen Gläubiger hält, wird er befreit. Entsprechendes gilt bei mehrfacher Abtretung gem. § 408. Bei den Grundpfandrechten ist es das Grundbuch, ersatzweise der Brief, der eine andere Bewertung der Redlichkeit erfordert. Wegen der Akzessorietät zwischen Forderung und Grundpfandrecht überlagern sich bei der Hypothek die Schuldnerschutzbestimmungen der §§ 404 ff. mit den Wertungen des Immobiliarsachenrechts. Über Regelungen hinaus, die gleichermaßen für Grundschuld und Hypothek gelten, sind bei letzterer noch weitergehende Vorschriften zu beachten (nachf. Rn. 320).

---

277 *Wilhelm*, JZ 80, 625 (632).
278 So aber BGH NJW 83, 752.

bb) Bei **Buchgrundpfandrechten** kann der Gläubiger die Duldung der Verwertung durchsetzen, wenn er durch das Grundbuch legitimiert ist. Bestreitet der Eigentümer die Gläubigerstellung, spricht die Vermutung aus § 891 für den Gläubiger. Der Eigentümer muss beweisen, dass der die Verwertung Beanspruchende in Wahrheit nicht der Gläubiger ist, also den Beweis des Gegenteils führen. Kann er das nicht, muss er die Verwertung dulden und befreit sich dadurch zugleich gem. § 893. Bei der Hypothek bezieht sich die Vermutungswirkung aus § 891 auch auf den Bestand und die Zuordnung der Forderung: § 1138. **317**

Bei **Briefgrundpfandrechten** kann der Gläubiger im Grundbuch eingetragen – der erste Gläubiger oder derjenige Zessionar, der die Abtretung gem. § 1154 Abs. 2 im Grundbuch eintragen ließ – oder durch schriftliche Abtretungserklärung gem. § 1154 Abs. 1 ausgewiesen sein. Ist der Gläubiger im Grundbuch eingetragen und besitzt er den Brief, spricht zwar auch für ihn die Vermutung aus § 891. Dem Anspruch des Gläubigers auf Duldung der Verwertung kann der Eigentümer jedoch gem. § 1160 Abs. 1 eine besondere **dilatorische Einrede** entgegensetzen[279]. Er kann nämlich der Geltendmachung des Briefgrundpfandrechts **widersprechen**, wenn der Gläubiger den Brief nicht vorlegt. Ist der Gläubiger nicht im Grundbuch eingetragen, kann der Eigentümer die Duldung der Verwertung verweigern, wenn der Gläubiger außer dem Brief nicht auch die ununterbrochene Kette öffentlich beglaubigter Abtretungserklärungen nach Maßgabe von § 1155 vorlegt (vorst. Rn. 292). Der Grund für diese Regelung liegt auf der Hand. Leistet der Grundeigentümer ohne diese Urkunden, kann er nicht sicher sein, ob er an den wahren oder doch formell legitimierten (vorst. Rn. 288) Gläubiger leistet und muss möglicherweise nochmals leisten. Kann der nicht im Grundbuch eingetragene Gläubiger der Vorlegungslast nicht genügen (die Abtretungen sind – wirksam – nur privatschriftlich erklärt), muss er das Grundbuch berichtigen oder die Abtretungserklärungen nachträglich beglaubigen lassen (s. auch vorst. Rn. 292). **318**

Die Rechtsstellung des Eigentümers wird gem. § 1160 Abs. 2 noch verstärkt, wenn zur Fälligkeit des Verwertungsanspruchs die **Kündigung** erforderlich ist oder wenn der Eigentümer durch **Mahnung** in Verzug gesetzt werden soll. Kündigung und Mahnung entfalten nur Rechtswirkungen, wenn sie vom Gläubiger ausgesprochen werden. Damit der Eigentümer dessen sicher sein kann, muss sich der Gläubiger durch Grundbucheintragung oder Zessionskette legitimieren. Tut der Gläubiger das nicht und weist der Eigentümer Kündigung oder Mahnung unverzüglich (§ 121 BGB) zurück, sind diese unwirksam. Auf diese Weise kann der Eigentümer Voraussetzungen der Verwertung vernichten, er hat also nicht lediglich wie gem. § 1160 Abs. 1 eine Einrede. Weist der Eigentümer verzüglich zurück, bleibt es ihm unbenommen, die Einrede gem. § 1160 Abs. 1 zu erheben[280]. Für **rückständige Nebenleistungen** gilt all das nicht (§ 1160 Abs. 3), weil insoweit weder Grundbuch noch Briefbesitz legitimieren, vielmehr solche Ansprüche gem. § 1159 nach den allgemeinen Vorschriften über die Abtretung (§§ 398 ff.) übertragen werden. Der Eigentümer kann aber gem. § 410 Aushändigung der Abtretungsurkunde verlangen. Da die Ausübung des Widerspruchsrechts gem. § 1160 Abs. 1 und des Zurückweisungsrechts gem. Abs. 2 im Belieben des Eigentümers stehen, kann er darauf **verzichten**[281] wie er überhaupt auf Einreden und Gestaltungsrechte verzichten kann (vgl. Rn. 273). Gegen die missbräuchliche Verwendung eines abhandengekommenen Briefs schützt die Möglichkeit des **Aufgebotsverfahrens** gem. §§ 1162 BGB, 1003 bis 1018 ZPO. **319**

279 RGZ 55, 224 (225); differenzierend MünchKomm./*Eickmann*, § 1160 BGB Rn. 5: rein prozessuale Interpretation der Norm.

280 RGZ 57, 342 (349).

281 RGZ 57, 342 (349); RGRK/*Mattern*, § 1160 BGB, Rn. 14.

320 *cc)* Bei der **Hypothek** kann der Gläubiger einerseits verlangen, dass der Eigentümer Verwertung des Grundstücks duldet. Statt dessen kann er den Eigentümer, der zugleich Schuldner ist, andererseits aber auch aus der Forderung in Anspruch nehmen. Leistet der Eigentümer auf die Forderung, könnte der Gläubiger mit dem Brief den gutgläubigen Erwerb eines Dritten herbeiführen (vorst. Rn. 299 ff.: „forderungslose Hypothek"), und der Eigentümer müsste an den Dritten nochmals leisten. Um den Eigentümer-Schuldner dagegen zu schützen, gewährt ihm § 1161 das Widerspruchs- und Zurückweisungsrecht aus § 1160 auch dann, wenn der Gläubiger nur die Forderung und nicht die Hypothek geltendmacht. Da sich die Fremdhypothek bei Leistung auf die Forderung in eine Eigentümergrundschuld verwandelt, das Grundbuch folglich unrichtig wird und gem. § 894 Berichtigung verlangt werden kann, hat der Eigentümer gem. § 1167 außerdem Anspruch auf Aushändigung des Briefs oder sonstiger Urkunden, die zur Berichtigung des Grundbuchs (§ 1144) oder des Briefs (§ 1145) erforderlich sind. Gegenüber diesen Ansprüchen kann der Gläubiger nicht seinerseits ein Zurückbehaltungsrecht geltend machen[282].

321 *dd)* Der Eigentümer muss also an denjenigen Gläubiger aus dem Grundstück leisten, der sich gem. § 1160 legitimiert, und wenn er leisten muss, so befreit er sich damit von seiner Schuld. Im Falle der Hypothek stellt sich die weitere Frage, ob sich der Eigentümer, sofern er zugleich der Schuldner ist, darüber hinaus nach **allgemeinen Vorschriften**, insbesondere nach § 407 Abs. 1 bei **Leistung an den bisherigen Gläubiger** befreien kann. Nach dieser Vorschrift muss der Zessionar eine Leistung an den Zedenten gegen sich gelten lassen, wenn der Schuldner die Abtretung nicht kannte (unten Rn. 1428), so dass die Forderung einredebehaftet ist (unten Rn. 1430). Wegen der Akzessorietät von Forderung und Hypothek müsste der Zessionar gem. § 1169 auf die Hypothek verzichten, die sich in eine Eigentümergrundschuld verwandeln würde (nachf. Rn. 328). Der Gläubiger würde seine Hypothek trotz des für ihn sprechenden Grundbuch- und Briefausweises verlieren; Schuldnerschutz nach Abtretungsrecht und Gutglaubensschutz nach Grundbuchrecht folgen nicht zu vereinbarenden Grundsätzen. Daraus zieht § 1156 die Konsequenz: Gegen die Geltendmachung der Hypothek sind §§ 406 bis 408 unanwendbar. Der Gläubiger behält also sein Grundpfandrecht, selbst wenn die Forderung gem. § 407 Abs. 1 erloschen ist – der Ausschluss von §§ 406 bis 408 bezieht sich nämlich nicht auf die Forderung, sondern nur auf die Hypothek. In diesem Rahmen können Forderung und Hypothek verschiedene rechtliche Wege gehen. Es kann eine forderungslose Hypothek entstehen (vorst. Rn. 299 ff.), die ihren Grund ebenfalls im Gutglaubensschutz hat, hier im abtretungsrechtlichen Gutglaubensschutz aufgrund von § 407.

322 Tritt also ein Gläubiger die gesicherte Forderung an einen Zessionar ab, so dass gem. § 401 auch die Hypothek auf den Zessionar übergeht und leistet der Eigentümer an den früheren Gläubiger, den Zedenten, ohne gem. § 1144 Urkundenaushändigung zu verlangen (vorst. Rn. 218) und gem. § 1161 zu widersprechen (vorst. Rn. 320), kann dem Eigentümer diese Unvorsichtigkeit zum Verhängnis werden: Der Zessionar muss unter den Voraussetzungen von § 407 Abs. 1 zwar die Leistung auf die Forderung gegen sich gelten lassen, kann aber trotzdem Verwertung des Grundstücks verlangen. Dem Eigentümer bleibt nur, seine Leistung an den Zedenten bei diesem zu kondizieren. Aufgrund von § 1144 hat es der Eigentümer also in der Hand, die Gefahr der Doppelleistung zu vermei-

282 BGH NJW 88, 3260 zu II. 1. und 2.

den. Der Zessionar würde daher mit einer Klage gegen den Eigentümer auf Duldung der Zwangsvollstreckung obsiegen, mit einer Klage auf Erfüllung der Forderung unterliegen. Insoweit müsste der Zessionar den Zedenten gem. § 816 Abs. 2 in Anspruch nehmen. Im Verhältnis von Forderung und **Grundschuld** ist § 1156 gegenstandslos: Die Einwirkung auf die Forderung gem. §§ 406 bis 408 kann die Grundschuld mangels Akzessorietät ohnehin nicht unmittelbar berühren[283].

Im einzelnen bedeutet § 1156: Der Schuldner-Eigentümer kann nach der Abtretung entgegen § 406 den Verwertungsanspruch aus der Hypothek nicht mehr durch Aufrechnung gegenüber dem Zessionar beseitigen (wohl aber gegen die Forderung selbst aufrechnen!, unten Rn. 1431). Handeln Zedent und Zessionar gegenüber dem Eigentümer allerdings kollusiv, kann der Eigentümer durch § 826 seiner Gegenforderung Wirkung verschaffen. Bei unentgeltlichem Erwerb bleibt § 1156 zugunsten des Zessionars trotz § 816 Abs. 1 Satz 2 anwendbar (der Rechtsgedanke dieser Vorschrift ist nicht übertragbar, weil er auf der Verfügung eines Nichtberechtigten aufbaut; der Zedent ist aber Berechtigter). Der Schuldner-Eigentümer kann zwar gem. § 407 Abs. 1 mit befreiender Wirkung auf die Forderung an den Zedenten leisten (unten Rn. 1431), doch bleibt der Anspruch auf Duldung der Verwertung aus der Hypothek dadurch unberührt. Die Rechtskrafterstreckung gem. §§ 407 Abs. 2 BGB, 325 ZPO findet nicht statt. Auch bei mehrfacher Abtretung kann sich der Eigentümer in Ansehung der Hypothek nicht befreien (§ 408). Dagegen bleiben gem. § 404 Einwände des Schuldners gegen die Forderung auch mit Auswirkung auf die Hypothek erhalten (unten Rn. 1427), gem. § 405 kann der Zessionar die Forderung gutgläubig erwerben, die Abtretungsanzeige muss der Gläubiger gem. § 409 gegen sich gelten lassen, es besteht gem. § 410 Anspruch auf Urkundenaushändigung, bei Gehaltsabtretungen besteht gem. § 411 Benachrichtigungspflicht. **323**

§ 407 Abs. 1 regelt nicht nur die Frage der Leistung an den Zedenten, sondern auch die Frage von Rechtsgeschäften zwischen Zedent und Schuldner. Dazu gehört die Kündigung der Hypothek durch den Eigentümer. Hinsichtlich dieser Kündigung bleibt es gem. § 1156 Satz 2 bei der allgemeinen Regel von § 407, die Kündigung wirkt also unabhängig vom Grundbuchstand gegen den Zessionar. Die Redlichkeit des Eigentümers ist ausgeschlossen, wenn die Übertragung im Grundbuch eingetragen oder dem Eigentümer bekannt war. Den umgekehrten Fall der Kündigung durch den Gläubiger regelt § 1141, vorst. Rn. 200. **324**

G. Gesetzlicher Übergang der Grundpfandrechte

Fälle, in denen das Grundpfandrecht nicht aufgrund Rechtsgeschäfts übergeht, sondern kraft Gesetzes, sind vorstehend (Rn. 95 ff.) schon erörtert worden. Doch enthält das Gesetz weitere Fälle. Weil der Übergang des Grundpfandrechts meist mit der Zuordnung der Forderung zusammenhängt, spielt die Akzessorietät von Forderung und Grundpfandrecht eine entscheidende Rolle. Der gesetzliche Übergang der Grundpfandrechte gestaltet sich daher bei Hypothek und Grundschuld unterschiedlich. **325**

1. Hypothek

Die Hypothek kann auf den Eigentümer, den Schuldner oder auf einen Dritten übergehen. **326**
Die rechtliche Qualifikation der Hypothek kann sich dabei ändern. Sofern der Übergang der Hypothek dem Übergang der Forderung folgt (vgl. § 1153 Abs. 1), die akzessorische

283 Insoweit ist es nicht korrekt, mit Staudinger/*Scherübl*, 12. Aufl., § 1156 BGB Rn. 15; RGRK/*Mattern*, § 1156 BGB Rn. 1 von der Anwendbarkeit auf die Grundschuld zu sprechen.

Verbundenheit also erhalten bleibt, ändert sich die rechtliche Qualifikation des Grundpfandrechts, das Hypothek bleibt, nicht. Wo die Forderung aber erlischt und auch nicht durch eine andere Forderung ersetzt wird, würde eine forderungslose Hypothek entstehen. Sie gibt es nur in den auf Gutglaubensschutz beruhenden Ausnahmefällen der §§ 1138 und 1156 Satz 1; die forderungslose Hypothek ist in Wahrheit Grundschuld (s. vorst. Rn. 299 ff. und 321 ff.). Für andere Fälle formuliert § 1177 Abs. 1 Satz 1 diese Rechtsfolge ausdrücklich: Die Hypothek verwandelt sich in eine Grundschuld.

a) Übergang auf den Eigentümer

327 *aa)* Ist eine Hypothek wirksam entstanden, erlischt aber die mit ihr akzessorisch verbundene Forderung, erwirbt gem. § 1163 Abs. 1 Satz 2 der Eigentümer die Hypothek, die sich gem. § 1177 Abs. 1 Satz 1 in eine Grundschuld verwandelt. Die Fremdhypothek wird zur Eigentümergrundschuld. Ist also beispielsweise die Hypothek für ein Darlehen bestellt worden und zahlt es der Schuldner, der auch der Eigentümer ist, zurück, erlischt der Darlehensrückzahlungsanspruch aus § 488 Abs. 1 Satz 2 durch Erfüllung (§ 362 Abs. 1). Der Sicherungszweck ist weggefallen. Zwar erlischt das Grundpfandrecht nicht (vorst. Rn. 95 ff.), aber es bleibt auch nicht bei dem bisherigen Gläubiger, sondern geht auf den Eigentümer über. Bei teilweiser Tilgung ist das Grundpfandrecht zum entsprechenden Teil noch Hypothek, zum anderen Teil schon Grundschuld. Der Eigentümer kann gem. § 894 Berichtigung des Grundbuchs und gem. § 1145 Abs. 1 Satz 2 Vermerk auf dem Brief verlangen.

328 *bb)* Gem. § 1168 erwirbt der Eigentümer die Hypothek auch dann, wenn der Gläubiger auf sie verzichtet. Mit diesem **Verzicht** wird der Eigentümer nicht auch Forderungsinhaber, deshalb entsteht gem. § 1177 Abs. 1 Satz 1 wiederum eine Eigentümergrundschuld. Die Forderung bleibt nach wie vor beim Gläubiger (natürlich kann der Gläubiger auch die Forderung durch Vertrag gem. § 397 erlassen, dann entsteht die Eigentümergrundschuld schon aufgrund von §§ 1163 Abs. 1 Satz 2, 1177 Abs. 1 Satz 1). Bei teilweisem Verzicht auf die Forderung kann der Eigentümer gem. § 1145 einen Vermerk auf dem Brief und Vorlage an das Grundbuchamt verlangen (§ 1168 Abs. 3 i.V.m. § 1145 Abs. 1 Satz 2). Adressat der Verzichtserklärung ist der Eigentümer oder das Grundbuchamt (§ 1168 Abs. 2 Satz 1)[284]. Der sachenrechtliche Verzicht ist eine einseitige Willenserklärung, im Gegensatz zum Verzicht auf eine Forderung, dem Erlass gem. § 397, der Vertrag ist[285]. Der Verzicht steht an sich im Belieben des Gläubigers. Schuldrechtlich wird er oft im Rahmen einer Umschuldung die Gegenleistung für eine anderweitige Leistung des Eigentümers sein (z.B. Verzicht gegen die Stellung eines Bürgen). Der Eigentümer kann aber auch einen dinglichen Anspruch auf den Verzicht haben, gem. § 1169 nämlich dann, wenn der Hypothek eine peremptorische Einrede entgegensteht (vorst. Rn. 261). Hat der Eigentümer z.B. dem Gläubiger die Hypothek bestellt, obwohl der Sicherungsvertrag nichtig war (oben Rn. 87), steht der Geltendmachung der Hypothek die Einrede der ungerechtfertigten Bereicherung aus § 821 entgegen, und der Eigentümer kann Verzicht verlangen

284 Dazu BayObLG RPfl 98, 437; OLG Karlsruhe NJW-RR 98, 523.

285 Zum ausgeschlossenen Verzicht auf Miteigentumsanteil BGHZ 115, 1; Wohnungseigentum BayObLG NJW 91, 1962; KG NJW 89, 42; zur fortbestehenden Kostentragungspflicht VGH Mannheim NJW 97, 3259.

(oder gem. §§ 812, 875 die Aufhebung: Hier entsteht keine Eigentümergrundschuld, die Hypothek erlischt, nachf. Rn. 402).

Der Verzicht des Gläubigers wird durch das Gesetz in § 418 Abs. 1 Satz 2 BGB fingiert. Hier geht es um folgendes: Gem. § 414 kann eine Schuld von einem Dritten durch Vertrag mit dem Gläubiger übernommen werden (**Schuldübernahme**). Für die Schuld können Sicherheiten bestehen, z.B. eine Hypothek. Der Eigentümer kann dadurch Nachteile erleiden, weil er mit seinem Grundstück für einen neuen Schuldner haftet und nicht weiß, ob dieser die Forderung tilgen wird, ob er ihm also ebenso trauen kann wie dem bisherigen Schuldner. Diese Gefahr mutet das Gesetz dem Sicherungsgeber nicht zu. Bürgschaft und Faustpfandrecht erlöschen, die Hypothek wird so behandelt, als habe der Gläubiger auf sie verzichtet. Sie wird also zur Eigentümergrundschuld (§ 1168 Abs. 1). Stimmte der Eigentümer der Schuldübernahme allerdings zu, bliebe die Hypothek unverändert für den Gläubiger bestehen (§ 418 Abs. 1 Satz 3). Gleiches gilt für die Sicherungsgrundschuld[286]. **329**

cc) Gem. §§ 401, 412 geht die Hypothek auf den Legalzessionar über. Das kann der Grundeigentümer sein. Hatte der Eigentümer die Hypothek für die Schuld eines Dritten bestellt (Interzession) und befriedigt er gem. § 1142 den Gläubiger, so geht die Forderung gem. § 1143 Abs. 1 auf ihn über und mit ihr die Hypothek (vorst. Rn. 240 ff.). Das Grundpfandrecht ist also nicht forderungslos und bleibt deshalb Hypothek, ist aber nicht Fremdhypothek, sondern **Eigentümerhypothek**. Dem steht nicht entgegen, dass § 1177 Abs. 2 bestimmt, die Vorschriften über die Eigentümergrundschuld seien anwendbar. Der Eigentümer unterliegt nur den Beschränkungen aus § 1197 (s. nachf. Rn. 352). Im Übrigen gilt Hypothekenrecht: So muss der Eigentümer z.B. gem. § 1137 die Einreden des Schuldners gegen sich gelten lassen. **330**

dd) Gem. § 1177 Abs. 1 Satz 1 wird die Hypothek zur Eigentümergrundschuld, wenn der Gläubiger Eigentümer des belasteten Grundstücks wird (**Konsolidation**), ohne dass ihm auch die Forderung zusteht (z.B. Erbfall oder Erlass der Forderung gegen Grundstücksübereignung). Wird die Forderung nicht erlassen, entsteht für den Gläubiger und neuen Grundstückseigentümer gem. § 1177 Abs. 2 eine Eigentümerhypothek. **331**

ee) Der Eigentümer trägt die **Beweislast** für diejenigen Tatsachen, die den Übergang des Grundpfandrechts auf ihn begründen[287]. **332**

b) Übergang auf den persönlichen Schuldner

aa) Die Hypothek kann auch auf den Schuldner, der nicht Grundstückseigentümer ist, übergehen. Wurde eine Hypothek für die Schuld eines Dritten bestellt und befriedigt der Schuldner den Gläubiger, erlischt die Forderung. Es entsteht trotzdem keine Eigentümergrundschuld (vorst. Rn. 327), wenn nach dem Innenverhältnis zwischen Schuldner und Eigentümer dieser verpflichtet ist, den Gläubiger zu befriedigen. Das ist im Falle des Grundstückskaufs nicht selten. Das Grundstück ist mit einer Hypothek belastet, der Käufer zahlt den Kaufpreis abzüglich des Betrags der valutierten Hypothek und verpflichtet sich gegenüber dem Verkäufer, die zugrundeliegende Forderung (z.B. einen Bankkredit) zu tilgen (§ 267 BGB, s. auch vorst. Rn. 239). Tut der Käufer das aber nicht und wird des- **333**

286 Ausführlich *Friederich*, Schuldübernahme, S. 174 ff.; BGH WM 66, 577; BGHZ 115, 241 (244), mit Anm. *Reithmann*, WuB I F 3. – 3.92 und *Hj. Weber*, JZ 92, 584; einer Zustimmung des Zessionars des Rückübertragungsanspruchs bedarf es nicht (vorst. Rn. 227, 233).

287 BGH NJW 86, 53; zu den Sorgfaltspflichten des Kreditschuldners hierbei OLG Düsseldorf WM 86, 1138.

halb der Verkäufer als Schuldner der Bank in Anspruch genommen, kann dieser vom Käufer und nunmehrigem Grundstückseigentümer Ersatz verlangen. Damit der vertragsbrüchige Käufer, der Grundstückseigentümer geworden ist, nicht gem. § 1163 Abs. 1 Satz 2 auch noch in den Genuss der Eigentümergrundschuld kommt, bestimmt § 1164 Abs. 1 Satz 1, dass die Hypothek nicht auf den Eigentümer übergeht, sondern auf den Schuldner (den vormaligen Eigentümer), soweit er vom nunmehrigen Eigentümer Ersatz verlangen kann. Die Hypothek verwandelt sich dadurch nicht in eine Grundschuld. Die ursprüngliche Forderung ist zwar durch Leistung des Schuldners erloschen, aber an ihre Stelle ist die **Ersatzforderung** getreten, die die Hypothek sichert. Die Hypothek bleibt als Fremdhypothek bestehen, aber mit ausgewechselter Forderung[288]. Die Auswechslung ist rechtsgeschäftlich gem. § 1180 möglich (vgl. auch vorst. Rn. 228), § 1164 ist ein gesetzlicher Fall der Forderungsauswechslung.

334 *bb)* Gegen einen **Verzicht** des Gläubigers auf die Hypothek ist der Schuldner, ähnlich wie der Bürge nach Maßgabe von § 776 (unten Rn. 672), gem. § 1165 geschützt[289]. Dem **Schuldnerschutz** dient auch die Regelung von § 1166, der bestimmt, dass der Schuldner zu benachrichtigen ist, wenn der Gläubiger die Verwertung des Grundstücks betreibt, und dass der Schuldner insoweit frei wird, als er vom Gläubiger wegen des Ausfalls bei der Verwertung in Anspruch genommen wird: Wäre er benachrichtigt worden, hätte er die Schuld ablösen und damit gem. § 1164 in den Genuss der Hypothek kommen können (die durch die Verwertung gem. § 1181, wenn auch nicht ersatzlos, erlischt, nachf. Rn. 430). Gem. § 1167 hat der Schuldner Anspruch auf diejenigen Urkunden, die zur Grundbuch- oder Briefberichtigung erforderlich sind (durch § 1164 findet ein Gläubigerwechsel statt, das Grundbuch wird unrichtig).

c) Übergang auf einen Dritten

335 Erwirbt ein Dritter die Forderung kraft Gesetzes, geht gem. §§ 412, 401 die Hypothek auf ihn über. Ist z.B. eine Forderung gegen Gesamtschuldner hypothekarisch gesichert und befriedigt einer der Gesamtschuldner den Gläubiger, erwirbt er gem. § 426 Abs. 2 die Forderung, soweit er Ausgleichung verlangen kann, und in diesem Umfang auch die Hypothek.

2. Grundschuld

a) Im Allgemeinen kein gesetzlicher Übergang

336 Auf die Grundschuld als nicht-akzessorischer Sicherheit sind die §§ 412, 401 nicht anwendbar[290], so dass trotz Forderungsübergangs kein gesetzlicher Übergang der Grundschuld stattfindet. Befriedigt deshalb ein Gesamtschuldner den Gläubiger, so geht auf ihn zwar gem. § 426 Abs. 2 die Forderung über, soweit er Ausgleichung verlangen kann, nicht aber die Grundschuld. Bringt der mit dem Eigentümer nicht identische Schuldner die Forderung durch Erfüllung gem. § 362 zum Erlöschen, geht die Grundschuld nicht auf ihn

288 RGZ 129, 27 (30); 81, 71 (75/76); *Baur/Stürner*, § 38 IX. 2. (Rn. 97, S. 449).
289 BGH ZIP 87, 764 (768).
290 BGHZ 80, 228 (232); BGH NJW 88, 1665 mit Komm. *Gaberdiel*, EWiR § 1191 BGB 2/88, 583 und Bspr. *K. Schmidt*, JuS 88, 906, anders aber *Friedrich*, NJW 69, 485 und *Thoma*, NJW 84, 1162, dagegen *Pulina*, NJW 84, 2872.

gem. § 1164 über, auch wenn er einen Ersatzanspruch gegen den Eigentümer hat[291]. Leistet allerdings der Eigentümer selbst auf die Grundschuld, so wird im Allgemeinen angenommen, dass sich die Grundschuld in eine Eigentümergrundschuld verwandelt, also gesetzlicher Übergang stattfindet (vorst. Rn. 224). Gem. §§ 1192, 1168 Abs. 1 entsteht ipso iure eine Eigentümergrundschuld auch dann, wenn der Gläubiger auf die Grundschuld verzichtet. Schließlich geht die Grundschuld auf den ablösenden Dritten gem. §§ 1150, 268 Abs. 3 über (nachf. Rn. 436 ff.).

337 Umstritten ist[292], ob der persönliche Schuldner, der nicht zugleich Grundeigentümer ist, bei einem Verzicht des Gläubigers auf die Sicherungsgrundschuld entsprechend § 1165 frei wird, als er ohne den Verzicht hätte Ersatz verlangen können (nachf. Rn. 340). Die gleiche Problematik stellt sich für die Anwendung von § 776 BGB auf die abstrakte Garantie (unten Rn. 1560). Akzessorietätsbezogen sind §§ 1165, 776 nicht.

b) Rechtsgeschäft statt cessio legis

338 Leistet der Eigentümer oder der von ihm verschiedene Schuldner auf die Forderung, erlischt sie gem. § 362 Abs. 1, so dass der Sicherungszweck der Grundschuld erledigt ist. Aus der obligatorischen Grundlage der Grundschuldbestellung, dem Sicherungsvertrag, ist der Gläubiger deshalb zur **rechtsgeschäftlichen Übertragung** der Grundschuld verpflichtet (im einzelnen vorst. Rn. 174 ff.).

339 *aa)* Sind **Schuldner und Eigentümer nicht identisch**, kann der Eigentümer den Anspruch auf Abtretung der Grundschuld gegen den Preis erzwingen, dass er gem. § 267 Abs. 1 auf die Forderung leistet (§ 1142 ist nur für die Leistung auf die Grundschuld, nicht auf die Forderung anwendbar, nicht unstreitig, vorst. Rn. 226). Dadurch erlischt die Forderung. Ein Widerspruch des Schuldners und die Ausübung des Ablehnungsrechts durch den Gläubiger gem. § 267 Abs. 2 dürften in aller Regel treuwidrig sein[293] (unten Rn. 1198). Mit der Leistung des Eigentümers entfällt der Sicherungszweck, und er kann aus dem Sicherungsvertrag Übertragung der Grundschuld auf sich selbst verlangen.

340 *bb)* Aber nicht immer braucht der Eigentümer Partei des Sicherungsvertrages zu sein (vorst. Rn. 255). Er kann beispielsweise das mit der Grundschuld belastete Grundstück nach deren Bestellung erworben haben. Dann bleibt nur der persönliche Schuldner der Forderung als Partei des Sicherungsvertrages und, als früherer Eigentümer, zugleich als Gläubiger des Anspruchs auf Übertragung der Grundschuld übrig. Im Innenverhältnis zwischen Schuldner und neuem Eigentümer kann aber vereinbart sein, dass dem Eigentümer die Grundschuld nach Zahlung zustehen soll, so, wenn der neue Eigentümer den vollen Kaufpreis für das Grundstück ohne Abzug für den Betrag der Grundschuld vereinbarungsgemäß leistet (vgl. vorst. Rn. 333). In diesem Fall kann der neue Eigentümer vom Schuldner verlangen, dass dieser seinen **Rückübertragungsanspruch** gegen den Gläubiger an ihn **abtritt,** was im Allgemeinen stillschweigend geschieht[294]. Diese Vertrags-

291 OLG Naumburg WM 2001, 1411 zu 5.

292 Abl. BGH WM 89, 210 mit Anm. *Bülow*, WuB I F 3. – 6.89, a.A. *Dieckmann*, WM 90, 1481 und Festschr. Söllner, S. 25.

293 *Bülow*, WM 85, 373 (379).

294 BGH ZIP 91, 434.

pflicht zur Abtretung des Rückübertragungsanspruchs kann gleichermaßen entstehen, wenn der Sicherungsvertrag von vornherein zwischen Gläubiger und persönlichem Schuldner, nicht aber zwischen Gläubiger und Eigentümer abgeschlossen worden war (vorst. Rn. 181). Umgekehrt kann es sein, dass der Eigentümer zwar aus dem Sicherungsvertrag den Anspruch auf Übertragung der Grundschuld gegen den Gläubiger hat, dass dem Schuldner aber – wie im Falle von § 1164 bei der Hypothek (vgl. vorst. Rn. 333) – ein Ersatzanspruch gegen den Eigentümer zusteht (dieser kann sich verpflichtet haben, auf die Grundschuld zu leisten, z.B. in Anrechnung auf den Grundstückskaufpreis)[295]. Dann hat der Schuldner gegen den Eigentümer Anspruch auf Abtretung des Übertragungsanspruchs.

341 *cc)* **Erwirbt ein Dritter die Forderung** (sei es durch Abtretung, sei es kraft Gesetzes), gilt für den Übergang der Grundschuld folgendes:

Bei **rechtsgeschäftlicher Abtretung** der Forderung kann der Zessionar neben dem Zedenten auch in den Sicherungsvertrag eintreten. Es handelt sich um eine kumulative Schuldübernahme (vgl. § 414, vorst. Rn. 329). Sofern der Zessionar **auch die Grundschuld** erwirbt, ist er aus dem Sicherungsvertrag verpflichtet, diese an den Eigentümer oder an den Schuldner (insoweit gilt das vorst. zu Rn. 340 ff. Gesagte) zu übertragen, wenn auf die Forderung geleistet wird. Hat der Erwerber der Forderung **nicht auch die Grundschuld** erworben, stehen also Forderung und Grundschuld verschiedenen Gläubigern zu, trifft die Verpflichtung zur Übertragung der Grundschuld den Grundschuldinhaber, der ja noch aus dem Sicherungsvertrag verpflichtet geblieben ist.

342 Tritt der Erwerber von Grundschuld und Forderung, wie regelmäßig, nicht in den Sicherungsvertrag ein, hat der Eigentümer bzw. Schuldner zwar keinen vertraglichen Anspruch gegen den Zessionar. Aber die Verpflichtung zur Rückübertragung der Grundschuld bei Tilgung der gesicherten Forderung im Verhältnis zwischen Eigentümer, resp. persönlichem Schuldner, und Zedent setzt sich im Verhältnis zum Zessionar nach §§ 1157, 1169 fort. Die Tilgung der gesicherten Forderung bewirkt den Wegfall des Sicherungszwecks mit der Folge, dass der Grundschuldgläubiger dauernd gehindert ist, das Grundstück zu verwerten. Er ist einer peremptorischen Einrede ausgesetzt (vorst. Rn. 264). Diese Einrede ist eine eigentümerbezogene Einrede, die gem. § 1157 Satz 1 auch dem neuen Gläubiger entgegengesetzt werden kann (vorst. Rn. 309). Kaum vorstellbar ist, dass der Erwerber diese Einrede gem. §§ 1157 Satz 2, 892 Abs. 1 kraft guten Glaubens vernichten könnte, weil diese Einrede an jede Sicherungsgrundschuld geknüpft ist, ihr Bestand dem Erwerber also bekannt ist, wenn er weiß, dass er eine Sicherungsgrundschuld erwirbt (vorst. Rn. 312). Ist der Sicherungsvertrag nichtig, folgt der Anspruch auf Abtretung aus § 812 Abs. 1 Satz 2 in analoger Anwendung, der Eigentümer und Schuldner ist also auch gegenüber dem Zessionar geschützt[296].

343 Bei **gesetzlichem Forderungsübergang**, z.B. auf den Bürgen gem. § 774 Abs. 1 (unten Rn. 1013), hat der Erwerber gegen den Gläubiger den Anspruch auf Abtretung der Grundschuld. Dieser Anspruch auf Abtretung folgt unmittelbar aus dem Bürgschaftsvertrag

295 OLG Schleswig NJW-RR 97, 1036 zur Auslegung einer solchen Verpflichtungserklärung.

296 BGH NJW 85, 800 zu II. 1. m.w.N.; aus den Umständen des Einzelfalls kann sich allerdings ergeben, dass der Sicherungszweck trotz Abtretung fortbesteht, BGH NJW-RR 91, 305 mit Komm. *Gaberdiel*, EWiR § 1191 BGB 1/91, 53; *Huber*, Sicherungsgrundschuld, S. 190 f.

zwischen Gläubiger und Bürgen[297]. Tilgt der Eigentümer die übergegangene Forderung, kann er der Grundschuld gem. § 1157 Satz 1 ebenfalls die Einrede des Zweckfortfalls gem. § 1169 entgegensetzen und die Übertragung der Grundschuld an sich selbst oder die Abtretung des Anspruchs auf Grundschuldübertragung, den der Bürge gegen den ursprünglichen Gläubiger hat, verlangen.

Leistet der Schuldner, so erlischt die Forderung gem. § 362[298]. 344

Zur Verdeutlichung dieser Konstellationen folgende **Beispielsfälle**: 345

1. Eigentümer E will bauen und nimmt einen Kredit in Höhe von 200 000 € auf. Dafür bestellt er der Bank an seinem Baugrundstück eine Grundschuld. E zahlt monatlich auf das Darlehen und die Zinsen feste Beträge. Nach 30 Jahren ist alles zurückgezahlt. E verlangt von der Bank Übertragung der Grundschuld auf sich selbst. Mit Recht! Durch die Übertragung wird die Fremdgrundschuld zur Eigentümergrundschuld.

2. Der Sohn von E braucht einen Betriebsmittelkredit für die Gründung eines Anwaltsbüros. E erklärt sich gegenüber seinem Sohn und der Bank bereit, auf seinem Grundstück eine Grundschuld zu bestellen. Als der Sohn den Kredit zurückgezahlt hat, verlangt E von der Bank Übertragung der Grundschuld auf sich selbst. Mit Recht! (s. vorst. Rn. 344).

3. Schuldner S besitzt ein Grundstück, auf dem eine Grundschuld in Höhe von 100 000 € zugunsten einer Bank lastet. Er verkauft das Grundstück an E für 250 000 €. Diesen Betrag erhält S von E. S zahlt 100 000 € an die Bank. E verlangt von S Abtretung des Anspruchs auf Abtretung der Grundschuld, den S gegen die Bank hat. Mit Recht! Hatte E an S nur 150 000 € gezahlt, bleibt der Anspruch auf Abtretung gegen die Bank bei S, er erwirbt eine Fremdgrundschuld. Sie sichert nun den Restkauf von S gegen E (s. vorst. Rn. 340).

4. Im Beispiel **2** tritt die Bank Forderung und Grundschuld an den Zessionar Z ab. Z verlangt von Sohn S Zahlung. S zahlt. E verlangt von Z Übertragung der Grundschuld auf sich selbst. Mit Recht! Durch die Zahlung ist der Sicherungszweck weggefallen. Der Grundschuld steht gem. §§ 1191, 1169 die peremptorische Einrede des Zweckfortfalls entgegen. Diese Einrede wirkt gem. § 1157 Satz 1 auch gegen Z (s. vorst. Rn. 341).

H. Erlöschen der Grundpfandrechte

Die Erledigung des Sicherungszwecks – das Erlöschen der gesicherten Forderung – führt nicht zum Erlöschen des Grundpfandrechts, sondern nur zu einer anderen Zuordnung (Entstehung von Eigentümergrundpfandrechten, vorst. Rn. 325 ff.). Es verbleiben nur wenige Gründe, aus denen ein Grundpfandrecht erlischt (s. auch nachf. Rn. 389). 346

1. Aufhebung

Jedes Recht an einem Grundstück kann gem. § 875 Abs. 1 durch **Rechtsgeschäft**, nämlich durch einseitige Erklärung des Gläubigers als Berechtigtem, aufgehoben werden. Es bedarf keines Vertrages. Weil der Eigentümer aber durch die einseitige Aufhebung seiner Aussicht auf Erwerb eines Eigentümergrundpfandrechts verlustig gehen kann (sei es kraft 347

297 BGH NJW 85, 614.

298 Leistet allerdings ein Gesamtschuldner, geht die Forderung im Umfang von § 426 Abs. 2 auf ihn über, und er kann vom Gläubiger Übertragung der Grundschuld verlangen, BGHZ 80, 228 (232 ff.); s. auch BGH WM 87, 202 mit Anm. *Bülow*, WuB I F 3. – 5.87 und oben Rn. 244 ff.

Gesetzes, sei es durch Abtretung, vorst. Rn. 325 ff., 277 ff.), ist gem. § 1183 seine Zustimmung erforderlich. Mit der Aufhebung rücken nachrangige Grundpfandgläubiger auf, erhalten also besseren Rang.

2. Verwertung

348 Befriedigt sich der Gläubiger aus dem Grundstück, ist das Grundpfandrecht erschöpft, sein Zweck erreicht. Ein Übergang auf den Eigentümer kommt nicht in Betracht, gem. § 1181 Abs. 1 erlischt es mit dem Zuschlag in der Zwangsvollstreckung, aber nicht ersatzlos (nachf. Rn. 430). Kann sich der Gläubiger aus Bestandteilen, Zubehör und sonstigen Gegenständen befriedigen, die zum Haftungsverband der Hypothek gehören (oben Rn. 117 ff.), erlischt das Grundpfandrecht ebenfalls (§ 1181 Abs. 3). Die Rechte nachrangiger Gläubiger am Grundstück erlöschen gem. § 91 ZVG gleichfalls, setzen sich aber am Versteigerungserlös fort (Surrogation, nachf. Rn. 430).

3. Kondiktion

349 Wer ohne rechtlichen Grund Grundstückseigentümer wurde und es mit einem Grundpfandrecht belastete, ist dem Bereicherungsgläubiger nicht zu dessen Beseitigung, wohl aber zu Wertersatz gem. § 818 Abs. 2 verpflichtet[299]. Eine Bereicherungslage kann sich auch ergeben, wenn ein Grundstück verkauft werden soll und der Verkäufer ein Grundpfandrecht für die Bank des Käufers zum Zwecke der Kaufpreisfinanzierung bestellt. Ist der Kaufvertrag nichtig, kann der Verkäufer als Bereicherungsgläubiger gem. § 812 BGB die Ablösung des Grundpfandrechts durch den Käufer verlangen[300].

I. Eigentümergrundpfandrechte – Zusammenfassung und weitere Besonderheiten

1. Erscheinungsformen

350 Steht das Grundpfandrecht dem Eigentümer zu und ist es mit einer Forderung akzessorisch verbunden, so ist es Eigentümerhypothek. Dieser Fall tritt ein, wenn der vom Schuldner verschiedene Eigentümer gem. § 1142 den Gläubiger befriedigt, so dass die Forderung (§ 1143 Abs. 1) und die Hypothek (§§ 1177 Abs. 2, 412, 401) auf ihn übergehen. Gibt es keine Forderung, die mit dem Grundpfandrecht akzessorisch verbunden wäre, ist es Eigentümergrundschuld. Sie kann von vornherein als Eigentümergrundschuld begründet worden sein (§ 1196 – damit sich der Grundeigentümer den Rang wahren und so spätere Kredite sichern kann), oder sich von einer Hypothek in die Eigentümergrund-

299 BGHZ 112, 376 mit Bspr. *K. Schmidt*, JuS 91, 601 sowie abl. Stellungnahmen *Kohler*, NJW 91, 1999, *Canaris*, NJW 91, 2513 und *Reuter*, in: Festschr. Gernhuber, S. 369; abl. auch *Bodenbenner*, Belastung, S. 192 ff.; offen BGH NJW 97, 190 zu II. 3. a. sowie 2002, 1872 zu III. 2. b.; keine Beseitigung auch bei Anfechtung nach dem AnfG, BGH NJW 96, 2231.

300 BGH NJW 2002, 1872 zu III. 2. mit Bspr. *K. Schmidt*, JuS 2002, 814; Anm. *Kohler*, WuB IV. A.-4.02, *Reittmann*, DNotZ 2002, 645 und Komm. *Armbrüster*, EWiR § 818 BGB 2/02, 869.

schuld verwandelt haben. Man spricht von **ursprünglicher** oder **nachträglicher** Eigentümergrundschuld. Die Eigentümergrundschuld kann gem. § 1198 in eine Hypothek verwandelt werden – also jetzt eine Forderung akzessorisch sichern – und die Hypothek in eine Grundschuld. Gleichermaßen kann die Verwandlung kraft Gesetzes eintreten. Solange die Hypothek noch nicht valutiert oder der Brief noch nicht ausgehändigt (§ 1163 Abs. 2) und auch keine Aushändigungsabrede getroffen wurde (§ 1117 Abs. 1 und 2), ist sie in Wahrheit noch Eigentümergrundschuld (§ 1163 Abs. 1 Satz 1). Mit der Valutierung oder Aushändigung verwandelt sich die Eigentümergrundschuld in eine Fremdhypothek. Erlischt die Forderung, verwandelt sich die Hypothek in eine Eigentümergrundschuld (§ 1163 Abs. 1 Satz 2), gleichermaßen im Falle des Verzichts gem. § 1168 Abs. 1 (vorst. Rn. 328). Diese Fälle zeigen, dass der Grundbuchstand mit der wahren Rechtslage nicht übereinzustimmen braucht, vielmehr ist das Grundpfandrecht im Grundbuch als Fremdhypothek ausgewiesen, während es in Wahrheit Eigentümergrundschuld ist. Das **Grundbuch** ist **unrichtig**, der Eigentümer kann Berichtigung verlangen (§ 894). Die Eigentümergrundschuld ist **verdeckt**, im Gegensatz zur ursprünglichen und gem. § 1196 bestellten, die eine **offene** Eigentümergrundschuld ist (die verdeckte wird durch Grundbuchberichtigung zur offenen). Die genannten Fälle zeigen weiter, dass die Qualifizierung des Grundpfandrechts als Eigentümergrundschuld **vorläufig** und **endgültig** sein kann. Vorläufig ist die noch nicht valutierte oder noch brieflose, als Hypothek bezeichnete Eigentümergrundschuld, endgültig die als Hypothek bezeichnete Eigentümergrundschuld, deren Forderung erloschen ist oder auf die der Gläubiger verzichtete. Endgültig wird die Eigentümergrundschuld auch dann, wenn der Gläubiger unbekannt ist und im Wege des Aufgebotsverfahrens nach weiterer Maßgabe von §§ 1170, 1171[301] ausgeschlossen wird, so dass der Eigentümer die Fremdhypothek als Eigentümergrundschuld erwirbt. Wird eine Hypothek im Wege der Zwangsvollstreckung eingetragen (§§ 866 ff., 932 ZPO), fällt aber der zugrundeliegende Titel weg oder verliert er die Vollstreckbarkeit, entsteht ebenfalls eine endgültige Eigentümergrundschuld (§§ 868, 932 Abs. 2 ZPO, unten Rn. 447). Die Kriterien ursprünglich und nachträglich, offen und verdeckt, vorläufig und endgültig können kumulieren: So ist etwa das noch nicht valutierte, als Fremdhypothek im Grundbuch eingetragene Grundpfandrecht eine ursprüngliche, verdeckte, vorläufige Eigentümergrundschuld, die auf Verzicht beruhende eine nachträgliche, verdeckte, endgültige.

Eine Fremdgrundschuld, die zur Sicherung einer Forderung bestellt wurde, bleibt Fremd- **351**
grundschuld, auch wenn die Forderung nicht entsteht. Aber der Eigentümer hat Anspruch auf ihre Übertragung aus dem Sicherungsvertrag oder aus rechtsgrundloser Bereicherung (s. vorst. Rn. 227 ff.).

Auf das Eigentümergrundpfandrecht sind die Vorschriften über die Eigentümergrund- **352**
schuld gem. §§ 1196, 1197 anwendbar, auch wenn es Eigentümerhypothek ist. Der Eigentümer[302] kann also nicht die Zwangsvollstreckung in sein eigenes Grundstück betreiben (§ 1197 Abs. 1 BGB: dadurch würden nachrangige Grundpfandrechte gem. § 52 Abs. 1 Satz 2 ZVG erlöschen, nachf. Rn. 430. Die Zinsen müsste der Eigentümer an sich selbst zahlen[303]).

301 Dazu LG Erfurt RPfl 94, 310; LG Düsseldorf NJW-RR 95, 1232.

302 Wohl aber ein Pfandgläubiger der Eigentümergrundschuld (unten Rn. 648): BGH KTS 88, 395 zu II. 3.

303 BGHZ 64, 316 (318/319); BayObLG RPfl 75, 100 (101); zur Verzinsung der Eigentümergrundschuld im Zuge ihrer Abtretung: BGH NJW 86, 314; OLG Köln ZIP 84, 1333.

2. Verfügung über das Eigentümergrundpfandrecht

353 *aa)* Das Eigentümergrundpfandrecht ist ein Vermögensgegenstand, über den der Grundstückseigentümer verfügen kann. Die vom Eigentümer bestellte Eigentümergrundschuld, die er in Reserve hat, um den Rang zu wahren, kann er zum Zwecke der Kreditsicherung auf seinen Kreditgläubiger übertragen, so dass die Eigentümergrundschuld zur Fremdhypothek oder Sicherungsfremdgrundschuld wird (zur Terminologie vorst. Rn. 109).

354 *bb)* Die Übertragung kann zur **verdeckten Nachverpfändung** führen[304]: Hat der Eigentümer eine Briefgrundschuld bereits an den Gläubiger abgetreten, also außerhalb des Grundbuchs, und besteht weiterer Sicherungsbedarf, kann sich der Eigentümer den Brief aushändigen und die Mithaftung eines anderen ihm gehörenden Grundstücks eintragen lassen, so dass eine Gesamtgrundschuld entsteht (nachf. Rn. 377 ff.) – scheinbar als Eigentümergrundpfandrecht, in Wahrheit als Fremdbelastung.

355 *cc)* Der Eigentümer kann die Sicherungsfremdgrundschuld im Zuge der Übertragung gem. § 1198 in eine Fremdhypothek umwandeln[305]. Ist die Umwandlung unwirksam, weil die Forderung mangelhaft ist (sie entsteht gar nicht oder ist nicht bestimmt genug), so bleibt das Grundpfandrecht Grundschuld, die, je nach dem Willen der Parteien im Einzelfall, Eigentümergrundschuld bleibt oder Fremdgrundschuld wird[306]. Ist die Eigentümergrundschuld vorläufig, wird sie sich also in Zukunft in eine Fremdhypothek verwandeln, ist der zukünftige Hypothekar noch nicht Inhaber. Er hat aber ein **Anwartschaftsrecht** auf die Hypothek (die Entstehung des Vollrechts hängt ausschließlich von einer Handlung des zukünftigen Hypothekars, der Kreditauszahlung ab, vgl. unten Rn. 771 ff.). Kann der zukünftige Hypothekar über sein Anwartschaftsrecht verfügen? Das ist ohne weiteres gem. § 876 Abs. 1 möglich: Der zukünftige Hypothekar ist ja im Grundbuch eingetragen. Anders ist es, wenn der Eigentümer über die ihm nur vorläufig zustehende Eigentümergrundschuld verfügen will: Nicht er, sondern der zukünftige Hypothekar ist im Grundbuch eingetragen. Im Falle der Buchhypothek kann er deshalb über sein Grundpfandrecht nicht verfügen, wohl aber dann, wenn ein Briefgrundpfandrecht bestellt und der Eigentümer im Besitz des Briefs ist.

356 Die Verfügung über vorläufige Eigentümergrundschulden wird praktisch, wenn der Eigentümer einen **Zwischenkredit** im Rahmen einer **Baufinanzierung** bekommen will: Der zukünftige Hypothekar zahlt den Kredit erst aus, wenn der Rohbau steht. Bis dahin springt eine andere Bank ein, die gegen Übertragung der vorläufigen Eigentümerbriefgrundschuld den Kredit an den Bauherrn auszahlt und sich außerdem den Anspruch auf Auszahlung der Valuta gegen den zukünftigen Hypothekar abtreten lässt. Ist der Rohbau fertig, zahlt der Hypothekar die Valuta an den Zwischenkreditgeber Zug um Zug gegen Übergabe des Briefs aus.

357 Kann der Eigentümer auch über die erst in Zukunft entstehende Eigentümergrundschuld verfügen? Jede Fremdhypothek kann sich in eine Eigentümergrundschuld verwandeln. „Die Hypothek trägt den Keim dazu in sich“[307]. Aber die Verfügung über ein Grundpfandrecht, auch über ein zukünftiges, ist nur in den Formen von §§ 873, 1154 möglich. Der Eigentümer ist aber mit der Grundschuld weder im Grundbuch eingetragen noch hat er den Brief. Er kann die Formen des Grundbuchrechts nicht erfüllen. Er kann sich nur obligatorisch verpflichten, das später auf ihn übergegangene Grundpfandrecht an einen anderen zu übertragen.

358 *dd)* Die gleichen Grundsätze gelten für die Verpfändung (§§ 1273, 1279, 1291, 1154) des Eigentümergrundpfandrechts und die Pfändung im Wege der Zwangsvollstreckung: Die bereits bestehende Anwartschaft ist verpfändbar und pfändbar, die erst in Zukunft entstehende Eigentümergrundschuld nicht.

---

304 OLG Frankfurt DNotZ 90, 741 mit Bspr. *Ertl*, DNotZ 90, 684; *H.P. Westermann*, NJW 70, 1023.
305 Dazu BGH NJW 68, 1674.
306 BGH NJW 68, 1674; KG JW 35, 2646.
307 RGZ 145, 343 (353).

3. Gesetzliche Löschungsansprüche

Eine Bank, die Kredit gegen Bestellung eines nachrangigen Grundpfandrechts gibt, wird dies in aller Regel nur tun, wenn sie die Aussicht hat, einmal den ersten Rang zu bekommen. Das folgt aus der Bedeutung des Rangs für den Wert des Grundpfandrechts (vorst. Rn. 96 f.). Wie kann das bewerkstelligt werden? Hat der Eigentümer die der vorrangigen Hypothek zugrundeliegende Forderung erfüllt und wird sie dadurch zur Eigentümergrundschuld, kann er sich gegenüber der Bank verpflichten, diese Eigentümerschuld löschen zu lassen, so dass die Bank nachrückt. Weil solche Vereinbarungen nahezu ausnahmslos die Regel waren, ist das Gesetz dieser Praxis angepasst worden. Gem. § 1179a Abs. 1 hat ein nachrangiger Grundpfandgläubiger gegen den Eigentümer einen gesetzlichen Löschungsanspruch, wenn eine Eigentümergrundschuld entsteht[308] (Ausnahme: § 1196 Abs. 3[309]). Der nachrangige Gläubiger braucht sich seinen Anspruch auf Löschung nicht mehr durch die Eintragung einer Löschungsvormerkung sichern zu lassen (die Entlastung des Grundbuchs von solchen Löschungsvormerkungen ist Zweck von § 1179a). Andere dinglich Berechtigte, z.B. Nießbraucher, müssen den Anspruch auf Löschung aber vertraglich begründen und sind nur durch Löschungsvormerkungen gem. § 1179 gesichert[310]. **359**

Bei der Grundschuld entsteht keine Eigentümergrundschuld durch Leistung auf die Forderung (vorst. Rn. 227 bis 236), aber ein Anspruch auf Rückgewähr der Grundschuld. Diesen Rückgewähranspruch kann sich der nachrangige Gläubiger abtreten lassen. **360**

J. Besondere Formen der Grundpfandrechte

Besonderheiten weisen die Sicherungshypothek, die Wertpapierhypothek, die Höchstbetragshypothek, das Gesamtgrundpfandrecht, die Rentenschuld und die Schiffshypothek auf.

1. Sicherungshypothek

Die Sicherungshypothek kennzeichnet sich dadurch, dass die akzessorietätslockernden Vorschriften der Verkehrshypothek nicht anwendbar sind (§ 1185 Abs. 2, vorst. Rn. 109). Rechtsgeschäftlich bestellte Sicherungshypotheken sind selten, ein Anspruch auf Einräumung kann sich aber aufgrund Gesetzes ergeben (Zwangs- und Arresthypothek, §§ 866 ff., 932 ZPO, 322 AO, Bauhandwerkerhypothek gem. § 648 BGB[311], Surrogatshypothek nach § 1287 Satz 2, unten Rn. 701). **361**

---

308 *Rein*, Löschungsanspruch, S. 160 ff.; *Rambold*, RPfl 95, 284.

309 BGH NJW 97, 2597 mit Bspr. *K. Schmidt*, JuS 97, 1135, Anm. *Rehbein*, WuB I F 3. – 5.98 und Komm. *Joswig*, EWiR § 1196 BGB 1/97, 977.

310 Dazu *Wörbelauer*, NJW 58, 1705; *Hoche/Göhler*, NJW 59, 413 (416) sowie *Wenner*, Gleitender und fester Rang, S. 208 ff.; zum Geltungszeitpunkt BGHZ 99, 363; Ausschließbarkeit: OLG Düsseldorf NJW 88, 1798.

311 BGHZ 144, 138; OLG Hamm BB 97, 2240; OLG Karlsruhe NJW-RR 97, 658; OLG Koblenz NJW-RR 94, 786; OLG Frankfurt am Main NJW-RR 95, 1359; OLG München BB 88, 996; LG Aurich NJW-RR 91, 1240; LG Fulda NJW-RR 91, 790; zur Bauhypothek gem. früherem § 27 Abs. 2 GSB und zur Baugeldhypothek gem. früheren §§ 33 ff. GSB, vgl. BGH BB 86, 2366; NJW 88, 263; auch BGH WM 96, 1643 mit Anm. *Koeble* LM Nr. 16 zu § 1 BGB; *Fehl*, BB 87, 2039; gem. §§ 1, 5 GSB müssen empfangene Baugelder an den Bauhandwerker abgeführt werden, BGH WM 2002, 861. Weitere Sicherheiten anstelle der Hypothek (§ 648a Abs. 4 BGB) kann der Bauunternehmer gem. § 648a BGB verlangen, BR-Drucks. 445/91; BT-Drucks. 12/1836; OLG Karlsruhe NJW 97, 263 mit krit. Rezension *Reinelt*, BauR 97, 766; *Börstinghaus*, ZRP 90, 421; *Scholtissek*, MDR 92, 443, z.B. eine Bürgschaft, unten Rn. 858, 1047; zum Verhältnis der Sicherungshypothek zum gesetzlichen Mobiliarpfandrecht aus § 647 BGB unten Rn. 554 und *Kartzke*, ZfBR 93, 205.

362 Unanwendbar ist § 1138 (vorst. Rn. 300). Danach ist der gutgläubige Erwerb der Hypothek möglich, auch wenn die Forderung nicht besteht oder der Veräußerer nicht Gläubiger ist, so dass eine forderungslose Hypothek, in Wahrheit also eine Grundschuld, entsteht. Außerdem ist die Akzessorietät im Hinblick auf gutgläubig wegerworbene Einreden (§ 1137) gegen die Forderung gelockert (vorst. Rn. 306). Das ist für die Sicherungshypothek ausgeschlossen. Unanwendbar ist § 1156 (vorst. Rn. 321): Obwohl die gesicherte Forderung gem. § 407 erlöschen kann, bleibt die Verkehrshypothek bestehen, sie ist wiederum forderungslos – nicht aber die Sicherungshypothek. Unanwendbar ist § 1141 (vorst. Rn. 200): Der Gläubiger braucht die zur Herbeiführung der Forderungsfälligkeit erforderliche Kündigung nur dem persönlichen Schuldner gegenüber zu erklären[312]. Unanwendbar ist § 1139 (vorst. Rn. 302): Der Eigentümer kann der Eintragung der Hpyothek im Grundbuch nicht mit der Begründung widersprechen, das Darlehen sei noch nicht ausgezahlt und der Darlehensrückzahlungsanspruch aus § 488, den die Hypothek sichern soll, noch nicht entstanden, weil der Gläubiger die Sicherungshypothek ohnehin nur geltend machen kann, wenn er den Bestand der Forderung beweist, ein gutgläubiger Erwerb gem. § 1138 aber gerade ausgeschlossen ist.

363 Keine Durchbrechung des Akzessorietätsgrundsatzes ist es, dass auch die Sicherungshypothek nach Maßgabe von §§ 1163, 1167 zur Eigentümergrundschuld wird. Zwar gibt es dann keine Akzessorietät mehr, aber die Sicherungshypothek hat auch nicht mehr die Qualität einer Hypothek, sondern ist eben Grundschuld geworden. Auch die gem. § 1180 eingeräumte Möglichkeit der Forderungsauswechslung führt nicht zur Einschränkung des Akzessorietätsgrundsatzes.

364 Anwendbar bleibt § 892 in Ansehung der Hypothek selbst, wenn der Mangel also nicht in der Forderung, sondern ausschließlich im dinglichen Recht liegt (z.B. Nichtigkeit des dinglichen Bestellungsakts, vorst. Rn. 258). Unanwendbar ist dagegen § 893: Wer im Grundbuch als Sicherungshypothekar ausgewiesen ist, aber (wegen Nichtigkeit der Abtretung) nicht Forderungsinhaber wurde, an den kann nicht mit befreiender Wirkung geleistet werden. Wer dies doch tut – z.B. der Eigentümer gem. § 1142 –, muss an den wahren Forderungsinhaber nochmals leisten und beim Empfänger kondizieren. Insgesamt ist der Schuldner und Eigentümer durch die Abhängigkeit der Hypothek von der Forderung besser geschützt. Notwendigerweise ist der Preis dafür die schlechtere Verkehrsfähigkeit, hat Gutglaubensschutz doch seinen Grund im Verkehrsschutz. Das Gesetz zieht daraus die Konsequenz und bestimmt, dass Sicherungshypotheken nur Buchhypotheken sein können (§ 1185 Abs. 1), sich die Übertragung also nach §§ 1154 Abs. 3, 873 richtet[313] (vorst. Rn. 278). Die eingeschränkte Verkehrsfähigkeit wird im Grundbuch dadurch publik gemacht, dass die Hypothek als Sicherungshypothek zu bezeichnen ist (§ 1184 Abs. 2).

2. Wertpapierhypothek

365 Zur Sicherung der Forderung aus einer **Schuldverschreibung auf den Inhaber** oder aus einem **Orderpapier** (Wechsel, Scheck, kaufmännisches Orderpapier gem. § 363 HGB) kann eine **Wertpapierhypothek** bestellt werden (§§ 1187 bis 1189).

366 Wertpapierhypotheken sind immer **Sicherungshypotheken**, also selbst dann, wenn sie im Grundbuch als solche nicht bezeichnet sind (§ 1187 Satz 2). Der Akzessorietätsgrundsatz gilt also ausnahmslos (vorst. Rn. 361). Der Grund dafür findet sich in § 1187 Satz 3: Danach ist § 1154 Abs. 3 ausgeschlossen. Das bedeutet: Die Abtretung der Wertpapierforderung richtet sich nicht nach den sachenrechtlichen Vorschriften der §§ 873, 878, sondern allein nach Wertpapierrecht. Die Forderung geht also durch Übereignung der Urkunde bei der Inhaberschuldverschreibung oder durch Indossament bei Orderpapieren über. Der Übertragung der Wertpapierforderung folgt die Hypothek

312 RGZ 111, 337 (301).
313 BayObLG NJW-RR 98, 951.

dann ohne weiteres nach. Auf diese Weise ist gewährleistet, dass die Umlauffähigkeit des Wertpapiers durch die Hypothekenbestellung nicht behindert wird.

Erwirbt der Grundeigentümer selbst die Wertpapierforderung (die Inhaberschuldverschreibung wird auf ihn übertragen), entsteht eine Eigentümerhypothek (§ 1177 Abs. 2). Ein gleich- oder nachrangiger Gläubiger einer gewöhnlichen Hypothek kann gem. § 1179a **Löschung** dieser Eigentümerhypothek verlangen (vorst. Rn. 359). Ist dagegen eine Person Inhaber einer Wertpapierhypothek (z.B. weil der Wechsel auf ihn indossiert wurde, die Hypothek also nachgefolgt ist), und erwirbt der Grundeigentümer eine andere, gewöhnliche Hypothek als Eigentümergrundpfandrecht, so entsteht für den Gläubiger der Wertpapierhypothek dieser gesetzliche Löschungsanspruch aus §§ 1179a, 1179b nicht, wie § 1187 Satz 4 bestimmt: Das typische Bestreben im gewöhnlichen Fall der Hypothek, bei nächster Gelegenheit Erstrangigkeit zu bekommen, besteht im Falle der Wertpapierhypothek nicht, insoweit gehen gewöhnliche Hypotheken vor. **367**

Hypotheken für Orderpapiere werden nach den allgemeinen Regeln für **Buchhypotheken** begründet, also durch **Einigung** zwischen Wertpapiergläubiger (Remittent) und Grundeigentümer sowie Eintragung im Grundbuch. Bei Wertpapierhypotheken für Forderungen aus Schuldverschreibungen auf den Inhaber ist eine solche Einigung bei der Emission aber noch gar nicht möglich, weil zu diesem Zeitpunkt das Papier noch nicht übereignet ist und es mithin noch keinen Gläubiger gibt (nur den Emittenten als Schuldner). Um die Hypothekenbestellung trotzdem zu ermöglichen, lässt § 1188 Abs. 1 i.V.m. §§ 50, 43 GBO deshalb die **einseitige Erklärung** des Grundeigentümers genügen. Hinzu kommt die Eintragung im Grundbuch (wobei die Bezeichnung als Sicherungshypothek entgegen § 1184 Abs. 3 unterbleiben kann, § 1187 Satz 2), die auf den jeweiligen Wertpapierinhaber als Gläubiger lautet. Der spätere Inhaber des Wertpapiers kann sowohl Zahlung aus dem Papier wie Grundstücksverwertung verlangen. Auch für Forderungen aus Wechseln und anderen Orderpapieren (z.B. Orderschuldverschreibungen) können aus den gleichen Gründen nur Sicherungshypotheken bestellt werden. Hier kann aber der dingliche Vertrag (§ 873) mit dem jeweils durch Indossament Berechtigten oder dem ersten Nehmer, dem Remittenten, abgeschlossen werden, die einseitige Erklärung des Eigentümers genügt also nicht. Soll später über die Hypothek verfügt werden, ist Partei die Vielzahl der jeweiligen, bei Hypothekenbestellung noch unbekannten Papierinhaber. Zur Erleichterung späterer Verfügungen kann gem. § 1189 ein Grundbuchvertreter für sämtliche Gläubiger bestellt werden. Die Forderung aus dem Wertpapier wird nach wertpapierrechtlichen Grundsätzen (Übereignung des Papiers, Indossament), nicht nach den hypothekenrechtlichen (§ 1154 Abs. 3) übertragen (so § 1187 Satz 2). Derartige Sicherungshypotheken für Wertpapiere sind Inhaberhypotheken, aber Buchhypotheken, nicht wie die Inhabergrundschuld Briefgrundpfandrecht. Der Ausschluss unbekannter Gläubiger gem. §§ 1170 ist nur nach Ablauf der 30jährigen Verjährungsfrist für Ansprüche aus Inhaberschuldverschreibungen gem. § 801 möglich (§ 1188 Abs. 2). **368**

Wertpapierhypotheken kommen in der Praxis kaum vor. Gebräuchlicher sind Grundschulden, die der Wertpapierschuldner an seinem Grundstück bestellt, in der Regel für die Bank, die die Emission des Papiers besorgt. Sie fungiert als Treuhänderin für die Gläubiger der Wertpapiere[314]. Auch anstelle von Wertpapierhypotheken für Orderpapiere werden Grundschulden bevorzugt. **369**

3. Höchstbetragshypothek

Gem. §§ 1113 Abs. 1, 1115 Abs. 1 wird die Hypothek zu einem bestimmten Betrag im Grundbuch eingetragen. Das gilt auch für zukünftige Forderungen (§ 1113 Abs. 2). Ist aber die Forderung noch nicht bezifferbar, z.B. im Falle eines mit Kreditlimit verbunde- **370**

314 *Huber*, Sicherungsgrundschuld, S. 68 ff.

nen Kontokorrentkredits, kann gem. § 1190 eine Höchstbetragshypothek (Höchst-, Maximalhypothek) begründet werden. Danach wird nur der Höchstbetrag, bis zu dem das Grundstück haften soll, bestimmt und im Grundbuch eingetragen, im Übrigen bleibt die Feststellung der Forderung vorbehalten[315]. Das bedeutet: Die Hypothek steht dem Gläubiger nur in der Höhe zu, wie die Forderung (z.B. der Kontokorrentkredit) tatsächlich besteht. Wegen der Differenz zwischen eingetragenem Höchstbetrag und wirklichem Bestand der Forderung besteht nach allgemeinen Grundsätzen eine Eigentümergrundschuld (§§ 1163 Abs. 1, 1177 Abs. 1).

371 Die Eigentümergrundschuld kann sich jederzeit in eine Fremdhypothek verwandeln, wenn nämlich der Kreditschuldner die Kreditlinie weiter ausschöpft[316]. Die Eigentümergrundschuld ist deshalb **auflösend bedingt** durch die Kreditausschöpfung (Potestativbedingung). Weil dies aus dem Wesen einer Höchstbetragshypothek folgt, kann der Eigentümer auch nicht Grundbuchberichtigung verlangen (das Grundbuch ist zwar unrichtig, aber der Inhalt des Sicherungsvertrages ist, den Berichtigungsanspruch nicht geltend zu machen[317]). Vice versa ist die Entstehung der Fremd-Höchstbetragshypothek aufschiebend durch die Kreditausschöpfung bedingt.

372 Endgültige Verhältnisse werden erst durch die **Feststellung** der Forderung (§ 1190 Abs. 1 Satz 1) geschaffen. Mit der Feststellung wird der ausgefüllte Teil endgültig und unbedingt Hypothek des Gläubigers, der nichtausgefüllte Eigentümergrundschuld (jetzt kann auch Grundbuchberichtigung verlangt werden). Die Feststellung ist ein **Vertrag** zwischen Gläubiger und Schuldner, die Bedingtheit der Hypothek aufzuheben, wobei sich die endgültige Höhe nach dem wirklichen Stand der Forderung richtet. In der Feststellung liegt also auch ein **Schuldanerkenntnis**, aber im Allgemeinen nur ein bestätigendes, nicht ein konstitutives im Sinne von § 781 BGB[318].

373 Gem. § 1190 Abs. 3 ist die Höchstbetragshypothek wie die Wertpapierhypothek immer **Sicherungshypothek**, auch wenn sie als solche nicht im Grundbuch bezeichnet ist. Sie kann also nicht als Briefhypothek begründet werden (§ 1185 Abs. 1). § 1154 Abs. 3 ist nicht zwingend, wie § 1190 Abs. 4 bestimmt: Der Gläubiger hat die Wahl, die Forderung nicht durch dingliche Einigung gem. § 873, sondern formlos gem. § 398 zu übertragen. Dann scheidet die Forderung aus der hypothekarischen Sicherung aus, die Hypothek wird insoweit zur Eigentümergrundschuld, und das Grundstück haftet nur noch für die übrigen Forderungen. Die Dispositionsmöglichkeiten des Gläubigers sind also erleichtert.

374 Auch die Höchstbetragshypothek erfreut sich wenig Beliebtheit in der Praxis, weil die Sicherungsbedürfnisse der Kreditgeber weiter gehen. So müssen gem. § 1190 Abs. 2 die zu erwartenden Zinsen in den Höchstbetrag eingerechnet werden. Die weitere Sicherung durch **Unterwerfung unter die sofortige Zwangsvollstreckung** durch Urkunde gem. § 794 Abs. 1 Nr. 5 ZPO ist nicht möglich, weil nach dieser Vorschrift ein bestimmter Anspruch vorausgesetzt ist[319] (vorst. Rn. 194). Die Verkehrsfähigkeit ist wegen der zwingenden Charakterisierung als Sicherungshypothek beschränkt.

375 Die Praxis beschreitet andere Wege. Auf der Hand liegt die Bestellung einer Grundschuld[320], die nach Maßgabe der Sicherungsabrede den jeweils in Anspruch genommenen Kredit sichert. Sie kann Briefgrundpfandrecht sein, die Beschränkung von § 1190 Abs. 2 gilt nicht. In Höhe des Grundschuldbetrages ist die sofortige Unterwerfung unter die Zwangsvollstreckung möglich.

---

315 Ist die Forderung bestimmt, kann keine Höchstbetragshypothek eingetragen werden: KG JW 34, 1292.

316 RGZ 56, 222 (325); 120, 110 (112); 125, 133 (136).

317 *Baur/Stürner*, § 42 III. 2. b. (Rn. 25, S. 494).

318 Anders beim Kontokorrent i.S.v. § 355 HGB: *Bülow*, Handelsrecht, S. 111 und entgegen Palandt/*Bassenge*, § 1190 BGB Rn. 14.

319 BayObLG NJW-RR 89, 1467 mit Rezension *Hornung*, NJW 91, 1649.

320 *Felgentraeger*, in: Festschr. von Giercke 1950, S. 145 (154); *Hornung*, NJW 91, 1649.

Ein zweifelhafter Weg ist die verdeckte **Höchstbetragshypothek**[321]. Danach wird eine gewöhnliche Hypothek bestellt. Im Sicherungsvertrag vereinbaren die Parteien aber, dass die teilweise Rückzahlung auf den Kontokorrentkredit die Darlehensforderung nicht gem. § 362 Abs. 1 erlöschen lassen soll, sondern dass stattdessen eine entsprechende Gegenforderung des Schuldners gegenüber der Bank entsteht. Dadurch wird vermieden, dass durch die Rückzahlung gem. § 1163 Abs. 1 Satz 2 eine Eigentümergrundschuld entsteht. Erst wenn die Hypothekenhaftung verwirklicht wird, darf die Aufrechnung mit den durch die Rückzahlung entstandenen Gegenforderungen erklärt werden, so dass sich der Kreditgeber nur in Höhe seines wirklichen Kontokorrentstandes befriedigen kann. Die Konstruktion widerspricht dem zwingenden Charakter von § 1163[322]. 376

4. Rentenschuld

Die **Rentenschuld** unterscheidet sich von der gewöhnlichen Grundschuld dadurch, dass nicht bei Fälligkeit ein einziger Betrag aus dem Grundstück zu leisten ist, sondern dass in regelmäßig wiederkehrenden Terminen bestimmte Geldbeträge, also Raten oder Renten, zu zahlen sind (§ 1199 Abs. 1, die mit einem festen Betrag durch den Eigentümer, § 1201, abgelöst werden dürfen, §§ 1199 Abs. 2, 1202). 377

Denkbar wäre, Rentenschulden zur Kreditsicherung von Darlehen einzusetzen, die in Raten zu tilgen sind. Allerdings muss bei der Rentenschuld im gegebenen Falle für jede Rate die Zwangsvollstreckung in das Grundstück (nachf. Rn. 402) betrieben werden. Besser zu handhaben sind Tilgungshypothek oder -grundschuld. Die Rentenschuld hat sich nicht durchgesetzt[323]. Die Rentenschuld kann in eine gewöhnliche Grundschuld verwandelt werden (und umgekehrt, § 1203, vgl. auch § 1198).

5. Schiffe und Flugzeuge

Schiffshypotheken sind durch §§ 8, 25 bis 75 des Schiffsrechtegesetzes geregelt. **Luftfahrzeuge** können nach Maßgabe von §§ 4, 57 Luftrechtegesetz belastet werden (unten Rn. 495 f.). Es handelt sich um Mobiliarpfandrechte. 378

6. Gesamtgrundpfandrechte

Kreditsicherung ist nur so gut, wie die Sicherheit den Kredit abdeckt. Ist der Wert eines Grundstücks geringer als der Kredit oder ist doch nicht sicher, ob der Verwertungserlös ausreichen wird, scheidet ein einziges Grundstück als Kreditsicherheit für einen vorsichtigen Kreditgeber aus. Doch wenn ein einziges Grundstück nicht ausreicht, so können mehrere Grundstücke ihren Dienst als Sicherheit tun. Das lässt das Gesetz zu. Zwar können nicht für eine Forderung mehrere Hypotheken bestellt werden[324] (wohl aber mehrere Grundschulden!), aber an mehreren Grundstücken kann eine Hypothek oder Grundschuld bestellt werden, gleichermaßen an einem im Miteigentum stehenden Grundstück[325], so 379

321 RGZ 60, 243 (247); 152, 213 (219); Staudinger/*Wolfsteiner*, § 1190 BGB Rn. 16.
322 *Westermann/Eickmann*, Sachenrecht, § 110 I. 3. (S. 790).
323 Zu einem Fall der Sicherungsrentenschuld BGH WM 80, 982.
324 Lehrreich OLG Köln WM 96, 151.
325 RGZ 146, 363 (365); wichtiger Anwendungsfall ist die Aufteilung eines Grundstücks in Wohnungseigentum.

dass ein Gesamtgrundpfandrecht entsteht. Es erlaubt, auch geringerwertige Grundstücke für die Kreditsicherung dienstbar zu machen[326]. Die Grundstücke können dem Schuldner, daneben oder ausschließlich auch einem oder mehreren anderen Eigentümern gehören (Sicherung einer Drittschuld). Keine Gesamthypothek kann eine Zwangshypothek (§ 867 Abs. 2 ZPO, nachf. Rn. 446) sein.

a) Haftung und Begründung

380 Gem. § 1132 Abs. 1 Satz 1 haftet jedes Grundstück für die ganze Forderung. Ähnlich einem Gläubiger, dem Gesamtschuldner gem. § 421 haften, kann sich der Grundpfandgläubiger also aussuchen, welches der Grundstücke oder wieviele er verwerten lassen will oder ob er jedes oder einzelne Grundstücke nur zu einem Teilbetrag in Anspruch nimmt. Das steht, wie es das Gesetz formuliert, im Belieben des Gläubigers[327] (allerdings steht es den Beteiligten frei, durch den Sicherungsvertrag das Belieben des Gläubigers einzuschränken, auch besteht die allgemeine Schranke des Willkürverbots gem. § 242 BGB[328]). Selbstverständlich bekommt der Gläubiger, wie bei jedem Grundpfandrecht, keinen höheren Erlös, als seine Forderung ausmacht, mag er noch so viele und noch so wertvolle Grundstücke belastet haben.

381 Der Gläubiger kann sein Belieben selbst einschränken und den Betrag der Forderung auf die einzelnen Grundstücke nach Maßgabe von §§ 875, 876, 878 in der Weise verteilen, dass jedes Grundstück nur für den zugeteilten Betrag haftet, wie § 1132 Abs. 2 bestimmt. Hierdurch wird das Gesamtgrundpfandrecht aufgehoben, es entstehen Einzelgrundpfandrechte für die jeweiligen Teilforderungen[329].

382 **Begründet** wird das Gesamtgrundpfandrecht durch Einigung und Eintragung für jedes Grundstück, außerdem durch grundbuchliche Teilung eines bereits mit einem Grundpfandrecht belasteten Grundstücks. An beiden Teilen besteht nun das Gesamtgrundpfandrecht. Es kann Hypothek oder Grundschuld, Brief- oder Buchgrundpfandrecht, Verkehrs- oder Sicherungshypothek[330], Auch Bauhandwerkerhypothek nach § 648 BGB[331], Eigentümer- oder Fremdgrundpfandrecht sein.

b) Leistung auf die Gesamthypothek

383 Auch der mit einer **Gesamthypothek** belastete Eigentümer kann der Verwertung seines Grundstücks zuvorkommen, indem er auf die Forderung leistet (oben Rn. 213 und nachf. Rn. 387). Ist er selbst zugleich der Schuldner, erlischt die Forderung gem. § 362 Abs. 1.

384 *aa)* Gem. §§ 1163 Abs. 1 Satz 2, 1177 entsteht bei Erlöschen der Forderung eine Eigentümergrundschuld. Doch wem steht sie zu? Gehören alle Grundstücke **demselben Schuldner-Eigentümer**, erwirbt er die Gesamthypothek als Gesamteigentümergrund-

---

326 Dazu Motive III, S. 685, bei *Mugdan*, S. 283; auch Gesamt-Zwangshypotheken (vgl. nachf. Rn. 416) sind möglich: § 867 Abs. 2 ZPO, BGH NJW 91, 2022; OLG Düsseldorf ZIP 89, 1363.

327 Dazu BGH DB 76, 866; OLG Köln KTS 58, 155.

328 OLG Köln KTS 58, 155; MünchKomm./*Eickmann*, § 1132 BGB Rn. 31, 33.

329 RGZ 113, 223 (233); BGH DB 76, 866.

330 Aber nicht Zwangshypothek gem. § 867 ZPO, BGH WM 91, 723 mit Komm. *Hintzen*, EWiR § 867 ZPO 1/91, 517 und Anm. *Reithmann*, WuB IV E. – 1.91; bei der Aufteilung nach § 867 Abs. 2 ZPO muss keine Rangfolge für die einzelnen Teilforderungen bestimmt werden.

331 BGHZ 144, 138 (141) mit Anm. *Peters*, JR 2001, 201, *Siegburg*, WuB IV A. – 1.2000, *Brehm/Kleinheisterkamp*, JZ 2001, 43 und Komm. *C. Schmitz*, EWiR § 648 BGB 1/2000, 851.

schuld an seinen Grundstücken. Gehören die Grundstücke dagegen **verschiedenen Eigentümern**, von denen der eine zugleich der Schuldner ist, und leistet dieser, so erlischt die Forderung. Die Rechtsfolge aus § 1163 Abs. 1 Satz 2 tritt gem. § 1172 Abs. 1 mit der Besonderheit ein, dass die Gesamthypothek als Gesamteigentümergrundschuld (§ 1177) allen Eigentümern gemeinschaftlich zusteht. Die Eigentümer bilden eine Bruchteilsgemeinschaft i.S.v. §§ 741 ff. BGB. Gem. § 1172 Abs. 2 kann jeder Eigentümer die Aufhebung der Gemeinschaft verlangen, so dass dann Einzel-Eigentümergrundschulden entstehen.

Allerdings kann der leistende Schuldner-Eigentümer wie im Falle von § 1164 (vorst. Rn. 333 f.) einen **Ersatzanspruch** gegen die übrigen Eigentümer haben. Ist das so, darf das Grundpfandrecht nicht den ersatzverpflichteten Eigentümern zufallen, sondern muss dem leistenden Schuldner-Eigentümer zustehen. Diese Rechtsfolge ergibt sich aus analoger Anwendung von § 1173 Abs. 2 (der direkt nur die Leistung durch einen Eigentümer, der nicht zugleich persönlicher Schuldner ist, regelt). Kann der leistende Schuldner-Eigentümer von einigen der anderen Eigentümer Ersatz verlangen, von anderen nicht, entsteht für den Leistenden und die Nichtersatzpflichtigen an ihren Grundstücken eine Gesamteigentümergrundschuld, an den Grundstücken der Ersatzpflichtigen Fremdgesamthypotheken für den Leistenden. **385**

Bei der **Gesamtgrundschuld** tritt die gleiche Rechtslage ein, wenn der Schuldner-Eigentümer auf die Grundschuld leistet. Bei Leistung auf die Forderung hat er entsprechenden Anspruch auf Übertragung der Grundschuld an sich selbst (vorst. Rn. 226)[332]. **386**

bb) Ist der leistende Eigentümer als Interzessionar nicht zugleich persönlicher Schuldner (Belastung für eine **Drittschuld**), hat er wie jeder andere mit einem Grundpfandrecht belastete Eigentümer das von den Voraussetzungen von § 267 unabhängige Ablösungsrecht aus § 1142 (vorst. Rn. 213 ff.). Würde man die allgemeinen Regeln anwenden, ginge mit der Leistung auch die Forderung gem. § 1143 Abs. 1 auf den Eigentümer über. Gesetzliche Folge des Forderungsübergangs wiederum wäre gem. §§ 401, 412 BGB der Übergang der Hypothek an den übrigen Grundstücken (bei Grundschuld hätte der Eigentümer Anspruch auf Übertragung der Grundschuld, vorst. Rn. 255, 340). Im Falle der Gesamthypothek sind die allgemeinen Regeln aber nicht anwendbar, vielmehr bestimmt § 1143 Abs. 2, dass die Vorschriften aus § 1173 gelten. Danach erlischt die Hypothek an den übrigen Grundstücken, wenn der leistende Eigentümer von den anderen keinen Ersatz verlangen kann (nachf. Rn. 390); die Gesamthypothek ist **regresslos**. **387**

Umstritten ist allerdings der konstruktive Weg, der zu diesem Ergebnis führt. Nach geläufiger Ansicht[333] bleibt die den Forderungsübergang anordnende Regelung von § 1143 Abs. 1 bei Befriedigung durch den Eigentümer von § 1173 unberührt. Der befriedigende Eigentümer erwirbt nach dieser Ansicht also die Forderung des Gläubigers gegen den Schuldner, nur eben die übrigen Hypotheken nicht. § 1173 Abs. 1 ist bei dieser Sicht Ausnahme zu §§ 401, 412 BGB. Das gesetzgeberische Konzept ist aber ein anderes. Der Forderungsübergang gem. § 1143 Abs. 1 nämlich sollte ausgeschlossen sein, so dass sich die Frage der Anwendbarkeit von §§ 401, 412 nicht mehr stellte. Der Forderungsübergang war die im ersten Entwurf zum BGB vorgesehene Lösung mit der Folge des Hypothekenübergangs an den anderen Grundstücken gewesen. Der den Gläubiger befriedigende Ei- **388**

---

332 BGH NJW 76, 2132 und 2340.

333 Soergel/*Konzen*, § 1143 BGB Rn. 3; MünchKomm./*Eickmann*, § 1143 BGB Rn. 2; RGRK/*Mattern* § 1143 BGB Rn. 27; *Fritz Schulz*, Rückgriff und Weitergriff, 1907, S. 63.

gentümer hätte infolgedessen bei dem nächsten Eigentümer Regress nehmen können, auf den wiederum die Forderung und die Hypotheken an den Grundstücken der verbliebenen Eigentümer übergegangen wären, so dass sich der Regress fortgesetzt hätte (vgl. vorst. Rn. 242). Die dann im wesentlichen Gesetz gewordenen Änderungsanträge 3. a. und b.[334] beruhten demgegenüber auf der Erwägung,

„diese Möglichkeit, den Schaden in letzter Linie auf einen – den zuletzt belangten – Eigentümer abzuwälzen, könne zu Unbilligkeiten und zu bedenklichen Machinationen führen, da naturgemäß jeder Eigentümer trachten werde, die Gläubiger zu befriedigen, um sich dann seinerseits bei den anderen Eigentümern zu erholen“[335].

Es sei eine Abweichung von natürlicher Auffassung

„immer im Falle der Befriedigung des Gläubigers einen Übergang der Forderung kraft Gesetzes vorzuschreiben“[336].

Das Konzept von § 1173 Abs. 1 liegt demgemäß darin, entgegen der allgemeinen Regel von § 1143 Abs. 1 den Forderungsübergang auszuschließen[337], so dass sich die Frage des Sicherheitenübergangs nach §§ 401, 412 überhaupt nicht mehr stellt. So heißt es in der *Denkschrift* lapidar, dass die Forderung infolge der Befriedigung durch den Eigentümer erlischt[338]. Natürlich konnte die Regelung von § 1173 Abs. 1 nicht so weit gehen, auch den rechtsgeschäftlichen Forderungsübergang durch Abtretung gem. § 398 bei Befriedigung des Gläubigers durch einen Eigentümer auszuschließen. Deshalb bestimmt § 1173 Abs. 1 Satz 2, dass Befriedigung und Abtretung gleich zu behandeln sind[339]. Hier und nur hier enthält § 1173 die Ausnahme zu §§ 401, 412, indem die Hypotheken trotz Forderungsübergangs nicht übergehen. Für den Fall der Leistung des mit einer Gesamthypothek belasteten Eigentümers findet aber **kein Forderungsübergang** statt, sondern die Forderung erlischt[340], so dass es im Verhältnis zu den anderen Sicherungsgebern nicht zum Hypothekenübergang kommt, im Verhältnis zum Schuldner Aufwendungsersatzansprüche (§§ 670, 683, 662, 675, 677 BGB) verbleiben. Auf dem zuerst leistenden Eigentümer bleibt die Last, soweit nicht § 1173 Abs. 2 eingreift (nachf. Rn. 390).

389 Gem. § 1142 Abs. 2 richtet sich das Schicksal der Gesamthypothek nach § 1173. Danach kommt es darauf an, ob der gem. § 1142 Abs. 1 ablösende Eigentümer, der nicht zugleich persönlicher Schuldner ist, von den übrigen Eigentümern **Ersatz verlangen** kann. Auch in diesem Fall findet kein Forderungsübergang nach § 1143 Abs. 1 statt, sondern eine Forderungsauswechslung (vgl. § 1180 und vorst. Rn. 363).

390 Sofern er **nicht Ersatz** verlangen kann, entsteht gem. § 1173 Abs. 1 eine Eigentümergrundschuld an seinem Grundstück. Er erwirbt aber nicht etwa auch die Hypothek an den anderen Grundstücken, und auch die anderen Eigentümer erwerben an ihren Grundstücken keine Eigentümergrundschulden (sie haben ja auch nichts geleistet), sondern die Hypotheken an den anderen Grundstücken erlöschen, wie § 1173 Abs. 1 Satz 1, 2. Halbs., bestimmt. Nachrangige Grundpfandgläubiger rücken nach. Der leistende Eigentümer kann sich also bei den anderen Eigentümern, den anderen Interzes-

334 Prot. III, S. 4529 ff.
335 Prot. III, S. 4561, bei *Mugdan* S. 867.
336 Prot. III, S. 4562, bei *Mugdan* S. 867; ebenso S. 4561.
337 Prot. III, S. 4555/4556, bei *Mugdan* III, S. 865.
338 Denkschrift, S. 147 a.E., bei *Mugdan* S. 987.
339 Prot. III, S. 4562 a.E., bei *Mugdan* S. 867.
340 Im einzelnen *Bülow*, in: Gedächtnisschrift Schultz, S. 52 f.; im Ergebnis wie hier *Medicus*, Bürgerliches Recht, Rn. 912 (S. 668/669).

sionaren, nicht doch noch schadlos halten, obwohl er nicht Ersatz verlangen kann, die Gesamthypothek ist folgerichtigerweise **regresslos**. Ebenso ist die Rechtslage bei der Gesamtgrundschuld, und Gleiches gilt, wenn der Gläubiger die Hypothekenforderung an den Eigentümer abtritt sowie im Falle der Konsolidation (§ 1173 Abs. 1 Satz 2)[341].

Kann der leistende Eigentümer von den übrigen Eigentümern **Ersatz verlangen**, wirkt sich dieser Anspruch auf das Gesamtgrundpfandrecht aus. Ein Grund für die Ersatzpflicht der übrigen Eigentümer kann z.B. darin liegen, dass die Eigentümer ein Gesamtschuldverhältnis begründet hatten oder sich dieses daraus ergibt, dass sie die Gesamthypothek in ihrer Eigenschaft als Gesellschafter einer Gesellschaft bürgerlichen Rechts bestellten (der Sicherungszweck allein, der ja immer besteht, begründet also noch keine Gesamtschuldnerschaft[342]). Dann folgt der Ersatzanspruch aus § 426 BGB. Soweit der Ersatzanspruch besteht, erlöschen die Hypotheken an den Grundstücken der übrigen Eigentümer nicht, sondern gehen gem. § 1173 Abs. 2 als Fremdhypotheken auf den leistenden Eigentümer über. Bei der **Gesamtgrundschuld** ist § 1173 Abs. 2 gleichfalls anwendbar, so dass der Leistende eine Gesamtgrundschuld an den anderen Grundstücken erwirbt (jedoch keine Hypothek, obwohl sie den Ersatzanspruch sichert). Diese übergegangenen Grundpfandrechte sichern den Ersatzanspruch, nicht etwa die ursprüngliche gesicherte Forderung: Diese ist ja nicht gem. § 1143 Abs. 1 übergegangen (vorst. Rn. 387). **391**

cc) Leistet nicht einer der Eigentümer, sondern der von diesen verschiedene **persönliche Schuldner**, erlischt bei der Gesamthypothek die Forderung gem. § 362 Abs. 1, und es kann gem. § 1172 Abs. 1 eine Eigentümergesamtgrundschuld entstehen. **392**

Aus den Umständen der Grundpfandrechtsbestellung kann sich aber ergeben, dass es einer der Grundeigentümer oder mehrere sein sollen, die auf das Grundpfandrecht leisten sollten, und nicht der Schuldner, ebenso wie im Falle von § 1164 (insbesondere durch Anrechnung auf den Kaufpreis beim Grundstückserwerb, vorst. Rn. 333 f.). In diesem Falle hat der persönliche Schuldner, wenn er trotzdem den Gläubiger befriedigt, **Anspruch auf Ersatz** gegen den oder die Eigentümer. Infolgedessen entstehen keine Eigentümergrundpfandrechte, sondern, wie § 1174 Abs. 1 bestimmt, **Fremdhypotheken** für den persönlichen Schuldner. Hat der persönliche Schuldner Anspruch auf Ersatz gegen einen oder mehrere, nicht aber gegen alle Eigentümer, **erlischt** insoweit die Hypothek, wie § 1174 Abs. 1, 2. Halbs. bestimmt. Nicht etwa entstehen für diese Eigentümer, anders als im Falle von § 1172 Abs. 1, Eigentümergrundschulden. Hat der Schuldner den Ersatzanspruch gegen alle, erwirbt er die Gesamthypothek in voller Höhe. **393**

Im Übrigen gelten für den **Schutz des ersatzberechtigten Schuldners** die §§ 1165 bis 1167 (vorst. Rn. 334). Ist dem Schuldner von dem oder den Eigentümern nur **teilweise Ersatz** zu leisten, erwirbt der Schuldner die Hypothek auch nur teilweise. Wegen des Restes bleibt es bei § 1172: Es entsteht eine Gesamteigentümergrundschuld, die nach Maßgabe von §§ 1174 Abs. 2, 1172 Abs. 2 aufzuteilen ist. **394**

Die der Vorschrift von § 1168 entsprechende Regelung enthält für die Gesamthypothek § 1175: Durch den **Verzicht** (Freigabeerklärung) des Gläubigers auf die Gesamthypothek an **allen Grundstücken** entsteht eine Gesamteigentümergrundschuld (mit Anwendung von § 1172 Abs. 2, vorst. Rn. 384). Der Verzicht an nur **einem Grundstück** führt dagegen zum Erlöschen an diesem Grundstück, es entsteht also keine Eigentümergrundschuld, nachrangige Gläubiger rücken nach vorne[343]. Verzichtet der Gläubiger nicht auf die Ge- **395**

341 BGH NJW-RR 95, 589 zu II. 1.; RGZ 81, 82 (85); *L. Wagner*, Drittwirkungen, S. 104.

342 Entgegen *Ehmann*, Die Gesamtschuld, S. 332 ff., 357 ff.; wie hier BayObLG NJW 73, 1881; *Weitnauer*, DNotZ 74, 82 (86).

343 BGH WM 92, 605 mit Komm. *Gaberdiel*, EWiR § 1192 BGB 1/92, 351 und Anm. *Rimmelspacher*, WuB I F 3. – 7.92; so auch nach § 3 Abs. 1 Satz 3 der Makler- und BauträgerVO; *Basty*, WM 95, 1525; BayObLG EWiR § 68 KostO 1/92, 1013 (*Reimann*).

samthypothek insgesamt, sondern nimmt er eines der Grundstücke aus, erlischt die Hypothek an denjenigen Grundstücken, auf die sich der Verzicht bezieht, an dem ausgenommenen Grundstück bleibt sie als Einzelhypothek bestehen. Verzichtet der Gläubiger jetzt nachträglich, entsteht gem. § 1168 Abs. 1 an diesem Grundstück eine Eigentümergrundschuld, nachrangige Gläubiger rücken in diesem Falle nicht nach. In dieser Manipulationsmöglichkeit des Gläubigers liegt die gegen die Vorschrift vorgebrachte Kritik[344].

396 Auf der anderen Seite fragt sich, ob der Eigentümer, der nicht zugleich persönlicher Schuldner ist, aber durch den Verzicht des Gläubigers auf die Grundpfandhaftung an anderen Grundstücken seine Regressmöglichkeit (Ersatzanspruch gem. § 1373 Abs. 2, vorst. Rn. 393) verliert, in analoger Anwendung von § 1165 (vorst. Rn. 394) die Verwertung seines Grundstücks, auf dem die Hypothek stehengeblieben ist, verweigern kann[345]. Aber der Gläubiger kann nun einmal nach Belieben handeln. Das Belieben bezieht sich gerade auf die Verwertungsmöglichkeit. Hiermit ist die Anwendbarkeit von § 1165 nicht vereinbar. Jedoch kann der Sicherungsvertrag, der der Bestellung der Gesamthypothek zugrundeliegt (vorst. Rn. 154), den Gläubiger zur Unterlassung des Verzichts in Bezug auf andere Grundstücke verpflichten. Der schuldhafte Pflichtverstoß begründet Schadensersatzansprüche des Eigentümers gegen den Gläubiger[346].

397 Geht die Hypothek nur teilweise auf den Eigentümer oder den persönlichen Schuldner über, darf der Gläubiger, wie § 1176 bestimmt, dadurch nicht benachteiligt werden. Das bedeutet für Grundpfandrechte, dass der Teil, der beim Gläubiger verblieben ist, den Rang vor den übergegangenen Grundpfandrechten hat[347].

398 Bei der **Gesamtgrundschuld** findet kein Übergang auf den ersatzberechtigten Schuldner statt. Er kann aber, wie bei der Einzelgrundschuld, einen obligatorischen Anspruch auf Übertragung der Grundschuld haben (vorst. Rn. 220). Bei Gesamtgrundpfandrechten für Wohnungseigentum (vorst. Rn. 120) ist es üblich, dass sich der Gläubiger gegenüber einzelnen Eigentümern zur Freistellung von der Gesamthaftung verpflichtet[347a], so dass eine eigentümerbezogene Einrede (vorst. Rn. 254) zugunsten des einzelnen Eigentümers entsteht.

c) Leistung auf die Gesamtgrundschuld

399 Leistet der Schuldner-Eigentümer auf die **Grundschuld**, tritt dieselbe Rechtslage wie bei der Hypothek ein (vorst. Rn. 386); leistet er auf die Forderung, erwirbt er einen entsprechenden obligatorischen Übertragungsanspruch (vorst. Rn. 220). Leistet einer der Eigentümer, erlöschen die Grundschulden an den anderen Grundstücken, wenn keine Ersatzpflicht besteht, sonst erwirbt der leistende Eigentümer eine Gesamtgrundschuld an den Grundstücken (vorst. Rn. 389).

400 Wenn der Schuldner leistet, hat er bei Ersatzanspruch auch Anspruch auf Grundschuldübertragung (vorst. Rn. 398).

---

344 Staudinger/*Scherübl*, 12. Aufl., § 1175 BGB Rn. 3.

345 So *Baur/Stürner*, § 43 II. 4. a. (Rn. 33, S. 503); *Reinicke/Tiedtke*, Kreditsicherung, S. 332; *Westermann/Eickmann*, § 108 V. 7. (S. 784).

346 BGHZ 52, 93; *Schanbacher*, WM 98, 1806 (1808); Soergel/*Konzen*, § 1175 BGB Rn. 2.

347 RGZ 131, 323 (326).

347a BGH ZIP 92, 317 zu II.1.

K. Realisierung der Grundpfandrechte

Das Grundpfandrecht verwirklicht sich durch die Verwertung des belasteten Grundstücks. Aber das Grundstück kann dem Zugriff einzelner anderer Gläubiger durch Zwangsvollstreckung (nachf. Rn. 446) oder aller anderen Gläubiger durch das Insolvenzverfahren (nachf. Rn. 456) ausgesetzt sein. **401**

1. Verwertung durch Zwangsvollstreckung

Leistet der Schuldner – sei er mit dem Grundeigentümer identisch, sei das Grundstück für eine Drittschuld verpfändet – bei Fälligkeit der gesicherten Forderung nicht, kann er sich auch nicht verteidigen und macht der Eigentümer im gegebenen Falle nicht von seinem Ablösungsrecht gem. § 1142 BGB Gebrauch, tritt **Pfandreife** ein. Die Pfandreife begründet den Sicherungsfall, wenn offenkundig ist, dass der Schuldner nicht leistet, obwohl er leisten müsste (oben Rn. 61 und vorst. Rn. 197). Die Pfandreife hat zur Folge, dass der Gläubiger das verpfändete Grundstück des Eigentümers, das dieser mit dem Grundpfandrecht belastet hatte, verwerten darf. Die gegenüber der Leistung auf die gesicherte Forderung **subsidiäre** Grundpfandhaftung wird virulent (oben Rn. 72). Das Kreditsicherungsverhältnis tritt in die Verwertungsphase (oben Rn. 61, 79) ein. Gem. § 1147 hat der Gläubiger den Weg der Zwangsvollstreckung zu gehen. **402**

a) Andere Verwertungsarten, insb. Verfallabreden

Die Beschränkung der Verwertung auf die Zwangsvollstreckung gewährleistet den Schutz des Grundeigentümers. Das Vollstreckungssystem für Grundstücke, das sich aus § 869 ZPO und dem Zwangsversteigerungsgesetz (ZVG) ergibt und dem sich der Gläubiger unterwerfen muss, berücksichtigt die Interessen aller Beteiligten in ausgewogener Weise bereits aus dem Grunde, dass eine neutrale Instanz, nämlich das Vollstreckungsgericht, das Verfahren in der Hand hat. Ob abweichende Vereinbarungen über die Verwertung getroffen werden können, richtet sich nach dem Zeitpunkt ihres Abschlusses. **403**

aa) **Vor Pfandreife** (vorst. Rn. 402) können die Parteien – Gläubiger und Eigentümer – keine andere Art der Verwertung vereinbaren. Namentlich ist es den Parteien gem. § 1149 (gleichermaßen gem. § 1229 für das Mobiliarpfandrecht, unten Rn. 582 ff.) verboten (§ 134 BGB), eine Verfallabrede zu treffen oder eine andere Art der Grundstücksverwertung, z.B. im Wege der Privatversteigerung, zu vereinbaren. Verfallabrede (lex comissoria) bedeutet, dass der Gläubiger im Sicherungsfall Eigentümer des Grundstücks werden soll. Die Gefahr solcher Abreden liegt darin, dass der Schuldner im Zeitpunkt der Bestellung des Pfandrechts oft nicht ernsthaft mit dem Sicherungsfall rechnet, sondern davon ausgeht, den Kredit bei Fälligkeit zurückzahlen zu können, so dass er sich leichtfertig auf die Verfallabrede einlässt[348]. Vor dieser abstrakten Gefahr schützt das Verbot, das sich sowohl auf den dinglichen Vollzug, die Eigentumsübertragung (§§ 925, 873), wie auf die Verpflichtung bezieht. **404**

348 Motive III, S. 680, bei *Mugdan*, S. 380.

405 Folgerichtigerweise gilt das Verbot nicht, wenn die Vereinbarung in einem Zeitpunkt getroffen wird, in dem der Sicherungsfall schon eingetreten war, also bei oder nach Pfandreife, d.h. der Fälligkeit der gesicherten Forderung, resp. der Grundschuld selbst, die sich wiederum nach dem Sicherungszweck richtet[349] (vorst. Rn. 197). In diesem Zeitpunkt kann der Eigentümer seine ökonomische Situation überblicken. Es gilt auch nicht, wenn der Gläubiger Eigentümer des Grundstücks unabhängig von der Voraussetzung werden soll, dass er trotz Fälligkeit nicht ordnungsgemäß befriedigt wird[350] oder wenn die Eigentumsverschaffung gar nicht den Zweck der Befriedigung des Gläubigers hat, also der gesetzliche Zwang zur Verwertung durch Zwangsvollstreckung nicht durch die vereinbarte Sachübertragung ersetzt werden soll[351] oder wenn der Gläubiger ohne Grundpfandrechtsbestellung eine Auflassungsvormerkung zur Sicherung eines Darlehens erhält[352]. Vereinbarungen solchen Inhalts sind vielmehr schon vor Pfandreife nach Maßgabe von § 1149 wirksam, können aber nach Lage des Einzelfalls vor den allgemeinen Schranken von § 138 Abs. 1 BGB oder sogar wegen Wuchers nach Abs. 2 stehen, deren besondere, generalisierende Ausprägung § 1149 ist.

406 *bb)* **Nach** Eintritt der **Pfandreife** können also wirksam andere Verwertungsarten als die Verwertung durch Zwangsvollstreckung getroffen werden. Unberührt bleibt die Verwertung durch freihändige Veräußerung des Grundstücks, im Zuge derer der Erwerber den Gläubiger gem. § 267 BGB befriedigt; ist hierbei ein höherer Erlös als durch Zwangsversteigerung zu erwarten, kann der Gläubiger zu einem solchen Vorgehen aus dem Sicherungsvertrag sogar verpflichtet sein (vorst. Rn. 179 sowie unten Rn. 1215)[353].

407 *cc)* Weil das Verbot von Verfallabreden unmittelbar auf das filigrane Verwertungsreglement des Zwangsvollstreckungsrechts aufbaut, ist es auf Kreditsicherungstypen, die nicht diesem Reglement unterworfen sind, nicht anwendbar, insbesondere nicht auf die Sicherungstreuhand (unten Rn. 1228) und schon gar nicht auf eine grundstücksbezogene Verfallabrede, ohne dass überhaupt ein Grundpfandrecht bestellt wird[354].

b) Voraussetzungen der Zwangsvollstreckung

408 Eher selten lässt sich ein Grundeigentümer nach Eintritt der Pfandreife auf eine Verfallabrede ein, so dass das Grundstück in aller Regel durch Zwangsvollstreckung verwertet wird.

409 *aa)* Verwertung im Wege der Zwangsvollstreckung bedeutet, dass die Voraussetzungen der Zwangsvollstreckung erfüllt sein müssen, der Gläubiger also einen **Vollstreckungstitel** haben muss, der mit Vollstreckungsklausel versehen ist und dem Vollstreckungsschuldner, dem Grundstückseigentümer, zugestellt wurde. Vollstreckungstitel sind gem. § 704 Abs. 1 ZPO Urteile sowie die in § 794 ZPO genannten beurkundeten Erklärungen.

349 *Schanbacher*, JuS 99, 94 (97).

350 BayObLG DNotZ 93, 386; RGZ 92, 101 (104); 130, 227 (229).

351 BGHZ 130, 101 (104 ff.) mit Anm. *Bülow*, LM § 1149 BGB Nr. 1, Anm. *Rimmelspacher*, WuB I F 1 a. – 14.95, *Klanten*, JA 96, 441 und abl. Komm. *Eickmann*, EWiR § 1149 BGB 1/95, 1183; BGH WM 2003, 157; *Raape*, Verfallklauseln, S. 45; *Siol*, WM 96, 2217 (2218); Staudinger/*Wolfsteiner*, § 1149 BGB Rn. 15.

352 BayObLG NJW-RR 97, 590 mit skept. Anm. *Eickmann*, DNotZ 97, 729.

353 BGH WM 97, 1474 mit Bspr. *K. Schmidt*, JuS 97, 942, Anm. *A. Weber*, WuB I F 3. – 2.98 und Komm. *Schwerdtner*, EWiR § 276 BGB 3/97, 775; Bankrechtshandbuch/*Ganter*, § 90 Rn. 432.

354 So aber *Tiedtke*, ZIP 95, 57 (59) und WiB 96, 1039 (1043).

bb) Das Gesetz sieht als Regelfall vor, dass der Gläubiger gegen den Eigentümer Klage zu erheben hat und dass ein Prozess (**Duldungsprozess**) durchgeführt werden muss mit dem Ziel, ein Urteil zu erwirken, aus dem die Zwangsvollstreckung betrieben werden kann. Beklagter und Gegner der Vollstreckung, also Vollstreckungsschuldner, ist der Eigentümer auch dann, wenn er nicht zugleich auch Schuldner der gesicherten Forderung ist, also im Falle der Interzession (vorst. Rn. 116). Da der Eigentümer gem. §§ 1113 Abs. 1, 1192 BGB selbst und als solcher nicht zur Erfüllung der Forderung verpflichtet ist, sondern die Geldsumme aus dem Grundstück zu zahlen ist und dieses Ziel nur durch Verwertung des Grundstücks erreicht werden soll, richtet sich die Klage auf Duldung der Zwangsvollstreckung[355], nicht etwa auf Zahlung des Betrages der gesicherten Forderung. Die Klage aus § 1147 geht, mit anderen Worten, auf Verwirklichung des in der Verpfändung liegenden dinglichen Verwertungsrechts (oben Rn. 83 f.). Zu unterscheiden sind also die **dingliche Klage** auf Verwertung und die **persönliche Klage** auf Tilgung der gesicherten Forderung. **410**

Freilich bleibt es dem Gläubiger unbenommen, auch und zugleich die persönliche Klage zu erheben, die sich gegen denselben Beklagten richtet, wenn Grundeigentümer und Schuldner identisch sind (objektive Klagenhäufung – § 260 ZPO). Andernfalls sind die beiden Klagen gegen Eigentümer einerseits und Schuldner andererseits zu richten, können aber im Wege einfacher Streitgenossenschaft (§ 59 ZPO) miteinander verbunden werden. **411**

Im Prozess auf Duldung der Zwangsvollstreckung kann der Eigentümer als Beklagter die ihm zustehenden Einwände (vorst. Rn. 256 ff.) erheben, bei der Hypothek gem. § 1137 BGB auch solche, die sich gegen die Forderung richten. Die Aktivlegitimation ist der Legitimation nach materiellem Recht zu entnehmen (Grundbucheintragung bzw. Briefbesitz und Zessionskette bzw. Grundbucheintragung, vorst. Rn. 284, 286), was von Amts wegen zu prüfen ist. Passiv legitimiert ist der wahre Grundstückseigentümer. Bei Divergenz zwischen wahrer Rechtslage und Grundbucheintragung wird dem Gläubiger die Rechtsverfolgung durch § 1148 BGB erleichtert (gem. § 1248 BGB ebenso beim Faustpfandrecht, unten Rn. 609): Der eingetragene Eigentümer wird, jenseits von gutem Glauben, **als Eigentümer fingiert**, der Eingetragene ist immer und jedenfalls passiv legitimiert. In diesem Fall braucht der wahre Eigentümer aber nicht tatenlos zuzusehen. Er kann gem. § 1148 Satz 2 BGB die gerade ihm zustehenden Einwände geltend machen. Zu diesem Zwecke muss er seinerseits Klage gegen die Vollstreckung gem. § 771 ZPO (**Drittwiderspruchsklage**) erheben. Richtet sich die Klage gegen den nichteingetragenen wahren Eigentümer, muss der Gläubiger die Berichtigung des Grundbuchs gem. §§ 14, 22 GBO erwirken, weil zur Durchführung der Verwertung Titel und Grundbuch übereinstimmen müssen, wie dies § 17 ZVG bestimmt. Der Prozess kann vereinfacht werden, indem der Gläubiger den Weg des **Urkundenprozesses** gem. §§ 592 ff. ZPO wählt, der für den dinglichen Anspruch für statthaft erklärt ist (§ 592 Satz 2 ZPO). **412**

cc) Dem Gläubiger bleibt es auch unbenommen, aus dem Zahlungstitel die Zwangsvollstreckung in das Grundstück zu betreiben, wie jeder andere Gläubiger mit tituliertem Anspruch die Immobiliarzwangsvollstreckung betreiben kann. Nur hat die Zwangsvollstreckung aus dem dinglichen Titel den Vorzug der Priorität: Der Gläubiger wird nach Maßgabe des Zeitpunkts aus dem Grundstück befriedigt, in dem sein Grundpfandrecht im Grundbuch eingetragen wurde, also nach Maßgabe des Ranges. Der Rang der Zwangsvollstreckung aus dem persönlichen Titel richtet sich dagegen nach dem Zeitpunkt der Pfändung, das ist bei einem Grundstück die Eintragung einer Zwangshypothek (§ 867 Abs. 1 ZPO, s. nachf. Rn. 446). Andererseits kann der Gläubiger aus dem persönlichen Titel in das gesamte Vermögen des Beklagten und nunmehrigen Vollstreckungsschuldners vollstrecken, während sich der dingliche Titel ausschließlich gegen das Grundstück richtet, das mit dem Grund- **413**

355 Krit. zum Begriff *Jost*, Jura 2001, 153.

pfandrecht belastet ist. Für die Kosten des Duldungsprozesses, den der Grundeigentümer verloren hat, haftet er dagegen gem. § 91 ZPO auch mit seinem sonstigen Vermögen.

414 *dd)* Die Parteien (also Gläubiger und Grundstückseigentümer) können sich den Prozessweg ersparen, wenn sie gem. § 794 Abs. 1 Nr. 5 ZPO eine **vollstreckbare Urkunde** errichten, mit der in gleicher Weise wie durch Urteil die Duldung der Zwangsvollstreckung erreicht werden kann (vorst. Rn. 194). Es handelt sich um eine notarielle Urkunde, in der sich der Schuldner wegen seiner Verbindlichkeit der sofortigen (also keines vorgeschalteten Prozesses bedürfenden) Zwangsvollstreckung unterwirft. Auch vollstreckbare Urkunden können sowohl für persönliche wie für dingliche Ansprüche errichtet werden. Ein gem. § 1147 BGB tauglicher Titel ist nur ein solcher, der den dinglichen Anspruch auf Duldung der Zwangsvollstreckung beurkundet. Als **weitere Vollstreckungstitel** kommen Schiedssprüche und gerichtliche Vergleiche in Betracht (§ 794 Abs. 1 Nr. 1, Nr. 4a ZPO). Die Verteidigung (vorst. Rn. 256) des Schuldners findet durch Vollstreckungsabwehrklage gem. §§ 797 Abs. 4, 767 ZPO statt.

c) Arten der Immobiliarzwangsvollstreckung nach den Zugriffsobjekten

415 Hat der Grundpfandgläubiger einen Titel erwirkt, kann er gem. § 1147 BGB die Zwangsvollstreckung betreiben. Das Verfahren bestimmt sich nach §§ 864 bis 871 ZPO. Gem. § 866 Abs. 1 gibt es drei Arten der Immobiliarzwangsvollstreckung: Die Eintragung einer Zwangshypothek gem. § 867 ZPO, die Zwangsverwaltung und die Zwangsversteigerung. Die **Zwangshypothek** hat nur den Sinn der Rangwahrung und spielt für die Verwertung gem. § 1147 BGB, die ein Grundpfandrecht und damit bestehenden Rang voraussetzt, keine Rolle.

aa) Zwangsversteigerung und Zwangsverwaltung

416 Es verbleiben für die Verwertung des Grundstücks Zwangsversteigerung und Zwangsverwaltung, die im Zwangsversteigerungsgesetz (ZVG) geregelt sind (§ 869 ZPO). Mit diesen beiden Alternativen werden verschiedene Haftungsbereiche des Grundpfandrechts erfasst. Die Haftung erstreckt sich ja nicht nur auf das Grundstück und seine wesentlichen Bestandteile (vorst. Rn. 117 bis 140), sondern auch auf Erzeugnisse und sonstige Bestandteile, auf Zubehör (§ 1120 BGB), auf Miet- und Pachtzinsforderungen (§ 1123 BGB), wiederkehrende Leistungen (§ 1126 BGB) und Versicherungsforderungen (§ 1127 BGB, vorst. Rn. 138). Auch diese Gegenstände unterliegen gem. § 865 Abs. 1 ZPO der Immobiliarzwangsvollstreckung, sofern das Vollstreckungsgericht die Beschlagnahme beschlossen hatte (§§ 20, 148 ZVG, nachf. Rn. 418); Zubehör ist auch ohne Beschlagnahme nicht der Mobiliarzwangsvollstreckung zugänglich (§ 865 Abs. 2 Satz 1 ZPO), soweit nicht Enthaftung gem. §§ 1121, 1122 Abs. 2 eingetreten ist (nachf. Rn. 419 und vorst. Rn. 126). Ob der Gläubiger zur Zwangsversteigerung oder zur Zwangsverwaltung oder zu beidem schreitet, richtet sich nach den gewünschten Vollstreckungsobjekten. Die Zwangsversteigerung hat das Ziel, die Substanz des Grundstücks zu verwerten, die Zwangsverwaltung richtet sich auf die Verwertung der Erträgnisse. Die Beschlagnahme, die aufgrund des Antrags auf Zwangsversteigerung ergeht, erfasst daher gem. § 21 ZVG **nicht**

- getrennte land- und forstwirtschaftliche Erzeugnisse,
- Versicherungsforderungen dafür,
- Miet- und Pachtzinsforderungen,
- Ansprüche aus wiederkehrenden Leistungen und

– das Recht des Pächters auf Fruchtgenuss (dafür kann ja auf die Pachtzinsforderung durch Zwangsverwaltung zugegriffen werden).

Mithin verbleiben für die Zwangsversteigerung das Grundstück selbst und seine wesentlichen Bestandteile, das Zubehör, ungetrennte Erzeugnisse und sonstige Versicherungsforderungen. Wegen der übrigen Gegenstände, auf die sich die Grundpfandhaftung erstreckt, ist die Zwangsverwaltung der Weg, um die Verwertung zu erreichen (§ 148 Abs. 1 ZVG). Will der Gläubiger auf alle Haftungsgegenstände zugreifen, muss er sowohl Zwangsversteigerung wie Zwangsverwaltung betreiben (allerdings erübrigt sich letztere, wenn erstere vollzogen ist). Die Wahl nur der Zwangsverwaltung kann ratsam sein, wo bei niedrigen Grundstückspreisen die Versteigerung nicht zur Befriedigung führt, andererseits die Nutzungen – wie etwa bei Mietwohnblocks – hoch sind. **417**

bb) Beschlagnahme

In welchem Umfange die Haftungsgegenstände von der Immobiliarzwangsvollstreckung erfasst werden, kann sich nach dem Zeitpunkt der Beschlagnahme richten: **418**

Zubehör wird gem. § 1121 Abs. 1 BGB nicht mehr von der Immobiliarzwangsvollstreckung erfasst, wenn das Eigentum daran von einem Dritten erworben wurde und wenn die Sache vor der Beschlagnahme von dem Grundstück entfernt, also räumlich weggeschafft wurde; Gleiches gilt für Sachen, die unter Eigentumsvorbehalt stehen (vorst. Rn. 127 ff.). Ohne Entfernung bleibt es bei der Grundpfandhaftung, auch wenn der Erwerber des Zubehörs gutgläubig ist, wie § 1121 Abs. 2 Satz 1 BGB bestimmt. Tritt aber der Fall ein, dass der Erwerber die Sache vom Grundstück entfernt, obwohl die Beschlagnahme durch das Gericht schon beschlossen worden war, wird die Sache doch nicht von der Immobiliarzwangsvollstreckung erfasst, wenn der Erwerber hinsichtlich der Beschlagnahme gutgläubig war, also von ihr nichts wusste und seine Unkenntnis auch nicht auf grober Fahrlässigkeit beruhte (§ 1121 Abs. 2 Satz 2). Im Hinblick auf die Existenz des Grundpfandrechts braucht der Erwerber nicht gutgläubig zu sein, kann also von ihr wissen. Der Gläubiger trägt die Beweislast für die Bösgläubigkeit des Erwerbers. Eine Enthaftung durch Trennung innerhalb ordnungsgemäßer Wirtschaft (§ 1122 BGB, s. vorst. Rn. 126) kann nach Beschlagnahme nicht mehr stattfinden. **419**

Auf **Miet- und Pachtzinsforderungen** wirkt sich die Beschlagnahme nach Maßgabe von §§ 1123 Abs. 2, 1124 BGB aus. **420**

Alle Forderungen, die ein Jahr oder länger vor der Beschlagnahme fällig wurden, sind frei, also nicht dem Zugriff der Zwangsverwaltung ausgesetzt (§ 1123 Abs. 2 Satz 1, oben Rn. 133). Bei im voraus zu entrichtendem Mietzins ergreift die Immobiliarzwangsvollstreckung den Mietzins (§ 1123 Abs. 2 Satz 2), der ein Jahr vor der Beschlagnahme zu entrichten war. Vorausgesetzt ist, dass eine Miet- oder Pachtzinsforderung besteht. Ist sie durch Erfüllung erloschen, also durch Leistung des Mieters oder Pächters, kommt die Zwangsverwaltung nicht mehr in Betracht, das stellt § 1124 Abs. 1 klar. Sofern Forderungen frei geworden sind, die noch nicht getilgt worden waren, Immobiliarzwangsvollstreckung also nicht mehr möglich ist, kann der Gläubiger mit einem persönlichen Titel die Forderungspfändung betreiben. Im Falle einer **eigenkapitalersetzenden Gebrauchsüberlassung** i.S.v. § 32a GmbHG entfällt ein Anspruch auf Mietzins (vorst. Rn. 135). **421**

Verfügt der Vermieter oder Verpächter über Miet- oder Pachtzinsforderungen (Einziehung, Abtretung), die sich auf Zeiträume nach der Beschlagnahme beziehen, ist die Verfügung dem Grundpfandgläubiger gegenüber gem. § 1124 Abs. 2 aber insoweit relativ unwirksam. Ein Zessionar hat deshalb das Nachsehen, auch guter Glaube schützt ihn nicht; § 135 Abs. 2 ist nicht anwendbar. § 1124 Abs. 2 soll verhindern, dass ein wesentlicher Haftungsbereich ausgehöhlt werden könnte. Zwar bestimmt § 22 Abs. 2 ZVG, dass der Mieter oder Pächter frei wird und nicht nochmals an den **422**

Gläubiger bzw. den Zwangsverwalter (§ 152 ZVG) leisten muss, wenn er vor Zustellung des Beschlagnahmebeschlusses geleistet hat, doch ist diese Vorschrift nicht auf Vorauszahlungen, also noch nicht fälligen Miet- oder Pachtzins, anwendbar. § 22 Abs. 2 ZVG bezieht sich also nicht auf Vorausverfügungen gem. § 1124 Abs. 2 BGB. Vielmehr wird aufgrund der relativen Unwirksamkeit auch der Mieter oder Pächter nicht befreit, weil er an den falschen Gläubiger geleistet hat.

423 Dies hatte im Mietrecht erhebliche praktische Bedeutung für **Baukostenzuschüsse** (Mietvorauszahlungen) erlangt, mit denen der Mieter den Hausbau mitfinanzierte und dafür in der Folgezeit keine Miete zahlen musste. Hat der Mieter den bereits entrichteten Mietzins für die Zeit ab Beschlagnahme nochmals an den Grundpfandgläubiger zu zahlen und muss er beim Vermieter kondizieren? Dieses Ergebnis ist mit unterschiedlichen Begründungen verneint worden: Eine Vorausverfügung im Sinne von § 1124 Abs. 2 sei nicht anzunehmen, wenn „in Gemäßheit des Mietvertrages" die Miete vorauszuzahlen war und vorausgezahlt worden ist[356], es komme auf den für das Grundstück werterhöhenden Charakter des Baukostenzuschusses an: § 1124 Abs. 2 sei nicht anwendbar, wenn die Vorauszahlung vereinbart sei, wenn die werterhöhenden Verwendungen vereinbart seien und wenn die Vorauszahlung tatsächlich so verwendet worden sei[357]; die sozial schwächere Stellung des Mieters verdiene den Vorzug vor Verwertungsinteressen, wenn dieser aufgrund Wohnungsmangels zur Vorauszahlung gezwungen gewesen sei[358].

424 Andererseits sind Vorausverfügungen für den laufenden Kalendermonat (bei Beschlagnahme nach dem 15. Kalendertag auch der folgende Monat, § 1124 Abs. 2 Satz 2) wirksam – gilt das auch für den nachrangigen Nießbraucher oder kann dieser gem. § 1124 Abs. 1 nur das bis zur Beschlagnahme Eingezogene behalten? Letzteres ist der Fall[359]: Der Nießbrauch ist eine Verfügung über das Grundstück insgesamt, nicht lediglich über den Mietzins, der Rang zwischen Nießbraucher und Grundpfandgläubiger richtet sich nach allgemeinen Regeln.

425 **Wiederkehrende Leistungen** (Reallasten, Überbau- und Notwegrenten) werden von der Immobiliarzwangsvollstreckung nicht erfasst, wenn sie mindestens ein Jahr vor Beschlagnahme fällig waren. Verfügungen über die Forderung vor Beschlagnahme sind auch gegenüber dem Gläubiger wirksam, nicht jedoch, wenn sie sich auf eine Leistung beziehen, die erst drei Monate nach der Beschlagnahme fällig wurde, so § 1126 Satz 2. Auch hier kann dem Zessionar guter Glaube nicht helfen, § 135 Abs. 2 ist nicht anwendbar.

cc) Übernahmeprinzip

426 Bei der Zwangsversteigerung muss das Gesetz Sorge dafür tragen, dass der **Rang von Grundstücksrechten**, die prioritätsälter als dasjenige des betreibenden Gläubigers sind, gewahrt wird, also immer dann, wenn ein Gläubiger mit schlechterer als erster Rangstelle vollstreckt. Dem trägt das ZVG durch folgende Rechtskonstruktion Rechnung:

427 Die Versteigerung hat das Ziel, den Eigentumswechsel am Grundstück auf den Ersteher zu erreichen und den betreibenden Gläubiger durch den Versteigerungserlös zu befriedigen, auch die Kosten des Verfahrens zu decken. Die vorrangigen Grundstücksrechte werden dadurch gewahrt, dass sie vom Ersteher als neuem Eigentümer übernommen werden, also am Grundstück bestehen bleiben und nicht erlöschen, so § 52 Abs. 1 Satz 1 ZVG (Übernahmeprinzip). Übernahme durch den Ersteher heißt also, dass er ein mit einem oder auch mehreren Grundpfandrechten belastetes Grundstück erwirbt und infolgedessen die übernommenen vorrangigen Grundstücksrechte bei deren Fälligkeit aus dem erstande-

356 RGZ 144, 194 (196).
357 BGHZ 15, 296 (303/304).
358 *Baur/Stürner*, Sachenrecht, § 39 V. 3. b. (Rn. 55, S. 467).
359 RGZ 68, 10 (13); 101, 5 (7 f.).

nen Grundstück befriedigen muss. Daraus folgt, dass der Ersteher mindestens denjenigen Betrag bieten muss, der den Wert der vorrangigen Grundpfandrechte, außerdem der Kosten des Verfahrens, deckt: Dieser Betrag ist das **geringste Gebot** gem. § 44 Abs. 1 ZVG (**Deckungsprinzip**). Jeder Verwertungserlös, den der Ersteher leistet und der das geringste Gebot übersteigt, kommt dem betreibenden Gläubiger und gegebenenfalls nachrangigen Gläubigern und dem vormaligen Eigentümer (dazu nachf. Rn. 430) zugute. Derjenige bekommt das Grundstück (erhält den Zuschlag), ist also der Ersteher, der am meisten bietet, also das **Meistgebot** im Versteigerungstermin abgibt. Da die Rechte der vorrangigen Gläubiger durch die Versteigerung unberührt bleiben, muss der Ersteher nicht den gesamten Betrag des Meistgebots zahlen, sondern nur denjenigen Betrag, der nach Abzug des Werts der vorrangigen Rechte verbleibt (also aus dem geringsten Gebot die Kosten, auch solche zur Erhaltung des Grundstücks u.ä., §§ 10 Nr. 1 bis 3, 12 Nr. 1, 2 ZVG, sowie den überschießenden, der Befriedigung des betreibenden Gläubigers verbleibenden Betrag, **Mehrgebot**). Der Betrag der übernommenen Rechte wird mit dem Meistgebot gleichsam verrechnet. Dieser vom Ersteher aufzubringende Betrag ist das **Bargebot** (§ 49 Abs. 1 und 2 ZVG). Das **Mindestbargebot** ist mithin dasjenige, das die Kosten deckt (und mit dem der betreibende Gläubiger leer ausgehen würde). Folglich setzt sich das geringste Gebot zusammen aus den übernommenen Rechten und dem Mindestbargebot. Das Bargebot besteht aus dem Mindestbargebot und dem Mehrgebot. Etwas anderes ist das **Mindestgebot**: Das geringste Gebot kann je nach Bieterfreundlichkeit hinter dem wahren Grundstückswert zurückbleiben, das Grundstück zu verschleudern drohen. Deshalb ist der Zuschlag gem. § 85a ZVG zu versagen, wenn der Erlös (Bargebot zuzüglich vorrangiger Rechte) die Hälfte des Grundstückswerts nicht erreicht. Schließlich können nachrangige Gläubiger, die auszufallen drohen, die Versagung des Zuschlags gem. § 74a ZVG beantragen, wenn weniger als sieben Zehntel des Werts erzielt werden. Außerdem kann der Eigentümer Vollstreckungsschutzanträge gem. §§ 30a ZVG, 765a ZPO stellen.

Man kann den Versteigerungserlös dadurch zu beeinflussen versuchen, dass man mit einem poten- **428**
tiellen Bieter einen Vertrag schließt, ein Gebot in bestimmter Höhe beim Versteigerungstermin abzugeben (**Ausbietungsgarantie**)[360]. Es handelt sich um ein gem. § 313 Satz 1 BGB beurkundungsbedürftiges Geschäft[361]. Die **Ausfallgarantie** dagegen ist ein Vertrag, einen durch das zu geringe Meistgebot entstehenden Ausfall zu tragen[362]. Ein Vertrag, durch den sich jemand verpflichtet, selbst nicht mitzubieten oder andere vom Bieten abzuhalten (**pactum de non licitando**), kann gem. § 138 BGB sittenwidrig sein[363], sogar ein Kartell i.S.v. § 1 GWB darstellen[364], infolgedessen nichtig sein und zum Schadensersatz gem. §§ 826 BGB, 33 GWB verpflichten[365], da eine erfolgreiche Verwertung untergraben wird.

Vor der Versteigerung sind vorrangige Gläubiger, deren Rechte aus dem Grundbuch nicht ersichtlich **429**
sind, gem. § 37 Nr. 4 ZVG aufzufordern, ihre **Rechte anzumelden**, damit sie für das geringste Gebot berücksichtigt werden können.

Den **Zuschlag** erhält der Meistbietende (§ 81 Abs. 1 ZVG) durch Beschluss (§ 87 Abs. 1 **430**
ZVG) nach Anhörung Beteiligter (§ 74 ZVG), wenn keine Versagungsgründe (§§ 83 bis

360 OLG Celle NJW-RR 91, 866 mit Anm. *Nielsen*, WuB I F 1 b. – 1.91; RPfl 89, 118; *Baur/Stürner*, Zwangsvollstreckungsrecht, Rn. 36.8.
361 BGH WM 96, 1143 zu 1.; NJW-RR 93, 14.
362 BGH NJW 99, 711.
363 OLG Koblenz ZIP 2002, 1206 mit krit. Komm. *Hintzen*, EWiR § 138 BGB 6/02, 653.
364 OLG Frankfurt am Main WRP 89, 598.
365 BGH NJW 61, 1012; OLG Köln NJW 78, 47.

85 ZVG) vorliegen; die Zuschlagsbeschwerde ist möglich (§§ 95 ff. ZVG). Durch den Zuschlag wird der Ersteher originär kraft – privatrechtsgestaltenden – Hoheitsakts Eigentümer des Grundstücks einschließlich des Zubehörs (§ 90 Abs. 1 und 2 ZVG)[366], selbst dann, wenn dem Schuldner das Grundstück nicht gehört hatte; die privatrechtlichen Vorschriften über den gutgläubigen Erwerb gelten nicht[367]. Alle Rechte, die nicht in das geringste Gebot übernommen wurden, erlöschen: §§ 91 Abs. 1, 52 Abs. 1 Satz 2 ZVG, auch das Recht des betreibenden Gläubigers, das sich durch die Verwertung erledigt hat, § 1181 BGB (der Fortbestand kann aber gem. § 91 Abs. 2 ZVG vereinbart werden, dementsprechend vermindert sich das Bargebot, Abs. 3)[368]. Die Rechte erlöschen aber nicht ersatzlos: Sie setzen sich vielmehr am Versteigerungserlös fort, indem an ihre Stelle gem. § 92 Abs. 1 ZVG der Anspruch auf Ersatz des Wertes aus dem Versteigerungserlös tritt (für einen Nießbrauch und ähnliche Rechte bestimmt § 92 Abs. 2 ZVG Umrechnungswerte). Darin verwirklicht sich das **Surrogationsprinzip**, wie es auch für das Faustpfandrecht gem. § 1247 Satz 2 gilt (unten Rn. 599). Die Ansprüche an den Versteigerungserlös stehen in derselben Rangfolge wie die erloschenen Rechte[369]. Gem. §§ 105 ff. ZVG ist ein Teilungsplan (§ 113 ZVG) aufzustellen, mit dem die Teilungsmasse auf die Gläubiger verteilt wird: Zuerst wird der betreibende Gläubiger, soweit der Erlös ausreicht, befriedigt, wenn noch etwas übrig bleibt der nachfolgende Gläubiger etc., zuletzt der Eigentümer.

431 Wegen derjenigen Rechte, die wegen unterlassener Anmeldung gem. § 37 Nr. 4 ZVG ebenso wie die anderen Rechte erlöschen, findet im Verhältnis zum Ersteher kein Bereicherungsausgleich der Übergangenen statt. Der Rangverlust ist endgültig[370].

432 Ist eine Hypothek, die im geringsten Gebot enthalten ist, für eine Drittschuld bestellt, ändert sich durch die Versteigerung nichts: Der Gläubiger kann sowohl den persönlichen Schuldner wie den Ersteher als nunmehrigen Eigentümer in Anspruch nehmen. Ist der vormalige Eigentümer zugleich der persönliche Schuldner, kann seine persönliche Haftung aus der Forderung nicht mehr in Frage kommen: Er hat ja schon sein Grundstück eingebüßt. Andererseits ist die Hypothek im Bargebot berücksichtigt: Weil sie vom Ersteher zu übernehmen war, musste er für sie nicht zahlen. Deshalb ordnet § 53 ZVG eine gesetzliche Schuldübernahme durch den Ersteher nach Maßgabe von § 416 BGB (vorst. Rn. 239) an.

433 Vollstreckt der Gläubiger aus einer **nicht voll valutierten Grundschuld**, hat er aus der Sicherungsabrede (vorst. Rn. 154) ebenso wie im Falle der Sicherungstreuhand (unten Rn. 1215 f.) die Pflicht, den nicht zur Deckung der verbliebenen gesicherten Forderung erhaltenen Übererlös an den Eigentümer auszuzahlen[371]. Wenn andererseits der Ersteher die nicht mehr voll valutierte Grundschuld übernimmt (vorst. Rn. 427) und sodann an den Gläubiger zahlt, so dass die Grundschuld infolgedessen gelöscht wird, geht der teilweise

---

366 RGZ 156, 395; BGHZ 55, 20 zu II. 1. e.; BGH NJW 90, 2744 mit Komm. *Vollkommer*, EWiR § 652 BGB 1/91, 37; *Gerhardt*, JA 81, 12 (16).

367 *J. Hager*, in: Festschr. Canaris, S. 1 (18); die Berufung des Erstehers auf den Zuschlagsbeschluss kann aber unzulässige Rechtsausübung, § 242 BGB, darstellen, BGH NJW 79, 162 zu II., und zum Schadensersatzanspruch aus § 826 BGB führen.

368 BGH NJW 76, 805; 91, 286; 96, 2310; LG Itzehoe EWiR § 812 BGB 1/98, 169 (*Hintzen*) und OLG Stuttgart RPfl 97, 397 zum Fall eines löschungsreifen Grundpfandrechts; Gläubiger des bestehenbleibenden Rechts kann zugleich der Ersteher sein, BGH WM 99, 226 zu II. 3. b.; NJW 96, 2310 mit Bspr. *K. Schmidt*, JuS 97, 81; *Eickmann*, in: Festschr. Merz, S. 49 (55).

369 RGZ 76, 373 (377); BGH WM 99, 226 zu II. 3. b.; NJW 91, 1197 zu II. 1. b.; *W. Meier*, JuS 92, 650 (655).

370 BGHZ 21, 30 (34 m.w.N.); *Baur/Stürner*, Zwangsvollstreckungsrecht, Rn. 626.

371 BGH WM 81, 581 zu II. 1. b.; OLG Köln WM 98, 1924; *Storz*, ZIP 80, 506.

Rückübertragungsanspruch des früheren Eigentümers unter. Dennoch hat er gegen den Ersteher keinen Bereicherungsanspruch[372].

dd) Zwangsverwaltung

Wegen der getrennten land- und forstwirtschaftlichen Erzeugnisse und der an ihre Stelle 434
tretenden Versicherungsforderungen, der Miet- und Pachtzinsforderungen und der wiederkehrenden Leistungen, auf die sich die Zwangsversteigerung nicht erstreckt, findet auf Antrag die Zwangsverwaltung statt (§ 148 ZVG). Zu ihrer Durchführung bestellt das Gericht gem. § 150 Abs. 1 ZVG einen Zwangsverwalter, der in bestimmten Fällen auch der Schuldner sein kann (§ 150b ZVG). Er ist ähnlich dem Insolvenzverwalter Partei kraft Amtes[373]. Der Zwangsverwalter zieht die Forderungen ein[374]. Die nach den Kosten (§ 155 ZVG) verbleibenden Überschüsse werden auf die Gläubiger nach ihrem Rang aufgrund eines Teilungsplans (§ 156 Abs. 2) verteilt. An den Eigentumsverhältnissen am Grundstück ändert sich natürlich nichts.

An Miet- und Pachtverträge ist der Verwalter gem. § 152 Abs. 2 ZVG gebunden. Im Falle **eigenkapitalersetzender Gebrauchsüberlassungen** i.S.v. § 32a GmbHG entfällt aber ein Mietzinsanspruch, soweit er sich auf Zeiträume bis zur Wirksamkeit des Beschlagnahmebeschlusses, d.h. bis zu seiner Zustellung, bezieht[375] (vorst. Rn. 136). Das Recht des betreibenden und durch die Zwangsverwaltung befriedigten Gläubigers erlischt gem. §§ 1181 Abs. 3 BGB, 158 Abs. 2 ZVG, das Verfahren ist aufzuheben (§ 161 Abs. 2 ZVG). Nachrangige Gläubiger rücken vor, vorrangige bleiben unberührt. Wollen sie an der Zwangsverwaltung teilhaben, müssen sie dem Verfahren beitreten (§§ 146 Abs. 1, 27 ZVG). 435

d) Ablösung zur Vollstreckungsvermeidung (§ 1150)

aa) Gefahr des Rechtsverlusts für Dritte

aa) Die Immobiliarzwangsvollstreckung kann dazu führen, dass nachrangige Rechte am 436
Grundstück erlöschen (§ 52 Abs. 1 Satz 2 ZVG, vorst. Rn. 353 f.), ohne dass deren Gläubiger befriedigt worden wären. Das brauchen diese Gläubiger – dinglich Berechtigte, auch Vormerkungsgläubiger, § 885, nicht aber der Zessionar des Rückgewähranspruchs bei der Grundschuld[376] (vorst. Rn. 184 und nachf. Rn. 438) – nicht hinzunehmen. Sie können die Vollstreckung vielmehr gem. § 1150 BGB abwenden, indem sie den Anspruch des Gläubigers, der verwerten will, befriedigen, so dass sie – vielleicht zu einem späteren, günstigeren Zeitpunkt – selbst die Versteigerung oder Verwaltung betreiben können. Das gleichgeartete Recht steht dem Dritten bei Verwertung eines Faustpfandrechts gem. § 1249 zu (unten Rn. 610; zum Ablösungsrecht des Eigentümers bei Verpfändung für eine Drittschuld gem. § 1142 BGB vorst. Rn. 213 ff.). Dieses **dingliche Ablösungsrecht** ist in seinen Rechtsfolgen wie das schuldrechtliche Ablösungsrecht gem. § 268 BGB ausgestaltet, auf das § 1150 BGB verweist. Erleichtert sind die Voraussetzungen: Es genügt anders

372 BGH NJW 93, 1919 mit Komm. *Köndgen*, EWiR § 812 BGB 3/93, 973.

373 *Baur/Stürner*, Zwangsvollstreckungsrecht, Rn. 37.1; *Gerhardt*, JA 81, 12 (19); dazu auch BGHZ 96, 61 (68) mit Komm. *Gerhardt*, EWiR § 152 ZVG 1/86, 103; BGH NJW 86, 3206 zu II. 1. b.

374 Sonst verletzt er seine Amtspflichten und kann sich gem. § 154 ZVG schadensersatzpflichtig machen, BGH BB 90, 16.

375 BGH NJW 99, 577 zu III. 3.

376 OLG Köln RPfl 88, 324.

als dort, dass der Gläubiger die Befriedigung aus dem Grundstück lediglich verlangt, nicht muss er die (kostenträchtige) Zwangsvollstreckung schon betreiben, sie soll durch das Ablösungsrecht gerade abgewendet werden können (natürlich ist die Ablösung aber auch nach Einleitung der Zwangsvollstreckung möglich).

437 Das Ablösungsrecht dient zwar der Vollstreckungsabwendung, es besteht aber auch bei anderer subjektiver Willensrichtung des Ablösenden[377], z.B. um ein eigenes rangschlechteres Grundpfandrecht aufrücken zu lassen. Das Befriedigungsverlangen des Gläubigers kann in einer Zahlungsaufforderung[378] oder in der Kündigung der Grundschuld (§ 1193, vgl. vorst. Rn. 197)[379] liegen. Anwendbar ist § 268, nicht § 267 BGB: Der betreibende Gläubiger kann die Leistung nicht ablehnen, auch nicht, wenn der Schuldner, also der Eigentümer, widerspricht[380]. Unerheblich ist, ob der einer Grundschuld zugrundeliegende Sicherungsvertrag, an dem der Dritte nicht beteiligt ist, eine Tilgungsbestimmung enthält, die die Leistung auf die gesicherte Forderung vorschreibt und die Leistung auf die Grundschuld ausschließt[381] (vorst. Rn. 221).

438 **Rechtsfolge** der Ablösung ist, dass die gesicherte Forderung gem. §§ 1150, 268 Abs. 3 Satz 1 BGB auf den Ablösenden übergeht, soweit er den Gläubiger befriedigt, gem. §§ 412, 401 einschließlich akzessorischer Nebenrechte. Ist das Gläubigerrecht eine Hypothek, geht mit der Forderung auch die Hypothek selbst kraft Gesetzes auf den Ablösenden über (§ 1153 BGB), so dass ihm die Ablösung zu besserer Rangstelle verhilft. Bei der Grundschuld bezieht sich der Rechtsübergang gem. § 1192 Abs. 1 BGB auf die Grundschuld selbst und unmittelbar, nicht jedoch auf die gesicherte Forderung[382]. Auch ist § 401 nicht auf den Rückgewähranspruch anwendbar, der sich auf Grundschulden beziehen kann, die dem abgelösten Recht im Rang vorgehen (vorst. Rn. 234): Der Ablösende wird nicht Legalzessionar[383] und könnte nur durch Abtretungsvertrag (§ 398 BGB) mit dem Gläubiger dieses Anspruchs (Eigentümer oder persönlicher Schuldner, vorst. Rn. 180) selbst Rückgewährsgläubiger werden. Die Befriedigung zum Zweck der Ablösung kann gem. § 268 Abs. 3 BGB auch durch Hinterlegung oder Aufrechnung bewirkt werden. Um das übergegangene Grundpfandrecht durchsetzen zu können, also um sich zu legitimieren (vorst. Rn. 218, 320), hat der Ablösende Anspruch auf Urkundenverschaffung gem. §§ 1144, 1145 BGB.

439 Der Rechtsübergang kann gem. § 268 Abs. 3 Satz 2 BGB **nicht zum Nachteil** des Gläubigers geltendgemacht werden: Ist der Gläubiger mit einer nur teilweisen Ablösung einverstanden (vgl. § 266 BGB), bleibt das Grundpfandrecht im Übrigen beim Gläubiger. Dieser dem Gläubiger verbleibende Teil des Grundpfandrechts hat Vorrang vor demjenigen Teil, der auf den Ablösenden übergegangen ist (unten Rn. 1018). Die Vorschrift bedeutet jedoch nicht, dass ein Grundschuldgläubiger die Leistung ablehnen könnte, weil der Sicherungsvertrag (vorst. Rn. 154) die Leistung auf die Forderung und nicht auf die Grundschuld vorschreibt[384] (vorst. Rn. 437 und Rn. 221).

---

377 BGH NJW 94, 1475 mit zust. Komm. *Hintzen*, EWiR § 1150 BGB 1/94, 559; a.A. RGZ 146, 317 (324).

378 RGZ 91, 297 (302).

379 RG Gruchot 55 (1911), 670 (673).

380 Dazu BGH NJW 96, 2791 zu 2.

381 LG Memmingen NJW-RR 98, 1512 mit Komm. *Hager*, EWiR § 1150 BGB 1/98, 357.

382 MK/*Eickmann*, § 1150 BGB Rn. 32; *Goertz/Rohloff*, JuS 2000, 762 (765); unzutreffend OLG Hamburg MDR 2000, 1186.

383 BGH WM 88, 564 zu 2. mit Komm. *Gaberdiel*, EWiR § 1191 BGB 2/88, 583.

384 LG Memmingen NJW-RR 98, 1512 mit Komm. *Hager*, § 1150 BGB EWiR 1/98, 357.

bb) Ablösungsleistung an einen Nichtberechtigten

Fraglich ist, ob der auf Gesetz beruhende Rechtsübergang gem. § 1150 BGB auch dann eintritt, wenn der Befriedigung verlangende Gläubiger in Wahrheit Nichtberechtigter, also z.B. nur Buchgläubiger war (die Abtretung des Grundpfandrechts an den Erwerber oder die dingliche Einigung nach § 873 BGB bei der Bestellung war nichtig[385]). Weiter ist umstritten, ob derjenige, der kraft Ablösung das Grundpfandrecht erwirbt, eine dem Eigentümer zustehende Einrede (vorst. Rn. 261, 309) oder eine Einrede gegen die gesicherte Forderung durch guten Glauben an ihre Abwesenheit gem. §§ 1157 Satz 2, 1138 BGB vernichten kann. Die Antworten ergeben sich aus folgenden Überlegungen: **440**

aaa) Der Ablösende, der nach Maßgabe von § 892 gutgläubig ist, kann gem. § 893 BGB mit befreiender Wirkung an den im Grundbuch eingetragenen Nichtgläubiger leisten mit der Folge, dass der Grundstückseigentümer frei wird. Das Grundpfandrecht, dessen Inhaber der Nichtgläubiger in Wahrheit nicht gewesen war, geht dadurch nicht unter[386]. Fraglich ist aber, ob der **Erwerb des Grundpfandrechts** in der Person des Ablösenden oder des Eigentümers eintritt. Der Rechtsübergang auf den gem. § 1150 BGB Ablösenden als Folge seiner Leistung wäre ausgeschlossen, wenn der gutgläubige Erwerb vom Nichtberechtigten voraussetzen würde, dass dieser Erwerb auf einem gerade darauf gerichteten Rechtsgeschäft beruht und nicht lediglich gesetzlicher Natur, hier also gesetzliche Folge der Ablösung ist. Eine solche Rechtsregel gibt es in dieser Unbeschränktheit aber nicht: Zwar befasst sich § 892 BGB mit dem Erwerb kraft darauf gerichteten Rechtsgeschäfts. Trotzdem ist es das Gesetz selbst, das den gutgläubigen Erwerb von Grundpfandrechten kraft Gesetzes zulässt: Bei der Hypothek ist Gegenstand des rechtsgeschäftlichen Erwerbs die Forderung, der das Grundpfandrecht gem. § 1153 BGB kraft Gesetzes folgt (vorst. Rn. 277); zweifellos ist aber § 892 BGB anwendbar, der gutgläubige Erwerb der Hypothek also möglich[387], § 1138 setzt dies als selbstverständlich voraus. Dem Gesetz kommt es also darauf an, ob die Grundlage für den gesetzlichen Rechtsübergang ein Rechtsgeschäft – die Forderungsabtretung – ist[388]. Ebenso verhält es sich bei der Ablösung gem. § 893: Diese ist als eine Leistung selbst Rechtsgeschäft, so dass ihr der Übergang des Grundpfandrechts kraft guten Glaubens folgen kann, auch wenn dieser Übergang selbst gesetzlicher Natur ist. Der Ablösende, nicht der Eigentümer, kann also gem. § 1150 Inhaber des Grundpfandrechts werden, so dass eine Fremdhypothek resp. Fremdgrundschuld, aber keine Eigentümergrundschuld entsteht. Dieses Ergebnis ist unstreitig. **441**

bbb) Der gute Glaube spielt aber nicht nur für den Erwerb des Grundpfandrechts, sondern auch für seine **Einredefreiheit** eine Rolle. Auch wenn der Befriedigung verlangende Gläubiger Berechtigter ist, dem Übergang des Grundpfandrechts die gesetzliche Natur also nicht im Wege stehen kann, ist es doch möglich, dass die einer Hypothek zugrundeliegende Forderung einredebehaftet war – erwirbt der Ablösende gutgläubig einredefrei gem. § 1138 BGB? Oder der Eigentümer hatte mit dem Gläubiger ein Stillhalteabkommen (Moratorium) getroffen (eigentümerbezogene Einrede, vorst. Rn. 261) – kann der **442**

---

385 Vgl. BGH NJW-RR 2001, 1097.

386 Im Falle eines von vornherein nicht existierenden Grundpfandrechts verneint *Gursky*, WM 2001, 2361 (2365) den Erwerb des Ablösenden.

387 *Canaris*, NJW 86, 1488; *Rimmelspacher*, WM 86, 809 (810); *Reinicke/Tiedtke*, WM 86, 813 (816).

388 *Baur/Stürner*, § 38 IX. 4. (Rn. 108 ff., S. 452); *Canaris*, NJW 86, 1488 (1489); *Armbrüster*, JuS 89, 824 (825).

Ablösende einredefrei gem. § 1157 Satz 2 BGB erwerben, m.a.W.: Genügt es auch hier, dass die Grundlage des gesetzlichen Rechtsübergangs rechtsgeschäftlicher Natur, aber das Rechtsgeschäft selbst nicht auf den Erwerb gerichtet ist? Entgegen der Ansicht des Bundesgerichtshofs[389] ist keine andere Beurteilung als beim Erwerb des Grundpfandrechts selbst ersichtlich: Auch im Hinblick auf die Einrede handelt der Ablösende im Vertrauen auf die „grundbuchrechtliche oder grundpfandbriefliche Scheinlegitimation“[390] des Gläubigers und macht typischerweise die Abwesenheit von Einreden zum Gegenstand seines Ablösungsentschlusses, hätte also möglicherweise nicht geleistet, wenn er die Einrede hätte in Kauf nehmen müssen. Der Eigentümer, der die Einrede verliert, hätte sich schützen sollen, indem er ihre Eintragung im Grundbuch oder auf dem Brief bewirkt hätte. Er ist jedenfalls nicht schutzwürdiger als im gewöhnlichen Fall des gutgläubig-einredefreien Erwerbs gem. § 1157 Satz 2[391]. Allerdings ist die Ablösung die Bewirkung einer Leistung, die eine besondere Behandlung zum Schutz des Redlichen in § 893 BGB gefunden hat. Eben diese Gutglaubensvorschrift ist in § 1157 Satz 2 aber nicht erwähnt (vorst. Rn. 311). Darauf gründet der Bundesgerichtshof seine ablehnende Ansicht. Aber die fehlende Erwähnung bedeutet nicht ihre Unanwendbarkeit[392], und vor allem geht es bei dem Problem des einredefreien Erwerbs kraft guten Glaubens im Rahmen von § 1150 BGB überhaupt nicht um die Leistung an einen Nichtberechtigten, vielmehr richtete sich die Ablösung zur Vollstreckungsvermeidung an den wirklichen, die Befriedigung verlangenden vorrangigen Gläubiger; der Umstand, dass der Gläubiger einer Einrede gegen die Hypothek ausgesetzt ist, macht ihn nicht zum Nichtberechtigten, sondern er bleibt Inhaber des Grundpfandrechts[393]. Das Problem liegt vielmehr darin, einen gleichsam mittelbaren rechtsgeschäftlichen Tatbestand genügen zu lassen, wenn der unmittelbare Tatbestand des Rechtsübergangs auf Gesetz beruht wie etwa auch im alltäglichen Fall von § 1153 (vorst. Rn. 441)[394]. Im Übrigen versagt die Argumentation mit § 893 in Fällen des einredefreien Erwerbs nach §§ 1138, 1137 (Einrede in Bezug auf die akzessorisch verbundene gesicherte Forderung bei der Hypothek, vorst. Rn. 306), wo die Anwendbarkeit von § 893 nicht ausgeschlossen ist[395]. Richtigerweise ist der gute Glaube des Erwerbers gem. §§ 1138, 1157 Satz 2 also auch dann geschützt, wenn er das Grundpfandrecht gem. §§ 1150, 268 Abs. 3 (1153) BGB kraft Gesetzes erwirbt, weil der zugrundeliegende Erfüllungsakt, die Ablösung, ein Rechtsgeschäft ist.

443 Die Richtigkeit dieses Ergebnisses ist überprüfbar anhand eines alternativen Vorgehens durch den Ablösungsberechtigten. Er kann statt der Ablösung mit dem Gläubiger die rechtsgeschäftliche Übertragung des Grundpfandrechts gegen Befriedigung des Gläubigers vereinbaren[396] mit der Folge, dass an der Möglichkeit des gutgläubig-einredefreien

---

389 NJW 97, 190 zu II. 1. b. mit Bspr. *K. Schmidt*, JuS 97, 270, abl. Anm. *Wolfsteiner*, DNotZ 97, 387 und *Wilhelm*, WuB I F 3. – 1.97 und zust. Komm. *Gaberdiel*, EWiR § 1157 BGB 1/96, 1127; NJW 86, 1487 zu 3. b. mit abl. Anm. *Canaris*.

390 So zutr. *Canaris*, NJW 86, 1488 zu 1. b.

391 Im Ergebnis ebenso *Canaris*, a.a.O. zu 2.

392 § 893 betrifft keinen Übertragungsbestand, den § 1157 regelt, sondern die Frage, ob sich der Eigentümer durch Leistung an den Buchgläubiger befreien würde; hierfür gilt § 893 unmittelbar, *Wilhelm*, Sachenrecht, Rn. 887, 921; *Reischl*, JR 98, 405 (410).

393 *Hager*, ZIP 97, 133 (136).

394 Im Ergebnis ebenso *Reischl*, JR 98, 405 (408 f.); *ders.*, JuS 98, 414 (415); *Wilhelm*, WuB I F 3. – 1.97.

395 *Hager*, ZIP 97, 133 (136).

396 *Reischl*, JR 98, 405 (408); *ders.*, JuS 98, 414 (415); *Hager*, ZIP 97, 133 (137/138) – Ius offerendi.

Erwerbs keine Zweifel bestehen. Diese Möglichkeit kann nicht von der Art der Vorgehensweise abhängen.

ccc) Der **Schutz des Eigentümers** ist **woanders** zu suchen, nämlich in der Frage, ob er dem neuen Gläubiger nach §§ 1157 Satz 2, 892 die Einrede der Nichterfüllung des Sicherungszwecks entgegensetzen kann (vorst. Rn. 312). **444**

e) Rückgewähranspruch bei der Grundschuld

Ist die der Sicherungsgrundschuld zugrundeliegende Forderung erloschen und gibt es auch keine andere Forderung, deren Sicherung die Grundschuld dienen soll, hat der Eigentümer Anspruch auf ihre Rückgewähr; der Anspruch steht dem Schuldner zu, wenn er gegen den Eigentümer Anspruch auf Ersatz für die Tilgung der Forderung hat (vorst. Rn. 239). Der Rückgewähranspruch kann an Dritte zur Sicherung anderer Forderungen abgetreten werden[397]. Die Verwertung durch den Sicherungsnehmer, den Zessionar, richtet sich nach den Regeln über die Verwertung von Sicherungsforderungen (unten Rn. 1215). Die danach durchzuführende Einziehung des Anspruchs auf Rückübertragung bedeutet, dass der Zessionar den Anspruch gegen den Inhaber der Grundschuld auf Abschluss eines Grundschuldübertragungsvertrages gem. §§ 873, 1154, 1192 durchsetzt. **445**

2. Zwangsvollstreckung durch Dritte

a) Rangwahrung durch Immobiliarvollstreckungsrecht

aa) Nicht nur der Grundpfandgläubiger kann die Zwangsvollstreckung in das Grundstück zum Zwecke der Verwertung betreiben, sondern auch jeder Gläubiger, der einen vollstreckungsfähigen Titel gegen den Eigentümer als Vollstreckungsschuldner wegen einer Geldforderung hat, davon geht § 864 ZPO aus[398]. Ein Vollstreckungsgläubiger kann sogleich zur Zwangsversteigerung oder Zwangsverwaltung schreiten, er kann davon aber auch zunächst absehen und seine Interessen durch die Eintragung einer Zwangshypothek gem. § 867 ZPO wahren: Sie sichert ihm den Rang vor anderen Vollstreckungsgläubigern, die später die Immobiliarzwangsvollstreckung betreiben. Die Rechte vorrangiger Grundpfandgläubiger werden durch Übernahmeprinzip und geringstes Gebot (vorst. Rn. 427) gewahrt, deren besserer Rang durch die Zwangsvollstreckung nachrangiger Gläubiger nicht beeinträchtigt wird. Sicherungskonkurrenzen sind durch das ZVG gelöst. Die Notwendigkeit, dem vorrangigen Grundpfandgläubiger etwa die Drittwiderspruchsklage gem. § 771 ZPO zuzubilligen, besteht nicht. Gem. § 867 Abs. 2 ZPO können Zwangshypotheken im Allgemeinen nicht Gesamthypotheken (vorst. Rn. 379 ff.) sein[399]. Zur Vollstreckung aus der Zwangs- oder Arresthypothek bedarf es keines gesonderten Duldungstitels nach § 1147 (vorst. Rn. 410) mehr[400], § 867 Abs. 3 ZPO. **446**

---

397 BGHZ 108, 237; *Wilhelm*, JZ 98, 18; *Gnamm*, ZIP 86, 822; *Storz*, ZIP 80, 1049 (1057).

398 Genaue Bezeichnung der Forderung: LG Bonn MDR 95, 747; vollstreckbarer Steuerbescheid: BFH BB 86, 454 und *Hundt-Eßwein*, BB 86, 1338.

399 BGH WM 91, 723; OLG Oldenburg WM 96, 175 mit krit. Komm. *Muth*, EWiR § 867 ZPO 1/96, 239; wohl aber im Besonderen, wenn mehrere Eigentümer als Gesamtschuldner für die titulierte Forderung haften, BGH NJW 61, 1352; *Deimann*, RPfl 2000, 193.

400 Dazu *Goebel*, KTS 95, 143; BT-Drucks. 12/8314; zur früheren Rechtslage BGH NJW 97, 3230 zu II.

447 *bb)* Allerdings können die Interessen von Grundpfandgläubigern durch die fehlerhafte Anwendung des Immobiliarzwangsvollstreckungsrechts berührt werden. So ist zwar der Zugriff auf Zubehör gem. § 865 Abs. 2 Satz 1 ZPO nur durch Zwangsversteigerung möglich, aber der Gerichtsvollzieher kann den Zubehörcharakter einer beweglichen Sache verkennen und die Mobiliarpfändung gem. §§ 803 ff. ZPO vollziehen, welche gleichwohl wirksam ist. In diesem Fall kann der Grundpfandgläubiger gem. § 771 ZPO **Drittwiderspruchsklage** mit dem Antrag erheben, die Zwangsvollstrekkung in das Zubehör für unzulässig zu erklären. Bei anderen Gegenständen – z.B. Mietzinsforderungen, die durch Pfändungs- und Überweisungsbeschluss gem. §§ 828 ff. ZPO gepfändet werden – ist die Drittwiderspruchsklage ab Beschlagnahme gegeben, wie § 865 Abs. 1 ZPO bestimmt. Auch kann der Grundpfandgläubiger gem. § 766 ZPO Erinnerung einlegen. Mit der Drittwiderspruchsklage kann der Eigentümer auch geltend machen, dass die titulierte Forderung nachträglich erloschen ist[401], so dass gem. § 868 ZPO ein Eigentümergrundpfandrecht entsteht.

448 Ein Recht auf vorzugsweise Befriedigung in der Immobiliarzwangsvollstreckung haben die in § 10 ZVG aufgeführten Gläubiger. Sie können ihre Ansprüche durch Vorzugsklage gem. § 805 ZPO (unten Rn. 616) durchsetzen.

449 Gem. § 37 Nr. 5 ZVG sind alle, die ein der Versteigerung entgegenstehendes Recht haben, vor der Versteigerung aufzufordern, die Aufhebung des Verfahrens herbeizuführen. So fällt das Zubehör nur dann unter die Grundpfandhaftung, wenn es dem Grundeigentümer gehört, nicht aber, wenn ein Dritter Eigentümer (z.B. Vorbehaltsverkäufer, vorst. Rn. 127) ist. Macht der Dritte sein Recht gem. § 37 Nr. 5 ZVG geltend, kann der Vollstreckungsgläubiger den Versteigerungsantrag gem. § 29 ZVG zurücknehmen oder gem. § 30 ZVG die einstweilige Aufhebung bewilligen. Tut der Vollstreckungsgläubiger das nicht, muss der Dritte Drittwiderspruchsklage gem. § 771 ZPO erheben, um die Surrogation (vorst. Rn. 430) zu vermeiden. Wird das Verfahren fortgeführt, tritt an die Stelle der Sache der Versteigerungserlös.

450 *cc)* Gem. § 17 ZVG darf die Zwangsversteigerung (ebenso die Zwangsverwaltung gem. § 146 ZVG) nur angeordnet werden, wenn der **Vollstreckungsschuldner als Eigentümer** des Grundstücks im Grundbuch eingetragen ist (oder bei Erbfolge). Für Zwangshypotheken folgt das aus § 39 Abs. 1 GBO.

451 Die Grundbucheintragung kann jedoch falsch und der Eingetragene braucht in Wahrheit nicht Eigentümer zu sein. Trotzdem kann der Grundpfandrechtgläubiger sein Recht gem. § 1148 BGB verfolgen (vorst. Rn. 432). Deshalb hat der wahre Eigentümer ein die Veräußerung hinderndes Recht i.S.v. § 771 ZPO und kann gegen die Vollstreckung Drittwiderspruchsklage erheben (vorst. Rn. 412). In derselben Weise kann er gegen die Zwangsvollstreckung aus einer vollstreckbaren Urkunde vorgehen (vorst. Rn. 191). Der wahre Eigentümer ist Kläger, der Vollstreckungsgläubiger Beklagter des Drittwiderspruchsprozesses.

452 Sofern eine vollstreckbare Urkunde gegen den jeweiligen Eigentümer gem. § 800 ZPO wirkt, ist auch der wahre Eigentümer erfasst, wenn die Unterwerfung gem. § 800 Abs. 1 Satz 2 ZPO im Grundbuch eingetragen ist, nur bedarf es dann der Zustellung der vollstreckbaren Urkunde, wie aus § 800 Abs. 2 ZPO folgt. Die Drittwiderspruchsklage wäre also unbegründet.

b) Mobiliarvollstreckung in den Rückübertragungsanspruch

453 Da der Anspruch auf Rückübertragung der Grundschuld, der nach Fortfall des Sicherungszwecks fällig wird (vorst. Rn. 176, 184), übertragbar ist, unterliegt er auch der Pfändung gem. § 857 ZPO[402].

---

401 BGH NJW 88, 828; OLG Düsseldorf WM 93, 1692 mit Anm. *Smid*, WuB VI E. – 1.93.
402 *Dempewolf*, NJW 59, 556; BGH MDR 61, 675; LG Limburg NJW 86, 3148.

454 Es wird also auf Antrag ein Pfändungsbeschluss gem. §§ 857 Abs. 1, 829 ZPO erlassen. Der Vollstreckungsgläubiger hat dadurch Anspruch auf Übertragung der Grundschuld auf sich selbst. War der Rückübertragungsanspruch an einen Dritten abgetreten worden und richtet sich die Zwangsvollstreckung gegen den Eigentümer (der mithin gar nicht mehr Inhaber des Rückübertragungsanspruchs ist), kann der wahre Berechtigte, der Zessionar des Rückübertragungsanspruchs, hiergegen Klage auf Feststellung der Unwirksamkeit der Pfändung (weil gegen den falschen Gläubiger gerichtet) gem. § 256 ZPO, nach a.A.[403] Drittwiderspruchsklage gem. § 771 ZPO erheben. War der Rückübertragungsanspruch an den Dritten lediglich zur Sicherheit abgetreten (vorst. Rn. 445) und wird gegen diesen Dritten die Zwangsvollstreckung durch Pfändung betrieben, kann der Eigentümer dagegen Drittwiderspruchsklage gem. § 771 ZPO erheben, solange der Sicherungsfall nicht eingetreten ist (unten Rn. 1270). Er kann gegen die Vollstreckung aber nichts unternehmen, wenn der Rückübertragungsanspruch endgültig an den Zessionar abgetreten worden war, z.B. an die Bank, die sich zur Zwischenfinanzierung zunächst mit zweiter Rangstelle begnügt hatte (vorst. Rn. 186).

c) Forderungsvollstreckung

455 Dem Vollstreckungsgläubiger steht es frei, die durch Hypothek **gesicherte Forderung** zu pfänden. Zu diesem Zwecke ist gem. § 830 ZPO die Übergabe des Briefes an den Vollstreckungsgläubiger oder, bei einer Buchhypothek, die Eintragung der Pfändung im Grundbuch erforderlich, die gegebenenfalls wiederum durch Zwangsvollstreckung durchzusetzen sind. Das Gleiche gilt gem. § 857 Abs. 6 ZPO für Grundschulden: Außer der Pfändung der Grundschuld ist dem Vollstreckungsgläubiger also der Brief zu übergeben bzw. die Pfändung im Grundbuch einzutragen. Vor Briefübergabe oder Eintragung kann ein Überweisungsbeschluss (§§ 835, 837 ZPO) nicht ergehen, weil es noch an einer wirksamen Pfändung fehlt (das sonst übliche Verfahren eines gleichzeitigen Pfändungs- und Überweisungsbeschlusses versagt also, der zu früh ergehende Überweisungsbeschluss ist unwirksam)[404].

3. Insolvenz

456 Ist ein Schuldner außerstande, seine fälligen Verbindlichkeiten zu erfüllen (Zahlungsunfähigkeit, §§ 17, 18 InsO) oder ist eine juristische Person überschuldet (Verbindlichkeiten übersteigen das Aktivvermögen[405], § 19 InsO), kann auf Antrag (§ 13 InsO) das Insolvenzverfahren durch Beschluss (§ 27 InsO) des Insolvenzgerichts (Amtsgericht, § 2 InsO) eröffnet werden. Dadurch wird das Vermögen des Schuldners (die der Verfügung des Gemeinschuldners entzogene Insolvenzmasse, §§ 35, 80 InsO) durch den Insolvenzverwalter (§ 56 InsO) festgestellt und gesammelt (§ 148 InsO), z.B. durch Eintreiben offener Forderungen, und auf die Gläubiger verteilt (§ 187 InsO). Schuldnerfremdes Vermögen gehört nicht zur Masse.

457 Jeder Insolvenzgläubiger (§ 38 InsO) erhält den gleichen relativen Anteil an der zu verteilenden Masse. Bestimmte Gläubiger werden jedoch besser behandelt. Zu ihnen gehören

403 OLG Hamm ZIP 83, 806.

404 BGH NJW 94, 3225 zu I. 3. mit insoweit zust. Anm. *Braun*, WuB VI E. – 2.95, *Henckel*, ZZP 108 (1995), 157 (260), *Diepold*, MDR 95, 445, Komm. *Walker*, EWiR § 830 ZPO 1/94, 1251 und Rezension *Lüke*, JuS 95, 202 sowie *Hintzen/Wolf*, RPfl 95, 94; abl. *Stöber*, NJW 96, 1180.

405 Das ist ein Problem der bilanzrechtlichen Bewertung, BGH NJW 83, 676; *K. Schmidt*, JZ 82, 168; Hachenburg/*Ulmer*, § 63 GmbHG Rn. 23 ff.

diejenigen Gläubiger, die das Recht zur **abgesonderten Befriedigung** haben. Dieses Recht haben gem. § 49 InsO die Grundpfandrechtsgläubiger[406].

458 Das Absonderungsrecht der Grundpfandgläubiger wird dadurch verwirklicht, dass ihnen gem. § 49 InsO einerseits die Zwangsvollstreckung durch Versteigerung resp. Verwaltung erhalten bleibt[407] und andererseits der Insolvenzverwalter gem. § 165 InsO die Verwertung eines zur Masse gehörenden Grundstücks durch Versteigerung, resp. Verwaltung, betreibt, so dass die Rechte der Gläubiger gewahrt werden (s. insbesondere vorst. Rn. 427). Allerdings hat der Verwalter die Möglichkeit, gem. § 30d ZVG die einstweilige Einstellung der von einem Gläubiger betriebenen Versteigerung beim Vollstreckungsgericht zu beantragen, wenn anderenfalls die angemessene Verwertung der Masse in erheblicher Weise erschwert würde[408]. Der Masse sind die Kosten zur Feststellung von Zubehör von den Grundpfandgläubigern gem. §§ 170, 171 InsO, 10 Abs. 1 Nr. 1a ZVG zu erstatten[409].

459 War das Grundpfandrecht durch Versteigerung des Grundstücks schon durch den Verwalter verwertet worden, hat der Gläubiger unter den weiteren Voraussetzungen von § 48 InsO und in analoger Anwendung dieser Vorschrift[410] ein **Ersatzabsonderungsrecht** (vgl. auch unten Rn. 1248).

460 Haben der insolvent gewordene Eigentümer und der Grundpfandgläubiger nach Eintritt der Pfandreife, aber natürlich vor Verfahrenseröffnung, gem. § 1149 BGB die freihändige Verwertung vereinbart (vorst. Rn. 403), muss der Verwalter das Grundstück zur Durchführung dieser Art der Verwertung entsprechend § 173 InsO herausgeben[411].

461 Kein Absonderungsrecht hat der insolvente Eigentümer wegen seiner **Eigentümergrundschuld**, sie gehört vielmehr zur Masse. Eine Fremdgrundschuld oder Hypothek kann während des Insolvenzverfahrens zur Eigentümergrundschuld werden, wenn auf das Grundpfandrecht geleistet wird. Falls der Grundpfandgläubiger aus Mitteln der Masse befriedigt wird, fällt auch die nun entstehende Eigentümergrundschuld in die Masse. Befriedigt der Schuldner dagegen den Grundpfandgläubiger aus eigenen, massefreien Mitteln, steht die Eigentümergrundschuld ihm und nicht der Masse zu.

462 Der Bestimmung der Parteien unterliegt es, ob die Leistung des Schuldners eine solche auf die Grundschuld oder eine solche auf die gesicherte Forderung sein soll (vorst. Rn. 221). Eine derartige **Anrechnungsvereinbarung** bindet den Insolvenzverwalter nicht: Er muss alle Insolvenzgläubiger gleich behandeln und darf nicht einige vorweg wegen ihrer Insolvenzforderungen befriedigen. Die Leistungen des Verwalters an den Grundschuldgläubiger sind deshalb immer solche auf die Grundschuld[412] mit der Folge, dass die Belastung für die Masse wegfällt (vorst. Rn. 226).

463 Der **Rückübertragungsanspruch**, der bei Erledigung des Sicherungszwecks, dem die Grundschuld dient, fällig wird (vorst. Rn. 174), fällt in die Masse des insolventen Eigen-

---

406 Dem Erwerb eines Grundpfandrechts nach Verfahrenseröffnung, das vorher entstanden war, steht § 91 InsO nicht entgegen, BGH NJW 2002, 1578 zu II. 1. b. mit Anm. *Keller*, LM Nr. 10 zu § 115 ZVG.

407 OLG Jena RPfl 96, 418; OLG Dresden, daselbst; LG Halle ZIP 96, 174; LG Rostock RPfl 97, 125 betr. GesamtvollstreckungsO.

408 *Knees*, ZIP 2001, 1658 (1577).

409 *Obermüller*, WM 94, 1829, 1869 (1872); *ders.*, FLF 94, 170; *ders.* Schriftenreihe der Bankrechtlichen Vereinigung Bd. 6, S. 127 (130); *Uhlenbruck*, in: Festschr. Vieregge, S. 883 (895); *Burger/Schellberg*, KTS 95, 563 (574); *Vallender*, RPfl 97, 353 (355).

410 BT-Drucks. 12/7302, S. 160 zu Nr. 34; zunächst war eine besondere Vorschrift über das Ersatzabsonderungsrecht vorgesehen gewesen, § 60 InsO – E, BR-Drucks. 1/92, S. 18, 125; *Landfermann*, KTS 87, 381 (394).

411 BGHZ 47, 181.

412 *Gerhardt*, ZIP 80, 165 (167) und vorst. Rn. 173.

tümers. Hatte der Eigentümer den Rückübertragungsanspruch aber abgetreten (vorst. Rn. 184), bevor er in die Insolvenz gefallen war, ist der **Rechtserwerb des Zessionars** nicht durch § 91 Abs. 1 InsO gehindert. Danach können Rechte an den Gegenständen der Insolvenzmasse nach Verfahrenseröffnung nicht wirksam erworben werden. Der Rückübertragungsanspruch ist aber nicht lediglich ein künftiger, sondern ein bereits aufschiebend bedingt entstandener Anspruch (vorst. Rn. 176). Deshalb steht § 91 Abs. 1 InsO nicht entgegen, der Anspruch des Zessionars ist vielmehr insolvenzfest[413].

Im Falle einer eigenkapitalersetzenden Grundschuld des Gesellschafters einer GmbH ist es dem Ge- **464** sellschafter gem. § 32b Satz 2 GmbHG anheim gestellt, zur Vermeidung der Erstattung des gesicherten Darlehensbetrags an die GmbH den Rückübertragungsanspruch an diese abzutreten (vorst. Rn. 190). Dem Regressanspruch des Gesellschafters als Interzessionar (vorst. Rn. 238) steht das Rückzahlungsverbot aus § 30 Abs. 1 GmbHG entgegen[414].

Meldet ein Grundpfandgläubiger auch die persönliche Forderung gegen den Schuldner an, wird er **465** gem. § 52 InsO mit der Insolvenzquote nur insoweit befriedigt, als er mit der abgesonderten Befriedigung ausgefallen ist oder von vornherein darauf verzichtet.

III. Pfandrecht an beweglichen Sachen

Literatur (zugleich zum Pfandrecht an Rechten): *Altmeppen*, Zur Rechtsnatur der handelsrechtlichen Pfandrechte, ZHR 157 (1995), 541; *ders.*, Der „atypische Pfandgläubiger" – ein neuer Fall des kapitalersetzenden Darlehens? ZIP 93, 1677; *Bechtloff*, Der Schuldnerschutz bei Verwertung unpfändbarer Sachen aufgrund vertraglicher und gesetzlicher Sicherungsrechte, ZIP 96, 994; *Bollweg/ Kreuzer*, Entwürfe einer UNIDROIT/ICAO-Konvention über Internationale Sicherungsrechte an beweglicher Ausrüstung und eines Protokolls über Luftfahrtausrüstung, ZIP 2000, 1361; *Bork*, Die Errichtung von Konten- und Depotsperren, NJW 81, 905; *Büchner*, Verpfändung von Anteilen einer Gesellschaft mit beschränkter Haftung, 1989; *Büchner/Ketterl*, Das Pfandrecht des Spediteurs nach dem Handelsgesetzbuch (HGB) und den allgemeinen deutschen Spediteurbedingungen (ADSp), TransportR 91, 126; *Bülow*, Anwendbarkeit der Pfandrechtsbestimmungen auf die Sicherungstreuhand, WM 85, 373 u. 405; *ders.*, Sicherungstreuhand im Inkassogeschäft nach AGB-Banken und AGB-Sparkassen, BB 95, 2485; *Bülow/Artz*, Neues Handelsrecht, JuS 98, 680; *Brünjes/Janssen*, Der praktische Fall – Internationales Privatrecht: Die italienische Autohypothek, JuS 95, 45; *Dageförde*, Das besitzlose Mobiliarpfandrecht nach dem Modellgesetz für Sicherungsgeschäfte der Europäischen Bank für Wiederaufbau und Entwicklung (EBRD Model Law On Secured Transactions), ZEuP 98, 686; *Denck*, Die Relativität im Privatrecht, JuS 81, 9; *Derleder*, Die Sicherung der Kaution des Wohnraummieters gegenüber den Gläubigern des Vermieters, NJW 88, 2988; *Dobberahn*, Rechte an Schiffen und Luftfahrzeugen, MittRHNotK, 98, 145; *Dreher*, Pfandrechtsgläubiger von Geschäftsanteilen als gesellschafterähnliche Dritte im Sinne von § 32a Abs. 3 GmbHG, ZGR 94, 144; *Eccius*, Fahrnispfandrecht für künftige Forderungen, Gruch, Bd. 50 (1906), S. 500; *Eckert*, Das Vermieterpfandrecht im Konkurs, ZIP 84, 663; *Fischer*, Die Pfändung und Verwertung eines GmbH-Geschäftsanteils, GmbHR 61, 21; *Freund/Barthelmess*, Die Verzinsung der Miet- und Bankkaution, NJW 79, 2121; *Frohn*, Kein gutgläubiger Erwerb des Werkunternehmerpfandrechts, AcP 161 (1961), 31; *Gerhardt*, Die neuere Rechtsprechung zu den Mobiliarsicherheiten, JZ 86, 672 u. 736; *Gieseler*, Die Surrogatshypotheken – Die Tatbestände und ihre rechtliche Behandlung, Diss. Würzburg, 1991; *Giesen*, Das Vermieterpfandrecht in der Insolvenz des Mieters, KTS 95, 579; *Gursky*, Die neuere höchstrichterliche Rechtsprechung zum Mobiliarsachenrecht, JZ 84, 604;

413 BGH NJW 77, 247; Staudinger/*Wolfsteiner*, Vorbem. zu §§ 1191 ff. BGB Rn. 177.
414 *K. Schmidt*, ZIP 99, 1821 (1824).

Hackenbroch, Die Verpfändung von Mitgliedschaftsrechten in OHG und KG an den Privatgläubiger des Gesellschafters, 1970; *Hadding*, Pfandrecht und Nießbrauch an der Mitgliedschaft einer OHG und KG als Kreditsicherheit, in: Gesellschaftsanteile als Kreditsicherheit 1978, S. 37; *Hammen*, Zinsobergrenzen im letzten „Reservat" des Faustpfandrechts, WM 95, 185; *Heidenhain*, Umfang der Beurkundungspflicht bei der Verpfändung von GmbH-Geschäftsanteilen, GmbHR 96, 275; *Hey/Hartung*, Pfandrechte an Telekommunikationslizenzen – Taugliche Sicherheit für Kreditgeber?, K&R 2000, 553; *Hennrichs*, Raumsicherungsübereignung und Vermieterpfandrecht, DB 93, 1707; *Hübner*, Internationalprivatrechtliche Probleme der Anerkennung und Substitution bei globalen Sicherungsrechten an Unternehmen, in: Festschr. Pleyer 1986, S. 41; *Jesch*, Die Abtretung und Verpfändung vermögensrechtlicher Ansprüche, DB 92, 2073; *Just*, Das Rangverhältnis zwischen der Sicherungshypothek (§§ 1287 S. 2 BGB, 848 II 2 ZPO) und der Restkaufgeldhypothek, JZ 98, 120; *Kartzke*, Unternehmerpfandrecht des Bauunternehmers nach § 647 BGB an beweglichen Sachen des Bestellers, ZfBR 93, 205; *Kerbusch*, Zur Erstreckung des Pfandrechts an einem GmbH-Geschäftsanteil auf den durch Kapitalerhöhung aus Gesellschaftsmitteln erhöhten oder neu gebildeten Geschäftsanteil, GmbHR 90, 156; *Kieninger*, Mobiliarsicherheiten im Europäischen Binnenmarkt, 1996; *Kollhosser*, Die Verfügungsbefugnis bei sog. Sperrkonten, ZIP 84, 389; *Kronke*, UNIDROIT: Neue Kreditsicherheit für hochwertige Investitionsgüter, RIW 99, Heft 6, Erste Seite; *Löber*, Der Entwurf einer Richtlinie für Finanzsicherheiten, BKR 2001, 118; *Lwowski/Hoes*, Markenrechte in der Kreditpraxis, WM 99, 771; *Ludwig*, Die Verpfändung des Auflassungsanspruchs, DNotZ 92, 339; *Mertens*, Typische Probleme bei der Verpfändung von GmbH-Anteilen, ZIP 98, 1787; *Mücke*, Die Akzessorietät des Pfandrechts, 1987; *Mühl*, Der Geschäftsanteil in einer Gesellschaft mit beschränkter Haftung als Kreditsicherheit, in: Gesellschaftsanteile als Kreditsicherheit, 1979, S. 129; *Mülbert*, Effektenkreditexekution – nicht nur im Börsencrash!, ZBB 90, 144; *K. Müller*, Die Verpfändung von GmbH-Anteilen, GmbHR 69, 4; *ders.*, Die Beteiligung an einer eingetragenen Genossenschaft als Kreditsicherheit, in: Gesellschaftsanteile als Kreditsicherheit 1979, S. 218; *Neuhof*, Sanierungsrisiken der Banken, NJW 99, 20; *Ossig*, Vertragliches Pfandrecht des Werkunternehmers an schuldnerfremden Sachen im Konkurs des Vorbehaltskäufers, ZIP 86, 558; *Peters*, Das Pfandrecht als Recht zum Besitz – Zur Wirkungsweise des § 986 BGB, JZ 95, 390; *Plett*, Die BGH-Entscheidung zu den Kfz-Reparaturbedingungen: Pfandrechtsklausel und Schiedsgutachtenproblematik, VuR 88, 4; *Pleyer*, Eigentumsrechtliche Probleme beim grenzüberschreitenden Effektengiroverkehr, 1985; *Raiser*, Subsidiarität der Vindikation und ihre Nebenfolgen, JZ 61, 529; *Reichmann*, Recht der Kreditsicherheiten in europäischen Ländern, Teil VII/I: Spanien, 1988; *Reinicke/Tiedtke*, Der gutgläubige Erwerb eines Pfandrechts an beweglichen Sachen, JA 84, 202; *dies.*, Der Streit der Finanzierungsbank mit dem Werkunternehmer um den Versteigerungserlös des reparierten Fahrzeugs, DB 87, 2447; *Repenn*, Pfändung und Verwertung von Warenzeichen, NJW 94, 175; *Repenn/Spitz*, Die Pfändung und Verwertung von Warenzeichen, WRP 93, 737; *Repgen*, Das Vermieterpfandrecht im Kaiserreich, in: Das Bürgerliche Gesetzbuch und seine Richter, 2000, S. 231; *Rodewald*, Überlegungen im Zusammenhang mit der Verpfändung von GmbH-Anteilen, GmbHR 95, 418; *H. Roth*, Pfändung und Verpfändung von Gesellschaftsanteilen, ZGR 2000, 187; *Rüll*, Das Pfandrecht an Fahrnis für künftige oder bedingte Forderungen gem. § 1204 Abs. 2 BGB, Diss. München, 1986; *Rümker/Büchler*, Probleme der Verpfändung von Kommanditanteilen, in: Festschr. Claussen, 1997, S. 337; *Ruhwedel*, Das „neue" gesetzliche Pfandrecht des Frachtführers, in: Gedächtnisschr. Helm 2001, S. 323; *Schanbacher*, Grundfälle zum Pfandrecht – 1. Teil. Die Entstehung der Pfandrechte, JuS 93, 382; *ders.*, Grundfälle zum Pfandrecht – 2. Teil. Das Fortleben der Pfandrechte; Veränderungen, JuS 93, 475; *K. Schmidt*, Der unveräußerliche Gesamthandsanteil – ein Vollstreckungsgegenstand?, JR 77, 177; *R. Schmidt*, Der Pfandbesitz, AcP 134 (1934), 129; *E. Schneider*, Kettenauflassung und Anwartschaft, MDR 94, 1057; *Schölermann/Schmid-Burgk*, Flugzeuge als Kreditsicherheit, WM 90, 1137; *Schuler*, Die Verpfändung von GmbH-Anteilen, NJW 56, 689; *Seitz*, Namensparbriefe des Kapitalmarktes im Wertpapierrecht, 1996; *Spindler*, Der Rang von Pfandrechten bei Verfügung des Nichtberechtigten, MDR 60, 454; *Tiedtke*, Der Einfluss einer unwirksamen Sicherungsübereignung auf die Bestellung eines vertraglichen Pfandrechts, WiB 95, 582; *Wacke*, Erzwingt eine Novation den Verlust bestehender Sicherheiten?, DNotZ 2000, 615; *Weimar*, Die Rückgabe der Pfandsache, MDR 69, 906; *ders.*, Das Pfandindossament beim Wechsel,

WM 67, 974; *Wessels*, Pfandrecht nach Niederländischem Recht, ZEuP 96, 425; *Winterstein*, Pfandverkauf gesetzlichen oder rechtsgeschäftlichen Pfandrechts, DGVZ 91, 51.

Fälle zu den Pfandrechten an beweglichen Sachen und an Rechten:

1. *Zur Sicherung seiner Schulden bei G verpfändet ihm S seinen PKW. G und S sind sich einig, dass das Pfandrecht an dem PKW G zustehen soll; sie vereinbaren weiter, dass S das Auto nunmehr für G verwahrt. Als S seine Schulden nicht zurückzahlt, verlangt G von ihm Herausgabe des Autos zum Zwecke der Verwertung. Mit Recht?*
(Lösung: Rn. 483, 487)

2. *Zur Sicherung seiner Schulden bei G verpfändet S eine Armbanduhr, die er von einem Dieb gekauft hatte. Dieser hatte sie E gestohlen; davon wussten weder G noch S etwas. S übergibt G die Uhr. Als S seine Schulden nicht zurückzahlt, lässt G die Uhr ordnungsgemäß versteigern. G selbst erhält den Zuschlag und nimmt die Uhr mit. E verlangt von G Herausgabe der Uhr. Mit Recht?*
(Lösung: Rn. 503, 598 ff., 605 ff.)

3. *Zur Sicherung der Schuld, die S bei G hat, verpfändet E seine Armbanduhr an G. Als S seine Schulden nicht zurückzahlt, will G die Uhr versteigern lassen. Trotz Widerspruchs von S will E die Schulden bei G bezahlen, jedoch nur, wenn er dafür die Uhr zurückbekommt. G will erst das Geld haben. Hat G Recht?*
(Lösung: Rn. 514 f., 603 f.)

4. *Zur Sicherung seiner Schulden bei G verpfändet S ein ihm erteiltes Patent. Später veräußert S das Patent an E. G widerspricht. Desungeachtet verlangt E von G, die Nutzung des Patents zu unterlassen (§ 9 PatentG). Mit Recht?*
(Lösung: Rn. 626 f.)

5. *Zur Sicherung seiner Schulden bei G verpfändet S sein Sparguthaben bei seiner Sparkasse und übergibt das Sparbuch. Als S seine Schulden nicht zurückzahlt, verlangt G von der Sparkasse Auszahlung des Guthabens. Mit Recht?*
(Lösung: Rn. 645)

A. Grundlagen

Das Ziel des Pfandrechts an einer beweglichen Sache liegt ebenso wie das des Grundpfandrechts in dem Recht des Kreditgläubigers, sich aus der Sache zu befriedigen und dadurch den Gegenwert für den Anspruch aus der gesicherten Forderung zu erhalten. Dieses Recht ist ein beschränktes dingliches Recht und belastet das im übrigen unbeschränkte dingliche Recht des Eigentümers, mit der Sache nach Belieben zu verfahren (§ 903 BGB, oben Rn. 85). **466**

1. Das Problem der Publizität durch Besitz

Einer beweglichen Sache sieht man es nicht an, dass sie mit einem Pfandrecht belastet ist. **467** Ein Register wie ein Grundbuch, in dem die Belastungen kundbar gemacht werden, gibt es nicht. Man könnte daran denken, die verpfändete Sache irgendwie zu markieren, ein Weg, den das Gesetz bei der Zwangsvollstreckung geht: Der Gerichtsvollzieher kann kraft seines Amtes die Sache mit einem Pfandsiegel versehen (§ 808 Abs. 2 Satz 2 ZPO) und dadurch ihre Beschlagnahme kenntlich machen. Für eine freiwillige und vertragliche, also private Begründung eines Pfandrechts erscheint dieser Weg unpraktikabel. Ein gänzlicher Verzicht auf die Kenntlichmachung des Pfandrechts wäre für den Gläubiger aber gefährlich: Würde der Kreditnehmer die mit dem Pfandrecht belastete Sache veräußern (als Berechtiger, nämlich Eigentümer), würde ein in Ansehung des Pfandrechts gutgläubiger Eigentumserwerber die Sache auch lastenfrei erwerben: Gem. § 936 Abs. 1 und 2 erlischt das Pfandrecht bei Erwerb des Dritten (vgl. auch unten Rn. 803).

468 Was bleibt bei einer beweglichen Sache, um die Publizität der Pfandrechtsbestellung zu erreichen? Das Gesetz wählt den Weg des **Faustpfandes**: Zur Begründung des Pfandrechts muss dem Kreditgläubiger als Pfandnehmer (Pfandgläubiger) entweder der unmittelbare Besitz verschafft werden (§ 1205 Abs. 1), so dass der Kreditnehmer als Eigentümer und Sicherungsgeber nur noch mittelbarer Besitzer (§ 868) ist, oder es muss ihm ein Herausgabeanspruch gem. § 931 abgetreten und die Verpfändung dem Besitzer angezeigt werden (§ 1205 Abs. 2). Als Kreditsicherungstypus kennt das Gesetz dagegen nicht ein rechtgeschäftlich begründetes Pfandrecht, bei dem der Eigentümer der Sache unmittelbarer Besitzer bleibt – ein Weg, der durch Begründung eines Besitzkonstituts gem. § 930 gangbar wäre; diesen Weg lässt § 1205 aber gerade nicht zu (**kein besitzloses Pfandrecht**)[415]. Vielmehr gibt es im Allgemeinen nur den Typus des Faustpfandes (anders nur für einige gesetzliche Pfandrechte, nachf. Rn. 553 ff. und sondergesetzliche Fälle, nachf. Rn. 492 ff.).

469 Die Bestellung eines Faustpfandes kommt für einen ökonomisch denkenden Kreditnehmer nur dann in Betracht, wenn er auf den unmittelbaren Besitz verzichten kann – das mag etwa bei Schmuck, Bildern, privaten Gebrauchsgegenständen oder auch bei Wertpapieren der Fall sein, die dem Kreditnehmer (oder auch einem Dritten) gehören, sowie in den Fällen von §§ 1205 Abs. 2, 931, in denen ein Dritter die Sache hat. Das Faustpfand ist für den Kreditnehmer als Kreditsicherungsmittel aber da untauglich, wo er die Sachen nutzen muss, z.B. um seinen Betrieb aufrechtzuerhalten, also Maschinen, Fahrzeuge, kurz, die Betriebsmittel. Die Untauglichkeit des Faustpfandes zeigt sich augenfällig dann, wenn der Kredit überhaupt nur aufgenommen wurde, um Betriebsmittel anzuschaffen (**Betriebsmittelkredit**) – muss der Kreditnehmer die finanzierten Sachen sogleich herausgeben, um den Kredit zu sichern, bedarf es des Kredits erst gar nicht. Was das Faustpfand in den wichtigen Fällen des Betriebsmittelkredits also untauglich macht, ist seine Art der Kundbarmachung, das Publizitätserfordernis, das durch die Verschaffung des unmittelbaren Besitzes für den Kreditgläubiger erfüllt werden muss.

2. Praktische Bedeutung

470 Aufgrund der Publizität durch Besitz ist das Faustpfand gegenüber der kautelarischen Ersatzform, der Sicherungsübereignung (unten Rn. 1092), ganz in den Hintergrund getreten. Jedoch bleiben aktuelle und ökonomisch bedeutende Anwendungsbereiche übrig. So dienen bewegliche Sachen, die in die Verfügungsgewalt eines Kreditinstituts gelangt sind, gem. Nr. 14 **AGB-Banken** und AGB-Postbank, Nr. 21 AGB-Sparkassen als Pfand für jeg-

415 Anders z.B. für das italienische Recht: Besitzlose Autohypothek, BGH NJW 91, 1415 mit Bspr. *Hohloch*, JuS 91, 779 und Anm. *Thode*, WuB IV E. – 2.91; *Brünjes/Janssen*, JuS 95, 45; im spanischen Recht: *Reichmann*, Recht der Kreditsicherheiten in europäischen Ländern, S. 83 ff.; „stilles" Pfandrecht in den Niederlanden: *Wessels*, ZEuP 96, 425, ebenso nach dem Modellgesetz der Europäischen Bank für Wiederaufbau und Entwicklung, *Dageförde*, ZEuP 98, 686; *Kieninger*, Mobiliarsicherheiten, S. 215.

liche Forderungen des Kreditinstituts gegen seinen Kunden, sofern die AGB Vertragsbestandteil geworden sind[416]. Dieses Pfandrecht entsteht auch dann, wenn das Kreditinstitut in erster Linie eine Sicherungstreuhand angestrebt hatte, diese aber an § 307 BGB oder an § 138 BGB scheitert (näher unten Rn. 1102)[417]. Ähnlich ist die Regelung in Abschnitt I Nr. 21 AGB-Bundesbank. Ein Vertragspfandrecht pflegt auch in den Allgemeinen Geschäftsbedingungen von Kraftfahrzeugreparaturwerkstätten vereinbart zu werden (näher nachf. Rn. 562). Hier bereitet die Besitzpublizität keine Schwierigkeit, weil vorausgesetzt ist, dass der Gläubiger der Werklohnforderung bereits Besitzer des Kraftfahrzeugs ist. Praktiziert wird die Verpfändung von Wertpapieren, insbesondere im **Lombardgeschäft** (nachf. Rn. 498) und wiederum durch die AGB der Kreditinstitute im Verlauf des Einzugs von Schecks und Wechseln[418]. Das Recht der gewerblichen Pfandleiher ist durch die PfandleihVO erfasst[419]; wie man hört, erfreut sich das „Versetzen" seiner Sachen in Zeiten schmalen volkswirtschaftlichen Wachstums zunehmender Beliebtheit[420]. Im übrigen ist die Bedeutung der Vorschriften über das Pfandrecht an beweglichen Sachen ungeschmälert für die **gesetzlichen Pfandrechte** (§ 1257, nachf. Rn. 558).

3. Mobiliarpfandrechtsprinzipien

a) Akzessorietät

Das Faustpfand ist wie die Hypothek (oben Rn. 101) in seinem Bestand von dem jeweiligen Bestand der gesicherten Forderung, des Kredits, unmittelbar gem. § 1210 abhängig (Akzessorietät, oben Rn. 27). Erlischt die Forderung, so erlischt das Pfandrecht an der Sache, sie wird frei (§ 1252) und ist nunmehr unbelastet; wird die Forderung teilweise erfüllt (§ 362), erlischt auch insoweit das Pfandrecht (der Kreditgläubiger könnte sich also nur noch wegen des nicht erfüllten Teils aus der Sache befriedigen). Dadurch ist sichergestellt, dass dem Kreditgläubiger nicht mehr Sicherheiten zustehen, als der Kredit ausmacht[421]. **471**

aa) Die **gesicherte Forderung** (der Kredit), zu der Akzessorietät besteht, wird meist eine Geldforderung sein, aber auch anders geartete Ansprüche können Gegenstand des Pfandrechts sein. Allerdings ist die Verwertung gem. § 1228 Abs. 2 Satz 2 erst zulässig, wenn die Forderung in eine Geldforderung übergegangen ist (z.B. ein Lieferungsanspruch aus § 433 Abs. 1 Satz 1 in einen Schadensersatzanspruch gem. §§ 437 Nr. 3, 281, 251 Abs. 1). **472**

---

416 Keine Verpfändung eines offenen Treuhandkontos, BGH NJW 91, 101 zu II. 2. mit Komm. *Parthe*, EWiR § 826 BGB 1/91, 47, oder zweckgebundenen Geldes, OLG Düsseldorf BB 88, 1695 oder von Baugeld i.S.v. § 1 Abs. 3 GSB (jetzt durch § 648a BGB ersetzt, vgl. oben Rn. 361), BGH NJW 88, 263 zu II. 2. d. aa.; zur Frage der Insolvenzanfechtung BGH NJW 2002, 1722 mit Bspr. *K. Schmidt*, JuS 2002, 818.

417 BGHZ 128, 295 (299) mit skept. Komm. *Gerhardt*, EWiR Nr. 19 AGB-Banken 1/95, 313 mit abl. Rezension *Tiedtke*, WiB 95, 582; zu § 9 AGBG OLG Karlsruhe WM 96, 1443; LG Bonn WM 96, 1538; LG Hamburg WM 96, 1638.

418 *Bülow*, BB 95, 2485 (2488); BGH ZIP 90, 368 mit Anm. *Sprinz;* RG JW 25, 1523.

419 In Verbindung mit § 34b GewO und der VersteigerungsVO, *Damrau*, PfandleihVO, S. 34; *Hammen*, WM 95, 185; eine gegen diese Bestimmungen verstoßende Versteigerung kann wettbewerbswidrig sein (§ 1 UWG), LG Frankfurt WRP 90, 721.

420 S. auch *Hammen*, WM 95, 158: Darlehensumsatz im Jahr 1993 von einer halben Milliarde D-Mark.

421 BGHZ 23, 293 (299/300): Keine Pfandrechtsentstehung, wenn der Pfandgläubiger sich auf jeden Fall aus der Pfandsache soll befriedigen können; *Mücke*, Akzessorietät des Pfandrechts, S. 29 ff.

Die Forderung braucht noch nicht entstanden zu sein. Die Sache kann auch für **künftige Forderungen** verpfändet werden (Nr. 14 Abs. 2 AGB-Banken[422], gleichermaßen § 1113 Abs. 2 für Grundpfandrechte, oben Rn. 113, und § 765 Abs. 2 für die Bürgschaft, unten Rn. 841), die Forderung kann aufschiebend bedingt sein. Voraussetzung für die Wirksamkeit der Verpfändung ist aber, dass die Forderung nach Inhalt und Entstehungsgrund bestimmbar ist[423]; andernfalls wäre der Bestand des beschränkten dinglichen Rechts nicht feststellbar. Für den Rang des Pfandrechts (nachf. Rn. 472) kommt es auf den Zeitpunkt seiner Bestellung, nicht auf den Zeitpunkt der Forderungsentstehung an[424]. Steht der gesicherten Forderung eine rechtshindernde Einwendung entgegen, z.B. die Nichtigkeit wegen Wuchers gem. § 138 BGB, ist es eine Frage der Auslegung, ob der Bereicherungsanspruch auf das Kapital Gegenstand des Pfandrechts sein soll (oben Rn. 143 und unten Rn. 966) – wenn nicht im Einzelfall auch der dingliche Verpfändungsvertrag von der Nichtigkeit erfasst ist[425]. Gem. § 762 Abs. 2 entsteht kein Pfandrecht für Naturalobligationen[426]. War die zu sichernde Forderung aus einem Börsentermingeschäft i.S.v. §§ 52 ff. BörsenG a.F. entstanden, galt das Gleiche nach § 59 BörsenG a.F.[427]. Im Falle der Interzession (nachf. Rn. 483) kam es auf die Börsentermingeschäftsfähigkeit des Interzessionars an, nicht auf diejenige des Spekulanten (§ 53 BörsenG)[428]. Durch das 4. Finanzmarktförderungsgesetz wurde das Modell der Termingeschäftsfähigkeit mit Wirkung vom 1.7.2002 aufgegeben und durch schadensersatzbewehrte Informationspflichten nach § 37d WpHG ersetzt.

473 *bb)* Erlöschen des Pfandrechts bei Erlöschen der gesicherten Forderung heißt, dass anders als bei der Hypothek (oben Rn. 95) im Allgemeinen **kein Eigentümerpfandrecht** entsteht (s. aber nachf. Rn. 550). Wenn die Sache nicht mit mehreren Pfandrechten belastet ist (nachf. Rn. 477), wird sie lastenfrei.

474 *cc)* Den Pfandgläubiger trifft die **Beweislast** hinsichtlich der Entstehung der Forderung, den Gegner hinsichtlich des Erlöschens der Forderung[429].

b) Spezialität

475 Der Grundsatz der Spezialität (oben Rn. 114) gilt auch für das Faustpfandrecht: Es gibt kein Generalpfandrecht an Sachgesamtheiten[430]. Dagegen können für eine einzige gesicherte Forderung mehrere einzelne Sachen desselben oder verschiedener Eigentümer verpfändet werden (Gesamtpfandrecht, § 1222), die alle kraft Akzessorietät (§ 1210) immer

---

422 BGH WM 97, 1324 zu III. 1. mit Anm. *Burghardt*, WuB I C 1. – 1.97 und Komm. *v. Stebut*, EWiR § 357 HGB 1/97, 799.

423 BGHZ 86, 340 (346) = NJW 83, 1123; BGH NJW 83, 1619, dazu *Gursky*, JZ 84, 604 (611); *Rüll*, Pfandrecht an Fahrnis, S. 10 ff.

424 BGH WM 98, 2463 mit Anm. *Becker-Eberhard*, WuB I A 3. – 1.99, wenn nichts anderes vereinbart ist, so nach Nr. 21 Abs. 3 Satz 3 AGB-Sparkassen.

425 BGH NJW 68, 1134.

426 RG Warn. 1915, Nr. 177 für Hypothekenbestellung.

427 OLG Frankfurt ZIP 93, 1855.

428 BGHZ 148, 297 = NJW 2001, 3258 mit Anm. *Oechsler*, LM Nr. 7 zu § 1204 BGB und *Schwark*, WuB I G 7. – 7.01.

429 BGH NJW 86, 2426; ausnahmsweise Umkehr nach Lage des Einzelfalls OLG Köln WM 99, 1166 mit Anm. *Harbeke*, WuB I C 2. – 5.99.

430 *Baur/Stürner*, Sachenrecht, § 4 III. (Rn. 19, S. 34); § 55 A. I. 3. a. bb. (Rn. 5, S. 673).

nur für die gesicherte Forderung in ihrem jeweiligen Bestand haften, so dass Übersicherung (unten Rn. 1115 ff.) nicht eintritt[431]. Für die Bestimmtheit[432] der verpfändeten Sachen gelten gleiche Grundsätze wie für die Sicherungsübereignung (unten Rn. 1283).

Zur verpfändeten Sache gehören gem. § 1212 ihre **wesentlichen Bestandteile**, auch dann **476**
noch, wenn sie von ihr getrennt wurden, nicht jedoch und anders als gem. § 1120 für die Hypothek (oben Rn. 126) Zubehör. Es steht den Parteien aber frei, auch über Zubehör ein Pfandrecht gem. § 1205 durch gesonderte Verpfändung zu begründen, so dass ein Gesamtpfandrecht entsteht; den Konflikt zwischen Mobilarpfandrechtsgläubiger und Hypothekar löst der Prioritätsgrundsatz, nachf. Rn. 477. Auch **Miteigentumsanteile** sind verpfändbar; in der Eigentümergemeinschaft tritt der Pfandgläubiger gem. § 1258 an die Stelle des verpfändenden Eigentümers.

c) Rangverhältnisse

Wie ein Grundstück (oben Rn. 96), so kann auch eine bewegliche Sache mit mehreren **477**
Pfandrechten belastet werden.

§ 1209 bestimmt, welchen Rang die Pfandrechte haben: Es gilt der Grundsatz der **Priori-** **478**
tät, das früher entstandene Pfandrecht hat also Vorrang[433]. Im Falle der Verwertung wird zuerst der prioritätsältere Pfandgläubiger befriedigt, und nur, wenn dann noch etwas übrig bleibt, erhält der prioritätsjüngere Pfandgläubiger den Rest bis zur Höhe seiner Forderung.

Allerdings kann nicht mehreren Gläubigern der Alleinbesitz verschafft werden (§ 1205 Abs. 1, **479**
wohl aber einer Personenmehrheit). Mehrere Vertragspfandrechte entstehen dennoch wie folgt: Der erste Pfandgläubiger erhält das Pfandrecht und die Sache gem. § 1205 Abs. 1, 929 Satz 1. Dadurch entsteht für den Pfandschuldner ein Herausgabeanspruch, der fällig ist, wenn das Pfandrecht erlischt. Diesen Herausgabeanspruch kann der Pfandschuldner (Verpfänder) gem. §§ 1205 Abs. 2, 931 an einen anderen abtreten und so ein weiteres Pfandrecht begründen[434]. Ein Vertragspfandrecht kann aber auch mit einem **Pfändungspfandrecht** (§ 804 ZPO) zusammentreffen[435]: Der Gerichtsvollzieher bringt in der Zwangsvollstreckung gegen einen Vertragspfandgläubiger an einer Sache das Pfandsiegel an, obwohl die Sache diesem als Vollstreckungsschuldner gar nicht gehört (§ 808 Abs. 1 Satz 2 ZPO) – trotzdem entsteht das Pfändungspfandrecht wirksam. Die Sache ist folglich mit einem Vertragspfandrecht und einem Pfändungspfandrecht belastet. Mehrfache Belastungen können auch eintreten, wenn mehrere Vertragspfandrechte oder Pfändungspfandrechte mit einem Vermieterpfandrecht als besitzlosem gesetzlichen Pfandrecht (nachf. Rn. 554 f.) zusammentreffen.

Die Verpfändung hindert den Eigentümer nicht an der Veräußerung seiner Sache (oben **480**
Rn. 85), auch nicht in der Form einer Sicherungsübereignung. Aber das Sicherungseigen-

431 *Becker*, Maßvolle Kreditsicherung, S. 615.

432 RGZ 77, 201 (207).

433 BGHZ 93, 71 (76) mit Komm. *Rümker*, EWiR Nr. 19 Abs. 2 AGB-Banken, 1/85, 25; BGH NJW 88, 3260 zu III. 2.; OLG Hamm WM 86, 372; entstehen die Pfandrechte zwar gleichzeitig, wurden sie aber zu unterschiedlichen Zeitpunkten bestellt – z.B. Vermieter- und Pfändungspfandrecht an einer Sache, die noch unter Eigentumsvorbehalt stand – hat dasjenige Pfandrecht den Vorrang, das früher bestellt wurde, so zutr. *Spindler*, MDR 60, 454 gegen *Weimar*, MDR 59, 819, also keine Gleichrangigkeit.

434 *Eccius*, Gruchot, Bd. 50, 481 (501).

435 BGH WM 97, 1324 zu III. 1. mit Komm. *v. Stebut*, EWiR § 357 HGB 1/97, 799 und Anm. *Burghardt*, WuB I C 1. - 1.97; BGHZ 93, 71; 52, 99 (102); OLG Hamm NJW-RR 94, 655.

tum ist mit dem Pfandrecht – und sei es ein Vermieterpfandrecht (nachf. Rn. 564) – belastet[436] (unten Rn. 1636).

4. Grenzüberschreitende Verpfändung

481 Das auf die Verpfändung anwendbare Recht bestimmt die lex rei sitae (vgl. oben Rn. 112); Maß gibt also der Ort, an dem sich der verpfändete Gegenstand befindet. Für ein verpfändetes Flugzeug (nachf. Rn. 494) beispielsweise kann sich daraus eine sich ständig ändernde Rechtslage ergeben. Bestrebungen zur Schaffung international anerkannter und durchsetzbarer Mobiliar-Sicherungsrechte liegen zunächst auf europäischer Ebene, wo eine Richtlinie über Finanzsicherheiten erarbeitet wurde[437]. Ein supranationaler Entwurf liegt in der vorgeschlagenen UNIDROIT-Konvention über Internationale Sicherungsrechte an beweglichen Ausrüstungen nebst Protokollen für besondere Kategorien von Sicherheiten, z.B. Flugzeugen und Eisenbahnen, die in ein Register eingetragen werden[438].

B. Begründung des Faustpfandrechts

482 Das Faustpfandrecht wird gem. § 1205 Abs. 1 begründet durch Einigung zwischen dem Eigentümer der Sache und dem Gläubiger der zu sichernden Forderung darüber, dass dem Gläubiger das Pfandrecht zustehen soll (contractus pigneraticius), sowie durch Übergabe der Sache an den Gläubiger. **Causa** des auf diese Weise bestellten Pfandrechts ist der **Sicherungsvertrag** (pactum de oppignorando), der infolge der Akzessorietät des Faustpfandes wie bei der Hypothek nur beschränkten Inhalt hat (oben Rn. 155), andererseits aber auch zu besonderen gesetzlichen Ausprägungen führt (nachf. Rn. 506). Die Unwirksamkeit des Sicherungsvertrags kann sich gem. §§ 305c, 307, 310 Abs. 3 Nr. 3 BGB gleichermaßen wie bei Grundpfandrechten (oben Rn. 163) oder Bürgschaften (unten Rn. 913) daraus ergeben, dass sich die Pfandhaftung auf Forderungen erstrecken soll, die über den Anlass der Pfandrechtsbestellung hinausgehen[439].

1. Verpfändungsvertrag

483 Parteien der dinglichen Einigung (Verpfändungsvertrag nach § 1204 Abs. 1 Satz 1) sind der Gläubiger als Inhaber der Forderung, die gesichert werden soll, also z.B. ein Kreditgläubiger (er wird gleichzeitig zum Pfandgläubiger oder Pfandnehmer) und der Eigentümer der Sache als Pfand- und Sicherungsgeber[440]. Dieser kann der Schuldner der zu sichernden Forderung, er kann aber auch **Interzessionar** sein (oben Rn. 14) – man kann,

---

436 BGH NJW 92, 1156 mit Bspr. *K. Schmidt*, JuS 92, 695; OLG München WM 95, 429 mit Anm. *Schebesta*, WuB I A 2. – 1.95; *Hennrichs*, DB 93, 1707.

437 Richtlinie über Finanzsicherheiten vom 6.6.2002, ABlEG L 168 v. 27.6.2002, S. 43 (Bericht in BKR 2002, 601); Vorschlag vom 27.3.2001, ABlEG C 180 E/312 vom 26.6.2001, dazu Bericht in WM 2002, 777 sowie 1472; *Löber*, BKR 2001, 118.

438 *Bollweg/Kreuzer*, ZIP 2000, 1361; *Gronke*, RIW 99, Heft 6, erste Seite.

439 Streitig, a.A. auch insoweit (vgl. oben Rn. 163) BGH WM 2002, 919, offen aber WM 2002, 2367; wie hier LG Bonn NJW-RR 97, 184 mit Anm. *Batereau*, WuB I F 2. – 2.96.

440 *Schanbacher*, JuS 93, 382.

wie etwa auch bei Hypothek und Grundschuld, eine Sache für eine fremde Schuld als Pfand hergeben (vgl. auch vorst. Rn. 472 a.E.), so z.B. Nr. 14 Abs. 2 Satz 2 AGB-Banken[441]. Aber nicht immer braucht auch der Eigentümer zugleich der Verpfänder (Vertragspartner der dinglichen Einigung aus § 1205 Abs. 1) zu sein: Nimmt jemand unbefugt eine fremde Sache, um sie zu verpfänden (also als Nichtberechtigter), so kann die Pfandrechtsbestellung gleichwohl kraft guten Glaubens wirksam sein (nachf. Rn. 501 ff.). Wenn ein Nichtberechtigter die Sache für eine Schuld des Kreditschuldners verpfändet, können dem Pfandgläubiger also drei Personen gegenüberstehen, Verpfänder, Schuldner und Eigentümer[442]. Die dingliche Einigung kann in Allgemeinen Geschäftsbedingungen enthalten sein (vorst. Rn. 470)[443].

Der Verpfändungsvertrag ist ein dinglicher, vom Verpflichtungsgeschäft abstrakter Verfügungsvertrag. Causa ist der Sicherungsvertrag[444] (oben Rn. 49 und vorst. Rn. 482), nicht jedoch das Geschäft, aus dem die zu sichernde Forderung entsteht, z.B. ein Darlehensvertrag (Grund- oder Kausalgeschäft, oben Rn. 50). Beide können aber durch § 139 miteinander verbunden sein (oben Rn. 51). **484**

2. Übergabe

Neben der dinglichen Einigung ist zur Bestellung des Pfandrechts als Belastung des Eigentums ebenso wie zur Eigentumsübertragung selbst die Übergabe der Sache an den Pfandgläubiger erforderlich, um die Verpfändung offenkundig zu machen. Der Gläubiger erlangt ein Recht zum Besitz i.S.v. § 986 BGB[445]. **485**

a) Pfandrechtliche Besonderheiten

aa) Im Vergleich zur Eigentumsübertragung ist der Publizitätsgrundsatz bei den **Übergabesurrogaten** stringenter verwirklicht. Zwar sind auch die Übergabe kurzerhand (§§ 929 Satz 2 und 1205 Abs. 1 Satz 2) und die Abtretung eines Herausgabeanspruchs (Verschaffung des mittelbaren Besitzes, §§ 931 und 1205 Abs. 2) zur Verpfändung tauglich. Für die Verpfändung kurzerhand genügt der schon bestehende mittelbare Besitz des Pfandgläubigers[446]. Ausgeschlossen ist aber die Pfandrechtsbestellung durch Vereinbarung eines Besitzkonstituts (§ 930), außerdem ist bei der Abtretung des Herausgabeanspruchs über die Anforderungen von § 931 hinaus noch zusätzlich die **Anzeige der Verpfändung** an den unmittelbaren Besitzer nötig (§ 1205 Abs. 2)[447]. Die weniger oder gar nicht publizitätswirksamen Eigentumsübertragungsformen sind für die Begründung des Pfandrechts also nicht (§ 930) oder nur mit zusätzlichen Anforderungen (§§ 931, 1205 Abs. 2) anwendbar. Während andererseits die Übergabe bei der Eigentumsübertragung voraussetzt, dass der Veräußerer jeglichen Besitz aufgibt (unten Rn. 1337), gilt für das Pfandrecht die besondere Regelung von § 1206, **486**

441 A.A. allerdings LG Hamburg WM 96, 1628 mit abl. und zutr. Anm. *Schebesta*, WuB I A 2. – 1.96.
442 BGHZ 93, 71 (76).
443 BGH NJW 88, 3260 zu III. 2.
444 Verpflichtung zur Verpfändung eines Festgeldguthabens: BGH NJW 87, 3123; OLG München WM 94, 1619.
445 BGH NJW 99, 3716 zu II. 2. c.; *Peters*, JZ 95, 390.
446 RGZ 111, 250 (253); BGH NJW 97, 2110 zu II. 1.: bei Verpfändung von Wertpapieren in Sammelverwahrung erststufiger mittelbarer Besitz der Kundenbank.
447 Z.B. bei der Verpfändung von Inhaberpapieren (nachf. Rn. 497, 642) im Bankdepot, BGH NJW 96, 1675 zu II. 1. mit Bspr. *Tiedtke*, WiB 96, 1039 (1046); OLG Karlsruhe WM 99, 2451 mit Anm. *Schäfer/Münzberg*, WuB I G 3. – 1.2000; ist die Bank bereits mittelbare Besitzerin, vollzieht sich die Übergabe kurzerhand gem. § 1205 Abs. 1 Satz 2, BGH NJW 97, 2110 mit Anm. *Bülow*, WuB I F 2. – 2.97, nachf. Rn. 498.

nach der auch die Begründung von Mitbesitz zwischen Pfandgläubiger und Eigentümer zur Pfandrechtsbestellung genügen kann. Schließlich gibt es Sondergesetze, die für ihren Anwendungsbereich die Publizitätserfordernisse anders als im BGB regeln (nachf. Rn. 492 f.).

487 *bb)* Die Erfordernisse an die Übergabe gem. § 1205 Abs. 1 entsprechen denen in § 929 Satz 1: Übergabe ist die **Verschaffung unmittelbaren Besitzes** i.S.v. § 854 (unten Rn. 1333). Hierfür genügt die Übergabe an einen Besitzdiener (§ 855) des Pfandgläubigers: Die Publizität wird in diesem Fall „vermittelt durch die Erkennbarkeit des sozialen Abhängigkeitsverhältnisses, in dem sich der Besitzdiener zu dem Besitzherrn befindet"[448]. Bei der Verpfändung eines Warenlagers kann das in der Weise geschehen, dass ein Angestellter des Eigentümers sich eigens zum Zwecke der Pfandrechtsbestellung und seiner Abwicklung nunmehr den Weisungen des Pfandgläubigers unterwirft, soweit es um die verpfändete Sache geht. Die Übergabe der Schlüssel zu einem Warenlager genügt selbst dann, wenn der Eigentümer heimlich einen Zweitschlüssel behält[449]. Die gesonderte Lagerung oder sonstige Kenntlichmachung, z.B. durch Pfandmarken – Pfandsiegel im Sinne von § 808 Abs. 2 Satz 2 ZPO kann ein Privatmann nicht anbringen –, genügen trotz tatsächlicher Publizitätswirkung den rechtlichen Anforderungen an die Publizität durch Übergabe nicht[450].

488 *cc)* Die **Anzeige** an den Besitzer bei der Verpfändung durch **Abtretung eines Herausgabeanspruchs** ist eine „Willenskundgebung des Verpfänders ..., durch die der Schuldner Gewissheit erhalten soll, dass der Verpfänder die Verpfändungserklärung gegen sich gelten lässt"[451], also eine empfangsbedürftige Willenserklärung, nicht bloß Tatsachenmitteilung (Wissenserklärung); für die Gegenansicht[452] ergeben sich keine praktischen Abweichungen. Es gelten die allgemeinen Grundsätze zur Willenserklärung: So ist die Verpfändungsanzeige der Auslegung zugänglich und kann durch Stellvertreter abgegeben werden. Der mittelbare Besitz wird durch Abtretung des Anspruchs aus dem Besitzmittlungsverhältnis zwischen Eigentümer und unmittelbarem Besitzer (§§ 868, 398, vorst. Rn. 478) verschafft.

489 *dd)* Für den Übergabeersatz durch Einräumung des **Mitbesitzes** sieht § 1206 zwei Fälle vor: Mitverschluss des Pfandgläubigers und Besitz eines Dritten als Pfandhalter.

490 **Mitverschluss** des Pfandgläubigers wird begründet, wenn nur Eigentümer und Pfandgläubiger gemeinsam die tatsächliche Sachherrschaft über die Pfandsache ausüben können; es muss die Gewähr bestehen, dass der Eigentümer nicht ohne den Pfandgläubiger an die Sache gelangen kann, der ausschließliche Gewahrsam des Verpfänders muss beseitigt sein (gesamthänderischer Mitbesitz[453]). Das kann z.B. bei der Verpfändung eines Autos dadurch geschehen, dass es zwar in der Garage des Eigentümers bleibt, aber nur der Pfandgläubiger den Zündschlüssel hat. Wer bei einer Bank einen Safe gemietet hat, ist allein Besitzer der Sachen, die in dem Safe sind. Will er diese Sachen an die Bank verpfänden, besteht noch kein Mitverschluss zwischen der Bank als Pfandgläubiger und dem Eigentümer: Der Safe kann zwar nur von Bank und Mieter gemeinsam geöffnet werden, aber dadurch entsteht nur Mitbesitz der Bank am Safe selbst, nicht an den Sachen darin. Deshalb muss zwischen Mieter und Bank der Mitbesitz an den Sachen besonders begründet werden[454].

491 Ein Dritter besitzt die Sache als **Pfandhalter**, wenn ihn der Eigentümer anweist, die Sache künftig nur noch an Eigentümer und Pfandgläubiger gemeinsam herauszugeben, ohne dass der Besitzer wissen müsste, dass diese Anweisung zum Zwecke der Pfandrechtsbestellung gegeben wurde. Mit der Annahme der Anweisung kommt ein schuldrechtlicher Vertrag mit dem Besitzer (Pfandhaltervertrag) zustande.

---

448 RGZ 77, 201 (209).
449 RGZ 103, 100 (101/102).
450 RGZ 74, 146 (148).
451 RGZ 89, 289 (290).
452 Insb. *R. Schmidt*, AcP 134 (1934), 129 (130/131); *E. Wolf*, Sachenrecht, § 8 III. b. (S. 341).
453 RGZ 53, 218 (221); BGHZ 86, 300 (308 f.); RGRK/*Kregel*, § 1206 BGB Rn. 1.
454 RGZ 141, 99 (101); Staudinger/*Wiegand*, § 1206 BGB Rn. 5.

b) Ausnahmsweise Entbehrlichkeit der Übergabe

Die in der Besitzverschaffung liegende Publizität gilt für das Fahrnispfandrecht des BGB. **492**
Es gibt aber auch **besitzlose (Register-) Pfandrechte**, die in Sondergesetzen geregelt sind.

aa) Im landwirtschaftlichen Bereich ist es Ziel des Pachtkreditgesetzes (PKrG), Pächtern von land- **493**
wirtschaftlichen Grundstücken die Kreditaufnahme zu erleichtern. Um den Pächtern, deren einziges als Kreditsicherungsmittel taugliches Vermögen oft nur das Hofinventar ist, die Verpfändung dieses Inventars zu ermöglichen, sieht das PKrG vor, dass die Pächter ein Pfandrecht ohne Besitzübertragung bestellen können (§ 1 PKrG). Als Publizitätsersatz[455] ist die dingliche Einigung nach § 1205 Abs. 1 (Verpfändungsvertrag) schriftlich abzufassen (§ 2 Abs. 1 Satz 2 PKrG) und beim Amtsgericht niederzulegen. Jeder, der ein berechtigtes Interesse hat, kann in den Verpfändungsvertrag beim Amtsgericht einsehen (§ 16 Abs. 1 PKrG). Damit kommt die Regelung des Pachtkreditgesetzes den Publizitätsbestimmungen bei Grundpfandrechten (Eintragung im Grundbuch) nahe. Für seinen Bereich macht das Pachtkreditgesetz das Fahrnispfandrecht für den Betriebsmittelkredit tauglich, nämlich für das Inventar, dessen Anschaffung der Kredit gerade dienen mag[456]. Nicht zum verpfändeten Inventar gehört gem. § 98 Nr. 2 BGB der Ernteüberschuss (sog. Verkaufsfrüchte). Sie können aber Gegenstand eines besonderen gesetzlichen Pfandrechts sein, nämlich für den Lieferanten von Düngemitteln und Saatgut (**Früchtepfandrecht**): Das ist im Gesetz zur Sicherung der Düngemittel- und Saatgutversorgung[457] geregelt (s. auch nachf. Rn. 565). Beide Pfandrechte können also, jedenfalls solange ein Pächter seinen Betrieb fortführt[458], nicht kollidieren.

bb) Andere Vertragspfandrechte sehen ein eigens errichtetes Register vor, in das die Verpfändung **494**
eingetragen wird – es hat die sicherungsrechtliche Funktion wie ein Grundbuch. Es sind dies das Register für Pfandrechte an Luftfahrzeugen nach dem Gesetz über Rechte an Luftfahrzeugen[459] (Einigung und Eintragung in das Register, § 5 Abs. 1 LuftRechteG) und das Kabelpfandgesetz, nach dem die Verpfändung von Hochseekabeln durch Eintragung in das Kabelbuch (§§ 1, 2 Abs. 1), dingliche Einigung und Ministereinwilligung ermöglicht werden (**Registerpfandrechte**).

cc) Besonderheiten gelten für **Schiffe**. Sie sind zwar bewegliche Sachen, doch liegen die tatsächli- **495**
chen Schwierigkeiten der Verschaffung des unmittelbaren Besitzes auf der Hand, wenn sich das Schiff auf Fahrt befindet. Schiffe werden immobilienähnlich insoweit behandelt[460], als es besondere Register für Schiffe gibt, in das sie grundbuchähnlich eingetragen werden können. Wird das Schiff nicht eingetragen, so wird es, was die Verpfändung angeht, wie eine gewöhnliche bewegliche Sache behandelt. Für den Eigentumsübergang gilt § 929a BGB: Ein Seeschiff braucht nicht übergeben zu werden.

Gegenstück zum Seeschiff ist das **Binnenschiff**[461]. Soweit ein Binnenschiff nicht eingetragen ist, **496**
findet die Übereignung nach Maßgabe von § 929 BGB statt, der unmittelbare Besitz muss also verschafft werden (bzw. nach §§ 930, 931 ersetzt). See- und Binnenschiffe können in getrennten **Schiffsregistern** nach Maßgabe der SchiffsregisterVO eingetragen werden (§ 3 Abs. 1). Sie können gem. §§ 8, 24 ff. SchiffsrechteG mit Schiffshypotheken belastet werden, die im Schiffsregister einzutragen sind. Bei Seeschiffen vollzieht sich der Eigentumsübergang durch bloße formlose Einigung (§ 2 SchiffsrechteG)[462], also ohne das Erfordernis der Eintragung des Eigentumswechsels im

455 BGHZ 35, 53 (60).
456 BGHZ 54, 319 (322).
457 Vom 19.1.1949 (WiGVBl 1949, S. 8), abgedruckt bei MünchKomm./*Damrau*, vor § 1204 BGB Rn. 11.
458 BGHZ 41, 6 (8).
459 *V. Kistowski*, ZLW 89, 215; *Schölermann/Schmid-Burgk*, WM 90, 1137; *Dobberahn*, MittRhNotK 1998, 145 (161 ff.); amerikanisches Registerpfandrecht (Mortgage): BGH NJW 92, 362.
460 BGHZ 26, 225 (228).
461 RGRK/*Mattern*, § 2 SchiffsrechteG (Anh. § 1203 BGB Rn. 1).
462 Der gutgläubige Erwerb richtet sich nach § 15 SchiffsrechteG, nicht nach §§ 932 BGB oder 366 HGB, BGH NJW 90, 3209 mit Bspr. *K. Schmidt*, JuS 91, 246.

Schiffsregister[463]; für Binnenschiffe ist außerdem die Eintragung im Binnenschiffsregister erforderlich (§ 3 Abs. 1 SchiffsrechteG); das Schiffshypothekenrecht gilt auch für Binnenschiffe. Gesetzliche Pfandrechte sind in §§ 754 ff. HGB für Seeschiffe, in §§ 102 ff. BinnenschiffahrtsG für eingetragene Binnenschiffe[464] geregelt.

c) Besonderheiten für Wertpapiere

497 *aa)* Inhaberpapiere, die sich nicht nur dadurch kennzeichnen, dass sie den jeweiligen Inhaber legitimieren, d.h. für ihn die Vermutung begründen, Gläubiger des verbrieften Anspruchs zu sein (formelle Legitimation, s. auch oben Rn. 288), sondern auch dadurch, dass sie als bewegliche Sachen nach Maßgabe von §§ 929 ff. übertragen werden[465], können gem. § 1293 nach den Vorschriften über das Pfandrecht an beweglichen Sachen verpfändet werden[466], also gem. § 1205 durch Verpfändungsvertrag und Übergabe oder Übergabeersatz (Rn. 487 ff.). Für **Rektapapiere** sind die Regeln über die Verpfändung von Rechten anwendbar (§§ 1291, 1273 ff., nachf. Rn. 645), **Orderpapiere** werden in der Regel durch Indossament verpfändet (§ 1294, nachf. Rn. 649 ff.). Inhaberpapiere sind Schuldverschreibungen auf den Inhaber (§ 793), Aktien (§ 10 Abs. 1 AktG), meistens Schecks (Art. 5 ScheckG), selten Grundschuldbriefe (§ 1195 BGB, oben Rn. 152). Gleichgestellt sind Schuldbuchforderungen. Deren Schuldner ist die öffentliche Hand; die Forderungen werden im Bundesschuldbuch eingetragen oder nach Landesrecht registriert. Sie dienen der Finanzierung öffentlicher Aufgaben[467].

498 *bb)* Kreditinstitute (Banken, Sparkassen, Kreditgenossenschaften) können sich das Geld, mit dem sie ihr Kreditgeschäft betreiben, bei der Deutschen Bundesbank als nationaler Zentralbank im Rahmen des europäischen Systems der Zentralbanken (ESZB, vgl. Art. 105 EGV) beschaffen. Als Sicherheit nimmt die Bundesbank u.a. bestimmte Bankschuldverschreibungen[468] zum Pfand (**Lombardgeschäft**, vgl. § 19 Nr. 1, 2. Halbsatz BBankG). Kapitalanleger, denen Inhaberpapiere gehören, welche ihre Bank verwahrt (Depotgeschäft, § 1 Abs. 1 Nr. 5 KWG), können diese zur Kreditsicherung verwenden[469]. Bei einem Darlehen, das die verwahrende Bank gibt, kommt es darauf an, ob sich die Wertpapiere in einem verschlossenen Depot (Schrankfach, Safe) bei der Bank befinden oder in einem offenen Depot. Bei einem offenen Depot ist die verwahrende Bank unmittelbare Besitzerin, so dass die Papiere durch bloße Einigung verpfändet werden können (§ 1205 Abs. 1 Satz 2, vorst. Rn. 486). Gleiches gilt, wenn die Bank mittelbare Besitzerin ist, nachdem sie den unmittelbaren Besitz auf eine Wertpapiersammelbank übertragen hatte[470]. Die Einigung ist meistens bereits durch Nr. 14 Abs. 1 AGB-Banken getroffen (vorst. Rn. 412). Bei einem verschlossenen Depot sind weder Mitverschluss noch Pfandhalterschaft (vorst. Rn. 489) möglich. Gewährt ein Dritter das Dar-

---

463 Um die schnelle Veräußerung des Seeschiffs auch auf hoher See zu ermöglichen, RG Recht 1918, Nr. 1536; *Dobberahn*, MittRhNotK 1998, 145 (149).

464 BGH NJW 87, 131.

465 *Zöllner*, Wertpapierrecht, § 2 II. 1. b. (S. 11); *Hueck/Canaris*, Wertpapierrecht, § 24 I. 2. c. (S. 208); im Allgemeinen, aber nicht notwendig, folgt das Recht aus dem Papier (die Forderung) dem Recht am Papier (dem Eigentum daran).

466 Beispielsfall OLG Köln WM 97, 160 zu 2.

467 BGH NJW 96, 1675 zu II. 1 mit Anm. *Baumann*, WuB VIII A. – 1.96.

468 Vgl. z.B. Geschäftsbericht der Deutschen Bundesbank 2001, S. 162 sowie Art. 18.1, 2. Spiegelstrich der Satzung des ESZB und der EZB vom 7.2.1992.

469 BGH NJW-RR 90, 1459; KG ZBB 90, 133; OLG Köln ZBB 90, 140; WM 97, 160; *Mülbert*, ZBB 90, 144. Hierzu EG-Richtlinie 2002/47 v. 6.6.2002 über Finanzsicherheiten, ABlEG L168/43 v. 27.6.2002, Überblick BKR 2002, 601.

470 BGH NJW 97, 2110 mit Anm. *Bülow*, WuB I F 2. – 2.97, Komm. *Hager*, EWiR § 1287 BGB 1/98, 25 und Bspr. *Gursky*, JZ 97, 1154 (1163).

lehen, gilt für ein verschlossenes Depot nichts anderes. Bei offenen Depots ist gem. § 2 DepotG Einzelverwahrung[471] und gem. § 5 DepotG Sammelverwahrung, durch die Miteigentum aller Hinterleger entsteht[472], möglich. Die Bank kann in diesem Fall Pfandhalterin werden. Bei Sammelverwahrung können die Miteigentumsanteile in der Weise verpfändet werden, dass die Bank auf Weisung des Miteigentümers den Anteil nunmehr für den Pfandgläubiger und nicht mehr für den Miteigentümer verwahrt[473].

Wird das Inhaberpapier eingelöst, z.B. die auf eine Inhaberschuldverschreibung nach Maßgabe des Versprechens zugrundegelegte Leistung erbracht (§ 793 Abs. 1 Satz 1 BGB), setzt sich das Pfandrecht in analoger Anwendung von § 1287 (unten Rn. 701) am Einlösungsbetrag fort[474]. **499**

cc) Bei den handelsrechtlichen Traditionspapieren – Ladeschein im Frachtgeschäft (§§ 440, 448 HGB), Lagerschein (§§ 475e, 475g HGB), Konnossement im Seefrachtgeschäft (§§ 642, 650 HGB)475 – repräsentiert nach h.M. der rechtmäßige Besitz des Papiers den unmittelbaren Besitz der Sache, obwohl der Papierinhaber in Wahrheit nur mittelbarer Besitzer und der Lagerhalter oder die Transportperson unmittelbare Besitzer sind476. Die Sache kann durch Einigung und Übergabe des Papiers (§ 1205 Abs. 1 BGB) verpfändet werden. **500**

3. Gutgläubiger Erwerb

Ebenso wie das Eigentum an der Sache gutgläubig begründet werden kann, ist der gutgläubige Pfandrechtserwerb möglich, wenn der Verpfänder nicht Eigentümer der verpfändeten Sache ist, sondern Nichtberechtigter: Was für das umfassende Herrschaftsrecht gilt (§ 903), findet gem. § 1207 entsprechende Anwendung auf die dingliche Belastung. **501**

Den Pfandgläubiger trifft keine allgemeine Erkundigungspflicht nach den Eigentumsverhältnissen[477]. Grob fahrlässig (§ 932 Abs. 2) handelt ein Pfandgläubiger nur, wenn er konkrete Anhaltspunkte für das fehlende Eigentum des Verpfänders hat[478], z.B. für einen Eigentumsvorbehalt. Auf § 933 verweist § 1207 nicht, weil ja auch die Verpfändung mittels Besitzkonstituts (§ 930) nicht möglich ist (vorst. Rn. 485). **502**

Unanwendbar ist § 1207 **503**
- auf abhanden gekommene Sachen (§ 935, Ausnahme: Geld und Inhaberpapiere, öffentliche Versteigerung i.S.v. § 935 Abs. 2, nachf. Rn. 555 a.E.),
- bei der Begründung gesetzlicher Pfandrechte (§ 1257), nachf. Rn. 558 f.; sehr str.,
- bei Kenntnis des mangelnden Eigentums auf seiten des Pfandgläubigers, aber gutem Glauben an die Verfügungsmacht des Verpfänders – es sei denn, dieser ist Kaufmann (§§ 366, 367 HGB),
- bei Erwerb des Eigentums an der Pfandsache durch öffentliche Versteigerung i.S.v. § 1235: Hier gilt § 1244 (nachf. Rn. 576 ff.), auch für abhandengekommene Sachen,
- bei Erwerb des Vorrangs – hier gilt § 1208: Ist die Sache z.B.[479] vor der Verpfändung im Rahmen der Zwangsvollstreckung durch den Gerichtsvollzieher gepfändet und mit dem Pfandsiegel

471 Auch: Gemeinsames Depot von Eheleuten, OLG Hamm FamRZ 90, 750.
472 *Assmann/Schütze/Kümpel*, Handbuch des Kapitalanlagerechts, § 13 Rn. 16.
473 RGRK/*Kregel*, § 1205 BGB Rn. 19; *Pleyer*, Effektengiroverkehr, S. 15 ff.
474 BGH NJW 97, 2110 zu II. 5.: unmittelbare Anwendung nur auf Pfandrechte an Rechten.
475 Dazu *Bülow*, Handelsrecht, S. 137 f.
476 *Hueck/Canaris*, Wertpapierrecht, § 23 I. 3. (S. 200); krit. *Zöllner*, Wertpapierrecht, § 25 IV. (S. 154 f.); *Bülow*, aaO., S. 128 f.
477 Zum Sonderfall der Verpfändung an eine Pfandkreditanstalt: BGH NJW 82, 38 mit Bspr. *K. Schmidt*, JuS 82, 140.
478 BGHZ 77, 274 (277); 86, 300 (311/312); BGH NJW 81, 227 (228); *Ossig*, ZIP 86, 558 (559).
479 Beispiel von *Baur/Stürner*, Sachenrecht, § 55 B II. 3. c. (Rn. 18, S. 681).

(§ 808 Abs. 2 Satz 2 ZPO) versehen worden, entfernt es der Eigentümer (als Vollstreckungsschuldner) aber verbotenerweise (§ 136 StGB), geht das Vertragspfandrecht trotz Priorität des Pfändungspfandrechts (vorst. Rn. 477) gem. § 1208 BGB vor,
- bei der Übertragung des bereits wirksam begründeten Pfandrechts (nachf. Rn. 526).

C. Rechtsverhältnisse zwischen Verpfänder, Eigentümer und Pfandgläubiger

504 Aus dem obligatorischen Sicherungsvertrag und aus der dinglichen Verpfändung entstehen pfandrechtsspezifische Rechte und Pflichten zwischen Verpfänder, Eigentümer und Pfandgläubiger.

1. Recht zum Besitz

505 Das Pfandrecht als dingliches Befriedigungsrecht gibt dem Pfandgläubiger nicht das Recht, die Sache jederzeit zu verwerten. Voraussetzung ist vielmehr, dass das Pfand zur Verwertung reif (**Pfandreife**), d.h. der **Sicherungsfall** eingetreten ist (oben Rn. 61). Die Pfandreife tritt mit der Fälligkeit der gesicherten Forderung (des Kredits) resp. dann ein, wenn die fällige Forderung in eine Geldforderung übergegangen ist (§ 1228 Abs. 2 Sätze 1 und 2, vorst. Rn. 472) und der Schuldner nicht leistet. Bis zur Durchführung der Verwertung ist der Pfandgläubiger als unmittelbarer Besitzer zugleich Besitzmittler des Eigentümers, der mittelbarer Besitzer ist (§ 868). Das Recht zum Besitz entsteht auch dann, wenn der Verpfänder über eine fremde Sache verfügt, also nicht zugleich Eigentümer ist, aber kraft guten Glaubens trotzdem das Pfandrecht nach § 1207 entsteht (vorst. Rn. 483).

2. Verwahrungspflicht

506 Aus dem obligatorischen Sicherungsvertrag (vorst. Rn. 482, also nicht aus dem dinglichen Verpfändungsvertrag[480]) ist der Pfandgläubiger gem. § 1215 zur Verwahrung des Pfandes für den Verpfänder verpflichtet, wenn nichts Abweichendes vereinbart wurde. Es gilt der Trennungs- und Abstraktionsgrundsatz; die Vertragspflichten entstehen folglich auch dann, wenn die dingliche Verpfändung (vorst. Rn. 483) scheitern sollte[481]. Im Gegensatz zum Verwahrungsverhältnis nach §§ 688 bis 700 handelt der Pfandgläubiger jedoch nicht aus Gefälligkeit, sondern aus eigennützigem Interesse, nämlich zur Sicherung des Kredits. Der Eigentümer überträgt den unmittelbaren Besitz nicht aufgrund Vertrauens in die Sorgfalt des Pfandgläubigers, sondern weil das Pfandrecht anders nicht begründet werden kann[482]. Soweit der Vertrauensgedanke Einzelregelungen der §§ 688 ff. zugrundeliegt, sind sie auf das Verwahrungsverhältnis zwischen Pfandgläubiger und Eigentümer deshalb nicht anwendbar[483].

---

480 So aber MünchKomm./*Damrau*, § 1215 BGB Rn. 1, § 1248 BGB Rn. 1: gesetzliches Schuldverhältnis.

481 *Wieling*, Sachenrecht I, § 15 VII. 2. (S. 699).

482 *Bülow*, WM 85, 373 (377); RGRK/*Kregel*, § 1215 BGB Rn. 2.

483 Keine Pflicht, für die Werterhaltung verpfändeter Aktien zu sorgen: RGZ 77, 11 (14), ähnlich Abschnitt VI Nr. 16 AGB-Bundesbank.

Das gilt zunächst für die Haftungsbeschränkung des Verwahrers gem. § 690: Entgegen dieser Vorschrift haftet der Pfandgläubiger für jeden Verschuldensgrad (§ 276, nicht nur § 277). Er darf die Sachen entgegen § 691 Satz 1 hinterlegen. Macht der Pfandgläubiger von der Hinterlegungsbefugnis Gebrauch, hat er gem. § 691 Satz 2 nur ein Verschulden bei dieser Hinterlegung zu vertreten, haftet aber im weiteren nicht mehr als Verwahrer und ebenso wenig, wenn er nur Mitbesitzer oder mittelbarer Besitzer ist (§§ 1205 Abs. 2, 1206). § 1215 regelt also nur den Fall, dass der Pfandgläubiger unmittelbarer Alleinbesitzer ist. Das Hinterlegungsrecht des Pfandgläubigers wird gem. § 1217 zur Hinterlegungspflicht, wenn er die Rechte des Eigentümers in erheblichem Maße verletzt: Dann ist es dem Eigentümer nicht zuzumuten, die Sache im unmittelbaren Besitz des Pfandgläubigers zu belassen. Andererseits kann der Pfandgläubiger vom Eigentümer gem. § 1216 **Ersatz der Verwendungen** auf die Sache verlangen, die nach Maßgabe der Bestimmungen der Geschäftsführung ohne Auftrag dem Interesse und dem Willen des Eigentümers entsprachen (§§ 677 ff., 683; der Ersatzanspruch richtet sich also nicht nach §§ 994 f.). Dieser Anspruch verjährt gem. § 1226 Satz 1 in sechs Monaten. **507**

Droht die Sache zu **verderben**, so kann der Eigentümer sie herausverlangen, wenn er eine andere Sicherheit stellt (§ 1218). Andererseits kann der Pfandgläubiger die Sache gem. §§ 1219 bis 1221 versteigern lassen. Hierbei handelt es sich um eine Versteigerung vor der Pfandreife, die noch nicht der Befriedigung des Pfandgläubigers dient, sondern nur der Aufrechterhaltung seiner Sicherung. Deshalb darf der Pfandgläubiger den Versteigerungserlös nicht behalten, sondern muss ihn auf Verlangen des Verpfänders hinterlegen; dieser Erlös dient anstelle der versteigerten Sache als Pfand (§ 1219 Abs. 2, nachf. Rn. 601). **508**

3. Recht zur Nutzung

Ist eine Sache verpfändet, die Früchte im Sinne von § 99 trägt oder die selbst gebrauchsfähig ist, so liegt es nahe, dem Pfandgläubiger zu gestatten, diese Nutzungen (§ 100) zu ziehen (Nutzungspfandrecht, antichresis[484], §§ 1213, 1214). Die Nutzungsbefugnis tritt nur durch Vereinbarung im Sicherungsvertrag, nicht kraft Gesetzes ein, jedoch wird die Vereinbarung gem. § 1213 Abs. 2 vermutet, wenn die Sache von Natur Früchte trägt (nicht: Geld, z.B. Mietkaution[485]) und der Pfandgläubiger Alleinbesitzer ist (nicht lediglich Mitbesitzer, Rn. 489). Auch das gesetzliche Vermieterpfandrecht (nachf. Rn. 564) begründet keine Nutzungsbefugnis des Vermieters an einbehaltenen Sachen (§ 562b Abs. 2 Satz 2), er ist vielmehr zur Herausgabe gezogener Nutzungen verpflichtet[486]. **509**

Der Pfandgläubiger erlangt eine ähnliche Rechtsstellung wie ein Nießbraucher an beweglichen Sachen (§ 1032), freilich mit geringeren Pflichten als dieser: Der Pfandgläubiger braucht gem. § 1214 Abs. 1 nur für die Gewinnung der Nutzungen zu sorgen und muss Rechenschaft ablegen. Dagegen trifft ihn keine so umfassende Erhaltungspflicht wie den Nießbraucher (§ 1041), er darf aber Verwendungen auf die Sache machen (§ 1216, vorst. Rn. 506). Haben die Parteien nichts anderes vereinbart (§ 1214 Abs. 3), wird der Reinertrag der Nutzungen auf die Schuld angerechnet. Aufgrund **510**

484 Von griechisch ˜αντζιχςαω („Gegennutzung"), anstelle eines anderen nutzen, s. *Bailly*, Dictionnaire Grec Français, Paris 1950, S. 190.

485 BGH NJW 82, 2186 mit zahlreichen Nachweisen; AG Köln NJW-RR 94, 275; OLG Düsseldorf NJW-RR 93, 709; in Frage kommt allenfalls eine analoge Anwendung, weil der Vermieter das erhaltene Geld ausgeben kann und nur Rückgabe gleichartiger Sachen (Geldes) schuldet, *Freund/Barthelmess*, NJW 79, 2121 (2123); *Derleder*, NJW 88, 2988; „Irreguläres Pfandrecht": OLG Hamm BB 63, 1117.

486 OLG Frankfurt NJW-RR 96, 585.

der Akzessorietät von Pfandrecht und gesicherter Forderung kann das Nutzungspfand deshalb dazu führen, dass es erlischt, weil die gesicherte Forderung durch die Anrechnung der Nutzungen getilgt ist (§ 1252, nachf. Rn. 528), bevor Pfandreife eingetreten ist. Dann gibt es kein Recht zum Besitz und keine Verwertung mehr, und die vormalige Pfandsache ist an den Eigentümer herauszugeben.

511 Statt der Rechtsform des Nutzungspfandes können die Parteien auch den **Nießbrauch** wählen und vereinbaren, dass in gleicher Weise die Nutzungen auf die Schuld angerechnet werden sollen (Sicherungsnießbrauch, unten Rn. 1627). Jedes zulässige Kausalgeschäft kann Grundlage eines Nießbrauchs sein, auch ein Sicherungsvertrag. Der Kreditgläubiger hat dann freilich keine Verwertungsmöglichkeit.

4. Abwehr- und Herausgabeansprüche

512 Als Inhaber eines beschränkten dinglichen Rechts hat der Pfandgläubiger gem. § 1227 eine dem Eigentümer entsprechende Rechtsstellung, soweit das Pfandrecht reicht. Wird ihm der Besitz entzogen oder vorenthalten, kann er entsprechend § 985 BGB Herausgabe verlangen, gerade auch vom Eigentümer, der die Sache verpfändet hatte. Er hat auch die Besitzschutzansprüche aus §§ 858, 1007. Gegen den unredlichen Besitzer hat er Schadensersatzansprüche aus §§ 989 ff. BGB, außerdem die Beseitigungs- und Unterlassungsansprüche aus § 1004. Bei Bestand der gesicherten Forderung streitet für den besitzenden Pfandgläubiger gem. § 1006 die Vermutung, dass das Pfandrecht bestehe. Das Pfandrecht ist ein sonstiges Recht i.S.v. § 823 Abs. 1 BGB[487].

5. Ablösung

a) Leistung des Verpfänders

513 Der verpfändende Eigentümer, der zugleich persönlicher Schuldner ist, darf und muss die gesicherte Forderung bei Fälligkeit (§ 271 BGB) erfüllen, so dass sie und mit ihr das Pfandrecht gem. § 1253 erlischt (nachf. Rn. 530)[488]. Infolgedessen hat der vormalige Pfandgläubiger kein Recht zum Besitz (§ 986 BGB, vorst. Rn. 485) mehr und muss die Sache gem. § 1223 Abs. 1 herausgeben; das Kreditsicherungsverhältnis tritt in die **Abwicklungsphase** (oben Rn. 61). Ist der Verpfänder nicht zugleich Schuldner der gesicherten Forderung, sondern hatte er als Interzessionar (oben Rn. 14) die Sache für die Schuld eines **Dritten**, nämlich des persönlichen Schuldners verpfändet, so hat er gem. § 1223 Abs. 2 das Recht, den Pfandgläubiger bei Fälligkeit zu befriedigen und das Pfand herauszuverlangen, ohne dass der Gläubiger die Leistung ablehnen könnte, wenn der Schuldner widerspricht (§ 267 Abs. 2). Der Eigentümer der Sache kann auch mit eigenen Forderungen gegen den Gläubiger aufrechnen, oder er kann hinterlegen (§ 1224, ebenso § 1142 Abs. 2, oben Rn. 216, 272). Im Zuge der Verwertung kann auch ein Dritter, der nicht zugleich Verpfänder ist, nach § 1249 zur Ablösung berechtigt sein (nachf. Rn. 610).

487 RGZ 100, 274 (278).

488 Vgl. RGZ 90, 69 (72); 92, 280 (282); RG JW 26, 2847.

b) Herausgabe der Pfandsache

aa) Mit der Erfüllung der gesicherten Forderung durch den Schuldner oder mit der Ablösung durch den Eigentümer erlischt das Pfandrecht (und entsteht kein Eigentümerpfandrecht wie bei einer Hypothek, § 1256 Abs. 1, oben Rn. 253). Deshalb kann der Verpfänder gem. § 1223 Abs. 1 Herausgabe verlangen. Ist er zugleich Eigentümer (nicht im Falle von § 1207, vorst. Rn. 501 und nachf. Rn. 516), gründet sich der Anspruch auf § 985; das Recht zum Besitz, §§ 986 Abs. 1, 868, ist ebenfalls erloschen. Ist der Eigentümer nicht zugleich persönlicher Schuldner, kann er gem. § 1223 Abs. 2 vom Gläubiger Herausgabe gegen Ablösung verlangen. **514**

Da der Gläubiger der gesicherten Forderung, der zugleich Pfandgläubiger ist, die Pfandsache zurückzugeben hat, ist er auch Schuldner des Herausgabeanspruchs. Beide Ansprüche sind gem. §§ 273, 274 Zug um Zug zu erfüllen, der Ablösungsberechtigte braucht nicht vorzuleisten (näher unten Rn. 1176). **515**

bb) Gläubiger des Rückgabeanspruchs nach § 1223 Abs. 1 ist der Verpfänder. Dieser und der Eigentümer brauchen aber nicht dieselbe Person zu sein, nämlich dann nicht, wenn der Verpfänder eine **fremde Sache verpfändet** hatte und der Pfandgläubiger das Pfandrecht gutgläubig erwirbt (vorst. Rn. 483). Kann der Pfandgläubiger seinerseits dem Zurückbehaltungsrecht des Verpfänders diesen Umstand entgegenhalten, ist er also nur Zug um Zug gegen Herausgabe an den Eigentümer, nicht aber an den Verpfänder verpflichtet? Dafür könnte sprechen, dass sich das Rechtsverhältnis zwischen Pfandgläubiger und Eigentümer nach §§ 987 ff. richtet und sich der Pfandgläubiger Schadensersatzansprüchen des Eigentümers ausgesetzt sehen kann, wenn er die Sache an einen Nichteigentümer (den Verpfänder) herausgibt[489] (§§ 989, 990). Indessen – der Pfandgläubiger handelt nicht schuldhaft, wenn er tut, was § 1223 Abs. 1 vorschreibt. Auch ist es nicht Aufgabe des Pfandgläubigers, die wahren Eigentumsverhältnisse aufzuspüren; nach Rückgabe der Sache an den Verpfänder möge sich der Eigentümer an diesen aus § 985 halten. Dadurch ist dem Pfandgläubiger die Möglichkeit genommen, die Interessen des Eigentümers nur vorzuschützen, um seiner Rückgabepflicht zu entgehen[490]. Die Rückgabepflicht besteht also nur gegenüber dem Verpfänder, auch wenn der Pfandgläubiger Zweifel an dessen Eigentum hat. Nur Treu und Glauben können wiederum im Einzelfall etwas anderes ergeben, „etwa, wenn der Pfandgläubiger weiß, dass der Verpfänder gegenüber dem Eigentümer nicht mehr zum Besitz berechtigt ist und die Sache durch Rückgabe an den Verpfänder für den Eigentümer (endgültig) verloren ginge; in einem solchen Falle könnte der Pfandgläubiger sich seinerseits Schadensersatzansprüchen des Eigentümers (gegebenenfalls aus § 826 BGB) ausgesetzt sehen“[491]. In diesem Fall besteht das Zurückbehaltungsrecht also nur in der Weise, dass der Pfandgläubiger die Sache an den Eigentümer, nicht an den Verpfänder herausgeben muss. **516**

c) Cessio legis

Im Falle der Interzession (vorst. Rn. 513) geht die gesicherte Forderung durch die Befriedigung des Pfandgläubigers nicht unter, sondern bleibt bestehen. Sie steht jedoch nicht mehr dem Pfandgläubiger zu, sondern demjenigen, der sie getilgt hatte (§§ 1225, 774; gleichermaßen gem. §§ 1249, 268 Abs. 3 Satz 1, nachf. Rn. 610): Es tritt wie bei der Hypothek (oben Rn. 240) gesetzlicher Forderungsübergang ein, so dass nunmehr der Ablösende als Legalzessionar die Erfüllung der Forderung vom persönlichen Schuldner nach Maßgabe von §§ 1225 Satz 2, 774 (vgl. unten Rn. 1013) verlangen kann. War ein Gesamt- **517**

489 So *Raape* in Anm. zu RG JW 25, 472.
490 *Denck*, JuS 81, 9.
491 BGH NJW 79, 1203 zu II. 3. c.

pfandrecht durch mehrere Eigentümer (vorst. Rn. 475) bestellt worden, führt die Ablösung durch einen der Verpfänder zum Forderungsübergang auf ihn, so dass er den persönlichen Schuldner in voller Höhe in Anspruch nehmen kann. Der Forderungsübergang führt aber nicht auch zum Übergang der Pfandrechte an den Sachen der Mitverpfänder auf ihn, sondern entgegen der Regelung von § 401 BGB (vgl. unten Rn. 1018) zum gesamtschuldnerischen Ausgleich nach §§ 774 Abs. 2, 426. Die Anwendung von § 774 Abs. 2 bedeutet zugleich, dass die Mitverpfänder ebenso wie mit Bürgen nach § 769 als Gesamtschuldner anzusehen sind. Waren für die Forderung noch andere Sicherheiten, z.B. Hypotheken und Bürgschaften, bestellt worden, stellt die weitergehende Frage, ob alle Sicherungsgeber zugleich Gesamtschuldner sind (oben Rn. 242).

6. Verteidigung des Verpfänders gegen die Verwertung

518 Die Verteidigung des Verpfänders gegen die vom Pfandgläubiger angedrohte Verwertung (§ 1234, unten Rn. 569) liegt darin, dass er eigene Einwendungen und Einreden sowohl gegen das Pfandrecht selbst wie gegen die gesicherte Forderung erheben kann (oben Rn. 258 ff.). Gem. § 1211 kann der Verpfänder, der nicht zugleich persönlicher Schuldner ist, die Duldung der Verwertung auch mit Einreden des persönlichen Schuldners gegen die gesicherte Forderung verweigern, die dieser nicht erhoben hatte und sich dessen Gestaltungsrechte zunutze machen (oben Rn. 272 und unten Rn. 985). Peremptorische Gegenrechte führen gem. § 1254 zum Anspruch auf Herausgabe des Pfandes und infolgedessen zum Erlöschen des Pfandrechts (nachf. Rn. 545).

D. Rechtsgeschäftlicher Übergang des Pfandrechts

1. Erwerb vom Berechtigten

a) Abtretung der gesicherten Forderung

519 Aus der Akzessorietät des Pfandrechts zur gesicherten Forderung folgt ebenso wie gem. § 1153 für die Hypothek (oben Rn. 278), dass zur Übertragung des Pfandrechts die Abtretung der gesicherten Forderung (§ 398) erforderlich ist und genügt. Gem. §§ 401, 1250 Abs. 1 Satz 1 geht mit der Abtretung der Forderung das Pfandrecht ipso iure über. Eine isolierte Übertragung des Pfandrechts kann nicht in Frage kommen (§ 275 Abs. 1)[492], wohl aber eine isolierte Abtretung der Forderung; aber in diesem Falle würde das Pfandrecht forderungslos zurückbleiben. Das kann nicht sein, es erlischt (§ 1250 Abs. 2).

b) Herausgabeanspruch

520 Nicht Voraussetzung des Pfandrechtsübergangs ist die Übergabe der Pfandsache. Aber der neue Gläubiger kann sein Verwertungsrecht ohne Besitz nicht geltend machen. Deshalb

---

492 Der Vertrag kann nach Lage des Einzelfalls ergänzend auf Forderungsabtretung auslegbar sein, BGH NJW-RR 90, 817 zu II. 2.

bestimmt § 1251 Abs. 1, dass der Pfandrechtserwerber vom früheren Pfandgläubiger Herausgabe des Pfandes verlangen kann[493].

Der neue Pfandgläubiger kann nur Verschaffung desjenigen Besitzes verlangen, den der frühere Pfandgläubiger innehatte, also unmittelbaren Besitz bei Verpfändung nach § 1205 Abs. 1, mittelbaren Besitz (§ 1205 Abs. 2) oder Mitverschluss (§ 1206). Ist die Sache gem. § 1217 wegen Rechtsverletzung des früheren Pfandgläubigers hinterlegt worden, kann der neue Pfandgläubiger nur verlangen, dass ihm die Rechte des früheren Pfandgläubigers gegenüber der Hinterlegungsstelle eingeräumt werden. **521**

c) Haftung des Pfandrechtserwerbers

Der neue Pfandgläubiger tritt aufgrund der Forderungsabtretung kraft Gesetzes in diejenigen Pflichten ein, die mit dem Pfandrecht verbunden sind, wie § 1251 Abs. 2 Satz 1 bestimmt. Darin liegt eine gesetzliche Vertragsübernahme (vgl. vorst. Rn. 482) nebst gesetzlicher Bürgschaft des alten Pfandgläubigers (nachf. Rn. 524). **522**

Gemeint sind die sich aus §§ 1213 bis 1217 ergebenden Verpflichtungen. Die Haftung beginnt erst mit Besitzerlangung, nicht schon mit Pfandrechtserwerb, der bereits durch die Forderungsabtretung eintritt. Der Pfandgläubiger haftet nicht für Pflichtverletzungen, die der frühere Pfandgläubiger begangen hat; dafür haftet dieser weiter, und für eine – etwa gesamtschuldnerische – Haftung des neuen Pfandgläubigers zusammen mit dem früheren bietet das Gesetz keinen Anhaltspunkt. Konnte der Verpfänder vom früheren Pfandgläubiger Hinterlegung gem. § 1217 verlangen, hatte dieser den Anspruch vor der Herausgabe der Sache an den neuen Pfandgläubiger aber noch nicht geltend gemacht, kann der Anspruch auch dem neuen Pfandgläubiger gegenüber nicht geltend gemacht werden – nur eigene Pflichtverletzungen des neuen Pfandgläubigers begründen den Hinterlegungsanspruch gegen ihn. **523**

Die Haftung des neuen Pfandgläubigers beschränkt sich auf eigene Pflichtverletzungen. Dagegen haftet der frühere Pfandgläubiger nach Maßgabe von § 1251 Abs. 2 Satz 2 für Pflichtverletzungen des neuen Pfandgläubigers weiter: Er hat für die Qualität des neuen Pfandgläubigers und Zessionars einzustehen und haftet wie ein selbstschuldnerischer Bürge (unten Rn. 1003). Diese Haftung ist nicht mehr gerechtfertigt und tritt deshalb nicht ein, wenn das Pfandrecht nicht durch Forderungsabtretung aus freien Stücken übertragen wird, sondern die Forderung kraft Gesetzes übergeht oder aufgrund gesetzlicher Verpflichtung abgetreten wird (z.B. gem. § 285): § 1251 Abs. 2 Satz 3. **524**

Die Haftung besteht gegenüber dem Verpfänder, weil auch nur er Partner des Besitzmittlungsverhältnisses ist. Gegenüber dem Eigentümer, der nicht zugleich Verpfänder ist (vorst. Rn. 501), besteht die Haftung nicht, ebenso wenig gegenüber dem persönlichen Schuldner bei Verpfändung für eine Drittschuld. **525**

2. Erwerb vom Nichtberechtigten

Zwar kann ein Nichtberechtigter und auch nicht Verfügungsberechtigter gem. § 1207 ein Pfandrecht begründen (vorst. Rn. 501). Umstritten ist aber, ob die Übertragung eines in Wahrheit nicht bestehenden Pfandrechts möglich ist[494] wie auch ein nicht bestehendes **526**

---

493 Das ergibt sich schon aus §§ 1227, 985; aufgrund von § 1251 Abs. 1 steht fest, dass sich der frühere Pfandgläubiger durch die Herausgabe keiner Pflichtverletzung gegenüber dem Verpfänder schuldig macht, was sich sonst aus § 1215 (Verwahrungspflicht) ergeben könnte, Staudinger/*Wiegand*, § 1251 BGB Rn. 1; MünchKomm./*Damrau*, § 1251 BGB Rn. 4.

494 Abl. MünchKomm./*Damrau*, § 1250 BGB Rn. 3; Soergel/*Habersack*, § 1250 BGB Rn. 5; *Baur/Stürner*, Sachenrecht, § 55 V. 3. (Rn. 32, S. 687); *Westermann/Gursky*, Sachenrecht, § 132 I. 1. b. (S. 930).

Grundpfandrecht gem. §§ 892, 1155 gutgläubig erworben werden kann. Ausgangspunkt der Antwort ist zunächst wie auch für die Bewertung des Anwartschaftsrechts aus Vorbehaltskauf (unten Rn. 797) die Wirkung des Rechtsscheins, der dem Besitz nach § 1006 zukommt. Wie § 1227 zeigt, bewirkt der Besitz nicht nur den Schein des Eigentums, sondern bezieht sich auch auf das Pfandrecht, nach § 1065 auch auf den Nießbrauch und gem. § 1007 auf dingliche Rechte zum Besitz im übrigen. Daraus kann der Schluss auf den gutgläubigen Erwerb eines nicht bestehenden Pfandrechts aber noch nicht gezogen werden. Der Erwerb des Zessionars vollzieht sich nämlich gänzlich unabhängig von dem durch Besitz erzeugten Rechtsschein: Das Verfügungsgeschäft ist ein Abtretungsvertrag über die gesicherte Forderung, der wirksam ist, ohne dass etwa der Zedent seinen Besitz vorzeigen, etwa die Pfandsache mitbringen müsste. Der Zessionar hat zwar einen Herausgabeanspruch, aber die darauf beruhende nachfolgende Besitzverschaffung hat keinerlei Bedeutung für den Pfandrechtserwerb mehr, der schon mit der Forderungsabtretung abgeschlossen war. Die Übergabe der Sache, bei der der Rechtsschein aus dem Besitz wirken könnte, ist ohne Belang, weil sie nicht zum Erwerbstatbestand gehört. Deshalb trifft es zwar zu, dass der Besitz für dasjenige dingliche Recht streitet, das er für sich in Anspruch nimmt (unten Rn. 797). Aber der Besitz und folglich auch der auf ihm beruhende Rechtsschein ist im Falle von § 1250 irrelevant[495]. Deshalb gibt es keinen gutgläubigen Erwerb eines nicht bestehenden Pfandrechts.

527 Besteht das Pfandrecht zwar, ist aber ein anderer als der Veräußerer Pfandgläubiger, so kann dies nur bedeuten, dass der andere der Inhaber der gesicherten Forderung ist. Der veräußernde Nichtberechtigte kann die Forderung nicht auf den Erwerber übertragen, weil der gutgläubige Forderungserwerb im Allgemeinen ausgeschlossen ist, mithin auch der Pfandrechtserwerb. Nichts anderes kann gelten, wenn der Zedent eine Urkunde vorlegen kann, welche die Forderung verbrieft, so dass der Forderungserwerb nach § 405 BGB möglich ist; das nicht bestehende Pfandrecht entsteht auch dadurch nicht[496].

E. Erlöschen des Pfandrechts

528 Gründe, aus denen das Pfandrecht erlischt, sind in §§ 1252 bis 1256 genannt, nämlich:
- Erlöschen der gesicherten Forderung (§ 1252),
- Rückgabe der Sache (§ 1253),
- Verzicht des Pfandgläubigers (§ 1255) und
- Konfusion und Konsolidation (§ 1256).

529 Außerdem erlischt das Pfandrecht durch Abtretung der Forderung bei Ausschluss des Pfandrechtsübergangs (§ 1250 Abs. 2), durch Untergang der Sache[497], ihre Verarbeitung, Verbindung oder Vermischung (§§ 946 ff., 949 BGB), durch Veräußerung der Sache beim Pfandverkauf (§ 1242 Abs. 2, nachf. Rn. 606), durch Eigentumserwerb des Finders (§§ 965 ff., 973 Abs. 1 Satz 2), durch Erwerb des gutgläubigen Ersitzers (§§ 937, 943 Satz 1), bei gutgläubigem Erwerb der Pfandsache (§§ 932 ff., 936 Abs. 1), infolge

495 Zutr. *Westermann/Gursky*, a.a.O.; a.A. *Wieling*, Sachenrecht I, § 15 VII. 1. b. (S. 724).
496 Zutr. *Westermann/Gursky*, a.a.O.
497 RGZ 96, 184 (185); das gilt auch für dauernd wertlose Aktien.

Schuldübernahme (§ 418 Abs. 1 Satz 1, oben Rn. 329) und schließlich dann, wenn die Parteien für den Bestand des Pfandrechts einen Endtermin vereinbart hatten[498].

1. Erlöschen der gesicherten Forderung

Gem. § 1252 erlischt das Pfandrecht mit der Forderung, für die es besteht. Das folgt aus dem Grundsatz der Akzessorietät (vorst. Rn. 471): Ohne Forderung gibt es kein Pfandrecht. Es verbleibt auch **kein Eigentümerpfandrecht**. 530

Dafür besteht im Allgemeinen (s. aber vorst. Rn. 478 und nachf. Rn. 551) kein wirtschaftliches Bedürfnis. Bei der Hypothek ist Sinn der gem. § 1163 Abs. 1 Satz 2 entstehenden Eigentümergrundschuld, den Rang gegenüber anderen Belastungen zu wahren (oben Rn. 98). Mehrfache Belastung mit Vertragspfandrechten kommt dagegen kaum vor. 531

Das Pfandrecht erlischt nicht, wenn es für Forderungen aus laufender Geschäftsverbindung bestellt war und zwischenzeitlich (ohne dass die Geschäftsverbindung beendet worden wäre) auch einmal sämtliche Forderungen getilgt sind, so z.B., wenn Pfandgläubiger und Verpfänder in einem **Kontokorrentverhältnis** gem. §§ 355 bis 357 HGB zueinander stehen oder ein Pfand der Sicherung eines Überziehungskredits bei einer Bank dienen soll. Das ergibt sich aus § 1204 Abs. 2: Das Pfandrecht kann auch zur Sicherung einer künftigen Forderung bestellt werden (vorst. Rn. 472). Sind also alle Verbindlichkeiten aus einer Geschäftsverbindung erloschen, so ist zwar auch das Pfandrecht für diese Forderungen erloschen, aber es bleibt für die künftigen Forderungen bestehen. Im übrigen steht bei einer künftigen Forderung dem Erlöschen die Gewissheit gleich, dass die Forderung nicht mehr entstehen kann: Dann erlischt das Pfandrecht[499], ebenso erlischt es, wenn die Parteien vereinbaren, der Eigentümer dürfe die gesicherte Forderung nicht tilgen: Ein Pfandrecht ohne Ablösungsbefugnis gibt es nicht[500]. Im Falle einer Novation der gesicherten Forderung dürfte das Pfandrecht nicht notwendigerweise erlöschen, sondern dem Willen der Parteien zu entnehmen sein, ob es für die neue Forderung fortbestehen soll[501]. 532

Ist die Forderung dagegen zwar entstanden, aber verjährt, so bleibt das Pfandrecht bestehen. Die **Verjährung** ist keine rechtsvernichtende Einwendung, wie etwa die Erfüllung gem. § 362, sondern eine – wenn auch dauernde – Einrede, die dem Schuldner zwar das Recht zur Leistungsverweigerung gem. § 214 Abs. 1 gibt, aber die Forderung fortbestehen lässt. Deshalb kann der Pfandgläubiger auch nach Verjährungseintritt das Pfand gem. § 216 Abs. 1 verwerten. 533

2. Rückgabe des Pfandes

Andere peremptorische Einreden als die Verjährung (Rn. 533) bewirken zwar ebenfalls nicht, dass das Pfandrecht erlischt, sie können aber Voraussetzung für den Anspruch des Verpfänders oder des Eigentümers auf Herausgabe der Sache vom Pfandgläubiger sein. Die Rückgabe der Sache bewirkt ihrerseits das Erlöschen des Pfandes, wie §§ 1253, 1254 zu entnehmen ist. Dies ist die Konsequenz aus der Publizität des Faustpfandes, die im Besitz der Sache liegt. Wird er aufgegeben, fehlt Publizität, und ohne Publizität soll es das Pfandrecht nur ausnahmsweise (vorst. Rn. 519) geben. Weil dem Publizitätserfordernis auch nicht die Vereinbarung eines Besitzkonstituts gem. § 930 genügt (vorst. Rn. 485), ist 534

498 RGZ 68, 141 (145).
499 RGZ 145, 328 (336); BGH NJW 83, 1123.
500 BGHZ 23, 293 (300).
501 *Wacke*, DNotZ 2000, 615 (627).

auch ein Vorbehalt mit dem Inhalt unwirksam, das Pfandrecht solle trotz Rückgabe bestehen bleiben (§ 1253 Abs. 1 Satz 2): Ein Pfandrecht unter Besitzvorbehalt kommt einem Pfandrecht, vermöge dessen der Pfandgläubiger mittelbarer Besitzer und der Verpfänder unmittelbarer Besitzer ist, gleich; gerade das soll es aber nicht geben[502].

535 Die Rückgabe kann auf freiem Entschluss des Pfandgläubigers beruhen. Er kann aber auch zur Herausgabe verpflichtet sein.

a) Freiwilligkeit

536 Gem. § 1253 Abs. 1 erlischt das Pfandrecht bei freiwilliger Rückgabe der Sache durch den Pfandgläubiger. Für die Freiwilligkeit streitet gem. § 1253 Abs. 2 eine **Vermutung**.

537 *aa)* War das Pfandrecht gem. § 1205 Abs. 1 durch Verschaffung des unmittelbaren Besitzes bestellt worden, ist Rückgabe die Verschaffung des unmittelbaren Besitzes an den Verpfänder oder den Eigentümer (nicht aber an einen Dritten, auch nicht den persönlichen Schuldner, der nicht Verpfänder ist). Im Falle von § 1206 ist Rückgabe die Aufgabe des Mitverschlusses durch den Pfandgläubiger oder die Aufhebung des Pfandhalterverhältnisses. Bei Abtretung eines Herausgabeanspruchs gem. § 1205 Abs. 2 ist Rückgabe die Einräumung desjenigen Rechtsverhältnisses, durch das der Verpfänder wieder mittelbarer Besitzer wird, also durch Rückabtretung des Herausgabeanspruchs. Andererseits gibt der Pfandgläubiger das Pfand nicht zurück, wenn er die Sachherrschaft behält und der Verpfänder nur weisungsgemäß für den Pfandgläubiger die tatsächliche Sachherrschaft ausübt: Dann ist der Verpfänder nur Besitzdiener gem. § 855, aber nicht selbst Besitzer, so z.B. wenn der Verpfänder Angestellter des Pfandgläubigers ist und die Sache von ihm erhält, um sie zu verkaufen[503]. Umgekehrt gibt der Pfandgläubiger die Sache zurück, wenn er sich zum Besitzdiener (§ 855) des Verpfänders macht.

538 *bb)* Gem. § 1253 Abs. 2 Satz 1 wird vermutet, dass die Sache vom Pfandgläubiger zurückgegeben worden ist, wenn sie im Besitz des Verpfänders ist oder im Besitz eines Dritten, der ihn vom Verpfänder erlangt hat (Satz 2); die Vermutung ist widerleglich.

539 Daraus folgt, dass als Rückgabe nicht jede Besitzverschaffung für den Verpfänder angesehen werden kann, sondern nur eine solche, die vom **Willen des Pfandgläubigers** getragen ist, dem Verpfänder oder Eigentümer den Besitz zu verschaffen. Ohne diesen Willen ist das Pfand nicht zurückgegeben, und das Pfandrecht erlischt nicht, also auch nicht, wenn die Pfandsache abhanden gekommen (vgl. § 935) war[504]. Andererseits kommt es nicht darauf an, aus welchem Grunde die Sache zurückgegeben wurde, also etwa zum Zwecke der Leihe oder Verwahrung[505]. Die Rückgabe ist keine Willenserklärung, weil es nicht auf den Willen zur Rechtsänderung (Erlöschen des Pfandrechts) ankommt, sondern nur auf den Besitzverschaffungswillen. Die Rückgabe ist vielmehr geschäftsähnliche Handlung (und nicht nur Tathandlung[506]) wie etwa auch die Mahnung gem. § 286 Abs. 1 BGB.

540 Die Rückgabe der Pfandsache setzt zwar zu ihrer Wirksamkeit Geschäftsfähigkeit voraus, ist aber nicht der Anfechtung unterworfen: Wurde der Pfandgläubiger z.B. arglistig getäuscht, handelte er doch mit Besitzverschaffungswillen; wurde er dagegen bedroht, handelte er gegen seinen Willen und gab das Pfand nicht im Gesetzessinne zurück – das Pfandrecht bleibt bestehen, ohne dass es ei-

---

502 RGRK/*Kregel*, § 1253 BGB Rn. 1.

503 Beispiel von RGRK/*Kregel*, § 1253 BGB Rn. 2 a.E.

504 Das gilt auch für die handelsrechtlichen Pfandrechte, die nicht lediglich eine besondere Ausformung des Zurückbehaltungsrechts (§ 369 HGB) darstellen, *Altmeppen*, ZHR 157 (1993), 541 (556).

505 Nicht aber zum Zwecke der Reparatur, entgegen *Weimar*, MDR 69, 906; wohl auch Staudinger/*Wiegand*, § 1253 BGB Rn. 12.

ner Anfechtung bedürfte. Um der Publizität willen kann es also geschehen, dass das Recht des Pfandgläubigers – eben sein Pfandrecht – hintansteht. Fehlt es dagegen auch am Willen, den Besitz zu verschaffen, erlischt das Pfandrecht nicht. Verschafft z.B. ein Dritter den Besitz an der Sache ohne Wissen des Pfandgläubigers, etwa sein Angestellter, sein Ehegatte[507], bleibt das Pfandrecht bestehen.

cc) Ist das Pfandrecht danach erloschen und gibt der Verpfänder die Sache wieder zurück, lebt es nicht wieder auf. Den Parteien steht es aber frei, erneut ein Pfandrecht zu bestellen; nach Lage des Einzelfalls mag dies konkludent in der Wiederrückgabe liegen[508]. **541**

b) Anspruch auf Rückgabe

Gem. § 1254 haben Verpfänder und Eigentümer gegen den Pfandgläubiger Anspruch auf Rückgabe der Sache. Befriedigt der Pfandgläubiger diesen Anspruch, erlischt das Pfandrecht gem. § 1253 Abs. 1 (vorst. Rn. 534). Voraussetzung des Rückgabeanspruchs ist eine **Einrede**, die den Pfandgläubiger an der Verwertung hindert. **542**

aa) Die Einrede kann sich **gegen das dingliche Verwertungsrecht**, also das Pfandrecht selbst richten. **543**

Es muss sich um eine peremptorische Einrede handeln (z.B. Nichtigkeit des Verpfändungsvertrags, ungerechtfertigte Bereicherung bei Nichtigkeit des Sicherungsvertrages – § 821 –, unerlaubte Handlung – § 853), nicht lediglich um eine dilatorische Einrede, z.B. die Stundung der Verwertung (eigentümerbezogene Einrede, oben Rn. 258 bis 261). Die Rechtskonstruktion bei Grundpfandrechten liegt gem. § 1169 darin, dass der Gläubiger verzichten muss, so dass gem. § 1168 ein Eigentümerpfandrecht entsteht (oben Rn. 328). **544**

bb) Die Geltendmachung des Pfandrechts kann auch durch **Einreden gegen die gesicherte Forderung** (den Kredit) dauernd ausgeschlossen sein. **545**

Hat der Pfandgläubiger zwar nicht das Pfandrecht selbst, aber die Forderung durch Betrug erlangt, kann der Schuldner die Leistung auf die Forderung gem. § 853 dauernd verweigern. Gem. § 1211 kann der Verpfänder Einreden, die gegen die Forderung bestehen, gegen das Pfandrecht selbst erheben, auch wenn er nicht persönlicher Schuldner ist (ebenso wie im Falle der Hypothek gem. § 1137, oben Rn. 268). Peremptorische Einreden können auch aus nicht ausgeübten Gestaltungsrechten des Schuldners erwachsen (§§ 770 Abs. 1, 1211 Abs. 1 Satz 1, oben Rn. 287, **Einrede der Gestaltungslage**). Die Verjährung der Forderung hindert die Verwertung jedoch nicht (§ 216 Abs. 1, vorst. Rn. 533). Mit dieser Regelung soll ein „inhaltsloses Recht" (nudum ius) beendet werden, an dessen formaler Aufrechterhaltung „kein berechtigtes Interesse" bestehen kann[509]. **546**

Dilatorische Einreden gegen die Forderung bewirken zwar, obwohl die Fälligkeit der Forderung dadurch nicht berührt wird, zugleich Einreden gegen den Verwertungsanspruch (§ 1228) des Pfandgläubigers gem. § 1211 Abs. 1, aber keinen Herausgabeanspruch. Das Pfandrecht bleibt also bestehen, nur das Verwertungsrecht ist so lange ausgesetzt, wie die ausgeübte Einrede (z.B. eine Stundung) wirkt. **547**

---

506 Wie *Weimar*, MDR 69, 906 (907), meint.

507 Beispiel von *Baur/Stürner*, § 55 B. VI. 2. (Rn. 34, S. 688).

508 Lebt dagegen die erloschene Forderung wieder auf (z.B. Anfechtung einer Zahlung nach dem AnfG), gilt das auch für das Pfandrecht: RGZ 3, 208 (210); RGRK/*Kregel*, § 1253 BGB Rn. 4.

509 Motive III, 721, auch 841, bei *Mugdan*, S. 405 bzw. 470.

3. Verzicht

548 Das Pfandrecht erlischt gem. § 1255 Abs. 1 (ebenso §§ 959, 928[510]) durch einseitigen empfangsbedürftigen Verzicht des Pfandgläubigers[511] (sog. Pfandfreigabe[512]). Es bedarf anders als bei Forderungen keines Vertrags (§ 397 BGB; erlischt die Forderung durch Verzicht, greift § 1252 ein, vorst. Rn. 530).

549 Die Aufrechterhaltung des Pfandrechts liegt insoweit allein in der Willkür des Pfandgläubigers. Ist das Pfandrecht dagegen mit dem Recht eines Dritten belastet – das Pfandrecht kann z.B. seinerseits Gegenstand einer Rechtsverpfändung gem. § 1273 sein (nachf. Rn. 625) – bedarf der Verzicht der Zustimmung des Dritten, die, einmal erklärt, unwiderruflich ist (§ 1255 Abs. 2 Sätze 1 und 2).

4. Konsolidation und Konfusion

550 Das Pfandrecht erlischt, wenn es mit dem Eigentum in derselben Person zusammentrifft (§ 1256 Abs. 1 Satz 1 – **Konsolidation**): Der Pfandgläubiger erwirbt die Sache vom Verpfänder gem. § 929 Satz 2[513], oder der Pfandgläubiger stirbt und wird vom Verpfänder beerbt, auf den nach § 1922 auch das Pfandrecht übergeht. In diesem Fall wird der Verpfänder darüber hinaus auch Inhaber der gesicherten Forderung, so dass Gläubiger- und Schuldnerstellung zusammenfallen (**Konfusion**). Dadurch erlischt die Forderung[514] und mit ihr das Pfandrecht (§ 1252). Es entsteht also wiederum kein Eigentümerpfandrecht (vorst. Rn. 473). In den Sonderfällen von § 1256 Abs. 1 Satz 2, Abs. 2 können dagegen sog. **unechte Eigentümerpfandrechte** entstehen:

551 Gem. § 1256 Abs. 1 Satz 2 bleibt das Pfandrecht bestehen, wenn die gesicherte Forderung ihrerseits mit dem Recht eines Dritten (z.B. einem Nießbrauch oder wiederum einem Pfandrecht an der gesicherten Forderung, §§ 1279 ff., nachf. Rn. 633 ff.) belastet ist: Die Interessen des Dritten sollen nicht durch die Konsolidation geschmälert werden[515]. In diesem Falle bleibt die Forderung und mit ihr das Pfandrecht auch dann bestehen, wenn Gläubiger- und Schuldnerstellung zusammenfallen, also Konfusion eintritt. Der Fortbestand des Pfandrechts wirkt gegenüber jedem, also nicht nur relativ gegenüber dem begünstigten Dritten[516].

552 Gem. § 1256 Abs. 2 gilt das Pfandrecht als nicht erloschen (sein Fortbestand wird also fingiert), soweit der Eigentümer ein rechtliches Interesse am Fortbestand hat. Dieses Interesse kann in der Rangwahrung liegen: Ist die Sache z.B. neben dem Vertragspfandrecht mit einem Vermieterpfandrecht belastet, würde dieses vorrücken; der Eigentümer kann die fortbestehende Forderung aber mit

---

510 Bei Miteigentumsanteilen an Grundstücken, z.B. Wohnungseigentum, sind §§ 747 ff. anwendbar, BGH NJW 91, 2488 mit Bspr. *K. Schmidt*, JuS 92, 154; BayObLG BB 91, 1149.

511 Zur Aufhebung des Pfandrechts, wenn ein Gesellschafter aus einer Personengesellschaft ausscheidet: RGZ 132, 29 (32), der Verzicht ist durch die Gesellschafter zu erklären.

512 OLG Köln BB 2000, 2277; darin liegt nicht zugleich ein Forderungsverzicht.

513 BGHZ 27, 227 (233): Ein Mieter übereignet seinem Gläubiger Sachen, die gem. § 562 zur Sicherung der Miete mit dem gesetzlichen Pfandrecht des Vermieters belastet sind; danach erwirbt der Gläubiger durch Vertrag mit dem Vermieter (§ 398) die Mietzinsforderung. Das gesetzliche Pfandrecht geht gem. § 401 auf den Gläubiger über; da er aber vorher Eigentümer der Sache geworden war, tritt Konsolidation ein, und das Pfandrecht erlischt.

514 *Baur/Stürner*, Sachenrecht, § 55 B. VI. 1. (Rn. 33, S. 687).

515 Dies ist ein allgemeiner Rechtssatz, der auch bei der Konfusion im Falle der Forderung gilt: *Enneccerus/ Nipperdey*, § 77 Fn. 9 (Seite 452).

516 Staudinger/*Wiegand*, § 1256 BGB Rn. 4.

dem vorrangigen Pfandrecht übertragen wollen[517], oder die Wirksamkeit des Eigentumserwerbs kann zweifelhaft sein[518]. Der Fortbestand gilt nur im Verhältnis zu diesen Personen, nicht im Verhältnis zu Dritten und nicht zu deren Gunsten[519], also nur relativ. Dagegen bleibt das Verpächterpfandrecht des Grundeigentümers gem. § 592 nicht gegenüber dem Pächterpfandrecht gem. § 583 bestehen, weil dieses erst nach dem Erlöschen des Verpächterpfandrechts entstehen kann[520].

F. Insbesondere: Gesetzliche Pfandrechte

Wo die Vorleistung Vertragsinhalt ist, gewährt das Gesetz dem Vorleistungsverpflichteten **553** bei einigen Vertragsarten ein Pfandrecht an Sachen, die mit dem Vertrag zusammenhängen, sichert für ihn also den in der Vorleistung liegenden Kredit (oben Rn. 7). Das gesetzliche Pfandrecht entsteht von selbst aufgrund des zugrundeliegenden Schuldvertrages und unabhängig von einem auf die Entstehung des Pfandrechts gerichteten Willen der Parteien. Sie können die Entstehung gesetzlicher Pfandrechte aber durch den Vertrag ausschließen.

1. Arten

Die gesetzlichen Pfandrechte sind zum Teil **Besitzpfandrechte** wie das Werkunterneh- **554** merpfandrecht (§ 647 BGB)[521], zum Teil besitzlose Pfandrechte; in diesem Falle muss die Sache aber in den Herrschaftsbereich des Pfandgläubigers eingebracht worden sein (**Einbringungspfandrecht**).

Gesetzliche Besitzpfandrechte sind die des Pächters an den in seinen Besitz gelangten In- **555** ventarstücken (§ 583 BGB), des Werkunternehmers an den vom Besteller zur Leistung des Werks überlassenen Sachen (§ 647 BGB), des Kommissionärs am Kommissionsgut (§ 397 HGB), des Frachtführers am Frachtgut (§ 441 HGB), des Spediteurs am Frachtgut (§ 464 HGB), des Lagerhalters am eingelagerten Gut (§ 475b HGB). Besitzlose Pfandrechte sind die des Berechtigten an hinterlegten Sachen (§ 233 BGB), des Vermieters an den eingebrachten Sachen des Mieters (§ 559 BGB)[522], des Verpächters auf die Früchte und auf eingebrachte Sachen (§ 592 BGB), des Gastwirts an den eingebrachten Sachen des Gastes (§ 704 BGB), des Beförderers von Reisenden auf See am Gepäck (§ 674 HGB), der Seeschiffsgläubiger am Schiff (§ 755 HGB), des Lieferanten von Saatgut an den Früchten (Gesetz zur Sicherung der Düngemittel- und Saatgutversorgung, vorst. Rn. 492), der Binnenschiffsgläubiger am Schiff (§§ 89, 97, 103 BinnenschiffahrtsG).

---

517 RGRK/*Kregel*, § 1256 Rn. 3; Staudinger/*Wiegand*, § 1256 BGB Rn. 6.

518 RGZ 154, 378 (384).

519 BGHZ 27, 227 (233): Das Vermieterpfandrecht geht unter, wenn die Mietzinsforderung an den Sicherungseigentümer der Sachen abgetreten wird, auf die es sich erstreckt.

520 OLG Celle MDR 65, 831 (833).

521 Im Falle von Bau-Werkverträgen kann es neben der Sicherungshypothek aus § 648 BGB, oben Rn. 289, entstehen, BGH NJW-RR 90, 817 mit Rezension *Kartzke*, ZfBR 93, 205 (208) und Bspr. *Kemper*, JA 90, 347.

522 *Eckert*, ZIP 84, 663.

2. Entstehung und anwendbares Recht

556 Das gesetzliche Pfandrecht entsteht, wenn die dem Vertrag zugrundliegende und durch das gesetzliche Pfandrecht zu sichernde Forderung ensteht (also in der Regel schon mit Vertragsabschluss, gerade nicht erst bei Fälligkeit), im gegebenen Falle mit Einbringung. Sofern das gesetzliche Pfandrecht aufgrunddessen entstanden ist, sind gem. § 1257 im übrigen die Vorschriften über das Vertragspfandrecht anwendbar.

557 Es gelten die Vorschriften über die Akzessorietät von Pfandrecht und Forderung, bei den Besitzpfandrechten über das Besitzmittlungsverhältnis zwischen Eigentümer und Pfandgläubiger[523], über die Verwertung, über das Erlöschen, über die Übertragung, über den Schutz des Pfandgläubigers gegenüber Dritten gem. § 1227 i.V.m. §§ 985, 1004; 823 Abs. 1 (Pfandrecht als sonstiges Recht), 823 Abs. 2 i.V.m. 289 StGB (Verbot der Pfandkehr als Schutzgesetz für den Pfandgläubiger), 816 Abs. 1 bei der Veräußerung der Pfandsache sowie gegen den Verpfänder aus Vertragsverletzung.

3. Das Problem des gutgläubigen Erwerbs

558 Umstritten ist, ob § 1207 auf das gesetzliche Pfandrecht anwendbar ist, ob also ein gesetzliches Pfandrecht auch an Sachen entstehen kann, die dem Vertragspartner – etwa dem Besteller in einem Werkvertrag – nicht gehören. In diesem Falle könnte der Werkunternehmer nur Pfandgläubiger durch gutgläubigen Erwerb des Pfandrechts werden.

559 Der Wortlaut von § 1257 spricht dagegen: Die Entstehung des Pfandrechts ist danach nämlich vorausgesetzt und abgeschlossen[524], während das zu lösende Problem in der Entstehung kraft Rechtsscheins läge; entsprechend anwendbar bleiben danach also nur die übrigen Vorschriften. Entfacht hat sich das Problem an Werkverträgen, deren Gegenstand die Reparatur eines Kraftfahrzeuges war, das dem Besteller nicht gehörte (z.B. noch unter dem Eigentumsvorbehalt des Verkäufers stand, § 449 Abs. 1 BGB, oder im Sicherungseigentum einer Bank) – soll der Werkunternehmer mit seiner Werklohnforderung ohne den Schutz des Unternehmerpfandrechts aus § 647 dastehen, wenn der Eigentümer Herausgabe gem. § 985 verlangt?

560 Wie immer man dem Werkunternehmer helfen will[525] – durch ein Zurückbehaltungsrecht wegen Verwendungen auf die Sache gem. § 1000[526], durch Subsidiarität dinglicher gegenüber vertraglichen Abwicklungsverhältnissen[527] – der Weg, den gutgläubigen Erwerb gesetzlicher Pfandrechte anzunehmen, steht vor dem Problem der gesetzlichen Grundlage. Ausgangspunkt ist, dass eine Verfügung nur wirksam ist, wenn sie vom Berechtigten vorgenommen wird (*nemo plus iuris ad alium transferre potest quam ipse haberet*). Die aus der Sicht des Berechtigten unerwünschte, ja enteignende Wirksamkeit der über seinen

523 BGH NJW 99, 3716 zu II. 3. c.

524 BGHZ 34, 153 (155); *Repgen*, Vermieterpfandrecht, S. 258 ff.

525 S. die Darstellung bei Staudinger/*Wiegand*, § 1257 BGB Rn. 6 bis 14; *Reinicke/Tiedtke*, JA 84, 202 (213 f.).

526 BGHZ 34, 122 (125); 100, 95 (101); OLG Zweibrücken JZ 86, 341; *Reinicke/Tiedtke*, DB 87, 2447; *Plett*, VuR 88, 4.

527 *Raiser*, JZ 61, 529 (insbesondere 531), durch Annahme einer vom Eigentümer erteilten Ermächtigung, im Ergebnis ebenso *Wieling*, Sachenrecht I, § 15 XI. c. bb. (S. 736).

Kopf hinweg getroffenen, nicht durch seinen rechtsgeschäftlichen Willen gedeckten Verfügung eines Nichtberechtigten kann nur auf Gesetz beruhen, das den Willen aus Gründen des Verkehrsschutzes hintanstellt. Eine solche Grundlage für den gutgläubigen Erwerb des Unternehmerpfandrechts ist nicht geschaffen worden[528]. Auch wenn es richtig sein sollte[529], dass die Gesetzesbegründung zu § 1257 Brüche aufweist und die Möglichkeit des gutgläubigen Erwerbs offen lässt[530], bedeutet diese Offenheit gerade nicht, dass darin schon eine gesetzliche Grundlage für den gutgläubigen Erwerb des Unternehmerpfandrechts besteht. Für die durch ein Pfandrecht eröffnete Möglichkeit der Entziehung des Eigentums genügt also nicht eine offene Regelung, sondern erforderlich ist eine dies anordnende und somit rechtfertigende Regelung, und sei sie durch Analogie zu suchen. Die Voraussetzungen der Begründung des gesetzlichen Pfandrechts sind dem betreffenden Gesetz zu entnehmen; in § 647 BGB schweigt das Gesetz hierzu aber. Die analoge Anwendung von § 1207 ist nicht möglich, weil es an einer Gesetzeslücke fehlt. Der rechtsgeschäftliche Wille bei Abschluss des zugrundeliegenden Vertrages ist typischerweise gerade nicht auf den Erwerb des Pfandrechts gerichtet. Allerdings gibt es im Handelsrecht die Möglichkeit des gutgläubigen Erwerbs gesetzlicher Pfandrechte. Gem. § 366 Abs. 3 HGB erwirbt der Kommissionär das Kommissionärspfandrecht auch an fremden Sachen, wenn er den Kommittenten für befugt hielt, einen Kommissionsvertrag über die Sache im eigenen Namen abzuschließen[531]. Gleiches gilt für Frachtführer, Spediteur und Lagerhalter. Aber es handelt sich um eine handelsrechtliche Ausnahmeregelung[532]. Aus ihr ist gerade der Schluss zu ziehen, dass für andere als die dort genannten gesetzlichen Pfandrechte der gutgläubige Erwerb nicht möglich ist[533], indem bei einem kaufmännischen Kommissionär und dem gleichgestellten Unternehmer (§ 383 Abs. 2 HGB) typisierterweise davon ausgegangen werden kann, dass sie mit dem gesetzlichen Pfandrecht rechnen. Der Verallgemeinerungsfähigkeit von § 366 Abs. 3 HGB steht auch die differenzierte Ausgestaltung des gutgläubigen Erwerbs nach der Art des Pfandrechts und ihres Bezugs zu den gesicherten Forderungen – konnexe oder inkonnexe – entgegen. Deshalb hat der Schutz des wahren Eigentümers vor der Belastung seiner Sache infolge Gutgläubigkeit Dritter Vorrang vor deren Interessen[534].

Fehlt es am Eigentum der Vertragspartei, weil die Sache zur Sicherheit übereignet oder **561**
unter Eigentumsvorbehalt erworben worden war, wäre an eine Ermächtigung zur Pfandrechtsbestellung zu denken. Eine Verfügungsermächtigung des Sicherungseigentümers oder Vorbehaltsverkäufers, die mit der dem Besitzer auferlegten Pflicht zur Instandhaltung einhergehen mag, könnte sich aber nur auf vertragliche, nicht auf gesetzliche Pfandrechte beziehen.

528 Für das Vermieterpfandrecht als Einbringungspfandrecht (vorst. Rn. 554) schließen die Motive II, S. 406 bei *Mugdan*, S. 226, den gutgläubigen Erwerb sogar ausdrücklich aus.

529 *Wilhelm*, Sachenrecht, Rn. 947.

530 Motive III, S. 797, bei *Mugdan*, S. 444.

531 *Ruhwedel*, Gedächtnisschr. Helm, S. 323 (329); *Bülow*, Handelsrecht, S. 30 f.

532 *Frohn*, AcP 161 (1961), 31 (33); *Henke*, AcP 161 (1961), 1 (9); *Reinicke/Tiedtke*, JA 84, 202 (214) und die in Fn. 470 genannten Entscheidungen sowie BGHZ 119, 75 (89).

533 A.A. dezidiert *Canaris*, Handelsrecht, S. 403 und *Hager*, Verkehrsschutz, S. 108 ff.; so im Ergebnis auch Soergel/*Habersack*, § 1257 BGB Rn. 6; MünchKomm./*Damrau*, § 1257 BGB, Rn. 3.

534 BR-Drucks. 368/97, S. 32 zu § 366 Abs. 3 HGB; *Bülow/Artz*, JuS 98, 680 (684).

562 Für den Anwendungsfall der Reparatur eines Kraftfahrzeugs kommt hinzu, dass dem Werkunternehmer kaum geholfen wird: Geht man davon aus, dass der Besitz eines Kraftfahrzeugs keinen Rechtsschein für das Eigentum erzeugt, vielmehr in aller Regel hierfür der Kraftfahrzeugbrief vorgelegt werden muss, ist der Werkunternehmer gar nicht gutgläubig. Auf der anderen Seite wird die Problematik vor allem virulent, wenn das zu reparierende Auto unter Eigentumsvorbehalt stand. In diesem Fall hat der Besteller aber ein Anwartschaftsrecht an der Sache mit der Folge, dass der Werkunternehmer sein Unternehmerpfandrecht an diesem Anwartschaftsrecht erwirbt (unten Rn. 779) und auf diese Weise dinglich gesichert ist. Entsprechendes gilt im Falle einer auflösend bedingten Sicherungsübereignung (unten Rn. 1181). Wenn in anderen Fällen das Gesetz nicht hilft, müssen die Beteiligten Entsprechendes vereinbaren, was auch geschieht: In den Allgemeinen Geschäftsbedingungen der Reparaturunternehmen ist meistens eine vertragliche Verpfändung enthalten und der Frage des gutgläubigen Erwerbs gesetzlicher Pfandrechte aus dem Weg gegangen (freilich mit demselben Problem der Gutgläubigkeit ohne Vorlage des Kraftfahrzeugbriefs)[535].

4. Einzelne Pfandrechte

563 Für einzelne gesetzliche Pfandrechte gelten Sonderbestimmungen, die der Anwendung von §§ 1210 ff. vorgehen:

a) Vermieter, Gastwirt, Verpächter

564 Die Pfandrechte des Vermieters (§ 562) und des Gastwirts (§ 704) erlöschen, wenn die eingebrachten Sachen wieder entfernt werden[536], es sei denn, der Vermieter (Gastwirt) weiß das nicht oder erhebt berechtigten Widerspruch (§ 562a Satz 1). Der Widerspruch ist unberechtigt, wenn die Entfernung der Sache im Rahmen der Gestaltung der Lebens- und Geschäftsverhältnisse notwendig ist (Satz 2), nämlich erstens im regelmäßigen Betrieb des Geschäfts von Mieter oder Gast, zweitens den gewöhnlichen Lebensverhältnissen entsprechend oder drittens, wenn die zurückbleibenden Sachen zur Sicherung offenbar ausreichen. In diesen Fällen erlischt das Pfandrecht an den weggebrachten Sachen also trotz Widerspruchs. In anderen Fällen darf der Vermieter (Gastwirt) die Entfernung gem. § 562b im Wege der Selbsthilfe (§§ 229 ff.) verhindern und die Sache in seinen unmittelbaren Besitz nehmen[537]. Will der Vermieter von seinem Selbsthilferecht keinen Gebrauch machen, kann er auch Klage auf Unterlassung der Entfernung erheben, auch sind die Voraussetzungen für den Erlass einer einstweiligen Verfügung gem. §§ 935, 940 ZPO gegeben[538], doch wird der Mieter (Gast) den Vermieter (Gastwirt) meistens schon vor vollendete Tatsachen gestellt haben, ehe ein Titel des Gerichts vollstreckt werden kann. Deshalb gibt § 562b Abs. 2 Satz 1 dem Vermieter Anspruch auf Zurückschaffung der Sachen in die gemieteten Räume. Ist der Mieter (Gast) ausgezogen, hat er die Räume also insgesamt aufgegeben, muss er die Sachen an den Vermieter herausgeben, ihm also den unmittelbaren Besitz verschaffen. Diese Bestimmungen regeln das Rechtsverhältnis zwischen Pfandgläubiger und Pfandschuldner in besonderer Weise und setzen den Bestand des Pfandrechts voraus. Dieser ist begrenzt. Das Pfandrecht besteht noch einen Monat seit Kenntnis von der Entfernung, wenn der Vermieter (Gastwirt) nicht vorher klagt (§ 562b Abs. 2 Satz 2). Einge-

535 BGHZ 68, 323; 87, 274; BGH NJW 81, 226; *Gursky*, JZ 84, 604 (611).

536 Offen für den Fall der Entfernung durch den Gerichtsvollzieher: BGH NJW 99, 3487 mit Komm. *Koller*, EWiR § 475 HGB 1/99, 731.

537 BGH NJW 87, 2861 zu II. 2. a. cc.

538 Staudinger/*Emmerich* (2. Bearbeitung 1981), § 561 BGB Rn. 2.

brachte Sachen, derer Mieter oder Gast für ihre alltägliche Lebens- oder Geschäftsgestaltung bedürfen, sind vom Pfandrecht ausgenommen (§ 562 Abs. 1 Satz 2), ebenso wenig wie sie der Zwangsvollstreckung unterliegen (§ 811 Nr. 1 bis 14 ZPO)[539]. Das gesetzliche Pfandrecht des Verpächters erstreckt sich dagegen auch auf das erforderliche Gerät und Vieh nebst nötigem Dünger sowie landwirtschaftliche Erzeugnisse (§ 811 Nr. 4 ZPO, § 592 Satz 3 BGB). Konkurrieren Vermieterpfandrecht und Pfändungspfandrecht (§ 804 ZPO) eines Dritten, so steht das Pfändungspfandrecht des Vollstreckungsgläubigers in der Priorität zurück, jedoch nur, soweit der Mietzins für nicht mehr als ein Jahr geltend gemacht wird (§ 562d). Auch diese Einschränkung gilt nicht für den Verpächter (§ 592 Satz 4).

b) Früchtepfandrecht

In gleicher Weise wie der Verpächter ist der Lieferant von Saatgut und Düngemitteln gesichert, dem das gesetzliche Früchtepfandrecht zusteht (§ 1 Abs. 1 des Gesetzes zur Sicherung der Düngemittel- und Saatgutversorgung, vorst. Rn. 492). Nach § 3 Abs. 1 können Pfandgläubiger und Schuldner verlangen, dass eine zur Sicherung der Forderung ausreichende Menge aus der Ernte ausgesondert wird, auf die sich dann das Pfandrecht beschränkt, während der übrige Teil der Ernte frei ist. Gem. § 4 erlischt das Pfandrecht des Lieferanten mit dem 1. April des auf die Ernte folgenden Jahres, im übrigen mit der Entfernung der Früchte von dem Grundstück (§ 2 Abs. 1)[540] und natürlich mit Erlöschen der Forderung. **565**

c) Handelsrecht

Für die handelsrechtlichen Pfandrechte gelten folgende Besonderheiten: **566**

Die Pfandrechte des **Kommissionärs** (§ 397 HGB), des **Frachtführers** (§ 441 Abs. 2 HGB), des **Spediteurs** (§ 464 HGB)[541] und des **Lagerhalters** (§ 475b HGB)[542] erlöschen mit Besitzverlust[543], insbesondere dann, wenn das Gut planmäßig abgeliefert wird: Sonst würde der reibungslose Ablauf des Handelsverkehrs behindert. Nur der Frachtführer ist privilegiert: Sein Pfandrecht bleibt auch nach Ablieferung bestehen, wenn er es binnen drei Tagen geltend macht und das Gut noch im Besitz des Empfängers ist (§ 441 Abs. 3 HGB)[544]. Regelungen zur Frage, ob sich das Pfandrecht auch auf Zubehör erstreckt, enthalten § 103 Abs. 1 Satz 1 BinnenschiffahrtsG und § 756 HGB für die gesetzlichen Pfandrechte der **Schiffsgläubiger**; gem. § 756 Abs. 2 HGB erstreckt es sich auch auf Ersatzansprüche, wird also zu einem gesetzlichen Pfandrecht an Forderungen (ebenso das Pfandrecht am Frachtanspruch gem. § 104 Abs. 1 BinnenschiffahrtsG). Das Pfandrecht des Beförderers auf See (zum Begriff s. Anlage zu § 664 HGB, Art. 1 Nr. 1a) setzt gem. § 674 Abs. 2 HGB Hinterlegung des Gepäcks oder die Ausübung eines Zurückbehaltungsrechts wegen des Beförderungsentgelts voraus. Weitere Sonderbestimmungen gelten für die Verwertung (nachf. Rn. 611 f.). **567**

539 *Bechtloff*, ZIP 96, 994 (1000); LG Berlin NJW-RR 92, 1038 für Waschmaschine.
540 BGH NJW 93, 1791; WM 2001, 1628 zu II. 2.
541 *Büchner*, TranspR 91, 125.
542 BGH NJW 99, 3716.
543 Nicht jedoch bei Abhandenkommen (vgl. § 935); *Altmeppen*, ZHR 157 (1993), 541 (552f.) entgegen h.M.
544 *Bülow*, Handelsrecht, S. 181/182.

G. Verwertung des Faustpfandrechts

1. Verkaufsandrohung: Subsidiaritätsgrundsatz im Kreditsicherungsverhältnis

568 Bei Fälligkeit der gesicherten Forderung ist der Pfandgläubiger gem. § 1228 Abs. 2 Satz 1 berechtigt, aber nicht verpflichtet[545], das Pfand zu verkaufen (vorst. Rn. 505). Der Sicherungsfall tritt also vor einem Verzug des Schuldners mit der Erfüllung der gesicherten Forderung ein (anders im Allgemeinen bei der Sicherungstreuhand, unten Rn. 1162). Aber der Gläubiger muss die Verwertung gem. § 1234 androhen (nachf. Rn. 582).

569 Die **Androhung der Verwertung** ist Ausdruck des Grundsatzes der Subsidiarität im Kreditsicherungsverhältnis (oben Rn. 72). Danach tritt das Sicherungsverhältnis aus seiner Latenzphase erst heraus, wenn feststeht, dass die gesicherte Forderung nicht erfüllt wird, obwohl sie erfüllt werden müsste. Dem Eigentümer der Pfandsache ist Gelegenheit zu geben, sich die Mittel zu beschaffen, um die gesicherte Forderung zu tilgen, oder, wenn er Interzessionar ist, die Sache also für die Schuld eines Dritten verpfändet hatte (oben Rn. 14), die Verbindlichkeit des persönlichen Schuldners abzulösen (§ 1223 Abs. 2, oben Rn. 513). Erst wenn diese Gelegenheit ungenutzt verstreicht, tritt das Kreditsicherungsverhältnis in die Verwertungsphase (oben Rn. 79). Nur die Deutsche Bundesbank (vorst. Rn. 498) darf gem. § 19 Nr. 1, 2. Hs. BBankG schon bei Eintritt der Pfandreife und unabhängig vom Verzug des Schuldners[546] verwerten (unten Rn. 624).

570 Die Verwertungsberechtigung des Pfandgläubigers nach § 1228 Abs. 2 setzt ihn zwar in den Stand, die Versteigerung oder die sonstige Art der Verwertung (nachf. Rn. 573) zu betreiben, aber er darf davon noch keinen Gebrauch machen, sondern muss einen Monat lang warten. Die Frist beginnt gem. § 1234 Abs. 2 Satz 1 mit dem Zugang der Androhung. Verwertet der Gläubiger, obwohl er es nicht darf, macht er sich nach § 1243 Abs. 2 schadensersatzpflichtig (nachf. Rn. 578).

571 Die Androhung setzt die Monatsfrist nur in Lauf, wenn die Verkaufsberechtigung bereits eingetreten war, wie § 1234 Abs. 1 Satz 2 bestimmt. Ist deshalb die Fälligkeit der gesicherten Forderung von einer Kündigung abhängig (z.B. nach § 609 BGB), kann diese Kündigung nicht mit der Androhung verbunden werden[547], so dass die Frist nicht beginnt. Die Androhung kann unterbleiben, wenn sie untunlich ist, z.B. bei ungeklärtem Aufenthalt des Eigentümers[548]. In diesem Fall beginnt die Monatsfrist bereits mit Fälligkeit der gesicherten Forderung (§ 1234 Abs. 2 Satz 2). Die Androhung ist wie die Mahnung formfreie geschäftsähnliche Handlung.

572 Die Verwertungsvorschriften sind namentlich auch bei den **AGB-Pfandrechten** (vorst. Rn. 470) und bei den gesetzlichen Pfandrechten (vorst. Rn. 553) verbindlich.

2. Verwertungsformen

573 Ziel der Verwertung ist, für die Pfandsache Geld zu bekommen, mit dem der Pfandgläubiger wegen der gesicherten Forderung befriedigt wird. Wählt der Pfandgläubiger die Verwertung, eröffnet ihm das Gesetz **vier Verwertungsformen**, nämlich:

---

545 Anders aber Pfandleiher gem. § 8 Abs. 2 PfandleihVO, *Damrau*, a.a.O. Rn. 8: Verwertungspflicht binnen sechs Monaten nach Pfandreife.

546 Monatsbericht der Deutschen Bundesbank Mai 2002, S. 15.

547 OLG Köln WM 97, 160 zu 2.

548 Soergel/*Habersack*, § 1234 BGB Rn. 3.

- Verkauf des Pfandes durch den Pfandgläubiger (§§ 1233 Abs. 1, 1234 bis 1244),
- Verwertung durch den Gerichtsvollzieher (§§ 1233 Abs. 2 BGB, 814 bis 827 ZPO),
- Verwertung nach besonderer Vereinbarung (§ 1245) und
- Verwertung nach billigem Ermessen (§ 1246).

Der Verkauf des Pfandes durch den Pfandgläubiger ist der Regelfall. Die übrigen Verwertungsarten sind an besondere Voraussetzungen geknüpft. **574**

a) Pfandverkauf durch Versteigerung

aa) Der Pfandverkauf als Regelfall wird durch die **Versteigerung der Sache** bewirkt (§ 1235 Abs. 1), die nicht vor Ablauf eines Monats seit der Androhung (§ 1234 Abs. 2, vorst. Rn. 569) stattfinden darf. Das Gesetz gebraucht den Begriff „öffentlich" für die Versteigerung. Damit ist gemeint, dass jedermann an der Versteigerung teilnehmen und mitbieten kann. Nicht ist damit „öffentlich-rechtlich" gemeint (so aber die Versteigerung durch den Gerichtsvollzieher gem. §§ 814 ff. ZPO). Vielmehr wird ein privatrechtlicher Kaufvertrag nach § 433 BGB zwischen dem Pfandgläubiger und dem Ersteher abgeschlossen, bei dem der Versteigerer Vertreter des Pfandgläubigers ist. § 156 BGB bestimmt, dass der Kaufvertrag durch Gebot des Erstehers und Zuschlag durch den Versteigerer zustande kommt[549]. Die Gewährleistungsansprüche des Käufers sind gem. § 445 eingeschränkt[550]. Nach Maßgabe von §§ 929 bis 931 wird die Sache sodann vom Pfandgläubiger dem Ersteher übereignet. Zwar ist der Pfandgläubiger nicht Eigentümer, die Verfügung über die Sache ist aber trotzdem wirksam, weil der Pfandgläubiger dazu durch § 1242 Abs. 1 Satz 1 ermächtigt ist (**gesetzliche Verfügungsermächtigung**). **575**

Mit der Öffentlichkeit der Versteigerung soll erreicht werden, dass möglichst viele Bieter Gelegenheit zum Kauf der Pfandsache haben und ein möglichst hoher Erlös erzielt wird; die Pfandsache soll nicht zum Schaden des Verpfänders verschleudert werden. Wird deshalb die Pfandsache nicht im Wege öffentlicher Versteigerung veräußert, sondern im Wege freihändigen Verkaufs, wird der Erwerber gem. §§ 1244 i.V.m. 1235 nicht Eigentümer des Pfandes, wenn er weiß, dass es sich um eine Pfandsache handelt; die Eigentumsverhältnisse bleiben unverändert (hält der Ersteher den veräußernden Pfandgläubiger dagegen für den Eigentümer, kann er nach den allgemeinen Vorschriften von §§ 932 ff. Eigentum erwerben). **576**

bb) Die Öffentlichkeit der Versteigerung ist nicht der einzige Schutz des Verpfänders, den das Gesetz vorschreibt. Es bestimmt vielmehr, dass noch weitere Voraussetzungen erfüllt sein müssen, damit die Veräußerung der Pfandsache rechtmäßig ist. Sind diese über die Öffentlichkeit der Versteigerung hinausgehenden Voraussetzungen nicht erfüllt, ist die Veräußerung der Pfandsache zwar rechtswidrig, der Ersteher wird (wenn die Versteigerung nur öffentlich ist) aber trotzdem Eigentümer, wenn er **gutgläubig** von der Rechtmäßigkeit der Versteigerung ausging, wie § 1244 bestimmt. Die **Rechtmäßigkeitsvoraussetzungen**, deren Fehlen trotzdem zum Erwerb des gutgläubigen Erstehers führen kann, sind: **577**

- Pfandreife (also Fälligkeit der gesicherten Forderung), § 1228 Abs. 2,
- öffentliche Bekanntmachung der Versteigerung, § 1237,
- bei mehreren Pfandsachen: Verkauf nur so vieler Pfänder, wie zur Befriedigung des Pfandgläubigers erforderlich sind (§ 1230 Satz 2)[551],
- bei Gold- und Silbersachen: kein Zuschlag unter Metallwert – § 1240 Abs. 1.

549 Zur Formbedürftigkeit nach § 313 Satz 1 BGB s. BGH WM 98, 1402 mit Anm. *Lerch*, WuB IV A. – 1.99.
550 BGH NJW 83, 1186; BGHZ 96, 214 (215) mit Komm. *Diederichsen*, EWiR § 461 BGB 1/86, 345.
551 Dazu RGZ 118, 250 (252); LG Bonn NJW-RR 97, 184 mit Anm. *Barterau*, WuB I F 2. – 2.96.

578 Ob diese Rechtmäßigkeitsvoraussetzungen eingehalten sind, kann der Ersteher oft nicht wissen. Deshalb wird sein guter Glaube an die Vorstellung geschützt, sie seien doch eingehalten (das Interesse des Eigentümers muss hintanstehen, hat er durch die Verpfändung doch den zugunsten des Erstehers wirkenden Rechtsschein selbst mitverursacht). Wird ein Pfand dagegen nicht im Wege öffentlicher Versteigerung verkauft (oder nicht im Wege der Zwangsvollstreckung, §§ 1244, 1233 Abs. 2), so offenbart sich dieser Umstand auch dem Ersteher: Er kann nicht gutgläubig erwerben. Wenn aber der Pfandverkauf öffentlich und trotzdem unrechtmäßig ist, wird der Eigentumserwerb des gutgläubigen Erstehers nicht verhindert. Immerhin macht sich der Pfandgläubiger aber bei Verschulden **schadensersatzpflichtig** (§ 1243 Abs. 2).

579 Wer gutgläubig von der Rechtmäßigkeit der öffentlichen Versteigerung ausgeht, braucht durch den Zuschlag trotzdem nicht Eigentümer zu werden. Wenn nämlich das Gesetz den Verkauf des Pfandes regelt, so ist damit vorausgesetzt, dass ein Pfandrecht überhaupt entstanden ist, dass es also wirklich ein Pfandgläubiger ist, der da versteigert. Jemand kann aber auch eine öffentliche Versteigerung veranstalten, bei der er Sachen veräußert, an denen er überhaupt kein Pfandrecht erworben hat (er hat sie z.B. von einem Hehler bekommen oder nur entliehen oder ist nur Besitzdiener). Auch für diesen Fall bestimmt § 1244, dass derjenige, der den Veräußerer gutgläubig für einen Pfandgläubiger hält, das Eigentum an der öffentlich versteigerten Sache erwirbt. Wird also eine nicht verpfändete Sache zwar öffentlich, aber rechtswidrig im Sinne von § 1243 Abs. 1 versteigert, wird der Ersteher gleichwohl Eigentümer, wenn er in **zweierlei Hinsicht gutgläubig** ist, nämlich was das Pfandrecht betrifft und was die Rechtmäßigkeit der Versteigerung betrifft[552].

580 Der gutgläubige Erwerb von Sachen, die als Pfänder öffentlich versteigert werden, ist gegenüber dem gutgläubigen Erwerb in allgemeinen Fällen in bedeutsamer Weise erleichtert: Von den Vorschriften der §§ 932 ff., die in § 1244 für entsprechend anwendbar erklärt sind, fehlt eine, nämlich § 935, die den Ausschluss gutgläubigen Erwerbs für **abhanden gekommene Sachen** anordnet. An Hehlergut z.B. kann ein Ersteher bei einer öffentlichen Versteigerung Eigentum erwerben, wenn er den Veräußerer gutgläubig für den Pfandgläubiger und die Versteigerung gutgläubig für rechtmäßig hält. Da andererseits § 935 bei der Begründung des Pfandrechts gem. § 1207 anwendbar ist, kann sich daraus folgende Situation ergeben[552]: Ein Gläubiger möchte eine Sache als Pfand nehmen. Der Verpfänder hat die Sache aber gestohlen, so dass gem. § 1207, 935 kein Pfandrecht entstehen kann, auch wenn der Pfandgläubiger gutgläubig war. Lässt der gutgläubige Pfandgläubiger die Sache dann öffentlich versteigern und ersteht er sie selbst, was gem. § 1239 möglich ist, so wird er gem. § 1244 Eigentümer. Der gutgläubige Erwerb abhandengekommener Sache ist auch im Rahmen von öffentlichen Versteigerungen möglich, die gem. § 383 Abs. 3 für hinterlegte Sachen durchgeführt werden[554].

581 In einigen Fällen ist der Verkauf auch dann rechtmäßig, wenn er nicht im Wege öffentlicher Versteigerung bewirkt wird. Das ist der Fall, wenn die Sache einen Börsen- oder Marktwert hat (z.B. Aktien), § 1235 Abs. 2, oder wenn bei Gold- und Silbersachen der Metallwert nicht erreicht wird, § 1240 Abs. 2: Dann kann das Pfand durch dazu befugte Personen (öffentlich ermächtigte Handelsmäkler oder Versteigerer) frei verkauft werden. Außerdem hat es der **Eigentümer** in der Hand, Verstöße gegen Rechtmäßigkeitsvoraussetzungen oder Ordnungsverstöße zu **genehmigen**, so dass sie geheilt werden[555]; dagegen kommt eine nachträgliche Entscheidung des Gerichts gem. § 1246 Abs. 2 (nachf. Rn. 594) nicht in Betracht[556].

---

552 BGHZ 119, 75 (89/90); RGZ 100, 274 (277).

553 RGZ 104, 300 (302).

554 BGH NJW 90, 899 mit Bspr. *K. Schmidt*, JuS 90, 411.

555 BGH NJW 95, 1350 zu 2. mit Komm. *Eckert*, EWiR § 559 BGB 1/95, 339 und Bspr. *K. Schmidt*, JuS 95, 740.

556 OLG Köln EWiR § 559 BGB 2/95, 753 (*Medicus*).

Keinen Einfluss auf die Rechtmäßigkeit der Versteigerung und damit auf den Eigentumswerb des Erstehers haben die nachfolgenden Ordnungsvorschriften (rechtmäßige, aber ordnungswidrige Versteigerung[557]): **582**
- Verkaufsandrohung, § 1234[558] (vorst. Rn. 568),
- Versteigerungsort, § 1236,
- Benachrichtigung von der Versteigerung, § 1237 Satz 2 und
- Benachrichtigung von dem Ergebnis des Pfandverkaufs, § 1241.

Sie können aber bei Verstoß **Schadensersatzansprüche** des Verpfänders gegen den Pfandgläubiger auslösen (§ 1243 Abs. 2)[559].

b) Versteigerung durch Gerichtsvollzieher

aa) Will der Pfandgläubiger den Verkauf der Sache nicht einem privaten (wenn auch öffentlich bestellten) Versteigerer überlassen, kann er damit den Gerichtsvollzieher beauftragen, der den Verkauf gem. §§ 814 ff. ZPO betreibt[560]. Der Pfandgläubiger muss gem. § 1233 Abs. 2 gegen den Eigentümer der Pfandsache (also weder den Verpfänder noch den persönlichen Schuldner, wenn diese mit dem Eigentümer nicht identisch sind) Klage auf Duldung des Pfandverkaufs erheben und einen entsprechenden Titel erwirken (nicht genügt also ein bloßer Titel auf Zahlung der gesicherten Forderung). Dieser Verwertungsweg gleicht dem durch § 1147 bestimmten für die Grundpfandrechte (oben Rn. 410). **583**

Der Gerichtsvollzieher nimmt die Pfandsache nicht durch Pfändung in Beschlag (§ 803 ZPO), begründet also keine öffentlich-rechtliche Verstrickung, sondern er nimmt die Pfandsache nur zum Zwecke der Versteigerung in Besitz. Hat der Pfandgläubiger einen Duldungstitel erwirkt (also einen Titel auf Duldung des Pfandverkaufs), ist er dadurch nicht gebunden: Es steht ihm frei, sich trotzdem noch für die öffentliche Versteigerung gem. §§ 1235 ff. BGB zu entscheiden. **584**

bb) Andererseits kann der Pfandgläubiger die Versteigerung nach Maßgabe von §§ 814 ff. ZPO auch auf andere Weise erreichen: Wegen der gesicherten Forderung kann er einen gewöhnlichen Zwangsvollstreckungstitel erwirken und den Gerichtsvollzieher anweisen, gerade in die Pfandsache zu vollstrecken, sie also zu pfänden und zu verwerten. **585**

Ist der persönliche Schuldner nicht der Eigentümer, hat dieser vielmehr seine Sache als Interzessionar (oben Rn. 14) für eine fremde Schuld zum Pfand gegeben, könnte er gegen die Pfändung an sich Drittwiderspruchsklage (§ 771 ZPO) erheben. Andererseits müsste sich der Eigentümer die Verwertung gefallen lassen, wenn der Pfandgläubiger die Klage auf Duldung der Verwertung gem. § 1233 Abs. 2 erhoben hätte, auch und gerade dann, wenn er nicht der persönliche Schuldner ist. Wegen der Drittwiderspruchsklage würde der Eigentümer also die Verwertung vereiteln, in die er doch sogleich wieder einwilligen müsste. Das wäre arglistig, so dass die Drittwiderspruchsklage des Pfandeigentümers unbegründet ist[561]. **586**

cc) Ein von der Verwertung gem. § 1233 Abs. 2 zu unterscheidender Fall ergibt sich bei Sachen, die im **Mitbesitz** des Pfandgläubigers gem. § 1206 sind (vorst. Rn. 489). Die Verwertung setzt voraus, **587**

---

557 BGH EWiR § 440 HGB 1/98, 319 (*Koller*).

558 LG Osnabrück WM 93, 1628 mit Anm. *Schebesta*, WuB I F 2. – 2.93.

559 RG JW 26, 2847; BGH WM 87, 185 (Fälligkeit und § 9 Abs. 1 PfandleihVO); BGH EWiR § 440 HGB 1/98, 319 (*Koller*) betr. das gesetzliche Pfandrecht des Frachtführers, vorst. Rn. 567; OLG Frankfurt WM 86, 75 mit Anm. *Bülow*, WuB I F 4. – 2.86; OLG Köln WM 97, 160 zu 2. mit Anm. *Jaskulla*, WuB I G 7. – 4.97.

560 *Winterstein*, DGVZ 91, 51.

561 RGZ 143, 275 (277/278).

dass der Pfandgläubiger die Sache dem Versteigerer oder Gerichtsvollzieher übergibt. Dazu muss er sie im Alleinbesitz haben. Weigert sich der Verpfänder, den Mitbesitz aufzugeben, muss ihn der Pfandgläubiger auf Duldung der Verwertung in Anspruch nehmen oder, wenn die Sache bei einem Pfandhalter hinterlegt ist, auf Einwilligung der Herausgabe der Sache zum Zwecke der Verwertung[562]. Hier geht es also nur um die Vorbereitung der öffentlichen Versteigerung gem. §§ 1235 ff.

c) Abweichende Vereinbarung

588 *aa)* Die öffentliche Versteigerung nach § 1235 dient dem Interesse des Eigentümers an möglichst günstigem Verkauf seiner Sache. Er kann seine Interessen aber auch auf andere Weise wahren; so mag oft durch schlichten freihändigen Verkauf, bei dem vielleicht die persönlichen Geschäftsbeziehungen des Verkäufers eine Rolle spielen, ein höherer Erlös erzielt werden[563], oder die Sache soll nicht in jedes Beliebigen Hände kommen. § 1245 lässt deshalb **Vereinbarungen** zwischen Pfandgläubiger und Eigentümer zu, durch die der Verkauf auf andere Art bewirkt werden kann. Auch insoweit ist die Privatautonomie der Parteien freilich begrenzt.

589 Der Disposition unterliegen nur die §§ 1234 bis 1240, nicht auch andere Verwertungsvorschriften: So kann der Pfandgläubiger nicht gehindert werden, mit einem Duldungstitel die Versteigerung durch den Gerichtsvollzieher gem. § 1233 Abs. 2 zu betreiben. Die Dispositionsbefugnis aus § 1245 bezieht sich also auf den Verkauf durch öffentliche Versteigerung, den Regelfall der Verwertung. Zum Schutz des Eigentümers sind einige dieser Pfandverwertungsbestimmungen erst nach Pfandreife, also nach Fälligkeit der gesicherten Forderung (§ 1228 Abs. 2 Satz 1), dispositiv, damit er sich im Zeitpunkt der Pfandrechtsbestellung, der oft von einer Notlage gekennzeichnet sein mag, nicht elementarer Rechte begibt (§ 1245 Abs. 2): Im voraus kann nicht darauf verzichtet werden, dass die Versteigerung öffentlich ist (§ 1235), dass der Eigentümer benachrichtigt werden muss (§ 1237 Satz 2), dass für Gold- und Silbersachen als Pfand die Regelung von § 1240 (vorst. Rn. 577) gilt. Nach Eintritt der Pfandreife, also im Wege nachträglichen Zusatzvertrages, kann aber auch von diesen Bestimmungen abgewichen werden.

590 *bb)* Die im Gesetz vorgeschriebene Art der Verwertung bestimmt den Inhalt des dinglichen Rechts, der an sich nicht der Parteidisposition freigegeben zu sein pflegt. Soweit die Rechtsänderung nur die Vertragspartner berührt, kann eine Ausnahme gerechtfertigt sein. Als dingliches Recht kann sich das Pfandrecht aber auch auf **Dritte** auswirken. Dann muss die durch § 1245 Abs. 1 Satz 1 gerade eingeräumte Dispositionsbefugnis wieder eingeschränkt werden. § 1245 Abs. 1 Satz 2 bestimmt deshalb, dass die Zustimmung Dritter erforderlich ist, die an der Sache Rechte haben (Nießbrauch, weiteres Pfandrecht), welche durch die Veräußerung erlöschen würden. Vereinbarungen gem. § 1245 berühren auch die Möglichkeit gutgläubigen Erwerbs. Der gutgläubige Erwerb eines Pfandrechts beruht auf dem Rechtsschein, der von einer öffentlichen Versteigerung (§ 1235) ausgeht. Wird eine Sache auf andere Weise als Pfand verkauft, bestand in Wahrheit aber gar kein Pfandrecht, ist kein gutgläubiger Erwerb möglich (vorst. Rn. 579). Doch kann die abweichende Vereinbarung gem. § 1245 Abs. 1 Satz 1 auch Erschwerungen des Verkaufs enthalten (z.B. ein Preislimit) und zugleich die Voraussetzungen einer rechtmäßigen Veräußerung im Sinne von § 1243 Abs. 1 erfüllen. Dann ist auch gutgläubiger Erwerb gem. § 1244 möglich.

591 *cc)* Unberührt von § 1245 sind Vereinbarungen, welche Regelungen treffen, die über die Art des Pfandverkaufs hinausgehen. So kann sich der Eigentümer durch Vereinbarung mit dem Pfandgläubiger der Schutzvorschriften aus § 1230 Satz 2 begeben, also zulassen,

---

562 RGRK/*Kregel*, § 1233 BGB Rn. 7.
563 *Bülow*, WM 85, 373, 395 (409) m.w.N.

dass mehr Pfänder verkauft werden dürfen als zur Befriedigung des Pfandgläubigers erforderlich sind. Unberührt bleibt auch das Verbot von **Verfallvereinbarungen** (lex commissoria) nach Maßgabe von § 1229. Durch eine Verfallvereinbarung soll der Pfandgläubiger Eigentümer der Sache werden, wenn die gesicherte Forderung fällig ist. Solche Vereinbarungen sind nichtig, wenn sie schon bei der Verpfändung gem. § 1205 getroffen werden und auch nachträglich solange, bis die gesicherte Forderung fällig wird (gleiche Regelung für die Hypothek durch § 1149, oben Rn. 403).

Wie im Falle von § 1245 Abs. 2 dient das Verbot dem Schutz des Pfandschuldners; eine Verfallvereinbarung ist „ein Mittel zur Bedrückung des unvorsichtigen oder in einer Notlage befindlichen Schuldners“[564]. Die Gefahr einer Verfallvereinbarung liegt zunächst darin, dass das Pfand mehr wert sein kann als die gesicherte Forderung und dass der Pfandgläubiger mehr erhält, als er verlangen kann und sich der Pfandschuldner dementsprechend seines Vermögens begibt. Die Gefahr liegt weiter darin, dass die Verfallvereinbarung bedingt ist, also von einem ungewissen zukünftigen Ereignis abhängt (mangelnde Befriedigung des Pfandgläubigers) und der Pfandschuldner meist davon ausgehen wird, er werde schon rechtzeitig zahlen, es also nicht auf den Eintritt der Bedingung ankommen lassen will[565]. Ist die Pfandreife (§ 1228 Abs. 2 Satz 1) aber erst einmal eingetreten, gibt es derartige Hoffnungen und Erwartungen des Pfandschuldners nicht mehr, und der Grund für das Verbot von Verfallvereinbarungen fällt weg. Sie können deshalb wirksam vereinbart werden. Eine Änderung des dinglichen Rechts, des Inhalts des Pfandrechts, liegt darin nicht: Das Zusammentreffen von Pfandrecht und Eigentum sieht § 1256 vor; Rechte Dritter an der Sache bleiben durch den Eigentumswechsel unberührt. 592

Nichtig sind, wie § 1229 formuliert, sowohl obligatorische Verträge, die den Eigentümer verpflichten, das Eigentum an der Sache auf den Pfandgläubiger zu übertragen („übertragen werden soll“), wie dingliche Verträge („zufallen soll“), also eine aufschiebend bedingte Einigung gem. § 929 Satz 1. Erfasst von § 1229 sind auch Vereinbarungen, nach denen der Pfandgläubiger die Sache zum laufenden Börsen- oder Marktpreis behalten soll. Nicht erfasst, also wirksam, sind dagegen Vereinbarungen, durch die der Eigentumserwerb des Pfandgläubigers nicht von der in § 1229 genannten Bedingung abhängig sein soll, er werde nicht oder nicht rechtzeitig befriedigt werden. Vereinbaren Pfandgläubiger und Verpfänder den Verfall also unabhängig von der Befriedigung, ist die Vereinbarung erlaubt[566], so z.B., wenn der Schuldner dem Pfandgläubiger die Wahl zwischen Verfall und geschuldeter Leistung lässt. Nicht unter § 1229 fällt eine Vereinbarung auch, wenn der Verfall nicht der Befriedigung des Pfandgläubigers dient, also die gesicherte Forderung unberührt lässt und der Pfandgläubiger für die Sache einen Preis zahlt (so auch ausdrücklich für die Hypothek in § 1149, oben Rn. 403). Sind solche und nach der Pfandreife getroffene Vereinbarungen gem. § 1229 auch unbedenklich, so können sie den Verpfänder im Einzelfall gleichwohl knebeln und gem. § 138 nichtig sein. 593

d) Billiges Ermessen

Kommt eine Vereinbarung nach § 1245 nicht zustande, kann sie nach Maßgabe von § 1246 erzwungen werden, nämlich dann, wenn eine von §§ 1235 bis 1240 abweichende Art der Verwertung den Interessen der Beteiligten nach billigem Ermessen entspricht (Verkaufsandrohung und Wartefrist, § 1234, vorst. Rn. 569, bleiben aber verbindlich). 594

Die Abweichung muss nicht im Interesse aller Beteiligten liegen; ist sie nur für einen vorteilhaft, für andere gleichgültig, sind die Voraussetzungen von § 1246 Abs. 1 erfüllt. So hat der Pfandgläubiger 595

564 Motive III, S. 821, bei *Mugdan*, S. 458.
565 BGH NJW 95, 2635 zu II. 1. mit Anm. *Bülow*, LM Nr. 1 zu § 1149 BGB.
566 RGZ 130, 227 (228/229); Staudinger/*Wiegand*, § 1229 BGB Rn. 6.

dann kein Interesse an einem möglichst hohen Erlös, wenn ohnehin feststeht, dass er mit seiner gesicherten Forderung befriedigt werden wird, wohl aber der Eigentümer oder ein Dritter, der ein Recht an der Pfandsache hat. Beteiligte im Sinne von § 1246 sind die Genannten. Dem Verpfänder, der nicht Eigentümer ist (und auch nicht als solcher gilt, § 1248, nachf. Rn. 609) und auch dem persönlichen Schuldner hat das Gesetz die Rechte aus § 1246 nicht zugebilligt.

596 Können sich die Beteiligten nicht einigen, trifft das Amtsgericht, in dessen Bezirk die Sache belegen ist, die Entscheidung (§§ 166 Abs. 1 FGG, 1246 Abs. 2 BGB, 3 Abs. 1 Nr. 1 RPflG), aber nur vor Durchführung der Verwertung, nicht nachträglich[567].

3. Rechtsfolgen der Verwertung

597 Ziel der Verwertung ist, dass der Pfandgläubiger für seine Forderung befriedigt wird. Die Rechtsfolgen der Verwertung regelt § 1247 allgemein, den Fall der öffentlichen Versteigerung regelt § 1239 Abs. 1, den Sonderfall der Versteigerung bei drohendem Verderb § 1219. Auf der anderen Seite bedarf die Rechtsstellung des Erwerbers der Pfandsache und Dritter der Regelung (insbesondere § 1242, nachf. Rn. 605).

a) Erlös

598 Der Erlös aus dem Pfandverkauf wird dem **Pfandgläubiger** ausgehändigt, sei es vom Versteigerer, vom Gerichtsvollzieher, oder vom Makler. Besteht der Erlös, wie im Regelfall (§ 1238 Abs. 1), aus Bargeld, fragt sich, wer Eigentümer des Geldes wird, und es fragt sich weiter, wem der Erlös unabhängig von der Eigentumslage gebührt.

599 *aa)* Letzteres ergibt sich aus dem Ziel der Verwertung. Der Pfandgläubiger soll wegen seiner Forderung, aber nicht darüber hinaus, befriedigt werden. Ist der Erlös deshalb niedriger als die gesicherte Forderung, steht er dem Pfandgläubiger ganz zu; ist aber die Forderung niedriger, gebührt ihm der überschießende Erlös nicht. Er gebührt Drittberechtigten (anderen Sicherungsnehmern) oder, wenn solche nicht vorhanden sind oder immer noch ein Überschuss verbleibt, demjenigen, dem die versteigerte Sache gehörte, also dem früheren Eigentümer. Diesem Personenkreis gebührt also der Erlös: dem Pfandgläubiger und anderen dinglich Berechtigten in Höhe ihrer Forderung, dem Eigentümer in Höhe des Überschusses. Daraus erklärt sich die Regelung von § 1247: In Höhe der gesicherten Forderung gebührt der Erlös dem Pfandgläubiger, im übrigen tritt der Erlös an die Stelle des Pfandes (Satz 2), d.h.: Da dem Eigentümer die Pfandsache gehörte, gebührt ihm nur der überschießende Erlös. Dieser Überschuss ist das **Surrogat** für denjenigen Teil des Eigentums an der Pfandsache, der durch die gesicherte Forderung nicht verbraucht ist (gleichermaßen § 91 ZVG, oben Rn. 430).

600 *bb)* Die Zuordnung des Erlöses ist also die eine Regelung, die § 1247 enthält. Die andere Frage ist, wer **Eigentümer des Geldes** wird, das dem Pfandgläubiger ausgehändigt wird. Diese Frage beantwortet § 1247 nicht, sie richtet sich vielmehr nach den allgemeinen Regelungen zur Übereignung von beweglichen Sachen: Kraft seines Verwertungsrechts erwirbt der Pfandgläubiger für sich selbst und den Eigentümer Miteigentum am gesamten und ungeteilten Erlös bei Fortbestand der Drittrechte (nachf. Rn. 606)[568].

601 Den ihm gebührenden Anteil an dem Geld in Höhe der gesicherten Forderung kann sich der Pfandgläubiger durch Trennung jederzeit zu Alleineigentum **aneignen**. An dem Rest, dem Überschuss, verliert er dadurch das Miteigentum, und der frühere Eigentümer der Pfandsache wird nun Allei-

567 OLG Köln EWiR § 559 BGB 2/95, 753 (*Medicus*).
568 *Bülow*, WM 85, 373, 405 (410); RGRK/*Kregel*, § 1247 BGB Rn. 2.

gentümer des Überschusses. Unberührt bleiben die dinglichen Rechtsfolgen für den Fall, dass der Pfandgläubiger den Erlös mit seinem übrigen Geld vermischt: Diesen Fall regeln §§ 948 f.

cc) Diese Lösung der Eigentumsfrage steht freilich mit einer anderen Surrogationsvorschrift scheinbar nicht in Einklang: Schon vor Pfandreife kann der Gläubiger bei **drohendem Verderb** gem. § 1219 versteigern lassen. Gem. § 1219 Abs. 2 Satz 1 tritt bei einer solchen Versteigerung Surrogation am ganzen Erlös ein, der Eigentümer der Pfandsache ist also Alleineigentümer des Erlöses, und das Pfandrecht des Pfandgläubigers setzt sich an diesem Erlös fort. Indessen – bei der gleichsam nur einstweiligen Versteigerung gem. § 1219 gebührt dem Pfandgläubiger auch noch kein Erlös, weil die Pfandreife gem. § 1228 noch nicht eingetreten ist (vorst. Rn. 508). Daraus erklärt sich – entgegen a.A.[569] – die unterschiedliche dingliche Zuordnung des Erlöses bei den beiden Versteigerungsarten. Richtiger Ansicht nach tritt im Falle von § 1247 im Gegensatz zu § 1219 Abs. 2 Satz 1 also nicht vollständige Surrogation mit Alleineigentum des Eigentümers ein, sondern nur teilweise nach Maßgabe von § 1247 Satz 2 und Begründung von Miteigentum. **602**

b) Vormaliger Eigentümer der Pfandsache

Die weitere Regelung, die § 1247 enthält, befasst sich mit der Rechtsstellung des Eigentümers nach Befriedigung des Pfandgläubigers: Insoweit gilt die Forderung als vom Eigentümer berichtigt. Ist der Eigentümer zugleich persönlicher Schuldner, erlischt mithin die gesicherte Forderung. Hatte er eine Sache für einen anderen verpfändet (Interzession), so befreit er diesen von seiner Verbindlichkeit gegenüber dem Pfandgläubiger. Die Forderung erlischt aber nicht, sondern geht nach dem Rechtsgedanken von § 1225 auf ihn über; er erlangt gegenüber dem persönlichen Schuldner die Stellung eines Bürgen, der die Schuld bezahlt hat (§ 1225 Satz 2 i.V.m. § 774 Abs. 1, vorst. Rn. 517 und unten 1013). **603**

Der Erlös braucht nicht immer in Bargeld zu bestehen, vielmehr kann die Pfandsache dem Erwerber auch vorgeleistet, also z.B. auf Kredit verkauft werden. Das kann auf Vereinbarung nach § 1245 oder einer Ermessensregelung nach § 1246 beruhen. In diesem Falle ist der Pfandgläubiger gegenüber dem Erwerber alleiniger Gläubiger der Forderung auf den Erlös (Kaufpreisforderung), im Innenverhältnis sind aber Pfandgläubiger und Eigentümer nach Maßgabe von § 1247 Mitgläubiger. Zieht der Pfandgläubiger die Forderung ein, treten am eingezogenen Geld die Rechtsfolgen von § 1247 ein[570]. In anderen Fällen als §§ 1245, 1246 geht der Verkauf der Pfandsache auf das Risiko des Pfandgläubigers: Gem. § 1238 Abs. 2 Satz 1 ist der dem Ersteher kreditierte Kaufpreis als vom Pfandgläubiger empfangen anzusehen. Es treten also die Rechtsfolgen von § 1247 ein, auch wenn der Erwerber nicht zahlt, ebenso im Falle von § 1238 Abs. 2 Satz 2 und wenn der Pfandgläubiger selbst mitbietet und den Zuschlag erhält (§ 1239 Abs. 1 Satz 2). **604**

c) Ersteher

Die Rechtsstellung eines weiteren Beteiligten bedarf noch der Regelung: des Erstehers der Pfandsache. Ist die Veräußerung rechtmäßig im Sinne von § 1234, erwirbt er durch Einigung mit dem Pfandgläubiger und Übergabe (oder Übergabeersatz) gem. §§ 929 ff. Eigentum, wie wenn er vom Eigentümer selbst die Sache erworben hätte (§ 1242 Abs. 1 Satz 1, vorst. Rn. 575). Ist die Veräußerung nicht rechtmäßig, kann der Ersteher gem. § 1244 vom Pfandgläubiger gutgläubig erwerben (vorst. Rn. 576). **605**

---

569 *E. Wolf*, Sachenrecht, § 8 C. II. c. (S. 348 ff.).

570 RGRK/*Kregel*, § 1247 BGB Rn. 3; Staudinger/*Wiegand*, § 1247 BGB Rn. 24.

d) Dritte

606 Die Rechte Dritter an der Pfandsache erfasst § 1242 Abs. 2: Wird das Pfand rechtmäßig veräußert, erlöschen die Rechte zwar, sie setzen sich aber am Surrogat fort (§ 1247 Satz 2):

607 *aa)* Der Erlös, soweit er nicht dem die Verwertung betreibenden Pfandgläubiger gebührt, tritt an die Stelle des Pfandes, also ist der Erlös nun mit den Rechten der Dritten belastet (**Surrogation**[571], ebenso § 92 ZVG, oben Rn. 430). Nur ein Nießbrauch, sofern er aufgrund seiner Priorität allen Pfandrechten im Range vorgeht, bleibt an der Sache bestehen. Wird dagegen die Sache nicht im Rahmen rechtmäßiger Verwertung durch den Pfandgläubiger veräußert, sondern davon ganz unabhängig durch den Eigentümer (z.B. gem. § 931), was ohne weiteres zulässig ist, so erlöschen Rechte Dritter gem. § 936 Abs. 1 Satz 1, wenn der Eigentümer die Rechte Dritter unzulässigerweise verschweigt und der Erwerber gutgläubig ist (§§ 936 Abs. 2, 934). Der Pfandgläubiger selbst wird schon durch den Zuschlag gem. § 156, durch den der Kaufvertrag im Wege der Versteigerung zustande kommt, Eigentümer, wenn er mitbietet (§§ 1239 Abs. 1 Satz 1, 1242 Abs. 1 Satz 2).

608 *bb)* Der Ersteher muss den Kaufpreis gem. § 1238 Abs. 1 sofort in bar entrichten. **Kreditkauf** ist nur gem. §§ 1245, 1246 zulässig. Zahlt der Ersteher nicht, verliert er seine Ansprüche aus dem Zuschlag (Rechtsverwirkung). Das gilt freilich nur, wenn der Pfandgläubiger sich darauf beruft. Tut er das nicht, kann der Ersteher Übereignung verlangen, und der Pfandgläubiger ist darauf angewiesen, die Kaufpreisforderung einzutreiben (§ 1238 Abs. 2 Satz 2, vorst. Rn. 604).

609 *cc)* Gem. § 1248 gilt der Verpfänder zugunsten des Pfandgläubigers als Eigentümer. Dabei geht es um folgendes: Die Verwertung der Pfandsache bringt es mit sich, dass der Pfandgläubiger Willenserklärungen an den Eigentümer zu richten hat (§§ 1237, 1241, 1245, 1246). Um dem Pfandgläubiger Nachforschungen über die wahren Eigentumsverhältnisse zu ersparen, darf er sich an den Verpfänder halten, wodurch das Verwertungsverfahren rechtmäßig bleibt, auch wenn dieser Nichteigentümer war. Nur wenn der Pfandgläubiger weiß, dass der Verpfänder nicht Eigentümer ist, muss er seine Erklärung gegenüber dem wahren Eigentümer abgeben (gleichermaßen für die Grundpfandrechte gem. § 1148, oben Rn. 412).

610 *dd)* Dritte, die durch die Verwertung ein Recht, z.B. einen Nießbrauch, verlieren würden, können die Verwertung unterlaufen, indem sie von ihrem **Ablösungsrecht** gem. § 1249 Gebrauch machen. Dadurch erlangt der Ablösende, der den Pfandgläubiger gem. § 1223 befriedigt (vorst. Rn. 513) eine dem Verpfänder ähnliche Rechtsstellung: Er wird gem. § 1249 Satz 2, 268 Abs. 3 Satz 1 Gläubiger der Forderung und gem. § 1250 Abs. 1 Satz 1 neuer Pfandgläubiger; gem. § 1251 Abs. 1 kann er Herausgabe der Sache verlangen. Auch er braucht wie der ablösende Verpfänder gem. § 1223 Abs. 2 (vorst. Rn. 515) nur Zug um Zug gegen Herausgabe der Pfandsache zu leisten (gleiche Regelung für Grundpfandrechte gem. § 1150, oben Rn. 436).

e) Insbesondere: Gesetzliche Pfandrechte

611 Die Rechtsfolgen der Verwertung des Pfandes gelten in gleicher Weise für die gesetzlichen Pfandrechte mit folgenden Besonderheiten.

612 An sich ist ein Pfandrecht an eigenen Sachen nur im Sonderfall von § 1256 Abs. 2 möglich (vorst. Rn. 550). Um das gesetzliche Pfandrecht des Kommissionärs, insbesondere im Falle der Einkaufskommission[572], nicht ins Leere gehen zu lassen, bestimmt § 398 HGB, dass das Pfandrecht auch an Sachen besteht, die dem Kommissionär gehören. Der Frachtführer hat die Benachrichtigungen gem. §§ 1234 Abs. 1, 1237, 1241 BGB an den Emp-

571 OLG Hamm BB 95, 2083.

572 Schlegelberger/*Hefermehl*, § 398 HGB Rn. 1; Staub/*Koller*, § 398 HGB Rn. 1.

fänger zu richten (§ 441 Abs. 4 HGB). Die Befriedigung der Schiffsgläubiger richtet sich nach Zwangsvollstreckungsrecht (§§ 759 HGB, 103 Abs. 2 BinnenschiffahrtsG, 864 ff. ZPO). Die Wartefrist nach Maßgabe von § 1234 Abs. 2 BGB beträgt gem. § 368 Abs. 1 HGB[573] nur eine Woche.

H. Vollstreckung

1. Einzelzwangsvollstreckung

a) Gewahrsam und Eigentum

Hat ein Gläubiger für die Verbindlichkeit seines Schuldners einen Titel erwirkt, z.B. ein vollstreckbares Urteil, kann er den Gerichtsvollzieher mit der Zwangsvollstreckung beauftragen. Der Gerichtsvollzieher kann die Zwangsvollstreckung auftragsgemäß in der Weise durchführen, dass er bewegliche Sachen des Schuldners in Beschlag nimmt, nämlich gem. § 803 ZPO pfändet. Das geschieht entweder dadurch, dass der Gerichtsvollzieher die Sache gem. § 808 Abs. 1 ZPO in Besitz nimmt oder mit einem Pfandsiegel gem. § 808 Abs. 2 Satz 2 ZPO versieht. Der Gerichtsvollzieher darf diejenigen Sachen pfänden, die der Vollstreckungsschuldner in Gewahrsam hat. Für die Zulässigkeit der Pfändung kommt es mithin nicht darauf an, ob der Vollstreckungsschuldner auch Eigentümer der Sache ist, sondern nur auf die tatsächliche Herrschaft über die Sache. Natürlich gehen Vollstreckungsgläubiger und Gerichtsvollzieher im Allgemeinen davon aus, dass die im Gewahrsam befindlichen Sachen dem Vollstreckungsschuldner auch gehören; letztendlich soll nicht **schuldnerfremdes Vermögen** für die Befriedigung des Vollstreckungsgläubigers herhalten. Wenn deshalb (zulässigerweise) fremde Sachen gepfändet wurden, kann der wirklich Berechtigte dagegen etwas unternehmen. **613**

Bei einer Pfandsache ist eine unberechtigte Pfändung in zweifacher Weise möglich. Ist der Pfandgläubiger Schuldner eines Vollstreckungsgläubigers, kann dieser in die Pfandsache, die der Pfandgläubiger besitzt, vollstrecken, obwohl sie einem Dritten, dem Verpfänder gehört. Der Pfandgläubiger kann die Sache auch in den Gewahrsam eines anderen gegeben haben. Wird bei diesem anderen die Zwangsvollstreckung betrieben, kann die Pfandsache mitgepfändet werden. Sie kann auch, wie beim Vermieterpfandrecht, im Gewahrsam des Eigentümers und nicht des Pfandgläubigers sein und gepfändet werden. Die Pfändung führt zur Verwertung gem. §§ 814 ff. ZPO und zur Befriedigung des Vollstreckungsgläubigers. Welche Rechtsbehelfe haben Verpfänder bzw. Pfandgläubiger gegen die Vollstreckung? **614**

b) Drittwiderspruchsklage

Wird in der **Zwangsvollstreckung gegen den Pfandgläubiger** die Pfandsache gepfändet, ist die Pfändung gem. § 808 ZPO zwar zulässig und wirksam, aber der Eigentümer kann verlangen, dass die Pfändung wieder aufgehoben wird. Dieses Verlangen kann der Eigentümer nur in der Form einer Klage bei dem Gericht geltend machen, in dessen Bezirk die Zwangsvollsteckung erfolgt ist, nämlich durch Drittwiderspruchsklage nach § 771 ZPO. **615**

573 Dazu *Bülow*, Handelsrecht, S. 132.

Ist sie begründet, wird die Pfandsache dem Vollstreckungszugriff des Vollstreckungsgläubigers entzogen (dem es freisteht, in anderes Vermögen des Pfandgläubigers zu vollstrecken, z.B. gem. §§ 828 ff. ZPO in die Forderung, die dieser mit der Verpfändung gesichert hat).

c) Vorzugsklage

616 Der Pfandgläubiger braucht nicht unmittelbarer Besitzer der Sache zu sein. Gem. § 1205 Abs. 2 oder 1206 BGB kann ein Dritter den Gewahrsam haben, ja auch der Eigentümer selbst (vorst. Rn. 489, 538). In der **Zwangsvollstreckung beim Gewahrsamsinhaber** kann der Gerichtsvollzieher die Sache ohne Rücksicht auf das Pfandrecht des Pfandgläubigers pfänden. Die Rechte des Pfandgläubigers werden durch eine andere Klage gewahrt, nämlich durch die Klage auf vorzugsweise Befriedigung gem. § 805 ZPO[574]. Der nichtbesitzende Pfandgläubiger kann danach der Pfändung und der Verwertung zwar nicht widersprechen; sofern sein Vertragspfandrecht aber Vorrang durch Priorität[575] (vorst. Rn. 477) gegenüber dem Recht des Vollstreckungsgläubigers hat (Pfändungspfandrecht, § 804 ZPO), kann er verlangen, dass er wegen seines Pfandrechts aus dem Verwertungserlös vorab befriedigt wird, selbst wenn er die Verwertungsbefugnis mangels Pfandreife (§ 1228, vorst. Rn. 505) noch nicht hatte. Die Vorzugsklage steht auch anderen dinglich Berechtigten in dem Falle zu, in dem beim besitzenden Pfandgläubiger vollstreckt wird (vorst. Rn. 442), z.B. einem weiteren Pfandgläubiger.

d) Nichtbesitzer

617 Der Pfandgläubiger kann auch durch die Zwangsvollstreckung beim Nichtbesitzer in seinem Pfandrecht beeinträchtigt werden:

618 *aa)* Ist ein Schuldner zur Herausgabe einer bestimmten Sache verurteilt worden, so ist sie ihm gem. § 883 ZPO vom Gerichtsvollzieher wegzunehmen. Hat der verpfändende Eigentümer die Pfandsache an einen Dritten veräußert, kann der Dritte einen Titel auf Herausgabe auch dann erwirken, wenn er wusste, dass die Sache mit einem Pfandrecht belastet war (§ 936 BGB). Gem. § 886 ZPO kann der Dritte als Vollstreckungsgläubiger die Herausgabe beim besitzenden Pfandgläubiger erwirken. Dieser kann sich dagegen in zweifacher Weise wehren:

619 Auch er kann Drittwiderspruchsklage gem. § 771 ZPO erheben. Sie steht nämlich nicht nur dem Eigentümer, sondern jedem zu, der „ein die Veräußerung hinderndes Recht" an der Sache hat. Gemeint sind Rechte, durch die die Zuordnung der Sache zum Vermögen des Vollstreckungsschuldners verhindert oder eingeschränkt wird. Dazu gehören auch beschränkte dingliche Rechte wie das Pfandrecht. Der Pfandgläubiger ist nicht wie ein nichtbesitzender Pfandgläubiger lediglich auf die Vorzugsklage beschränkt. Daneben steht es dem Pfandgläubiger aber frei, sich mit der Vorzugsklage gem. § 805 ZPO zu begnügen.

620 *bb)* Der besitzende Pfandgläubiger kann auch auf andere Weise mit der Zwangsvollstreckung gegenüber anderen in Berührung kommen. Wird beim Eigentümer vollstreckt und weiß der Vollstreckungsgläubiger, dass ein Dritter dessen Sache in Gewahrsam hat, kann er gem. § 809 ZPO diese Sache pfänden lassen, wenn der Dritte – hier der Pfandgläubiger – dazu bereit ist. Auf diese Weise kann die Pfandsache im Rahmen der Zwangsvollstreckung gegen den Eigentümer beim Pfandgläubiger gepfändet werden. Die Drittwiderspruchsklage ist trotz des Einverständnisses möglich, wenn

574 Für Vermieterpfandrecht offen BGH NJW 99, 3487 zu II. 2.

575 Verneint im konkreten Einzelfall OLG Hamm NJW-RR 94, 655.

der Pfandgläubiger die Pfandsache irrtümlich herausgab oder ein dazu nicht befugter Angestellter[576].

2. Insolvenz

a) Insolvenz des Pfandgläubigers

Gehört eine der Insolvenzmasse einverleibte Sache nicht dem Schuldner, kann der Berechtigte verlangen, dass die Sache freigegeben, nach insolvenzrechtlicher Terminologie aus der Masse ausgesondert wird (§ 47 InsO). Die Aussonderung richtet sich nach materiellem Recht. Der Aussonderungsberechtigte hat gegenüber dem Insolvenzverwalter also die Rechtsstellung, die er gegenüber dem Schuldner hatte. **621**

Wollte der Eigentümer in der Insolvenz des Pfandgläubigers Herausgabe der Pfandsache gem. § 985 BGB verlangen, stünde das durch die Verpfändung begründete Recht zum Besitz (§ 986 BGB) entgegen. Deshalb kann der Eigentümer auch nicht aussondern, sondern muss sich vielmehr gem. § 166 Abs. 1 InsO gefallen lassen, dass nunmehr der Verwalter statt des Schuldners die Sache verwertet, wenn Pfandreife eingetreten ist. Der Eigentümer der Pfandsache steht also ebenso da, wie wenn der insolvente Pfandgläubiger selbst seine Rechte aus der Verpfändung geltend machen würde. Er hat **kein Aussonderungsrecht**, schuldet der Masse vielmehr die Erfüllung der durch das Pfandrecht gesicherten Forderung, wenn er zugleich deren persönlicher Schuldner ist. **622**

b) Insolvenz des Eigentümers

Auch wenn der Pfandgläubiger unmittelbarer Besitzer der Pfandsache ist, fällt diese in der Insolvenz des Eigentümers in die Masse mit dem Ziel, sie zu verwerten und den Erlös auf die Gläubiger zu verteilen. Der Pfandgläubiger kann dem nicht widersprechen, verwirklicht sich sein Pfandrecht ja ohnehin nur in der Verwertung. Er kann aber verlangen, dass er wegen seines Pfandrechts bei der Verwertung bevorzugt, in der insolvenzrechtlichen Terminologie: **abgesondert** befriedigt wird (§ 50 InsO)[577]. Der Verwalter ist in der Insolvenz des Eigentümers aber ebenso wenig wie es der Eigentümer gewesen war unmittelbarer Besitzer der Pfandsache. Für diesen Fall bestimmt § 173 Abs. 1 InsO, dass der Pfandgläubiger die Verwertung betreiben darf. Den Besitz hat der Verwalter aber im Falle des Vermieterpfandrechts (vorst. Rn. 564), kann also selbst verwerten[578]. Gem. § 170 Abs. 2 InsO kann er die Sache dennoch dem Pfandgläubiger zum Zwecke der Verwertung überlassen. Das gilt auch für das Vermieterpfandrecht. Das Pfandrecht setzt sich am Surrogat, dem Erlös, fort[579] und führt in Höhe des Anspruchs zu einem Ersatzaussonderungsrecht (vgl. oben Rn. 459)[580]. Natürlich setzt das Absonderungsrecht voraus, dass das Pfandrecht schon vor Eröffnung des Verfahrens entstanden war (vorst. Rn. 482)[581]. **623**

---

576 BGH LM Nr. 2 zu § 809 ZPO = JZ 78, 199.
577 Für den Fall des Vermieterpfandrechts s. *Eckert*, ZIP 84, 663 (666).
578 *Giesen*, KTS 95, 579 (601).
579 BGH NJW 95, 2783 zu D. II. 2. mit Komm. *Gerhardt*, EWiR § 55 KO 3/95, 795.
580 OLG Düsseldorf NJW-RR 98, 559; OLG Hamm NJW-RR 96, 1312 zu 1.
581 BGH WM 98, 2463, z.B. nach Nr. 14 AGB-Banken, vgl. BGH WM 2002, 951.

624 Der Pfandgläubiger kann gem. § 52 InsO auf die abgesonderte Befriedigung verzichten. Das wird er tun, wenn er erwartet, mit der Insolvenzquote mehr zu erzielen. Zum gewöhnlichen Insolvenzgläubiger wird er auch, wenn und sobald er die abgesonderte Befriedigung versucht hat, damit aber ausgefallen ist.

IV. Pfandrecht an Rechten

Literatur: s. vor Rn. 466

A. Grundlagen

1. Objekt der Verpfändung

625 Zur Kreditsicherung geeignet sind alle zur Verwertung geeigneten Vermögensgegenstände, nicht nur Sachen, sondern auch Rechte. Gesetzliche Kreditsicherungsform ist gem. §§ 1273 ff. deren Verpfändung. Verpfändbar sind übertragbare (§ 1274 Abs. 2) Rechte aller Art; sie sind gleichermaßen der Sicherungsabtretung zugänglich (unten Rn. 1367). Zwar ist auch das Eigentum an Sachen ein Recht und gleichermaßen die Eigentumsanwartschaft (unten Rn. 771, 779), doch gelten hierfür die besonderen Vorschriften über Grundpfandrechte und das Faustpfandrecht. Die Vorschriften über Rechtspfandrechte erfassen alle anderen Rechte, seien sie absolute oder relative, wie Forderungen[582] – z.B. Bankguthaben[583] oder auch auf Rückübertragung der Sicherungsgrundschuld nach Erledigung des Sicherungszwecks, oben Rn. 184 – oder Patentrechte oder Rechte an Marken (nachf. Rn. 683), in einem Wertpapier verkörperte Rechte oder Mitgliedschaftsrechte, die durch Auflassung (§ 925) und Eintragungsantrag begründete Anwartschaft[584], der Miterbenanteil[585] oder auch eine Telekommunikationslizenz[586]. Verpfändbar sind auch erst in der Zukunft entstehende Rechte, z.B. das Patentrecht an einer erst noch zu machenden Erfindung[587] oder eine zukünftige Gutschrift aus einer Bankverbindung[588]. Aus der unterschiedlichen Struktur der verschiedenen Rechte ergeben sich unterschiedliche gesetzliche Regelungen für die Verpfändung, je nachdem, ob sie absolute oder relative Rechte oder durch ein Wertpapier verbrieft sind. Im Grundsatz sind für die Rechtsverpfändung gem. § 1273 Abs. 2 die Bestimmungen über das Faustpfandrecht anwendbar, soweit sich aus §§ 1274 ff. nichts anderes ergibt. Nicht anwendbar sind danach diejenigen Vorschriften des Faustpfandrechts, die an den Besitz der Sache anknüpfen; darunter fallen auch Vorschriften über den gutgläubigen Erwerb (oben Rn. 501, 526). Soweit zur Übertragung des Rechts die Übergabe einer Sache erforderlich ist, z.B. bei der Briefhypothek (§ 1154 Abs. 1, oben Rn. 279), oder eine Sache miterfasst ist, so bei bestimmten Wertpa-

582 Etwa den Auflassungsanspruch aus einem Grundstückskaufvertrag, *Ludwig*, DNotZ 92, 339.
583 Festgeldanlage: LG Karlsruhe WM 2000, 521 mit Anm. *Meder*, WuB I F 2. – 1.2000; OLG Dresden WM 2001, 803 mit Anm. *Batereau* WuB I F 2. – 1.01.
584 BayObLG NJW-RR 96, 1167 mit Komm. *Hintzen*, EWiR § 1274 BGB 1/95, 979; BGHZ 49, 197 (201); 114, 161; *E. Schneider*, MDR 94, 1057.
585 BGHZ 52, 99.
586 *Hey/Hartung*, K & R 2000, 533 (539).
587 RGRK/*Kregel*, § 1273 BGB Rn. 4.
588 BGH WM 96, 2250 zu I. mit Anm. *Marotzke*, LM Nr. 10a zu § 400 BGB.

pieren (§ 952), können auch einzelne solcher Vorschriften anwendbar sein. Anders geregelt ist auch die Verwertung (§§ 1277, 1281 ff.). Anwendbar sind die Grundsätze der Akzessorietät[589] mit den Folgen für die Übertragung (nachf. Rn. 687), der Bestimmtheit oder Bestimmbarkeit des verpfändeten Rechts (Spezialitätsgrundsatz), die Grundsätze, die für die gesicherte Forderung gelten (oben Rn. 472, Bestimmbarkeit, künftige Forderungen) und der Prioritätsgrundsatz zur Rangbestimmung (oben Rn. 477 und nachf. Rn. 706). In besonderer Weise ist der Publizitätsgrundsatz geregelt (nachf. Rn. 633).

Kein Pfandrechtserwerb, auch kein gutgläubiger (nachf. Rn. 636), ist an Rechten möglich, die zwar existieren, aber **nicht übertragbar** sind (§ 1274 Abs. 2). Das gilt auch für Forderungen, deren Abtretung gem. § 134 BGB nichtig ist wie im Falle ärztlicher Honorarforderungen (unten Rn. 1137)[590] und wohl auch für Forderungen, die von einem Insolvenzverfahren erfasst werden (§ 21 Abs. 2 Nr. 3 InsO)[591]. **626**

Der Ausschluss der Übertragbarkeit, also die fehlende Verfügungsmacht des Rechtsinhabers, kann sich aus Gesetz, aus dem Wesen des Rechts oder aus Vereinbarung (nachf. Rn. 628) ergeben. Ihrem Wesen nach unübertragbar sind höchstpersönliche Rechte wie etwa das Allgemeine Persönlichkeitsrecht oder das Urheberpersönlichkeitsrecht (§§ 12 bis 14 UrhG). Grundsätzlich nicht übertragbar sind auch Mitgliedschaften und Rechtsstellungen als Gesellschafter (Rn. 659 ff.), im Zweifel auch nicht Ansprüche auf Dienstleistungen und Verpflichtungen aus Aufträgen[592]. Ausdrücklich von der Übertragbarkeit ausgeschlossen sind etwa der Nießbrauch (§§ 1059 ff.), der Grundbuchberichtigungsanspruch (§ 894), viele familienrechtliche Ansprüche (§§ 1300, 1378 Abs. 3, 1419, 1487). Ob und in welcher Höhe Ansprüche unpfändbar und damit unverpfändbar sind (nachf. Rn. 628), regeln §§ 850, 850a bis 850i, 851a und b, 852, 857 ff. ZPO. So gibt es z.B. bei Arbeitseinkommen Mindestbeträge, die dem Arbeitnehmer als Existenzminimum verbleiben sollen (Pfändungsfreigrenzen[593]) und unpfändbar sind. **627**

Die Unverpfändbarkeit von Forderungen richtet sich nach §§ 399, 400: Sie tritt bei Inhaltsänderung durch Abtretung, bei rechtsgeschäftlichem Ausschluss der Abtretung durch Gläubiger und Schuldnr und bei Unpfändbarkeit im Rahmen der Zwangsvollstreckung ein. Der rechtsgeschäftliche Ausschluss der Übertragbarkeit nach § 399 und damit der Verpfändbarkeit ist ohne weiteres und mit absoluter, nicht nur schuldrechtlicher Wirkung (im Gegensatz zur Vereinbarung des Gläubigers mit einem Dritten – und nicht dem Schuldner – nach § 137) möglich (unten Rn. 1375, allerdings bleibt gem. § 851 Abs. 2 ZPO die Pfändung unberührt). **628**

2. Praktische Bedeutung

Das Pfandrecht an Rechten ist ebenso wie das Faustpfandrecht (oben Rn. 470) Gegenstand von Nr. 14 **AGB-Banken** und AGB-Postbank, 21 Abs. 1 AGB-Sparkassen, die sich auch auf Rechte beziehen, bei Forderungen jedoch wegen der Anzeigeobliegenheit **629**

589 Deshalb kein Pfandrecht für Forderungen aus verbotenen Börsentermingeschäften, § 64 Abs. 1 BörsenG, dazu OLG Frankfurt ZIP 93, 1855 sowie oben Rn. 472 a.E.

590 Sie sind aber pfändbar (§ 851 ZPO), OLG Stuttgart WM 94, 1256 mit Komm. *Mankowski*, EWiR § 851 ZPO 1/94, 1045.

591 BGH WM 96, 2250 zu I. mit Anm. *Marotzke*, LM Nr. 10a zu § 400 BGB, anders für § 14 Abs. 1 KO, BGHZ 125, 116 (120).

592 RGRK/*Kregel*, § 1274 BGB Rn. 10.

593 BR-Drucks. 127/92; BT-Drucks. 12/1754 und 2074.

(§ 1280, nachf. Rn. 633) in der Praxis weitgehend leerlaufen. Vom **Lombardgeschäft** der Bundesbank (oben Rn. 498) sind auch Wechsel und Schuldbuchforderungen erfasst; letztere werden jedoch wie Inhaberpapiere, also nach den Regeln über bewegliche Sachen, verpfändet (nachf. Rn. 642).

3. Gesetzliche Pfandrechte

630 Auch an Rechten können Pfandrechte durch Gesetz, also ohne auf ihre Begründung gerichtete dingliche Einigung, entstehen: Wer Anspruch auf Sicherheitsleistung (z.B. aufgrund Vereinbarung oder Gesetz, etwa § 843 Abs. 2 Satz 2) hat und zu diesem Zwecke Geld hinterlegen lässt, das gem. § 7 HinterlegungsO in das Eigentum des Landesfiskus übergeht, erwirbt gem. § 233 ein gesetzliches Pfandrecht an dem Anspruch auf Auszahlung des hinterlegten Geldes. Das gesetzliche Pfandrecht der Schiffsgläubiger (oben Rn. 566) erstreckt sich gem. § 756 Abs. 2 HGB auch auf einen Ersatzanspruch, der dem Reeder wegen des Verlusts oder der Beschädigung des Schiffes gegen einen Dritten zusteht. Gem. § 1287 BGB kann bei der Verwertung einer verpfändeten Forderung ein gesetzliches Rechtspfandrecht entstehen (nachf. Rn. 701).

B. Die Regelungen im einzelnen

1. Begründung des Pfandrechts

631 Gem. § 1274 Abs. 1 Satz 1 wird das Pfandrecht an Rechten nach den für die Übertragung des Rechts geltenden Vorschriften begründet, wie das gleichermaßen gem. § 1205 für das Faustpfandrecht gilt.

a) Verpfändungsvertrag und Sicherungsvertrag

632 Die Parteien müssen sich also darüber einig sein, dass das Pfandrecht zur Sicherung einer Forderung bestellt werden soll; ohne gesicherte Forderung, und sei sie eine zukünftige, entsteht kein Pfandrecht[594]. Diese dingliche Einigung, der Verpfändungsvertrag (oben Rn. 483), muss in derselben Form erklärt werden, wie sie für die Übertragung des Rechts gilt. Ist die Übertragung formlos zulässig, wie etwa bei einem Patent (§ 15 Abs. 1 Satz 2 PatentG), gilt auch für die Verpfändung Formfreiheit; ist die Übertragung an notarielle Beurkundung gebunden, wie etwa bei einem Geschäftsanteil an einer GmbH (§ 15 Abs. 3 GmbHG)[595], bedarf auch die Verpfändung dieser Form. Sofern die Parteien Schriftform gem. § 127 BGB für die Übertragung vereinbart haben, ergreift eine solche rechtsgeschäftliche Regelung auch die Verpfändung. Die Verpfändung von Aktien kann gem. § 68 Abs. 2 Satz 1 AktG an die Zustimmung der Gesellschaft gebunden sein. Eine formlose Einigung zur Verpfändung enthält Nr. 14 AGB-Banken und AGB-Postbank, Nr. 21 Abs. 1 AGB-Sparkassen (vorst. Rn. 629): Verpfändet sind alle Rechte des Bankkunden, die in die Verfügungsgewalt der Bank gelangen. Das der Verpfändung zugrundeliegende obligatorische Geschäft, meist ein Sicherungsvertrag (oben Rn. 51, 482), ist nicht Gegenstand der Regelung von § 1274 Abs. 1 Satz 1,

594 BGH NJW 98, 2592 zu B. III. 2.

595 *Heidenhain*, GmbHR 96, 275; auch im Falle der Verpfändung vermögensrechtlicher Ansprüche gem. § 3 Abs. 1 des Gesetzes zur Regelung offener Vermögensfragen i.d.F. vom 18.4.1991, BGBl. I, 957, *Jesch*, DB 92, 2073.

bedarf also keiner Form (wenn die Form nicht auch dafür vereinbart, § 127, oder besonders angeordnet ist, z.B. § 15 Abs. 4 Satz 1 GmbHG oder zugleich ein Verbraucherkreditgeschäft darstellt, oben Rn. 173 und unten Rn. 1152)[596].

b) Forderungen

Besondere Anforderungen an die Publizität der Verpfändung stellt das Gesetz in einem besonders wichtigen Fall der Rechtsverpfändung. Obwohl Forderungen gem. § 398 durch formlosen Abtretungsvertrag ohne Mitwirkung und Kenntnisnahme des Schuldners übertragen werden können (unten Rn. 1370), ist für die Verpfändung zusätzlich die **Anzeige an den Schuldner** dieser Forderung gem. § 1280 erforderlich[597]. Während der Schuldner von der Abtretung also nichts zu erfahren braucht (unten Rn. 1425), wird ihm die Verpfändung offenbart. Das mag dem Verpfänder ungelegen sein und ist Mitursache für die kautelarische Kreditsicherungsform der Sicherungsabtretung (unten Rn. 1093). Die Anzeigeobliegenheit gilt freilich nur, wenn die Abtretung ihrerseits nicht mit Publizitätserfordernissen verbunden ist. Deshalb bedarf es gem. § 1154 Abs. 1 keiner Anzeige bei einer durch Hypothek gesicherten Forderung, wo die Briefübergabe hinzukommen muss (oben Rn. 279 und nachf. Rn. 639). **633**

aa) Gem. § 1275 genießt der Schuldner der Forderung gegenüber dem Pfandgläubiger den gleichen Schutz wie ein Schuldner gegenüber seinem Gläubiger nach Abtretung, also einem Zessionar. Insbesondere kann der Schuldner dem Pfandgläubiger Einwände entgegensetzen, die er gegenüber dem Verpfänder und Forderungsinhaber hat (§ 404, unten Rn. 1427). **634**

bb) Wie bei der Sachverpfändung brauchen Rechtsinhaber und Schuldner der gesicherten Forderung nicht dieselbe Person zu sein. Man kann also sein Recht für die **Schuld eines Dritten** verpfänden (Interzession, oben Rn. 14 und 514). **635**

cc) Eine Forderung kann im Allgemeinen **nicht gutgläubig** erworben werden (s. aber nachf. Rn. 706 a.E.). Folgerichtig kann auch ein Pfandrecht an einer Forderung nicht kraft bloßen guten Glaubens begründet werden: Eine Forderung ist eine relative Rechtsbeziehung zwischen Gläubiger und Schuldner; wer daran nicht beteiligt, also gar nicht Gläubiger ist, kann nichts übertragen, während der Besitzer einer Sache, auch wenn er nicht Eigentümer ist, etwas Existierendes in der Hand hat, das guten Glauben begründen kann (vgl. unten Rn. 797). An fremden Forderungen kann also kein Pfandrecht begründet werden; an nicht existierenden Forderungen ist dies überhaupt nicht denkbar. **636**

Keinen schützenswerten Rechtsschein begründet auch die bloße Behauptung, Inhaber eines absoluten Rechts zu sein. Ein nicht bestehendes absolutes Recht kann weder allein kraft guten Glaubens begründet werden noch Gegenstand eines Pfandrechtserwerbs sein. Auch der Rang eines Pfandrechts an einer Forderung richtet sich allein nach der Priorität, nicht nach dem guten Glauben des Pfandgläubigers, wie §§ 1273 Abs. 2 Satz 2, 1208 (vorst. Rn. 503) zu entnehmen ist. **637**

dd) Gem. § 1289 werden von der Forderungsverpfändung auch die **Zinsen** umfasst, die auf die Forderung zu zahlen sind. **638**

---

596 *Bülow*, WM 85, 373, 405 (408).

597 Z.B. durch Sperrvermerk auf einem Sparkonto, OLG Nürnberg WM 98, 1968 mit Anm. *Heemann*, WuB I C 2. – 2.98 und Komm. *Eckert*, EWiR Nr. 14 AGB-Banken 1/98, 769; bei Verpfändung von Bankkonten und -depots, *Bork*, NJW 81, 905 (906); *Kollhosser*, ZIP 84, 389; Gebührenfragen und AGBG: OLG Nürnberg NJW-RR 97, 302.

c) Briefgrundpfandrecht

639 Ein Grundpfandrecht – auch ein Eigentümergrundpfandrecht (oben Rn. 350)[598] – als beschränktes dingliches Recht (oben Rn. 84) ist seinerseits verpfändbar (nachf. Rn. 648), weil gem. § 1153 übertragbar (oben Rn. 277), im Falle von Briefgrundpfandrechten auch durch Briefübergabe (§ 1154 Abs. 1 Satz 1). Kann das Recht nur dadurch übertragen werden, dass eine Sache übergeben wird, ist die Übergabe auch zum Zwecke der Verpfändung erforderlich.

640 Darüber hinaus bestimmt § 1274 Abs. 1 Satz 2, dass hinsichtlich der Übergabe der Sache die Vorschriften von §§ 1205, 1206 anwendbar sind: Die Übergabe der Sache (z.B. des Hypothekenbriefs) kann also in der Verschaffung des unmittelbaren Besitzes liegen, in der Abtretung eines Anspruchs auf Herausgabe dieser Sache und Anzeige an den unmittelbaren Besitzer (§§ 1205 Abs. 2, 931)[599] oder in der Einräumung von Mitbesitz (§ 1206). Ausgeschlossen ist also auch hier der Übergabeersatz durch Vereinbarung eines Besitzkonstituts (§ 930, oben Rn. 486).

d) Wertpapiere

641 Wie Wertpapiere verpfändet werden, richtet sich nach ihrer Übertragungsart, also nach ihrer Qualifizierung als Inhaber-, Rekta- (Namens-) oder Orderpapiere (§§ 1291 bis 1296).

642 *aa)* Für die Verpfändung von **Inhaberpapieren** (z.B. Inhaberschecks gem. Art. 5 ScheckG, Inhaberaktien gem. § 10 Abs. 1 AktG[600], aber auch Schuldbuchforderungen des Staates, die Inhaberschuldverschreibungen – § 793 BGB – gleichgestellt sind, vorst. Rn. 629[601]) sind gem. § 1293 die Vorschriften über das Faustpfandrecht, nicht diejenigen über das Rechtspfandrecht, anwendbar (oben Rn. 497).

643 Pfandgläubiger und Verpfänder des Inhaberpapiers müssen sich gem. § 1205 Abs. 1 also über die Verpfändung einig sein (für Wertpapiere im Gewahrsam einer Bank ist die Einigung durch Nr. 14 Abs. 1 AGB-Banken, 21 Abs. 1 AGB-Sparkassen erklärt) und das Papier übergeben, mittelbaren Besitz daran verschaffen (§ 1205 Abs. 2, oben Rn. 486, 488) oder Mitverschluss begründen (§ 1206), z.B. durch Verwahrung in einem Sammeldepot (§ 5 DepotG, oben Rn. 498).

644 Gem. §§ 1207, 935 Abs. 2 kann auch an **abhanden gekommenen Inhaberpapieren** ein Pfandrecht gutgläubig erworben werden. Im – regelmäßigen – Fall der Wertpapierverwahrung wird gem. § 4 Abs. 1 DepotG aber vermutet, dass einem Dritten das mangelnde Eigentum des Verwahrers (der Bank) bekannt ist (Fremdvermutung), gutgläubiger Erwerb wird also ausgeschlossen[602]. Das Pfandrecht an Inhaberpapieren kann als Nutzungspfand gem. § 1213 ausgestaltet werden (oben Rn. 509). Während sich das Pfandrecht an einer Forderung auf die Zinsen erstreckt (§ 1289, vorst. Rn. 638) gilt dies, sofern Zins-, Renten- oder Gewinnanteilscheine ausgegeben wurden, für Inhaberpapiere nicht: § 1296. Die Kupons einer Aktie[603] stehen also dem Verpfänder, nicht dem Pfandgläubiger zu und können ihrerseits selbständig verpfändet werden[604]. Werden sie aber zusammen mit dem Hauptpapier (dem sog. Mantel) übergeben, sind sie mitverpfändet. Auch in diesem Falle kann der Verpfänder die Papiere aber zur eigenen Verwendung herausverlangen, wenn sie vor der gesicherten Forderung fällig werden (§§ 1296 Satz 2, 1228 Abs. 2).

---

598 Der Pfandgläubiger kann es trotz § 1197 Abs. 1 (oben Rn. 352) verwerten, BGH KTS 88, 395 zu II. 3.
599 RG Warn. 1914 Nr. 58 (S. 86); RGRK/*Kregel*, § 1274 BGB Rn. 7.
600 *Kraft/Hönn*, in: Gesellschaftsanteile als Kreditsicherheit, S. 163, 171 f.
601 BGH NJW 96, 1675 zu II. 1.
602 *Heinsius/Horn/Than*, § 4 DepotG Rn. 7; Staudinger/*Wiegand*, Anh. § 1296 BGB Rn. 2.
603 *Zöllner*, Wertpapierrecht, § 27 II. 1. (S. 176).
604 *Bülow*, WM 85, 373, 405 (408); RGRK/*Kregel*, § 1296 BGB Rn. 1.

bb) Berechtigter eines Namens- oder **Rektapapiers** ist derjenige, der aus dem Wertpapier selbst hervorgeht und nicht der jeweilige Inhaber, im Papier also als Berechtigter benannt ist, etwa beim Sparkassenbuch (gleichermaßen Sparbriefe[605], Sparkassenzertifkate, Festgeldkonten[606]), beim Rektascheck, Art. 5 Abs. 1 ScheckG (die namentliche Benennung ist entbehrlich bei Versicherungsscheinen gem. §§ 4 Abs. 1 VVG, 808 Abs. 1 Satz 2 BGB[607]). Die Berechtigung aus dem Rektapapier wird übertragen durch Übertragung des Rechts, bei Forderungen durch Abtretung gem. § 398. Damit materielle Berechtigung und Eigentum am Wertpapier nicht auseinanderfallen, bestimmt § 952, dass derjenige, dem das Recht zusteht, ipso iure Eigentümer des Papiers wird; es kommt nicht auf einen darauf gerichteten Willen der Parteien an (Faustregel: Das Recht am Papier folgt dem Recht aus dem Papier). Weil solche Wertpapiere zusammen mit dem Recht übertragen werden, erfolgt die Verpfändung nach den für die Übertragung des Rechts geltenden Vorschriften. §§ 1273 ff. sind also unmittelbar anwendbar, ohne dass es einer besonderen Vorschrift dafür bedürfte. **645**

Ist das verbriefte Recht eine Forderung, muss die Verpfändung gem. § 1280 angezeigt werden; bei der Verpfändung der Forderung aus einem Sparkassenbuch ist dessen Übergabe also weder erforderlich noch ausreichend[608]. Vertritt man freilich die Ansicht, zur Übertragung des verbrieften Rechts sei auch die tatsächliche Übergabe des Papiers erforderlich[609], wäre § 1280 nicht anwendbar. Der Anzeige bedarf es nur, wenn zur Übertragung der Forderung der Abtretungsvertrag genügt, also Publizität nicht schon auf andere Weise (eben durch die Übergabe des Papiers gem. § 1274 Abs. 1 Satz 2) erreicht ist. **646**

Gem. § 952 Abs. 1 Satz 2 erstreckt sich die Rechtsverpfändung auf das Papier, ist also zugleich Sachverpfändung. Zugunsten des Pfandgläubigers ist z.B. § 1227 anwendbar: Er kann Herausgabe des Wertpapiers vom Besitzer verlangen (§§ 985, 952). **647**

Eine **Grund- oder Rentenschuld**, die selbst ein Pfandrecht ist, kann ihrerseits verpfändet werden (vorst. Rn. 639), so dass der Rechtspfandgläubiger für seine Forderung beim Grundpfandgläubiger durch das Verwertungsrecht am Grundstück gesichert ist. § 1291 stellt klar, dass die Vorschriften über die Rechtsverpfändung anwendbar sind. Die Verpfändung einer Briefgrundschuld bedarf daher des Verpfändungsvertrags nebst Übergabe des Grundschuldbriefs gem. §§ 1192, 1154 Abs. 1 (oben Rn. 279), die Verpfändung einer Buchgrundschuld der Eintragung im Grundbuch. Die isolierte Verpfändung einer Hypothek ist nicht denkbar, sie bezieht sich vielmehr auf die Forderung (vorst. Rn. 633). **648**

cc) Berechtigter eines **Orderpapiers** ist zunächst derjenige, der wie beim Namenspapier auf diesem namentlich benannt ist. Er hat das Recht, seine Berechtigung zu übertragen. Dafür gibt es eine eigentümliche wertpapierrechtliche Übertragungsform, das Indossament. Dieses Indossament ist die Anweisung (Order), nicht an den zunächst namentlich Benannten, sondern an den durch das Indossament Benannten, dem Indossatar, zu leisten. Das Indossament ist ein schriftlicher, vom jeweiligen Berechtigten unterschriebener Vermerk auf dem Wertpapier, das den neuen Berechtigten nennt[610]. Unter anderem hat das In- **649**

---

605 Es handelt sich um Namensschuldverschreibungen, *Seitz*, Namenssparbriefe, S. 19: ein Produkt der Vertragsfreiheit.

606 OLG Oldenburg WM 98, 2239.

607 *Zöllner*, Wertpapierrecht, § 2 II. 2. e. (S. 12).

608 *Baur/Stürner*, Sachenrecht, § 55 B. II. 1. c. (Rn. 11, S. 677); *Hueck/Canaris*, Recht der Wertpapiere, § 27 I. 2. a. (S. 229).

609 Dagegen *Zöllner*, Wertpapierrecht, § 2 II. 3. c. (S. 12).

610 *Zöllner*, Wertpapierrecht, § 2 II. 3. a. (S. 13), § 14 IV. 1. (S. 87).

dossament die Übertragung des Eigentums am Wertpapier (wichtigster Fall ist der Wechsel, auch der Orderscheck, Art. 5 Abs. 1 ScheckG, die Namensaktie[611] gem. §§ 10 Abs. 1, 68 Abs. 1 Satz 1 AktG, kaufmännische Orderpapiere gem. §§ 364, 365 HGB, Orderschuldverschreibungen) zur Folge. Dieser besonderen Übertragungsform entsprechen besondere Verpfändungsbestimmungen gem. § 1292 BGB. Danach genügen zur Verpfändung die Einigung von Gläubiger des Wertpapiers und Pfandgläubiger sowie die Übergabe des indossierten Papiers. Mit dieser Formulierung in § 1292 ist ausgedrückt, dass die Anforderungen an die Verpfändung eines Orderpapiers gemindert sind, nämlich gegenüber dem Normalfall der Verpfändung gem. § 1274 (es bedarf keiner Anzeige gem. § 1280, nachf. Rn. 655 f.), und daraus folgt weiter, dass es mehrere Formen der Verpfändung von Orderpapieren gibt. Diese sind im einzelnen:

650 Gem. § 1292 genügt zur Verpfändung die Einigung nebst Übergabe des indossierten Orderpapiers. Dieses Indossament zum Zwecke der Verpfändung ist ein sog. **offenes Pfandindossament** (Art. 19 WG). Der Mitteilung an den Verpflichteten aus dem Wertpapier gem. § 1280 bedarf es nicht. Ein Indossament ist ein Pfandindossament, wenn es den Vermerk „Wert zur Sicherheit", „Wert zum Pfande" oder Gleichsinniges enthält. Der Pfandgläubiger hat aus dem Pfandindossament alle Rechte eines Wechselgläubigers (er haftet aber nicht aus dem Indossament)[612], Einwände aus den Rechtsbeziehungen zum Verpfänder können ihm – entgegen § 1275 BGB – nicht entgegengesetzt werden. Der Pfandgläubiger ist in Wahrheit nicht Wechselgläubiger, auch nicht Eigentümer des Papiers; das ist nach wie vor der Verpfänder[613], der Pfandgläubiger ist nur einziehungsermächtigt (unten Rn. 1448 ff.).

651 Deshalb kann der Pfandgläubiger die Rechte aus dem Papier auch nicht seinerseits durch Indossament weiterübertragen. Er kann nur ein **Vollmachtsindossament** ausstellen (Art. 18 WG), das den Indossatar ermächtigt, die Rechte aus dem Wechsel nicht im eigenen Namen, sondern im Namen des Indossanten (des Pfandgläubigers) geltendzumachen. Der Pfandgläubiger als Indossant überlässt dem Indossatar also nur Rechte zur Geltendmachung, die er selbst hat: Der Verpfänder bleibt auch dann noch Wechselgläubiger.

652 Für den **gutgläubigen Erwerb** des Pfandrechts am Orderpapier gilt Art. 16 Abs. 2 WG, der auch abhanden gekommene Orderpapiere erfasst, also die Beschränkungen von § 935 BGB ausschließt.

653 Der Pfandgläubiger hat gegenüber dem Verpfänder aus dem Verpfändungsvertrag Sorgfaltspflichten, muss das Papier z.B. rechtzeitig dem Bezogenen zur Annahme vorlegen (Art. 21, 22 WG) und die Rückgriffsvoraussetzungen schaffen (z.B. Art. 44 WG).

654 Pfandgläubiger und Verpfänder können sich über die Verpfändung gem. §§ 1205, 1273, 1292 einig sein, und der Verpfänder kann den Wechsel auch auf den Pfandgläubiger indossieren, jedoch ohne das Indossament mit dem Pfandvermerk zu versehen (**verdecktes Pfandindossament**). Äußerlich unterscheidet sich dieses verdeckte Pfandindossament nicht von einem gewöhnlichen Vollindossament. Trotzdem ist die Verpfändung eines Orderpapiers in dieser Weise möglich: Es kommt nur darauf an, welchen Inhalt die dingliche Einigung der Parteien hat. Ist sie nicht auf Vollrechtsübertragung gerichtet, sondern auf die Begründung eines beschränkten dinglichen Rechts im Hinblick auf die Verwertung, eben auf Verpfändung, treten nur diese gewollten Rechtswirkungen ein. Dritten gegenüber, die dem Indossament die Eigenschaft als Pfandindossament nicht ansehen, werden Indossant und Indossatar aber so behandelt, als sei wirklich ein Vollindossament erteilt worden. Der Pfandgläubiger kann das Recht aus dem Orderpapier also an einen gutgläubigen Dritten übertragen,

611 Sie ist also nicht Rektapapier, sondern geborenes Orderpapier, Kölner Komm./*Kraft*, § 10 AktG Rn. 18; Soergel/*Habersack*, § 1274 Rn. 33.

612 *Bülow*, WG, ScheckG, AGB, Art. 19 WG Rn. 7; *Zöllner*, Wertpapierrecht, § 14 X. 2. a. cc. (S. 105), a.A. *Hueck/Canaris*, § 8 VIII. 2. a. (S. 99).

613 RGZ 139, 193 (195).

sein Indossament ist dann nicht lediglich Vollmachtsindossament (Art. 18 WG); auf der anderen Seite trifft den Pfandgläubiger aber auch die volle Garantiehaftung aus dem Indossament, er wird Rückgriffsschuldner gegenüber dem Inhaber (Art. 15 WG)[614].

Die im Orderpapier, z.B. im Wechsel, verbriefte Forderung wird zwar im Regelfall durch Indossament übertragen, das schließt aber nicht aus, dass sie auch durch schlichten Abtretungsvertrag gem. § 398 abgetreten werden kann, also ohne Indossament, so dass dessen Wirkungen auch nicht eintreten, insbesondere nicht der Gutglaubensschutz des Erwerbers[615]. Auch die Verpfändung kann durch **schlichten Verpfändungsvertrag** (§ 1274) bewirkt werden. 655

Fraglich ist nur, ob daneben das Papier übergeben werden muss. Bejaht man das, ist die Anzeige der Verpfändung nach § 1280 wegen § 1274 Abs. 1 Satz 2 nicht erforderlich (vorst. Rn. 646, 633). Verneint man das, bedarf es zur Wirksamkeit der Verpfändung konsequenterweise der Anzeige[616]. Durch die Verpfändung gem. § 1274 erwirbt der Pfandgläubiger nicht die Rechtsstellung eines Wechselgläubigers, ist vielmehr den Einwänden des Schuldners gem. §§ 1275, 404 BGB ausgesetzt. 656

Die Verpfändung eines Orderpapiers ist auch in der Weise möglich, dass sich Pfandgläubiger und Verpfänder über die Verpfändung gem. § 1274 einig sind, der Verpfänder aber kein Pfandindossament ausstellt, sondern ein **offenes Vollmachtsindossament** gem. Art. 18 WG, 23 ScheckG[617]. Dadurch wird der Pfandgläubiger ermächtigt, die Leistung aus dem Orderpapier im Namen des Verpfänders zu erheben, ohne dass dem Wechselschuldner der Umstand der Verpfändung offenbart würde. Der Pfandgläubiger wird dadurch weder Gläubiger noch Schuldner des Orderpapiers, ist also nicht dem Rückgriff gem. Art. 43 ff. WG ausgesetzt, sondern allein der Verpfänder. Zur Begründung der Verpfändung bedarf es des Vollmachtsindossaments nicht, sie ergibt sich allein aus der Einigung über die Verpfändung; vielmehr bestimmt nur das Vollmachtsindossament die Modalitäten der Verpfändung[618]. 657

e) Unternehmen, Mitgliedschaftsrechte

Ob Rechte an Unternehmen und Unternehmensanteilen verpfändbar sind, richtet sich nach der Art der Beteiligung. 658

aa) Die **Mitgliedschaft** in einer Gesellschaft, insbesondere einer Handelsgesellschaft oder auch in einem Verein, ist ein zusammenfassender Begriff für alle Ausprägungen der Rechtsstellung eines Gesellschafters oder eines Mitglieds, umfasst sowohl Rechte wie Pflichten, etwa das Stimmrecht (z.B. § 47 Abs. 1 GmbHG), das Geschäftsführungs- und Vertretungsrecht (etwa §§ 114 ff., 125 ff. HGB) einerseits, gesellschaftsrechtliche Treuepflichten oder Mitwirkungspflichten andererseits, aber auch das Recht auf den Gewinnanteil, das Auseinandersetzungsguthaben (dazu nachf. Rn. 709) oder auch Aufwendungsersatz gem. § 110 HGB, die Pflicht zur Einlagenleistung. Die Mitgliedschaft ist also geprägt durch **höchstpersönliche Rechte** und Pflichten und durch Geldforderungen und -verbindlichkeiten, durch ein Bündel von Rechten und Pflichten. 659

aaa) Die den Gesellschaftern einer **Personengesellschaft** aus dem Gesellschaftsverhältnis gegeneinander zustehenden Ansprüche sind nicht übertragbar, wie §§ 717 Satz 1 BGB, 105 Abs. 3 HGB bestimmen. Gemeint ist damit, dass die Ansprüche nicht getrennt von der Mitgliedschaft übertragen werden können, also an die Mitgliedschaft gebunden 660

---

614 *Bülow*, WG, ScheckG, AGB, Art. 19 WG Rn. 9; Staudinger/*Wiegand*, § 1292 BGB Rn. 9.
615 *Zöllner*, Wertpapierrecht § 14 I. 2. (S. 86 f.).
616 *Bülow*, WG, ScheckG, AGB, Art. 19 WG Rn. 13.
617 *Bülow*, WG, ScheckG, AGB, Art. 19 WG Rn. 11; Art. 23 ScheckG Rn. 1.
618 Entgegen *Weimar*, WM 67, 974 (975).

sind. Die Gesellschafterstellung insgesamt kann aber durch dementsprechende Gestaltung, resp. Änderung des Gesellschaftsvertrages (an dem in der Regel sämtliche Gesellschafter oder Mitglieder mitwirken müssen und dürfen), in der Weise übertragen werden, dass ein anderer, anstelle des früheren, Gesellschafter wird.

661 Geldforderungen, die den Gesellschaftern aus dem Gesellschaftsverhältnis zustehen, sind jedoch ebenso wie andere Geldforderungen isoliert von der Mitgliedschaft übertragbar (§ 717 Satz 2 BGB, s. auch unten Rn. 1439). Da sich die Verpfändbarkeit nach der Übertragbarkeit richtet (§ 1274 Abs. 1 Satz 1), bedeutet dies für die Unternehmensbeteiligung, dass die Mitgliedschaft einerseits und Geldforderungen aus dem Gesellschaftsverhältnis andererseits verpfändbar sind, einzelne Mitgliedschaftsrechte dagegen nicht. Wenn sie auch zusammen mit der Gesellschafterstellung selbst übertragbar sind, wird der Pfandgläubiger durch die Verpfändung doch gerade nicht Gesellschafter oder Mitglied (vgl. § 725 Abs. 2). Verpfändung der Mitgliedschaft heißt also lediglich die Übertragung der Verwertungsbefugnis am Gesellschaftsanteil auf den Pfandgläubiger[619]. Die höchstpersönlichen Rechte, insbesondere das Stimmrecht, verbleiben beim verpfändenden Gesellschafter.

662 *bbb)* Bei den **Kapitalgesellschaften** wie etwa der GmbH ist die Mitgliedschaft veräußerlich und damit verpfändbar[620], die Mitgliedschaft gem. § 15 Abs. 1 GmbHG an einer Aktiengesellschaft ist in veräußerbaren Aktien verbrieft (unveräußerlich ist dagegen die Mitgliedschaft an einer Genossenschaft[621]). Der Pfandgläubiger wird zwar auch bei Verpfändung der Mitgliedschaft an einer Kapitalgesellschaft nicht Gesellschafter und auch nicht stimmberechtigt, aber er kann die Beteiligung in der Weise verwerten, dass er sie an einen neuen Gesellschafter veräußert (im einzelnen nachf. Rn. 707 ff.). Verpfändbar sind außerdem Geldansprüche aus der Mitgliedschaft, z.B. auf den Gewinnanteil. Bei Kapitalgesellschaftern sind also sowohl die Verpfändung der Mitgliedschaft im eigentlichen Sinne wie die Verpfändung von Einzelansprüchen aus der Mitgliedschaft möglich. Im Einzelfall kann freilich zweifelhaft sein, welche Geldforderungen Gegenstand der Verpfändung sind, wenn im Verpfändungsvertrag resp. Sicherungsvertrag (vorst. Rn. 632) nur von der Mitgliedschaft die Rede ist. Ob darin ein Verstoß gegen den Spezialitätsgrundsatz (oben Rn. 475) zu sehen ist, richtet sich danach, ob die einzelnen, gemeinten Geldforderungen durch Auslegung hinreichend bestimmt werden können (dazu die Parallele beim Nießbrauch, § 1085 Satz 1[622]).

663 *bb)* Das **Pfandrecht an Geldforderungen** aus der Gesellschafterstellung an einer **Personengesellschaft** (BGB-Gesellschaft, offene Handelsgesellschaft, Kommanditgesellschaft) wird durch Einigung zwischen Pfandgläubiger und Verpfänder (Gesellschafter) begründet. Soll es auf Gewinnanteile erstreckt werden, kann es als Nutzungspfandrecht gestaltet werden[623] (§ 1213, oben Rn. 509).

664 *aaa)* Der Verpfändungsvertrag, die dingliche Einigung, ist **nicht formgebunden**.

---

619 *Hadding*, in: Gesellschaftsanteile als Kreditsicherheit, S. 37, 40; *K. Schmidt*, JR 77, 177 (178); Soergel/*Habersack*, § 1274 BGB Rn. 30; *Roth*, ZGR 2000, 187 (209); BGH BB 72, 10 (11) zur Pfändung.

620 RGZ 100, 274 (276); *K. Müller*, GmbHR 69, 4.

621 RGZ 87, 408 (410).

622 *Hadding*, in: Gesellschaftsanteile als Kreditsicherheit, S. 42.

623 *Roth*, ZGR 2000, 187 (210).

Das gilt auch, wenn der Gesellschaftsvertrag Schriftform oder notarielle Beurkundung für die Änderung des Gesellschaftsvertrags vorsieht: Die Verpfändung ändert den Gesellschaftsvertrag nicht (im übrigen ist das Schriftformerfordernis im Gesellschaftsvertrag nicht Wirksamkeitsvoraussetzung im Sinne von § 125 Satz 2, sondern nur Sollvorschrift[624]). Die Verpfändung ist auch keine ins **Handelsregister** einzutragende oder auch nur eintragungsfähige Tatsache[625]. Sie berührt den Gesellschaftsvertrag und die Rechtsbeziehungen zu Dritten nicht. **665**

Umstritten ist, ob die Wirksamkeit des Verpfändungsvertrags von der **Zustimmung der übrigen Gesellschafter** abhängt. **666**

Da die Abtretung dieser Ansprüche gem. § 398 von der Zustimmung nicht abhängt, muss das konsequenterweise auch für die Verpfändung gelten[626]. Folgt man dem nicht[627], muss die Zustimmung im Einzelfall eingeholt werden. Jedenfalls können die Gesellschafter die Verpfändung durch Gesellschaftsvertrag ausschließen oder zustimmungspflichtig machen. Eine Bestimmung im Gesellschaftsvertrag, die Gesellschafterstellung als ganze sei übertragbar, ist nicht notwendigerweise so auszulegen, auch einer Verpfändung sei damit die Zustimmung erteilt. **667**

Von der Entscheidung über das Zustimmungserfordernis hängt die Frage nach der **Anzeige** gem. § 1280 ab (vorst. Rn. 633). Hält man die Verpfändung nicht für zustimmungsbedürftig, bedarf es der Anzeige gem. § 1280. Hält man die Verpfändung dagegen für zustimmungsbedürftig, kommt es für das Anzeigeerfordernis darauf an, ob für die Abtretung der Forderung der Abtretungsvertrag genügt, wie es in § 1280 bestimmt ist. Diese Frage ist aber unumstritten: Es genügt der Abtretungsvertrag. Die Anzeige wäre also auch hier nötig. Gleichwohl wird die Anzeige – wohl zutreffenderweise – auch nach dieser Ansicht für entbehrlich gehalten, waren ihre Adressaten, die übrigen Gesellschafter, doch ohnehin damit befasst[628]. **668**

bbb) Bleiben die höchstpersönlichen Gesellschafterrechte, insbesondere das **Stimmrecht**, auch beim Verpfänder, so hat der Pfandgläubiger doch die Möglichkeit, auf die inneren Verhältnisse der Gesellschaft Einfluss zu nehmen. **669**

Soweit es der Gesellschaftsvertrag zulässt, kann sich der Pfandgläubiger vom Verpfänder Stimmrechtsvollmacht erteilen lassen. Andernfalls verbleibt die Möglichkeit eines schuldrechtlichen Stimmrechtsbindungsvertrages zwischen Pfandgläubiger und Verpfänder. Danach bleibt der verpfändende Gesellschafter allein stimmrechtsbefugt, verpflichtet sich aber gegenüber dem Pfandgläubiger, in bestimmter Weise abzustimmen. Hält sich der Verpfänder daran nicht, ist seine Stimmabgabe gegenüber der Gesellschaft uneingeschränkt wirksam, doch macht er sich gegenüber dem Pfandgläubiger vertragsbrüchig und damit schadensersatzpflichtig[629]. **670**

Wird durch die Verpfändung das Gesellschaftsverhältnis nicht berührt und bedarf die Verpfändung zu ihrer Wirksamkeit auch nicht der Zustimmung der übrigen Gesellschafter, dürfen diese durch die Verpfändung aber auch nicht beeinträchtigt werden. Ein **Einsichtsrecht** des Pfandgläubigers in Bücher der Gesellschaft dürfte daher abzulehnen sein, auch wenn sich der Pfandgläubiger dadurch Gewissheit über die Höhe des verpfändeten Anspruchs verschaffen will[630]; dagegen ist im Innenverhältnis zwischen Pfandgläubiger und Verpfänder dieser jenem zur Auskunft verpflichtet[631]; auch **671**

---

624 BGHZ 49, 364 (367).
625 *Bülow*, Handelsrecht, S. 34; *Hadding*, in: Gesellschaftsanteile als Kreditsicherheit, S. 48.
626 *Hadding*, in: Gesellschaftsanteile als Kreditsicherheit, S. 46.
627 So *Hackenbroch*, Verpfändung von Mitgliedschaftsrechten, S. 58; *Flume*, AT, Bd. I/2, S. 367 f.
628 *Hadding*, in: Gesellschaftsanteile als Kreditsicherheit, S. 47/48.
629 *Hadding*, in: Gesellschaftsanteile als Kreditsicherheit, S. 50/51.
630 Entgegen *Hadding*, in: Gesellschaftsanteile als Kreditsicherheit, S. 52.
631 BGHZ 10, 385 (386/387).

dann hat der verpfändende Gesellschafter Geheimhaltungspflichten gegenüber der Gesellschaft auch gegenüber dem Pfandgläubiger einzuhalten.

672 Gem. § 1276 bedarf die **Aufhebung oder Änderung des verpfändeten Rechts** der Zustimmung des Pfandgläubigers, damit sein Pfandrecht nicht gegen seinen Willen ausgehöhlt wird (nachf. Rn. 685). Der verpfändende Gesellschafter könnte sein Ausscheiden aus der Gesellschaft erklären oder an Beschlüssen mitwirken, die den verpfändeten Anspruch auf Abfindungsguthaben, Gewinnanteile etc. beeinflussen, etwa an einem Beschluss zur Auflösung der Gesellschaft. Ist § 1276 auf solche Beschlüsse und Erklärungen anwendbar? Zunächst ist klarzustellen, dass es nicht um die Zustimmungsbedürftigkeit zu dem Beschluss aller Gesellschafter durch den Pfandgläubiger gehen kann: Weder wird der Pfandgläubiger Gesellschafter, erlangt also kein Stimmrecht, noch ist die Freiheit der Stimmabgabe für die übrigen Gesellschafter, die nicht Verpfänder sind, eingeschränkt. Nur ist der verpfändende Gesellschafter selbst nicht mehr frei, Willenserklärungen nach seinem Belieben abzugeben. Diese Freiheitsbeschränkung wirkt aber nur relativ im Verhältnis zum Pfandgläubiger, nicht nach außen und absolut im Verhältnis zu den übrigen Gesellschaftern[632]. Deshalb erlangt die Stimmabgabe des verpfändenden Gesellschafters auch dann Rechtswirksamkeit, wenn der Pfandgläubiger nicht zugestimmt hat. Die fehlende Zustimmung des Pfandgläubigers kann folglich die Beschlussfassung nicht verhindern, namentlich dann nicht, wenn, soweit der Gesellschaftsvertrag nichts anderes vorsieht, gem. § 119 HGB alle Gesellschafter mitstimmen müssen (und sei es mit Enthaltung). Das in § 1276 bestimmte Zustimmungserfordernis des Pfandgläubigers hat also für Willensbildungsakte des gesellschaftlichen Verbandes keine Außenwirkung. Stimmt der verpfändende Gesellschafter gegen die Änderung oder Aufhebung des verpfändeten Rechts, ist seine Stimme auch relativ zum Pfandgläubiger wirksam abgegeben. Nach § 1276 unwirksam sind aber Willenserklärungen des Verpfänder-Gesellschafters, durch die er auf Ansprüche verzichtet, die ihm nach dem Gesellschaftsvertrag, resp. Gesellschafterbeschluss, zustehen[633].

673 Auf rechtsgestaltende Erklärungen, wie die Kündigung der Gesellschaft durch den verpfändenden Gesellschafter, ist § 1276 anwendbar. Sie bedürfen aber dann nicht der Zustimmung des Pfandgläubigers, wenn dadurch das verpfändete Recht überhaupt erst entsteht, z.B. der Anspruch auf das Auseinandersetzungsguthaben[634], wohl aber, wenn der Anspruch auf Gewinnanteile verpfändet ist, weil diese nach einer Kündigung dem verpfändenden Gesellschafter nicht mehr zustehen.

674 *cc)* Auch die Verpfändung der Mitgliedschaft an einer **juristischen Person**, z.B. einer GmbH, bedeutet nicht, dass der Pfandgläubiger Gesellschafter würde[635]. Er wird in Sonderheit nicht stimmberechtigt, sondern kann sich nur durch Verwertung des Anteils befriedigen (nachf. Rn. 707 ff.)[636].

675 *aaa)* Trotzdem ist die Verpfändung der Mitgliedschaft als solcher möglich, weil auch die Übertragung der Mitgliedschaft als solcher möglich ist (vorst. Rn. 662, vorbehaltlich anderer Regelungen im Gesellschaftsvertrag), daneben aber auch die Verpfändung einzelner Geldansprüche aus der Mitgliedschaft. Sofern die Mitgliedschaft (der Geschäftsanteil) nur formgebunden übertragen werden kann (so § 15 Abs. 3 GmbHG: notarielle Beurkundung), fragt sich, ob auch die Verpfändung dieser

---

632 RGZ 139, 224 (228 f.); *Rümker*, WM 73, 626 (630/631); *Rümker/Büchler*, in: Festschr. Claussen, S. 337 (340); Soergel/*Habersack*, § 1274 BGB Rn. 31; entgegen *Hadding*, in: Gesellschaftsanteile als Kreditsicherheit, S. 53.

633 MünchKomm./*Damrau*, § 1276 BGB Rn. 8.

634 *Hadding*, in: Gesellschaftsanteile als Kreditsicherheit, S. 54; *Fischer*, GmbHR 61, 21; nicht diff. RGRK/*Kregel*, § 1276 BGB Rn. 2.

635 BGHZ 119, 191 (195); OLG Hamm NJW-RR 91, 1388; *Mühl*, in: Gesellschaftsanteile als Kreditsicherheit, S. 157; *K. Müller*, GmbHR 69, 4 (7 ff.); Hachenburg/*Zutt*, Anh. § 15 GmbHG Rn. 43.

636 Hachenburg/*Zutt*, Anh. § 15 GmbHG Rn. 47; Rechte, die nicht an die Mitgliedschaft gebunden sind (Schadensersatzansprüche als Gläubigerrecht), sind nicht mitverpfändet, OLG Frankfurt BB 86, 1807.

Form bedarf. Das ist zu bejahen bei der Verpfändung der Mitgliedschaft als solcher[637]. Dagegen bedarf die Abtretung von Einzelansprüchen aus der Mitgliedschaft – z.B. auf Gewinn, auf das Abfindungsguthaben – nicht der Form von § 15 Abs. 3 GmbHG[638]. Bedarf die Abtretung dieser Ansprüche aber keiner Form, so gilt dies gem. § 1274 Abs. 1 Satz 1 auch für die Verpfändung dieser Ansprüche. Jedoch ist die Verpfändung gem. § 1280 der Gesellschaft anzuzeigen. Für das Zustimmungserfordernis gem. § 1276 gilt nichts anderes als für Personengesellschaften[639] (vorst. Rn. 672).

Werden dem Pfandgläubiger über die Verpfändung als solche hinaus weiterreichende Befugnisse zur Einflussnahme auf die Geschäftsführung der GmbH und die Gestaltung der Gesellschaft eingeräumt und werden im Zuge dessen an den Pfandgläubiger Zahlungen geleistet, obwohl dadurch das Stammkapital der Gesellschaft geschmälert wird, kann der Pfandgläubiger gem. § 32a Abs. 3 GmbHG Normadressat nach den Grundsätzen über **eigenkapitalersetzende Leistungen** und zur Rückzahlung verpflichtet sein (gleichermaßen bei Grundpfandrechten, oben Rn. 190 und Bürgschaften, unten Rn. 1049)[640]. **676**

bbb) Bei der **Genossenschaft** kommt als Gegenstand der Verpfändung zwar nicht die Mitgliedschaft (vorst. Rn. 662), wohl aber der Anspruch auf den Gewinnanteil in Betracht, der Auseinandersetzungsanspruch (§ 73 GenG), der Anspruch auf den Anteil am Reinvermögen bei der Liquidation (§ 91 GenG) und der Anspruch auf das Geschäftsguthaben gem. § 76 GenG. In Betracht kommt außerdem ein Anspruch auf Warenrückvergütung[641], eine Besonderheit der Genossenschaft. **677**

Es geht um die Verteilung des Überschusses, der im Geschäftsverkehr mit den Mitgliedern der Genossenschaft erzielt worden ist; dieser ist der Genossenschaft eigentümlich und folgt aus dem genossenschaftlichen Förderungszweck (§ 1 Abs. 1 GenG). All diese Ansprüche sind übertragbar. Etwas anderes gilt jedoch für den Anspruch aus Geschäftsguthaben gem. § 76 GenG. Die Übertragung ist nur in der Weise möglich, dass der Erwerber Genosse wird (also Mitglied der Genossenschaft durch Beitritt gem. § 15 GenG). Eine davon unabhängige Verpfändung des Anspruchs auf das Geschäftsguthaben ist also nicht möglich[642]. Die anderen Ansprüche, die auf Geld gehen – auch der Anspruch auf Warenrückvergütung (entgegen seiner Bezeichnung) – sind gem. §§ 1274 Abs. 1 Satz 1, 398, 1280 verpfändbar. **678**

ccc) Die Mitgliedschaft an einer **Aktiengesellschaft** ist durch Wertpapiere, eben Aktien, verbrieft. **679**

Sie können entweder Inhaber- oder Namensaktien (§ 10 Abs. 1 AktG) sein; letztere sind durch Indossament übertragbar (§ 68 Abs. 1 AktG), sie sind also Orderpapiere, nicht Namenspapiere. Ihre Verpfändung richtet sich nach § 1292 (vorst. Rn. 649) bzw. nach § 1293 (vorst. Rn. 642). Das Stimmrecht kann der Pfandgläubiger, obwohl er nicht Aktionär wird, gem. § 134 Abs. 3 AktG für den Verpfänder als Vertreter ausüben. **680**

---

637 *Mühl*, in: Gesellschaftsanteile als Kreditsicherheit, S. 155; Hachenburg/*Zutt*, Anh. § 15 GmbHG Rn. 39, § 15 GmbHG Rn. 83; *Schuler*, NJW 56, 689; *K. Müller*, GmbHR 69, 4 (6); *Mertens*, ZIP 98, 1787 (1788).

638 Hachenburg/*Zutt*, Anh. § 15 GmbHG Rn. 86; *Büchner*, Verpfändung von Anteilen, S. 131 ff.; *K. Müller*, GmbHR 69, 57 (59).

639 Hachenburg/*Zutt*, Anh. § 15 GmbHG Rn. 44; *K. Müller*, GmbHR 69, 4, 34; *Kerbusch*, GmbHR 90, 156 (157 f.).

640 BGHZ 119, 191 (201) mit abl. Rezension *Altmeppen*, ZIP 93, 1677 sowie *Dreher*, ZGR 94, 146; abgrenzend OLG Hamm NJW-RR 93, 256; *Rümker/Büchler*, in: Festschr. Claussen, S. 337; *Neuhof*, NJW 99, 20; *Mertens*, ZIP 98, 1787 (1789).

641 *K. Müller*, in: Gesellschaftsanteile als Kreditsicherheit, S. 218.

642 *K. Müller*, in: Gesellschaftsanteile als Kreditsicherheit, S. 231.

681 *dd)* Unternehmen (Handelsgeschäfte) können, auch wenn sie keine Gesellschaften sind, sondern **Einzelunternehmen**, Gegenstand des Rechtsverkehrs sein, verkauft, veräußert und vererbt werden (§§ 22, 25 HGB).

682 Für die Übertragung gilt der Spezialitätsgrundsatz[643]. Nicht die Sach- und Rechtsgesamtheit als solche ist übertragbar, sondern nur die einzelnen Sachen und Rechte, die das Unternehmen ausmachen. Deshalb müssen die einzelnen Sachen und Rechte auch einzeln verpfändet werden (wobei die bloße Bezeichnung als Unternehmen genügt, wenn dadurch nur die einzelnen Gegenstände bestimmbar sind). § 1280 ist zu beachten. Der Pfandgläubiger wird nicht Unternehmer.

f) Marke und Firma

683 Verpfändbar ist gem. § 29 Abs. 1 Nr. 1 MarkenG das sich durch die Eintragung einer Marke in dem beim Bundespatentamt geführten Markenregister (§§ 17 ff. MarkenVO) begründete Recht, gleichermaßen das durch die Benutzung oder durch die notorische Bekanntheit (§ 4 Nr. 2 resp. 3 MarkenG) begründete Recht, ohne dass auch die Übertragung des Geschäftsbetriebs wie nach der Vorgängervorschrift von § 8 WZG Voraussetzung wäre[644]. Wird jedoch der Geschäftsbetrieb verpfändet, wird vermutet, dass die Marke mitverpfändet ist. Die Verpfändung bedarf keiner Form[645], kann aber deklaratorischerweise gem. § 29 Abs. 2 MarkenG ins Markenregister eingetragen werden.

684 Die kaufmännische Firma (§ 17 HGB) kann jedoch nur zusammen mit dem Unternehmen übertragen werden, wie § 23 HGB bestimmt; deshalb ist die isolierte Verpfändung der Firma ausgeschlossen (gleiches gilt für die isolierte Sicherungsabtretung, unten Rn. 1367).

2. Einwirkung auf das verpfändete Recht

685 Die Sicherung des Pfandgläubigers könnte vereitelt werden, wenn das verpfändete Recht **aufgehoben oder geändert**, eine verpfändete Forderung z.B. durch Verzichtsvertrag zwischen Verpfänder und Schuldner der Forderung erlassen würde (§ 397)[646].

686 Um das zu vermeiden, ist die Verfügungsbefugnis des Verpfänders gem. § 1276 insoweit beschränkt, als die Verfügung das Pfandrecht beeinträchtigt; sie ist dem Pfandgläubiger gegenüber relativ unwirksam, wenn dieser nicht zustimmt. Verfügungen, die das Pfandrecht nicht beeinträchtigen, sind dagegen wirksam. So kann das Recht z.B. auf einen Dritten übertragen werden: Das Pfandrecht bleibt trotzdem bestehen (§ 936 gilt für die Übertragung von Rechten nicht). § 1276 ist analog auf Zubehör, welches gem. § 1120 in den Hypothekenverband eingebracht wurde, anwendbar, soweit es unter Eigentumsvorbehalt

643 BGH NJW 68, 392; es gibt ausländische Unternehmenspfandrechte, floating charge im US-amerikanischen Recht, nantissement du fonds de commerce im französischen Recht, *Hübner*, in: Festschr. Pleyer, S. 41.

644 Dazu *Repenn*, NJW 94, 175; *Repenn/Spitz*, WRP 93, 737; gleichermaßen für die EG-Gemeinschaftsmarke gem. Art. 19, 17 VO 40/94.

645 *Lwowski/Hoes*, WM 1999, 771 (774).

646 Unmissverständlich: BGH WM 2001, 1387 mit Anm. *Lange*, WuB IV A. – 2.01.

steht: Der Hypothekar muss zustimmen, wenn der Eigentumsvorbehalt zwischen Verkäufer und Grundstückseigentümer aufgehoben werden soll (oben Rn. 130).

3. Übertragung

Übertragen wird das Rechtspfandrecht durch Abtretung der gesicherten Forderung (§§ 1273 Abs. 2, 1250), es erlischt mit ihr, und ohne sie entsteht es nicht[647]. Ist zur Übertragung die Übergabe einer Sache nötig und wird diese zurückgegeben, erlischt das Pfandrecht (§§ 1278, 1253). **687**

C. Realisierung des Rechtspfandrechts

1. Verwertung

Die Verwertung des verpfändeten Rechts ist je nach seiner Art verschieden geregelt. Gem. § 1277 wird das verpfändete Recht nach den Regeln über die Zwangsvollstreckung verwertet, soweit nichts anderes bestimmt ist. Für Forderungen ist anderes nach Maßgabe von §§ 1281 bis 1290 bestimmt. **688**

a) Grundsatz: Vollstreckungstitel und Pfändung

Während die Verwertung nach Zwangsvollstreckungsrecht beim Faustpfandrecht einen Sonderfall gem. § 1233 Abs. 2 bildet (oben Rn. 583), ist sie für die Verpfändung von Rechten, soweit sie nicht Forderungen sind, gem. § 1277 die Regel. **689**

Danach muss der Pfandgläubiger Klage erheben, um einen Titel auf **Duldung der Zwangsvollstreckung** zu erwirken (ebenso § 1147 für Grundpfandrechte, oben Rn. 410). **690**

Die Klage ist begründet, wenn der Sicherungsfall, insbesondere Pfandreife eingetreten, die gesicherte Forderung also fällig ist. Die Klage ist gegen den Rechtsinhaber, also nicht notwendig gegen den Verpfänder zu richten (denkbar bei Verpfändungsermächtigung nach § 185 Abs. 1 BGB, s. auch oben Rn. 583). Nicht genügt ein Titel auf Erfüllung der gesicherten Forderung (er kann nur Grundlage einer allgemeinen Zwangsvollstreckung gegen den persönlichen Schuldner sein). Aufgrund des Duldungstitels kann der Pfandgläubiger einen Beschluss des Vollstreckungsgerichts gem. §§ 857, 829 ZPO erwirken, durch den das Recht gepfändet wird (neben dem Vertragspfandrecht entsteht also ein – prioritätsjüngeres – Pfändungspfandrecht[648]). Gleichzeitig kann der Pfandgläubiger den Erlass eines Überweisungsbeschlusses (§§ 857, 835 ZPO) beantragen, durch den er Befugnis erhält, das Recht zu verwerten. Die Art der Verwertung kann das Gericht gem. § 857 Abs. 3 bis 5 ZPO vorschreiben, z.B. die freihändige Veräußerung des Rechts (§ 844 ZPO). Der Erlös gebührt dem Pfandgläubiger nur in Höhe seiner gesicherten Forderung, im übrigen steht er dem (früheren) Rechtsinhaber zu. Dieser und Dritte haben nach Maßgabe von §§ 1223, 1249 das Ablösungsrecht (oben Rn. 513). **691**

Die Parteien des Verpfändungsvertrages können **abweichende Vereinbarungen** über die Verwertung treffen, insbesondere, dass ein Duldungstitel entbehrlich und freihändige Veräußerung oder öffentliche Versteigerung des verpfändeten Rechts ohne Mitwirkung des Gerichts möglich sein sollen. **692**

---

647 BGH NJW 98, 2592 zu B. III. 2.
648 RGRK/*Kregel*, § 1277 BGB Rn. 1; Staudinger/*Wiegand*, § 1277 BGB Rn. 4.

Verfallvereinbarungen (§ 1229, oben Rn. 591) vor Pfandreife sind auch bei der Rechtsverwertung nichtig. Grundvorschriften des Verkaufs (§§ 433 Abs. 1 Satz 1, 453, 1245 Abs. 2, 1235, 1237 Satz 1, 1240 BGB, oben Rn. 568) müssen eingehalten werden. Bei freihändiger Veräußerung ist der gutgläubige Erwerb des Rechts möglich (§§ 1244, 1273 Abs. 2[649], oben Rn. 579), wenn ein Pfandrecht an dem Recht gar nicht bestand (aber das Recht selbst muss natürlich überhaupt existieren).

b) Forderungen: Einziehung

693 Die Vorschriften der §§ 1281 bis 1290 für die Verwertung verpfändeter Forderungen meinen nicht etwa nur Geldforderungen, sondern Forderungen aller Art, etwa auf Verschaffung des Eigentums an einem Grundstück[650] oder auf Bestellung eines Grundpfandrechts.

694 *aa)* Forderungen werden dadurch verwertet, dass sie geltendgemacht, also beim Schuldner eingezogen werden.

695 Ein Duldungstitel braucht dafür nicht erwirkt zu werden (vgl. nachf. Rn. 705). Wie die Forderung eingezogen wird, richtet sich nach der Fälligkeit der verpfändeten Forderung einerseits und der gesicherten Forderung andererseits. Beide Fälligkeiten brauchen sich durchaus nicht zu decken: Ist z.B. ein Darlehen in einem Jahr zur Rückzahlung fällig und zu seiner Sicherung eine Kaufpreisforderung verpfändet worden, die vom Verkäufer sofort verlangt werden kann (§ 271), ist Pfandreife (§ 1228 Abs. 2) noch nicht eingetreten. Die Kaufpreisforderung harrt aber ihrer Einziehung. Demgemäß gestaltet sich die Verwertung unterschiedlich nach den Fälligkeitszeitpunkten.

696 Einer **Verwertungsandrohung** nach § 1234 (oben Rn. 569) bedarf es **nicht**; sie würde bedeuten, dass der Pfandgläubiger die Forderung beim Schuldner erst einziehen dürfte, nachdem er die Einziehung dem Verpfänder angedroht hätte. Aber die Einziehung im Zeitpunkt der Fälligkeit muss, gerade auch im Interesse des Verpfänders, gewährleistet sein, namentlich um Zinsverluste zu vermeiden. Deshalb genügt die Benachrichtigung gem. § 1285 Abs. 2 Satz 2 (nachf. Rn. 704). Der Subsidiaritätsgrundsatz im Kreditsicherungsverhältnis steht demgegenüber hintan.

697 Das Gesetz regelt folgende Fallkonstellationen:
- Die gesicherte Forderung ist nicht fällig, wohl aber die verpfändete Forderung (§ 1281) und
- sowohl gesicherte wie verpfändete Forderung sind fällig (§ 1282).

698 *aaa)* Natürlich muss die **verpfändete Forderung** fällig sein, um eingezogen, also verwertet werden zu können: Der Schuldner dieser Forderung muss nicht etwa früher leisten, nur weil der Gläubiger die Forderung verpfändet hat. Wenn nötig, muss die Fälligkeit herbeigeführt werden.

699 Hängt die Fälligkeit von einer Kündigung ab – z.B. beim Darlehen gem. §§ 488 Abs. 3, 489, beim Anspruch auf Herausgabe einer vermieteten Sache – bleibt der Verpfänder allein kündigungsbefugt (beim Nutzungspfand muss der Pfandgläubiger zustimmen, beeinträchtigt die Kündigung doch seine Nutzungsmöglichkeiten: § 1283 Abs. 1). Will der Schuldner der verpfändeten Forderung kündigen, muss er die Erklärung an Pfandgläubiger und Gläubiger richten (§ 1283 Abs. 2), nicht notwendig gleichzeitig[651]. Wird die verpfändete Forderung gefährdet, wenn sie nicht eingezogen wird (der Schuldner droht insolvent zu werden), kann der Pfandgläubiger verlangen, dass der Gläubiger der Forderung (der Pfandschuldner) kündigt (§ 1286).

700 *bbb)* Ist die **verpfändete Forderung fällig**, aber noch **keine Pfandreife** eingetreten (die gesicherte Forderung ist also noch nicht fällig), hat der Pfandgläubiger noch keinen Anspruch auf Befriedi-

---

649 RGRK/*Kregel*, § 1244 BGB Rn. 9 a.E.

650 BayObLG WM 91, 1587 mit Anm. *Hegmanns*, WuB I F 3. – 1.92.

651 BayObLG MDR 86, 147; OLG Düsseldorf WM 92, 1937 zu 3. mit Komm. *Steiner*, EWiR § 1283 BGB 1/93, 255.

gung aus dem Pfand. § 1281 bestimmt deshalb, dass der Schuldner der verpfändeten Forderung nur an Pfandgläubiger und Verpfänder (der zugleich Gläubiger der verpfändeten Forderung ist) **gemeinschaftlich leisten** kann und beide auch nur Leistung an sich gemeinschaftlich verlangen können bzw. Hinterlegung oder gerichtliche Verwahrung. Bis zum Eintritt der Pfandreife kann die verpfändete Forderung also nur sichergestellt werden, der Pfandgläubiger kann sich daraus noch nicht befriedigen.

An der Einziehung haben Pfandgläubiger und Verpfänder mitzuwirken (§ 1285 Abs. 1). Eingezogenes Geld ist mündelsicher anzulegen (§§ 1288 Abs. 1, 1807). Geht die Forderung auf Leistung von Sachen, wird der Verpfänder (als Gläubiger der Forderung) Eigentümer der Sache (§ 1287 Satz 1), ebenso bei Grundstücken und bei dem mündelsicher angelegten Geld. An der nunmehr geleisteten Sache erwirbt der Pfandgläubiger ein Pfandrecht – das Rechtspfandrecht setzt sich kraft dinglicher Surrogation[652] also als Faustpfandrecht fort. Am geleisteten Grundstück erwirbt der Pfandgläubiger eine Sicherungshypothek, am geleisteten Schiff eine Schiffshypothek (§ 1287 Satz 2, oben Rn. 378). Da sie ihren Ursprung in der Verpfändung des Anspruchs auf die Leistung haben, richtet sich ihr Rang (§ 1209, oben Rn. 477 und nachf. Rn. 706) nach dem Zeitpunkt der Anspruchsverpfändung[653]. Geht die Leistung auf Übertragung eines Rechts (ist z.B. der Anspruch auf Übertragung eines Patents verpfändet, § 15 PatentG), erwirbt der Pfandgläubiger ein Rechtspfandrecht an diesem Recht, es entsteht ein **gesetzliches Rechtspfandrecht** (vorst. Rn. 688)[654]. Die Verpfändung der Forderung ändert also nichts daran, dass der Verpfänder als Gläubiger des Anspruchs die Leistung nach Maßgabe des zugrundeliegenden Schuldverhältnisses erhält, nicht etwa tritt der Pfandgläubiger an seine Stelle. Tilgt der Verpfänder und persönliche Schuldner die gesicherte Forderung bis zum Eintritt der Pfandreife, erlischt das Pfandrecht, und der geleistete Gegenstand steht ihm alleine zu, eine Sicherungshypothek ist zu löschen (§ 894). **701**

Der Rechtsgedanke der dinglichen Surrogation ist auch anwendbar, wenn ein **Inhaberpapier**, das wie eine bewegliche Sache zu verpfänden ist, eingelöst wird, in Bezug auf den Erlös und das Konto, auf den er gebucht wurde[655]. Gleichermaßen setzt sich das Pfandrecht am Anspruch *auf* Gutschrift am Anspruch *aus* eben dieser Gutschrift auf dem Konto fort[656]. **702**

ccc) Ist auch die gesicherte Forderung zur Zahlung fällig geworden, also gem. § 1228 Abs. 2 BGB **Pfandreife** eingetreten, kann sich der Pfandgläubiger aus der Leistung befriedigen; für eine Beteiligung des Verpfänders als Gläubiger bei der Einziehung ist kein Raum mehr. Gem. § 1282 Abs. 1 ist der Pfandgläubiger deshalb allein zur Einziehung berechtigt (**gesetzliche Einziehungsermächtigung**, unten Rn. 1553) mit der Folge, dass der Schuldner mit befreiender Wirkung nur an ihn leisten kann. **703**

Geld darf der Pfandgläubiger nur bis zur Höhe der gesicherten Forderung einziehen, während der Überschuss dem Forderungsinhaber, also dem Verpfänder gebührt. Daraus folgt zweierlei: Wie im Fall von § 1247 beim Versteigerungserlös (oben Rn. 600) erwirbt der Pfandgläubiger Miteigentum an dem Geld zusammen mit dem Inhaber der Forderung nach dem Verhältnis von eingezogenem Geld und gesicherter Forderung. Die gesicherte Forderung gilt insoweit als bezahlt (§ 1288 Abs. 2), das Pfandrecht erlischt. Der Schuldner der Forderung ist andererseits auch nicht berechtigt, an den Pfandgläubiger mehr zu zahlen, als die gesicherte Forderung ausmacht; insoweit hat der Pfandgläubiger ja auch keine gesetzliche Einziehungsermächtigung. Den Überschuss, der über die gesicherte Forderung hinausgeht, kann der Schuldner der Forderung mit befreiender Wirkung also nur an den Gläubiger der Forderung (das ist in der Regel der Verpfänder) leisten, er muss seine Zahlung also aufteilen. Bleibt für den Schuldner aufgrund der Anzeige gem. § 1280 allerdings unklar, bis zu wel- **704**

652 RGZ 142, 373 (379).
653 *Just*, JZ 98, 120.
654 *Ludwig*, DNotZ 92, 339 (346); *Gieseler*, Surrogatshypotheken, S. 15 ff.
655 BGH NJW 97, 2110 mit Anm. *Bülow*, WuB I F 2. – 2.97, Komm. *Hager*, EWiR § 1287 BGB 1/98, 25 und Bspr. *Gursky*, JZ 97, 1154 (1163).
656 BGH BB 97, 436 zu A. II. 2. c.

cher Höhe die Forderung verpfändet ist (die Unklarheit kann z.B. wegen der Zinsen entstehen, die auf die gesicherte Forderung entfallen, § 1289, vorst. Rn. 638), kann der Rechtsschein entstehen, die gesetzliche Einziehungsermächtigung habe einen größeren Umfang als in Wahrheit. Infolgedessen kann der Schuldner mit befreiender Wirkung unter dem Gesichtspunkt des Einziehungsermächtigungsanscheins an den Pfandgläubiger leisten (s. auch unten Rn. 1454). Der Pfandgläubiger hat für ordnungsgemäße Einziehung zu sorgen und den verpfändenden Gläubiger zu benachrichtigen (§ 1285 Abs. 2); im Falle eines Verstoßes ist er schadensersatzpflichtig[657]. Ein zur Fälligkeit führendes Kündigungsrecht geht auf den Pfandgläubiger über (§ 1283 Abs. 3).

705 *bb)* Das Verfahren nach §§ 1281 ff. ist nicht das einzig mögliche: Dem Pfandgläubiger steht es frei, einen Duldungstitel zu erwirken und die Forderung nach **Zwangsvollstreckungsrecht** zu verwerten (§§ 1282 Abs. 2, 1277). Im Einverständnis mit dem Forderungsinhaber, dem Verpfänder, kann eine andere Verwertungsart gewählt werden (§ 1284)[658]. Das Verbot von Verfallvereinbarungen vor Pfandreife (§ 1229 – oben Rn. 591 f.) und die Maßgeblichkeit von § 1245 Abs. 2 bleiben aber in diesem Fall bestehen.

706 *cc)* Ist die Forderung **mehrfach verpfändet**, steht das Einziehungsrecht nur dem prioritätsältesten Pfandgläubiger zu (§ 1290). Soweit dieser befriedigt wird, erlischt sein Pfandrecht, und wenn von der Forderung noch etwas übrig ist, kommt der prioritätsjüngere Pfandgläubiger zum Zuge, indem dieser nun einziehungsbefugt wird. Bei mehreren gleichrangigen Vertragspfandrechten ist § 432 anwendbar. Der Schuldner muss also in diesem Falle an alle gemeinschaftlich leisten. Trotz Priorität kann der Vorrangige nach Treu und Glauben gehalten sein, sich auf sein Pfandrecht nicht zu berufen[659].

c) Unternehmen

707 Fraglich ist, ob sich die Verwertung verpfändeter Unternehmensanteile (vorst. Rn. 674) nach der Grundregel von § 1277 richtet, also ein Duldungstitel erwirkt werden muss, oder ob die Vorschriften über die Verwertung verpfändeter Forderungen anwendbar sind.

708 Die Mitgliedschaft ist ein Bündel von Rechten und Pflichten, u.a. höchstpersönlichen (vorst. Rn. 659). Sie ist also nicht – lediglich – eine Forderung. Wo die Mitgliedschaft als solche, also der Geschäftsanteil im ganzen, verpfändbar ist, richtet sich ihre Verwertung deshalb nach § 1277, insbesondere bei der GmbH[660], aber auch bei einer Personengesellschaft, wenn und soweit der Gesellschaftsvertrag die Übertragung erlaubt (vorst. Rn. 660). Wenn der Verpfändungs- resp. der Sicherungsvertrag aber so auszulegen ist, dass mit „Verpfändung der Mitgliedschaft" die Verpfändung von Einzelrechten aus der Mitgliedschaft gemeint ist, die auf Zahlung von Geld gehen (vorst. Rn. 661), handelt es sich um die Verpfändung von Forderungen aus dem Gesellschaftsverhältnis, die nur mit dem (fälschlichen) Sammelbegriff „Mitgliedschaft" bezeichnet sind. In diesem Fall folgt die Verwertung der verpfändeten Mitgliedschaft deshalb den Regeln über verpfändete Forderungen. Eines Duldungstitels bedarf es demgemäß bei Personengesellschaften also nicht (wenngleich das Wahlrecht des Pfandgläubigers unberührt bleibt, in dieser Weise

---

657 AG Halle/Westf. EWiR § 1285 BGB 1/98, 1080 (*Balzer*).

658 OLG Düsseldorf WM 92, 1937 zu 6. 2. mit Komm. *Steiner*, EWiR § 1283 BGB 1/93, 255.

659 OLG Nürnberg NJW-RR 98, 1265 mit Komm. *Eckert*, EWiR Nr. 14 AGB-Banken 1/98, 769 und Anm. *Heemann*, WuB I C 2. – 2.98.

660 BGHZ 119, 191 (194); *Rodewald*, GmbHR 95, 418 (421).

vorzugehen, § 1282 Abs. 2, vorst. Rn. 705). Ist die Verpfändung aber als Verpfändung der Mitgliedschaft als solcher auszulegen, bestimmt sich die Verwertung nach der allgemeinen Regel von § 1277[661]. Der Pfandgläubiger hat einen Duldungstitel zu erwirken, kann die Mitgliedschaft nach § 857 Abs. 1 ZPO pfänden und gem. § 844 ZPO durch öffentliche Versteigerung oder freihändig veräußern. Im einzelnen:

Die Verwertung des verpfändeten **Auseinandersetzungsguthabens** in einer **Personengesellschaft** bedarf besonderer Gestaltungshandlungen des Pfandgläubigers. Der Anspruch eines Gesellschafters gegen seine Gesellschaft auf das Guthaben entsteht erst, wenn die Gesellschaft aufgelöst ist oder der Gesellschafter aus der Gesellschaft ausscheidet[662]. Für die Personengesellschaft räumt das Gesetz dem Gläubiger eines Gesellschafters das Recht zur außerordentlichen Kündigung ein (§§ 725 BGB, 135 HGB). Voraussetzung dafür ist allerdings die Pfändung des Guthabens durch den Gläubiger nach Zwangsvollstreckungsrecht[663]. Diese ist wiederum nur möglich, wenn der Gläubiger einen Titel gegenüber dem Gesellschafter-Schuldner erwirkt hat. Insoweit ist die Klageerhebung also nötig, jedoch gerichtet auf Zahlung der gesicherten Forderung. Es reicht aber auch aus, die Klage nach § 1277 zu erheben; in diesem Fall ist nicht außerdem noch die in §§ 725 BGB, 135 HGB vorausgesetzte Zahlungsklage erforderlich[664]. 709

Gem. § 131 Abs. 3 Nr. 6 HGB können die übrigen Gesellschafter beschließen, dass ein Gesellschafter ausscheidet; die Gesellschaft wird nicht aufgelöst, sondern unter den übrigen Gesellschaftern fortgesetzt. Für den Zeitpunkt, zu welchem der Schuldner-Gesellschafter ausscheidet, ist eine Auseinandersetzungsbilanz (Abschichtungsbilanz) zu erstellen, aus der der Anspruch des ausscheidenden Gesellschafters hervorgeht; vorher ist der Anspruch nicht fällig. 710

Bei der **GmbH** gibt es eine solche Kündigungsmöglichkeit im Hinblick auf das Auseinandersetzungsguthaben für den Gesellschafter-Gläubiger nicht, auch § 1283 regelt einen anderen Fall: Dort führt die Kündigung, wie beim Darlehen, unmittelbar zur Fälligkeit, zum Kündigungstermin. Hier bewirkt die Kündigung erst die Auflösung, deren mittelbare Folge sodann der Auseinandersetzungsanspruch nach Abschluss der Auflösung ist. Doch sind die Voraussetzungen für eine Analogie gegeben: Bis zur Pfandreife verbleibt das Kündigungsrecht beim verpfändenden Gläubiger der GmbH, sofern deren Satzung die ordentliche Kündigung vorsieht; einen außerordentlichen Kündigungsgrund stellt die Verpfändung nicht dar. Nach Eintritt der Pfandreife geht das Kündigungsrecht auf den Pfandgläubiger über, und nun ist auch ein außerordentliches Kündigungsrecht zu bejahen. Im übrigen bedarf, wie ausgeführt (vorst. Rn. 708), die Verwertung der verpfändeten Mitgliedschaft eines Duldungstitels gem. § 1277. 711

Ist die Mitgliedschaft insgesamt verpfändbar und verpfändet, ist der Anteil des Gesellschafters im Wege öffentlicher Versteigerung zu verkaufen, wenn nichts anderes vereinbart ist (vorst. Rn. 708 a.E.). Für die Verwertung verpfändbarer **Aktien** gelten, je nach Aktienart (Inhaber- oder Namensaktien), die §§ 1292 bis 1294 (nachf. Rn. 714). 712

d) Wertpapiere

Für die Verwertung verpfändeter Wertpapiere gibt es neben Vorschriften, die für jeden Pfandgläubiger gelten, besondere Vorschriften für die Deutsche Bundesbank. 713

661 *Hadding*, in: Gesellschaftsanteile als Kreditsicherheit, S. 57 f.; *Mühl*, in: Gesellschaftsanteile als Kreditsicherheit, S. 158; anders aber (wie hier) für die Genossenschaft; *Müller*, in: Gesellschaftsanteile als Kreditsicherheit, S. 223, 234, 238; Soergel/*Habersack*, § 1274 BGB Rn. 41.

662 OLG Stuttgart NZI 2000, 430.

663 BGH NJW 92, 830 zu II. 1. b. bb.

664 *Hadding*, in: Gesellschaftsanteile als Kreditsicherheit, S. 59.

714 *aa)* **Rektapapiere** (vorst. Rn. 645 ff.) werden in gleicher Weise wie andere Rechte verwertet. Verbriefen sie eine Forderung, hat der Pfandgläubiger außerdem die Möglichkeit ihrer Einziehung (vorst. Rn. 694 ff.). Für **Inhaber- und Orderpapiere** (vorst. Rn. 642 ff., 649 ff.) gilt die Sonderbestimmung von § 1294: Der Pfandgläubiger kann die verbriefte Forderung einziehen (kraft Inhaberschaft oder Indossaments), braucht aber die Pfandreife nicht abzuwarten[664], da z.B. für den Wechsel Zahlungszeiten vorgeschrieben sind (Verfall, Art. 33 ff. WG) oder etwa Aktien im Kurs fallen können.

715 Das eingezogene Geld ist bis zum Eintritt der Pfandreife mündelsicher anzulegen (§ 1288, vorst. Rn. 701). Daneben stehen dem Pfandgläubiger die allgemeinen Verwertungsvorschriften zur Verfügung: Inhaberpapiere kann er gem. § 1221 freihändig durch einen Handelsmakler veräußern oder öffentlich versteigern lassen, da ja das Verwertungsrecht des Faustpfandes anwendbar ist; für Orderpapiere bestimmt dies § 1295 (jeweils nach Pfandreife), und schließlich bleibt die Verwertung gem. § 1277 nach Zwangsvollstreckungsrecht zulässig.

716 *bb)* **Lombardkredit** heißt die Darlehensgewährung gegen Verpfändung von Wertpapieren und Forderungen (oben Rn. 498 und vorst. Rn. 629). Gem. § 19 Nr. 1, 2. Hs. BBankG, Abschnitt VI Nr. 18, 19 AGB-Bundesbank darf die Bundesbank als Pfandgläubigerin, die Darlehen an Kreditinstitute vergeben hatte, selbst die Versteigerung oder den freihändigen Verkauf – schon bei Pfandreife, oben Rn. 569 – betreiben, muss sich also nicht eines Gerichtsvollziehers oder eines Handelsmaklers bedienen.

2. Zwangsvollstreckung

717 Betreibt ein Vollstreckungsgläubiger die Zwangsvollstreckung gegen den Inhaber des verpfändeten Rechts, kann er einen Beschluss des Vollstreckungsgerichts erwirken, durch den die Forderung (§ 829 ZPO) oder das Recht (§ 857 ZPO) gepfändet werden[666]. Dagegen kann sich der Pfandgläubiger mit der Vorzugsklage gem. § 805 ZPO wehren (oben Rn. 616 f.). Zwar bezieht sich diese Vorschrift nur auf Sachen, doch ist sie im Verhältnis von Rechtspfändung und Verpfändung entsprechend anwendbar[667].

718 Wird die Zwangsvollstreckung gegen den Pfandgläubiger betrieben, so ist sein Pfandrecht an dem Recht (ebenso wie die gesicherte Forderung) ein Vermögensgegenstand, der der Pfändung unterliegt und die der Verpfänder hinnehmen muss. Wird dagegen die Zwangsvollstreckung in das verpfändete Recht selbst betrieben, so ist sie ungerechtfertigt: Der Pfandgläubiger als Vollstreckungsschuldner ist ja gar nicht Inhaber des Rechts. Im Gegensatz zur Pfändung fremder Sachen, die zur Verstrickung durch das Pfandsiegel (oder die Besitzergreifung durch den Gerichtsvollzieher) führt (oben Rn. 613), lässt der Beschluss des Gerichts über die Pfändung des schuldnerfremden Rechts dieses unberührt; die Pfändung ist gegenstandslos. Der wahre Gläubiger, der Inhaber des verpfändeten Rechts, braucht also gar nichts zu tun. Er darf aber, zur Klärung der Rechtslage, die Drittwiderspruchsklage gem. § 771 ZPO erheben, die in diesem Fall feststellenden Charakter (vgl. § 256 ZPO) hat.

3. Insolvenz

719 Bei Insolvenz des Rechtsinhabers hat der Pfandgläubiger Anspruch auf abgesonderte Befriedigung gem. § 50 InsO (oben Rn. 623 f.).

665 OVG Münster WM 2002, 32 (33).

666 Im einzelnen *Fischer*, GmbHR 61, 21.

667 *Hadding*, in: Gesellschaftsanteile als Kreditsicherheit, S. 55; RG JW 1902, 539 (Nr. 9), eingeschränkt aber in RGZ 87, 321 (322).

In der Insolvenz des Pfandgläubigers kann der Verwalter das Pfandrecht geltend machen. Will er jedoch das verpfändete Recht selbst für die Masse in Anspruch nehmen, ist der Rechtsinhaber aussonderungsberechtigt gem. § 47 InsO. **720**

2. Abschnitt

Einfacher Eigentumsvorbehalt

Literatur: *Ascher*, Die Pfändung des Anwartschaftsrechts aus bedingter Übereignung – und kein Ende, NJW 55, 46; *Assmann*, Grundfälle zum Vertrag mit Schutzwirkung für Dritte, JuS 86, 885; *Banke*, Das Anwartschaftsrecht aus Eigentumsvorbehalt in der Einzelzwangsvollstreckung, 1991; *Bauknecht*, Die Pfändung des Anwartschaftsrechts aus bedingter Übereignung, NJW 54, 1749; *ders.*, Nochmals: Die Pfändung des Anwartschaftsrechts aus bedingter Übereignung, NJW 55, 451; *Berger*, Eigentumsvorbehalt und Anwartschaftsrecht – besitzloses Pfandrecht und Eigentum, 1984; *Berledt*, Die Folgen der Forderungsverjährung beim einfachen Eigentumsvorbehalt für Verkäufer und Käufer, 1998; *v. Bernstorff*, Der Eigentumsvorbehalt in den EG-Staaten, RIW 93, 365; *Biletzki*, Schadensersatzrechtlicher Schutz beim Eigentumsvorbehalt im Falle der Beeinträchtigung des Sicherungsguts durch einen Dritten, JA – Übungsblätter 96, 288; *A. Blomeyer*, Anspruchsverjährung und dingliche Sicherheiten, JZ 59, 15; *ders.*, Eigentumsvorbehalt und gutgläubiger Erwerb, AcP 153 (1954), 239; *ders.*, Die Rechtsstellung des Vorbehaltskäufers, AcP 162 (1963), 193; *J. Blomeyer*, Das Besitzrecht des Vorbehaltskäufers aufgrund des Kaufvertrages, JZ 68, 691; *Bodenburg*, Zur Geltendmachung des Eigentumsvorbehalts bei verjährter Kaufpreisforderung, WM 79, 1202; *Bonin*, Probleme des vertragswidrigen Eigentumsvorbehalts, JuS 2002, 438; *Brox*, Das Anwartschaftsrecht des Vorbehaltskäufers, JuS 84, 657; *Bülow*, Bindung des Gläubigers an seine Wahlausübung nach Schuldnerverzug oder Unmöglichkeit der Leistung, JZ 79, 430; *ders.*, Gutgläubiger Erwerb vom Scheinkaufmann, AcP 186 (1986), 576; *ders.*, Einführung in das Recht der Kreditsicherheiten, Jura 96, 190; *ders.*, Die isolierte Ausübung des Eigentumsvorbehalts nach § 449 BGB, DB 2002, 2090; *P. Bydlinski*, Der Rücktritt vom Vorbehaltskauf, JZ 1986, 1028; *v. Caemmerer*, Das Problem des Drittschadensersatzes, ZHR 127 (1965), 241; *Deubner*, Der erfolgsorientierte Verfügungsbegriff, JuS 92, 19; *Döring*, Schutz des Vorbehaltskäufers durch Anwendung des § 936 III BGB auf den gutgläubigen Zwischenerwerb?, NJW 96, 1443; *Eckert/Nebel*, Abwehrklauseln in Einkaufsbedingungen, verlängter Eigentumsvorbehalt und Globalzession, WM 89, 1545; *Eder*, Das Pfandrecht am Anwartschaftsrecht des Vorbehaltskäufers, 1990; *Flume*, Die Rechtsstellung des Vorbehaltskäufers, AcP 161 (1962), 385; *ders.*, Der Eigentumserwerb bei Leistungen im Dreiecksverhältnis, in: Festschr. Ernst Wolf, 1985, S. 61; *Geißler*, Das Anwartschaftsrecht des Vorbehaltskäufers mit seinen Berührungspunkten zur Mobiliarvollstreckung, DGVZ 90, 81; *Georgiades*, Die Eigentumsanwartschaft beim Vorbehaltskauf, 1963; *Gernhuber*, Freiheit und Bindung des Vorbehaltskäufers nach Übertragung seines Anwartschaftsrechts, in: Festschr. Baur 1981, S. 31; *Gsell*, EG-Verzugsrichtlinie und Reform des Verzugsrechts in Deutschland, ZIP 2000, 1861; *Gudian*, Das Besitzrecht des Vorbehaltskäufers, NJW 67, 1786; *Haas/Beiner*, Das Anwartschaftsrecht im Vorfeld des Eigentumserwerbs, JA 98, 115; *Habersack/Teichmann*, Der Eigentumsvorbehalt nach der Schuldrechtsreform, JuS 2001, 833; *Henckel*, Zur Dogmatik der besitzlosen Mobiliarsicherheiten, in: Festschr. Zeuner, 1994, S. 193; *Hennrichs*, Gedanken zum Schuldner- und Gläubigerschutz bei der Abtretung, WM 92, 85; *Hoffmann*, Die Formen des Eigentumsvorbehalts, Jura 95, 457; *Huber*, Der Eigentumsvorbehalt im Synallagma, ZIP 87, 750; *Hübner*, Zur dogmatischen Einordnung der Rechtsposition des Vorbehaltskäufers, NJW 80, 729; *Kadletz*, „Sequesterhilfe“ gegen zahlungsunwilligen Vorbehaltskäufer, NJW 2000, 1390; *Kieninger*, Der Richtlinienvorschlag der Europäischen Kommission zur Bekämpfung des Zahlungsverzugs im Handelsverkehr, WM 98, 2213; *Kohler*, Wandlungsbedingte Rücklieferung eingebauter Waren zum Eigentumsvorbehaltskäufer, JuS 90, 530; *Krüger*, Das Anwartschaftsrecht – ein Faszinosum, JuS 94, 905; *Lambsdorff*, Der Eigentumsvorbehalt bei Kollision von Verkaufs- und Einkaufsbedingungen, ZIP 87, 1370; *Hermann Lange*, Eigentumsvorbehalt und Verjährung der Kaufpreisforderung, JuS 63, 59; *ders.*, Eigentumsvorbehalt und Herausgabeanspruch des Vorbehaltskäufers, JuS 71, 511; *Lehr*, Eigentumsvorbehalt als Sicherungsmittel im Exportgeschäft, RIW 2000, 747; *Leible/Sosnitza*, Grundfälle zum Recht des Eigentumsvorbehalts, JuS 2001, 244, 341, 449, 556; *Leifker*, Die Anwartschaft als Kreditsicherungsmittel unter Berücksichtigung von Eingriffsgefahren durch die Parteien des Vorbehaltskaufvertrags, Diss. Hannover 1996; *van Look/Stoltenberg*, Eigentumsvorbehalt und Verjährung der Kaufpreisforderung, WM 90, 661; *de Lousanoff*, Neues zur Wirksamkeit des Eigentumsvorbehalts bei kollidierenden AGB, NJW 85, 291; *Marotzke*, Der Eigentumsvorbehalt im neuen Insolvenzrecht, JZ 95, 803; *ders.*, Gegenseitige Verträge im neuen Insolvenzrecht, 2. Aufl. 1998; *Minthe*, Die Übertragung des Anwartschaftsrechts durch einen Nichtberechtigten, 1998; *Müller*, Zum Herausgabeanspruch des Vorbehaltsverkäufers, DB 69, 1493; *Müller-Laube*, Die Konkurrenz zwischen Eigentümer und Anwartschaftsberechtigtem um die Drittschutzansprüche, JuS 93, 529; *Padeck*, Rechtsprobleme des sog. Streckengeschäfts, JA 87, 454; *Pikart*, Die neuere Rechtsprechung des Bundesgerichtshofs zum Eigentumsvorbehalt, WM 59, 1234; *von Plehwe*, Besitzlose Warenkreditsicherheiten im Internationalen Privatrecht, 1987; *Raiser*, Dingliche Anwartschaften, 1963; *Reinicke*, Zur Lehre vom Anwartschaftsrecht aus bedingter Übereignung, MDR 59, 613; *Rinke*, Die Kausalabhängigkeit des Anwartschaftsrechts aus Eigentumsvorbehalt, 1998; *Schmidt-Recla*, Grundstrukturen und Anfänge des Eigentumsvorbehalts – insbesondere des Anwartschaftsrechts, JuS 2002, 759; *Schreiber*, Die bedingte Übereignung, NJW 66, 2333; *ders.*, Anwartschaftsrechte, Jura 2001, 623; *Schuch*, Der Einfluss der Forderungsverjährung auf dingliche Sicherungsrechte, 2002; *M. Schwab*, Die Auswirkungen des Freigabe-Beschlusses auf den einfachen Eigentumsvorbehalt, ZIP 2000, 609; *Götz Schulze*, Die zukunftsbezogene Auslegung des geltenden Insolvenzrechts, NJW 98, 2100; *Serick*, Causa und Anwartschaftsrecht, AcP 166 (1966), 129; *ders.*, Deutsche Mobiliarsicherheiten – Aufriß und Grundgedanken, 1988; *ders.*, Eigentumsvorbehalt und Sicherungsübertragung – Neue Rechtsentwicklungen, 1993; *Stoll*, Bemerkungen zum Eigentumsvorbehalt und zur Sicherungsübertragung, ZHR 128 (1965); 239; *Streckermeier*, Der Eingriff in die rechtsgeschäftlichen Grundlagen der Anwartschaft aus Vorbehaltsübereignung zu Lasten des Zweiterwerbers, 1993; *Thamm*, Untergang des Eigentumsvorbehalts wegen wesentlicher Bestandteilseigenschaft eines Grundstücks/Gebäudes, BB 90, 866; *Thorn*, Der Mobiliarerwerb vom Nichtberechtigten, 1996; *Tiedtke*, Die Aufhebung des belasteten Anwartschaftsrechts ohne Zustimmung des Pfandgläubigers, NJW 85, 1305; *Ulmer/Heinrich*, Das Wechsel-Scheck-Verfahren, DB 72, 1149; *Ulmer/H. Schmidt*, Nachträglicher „einseitiger“ Eigentumsvorbehalt, JuS 84, 18; *Weimar*, Führt ein einseitiger Verzicht des Abzahlungskäufers zum Übergang des Eigentums auf den Käufer?, JR 58, 55; *v. Westphalen*, Wirksamkeit des einfachen Eigentumsvorbehalts bei Kollision von Abwehrklauseln in Einkaufs – AGB mit Verkaufs-AGB, ZIP 87, 1361; *ders.*, Der abhandengekommene Nutzen von AGB – Klauseln, in: Festschr. Trinkner 1995, S. 441; *de Wyl*, Die sachbezogenen Verhaltenspflichten des Eigentumsvorbehaltskäufers und die Sanktionen bei deren Verletzung, 1998; *Wiegand*, Der gutgläubige Erwerb beweglicher Sachen nach §§ 932 ff. BGB, JuS 74, 201; *Zörb*, Herausgabeanspruch des Vorbehaltskäufers ohne Rücktritt?, NJW 71, 87.

Fälle:

1. V *verkauft K ein Diktiergerät ohne irgendeinen Vorbehalt. Bei Lieferung unterschreibt K aber einen Lieferschein, auf dessen unterem Rand die Worte „bis zur vollständigen Bezahlung bleibt gelieferte Ware mein Eigentum“ stehen. Als K nicht zahlt, verlangt V von ihm Herausgabe des Geräts. Mit Recht?*
(Lösung: Rn. 728 ff., 629 ff.)

2. *Verkäufer V stellt fest, dass Käufer K das unter Eigentumsvorbehalt gelieferte Motorrad für Querfeldeinrennen benutzt, wodurch es übermäßig strapaziert wird. V verlangt Herausgabe, besteht aber gleichzeitig auf Fortentrichtung der Kaufpreisraten. Mit Recht?*
(Lösung: Rn. 755)

3. *Privatmann K hatte von dem Kaufmann V vor vier Jahren ein Fernsehgerät unter Eigentumsvorbehalt gekauft, außer einer Anzahlung bei Vertragsabschluss aber noch nichts auf den Kaufpreis gezahlt. V erklärt den Rücktritt vom Kaufvertrag und verlangt Herausgabe des Geräts. K wendet Verjährung ein. Ist der Herausgabeanspruch begründet?*
(Lösung: Rn. 753 ff.)

4. *K ist Besitzer einer Sache, die er von V unter Eigentumsvorbehalt gekauft hat. K überträgt seine Rechte an der Sache an A und übergibt sie ihm. Danach einigen sich K und V, der von dem Geschäft mit A nichts weiß, den Kaufvertrag aufzuheben. V zahlt den bereits erhaltenen Kaufpreisanteil an K zurück. Als er Herausgabe der Sache verlangt, wird er an A verwiesen, der den Restkaufpreis an V zahlt. V will das Geld nicht und besteht auf Herausgabe. Mit Recht?*
(Lösung: Rn. 782 ff.)

5. *K erleidet mit seinem von V unter Eigentumsvorbehalt gekauften Auto einen von D verschuldeten Unfall. Der Schaden beträgt 5000,– €, der Restkaufpreis 6000,– €. K will D auf Zahlung von 5000,– € in Anspruch nehmen. Wie muss er vorgehen?*
(Lösung: Rn. 811 ff.)

I. Überblick

Gem. § 449 Abs. 1 BGB ist, wenn sich der Verkäufer einer beweglichen Sache das Eigentum bis zur Zahlung des Kaufpreises vorbehalten hat, im Zweifel anzunehmen, dass die Übertragung des Eigentums auf den Käufer unter der aufschiebenden Bedingung vollständiger Zahlung des Kaufpreises erfolgt. Hierdurch sind sowohl das Verpflichtungsgeschäft – der Kaufvertrag – wie das Verfügungsgeschäft zur Übertragung des Eigentums an der Kaufsache berührt. Der Verkäufer wird durch den Kaufvertrag verpflichtet, dem Käufer das Eigentum an der Sache zu verschaffen (§ 433 Abs. 1 Satz 1), also die dingliche Einigung mit dem Käufer zu vollziehen und die Sache zu übergeben oder die Übergabe zu ersetzen (§§ 929 bis 931). Im Kaufvertrag, dem obligatorischen Geschäft, begründen die Parteien die Verpflichtung zum Abschluss eines Verfügungsgeschäfts bestimmten Inhalts. Dieser Inhalt liegt darin, dass der Eigentumsübergang unter eine aufschiebende Bedingung i.S.v. § 158 Abs. 1 gestellt wird. Die Bedingung ist die vollständige Tilgung des Kaufpreises. Die Wirkung des gewollten Rechtsgeschäfts, die Übereignung gem. § 929 Satz 1, tritt folglich erst ein, wenn der Kaufpreis getilgt ist. Bis dahin bleibt der Verkäufer trotz Übergabe der Sache an den Käufer Eigentümer, und der Käufer erhält nur die tatsächliche Sachherrschaft, den unmittelbaren Besitz, nicht aber die rechtliche Herrschaft, das Eigentum. 721

Der Eigentumsvorbehalt ist ein Mittel zur Kreditsicherung. Der Verkäufer gibt die Ware her, ohne die Gegenleistung, den Kaufpreis, zu erhalten. Er leistet vor. Darin liegt der Kredit in der Form des **Warenkredits** (oben Rn. 8). Der Verkäufer sichert ihn, indem er sein Recht als Eigentümer behält und Herausgabe der Kaufsache gem. § 985 verlangen kann, wenn der Kredit notleidend, der Kaufpreis also nicht vereinbarungsgemäß getilgt wird und der Verkäufer als Folge dessen zurücktritt. Der Verkäufer gibt nur den unmittelbaren Besitz, nicht aber das Eigentum aus der Hand; er will es erst aufgeben, wenn der Kaufpreisanspruch durch Erfüllung erlischt (§ 362 Abs. 1). Der Eigentumsvorbehalt erfüllt die 722

Funktion eines besitzlosen Pfandrechts (oben Rn. 468), aber an eigener Sache[1]. Solange sich der Käufer vertragstreu verhält, ist er dem Verkäufer gegenüber zum Besitz berechtigt. Das Recht zum Besitz steht gem. § 986 Abs. 1 dem Herausgabeanspruch entgegen. Diese Besitzberechtigung des Vorbehaltskäufers ist insofern ein Rechtsverhältnis auf Zeit i.S.v. § 868 BGB[2] (ebenso wie dasjenige von Nießbraucher, Pfandgläubiger, Pächter, Mieter, Verwahrer u.ä.), als dieser bis zum Bedingungseintritt Fremdbesitzer ist und sich der fortdauernde Besitz anschließend in den Eigenbesitz des Eigentümers verwandelt, der der Käufer nunmehr geworden ist. Dadurch, dass es allein vom Käufer abhängt, ob und dass er Eigentümer wird, erlangt er schon vorher eine bedingungsrechtlich abgesicherte Stellung, die Eigentumsanwartschaft (unten Rn. 771 ff.).

723 Der Eigentumsvorbehalt beeinflusst auch den Inhalt des obligatorischen Geschäfts, des Kaufvertrags. Kommt der Käufer mit der Kaufpreiszahlung in Verzug, hat der Verkäufer nach allgemeinen Regeln (§§ 323 ff.) das Recht, vom Vertrag zurückzutreten und Herausgabe zu verlangen.

724 Im **grenzüberschreitenden Warenverkehr** kann die Kreditsicherung durch Eigentumsvorbehalt scheitern, wenn die Sache in einen Staat gelangt, der die aufschiebend bedingte Übereignung nicht oder nicht so kennt wie im deutschen Recht, da im Internationalen Sachenrecht die lex rei sitae, das Recht der belegenen Sache (Art. 43 Abs. 1 EGBGB), gilt[3] (hierzu im Hinblick auf supranationale Rechtsentwicklungen oben Rn. 112).

725 Im **europäischen Binnenmarkt** scheitert die Situs-Regel freilich, wo Normen des europäischen Rechts den nur beschränkten Einsatz von Sicherungsrechten nicht zulassen[4]. So bestimmt Art. 4 Abs. 1 der Richtlinie 2000/35/EG[5] zur Bekämpfung von Zahlungsverzug im Geschäftsverkehr, dass der wirksam begründete Eigentumsvorbehalt auch nach Grenzüberschreitung innerhalb des Binnenmarktes bestehen bleibt. Dem entspricht die Regelung von Art. 43 Abs. 3 EGBGB, wonach sachenrechtliche Vorgänge nach der lex rei sitae vor der Grenzüberschreitung zu berücksichtigen sind, also z.B. ein dort begründeter Eigentumsvorbehalt.

II. Zustandekommen

1. Regelfall und Regelungsgehalt von § 449 Abs. 1 BGB

726 Die Vorschrift begründet nicht die Zulässigkeit von Eigentumsvorbehalten, sondern setzt sie voraus und bestimmt, wie der Eigentumsvorbehalt im Zweifel, wenn die Parteien also nichts anderes bestimmt haben, zustandekommt. Die Vorschrift ist folglich eine **Aus-**

1 *Serick*, Neue Rechtsentwicklungen, S. 216 f.; *Berger*, Eigentumsvorbehalt und Anwartschaftsrecht, S. 121; nicht: an Forderungen oder anderen Rechten, OLG Düsseldorf NJW-RR 99, 851, wohl aber an mehreren Sachen, *M. Schwab*, ZIP 2000, 609.

2 BGHZ 10, 81 (87); 85, 263 (265); am mangelnden Eigenbesitz scheitert die Eigentumsvermutung von § 1006, BGHZ 42, 53 (55); BGH NJW-RR 89, 1453; unberührt bleibt die Vermutung für das behauptete Anwartschaftsrecht, näher nachf. Rn. 797.

3 *V. Bernstorff*, RIW 93, 365; *v. Plehwe*, Besitzlose Warenkreditsicherheiten, S. 100 ff.; *Lehr*, RIW 2000, 747 (748).

4 *V. Wilmowsky*, Europäisches Kreditsicherungsrecht, S. 149.

5 Vom 29.6.2000, ABlEG L 2000/35 vom 8.8.2000 = NJW 2001, 132.

legungsregel. Nach ihr wird die dingliche Einigung gem. § 929 Satz 1 unter die aufschiebende Bedingung der Kaufpreiszahlung gestellt. Der Kaufvertrag selbst steht dagegen nicht unter Bedingungen, vielmehr sind Käufer wie Verkäufer verpflichtet, ihn auf jeden Fall zu erfüllen. Die Leistungspflichten können aber durch Rücktritt des Verkäufers bei Zahlungsverzug des Käufers entfallen. Der Vertrag wird in unmittelbarer Anwendung von §§ 346 ff.[6] zurückabgewickelt. Der Käufer muss den unmittelbaren Besitz an der Kaufsache, weil der Rücktritt das Recht zum Besitz beseitigt, auf den Verkäufer übertragen, dieser bereits erhaltene Kaufpreisanteile an den Käufer zurückzahlen. Im kaufmännischen Verkehr können sich Vereinbarung und Vertragsinhalt aus **Handelsbrauch** (§ 346 HGB) ergeben[7].

Ist der Käufer, indem er für private (oder gleichgestellte[8]) Zwecke handelt, **Verbraucher** **727**
i.S.v. § 13 BGB, bedarf der Kaufvertrag gem. § 502 Abs. 1 der Schriftform. Fehlen in der Vertragsurkunde Angaben über den Eigentumsvorbehalt (§ 502 Abs. 1 Nr. 6), ist der Kaufvertrag zwar wirksam, aber der Verkäufer muss die Sache vorbehaltslos übereignen (§ 502 Abs. 3 Satz 5, s. auch nachf. Rn. 729 ff.)[9].

2. Divergenz zwischen Kaufvertrag und Verfügungsgeschäft

a) Individualerklärungen und Abwehrklauseln in AGB

aa) Haben die Parteien im Kaufvertrag den Eigentumsvorbehalt vereinbart, sind sie **728**
rechtlich nicht gehindert, die dingliche Einigung trotzdem unbedingt zu erklären, den vereinbarten Eigentumsvorbehalt also im Verfügungsgeschäft nicht zu vollziehen, so dass der Käufer mit der Übergabe zum Eigentümer gem. § 929 Satz 1 wird. Da freilich gem. § 449 im Zweifel nur bedingte Einigung anzunehmen ist, muss ein anderer Wille von Verkäufer und Käufer irgendwie, wenn auch nicht notwendig ausdrücklich, erklärt werden. Solche Fälle sind selten.

Häufiger jedoch kommt der umgekehrte Fall vor: Im Kaufvertrag ist ein Eigentumsvorbe- **729**
halt nicht vereinbart worden. Später jedoch, bei der Übergabe gem. § 929 Satz 1, erklärt der Verkäufer seinen Einigungswillen nur unter der aufschiebenden Bedingung vollständiger Kaufpreiszahlung. Dieser Fall kann z.B. eintreten, wenn der Verkäufer mit der Übergabe der Sache einen Lieferschein mitabgibt, auf dem der Vorbehalt kaufvertragswidrig erklärt ist. Der Verkäufer erklärt die Bedingung in diesem Fall ohne Grundlage im Kaufvertrag (nachf. Rn. 732).

bb) Eher selten ist der Eigentumsvorbehalt Gegenstand einer Individualvereinbarung. **730**
Meist wird er durch **Allgemeine Geschäftsbedingungen** des Verkäufers nach Maßgabe von § 305 Abs. 2 BGB – oder auf andere Weise bei unternehmerischen Käufern, § 310 Abs. 1 – Vertragsinhalt, die dingliche Einigung nach §§ 449 Abs. 1, 929 Satz 1 vollzieht sich entsprechend diesen Bedingungen.

---

6 BGHZ 92, 280.
7 Verneint für Lebensmittelbranche: OLG Hamm NJW-RR 93, 1444, bejaht für Textilbranche: LG Marburg NJW-RR 93, 1505.
8 Existenzgründungs-, abhängig-freiberufliche Zwecke, *Bülow*, VerbrKrR § 491 BGB Rn. 58.
9 *Bülow*, VerbrKrR § 494 BGB Rn. 66.

731 Fraglich ist, was geschieht, wenn nicht nur der Verkäufer, sondern auch der Käufer Allgemeine Geschäftsbedingungen hat, in denen Eigentumsvorbehalte gerade ausgeschlossen werden (**Abwehrklausel**). Die Allgemeinen Geschäftsbedingungen von Verkäufer und Käufer widersprechen sich mit der Folge, dass es an der wirksamen Einbeziehung des Eigentumsvorbehalts fehlt[10] und der Verkäufer zur unbedingten Übereignung verpflichtet ist. Ob der Verkäufer dieser kaufvertraglichen Verpflichtung nachkam, richtet sich nach den Wirkungen, die das Verfügungsgeschäft hervorbrachte. Es stellt sich also die Frage, ob der Käufer überhaupt nicht Eigentümer, aufschiebend bedingter oder unbedingter, geworden war. Die Klärung der sachenrechtlichen Lage beantwortet die Frage nach der vertragsgemäßen oder noch nicht erbrachten Leistung des Käufers.

b) Dissens im Verfügungsgeschäft und Folgerungen für den Vertragsschluss

732 *aa)* Die dingliche Einigung als Vertrag (§§ 145 ff. BGB) setzt **übereinstimmende Willenserklärungen** voraus, also die Erklärung des Käufers, das Eigentum zu erwerben und die Erklärung des Verkäufers, das Eigentum zu übertragen. Macht der Verkäufer bei der dinglichen Einigung den Vorbehalt vollständiger Kaufpreiszahlung, erklärt der Käufer dagegen unbedingten Erwerbswillen, decken sich die beiderseitigen Willenserklärungen nicht. Es besteht ein offener Einigungsmangel (Dissens). Gem. § 154 Abs. 1 Satz 1 BGB ist der Vertrag, die dingliche Einigung, im Zweifel nicht geschlossen, der Käufer würde mithin nicht Eigentümer, weder bedingt noch unbedingt. § 154 ist aber seinerseits ebenso wie § 449 Abs. 1 (vorst. Rn. 726) nur eine Auslegungsregel, die im Zweifel gilt. Sofern der Käufer den bei der dinglichen Einigung erklärten Vorbehalt des Verkäufers zurückweist, gibt es gar keinen Zweifel, so dass die dingliche Einigung schon aus diesem Grunde fehlschlägt und überhaupt kein Eigentumsübergang stattfindet. Meistens, vor allem bei der Erklärung des Vertragswillens durch AGB, nimmt der Käufer die Sache jedoch widerspruchslos ab. In diesem Falle wird man den Zweifel dadurch ausräumen und die Willenserklärung des Käufers so auszulegen haben, dass er, wenn er nicht unbedingter, so doch wenigstens bedingter Eigentümer werden will[11]. Es ist am Ende doch so geworden, wie der Verkäufer wollte. Der Käufer wird folglich nur bedingter Eigentümer[12]. Der Verkäufer hat infolgedessen aber nicht vertragsgemäß erfüllt. Er kann, notfalls im Wege von Klage und Zwangsvollstreckung (§§ 883 ff., 894 ZPO), zur unbedingten Eigentumsverschaffung gezwungen werden.

---

10 Gleichermaßen verhindert eine Abwehrklausel die Verbindlichkeit von Verlängerungs- und Erweiterungsformen des Eigentumsvorbehalts, BGH WM 73, 1198 (1200 zu 4.); NJW 85, 1838 zu II. 2. a. mit Rezension *de Lousanoff*, NJW 85, 2921, Komm. *Grub*, EWiR § 2 AGBG 1/85 und Anm. *Sonnenhol*, WuB IV B. – 1.85; NJW-RR 86, 984 zu II. 1.; 91, 357 zu I. 3. und III. 2. a.; MDR 87, 134; OLG Düsseldorf NJW-RR 97, 946 zu 2., 3.; OLG Hamm WM 85, 785 (786); *Eckert/Nebel*, WM 88, 1545 (1548); *Leible/Sosnitza*, JuS 2001, 244 (246) sowie unten Rn. 799 ff.

11 BGHZ 104, 129 (136); 64, 395 (397); 61, 282 (288); NJW 79, 213; 82, 1749 und 1751; 89, 3213 zu I. mit Bspr. *K. Schmidt*, JuS 90, 237; BB 86, 1672 zu 1. b. mit Komm. *Henckel*, EWiR 1/86, 981 zu § 455 BGB; ZIP 95, 843 zu II. 2. b. bb. mit Komm. *Kramer*, EWiR § 150 BGB 1/95, 640; OLG Köln WM 96, 214; *Ulmer/Schmidt*, JuS 84, 18 (22); *Lambsdorff*, ZIP 87, 1370 (1372); *v. Westphalen*, ZIP 87, 1361 (1368) sowie Festschr. Trinkner, S. 441 (444); *Reinicke/Tiedtke*, Kaufrecht, S. 350/351; *U. Hoffmann*, Jura 95, 457.

12 Der Zahlungsverzugsrichtlinie (vorst. Rn. 725) dürfte dieses Ergebnis nicht entgegenstehen, jedoch für einen in dieser Weise zustande gekommener Eigentumsvorbehalt auch keine Pflicht der Mitgliedstaaten zur gegenseitigen Anerkennung nach Art. 4 der Richtlinie anzunehmen sein, *Gsell*, ZIP 2000, 1861 (1873).

bb) Die dingliche Einigung führt freilich nur dann zur lediglich bedingten Übereignung, wenn der vertragswidrige Vorbehalt des Verkäufers dem Käufer **zugegangen** ist (§ 130 BGB), also derart in seinen Machtbereich gelangt, dass er unter gewöhnlichen Umständen davon Kenntnis nehmen konnte und musste[13], wovon im Falle von AGB auszugehen ist. Geht bei individuellem Vertragsschluss dem Käufer der Vorbehalt des Verkäufers nicht zu, bleibt der Zugang der Einigungserklärung gem. § 929 Satz 1 ohne den Vorbehalt übrig. Diese Erklärung deckt sich mit der des Käufers, und der dingliche Vertrag kommt wirksam zustande, so dass der Käufer ohne aufschiebende Bedingung Eigentümer wird. Der Zugang des vertragswidrigen Vorbehalts entscheidet also über die Vereitelung der vorbehaltslosen Eigentumsverschaffung. **733**

Ist die den Eigentumsvorbehalt enthaltende Erklärung vertragswidrig auf einem **Lieferschein** vermerkt, geht sie nicht zu, wenn der Käufer damit nicht zu rechnen und sie deshalb nicht zur Kenntnis zu nehmen brauchte, der Vorbehalt sich z.B. unter einer Vielzahl von Allgemeinen Geschäftsbedingungen versteckt[14]. Das hängt vom Einzelfall, von bestehenden Verkehrssitten oder Handelsbräuchen ab. Wird die Erklärung des Vorbehalts nicht gegenüber dem Käufer selbst, sondern gegenüber einer seiner Hilfspersonen abgegeben, ist die Erklärung zugegangen, wenn die Hilfsperson Empfangsbote des Käufers ist, also geeignet und bestimmt, solche Erklärungen für den Käufer entgegenzunehmen. Auch das hängt vom Einzelfall ab. Ein Polier auf einer Baustelle ist für Baumaterial, das auf die Baustelle geliefert wurde, als empfangszuständig für Eigentumsvorbehalte gegen den Bauunternehmer angesehen worden[15], andererseits nicht ein gewöhnlicher Angestellter eines Gewerbebetriebs, bei dem nur die „Herren der Geschäftsleitung" zuständig waren[16]. Kein Zugang des Vorbehalts liegt in dem Vermerk auf der – spätestens im Zeitpunkt der dinglichen Einigung übermittelten – **Rechnung** des Verkäufers. **734**

cc) Wenn allerdings die widerspruchslose Hinnahme des Vorbehalts bei der Abnahme der Sache gleichzeitig als nachträgliche Änderung des Kaufvertrages auszulegen sein sollte, nämlich dahin, dass der Verkäufer nur noch zu bedingter Eigentumsübertragung verpflichtet sein soll, hat der Verkäufer diesen geänderten Kaufvertrag erfüllt, so dass ein Anspruch auf unbedingte Eigentumsübertragung nicht mehr besteht. **735**

dd) **Zusammengefasst**: Der vertragswidrige und dem Käufer zugegangene Vorbehalt des Verkäufers führt zum bedingten Eigentumsübergang, wenn der Käufer nicht widerspricht. Ohne Zugang des Vorbehalts geht das Eigentum bedingungslos auf den Käufer über. Bei widerspruchsloser Hinnahme des vertragswidrigen Vorbehalts kann bedingtes Eigentum entstehen. **736**

3. Auflösende Bedingung, Drittforderungen, nachträgliche Vereinbarung

Die Vertragsfreiheit erlaubt es den Parteien, den Eigentumsübergang unter **auflösende Bedingung** zu stellen. Inhalt der dinglichen Einigung ist in diesem Fall, dass der Käufer zunächst Eigentümer wird, das Eigentum aber gem. § 158 Abs. 2 wieder an den Verkäufer verliert, wenn er den Kaufpreis nicht vereinbarungsgemäß tilgt. Da der Käufer sogleich Eigentümer wird, ist seine Rechtsstellung gegenüber dem üblichen Eigentumsvorbehalt verbessert, die Sicherung des Verkäufers als Warenkreditgeber entsprechend schlechter. **737**

13 BGH NJW 79, 213 zu III. 2. b. cc.; *Bonin*, JuS 2002, 438 (441).
14 BGH NJW 53, 217 mit Anm. *Raiser;* NJW 79, 213; Beispiel für zumutbare Kenntnisnahme: BGH NJW 82, 1749 zu II. 2. b.
15 OLG Celle NJW 60, 870.
16 BGH NJW 69, 2199; 82, 1751 zu II. 2.

738 Den Parteien steht es auch frei, als Bedingung nicht die vollständige Kaufpreiszahlung, sondern einen zukünftigen Zeitpunkt zu vereinbaren (Befristung § 163 BGB)[17]. Sie können auch nachträglich vereinbaren, dass das Eigentum erst dann übergehen soll, wenn noch weitere Bedingungen eingetreten sind, z.B. auch andere Verbindlichkeiten des Käufers gegenüber dem Verkäufer als der Kaufpreis für die Vorbehaltssache erfüllt sind (erweiterter Eigentumsvorbehalt, dazu unten Rn. 1517 ff.).

739 Denkbar ist auch die Bedingung dergestalt, dass der Vorbehalt erst dann wegfällt, wenn nicht nur andere Verbindlichkeiten des Verkäufers gegen den Käufer erfüllt sind, sondern darüber hinaus auch Verbindlichkeiten Dritter gegen den Käufer. Dritte können rechtlich selbständige Konzernunternehmen sein, die Forderungen gegen den Käufer haben, mit ihm z.B. ihrerseits Kaufverträge abschlossen (erweiterter Eigentumsvorbehalt in der Form des **Konzernvorbehalts**, unten Rn. 1512). Eine derartige Bedingung kann gem. § 449 Abs. 3 jedoch nicht wirksam vereinbart werden (unten Rn. 1519).

740 Es kann im Interesse der Parteien liegen, einen **nachträglichen Eigentumsvorbehalt** herbeizuführen, d.h. nach unbedingtem Übergang des Eigentums an der gekauften Sache auf den Käufer, z.B. um eine Stundung des Kaufpreises zu erreichen. Zu diesem Zwecke kann die Sache auflösend bedingt bei Vereinbarung eines Besitzkonstituts gem. § 930 an den Verkäufer übertragen werden: Das notwendige konkrete Besitzmittlungsverhältnis (unten Rn. 1316) liegt im Kaufvertrag[18].

4. Streckengeschäft und Durchhandeln mit Lieferscheinen

741 **a)** Besondere Formen des kaufmännischen Verkehrs können die Begründung des Eigentumsvorbehalts kompliziert werden lassen. Lehrreich ist die Verwirklichung des Eigentumsvorbehalts im **Streckengeschäft**.

742 Hierbei wird eine Ware von einem Händler auf den nächsten, von diesem wieder an einen weiteren etc. bis hin zum letzten Erwerber veräußert, so dass die Beteiligten als Verkäufer und Käufer eine Kette bilden; die verkaufte Ware indessen gibt es noch gar nicht (sie muss erst hergestellt werden oder ist noch ungetrennter Bestandteil einer anderen Sache, z.B. eine bestimmte Menge Mineralöls, die noch von einem Tanker auf See transportiert wird). Zwar kann Ware, auch wenn es sie noch gar nicht gibt, Gegenstand eines Kaufvertrages sein. Gegenstand eines dinglichen Geschäfts kann sie aber erst sein, wenn sie als solche existiert, also abgesondert, z.B. in ein Tankauto abgefüllt wurde, das der letzte Käufer in der Kette benannt hat; andernfalls wäre nicht klar, wem welche Menge gehört. Darin liegt der Grund für das sachenrechtliche Erfordernis der Bestimmtheit (vgl. auch unten Rn. 1282 ff.).

743 Den Interessen der Beteiligten, also der Glieder der Käufer-Verkäufer-Kette und ihrem daraus folgenden rechtsgeschäftlichen Willen entsprechend kann der Eigentumserwerb wie folgt eintreten: Tatsächlicher Ausgangspunkt ist, dass die Kaufverträge abgeschlossen werden, bevor die Sache abgesondert, d.h. konkretisiert ist (vorst. Rn. 742). Schon bei Abschluss der jeweiligen Kaufverträge erklären die jeweiligen Beteiligten die dingliche Einigung gem. § 929 Satz 1, also im Voraus. Die Übergabe vollzieht sich später, nämlich nachdem die Konkretisierung der Ware stattgefunden hatte. Der erste Verkäufer in der Kette kann unmittelbarer Besitzer und Eigentümer werden, wenn ihm z.B. vom Schiffspersonal die bestimmte Ölmenge übergeben werden soll. Dazu braucht der Erstverkäufer ein Tankauto, und dieses ist dasjenige, das der letzte Käufer in der Kette benannt hatte. Der jeweilige Veräußerer in der Kette weist nun über seinen Vormann den Erstverkäufer an, dessen unmittelbaren Besitz, den er durch die Abfüllung des Tanklastwagens erhielt, auf den Letztkäufer (bzw. dessen Transportperson) zu übertragen. Der Erstverkäufer überträgt seinen unmittelbaren Be-

---

17 BGH MDR 60, 1004 mit Anm. *Thieme*.

18 A.A.: RGZ 49, 170 (173); 54, 396 (397); BGH NJW 53, 217; wie hier *Larenz*, Schuldrecht, Bd. II/1, § 43 II. b. (S. 110).

sitz folglich auf den Letztkäufer für andere, nämlich die Glieder der Kette, bewegt den unmittelbaren Besitz an der Sache also auf **Geheiß** der anderen (unten Rn. 1334). Obwohl der Erstverkäufer und der Letztkäufer nicht Vertragspartner sind (weder beim Kaufvertrag noch beim dinglichen Geschäft), kann dem Letztkäufer doch der unmittelbare Besitz durch den Erstverkäufer als Geheißperson seines Vertragspartners übertragen werden, so dass alle Tatbestandsmerkmale von § 929 erfüllt sind, nachdem die Einigung im voraus, nämlich vor Konkretisierung der Ware, und gem. § 449 Abs. 1 aufschiebend bedingt, erklärt wurde. Die anderen Glieder der Kette waren nacheinander Eigentümer durch im voraus erklärte Einigungen und Abtretungen der jeweiligen Herausgabeansprüche (die mit der Konkretisierung der Ware entstanden, also mit dem Einfüllen in das Tankauto) gem. § 931 geworden, wobei jeder seinem Nachfolger die Weiterveräußerung gestattete und sich im Voraus die dadurch entstehende Forderung aus dem Weiterverkauf abtreten ließ[19] (verlängerter Eigentumsvorbehalt, unten Rn. 1461). Diese Erklärungen überlagern den Geheiß zur Besitzübertragung. Der letzte Käufer in der Kette wird Eigentümer, ohne dass sich die gekaufte Sache, das Öl im Tankauto, zur Erreichung dieses Ziels bewegt hätte und ohne dass es die Glieder in der Kette gesehen haben müssten[20].

b) Anders ist die Interessenlage in dem Falle, in dem sich eine Kette von Käufern und **744**
Verkäufern im Wege des **Durchhandelns mit Lieferscheinen** ergibt.

Dabei geht es um folgendes: Der Erstverkäufer lagert die Vorbehaltsware bei einem Lagerhalter ein **745**
und stellt dafür einen Lieferschein aus, den der Käufer erhält. Dieser Lieferschein ist kein kaufmännisches Traditionspapier, das die Übergabe ersetzt (unten Rn. 1349), auch kein vom Lagerhalter ausgestellter Lagerschein i.S.v. § 475c HGB, sondern eine vom Verkäufer als Einlagerer erteilte Anweisung, nach der der Lagerhalter die Ware ausliefern und der Empfänger sie beim Lagerhalter abfordern soll (Doppelermächtigung, vgl. § 783 BGB). Der Käufer verkauft die Vorbehaltsware an einen Nachmann etc., wobei der jeweilige Verkäufer einen neuen Lieferschein ausstellt. Die Ware bleibt im unmittelbaren Besitz des Lagerhalters. Hier kommt ein Eigentumsübergang gem. § 931 BGB nicht in Frage. Er könnte zwar in der Übergabe des Lieferscheins liegen, doch reicht das für einen gem. § 931 erforderlichen Abtretungswillen nicht aus. Diesen hat der Erstverkäufer nicht, weil er keinen Grund hat, sein Eigentum schon vor Aushändigung der Vorbehaltsware an einen Käufer aufzugeben[21]. Im zuvor geschilderten Streckengeschäft konnte sich der Erstverkäufer die Aufgabe seines Eigentums leisten, weil er dafür das Surrogat, die Forderung aus dem Weiterverkauf, erhielt. Hier dagegen kommt das dingliche Geschäft erst gem. § 929 Satz 1 zustande, wenn der Lagerhalter (als Geheißperson) die Vorbehaltsware an den Letztkäufer aushändigt und in diesem Zeitpunkt die dingliche Einigung vorliegt. Dies ist beim Durchhandeln mit Lieferscheinen ohne Abtretung der Weiterverkaufsforderung aber nicht schon im voraus erklärt worden.

III. Rechtsstellung des Verkäufers

1. Gestaltungsalternativen für den Verkäufer

In Folge der nur bedingten Übereignung, die in Erfüllung des Kaufvertrags vollzogen **746**
worden war und aufgrund derer der Verkäufer sein Eigentum noch nicht aufgegeben hat, ist dessen Rechtsstellung sowohl obligatorischer wie dinglicher Natur. Zunächst begründet der Vorbehaltskauf ein Rücktrittsrecht nach den allgemeinen Regeln von §§ 323 ff.

---

19 BGH NJW 82, 2371; 86, 1166 mit Bspr. *K. Schmidt*, JuS 87, 67; *Flume*, in: Festschr. E. Wolf, S. 66.

20 Zur Parallelproblematik der kaufmännischen Untersuchungs- und Rügeobliegenheit gem. § 377 HGB: OLG Köln NJW-RR 95, 28 mit Komm. *Thamm/Detzer*, EWiR § 377 HGB 1/94, 1207; LG Limburg EWiR § 377 HGB 2/89, 907 (*Thamm/Seelig*); *Padeck*, JA 87, 454; *Bülow*, Handelsrecht, S. 138.

21 BGH NJW 71, 1608 zu II. 1. und 3. b.

BGB, dessen Ausübung das durch den Kaufvertrag begründete Schuldverhältnis in ein Rückabwicklungsverhältnis nach §§ 346 ff. BGB umwandelt. Als Eigentümer der Vorbehaltsware hat der Verkäufer daneben die Möglichkeit, vor Bedingungseintritt, der vollständigen Kaufpreiszahlung, seinen Eigentumsvorbehalt auszuüben, nämlich bei nicht rechtzeitiger Zahlung, und auf diese Weise den Eigentumserwerb des Käufers zu verhindern. Beide Rechtsstellungen sind zwar durch den Kaufvertrag kausal miteinander verknüpft, aber nicht nur voneinander getrennt, sondern auch abstrakt. Der Eigentumsvorbehalt ist im Verhältnis zum Kaufvertrag zwar kausal, aber nicht kausalabhängig, vielmehr bedeutet Abstraktheit zugleich **Kausalunabhängigkeit**. Spiegelbildlich dazu ist die Rechtsstellung des Käufers, dessen Anwartschaftsrecht als dingliches Recht zum Besitz abstrakt vom Bestand des Kaufvertrags entsteht und bestehen bleibt (sehr str., unten Rn. 774). Die Erklärung des Rücktritts vom Kaufvertrag und die Ausübung des Eigentumsvorbehalts bei Bedingungseintritt sind, dem privatrechtlichen Abstraktionsgrundsatz folgend, also auch im Falle des Vorbehaltskaufs auseinanderzuhalten. Eine andere Frage ist, welche Wirkungen den beiden Gestaltungsalternativen zukommen und ob Erklärungen des Verkäufers sowohl als schuldrechtlicher Rücktritt wie als sachenrechtliche Ausübung des Eigentumsvorbehalts auszulegen sind (unten Rn. 757).

747 Die Trennung von Rücktritt und Ausübung des Eigentumsvorbehalts durch den Verkäufer bewirkt, dass der Kaufvertrag unberührt bleibt, wenn der Verkäufer ausschließlich den Vorbehalt ausübt, und dass das Anwartschaftsrecht des Käufers bestehen bleibt, wenn der Verkäufer ausschließlich den Rücktritt vom Kaufvertrag erklärt (unten Rn. 775). Im ersten Fall bleiben Erfüllungsansprüche bestehen, so dass der Verkäufer zur nochmaligen, und zwar bedingten, Übereignung verpflichtet ist; im zweiten Fall hat der Verkäufer gegen den Käufer gem. § 346 Satz 1 BGB Anspruch auf Rückgängigmachung des Vorbehalts.

2. Ausübung des Eigentumsvorbehalts

748 Der Verkäufer kann gegenüber dem Käufer erklären, den Eigentumsvorbehalt geltend zu machen mit dem Ziel, den Eigentumsübergang auf den Käufer zu verhindern. Da die dingliche Einigung nach § 929 Satz 1 BGB bereits vollzogen worden war, liegt in der Geltendmachung des Eigentumsvorbehalts zugleich der Widerruf der dinglichen Einigung, die dem Wesen des Eigentumsvorbehalts folgend in diesem Falle zulässig ist[22]. Voraussetzung der Geltendmachung ist, dass der Käufer nicht fristgemäß gezahlt hat, nicht aber auch – anders als für den Rücktritt (nachf. Rn. 751) – der Verzug (§ 286). Der unter dieser Voraussetzung erklärte Widerruf der dinglichen Einigung stellt den Ausfall der aufschiebenden Bedingung dar. Dadurch erlischt das Anwartschaftsrecht. Der Käufer kann nur noch durch erneute Vornahme des Verfügungsgeschäfts Eigentümer werden.

749 Problematisch ist, welche Auswirkungen die Ausübung des Eigentumsvorbehalts auf das Recht des Käufers zum Besitz hat. Es liegt nahe anzunehmen, dass mit dem Erlöschen des Anwartschaftsrechts auch das Recht zum Besitz endet. Aber das Anwartschaftsrecht ist nur Folge des obligatorischen Rechts zum Besitz, welches sich nach dem Konzept, das der Vorschrift von § 1007 BGB zugrunde liegt, verdinglicht (nachf. Rn. 771). Verbunden mit

22 *Rinke*, Kausalabhängigkeit des Anwartschaftsrechts, S. 170.

den Rechtsfolgen aus der aufschiebenden Bedingung nach §§ 161, 158 Abs. 1 ergibt sich die dogmatische Struktur des Anwartschaftsrechts. Das Recht zum Besitz wird unabhängig von der Entstehung eines Anwartschaftsrechts durch das obligatorische Geschäft, den Kaufvertrag, begründet. Trotz Erlöschens des Anwartschaftsrechts ist es also möglich, dass das Recht zum Besitz fortbesteht mit der Folge, dass der Verkäufer, der isoliert den Eigentumsvorbehalt geltend macht, gem. § 986 Abs. 1 BGB nicht Herausgabe der Vorbehaltssache verlangen kann. Eben diese Rechtslage ergibt sich aus § 449 Abs. 2, wonach der Verkäufer nur Herausgabe verlangen kann, wenn er vom Kaufvertrag zurückgetreten ist. Ohne Rücktritt bleibt nämlich der Kaufvertrag und mit ihm das darauf gegründete Recht zum Besitz unberührt. Die isolierte Ausübung des Eigentumsvorbehalts ist durch § 449 Abs. 2 also nicht ausgeschlossen, führt aber auf der anderen Seite nicht zum Herausgabeanspruch. Vielmehr bleibt mangels Rücktritts vom Kaufvertrag der Erfüllungsanspruch des Käufers auf Übereignung nach § 433 Abs. 1 Satz 1 BGB bestehen. Der Verkäufer kann diesem Erfüllungsanspruch des Käufers seinen eigenen Zahlungsanspruch, mit dem der Käufer in Rückstand geraten war, zurückbehaltend gem. § 273 BGB entgegensetzen. Auf diese Weise stellt sich die isolierte Ausübung des Eigentumsvorbehalts, durch die das Anwartschaftsrecht des Käufers erlischt, als Druckmittel dar, den Käufer zur vertragsgemäßen Zahlung anzuhalten. Die Zulässigkeit der isolierten Ausübung[23] folgt aus der Abstraktheit des Vorbehalts (vorst. Rn. 746).

3. Rücktritt

Der Verkäufer kann sein Rechtsverhältnis zum Käufer auch auf schuldrechtlicher Ebene **750**
gestalten, indem er bei Zahlungsverzug des Käufers den Rücktritt vom Kaufvertrag erklärt. Auch diese Erklärung kann er isoliert abgeben, also ohne zugleich den Eigentumsvorbehalt auszuüben mit der Folge, dass das dem Vorbehalt entsprechende Anwartschaftsrecht des Käufers zum Rückabwicklungsposten nach § 346 Satz 1 BGB wird (vorst. Rn. 747), d.h. beim Käufer verbleibt, bis die Rückabwicklung vollzogen ist. Der Rücktritt stellt also nicht zugleich den Ausfall der aufschiebenden Bedingung dar. Zwar kommt dem Rücktritt dingliche Wirkung insoweit zu, als die ursprünglichen Erfüllungsansprüche erlöschen, der Kaufpreis vom Käufer also nicht mehr solvendi causa erbracht werden kann. Aber der Käufer kann den Bedingungseintritt, der den Eigentumserwerb in seiner Person begründet, trotzdem noch herbeiführen, weil die Bedingung in der tatsächlichen Zahlung liegt; nur die Ausübung des Eigentumsvorbehalts stellt den Ausfall der Bedingung dar (vorst. Rn. 748). Ob die Erklärung des Verkäufers als isolierte Rechtsausübung oder als kumulative anzusehen ist, die sowohl den Kaufvertrag umgestaltet wie das Anwartschaftsrecht beendet, wird danach (nachf. Rn. 757) zu untersuchen sein.

23 *Serick*, Eigentumsvorbehalt, Bd. I, § 7 III. 1. (S. 136); Schlegelberger/*Hefermehl*, Anhang § 382 HGB Rn. 47; *K. Müller*, DB 69, 1493; abl. auf der Grundlage von § 455 BGB a.F., die keine Entsprechung nach § 449 Abs. 2 BGB n.F. kannte (vgl. BT-Drucks. 14/6040, S. 241), BGHZ 54, 214 (217 ff.); *Hermann Lange*, JuS 71, 511 (513 f.); *Zörb*, NJW 71, 87; *J. Blomeyer*, JZ 68, 691; DB 69, 2117; unberührt bleibt die Möglichkeit, einen entsprechenden Herausgabeanspruch vertraglich zu vereinbaren, BGHZ 96, 182 (187); BGH NJW-RR 89, 757 zu II. 1. b. bb.; abweichende AGB des Käufers sind wirksam, OLG Schleswig NJW-RR 88, 1459.

a) Voraussetzungen

751 *aa)* Für den Rücktritt des Verkäufers vom Kaufvertrag, der mit einem Eigentumsvorbehalt verbunden ist, gelten keine Besonderheiten. Voraussetzung des Rechts zum Rücktritt ist gem. § 323 Abs. 1 BGB zunächst, dass der Käufer den fälligen Kaufpreis nicht vertragsgemäß erbringt, namentlich nach Maßgabe von § 286 BGB schuldhaft (Abs. 4) in Verzug[24] geraten war. Darüber hinaus hat der Verkäufer eine angemessene Nachfrist zur Leistung zu setzen[25]. Diese Fristsetzung stellt zugleich die durch § 286 Abs. 1 BGB geforderte Mahnung dar. Nach fruchtlosem Fristablauf darf der Verkäufer den Rücktritt gegenüber dem Käufer erklären (§ 349 BGB). Dadurch endet das obligatorische Recht zum Besitz (vorst. Rn. 749), so dass der Verkäufer Herausgabe nach § 346 Abs. 1 BGB verlangen und vindizieren kann (s. auch nachf. Rn. 775). Will der Verkäufer nicht zurücktreten, sondern vom Käufer Schadensersatz statt der Leistung verlangen, muss er in gleicher Weise nach Maßgabe von § 281 sein Recht suchen. Diese Möglichkeit ist durch § 449 nicht eingeschränkt[26]. Der Verkäufer kann auch den Weg wählen, vom Kaufvertrag zurückzutreten und den verbleibenden Schaden zu liquidieren; der Rücktritt schließt den Schadensersatzanspruch nicht aus, wie § 325 BGB bestimmt[27].

752 *bb)* Ist der Vorbehaltskauf ein **Verbraucherkreditgeschäft** (s. vorst. Rn. 727), ist der Rücktritt an die weiteren Voraussetzungen von §§ 503 Abs. 2 i.V.m. § 498 BGB gebunden (Zahlungsrückstand in der dort genannten Höhe und Nachfrist). Nimmt der Verkäufer die Sache wieder an sich, ohne auch den Rücktritt zu erklären, gilt dies gem. § 503 Abs. 2 Satz 4 dennoch als Ausübung des Rücktrittsrechts mit der Folge, dass der Verkäufer bereits empfangene Kaufpreisanteile gem. § 346 Abs. 1 BGB zurückgewähren muss. Die Rücktrittsfiktion gilt z.B., wenn der Käufer die Sache freiwillig herausgibt oder wenn der Verkäufer einen Vollstreckungstitel wegen des ausstehenden Kaufpreises erwirkt hatte und in die Vorbehaltssache vollstrecken lässt[28].

b) Rücktritt trotz Verjährung

753 Die Verjährung begründet eine dauernde Einrede mit der Folge, dass der Gläubiger bei deren Ausübung durch den Schuldner die Leistung nicht mehr verlangen kann. Ist der Anspruch nicht durchsetzbar, kann Verzug nicht eintreten; der bereits eingetretene Verzug endet[29]. Da der Rücktritt an den Verzug geknüpft ist, würde die Verjährung der Kaufpreis-

24 Die erfolglose Vorlage eines nur erfüllungshalber begebenen Wechsels reicht nicht aus: BGHZ 96, 132 (194) mit krit. Anm. *Wochner*, BB 86, 967 und Bspr. *Emmerich*, JuS 86, 311.

25 Entgegen der Altregelung von § 455 Abs. 1 – hierzu *P. Bydlinski*, JZ 86, 1028 (1030) – gelten insoweit keine Besonderheiten mehr, BT-Drucks. 14/6040, S. 241.

26 BGH NJW-RR 95, 365 zu II. 2. a.; NJW 84, 2937 zu II. 1. a.; RGZ 144, 62 (65).

27 Entgegen der früheren Rechtslage, wo der Rücktritt wegen seiner rechtsgestaltenden Wirkung den Schadensersatzanspruch, der das Schuldverhältnis in seinem ursprünglichen Bestand voraussetzte, ausschloss, BGH BB 79, 861 mit Anm. *Bülow* sowie Anm. *Lindacher* in JZ 80, 48; BGH NJW 82, 1279; 88, 2877 und 2878; NJW-RR 88, 1100; OLG Köln NJW-RR 96, 559; OLG Hamm NJW 87, 2089. Zum bedingten Rücktritt *Bülow*, JZ 79, 430 (431), ihm folgend BGHZ 97, 264 (267) sowie BGH WM 99, 1185 betr. Werkvertrag.

28 BGHZ 15, 171; 19, 326; BGH NJW 89, 163 zu 2. betr. die Vorgängervorschrift § 5 AbzG; *Bülow*, § 503 BGB Rn. 75 ff. m.w.N.

29 BGHZ 34, 191 (197); BGH NJW 88, 1778 zu B. II. 1. c. aa.; NJW-RR 91, 822 zu II. 2. b. für Stundung; BGHZ 113, 232 (236) für Mängeleinrede (§ 478); offen in der EG-Richtlinie (oben Rn. 725), *Freitag*, EuZW 98, 559 (561).

forderung den Rücktritt des Verkäufers nach der allgemeinen Regel von § 218 Abs. 1 BGB hindern und dadurch die Verwirklichung des Eigentumsvorbehalts als Kreditsicherheit, die im Herausgabeanspruch des Verkäufers liegt (vorst. Rn. 748), vereiteln. Den Realsicherheiten ist es aber gem. § 216 Abs. 1 und Abs. 2 Satz 1 eigen, dass die Verjährung der gesicherten Forderung die Verwertung nicht hindert (oben Rn. 271). Dementsprechend bestimmt § 216 Abs. 2 Satz 2, dass der Rücktritt des Verkäufers im Falle eines Eigentumsvorbehalts noch nach Verjährung der Kaufpreisforderung erklärt werden kann[30].

4. Andere Rechtsbehelfe

a) Schadensersatz statt der Leistung

Auf der Grundlage eines abstrakten Eigentumsvorbehalts tritt auch dann kein Bedin- 754
gungsausfall ein (vorst. Rn. 751), wenn der Verkäufer nicht den Rücktritt erklärt, sondern vom Käufer Schadensersatz statt der Leistung nach Maßgabe von § 281 BGB verlangt (vorst. Rn. 751) und der Käufer die danach gesetzte Nachfrist ungenutzt hat verstreichen lassen. Mit dem Schadensersatzverlangen ist der Anspruch auf die Leistung gem. § 281 Abs. 4 zwar ausgeschlossen, so dass der Kaufpreisanspruch untergeht. Es gibt folglich keinen Kaufpreis mehr, den der Käufer entrichten könnte. Trotzdem kann der Käufer die aufschiebende Bedingung, die vollständige Kaufpreiszahlung, herbeiführen, weil die Bedingung in der tatsächlichen Zahlung liegt (vorst. Rn. 751). Nur auf der Grundlage eines kausalabhängigen Eigentumsvorbehalts[31] hätte von einem Bedingungsausfall ausgegangen werden können. Aus der Abstraktheit des Eigentumsvorbehalts folgt dagegen, dass die Entwicklung des Kaufvertrags den Eigentumsvorbehalt nicht unmittelbar berührt.

b) Vertragswidriger Gebrauch

Die Vertragsuntreue des Käufers kann auch im vertragswidrigen Gebrauch der Vorbe- 755
haltsware liegen, etwa in übermäßigem Verschleiß. Das entwertet das Recht des Verkäufers aus §§ 449, 985, so dass der Tatbestand der Pflichtverletzung erfüllt sein kann. Umstritten ist, ob der Verkäufer unabhängig von dem daraus fließenden Schadensersatzanspruch Herausgabe der Vorbehaltsware verlangen, aber trotzdem auf Erfüllung bestehen, also weiter Kaufpreiszahlung fordern kann. In diesem Fall liegt im Herausgabeverlangen nicht die Ausübung des Eigentumsvorbehalts und ebenso wenig ein Rücktritt. Ein jenseits davon begründeter Herausgabeanspruch dürfte aber zu verneinen sein[32]. Zahlt der Käufer vereinbarungsgemäß, geht das Eigentum ohnehin über, und der Verkäufer hat gar keinen Schaden[33]. Erst wenn dem Käufer die Vorbehaltsware entzogen wird und er mit ihr den Kaufpreis nicht verdienen kann, droht der Schaden für den Verkäufer zu entstehen. Bis

30 Hierdurch wird eine alte, auf der Vorgängerregelung von § 455 BGB beruhende Zweifelsfrage (ausführlich bis zur 5. Aufl., Rn. 659) gelöst, *Habersack/Teichmann*, JuS 2002, 833 (837), BGHZ 70, 96 (100) sowie 34, 191 (195); LG Breslau JW 1935, 2218 (Nr. 27); *Rinke*, Kausalabhängigkeit des Anwartschaftsrechts, S. 270, dagegen *Huber*, ZIP 87, 750 (754); *Bodenburg*,WM 79, 1202; *J. Blomeyer*, JZ 68, 691 (695); *Hermann Lange*, JuS 71, 511 und JuS 63, 59 (62); *A. Blomeyer*, JZ 59, 15; *Berledt*, Forderungsverjährung, S. 125; *Schuch*, Forderungsverjährung, S. 214; *van Look/Stoltenberg*, WM 90, 661 (666).

31 So RGZ 141, 259 (261); 144, 62 (65 f.); *Larenz*, Schuldrecht AT, § 23 II. (S. 358).

32 Entgegen *Hermann Lange*, JuS 71, 511 (515) und *J. Blomeyer*, JZ 68, 691 (694).

33 So auch Schlegelberger/*Hefermehl*, Anh. § 382 HGB Rn. 52 gegen LG Bonn NJW 63, 1458.

zum Zeitpunkt der vollständigen Zahlung ist der Verkäufer, der die vertragswidrige Benutzung der Vorbehaltsware nicht dulden will, nicht ungeschützt: Sofern der Tatbestand der Pflichtverletzung erfüllt ist, hat der Verkäufer Anspruch auf Unterlassung, den er notfalls im Klagewege geltend machen kann. Ein solcher Unterlassungsanspruch ist ein Erfüllungsanspruch, nämlich des Verkäufers gegenüber dem Käufer, die Vorbehaltsware vertragsgemäß zu benutzen. Er folgt aus der Natur des Vertrages, nach der nicht erst abgewartet werden muss, dass ein Schaden entsteht, um zu seinem Recht zu kommen. Einer Analogie zum mietvertraglichen Unterlassungsanspruch gem. § 541 bedarf es nicht[34]. Darüberhinaus folgt der Unterlassungsanspruch des Verkäufers aus § 1004 Abs. 1, da er Eigentümer ist und den vertragswidrigen Gebrauch gerade nicht dulden muss (§ 1004 Abs. 2).

756 Die Herausgabe kann der Verkäufer allerdings dann erwirken, wenn durch den vertragswidrigen Gebrauch sein Recht aus dem Eigentumsvorbehalt vereitelt oder erschwert würde oder wesentliche Nachteile drohen, nämlich im Wege **einstweiliger Verfügung** gem. §§ 935, 940 ZPO[35]. Auf diesem Wege wird die Vorbehaltsware freilich nicht an den Verkäufer herausgegeben, sondern, gleichsam zur einstweiligen behördlichen Verwahrung, an den Gerichtsvollzieher als sogenannten Sequester (§ 848 ZPO). Die Möglichkeit der einstweiligen Verfügung besteht auch bei Zahlungsverzug des Käufers.

5. Isolierte oder kumulative Erklärung von Rücktritt oder Vorbehaltsausübung

757 Dem Käufer steht es frei, den Rücktritt zu erklären, ohne den Vorbehalt auszuüben oder den Vorbehalt auszuüben, ohne zurückzutreten oder sowohl den Rücktritt zu erklären wie den Vorbehalt auszuüben. Sind die Erklärungen des Verkäufers auslegungsbedürftig, wird im Allgemeinen anzunehmen sein, dass mit der Erklärung des Rücktritts zugleich der Eigentumsvorbehalt ausgeübt werden soll. Die durch die Erklärung des Rücktritts eintretende Rückabwicklung bezieht sich gem. § 346 Abs. 1 BGB ohnehin auf das dem Vorbehalt entsprechende Anwartschaftsrecht des Käufers (vorst. Rn. 746 und nachf. Rn. 771). Macht der Verkäufer seinen Eigentumsvorbehalt geltend, ohne zugleich Herausgabe verlangen zu können (vgl. Rn. 748), kann dagegen im Allgemeinen nicht angenommen werden, darin liege zugleich die Erklärung des Rücktritts[36]. Eine solche Auslegung verbietet sich vielmehr, wenn der Verkäufer auf den Käufer mit der Beseitigung des Anwartschaftsrechts Druck ausüben will, vertragsgemäß zu leisten (vorst. Rn. 748). Maß gibt also der Wille des Verkäufers, den Kaufvertrag fortbestehen zu lassen und doch noch den Kaufpreis zu bekommen.

---

34 So aber *J. Blomeyer*, JZ 68, 691 (694); dagegen Staudinger/*Emmerich*, § 550 BGB (a.F.) Rn. 2: § 550 (jetzt § 541) wiederholt nur eine Selbstverständlichkeit; *de Wyl*, Verhaltenspflichten, S. 176; s. auch § 1134, oben Rn. 206.

35 BGHZ 54, 214 (220); *Kadletz*, NJW 2000, 1390.

36 *Rinke*, Kausalabhängigkeit des Anwartschaftsrechts, S. 174; *Bülow*, DB 2002, 2090.

6. Dauer der Eigentümerstellung

a) Bedingungseintritt

Das Vorbehaltseigentum des Verkäufers bleibt bis zum Bedingungseintritt bestehen. Der Verkäufer verliert sein Eigentum gem. §§ 929, 158 Abs. 1 erst bei vollständiger Tilgung des Kaufpreises. Es kommt nicht darauf an, ob der gem. § 929 Satz 1 erforderliche Wille zur Eigentumsübertragung im Zeitpunkt des Bedingungseintritts noch besteht; es genügt, wenn er im Zeitpunkt der Übergabe der Vorbehaltssache noch bestanden hatte. Eine nachträgliche Willensänderung des Verkäufers – aber auch des Käufers – kann den Eigentumsübergang also nicht mehr verhindern[37]. Hatte der Verkäufer seine Willensänderung allerdings schon vor der Übergabe erklärt, scheitert der Eigentumsübergang. Das ändert nichts daran, dass der Verkäufer aus dem Kaufvertrag zur Übereignung verpflichtet bleibt (vgl. vorst. Rn. 748). **758**

Der Käufer kann den Kaufpreis selbst tilgen, oder ein Dritter kann gem. § 267 Abs. 1 BGB die Leistung bewirken. Im Falle der Leistung durch einen Dritten kann der Verkäufer die Kaufpreiszahlung gem. § 267 Abs. 2 ablehnen, wenn der Käufer widerspricht. In einer solchen Ablehnung liegt keine Verhinderung des Bedingungseintritts nach § 162 Abs. 1, weil dem Verkäufer bei Widerspruch des Käufers nicht Treuwidrigkeit vorgeworfen werden kann. Anders ist es aber dann, wenn der Verkäufer die Zahlung des Dritten oder auch des Käufers selbst ohne sachlichen Grund ablehnt[38]: Dann gilt die aufschiebende Bedingung als eingetreten, so dass der Käufer Eigentümer wird. **759**

Die Hingabe eines **Wechsels oder Schecks** ist in der Regel noch keine Erfüllung (§ 364 Abs. 2). Das Schuldverhältnis, der Anspruch aus dem Kaufvertrag, erlischt also nicht mit der Hingabe des Wertpapiers, sondern erst, wenn es eingelöst ist, also z.B. der Betrag des Schecks dem Bankkonto des Verkäufers endgültig gutgeschrieben wurde[39]. Freilich kann der Aussteller des Wertpapiers die Erfüllungswirkung seinerseits von Bedingungen, die der Verkäufer erfüllen soll, abhängig machen und dadurch den Bedingungseintritt gem. § 449 Abs. 1 verhindern[40]. **760**

b) Verzicht

Der Käufer wird ohne weitere Mitwirkung Eigentümer der Vorbehaltssache, wenn der Verkäufer den Verzicht auf seinen Vorbehalt einseitig (vgl. §§ 928, 959, 1255, oben Rn. 548) erklärt[41], es bedarf keines Erlassvertrages gem. § 397 (oben Rn. 328). Der Kaufvertrag wird dadurch nicht geändert, die in ihm vereinbarte Verpflichtung des Verkäufers ist vielmehr endgültig erfüllt. Der Verzicht kann wie jede andere Willenserklärung in schlüssigem Handeln liegen. So wurde bei einem Autokauf unter Eigentumsvorbehalt in der Übergabe des Kraftfahrzeugbriefs vor vollständiger Kaufpreiszahlung ein solcher Verzicht gesehen[42]. **761**

---

37 RGZ 64, 204 (206/207); 95, 105 (107), dazu BGHZ 20, 88 (95 ff.); BGH NJW 76, 1539 zu II. 2.

38 *Serick*, Bd. I, § 12 II. 5. (S. 302); Schlegelberger/*Hefermehl*, Anh. § 382 HGB Rn. 53; der Verkäufer gerät in Annahmeverzug, § 293 BGB.

39 *Ulmer/Heinrich*, DB 72, 1149 (1151); anders in BGHZ 97, 197; LG Tübingen WM 84, 1079; OLG München BB 88, 95, dazu *Bülow*, WG, ScheckG, AGB, Art. 17 WG Rn. 64.

40 BGHZ 62, 280 (285): Bedingung, von einem Scheck nur Gebrauch zu machen, wenn Sicherungseigentum verschafft wird; OLG Düsseldorf EWiR Art. 1 ScheckG 4/85, 577 (Komm. *Bülow*).

41 BGH NJW 58, 1231; a.A. *Weimar*, JR 58, 55 (56).

42 BGH NJW 58, 1231.

c) Wegerwerb durch Dritte

762 Der Verkäufer verliert seine Rechtsstellung als Vorbehaltseigentümer der Sache bei Eigentumserwerb durch Dritte. Dafür kommen vier Fallgruppen in Betracht:
- Verfügung des Käufers mit Zustimmung des Verkäufers,
- Verbindung und Vermischung,
- gutgläubiger Erwerb durch einen Dritten sowie
- Veräußerung durch den Verkäufer.

763 *aa)* Der Vorbehaltskäufer, der ja nicht Eigentümer ist, kann mit Einwilligung des Verkäufers über die Vorbehaltsware gem. § 185 Abs. 1 BGB verfügen, also das fremde Eigentum gem. §§ 929 ff. im eigenen Namen übertragen. Welcher Verkäufer wird aber einwilligen, dass sein Eigentum, das er sich ja gerade zur Sicherung vorbehalten hat, verloren und auf einen Dritten übergeht? Dazu wird sich ein Verkäufer vor allem dann bereit erklären, wenn der Käufer die Vorbehaltsware nur deshalb kauft, um sie weiterzuverkaufen, wenn der Käufer also selbst Händler ist. In diesem Falle verdient sich der Käufer den Kaufpreis überhaupt erst dadurch, dass er die Vorbehaltsware weiterveräußert. Würde der Verkäufer seinem Käufer, der selbst Händler ist, die Weiterveräußerung verbieten, würde der Kauf von vornherein nicht zustandekommen. Ein solcher Kauf wäre für den Händler sinnlos. Der Verkäufer wird, damit der Kauf überhaupt zustandekommt, also die Befugnis zur Weiterveräußerung der Vorbehaltsware gem. § 185 Abs. 1 BGB erteilen, wobei der Käufer zwar immer noch als Nichtberechtigter handelt, aber verfügungsbefugt ist (unten Rn. 1473).

764 Den Verlust des vorbehaltenen Eigentums möchte der Verkäufer naturgemäß durch Ersatzsicherungen ausgleichen, z.B. durch die Abtretung derjenigen Forderung, die der Käufer aus dem Weiterverkauf der Vorbehaltsware bei seinem Abnehmer erhält. Darin liegt das Wesen des **verlängerten Eigentumsvorbehalts** (unten Rn. 1461 ff.).

765 *bb)* Wird die Vorbehaltsware mit anderen Sachen vermischt, aus ihr eine neue Sache hergestellt oder wird sie in eine andere eingebaut, z.B. Einzelteile in eine Maschine, Baumaterial in das Haus, tritt für den Vorbehaltsverkäufer Eigentumsverlust an der Vorbehaltsware nach Maßgabe von §§ 946 ff. ein (**Verbindung, Vermischung, Verarbeitung**); der Verkäufer hat gem. § 951 Abs. 1 nur noch Bereicherungsansprüche[43]. Auch in diesem Falle kann der Verkäufer durch Vereinbarung versuchen, Eigentümer der neuen Sache zu werden, in die sein Vorbehaltseigentum aufgegangen ist. Das kann durch Verarbeitungsklauseln erreicht werden (unten Rn. 1486 ff.).

766 *cc)* Veräußert der Vorbehaltskäufer die Vorbehaltsware ohne Einwilligung des Verkäufers, handelt er als Nichtberechtigter und als Nichtverfügungsberechtigter. Ein Dritter kann gleichwohl kraft **gutgläubigen Erwerbs** Eigentümer werden, wenn er den Vorbehaltskäufer für den Eigentümer hielt (§§ 932 bis 934). Am guten Glauben fehlt es freilich, wenn der Abnehmer des Vorbehaltskäufers mit dem Eigentumsvorbehalt rechnen musste, welcher heutzutage bei Stundung des Kaufpreises in den meisten Fällen vereinbart zu werden pflegt. Ist der Erwerber gutgläubig der Meinung, der Vorbehaltskäufer besitze

---

43 BGHZ 56, 228; BGH NJW-RR 91, 343 mit Komm. *Quack*, EWiR § 932 BGB 1/91, 49; OLG Stuttgart NJW-RR 98, 740; *Thamm*, BB 90, 866; durch Aufhebung der Verbindung lebt der Eigentumsvorbehalt nicht wieder auf, OLG Stuttgart ZIP 87, 1129, a.A. *Kohler*, JuS 90, 530.

Verfügungsbefugnis gem. § 185 Abs. 1 BGB, wird er gem. § 366 Abs. 1 HGB Eigentümer, wenn der Vorbehaltskäufer als Veräußerer Kaufmann ist (s. auch unten Rn. 1359).

Gegen den gutgläubigen Erwerb eines Dritten kann sich der Vorbehaltsverkäufer nicht durch Vereinbarung schützen. Doch führt die vertragswidrige Verfügung des Käufers über die Vorbehaltsware zu gesetzlichen Ansprüchen, die neben den unverändert bestehenden Kaufpreisanspruch treten, so der deliktische Anspruch wegen Verletzung des Eigentums aus § 823 Abs. 1 und der Anspruch aus Eingriffskondiktion gem. § 816 Abs. 1 Satz 1 auf das vom Käufer für die Vorbehaltsware Erlangte[44]. **767**

d) Veräußerung durch den Verkäufer

aa) Die Abtretung der **Kaufpreisforderung** durch den Verkäufer ändert nichts an seinem Vorbehaltseigentum. Zwar gehen gem. § 401 Pfand- und andere Sicherungsrechte auf den neuen Gläubiger der Forderung kraft Gesetzes (also ohne dass es einer darauf gerichteten Willensübereinstimmung bedürfte) über, aber der Eigentumsvorbehalt ist kein Sicherungsrecht i.S.v. § 401, der nur akzessorische Kreditsicherheiten erfasst[45]; nur die analoge Anwendung auf den Übergang gesamtschuldnerischer Sicherheiten (wie den Schuldbeitritt, unten Rn. 1596) erscheint gerechtfertigt[46] (zur Parallele bei der Sicherungsübereignung s. unten Rn. 1183, zur Grundschuld oben Rn. 336). **768**

Das schließt andererseits nicht aus, dass der Verkäufer dem neuen Gläubiger schuldrechtlich zur Eigentumsübertragung verpflichtet sein kann. Diese Verpflichtung wird dann angenommen, wenn statt des Käufers ein **Bürge** den Kaufpreis geleistet hatte. Auf ihn geht die Kaufpreisforderung gem. § 774 Abs. 1 über, und aus dem typisierten Inhalt des Bürgschaftsvertrags mit dem Verkäufer hat er gegenüber diesem Anspruch auf Übertragung des vorbehaltenen Eigentums (s. auch unten Rn. 1018)[47]. **769**

bb) Der Verkäufer kann die Vorbehaltssache gem. §§ 929, 931 an einen Dritten durch dingliche Einigung und Abtretung des Herausgabeanspruchs, der gem. § 346 Abs. 1 BGB aufgrund des gem. §§ 449, 323 ausgeübten Rücktrittsrechts entsteht, veräußern. Der Verkäufer ist Berechtigter. Dem Erwerber kann der Vorbehaltskäufer gem. § 986 Abs. 2 sein Recht zum Besitz aus dem Kaufvertrag entgegenhalten (vorst. Rn. 722). Der Eigentumserwerb des Dritten ist jedoch nicht beständig. Gem. § 161 Abs. 1 BGB wird die in der Eigentumsübertragung liegende Verfügung unwirksam, wenn die Bedingung eintritt und die von ihr abhängige Wirkung vereitelt würde. Tilgt der Vorbehaltskäufer den Kaufpreis, so dass die Bedingung eintritt, würde der Eigentumserwerb des Dritten den Eigentumserwerb des Vorbehaltskäufers ausschließen. Deshalb ist die Verfügung des Verkäufers gegenüber dem Dritten gem. § 161 Abs. 1 unwirksam. Der Vorbehaltskäufer wird Eigentümer, der Dritte verliert das durch die Zwischenverfügung zunächst erworbene Eigentum wieder. Nicht einmal sein guter Glaube an die Abwesenheit des Anwartschaftsrechts schützt ihn (nachf. Rn. 801). **770**

---

44 Wobei umstritten ist, ob der Bereicherungsanspruch auf den objektiven Wert gerichtet ist oder auch einen darüber hinaus erzielten Mehrwert erfasst, auch wenn die qualifizierten Voraussetzungen einer Geschäftsanmaßung i.S.v. § 687 Abs. 2 BGB nicht vorliegen, *Medicus*, Bürgerliches Recht, Rn. 723, 726.

45 BGHZ 42, 53 (56), s. auch Fn. 213 zu Rn. 336.

46 BGH NJW 72, 437 zu III.; OLG Celle NJW 86, 1761; § 401 ist aber auf eine Schiedsvereinbarung anwendbar, BGH NJW 98, 371 mit Anm. *Schlosser*, LM Nr. 16 zu § 401 BGB und Bspr. *K. Schmidt*, JuS 98, 369.

47 BGHZ 42, 53 (56).

IV. Rechtsstellung des Käufers: Anwartschaftsrecht

A. Begriff und Wesen

771 Schwierigkeiten bereitet es, die dogmatische Struktur der Rechtsbeziehungen des Käufers zur Vorbehaltsware zu erfassen. Ausgangspunkt ist, dass der Käufer bis zur vollständigen Tilgung des Kaufpreises zwar nicht Eigentümer wird, aber zum Besitz i.S.v. § 986 berechtigt ist (vorst. Rn. 722). Dieses Recht steht dem Herausgabeanspruch des Verkäufers aus § 985 entgegen. Der Kaufvertrag ist das schuldrechtliche Verhältnis i.S.v. § 868, durch das der Verkäufer mittelbarer Besitzer und der Käufer unmittelbarer Besitzer werden (vorst. Rn. 722). In der Besitzberechtigung erschöpft sich die sachenrechtliche Beziehung des Käufers zur Vorbehaltsware aber nicht. Vielmehr steht der Käufer in besonderer Weise auch dem Eigentum an der Sache nahe: Der dingliche Tatbestand gem. § 929 Satz 1 ist ja schon abgeschlossen, die Sache übergeben und die Einigung erklärt, deren Wirksamwerden gem. § 158 Abs. 1 nur vom Eintritt der Bedingung, der vollständigen Kaufpreiszahlung, abhängt. Der Käufer hat es infolgedessen allein in der Hand, ob er Eigentümer wird, indem er nämlich fristgerecht zahlt. Geschieht das, kann der Verkäufer weder zurücktreten noch den Vorbehalt ausüben (vorst. Rn. 746). Dementsprechend ist der Eigentumsübergang auf den Käufer der rechtlichen Willkür des Verkäufers entzogen: Verfügungen des Verkäufers, die den Eigentumserwerb des Käufers behindern, sind diesem gegenüber gem. § 161 Abs. 1 unwirksam. Der Verkäufer ist außerstande, den Eigentumsübergang auf den Käufer und den Eigentumsverlust bei sich selbst zu vereiteln. Der Käufer hat aufgrund dessen eine Rechtsstellung beinahe wie ein Eigentümer; die Rechtsstellung ist keine bloße Chance oder Hoffnung, nicht lediglich eine Erwerbsaussicht und auch nicht nur ein obligatorisches Erwerbsrecht (der Erwerbstatbestand gem. § 929 Satz 1 ist ja schon vollzogen[48]), sondern schon dinglich abgesichert[49]. Diese Rechtsstellung des Käufers nennt man Eigentumsanwartschaft.

772 Mit dieser Feststellung ist noch nichts für die dogmatische Struktur der Anwartschaft gewonnen. Umstritten ist, ob die Anwartschaft ein dingliches Recht ist[50]; dagegen scheint ihre Begründung im Kaufvertrag und ihre möglicherweise bestehende Abhängigkeit davon zu sprechen. Die Anwartschaft ist deshalb auch als obligatorisches Recht[51] oder als eine Art von Recht zwischen obligatorischem und dinglichem Recht angesehen worden[52]. In der Rechtsprechung wird die Anwartschaft umschrieben als „Vorstufe zum Eigentum",

---

48 Schlegelberger/*Hefermehl*, Anh. § 382 HGB Rn. 21.

49 Diese Rechtsstellung findet ihre Entsprechung im Bilanzrecht: Die Vorbehaltsware ist gem. § 246 Abs. 1 Satz 2 HGB in der Bilanz des Käufers anzusetzen, gleichermaßen in der Vorbelastungsbilanz einer GmbH, OLG Bremen GmbHR 98, 40.

50 *Baur/Stürner*, Sachenrecht, § 59 B. IV. 1. (Rn. 33, S. 755) und 5. a. (Rn. 45, S. 761); *Raiser*, Dingliche Anwartschaften, S. 37 ff.; Soergel/*Mühl*, § 929 BGB Rn. 38; MünchKomm./*Westermann*, § 455 BGB Rn. 50 f.; Schlegelberger/*Hefermehl*, Anh. § 382 HGB Rn. 23; *Blomeyer*, AcP 153 (1954), 239 (248) und AcP 162 (1963), 193 (197); *Hübner*, NJW 80, 729 (734); *Stoll*, ZHR 128 (1966), 239; *Schreiber*, NJW 66, 2333 (2334); Anwartschaftsrecht als Eigentum: *Berger*, Diss. Trier 1984, S. 164 ff.

51 *Larenz*, Schuldrecht BT, § 43 II. c. (S. 100 ff.); *Gudian*, NJW 67, 1786; *Flume*, AcP 161 (1962), 385 (407 f.).

52 *Serick*, Bd. I, § 11 I. 2. (S. 247) und § 11 III. 4. (S. 262 ff.) sowie AcP 166 (1966), 129 (130); *Georgiades*, S. 113; *Pikart*, WM 59, 1234 (1236). Der BGH hat die Eigenschaft des Anwartschaftsrechts als gegen jedermann wirkendes dingliches Sachenrecht zunächst verneint (BGHZ 30, 374, 377), es jedoch in BGHZ 75, 221 (225) als subjektiv-dingliches Recht bezeichnet.

als dem Vollrecht „wesensgleiches Minus“[53], als Summe der Befugnisse, die dem Käufer vom Zeitpunkt der bedingten Übereignung bis zum Bedingungseintritt zustehen[54]. Zwar gewährt die Anwartschaft dem Käufer noch kein eigentumsähnliches Herrschaftsrecht[55], ist er durch den Kaufvertrag doch gerade gehalten, das vorbehaltene Eigentum des Verkäufers zu beachten und die Vorbehaltsware im Eigentumsinteresse des Verkäufers z.B. nicht zu verschleißen (vorst. Rn. 755). Ein dingliches Beherrschungsrecht[56] braucht aber auch nicht eigentumsähnlich ausgestattet zu sein, sondern kann beschränkte Herrschaftsmacht zuordnen, wie etwa Pfandrechte oder Nutzungsrechte als dingliche Rechte (oben Rn. 84). Das Rätsel bleibt bestehen.

Der Schlüssel zur Lösung liegt in § 1007 BGB. Danach kann der frühere Besitzer vom gegenwärtigen Besitzer Herausgabe verlangen, wenn dessen Berechtigung schlechter ist als diejenige des früheren Besitzers. Die Herausgabeklage ist eine dingliche Klage. Sie steht nicht nur dem Eigenbesitzer, sondern auch, wie ihrer historischen Grundlage im preußischen Allgemeinen Landrecht zu entnehmen ist (dort § 161 I 7)[57], dem Fremdbesitzer zu und sogar gegen den Eigentümer. Grundlage der dinglichen Klage ist nicht der Besitz als solcher, sondern das **dingliche Recht**, welches nach der Konzeption von § 1007 in dem **Recht zum Besitz** liegt[58], das der Fremdbesitzer hat. Die Regelung von § 1007 BGB ist nur dadurch erklärbar, dass eine Verdinglichung obligatorischer Rechtsstellungen, die ein Recht zum Besitz begründen, stattfindet. Die Antwort auf die Frage nach der dogmatischen Struktur des Anwartschaftsrechts ergibt sich infolge von § 1007 daraus, dass der Vorbehaltskäufer Fremdbesitzer ist. Sein Recht zum Besitz bedeutet, dass seine Anwartschaft ein dingliches Recht ist, das durch § 1007 geschützt wird. Einer Analogie der Vorschriften über das Eigentum, z.B. der Vindikation nach § 985 BGB, bedarf es nicht, weil das Gesetz in Gestalt von § 1007 eine Regelung bereithält[59]. **773**

Begreift man[60] das Anwartschaftsrecht als dingliches Recht zum Besitz, folgt daraus zugleich die Art des Entstehungstatbestands und die Verknüpfung mit dem Rechtsgrund, also dem Kaufvertrag. Als dingliches Recht ist das Anwartschaftsrecht abstrakt vom Rechtsgrund, steht also nicht in kausaler Abhängigkeit zum Kaufvertrag[61]. Entstehungstatbestand ist vielmehr die kausalunabhängige (oben Rn. 30) dingliche, unter aufschiebende Bedingung gestellte Einigung nach § 929 Satz 1 BGB und die Übergabe der Sache resp. die Surrogation der Übergabe durch Besitzkonstitut (§ 930 BGB) oder Abtretung eines Herausgabeanspruchs (§ 931 BGB); bei Nichtigkeit des Kaufvertrags bleibt das Anwartschaftsrecht in seinem Bestand unberührt, unterliegt aber der Kondiktion[62]. Die Abstraktheit bedeutet auch, dass der Rücktritt vom Kaufvertrag und die Ausübung des Eigentumsvorbehalts voneinander zu trennen sind (vorst. Rn. 746), wenngleich der Ver- **774**

53 BGHZ 28, 16 (21); BGH NJW 91, 2016 zu II. 2. a.
54 *Brox*, JuS 84, 657 (658); *Leifker*, Anwartschaftsrecht, S. 93.
55 *Larenz*, Schuldrecht BT, § 43 II. (S. 100).
56 Terminus bei *Enneccerus/Nipperdey*, § 79 A. I. (S. 456 f.).
57 *Rinke*, Kausalabhängigkeit des Anwartschaftsrechts, S. 86 ff.
58 *Wieling*, Sachenrecht I, § 12 IX. 2. b. (S. 628).
59 *Rinke*, Kausalabhängigkeit des Anwartschaftsrechts, S. 107.
60 In Übereinstimmung mit *Rinke*, Kausalabhängigkeit des Anwartschaftsrechts, S. 91 sowie *Minthe*, Übertragung des Anwartschaftsrechts, S. 64.
61 So aber BGHZ 75, 221 (225).
62 *Minthe*, Übertragung des Anwartschaftsrechts, S. 71; *Rinke*, Kausalabhängigkeit des Anwartschaftsrechts, S. 184.

käufer beides gleichzeitig erklären kann (vorst. Rn. 757). Durch die Ausübung des Eigentumsvorbehalts bei nicht vollständiger Zahlung seitens des Käufers wird dessen Eigentumserwerb verhindert; der Rücktritt vom Kaufvertrag befreit den Verkäufer von der Verpflichtung zur Eigentumsübertragung. Auf der anderen Seite tritt die Bedingung und damit der Eigentumserwerb des Käufers auch dann ein, wenn der nichtigerweise vereinbarte Kaufpreis geleistet wird. In diesem Fall ist das erworbene Eigentum kondizierbar.

775 Aus der Abstraktheit des Anwartschaftsrechts als dinglichem Recht folgt auch die Antwort auf die Frage, ob im Rücktritt des Verkäufers vom Kaufvertrag der **Ausfall der aufschiebenden Bedingung** liegt mit der Folge, dass das Anwartschaftsrecht erlöschen würde. Das ist nicht der Fall. Zwar kann der Käufer den Kaufpreis nicht mehr vereinbarungsgemäß, wohl aber tatsächlich leisten; dadurch würde die Bedingung, die allein von der Zahlung, aber anders als der Rücktritt nicht vom Schuldnerverzug abhängt (vorst. Rn. 748), eintreten. Der Käufer müsste das Eigentum jedoch nach § 346 Abs. 1 herausgeben, d.h. auf den Verkäufer zurückübertragen. Entsprechendes gilt, wenn der Verkäufer gem. § 281 BGB Schadensersatz statt der Leistung verlangt (oben Rn. 754)[63]. Das Anwartschaftsrecht endet erst, wenn der Verkäufer nicht nur den Rücktritt erklärt oder Schadensersatz verlangt, sondern auch den Eigentumsvorbehalt geltend macht. Meist wird die Rücktrittserklärung konkludent die Ausübung des Eigentumsvorbehalts enthalten (vorst. Rn. 757).

B. Verfügung über das Anwartschaftsrecht

776 Der Käufer ist Inhaber des Anwartschaftsrechts, das ein dingliches Recht ist. Er kann über dieses Recht verfügen.

1. Übertragung

777 Die Wirksamkeit einer Verfügung des Käufers über sein Anwartschaftsrecht ist unabhängig von der Zustimmung des Verkäufers. Höherrangige Interessen des Verkäufers stehen nicht entgegen. Die Verfügung über die Eigentumsanwartschaft ist ja deutlich zu trennen von der Verfügung über das Eigentum. Das Eigentum steht ausschließlich dem Verkäufer zu. Er kann Verfügungen über das Eigentum unterbinden, indem er seine Zustimmung dazu nicht erteilt (nur dem gutgläubigen Wegerwerb ist er ausgesetzt). Das Anwartschaftsrecht steht dagegen ausschließlich dem Käufer zu. Verfügt er darüber, so verfügt er über nicht mehr, als ihm zusteht. Tritt die Bedingung ein, so verliert der Verkäufer das Eigentum. Dass er es an einen anderen als den Käufer verliert (nämlich an den Erwerber des Anwartschaftsrechts), berührt seine schützenswerten Interessen nicht, weil der Käufer nach dem Eigentumserwerb mit der Sache machen könnte, was ihm beliebt. Tritt die Bedingung nicht ein, ist der Verkäufer ohnehin nicht beeinträchtigt: Er bleibt ebenso wie ohne Verfügung über das Anwartschaftsrecht Eigentümer, und schließlich lässt die Verfügung über das Anwartschaftsrecht auch die kaufvertraglichen Beziehungen unverändert: Der Erwerber des Anwartschaftsrechts wird nicht etwa auch Partei des Kaufvertrages,

63 *Rinke*, Kausalabhängigkeit des Anwartschaftsrechts, S. 142; anders noch Vorauflage.

vielmehr bleibt dies der Käufer, er ist nach wie vor Schuldner. Der Verfügungsbefugnis des Käufers über das Anwartschaftsrecht steht also nichts entgegen[64], der Zustimmung des Verkäufers bedarf es nicht.

Eine andere Frage ist, ob der Käufer gegenüber dem Verkäufer verpflichtet ist, den unmittelbaren Besitz an der Sache zu behalten, d.h. den Besitz nur mit Zustimmung des Verkäufers auf einen anderen zu übertragen. Eine solche Verpflichtung wird dem Kaufvertrag oft zu entnehmen sein, um den Verkäufer im gegebenen Falle den Zugriff auf seine Sache zu gewährleisten[65]. An der Wirksamkeit der Verfügung über das Anwartschaftsrecht ändert der Verstoß gegen Vertragspflichten aber nichts (nachf. Rn. 780). **778**

2. Recht der beweglichen Sachen

Indem das Anwartschaftsrecht als dingliches Recht durch Einigung und Übergabe nach § 929 BGB begründet wird, richtet sich danach auch die Übertragung vom Rechtsinhaber, dem Vorbehaltskäufer, auf den Erwerber[66] und nicht etwa nach §§ 398 ff.[67]. Vorbehaltskäufer und Anwartschaftsrechtserwerber müssen sich über den Übergang der Anwartschaft einig sein, und die Vorbehaltsware muss dem Erwerber übergeben werden. Für die Verpfändung des Anwartschaftsrechts gilt § 1205, nicht § 1273: Auf diese Weise kann ohne weiteres ein Pfandrecht am späteren Sacheigentum entstehen[68]. Gleichermaßen können Anwartschaft und späteres Volleigentum mit einem gesetzlichen Pfandrecht, z.B. einem Vermieterpfandrecht (§ 562, oben Rn. 564) oder Werkunternehmerpfandrecht (§ 647, oben Rn. 555), belastet sein[69] (unten Rn. 1636). Durch das am Anwartschaftsrecht entstehende gesetzliche Pfandrecht vermindert sich namentlich die Problematik des gutgläubigen Erwerbs eines Werkunternehmerpfandrechts an der unter Eigentumsvorbehalt stehenden und zur Reparatur durch den Anwartschaftsinhaber, den Autofahrer, überlassenen Sache[70] (oben Rn. 562). **779**

Haben Verkäufer und Käufer ein **Verfügungsverbot** über die Anwartschaft vereinbart, wirkt dieses gem. § 137 Satz 1 nur schuldrechtlich, berührt die Wirksamkeit der Verfügung des Käufers über die Anwartschaft im Verhältnis zu jedermann also nicht. Das absolut wirkende Verfügungsverbot im Abtretungsrecht gem. § 399 BGB (s. unten Rn. 1375) ergreift das Anwartschaftsrecht nicht. Dagegen kann die Verfügung nach ehelichem Güterrecht (Zugewinngemeinschaft) unter den Voraussetzungen von § 1365 Abs. 1 BGB (s. auch unten Rn. 866 und 1213) zustimmungsbedürftig sein[71]. Im übrigen mag der Käufer mit der Verfügung über das Anwartschaftsrecht gegen den Kaufvertrag verstoßen: Darf er danach den unmittelbaren Besitz nicht aufgeben (vorst. Rn. 778), tut er das aber im Rahmen von § 929 durch Einigung über den Übergang des Anwartschaftsrechts und Übergabe der **780**

64 BGHZ 20, 88 (98 f.); RG SeuffA, Bd. 91, S. 261 (Nr. 15); es kann auch verpfändet werden, *Eder*, S. 174 ff.

65 *Rinke*, Kausalabhängigkeit des Anwartschaftsrechts, S. 97.

66 *Rinke*, Kausalabhängigkeit des Anwartschaftsrechts, S. 96; die Begründung liegt entgegen *Berger*, Eigentumsvorbehalt und Anwartschaftsrecht, S. 175, also nicht darin, dass das Anwartschaftsrecht Eigentum darstelle.

67 BGHZ 20, 88 (98 ff.); 28, 16 (26/27); BGH NJW 70, 699.

68 *Tiedtke*, NJW 85, 1305 (1306); nicht recht nachvollziehbar *Rinke*, Kausalabhängigkeit des Anwartschaftsrechts, S. 228, die auf die Verpfändung § 1273 BGB anwenden will, auf die Übertragung aber § 929 anwendet.

69 BGHZ 117, 200 mit Komm. *Köndgen*, EWiR § 559 BGB 1/92, 443; OLG Köln EWiR § 559 BGB 2/95, 753 (*Medicus*); *Krüger*, JuS 94, 905 (908); *Nicolai*, JZ 96, 219.

70 *Jauernig/Jauernig*, § 1257 BGB, Rn. 2.

Vorbehaltsware dennoch, verletzt er seine Vertragspflicht gegenüber dem Verkäufer und macht sich wegen Pflichtverletzung nach § 280 Abs. 1 schadensersatzpflichtig. An der Rechtsmacht des Vorbehaltskäufers zur Übertragung der Anwartschaft ändert das nichts. Der Käufer kann die Vertragsverletzung im übrigen vermeiden, indem er ohne Verschaffung des unmittelbaren Besitzes das Anwartschaftsrecht durch Übergabesurrogat gem. §§ 930, 931 (bzw. § 1205 Abs. 2) überträgt.

781 Das der Verfügung über die Anwartschaft zugrundeliegende obligatorische Geschäft kann, wie sonst auch z.B. ein Kaufvertrag, ein Auftrag oder auch ein Sicherungsvertrag sein, wenn mit dem Anwartschaftsrecht ein Kredit gesichert werden soll (unten Rn. 1288, 1323).

3. Rechtsstellung des Erwerbers

782 Aus der Abstraktheit des Anwartschaftsrechts vom Kaufvertrag folgt die Struktur der Rechtsstellung des Anwartschaftsrechtserwerbers.

a) Abhängigkeit vom Kaufvertrag

783 Nach der Lehre von der Kausalabhängigkeit des Anwartschaftsrechts vom Kaufvertrag (oben Rn. 772, 774) könnten Einwirkungen auf den Kaufvertrag das Erlöschen des Anwartschaftsrechts bewirken, z.B. der Rücktritt nach §§ 449, 323, 437 Nr. 2 BGB oder die Anfechtung des Kaufvertrags[72]. Da die Parteien des Kaufvertrags auch nach der Übertragung des Anwartschaftsrechts dieselben bleiben, könnten Verkäufer und Käufer auf das Anwartschaftsrecht einwirken, ohne dass dessen Inhaber, eben der Erwerber, dies verhindern könnte. Der Erwerber hätte aus dem der Übertragung des Anwartschaftsrechts zugrundeliegenden obligatorischen Geschäft allenfalls Schadensersatzansprüche aus Pflichtverletzung[73].

784 Richtigerweise ist das Anwartschaftsrecht jedoch als dingliches Recht anzusehen (vorst. Rn. 773) und infolgedessen vom Bestand und Zustand des Verpflichtungsgeschäfts getrennt und abstrakt. Einwirkungen auf den Kaufvertrag beeinträchtigen die Rechtsstellung des Anwartschaftsrechtserwerbers deshalb nicht. Unberührt bleibt natürlich das Recht des Verkäufers, den Eigentumsvorbehalt gegenüber dem Erwerber auszuüben, wenn der Käufer den Kaufpreis noch nicht vollständig und nicht termingerecht gezahlt hatte[74]. Die Bedingung ist elementarer Bestandteil des Anwartschaftsrechts, der sich der Erwerber nicht entziehen kann.

b) Nachträgliche Änderung des Kaufvertrags

785 Noch weniger kann das Anwartschaftsrecht durch spätere Änderungen des Kaufvertrags beeinträchtigt werden. Deshalb ist die nachträgliche Vereinbarung zwischen Verkäufer und Käufer, dass der Eigentumsvorbehalt doch nicht bei vollständiger Kaufpreiszahlung erlöschen solle, sondern erst dann, wenn auch andere Forderungen des Verkäufers gegen

---

71 BGH NJW 96, 1740.

72 BGHZ 75, 221 (229); 35, 85 (94); *Gernhuber*, in: Festschr. Baur, S. 31 (44); krit. *Streckermeier*, Anwartschaft, S. 64.

73 Die Haftung würde sich jedoch nicht auf § 435, 453 BGB gründen, die sich nur auf solche Rechtsmängel beziehen, die bei Vertragsschluss vorhanden waren, RGZ 143, 20 (22).

74 *Rinke*, Kausalabhängigkeit des Anwartschaftsrechts, S. 139.

den Käufer getilgt sind (erweiterter Eigentumsvorbehalt, unten Rn. 1501 ff.), für den Erwerber unschädlich. Derartige nachträgliche Änderungen können auch nach der Lehre von der Kausalabhängigkeit des Anwartschaftsrechts dieses nicht beeinträchtigen[75] (siehe auch die ähnliche Regelung des § 1276 für das Rechtspfandrecht sowie oben Rn. 130).

Zu überlegen ist aber noch, ob der **gutgläubige Vorbehaltsverkäufer** geschützt werden muss: Weiß der Verkäufer nichts von der Übertragung des Anwartschaftsrechts, hält er also nach wie vor den Käufer für dessen Inhaber, könnte er Rechtsnachteile erleiden. Heben beispielsweise die Parteien den Kaufvertrag auf und zahlt der Verkäufer bereits erhaltene Kaufpreisanteile an den Käufer gegen den Verzicht auf das Anwartschaftsrecht zurück, ist der Verzicht des Käufers gegenstandslos, weil er nicht mehr Anwartschaftsinhaber ist. Man mag an eine Anwendung des in § 407 Abs. 1 BGB liegenden Rechtsgedankens (unten Rn. 1428) zugunsten des Verkäufers denken[76], wonach der Zessionar die Leistung des redlichen Schuldners an den Zedenten – dem hier der Veräußerer des Anwartschaftsrechts entspräche – gegen sich gelten lassen muss und der Erwerber den Verzicht zu erklären verpflichtet wäre. Gegenstand der Übertragung ist jedoch das Anwartschaftsrecht als dingliches Recht, nicht dagegen die Abtretung eines Anspruchs aus dem Kaufvertrag[77]. Aus der Abstraktheit des Anwartschaftsrechts folgt auch insoweit, dass der Anwartschaftsrechtserwerber von Einwirkungen auf den Kaufvertrag unbehelligt bleibt und die Anwendung des Rechtsgedankens von § 407 Abs. 1 BGB abzulehnen ist. Der gute Glaube des Verkäufers an die Anwartschaftsrechtsinhaberschaft des Käufers wird nicht geschützt. **786**

c) Durchgangs- oder Direkterwerb

Mit dem Erwerb der Anwartschaft ist es für den Erwerber nicht getan; sein Ziel ist es, Eigentümer der Vorbehaltssache zu werden. Denkbar sind zwei Wege, wie das Eigentum vom Verkäufer zum Anwartschaftsrechtserwerber gehen kann: Bei Bedingungseintritt könnte zunächst der Vorbehaltskäufer Eigentümer werden, um das Eigentum dann sogleich auf den Anwartschaftsrechtserwerber zu übertragen (Durchgangserwerb beim Vorbehaltskäufer), oder der Anwartschaftsrechtserwerber könnte unmittelbar vom Vorbehaltsverkäufer erwerben (Direkterwerb des Anwartschaftsrechtserwerbers). **787**

Begreift man das Anwartschaftsrecht als dingliches Recht, das mit Bedingungseintritt ohne weiteres zum Vollrecht wird, so kann das Vollrecht nur bei dem erwachsen, dem das Anwartschaftsrecht zusteht[78], also dem Anwartschaftsrechtserwerber. Dem steht nicht entgegen, dass die dingliche Einigung nicht zwischen dem früheren Eigentümer, dem Vor- **788**

75 *Rinke*, Kausalabhängigkeit des Anwartschaftsrechts, S. 220; BGHZ 75, 221 (225 f.); *Flume*, AcP 161 (1962), 385 (399); solange der Käufer noch Inhaber des Anwartschaftsrechts ist, kann er darüber verfügen, BGHZ 92, 280 (290), dazu *Schmidt*, JuS 85, 230; *Deubner*, JuS 92, 19 spricht vom „erfolgsorientierten Verfügungsbegriff" in dem ähnlichen Fall, dass die abgetretene Forderung durch Beendigung eines Leasingvertrages erlöschen würde; BGHZ 111, 84 sowie zust. *Hennrichs*, WM 92, 85.

76 So *Flume*, AcP 161 (1962), 385 (399).

77 *Rinke*, Kausalabhängigkeit des Anwartschaftsrechts, S. 207.

78 BGHZ 20, 88 (98 f.); *Rinke*, Kausalabhängigkeit des Anwartschaftsrechts, S. 99; Schlegelberger/*Hefermehl*, Anh. § 382 HGB Rn. 29; nach *Berger*, Eigentumsvorbehalt und Anwartschaftsrecht, S. 158 ff., ist das Prioritätsprinzip anwendbar; a.A. *Reinicke*, MDR 59, 613 (614); RGZ 101, 185 (190); 140, 223 (226), wenn der Verkäufer nicht zustimmt.

behaltsverkäufer, und dem Anwartschaftsrechtserwerber getroffen wurde: Im Zeitpunkt des Bedingungseintritts braucht der Einigungswille ohnehin nicht mehr fortzubestehen (vorst. Rn. 758), im Zeitpunkt der dinglichen Einigung konnte er sich nur auf den ersten Anwartschaftsrechtserwerber, das ist der Vorbehaltskäufer, beziehen. Der Vorbehaltskäufer kann also über sein Anwartschaftsrecht ohne Publizität, nämlich nicht nur ohne Mitwirkung des Vorbehaltsverkäufers, sondern auch **ohne Durchgangserwerb** bei sich selbst verfügen. Infolgedessen ist die Sache nicht dem zwischenzeitlichen Zugriff der Gläubiger des Käufers ausgesetzt.

d) Übergang der Belastungen

789 Auf den Anwartschaftsrechtserwerber gehen trotz Direkterwerbs Lasten auf der Vorbehaltssache mit über. Befand sich die Sache beispielsweise in Räumen, die der Vorbehaltskäufer gemietet hatte, und macht der Vermieter des Vorbehaltskäufers wegen offenen Mietzinses sein Vermieterpfandrecht aus § 562 geltend oder will der Hypothekengläubiger des Vorbehaltskäufers Zubehörstücke, die unter Eigentumsvorbehalt erworben wurden, verwerten (§ 1120, oben Rn. 128), gilt folgendes: Bei Bedingungseintritt setzt sich das Pfandrecht am Eigentum des Anwartschaftsrechtserwerbers fort. Der Vorbehaltskäufer als Pfandschuldner kann das Pfandrecht nicht dadurch vereiteln, dass er das Anwartschaftsrecht durch Vereinbarung mit dem Verkäufer ohne Zustimmung des Pfandgläubigers aufhebt (oben Rn. 130; zur Anwendung von § 936 nachf. Rn. 801).

4. Verfügung des Käufers über das Eigentum

a) Erlöschen des Anwartschaftsrechts

790 Im Falle eines verlängerten Eigentumsvorbehalts überträgt der Vorbehaltskäufer das Eigentum an der Vorbehaltssache als verfügungsbefugter Nichtberechtigter gem § 185 Abs. 1 BGB auf seinen Abkäufer (oben Rn. 763). Zugleich erlischt sein Anwartschaftsrecht[79]. Der Abkäufer hätte keinen Grund, trotz voller Kaufpreiszahlung nur belastetes Eigentum erwerben zu wollen, auf der anderen Seite hat der Vorbehaltskäufer kein Erwerbsinteresse an der Sache mehr. In der Verfügung liegt deshalb der konkludent erklärte Verzicht auf das Anwartschaftsrecht. Kennt der Abkäufer das Anwartschaftsrecht nicht, geht es gem. § 936 Abs. 1 (vgl. auch nachf. Rn. 803) unter.

b) Schuldrechtliche Rückabwicklung

791 Der Kaufvertrag zwischen Vorbehaltskäufer und seinem Abkäufer kann aufgrund Rücktritts, z.B. nach § 437 Nr. 2, gem. §§ 346 ff. BGB zurückabzuwickeln sein. Infolgedessen wird zutreffender Ansicht nach (unten Rn. 1485) der Vorbehaltslieferant und nicht der Vorbehaltskäufer Eigentümer der Vorbehaltsware. Zugleich entsteht das Anwartschaftsrecht des Vorbehaltskäufers neu. Hatte er allerdings inzwischen den Kaufpreis aus dem Erstvertrag an den Lieferanten geleistet, wird er infolge Rückabwicklung Eigentümer der – vormaligen – Vorbehaltssache.

---

79 *Wieling*, Sachenrecht, § 17 V. a. (S. 794).

5. Gutgläubiger Erwerb

Probleme des Gutglaubensschutzes stellen sich in zweierlei Hinsicht. Einerseits fragt sich, ob der Erwerber Anwartschaftsinhaber wird, wenn der Veräußerer nicht Eigentümer der Vorbehaltssache gewesen war (Ersterwerb des Vorbehaltskäufers vom Verkäufer) oder wenn der Veräußerer nicht Inhaber eines Anwartschaftsrechts ist, das Gegenstand der Verfügung sein soll (Zweiterwerb). Andererseits fragt sich, ob der Inhaber des Anwartschaftsrechts seine Aussicht auf Eigentumserwerb wieder verlieren kann, weil ein Dritter die Sache lastenfrei erwirbt (Wegerwerb). **792**

a) Ersterwerb

War der **Vorbehaltsverkäufer nicht Eigentümer** der Vorbehaltsware, kann er sich das Eigentum nicht vorbehalten. Hält der Vorbehaltskäufer den Vorbehaltsverkäufer aber gutgläubig für den Eigentümer, folgt der gutgläubige Erwerb des Anwartschaftsrechts aus § 1007 Abs. 3 Satz 1 BGB. Danach ist der Herausgabeanspruch des Besitzers nach Abs. 1 ausgeschlossen, wenn er im Zeitpunkt seines eigenen Besitzerwerbs nicht in gutem Glauben war; bei gutem Glauben erwirbt er das Recht zum Besitz, wenn sich die Parteien über den Erwerb einig waren und die Sache übergeben wurde. Der gute Glaube bezieht sich auf das Eigentum des Veräußerers, weil nur der Eigentümer ein Anwartschaftsrecht an einer Sache bestellen kann. Darauf gründet sich der gutgläubige Erwerb des Anwartschaftsrechts durch den Käufer. Aus § 1007 Abs. 2 folgt, dass der gutgläubige Anwartschaftsrechtserwerb an abhandengekommenen Sachen (§ 935 BGB) nicht stattfindet. Einer analogen Anwendung der für den Eigentumserwerb geltenden Vorschriften von §§ 932 ff. BGB bedarf es nicht[80] (vorst. Rn. 773). Der gutgläubige Anwartschaftsrechtserwerber (Vorbehaltskäufer) wird mit Bedingungseintritt, also vollständiger Kaufpreiszahlung an den Verkäufer, Eigentümer. **793**

b) Zweiterwerb

Die Anwartschaft kann isoliert, z.B. gerade auch zum Zwecke der Kreditsicherung (unten Rn. 1288), übertragen werden (vorst. Rn. 777). War der **Veräußerer nicht Inhaber des Anwartschaftsrechts**, sind zwei Konstellationen denkbar, nämlich **794**

- dass die Eigentumsanwartschaft zwar besteht, aber nicht dem Veräußerer zusteht und
- dass eine Anwartschaft überhaupt nicht besteht.

aa) Ist eine Sache, deren Anwartschaft an ihr übertragen werden soll, wirklich Vorbehaltsware, indem das Eigentum unter der aufschiebenden Bedingung vollständiger Kaufpreiszahlung gem. §§ 929, 158 Abs. 1 übertragen worden war, ist der Veräußerer aber gar nicht der Vorbehaltskäufer oder zwar Vorbehaltskäufer, aber nicht mehr Inhaber des Anwartschaftsrechts, weil er es schon vorher übertragen hatte, oder ist der Veräußerer nur scheinbar Anwartschaftsinhaber (weil sein Erwerb vom Käufer fehlerhaft war), so fragt sich, ob der gute Glaube des Erwerbers an das Anwartschaftsrecht geschützt ist. **795**

80 *Rinke*, Kausalabhängigkeit des Anwartschaftsrechts, S. 196.

796 Die Antwort ist nicht an den Gutglaubensvorschriften von §§ 932 ff. BGB oder § 366 HGB zu messen[81], sondern an der für das dingliche Recht zum Besitz geltenden Vorschrift von § 1007 BGB. Der Erwerb des nicht bestehenden Anwartschaftsrechts vom vermeintlichen Anwartschaftsrechtsinhaber, also vom Nichteigentümer, findet bei gutem Glauben nach § 1007 Abs. 3 Satz 1 statt: Der Zweiterwerber erwirbt das Recht zum Besitz vom vermeintlichen Ersterwerber[82].

797 Allerdings scheint die Vermutungswirkung von § 1006 Abs. 1 BGB dagegen zu sprechen. Grundlage des gutgläubigen Eigentumserwerbs ist der vom Besitz ausgehende Rechtsschein, indem zugunsten des Besitzers die Vermutung wirkt, dass er auch Eigentümer sei. Die Kehrseite des Gutglaubensschutzes ist der Rechtsverlust des Eigentümers. Der Rechtsverlust ist gerechtfertigt, wenn der Eigentümer den Besitz an der Sache aus der Hand gibt und Raum für die Eigentumsvermutung[83] gem. § 1006 lässt; mit der Besitzaufgabe handelt der Eigentümer gleichsam auf eigene Gefahr[84]. Beim Erwerb einer Anwartschaft gibt es keinen guten Glauben des Erwerbers an das Eigentum, weil der Veräußerer nur vorgibt, seinerseits Anwartschaftsrechtsinhaber und folglich gerade nicht Eigentümer zu sein. § 1006 ist aber entsprechend auch auf andere dingliche Rechte anwendbar, nämlich gem. § 1227 BGB auf das Faustpfandrecht (oben Rn. 512) und gem. 1065 BGB auf den Nießbrauch. Für den besitzenden Pfandgläubiger streitet demgemäß die Vermutung, dass das Pfandrecht bestehe. Die entsprechende Anwendung von § 1006 heißt also, dass die aus dem Besitz fließende Vermutung nicht auf das Eigentum bezogen zu sein braucht. Deshalb trifft die These zu, der Besitz streite für jedes dingliche Recht, das er für sich in Anspruch nehme[85]. Bei Veräußerung eines in Wahrheit nicht bestehenden Anwartschaftsrechts begründet folglich der Besitz des Veräußerers die Vermutung für das von ihm behauptete Anwartschaftsrecht. Wurde das behauptete Anwartschaftsrecht nicht gem. § 929 BGB durch Einigung und Übergabe, sondern gem. §§ 930, 931 BGB durch Surrogate übertragen, hängt der Erwerb von den weiteren, in §§ 933, 934 BGB bestimmten Voraussetzungen ab.

798 *bb)* Gab es in der eben behandelten Fallkonstellation die Anwartschaft, stand sie nur nicht (mehr) dem Veräußerer zu, kann eine Anwartschaft zu veräußern versucht werden, die gar nicht existiert: Es gibt überhaupt keinen Kaufvertrag und keine Kaufpreisforderung, deren Tilgung den Bedingungseintritt nach § 158 Abs. 1 darstellen könnte, oder die Anwartschaft ist durch Ausübung des Eigentumsvorbehalts erloschen (s. vorst. Rn. 775) oder es gibt zwar einen Kaufvertrag, und der Kaufpreis wurde kreditiert, aber die aufschiebend bedingte Übereignung ist, z.B. mangels Übergabe, fehlerhaft.

799 Auf der Grundlage der Übertragung der Vermutungswirkung von § 1006 auf andere dingliche Rechte als das Eigentum, nämlich auch auf die Anwartschaft, muss die Möglichkeit des gutgläubigen Erwerbs auch auf diese Fälle bejaht werden[86], also sowohl bei fehlen-

---

81 So Schlegelberger/*Hefermehl*, Anh. § 382 HGB Rn. 36.; *Flume*, AcP 161 (1962), 385 (394 ff.); *Wiegand*, JuS 74, 201 (211 f.); *Brox*, JuS 84, 657 (662).

82 *Rinke*, Kausalabhängigkeit des Anwartschaftsrechts, S. 197.

83 Also Widerlegung nur durch Beweis des Gegenteils (§ 292 ZPO), BGH NJW 2002, 2101.

84 Dazu *Bülow*, AcP 186 (1986), 576 (579); *Thorn*, Mobiliarerwerb, S. 61 ff.; zur Freiwilligkeit der Besitzaufgabe i.S.v. § 1007 Abs. 3 Satz 1 OLG Karlsruhe NJW-RR 98, 1761.

85 So *Wieling*, Sachenrecht I, § 12 VIII. 2. g. (S. 624).

86 *Rinke*, Kausalabhängigkeit des Anwartschaftsrechts, S. 198; *Minthe*, Übertragung des Anwartschaftsrechts, S. 127.

dem Kaufvertrag[87] wie bei fehlerhaftem Übereignungstatbestand[88]. Der gutgläubige Anwartschaftsrechtserwerber wird wie auch sonst beim Anwartschaftsrechtserwerb mit Bedingungseintritt ohne Durchgangserwerb des (nichtberechtigten) Veräußerers Eigentümer der Vorbehaltsware. In der Übereignung des Eigentums durch den Nichtberechtigten gem. §§ 929, 930, die mangels Besitzerwerbs gem. § 933 scheitert, kann die Übertragung des – wirklich bestehenden – Anwartschaftsrechts liegen mit der Folge, dass der Anwartschaftsrechtserwerber auch dann direkt erwirbt[89]. Für die Anforderungen an den guten Glauben gelten keine Besonderheiten. Es ist folglich zu prüfen und im gegebenen Falle vom Eigentümer zu beweisen (§§ 932 Abs. 1 Satz 1, Abs. 2 BGB), ob der Anwartschaftsrechtserwerber grob fahrlässig handelte, indem er dem Veräußerer glaubte, Inhaber eines Anwartschaftsrechts zu sein.

cc) Der **Umfang** des Anwartschaftsrechts richtet sich nach dem noch ausstehenden Betrag des vom Käufer zu zahlenden Kaufpreises. **800** Dieser Betrag bestimmt das im Anwartschaftsrecht liegende Recht zum Besitz, das durch bedingte Einigung und Übergabe begründet wird und das zugleich Bezugsobjekt des gutgläubigen Erwerbs für den Fall ist, dass es dem Veräußerer nicht gehört. Sofern denn der Erwerber guten Glaubens ist, also nicht grob fahrlässig handelte (vorst. Rn. 799), erwirbt er das Anwartschaftsrecht deshalb in dem Umfang, wie ihn der Veräußerer behauptet[90]. Der Erwerber wird Eigentümer, wenn er diesen behaupteten Restbetrag an den Vorbehaltseigentümer leistet. Dieser wäre ganz leer ausgegangen, wenn der Veräußerer nicht lediglich ein so nicht bestehendes Anwartschaftsrecht behauptet, sondern sich kraft seines Besitzes als Eigentümer ausgegeben hätte und der Erwerber gutgläubig war[91].

c) Wegerwerb

Der Vorbehaltsverkäufer kann die Vorbehaltssache kraft seines Eigentums als Berechtigter an einen Dritten veräußern. **801** Allerdings ist der Vorbehaltsverkäufer nicht unmittelbarer Besitzer, sondern der Käufer ist es. Die Eigentumsübertragung ist aber gem. §§ 929, 931 durch Einigung und Abtretung des aufgrund und im Falle des Rücktritts entstehenden Herausgabeanspruchs möglich (vorst. Rn. 770), so dass dem Dritten der mittelbare Besitz übertragen wird, den der Verkäufer hatte. Wusste der Dritte nicht, dass der Verkäufer schon vorher über das Eigentum unter aufschiebender Bedingung verfügt hatte und verkannte er dies auch nicht infolge grober Fahrlässigkeit (§ 932 Abs. 2 BGB), fragt sich, ob sein Zwischenerwerb gem. § 161 Abs. 3 BGB gegenüber dem bedingten Ersterwerb des Vorbehaltskäufers doch noch Vorrang gewinnt.

Gem. § 161 Abs. 3 finden die Vorschriften zugunsten desjenigen, der Rechte von einem Nichtberechtigten herleitet, entsprechende Anwendung. **802** Die Vorschrift verweist also auf §§ 932 ff. BGB. Eine Regelung zum Erwerbsvorgang nach § 931 enthält § 936 Abs. 3.

---

87 Entgegen BGHZ 75, 221 (225); *Serick*, Bd. I § 11 IV. 2. (S. 271); Staudinger/*Honsell*, § 455 BGB Rn. 41; *Krüger*, JuS 94, 905 (906 f.); *Haas/Beiner*, JA 98, 115 (116); *Schmidt-Recla*, JuS 2002, 759 (761).

88 So *Mühl*, AcP 160 (1961), 264 (268); *Serick*, Bd. I, § 11 IV. 2. (S. 271); *Raiser*, Dingliche Anwartschaften, S. 38.

89 BGH NJW 65, 1475; a.A. Schlegelberger/*Hefermehl*, Anh. § 382 HGB Rn. 40.

90 *Rinke*, Kausalabhängigkeit des Anwartschaftsrechts, S. 199/200.

91 *Wieling*, Sachenrecht I, § 17 IV. 1. b. bb. (S. 792).

Steht danach ein Recht, auf das sich der gute Glaube des Dritten bezieht, dem dritten Besitzer zu, erlischt es auch dem gutgläubigen Erwerber gegenüber nicht. Dritter Besitzer ist der Käufer als unmittelbarer Besitzer im Verhältnis zu Veräußerer und Erwerber als mittelbare Besitzer. Die Regelung ist ein Interessenausgleich zwischen dem Erwerber und dem Rechtsinhaber. Im Fall von § 931 wird der Erwerber nur mittelbarer Besitzer, während der Rechtsinhaber unmittelbarer Besitzer ist. Das Vertrauen des Erwerbers in den Rechtsschein, der vom mittelbaren Besitz des Vorbehaltsverkäufers als Veräußerer ausgeht, hat Nachrang gegenüber dem Recht des unmittelbaren Besitzers. Man mag vom „besseren" Besitz des unmittelbaren Besitzers sprechen[92]. Auf das Anwartschaftsrecht angewandt, wäre der Eigentumserwerb des Vorbehaltskäufers gesichert.

803 Fraglich mag allenfalls noch sein, ob „Recht" i.S.v. § 936 Abs. 3 BGB das Anwartschaftsrecht sein kann. Wie § 936 Abs. 1 zu entnehmen ist, sind unter Rechten zunächst beschränkte dingliche Rechte wie Pfandrecht oder Nießbrauch zu verstehen, die auf der Sache lasten, welche der Eigentümer als Berechtigter veräußert. Der gute Glaube bezieht sich in diesem Falle nicht auf das Eigentum, sondern auf die Abwesenheit der Belastung. (vorst. Rn. 773) ist als Belastung i.S.v. § 936 Abs. 1 anzusehen und folglich auch § 936 Abs. 3 anwendbar. Das gleiche Ergebnis tritt auch ein, wenn man – entgegen der hier vertretenen Ansicht (vorst. Rn. 773) – die Regeln über das Eigentum auf die Anwartschaft anwendet. Bei dieser Sicht wäre die Vorschrift von § 936 Abs. 3, auf die § 161 Abs. 3 verweist, nur dann anwendbar, wenn „Recht" i.S. dieser Vorschrift auch das Eigentum oder die gleichgestellte Anwartschaft ist. Das kann in der Tat der Fall sein: Der Eigentümer bestellt einen Nießbrauch an seiner Sache. Später schließen der Eigentümer und der Nießbraucher über die Sache einen Mietvertrag ab, durch den der Eigentümer als Mieter wieder unmittelbarer Besitzer wird. Jetzt veräußert der Nießbraucher die Sache an einen gutgläubigen Dritten, indem er gem. § 931 den mietrechtlichen Herausgabeanspruch aus § 546 BGB an den Dritten abtritt (§ 398). § 936 Abs. 3 bezieht sich in diesem Fall auf das Eigentum des unmittelbaren Besitzers[93], der sein Eigentum nicht an den Gutgläubigen verliert. Wenn „Recht" i.S.v. § 936 Abs. 3 also das Eigentum sein kann, gilt die Interessenbewertung auch für das Anwartschaftsrecht[94]. Indem § 161 Abs. 3 auf die Vorschriften über den Erwerb vom Nichtberechtigen verweist, gehört dazu auch § 936 Abs. 3[95]. Die Vorschrift ist folglich auch anwendbar, wenn man das Anwartschaftsrecht nicht als Belastung i.S.v. § 936 Abs. 1 ansieht[96], sondern als eigentumsgleiches Recht.

804 Durch §§ 161 Abs. 3, 936 Abs. 3 ist das Anwartschaftsrecht jedenfalls gegen gutgläubigen Wegerwerb geschützt.

805 Etwas anderes gilt allerdings, wenn die Sache im Zuge einer **Zwangsvollstreckung** gem. §§ 814 ff. ZPO versteigert wurde. Der Ersteher erwirbt dadurch originär Eigentum kraft Hoheitsakts. § 161, namentlich Abs. 1 Satz 2, ist nicht anwendbar. Der Ersteher erwirbt lastenfrei, die Anwartschaft geht unter[97].

---

92 *Döring*, NJW 96, 1443 (1447).

93 *Westermann/Gursky*, Sachenrecht, § 50, 3. (S. 411): Das stärkste Recht (Eigentum) kann nicht schlechter gestellt werden als schwächere Rechte; *Döring*, NJW 96, 1443 (1446).

94 Zutreffend *Döring*, NJW 96, 1443 (1447).

95 *Döring*, NJW 96, 1443 (1446).

96 So h.M., siehe etwa *Reinicke/Tiedtke*, Kaufrecht, S. 363/364; *Brox*, JuS 84, 657 (659) m.w.N.

97 BGHZ 55, 20 (25).

C. Rechtsschutz für den Anwartschaftsinhaber

1. Herausgabe und Abwehr

Aus dem Charakter des Anwartschaftsrechts als dinglichem Recht zum Besitz folgt auch, welche Rechte der Inhaber der Anwartschaft – Vorbehaltskäufer oder Anwartschaftsrechtserwerber – gegenüber Dritten hat. Der Herausgabeanspruch liegt unmittelbar in § 1007 Abs. 1, so dass für eine analoge Anwendung von § 985 kein Raum ist[98] (vorst. Rn. 773). Sofern der Dritte seinerseits gegenüber dem Anwartschaftsrechtsinhaber, vielleicht weil ihm die Sache ausgeliehen worden war (§§ 968, 598), ein Recht zum Besitz hat, scheitert dessen Herausgabeanspruch gem. §§ 986, 1007 Abs. 3 Satz 2 an diesem Recht zum Besitz. Die Folgeansprüche aus §§ 987 ff. hat der Anwartschaftsinhaber gegen den Dritten gem. § 1007 Abs. 3 Satz 2. Außerdem hat der Anwartschaftsrechtsinhaber Unterlassungs- und Beseitigungsansprüche nach § 1004 BGB. Zwar ist diese Vorschrift in § 1007 Abs. 3 Satz 2 nicht genannt. Von ihrer Anwendbarkeit gingen die Gesetzesverfasser aber aus[99]. Die fehlende Nennung ist nur ein Redaktionsversehen[100]. **806**

Doch bestehen diese Ansprüche des Anwartschaftsrechtsinhabers nicht nur gegenüber Dritten, sondern auch **gegenüber dem Vorbehaltsverkäufer** selbst, wenn dieser den Besitz vorenthält, entzieht oder das Anwartschaftsrecht in sonstiger Weise stört, soweit er nicht seine Rechte aus §§ 449 oder 281 (vorst. Rn. 750, 754) oder den Eigentumsvorbehalt selbst (vorst. Rn. 748) ausübt. Ansprüche des dinglich Berechtigten gegen den Eigentümer, der das Recht eingeräumt hat, gibt es gem. § 1227 auch beim Faustpfand (oben Rn. 512 sowie 797) und gem. § 1065 beim Nießbrauch. Dementsprechend kann der Anwartschaftsrechtserwerber vom störenden Vorbehaltsverkäufer nicht nur gem. § 433 Abs. 1 Satz 1, sondern auch gem. § 1004 Abs. 1 analog Wiedereinräumung des Besitzes verlangen. **807**

Andererseits bleiben die Ansprüche des **Vorbehaltsverkäufers als Eigentümer** unberührt, so dass ein störender Dritter sowohl dessen Anspruch aus §§ 985, 1004 und dem des Anwartschaftsrechtserwerbers aus §§ 1007, 1004 analog ausgesetzt ist[101]. **808**

Der Vorbehaltsverkäufer als Eigentümer kann gem. § 986 Abs. 1 Satz 2 freilich nicht Herausgabe an sich selbst, sondern nur an den Anwartschaftsinhaber verlangen. Macht der Vorbehaltsverkäufer als Eigentümer Ansprüche gegen den Anwartschaftsrechtsinhaber geltend, stehen diesem Anspruch §§ 986 Abs. 1 bzw. 1004 Abs. 2 entgegen. **809**

Umstritten ist, ob der Verkäufer als Eigentümer auch dann nur Herausgabe an den Käufer verlangen kann[102], wenn dieser das Anwartschaftsrecht auf einen Zweiterwerber durch Einigung und Übergabe übertragen hatte, aber nach dem Kaufvertrag verpflichtet war, den unmittelbaren Besitz zu behalten und nicht aufzugeben (vorst. Rn. 777). Auf der Grundlage der Abstraktheit des Anwart- **810**

98 So aber *Berger*, Eigentumsvorbehalt und Anwartschaftsrecht, S. 178; *Serick*, Bd. I, § 11 III. 4. (S. 262); Schlegelberger/*Hefermehl*, Anh. § 382 HGB Rn. 60; *Baur/Stürner*, Sachenrecht, § 59 B. IV. 5. b. cc. (Rn. 47, S. 762); *Raiser*, Dingliche Anwartschaften, S. 76 ff.; *Georgiades*, S. 53 f.; MünchKomm./*Westermann*, § 455 BGB Rn. 50 f.; *Brox*, JuS 84, 657 (660); BGHZ 10, 69 (72); BGH WM 57, 515 (516), obwohl der Charakter als dingliches Recht verneint wurde, bejaht aber in BGHZ 75, 221 (225).

99 Prot. III, S. 4269 (1. Kommission); Mot. III, S. 431, 432, bei *Mugdan*, S. 240/241 sowie S. XXXVI.

100 *Wieling*, Sachenrecht I, § 12 IX. 6. b. (S. 635) m.w.N., § 13 III. 3. (S. 650).

101 Nach *Brox*, JuS 84, 657 (660) ist allein der Verkäufer Anspruchsinhaber, der seine Rechte dem Anwartschaftsinhaber aber zur Ausübung gem. § 185 überlassen muss.

102 So *Serick*, Bd. I, § 11 V. 3. b. (S. 276).

schaftsrechts vom Kaufvertrag (vorst. Rn. 774) ist für eine Anwendung von § 986 Abs. 1 Satz 2 auf den Zweiterwerber jedoch kein Raum; dieser hat ein eigenes Recht zum Besitz gegenüber dem Verkäufer[103]. Im Verhältnis des Vorbehaltskäufers als Veräußerer und des Anwartschaftsrechtserwerbers stehen die Rechte aus § 1007 jedenfalls und allemal dem Anwartschaftsrechtserwerber, nicht mehr dem Vorbehaltskäufer zu, jener kann also im gegebenen Falle vom Dritten Herausgabe verlangen.

2. Schadensersatz

811 Neben den dinglichen Ansprüchen erwachsen dem Anwartschaftsrechtsinhaber auch Schadensersatzansprüche aus § 823 Abs. 1 BGB: Das Anwartschaftsrecht ist als Recht zum Besitz ein sonstiges Recht im Sinne dieser Vorschrift[104]. Der Anwartschaftsinhaber kann danach Ersatz derjenigen Schäden verlangen, die dadurch entstehen, dass er die Vorbehaltsware nicht besitzt und nicht nutzen kann (**Besitz- und Nutzungsschaden**). Wie aber ist es mit Schäden, die durch Beeinträchtigung der Substanz der Vorbehaltsware entstehen (**Substanzschaden, Sachwertinteresse**)? Die Substanzbeeinträchtigung ist an sich ein dem Eigentümer entstehender Schaden. Für den Vorbehaltsverkäufer als Eigentümer fällt der Schaden aber weg, wenn er mit Bedingungseintritt das Eigentum verliert; entsprechend erwächst dem Anwartschaftsinhaber der Schaden mit diesem Zeitpunkt. Vorbehaltsverkäufer und Vorbehaltskäufer sind also nacheinander und alternativ geschädigt.

812 Für die Regelung der Anspruchsbeziehungen gibt es fünf Lösungsvorschläge:

- Analoge Anwendung von §§ 432, 1281: Sowohl Verkäufer wie Käufer können den Schaden beim Verletzer geltend machen, aber Leistung nur an beide, Vorbehaltsverkäufer und Vorbehaltskäufer (Anwartschaftsinhaber), bzw. Hinterlegung verlangen[105];
- der Vorbehaltsverkäufer als Eigentümer kann den Anspruch geltend machen; aus der relativen Unwirksamkeit von Zwischenverfügungen (§ 161 BGB) folgt aber, dass der Vorbehaltsverkäufer Leistung an sich selbst nur mit Zustimmung des Vorbehaltskäufers bzw. Leistung an beide oder Hinterlegung verlangen kann[106];
- Schadensersatzansprüche stehen dem Verkäufer zu; nach Bedingungseintritt muss er in analoger Anwendung von § 285 aber das Erlangte herausgeben oder den Schadensersatzanspruch an den Vorbehaltskäufer (der nunmehr Eigentümer geworden ist) abtreten[107]; vor Bedingungseintritt kann der Käufer anstelle des Verkäufers nach den Grundsätzen über die Schadensliquidation im Drittinteresse selbst tätig werden;
- kann die Bedingung nicht mehr eintreten, insbesondere weil ein Dritter in der Zwangsversteigerung Eigentümer geworden war (vorst. Rn. 805), darf nach einer vom BGH[108] gehandhabten Variante der Vorbehaltskäufer nur seinen eigenen Substanzschaden geltend machen, der dem Wert

103 *Rinke*, Kausalabhängigkeit des Anwartschaftsrechts, S. 98; gleichermaßen Schlegelberger/*Hefermehl*, Anh. § 382 HGB Rn. 62.

104 RGZ 170, 1 (6); BGHZ 114, 161 (165 f.) mit Anm. *Selb*, JZ 91, 1087: Wegen des aufgrund Vormerkung entstehenden Anwartschaftsrechts hat der Berechtigte den Anspruch aus §§ 823 Abs. 2, 909 BGB.

105 *Raiser*, Dingliche Anwartschaften, S. 80 ff.; *Baur/Stürner*, § 59 V. 5. a. (S. 658); *Serick*, Bd. I § 11 V. 3. b. (S. 277 f.); Schlegelberger/*Hefermehl*, Anh. § 382 HGB Rn. 64; *Rinke*, Kausalabhängigkeit des Anwartschaftsrechts, S. 105.

106 *Flume*, AcP 161 (1962), 385 (399/400).

107 *V. Thur*, AT, Bd. II/2, § 81 I. 2. (S. 298); *Biletzki*, JA 96, 288 (291).

108 WM 57, 515 zu V.; BGHZ 55, 20 (31 zu 4.); entsprechend für nachbarrechtliche Ansprüche bei Anwartschaft aus Auflassung (§ 925 BGB): BGHZ 114, 161 (165 f.).

des Volleigentums abzüglich der noch offenen Kaufpreisanteile entspricht; wegen der Differenz muss der Verkäufer seinen darin liegenden Schaden selbst geltend machen;

- Schadensersatzansprüche stehen dem Käufer wegen der Verletzung seines Rechtsguts „Anwartschaft" (§ 823 Abs. 1) zu; sie fallen aber auf den Verkäufer zurück, sobald er wirksam gem. §§ 449, 323 zurücktritt[109].

Gegen die Schadensersatzberechtigung des Vorbehaltskäufers spricht, dass er zwar allen Planungen (dem Kaufvertrag) nach Eigentümer werden wird und dann zweifellos den Substanzschaden hat. Sicher ist das aber nicht – der Unsicherheitsfaktor macht gerade das Wesen der Bedingung aus[110]. Es steht also noch nicht fest, ob der Vorbehaltsverkäufer möglicherweise in den Stand gesetzt wird, die Rechte aus §§ 449 oder 281 geltendzumachen. Dann wird der Vorbehaltskäufer nicht Eigentümer und erleidet keinen Substanzschaden. Dieser Ungewissheit wird Rechnung getragen, wenn zwar nur der Vorbehaltsverkäufer anspruchsberechtigt ist, aber 285 an den Vorbehaltskäufer im gegebenen Falle (Bedingungseintritt) weiterzugeben. Zugleich ist der Schädiger gegen doppelte Inanspruchnahme wegen desselben Substanzschadens geschützt. Der Vorbehaltskäufer, der an der Geltendmachung des Schadensersatzanspruches interessiert ist, braucht auch nicht darauf angewiesen zu sein, dass der (vielleicht uninteressierte) Vorbehaltsverkäufer tätig wird: Dieser ist zur Geltendmachung des Schadens, der sich den Planungen des Kaufvertrags entsprechend später beim Vorbehaltskäufer verwirklichen wird, dem Vorbehaltskäufer gegenüber nach Treu und Glauben verpflichtet. Zumindest muss er ihm aber die Befugnis erteilen, die Schadensersatzforderung für ihn einzuziehen (Einziehungsermächtigung, unten Rn. 1448 ff.) und den Schaden im Wege gewillkürter Prozessstandschaft, die in diesem Falle zulässig wäre[111] (s. auch unten Rn. 1451), geltendzumachen. Der Schädiger wäre dann zu verpflichten, nicht an den Vorbehaltskäufer, sondern an den Vorbehaltsverkäufer zu leisten. Dieser wiederum ist bei Bedingungseintritt – und erst dann – verpflichtet, gem. § 285 den Schadensersatzanspruch an den Vorbehaltskäufer abzutreten. Steht allerdings fest, dass die Bedingung nicht mehr eintreten kann, können auch die Schadensanteile klar zugeordnet werden, so dass die für diesen Fall vorgeschlagene Lösung des BGH richtig erscheint. **813**

Ein anderer denkbarer Weg für den Vorbehaltskäufer, auf dem er selbst tätig werden könnte, wäre die **Liquidation eines Drittschadens**, nämlich des Schadens des Verkäufers. Zur Drittschadensliquidation wäre der Vorbehaltsverkäufer berechtigt, wenn ähnlich wie beispielsweise im Falle von § 447 der Vorbehaltskäufer zwar als zukünftiger Eigentümer den Schaden hätte, aber aktiv legitimiert der Vorbehaltsverkäufer als jetziger Eigentümer wäre, also Geschädigter und Anspruchsberechtigter auseinanderfielen. Das ist aber nicht der Fall. Beim Versendungskauf gem. § 447 ist der Verkäufer Vertragspartner der Transportperson, hat aber wegen Übergangs der Preisgefahr auf den Käufer keinen Schaden[112]. Beim Schaden an der Substanz der Vorbehaltsware ist der Vorbehaltsverkäufer als Eigentümer sowohl Anspruchsberechtigter wie Geschädigter. Der Vorbehaltskäufer ist dagegen erst dann Geschädigter, wenn die Bedingung eintritt und er Eigentümer wird, also noch nicht, solange er erst Anwartschaftsinhaber ist. Diese Ungewissheit macht den Unterschied zu den Fällen der Gefahrentlastung aus. Anspruchsberechtigter und Geschädigter sind also nicht verschiedene Personen. Die Voraussetzungen für die Liquidierung eines Drittschadens sind nicht gegeben. **814**

Stellt man anders als hier vertreten hintan, dass der Anwartschaftsinhaber möglicherweise nie Vollrechtsinhaber wird, und stellt man seine gegenwärtige dingliche Berechtigung, seine wahrscheinliche spätere Vollrechtsinhaberschaft, die der Anwartschaft nachfolgen soll, in den Vordergrund, ist eine gleichzeitige Anspruchsberechtigung von Vorbehaltskäufer und Vorbehaltsverkäufer am Platze mit der Maßgabe des Schuldnerschutzes durch Anwendung des Rechtsgedankens von § 432 (Leis- **815**

---

109 *Müller-Laube*, JuS 93, 529 (534/535).

110 *Enneccerus/Nipperdey*, § 193 I. (S. 1184).

111 *Gernhuber*, Handbuch des Schuldrechts, § 24 II. 2. (S. 473); BGH WM 86, 57 mit Anm. *Bülow*, WuB VII A. § 51 ZPO 1.86, ähnlich auch BGHZ 70, 38 zu A. III. 1., zum Vertrag mit Schutzwirkung für Dritte, dazu *Assmann*, JuS 86, 885.

112 Dazu RGZ 170, 246 (250/251); grundlegend *v. Caemmerer*, ZHR 127 (1965), 241 (256).

tung an beide gemeinschaftlich). Vorbehaltskäufer und Vorbehaltsverkäufer mögen sich dann auseinandersetzen, je nachdem, ob die Bedingung eintritt.

816 In gleicher Weise können Ansprüche aus anderen Eingriffen als der deliktischen Schädigung behandelt werden (Geschäftsführung ohne Auftrag, § 667; Eingriffskondiktion, § 816 Abs. 1 Satz 1).

V. Realisierung des Eigentumsvorbehalts

1. Verwertung

817 Verwertung des Eigentumsvorbehalts durch den Vorbehaltsverkäufer als Eigentümer bedeutet, die Sache als unbelastetes Eigentum wieder in Besitz zu nehmen. Zu diesem Zwecke genügt es nicht, dass der Verkäufer den Eigentumsvorbehalt mangels vollständiger und rechtzeitiger Zahlung durch den Käufer ausübt, weil der Käufer dadurch nicht sein Recht zum Besitz verliert, das sich auf den Kaufvertrag gründet. Erst der Rücktritt des Verkäufers, namentlich nach § 323, beseitigt das Recht zum Besitz aus dem Kaufvertrag. Gem. § 346 Abs. 1 hat der Käufer den Besitz und das Anwartschaftsrecht zurückzugewähren, soweit dieses mangels gleichzeitiger Ausübung des Eigentumsvorbehalts noch bestehen sollte (vorst. Rn. 748). Das durch den Rücktritt beseitigte Recht zum Besitz begründet außerdem die Vindikation nach §§ 985, 986 BGB.

818 Der durch den Verkäufer erklärte Rücktritt (§ 349 BGB) begründet zugleich den Anspruch des Käufers auf Rückzahlung des bereits geleisteten Kaufpreisanteils gem. § 346 Abs. 1 BGB. Hierauf kann der Käufer ein Zurückbehaltungsrecht gem. §§ 348, 320 BGB stützen. Handelt es sich bei dem Vorbehaltskauf um ein beiderseitiges Handelsgeschäft, kann der Käufer die – vormalige – Vorbehaltsware, die er noch in Besitz hat, sogar gem. §§ 369 Abs. 1, 371 HGB verwerten[113].

819 Im Falle der Kontokorrentbindung nach § 355 HGB, die bewirkt, dass die gegenseitigen Forderungen ihre Selbständigkeit verlieren und sich das Schuldverhältnis auf den nach Rechnungsabschluss entstehenden Saldo konzentriert, kann der Verkäufer wegen einer aus Vorbehaltskauf entstandenen Saldoforderung dennoch den Eigentumsvorbehalt ausüben, wie § 356 HGB bestimmt.

2. Zwangsvollstreckung in die Vorbehaltssache

a) Gläubiger des Käufers

820 *aa)* Vollstreckt ein Gläubiger des Vorbehaltskäufers in die Vorbehaltssache, kann sich der Verkäufer als Eigentümer dagegen mit der Drittwiderspruchsklage gem. § 771 ZPO wehren. Ihr kann der Vollstreckungsgläubiger die Grundlage entziehen, indem er den Restkaufpreis gem. § 267 BGB an den Verkäufer zahlt, so dass die aufschiebende Bedingung und Eigentumsverlust des Verkäufers eintreten. Allerdings braucht der Verkäufer gem. § 267 Abs. 2 BGB die Leistung nicht anzunehmen, wenn der Vorbehaltskäufer widerspricht. Jedoch kann der Vollstreckungsgläubiger auch den Widerspruch des Käufers vereiteln, indem er das Anwartschaftsrecht pfändet mit der Folge, dass der Vorbehaltskäufer

113 OLG Köln EWiR § 49 KO 1/99, 31 (*Runkel*).

darüber nicht mehr verfügen darf. Zu den vollstreckungsrechtlich verbotenen Verfügungen zählt nicht nur die Veräußerung des Anwartschaftsrechts, sondern auch eine rechtliche Einwirkung darauf, wie sie der Widerspruch gem. § 267 Abs. 2 BGB darstellt. Mit der Pfändung des Anwartschaftsrechts in der Zwangsvollstreckung gegen den Vorbehaltskäufer kann dessen Vollstreckungsgläubiger den Widerspruch gem. § 267 BGB also in der Tat ins Leere gehen lassen[114]. Umstritten ist nur, welche Vollstreckungsmaßnahmen der Vollstreckungsgläubiger des Vorbehaltskäufers zu ergreifen hat. Überwiegend wird die Notwendigkeit einer **Doppelpfändung** vertreten: Sachpfändung für das Vorbehaltsgut gem. §§ 808 ff. ZPO, Rechtspfändung für das Anwartschaftsrecht gem. §§ 857, 829 ZPO (Pfändungsbeschluss des Vollstreckungsgerichts). Eine reine Rechtspfändung müsste mit der Herbeiführung der Verstrickung verbunden werden, indem nicht nur der Pfändungsbeschluss erlassen, sondern auch das Pfandsiegel angebracht wird[115]. Die konsequente Fortführung des Gedankens, dass das Anwartschaftsrecht den Übertragungsregeln des Vollrechts folgt (vorst. Rn. 779), liegt in der bloßen Sachpfändung auch für das Anwartschaftsrecht[116].

bb) War die Vorbehaltssache schon gem. § 814 ZPO versteigert worden, kann der Verkäufer den Versteigerungserlös gem. § 812 Abs. 1 Satz 1, 2. Variante BGB (**Eingriffskondiktion**) vom Vollstreckungsgläubiger herausverlangen. **821**

b) Gläubiger des Verkäufers

aa) Vollstreckt ein Gläubiger des Verkäufers in die Vorbehaltssache, kann sich auch der Vorbehaltskäufer aufgrund seines Anwartschaftsrechts mit der Drittwiderspruchsklage gem. § 771 ZPO wehren und ist nicht lediglich auf die Vorzugsklage gem. § 805 ZPO verwiesen[117]. Nach vollzogener Versteigerung kann er kondizieren. **822**

bb) War die Sache schon versteigert worden, erwirbt der Ersteher originär lastenfreies Eigentum (vorst. Rn. 805); §§ 161 Abs. 3, 936 Abs. 3 (vorst. Rn. 801) sind nicht anwendbar. Das Anwartschaftsrecht ist also untergegangen. Der vormalige Anwartschaftsrechtsinhaber kann vom Gläubiger aber Schadensersatz gem. § 823 Abs. 1 verlangen (näher vorst. Rn. 812). **823**

3. Insolvenz

a) Käuferinsolvenz

Wird über das Vermögen des Vorbehaltskäufers das Insolvenzverfahren eröffnet (§ 27 InsO), kann der Verwalter gem. § 103 Abs. 1 InsO Erfüllung wählen[118] und den Restkauf- **824**

114 BGH NJW 54, 1325; *Serick*, Bd. I § 12 II. 5. (S. 302); *Geißler*, DGVZ 90, 81 (84).

115 *Flume*, AcP 161 (1962), 385 (404); *Baur/Stürner*, Einzelzwangsvollstreckung, Rn. 32.14 ff.

116 Schlegelberger/*Hefermehl*, Anh. § 382 HGB Rn. 136; *Henckel*, in: Festschr. Zeuner, S. 193 (217 f.); *Banke*, Anwartschaftsrecht, S. 59 ff.; *Bauknecht*, NJW 54, 1749 und 55, 451 gegen BGH NJW 54, 1325; OLG Nürnberg MDR 53, 687; *Ascher*, NJW 55, 46.

117 BGHZ 54, 214 (218); 55, 20 (27); *Baur/Stürner*, Einzelzwangsvollstreckung, Rn. 46.6.

118 Nach Lage des Einzelfalls kann die Veräußerung von Vorbehaltsware die konkludente Wahlausübung darstellen, BGH ZIP 98, 298 mit Komm. *Undritz*, EWiR § 17 KO 1/98, 321 und Anm. *Smid*, DZWIR 98, 197.

preis gem. § 55 Abs. 1 Nr. 2 InsO aus der Masse an den Verkäufer zahlen[119], so dass die Bedingung eintritt und die Sache zur Masse gehört. Diesen Weg wird der Verwalter wählen, wenn der ausstehende Restkaufpreis nur noch gering ist. Wählt er gem. § 103 Abs. 2 InsO Nichterfüllung, kann der Verkäufer gem. § 47 InsO Aussonderung verlangen, muss aber bereits erhaltene Kaufpreisanteile gem. §§ 326 Abs. 3, 812 Abs. 1 BGB an die Masse erstatten[120]. Ein etwaiger Anspruch auf Ersatz des Nichterfüllungsschadens (§ 281 BGB) ist gem. § 103 Abs. 2 Satz 1 nur gewöhnliche Insolvenzforderung, beschränkt sich also auf die Quote. Hatte der Verwalter die Vorbehaltsware schon veräußert, erlangt der Verkäufer am Erlös unter den weiteren Voraussetzungen von § 48 InsO ein Ersatzaussonderungsrecht[121]. Zur Abtretung einer solchen Forderung aus gegenseitigem Vertrag unten Rn. 1252.

b) Verkäuferinsolvenz

825 In der Insolvenz über das Vermögen des Vorbehaltsverkäufers bedeutet Erfüllung des Kaufvertrages, dass der Vorbehaltskäufer wie vereinbart den Restkaufpreis an die Insolvenzmasse leisten muss, so dass er Eigentümer wird und gem. § 47 InsO Aussonderung verlangen kann; er kann nicht mit Gegenforderungen aufrechnen, die außerhalb des Vertragsverhältnisses entstanden sind[122].

826 Unter der Geltung der alten Konkursordnung war umstritten gewesen, ob der Konkursverwalter gem. § 17 KO (jetzt: § 103 InsO) auch Nichterfüllung wählen und dadurch den Bedingungseintritt vereiteln konnte[123]. Im Falle der Wahl auf Nichterfüllung hätte der Käufer die Sache an die Konkursmasse herausgeben müssen und bereits an den Verkäufer geleistete Kaufpreisanteile als Schadensersatz gem. § 26 Satz 2 KO (jetzt: § 103 Abs. 2 Satz 1 InsO) nur nach Maßgabe der Konkursquote verlangen können.

827 Mit der seit dem 1.1.1999 geltenden Insolvenzordnung[124] hat der Gesetzgeber die Streitfrage entschieden: Der Insolvenzverwalter hat kein Wahlrecht. Vielmehr kann der Vorbehaltskäufer gem. § 107 Abs. 1 InsO Erfüllung des Kaufvertrages verlangen, d.h. unter den mit dem Verkäufer, der Gemeinschuldner geworden ist, vereinbarten Bedingungen das Eigentum erwerben und die Sache behalten[125]. Der Insolvenzverwalter hat also kein Ablehnungsrecht wie im Allgemeinen Fall von § 103 Abs. 2 InsO.

---

119 Die Verfahrenseröffnung bewirkt, dass der Anspruch bis zur Wahlausübung nicht durchsetzbar ist, aber nicht erlischt, BGH NJW-RR 2002, 2783 zu II. 2. b. bb., so dass Sicherheiten daran bestehen bleiben.

120 BGHZ 15, 333 (336); 68, 379 (381); 98, 160 (169); *Marotzke*, Gegenseitige Verträge, Rn. 4.101 ff. (S. 132 ff.); *Serick*, Aufriß und Grundgedanken, S. 25 ff.; *Baur/Stürner*, Insolvenz, Rn. 9.4.

121 Dazu instruktiv, aber problematisch LG Halle DtZ 97, 169 m. Anm. *Pape*, WiB 97, 702.

122 BGH NJW 92, 507 mit Komm. *Marotzke*, EWiR 1/92, 71 zu § 55 KO.

123 BGH WM 86, 1161, verneinend z.B. *Flume*, AcP 161 (1961), 385 (404 ff.); *Henckel*, in: Festschr. Zeuner, S. 193 (194 f.); OLG Düsseldorf EWiR § 17 KO 1/96, 179 (*Marotzke*); *Bülow*, Jura 96, 190 (191).

124 Sie hat für Altfälle bis zum Inkrafttreten am 1.1.1999 Vorwirkung: *Schulze*, NJW 98, 2100; *Bülow*, Jura 96, 190 (191).

125 Richtigstellend *Marotzke*, JZ 95, 803 (810).

3. Abschnitt

Personalsicherheiten

Literatur (s. auch die Sonderrubriken sittenwidrige Bürgschaft, Formularbürgschaft, Verbraucherprivatrecht, Bürgschaft auf Erstes Anfordern sowie Gesellschaft und Konzern): *Balz*, Aufgaben und Struktur des künftigen einheitlichen Insolvenzverfahrens, ZIP 88, 273; *Bange*, Die Innenhaftung der Gesellschafter bei eigenkapitalersetzenden Darlehen und Sicherheiten, DB 97, 1755; *Bartels*, Die Sicherungsgesamtschuld als akzessorische Kreditsicherheit, JZ 2000, 608; *Basty*, Der Rückzahlungsvorbehalt nach § 3 Abs. 1 Satz 3 der Makler- und Bauträgerverordnung, WM 95, 1525; *Bayer*, Der Ausgleich zwischen Höchstbetragsbürgen, ZIP 90, 1523; *Benedict*, Wi(e)der die Formwirksamkeit der Blankettbürgschaft, Jura 99, 78; *Berkenbrock*, Gemeinschaftliche Eingehung von Verbindlichkeiten und Nichtigkeit des Vertrages, zugleich Anm. zu BGH BB 82, 1824, BB 83, 278; *Beuthin/Jöstingmeier*, Bürgschaft einer Kreditgenossenschaft als Sicherheit i.S.v. § 108 ZPO, NJW 94, 2070; *Blank*, Bürgschaft im Bauträgervertrag, ZfIR 2001, 785; *Boemke-Albrecht*, Der praktische Fall – Die bedingte Grundschuld, JuS 91, 309; *Bomhard*, Gewerbliche Bürgschaften als Sicherheiten im Projektgeschäft. Die selbstschuldnerische Bürgschaft – Inanspruchnahme und Verteidigung (I), ZBB 98, 43**;** *ders.***,** Gewerbliche Bürgschaften als Sicherheiten im Projektgeschäft (II), ZBB 98, 255; *Brandner*, Formen des Gläubigerzugriffs auf Ehegatten, in: Festschr. Franz Merz, 1992; *Bülow*, Aufschub des Verjährungseintrittes bei Musterprozessen, insbesondere Bauprozessen, NJW 71, 2254; *ders.*, Sicherungsgeberausgleich, in: Gedächtnisschrift Schultz 1987, S. 49; *ders.*, Einrede der Aufrechenbarkeit für Personengesellschafter, Bürgen und Hauptgesellschafter im Eingliederungskonzern, ZGR 88, 192; *ders.*, Sicherungsgeberausgleich bei Wechselbegebung für eine Drittschuld, WM 89, 1877; *ders.* Blankobürgschaft und Rechtsscheinzurechnung, ZIP 96, 1694; *ders.*, Der Grundsatz der Subsidiarität im Kreditsicherungsrecht, ZIP 99, 985; *P. Bydlinski*, Verjährung und Abtretbarkeit von Bürgschaftsansprüchen, ZIP 89, 953; *ders.*, Moderne Kreditsicherheiten und zwingendes Recht, AcP 190 (1990), 165; *ders.*, Die aktuelle höchstgerichtliche Judikatur zum Bürgschaftsrecht in der Kritik – Neue Entwicklungen in der Rechtsprechung? –, WM 92, 1301; *ders.*, Bürgenhaftung für Kontokorrentkredite, ÖBA 91, 879; *ders.*, Die Kündigung der Bürgschaft, in: Festschr. Schimansky, 1999, S. 299; *Cordes*, Telefax und Übereilungsschutz, NJW 93, 2427; *Derleder*, Die unbegrenzte Kreditbürgschaft, NJW 86, 97; *Derleder/Beining*, Die betragsmäßigen Grenzen der Kreditbürgschaft, ZBB 2001, 1; *Deubner*, Die lästige Bürgschaft, JuS 88, 726; *Dieckmann*, Zur Rechtsstellung des Bürgen, der sich für eine wegen arglistiger Täuschung anfechtbare Kaufpreisschuld verbürgt hat, in: Festschr. für Schippel, 1996, S. 129; *Dreismann*, Bürgenschutz durch Gläubigerdiligenz?, 2001; *Eckardt*, Die Blankettbürgschaft, Jura 97, 189; *Ehmann*, Die Gesamtschuld: Versuch einer begrifflichen Erfassung in drei Typen, 1972; *Ehricke*, Der „taugliche Bürge" gemäß § 239 BGB auf dem Prüfstand des Gemeinschaftsrechts, EWS 94, 259; *Evers*, Der Kreditnehmer bei Umschuldungsgeschäften unter Bürgschaftshingabe, ZKW 91, 98; *Ewenz*, Der Sicherungszweck der Bürgschaft nach § 7 MaBV, ZfIR 2000, 8; *Fastrich*, Ausfallsicherheiten als eigenkapitalersetzende Leistungen, NJW 83, 260; *Fichtenbauer*, Bürgschaftsrecht, Auskunftspflicht als Nebenpflicht des Gläubigers gegenüber dem Bürgen. Eine empirische Untersuchung, Diss. Gießen 1995; *Gerfried Fischer*, Formnichtigkeit der Blankobürgschaft – BGHZ 132, 119, JuS 98, 205; *Gero Fischer*, Aktuelle höchstrichterliche Rechtsprechung zur Bürgschaft und zum Schuldbeitritt, WM 2001, 1049 und 1093; *Reinfried Fischer*, Rechtsfolgen des Beihilfeverbots für öffentliche Bürgschaften, WM 2001, 277; *Foerste*, Neues Recht für Prozessbürgschaften von Auslandsbanken, ZBB 2001, 483; *Fontaine*, Diligenzpflichten des Gläubigers gegenüber dem Bürgen, Diss. Hannover

1985; *Friederich*, Die Stellung des Sicherungsgebers bei der privaten Schuldübernahme nach § 418 Abs. 1 BGB, 1996; *Frisinger/Behr*, Staatsbürgschaften, Banken und EU – Beihilfenverbot, RIW 95, 708; *Fuchs*, Sicherheitsleistung durch Bürgschaften ausländischer Banken?, RIW 96, 280; *Ganter*, Rechtsprechung des BGH zum Kreditsicherungsrecht, Teil 1, WM 98, 2045; *ders.*, Teil 2, WM 98, 2081; *Geißler*, Der Befreiungsanspruch des Bürgen und seine vollstreckungsrechtliche Durchsetzung, JuS 88, 452; *ders.*, Der Wegfall der Geschäftsgrundlage im Rahmen des Bürgschaftsvertrages, NJW 88, 3184; *Georgiades*, Die Höchstbetragsbürgschaft in der neueren Rechtsprechung, Athen 2000; *Gerth*, Zum Erfordernis der Fälligkeit bei der Zeitbürgschaft (§ 777 BGB), WM 88, 317; *Grziwotz*, MaBV – Bürgschaft und Vorausleistungspflicht im Bauträgervertrag, NJW 94, 2745; *Habersack*, Staatsbürgschaften und EG – vertragliches Beihilfeverbot, ZHR 159 (1995), 663; *ders.* Haftung der Mitglieder einer GbR für Bürgschaftsverpflichtungen der Gesellschaft, BB 99, 61; *Hackbarth*, Des Bürgen neue Schuldner – Gedanken zum Spannungsverhältnis zwischen Bürgenrisiko und Gesamtrechtsnachfolge auf Schuldnerseite, ZBB 93, 8; *W. Hartmann*, Fragen des E-Commerce aus der Sicht der Bankrechtspraxis, in: Schriftenreihe der Bankrechtlichen Vereinigung, Bd. 19, 2001, S. 267; *Henssler*, Risiko als Vertragsgegenstand, 1994; *Heiss*, Formmängel und ihre Sanktionen, 1999; *Heymann v./Rösler*, Immobilienfinanzierungen unter Berücksichtigung der Makler- und Bauträgerverordnung (MaBV), WM 98, 2456; *Hoffmann*, Die Bürgschaftsbanken in den neuen Bundesländern, ZKW 93, 306; *Hopt/Mestmäcker*, Die Rückforderung staatlicher Beihilfen nach europäischem und deutschem Recht – am Beispiel staatlich verbürgter Kredite – Teil I –, WM 96, 753; *dies.*, – Teil II –, WM 96, 801; *Horn*, Bürgschaften und Garantien, 8. Aufl. 2001; *ders.*, Globalbürgschaft und Bestimmtheitsgrundsatz, in: Festschr. Franz Merz 1992, S. 217; *ders.*, Haftung und interner Ausgleich bei Mitbürgen und Nebenbürgen, DZWIR 97, 265; *ders.*, Bürgschaftsrecht 2000, ZIP 2001, 93; *Jäger*, Die Prozesskostensicherheit für Kläger aus EU – Mitgliedstaaten gehört nicht der Vergangenheit an, EWS 97, 37; *Kageneck, v.*, Hermes-Deckungen, Entschädigung im Schadensfall und bei Umschuldungen, 1991; *Kandelhard*, Das Schicksal der Mietsicherheit bei Vertragsübernahme, NZM 2001, 696; *Kanka*, Die Mitbürgschaft, IherJb 87 (1937/38), 123; *Keim*, Das Ende der Blankobürgschaft, NJW 96, 2774; *Kiesel*, Die VOB 2002, NJW 2002, 2064; *Klanten*, Staatliche Kreditabsicherung durch Bürgschaft oder Exportkreditversicherung und EG-Beihilfeverbot, ZIP 95, 535; *Knütel*, Probleme des Bürgenregresses, JR 85, 6; *ders.*, Zur Frage der sog. Diligenzpflichten des Gläubigers gegenüber dem Bürgen, in: Festschr. Werner Flume, 1978, S. 559; *Köberle*, Die Bürgschaftsbanken in den neunziger Jahren, ZKW 94, 22; *Kohte*, Die Verjährung des Bereicherungsanspruchs des Kreditnehmers bei unwirksamem Kreditvertrag, NJW 84, 2316; *Korbion*, Besondere Sicherheitsleistungen im bauvertraglichen Bereich, in: Festschr. Wolfgang Heiermann, 1995, S. 217; *Koziol*, Der Kreditauftrag, Kontinuität und Wandel, Beiträge zum Unternehmensrecht, in: Festschr. Walther Kastner, 1992, S. 241; *Kühn-Rotthege*, Inanspruchnahme des deutschen Bürgen bei Devisensperren im Lande des Schuldners, NJW 83, 1233; *Lenz*, Die Hermes-Deckung, DB 90, Beilage 14; *Lettl*, Akzessorietät contra Sicherungszweck, WM 2000, 1316; *Lindacher*, Der praktische Fall – Bürgerliches Recht: Die erzwungene Bürgschaft, JuS 94, 587; *Lüke*, Der praktische Fall – Bürgerliches Recht: Eine Mangel mit Mängeln, JuS 93, 831; *ders*, Falsche Töne des BGH, NJW 97, 109; *Lüke/Linsler*, Der praktische Fall – Bürgerliches Recht: Die zahlungsunwilligen Bürgen, JuS 95, 318; *Lwowski/Tetzlaff*, Verjährung der Aufwendungsersatzansprüche einer Bank aus einem „Avalkredit“, WM 2000, 761; *Medicus*, Subsidiarität von Ansprüchen, JuS 77, 637; *Meinhardt*, Beendigung der Haftung aus Bürgschaften eines Gesellschafters oder Geschäftsführers bei dessen Ausscheiden aus der Gesellschaft?, 1990; *Meister*, Die Sicherheitsleistung der GmbH für Gesellschaftsverbindlichkeiten, WM 80, 380; *Melzer*, Vollstreckungsabwehrklage gegen rechtskräftige – aber falsche – Entscheidungen im Bürgschaftsrecht, NJW 96, 3192; *Mertens/Schröder*, Der Ausgleich zwischen Bürgen und dinglichem Sicherungsgeber – Überlegungen zu BGHZ 108, 179 f. –, Jura 92, 305; *Merz*, Die Rechtsprechung des Bundesgerichtshofes zur Bürgschaft, WM 84, 1141; *ders*, Die Rechtsprechung des Bundesgerichtshofes zur Bürgschaft, WM 88, 241; *ders.*, Die Rechtsprechung des Bundesgerichtshofs zur Bürgschaft, WM 82, 174; *Mincke*, Kreditsicherung und kapitalersetzende Darlehen, ZGR 87, 521, *Mösbauer*, Die Bürgschaft – das vertragliche Sicherstellungsmittel für gegenwärtige und zukünftige Steuerforderungen, BB 88, 671; *Mormann*, Die Rechtsprechung des Bundesgerichtshofs zur Bürgschaft, WM 63, 930; *K. Müller*, Der Tatbestand des kapitalersetzenden Gesellschafterdarlehens in § 33a Abs. 1 GmbHG, GmbHR 82, 33; *Noack*, Neues Insolvenzrecht – neues Kapitalersatzrecht, in: Festschr. Claussen 1997, S. 307; *v. Olshausen*, Die Aufrechnung mit dem Regressanspruch eines Bürgen oder Wechseleinlösers in der Insolvenz des Hauptschuldners oder des Akzeptanten nach der InsO – alles wie gehabt?, KTS 2000, 874; *Pape*, Die Entwicklung des Bürgschaftsrechts im Jahre 1995, NJW 96, 887; *ders.*, Unwirksamkeit formularmäßiger Zinserhöhungsklauseln in Bürgschaftsverträgen, WiB 96, 340; *Peters*, Zum Haftungsumfang der Bürgschaft für Ansprüche aus bankmäßiger Geschäftsverbindung, WM 92, 597; *M. Pfeiffer*, Nebenpflichten des Bürgschaftsgläubigers gegenüber dem Bürgen, Diss. Gießen 1991; *Pleyer/Weiser*, Die Rechte der Bank bei der Wertminderung von Sicherheiten, DB 85, 2233; *Pulina*, Gleichbehandlung von Sicherungseigentum und akzessorischen Sicherheiten im Sicherungsfall?, NJW 84, 2872; *Quack*, Der Eintritt des Sicherungsfalles bei den Bausicherheiten nach § 17 VOB/B und ähnlichen Gestaltungen, BauR 97, 754; *Rehbein*, Neuere Rechtsprechung des BGH zur Bürgschaft, in: Festschr. Werner 1984, S. 697; *Reich*, Europäische Grundfreiheiten – terra inkognita? ZBB 2000, 177; *ders.*, Kreditbürgschaften und Transparenz, NJW 95, 1857; *Reifner*, Handbuch des Kreditrechts – Verbraucherkredit und Realkredit, 1991; *Reinicke/Tiedtke*, Bürgschaftsrecht, 2. Aufl. 2000 (Ausschnitt und Fortführung von: Kreditsicherung, 4. Aufl. 2000); *dies.*, Bürgschaft und Wegfall der Geschäftsgrundlage, NJW 95, 1449; *dies.*, Die Haftung des Blankettgebers aus dem abredewidrig ausgefüllten Blankett im bürgerlichen Recht, JZ 84, 550; *dies.*, Zahlungen des Bürgen als vorläufige Sicherheit, DB 85, 957; *dies.*, Bürgschaft für eine Verbindlichkeit aus laufender Rechnung, ZIP 88, 545; *dies.*, Rückgriffsansprüche des Bürgen bei Zahlung als Sicherheit, JZ 90, 327; *dies.*, Der Übergang der verbürgten Forderung auf den Bürgen als Nachteil für den Gläubiger, DB 90, 1953; *Rieder*, Die Bankbürgschaft, 1992; *Roth*, Bürgschaftsverträge und EG-Richtlinie über Haustürgeschäfte, ZIP 96, 1285; *Rüssmann/Britz*, Bürgerliches Recht: Der Ausgleich unter Sicherungsgebern, JuS 94, L 59; *Saenger*, Die Kreditbürgschaft des GmbH-Gesellschafters – eine unentrinnbare „Haftungsfalle"?, GmbHR 99, 837; *Schelske*, Anmerkungen zur Hinterlegungsklausel in Prozessbürgschaften, Sparkasse 90, 425; *Schindler/Weller*, Der praktische Fall – Bürgerliches Recht und Handelsrecht: Der ausgeschlossene Bürge, JuS 95, 1092; *Schlechtriem*, Ausgleich zwischen mehreren Sicherern fremder Schuld, in: Festschr. v. Caemmerer 1978, S. 1012; *Schlüter*, Die Einrede der Aufrechenbarkeit des oHG-Gesellschafters und des Bürgen, in: Festschr. Westermann 1974, S. 509; *Christoph Schmidt*, Die sogenannte Akzessorietät der Bürgschaft, 2001; *K. Schmidt*, Kapitalersetzende Bankenkredite?, ZHR 147 (1983), 165; *ders.*, Eigenkapitalersatz bei unbeschränkter Haftung, ZIP 91, 1; *ders.*, Formfreie Bürgschaften eines geschäftsführenden Gesellschafters, ZIP 86, 1510; *ders.*, Die Rechtsfolgen der „eigenkapitalersetzenden Sicherheiten", ZIP 99, 1821; *K. Schmitz*, Der Ausgleich zwischen Bürgschaft und Schuldbeitritt, in: Festschr. Franz Merz, 1992, S. 553; *W. Schmitz*, Die freiwillige Bürgschaft, MDR 90, 893; *Schmitz-Herscheidt*, Ergänzende Auslegung eines unwirksamen Bürgschaftsvertrages?, ZIP 98, 1218; *Schreiner*, Der getäuschte Bürge, JuS 87, 639; *Schütt*, Deutsche Bürgschaftsbanken in der Bewährung, Sparkasse 93, 465; *Schulz*, Das Leistungsverweigerungsrecht des Bürgen auf Grund der Aufrechnungslage des Gläubigers, Gruch. Bd. 50 (1906), 269; *Schwärzel-Peters*, Die Bürgschaft im Bauvertrag, Baurechtliche Schriften 1992, S. 40; *Schwarz*, Die Rechte des Kaufpreisbürgen bei mangelhafter Kaufsache, WM 98, 116; *Schweizer*, Bürgenhaftung für Darlehenszinsen, MDR 94, 752; *Seidel/Brink*, Der zulässige Umfang der Verbürgung von Privatpersonen gegenüber Banken, DB 97, 1961; *C. Stein*, Grundrechtsschranken für das „Recht des Stärkeren" bei Verträgen, ZKW 94, 208; *Steinbach/Becker*, Ablösung eines Sicherungseinbehalts durch Gewährleistungsbürgschaft und Vorausabtretung der Gewährleistungsansprüche, WM 88, 809; *Steindorff*, Nichtigkeitsrisiko bei Staatsbürgschaften, EuZW 97, 7; *Steppeler*, Zahlungen des Bürgen als Sicherheitsleistung, Sparkasse 85, 156; *Stewing*, Staatliche Ausfuhrkreditversicherung im Europäischen Binnenmarkt – marktgängige Risiken, EWS 94, 228; *Stötter/Stötter*, Das Bürgenrisiko bei zeitlicher Begrenzung einer Kreditbürgschaft, DB 88, 899; *Straube*, Die Bürgschaftserklärung i.S.d. § 1346 Abs. 2 ABGB im Lichte der Signaturrichtlinie, in: Festschr. Koppensteiner, Wien 2001, S. 657; *Stolzenberg*, Kündigung und Enthaftung bei der Kreditbürgschaft eines ausgeschiedenen Gesellschafters, ZIP 85, 1189; *Strombeck*, Die Banken der Bürgen, Die Bank 95, 80; *Thiel*, Der Vermieter als Bürge des Erwerbers, ZMR 94, 307; *Thoma*, Die Akzessorietät bei der Sicherungsübereignung, NJW 84, 1162; *Tiedtke*, Die Regressansprüche des

Nachbürgen, WM 76, 174; *ders.*, Die Rechtsprechung des BGH zum Bürgschaftsrecht seit 1980, ZIP 86, 69; *ders.*, Der Umfang des Schriftformerfordernisses bei der Bürgschaft, WM 89, 737; *ders.*, Die Auswirkungen des § 550b BGB auf die Bürgschaft eines Dritten für Mietschulden, ZMR 90, 401; *ders.*, Der Verzicht des Zeitbürgen auf die Anzeige seiner Inanspruchnahme, DB 90, 441; *ders.*, Die Bedeutung des fehlenden GmbH-Zusatzes beim Hauptschuldner in der Bürgschaftsurkunde, DB 93, 2113; *ders.*, Die Rechtsprechung des Bundesgerichtshofs zum Bürgschaftsrecht seit 1990, ZIP 95, 521; *ders.*, Zur Übernahme der Bürgschaft durch die GmbH oder deren Geschäftsführer persönlich, GmbHR 95, 336; *ders.*, Die Begrenzung der Haftung eines Höchstbetragsbürgen, ZIP 98, 449; *Thönnissen*, Die Sicherheitsleistung durch Bankbürgschaft im Bereich der vorläufigen Vollstreckbarkeit, Diss. Bonn 2000; *Thode*, Erfüllungs- und Gewährleistungssicherheiten in innerstaatlichen und grenzüberschreitenden Bauverträgen, ZfIR 2000, 165; *Tollmann*, Das Nichtigkeitsrisiko von Staatsbürgschaften vor dem Hintergrund des EG-Beihilfeverbots, WM 2000, 2030; *Trapp*, Ausfallbürgschaften im Kommunalkreditgeschäft, WM 99, 301; *Wacke*, Der Erlaß oder Vergleich mit einem Gesamtschuldner, AcP 170 (1970), 42; *Walter*, Die formularvertragliche Kreditbürgschaft mit Globalzweckerklärung im italienischen Recht, 1993; *Walther*, Der Verzicht des Bürgen auf die Einrede der Verjährung des Anspruchs gegen den Hauptschuldner, NJW 94, 2337; *Weber*, Die Bürgschaft, JuS 71, 553; *Weintraut*, Der Haftungsausgleich zwischen Grundschuldner und Bürgen, 1994; *Weisang*, Eigenkapitalersetzende Gesellschafterleistungen in der neueren Rechtsprechung, Teil 1, WM 97, 197; *ders.*, Teil 2, WM 97, 245; *Weitnauer*, Die bewusste und zweckgerichtete Vermehrung fremden Vermögens, NJW 74, 1729; *Weitzel*, Höchstbetragsbürgschaft und Gesamtschuld, JZ 85, 824; *Westermann*, Die Bürgschaft, Jura 91, 449 und 567; *ders.*, Das Schicksal von Gesellschaftersicherheiten nach Veränderungen im Mitgliederkreis der Gesellschaft, in: Festschr. Heinz Rowedder 1994, S. 529; *Wimmer-Leonhardt*, Rechtsfragen der Blankourkunde, JuS 99, L 81; *Wintterlin*, Zur Inanspruchnahme des Zeitbürgen bei verzögerter Inanspruchnahme eines Darlehens, WM 88, 1185, *M. Wolf*, Mitbürgen als Gesamtschuldner und Nebenschuldner, NJW 87, 2472; *Würthwein*, Zum Bürgenregress bei sittenwidriger Bürgschaftsabrede zwischen Bürge und Schuldner, in: Festschr. Leser 1998, S. 177; *Zimmermann*, Die Einrede der Aufrechenbarkeit nach § 770 Abs. 2 BGB, JR 79, 495; *Zweigert/Kötz*, Einführung in die Rechtsvergleichung, 1984.

Insbesondere zur sittenwidrigen Bürgschaft: *Ahrens*, Der mittellose Geldschuldner, Unmöglichkeit zur Leistung und Verzug des Zahlungsverpflichteten, 1994; *Becker*, Ausbau der Rechtsprechung zur überfordernden Mitverpflichtung, DZWIR 95, 237; *ders.*, Wirkungslose Bürgschaften und andere persönliche Sicherheiten naher Angehöriger, DZWIR 94, 397; *Bülow*, Zum aktuellen Stand der Schuldturmproblematik, insbesondere zur Anwendung von § 11 Abs. 3 Verbraucherkreditgesetz, WM 92, 1009; *P. Bydlinski*, Gemeinsames Ehegattenkonto und Kreditmithaftung, ZBB 91, 263; *Derleder*, Rechtliche Grenzen der Verschuldung junger Erwachsener, in: Festschr. Bärmann und Weitnauer 1991, S. 121; *Derleder/Bartels*, Der bürgende Ehegatte in der Trennungskrise, FuR 95, 224; *Dieterich*, Bundesverfassungsgericht und Bürgschaftsrecht, WM 2000, 11; *Dörr*, Kreditsicherung durch mittellose Sicherungsgeber: rechtliche Aspekte der Überschuldung am Beispiel der Kreditsicherungspraxis, 1998; *Drygala*, Schutz der Privatautonomie durch Inhaltskontrolle von Individualverträgen – die Bürgschaftsentscheidung des BVerfG –, in: Jahrbuch junger Zivilrechtswissenschaftler 1995, 63; *Eckert*, Übermäßige Verschuldung bei Bürgschafts- und Kreditaufnahme, WM 90, 85; *Eckardt*, Vollstreckungsgegenklage aufgrund der neuen Rechtsprechung zu Bürgschaften Familienangehöriger?, MDR 97, 621; *Einmahl*, Auswirkungen der „Bürgenrechtsprechung" des Bundesverfassungsgerichts auf bereits titulierte oder in einem Vergleich festgeschriebene Ansprüche, VuR 97, 3; *Ernst*, Interzession, in: Rechtsgeschichte und Privatrechtsdogmatik, 2001, S. 395; *ders.*, Das Bundesverfassungsgericht in der Privatrechtsordnung, in: Das Recht vor der Herausforderung eines neuen Jahrhunderts, 1998, S. 205; *G. Fischer*, Sittenwidrigkeit der Mithaftung bei Bürgschaften wegen finanzieller Überforderung, in: Bankrecht 2000, S. 91; *Frank*, Sittenwidrigkeit als Folge „strukturell ungleicher Verhandlungsstärke" – BVerfG, NJW 1994, 2749; *Frey*, Die Haftung mittelloser Bürgen zwischen Verfassungs- und Vertragsrecht, WM 96, 1612; *Fuchs-Wissemann*, Die Risiken der Bürgschaft und ihre rechtlichen Folgen, WiB 94, 426; *Gernhuber*, Ruinöse Bürgschaften als Folge familiärer Verbundenheit, JZ 95, 1086; *Göpfert*, „Bewegliche Systeme" zur

Bewältigung von Ähnlichkeiten am Beispiel der „Bürgschaftsfälle" des BGH, JuS 93, 655; *Groeschke*, Die Schuldturmproblematik im Zugriff der vorvertraglichen Pflichten, 1993; *Habersack/Giglio*, Sittenwidrigkeit der Bürgschaft wegen krasser finanzieller Überforderung des Bürgen?, WM 2001, 1100; *Halstenberg*, Die Rechtsprechung des Bundesgerichtshofs zur Sittenwidrigkeit finanziell überforderter Mithaftender, in: Festschr. Schimansky 1999, S. 315; *Hasler*, Vollstreckungsgegenklage gegen rechtskräftige „Bürgenurteile" aufgrund der neueren BVerfG-Rechtsprechung, MDR 95, 1086; *Heinrichsmeier*, Die Einbeziehung des Ehegatten in die Haftung für Geldkredite, 1993; *Hesse/Kauffmann*, Die Schutzpflichten in der Privatrechtsprechung, JZ 95, 219; *Honsell*, Bürgschaft und Mithaftung einkommens- und vermögensloser Familienmitglieder, NJW 94, 565; *Joswig*, Fremdbestimmung, Strukturelle Unterlegenheit und Ausgleich gestörter Vertragsparität – eine Terminologie für das Zivilrecht?, in: Festschr. Schimansky 1999, S. 336; *Kerls*, Die Haftung einkommensschwacher und vermögensloser Angehöriger bei öffentlich geförderten Darlehen, DZWIR 96, 9; *Kiethe/Groeschke*, Vertragsdisparität und strukturelle Unterlegenheit als Wirksamkeits- und Haftungsfalle, BB 94, 2291; *Klanten*, Begrenztes Bürgschaftsrisiko und aktive Verbraucher, WM 93, 2196; *Knütel*, Befreite Ehefrauen? – Zur Mithaftung für Bankkredite von Angehörigen, ZIP 91, 493; *Koch*, Schulden und Scheidung, – Zur Weiterhaftung des sicherheitsleistenden Ehegatten –, FamRZ 94, 537; *Kohler*, Angehörigenbürgschaft wegen Vermögensverschiebung – § 419 BGB mortuus et redivivus, in: Festschr. Wacke 2001, S. 229; *Krämer*, Rechtliche Inhaltskontrolle von Verträgen als Verfassungsgebot, in: Festschr. Schimansky 1999, S. 367; *Kreft*, Privatautonomie und persönliche Verschuldung, WM 92, 1425; *ders.*, Aktuelle Probleme des Bürgschaftsrechts, in: Horn/Schimansky, Bankrecht 1998, 151; *Kühling*, Bürgschaft und Grundrechte, WM 2002, 625; *Kulke*, Anwendbarkeit des § 312 Abs. 1 BGB auf Bürgschaftsverträge bei Erberwartung des einkommens- und vermögenslosen Bürgen, ZEV 2000, 298; *ders.*, Sittenwidrigkeit eines Schuldbeitritts und Teilnichtigkeit, ZIP 2001, 985; *Mayer-Maly*, Was leisten die guten Sitten?, AcP 194 (1994), 105; *Medicus*, Leistungsfähigkeit und Rechtsgeschäft, ZIP 89, 817; *ders.*, Der moderne Schuldturm? Rechtsdogmatische Überlegungen zur Privatautonomie im Recht der Bankgeschäfte, Schriften der bankrechtlichen Vereinigung, Bd. 3 1992; *ders.*, Die Bedeutung von Erwartungen des Gläubigers beim Abschluss der Bürgschaft, in: Festschr. für Fikentscher, 1998, S. 265; *Müller*, Der „nahe Angehörige" in der Rechtsprechung des BGH, DZWIR 98, 447; *Nobbe/Kirchhof*, Bürgschaften und Haftungsübernahmen finanziell überforderter Personen, BKR 2001, 5; *Oberhammer*, Sittenwidrigkeit und Haftungszweck von Ehegattenbürgschaften, DZWIR 2000, 45; *Odersky*, Ruinöse Bürgschaften – Rechtsethik und Zivilrecht, ZGR 98, 169; *Pape*, BGH-aktuell: Bürgschaftsrecht, NJW 95, 1006; *ders.*, Die neue Bürgschaftsrechtsprechung – Abschied vom „Schuldturm"?, ZIP 94, 515; *Rehbein*, Zur Mithaftung vermögensloser Angehöriger, JR 95, 45; *Reifner*, Die Mithaftung der Ehefrau im Bankkredit – Bürgschaft und Gesamtschuld im Kreditsicherungsrecht, ZIP 90, 427; *Reinicke/Tiedke*, Zur Sittenwidrigkeit hoher Verpflichtungen vermögens- und einkommensloser oder einkommensschwacher Bürgen, ZIP 89, 613; *Riehm*, Aktuelle Fälle zum Bürgschaftsrecht, JuS 2000, 241; *Rittner*, Die gestörte Vertragsparität und das Bundesverfassungsgericht, NJW 94, 3330; *Schanbacher*, Bürgschaft und Erbschaft – zur Sittenwidrigkeit von Bürgschaften finanziell überforderter Personen, WM 2001, 74; *Schapp*, Zur Konkretisierung von Generalklauseln durch den Zivilrichter am Beispiel der Sittenwidrigkeit von Bürgschaften naher Angehöriger, in: Festschr. Söllner 2000, S. 973; *Schelske*, Kontoüberziehungen und Mithaft, ZKW 92, 12; *Scholz*, Grenzen der Privatautonomie im Bürgschaftsrecht, FLF 94, 57; *Schwarz*, Die Bürgschaft des Ehegatten zur Sicherung betrieblicher Ruhegehaltsansprüche, NJW 93, 2916; *Schweitzer*, Bürgschaften von vermögenslosen Familienangehörigen, KTS 91, 541; *Singer*, Selbstbestimmung und Verkehrsschutz im Recht der Willenserklärungen, 1995; *Stumpf*, Bürgschaften von Familienangehörigen, Trierer Beiträge – Sonderheft 8 –, Oktober 1994, S. 18; *dies.*, Der vermögenslose Bürge – Zum Spannungsverhältnis zwischen privatautonomer Gestaltungsfreiheit und Verbraucherschutz –, Jura 92, 417; *Tiedemann*, Zur Nichtigkeit einer Beschränkung der Bürgschaft auf künftige Erbschaft nach § 312 I 1 BGB, NJW 2000, 192; *Wenzel*, Verfassungsmäßigkeit von Bürgschaften vermögensloser Angehöriger, Die Bank 94, 104; *Wesser*, Sittenwidrige Bürgschaftsverträge – Unzulässigkeit der Zwangsvollstreckung gem. § 79 II BverfGG analog?, NJW 2000, 475; *Wochner*, Die neue Schuldknechtschaft, BB 89, 1354; *Zöllner*, Regelungsspielräume im Schuldvertragsrecht, AcP 196 (1996), 1.

Insbesondere zur Formularbürgschaft: *Altvater*, Zur Zulässigkeit der geltungserhaltenden Reduktion formularmäßiger Sicherungsabreden, WiB 96, 374; *Dähn*, Die Wirksamkeit von Globalbürgschaften von Gesellschaftern und Geschäftsführern für Verbindlichkeiten der Gesellschaft, ZBB 2000, 61; *Ehricke*, Bürgschaften von Geschäftsführern und Gesellschaftern einer GmbH für die Verbindlichkeiten ihrer Gesellschaft, WM 2000, 2177; *Fischer/Ganter*, Schutz des Bürgen, in: 50 Jahre Bundesgerichtshof 2000, S. 33; *Hager*, Der lange Abschied vom Verbot der geltungserhaltenden Reduktion, JZ 96, 175; *Hammen*, Die Wirksamkeit des klauselmäßigen Verzichts auf die Rechtsfolgen nach § 776 BGB, WM 88, 1809; *Horn*, Zur Zulässigkeit der Globalbürgschaft – Bestimmtheitsgrundsatz und Verbot der Fremddisposition im Bürgschaftsrecht, ZIP 97, 525; *Koch*, Anwendung der Anlassrechtsprechung auf Bürgschaften von Geschäftsführern und Gesellschaftern, NJW 2000, 1996; *Lindacher*, Reduktion oder Kassation übermäßiger AGB-Klauseln, BB 83, 154; *Masuch*, Formularvertragliche Globalbürgschaft für einen unlimitierten Kontokorrentkredit, DB 98, 2590; *Reich/Schmitz*, Globalbürgschaften in der Klauselkontrolle und das Verbot der geltungserhaltenden Reduktion, NJW 95, 2533; *Reinicke/Tiedtke*, Die Haftung des Bürgen für alle bestehenden und künftigen Forderungen einer Bank aus ihrer Geschäftsverbindung mit dem Hauptschuldner, WiB 96, 505; *dies.*, Bestimmtheitserfordernis und weite Sicherungsabrede im Bürgschaftsrecht, DB 95, 2301; *dies.*, Die Bürgschaft für alle bestehenden und künftigen Forderungen des Gläubigers aus seiner bankmäßigen Geschäftsverbindung mit dem Hauptschuldner, JZ 86, 452; *dies.*, Die Bürgschaft für alle bestehenden und künftigen Forderungen des Gläubigers aus seiner bankmäßigen Geschäftsverbindung mit dem Hauptschuldner, JZ 85, 426; *Schmitz-Herscheidt*, Zur Bürgschaft für alle gegenwärtigen und zukünftigen Verbindlichkeiten, ZIP 97, 1140; *Tiedtke*, Unwirksamkeit von Nr. 13 der AGB-Banken, BB 86, 541; *ders.*, Die Rechtsprechung des Bundesgerichtshofs zur Anwendung des AGB-Gesetzes im Bürgschaftsrecht, ZIP 86, 150; *ders.*, Enge und weite Bürgschaftsverpflichtungen, ZIP 94, 1237; *Westphalen v.*, Weite Sicherungszweckvereinbarungen – gelöste und ungelöste Fragen, in: Horn/Schimansky, Bankrecht 1998, 167; *ders.*, Die Entwicklung des AGB-Rechts im Jahr 2001, NJW 2002, 1688.

Insbesondere zum Verbraucherprivatrecht: *Artz*, Der Verbraucher als Kreditnehmer, 2001; *ders.*, Bürgschaft und Verbraucherkreditgesetz – Zur Anwendbarkeit des VerbrKrG auf Bürgschaften unter Berücksichtigung der höchstrichterlichen Rechtsprechung zum Schuldbeitritt, VuR 97, 227; *ders.*, Schuldrechtsmodernisierung 2001/2002 – Integration der Nebengesetze in das BGB, JuS 2002, 528; *Auer*, Kreditsicherheiten und Verbraucherschutz auf dem Prüfstand des Europarechts, ZBB 99, 161; *Baldus*, Der praktische Fall – Europarecht: Der gewürgte Bürge und der EuGH, JuS 95, 1102; *Bülow*, Sicherungsgeschäfte als Haustür- und Verbraucherkreditgeschäfte, NJW 96, 2889; *ders.*, Verbraucherkreditrichtlinie, Verbraucherbegriff und Bürgschaft, ZIP 99, 1613; *ders.*, Verbraucherkreditrecht im BGB, NJW 2002, 1145; *Canaris*, Wandlungen des Schuldvertragsrechts – Tendenzen zu seiner „Materialisierung", AcP 200 (2000), 273; *Dazert*, Mithaftung und Sukzession bei Verbraucherkrediverträgen, 1998; *Drexl*, Der Bürge als deutscher und europäischer Verbraucher, JZ 98, 1046; *Edelmann*, Bürgschaften und Verbraucherkreditgesetz, BB 98, 1017; *Franzen*, Der EuGH und das Bürgerliche Recht – dargestellt am Beispiel der EuGH-Urteile „Dietzinger" und „Draehmpaehl", in: Festschr. Maures 2001, 899; *Gottwald*, Die Bürgschaft als Anwendungsfall von § 1 Abs. 1 HaustürWG?, BB 92, 1296; *Hagena*, Drittschutz im Verbraucherkreditrecht, 1996; *Holznagel*, Der Bürgschaftsvertrag im Anwendungsbereich des Verbraucherkreditgesetzes?, Die Entscheidung des EuGH zur Verbraucherkredit-Richtlinie, Jura 2000, 578; *Klauninger*, Der Widerruf von Sicherungsgeschäften nach deutschem und europäischem Recht 2001; *Klein*, Zur Anwendbarkeit des Haustürwiderrufgesetzes auf Bürgschaften, DZWIR 96, 230; *ders.* Zur Anwendbarkeit des Verbraucherkreditgesetzes auf Bürgschaften, DZWIR 96, 358; *Klingsporn*, Zum Widerruf von Bürgschaftserklärungen bei Haustürgeschäften, NJW 91, 2259; *Koch*, Verbraucherkreditgesetz und Bürgschaft, FLF 98, 203; *Kröll*, Anwendung des Haustürwiderrufsgesetzes auf Bürgschaften nach den „Dietzinger" – Entscheidungen des EuGH und des BGH, DZWIR 98, 426; *Kurz*, Ist der Mehrheitsgesellschafter und Alleingeschäftsführer einer GmbH „Verbraucher"?, NJW 97, 1828; *St. Lorenz*, Richtlinienkonforme Auslegung, Mindestharmonisierung und der „Krieg der Senate", NJW 98, 2937; *Mayen*, Anwendung des Haustürwiderrufgesetzes (HWiG) und des Verbraucherkreditgesetzes (VerbrKrG) auf Bürgschaften, in: Festschr. Schimansky 1999, S. 415; *T. Pfeiffer*, Haustürwiderrufsgesetz und Bürgschaft, ZBB 92, 1; *ders.*, Ein zweiter Anlauf des deutschen Bürgschaftsrechts zum EuGH, NJW 96, 3297; *ders.*, Die Bürgschaft unter dem Einfluss des deutschen und europäischen Verbraucherrechts, ZIP 98, 1129; *Probst*, Geltungsbereichsprobleme des Gesetzes über den Widerruf von Haustürgeschäften, JR 92, 133; *Reinicke/Tiedke*, Schutz des Bürgen durch das Haustürwiderrufsgesetz, ZIP 98, 893; *dies.*, Schutz des Bürgen durch das Haustürwiderrufsgesetz, DB 98, 2001; *W.H. Roth*, Bürgschaftsverträge und EG-Richtlinien über Haustürgeschäfte, ZIP 96, 1285; *Rüssmann*, Formzwang und Übereilungsschutz in Interzessionsverhältnissen, in: Festschr. für Heinrichs 1998, 451; *Scherer/Mayer*, Anwendbarkeit des Verbraucherkreditgesetzes auf Personalsicherheiten, DB 98, 1217; *dies.*, Kreditsicherung und Verbraucherschutz, JA 99, 115; *Schanbacher*, Zur Frage der Anwendbarkeit des Haustürwiderrufsgesetzes auf Bürgschaften, NJW 91, 3263; *Schwarz*, Bürgenschutz durch deutsches und europäisches Verbraucherschutzrecht, 2001; *Sölter*, Kein Bürgenschutz durch das Verbraucherkreditgesetz?, NJW 98, 2192; *dies.*, Die Verbraucherbürgschaft: Zur Anwendbarkeit des Verbraucherkreditgesetzes auf die Bürgschaft, 2001; *Ulmer/Timmann*, Zur Anwendbarkeit des Verbraucherkreditgesetzes auf die Mitverpflichtung Dritter, in: Festschr. Rohwedder, 1994, S. 503; *Vowinkel*, Unanwendbarkeit des § 312 BGB n.F. (Widerrufsrecht bei Haustürgeschäften) auf die Bürgschaft, DB 2002, 1362; *Wackerbarth*, Zur Anwendung des Verbraucherkreditgesetzes auf die persönliche Mitverpflichtung des GmbH-Gesellschafters, DB 98, 1950; *Wassermann*, Zur Anwendbarkeit des Haustürwiderrufgesetzes auf Bürgschaftsverträge – BGHZ 113, 287 und BGH, NJW 1991, 2905, JuS 92, 908; *Wenzel*, Bürgschaft als Haustürgeschäft, Die Bank 93, 423; *ders.* Keine Anwendbarkeit des Haustürwiderrufsgesetzes auf Bürgschaften, NJW 93, 2781; *Westphalen v.*, Bürgschaft und Verbraucherkreditgesetz, DB 98, 295; *Wolf*, Haustürgeschäft und Bürgschaft – eine unendliche Geschichte, EWS 98, 324; *Zahn*, Anwendung des Verbraucherkreditgesetzes auf die Bürgschaft, DB 98, 353; *Zöllner*, Die Bürgschaft des Nichtunternehmers, WM 2000, 1.

Insbesondere zu Bürgschaft auf Erstes Anfordern: *P. Bydlinski*, Die Bürgschaft auf Erstes Anfordern: Darlegungs- und Beweislast bei Rückforderung durch den Bürgen, WM 90, 1401; *ders.*, Personaler numerus clausus bei der Bürgschaft auf erstes Anfordern?, WM 91, 257; *Clemm*, Die Stellung des Gewährleistungsbürgen, insbesondere bei der Bürgschaft „auf Erstes Anfordern", BauR 87, 123; *Eleftheriadis*, Die Bürgschaft auf erstes Anfordern, 2001; *Hahn*, Die Bürgschaft auf erstes Anfordern, MDR 99, 839; *Heinsius*, Bürgschaft auf Erstes Anfordern, in: Festschr. Franz Merz 1992, S. 177; *Horn*, Bürgschaften und Garantien zur Zahlung auf Erstes Anfordern, NJW 80, 2153; *Kainz*, Zur Unwirksamkeit von Vertragserfüllungs – und Gewährleistungsbürgschaften „auf Erstes Anfordern" in der deutschen Bauwirtschaft und die sich daraus ergebenden Rechtsfolgen, BauR 95, 616; *Kreft*, Garantie und Bürgschaft auf erstes Anfordern, in: Bankrecht 2000, S. 115; *Lukas*, Bürgschaft auf erstes Anfordern, Diss. Köln 1998; *Michalski*, Bürgschaft auf Erstes Anfordern, ZBB 94, 289; *Oettmeier*, Bürgschaften auf erstes Anfordern, 1996; *Rigol*, Schadensersatz bei ungerechtfertigter Inanspruchnahme einer Bürgschaft auf erstes Anfordern, ZIP 2000, 306; *J. Schmidt*, Die Effektivklausel in der Bürgschaft auf erstes Anfordern, WM 99, 308; *Weth*, Bürgschaft und Garantie auf Erstes Anfordern, AcP 189 (1989), 303; *ders.*, Das wirksame Anfordern bei der Bürgschaft auf erstes Anfordern, in: Festschr. Schütze 99, S. 971.

Insbesondere zu Gesellschaft und Konzern: *Altmeppen*, Gesellschafterhaftung und „Konzernhaftung" bei der GmbH, NJW 2002, 321; *Bitter/Bitter*, Alles klar im qualifiziert faktischen Konzern? Oder: Die Ausweitung der BGH-Rechtsprechung durch das BAG, BB 96, 2153; *Bruns*, Das „TBB"-Urteil und die Folgen, WM 2001, 1497; *Bülow*, Der praktische Fall aus dem Gesellschaftsrecht – Der missglückte Geschäftsbeginn, Jura 85, 263; *Dostal*, Eigenkapitalersatzhaftung bei Übernahme einer Bürgschaft als Komplementär der Gesellschafterin einer GmbH, DB 97, 613; *Emmerich*, Nachlese zum Autokranurteil des BGH zum GmbH-Konzernrecht, GmbHR 87, 213; *ders.*, Supermarkt und die Folgen, JuS 92, 102; *Emmerich/Sonnenschein/Habersack*, Konzernrecht, 7. Aufl. 2001; *Groß/Sonnenhol*, Besicherung von Krediten an Konzernunternehmen, GmbHR 95, 561; *Habersack*, Der Regress bei akzessorischer Haftung AcP 198 (1998), 152; *Hattstein*, Gläubigersicherung durch das ehemals herrschende Unternehmen, 1995; *Lutter*, Die Haftung des herrschenden Unternehmens im GmbH-Konzern, ZIP 85, 1425; *Lwowski/Groeschke*, Die Konzernhaftung der §§ 302, 303 AktG als atypische Sicherheit?, WM 94, 613; *Maier-Reimer*, Kreditsicherung und Kapitalersatz in der GmbH, in: Festschr. Heinz Rowedder, 1994, S. 245: *Messer*, Kreditbesicherung im Konzern, ZHR 159 (1995), 375; *Mülbert*, Sicherheiten einer Kapitalgesellschaft für Verbindlichkeiten ihres Gesellschafters, Sonderdruck aus ZGR 95, 578; *Noack*, Kapitalersatz bei verbundenen Unternehmen, GmbHR 96, 153; *Oetker*, Rückzahlungsverbot (§ 30 I GmbHG) und Sicherheitsleistungen konzernabhängiger GmbH's für Verbindlichkeiten anderer Konzerngesellschaften – am Beispiel der Bürgschaft, KTS 91, 521; *Pape*, Die Umqualifizierung stehengelassener Gesellschafterbürgschaften in Eigenkapitalersatz, ZIP 96, 1409; *Peltzer*, Besicherte Darlehen von Dritten an Konzerngesellschaften und Kapitalerhaltungsvorschriften, GmbHR 95, 15; *Peltzer/Bell*, Besicherung von Gesellschafterkrediten mit dem GmbH-Vermögen?, ZIP 93, 1757; *K. Schmidt*, Zum Haftungsdurchgriff wegen Sphärenvermischung und zur Haftungsverfassung im GmbH-Konzern, BB 85, 2074; *Schön*, Kreditbesicherung durch abhängige Kapitalgesellschaften, ZHR 159 (1995), 351; *Sonnenhol/Groß*, Besicherung von Krediten Dritter an Konzernunternehmen, ZHR 159 (1995), 388; *Schwark*, Die Haftung des herrschenden Unternehmens im qualifizierten faktischen GmbH-Konzern, JuS 87, 443; *Sotiropoulos*, Kredite und Kreditsicherheiten der GmbH zugunsten ihrer Gesellschafter und nahestehender Dritter, 1996; *Stimpel*, Haftung im qualifizierten faktischen GmbH-Konzern, ZGR 91, 144; *Stodolkowitz*, Die Haftung im qualifizierten faktischen GmbH-Konzern nach der Rechtsprechung des Bundesgerichtshofs, ZIP 92, 1517; *Theißen*, Gesellschafterbürgschaften in der Insolvenz der OHG nach neuem Recht, ZIP 98, 1625; *Timm*, Grundfragen des „qualifizierten" faktischen Konzerns im Aktienrecht, NJW 87, 977; *P. Ulmer*, Gläubigerschutz im „qualifizierten" faktischen Konzern; *Wenzel*, Die Vereinbarkeit von Sicherheitenbestellungen mit gesellschaftsrechtlichen Kapitalerhaltungsvorschriften, WiB 96, 10; *Würdinger*, Aktienrecht, 4. Aufl. 1981.

Fälle:

1. *B verbürgt sich für den solventen S wegen dessen Schulden bei G. Danach wird S in den Strudel eines Konkurses gerissen, den sein wichtigster Geschäftspartner erleidet; S gerät selbst in Vermögensverfall. Diese neue Lage veranlasst B, die Entlassung aus der Bürgschaft gegenüber G zu verlangen. G lehnt ab. Wer hat Recht?*
(Lösung: Rn. 852 ff.)

2. *B verbürgt sich für ein Darlehen, das S bei der Ratenkreditbank G aufgenommen hatte. Das Darlehen stellt sich als wucherisch heraus. G will sich an B halten. Der beruft sich auf die Nichtigkeit des Darlehensvertrages. Wer hat Recht?*
(Lösung: Rn. 963-966 ff.)

3. *B hatte sich für eine Schuld von S bei G verbürgt, wurde auch in Anspruch genommen und zahlte. S hatte zur Sicherung der Schuld außerdem ein Auto an G übereignet. B verlangt von G dieses Auto. Mit Recht?*
(Lösung: Rn. 1018)

4. *Bürge B hatte sich für die Kaufpreisschuld von K gegenüber V verbürgt. Die gekaufte Sache ist mangelhaft; K und V treffen jedoch eine Übereinkunft, nach der K auf Gewährleistungsansprüche verzichtet. Dennoch zahlt K nicht, so dass V den Bürgen in Anspruch nimmt. B ist der Ansicht, nicht zahlen zu müssen. Mit Recht?*
(Lösung: Rn. 985, 995)

5. *Eine GmbH brauchte dringend Kapital, um den Geschäftsbetrieb fortführen zu können. Die Bank G wollte ein Darlehen nur gegen Bürgschaft geben. Gesellschafter B verbürgt sich daraufhin für das Darlehen. Die GmbH wird trotzdem insolvent. G meldet ihre Darlehensforderung zur Tabelle an. Der Insolvenzverwalter erkennt die Forderung nicht an, G solle erst bei B ihr Recht suchen. Hat G Anspruch auf Eintragung ihrer Forderung in die Tabelle?*
(Lösung: Rn. 1049 ff., 1065).

828 Verpfändung und Eigentumsvorbehalt als Sachsicherheiten für den Geld- oder Warenkredit stellen dem Kreditgläubiger einen konkreten, bestimmten Vermögensgegenstand in

Aussicht, auf den er zurückgreifen kann, wenn der Kreditschuldner seinen Pflichten aus dem Kreditgeschäft nicht nachkommt, den Kreditgläubiger also nicht befriedigt und dieser ersatzweise in der Sicherheit Befriedigung sucht. Der Ersatz für den unerfüllt gebliebenen und deshalb fortbestehenden obligatorischen Anspruch ist ein bestimmter Vermögensgegenstand, der dem Kreditschuldner oder einem Dritten zugeordnet ist, sei er Eigentümer oder Inhaber oder Anwartschaftsberechtigter. Bei den Personalsicherheiten ist der Ersatz dagegen ein weiterer obligatorischer Anspruch des Kreditgläubigers gegen einen Dritten (oben Rn. 11). Dieser Anspruch wird zwischen Drittem und Kreditgläubiger begründet, dem der Dritte mit seinem gesamten Vermögen haftet und auf diese Weise das **Risiko** der ausbleibenden Leistung des Hauptschuldners übernimmt. Der wirtschaftliche Wert der Personalsicherheit ist infolgedessen abhängig von der Leistungsfähigkeit, der **Solvenz**, des Dritten. Ist der gegen ihn gerichtete obligatorische Anspruch ebenso undurchsetzbar wie der gesicherte obligatorische Anspruch gegen den Kreditschuldner, steht der Kreditgläubiger so da, wie ohne Sicherheit. Die Unsicherheitsfaktoren, die in der Kreditgewährung selbst liegen, nämlich in der Solvenzfrage, liegen ebenso in der Bestellung der Personalsicherheit. Insoweit ist die wirtschaftliche Lage des Kreditgläubigers ähnlich wie im Falle des Einsatzes von Forderungen als Kreditsicherheit, deren wirtschaftlicher Wert ebenfalls von der Solvenz des Schuldners dieser Forderung abhängt.

Personalsicherheit bedeutet notwendigerweise das Hinzutreten eines Dritten als Siche- **829**
rungsgeber neben das Kreditverhältnis zwischen dem Gläubiger als Sicherungsnehmer und dem Kreditschuldner. Realsicherheiten können sich unter den Parteien des Kreditverhältnisses abspielen, aber gleichfalls durch einen Dritten begründet werden. Der Dritte kann für den Kreditschuldner einen Vermögensgegenstand (Grundstück, bewegliche Sache, Recht) stellen, um dessen Schuld gegenüber dem Kreditgläubiger zu sichern. Die Begründung einer Sicherheit durch Hinzutreten eines Dritten, sei es in der Form einer Personalsicherheit oder einer Realsicherheit, ist die **Interzession** (oben Rn. 14, 54).

Durch das Gesetz ist nicht nur die Bürgschaft als Personalsicherheit ausgeformt, sondern **830**
auch die Bestärkung einer Schuld durch wechsel- oder auch scheckrechtliche Haftung (während Wechsel- und Scheckbürgschaft, Art. 30 WG, 25 ScheckG, wenig mit der Bürgschaft des BGB gemein haben, nachf. Rn. 1070). Hinzu kommen konzernrechtliche Regelungen mit personalsicherungsrechtlichem Charakter (nachf. Rn. 1169). Dagegen ist die gleichgründige Gesamtschuld (oben Rn. 36) keine Personalsicherheit, wohl aber die Sicherungsgesamtschuld (Schuldbeitritt) eine kautelarische (oben Rn. 35 und unten Rn. 1580 ff.) wie auch die Garantie als allgemeiner, nämlich nicht akzessorischer und nicht kodifizierter (unten Rn. 1550) Fall der Interzession[1].

1 So Mot. II, S. 657/658, bei *Mugdan*, S. 367.

I. Bürgschaft

831 Gesetzlicher Typus einer Personalsicherheit ist die Bürgschaft.

A. Sicherungsrechtliche Grundsätze

1. Wesen der Bürgschaft

832 Gem. § 765 Abs. 1 BGB verpflichtet sich der Bürge gegenüber dem Gläubiger eines Dritten, für die Erfüllung der Verbindlichkeit des Dritten, des Hauptschuldners, einzustehen, also selbst den Gläubiger zu befriedigen, wenn und soweit der Hauptschuldner nicht leistet. Der Bürge verspricht nicht lediglich die Erfüllung durch den Hauptschuldner[2]. Der Bürge muss leisten, weil er durch den Bürgschaftsvertrag eine eigene Verbindlichkeit neben der des Hauptschuldners, freilich akzessorisch mit dieser verbunden[3] (nachf. Rn. 837), begründet hat und dadurch selbst zum Schuldner wird. Der Gläubiger hat zwei Schuldner, bekommt die Leistung aber nur einmal. Der Bürge begründet seine Einstandspflicht, um die Forderung des Gläubigers gegen den Hauptschuldner zu sichern. Verhält sich der Hauptschuldner gegenüber dem Gläubiger vertragstreu, wird die Bürgschaft nicht virulent. Sie erfüllt ihren Zweck erst, wenn der Sicherungsfall, die Krise des Hauptschuldners, eintritt (oben Rn. 61). Der **Sicherungszweck** liegt darin, dass der Bürge mit seiner Bürgschaftsverbindlichkeit für die gesicherte Forderung, also die Hauptverbindlichkeit, einsteht. Die Verbindlichkeit des Bürgen ist aus der Sicht des Gläubigers seine Sicherungsforderung.

833 Die Verbindlichkeit des Hauptschuldners, die zu sichernde und durch die Bürgschaft gesicherte Forderung des Gläubigers, liegt in der Verpflichtung, eine Handlung zu erbringen oder zu unterlassen (vgl. § 194 Abs. 1 BGB). Im Falle einer unvertretbaren Hauptverbindlichkeit geht die Leistungspflicht des Bürgen auf Befriedigung des Schadensersatzinteresses, d.h. meistens auf Geld[4] (vgl. § 251 BGB). Der Kredit in der Form des Darlehens begründet als vertretbare Handlung die Verpflichtung zur Zahlung von Geld, für die der Bürge einsteht, indem er selbst Geld an den Gläubiger leistet resp. ein Surrogat dafür erbringt, z.B. mit einer Forderung aufrechnet, die er gegen den Gläubiger hat (nachf. Rn. 1012). Gegenstand der Hauptverbindlichkeit braucht aber nicht notwendig ein Kreditgeschäft (Geld-, Waren- oder Dienstleistungskredit, oben Rn. 7) zu sein, sondern kann auch im Anspruch auf ordnungsgemäße Vertragserfüllung liegen, indem der aus dem Vertrag Leistungsberechtigte seine Gewährleistungsansprüche[5] sichert[6] oder auch, wenn der Leistungsberechtigte Vorauszahlungen geleistet hatte, den Anspruch auf deren Rückzahlung, wenn die Leistungen des Leistungsverpflichteten die Vorauszahlungen nicht decken[7]. Gläubiger einer **Kreditbürgschaft** ist der Kreditgeber, Gläubiger einer **Vertrag-**

---

2 Staudinger/*Horn*, Vorbem. zu § 765 BGB Rn. 13.

3 Wenn man so will: eine angelehnte Verbindlichkeit, RGZ 90, 415 (417); BGHZ 6, 385 (397); BGH NJW 86, 580 zu I. 1.

4 RGZ 140, 216 (219); *Esser/Weyers*, § 40 II. 2. (S. 302).

5 BGH WM 2000, 2373 mit Komm. *Schmitz*, EWiR § 765 BGB 6/2000, 1103.

6 Bürgschaft anstelle eines Sicherheitseinbehalts nach § 17 VOB/B (nachf. Rn. 1047), BGH NJW 2001, 3629 mit Anm. *Pfeiffer*, WuB I E 5. – 3.02 und Komm. *Schmitz*, EWiR Nr. 17 VOB/B 3/01, 1165.

7 BGH NJW 99, 2113; 2000, 511 mit Komm. *Schmitz*, EWiR § 767 BGB 1/2000, 1147.

serfüllungsbürgschaft der Leistungsberechtigte, der im Hinblick auf die Vorleistungspflicht des Leistungsverpflichteten (z.B. als Bauunternehmer, § 640 BGB) zugleich Kreditnehmer ist (oben Rn. 7).

2. Rechtsgrund der Einstandspflicht des Bürgen

Die Kreditsicherung durch Pfandrechte ist gekennzeichnet durch das Abstraktionsprinzip: **834**
Die Bestellung des Pfandrechts ist der dingliche Vollzug der im Kausalgeschäft begründeten Verpflichtung, der obligatorische Vertrag ist der Sicherungsvertrag (s.oben Rn. 34). Im Falle der Verpfändung eines Gegenstandes durch einen Dritten, also des als Interzession ausgestalteten Realsicherungsgeschäfts, kann der Sicherungsvertrag als causa der dinglichen Verpfändung zwischen Gläubiger und Drittverpfänder abgeschlossen werden (oben Rn. 54). Gleichermaßen können sich die Rechtsverhältnisse zwischen Gläubiger und Bürgen auf das **Außenverhältnis** beschränken; in diesem Fall trägt der Bürgschaftsvertrag selbst die causa in sich, so dass nicht ein davon getrennter Sicherungsvertrag abgeschlossen wird. Der Bürgschaftsvertrag ist vielmehr zugleich Verpflichtungs- und Erfüllungsvertrag, indem er die Rechtfertigung der Zuwendung des Bürgen an den Gläubiger bildet, welche in der Begründung der Forderung aus dem Bürgschaftsvertrag liegt.

Ebenso wie der Sicherungsvertrag als causa einer Realsicherheit oft zwischen Gläubiger **835**
und Hauptschuldner und nicht zwischen Gläubiger und Drittem abgeschlossen wird, kann auch der Abschluss des Bürgschaftsvertrags im Außenverhältnis zwischen Gläubiger und Bürgen seinen Grund in einer Verpflichtung zwischen Gläubiger und Hauptschuldner, einen Bürgen zu stellen, haben, also in dem im **Valutaverhältnis** begründeten Sicherungsversprechen (oben Rn. 57). Der Anspruch des Gläubigers gegen den Schuldner auf Bestellung von Sicherheiten ist z.B. aufgrund von Nr. 13 AGB-Banken sowie AGB-Postbank vereinbart (vgl. §§ 305 Abs. 2, 310 Abs. 1 BGB). Auch sonst entspricht es der Typik, dass der Gläubiger einen Kredit nur zu gewähren bereit ist, wenn ihm der Schuldner Sicherheit verspricht. In diesen Fällen ist das Sicherungsversprechen zwischen Hauptschuldner und Gläubiger die causa des daraufhin abgeschlossenen Bürgschaftsvertrags zwischen Gläubiger und Bürgen. Wenn diese Abrede unwirksam ist, fehlt es dem gleichwohl im Außenverhältnis zwischen Gläubiger und Bürgen wirksam abgeschlossenen Bürgschaftsvertrag an der causa. Dies hat zur Folge, dass der Hauptschuldner dem Gläubiger verbieten kann, den Bürgen in Anspruch zu nehmen, also von Sicherheit Gebrauch zu machen[8]. Diesen auf Unterlassung gerichteten Anspruch des Hauptschuldners gegen den Gläubiger wiederum kann der Bürge dem Gläubiger gem. § 768 Abs. 1 Satz 1 BGB entgegensetzen (nachf. Rn. 981). Denkbar ist auch, dass sich der Hauptschuldner nur zur Stellung eines Faustpfandrechts durch einen Dritten verpflichtete, der Dritte aber mit dem Gläubiger einen Bürgschaftsvertrag abschloss, um die Verpflichtung des Hauptschuldners aus dem Sicherungsversprechen mit dem Gläubiger zu erfüllen. In diesem Fall hat der Gläubiger gegen den Hauptschuldner keinen Anspruch auf die Bürgschaft mit der Folge, dass der Hauptschuldner vom Gläubiger wiederum verlangen kann, die Inanspruchnahme des Bürgen zu unterlassen. Auch mit diesem Anspruch des Hauptschuldners gegen den

8 BGHZ 107, 210 (214) und BGH NJW 89, 1853; a.A. *Chr. Schmidt*, Akzessorietät, S. 225, 306: allein der Bürgschaftsvertrag ist causa (vorst. Rn. 834).

Gläubiger kann sich der Bürge selbst gem. § 768 Abs. 1 BGB gegenüber dem Gläubiger verteidigen (nachf. Rn. 981). Gleiches gilt, wenn durch das Sicherungsversprechen nur die Verpflichtung begründet worden war, einen gewöhnlichen Bürgen zu stellen, statt dessen aber eine selbstschuldnerische Bürgschaft (nachf. Rn. 1003) oder eine Bürgschaft auf Erstes Anfordern (nachf. Rn. 974) im Außenverhältnis begründet wurde. In diesem Fall hat der Hauptschuldner Anspruch gegen den Gläubiger, den Bürgen nur nach den Regeln einer gewöhnlichen Bürgschaft in Anspruch zu nehmen[9]. Auch wenn sich der Bürge – z.B. eine Bürgschaftsbank – bereits gegenüber dem Gläubiger durch Avalvertrag, also im Außenverhältnis (nachf. Rn. 857), zur späteren Eingehung der Bürgschaft verpflichtet hatte, kann der Avalvertrag als causa der Bürgschaft angesehen werden[10]. Hatte der Bürge die Bürgschaft aber ohne Rücksicht auf den Sicherungsvertrag, vielleicht ohne Wissen oder gegen den Willen des Hauptschuldners abgegeben, ist allein der Bürgschaftsvertrag selbst die causa. Der Gläubiger darf diesen Bürgen gegen den Willen des Hauptschuldners in Anspruch nehmen. Die Rechte des Hauptschuldners werden im Regress des Bürgen nach § 774 BGB gewahrt (nachf. Rn. 1013).

836 Das Motiv für den Abschluss des Bürgschaftsvertrags findet sich auch in den Beziehungen des Bürgen zum Hauptschuldner (Deckungsverhältnis, nachf. Rn. 856), dem er zu Diensten ist und in dessen Auftrag (§ 662 BGB, oben Rn. 55) er handeln kann. Die Rechtsverhältnisse zwischen Hauptschuldner und Bürgen im **Deckungsverhältnis** bilden aber **nicht** die bereicherungsrechtliche causa, wenn sie dafür auch kausal sind. Die Innenbeziehungen unter Bürgen und Hauptschuldner dürfen die Interessen des Gläubigers im Allgemeinen nicht beeinträchtigen. Sollte also ein im Deckungsverhältnis abgeschlossener Vertrag zwischen Bürgen und Hauptschuldner mit dem Inhalt, den Bürgschaftsvertrag mit dem Gläubiger abzuschließen, nichtig sein, kann der Bürgschaftsvertrag nicht etwa im Verhältnis zum Gläubiger gem. § 812 BGB kondiziert werden. Nach Lage des Einzelfalls mag höchstens an eine Störung der Geschäftsgrundlage (§ 313 BGB) zu denken sein oder auch an eine Nichtleistungskondiktion des Bürgen gegen den Gläubiger, z.B. bei einem von einem Geschäftsunfähigen erteilten oder bei einem gefälschten Auftrag[11].

3. Akzessorietät, Bestimmtheit und Kalkulierbarkeit

a) Die Hauptverbindlichkeit als Maß der Einstandspflicht

837 Die Bürgschaft ist geprägt durch den Grundsatz der Akzessorietät (oben Rn. 26) zwischen dem Anspruch des Gläubigers gegen den Bürgen einerseits (Sicherungsforderung) und dem Anspruch gegen den Hauptschuldner andererseits (gesicherte Forderung): Gem. § 767 Abs. 1 Satz 1 ist für die Verpflichtung des Bürgen der jeweilige Bestand der Hauptverbindlichkeit maßgebend. Erlischt also die gesicherte Forderung ganz oder teilweise etwa durch Erfüllung, Aufrechnung, Verzicht, erlischt auch die Einstandspflicht des Bürgen, ohne dass dafür von seiner Seite aus noch irgendeine Handlung nötig wäre, er etwa

9 BGHZ 143, 381 = NJW 2000, 1563 zu III. 2. a. mit Anm. *Bülow*, LM Nr. 145 zu § 765 BGB; BGHZ 147, 99 = NJW 2001, 1857 mit Anm. *Bülow*, LM Nr. 152 zu § 765 BGB; OLG Köln NJW-RR 2002, 1164.

10 Hierzu auch Rn. 949 sowie BGH NJW 99, 55 mit Anm. *Pfeiffer*, LM Nr. 130/131 zu § 765 BGB; OLG Köln NJW-RR 2002, 1164.

11 Zutr. *Larenz/Canaris*, Schuldrecht II/2, § 60 I. 3. e. (S. 4).

Befreiung von der Bürgschaft verlangen müsste; entsteht die Hauptschuld, z.B. wegen Sittenverstoßes gem. § 138 Abs. 1 nicht, entsteht auch eine Bürgschaftsverpflichtung nicht (s. aber nachf. Rn. 963). Eine Bürgschaft kommt auch nicht zustande, wenn der Gläubiger die zu sichernde Forderung schon abgetreten hatte[12]. Gleiches gilt für Hypothek (s.oben Rn. 383) und Faustpfandrecht (§ 1252, oben Rn. 530).

Der durch § 767 niedergelegte Akzessorieätsgrundsatz ist **zwingendes Recht**. Gläubiger **838**
und Bürge können die Akzessorietät zwischen Hauptverbindlichkeit und Einstandspflicht also nicht durch Vertrag ausschließen[13] (nachf. Rn. 927, z.B. nicht durch die Klausel, der Bürge dürfe sich nicht auf einen Vergleich zwischen Gläubiger und Hauptschuldner berufen[14]). Wollen die Parteien eine Personalsicherheit ohne akzessorische Bindung begründen, müssen sie sich anderer Interzessionsformen, wie des Garantievertrags (unten Rn. 1552 ff.) bedienen.

b) Die Bestimmung der Hauptverbindlichkeit

Um den Umfang der Einstandspflicht des Bürgen feststellen zu können, muss ihr Maß, **839**
nämlich die Hauptverbindlichkeit, nach ihrem Gegenstand und der Person des Schuldners (nachf. Rn. 844) ermittelbar sein.

aa) Welche Hauptverbindlichkeit durch die Bürgschaft gesichert werden soll, obliegt der **840**
Parteivereinbarung. Die Parteien können eine einzige oder mehrere, gegenwärtige und zukünftige Forderungen zum Gegenstand der Sicherung durch die Bürgschaft machen und auf diese Weise den **Sicherungszweck** festlegen. Sind die Parteien – Gläubiger und Bürge – in der Bestimmung des Sicherungszwecks auch frei, so sind sie notwendigerweise doch gehalten, den Sicherungszweck hinreichend genau zu bezeichnen. Diese Notwendigkeit folgt aus der Akzessorietät der Bürgenschuld zur Hauptverbindlichkeit: Die Hauptschuld, also die gesicherte Forderung, muss feststellbar sein, um Bestand und Umfang der Bürgenschuld ermitteln zu können. Darin liegt der bürgschaftsrechtliche **Bestimmtheitsgrundsatz**, der gewährleistet, die Identifizierung der Hauptverbindlichkeit zu ermöglichen. Der Bestimmtheitsgrundsatz bezieht sich also auf die gesicherte Forderung, während er bei der Sicherungsabtretung gerade auch für die Sicherungsforderung gilt (unten Rn. 1381). Bleibt nach dem Vertrag zwischen Gläubiger und Bürgen offen, welche Forderung gesichert werden soll, gibt es keine Bürgenhaftung. Man wird nicht sagen können, dass der Bürgschaftsvertrag bei Verstoß gegen den Bestimmtheitsgrundsatz unwirksam ist[15]; aber er begründet keine Haftung des Bürgen. Deshalb ist beispielsweise eine im Bürgschaftsvertrag getroffene Gerichtsstandsvereinbarung unter den Voraussetzungen von § 38 Abs. 1 ZPO wirksam und führt nicht zur örtlichen Unzuständigkeit und ggf. Unzulässigkeit einer Klage. Auch wird im Allgemeinen anzunehmen sein, dass der Hauptschuldner seine Verpflichtung gegenüber dem Gläubiger aus dem Sicherungsversprechen (oben Rn. 57) erfüllt hat, einen Bürgen zu stellen.

---

12 OLG Karlsruhe WM 2001, 729 und Anm. *Batereau*, WuB I F 1a. – 6.01.

13 BGHZ 95, 350 (356); Staudinger/*Horn*, § 768 BGB Rn. 29.

14 OLG Frankfurt BB 75, 985 mit Anm. *Marwede*; etwas anderes gilt nur für den bestätigten Insolvenzplan, nachf. Rn. 971.

15 So aber *Reinicke/Tiedtke*, Bürgschaftsrecht, S. 6.

841 Was der Sicherungszweck ist, durch den der Bestimmtheitsgrundsatz erfüllt wird, können die Parteien durch ausdrückliche **Sicherungszweckerklärung** (für die Grundschuld: oben Rn. 158) als Teil des Bürgschaftsvertrags festlegen. Der Sicherungszweck kann aber auch durch Auslegung zu ermitteln sein[16], wobei das Schriftformerfordernis aus § 766 Satz 1 der Auslegung Grenzen setzt (nachf. Rn. 896). Lediglich bestimmbar sind im Allgemeinen zukünftige Forderungen, die gem. § 765 Abs. 2 ebenso wie bedingte Forderungen Gegenstand der Bürgschaft sein können (oben Rn. 17; nicht aber Naturalobligationen, § 762 Abs. 2)[17] und oft in ihren Einzelheiten, etwa der Höhe nach, noch nicht feststehen[18]. Es genügt, dass die Forderung im Zeitpunkt ihrer Entstehung individualisierbar ist (gleichermaßen die Sicherungsforderung bei antizipierter Abtretung, unten Rn. 1384).

842 So kann die Bürgenhaftung für eine Kaufpreisforderung begründet werden, wenn der Kaufvertrag noch gar nicht abgeschlossen war und der Kaufpreis erst noch ausgehandelt werden muss oder für alle Forderungen aus einer laufenden Geschäftsverbindung (zur Frage, ob in solchen Fällen ein Höchstbetrag festzusetzen ist, s. nachf. Rn. 951).

843 Die Hauptverbindlichkeit, die der Hauptschuldner gegenüber dem Gläubiger zu erfüllen hat, braucht keine einzelne Forderung zu sein. Vielmehr kann sich die Einstandspflicht des Bürgen auf eine Vielzahl von Forderungen, seien es gegenwärtige oder zukünftige, beziehen, so dass eine **Globalbürgschaft** entsteht. Wichtiger Anwendungsfall ist die Bürgschaft für alle Verbindlichkeiten aus einer Geschäftsverbindung zwischen Gläubiger und Hauptschuldner (Kontokorrentbürgschaft, nachf. Rn. 951). Jede einzelne dieser Forderungen muss schon bestimmt oder doch bestimmbar sein. Ist hinsichtlich einiger Forderungen dem Bestimmtheitsgrundsatz nicht genügt, wohl aber hinsichtlich anderer Forderungen, wird in Anwendung von §§ 139 resp. § 306 Abs. 1 BGB in aller Regel anzunehmen sein, dass der Bürgschaftsvertrag insoweit Bestand hat (s. auch nachf. Rn. 914).

844 *bb)* Weil eine Forderung so definiert ist, dass sie nicht nur einen Gläubiger, sondern auch einen Schuldner hat, heißt Bestimmtheitsgrundsatz naturgemäß auch, dass die **Person des Hauptschuldners** feststehen muss[19]. Das kann problematisch werden, wenn sich die Bürgschaft auf Rechtsnachfolger des Hauptschuldners beziehen soll. Stirbt der Hauptschuldner, ist der Regelung von § 768 Abs. 1 Satz 2 (nachf. Rn. 981) zu entnehmen, dass der Bürge auch für die Erfüllung der Hauptverbindlichkeit durch den Erben des Hauptschuldners (§ 1922) – vorbehaltlich anderer vetraglicher Regelungen – einzustehen hat. Erlischt dagegen eine juristische Person endgültig und ersatzlos, wird im Allgemeinen auch die Bürgschaft gegenstandslos[20]. Aber nach Lage des Einzelfalls kann dem Bürg-

16 BGH NJW-RR 98, 259 mit Komm. *Nielsen*, EWiR § 765 BGB 3/98, 167; NJW 92, 1448 zu II. 1.; 90, 1909 zu II. 2. mit Komm. *Tiedtke*, EWiR § 765 BGB 2/90, 677; BGHZ 25, 318 (319 f.); 67, 167; BGH WM 78, 1065; 80, 714 zu II. 1.; 85, 155 zu I. 1.; 87, 898 mit Komm. *Bülow*, EWiR § 765 BGB 3/87, 461; ZIP 87, 972; NJW-RR 91, 562; NJW 98, 1140 mit Anm. *Peters*, LM Nr. 123 zu § 765 BGB, *Jacob*, WuB I E 5. – 2.98 und Komm. *Siegburg*, EWiR § 765 BGB 5/98, 303 für Gewährleistungsbürgschaft (vorst. Rn. 833); OLG Stuttgart WM 91, 1255; OLG Celle NJW-RR 90, 1006; LG Duisburg WM 87, 466; LG Berlin NJW-RR 90, 754; LG Kiel WM 2000, 2042 mit Anm. *Thöne*, WuB I F 1a. – 22.2000; *Nobbe*, BKR 2002, 747.

17 Auch bezüglich Termingeschäften, § 59 BörsenG a.F., OLG Hamburg EWiR § 59 BörsG 1/97, 73 (*Koller*).

18 BGH NJW 87, 3126 zu II. 2. b.; 86, 928 zu I. 1. b.; WM 84, 924 zur Kontokorrentbürgschaft; OLG Stuttgart WM 96, 224; Bürgschaften für Gewährleistungsansprüche des Bauherrn (vorst. Rn. 833): BGH WM 82, 485 und 845 sowie unten Rn. 1061; für Wechselakzepte: BGH WM 59, 881 und 884; Ansprüche aus Geschäftsführung ohne Auftrag: OLG München WM 91, 1415 mit Anm. *Lange*, WuB I F 1 a. – 1.92.

19 BGH NJW 2001, 3327 zu II. 2. a. mit Anm. *Sonnenhol*, WuB I F 1a. – 1.02.

20 BGHZ 82, 323 (326); RGZ 148, 65; 153, 338; LG Lübeck WM 91, 1337.

schaftsvertrag ein anderer Sicherungszweck zu entnehmen sein: Die Auflösung einer Kapitalhandelsgesellschaft oder Genossenschaft durch Löschung im Handelsregister gem. § 141a FGG kann Folge ihrer Insolvenz sein, gegen die die Bürgschaft gerade sichern soll; auch bei nachfolgender Vollbeendigung der Gesellschaft bleibt die Einstandspflicht daher im Allgemeinen bestehen[21]. Wechselt eine juristische Person ihre Rechtsform, bleibt aber ihre Identität erhalten (§ 202 Abs. 1 Nr. 1 UmwG) oder ändern sich lediglich die Personen der Gesellschafter in einer Personengesellschaft, wird die Einstandspflicht des Bürgen nicht berührt[22]; gleiches wird bei einer Verschmelzung zu gelten haben (§ 20 Abs. 1 Nr. 1 und 2 UmwG). Dagegen wird im Allgemeinen anzunehmen sein, dass die Bürgschaft erlischt, wenn zwar eine neue Gesellschaft die Geschäfte der Hauptschuldnerin fortführt, diese aber noch eine zeitlang neben der neuen besteht[23].

Kommt dagegen eine **privative Schuldübernahme** gem. § 414 oder § 415 und folglich **845**
ein Wechsel in der Person des Hauptschuldners durch Vertrag zustande, erlischt die Bürgschaft gem. § 418 Abs. 1 Satz 1 BGB vorbehaltlich einer Zustimmung des Bürgen gem. Satz 3. Nach der gesetzlichen Wertung braucht sich der Bürge also auf einen Wechsel des Hauptschuldners nicht einzulassen, der auf einem Vertrag über den Austausch des Schuldners beruht[24]. Fraglich ist, welche Wertungsgesichtspunkte anzulegen sind, wenn sich eine Personenhandelsgesellschaft wegen **Übernahme des Geschäfts** durch einen Gesellschafter in ein Einzelunternehmen verwandelt, das Gesamtrechtsnachfolger der Personengesellschaft als früherer Hauptschuldnerin wird (vgl. § 140 Abs. 1 Satz 2 HGB). Rechtliche Identität wird in diesem Fall nicht gewahrt, wohl aber Unternehmensidentität, namentlich durch das vormalige Gesellschaftsvermögen. Sie dürfte genügen, um die Wertung aus § 768 Abs. 1 Satz 2 – Fortbestand der Bürgenhaftung – anzunehmen[25]. Soweit es sich um eine Kontokorrentbürgschaft handelt, ist der Bürge durch sein Kündigungsrecht geschützt (nachf. Rn. 951). Eine andere Frage ist, ob sich die fortbestehende Bürgschaft nur auf Verbindlichkeiten erstreckt, die bis zum Zeitpunkt der Übernahme entstanden waren oder auch auf spätere, durch den nunmehrigen Einzelunternehmer begründete, und inwieweit hierbei der Privatautonomie Grenzen gesetzt sind (nachf. Rn. 922).

c) Überschaubarkeit und Kalkulierbarkeit

Vom Bestimmtheitsgrundsatz zu unterscheiden ist die Frage, ob im Falle von Globalbürg- **846**
schaften (vorst. Rn. 843) der Umfang der Bürgenhaftung vor Schranken steht. Man mag zunächst daran denken, Globalbürgschaften auf einen Höchstbetrag zu begrenzen (näher nachf. Rn. 952). Man mag auch daran denken, die Bürgschaft daran scheitern zu lassen, dass die Anzahl der gesicherten Forderungen ein Ausmaß erreicht, das der Bürge nicht mehr überschauen kann, so dass er nicht mehr zu erkennen vermag, wofür er einstehen soll[26]. Eine Bürgschaft für alle nur irgendwie denkbaren bestehenden und künftigen Ver-

---

21 OLG Schleswig WM 93, 15 mit Komm. *Schwintowski*, EWiR § 767 BGB 1/93, 365; KG NJW-RR 99, 1206 mit Bspr. *K. Schmidt*, JuS 2000, 295.

22 BGH NJW 93, 1917 zu IV. 2. b. mit Bspr. *K. Schmidt*, JuS 93, 963; *Hackbarth*, ZBB 93, 8 (12).

23 Lehrreich OLG Hamm NJW-RR 91, 48.

24 *Friederich*, Schuldübernahme, S. 64.

25 BGH NJW 93, 1917 zu IV. 1. mit Komm. *P. Bydlinski*, EWiR § 765 BGB 2/93, 771; Anm. *Bälz*, WuB I F 1 a. – 12.93 und Bspr. *K. Schmidt*, JuS 93, 963 sowie *Schindler/Weller*, JuS 95, 1092.

26 So der Ansatz von *Reinicke/Tiedtke*, Bürgschaftsrecht, S. 6 ff.; *P. Bydlinski*, WM 92, 1301 (1304 f.).

bindlichkeiten des Hauptschuldners gegenüber dem Gläubiger soll danach unwirksam sein[27]. Aber der Bestimmtheitsgrundsatz steht nicht entgegen, wenn all diese Verbindlichkeiten nur – und sei es im Zeitpunkt ihrer Entstehung – individualisiert werden können[28]. Vielmehr stellt sich das allgemeinere Problem, ob der Bürgschaftsvertrag gem. § 138 Abs. 1 BGB wegen Sittenverstoßes nichtig ist (nachf. Rn. 866) unter dem Gesichtspunkt einer übermäßigen Beschränkung der wirtschaftlichen Betätigungsfreiheit des Bürgen, die durch eine Ausuferung der Einstandspflicht eintreten kann. Im Falle einer Formularbürgschaft (§ 305 Abs. 1 Satz 2) hat die Begründung der Bürgschaft oft einen bestimmten Anlass, z.B. ein Darlehen, für dessen Rückzahlung der Bürge einstehen will, während das Formular die Haftung auf andere Verbindlichkeiten aus der Geschäftsverbindung erstreckt. Dieser Anlass schränkt die Einstandspflicht des Formularbürgen ein (näher nachf. Rn. 908), ohne dass es den danach ausgeschlossenen Forderungen an Bestimmtheit mangelte.

847 Jenseits dieses Anlassgedankens gibt es einen bürgschaftsrechtlichen Grundsatz der **Überschaubarkeit** als Wirksamkeitsschranke in Wahrheit **nicht**[29], indem sich der Bürge von vornherein für sämtliche, auch zukünftige Verbindlichkeiten des Hauptschuldners aus einer laufenden Geschäftsverbindung unter Gläubiger und Hauptschuldner verpflichten kann[30]. Wohl aber ist dem Bürgschaftsrecht der Grundsatz der **Kalkulierbarkeit** zu entnehmen. Die Einstandspflicht des Bürgen erstreckt sich nur auf solche Forderungen, die Gläubiger und Bürge mit Abschluss des Bürgschaftsvertrages bestimmt hatten. Rechtsgeschäfte zwischen Gläubiger und Hauptschuldner, die nach diesem Zeitpunkt vorgenommen wurden, berühren die Verbindlichkeit des Bürgen gem. § 767 Abs. 1 Satz 3 (nachf. Rn. 968) nicht. Sie sind eine Fremddisposition[31] des Bürgen durch Geschäfte zwischen Gläubiger und Hauptschuldner. Namentlich ein später begründetes Darlehen zwischen Gläubiger und Hauptschuldner, das Gläubiger und Bürge nicht zum Kreis der Hauptverbindlichkeiten bestimmt hatten, verpflichtet den Bürgen nicht. Die im Bürgschaftsvertrag bestimmten Hauptverbindlichkeiten sind vielmehr das Maß der Einstandspflicht. Der Bürge kann folglich kalkulieren, was auf ihn zukommen könnte, und sei es eine unüberschaubare Einstandspflicht oder auch nur eine Veränderung der im Bürgschaftsvertrag bestimmten Einstandspflicht gem. § 767 Abs. 1 Satz 2 und Abs. 2 (nachf. Rn. 967).

d) Beweislast

848 Vom Bestimmtheitsgrundsatz zu unterscheiden ist auch die Frage, wer die Beweislast für die Existenz der Hauptverbindlichkeit als Voraussetzung der Einstandspflicht trägt. Eine zukünftige Forderung beispielsweise kann bestimmbar, also individualisierbar sein, aber Gläubiger und Bürge können sich darüber streiten, ob die Voraussetzungen ihrer Entstehung eingetreten sind, etwa der geltend gemachte Zinsanspruch der Gläubigerbank fällig ist. Der Gläubiger trägt die Beweislast für diejenigen Tatsachen, die seine Anspruchsvoraussetzungen stützen, also für den Abschluss des Bürgschaftsvertrages und die Entste-

27 BGHZ 25, 318 (321), BGH WM 90, 969 zu II. 2.; NJW 92, 896 zu I. 1. b., insoweit übereinstimmend mit Vorinstanz OLG Stuttgart NJW-RR 91, 1521 sowie 92, 640; a.A. aber OLG Stuttgart WM 86, 224.
28 So jetzt zutreffend BGHZ 130, 19 zu B. I. 1.
29 So aber *Reinicke/Tiedtke*, DB 95, 2301 (2302).
30 BGH WM 96, 1391 zu II. 2. b.
31 *Horn*, in: Festschr. Merz, S. 217 (224).

hung der Hauptverbindlichkeit. Die Beweislast für Tatsachen, welche die Nichtigkeit (insbesondere gem. § 138 BGB) der auf die Entstehung der Hauptverbindlichkeit gerichteten Willenserklärungen begründen sollen, trägt derjenige, der sich auf die Nichtigkeit beruft, also in aller Regel der Bürge, gleichermaßen, ob es sich bei einer Bürgschaftsurkunde um eine Blankobürgschaft (nachf. Rn. 865) handelt[32]. An sich würde diese Beweislastverteilung auch für Tatsachen gelten, aus denen sich die Sittenwidrigkeit des Bürgschaftsvertrages selbst ergibt[33]; im Falle der Sittenwidrigkeit wegen krasser finanzieller Überforderung von Familienbürgen findet jedoch eine Umkehr der objektiven Beweisführungslast statt (näher nachf. Rn. 886). Ob jenseits der Beweislast eine Einwendung erheblich ist, prüft das Gericht von Amts wegen. Der Bürge hat in gleicher Weise wie es den Hauptschuldner träfe die Beweislast dafür, dass einmal entstandene Ansprüche gegen den Hauptschuldner erloschen sind, durch Erfüllung oder Erfüllungssurrogate wie die Aufrechnung oder auch durch Verzicht[34]. Das gilt auch im Falle der Bürgschaft für Verbindlichkeiten, die in ein Kontokorrent (vgl. § 355 HGB) eingestellt sind[35]. Werden Salden aus dem Kontokorrent in periodischen Abständen (§ 355 HGB) anerkannt und sind die Forderungen aus diesem Anerkenntnis Gegenstand der Bürgschaft, hat der Gläubiger die den Anerkenntnistatbestand begründenden Tatsachen, wenn streitig, zu beweisen.

4. Publizität, Priorität, Spezialität

Publizität (oben Rn. 91, 113, 467) hat die Bürgschaft **nicht**; Dritte brauchen von ihr nichts zu erfahren, noch nicht einmal der Hauptschuldner (vgl. vorst. Rn. 835). Die Bürgschaft als rein schuldrechtliches Rechtsverhältnis hat keinen sachenrechtlichen Bezug wie die Pfandrechte, der Grund des Offenkundigkeitserfordernisses ist. **849**

Der Grundsatz der **Priorität** (oben Rn. 91, 96, 478) gilt für die Bürgschaft **nicht**: Der Bürge kann sich für beliebig viele Verbindlichkeiten beliebig vieler Dritter verbürgen, er haftet jedem Gläubiger; reicht sein Vermögen nicht aus, hat der Gläubiger das Nachsehen, der seinen Anspruch aus der Bürgschaft zuletzt geltend macht, nicht etwa der Gläubiger, der den letzten Bürgschaftsvertrag mit dem Bürgen abgeschlossen hatte. Der Prioritätsgrundsatz gilt völlig unabhängig von der Bürgschaft in der Zwangsvollstreckung, indem das zuerst begründete Pfändungspfandrecht Vorrang vor späteren hat (§§ 804, 829 ZPO). **850**

Vom **Spezialitätsgrundsatz** (oben Rn. 91, 475) spricht man bei Sachen um auszudrücken, dass Sachgesamtheiten als solche nicht Gegenstand der sicherungsrechtlichen Verfügung sein können, sondern nur jede einzelne Sache. Bei Forderungen geht das Spezialitätsgebot im Bestimmmtheitsgrundsatz auf (vorst. Rn. 844). **851**

---

32 OLG Köln BB 99, 339.

33 BGHZ 125, 206 (217); BGH WM 95, 900 zu II. 2. a. mit Anm. *Pecher*, WuB I F 1 a. – 12.95; für Tatsachen aus denen die Wirksamkeit des Bürgschaftsvertrags folgt, trägt dagegen der Gläubiger die Beweislast, OLG München BB 98, 1554.

34 BGH ZIP 2002, 297 mit Komm. *Joswig*, EWiR § 765 BGB 5/02, 283; NJW 95, 2161 zu II. 2. a.; 88, 906 zu 3. mit Komm. *Tiedtke*, EWiR § 765 BGB 3/88, 251; OLG Düsseldorf BB 88, 97; *Reinicke/Tiedtke*, ZIP 88, 545.

35 BGH NJW 96, 719 zu 2. mit zust. Anm. *Tiedtke*, WuB I F 1 a. – 7.96 und Komm. *Büchler*, EWiR § 765 BGB 5/96, 877 unter Aufgabe seiner früheren Rechtsprechung aus NJW 85, 3007 zu II.; KTS 88, 390; krit. dazu bereits *Baumgärtel/Laumen*, § 765 BGB Rn. 8; BGH WM 91, 1294 zu II. 1. a. betreffend die Darlegungslast.

B. Bürgschaftsvertrag

852 Die Einstandspflicht des Bürgen entsteht gem. § 765 Abs. 1 BGB durch **Vertrag zwischen dem Bürgen und dem Gläubiger** der zu sichernden Forderung, der dadurch zugleich zum Gläubiger des Bürgen wird (Gläubigeridentität). Auch ein Vertrag zugunsten des Gläubigers als Drittem gem. § 328 BGB wahrt die Gläubigeridentität[36]. Natürlich kann der **Hauptschuldner nicht zugleich als Bürge** Partei des Bürgschaftsvertrags sein (keine Identität von Hauptschuldner und Bürgen)[37].

1. Zustandekommen

853 Der Bürgschaftsvertrag kommt nach den allgemeinen Regeln von §§ 145 ff. BGB zustande[38]; so kann eine Annahmefrist nach § 148 BGB bestimmt werden[39]. Die Parteien können Vertreter für sich handeln lassen, wobei sie nach den Grundsätzen zu den unternehmensbezogenen Geschäften verpflichtet werden können (vgl. § 164 Abs. 2 BGB)[40]. Wenn es nach Lage des Einzelfalls zweifelhaft ist, ob die Parteien eine Bürgschaft wollten oder eine andere Art von Personalsicherheit (vorst. Rn. 830), namentlich eine **Sicherungsgesamtschuld** (unten Rn. 1570), zu begründen gedachten, ist der maßgebliche Vertragswille durch natürliche oder normative Auslegung zu ermitteln. Würde eine Bürgschaft wegen Identität von Hauptschuldner und Interzessionar scheitern (vorst. Rn. 852), kann der Vertrag als Freistellungsvereinbarung auszulegen und als solcher wirksam sein[41].

854 Auf die Bezeichnung als „Bürgschaft" braucht es nicht anzukommen. Ist der Erklärung zu entnehmen, dass der Erklärende für die Verbindlichkeiten des Hauptschuldners einstehen will, haftet er gem. §§ 765 ff. z.B. durch die Erklärung „wenn der Schuldner nicht zahlt, zahle ich"[42] oder durch eine „Patronatserklärung"[43] (dazu im Übrigen aber unten Rn. 1620), eine „Zahlungsgarantie"[44], eine „Mithaft"[45] (vgl. unten Rn. 1597), für Verbindlichkeiten „geradezustehen"[46].

---

36 BGHZ 115, 117 (183) = NJW 91, 3025; BGH NJW 2001, 3327 zu II. 1. a. mit Bspr. *K. Schmidt*, JuS 2002, 85 und Komm. *Mues*, EWiR § 765 BGB 9/01, 999; WM 66, 859; NJW 84, 2088.

37 BGH WM 2001, 1525.

38 Der Erklärung (§ 350 HGB, nachf. Rn. 893) eines Bankvorstandes in einer Pressekonferenz oder in einem Fernsehinterview, Insolvenzgeschädigten helfen zu wollen, fehlt es am Rechtsbindungswillen, zutreffend LG Frankfurt am Main NJW 95, 2641 und OLG Frankfurt am Main NJW 97, 136 mit Glosse *C. Steiner*, ZKW 95, 1062 („Schneider-Konkurs"). Umgekehrt liegt in der Bürgschaft regelmäßig nicht zugleich das Angebot zum Abschluss des Vertrages, der die Hauptverbindlichkeit begründet (vgl. vorst. Rn. 842): BGH WM 2001, 400 mit Rezension *Witt*, JuS 2001, 852 und Anm. *Fuchs/Zimmermann*, WuB I F 1a. – 5.01; WM 2001, 768; vgl. auch BGH NJW-RR 2001, 1101.

39 KG NJW-RR 2000, 1307.

40 BGH WM 94, 2233 mit krit. Rezension *Tiedtke*, GmbHR 95, 336 und abl. Komm. EWiR § 164 BGB 1/95, 19. Ein Bürgschaftsvertrag kann auch dadurch zustande kommen, dass ein Treuhänder eine vorgefertigte Bürgschaftsurkunde an den Gläubiger aushändigt, BGH NJW 2002, 2459 zu I. mit Komm. *Borgmann*, EWiR § 675 BGB 2/02, 709.

41 BGH NJW 2002, 747 mit Anm. *Haertlein*, WuB I F 1a. – 15.01.

42 RG JW 09, 459 (Nr. 14).

43 OLG Köln, EWiR § 765 BGB 2/86, 567 (Komm. *Schneider*).

44 BGH WM 78, 1065.

45 BGH WM 87, 616 mit Komm. *Westermann*, EWiR § 765 BGB 4/87, 577.

46 OLG Hamm WM 88, 899 mit Komm. *Bülow*, EWiR § 766 BGB 1/88, 889.

Der Anspruch des Gläubigers gegen den Bürgen **verjährt** gem. § 195 BGB in drei Jahren, beginnend mit dem Schluss des Jahres, in dem der Sicherungsfall eingetreten ist (§ 199 Abs. 1 Nr. 1 BGB, nachf. Rn. 964). **855**

2. Dreipersonenverhältnis

Das Motiv für den Vertragsabschluss zwischen Gläubiger und Bürgen nach § 765 Abs. 1 **856** liegt im Regelfall einerseits im Innenverhältnis zwischen Bürgen und Hauptschuldner, z.B. in einer Gefälligkeit, einem Auftrag oder auch einer Schenkung[47] (**Deckungsverhältnis**, vorst. Rn. 836), andererseits in dem Verlangen des Gläubigers danach gegenüber dem Hauptschuldner (**Valutaverhältnis**, vgl. vorst. Rn. 835). In dem rechtlichen Dreiecksverhältnis zwischen Gläubiger und Schuldner, Schuldner und Bürgen sowie Bürgen und Gläubiger regelt der Bürgschaftsvertrag das **Außenverhältnis** zwischen Bürgen und Gläubiger.

Auch im **Außenverhältnis** zwischen Bürgen und Gläubiger kann ein Rechtsverhältnis be- **857** stehen, kraft dessen sich der Bürge dem Gläubiger gegenüber zum Abschluss des Bürgschaftsvertrages verpflichtet hatte, etwa um dafür eine Provision zu erhalten (sog. Avalvertrag, nachf. Rn. 1035). In diesem Fall liegen den Rechtsbeziehungen zwischen Bürgen und Gläubiger zwei Rechtsverhältnisse zugrunde: Ein Vertrag, durch den sich der potentielle Bürge zur Übernahme der Bürgschaft gegen Provision verpflichtet (Kausalvertrag, vorst. Rn. 834) und der Bürgschaftsvertrag selbst, durch den der zugrundeliegende Kausalvertrag erfüllt wird. Es gibt Banken, die auf die Übernahme von Bürgschaften, Garantien und sonstigen Gewährleistungen spezialisiert sind (Bürgschaftsbanken – Garantiegeschäft als Bankgeschäft i.S.v. § 1 Abs. 1 Nr. 8 KWG)[48]. Bei der Bürgschaft auf Erstes Anfordern können Rückforderungsansprüche im Außenverhältnis entstehen (nachf. Rn. 979).

Im **Valutaverhältnis** zwischen Gläubiger und Hauptschuldner verpflichtet sich dieser ty- **858** pischerweise, einen Bürgen herbeizuschaffen. Auch das ist eine Art von Sicherungsvertrag (oben Rn. 57), aus dem der Hauptschuldner gegen den Gläubiger Anspruch auf Unterlassung der Inanspruchnahme des Bürgen (vorst. Rn. 835) oder auf Rückgabe der Bürgschaftsurkunde (nachf. Rn. 950) nach Fortfall des Sicherungszwecks[49] haben kann. Aus dem Valutaverhältnis folgt, ob der Hauptschuldner eine gewöhnliche Bürgschaft oder eine Bürgschaft auf Erstes Anfordern beizubringen hat (nachf. Rn. 978). Ein Bauunternehmer hat gegen den Besteller, den Bauherrn, Anspruch auf Bestellung einer Sicherheit, z.B. einer Bürgschaft, nach § 648a Abs. 1 BGB[50] (sog. **Bauhandwerkersicherung**).

47 Vgl. BFH NJW 2001, 704.

48 *Schütt*, Sparkasse 93, 465; *Strombeck*, Die Bank 95, 80; *Köberle*, ZKW 94, 1152; *J. Hoffmann*, ZKW 93, 306 mit Erwiderung ZKW 93, 435.

49 BGH NJW 89, 1482 zu I. 2.; WM 92, 1016 zu II. mit Anm. *Rimmelspacher*, WuB I F 1 a. – 14.92; OLG Hamm ZIP 91, 1572 mit Komm. *Brink*, EWiR § 765 BGB 4/91, 1187; zum Streitwert BGH NJW-RR 94, 758; OLG Köln MDR 94, 101.

50 Vgl. BGH NJW 2001, 822 mit Anm. *Ultsch*, WuB IV A. – 1.01; OLG Oldenburg MDR 99, 89 mit Rezension *Büscher*, BauR 2001, 159.

859 Aus dem **Deckungsverhältnis** kann sich ergeben, dass der Hauptschuldner dem Bürgen die Leistung an den Gläubiger verbieten kann, z.B. weil Einreden (nachf. Rn. 974 ff.) bestehen[51]. Jedenfalls hat der Bürge im Interesse des Hauptschuldners nach Treu und Glauben offenkundige Einreden im Rahmen von § 768 (nachf. Rn. 981) zu überprüfen (z.B. die Verjährung der Hauptschuld) und den Hauptschuldner vor der Leistung auf die Bürgschaft anzuhören, was nicht durch AGB abdingbar ist (nachf. Rn. 927). Aus dem Deckungsverhältnis folgt auch der Befreiungsanspruch aus § 775 (nachf. Rn. 958). Ist Hauptschuldner eine OHG und ein Gesellschafter zugleich Bürge, kann nach Ausscheiden des Bürgen aus der Gesellschaft ein Anspruch auf Freistellung gegenüber dem Gläubiger aus dem Gesellschaftsvertrag folgen[52]. Darüberhinaus kann der Bürge im Außenverhältnis zum Gläubiger ein Recht zur Kündigung der Bürgschaft haben (nachf. Rn. 955).

860 Auch im Deckungsverhältnis kann sich der Bürge durch Avalvertrag gegen Provision verpflichten, die Bürgschaft zu übernehmen (vgl. vorst. Rn. 857). Die Bürgschaftsübernahme kann auch darin begründet sein, dass der Bürge Verbindlichkeiten beim Hauptschuldner hat und diese Verbindlichkeiten dadurch tilgt, dass er für den Hauptschuldner – der zugleich sein Gläubiger ist – bürgt. In diesem Fall liegt dem Deckungsverhältnis kein Auftrag zugrunde, sondern die Bürgschaft ist Gegenleistung für die vom Hauptschuldner empfangene Leistung[53]. In einem solchen Falle kann der Bürge auch nicht beim Hauptschuldner gem. § 774 BGB Regress nehmen (nachf. Rn. 981) und hat keinen Befreiungsanspruch nach § 775 BGB (nachf. Rn. 958).

861 Bürgschaftsrelevante Anspruchsbeziehungen können auch jenseits dieser Rechtsverhältnisse eintreten. Ist Grundlage einer Darlehensvergabe das Gutachten eines Sachverständigen, der vom potentiellen Darlehensnehmer beauftragt wurde, kann der Gutachter dem Gläubiger unter dem Gesichtspunkt des Vertrags mit Schutzwirkung für Dritte haften (vgl. auch oben Rn. 814). Gleichermaßen kann ein Bürge in den Schutzbereich des Gutachtervertrags einbezogen sein[54].

862 Auch **Verfallabreden** (oben Rn. 403) zwischen Bürgen und Hauptschuldner sind vorbehaltlich des Verstoßes gegen die guten Sitten gem. § 138 BGB im Einzelfall möglich. So kann sich der Hauptschuldner, der ein Darlehen für den Erwerb eines Grundstücks aufgenommen und zu dessen Sicherung den Bürgen gestellt hatte, verpflichten, dem Bürgen das Grundstück zu übereignen, wenn die Inanspruchnahme des Bürgen durch den Gläubiger droht, der Hauptschuldner also den Sicherungsfall herbeiführt. Die durch §§ 1149, 1229 BGB bestimmte Nichtigkeit von Verfallabreden ist allein auf Sachpfandrechte mit ihren besonderen gesetzlichen Verwertungsbestimmungen zugeschnitten und weder auf andere Sachsicherheiten – wie das Sicherungseigentum (unten Rn. 1228) – noch auf Bürgschaften anwendbar. Bürge und Hauptschuldner können also im Allgemeinen Verfallabreden mit Wirksamkeit treffen[55].

---

51 OLG Frankfurt am Main BB 91, 96 mit Komm. *Bülow*, EWiR § 765 BGB 1/91, 4, auch durch Einstweilige Verfügung, bei Bürgschaft auf Erstes Anfordern (nachf. Rn. 974) dann, wenn der Bürge die Leistung gegenüber dem Gläubiger verweigern könnte, OLG Düsseldorf ZIP 99, 1521 mit Komm. *Titz*, EWiR § 765 BGB 2/2000, 121 (Vorinstanz, LG Kleve ZIP 98, 1632); OLG Stuttgart NJW-RR 94, 1204.

52 BGH NJW-RR 93, 1377 mit Bspr. *K. Schmidt*, JuS 94, 171 und Anm. *Michalski*, WuB I F 1 a. – 16.93; *H.P. Westermann*, in: Festschr. Rowedder, S. 529 (533).

53 BGH NJW 2000, 1673 zu II. 1. a.; nach Lage des Einzelfalls kann sogar die gesicherte Hauptverbindlichkeit den Zweck haben, eine Verbindlichkeit des Bürgen gegen den Hauptschuldner zu tilgen, BGH NJW 2001, 2327 zu A. II. 2. mit Anm. *Felke*, WuB I F 1a. – 9.01.

54 BGH NJW 98, 1059 mit Anm. *Medicus*, WuB IV A. – 1.98, *Martiny*, LM Nr. 96 zu § 328 BGB und Komm. *P. Bydlinski*, § 328 BGB 1/98, 683.

55 BGH NJW 95, 2635 mit Anm. *Bülow*, LM § 1149 BGB 1/96 und *Rimmelspacher*, WuB I F 1 a. – 14.95.

3. Vertragspflichten

Im Außenverhältnis, in dem der Bürgschaftsvertrag angesiedelt ist, hat nur der Bürge vertragliche Hauptpflichten gegenüber dem Gläubiger: Er muss für den Hauptschuldner nach weiterer Maßgabe von §§ 767 ff. leisten. Weitergehende Pflichten können durch den Bürgschaftsvertrag begründet werden. Gläubiger und Bürge können vereinbaren, dass der Bürge für die Bürgschaftsverpflichtung seinerseits Sicherheiten, z.B. Grundpfandrechte, zu stellen hat, wobei die Klauselkontrolle nach §§ 305c, 307 BGB allerdings Grenzen setzt (nachf. Rn. 923). Umgekehrt kann sich der Gläubiger verpflichten, eine ihm zustehende Grundschuld gegen Zahlung der Bürgschaftssumme zu übertragen[56]. Wird dieselbe Forderung mehrfach gesichert, entsteht anders als im Falle abstrakter Sicherheiten keine Pflicht des Gläubigers zur Freigabe[57] (unten Rn. 1112, vgl. nachf. Rn. 949). Die Parteien können bestimmen, dass der Bürge auf Erste Anforderung des Gläubigers sogleich zahlen muss und etwaige Einwände nur in der Weise geltend machen darf, dass er das Gezahlte zurückfordert (nachf. Rn. 974). **863**

Dagegen treffen den Gläubiger keine Hauptleistungspflichten gegenüber dem Bürgen, nur dieser hat die Einstandspflicht gegenüber dem Gläubiger übernommen (vorst. Rn. 832). Die Bürgschaft ist folglich ein **einseitig verpflichtender Vertrag**[58]. Aber nicht nur die Leistungspflicht des Schuldners ist nach den Erfordernissen von Treu und Glauben zu bewirken, wie es in § 242 BGB heißt, sondern danach hat sich das gesamte Verhalten der am Schuldverhältnis Beteiligten zu richten[59]. Daraus folgt, dass der Gläubiger, wenn ihn auch keine vertragliche Hauptpflicht trifft, doch dem Bürgen gegenüber Obliegenheiten haben kann, deren Verletzung den Bürgen zur dauernden Leistungsverweigerung (peremptorische Einrede) berechtigt. Über den Sicherungszweck der Bürgschaft hinaus, der zwangsläufig zur Vermögensbeeinträchtigung des Bürgen führt, ist es auch dem Gläubiger verwehrt, das Integritätsinteresse des Bürgen zu missachten, wie § 241 Abs. 2 BGB zu entnehmen ist. Insoweit sind Schadensersatzansprüche des Bürgen gegen den Gläubiger nach § 280 Abs. 1 BGB denkbar. So darf der Gläubiger nicht arglistig die Interessen des Bürgen beeinträchtigen, z.B. einem hartnäckig säumigen Schuldner leichtfertig weiterhin Kredit gewähren[60]; er darf nicht auf unabsehbare Zeit zuwarten, bis er seinem zahlungs- **864**

---

56 BGH WM 95, 833 mit Komm. *Bülow*, EWiR § 269 BGB 1/95, 55 und Anm. *Fritzsche*, WuB I F 1 a. – 7.95; die Abtretungsurkunden sind am Sitz des Gläubigers, der zugleich Übertragungsschuldner ist, gem. § 269 Abs. 2 BGB zu übergeben.

57 OLG Hamm WM 93, 1590 mit Anm. *Merkel*, WuB I F 5. – 5.93.

58 BGH WM 63, 24 zu I. 1.; OLG Frankfurt am Main WM 96, 715; Staudinger/*Horn*, § 765 BGB Rn. 117; RGRK/*Mormann*, § 765 BGB Rn. 10; MünchKomm./*Habersack*, § 765 BGB Rn. 2; Alt.Komm./*Reich*, §§ 765/766 BGB Rn. 1.

59 BGH WM 60, 51 zu II. 1.; 63, 24 zu I. 1.; JZ 69, 1114; NJW 84, 2455 zu I. b.; RG HRR 1930, Nr. 212; OLG Frankfurt am Main WM 96, 715 mit Anm. *Becker-Eberhard*, WuB I F 1 a. – 14.96; KG WM 87, 1091 zu II. 2.; OLG Zweibrücken WM 84, 1392; OLG Stuttgart WM 86, 736 zu I. 2. a.; OLG München WM 84, 469; OLG Köln WM 95, 1965 mit Rezension *Institut für Finanzierungsleistungen* VuR 97, 233: Wahrung des dem Bürgen zustehenden Selbsteintrittsrechts bei Kfz-Leasing; LG Köln NJW-RR 90, 1074: Anspruch auf Aushändigung einer Kopie des Darlehensvertrags; Staudinger/*Horn*, § 776 BGB Rn. 3, 4; RGRK/*Mormann*, § 776 BGB Rn. 1; MünchKomm./*Habersack*, § 765 BGB Rn. 84; *Larenz*, Schuldrecht AT, § 10 I (S. 105); *Fontaine*, Diligenzpflichten, S. 92 ff.; *Pfeiffer*, Nebenpflichten, S. 72 ff.; *Dreismann*, Gläubigerdiligenz, S. 135 ff.

60 OLG München NJW 76, 1096; man mag auch nach Lage des Einzelfalls an einen Treueverstoß denken, wenn ein Kreditinstitut das Haftungsrisiko für einen Dispositionskredit dadurch erweitert, dass es dem Hauptschuldner eine Euroscheckkarte aushändigt, so KG WM 87, 1091 zu II. 2.; oft wird sich bereits der Sicherungszweck auf solche Forderungen nicht beziehen, nachf. Rn. 908.

unfähigen Leasingnehmer als Hauptschuldner kündigt[61]. Er darf nach Lage des Einzelfalls diesem gegenüber nicht verschweigen, dass er die Geschäftsbeziehungen zum Hauptschuldner nicht fortzuführen gedenke[62]. Er darf gegenüber dem wirtschaftlich unerfahrenen Bürgen das Risiko nicht verharmlosen[63]. Der Gläubiger darf eine Fehleinschätzung des Bürgen weder herbeiführen noch ausnutzen[64]. In Fällen besonders schwerer Interessenverletzung steht dem Bürgen darüber hinaus die rechtsvernichtende Einwendung der **Verwirkung** zu. Das mag anzunehmen sein, wenn der Gläubiger den wirtschaftlichen Zusammenbruch des Hauptschuldners schuldhaft verursacht, also den Bürgschaftsfall selbst herbeiführt und den Rückgriff des Bürgen vereitelt[65] oder den Schuldner auffordert, nicht zu zahlen[66]. Ausdrücklich geregelt ist die Obliegenheit des Gläubigers aus § 776, keine anderweitigen Sicherheiten aufzugeben (nachf. Rn. 1008 ff.). Von solchen Sonderfällen abgesehen folgt aus dem Charakter der Bürgschaft als Risikogeschäft (vorst. Rn. 828) aber, dass den Gläubiger **keine** weitergehenden allgemeinen Rücksichtspflichten treffen (**Diligenzpflichten**[67], z.B. Obhuts-[68] und Aufklärungspflichten[69] oder die Pflicht zur Bonitätsprüfung des Hauptschuldners[70] oder zur Unterrichtung über später bekanntgewordene Bedenken gegen die Kreditwürdigkeit des Hauptschuldners[71]) gegenüber dem Bürgen, vielmehr darf der Gläubiger im Rahmen des Sicherungszwecks seine eigennützigen Interessen verfolgen[72] und ist gerade nicht gehalten, das Vermögen des Bürgen zu schonen.

865 Die darauf gegründete Rechtsfolge, den Bürgen würgen zu dürfen, erhält ihr Gegengewicht durch das Schriftformerfordernis aus § 766 Satz 1 (nachf. Rn. 893) nur unvollkommen. Wirkungsvoller sind die Schranken des Rechts der Allgemeinen Geschäftsbedingungen (§§ 305 ff.; nachf. Rn. 908).

---

61 BGH NJW 85, 1886; nicht ohne weiteres übertragbar auf Wohnraummiete (nachf. Rn. 1048), OLG Düsseldorf NZM 2002, 23 mit Komm. *Eckert*, § 768 BGB 2/02, 151; OLG Hamburg ZMR 99, 630.

62 OLG Oldenburg WM 97, 2076 mit Anm. *Bartereau*, WuB I F 1 a. – 1.98.

63 BGHZ 120, 274 (277); BGH WM 2002, 923.

64 BGH NJW 2001, 3331 zu I. 2. b.; WM 66, 944; 99, 1614 mit Anm. *Pfeiffer*, WuB I F a. – 1.2000 und Komm. *Clemente*, EWiR § 276 BGB 4/2000, 321; OLG Celle WM 88, 1436 und *Bülow*, EWiR § 765 BGB 1/88, 53; LG Hamburg EWiR § 765 BGB 7/88, 1079 (*Frankenheim*).

65 BGH WM 84, 586; OLG Frankfurt am Main WM 96, 715 mit Anm. *Becker-Eberhard*, WuB I F 1 a. – 14.96.

66 BGH WM 81, 5.

67 Motive II, S. 678, bei *Mugdan*, S. 379; diese kritisch analysierend *Knütel*, in: Festschr. Flume, S. 559 (561 ff.) sowie *Henssler*, Risiko, S. 336 ff.; *Fontaine*, Diligenzpflichten, S. 1.

68 BGH WM 94, 1064 mit Anm. *Tiedtke*, WuB I F 1 a. – 8.94 und Komm. *P. Bydlinski*, EWiR § 765 BGB 5/94, 651; *Ganter*, WM 98, 2045 (2051);OLG München WM 2000, 2298 mit Anm. *A. Weber*, WuB IV A. – 1.01; OLG Koblenz WM 97, 719 mit Anm. *Frings*, WuB I F 1 a. – 11.97.

69 BGH WM 97, 1045 mit Komm. *Medicus*, EWiR § 276 BGB 5/97, 877, Anm. *Moritz*, WuB I F 1 a. – 16.97; 94, 2274 mit Komm. *Bülow*, EWiR § 2 AGBG 1/95, 7, Anm. *Moritz*, WuB I F 1 a. – 2.95 und *Meinhold-Heerlein*, WiB 95, 298; WM 74, 1129 zu II. 3.; NJW-RR 86, 210; ZIP 87, 764 (770 zu d.) und 1519 mit krit. Komm. *Bülow*, EWiR § 765 BGB 1/88, 53; NJW 89, 1605; OLG Bamberg WM 2000, 1582; OLG Celle und BGH WM 88, 1082 zu II.; OLG Köln NJW-RR 90, 755 mit Komm. *Vortmann*, EWiR § 242 BGB 5/90, 869; LG Duisburg WM 92, 488 mit Anm. *v. Rottenburg*, WuB I F 1 a. – 9.92; *Groeschke*, Schuldturmproblematik, S. 129; *Dreismann*, Gläubigerdiligenz, S. 253 ff.; Vorschlag de lege ferenda dagegen von *Fichtenbauer*, Bürgschaftsrecht, S. 135: Auskunft unter den Voraussetzungen von § 775 (nachf. Rn. 958) und über den Stand der Hauptschuld.

70 OLG Frankfurt am Main WM 96, 715.

71 OLG Köln WM 95, 1268 mit Anm. *Krumwiede*, WuB I F 1 a. – 10.95; 90, 1616; *Dreismann*, Gläubigerdiligenz, S. 244 f.

72 Staudinger/*Horn*, § 765 BGB Rn. 117, 119; Motive II, S. 678, bei *Mugdan*, S. 379.

4. Wirksamkeit

866 Die vertragliche Einstandspflicht entsteht nur, wenn der Bürgschaftsvertrag wirksam zustandegekommen ist (zu unterscheiden von der Frage, ob die Hauptverbindlichkeit wirksam entstanden ist. Das ist ein Akzessorietätsproblem, vorst. Rn. 837 sowie nachf. Rn. 963). Ein Geschäftsunfähiger kann keine Bürgschaftsverpflichtung begründen (§ 105 BGB), ein nur zum Schein eingegangener Bürschaftsvertrag ist gem. § 117 BGB unverbindlich[73], ebenso bei Anwendbarkeit ausländischen Rechts eine Bürgschaft, die gem. Art. 6 EGBGB mit inländischem ordre public offensichtlich unvereinbar ist[74]. Dagegen ist der in Zugewinngemeinschaft lebende Ehegatte in der Eingehung einer Bürgschaft nicht von der Zustimmung des anderen Ehegatten gem. § 1365 BGB abhängig[75] (s. auch oben Rn. 780 und unten Rn. 1213).

a) Sitten- und Gesetzwidrigkeit

867 *aa)* Eine auf den Abschluss eines Bürgschaftsvertrags gerichtete Willenserklärung, die **gegen die guten Sitten** verstößt, ist gem. § 138 Abs. 1 BGB nichtig.

868 *aaa)* Virulent wird die Frage nach der Sittenwidrigkeit vor allem bei **Familienbürgschaften**. Kreditnehmer ist meist der Familienvater und Ehemann, Bürgen sind die – vielleicht gerade volljährig gewordenen – Kinder oder die Ehefrau; oder die unternehmerische Ehefrau nimmt den Kredit und lässt Gatten und Kinder bürgen. Sind die Familienbürgen selbst vermögend, so dass sie ihre Verpflichtung aus der Bürgschaft im Sicherungsfall bedienen können, stellen sich keine über andere Konstellationen von Bürgschaften hinausgehenden Probleme. Es kann jedoch vorkommen, dass der Familienbürge vermögens-, insbesondere einkommenslos oder -schwach ist und, je nach der Höhe der Hauptverbindlichkeit, sein Leben lang Schuldner aus der Bürgschaft bleiben könnte. Daran wirkt die Tilgungsverrechnungsregel aus § 367 Abs. 1 BGB mit, nach der bei Teilleistungen des Schuldners – die vielleicht aufgrund Pfändung seines Arbeitseinkommens erbracht werden – zunächst eine Anrechnung auf Kosten und Zinsen und erst zuletzt auf die Hauptschuld stattfindet. Deshalb kann der Fall eintreten, dass die Teilleistungen, die der Schuldner aufbringen kann, gerade ausreichen, um Kosten und Zinsen zu bedienen, während die Hauptschuld unverändert bleibt und ständig neue Kosten und Zinsen gebiert[76]. Der Bürge zahlt sein Leben lang[77] bis zum pfändungsfreien Betrag (§§ 850 ff. ZPO – so er denn Einkommen hat), aber am Ende vererbt er die Bürgenschuld in ungetilgter Höhe. Man spricht von **modernem Schuldturm**[78].

869 *(1)* Ausgangspunkt der Überlegung, ob die Schuldturmproblematik in die Sittenwidrigkeitsbewertung einfließt, ist die Privatautonomie. Jeder Vollgeschäftsfähige darf und soll

73 Dazu OLG Frankfurt am Main WM 84, 1247.

74 BGHZ 104, 240 (243 f.) mit Bspr. *Hohloch*, JuS 88, 990.

75 BGH NJW 83, 267.

76 *Bülow*, WM 92, 1009.

77 Zwar verjährt eine rechtskräftig titulierte Forderung gem. § 197 Abs. 1 Nr. 3 BGB in dreißig Jahren, aber gem. § 212 Abs. 1 Nr. 2 BGB beginnt die Verjährung erneut durch jede Vollstreckungshandlung, vgl. *Bülow*, NJW 71, 2254.

78 Zur Krisenbewältigung springt ein die „Initiative für bürgschaftsgeschädigte Frauen“ in Berlin, s. Frankfurter Rundschau v. 25.9.2000, Nr. 223 S. 9

selbst entscheiden, welche Geschäfte er abschließt, und schon von Verfassungs wegen (Art. 14; Art. 2 GG) steht es ihm frei, auch Risikogeschäfte einzugehen[79]. In der Nichtigkeitsfolge aus § 138 liegt auch ein Element der Entmündigung, als dem Handelnden das Risikogeschäft versagt wird. Privatautonomie ist aber kein Selbstzweck. Sie verwirklicht Freiheitsentfaltung und verknüpft sie mit Verantwortung, die in der Bindung an die eigene Erklärung liegt. Freiheitsentfaltung ist aber überhaupt nur möglich, wo Freiheit besteht, das heißt für das Privatrecht die Freiheit, den Bedeutungsgehalt der abgegebenen Erklärung überhaupt erfassen zu können. Wo diese Freiheit fehlt, führt Privatautonomie nicht zu Freiheitsentfaltung, sondern zu Freiheitsbeschränkung. Nun könnte eine Privatrechtsordnung nicht funktionieren, wenn die Beurteilungsfähigkeit der Vertragsbeteiligten in jedem Einzelfall überprüft werden müsste; eine Generalisierung ist unerlässlich, sie ist an den Kriterien zur vollen Geschäftsfähigkeit festgemacht. Freiheitsausübung kann sogar darin liegen, dass sich eine Vertragspartei über die Tragweite ihrer Erklärung nicht unterrichtet; gibt sie ihre Erklärung dennoch ab, ist sie daran gebunden: Der objektive Erklärungswert gibt Maß[80]. Aber es gibt Situationen, in denen auch diese Freiheit zur Nachlässigkeit nicht besteht. Vielmehr können Informationsstand und Geschäftserfahrenheit der Parteien so weit auseinanderliegen, dass die gewandte Partei die unerfahrene zu Vertragsbedingungen führt oder überhaupt erst zum Vertragsabschluss bringt, wodurch Unfreiheit, aber nicht von Freiheitsentfaltung zum Ausdruck kommt. Privatautonomie führt in solchen Fällen zu funktionswidrigen Ergebnissen. Aus solchen besonderen situativen Voraussetzungen bei Vertragsanbahnung und Vertragsschluss folgt die durch das BVerfG[81] so apostrophierte **strukturelle Unterlegenheit**, die zur Störung der Vertragsparität und damit zu Fremdbestimmung führt; Privatautonomie erreicht, was sie gerade verhindern soll[82]. In

79 Hier endete die Argumentation der höchstrichterlichen Rechtsprechung bis zu den nachfolgend genannten Entscheidungen des BVerfG: BGH (IX. Zivilsenat) BB 92, 167 (169); NJW 92, 891 mit Komm. *Schwintowski*, EWiR 1/92, 253 zu § 765 BGB und Anm. *Schröter*, WuB I F 1 a. – 8.92; BGHZ 106, 269 mit Bspr. *Emmerich*, JuS 89, 491; 107, 92; BGH NJW 91, 2015 mit krit. Anm. *Köndgen*, Komm. *Altmeppen*, EWiR 2/91, 663 zu § 765 BGB und Bspr. *Kemper*, JA 92, 51; OLG Hamm NJW 91, 2647; OLG Stuttgart NJW 88, 833 mit Komm. *Koller*, EWiR 1/88, 143 zu § 607 BGB, Anm. *Emmerich*, WuB I D 2 h. – 13.88 und Stellungnahme *Eckert*, WM 90, 85; OLG Stuttgart NJW-RR 91, 1521; OLG Düsseldorf WM 84, 157; LG Lübeck NJW-RR 88, 940; LG Münster WM 90, 1662 mit Komm. *Bender*, EWiR § 138 BGB 16/90, 1049; LG Osnabrück NJW-RR 90, 306 mit Komm. *Bales*, EWiR 7/90, 547 zu § 138 BGB; LG Frankenthal WM 92, 909 mit Anm. *Eckert*, WuB I F 1 a. – 13.92; krit. *Bülow*, Konsumentenkredit, Rn. 241 bis 256; *Reifner*, ZIP 90, 427 sowie in: Handbuch des Kreditrechts, § 42 Rn. 186 ff.; *Medicus*, ZIP 89, 817; *Reinicke/Tiedtke*, ZIP 89, 613; *Derleder*, in: Festschr. Bärmann und Weitnauer, S. 21 (131 ff.); abl. *Knütel*, ZIP 91, 493; *Wochner*, BB 89, 1354, tendenziell bereits abweichend XI. Zivilsenat, BGH NJW 91, 923 zu IV. b. aa. mit Anm. *Grün* und Bspr. *Emmerich*, JuS 91, 510; BGHZ 120, 272 mit zust. Anm. *C. Steiner*, ZKW 93, 104.

80 Für Bürgschaft: BGH WM 1994, 2274 mit Komm. *Bülow*, EWiR § 2 AGBG 1/95, 7.

81 Beschluss vom 19.10.1993, BVerGE 89, 214 = NJW 94, 36 mit Komm. *Köndgen*, EWiR § 138 BGB 1/94, 23, Anm. *P. Bydlinski*, WuB I F 1 a. – 4.94, *C. Steiner*, ZKW 94, 208, *Wenzel*, Die Bank 94, 104, *Scholz*, FLF 94, 57, *Rehbein*, JR 95, 45; *Frey*, WM 96, 1612; *Pape*, NJW 95, 1006 und Glosse *Löwe*, ZIP 93, 1759; BVerfG NJW 94, 2749 mit Komm. *Tiedtke*, EWiR Art. 2 GG 2/94, 1197, Anm. *P. Bydlinski*, WuB I F 1 a. – 11.94, Bspr. *Kiethe/Groeschke*, BB 94, 2291 und Rezensionen *M. Frank*, JuS 96, 389 und *Drygala*, Junge Zivilrechtswissenschaftler 95, S. 63; BVerfG ZIP 96, 956 mit Komm. *Medicus*, EWiR § 138 BGB 3/96, 731.

82 Zum Ganzen *Singer*, Selbstbestimmung, S. 38; *Gernhuber*, JZ 95, 1086; *Hesse/Kauffmann*, JZ 95, 219; *Honsell*, NJW 94, 565; *Becker*, DZWIR 94, 397; *Rittner*, NJW 94, 3330; *Schweitzer*, KTS 91, 541; *Stumpf*, Trierer Beiträge, Sonderheft 8 1994, S. 18; *Pape*, ZIP 94, 515; *Schwarz*, NJW 93, 2916; *Lambsdorff/Skora*, Handbuch des Bürgschaftsrechts, Rn. 183 ff.; *Hasler*, MDR 95, 1086; *Haun*, Sittenwidrigkeit, S. 156; *Zöllner*, AcP 196 (1996), 1 (15, 33); *Odersky*, ZGR 98, 169 (181). Die Änderung der Rechtsprechung kann die Präklusion bei der Vollstreckungsabwehrklage (§ 767 Abs. 2 ZPO) beseitigen, OLG Stuttgart NJW 96, 1683 mit Bspr. *Hau*, JA 96, 830; *Eckert*, MDR 97, 621; *Melzer*, NJW 96, 3192.

Teilbereichen trägt das Gesetz der Unfreiheit in der Willensbildung durch die Zubilligung von Anfechtungsgründen Rechnung. Das Problem der strukturellen Unterlegenheit gehört auch zu den gesetzgeberischen Motiven im Verbraucherprivatrecht, nämlich in den Widerrufsrechten aus § 312 (nachf. Rn. 934) und §§ 495 i.V.m. 355 BGB (nachf. Rn. 936); dort ist auch die schuldturmauslösende Tilgungsverrechnung durch § 497 Abs. 3 Satz 1 BGB verändert worden. Auch §§ 305 Abs. 2, 308, 309 und 310 Abs. 3 BGB fußen darauf. Aber das Problem der strukturellen Unterlegenheit als solches kann nur durch die Generalklauseln von § 138 oder auch § 242 BGB erfasst werden und wird auch nicht dadurch gelöst, dass Bürgschaften zugleich Verbraucherkreditgeschäfte sein könnten[83] (nachf. Rn. 936).

Typischerweise zeigt sich die strukturelle Unterlegenheit bei Familienbürgschaften nicht in den Bürgschaftsbedingungen, sondern im Vertragsschluss überhaupt. Der Zeitpunkt des Vertragsabschlusses gibt Maß, anders gewendet: ex ante muss bewertet werden, ob der Familienbürge aus Unfreiheit handelte, nicht ex post, wenn der Sicherungsfall eingetreten ist, den weder Gläubiger noch Bürge wollten. Es ist also zu fragen, ob der Abschluss des Bürgschaftsvertrags nur mit der Geschäftsunerfahrenheit und dem unzureichenden Informationsstand des Familienmitglieds erklärt werden kann. **870**

(2) Die Kriterien für diese Bewertung der strukturellen Unterlegenheit des Bürgen hat der Bundesgerichtshof seit der Entscheidung des Bundesverfassungsgerichts vom 19.10.1993[84] in den folgenden Jahren in der Weise fortentwickelt, dass, nach Kontroversen unter Zivilsenaten[85], für Bürgschaftsverträge nunmehr folgendes gilt[86]: **871**

Erstes Kriterium der Sittenwidrigkeit ist das **krasse Missverhältnis** zwischen der Bürgenschuld einerseits und der finanziellen Leistungsfähigkeit des bürgenden Ehegatten andererseits. Zu vergleichen sind also der zu prognostizierende Bürgschaftsfall mit den finanziellen Mitteln des Bürgen, aus denen er die Bürgenschuld abtragen könnte[87]. Ergibt die Prognose, dass der Bürge in den „modernen Schuldturm" (vorst. Rn. 868) geraten würde, indem er noch nicht einmal die laufenden Zinsen der Hauptschuld aufzubringen **872**

83 Für eine freiwillige Anpassung von Formularbürgschaften an die Vorgaben des Verbraucherkreditgesetzes durch die Kreditwirtschaft plädiert der Banker *Klanten*, WM 93, 2196.

84 BVerfGE 89, 214; *Kühling*, WM 2002, 625; *Dieterich*, WM 2000, 11; *Schapp*, in: Festschr. Söllner, S. 973 (980); *Ernst*, Symposion, S. 205; *A. Krämer*, in: Festschr. Schimansky, S. 366.

85 Bis 2000 war der IX. Zivilsenat für Bürgschaftssachen zuständig gewesen, aber auch der XI. Zivilsenat als Bankrechtssenat, der jetzt auch die Zuständigkeit für Bürgschaftssachen inne hat; der vom XI. Zivilsenat angerufene Große Senat für Zivilsachen (§ 132 GVG) hatte keine Entscheidung getroffen, weil die Revision zurückgenommen wurde, BGH NJW 99, 2584 mit Rezension *Aden*, NJW 99, 3763, Anm. *Bülow*, LM Nr. 138a zu § 765 BGB, *Tonner*, VuR 99, 440, *C. Steiner*, ZKW 2000, 58, *A. Weber*, WuB I F 1a. – 2.2000 und Komm. *E. Schmidt*, EWiR § 765 BGB 1/2000, 73; Stellungnahme des IX. Zivilsenats NJW 2000, 1185; *Halstenberg*, in: Festschr. Schimansky, S. 315 (333).

86 BGHZ 146, 37 = NJW 2001, 815 mit Rezension *Kulke*, ZIP 2001, 985 und Anm. *Bülow*, LM Nr. 99 zu § 138 (Bb) BGB, *H. Roth*, JZ 2001, 1039, *Vollmer*, DNotZ 2001, 691, *Michalski/Arends*, WuB I F 1c. – 1.01 und Bspr. *Emmerich*, JuS 2001, 606, *Görtz-Leible/Leible*, JA 2001, 737; abschließendes Resümee *Nobbe/Kirchhof* (Mitglieder des XI. resp. IX. Zivilsenats) BKR 2001, 5.

87 Keine Überforderung, wenn der Bürge die Schuld durch Verwertung des von ihm bewohnten Eigenheims abtragen könnte, BGH NJW 2001, 2466 mit Anm. *Bydllinski*, WuB I F 1a. – 12.01., wobei dingliche Belastungen grundsätzlich wertmindernd zu berücksichtigen sind, BGH WM 2002, 1347 zu II. 2. b.; OLG Köln ZIP 2002, 844 zu 2. a.

vermag[88], ist dieses erste Kriterium erfüllt. Die Parteien können dieses Kriterium beseitigen, wenn sie eine Höchstbetrags- oder Teilbürgschaft (nachf. Rn. 1029, 1028) in der Weise vereinbaren, dass die Bürgenschuld der Leistungsfähigkeit des Bürgen im Sicherungsfall (oben Rn. 61) entspricht.

873 Das **zweite Kriterium** liegt in dem Motiv des Bürgen für den Vertragsabschluss, der ein dermaßen existenzielles Risiko birgt. Wenn das Motiv nur mit **struktureller Unterlegenheit** zu erklären ist, begründet das grobe Missverhältnis zwischen Leistungsfähigkeit des Bürgen und seiner Verbindlichkeit im Bürgschaftsfall die Sittenwidrigkeit. Das Motiv ist dann allein mit struktureller Unterlegenheit zu erklären, wenn der Bürge nur aufgrund der emotionalen, eben familiären Bindungen an den Hauptschuldner, also den Ehegatten resp. den Vater oder die Mutter, handelte. Gab es keine anderen Erwägungen für den Abschluss des Bürgschaftsvertrages, ist, so der BGH, „davon auszugehen, dass der Bürge sich auf eine solche Verpflichtung nur aufgrund emotionaler Bindung an den Hauptschuldner infolge mangelnder Geschäftsgewandtheit und Rechtskundigkeit eingelassen und die Bank dies in verwerflicher Weise ausgenutzt hat“[89]. Diese Grundsätze gelten nicht nur im Verhältnis zu einer Bank als Gläubigerin, sondern auch zu anderen Unternehmern i.S.v. § 14 BGB als Gläubiger[90].

874 Weiterer Umstände bedarf es nicht mehr[91], um die Nichtigkeit wegen Verstoßes gegen die guten Sitten zu bejahen. Namentlich hängt der Sittenverstoß nicht davon ab, dass der Gläubiger auf den Bürgen eingewirkt hätte, um dessen freie Willensbildung zu beeinträchtigen[92].

---

88 BGHZ 146, 37 (42); BGH WM 2002, 1649 zu II. 2.a.; das Maß zur Tilgung von einem Viertel der Hauptschuld innerhalb von fünf Jahren, BGHZ 140, 395, wurde aufgegeben, BGH NJW 2000, 1182 (IX. Senat, *Bülow*, LM Nr. 99 zu § 138 (Bb) BGB zu 2. a. sowie *Groeschke*, BB 2001, 1540 und krit. erwidernd *C. Steiner*, ZKW 2001, 1122).

89 BGH NJW 99, 58 zu II. 2. mit Rezensionen *Tiedtke*, NJW 99, 1209, *Kulke*, DZWIR 99, 404 und *Riehm*, JuS 2000, 17 sowie Bspr. *Emmerich*, JuS 99, 294 und Komm. *Tiedtke*, EWiR § 765 BGB 1/99, 15; diese Entscheidung des IX. Senats wurde teilweise in NJW 2000, 1182 relativiert, so dass der Abschluss der Entwicklung in BGHZ 146, 37 (vorst. Fn. 86) zu finden ist.

90 BGH NJW 2002, 746 mit Komm. *Medicus*, EWiR § 138 BGB 8/02, 793.

91 Anders als für Altverträge kommt dem krassen Missverhältnis also mehr als nur Indizwirkung zu, so noch *Stumpf*, Jura 92, 417; *P. Bydlinski*, WM 92, 1301 (1308); *Fuchs-Wissemann*, WiB 94, 426; *Kreft*, WM 92, 1425; *M. Ahrens*, Der mittellose Geldschuldner, S. 141 ff.; *Göpfert*, JuS 93, 655.

92 So nach den Entscheidungen des BVerfG die nachfolgende höchstrichterliche Rechtsprechung bis Oktober 1998, also Altverträge betreffend, BGH WM 96, 1124 zu I. 1. mit Anm. *Bülow*, LM Nr. 108 zu § 765 BGB und *Medicus*, WuB I F 1 a. – 10.96 sowie Bspr. *Emmerich*, JuS 96, 935; NJW-RR 96, 813; NJW 96, 1274 mit Komm. *P. Bydlinski*, EWiR § 765 BGB 2/96, 547 sowie 513 mit Anm. *Hennrichs*, WuB I F 1 a. – 6.96 und Komm. *Alisch*, EWiR § 138 BGB 2/96, 539; ZIP 95, 1888 zu 2. mit Komm. *Tiedtke*, EWiR § 765 BGB 1/96, 107; BGHZ 128, 230 mit Anm. *P. Bydlinski*, WuB I F 1 a. – 4. 95 und Rezension *Becker*, DZWIR 95, 237; NJW 94, 1341 sowie Rezension *Blaurock*, ZEuP 96, 315, auch rechtsvergleichend; BGHZ 125, 207 mit Komm. *Honsell*, EWiR § 765 BGB 4/94, 555, Anm. *P. Bydlinski*, WuB I F 1 a. – 5.94 sowie *Schmidt-Salzer*, LM § 765 BGB Nr. 91 und Rezension *Pape*, ZIP 94, 515; WM 97, 1010 mit krit. anm. *Medicus* JZ 99, 576; NJW 97, 3230 zu I. 2. a.; OLG Düsseldorf NJW-RR 96, 620 mit Komm. *Mayer-Maly*, EWiR § 138 BGB 1/96, 207; OLG Frankfurt am Main NJW-RR 92, 1008; OLG Koblenz NJW-RR 95, 1260; OLG Köln EWiR § 765 BGB 2/95, 441 (*Tiedtke*, abl.); BB 95, 2081; das OLG München NJW-RR 95, 1439 zu II. 3. überträgt die Grundsätze auf eine KG-Gründung des Vaters mit seinen Kindern, das OLG Zweibrücken NJW-RR 95, 433, WM 92, 1811 auf nichteheliche Lebensgefährten; LG Bremen BB 96, 792, dazu auch BGH WM 96, 1496; LG Lüneburg BB 95, 1820; LG Berlin VuR 92, 363; LG Zweibrücken MDR 95, 378. Zum Scheidungsumfeld *Derleder/Bartels*, FuR 95, 224.

(3) Die beiden Kriterien sind der Ausgangspunkt für die fehlende Wirksamkeit des Bürgschaftsvertrags. Dieser Ausgangspunkt kann durch besondere Umstände zu einer Veränderung der Bewertung führen, die den Bürgschaftsvertrag als wirksam erscheinen lässt. Nunmehr sind die Umstände festzumachen, welche die Ausgangskriterien dergestalt überlagern, dass der Sittenverstoß doch noch zu verneinen ist. **875**

Der erste Umstand, der die Vereinbarkeit mit den guten Sitten begründet, liegt in folgendem: Man mag sich fragen, welche Interesse ein Gläubiger überhaupt hat, eine Bürgschaft hereinzunehmen, deren Schuldner, namentlich ein Ehegatte, vermögens- und einkommenslos ist und voraussichtlich auch bleiben wird. Der Grund liegt darin, dass **Vermögensverschiebungen** unschädlich gemacht werden sollen: Der Kreditschuldner macht sich vermögenslos und zugleich zahlungsunfähig, indem er sein Vermögen auf den Ehegatten überträgt und Nutznießer von dessen nunmehrigem Vermögen ist; war der Ehegatte zum Bürgen gemacht worden, kann der Gläubiger nach wie vor auf die Vermögenswerte zugreifen. Der porschefahrende pfandlose Schuldner ist keine Seltenheit im Zwangsvollstreckungsalltag[93]. Ohne die Bürgschaft könnte der Gläubiger nur durch die hohen Hürden von § 826 BGB oder des Anfechtungsgesetzes Befriedigung erlangen[94]. Sich jenseits dessen vor Vermögensverschiebungen zu schützen, erscheint legitim. **876**

Aber die Legitimität findet ihre Grenze in zwei Richtungen. Hatte der Gläubiger noch andere Sicherheiten hereingenommen, z.B. Grundpfandrechte, das Eigentum an beweglichen Sachen, und decken diese Sicherheiten das Kreditrisiko ab, stellt sich das Risiko der Vermögensverschiebung nicht ein, so dass es beim Sittenverstoß bleibt. Allerdings können die anderen Sicherheiten geeignet sein, das erste Kriterium des Sittenverstoßes, nämlich die krasse Überforderung des Bürgen (vorst. Rn. 872) zu beseitigen, weil der Bürge bei den anderen Sicherungsgebern Regress nehmen kann (nachf. Rn. 1018 ff.). Die Regressmöglichkeit für den Bürgen wiederum wird beeinträchtigt, wenn der Befreiungsanspruch aus § 776 BGB (nachf. Rn. 1008) durch den Bürgschaftsvertrag abbedungen worden war (vgl. nachf. Rn. 926)[95]. Der Gläubiger, der den Befreiungsanspruch aus § 776 BGB unangetastet lässt, kann durch anderweitige Sicherheiten aber die Wirksamkeit des Bürgschaftsvertrags herbeiführen[96]. **877**

In anderer Richtung findet die Legitimität des Gläubigerhandelns ihre Grenze insoweit, als die bloße denkbare Gefahr der Vermögensverschiebung nicht reicht, um den Ausgangspunkt, die Sittenwidrigkeit des Bürgschaftsvertrages, verlassen zu können. Vielmehr ist das Problem der Vermögensverschiebung – nicht nur konkludent[97], sondern **878**

93 „Ein fauler Schuldner kriecht seinem Gatten unter den Pelz": *Kohler*, in: Festschr. Wacke, S. 229.

94 BGHZ 128, 230 (236); BGH WM 96, 1124 zu II. 1. a. mit Anm. *Bülow*, LM Nr. 108 zu § 765 BGB und Bspr. *Emmerich*, JuS 96, 935; a.A. BGH NJW 91, 923 zu 4. d. bb. mit Anm. *Grün* und Bspr. *Emmerich*, JuS 91, 510 sowie Rezension *P. Bydlinski*, ZBB 91, 623 und *Schelske*, ZKW 92, 890; KG WM 92, 1806; OLG Koblenz WM 94, 840 zu II. 2. b. und MDR 97, 865 (dort verneint); OLG Hamm WM 97, 710.

95 BGH NJW 99, 58 zu II. 3. b., c.; 97, 3372 mit Komm. *Medicus*, EWiR § 138 BGB 1/98, 9, Anm. *P. Bydlinski*, WuB I F 1 a. – 2.98, *v. Westphalen*, LM Nr. 121 zu § 765 BGB und Bspr. *Emmerich*, JuS 98, 177.

96 BGHZ 146, 37 (44); 136, 347 (352) = NJW 97, 3372; BGH NJW 99, 58 zu II. 3. b. mit Rezension *Kulke*, DZWIR 99, 404; WM 98, 592 mit Anm. *Bader*, WuB I F 1 a. – 10.98.

97 So noch BGHZ 146, 37 (46); *Nobbe/Kirchhof*, BKR 2001, 5 (11).

grundsätzlich[98] ausdrücklich[99] – zum Vertragsinhalt zu erheben in der Weise, dass der Bürge nur und erst dann aus der Bürgschaft in Anspruch genommen werden darf, wenn die Vermögensverschiebung tatsächlich stattgefunden hat. Auf diese Weise kann der Haftungszweck der Bürgschaft beschränkt und infolgedessen die Wirksamkeit des Vertrages erreicht werden[100]. Scheitert die Ehe später, kommt es nicht mehr zur Vermögensverschiebung, die Voraussetzung für die Haftung des Bürgen wäre. Deshalb fällt der Sicherungszweck fort (nachf. Rn. 949).

879 Der nächste Umstand, der trotz Leistungsunfähigkeit und emotionaler Bindung des Bürgen die Nichtigkeit des Bürgschaftsvertrages nicht eintreten lässt, liegt in der zukünftigen Entwicklung der Leistungsfähigkeit des Bürgen, namentlich in einer zu erwartenden Erbschaft. Rechtfertigt eine Erbschaft die Prognose, dass die Leistungsfähigkeit des Bürgen ausreichen wird, um die Bürgenschuld zu tilgen, kann der Bürgschaftsvertrag bezogen auf diesen Fall wirksam abgeschlossen werden[101], indem auch insoweit der beschränkte Haftungszweck zum Vertragsinhalt erhoben wird. Dem Bürgschaftsvertrag muss also entnommen werden können, dass der Bürge nur dann aus der Bürgschaft in Anspruch genommen werden darf, wenn er Erbe geworden oder ein anderer Fall der Vermögensmehrung eingetreten ist. Beispielsweise würde der Vertragswirksamkeit nicht entgegenstehen, die Inanspruchnahme aus der Bürgschaft von einem Lottogewinn abhängig zu machen. Der Vertrag muss nur bestimmen, dass die Inanspruchnahme ohne tatsächlich eingetretene Vermögensmehrung und über diese hinaus (vorst. Rn. 872 a.E.) ausgeschlossen ist[102]. Daraus folgt, dass die Bürgschaft als Höchstbetragsbürgschaft auszugestalten ist.

880 Ein weiterer Umstand, der die Annahme struktureller Unterlegenheit beseitigt, kann darin liegen, dass die gesicherte Forderung vom Hauptschuldner aus einem Grunde eingegangen wird, der zugleich auch eigenverantwortlichen Erwägungen des Bürgen entspricht, zu denken ist an die Bürgschaft für ein Darlehen des Ehegatten zum gemeinschaftlichen Erwerb oder dem Bau eines Familienheims[103]. Das gilt erst recht, wenn die gesicherte Forderung selbständigen unternehmerischen Absichten des Bürgen dient, z.B. ein Geschäftskredit für ein Unternehmen der Eltern, in welches das bürgende Kind an verantwortlicher

98 Nach Lage des Einzelfalls kann aufgrund konkreter Anhaltspunkte ausnahmsweise auch eine stillschweigende Haftungsbegrenzung anzunehmen sein, aber nur, wenn es sich nicht um eine Formularbürgschaft handelt, BGH WM 2002, 1347 zu II. 3. a. mit Anm. *Bülow*, LM Nr. 101 zu § 138 (Bb) BGB.

99 So jetzt BGH WM 2002, 1347 zu II. 2. b. mit Komm. *Tiedtke*, EWiR § 765 BGB 10/02, 865 sowie 1350 zu I. 2. b. bb mit Anm. zu beiden Urteilen *Bülow*, LM Nr. 105 zu § 138 (Bb) BGB.

100 BGH NJW 99, 58 zu II. 4.; 2000, 362 mit Anm. *P. Bydlinski*, WuB I F 1a. – 7.2000; BGHZ 134, 325; krit. *Oberhammer*, DZWIR 2000, 45 (53).

101 Es dürfte sich nicht um einen nach § 311b Abs. 4 BGB nichtigen Vertrag über den Nachlass eines noch lebenden Dritten handeln, weil die Erbschaft nur mittelbar die Bürgschaft berührt, a.A. *Schanbacher*, WM 2001, 74 (76); *Kulke*, ZEV 2000, 298 (301), noch weniger um einen Vertrag über künftiges Vermögen nach § 311b Abs. 2 BGB; *Riehm*, JuS 2000, 241; *Tiedemann*, NJW 2000, 192.

102 BGH NJW 99, 58 zu II. 3. d.; BGHZ 134, 325 mit Anm. *Schmidt-Lademann*, LM Nr. 114 zu § 765 BGB; *Probst*, JR 98, 201, *Hennrichs*, WuB I F 1 a. – 5.97, *Gernhuber*, JZ 97, 601, Komm. *Medicus*, EWiR § 138 BGB 5/97, 289, Bspr. *Emmerich*, JuS 97, 562 und *Dulitz*, JA 97, 740; krit. *Medicus*, in: Festschr. Fikentscher, S. 265 (281).

103 *Medicus*, Schriften der bankrechtlichen Vereinigung, Band 3 1992, S. 87 (104); *Larenz/Canaris*, § 60 II. 3. b. (S. 10); BGH NJW 99, 58 zu II. 3. e.; WM 98, 2366 zu II. 1. b. mit Anm. *Michalski* LM Nr. 99 zu § 138 (Bb) BGB und *Hoes*, WuB I F 1 a – 4.99; OLG Köln BB 95, 2237; OLG Köln EWiR § 138 BGB 1/02, 137 (*Derleder*).

Stelle eintreten wird oder das es übernehmen will[104]. Für das eigenverantwortliche Motiv des Kindes zum Abschluss des Bürgschaftsvertrags zugunsten seiner Eltern spricht, dass es schon aktiv in unternehmerische Entscheidungen eingebunden oder maßgeblich am Unternehmen beteiligt war[105]. Im Allgemeinen ist von einem wirtschaftlichen Interesse des Bürgen auszugehen, wenn er Gesellschafter des Hauptschuldners ist[106]. Dagegen kann die Bürgschaft eines weder im Unternehmen noch anderweitig erwerbstätigen und einkommenslosen Ehegatten für einen laufenden Geschäftskredit gerade auf struktureller ungleicher Verhandlungsstärke beruhen, wie überhaupt die bloße Hoffnung, mit Hilfe der Bürgschaft den Erhalt des Unternehmens zu sichern, das die Grundlage für die gemeinsame Lebensgestaltung des Bürgen mit dem Hauptschuldner bildet, nicht ausreicht, um die Annahme des Sittenverstoßes zu beseitigen[107]. Auch dass dem bürgenden Kind die jetzt durch ein Darlehen begründeten Vermögenswerte einmal kraft Erbrechts zufließen mögen, rettet den Bürgschaftsvertrag nicht[108]. Sittenwidrigkeitsbeseitigend ist nur ein unmittelbares, nicht lediglich ein mittelbares Eigeninteresse in Bezug auf die gesicherte Forderung wie etwa die Aussicht des bürgenden Ehegatten auf höhere Unterhaltsleistungen oder eines höheren Zugewinnausgleichs oder die Aussicht, das zu finanzierende Eigenheim nur mit zu bewohnen, aber nicht mit zu erwerben[109]; anders aber, wenn es an der krassen Überforderung fehlt[110].

Ergibt die Auslegung (vgl. vorst. Rn. 853) freilich, dass der vermeintliche Bürge in Wahr- **881**
heit als Mitdarlehensnehmer und nicht als Interzessionar anzusehen ist, gelten andere Kriterien des Sittenverstoßes, namentlich zum Ausbeutungsmissbrauch bei Konsumentenkrediten wegen groben Missverhältnisses von Leistung und Gegenleistung[111].

(4) Die die Sittenwidrigkeit auslösende emotionale Bindung des Bürgen an den Haupt- **882**
schuldner kann auf einer Ehe oder auf Verlobung[112] beruhen, ist aber gleichermaßen zu bejahen für **Lebenspartner** jenseits der Eheschließung[113]. Die emotionale Bindung ist

---

104 BVerfG ZIP 96, 956 mit Komm. *Medicus*, EWiR § 138 BGB 3/96, 731; BGH NJW-RR 97, 1199; für zinsvergünstigte Eigenkapitalhilfedarlehen BGHZ 135, 66 mit Komm. *E. Schmidt*, EWiR § 138 BGB 9/97, 735 und Anm. *Richrath*, WuB I F 1 a. – 3.97 sowie OLG Hamm WM 95, 332 mit Rezension *Kerls*, DZWIR 96, 9 und Anm. *A. Weber*, WuB I F 1 a. – 6.95; ähnlich WM 92, 2135 mit Anm. *P. Bydlinski*, WuB I F 1 a. – 9.93; NJW 93, 72 mit Komm. *Tiedtke*, EWiR § 138 BGB 8/92, 1167; OLG Karlsruhe WM 94, 2152 mit Anm. *Schröter*, WuB I F 1a. – 1.95; OLG Nürnberg ZIP 98, 989 mit Komm. *Alisch*, EWiR § 765 BGB 11/98, 885; OLG Rostock OLG-NL 98, 265.

105 BGH NJW 98, 894 mit Bspr. *K. Schmidt*, JuS 98, 555 und Komm. *Tiedtke*, EWiR § 765 BGB 6/98, 347, Nichtannahmebeschluss vom 8.2.1996 – IX ZR 211/95 – nach *Ganter*, WM 96, 1705 (1711/1712).

106 BGHZ 137, 229; BGH WM 2001, 2156; 2002, 923 mit Anm. *Schanbacher* WuB I.F.1.a-12.02 und Komm. *Klaas*, EWiR § 138 BGB 7/02, 791: zugunsten eines gemeinnützigen Unternehmens auftretender Mönch; BGH WM 2002, 1647 mit Anm. *Armbrüster*, LM Nr. 170 zu § 765 BGB und *H. Schröder*, GmbHR 2002, 847.

107 BGH NJW 99, 58 zu II. 3. e., anders noch BGH WM 96, 519 zu V. 2. b. bb.; OLG Bamberg NJW-RR 98, 772; gleichermaßen bei Interesse an Arbeitsplatzsicherung des bürgenden Kindes (nachf. Rn. 882), OLG Jena OLG-NL 98, 270.

108 BGHZ 125, 206 (211).

109 BGHZ 146, 37 (46); BGH NJW 2000, 1182 mit Rezension *Kulke*, ZIP 2000, 952, Anm. *Tiedtke*, JZ 2000, 677, *P. Bydlinski*, WuB I F 1a. – 13.2000, Komm. *Koller*, EWiR § 765 BGB 3/2000, 385 und Bspr. *Emmerich*, JuS 2000, 494 sowie *Leible*, JA 2000, 531.

110 OLG Köln BKR 2001, 150 mit Komm. *Kulke*, EWiR § 138 BGB 5/01, 1085.

111 BGH NJW 2002, 744 mit Anm. *Bülow*, LM Nr. 101 zu § 138 (Bb); *Nobbe/Kirchhof*, BKR 2001, 5 (6).

112 BGH WM 97, 465.

113 BGH NJW 97, 1005 mit Komm. *E. Schmidt*, EWiR § 765 BGB 2/97, 397; OLG Frankfurt am Main MDR 98, 848; *H.-F. Müller*, DZWIR 98, 447; nicht: Tochter des früheren Lebensgefährten einer Bürgin, OLG Hamburg NZM 2001, 375.

auch gerade für **Kinder** des Hauptschuldners anzunehmen. Sie überhaupt zur Bürgschaftsübernahme zu veranlassen kann einen Verstoß gegen die familienrechtliche Pflicht zu Beistand und Rücksichtnahme gem. § 1618a BGB, die auch gegenüber volljährigen Kindern gilt, bedeuten[114]. Ganz vom Einzelfall hängt es ab, wo die Grenze liegt, ab der die rechtsgeschäftliche Selbstverantwortung des bürgenden Kindes die Bindung an den Vertrag begründet, bis zu der also die Ausnahme endet und die Regel beginnt. Die familienrechtlichen Bindungen aus § 1618a BGB dauern lebenslänglich[115] und über das Ende einer Ausbildung hinaus. In Zeiten hoher Arbeitslosigkeit ist die finanzielle Abhängigkeit von den Eltern auch in der Zeit danach nicht untypisch, und Geschäftserfahrenheit mag nicht immer angeeignet worden sein. Das in die Jahre gekommene, dennoch unterhaltsberechtigte und vielleicht musisch aber nicht kaufmännisch begabte Kind mag als Normadressat von § 138 BGB denkbar sein. Dagegen kann die emotionale Bindung von Geschwistern des Hauptschuldners im Allgemeinen nicht angenommen werden, sondern im besonderen nur dann, wenn sie im zu bewertenden Einzelfall feststellbar ist[116].

883 Die auf emotionaler Bindung beruhende strukturelle Unterlegenheit begründet den Sittenverstoß auch in verdeckten Sachverhalten. Keinerlei Wirksamkeitsbedenken begegnet zunächst die Bürgschaft der Gesellschafter einer GmbH für Verbindlichkeiten ihrer Gesellschaft (vorst. Rn. 880). Daran ändert nichts, dass der bürgende Gesellschafter nur der Strohmann eines anderen, anders gewendet **Treuhänder** eines Treugebers ist. Besteht zwischen diesen beiden aber die enge familiäre Beziehung – sie sind beispielsweise Ehegatten –, ist die Bürgschaft sittenwidrig. Allerdings kann der Sittenverstoß wiederum (vorst. Rn. 877) an der fehlenden finanziellen Überforderung des Bürgen scheitern, weil er aus dem Treuhandauftrag Anspruch auf Aufwendungsersatz gegen den Treugeber nach § 670 BGB nebst Anspruch auf Befreiung und Sicherheitsleistung nach § 257 Sätze 1 und 2 BGB hat[117], die werthaltig sein können.

884 Auf der anderen Seite kann der Bürge trotz emotionaler Bindung geschäftserfahren und rechtskundig sein, so dass er wusste, worauf er sich mit dem Abschluss des Bürgschaftsvertrags einließ. Ein solcher Bürge ist an die Selbstverantwortlichkeit, die Privatautonomie fordert, gebunden. Es gibt nichts, was der Gläubiger verwerflicherweise ausnutzen könnte (nachf. Rn. 887). Der Bürgschaftsvertrag ist wirksam[118].

885 *(5)* Ob der Bürgschaftsvertrag wirksam oder nichtig ist, hängt infolgedessen von subjektiven Umständen, nämlich der Eigenverantwortlichkeit des Bürgen ab, und ob sich der Bürge oder der Gläubiger durchsetzt, von der **Beweislast** für diese Umstände. Ausgangspunkt ist, dass derjenige, der sich auf die Nichtigkeit eines Vertrages wegen Sittenverstoßes beruft, die Beweislast für diejenigen Tatsachen trägt, die den Sittenverstoß begründen

---

114 BGH NJW 97, 52 zu II. 3. mit Anm. *Bülow*, LM Nr. 110 zu § 765 BGB, *Meder*, WuB I F 1 a. – 1.97 und Komm. *Honsell*, EWiR § 765 BGB 7/96, 1121; OLG Jena OLG-NL 98, 270; *Kreft*, Bankrecht 98, S. 151 (157); *Dörr*, Mittellose Sicherungsgeber, S. 124 ff.

115 BGHZ 125, 206 (214) mit Anm. *Schmidt-Salzer*, LM Nr. 91 zu § 765 BGB.

116 BGH NJW 98, 597 mit Anm. *Bülow*, LM Nr. 121 zu § 765 BGB, *Probst*; JR 98, 374 und *Foerste*, JZ 98, 574; OLG Frankfurt MDR 98, 1492; OLG Köln EWiR § 774 BGB 1/02, 613.

117 BGHZ 137, 329 = NJW 98, 597 mit Anm. *Bülow*, LM Nr. 121 zu § 765 BGB, *Probst*, JR 98, 374 und *Foerste*, JZ 98, 574; BGH NJW 2002, 956 zu II. 1. b. mit Bspr. *Emmerich*, JuS 2002, 498; WM 2002, 1647 zu II. 2. a. bb.

118 BGH NJW 97, 940 mit Anm. *Vázquez*, WiB 97, 378 (praxiserfahrener Jurastudent); NJW-RR 97, 1281 (GmbH-Geschäftsführer); OLG Hamburg NJW-RR 97, 1281.

(vorst. Rn. 848). Mithin würde der Bürge haften, bliebe er beweisfällig, und der Schutz vor dem sittenwidrigen Bürgschaftsvertrag wäre eher theoretischer Natur.

Jedoch können allgemeine Erfahrungssätze den Beweis als geführt ansehen lassen. Hat der Bürge als Ehegatte, Lebenspartner oder gerade volljährig gewordenes Kind des Hauptschuldners bewiesen, dass er bei Abschluss des Bürgschaftsvertrags einkommens- und vermögenslos war oder ein im Vergleich zur Bürgschaftsforderung zu geringes Einkommen oder Vermögen hatte[119] (vorst. Rn. 871), ist der Beweis für die emotionale Bindung als Kriterium der strukturellen Unterlegenheit geführt[120] und zugleich dafür, dass der Gläubiger diese Umstände in verwerflicher Weise ausnutzte (nachf. Rn. 887). Es findet eine Umkehr der **objektiven Beweisführungslast** statt. Der Gläubiger kann diese Beweisführung erschüttern, indem er Tatsachen darlegt und beweist, aus denen die Geschäftsgewandtheit und Rechtskundigkeit des Bürgen folgt (vorst. Rn. 884) und etwa die Einbindung des Bürgen in die Führung des Familienunternehmens, für das der Geschäftskredit aufgenommen wurde, beweist[121] (vorst. Rn. 880). Handelt es sich dagegen um ein schon älteres Kind (vorst. Rn. 882), ist für eine Umkehr der Beweisführungslast kein Raum, ebenso wenig in Strohmannfällen (vorst. Rn. 883) sowie bei Bürgschaften von Gesellschaftern oder Geschäftsführern[122] (vgl. vorst. Rn. 883). **886**

(6) In subjektiver Hinsicht ist Kenntnis des Gläubigers von den Umständen, die die Sittenwidrigkeit begründen, Voraussetzung der Nichtigkeit. Das Wissen des ausgebeuteten Bürgen ist naturgemäß nicht Tatbestandsvoraussetzung (siehe auch unten Rn. 1135). **887**

(7) Problematisch ist, ob die sittenwidrige Bürgschaft teilweise insoweit aufrechterhalten werden kann, als sie mit den guten Sitten vereinbar ist, also auf der Grundlage von § 139 BGB nur von **Teilnichtigkeit** ausgegangen werden kann. Dadurch würde der Sanktionscharakter von § 138 Abs. 1 BGB relativiert, indem der Gläubiger „im Allgemeinen damit rechnen könnte, schlimmstenfalls durch gerichtliche Festsetzung das zu bekommen, was gerade noch rechtlich vertretbar und damit sittengemäß ist“[123]; das gleiche Problem stellt sich für die Aufrechterhaltung unwirksamer AGB (nachf. Rn. 914). Die teilweise Aufrechterhaltung wird da zu rechtfertigen sein, wo es nach Lage des Einzelfalls gerade der Bürge ist, der hierdurch Erleichterung erfährt. **888**

(8) War es dem Gläubiger gelungen, trotz Sittenwidrigkeit der Bürgschaft einen rechtskräftigen Titel gegen den Bürgen zu erlangen, kann diesem gegen die Zwangsvollstreckung ein Anspruch aus § 826 BGB auf Unzulässigkeitserklärung erwachsen[124]. Der **889**

---

119 BGH NJW 97, 52 zu V.; NJW-RR 2002, 1130 zu III. 4.

120 BGHZ 146, 37 (42); BGH NJW 2002, 744 zu III. 2. mit Anm. *Bülow*, LM Nr. 101 zu § 138 (Bb) BGB gegen die Kritik von *Habersack/Giglio*, WM 2001, 1100 (1103).

121 BGH NJW 97, 52 zu II. 4. a.

122 BGH NJW 2002, 1337 mit Komm. *Klaas*, EWiR § 765 BGB 1/02, 13, Anm. *Felke*, WuB I F 1a. – 2.02 und *Volmer*, DNotZ 2002, 372; BGH NJW 2002, 956 mit Bspr. *Emmerich*, JuS 2002, 498 und Anm. *P. Bydlinski*, WuB I F 1a. – 10.02; auch: Bürgschaft des den Geschäftsführer vertretenden Handlungsbevollmächtigten (§ 54 HGB), BGH NJW 2000, 1179 zu III. 1.

123 BGHZ 146, 37 (47) mit Rezension *Kulke*, ZIP 2001, 985 (993); BGH NJW 2000, 1182 zu III. 3. b. a.E.

124 BGH NJW 99, 1257; BGHZ 101, 380 (384/385); OLG Nürnberg ZIP 99, 918 mit Komm. *Klaas*, EWiR § 826 BGB 2/2000, 481; LG Köln ZIP 99, 920; OLG Köln WM 2002, 438 mit Anm. *Hintzen*, WuB IV A. – 4.02; *Wesser*, NJW 2001, 475; *Fischer*, in: Bankrecht 2000, S. 91 (107); *Einmahl*, VuR 97, 3; vgl. auch vorst. Rn. 876 a.E.; ausländischen Titeln kann die Vollstreckbarkeit nach Art. 27 Nr. 1 EuGVÜ zu versagen sein, BGHZ 140, 395.

Wandel in der Bewertung als Sittenverstoß durch die Rechtsprechung (vgl. vorst. Rn. 871) begründet den vollstreckungsrechtlichen Rechtsbehelf aus § 826 BGB jedoch nicht[125].

890 *bbb)* Jenseits der Familienbürgschaften sind auch andere Fälle der den Sittenverstoß begründenden Ausbeutung durch den Gläubiger denkbar, z.B. durch Ausnutzung einer seelischen Zwangslage des Bürgen, die Verharmlosung des Bürgschaftsrisikos[126] oder andere unzulässige Beeinträchtigungen der Entscheidungsfreiheit[127]. Die Ausnutzung kann ganz nach Lage des Einzelfalls darin liegen, dass einem Minderheitsgesellschafter einer GmbH der Verlust des Arbeitsplatzes angedroht wird, wenn er nicht für die GmbH bürgt[128]. Die fehlende Erfahrenheit im Umgang mit marktwirtschaftlichen Verhältnissen in der Person von Bürgern der ehemaligen DDR allein reicht allerdings nicht[129]. Auch die Bürgschaft für ein eigenkapitalersetzendes Darlehen ist als solche nicht sittenwidrig[130] (nachf. Rn. 1057).

891 *bb)* Der gem. § 134 BGB zur Nichtigkeit des Rechtsgeschäfts führende Verstoß **gegen ein gesetzliches Verbot** kann in der Verletzung des Rechtsberatungsgesetzes liegen (für die Sicherungsabtretung s. auch unten Rn. 1137), sofern sich die Übernahme der Bürgschaft als geschäftsmäßige Besorgung von Rechtsangelegenheiten darstellt, z.B. im Rahmen der Regulierung von Autounfällen[131]. Im Rahmen von Bauträgerfinanzierungen schreibt § 7 der Makler- und BauträgerVO[132] bestimmte Anforderungen vor (keine Befristung); ein Verstoß macht die Bürgschaft gem. § 134 BGB insoweit (§ 139 BGB) nichtig[133].

892 *cc)* Die Bürgschaft kann einer öffentlich-rechtlichen Genehmigung bedürfen, z.B. im Falle der Erteilung durch den Bürgermeister als Vertreter seiner Gemeinde die Aufsichtsbehörde. Bis zur Genehmigung ist die Bürgschaft schwebend unwirksam und wird bei Verweigerung endgültig unwirksam[134].

---

125 BGH NJW 2002, 1833 mit Anm. *Hau*, BKR 2002, 820; *Schimansky*, WM 2002, 2437 (2442).

126 BGHZ 120, 272 (277); BGH WM 2002, 923: die Unterschrift sei „nur für die Akten“ oder „reine Formsache“.

127 BGH ZIP 2002, 167 mit Komm. *Tiedtke*, EWiR § 765 BGB 3/02, 197; BGHZ 128, 230 = NJW 95, 592; BGHZ 132, 328 = NJW 96, 2088; BGHZ 135, 66 = NJW 97, 1772; BGHZ 136, 347 = NJW 97, 3372; skeptisch *Habersack/Giglio*, WM 2001, 1100 (1103).

128 BGH NJW 97, 1870 mit Rezension *Lorenz*, NJW 97, 2578, Anm. *Habersack*, WuB I F 1 a. – 15.97 und Komm. *P. Bydlinski*, EWiR § 765 BGB 4/97, 501; BGH ZIP 96, 65 zu II. 2. b.; ähnlich OLG Brandenburg OLG-NL 2000, 241.

129 BGH NJW 95, 1886 zu II. 2. b mit Anm. *Pecher*, WuB I F 1 a. – 12.95; dieser Umstand kann aber ein Teilaspekt sein, LG Bremen NJW 96, 1544.

130 BGH NJW 96, 1341 zu II. 4. b. (nachf. Rn. 867).

131 OLG Frankfurt am Main OLGZ 79, 56 (59); dagegen fielen Bürgschaften nicht unter § 56 Abs. 1 Nr. 6 GewO a.F. (Verbot von Darlehensgeschäften im Reisegewerbe, jetzt: Vermittlung von Darlehensgeschäften): BGHZ 105, 362 (364), a.A. allerdings OLG Saarbrükken NJW 88, 214; nicht: Verstoß gegen § 13 Abs. 4 KWG, dazu *Evers*, ZKW 91, 98.

132 Beruhend auf § 34c GewO, BGBl 1987 I, S. 425; 1997 I, 272.

133 *V. Heymann/Rösler*, WM 98, 2456 (2459); nicht aber: abweichende Vereinbarung nach § 648a Abs. 7 BGB (Sicherheitsleistung für Bauforderungen), OLG Oldenburg EWiR § 648a BGB 1/99, 111 (*Siegburg*).

134 BGHZ 142, 51 (58) mit Anm. *Kohler*, WuB IV A. – 2.99; BGH NJW 2000, 2810; OLG Rostock WM 2002, 1124 mit Anm. *Thoene*, WuB IV.A.-3.02.

b) Formwidrigkeit

aa) Gem. § 766 Satz 1 bedarf die Bürgschaftserklärung zur Gültigkeit des Bürgschaftsvertrages der **schriftlichen Erteilung** (§ 126 BGB). Nicht der gesamte Vertrag, die übereinstimmenden Willenserklärungen von Bürgen und Gläubiger ist mithin formbedürftig, sondern nur die Erklärung des Bürgen; der Gläubiger kann seine Willenserklärung auch formlos, mündlich oder konkludent[135], abgeben[136] (ebenso § 1154 Abs. 1, oben Rn. 281). Die Einhaltung der Vorschriften über die Schriftform soll den Bürgen warnen und von leichtfertiger Verbürgung abhalten, was das Gesetz auch nicht durch die elektronische Form nach § 126a BGB gewährleistet sieht. Deshalb ist die elektronische Form gem. § 766 Satz 2 ausgeschlossen[137]. Die Vorschrift ist mit der Richtlinie über den elektronischen Geschäftsverkehr[138] konform, weil deren Art. 9 Abs. 2 lit c für Bürgschaften eine Ausnahme vom Grundsatz der elektronischen Form zulässt. Der Schriftform kommt dagegen weder Beweis- noch Informationsfunktion zu; in dieser Hinsicht hätte das Gesetz auf Formvorschriften verzichten können[139]. Die Form dient dem Schutz des Bürgen, indem ihre Vernachlässigung gem. § 125 BGB die Nichtigkeit der Bürgenerklärung begründet. Deshalb befreit das Gesetz solche Bürgen vom Formzwang, die nicht schutzbedürftig erscheinen: § 766 BGB ist gem. § 350 HGB bei Kaufleuten und persönlich unbeschränkt haftenden Gesellschaftern[140] (wohl aber bei Gesellschaftern oder Geschäftsführern von GmbH[141]) nicht anwendbar, sofern[142] die Bürgschaft für sie ein Handelsgeschäft ist (§ 343 HGB); nicht freigestellt ist ein Scheinkaufmann (nachf. Rn. 904). Deshalb sind namentlich **Bankbürgschaften** formfrei (vgl. §§ 2b KWG, 6 HGB). Der Bürge bedarf auch keines Schutzes mehr[143], wenn er trotz Formmangels seiner Einstandspflicht nachgekommen ist: Der Mangel ist gem. § 766 Satz 3 geheilt, der Bürge kann nicht kondizieren. Nicht schutzwürdig ist der Bürge, der beim Gläubiger in besonderer Weise das Vertrauen bewahrt hat, die Bürgschaft zu erfüllen, so dass die Berufung auf die Nichtigkeit des Bürgschaftsvertrages wegen Formmangels ausnahmsweise missbräuchlich ist. Das kann nach Lage des Einzelfalls dann anzunehmen sein, wenn der Gläubiger ein Darlehen, das die Hauptverbindlichkeit ist, gerade im Vertrauen auf die Bürgschaft gewährte, der Bürge die Bürgschaft über Jahre hindurch als gültig behandelte und selbst Vorteile aus dem Darlehen zog (Gesellschafterbürgschaft für Gesellschaftsdarlehen)[144]. **893**

---

135 Zum Verhältnis von Schriftlichkeit, Ausdrücklichkeit und Konkludenz s. BGH NJW 82, 431 und *Medicus*, AT Rn. 335: Auch die Ausdrücklichkeit hat Warnfunktion und kann durch besonders deutliche Handlungen – heftiges Kopfnicken – erfüllt werden; Entsprechendes gilt für konkludent-deutliche schriftliche Äußerungen.

136 Z.B. Einbehalten der zugesandten Bürgschaftsurkunde, BGH NJW 97, 2233 mit Anm. *Eckert*, WuB I F 1a. – 13.97, Komm. *Tiedtke*, EWiR § 765 BGB 6/97, 743, Bspr. *K. Schmidt*, JuS 97, 1041 und *Tegebauer*, JA 98, 4.

137 Ebenso im österreichischen Recht (§ 1346 Abs. 2 ABGB), *Straube*, in: Festschr. Koppensteiner, S. 657.

138 2000/31/EG vom 8.6.2000, ABlEG L 178 vom 17.7.2000, S. 1.

139 Vgl. auch *Hartmann*, Schriftenreihe Bankrechtliche Vereinigung Bd. 19, S. 285.

140 BGHZ 45, 282 (284).

141 BGHZ 97, 127 (134); 121, 224 (228); BGH WM 91, 536; LG Oldenburg NJW-RR 96, 286 zu II. 2.; a.A. *K. Schmidt*, ZIP 86, 1510.

142 Private Bürgschaften von Kaufleuten bleiben also formbedürftig, BGH WM 96, 262 zu II.

143 Skept. *Heiss*, Formmängel, S. 279.

144 BGHZ 132, 119 (129); 26, 142 (151); BGH NJW-RR 97, 684 zu III. 3. b. mit Anm. *Bülow*, LM Nr. 86 zu § 139 BGB; WM 86, 939; 91, 536; für § 313 Satz 1: BGH WM 96, 1143; nur ganz ausnahmsweise Haftung aus c.i.c., wenn der Bürge die Verhandlungen scheitern lässt: BGH BB 96, 1238 zu II. 1. a.

894 *bb)* § 766 Satz 1 stellt nicht schlicht das Schriftformerfordernis auf; es bedarf vielmehr schriftlicher **Erteilung** der Bürgschaftserklärung (gleichermaßen §§ 761, 780, 781, 1154 BGB, oben Rn. 281). Darin liegt jedoch keine irgendwie geartete Qualifizierung des Schriftformerfordernisses. Was unter Schriftlichkeit zu verstehen ist, bestimmt § 126 BGB. Danach ist die Urkunde, in der die Erklärung niedergelegt ist, eigenhändig durch Namensunterschrift zu unterzeichnen. Da sich das Schriftformerfordernis nicht auf den Bürgschaftsvertrag schlechthin bezieht, sondern nur auf die Vertragserklärung des sich verpflichtenden Bürgen, sind Absätze 1 bzw. 3 (Ersetzung durch notarielle Beurkundung) von § 126 anwendbar, aber nicht Absatz 2 (bei Verträgen Unterzeichnung durch beide Parteien auf derselben Urkunde). Der Bürge muss also eine Urkunde erstellen und den Text seiner Erklärung eigenhändig mit seinem Namen unterzeichnen. Diese Urkunde muss, da sie eine empfangsbedürftige Willenserklärung verkörpert, dem anderen Vertragsteil, also dem Gläubiger, zugehen; insoweit gilt § 130 BGB, wo der Wirksamkeitszeitpunkt für die Erklärung durch den Zugang bestimmt ist, gleichermaßen für Willenserklärungen unter Abwesenden wie unter Anwesenden. Zugang bedeutet: in der Form von § 126 Abs. 1 BGB[145], die Urkunde muss also in den Machtbereich des Empfängers gelangen. Erteilung heißt Einräumung der tatsächlichen Verfügungsgewalt über die Urkunde, indem sich der Bürge ihrer in der Weise entäussert, dass der Gläubiger darüber verfügen kann[146] – das ist nichts anderes als der Zugang. Der Begriff „Erteilung" hat mithin gegenüber dem allgemeinen Begriff des Zugangs keine eigenständige Bedeutung.

895 Die danach zu erteilende Bürgschaftsurkunde ist die **Originalurkunde**, die die Unterschrift des Bürgen trägt. Keine Erteilung ist die Übermittlung einer Abschrift der Urkunde; der Gläubiger muss das Original haben. Bis dahin ist der Bürgschaftsvertrag nicht zustandegekommen. Daraus folgt, dass die Übermittlung der Bürgschaftsurkunde durch **Telefax** dem Formerfordernis nicht genügt[147], weil es, wie der Name sagt (Facsimile), nur eine Abschrift ist[148]. Nichts anderes gilt aber auch für die Übermittlung der Abschrift einer notariellen Urkunde und für ein vom Notar gefertigtes Telefax der von ihm errichteten Urkunde[149]. Notwendig ist vielmehr der Zugang einer notariellen Ausfertigung[150]. Man mag sich fragen, ob die Nichtigkeitsfolge aus § 125 BGB in solchen Fällen nicht über ihr

145 Treffend Jauernig/*Jauernig*, § 126 BGB Rn. 3d; MünchKomm./*Förschler*, § 126 BGB Rn. 16; BGH WM 86, 1419 zu 3.; NJW 62, 1388 zu II. 1.; *Lambsdorff/Skora*, Handbuch des Bürgschaftsrechts, Rn. 108; *Lüke*, JuS 93, 831 (836); a.A. allerdings Soergel/*Hefermehl*, § 126 BGB Rn. 21: Bloße Kenntnisnahme von Inhalt und Unterschrift genüge bei Erklärung unter Anwesenden.

146 RGZ 61, 343 (347); 414 (415 f.); RG Gruch. 51, 181 betr. § 154 BGB; BGH NJW 68, 1131; FamRZ 65, 490 zu I.; WM 76, 422 zu II. 2.; 78, 266 zu 6.; 2002, 1440 zu I.; Staudinger/*Horn* § 766 BGB Rn. 33; RGRK/*Mormann*, § 766 BGB Rn. 2; MünchKomm./*Habersack*, § 766 BGB Rn. 24; *K. Schmidt*, JuS 93, 598.

147 BGHZ 121, 224; OLG Düsseldorf BB 94, 2101; OLG Frankfurt am Main NJW 91, 2154; österr. OGH ZEuP 97, 1134 mit Anm. *P. Bydlinski*.

148 Es steht – im Gegensatz zum Telegramm – noch nicht einmal fest, ob eine Originalurkunde existiert, *Cordes*, NJW 93, 2427 (2428).

149 BGHZ 121, 224 mit Rezension *Bülow*, ZEuP 94, 493 (496 ff.) und Komm. *Koziol*, EWiR § 766 BGB 3/93, 561 sowie Anm. *Vollkommer/Gleussner*, JZ 93, 1007; *Thode*, WuB I F 1a. – 8.93; Anm. *Schmidt*, JR 93, 318 und Bspr. *Schmidt*, JuS 93, 598; zugleich die Entscheidungen BGH NJW 92, 1448; WM 57, 130; RGZ 126, 121 sowie OLG Köln NJW-RR 92, 555 klarstellend; OLG Düsseldorf NJW-RR 95, 93 mit Bspr. *K. Schmidt*, JuS 95, 353.

150 BGH NJW 95, 2217 mit Komm. *Limmer*, EWiR § 130 BGB 1/95, 743, allerdings können die Parteien auf das Zugangserfordernis formlos verzichten, *Armbrüster*, NJW 96, 435.

Ziel hinausschießt, weil der Warnfunktion des Schriftformerfordernisses doch voll Genüge getan ist[151]. Dies ist ein allgemeines Problem, dessen Lösung richtigerweise wohl nur darin liegen kann, „die konkrete Billigkeit abstrakten Ordnungsinteressen aufzuopfern"[152], so dass es bei der Nichtigkeit bleibt.

cc) Notwendiger Inhalt der Bürgschaftsurkunde ist neben der Äusserung des Willens, für eine fremde Schuld einstehen zu wollen[153], die Bezeichnung des Gläubigers[154], der verbürgten Hauptschuld[155] – also der zu sichernden, auch zukünftigen, vorst. Rn. 841, Forderung – und damit des Hauptschuldners, so dass dem Bürgen deutlich wird, worauf er sich einlässt und mithin der **Warnfunktion** der Schriftform genügt ist. Formbedürftig sind auch Nebenabreden, die den Bürgen belasten[156]. Bezeichnung dieser notwendigen Bestandteile heißt nicht notwendig Ausdrücklichkeit. Zweifel durch unklare oder mehrdeutige Formulierungen sind vielmehr durch **Auslegung** nach den allgemeinen Grundsätzen aus §§ 133, 157 BGB behebbar. Namentlich bei einer Bürgschaft für eine Mehrzahl von Forderungen kann der von den Parteien zugrundegelegte und feststellbare **Sicherungszweck** (vorst. Rn. 832, 841) Zweifel über den Umfang der Einstandspflicht beseitigen. So wird beispielsweise bei einer Kontokorrentbürgschaft (nachf. Rn. 951) im Allgemeinen anzunehmen sein, dass der Bürge nicht für solche Verbindlichkeiten einzustehen hat, die nach der Kündigung der Geschäftsverbindung durch den Hauptschuldner oder den Gläubiger doch noch entstehen[157]. Zur Auslegung können an sich auch außerhalb der Urkunde liegende Umstände herangezogen werden. Hier gilt jedoch wie auch in anderen Fällen der Urkundenauslegung[158] eine Einschränkung dahin, dass die Bürgschaftsurkunde maßgebend für die Auslegung des Bürgschaftsvertrages ist. Umstände, die außerhalb der Bürgschaftsurkunde liegen und für die auch kein Anhaltspunkt in der Bürgschaftsurkunde angelegt ist, sind für die Auslegung nicht verwertbar, ist doch der Bürge insoweit nicht durch die Schriftform gewarnt worden[159]. Der Warnfunktion der Schriftform entsprechend gilt das jedoch nicht für vertragliche Kautelen, die die Bürgschaftsverpflichtung beschränken[160]. **896**

151 *Koziol*, EWiR § 766 BGB 3/93, 561.

152 *Zweigert/Kötz*, Einführung in die Rechtsvergleichung, S. 71.

153 BGH NJW 92, 1448 mit Anm. *v. Heymann*, WuB I F 1a. – 5.92; *Nielsen*, WuB I F 1a. – Bürgschaft bis 1985.

154 BGH NJW 2001, 3327 zu II. 2. a.mit Bspr. Schmidt, JuS 2002, 85 und Komm. Mues, EWiR § 765 BGB 9/01, 999; OLG Hamm NJW-RR 92, 754: Keine Erstreckung auf Gemeinde, wenn als Gläubiger „BRD (Bund und Länder)" bezeichnet ist.

155 BGH NJW 2000, 1569 zu II. 3. mit Komm. *Nielsen*, EWiR § 766 BGB 1/2000, 569; NJW-RR 97, 684 zu III. 1.c. bb.; NJW 95, 1886 zu I. 2.; 959 mit Komm. *Bülow*, EWiR § 765 BGB 1/95, 355; 93, 1261 mit Komm. *P. Bydlinski*, EWiR § 766 BGB 2/93, 445, Bspr. *K. Schmidt*, JuS 93, 771 und Anm. *Schröter*, WuB I F 1a. – 9.93; NJW 93, 724 mit Anm. *Harder*, WuB I F 1a. – 7.93; WM 93, 1141 mit Anm. *P. Bydlinski*, WuB I F 1a. – 14.93 und Komm. *Tiedtke*, EWiR § 765 BGB 1/93, 665: Auslegung bei Zweifel, ob Hauptschuldner GmbH oder Einzelkaufmann ist, kritisch *Tiedtke*, DB 93, 2113.

156 BGH NJW-RR 97, 684 zu III. 1. c. bb.

157 BGH NJW 89, 27 mit Komm. *Bülow*, EWiR § 765 BGB 6/88, 981, ebenso wenig für Forderungen, die der Gläubiger nach Eröffnung des Konkurses über das Vermögen des Hauptschuldners erwirkte, BGH NJW 79, 2040; WM 84, 924 zu II. 2. a.; für GmbH & Co. KG: OLG Brandenburg NJW-RR 96, 674.

158 Z.B. Wechsel: *Bülow*, WG, ScheckG, AGB, Einleitung WG Rn. 2a; Art. 2 WG Rn. 3.

159 BGH NJW 2000, 1569 zu III. 3.; 1989, 1484 mit Bspr. *K. Schmidt*, JuS 89, 755 und Stellungnahme *Tiedtke*, WM 89, 737; WM 93, 536 zu 1.; 57, 1222 zu I.; BGHZ 26, 141 (146); RGZ 145, 229 (232); OLG Hamm NJW-RR 92, 754; OLG Koblenz NJW-RR 97, 880.

160 BGH WM 56, 885; BGH NJW 86, 3131 zu I. 3. c. aa.; OLG Köln, NJW-RR 90, 439 zu II. 1. mit Komm. *Bender*, EWiR § 765 BGB 1/90, 355.

Zweifel, die auch durch Auslegung nicht ausgeräumt werden können, gehen zu Lasten des Gläubigers[161]; für Umstände, die außerhalb der Urkunde liegen, trägt er die Beweislast[162]. Ist nur eine Nebenabrede formnichtig, richtet sich die Wirksamkeit oder Unwirksamkeit des Bürgschaftsvertrags im Übrigen nach § 139 BGB (vgl. auch vorst. Rn. 843)[163].

897 Unterliegt die **kaufmännische Bürgschaft** (vorst. Rn. 893) auch nicht der gesetzlichen Schriftform, können die Parteien die schriftliche Form doch gem. § 127 BGB durch Rechtsgeschäft bestimmen. Warnfunktion hat die Form in diesem Falle nicht, sondern Beweisfunktion. Die elektronische Form ist zugelassen, gem. § 127 Abs. 3 sogar unter Erleichterungen. Die Restriktionen der Auslegung gelten deshalb nicht: Nach allgemeinen Regeln (§ 286 ZPO) können auch Umstände herangezogen werden, die ausschließlich außerhalb der Urkunde angesiedelt sind[164]. Bleiben dennoch Zweifel an der Bestimmtheit (vorst. Rn. 840), ist auch die kaufmännische Bürgschaft unwirksam. Im Übrigen begründet die Bürgschaftsurkunde zugleich die Vermutung der Zugehörigkeit zum Handelsgewerbe des kaufmännischen Bürgen nach § 344 Abs. 2 HGB[165]. Vereinbaren die Parteien nicht Schriftform, legt der kaufmännische Bürge seine Erklärung aber gleichwohl schriftlich nieder, ist weder § 766 noch § 127 anwendbar, so dass allemal eine Kopie ausreicht[166]. Andererseits kann Schriftform von einem Dritten angeordnet werden: Für Prozessbürgschaften (nachf. Rn. 1042) ordnet das Gericht in aller Regel Schriftlichkeit an; hinzu kommt die vollstreckungsrechtliche Zustellung aus § 751 Abs. 2 ZPO[167].

898 Kaufmännischer Bürge kann auch eine Personenhandelsgesellschaft (vgl. § 124 HGB) sein mit der Folge, dass die Gesellschafter gem. § 128 HGB auch für diese Bürgschaftsverpflichtung haften. Eine Gesellschaft bürgerlichen Rechts (§ 705 BGB) ist ebenso wenig wie ihre Gesellschafter Kaufmann; sowohl die Bürgschaft der Gesellschaft wie die gesamtschuldnerische Haftung der Gesellschafter für die Bürgschaftsverbindlichkeit der Gesellschaft setzen voraus, dass die Form nach § 766 BGB gewahrt ist[168]; daran ändert die Rechtsfähigkeit[169] der Gesellschaft bürgerlichen Rechts nichts.

899 *dd)* Über die Schriftform aus § 766 Satz 1 hinaus können sich qualifizierte Anforderungen ergeben. Sollte die Bürgschaft wesentlicher Bestandteil eines Grundstückskaufvertrages sein, bedarf auch sie der notariellen Beurkundung gem. § 311b Abs. 1 BGB[170]. Eine Verbraucherkredit-Bürgschaft (nachf. Rn. 918) muss den Pflichangabenkatalog gem. § 492 Abs. 1 Satz 5 resp. § 502 Abs. 1 BGB enthalten (sehr str.).

---

161 BGHZ 76, 187.

162 BGH NJW 99, 1702, abgrenzend WM 2002, 377 zu II. 3.

163 BGH NJW-RR 97, 684 zu III. 2. mit Komm. *Blaurock*, EWiR § 766 BGB 1/97, 649, Anm. *Emmerich*, WuB I F 1a. – 6.97 und *v. Zwoll*, WiB 97, 660.

164 Zutreffend BGH NJW 93, 724 zu II. mit zust. Anm. *Harder*, WuB I F 1a. – 7.93; OLG Hamburg WM 96, 523 mit Anm. *Hertel*, WuB I E 5. – 1.96; sogar die fehlende Unterschrift kann unschädlich sein, BGH NJW-RR 96, 641.

165 BGH NJW 97, 1779 mit Anm. *Bülow*, WuB I F 1a. – 10.97, *G. Roth*, LM Nr. 2 zu § 344 HGB, Komm. *Medicus*, EWiR § 344 HGB 1/97, 757 und Bspr. *K. Schmidt*, JuS 97, 754.

166 OLG Köln und BGH WM 92, 138 mit Komm. *Schröter*, WuB I K 3. – 2.92; OLG Hamburg WM 96, 523.

167 OLG Koblenz WM 93, 1431.

168 Insoweit bleibt es bei der Doppelverpflichtungslehre, *Habersack*, BB 99, 61 (64); gleiche Wertung für das Verbraucherkreditrecht: *Artz*, Verbraucher als Kreditnehmer, S. 140.

169 BGH NJW 2001, 1056.

170 BGH NJW 62, 586 zu II. 1. b.; nicht die Übernahme schon bestehender Verbindlichkeiten: BGH ZIP 94, 888 zu 2.

ee) Schriftform bedeutet, dass der Bürge dem Gläubiger eine vollständige (vorst. Rn. 896) Bürgschaftsurkunde zu erteilen hat, die seine eigenhändige Unterschrift trägt (§ 126 Abs. 1 BGB). Die notwendigen Bestandteile seiner Verpflichtungserklärung muss der Bürge aber nicht eigenhändig niederlegen; nur das Testament kennt diese Qualifikation (§ 2247 Abs. 1 BGB). Der Schriftform ist deshalb auch genügt, wenn der Bürge einen vom Gläubiger verwendeten Formulartext unterschreibt (§ 305 Abs. 1 BGB). Schriftform bedeutet aber nicht notwendig eine zeitliche Abfolge, in der zuerst der Erklärungstext niedergelegt und danach die Unterschrift geleistet werden müsste. Man kann die zeitliche Abfolge vielmehr auch umkehren, indem der Bürge zuerst seine Unterschrift leistet und später der Verpflichtungstext ergänzt wird. Der Bürge setzt seine Unterschrift auf leeres oder noch unvollständig beschriebenes Papier. Die Vervollständigung kann der Bürge selbst vollziehen; er kann aber auch einen anderen, sogar den Gläubiger, ermächtigen, die unvollständige Urkunde zu vervollständigen. Es handelt sich um eine **Blankourkunde**, wie sie auch das Wechselrecht (Art. 10 WG) und das Scheckrecht (Art. 13 ScheckG) vorsieht. Die vervollständigte Bürgschaftsurkunde kann sodann dem Gläubiger erteilt werden. 900

Fraglich ist nur, wie auf diesem Weg, an dessen Ende die vollständige und schriftliche Urkunde steht, der Warnfunktion der Schriftform genügt und die Wirksamkeit der Erklärung herbeigeführt werden kann. Die Urkunde kommt zustande durch die Unterschrift des Bürgen, die Ermächtigung an den Dritten und die schriftliche Vervollständigung durch diesen. Ließe man die Urkunde nebst mündlicher Erteilung der Ermächtigung genügen, wäre der Bürge mittels Schriftform nicht über den eigentlichen Inhalt seiner Bürgschaftserklärung gewarnt, wären ihm nicht, wie es der BGH[171] formuliert, schon vor der Unterschriftsleistung die inhaltlichen Merkmale des Vertragsgegenstandes „schwarz auf weiß" bewusst gemacht worden. Zutreffenderweise und unter Aufgabe seiner früheren Rechtsprechung[172] fordert der BGH deshalb, dass die Ermächtigung zur Vervollständigung der Blankourkunde in Ausnahme zum Regelungsgedanken von § 167 Abs. 2 BGB ihrerseits schriftlich erteilt werden und alle notwendigen Angaben enthalten muss[173]. Eigenhändige Unterschrift und schriftliche Erteilung der Ermächtigung wahren die Schriftform. Ohne schriftliche Ermächtigung ist die Bürgschaft folglich gem. § 125 Satz 1 BGB nichtig[174]. 901

Der fertigen Bürgschaftsurkunde, die dem Gläubiger erteilt wird, sieht man freilich nicht an, in welcher Reihenfolge sie erstellt wurde und folglich auch nicht, ob sie nichtig ist. Es kann auch der Fall eintreten, dass der Ermächtigte, sei er schriftlich ermächtigt worden 902

---

171 BGHZ 132, 119 (124) mit Anm. *Medicus*, WuB I F 1a. – 11.96, *v. Westphalen*, LM Nr. 107 zu § 765 BGB, *Pawlowski*, JZ 97, 309, Komm. *Hadding*, EWiR § 766 BGB 1/96, 785 und Bspr. *K. Schmidt*, JuS 96, 846, *Benedict*, Jura 99, 78, *Eckardt*, Jura 97, 189 und *G. Fischer*, JuS 98, 205; *G. Lüke*, NJW 97, 109 zur Rückwirkungsproblematik; BGH WM 97, 909 zu II. mit Anm. *Bülow*, WuB I F 1a. – 10.97; NJW 2000, 1179 zu II. 2. a.

172 Zuletzt NJW 92, 1448 sowie OLG Hamm NJW-RR 95, 47; so auch noch *Larenz/Canaris*, Schuldrecht II/2, § 60 II. 1. b. (S. 4).

173 BGHZ 132, 119 (128), *Eckardt*, Jura 97, 189 (192); gründlich missverstanden von *Benedict*, Jura 99, 78 (80 zu B.), auch *Bayer*, DZWIR 96, 505; *Keim*, NJW 96, 2774 (2775).

174 Keine Heilung durch nachträgliche und widerspruchslose Übersendung der vervollständigten Urkunde an den Bürgen, OLG Köln ZIP 98, 150 mit Komm. *Bayer*, EWiR § 766 BGB 1/98, 398; gleiche Rechtslage für den Lebensversicherungsvertrag BGH EWiR § 159 VVG 1/99, 189 (*van Bühren*); füllt der Bürge das Blankett selbst aus, erteilt er dadurch die Bürgschaftserklärung, BGH NJW 2000, 1179 zu II. 2. a. mit Anm. *Felke*, WuB I F 1a. – 3.01.

oder nur mündlich, seine Befugnis missbraucht und die Bürgschaftsurkunde abredewidrig vervollständigt. Darin liegt eine Überschreitung der Ausfüllungsermächtigung, die nach dem Rechtsgedanken von § 164 Abs. 1 Satz 1 BGB den Bürgen an sich nicht verpflichtet[175]. Trotz Nichtigkeit der Bürgschaftserklärung entsteht aber der **Rechtsschein** einer wirksamen Bürgschaftserklärung, den der Bürge durch sein Verhalten veranlasst hatte. Daraus könnte doch noch die Haftung des Bürgen nach dem Rechtsgedanken von § 172 Abs. 2 BGB entstehen; so sieht es der BGH[176]. Jedoch begründet die Veranlassung des Rechtsscheins den Haftungstatbestand für sich allein noch nicht. Weitere Voraussetzung ist vielmehr die **Zurechenbarkeit** des Rechtsscheins auf den Veranlassenden. Sie fehlt beispielsweise bei Minderjährigen. Dem Minderjährigen wird die Verantwortung für die Veranlassung des Rechtsscheins nicht auferlegt; die fehlende Verantwortlichkeit verhindert die Zurechnung, so dass der Geschäftsgegner, obwohl er auf den Rechtsschein vertraute, leer ausgeht. Ist eine Willenserklärung wegen Formverstoßes nichtig und entsteht dennoch und deswegen ein Vertrauenstatbestand, beantwortet sich die Frage nach der Verantwortlichkeit und der Zurechnung nach dem Zweck der Formvorschrift. Hat sie wie § 766 BGB Warnfunktion, so heißt das nichts anderes, als dass der Erklärende an der Ausübung seines eigenen Willens, habe er ihn noch so fest gebildet und dränge es ihn noch so nachdrücklich nach seiner Verwirklichung, durch das Recht gehindert wird, wenn er die Form nicht wahrt, zum Schutz vor seiner eigenen Leichtfertigkeit, seiner Unüberlegtheit, seinem Überschwang, seiner Beeinflussbarkeit, kurz: vor sich selbst. Das Recht nimmt die Entscheidung über die Verwirklichung des Willens aus der Verantwortung des Erklärenden. Ohne Einhaltung der Form darf er nicht selbstverantwortlich handeln; Formvorschriften mit Warnfunktion sind durch ein Element der Entmündigung (s. auch vorst. Rn. 869) gekennzeichnet. Wenn man aber mit der Warnfunktion bestimmter Formvorschriften, d.h. mit der Entziehung von Selbstverantwortung, ernst macht, kann es keine Zurechnung aus Vertrauen auf einen Rechtsschein geben, der gerade dadurch entsteht, dass die Form nicht eingehalten wird.

903 Die durch die Warnfunktion der Formvorschrift von § 766 BGB entzogene Verantwortlichkeit des Veranlassenden unterscheidet den Blankobürgen von Sachverhalten, die durch § 172 Abs. 2 BGB erfasst sind. Danach bleibt die Vertretungsmacht bestehen, bis die Vollmachtsurkunde dem Vollmachtsgeber zurückgegeben wird, so dass der von der Urkunde ausgehende Rechtsschein Vorrang hat gegenüber dem tatsächlich eingetretenen Erlöschen der Vollmacht. Aber die Erteilung der Vollmacht bedarf bekanntlich keiner Form, und der Vollmachtgeber errichtet die Urkunde aus freien Stücken. Keinerlei Hindernisse stellt das Recht hier der Willensbetätigung auf, so dass Zurechnung kraft Selbstverantwortung angezeigt ist. Aber dem potentiellen Bürgen räumt das Recht das Formhindernis auch nicht über den Umweg einer Vollmacht resp. Ermächtigung aus dem Weg.

904 Auch ein Blick auf das Wertpapierrecht eröffnet keine Parallele, sondern einen ganz anderen Regelungsgrund, der die Erkenntnis fehlender Zurechenbarkeit auf den Blankobürgen noch erhärtet. Blankowechsel und Blankoscheck setzen den Wertpapierzeichner zwar ei-

175 Es bedarf nicht der Konstruktion einer Anfechtung (Inhaltsirrtum), so aber RG JW 16, 1270; OLG Hamm WM 84, 829; *Tiedtke*, ZIP 86, 69; der Bürge kann entsprechend § 177 BGB genehmigen.

176 BGHZ 132, 19 (127); BGH NJW 84, 798; 97, 312 betr. § 311 Abs. 1 BGB; BGHZ 40, 65 und 297 (304), dazu *Reinicke/Tiedtke*, JZ 84, 550 sowie Bürgschaftsrecht, Rn. 86; OLG Hamburg VersR 96, 1137; *Canaris*, Vertrauenshaftung, S. 54; *Wimmer-Leonhardt*, JuS 99 L 81 (84).

nem Risiko aus, das der Blankobürgschaft durchaus vergleichbar ist (unten Rn. 1070), aber das Schriftformerfordernis hat in den beiden Fällen gänzlich unterschiedliche Funktionen: Das Wertpapier als eine Urkunde, die ein Recht (hier: eine Forderung) verbrieft, ist als schriftlich definiert, aber die Schriftlichkeit hat den Zweck, die Umlauffähigkeit der verbrieften Forderung zu gewährleisten, ja überhaupt erst zu ermöglichen; dagegen soll der einzelne Wechselzeichner nicht vor seiner eigenen ungehinderten Willensbetätigung geschützt werden, die Schriftform hat keine Warnfunktion. Es ist eher so, dass die Rechtsordnung einem Wertpapierzeichner in besonders hohem Maße Selbstverantwortung auferlegt. Wer also einen Blankowechsel zeichnen kann, ist deshalb keineswegs auch von Rechts wegen in der Lage, eine Blankobürgschaft zu erteilen[177].

Ihre Parallele findet die folgerichtige Behandlung des Bürgen in der Person des Scheinkaufmanns, also des Nichtkaufmanns, der durch sein Verhalten den Rechtsschein setzt, ein Kaufmann zu sein. Seine formwidrige Bürgschaft bleibt nichtig, obwohl Bürgschaftserklärungen von Kaufleuten gem. § 350 HGB nicht formgebunden sind (vorst. Rn. 893), weil er durch sein bloßes Auftreten nicht unabdingbare Vorschriften außer Kraft setzen kann[178], der von ihm veranlasste Rechtsschein also nicht zurechenbar ist. **905**

Ohne Problematisierung des Tatbestandsmerkmals der Zurechnung bejaht der BGH[179] demgegenüber die Haftung des Blankobürgen aus veranlasstem Rechtsschein, soweit deren weitere Voraussetzungen erfüllt sind, nämlich das Vertrauen des Geschäftsgegners, hier des Gläubigers. Nur der Redliche darf sich auf den Rechtsschein, die von der Wirklichkeit abweichende Rechtslage, berufen. Redlich ist, wer tatsächlich auf den Rechtsschein vertraute und darauf vertrauen durfte, also nicht fahrlässig handelte. War es deshalb der Gläubiger, dem die Ermächtigung nur mündlich erteilt worden war, wird er nicht geschützt[180], ebenso wenig derjenige, der den Missbrauch des Vervollständigenden kannte oder hätte erkennen können. **906**

Die Beweislast dafür, dass der Bürge seine Erklärung blanko unterschrieben hatte, trägt dieser[181], der Gläubiger für seine eigene Redlichkeit. **907**

c) Einbeziehung in den Vertrag und Treuwidrigkeit (Formularbürgschaften)

Darlehen werden meistens von Kreditinstituten vergeben, die für Kreditbürgschaften (vorst. Rn. 833) vorformulierte Bürgschaftserklärungen zu verwenden pflegen und die der Bürge nur noch zu unterschreiben braucht. Solche Bürgschaftserklärungen sind Allgemeine Geschäftsbedingungen (im Folgenden: AGB) i.S.v. § 305 Abs. 1 BGB, auch wenn im Falle kaufmännischer Bürgen Schriftform gar nicht erforderlich gewesen wäre (vorst. Rn. 893). **908**

---

177 *Bülow*, ZIP 96, 1694 (1695); *Eckardt*, Jura 97, 189 (193); in sich folgerichtig das gegenteilige und vor der Entscheidung des BGH in BGHZ 132, 119 gewonnene Ergebnis von *Larenz/Canaris*, Schuldrecht II/2, § 60 II. 1. b. (S. 5, 6), der Warnfunktion sei bereits durch die Unterschriftsleistung auf dem Blankett genügt.

178 *Larenz/Canaris*, Schuldrecht II/2, § 16 I. 2. (S. 181) und § 36 V. (S. 467); *ders.*, Handelsrecht, § 6 II. 5. b. (S. 79); *Bülow*, Handelsrecht, S. 32/33.

179 BGHZ 132, 119 (127/128).

180 BGHZ 132, 119 (128); OLG Nürnberg VuR 98, 331.

181 OLG Köln BB 99, 339.

aa) Die Problematik der weiten Zweckerklärung

909 Im nichtunternehmerischen Bereich (§ 310 Abs. 1 BGB) werden AGB nur aufgrund einer Geltungsvereinbarung der Parteien nach weiterer Maßgabe von § 305 Abs. 2 Vertragsbestandteil. Wo die gesamte vorformulierte Bürgschaftserklärung Gegenstand des Vertrages ist, findet eine Einbeziehung bereits mit der Unterschrift statt. Der weiteren Einbeziehungsakte nach § 305 Abs. 2 bedarf es aus der Natur der Sache nicht mehr[182]. Trotzdem kann der Vertrag wegen seines überraschenden Charakters scheitern oder eine einzelne Bestimmung aus diesem Grunde gem. § 305c Abs. 1 nicht Vertragsbestandteil werden. Auch wenn der Vertragspartner des Verwenders mit der Klausel rechnen musste, kann sie gem. § 307 wegen Treuwidrigkeit unwirksam sein. Problematisch ist die Klauselkontrolle im Hinblick auf die praktisch überaus bedeutenden Fälle, in denen sich der Bürge verpflichtet, nicht nur für ein bestimmtes Darlehen des Hauptschuldners, sondern für eine Vielzahl von Hauptverbindlichkeiten zwischen Hauptschuldner und Gläubiger einzustehen (Global-, insbesondere Kontokorrentbürgschaften, vorst. Rn. 846), etwa mit der Formulierung: „Die Bürgschaft erstreckt sich auf alle gegenwärtigen und zukünftigen Verbindlichkeiten aus der Geschäftsverbindung zwischen Gläubiger und Hauptschuldner“; man spricht wie bei der Grundschuld (oben Rn. 158, 841) von weiter Zweckerklärung.

910 Die weite Zweckerklärung erstreckt sich auf drei Gruppen von zu sichernden Forderungen des Gläubigers, nämlich
- das neu aufzunehmende Darlehen, das Anlass für die Bürgschaft ist,
- alle bereits im Zeitpunkt der Bürgschaftserklärung bestehenden Verbindlichkeiten des Hauptschuldners und
- alle erst zukünftig entstehenden Verbindlichkeiten des Hauptschuldners gegenüber dem Gläubiger.

911 Die situativen Umstände einer Formularbürgschaft sind aber in aller Regel nicht auf einen derartigen, also weiten Sicherungszweck gerichtet. Vielmehr wird die Bürgschaft typischerweise aus aktuellem **Anlass** im Valutaverhältnis zwischen Gläubiger und Hauptschuldner eingegangen (vorst. Rn. 856): Der Hauptschuldner, der mit seiner Bank in laufender Geschäftsverbindung steht, braucht ein neues Darlehen, oder der Hauptschuldner lässt sich einen Überziehungskredit einräumen, den er bis zu bestimmter Grenze (Kreditlimit) ausschöpfen darf. Wenn die Bürgschaft aus solchem Anlass eingegangen wird, fragt sich, ob die vom Verwender (§ 305 Abs. 1 Satz 1 BGB) erstrebte Einstandspflicht für darüber hinausgehende Verbindlichkeiten, seien sie gegenwärtige oder zukünftige, der Klauselkontrolle standhält.

bb) Überraschende Klausel

912 Gem. § 305c Abs. 1 BGB wird eine überraschende Klausel nicht Vertragsbestandteil, wie wenn sie von vornherein nicht wirksam einbezogen worden wäre (vorst. Rn. 909). Ob der Bürge mit der Klausel, die anlassferne gegenwärtige und zukünftige Verbindlichkeiten einbezieht, rechnen konnte, richtet sich nach subjektiven, wenn auch überindividuell-generalisierenden Kriterien. Danach ist die Einbeziehung für private Bürgen anders zu bewerten als für Unternehmer (§ 14 BGB) oder für Geschäftsführer juristischer Personen

182 BGH WM 94, 2274 zu II. 1. b. mit Komm. *Bülow*, EWiR § 2 AGBG 1/95, 7.

oder für geschäftsführende Gesellschafter[183]; für einen Kommanditisten wiederum (vgl. § 164 HGB) ist der Überraschungseffekt der Klausel zu bejahen, wenn er erfahren muss, dass er als Bürge über den Anlass der Verbindlichkeit hinaus einstehen soll[184]. Diese Wertung gilt sowohl für anlassferne gegenwärtige wie zukünftige anlassferne Verbindlichkeiten.

cc) Inhaltskontrolle

Unternehmerische und private Bürgschaftserklärungen unterliegen der Klauselkontrolle **913**
gem. § 307 Abs. 1 BGB, vorausgesetzt, die vom Gläubiger vorformulierte Erklärung des Bürgen weicht von Rechtsvorschriften des Bürgschaftsrechts ab oder ergänzt sie, wie § 307 Abs. 3 Satz 1 BGB bestimmt. Fraglich ist, ob eine weite Sicherungserklärung eine solche Abweichung oder Ergänzung darstellt. Zweifellos lässt § 765 Abs. 1 BGB nicht nur die Bürgschaft für eine einzige, sondern auch für mehrere Hauptverbindlichkeiten zu; die Bürgschaft für eine zukünftige Verbindlichkeit ist in § 765 Abs. 2 BGB ausdrücklich vorgesehen. Daraus mag man den Schluss ziehen, dass Globalbürgschaften, insbesondere Kontokorrentbürgschaften, gem. § 307 Abs. 3 Satz 1 nicht kontrollfähig sind[185]. Prägender Grundsatz des Bürgschaftsrechts ist aber auch, dass für den Umfang der Einstandspflicht des Bürgen derjenige Zeitpunkt Maß gibt, in dem der Bürgschaftsvertrag abgeschlossen wurde; gem. § 767 Abs. 1 Satz 3 (nachf. Rn. 968) wird die Einstandspflicht durch nachträgliche Rechtsgeschäfte des Hauptschuldners nämlich nicht erweitert, dieser kann seinen Kredit auf diese Weise nicht zu Lasten des Bürgen vergrößern, eine **Fremddisposition** wird verhindert. Unberührt durch § 767 Abs. 1 Satz 3 bleibt natürlich die Möglichkeit, dass sich der Bürge von vornherein global und für die Zukunft verpflichtet (Grundsatz der Kalkulierbarkeit der Bürgschaft, vorst. Rn. 846). Wenn nun Anlass der Bürgschaft eine bestimmte Verbindlichkeit, namentlich ein bestimmtes Darlehen ist, die weite Zweckerklärung aber eine Erweiterung der Einstandspflicht des Bürgen auf zukünftige Verbindlichkeiten aus der Geschäftsverbindung zwischen Gläubiger und Hauptschuldner festlegt, erscheinen diese zukünftigen Verbindlichkeiten, die aufgrund späterer Vereinbarung zwischen Gläubiger und Hauptschuldner begründet wurden, als nachträgliche und den Bürgen nicht verpflichtende Erweiterungen i.S.v. § 767 Abs. 1 Satz 3. Eine Bürgschaftserklärung, die die Einstandspflicht des Bürgen auf alle zukünftig entstehenden Verbindlichkeiten aus der Geschäftsverbindung erstreckt, weicht bei dieser Sicht von der Rechtsvorschrift aus § 767 Abs. 1 Satz 3 BGB ab und ist deshalb aufgrund von § 307 Abs. 3 BGB der Inhaltskontrolle zugänglich. Nachdem die Schranke der Inhaltskontrolle

183 Auch: für einen Handlungsbevollmächtigten (§ 54 HGB), der die unternehmerische Hauptschuldnerin leitet, BGH NJW 2000, 1779 zu III. 2. a.

184 OLG Hamm WM 97, 1375 mit Anm. *Ebbing*, WuB I F 1a. – 14.97 und Komm. *Wissmann*, EWiR § 767 BGB 1/97, 353; OLG Karlsruhe WM 99, 589: Einbeziehung privater Verbindlichkeiten bei Sicherheit für Personengesellschaft; zugleich richtlinienkonforme Anwendung von Art. 5 (Verständlichkeit) der EG-Richtlinie 93/13 vom 5.4.1993, ABlEG L 95, 29 über missbräuchliche Klauseln in Verbraucherverträgen, *Reich*, NJW 95, 1857 (1859).

185 So in der Tat die höchstrichterliche Rechtsprechung bis Mai 1995: BGH ZIP 85, 267 mit Komm. *Fischer*, EWiR § 765 BGB 1/85, 83 und abl. Anm. *Reinicke/Tiedtke*, JZ 85, 426 sowie JZ 86, 426 (429); NJW 87, 3126; auch OLG Karlsruhe WM 84, 1049; OLG Düsseldorf DB 84, 975; OLG Stuttgart EWiR § 766 BGB 1/85, 155 (Komm. *Gottwald*); OLG Hamm WM 85, 1221; KG WM 87, 1091; OLG Bamberg WM 90, 1019; die Rückwirkung der Rechtsprechungsänderung ist von Verfassungs wegen hinzunehmen, BGH NJW 96, 924 zu II. 6.

aus § 307 Abs. 3 Satz 1 BGB demgemäß überwunden wurde, ist in einem nächsten Prüfungsschritt alsdann zu fragen, ob die Erweiterung der Einstandspflicht über den Anlass der Verbürgung hinaus den Bürgen entgegen den Geboten von Treu und Glauben unangemessen benachteiligt. Die Benachteiligung ist losgelöst vom Einzelfall, insbesondere von den Vorstellungen und Einschätzungen des Bürgen, nach objektivem Maßstab (vgl. vorst. Rn. 912) festzustellen. Dies ist gem. § 307 Abs. 2 Nr. 1 BGB unschwer zu bejahen, weil die Haftung des Bürgen ins Uferlose geraten kann, je nach der Entwicklung der Geschäftsverbindung zwischen Bürgen und Hauptschuldner[186]; dies gilt andererseits nicht, wenn es der Bürge selbst in der Hand hat, die zukünftige Entwicklung der Verbindlichkeiten des Hauptschuldners zu bestimmen, wie im Falle eines für die Verbindlichkeit einer GmbH bürgenden Geschäftsführers eben dieser GmbH[187]. Für die Bürgschaft eines Gesellschafters für seine Gesellschaft kommt es auf die Einflussmöglichkeit des Gesellschafters auf die Kreditaufnahme nach Maßgabe des Gesellschaftsvertrags an, insbesondere nach den Mehrheitsverhältnissen[188].

914 Der Maßstab des Anlasses prägt die Bürgschaft jenseits der Anforderungen an die Selbstverantwortlichkeit des Bürgen (vgl. vorst. Rn. 902), so dass die treuwidrige Benachteiligung durch anlassferne, weite Zweckerklärungen nach § 307 Abs. 1 BGB zu bejahen ist, gleich ob der Bürge Unternehmer[189], juristische Person[190] (vorst. Rn. 893) oder Verbrau-

---

186 Grundsatzentscheidung BGHZ 130, 19 mit abl. Rezension *Schmitz-Herscheidt*, ZIP 97, 1140 nebst Erwiderung *G. Steiner*, ZIP 97, 1316, *Chr. Weber*, JuS 97, 501, Komm. *Tiedtke*, EWiR § 765 BGB 5/96, 971, Anm. *Pfeiffer*, LM § 765 BGB Nr. 99/100/101, *Schröter*, WuB I F 1a. – 13.95, *Keim*, DNotZ 96, 283, *C. Stein*, ZKW 97, 917 sowie *Pape*, NJW 96, 887 (889); bestätigend BGHZ 132, 6 mit Komm. *Hadding*, EWiR § 767 BGB 3/96, 735, Anm. *Richrath/Schröter*, WuB I F 1a. – 12.96, *Wenzel*, WiB 96, 448 und rezensierend *Reinicke/Tiedtke*, WiB 96, 505; BGH WM 98, 1675 mit Anm. *Schanbacher*, WuB I F 1a. – 17.98 und Komm. *Tiedtke*, EWiR § 765 BGB 12/98, 935; Vorinstanz OLG Düsseldorf ZIP 95, 1888; OLG Rostock WM 95, 1533 mit Anm. *Krummwiede*, WuB I F 1a. – 1.96; OLG München ZIP 98, 731 mit Komm. *Büchler*, EWiR § 767 BGB 1/98, 545. Bei einem Tilgungsdarlehen ist der Sicherungszweck durch den Gesamtbetrag der Raten begrenzt, OLG Frankfurt am Main WM 92, 2086; die Fremddisposition kann auch in einer nachträglichen Tilgungsstreckung liegen, BGH NJW 2000, 2580 zu II. 4. b. mit Anm. *Bülow*, LM Nr. 38 zu § 767 BGB; OLG Düsseldorf WM 2001, 2382 mit Anm. *Cartano*, WuB I F 1a. – 5.02. Ein Anspruch aus Geschäftsführung ohne Auftrag kann vom Sicherungszweck erfasst sein, OLG München WM 91, 1415 mit Rezension *Peters*, WM 92, 597. Ähnlich im österreichischen Recht, OGH ÖBA 93, 479 mit Anm. *P. Bydlinski* und im italienischen Recht: *Walter*, Globalzweckerklärung, S. 65 ff.; gleiche Grundsätze für den Globalschuldbeitritt (unten Rn. 1580), BGH WM 95, 2180 mit Anm. *Schröter*, WuB I F 1c. – 1.96; für Mobiliarpfandrechte (oben Rn. 482) LG Bonn WM 96, 1538 mit Anm. *Bartereau*, WuB I F 2. – 2.96.

187 BGHZ 143, 95 (101); BGH NJW-RR 97, 1381; NJW 96, 3205 mit Rezension *Trapp*, ZIP 97, 1279 und Komm. *Medicus*, EWiR § 765 BGB 7/97, 837; OLG Hamm WM 99, 586 und NJW-RR 97, 303; OLG Schleswig WM 97, 413 mit Anm. *Wagenknecht*, WuB I F 1a. – 8.97; OLG Köln EWiR § 765 BGB 3/99, 251 (Büchler) und BB 99, 710; auch eines Handlungsbevollmächtigten (§ 54 HGB), der den unternehmerischen Hauptschuldner leitet, BGH NJW 2000, 1179 zu III. 2. b. mit Anm. *Felke*, WUB I F 1a. – 3.01; auch im Falle einer gemeinnützigen Gesellschaft, BGH WM 2002, 923.

188 BGHZ 142, 213 (216 f.) = WM 99, 1761 mit Anm. *Ehricke*, JZ 2000, 466, *Bärwaldt*, GmbHR 99, 978 und *Klanten*, WuB I F 1a. – 4.2000; BGH WM 2002, 1836 zu I. 1. mit Anm. *Weiler*, BKR 2002, 814 und Komm. Mues, EWiR § 765 BGB 11/02, 901; OLG Dresden WM 2001, 2167; OLG Koblenz ZIP 98, 591 mit Komm. *Luttermann*, EWiR § 765 BGB 7/099, 591; *Ehricke*, WM 2000, 2177 (2181); *Dähn*, ZBB 2000, 61 (67); skept. *Schaefer*, NJW 2000, 1996 (1998).

189 BGH NJW 98, 3708 mit unzutreffender Anm. *Edelmann*, BB 99, 123: Der Grundsatz der Kalkulierbarkeit nach § 767 Abs. 1 Satz 3 BGB (unten Rn. 967) beruht nicht auf dem Gedanken der Geschäftsunerfahrenheit.

190 BGH NJW ZIP 2001, 1361 zu II. 1. mit Komm. *Tiedtke*, EWiR § 765 BGB 8/01, 947 und Anm. *P. Bydlinski*, WuB I F 1a. – 13.01.

cher[191] ist. Die Unwirksamkeit der Bürgschaftsklausel, die gegenüber einem Verbraucher verwendet worden war, bedarf daher nicht der zusätzlichen argumentativen Stütze nach § 310 Abs. 3 Nr. 3 BGB (oben Rn. 164).

Der darauf folgende Prüfungsschritt liegt in den Rechtsfolgen. Gem. § 306 Abs. 1 BGB **915** ist im Allgemeinen nur die Klausel und nur ausnahmsweise gem. § 306 Abs. 3 BGB der gesamte Bürgschaftsvertrag unwirksam. Nicht möglich ist es, eine einzelne Klausel teilweise insoweit aufrechtzuerhalten, als sie mit Treu und Glauben vereinbar ist (Verbot der teleologischen Reduktion[192]). Besteht die Klausel jedoch aus mehreren trennbaren Teilen mit jeweils eigenständigem Regelungsgehalt, kann dieser unbedenkliche und für sich nicht der sprachlichen Veränderung bedürftige Teil gem. § 306 Abs. 1 wirksam bleiben: Wenn man die treuwidrigen Passagen herausstreicht und danach eine vollständige Regelung übrigbleibt, mag diese gelten[193]. Folgt man dem, ist die Bürgschaft wirksam für denjenigen Kredit eingegangen, der Anlass für den Bürgschaftsvertrag war mit der Folge, dass der Gläubiger diesen Anlass zur Schlüssigkeit seines Anspruchs bezeichnen muss[194]. Bei einer Bürgschaft für einen unbegrenzten Kontokorrentkredit (nachf. Rn. 919) haftet der Bürge nur in Höhe desjenigen Saldos, der bei Abgabe der Bürgschaftserklärung bestand[195]. Der Bürge muss nicht für die zukünftigen Verbindlichkeiten aus der Geschäftsverbindung einstehen.

Der Grundgedanke aus § 767 Abs. 1 Satz 3 BGB erfasst aber nur zukünftige Verbindlich- **916** keiten. Er erlaubt es aber kaum, auch die Einstandspflicht für alle – bezogen auf den Zeitpunkt des Abschlusses der Bürgschaft – gegenwärtigen Verbindlichkeiten aus der Geschäftsverbindung zwischen Gläubiger und Hauptschuldner als unwirksam anzusehen[196]. Dieser Teil der Klausel kann aber überraschenden Charakter haben (vorst. Rn. 912). Außerdem kann die Erstreckung der Einstandspflicht auf alle bestehenden Ansprüche, ohne diese näher zu bezeichnen, gegen das **Transparenzgebot** aus § 307 Abs. 1 verstoßen[197].

---

191 Arbeitnehmer: BAG NJW 2000, 3299 zu I. 5. c. mit Komm. *Otto*, EWiR § 765 BGB 5/2000, 855 und Bspr. *Boemke*, JuS 2001, 94 sowie *Löhnig*, JA 2001, 94.

192 *Lindacher*, BB 83, 154; skept. *J. Hager*, JZ 96, 175; *Altvater*, WiB 96, 374; unberührt bleibt die Möglichkeit der Auslegung nach §§ 133, 157 BGB, BGHZ 137, 153 (157); BGH NJW 2000, 2580 mit Anm. *Bülow*, LM Nr. 38 zu § 767 BGB; WM 2000, 886 mit Anm. *Pecher*, WuB I F 1a. – 20.2000.

193 So auch OLG Hamm WM 93, 2046; skeptisch aber *Reich/Schmitz*, NJW 95, 2533.

194 BGH WM 98, 1375 zu II. 2. c.

195 BGHZ 137, 153 (160) mit zust. Anm. *Tiedtke*, JZ 98, 732 und EWiR § 765 BGB 2/98, 165 und *Hellner*, WuB I F 1a. – 8.98; *v. Westphalen*, Bankrecht 98, S. 167 (180); Zweifel bestehen allerdings an der Vereinbarkeit mit dem Verbot der teleologischen Reduktion, *Masuch*, BB 98, 2590 (2593); *Schmitz-Herscheidt*, ZIP 98, 1218; *Hager*; JR 98, 419; *Pecher*; LM Nr. 124 zu § 765 BGB; *Pfeiffer*; DZWIR 98, 154; abweichend Vorinstanz OLG Düsseldorf WM 97, 410 mit Anm. *Wagenknecht*, WuB I F 1a. – 8.97: Unwirksamkeit insgesamt.

196 Allerdings gründet der BGH in seiner Leitentscheidung BGHZ 130, 19 (32) die Unwirksamkeit aus § 9 AGBG (§ 307 BGB) auch auf gegenwärtige Forderungen, die anlassfern sind; in seinen nachfolgenden Entscheidungen BGHZ 143, 95 (97/98); NJW 96, 1470 mit Komm. *Bülow*, EWiR § 767 BGB 1/96, 451; NJW 96, 924, WM 96, 1391 und in der auf die Rechtsprechung zur Grundschuld Bezug nehmenden Entscheidung BGHZ 126, 174 mit Rezension *Tiedtke*, ZIP 94, 1237, Anm. *Rehbein*, WuB I F 1a. – 10.94, Komm. *Tiedtke*, EWiR § 765 BGB 6/94, 761 sowie WM 94, 784 mit Komm. *E. Schmidt*, EWiR § 3 AGBG 1/94, 521; ZIP 95, 1888 und WM 95, 2180 mit Komm. *Medicus*, EWiR § 9 AGBG 1/96, 3 beschränkt der BGH die Unwirksamkeit auf zukünftige Verbindlichkeiten, während die Erstreckung auf gegenwärtige Verbindlichkeiten allein auf § 3 AGBG (jetzt: § 305c Abs. 1 BGB) gestützt wird.

197 BGHZ 143, 95 (99 f.) mit Rezension *Siems*, JuS 2001, 429 und Anm. *P. Bydlinski*, WuB I F 1a. – 10.2000.

917 Die weite Zweckerklärung ist also im Allgemeinen gem. § 307 BGB unwirksam, soweit sie sich auf zukünftige Verbindlichkeiten bezieht, gleich ob der Bürge Unternehmer oder Verbraucher ist. Soweit sie sich auf gegenwärtige Verbindlichkeiten bezieht, wird sie gem. § 305c Abs. 1 BGB nicht Vertragsbestandteil, wenn der Bürge nicht mit ihr zu rechnen brauchte; diese Frage beantwortet sich unterschiedlich für bürgende Unternehmer und Verbraucher (vorst. Rn. 912). Außerdem kann ein Verstoß gegen das Transparenzgebot aus § 307 Abs. 1 Satz 2 zu bejahen sein.

dd) Individualabsprache

918 Ist die weitergehende Einstandspflicht des Bürgen außerhalb des Formularvertrags individuell vereinbart worden, entfällt gem. § 305b eine Prüfung nach § 307; definitionsgemäß hat die Individualabrede auch keinen Überraschungseffekt.

ee) Anlasskonformität

919 Die Verbindlichkeit einer Global-, insbesondere Kontokorrentbürgschaft misst sich am konkreten Anlass der Verbürgung. War der Anlass ein einziges Darlehen, ist die Erweiterung auf zukünftige Verbindlichkeiten aus der Bankverbindung gem. § 307 unwirksam, auf alle gegenwärtigen meistens überraschend. War der Anlass ein Kontokorrentkredit mit Kreditlinie, sind auch zukünftige Kredite Anlass der Bürgschaft, aber nur innerhalb des Ausschöpfungsrahmens. Bei einem unlimitierten Kredit beschränkt sich die Einstandspflicht des Bürgen auf den Saldo dieses Kredits an demjenigen Stichtag, der in der Abgabe der Bürgschaftserklärung liegt[198]. Die in der Formularbürgschaft niedergelegte Einstandspflicht für darüber hinausgehende Kredite – d.h. aufgrund einer Erhöhung des Kreditlimits – ist unwirksam, in Bezug auf gegenwärtige Verbindlichkeiten überraschend. Es bleiben aber Fälle, in denen eine unbeschränkte Bürgschaft verbindlich ist. Anlass der Bürgschaft kann nämlich auch ein laufender Kredit ohne Limit sein[199], mit dem vielleicht ein vielversprechender Existenzgründer arbeiten will. Anlass und unbeschränkter Sicherungszweck decken sich (gleiche Lage bei der Sicherungsgrundschuld, oben Rn. 162). Der Bürge muss leisten (vorst. Rn. 846). Voraussetzung ist nur, dass der Bestimmtheitsgrundsatz (vorst. Rn. 840) gewahrt ist, die zukünftigen Verbindlichkeiten also nach Grund und Haftung klar und übersichtlich individualisierbar sind[200].

920 Dieselben Grundsätze gelten, wenn der Bürge nicht in voller Höhe der Hauptverbindlichkeit einstehen will, sondern begrenzt auf einen **Höchstbetrag** (vgl. nachst. Rn. 1029)[201]. Die Bürgenhaftung bezieht sich nur auf Verbindlichkeiten, die Anlass der Verbürgung wa-

---

198 BGHZ 137, 153 (159); LG München I WM 99, 971 mit Anm. *Frings*, WuB I F 1a. – 3.2000.

199 BGH NJW-RR 2002, 343 zu II. 2.; das ist freilich nicht der Fall, wenn formularmäßig die zu sichernde Anlassforderung mit „alle Geschäftskredite" bezeichnet wird, BGH WM 98, 1675.

200 BGH WM 96, 1391 zu II. 2. b. mit Anm. *Sonnenhol*, WuB I F 1a. – 18.96 und Komm. *Blaurock*, EWiR § 765 BGB 4/96, 835.

201 BGH ZIP 98, 2145 zu II. 1. mit Komm. *Blaurock* EWiR § 767 BGB 1/99, 403; NJW 96, 1470 mit zust. Komm. *Bülow*, EWiR § 767 BGB 1/96, 451 und Anm. *Chr. Becker*, DZWIR 96, 292; NJW 96, 2369 mit Anm. *Sonnenhol*, WuB I F 1a. – 18.96; OLG München WM 98, 1966 mit Anm. *Heupgen*, WuB I F 1a. – 19.98; 97, 721 mit Anm. *G. Fischer*, WuB I F 1a. – 7.97; OLG Rostock WM 98, 446; OLG Stuttgart ZIP 96, 1508 mit Komm. *Tiedtke*, EWiR § 765 BGB 6/96, 979 und Anm. *Vázquez* WiB 97, 547; OLG Koblenz ZIP 98, 1955; OLG Köln ZIP 98, 465 und BB 97, 856; LG Lüneburg NJW-RR 98, 1069; *Horn*, ZIP 97, 525 (529); *Seidel/Müller*, DB 97, 1961 (1962); *Heinrichs*, NJW 99, 1596 (1605).

ren und ist auf den Höchstbetrag begrenzt[202]. Dagegen ist dem Wesen der Bürgschaft nicht zu entnehmen, dass Global- und Kontokorrentbürgschaften immer als Höchstbetragsbürgschaften ausgestaltet sein müssten (nachf. Rn. 952).

ff) Andere Klauseln

Die Überprüfung anderer Klauseln in Formularbürgschaften an den Schranken des Rechts der Allgemeinen Geschäftsbedingungen ergibt: **921**

Bürge und Gläubiger können wirksam in Formularbürgschaften vereinbaren, dass die Einstandspflicht bestehen bleibt, wenn ein Wechsel in der Person des Hauptschuldners eintritt (vorst. Rn. 843). Sie erstreckt sich aber nicht auf neubegründete Verbindlichkeiten des neuen Rechtsträgers[203]. **922**

Sowohl überraschend als auch treuwidrig ist eine Klausel, die den Bürgen verpflichtet, zur Sicherung seiner eigenen Bürgenschuld Sicherheiten, z.B. Grundpfandrechte, schon vor Fälligkeit einer Bürgenschuld zu stellen[204]. **923**

Der Bürge kann nicht nur auf die Einrede der Vorausklage (selbstschuldnerische Bürgschaft, nachf. Rn. 1003) verzichten, sondern auch auf seine Verteidigungsmöglichkeiten aus dem Recht des Hauptschuldners gem. § 770 Abs. 1 und 2 BGB[205] (nachf. Rn. 986, 988) sowie auf die Gesamtschuldvorschriften im Falle einer Mitbürgschaft (näher nachf. Rn. 1027). Der Verzicht auf Einreden erfasst aber ohne ausdrückliche Einbeziehung nicht auch den Verzicht auf den Einwand der unzulässigen Rechtsausübung (§ 242 BGB)[206]. Dem Verzicht des Bürgen auf die Einrede der Verjährung in Bezug auf die Hauptverbindlichkeit steht gem. § 202 BGB nichts entgegen[207]. **924**

Der Verzicht des Bürgen auf seinen Aufwendungsersatzanspruch gegen den Hauptschuldner aus § 670 BGB (nachf. Rn. 1014), der die Rechtsstellung des Gläubigers in der Insolvenz des Hauptschuldners verbessert (nachf. Rn. 1061), kann nur ausdrücklich erklärt werden[208]. Das ist auch für eine Klausel anzunehmen, nach der die Leistung des Bürgen nur als Sicherheit gelten soll (nachf. Rn. 948). **925**

Die Befreiung des Bürgen nach Aufgabe anderer Sicherheiten durch den Gläubiger gem. § 776 BGB (nachf. Rn. 1008) verwirklicht einen wesentlichen Grundgedanken des Bürgschaftsrechts, nämlich den Subsidiaritätsgrundsatz (nachf. Rn. 1009). Auf der anderen Seite liegt es im Interesse beider Parteien, den Hauptschuldner nicht in seiner geschäftli- **926**

---

202 *Tiedtke*, ZIP 98, 449 (453); *Ganter/Kirchhof*, in: Festschr. BGH, s. 33 (45); *Derleder/Beining*, ZBB 2001, 1 (3).

203 BGH NJW 93, 1917 zu IV. 3. b.; LG Berlin EWiR § 9 AGBG 11/2000, 605 (*Azhari*).

204 BGHZ 92, 295 (300); Nr. 13 Abs. 1 AGB-Banken, 21 Abs. 3 Satz 2 AGB-Sparkassen sehen den Anspruch des Gläubigers erst ab Fälligkeit vor, Reaktion auf BGH NJW 91, 100 mit Komm. *Brink*, EWiR § 765 BGB 4/90, 1197 und *Pleyer/Weiser*, DB 85, 2233; LG Essen NJW-RR 88, 1390; zur Parallele bei der Grundschuld oben Rn. 158.

205 BGHZ 95, 350 (357); BGH WM 2002, 1179 zu I. 3. mit Anm. *Hoes*, WuB I.F.1.a-13.02; OLG Frankfurt am Main WM 95, 724 mit Anm. *Moritz*, WuB I F 1a. – 4.95.

206 BGH WM 91, 1294 zu III.; OLG Köln ZIP 98, 150 mit Komm. *Bayer*, EWiR § 766 BGB 1/98, 399.

207 Anders nach § 225 Satz 1 BGB a.F., *Finkenauer*, in: Ehmann/Sutschet, S. 306; *Walther*, NJW 94, 2237; Stillhalteabkommen (pactum de non petendo): BGH WM 98, 1493 mit abl. Anm. *Vollkommer/Westner* WuB IV A-1.99 sowie *Bülow*, NJW 71, 2254.

chen Tätigkeit zu beeinträchtigen. Deshalb dürfte ein formularmäßiger Verzicht des Bürgen auf die Rechte aus § 776 BGB der Inhaltskontrolle insoweit standhalten, als andernfalls das AGB-Pfandrecht nach Nr. 14 AGB-Banken, 21 AGB-Sparkassen, 14 AGB-Postbank dem Zugriff des Kreditinstituts als Gläubiger ausgesetzt werden müsste[209]. Im Übrigen dürfte aber § 307 Abs. 2 Nr. 1 BGB entgegenstehen, so dass ein uneingeschränkter formularmäßiger Verzicht des Bürgen auf seine Rechtsstellung aus § 776 BGB unwirksam ist. Die Beschränkung auf den Fall, dass ein Kreditinstitut sein AGB-Pfandrecht freigibt, ist also wirksam, die Erstreckung auf Sicherheiten, die gesondert bestellt wurden, unwirksam[210].

927 Der Ausschluss der Akzessorietät ist gem. § 307 Abs. 2 Nr. 1 BGB unwirksam, z.B. durch eine Klausel, sich nicht auf eine vom Hauptschuldner wirksam erklärte Anfechtung zu berufen[211] (nachf. Rn. 965 ff.); ausnahmsweise (vorst. Rn. 909) wird dadurch die Interzession insgesamt gem. § 306 Abs. 3 BGB nicht wirksam zustandekommen können[212]. Dagegen folgt das Recht des Bürgen nach § 768 Abs. 1 Satz 1 BGB, eine vom Hauptschuldner nicht erhobene Einrede geltend zu machen, gerade nicht aus der Akzessorietät (nachf. Rn. 981)[213]. Diese Rechtsstellung prägt jedoch die Vertragsnatur der Bürgschaft, so dass ihr formularmäßiger Ausschluss treuwidrig und gem. § 307 Abs. 2 Nr. 1 BGB unwirksam ist.

928 Bürgschaften auf Erstes Anfordern (nachf. Rn. 974) sind zwar nicht Kreditinstituten (§ 1 Abs. 1 Nr. 8 KWG) oder Versicherungsunternehmen vorbehalten (nachf. Rn. 976), aber Bürgen, die mit dem Rechtsinstitut der Bürgschaft auf Erstes Anfordern nicht vertraut sind, müssen vom Gläubiger aufgeklärt werden; andernfalls kommt nur eine einfache selbstschuldnerische Bürgschaft zustande[214]. Die Klausel im Bürgschaftsvertrag über die

208 LG Köln BB 88, 1488.

209 BGHZ 78, 137; 95, 350; BGH NJW 86, 928; 84, 2455; *Hammen*, WM 88, 1809.

210 BGH NJW 2002, 295 zu II. 2. a. mit Anm. *Büchler*, EWiR § 776 BGB 1/02, 153, Anm. *Clemente*, DNotZ 2002, 383 und *P. Bydlinski*, WuB I F 1a. – 4.02; BGHZ 144, 52 (56) = NJW 2000, 1566 mit Anm. *Pfeiffer*, LM Nr. 146 zu § 765 BGB, *Vollkommer/Heinemann*, JZ 2000, 1163, *Kulke*, BB 2000, 1424, *Hahn*, MDR 2000, 842, *P. Bydlinski*, WuB I F 1a. – 16.2000, Komm. *Klaas*, EWiR § 765 4/2000, 813 und Bspr. *v. Westphalen*, NJW 2002, 1688 (1695); BGH NJW 2000, 2580 zu II. 5. mit Anm. *Bülow*, LM Nr. 38 zu § 767 BGB, *Wagenknecht*, WuB I F 1a. – 19.2000 und Komm. *Lang*, EWiR § 767 BGB 1/01, 315; WM 2002, 919; andeutungsweise schon BGHZ 136, 347 mit zust. Anm. *P. Bydlinski*, WuB I F 1a. – 2.98 und Komm. *Medicus*, EWiR § 138 BGB 1/98, 9 sowie Bspr. *Emmerich*, JuS 98, 177.

211 BGHZ 95, 350; BGH WM 2002, 1179 zu I. 3.; *Dieckmann*, in: Festschr. Schippel, S. 129.

212 LG Bremen NJW 83, 892.

213 So allerdings BGHZ 147, 99 = NJW 2001, 1857 zu II. 2. d. mit insoweit abl. Anm. *Bülow*, LM Nr. 152 zu § 768 BGB sowie *Lettl*, WM 2000, 1316 (1325), *v. Westphalen*, NJW 2002, 1688 (1697) und *Kupisch*, WM 2002, 1626.

214 BGH NJW 2000, 1563 zu III. 2. d. aa. mit Anm. *Bülow*, LM Nr. 145 zu § 765 BGB; 2002, 894 mit Komm. *Vogel*, EWiR § 9 AGBG 4/02, 177; WM 2002, 1415 mit Komm. *Nielsen*, EWiR § 9 AGBG 12/02, 737 und 1876 zu B. II. 2.; NJW 98, 2280 zu II. 3. b. mit Komm. Nielsen, EWiR § 765 BGB 7/98, 543, Anm. P. Bydlinski, WuB I F 1a. – 14.98 und Bspr. K. Schmidt; JuS 98, 950; 97, 1435 mit Anm. Pfeiffer, LM Nr. 115 zu § 765 BGB, Komm. v. Stebut, EWiR § 765 BGB 5/97, 541, Anm. *Haun*, WuB I F 1a. – 9.97 und Bspr. *K. Schmidt*, JuS 97, 847; NJW 92, 1446 mit Komm. *P. Bydlinski*, WuB I F 1a. – 11.92 und Komm. *Tiedtke*, EWiR § 765 BGB 5/92, 865; wirksam für Gewährleistungsbürgschaft (oben Rn. 833) gegenüber einem Bauunternehmer, OLG Hamburg NJW-RR 97, 1040; OLG Oldenburg ZfBR 97, 90 mit Komm. *Mankowski*, EWiR § 765 BGB 3/97, 449; eine unwirksame Klausel über einen Sicherheitseinbehalt im Bauvertrag kann auch nicht wirksam durch eine Bürgschaft auf Erstes Anfordern ersetzt werden, BGHZ 136, 27 = NJW 97, 2598 sowie WM 2002, 1508; die Verpflichtung, eine Bürgschaft auf Erstes Anfordern einzuräumen, beschränkt sich auf eine gewöhnliche Bürgschaft, LG Mainz WM 99, 1081.

Erste Anforderung kann infolgedessen nur individuell, aber nicht durch AGB vereinbart werden. In einem Individualvertrag ist die Klausel „Zahlung auf Erstes Anfordern" mangels Aufklärung durch die Gläubiger ebenfalls als einfache selbstschuldnerische Bürgschaft auszulegen, wenn es sich bei dem Bürgen nicht um ein im internationalen Wirtschaftsverkehr erfahrenes Unternehmen handelt[215]. Auch im Valutaverhältnis kann der Gläubiger dem Schuldner nicht in AGB das Sicherungsversprechen abverlangen (vorst. Rn. 835), eine Bürgschaft auf Erstes Anfordern beizubringen[216]. § 17 Nr. 4 VOB/B (vgl. nachf. Rn. 1047) bestimmt dies ausdrücklich[217].

Bei einer Ausfallbürgschaft (nachf. Rn. 1006) ist eine Klausel überraschend i.S.v. § 305c **929**
Abs. 1 BGB, wenn der Ausfall sechs Monate nach Anzeige des Gläubigers als festgestellt gelten soll[218].

Im Deckungsverhältnis zwischen Bürgen und Hauptschuldner kann sich der Bürge nicht **930**
durch AGB von seiner Verpflichtung befreien, offenkundige Einreden des Hauptschuldners gegen den Gläubiger (§ 768 BGB) zu erheben oder den Hauptschuldner vor der Leistung anzuhören[219]. Der Hauptschuldner kann den Bürgen, soweit er nicht Kreditinstitut ist (nachf. Rn. 974), nicht mittels AGB verpflichten, eine Bürgschaft auf Erstes Anfordern zu erteilen[220], ebenso wenig wie der Gläubiger den Schuldner, eine solche beizubringen[221]. Soweit eine Bürgschaft auf Erstes Anfordern erteilt worden war, braucht der Bürge den Hauptschuldner nicht vor Leistung an den Gläubiger zu unterrichten[222]. Die Bürgschaftskosten kann der Hauptschuldner im Allgemeinen nicht durch Allgemeine Geschäftsbedingungen auf den Bürgen abwälzen[223].

AGB-Verwender kann auch der Bürge sein, namentlich im Falle von Bankbürgschaften **931**
(vorst. Rn. 857). Eine Klausel, nach der sich der Bürge durch Hinterlegung sowohl zugunsten des Gläubigers wie zugunsten des Hauptschuldners befreien kann (§ 378 BGB), dürfte unwirksam sein[224].

Handelt für den Vertragspartner des Verwenders ein Vertreter, kann eine Bürgschaft dieses **932**
Vertreters gem. § 309 Nr. 11 lit a BGB nur durch hierauf gerichtete ausdrückliche und gesonderte Erklärung begründet werden[225].

---

215 OLG Köln ZIP 96, 631 und Komm. *Nielsen*, § 1 AGBG 1/96, 1; gleicher Ansicht wie OLG Köln; *Heinsius*, in: Festschr. Merz, S. 177 (192).

216 BGH WM 2002, 1415.

217 Ab 1.10.2002 geltende Fassung, *Kiesel*, NJW 2002, 2064 (2069).

218 BGH NJW 98, 2138 mit Anm. *Burghardt*, WuB I F 1a. – 13.98, Komm. *v. Stebut*, EWiR § 765 BGB 8/98, 643 und krit. Glosse *C. Steiner*, ZKW 98, 745.

219 BGHZ 95, 374 (388 ff.), dazu *Tiedtke*, BB 86, 541 und *Horn*, EWiR 1/85, 973 zu § 768 BGB.

220 OLG Zweibrücken NJW-RR 94, 1363 (1366 a.E.); AG Nidda NJW-RR 95, 473; *Hahn*, MDR 99, 839 (840).

221 BGH WM 2002, 1415.

222 KG NJW 87, 1779.

223 LG Bremen NJW-RR 94, 476.

224 LG Karlsruhe EWiR § 765 BGB 4/98, 213 (*v.Stebut/Schlosser*); der Regressanspruch ist Gegenstand des Pfandrechts gem. Nr. 14 Abs. 2 AGB-Banken und Postbank, Nr. 21 AGB-Sparkassen, BGH WM 98, 2463 mit Anm. *Becker-Eberhard*, WuB I A3-1.99 sowie unten Rn. 1145.

225 BGHZ 148, 302 = WM 2001, 1683 mit Anm. *H. Hefermehl*, WuB IV C. – 1.01; BGH NJW 2002, 3464; OLG Brandenburg WM 2002, 171 mit Anm. *Bülow*, WuB I F 1a. – 6.02 und Komm. *Mues*, EWiR § 765 BGB 2/02, 15.

d) Widerruflichkeit

933 Die Bürgschaft eines Verbrauchers, die er gegenüber einem Unternehmer abgibt, kann auf einer Störung von Vertragsparität beruhen, deren Kompensation durch die Anwendung verbraucherprivatrechtlicher Normen in Frage steht. Im rechtsgeschäftlichen Zusammentreffen von Verbraucher und Unternehmer (§§ 13 und 14 BGB), von privat und professionell handelnden Kontrahenten, liegt das Problem. Es liegt aber anders als bei der Würdigung eines Verstoßes gegen die guten Sitten nicht in struktureller Unterlegenheit (vorst. Rn. 869), die auch bei Bürgschaftsverträgen zwischen Unternehmern oder zwischen Privatpersonen auftreten kann und an den Status des ökonomisch und intellektuell unterlegenden Bürgen anknüpfen[226].

aa) Haustürgeschäft

934 Nur teilweise geklärt ist die Frage, ob Bürgschaften in den sachlichen Anwendungsbereich des Rechts der Haustürgeschäfte nach § 312 BGB fallen können und nur schwebend wirksam sind, solange sie gem. § 355 BGB widerrufen werden können. Unter den situativen (insbesondere Vertragsabschluss in der Wohnung oder eben an der Haustür, § 312 Abs. 1 Nr. 1 BGB) und persönlichen (privater Endverbraucher, § 13 BGB) Voraussetzungen des Gesetzes sind Haustürgeschäfte Verträge über eine entgeltliche Leistung, vor allem Kaufverträge. Die Bürgschaft ist gerade nicht auf eine entgeltliche Leistung gerichtet, sondern ein einseitig verpflichtender Vertrag (vorst. Rn. 863), so dass es am sachlichen Anwendungsbereich für Haustürgeschäfte zu fehlen scheint. Jedoch hat die Bürgschaft ein Bezugsobjekt, das eine entgeltliche Leistung darstellt, nämlich die Hauptverbindlichkeit, für die sich der Bürge einzustehen verpflichtet. Eine derartige mittelbare Entgeltlichkeit genügen zu lassen legt eine europarechtskonforme Auslegung des Rechts der Haustürgeschäfte nahe[227]. Es ist nämlich die Transformation der EG – Richtlinie 85/577 betreffend den Verbraucherschutz im Falle von außerhalb von Geschäftsräumen geschlossenen Verträgen[228], welche in ihrem ersten Erwägungsgrund ausdrücklich einseitige Verpflichtungserklärungen in ihren sachlichen Anwendungsbereich einbezieht. Freilich greift Art. 1 der Richtlinie diese Sicht nicht wieder auf, vielleicht weil mit „einseitiger Verpflichtungserklärung“ nur der noch nicht angenommene Vertragsantrag i.S.v. § 145 BGB gemeint sein soll[229]. Jedenfalls hat sich daraus eine unterschiedliche Auslegung durch den IX. Zivilsenat des BGH einerseits und den XI. Zivilsenat andererseits ergeben: Jener hält das Recht der Haustürgeschäfte für nicht anwendbar[230], dieser lässt mittelbare Entgeltlichkeit – nicht nur für Bürgschaftsverträge, sondern richtiger-, aber umstrittenerweise auch

226 Der Verbraucher i.S.v. § 13 BGB ist also nicht durch infirmitas, fragilitas oder levitas animi gekennzeichnet, wie dies der Status-Anknüpfung im römisch-rechtlichen Verbot der Fraueninterzession zugrunde lag, so aber *Ernst*, Rechtsgeschichte und Privatrechtsdogmatik, S. 396 (425), wohl auch *Joswig*, in: Festschr. Schimansky, S. 336 (350).

227 Dezidiert *Baldus*, JuS 95, 1102, der von nicht hinreichender Transformation ausgeht und zur Widerruflichkeit aufgrund der These der Direktwirkung von EG-Richtlinien auch unter Privaten gelangt, S. 1107, diese Frage sieht freilich anders der EuGH NJW 96, 1401 mit Komm. *Bülow*, EWiR Art. 129a EGV 1/96.

228 ABlEG L 372 vom 31.12.1985, S. 31, abgedruckt unter anderem bei MünchKomm./*Ulmer*, Anhang HWiG.

229 *W. H. Roth*, ZIP 96, 1285 (1288).

230 BGHZ 113, 287 (288) mit Anm. *Rehbein*, WuB I F 1a. – 9.91, Bspr. *Kemper*, JA 81, 2905 und krit. Rezension *Wassermann*, JuS 92, 908; NJW 91, 2905, ebenso *Wenzel*, NJW 93, 2781 und Die Bank 93, 423; *Gottwald*, BB 92, 1296.

für Sicherungsverträge, unten Rn. 1152 – genügen[231]. Auf Vorabentscheidungsersuchen des IX. Zivilsenats gem. Art. 234 EGV[232] hat der EuGH die Rechtsfrage aus der Sicht des europäischen Sekundärrechts entschieden[233]; die Rechtslage nach § 312 BGB ist gleichwohl nur teilweise geklärt. Zunächst löst der EuGH das Kernproblem ebenso wie der XI. Senat: Der Bürge kann grundsätzlich Normadressat der Haustürgeschäfte-Richtlinie sein; es kommt nicht darauf an, ob der Verbraucher als Partei des Haustürgeschäfts, also der Hauptschuldner, oder ein Dritter, der zugleich Verbraucher ist, also der Bürge, Empfänger und Gläubiger der Leistung ist. Die Richtlinie regelt jedoch nur Sachverhalte mit reinem Privatbezug. Aus europarechtlicher Sicht ergibt sich die Anwendbarkeit der Richtlinie danach nicht, wenn ein Verbraucher seine Bürgschaft für einen gewerblichen Kredit erteilt, also zwar der Bürge selbst, aber nicht auch der Hauptschuldner Verbraucher ist[234]. Dem nationalen Gesetzgeber steht es gem. Art. 8 der Haustürgeschäfte-Richtlinie aber frei, auch diese Fälle aufzunehmen. Die Kontroverse zwischen IX. und XI. Zivilsenat besteht für diese Fälle also weiter[235]. Richtig erscheint die Auslegung des XI. Zivilsenats; der verbraucherschützende Zweck des Gesetzes wird gerade wegen der Einseitigkeit der Verpflichtung und des typischerweise uneigennützigen Motivs (vorst. Rn. 854) virulent, das eine restriktive Anwendung in Bezug auf den Hauptschuldner nicht zulässt[236]. Richtigerweise ist deshalb davon auszugehen, dass der Bürge gem. §§ 312, 355 BGB widerrufen kann, auch wenn der Hauptschuldner seine der Hauptverbindlichkeit zugrundeliegende Willenserklärung nicht widerruft.

bb) Fernabsatzgeschäft

Dagegen kann ein fernabsatzrechtliches Widerrufsrecht nach §§ 312d, 355 BGB nicht in Frage kommen, weil die Schriftform im Fernabsatz nicht einhaltbar, namentlich die elektronische Form gem. § 766 Satz 2 ausgeschlossen ist (vorst. Rn. 893). **935**

231 NJW 93, 1594 mit Anm. *Schanbacher*, DZWIR 93, 337, *Thode*, WuB I F 1a. – 11.93 und *Medicus*, EWiR § 1 HWiG 2/93, 791; 96, 55 mit Anm. *Wolf*, LM § 1 HWiG 2/90, Nr. 18/19, *Schanbacher*, WuB I E 3. – 2.96 und *Huff*, EWiR § 1 HWiG 3/95, 1007; auch BGH NJW 96, 191 (XI. Zivilsenat) mit Anm. *Weber-Rey*, WuB I F 3. – 3.96; KG WM 96, 1219; grundsätzlich auch OLG Köln BB 96, 1524 mit Anm. *Haun*, WuB I F 1a. – 17.96.

232 NJW 96, 930 mit Rezension *Roth*, ZIP 96, 1285, Komm. *Gilles*, EWiR § 1 HWiG 5/96, 749, Anm. *Sonnenhol*, WuB I F 1a. – 13.96 und Bspr. *Lubitz*, JA 96, 166.

233 NJW 98, 1295 (*„Dietzinger"*), insbes. Tz. 19, 20 mit Rezensionen *Drexl*, JZ 98, 1046, *Reinicke/Tiedtke*, ZIP 98, 893, *Kröll*, DZWIR 98, 426, *P. Bydlinski/Klauninger*, ZEuP 98, 994, *Franzen*, in: Festschr. Maurer, S. 889 (895) und *Chr. Wolf*, EWS 98, 324, Anm. *U. Hoffmann*, DZWIR 98, 277, *Seidel*, DB 98, 671 und *Peters/Scharnewski*, WuB IV D. – 2.98 sowie Bspr. *Lubitz*, JA 98, 617; a.A. der Generalanwalt beim EuGH, ZIP 97, 627 mit Komm. *Pfeiffer*, EWiR Art. 1 RL 85/877/EWG 1/97, 415.

234 So auch die Anschlussentscheidung des IX. Zivilsenats, BGHZ 139, 21 = NJW 98, 2356 mit krit. Rezension *Reinicke/Tiedtke*, DB 98, 2001 sowie *Kulke*, JR 99, 485 und krit. Anm. *Pfeiffer*, LM Nr. 31 zu § 1 HWiG sowie Komm. *Eckert*, EWiR § 1 HWiG 2/98, 845, Anm. *Breithaupt*, MDR 98, 1019, *Melzer*, WuB I F 1a. – 16.98, *Feick*, BB 98, 1671 und Bspr. *Herbert*, JA 98, 913 sowie *Riehm*, JuS 2000, 138 (143); so auch *Vowinckel*, DB 2002, 1362 (1364).

235 *Lorenz*, NJW 98, 2937 (2940).

236 Ebenso bereits LG Kleve NJW 93, 472 mit Anm. *Kappus*, EuZW 93, 166; *Klingsporn*, NJW 91, 2259; *Schanbacher*, NJW 91, 3262; OLG Düsseldorf NJW-RR 91, 436; OLG Hamm WM 95, 1872; *Pfeiffer*, ZBB 92, 1 (7); *Probst*, JR 92, 133; *Horn*, ZIP 2001, 93 (94).

cc) Verbraucherkreditgeschäft

936 Problematisch ist, ob Bürgschaften unter den persönlichen Voraussetzungen von §§ 13, 507 BGB zugleich als Verbraucherkreditverträge i.S.v. §§ 491, 499 BGB zu behandeln sein können, so dass die verbraucherschützenden Instrumente des Verbraucherkreditrechts, insbesondere das Widerrufsrecht aus §§ 495, 355 BGB oder die Behandlung des Verzugs aus § 497 BGB[237] (vgl. vorst. Rn. 1023), anwendbar sind. Auch die verbraucherkreditrechtlichen Vorschriften des BGB sind die Transformation einer europäischen Richtlinie[238], die aber Hinweise zur Anwendung auf einseitige Verpflichtungserklärungen, welche die mittelbare Entgeltlichkeit genügen lassen könnten, nicht enthält. Jedoch lässt Art. 15 der Richtlinie den Mitgliedstaaten nach, weitergehende Vorschriften zum Schutz der Verbraucher aufrechtzuerhalten oder zu erlassen. Derartige weitergehende Schutzvorschriften waren der Doktrin zum Umgehungsgeschäft aus dem Vorgängergesetz zum Verbraucherkreditrecht zu entnehmen, nämlich dem Abzahlungsgesetz, das in seinem § 6 ein Umgehungsverbot enthielt. Auf dieser Grundlage war die Sicherungsgesamtschuld (Schuldbeitritt, kumulative Schuldübernahme, unten Rn. 1580) in den sachlichen Anwendungsbereich des Abzahlungsgesetzes einbezogen worden. Der Beitretende hat ein eigenes Widerrufsrecht[239]. Der Schutzstandard des Abzahlungsgesetzes sollte durch das neue, an seine Stelle tretende Verbraucherkreditgesetz, das mit der Schuldrechtsmodernisierung durch die §§ 491 bis 507 BGB abgelöst wurde[240], nach gesetzgeberischem Willen[241] aufrechterhalten und nicht etwa geschmälert werden. Deshalb ist auf den Schuldbeitritt eines Verbrauchers das Verbraucherkreditgesetz anwendbar[242], insbesondere die Willenserklärung des Verbrauchers widerruflich und der Vertrag nach §§ 492, 502 BGB formbedürftig (dazu auch oben Rn. 173). Aus der Sicht des schutzbedürftigen interzedierenden Verbrauchers kann es aber keinen Unterschied machen, ob er sich gesamtschuldnerisch verpflichtet oder sich verbürgt; deshalb liegt es nahe, auch auf die Bürgschaft eines Verbrauchers Verbraucherkreditrecht anzuwenden. Anders sieht es aber der IX. Zivilsenat des BGH[243]. Seine andere Sicht gründet der IX. Senat auf zwei Argu-

---

237 Dies bejahend BGH WM 2000, 64 (68) – insoweit in BGHZ 143, 95 nicht abgedruckt – mit Rezension *Riehm*, JuS 2001, 429 (434); OLG Hamm VuR 99, 16 zu 5.; *Horn*, ZIP 2001, 93 (94).

238 Richtlinie 87/102/EWG des Rates zur Angleichung der Rechts- und Verwaltungsvorschriften der Mitgliedstaaten über den Verbraucherkredit vom 22.12.1986, ABlEG L 42 vom 1.2.1987, S. 42 mit Änderungsrichtlinie 91/88 EWG vom 22.2.90, ABlEG L 61 vom 10.3.1990, S. 14.

239 BGHZ 109, 314 (317); BGH NJW 94, 1726 zu I.

240 *Bülow*, NJW 2002, 1415; *Artz*, JuS 2002, 528 (533).

241 BT-Drucks. 11/5462, S. 11, 33.

242 BGHZ 133, 71 mit zust. Komm. *Bülow*, EWiR § 1 VerbrKrG 3/96, 814, Anm. *Pfeiffer*, LM Nr. 5 zu § 1c AbzG, *Rebmann*, DZWIR 96, 459 und Bspr. *Emmerich*, JuS 96, 1035; 133, 220 mit Anm. *Ungeheuer*, LM Nr. 6 zu § 1 VerbrKrG und Komm. *Reifner/Trabhardt*, EWiR § 7 VerbrKrG 2/96, 1097; 134, 94 mit Anm. *Bülow*, JZ 97, 471, *M. Wolf*, LM Nr. 7 zu § 1 VerbrKrG, Komm. *Habersack*, EWiR § 6 VerbrKrG 1/97, 237, Bspr. *Emmerich*, JuS 97, 469, Anm. *Hadding*, WuB I E 2. – 1.97 sowie Rezension *v. Westphalen*, MDR 97, 307 und *Reinicke/Tiedtke*, WiB 97, 449; WM 97, 663 zu 2.; ZIP 97, 1694 zu II. 2. a. mit Komm. *Heinrichs*, EWiR § 4 VerbrKrG 1/97, 1047 und Anm. *Baumann*, WuB I E. – 1.98; OLG Stuttgart NJW 94, 867; OLG Karlsruhe, WM 97, 1340 und 99, 222; gleichermaßen MünchKomm./*Ulmer*, § 1 VerbrKrG Rn. 34.

243 NJW 98, 1939 mit abl. krit. Anm. *Bülow*, ZIP 98, 1187, *Artz*, JR 99, 103, *Schmidt-Lademann*, LM Nr. 126 zu § 765 BGB, *Terlau*, MDR 98, 824, *Treber*, DZWIR 98, 281, *Krüger*, VuR 98, 261, *Bydlinski/Klauninger*, WuB I F 1a. – 15.98; *Casper*, BB 98, 1227, Komm. *Deimel*, EWiR § 1 VerbrKrG 1/98, 567, Rezension *Scherer/Mayer*, DB 98, 1217, *dies.*, JA 99, 115 (122 f.) und Bspr. *Emmerich*, JuS 98, 844 sowie *Hasselbach*, JuS 99, 329; gl.A. wie IX. Zivilsenat OLG Frankfurt am Main MDR 98, 848, OLG Düsseldorf ZIP

mentationspunkte, nämlich auf die dogmatischen Unterschiede zwischen Schuldbeitritt und Bürgschaft sowie auf entgegenstehenden gesetzgeberischen Willen.

937 Die dogmatischen Unterschiede zwischen Bürgschaft und Schuldbeitritt liegen darin, dass der Bürge eine eigene Verbindlichkeit gegenüber dem Gläubiger begründet, die neben die gesicherte Forderung tritt (vorst. Rn. 832), während der Beitretende zum Schuldner der schon bestehenden Verbindlichkeit des Hauptschuldners gegenüber dem Gläubiger wird (unten Rn. 1589). Fällt diese Verbindlichkeit in den sachlichen Anwendungsbereich nach §§ 491, 499 BGB (Verbraucherdarlehen, sonstige Finanzierungshilfe), mögen dem beitretenden Verbraucher die verbraucherkreditrechtlichen Schutzvorschriften zugute kommen; er ist, so der BGH[244], zusammen mit dem Hauptschuldner gleichrangiger Schuldner und haftet nicht nur subsidiär (nachf. Rn. 964). Außerdem sei der Bürge genügend durch Akzessorietät, Form und Einwände (nachf. Rn. 980 ff.) geschützt. Diese Argumentation jedoch verkennt einerseits den Unterschied zwischen Sicherungsgesamtschuld und gleichgründiger Gesamtschuld (oben Rn. 36 und unten Rn. 1582) und andererseits diejenige Willenserklärung des Verbrauchers, an der die Frage nach der Anwendung von Verbraucherkreditrecht anzusetzen ist. Die Willenserklärung, um die es geht, ist der Schuldbeitrittsvertrag; es sind auseinanderzuhalten die Willenserklärungen von Hauptschuldner und Gläubiger über die Begründung der Hauptverbindlichkeit (Valutaverhältnis, vorst. Rn. 856) und der Schuldbeitrittsvertrag zwischen Beitretendem und Gläubiger im Außenverhältnis (vorst. Rn. 857). Nur letzterer ist an der Anwendbarkeit des Gesetzes zu messen, und richtigerweise bejaht der BGH die Anwendung. Der Schuldbeitrittsvertrag als einseitig verpflichtender Vertrag findet sein genaues Ebenbild im Bürgschaftsvertrag, der gleichermaßen ein einseitig verpflichtender Vertrag zwischen Bürgen und Gläubiger ist (vorst. Rn. 864). Hier und nicht bei dem Vertrag über die gesicherte Forderung ist die verbraucherkreditrechtliche Fragestellung anzusetzen[245]. Diese Fragestellung gilt zuvörderst dem Vertragsabschluss durch die Regelung über Schriftform und Widerruf, wird aber durch die Regelungen zum Bürgenschutz, die den endgültigen Vollzug des Vertragsabschlusses voraussetzen, überhaupt nicht berührt. Vielleicht erklärt sich aus dieser durch den IX. Zivilsenat nicht gesehenen Differenzierung die unzutreffende Schlussfolgerung, Beitretender und Hauptschuldner seien gleichrangige Schuldner[246]; sie sind es natürlich nicht, weil der Beitretende subsidiär nach dem Hauptschuldner haftet[247], also erst dann vom Gläubiger in Anspruch genommen werden kann, wenn der Hauptschuldner nicht leistet (unten Rn. 1589).

938 Entgegenstehenden gesetzgeberischen Willen entnimmt der IX. Zivilsenat den Gesetzesmaterialien in Gestalt der 86. Sitzung des Rechtsausschusses des Deutschen Bundestages vom 1. Juni 1990[248]. Dort war die Frage kontrovers und ohne Ergebnis diskutiert worden, ob in das Verbraucherkreditgesetz Regelungen über Kreditsicherheiten, insbesondere die

---

97, 2005, OLG Rostock WM 98, 446 mit Anm. *Wand*, WuB I F 1a. – 6.98; *Heinrichsmeier*, Einbeziehung des Ehegatten, S. 105; *Chr. Koch*, FLF 98, 203; *Zahn*, DB 98, 353; *Edelmann*, BB 98, 1017; *Rüssmann*, in: Festschr. Heinrichs, S. 451.

244 NJW 98, 1939 zu II. 2. c.

245 So inzwischen im Ergebnis auch *Zöllner*, WM 2000, 1 (3/4) und *Canaris*, AcP 2000, 273 (356); *Mayen*, in: Festschr. *Schimansky*, S. 415 (428).

246 Demselben Irrtum unterliegt *Dazert*, Mithaftung, S. 60.

247 *Bülow*, ZIP 99, 985.

248 Stenographisches Protokoll (öffentliche Anhörung zum Gesetzentwurf), S. 2 bis 14, sowie S. 47.

Bürgschaft, aufgenommen werden sollten; man denke an das Problem, was geschieht, wenn zwar der Bürge, aber nicht der Hauptschuldner widerruft[249]. Aber es ist keine Entscheidung gegen die Anwendbarkeit des Gesetzes auf den Bürgschaftsvertrag selbst getroffen worden[250]. Es verbietet sich also eine unterschiedliche verbraucherkreditrechtliche Behandlung von Schuldbeitritt einerseits und Bürgschaft andererseits, die beide Eventualverbindlichkeiten sind[251].

939 Vom Standpunkt des **europäischen Sekundärrechts** aus mag nichts dagegen zu erinnern sein, mit dem EuGH[252] die Bürgschaft vom sachlichen Anwendungsbereich der Verbraucherkreditrichtlinie auszunehmen. Aber das gilt für das europäische Sekundärrecht in gleicher und folgerichtigerweise für den Schuldbeitritt[253]. Im deutschen Recht heißt Folgerichtigkeit die Einbeziehung der Bürgschaft: Wenn der Schuldbeitritt aufgrund der in Art. 15 der Verbraucherkreditrichtlinie liegenden Option dem Widerrufsrecht nach §§ 495, 355 BGB unterliegt, muss das auch für die Bürgschaft gelten.

940 Die restriktive Handhabung der Bürgschaft durch den IX. Zivilsenat liegt vielleicht daran, dass dadurch eine extensive Anwendung des Verbraucherkreditgesetzes an anderer Stelle bewältigt werden soll. Die extensive, durch die Gesetzesmaterialien nicht vorgegebene Auslegung gilt dem zu abhängig-beruflichen Zwecken handelnden Kreditnehmer, als der auch der Geschäftsführer einer GmbH angesehen wird, der der Darlehensschuld seiner GmbH beitritt[254], obwohl er doch als gesellschaftsrechtliches Organ selbst die unternehmerischen Entscheidungen trifft. Würde man an dieser Stelle die Extension zurücknehmen, könnte bei der Bürgschaft eine widerspruchsfreie, europarechtskonforme Lösung eintreten: Sowohl auf Schuldbeitritt wie Bürgschaft, die von einem Verbraucher abgegeben werden, ist das Verbraucherkreditgesetz anwendbar, wenn die Hauptverbindlichkeit in den sachlichen Anwendungsbereich nach §§ 491, 499 oder auch 505 BGB fällt, gleich, ob der Hauptschuldner ebenfalls Verbraucher oder Unternehmer ist, wobei an den Verbraucherbegriff eher zurückhaltende Maßstäbe anzusetzen sind, wenn der rein private Bereich verlassen wird.

dd) Vorrang

941 Sofern danach das Verbraucherkreditgesetz auf die Bürgschaft anwendbar ist, wird sie nicht mehr als Haustürgeschäft behandelt, wie § 312a BGB bestimmt. Sie bedarf der Schriftform nach § 492 BGB[255] (s. auch oben Rn. 173).

249 Hierum geht es übrigens auch in dem Bericht der Kommission der europäischen Gemeinschaften über die Anwendung der Verbraucherkreditrichtlinie vom 11.5.1995, Dokument KOM (95) 117 endg., dazu *Bülow*, Verbraucherkreditrecht, Einführung Rn. 13.

250 Zutr. *Artz*, VuR 97, 227 (230); *Sölter*, NJW 98, 2192 (2193) – anders allerdings *dies.*, Verbraucherbürgschaft, S. 116 ff. –; *Dazert*, Mithaftung, S. 22; *Canaris*, AcP 200 (2000), 273 (358); *Schwarz*, Bürgenschutz, S. 140 sowie *Bülow*, NJW 96, 2892; dies übersieht *Klauninger*, Sicherungsgeschäfte, S. 47.

251 *Bülow*, ZIP 99, 985 (988).

252 NJW 2000, 1323, auf Vorabentscheidungsersuchen des LG Potsdam ZIP 98, 1147 mit abl. Komm. *Deimel*, EWiR§ 1 VerbrKrG 1/99, 81; *Pfeiffer*, ZIP 98, 1129 (1135); *Bülow*, ZIP 99, 1613 (1615); *ders.*, Verbraucherkreditrecht, § 491 BGB Rn. 124.

253 So EuGH obiter, a.a.O. zu Tz. 15; *Holznagel*, Jura 2000, 578 (582); *Auer*, ZBB 99, 161 (167); *Klauninger*, Sicherungsgeschäfte, S. 107.

254 BGHZ 133, 71, zust. *Vogel*, JuS 98, 1026 (1028); LG Köln ZIP 97, 2007; krit. und zutr. *Wackerbarth*, DB 98, 1950 (1953).

255 Zum Umfang der Angabepflichten *Ulmer/Timmann*, in: Festschr. Rowedder, S. 503 (517); *v. Westphalen*, DB 98, 295 (298); *Bülow*, § 491 BGB Rn. 130.

e) Anfechtung und Geschäftsgrundlage

Besonderheiten gelten für die Nichtigkeit des Bürgschaftsvertrages durch Anfechtung gem. § 142 BGB. An sich ist gem. § 119 Abs. 2 auch die Anfechtung wegen Irrtums über verkehrswesentliche Eigenschaften eines der am Rechtsverhältnis Beteiligten möglich. Dennoch steht der Anfechtbarkeit wegen Irrtums über die Vermögensverhältnisse des Hauptschuldners der Sicherungszweck der Bürgschaft entgegen. Die Einstandspflicht des Bürgen bezieht sich gerade auch auf das Risiko der Insolvenz des Hauptschuldners, was eine Anfechtung wegen Irrtums über eben dieses Risiko nicht zulässt. Aus diesen Erwägungen kann der Bürge auch nicht die Auflösung des Bürgschaftsverhältnisses mit der Begründung verlangen, die **Geschäftsgrundlage** sei entfallen, weil sich die Vermögensverhältnisse des Hauptschuldners verschlechtert hätten[256] (zur Kündigungsmöglichkeit s. aber nachf. Rn. 951), im Allgemeinen auch nicht der Fortbestand anderer, neben der Bürgschaft für den Gläubiger gestellter Sicherheiten[257]; andere Gründe können aber erheblich sein (nachf. Rn. 956). Dagegen ist die Anfechtung des Bürgschaftsvertrages wegen arglistiger Täuschung gem. § 123 denkbar. Verschleiert z.B. der Hauptschuldner gegenüber dem Bürgen seine in Wahrheit schlechten Vermögensverhältnisse und weiß das auch der Gläubiger, geht es nicht um die Übernahme eines der Bürgschaft typischen Risikos. Vielmehr steht die Inanspruchnahme des Bürgen schon fest[258]. War sich der Bürge überhaupt nicht im klaren, eine Bürgschaftserklärung zu unterschreiben, irrt er sich über die Bedeutung seines Handelns im Rechtsverkehr, das vom maßgeblichen Standpunkt eines objektiven Betrachters als Abgabe einer Bürgenerklärung aufzufassen ist. Er kann seine danach wirksame Willenserklärung gem. § 119 Abs. 1, 2. Alt. BGB anfechten, ist dem Gläubiger aber gem. § 122 zum Ersatz des Vertrauensschadens verpflichtet. Erkennt der Gläubiger freilich den Irrtum, gibt es von vornherein keine Willenserklärung[259]. **942**

5. Übertragung

Der Gläubiger kann seine Rechte aus der Bürgschaft auf einen Dritten übertragen. Aufgrund der Akzessorietät von Bürgschaftsschuld und gesicherter Forderung liegt der konstruktive Weg hierfür, wie beim Pfandrecht (oben Rn. 278, 519), in der **Abtretung der gesicherten Forderung** gem. § 398. Die Bürgschaft geht dadurch ex lege, ohne dass es einer darauf gerichteten Absprache bedürfte, auf den Zessionar über (§ 401 BGB, ebenso §§ 1154, 1250 bei den Pfandrechten). Die selbständige Abtretung der Forderung aus dem Bürgschaftsvertrag ist dagegen nicht denkbar. Wird die gesicherte Forderung isoliert über- **943**

---

256 BGH NJW 83, 1850; NJW-RR 87, 1188 mit Bspr. *K. Schmidt*, JuS 87, 908; 87, 1481 mit Komm. *Bülow*, EWiR § 765 BGB 1/88, 53; WM 59, 855; 65, 80; LG Hamburg WM 86, 1186; Staudinger/*Horn*, § 765 BGB Rn. 192; *Geißler*, NJW 88, 3184; *Berensmann*, S. 15 ff.

257 BGH NJW 94, 2146 zu I. 2. mit abl. Anm. *Tiedtke*, WuB I F 1a. – 8.94 und Komm. *P. Bydlinski*, EWiR § 765 BGB 5/94, 651; ablehnend *Reinicke/Tiedtke*, NJW 95, 1449.

258 BGH WM 62, 1194; KG WM 87, 1091 zu I. 2.; weitere Gründe können sein: Ausnutzung seelischer Zwangslage (Furcht vor Strafanzeige), BGH NJW 88, 1599; Schweigen über aufklärungsbedürftige Tatsachen, BGH NJW 2001, 3331; zur Anfechtung wegen Sprachschwierigkeiten: LG Köln WM 86, 821; OLG Köln NJW-RR 91, 1141; *Mormann*, WM 63, 930 (933); wegen unrichtiger Vorstellungen über den Inhalt der Urkunde: BGH WM 56, 316; *Schreiner*, JuS 87, 639 (640); Drohung: *Lindacher*, JuS 94, 597.

259 BGH WM 94, 2274 zu II. 2. mit Komm. *Bülow*, EWiR § 2 AGBG 1/95, 7.

tragen, erlischt die Bürgschaftsforderung[260]. Möglich ist aber die Vereinbarung, der Bürge solle haften, wenn die Forderung wieder an den Zedenten gelangt.

944 Die Abtretung kann Teil eines umfassenden Übertragungsgeschäfts sein. Die Beteiligten können die Übertragung der gesamten Parteistellung aus einem Vertrag mit allen Rechten und Pflichten vereinbaren. Teil einer solchen **Vertragsübernahme** kann die Abtretung der gesicherten Forderung sein, durch die die Bürgschaft auf den Übernehmer und Zessionar mitübergeht[261].

6. Ende des Bürgschaftsverhältnisses

945 Die Einstandspflicht des Bürgen kann auf unterschiedliche Weise enden:

a) Erfüllung

946 Die Bürgschaft erlischt durch vollständige Erfüllung gem. § 362 Abs. 1, also durch Leistung des Bürgen an den Gläubiger (mit der Folge des gesetzlichen Übergangs der gesicherten Forderung auf den Bürgen gem. § 774 Abs. 1, nachf. Rn. 1013). Der Bürge hat Anspruch gegen den Gläubiger auf **Rückgabe der Bürgschaftsurkunde**[262]. Auch der Hauptschuldner kann gegen den Gläubiger Anspruch auf Rückgabe an den Bürgen haben (nachf. Rn. 950).

947 Das Erlöschen nach § 362 Abs. 1 BGB setzt voraus, dass der Bürge seine eigene Bürgenschuld erfüllt[263]. Er kann seine Leistung aber auch anders bestimmen. Stellt er seine Leistung als Leistung für einen Dritten i.S.v. § 267 Abs. 1 dar (oben Rn. 221), so erfüllt er nicht seine Bürgenschuld, sondern die Schuld des Hauptschuldners. Folglich erlischt die Hauptschuld und mit ihr aufgrund der Akzessorietät gem. § 767 Abs. 1 auch die Bürgenschuld, so dass der Forderungsübergang gem. § 774 Abs. 1 nicht mehr stattfinden kann[264].

948 Gläubiger und Bürge können auch vereinbaren, dass Zahlungen des Bürgen nicht als Erfüllung gelten sollen, sondern nur als **Sicherheit**. Der Sinn einer solchen Vereinbarung ist nicht nur, den Forderungsübergang nach § 774 zu vermeiden, sondern auch, den Aufwendungsersatzanspruch des Bürgen gegen den Hauptschuldner gem. § 670 (nachf. Rn. 1014) nicht entstehen zu lassen. Das hat insolvenzrechtliche Folgen (nachf. Rn. 1061): Der Bürge kann auch wegen dieses Anspruchs nicht am Verfahren teilnehmen[265] und verbessert dadurch die Aussichten des Gläubigers. Sofern der Hauptschuldner den Gläubiger doch noch befriedigt, hat der Bürge Anspruch auf Rückgewähr der

260 BGHZ 115, 177 (183 f.) mit Bspr. *K. Schmidt*, JuS 92, 155, Anm. *Horn*, WuB I F 1 a. – 2.92 und abl. Komm. *P. Bydlinski*, EWiR § 765 BGB 3/91, 1073, a.A. *ders.*, ZIP 89, 953 (957) und *Becker-Eberhard*, Forderungsgebundenheit, S. 509 f.; BGH WM 2002, 1002 zu II. 2. b. mit Komm. *Nielsen*, EWiR § 765 BGB 7/02, 609.

261 BGHZ 95, 88 (97) für Mietbürgschaft; BGH WM 2002, 1968 zu II. 2. c.; gleichermaßen im Fall der gesetzlichen Vertragsübernahme gem. § 566 BGB, LG Bonn MDR 94, 1116.

262 S. etwa OLG Naumburg NZBau 2001, 139; OLG Schleswig MDR 2001, 26.

263 *P. Bydlinski*, ÖBA 91, 879.

264 BGH WM 98, 443 mit Anm. *Wagenknecht*, WuB I F 1a. – 20.98; NJW 86, 251; *Knütel*, JR 85, 6; *Heinrichs*, EWiR § 765 BGB 8/85, 971; zur Leistungsbestimmung des Gläubigers: BGH WM 86, 257 zu III. 4. a. mit Komm. *Horn*, EWiR § 765 BGB 5/86, 887; bei mehreren Verbindlichkeiten ist § 366 BGB anwendbar, BGH NJW-RR 91, 169.

265 BGHZ 92, 374 (381) mit Bspr. *Steppeler*, Sparkasse 85, 156.

Sicherheit, als die er seine Zahlung bestimmt hat[266]. Ob solche Klauseln der Inhaltskontrolle von § 307 BGB standhalten, erscheint zweifelhaft[267].

b) Nichteintritt und Wegfall des Sicherungszwecks

Die Einstandspflicht des Bürgen kann enden, bevor sie begonnen hat. Bezieht sich die **949** Bürgschaft auf eine zukünftige Forderung, z.B. auf ein noch zu gewährendes Darlehen, kann der Bürgschaftsvertrag bereits wirksam abgeschlossen und dem Gläubiger die Bürgschaftsurkunde erteilt werden (vorst. Rn. 893). Zerschlagen sich aber die Kreditverhandlungen und steht fest, dass es doch nicht zur Darlehensgewährung kommt, wird es keine Hauptverbindlichkeit geben, die durch die Bürgschaft gesichert werden könnte; Gleiches kann im Falle einer Vertragserfüllungsbürgschaft (vorst. Rn. 833) gelten, wenn das Werk gem. § 640 BGB abgenommen ist[268]. Aufgrund des Akzessorietätsgrundsatzes hat der Gläubiger keinen Anspruch gegen den Bürgen und ist zur Herausgabe der Bürgschaftsurkunde an den Bürgen verpflichtet (vorst. Rn. 837 und nachf. Rn. 965). Der Sicherungszweck kann auch nachträglich wegfallen, namentlich dann, wenn die Bürgschaft dem Schutz vor Vermögensverschiebungen auf den bürgenden Ehegatten diente, die Ehe aber später scheiterte (vorst. Rn. 878). In diesen Fällen kann der Gläubiger die Bürgschaft nicht etwa zur Sicherung anderer Verbindlichkeiten des Hauptschuldners verwenden, weil diese durch die Bürgschaft überhaupt nicht gesichert werden[269]. Deshalb ist die Rechtslage nicht richtig erfasst, wenn gesagt wird[270], der Bürge könne den Nichteintritt des Sicherungszwecks seiner Inanspruchnahme einredeweise entgegenhalten. Es fehlt bereits an der entscheidenden anspruchsbegründenden Voraussetzung im Außenverhältnis zwischen Gläubiger und Bürgen wie auch der Gläubiger gem. § 1163 Abs. 1 Satz 1 (oben Rn. 350) keine Hypothek erwirbt, wenn und so lange die zu sichernde Forderung nicht zur Entstehung gelangt.

Eine andere Frage ist, wie sich der Nichteintritt des Sicherungszwecks auf das Valutaver- **950** hältnis zwischen Gläubiger und Hauptschuldner auswirkt. Der Hauptschuldner kann Interesse daran haben, dass der Gläubiger die Bürgschaftsurkunde an den Bürgen herausgibt[271]. Sein dahingehender Anspruch folgt aus dem Sicherungsversprechen (vorst. Rn. 858). Hiergegen hat der Gläubiger wegen offener Forderungen aus dem Valutaverhältnis kein Zurückbehaltungsrecht nach § 273 BGB, weil diese Forderungen sonst gesichert wären, obwohl gerade kein Anspruch auf Sicherung besteht[272].

---

266 BGH NJW 87, 374 zu II. 3. mit Anm. *Bülow*, WuB I F 1a. – 2.87 und *Tiedtke*, EWiR § 769 BGB 1/87, 37 sowie JZ 87, 491.

267 Verneinend dezidiert *Reinicke/Tiedtke*, DB 85, 957 (959) sowie JZ 90, 327, bejahend BGHZ 92, 374 (382) gem. § 242 BGB; WM 2001, 1060 mit Anm. *Felke*, WuB I F 1a. – 9.01 und Komm. *Pfeiffer*, EWiR § 774 BGB 1/01, 575; 86, 95 und NJW 87, 374 zu II. 2. a. gem. § 9 AGBG; OLG Köln NJW-RR 89, 1266.

268 BGHZ 139, 325 = BGH NJW 99, 55.

269 BGHZ 124, 371 (375) und 380 (384); BGH NJW 99, 55 zu II. 2. mit Anm. *Pfeiffer*, LM Nr. 130/131 zu § 765 BGB.

270 BGH WM 92, 1016 zu II. mit Anm. *Rimmelspacher*, WuB I F 1a. – 14.92; *Larenz/Canaris*, II/2, § 60 I. 3. e. (S. 4).

271 Beispielsweise kann nach zugrundeliegendem Bankvertrag der Gläubiger bis zur Rückgabe berechtigt sein, dem Hauptschuldner Avalzinsen zu berechnen, BGH NJW 89, 1482 zu I. 1; MDR 97, 91; OLG Köln NJW-RR 2000, 1264; OLG Brandenburg DZWIR 99, 254 mit Anm. *Smid*, S. 256; LG Saarbrücken NJW-RR 2000, 822.

272 BGHZ 147, 99 (106 f.) = NJW 2001, 1857 zu II. 4.

c) Kündigung

951 Die Bürgschaft kann ein Dauerrechtsverhältnis zwischen Gläubiger und Hauptschuldner sichern. Das ist der Fall, wenn Gegenstand der Bürgschaft nicht lediglich eine einzelne Hauptverbindlichkeit ist, sondern eine Vielzahl von Verbindlichkeiten, die schon bestanden und im Zeitablauf noch entstehen werden (§ 765 Abs. 2, vorst. Rn. 841), z.B. alle Kredite aus einer Geschäftsverbindung zwischen einem Kreditinstitut als Gläubiger und seinem Kunden als Hauptschuldner (**Kontokorrent**). An ein solches Bürgschaftsverhältnis ist der Bürge nicht notwendig für die gesamte Dauer der Geschäftsverbindung zwischen Gläubiger und Hauptschuldner gebunden. Mangels entgegenstehender Vereinbarung kann der Bürge den Bürgschaftsvertrag vielmehr mit Wirkung für zukünftig entstehende Verbindlichkeiten kündigen, wenn ihm ein wichtiger Grund zur Seite steht, der bereits in bloßem Zeitablauf liegt[273]; natürlich muss der Zeitablauf nach Maßgabe des Einzelfalls angemessen sein[274] (ein Richtwert liegt bei drei Jahren). Weitere wichtige Gründe können sein: Die Verschlechterung der Vermögenslage des Hauptschuldners, die dem Bürgen die Forthaftung für die Zukunft unzumutbar macht (er hat natürlich für Verbindlichkeiten einzustehen, die bis zum Wirksamwerden der Kündigung entstehen und kann sich nicht etwa auf einen Wegfall der Geschäftsgrundlage berufen, vorst. Rn. 922) oder die Beendigung einer Gesellschafterstellung, deretwegen die Bürgschaft eingegangen worden war[275]. Nach der am Einzelfall zu messenden Zumutbarkeit richtet sich die Frage der Fristlosigkeit oder Fristgebundenheit der Kündigung[276]. Richtwert hierfür sind in Anlehnung an § 488 Abs. 3 Satz 2 BGB drei Monate[277].

952 Dagegen hängt die Wirksamkeit einer Kontokorrentbürgschaft nicht davon ab, dass ein **Höchstbetrag** bestimmt wird[278]; eine derartige Einengung der Vertragsfreiheit wird vom Sicherungszweck der Bürgschaft nicht gefordert, wenn die Hauptforderung nur hinreichend bestimmt ist[279]. Jedoch kann sich ein Höchstbetrag durch Auslegung ermitteln lassen, so etwa wenn die Bürgschaft für Bankkredite übernommen wird und diese nach dem zugrundeliegenden Krediteröffnungsvertrag[280] nur bis zu bestimmter Höhe (Kreditlimit) vergeben werden sollen[281].

953 Die Kündigung der Kontokorrentbürgschaft hat zur Folge, dass sich die Bürgenhaftung auf diejenigen Verbindlichkeiten beschränkt, die bis zum Zeitpunkt der Kündigung be-

---

273 BGH NJW 2003, 61 zu 1.o.; WM 59, 855; NJW 85, 3007 zu I. 2.; 86, 252 zu II. 2. und 928 zu I. 2.; 93, 1917 zu IV. 1.; RG HRR 1935, Nr. 581; RG JW 1911, 447; 14, 470; RG Warn., 1913, Nr. 289 (S. 341); vertragliches Kündigungsrecht: BGH WM 85, 155.

274 Krit., aber ohne Lösungsalternative *P. Bydlinski*, in: Festschr. Schimansky, S. 299 (309).

275 BGH WM 85, 1059 zu II. 2. a.; OLG Celle WM 89, 1224 mit Anm. *Bach*, WuB I F 1a. – 24.89.

276 BGH WM 85, 1059 zu II. 2. b.; 59, 855 zu III. 2.; NJW 85, 3007 zu I. 2. und Anm. *Schröter*, WuB I F 1a. – 4.85 zu 4.

277 BuB/*Wagenknecht*, Rn. 4/1176.

278 BGH NJW 86, 928 zu I. 1. b.; OLG Köln NJW-RR 90, 439 zu I. 2. mit abl. Komm. *Bender*, EWiR § 765 BGB 1/90, 355, a.A. *Horn*, in: Festschr. Merz, S. 217 sowie Staudinger/*Horn*, Vorbemerkung §§ 765 ff. BGB Rn. 44 und § 766 BGB Rn. 27 und EWiR § 766 BGB 1/86, 671; am weitesten gehend LG Bonn WM 88, 1787 mit abl. Anm. *Bülow*, WM 88, 131: Sittenwidrigkeit; auf freiwilliger Basis: *Klanten*, WM 93, 2196 (2198).

279 BGH NJW 79, 2040; 86, 928 zu I. 2.; LG Duisburg WM 87, 466; *Rehbein*, in: Festschr. Werner, S. 700; *Reinicke/Tiedtke*, JZ 86, 426; zur Bestimmtheit OLG Bremen NJW-RR 86, 851.

280 Staudinger/*Hopt/Mülbert*, vor § 607 BGB Rn. 238, 259; *Canaris*, Bankvertragsrecht, Rn. 1200.

281 BGH NJW 65, 965; BB 88, 13.

standen. Sie wird aber nicht zur Zeitbürgschaft i.S.v. § 777[282], so dass der Gläubiger den Bürgen nicht unverzüglich nach der Kündigung in Anspruch nehmen muss (s. nachf. Rn. 1037).

d) Bedingung, Aufhebung, Geschäftsgrundlage

Ist die Bürgschaftsverpflichtung unter **auflösender Bedingung** eingegangen worden (§ 158 Abs. 2) – denkbar durch Rückgabe der Bürgschaftsurkunde[283] –, erlischt sie mit Bedingungseintritt; ist sie unter **aufschiebender** Bedingung eingegangen worden (§ 158 Abs. 1), haftet der Bürge erst mit Bedingungseintritt[284], sie kann auch **befristet** (§ 163 BGB) sein (Zeitbürgschaft, nachf. Rn. 1037). Die Parteien, Gläubiger und Bürge, können einen **Aufhebungsvertrag** abschließen, durch den der Bürge aus der Bürgschaft entlassen wird[285]. Nach Lage des Einzelfalls kann in der Rücksendung der Bürgschaftsurkunde der Antrag auf Abschluss eines Erlassvertrags durch den Gläubiger liegen (§ 397 BGB), den der Bürge nach Maßgabe von § 151 BGB annehmen kann[286]. 954

Ist Schuldner eine **Personengesellschaft** und wird der Bürge später persönlich haftender Gesellschafter, erledigt sich die Bürgschaft nicht, vor allem wegen der Besserstellung des Gläubigers in der Insolvenz gem. § 254 Abs. 2 InsO[287] (nachf. Rn. 1064); umgekehrt kann ein ausscheidender Gesellschafter zur Kündigung befugt sein[288] (vorst. Rn. 951). Im Falle der **Schuldübernahme** erlöschen Bürgschaften gem. § 418 Abs. 1 S. 1 ebenso wie Pfandrechte[289] (oben Rn. 329 und vorst. Rn. 843). 955

Sind andere Umstände als das typische Bürgenrisiko von Bürgen und Gläubiger zur **Geschäftsgrundlage** erhoben worden (vorst. Rn. 942), kann bei deren Wegfall die Beendigung der Bürgschaft verlangt werden, denkbar nach Lage des Einzelfalls der Fortbestand einer Gesellschafterstellung oder einer Ehe, z.B. wenn Gläubiger ein Verwandter des geschiedenen Ehegatten ist[290]. 956

---

282 BGH NJW 85, 3007 zu I. 3.; *Derleder*, NJW 86, 97 (103).

283 *Schröter*, WuB I K 3. – 2.92.

284 Dazu BGH NJW 87, 1631; Darlehensauszahlung auf bestimmtes Konto: OLG Stuttgart WM 2001, 1335 mit Anm. *Früh*, WuB I E 5. – 12.01; Erlöschen, wenn ein anderer die Bürgschaftsverpflichtung übernimmt: BGH NJW 83, 750; Bestand eines Arbeitsverhältnisses als Voraussetzung der Bürgenverpflichtung: KG BB 85, 2177.

285 LG Stuttgart ZIP 82, 308; dies kann Bedeutung im Hinblick auf § 776 haben, s. nachf. Rn. 1008; der Aufhebungsvertrag kann in der Rückgabe der Bürgschaftsurkunde liegen: BGH WM 76, 422, auch 71, 346; die bloße Aushändigung der Urkunde reicht nicht, sie muss vielmehr Ausdruck konkludenten Vertragswillens sein: OLG Hamburg NJW 86, 1691 mit Komm. *v. Stebut*, EWiR § 765 BGB 4/86, 779.

286 OLG Dresden BB 99, 497.

287 BGH NJW 86, 2308 mit Anm. *Rehbein*, JR 87, 67; Gesellschafter können sich auch gegenüber zukünftigen Gesellschaftern für die Verbindlichkeit der Gesellschaft verbürgen, BGH BB 92, 164 mit Komm. *Tiedtke*, EWiR § 766 BGB 1/92, 157. Die Kosten der Bürgschaft können Werbungskosten gem. § 9 EStG sein, BFH GmbHR 91, 587.

288 BGH ZIP 85, 1192; OLG Zweibrücken NJW 86, 258 zur GmbH & Co. KG, dazu *Stolzenburg*, ZIP 85, 1189 und *K. Schmidt*, EWiR § 765 BGB 5/85, 671; *Meinhardt*, Ausscheiden aus der Gesellschaft, S. 58 ff.

289 Nicht, wenn der Erwerber eines Unternehmens die Verbindlichkeiten übernimmt: BGH NJW-RR 91, 817.

290 BGH NJW 96, 2088; NJW 87, 1629 mit Komm. *Bülow*, EWiR § 765 BGB 3/87, 461, dort verneint; OLG Köln NJW-RR 94, 52; *Koch*, FamRZ 94, 537; andere Fälle BGH WM 65, 80 zu 2. b; DB 74, 2244; BGHZ 88, 185 (191); BGH WM 87, 1420 mit Komm. *Vortmann*, EWiR § 765 BGB 2/88, 147; NJW 68, 986; auch KG BB 85, 2177; kein Wegfall der Geschäftsgrundlage durch gesetzlichen Übergang der Hauptforderung auf einen Versorgungsträger, womit der Bürge nicht gerechnet hatte, BGH NJW 93, 2935 mit Anm. *Harder*, WuB I F 1 a. – 15.93 und Komm. *W. Blomeyer*, EWiR § 9 BetrVG 2/93, 641.

957 In besonderer Weise kann der Bestand der Ehe die Geschäftsgrundlage bilden. Gläubiger nehmen Bürgschaften vermögensloser Ehegatten herein, um sich vor der Gefahr von Vermögensverschiebungen unter den Ehegatten zu schützen, wenn der Hauptschuldner-Ehegatte insolvent wird (vorst. Rn. 878). Scheitert die Ehe, besteht die Gefahr für den Gläubiger nicht mehr, so dass vom Wegfall der Geschäftsgrundlage auszugehen sein kann[291]. Allerdings wird dies nur anzunehmen sein, wenn der Schutz vor Vermögensverlagerungen aus der Sicht des Gläubigers der einzige Zweck der Bürgschaft war; rechnete er daneben auch mit einer, und sei es nur teilweisen, Befriedigung durch den Bürgen, ist noch eine Geschäftsgrundlage auch nach Scheitern der Ehe vorhanden. Um die Geschäftsgrundlage feststellen zu können, muss der Gläubiger folglich im Zeitpunkt des Vertragsabschlusses eine Prognose anstellen, ob beim Bürgen im späteren Sicherungsfall etwas zu holen oder ob er leistungsunfähig sein wird[292]. War die Gefahr der Vermögensverschiebung von den Parteien zum Vertragszweck erhoben worden, um den Sittenverstoß zu vermeiden (vorst. Rn. 878), kommt das Rechtsinstitut des Wegfalls der Geschäftsgrundlage nicht in Betracht.

e) Befreiung

958 *aa)* Liegt dem Deckungsverhältnis zwischen Bürgen und Hauptschuldner (vorst. Rn. 856) ein Auftrag (§ 662 BGB) zugrunde, kann sich ergeben, dass es der Bürge zur Inanspruchnahme durch den Gläubiger gar nicht kommen zu lassen braucht. Ändern sich die geschäftlichen Verhältnisse beim Auftraggeber, der zugleich Hauptschuldner ist, derart, dass sich das Bürgschaftsrisiko vergrößert[293], kann der Bürge **vom Hauptschuldner** Befreiung von der Bürgschaft gem. § 775 verlangen, nämlich wenn sich die Vermögensverhältnisse des Hauptschuldners verschlechtert haben (Abs. 1 Nr. 1) oder sonst die Gefahr der Inanspruchnahme durch den Gläubiger gegenüber dem Zeitpunkt der Bürgschaftsübernahme vergrößert erscheint (Nr. 2 bis 4)[294]. Dadurch ist zugleich der Regressanspruch des Bürgen aus § 774 Abs. 1 BGB gefährdet (nachf. Rn. 1014), wovor der Befreiungsanspruch den Bürgen schützt. Dieser Befreiungsanspruch besteht natürlich nur im Innenverhältnis zwischen Bürgen und Hauptschuldner, während der Bürge gegenüber dem Gläubiger gerade für das Insolvenzrisiko einstehen soll. Der Befreiungsanspruch des Bürgen stellt eine Einschränkung des allgemeinen auftragsrechtlichen Befreiungsanspruchs aus §§ 257, 670 BGB dar[295]. Der Anspruch ist nicht auf die Leistung von Geld ge-

---

291 BGHZ 128, 230 (236) mit abl. Rezension *Reinicke/Tiedtke*, NJW 95, 1449; 132, 328 mit Bspr. *König*, NJW 97, 3290, Anm. *Tiedtke*, WuB I F 1 a. – 16.96 und Komm. *P. Bydlinski*, EWiR § 765 BGB 3/96, 833; OLG Köln NJW-RR 97, 1067; OLG Schleswig SchlHA 98, 231; OLG Karlsruhe WM 97, 2120 und 2122; vgl. auch BGH NJW 96, 2727 mit Anm. *Langenfeld*, LM Nr. 63 zu § 705 BGB: nichteheliche Lebensgemeinschaft.

292 BGH WM 96, 1124 zu II. 2. mit insoweit zust. Anm. *Bülow*, LM Nr. 108 zu § 765 BGB, *Medicus*, WuB I 1 1 a. – 10.96 sowie Bspr. *Emmerich*, JuS 96, 935; OLG München WM 97, 216 mit Anm. *P. Bydlinski*, WuB I F 1a. – 4.97; OLG Koblenz MDR 97, 568; OLG Köln BB 96, 2536.

293 BGH JZ 68, 230; Staudinger/*Horn*, § 775 BGB, Rn. 1; RGRK/*Mormann*, § 765 BGB Rn. 1, *Geißler*, JuS 88, 452 (454 f.).

294 Beispielsfall LG Meiningen ZIP 98, 991 mit Komm. *Klaas*, EWiR § 775 BGB 1/98, 887.

295 *Mülbert*, ZGR 95, 578 (584); *Reinicke/Tiedtke*, JZ 2001, 46: Dieser Befreiungsanspruch tritt in jedem Fall der Eingehung einer Verbindlichkeit ein.

richtet, so dass der Bürge nicht, wenn der Hauptschuldner gegen ihn eine Geldforderung hat, aufrechnen kann, weil es an der Gleichartigkeit (§ 387 BGB) fehlt[296].

959 Der Hauptschuldner kann den Befreiungsanspruch des Bürgen dadurch erfüllen, dass er die Hauptverbindlichkeit tilgt – ohne dass der Bürge auf diese Art der Erfüllung Anspruch hätte, vorst. Rn. 958 – oder, wenn die Hauptverbindlichkeit noch nicht fällig ist, dem Bürgen Sicherheit leistet (§§ 775 Abs. 2, 232 ff. BGB). Ist erst einmal ein Befreiungsgrund gem. § 775 eingetreten, wird der Befreiungsanspruch des Bürgen aber oftmals nicht durchsetzbar sein, so dass der Gläubiger den Bürgen in Anspruch nehmen kann mit der Folge des gesetzlichen Forderungsübergangs nach § 774 BGB.

960 Der Befreiungsanspruch setzt voraus, dass der Bürge beim Hauptschuldner nach § 774 BGB Regress nehmen kann (vorst. Rn. 959). Ist der Regress ausnahmsweise ausgeschlossen, gibt es auch keinen Befreiungsanspruch nach § 775 BGB. Das ist der Fall, wenn der Bürgschaftsübernahme kein Auftrag zugrunde liegt, sondern der Bürge mittels der Bürgschaft eine Verbindlichkeit gegenüber dem Hauptschuldner erfüllt (vorst. Rn. 860). Problematisch ist, wer in diesem Fall die **Beweislast** für den im Deckungsverhältnis erteilten Auftrag trägt. Zwar ist der Auftrag Anspruchsvoraussetzung, aber ein Auftrag ist zugleich der Regelfall und die Bürgschaft als Erfüllung einer Verbindlichkeit ein Ausnahmetatbestand. Kommt es zum Regress, trägt der Hauptschuldner für dessen Ausschluss gem. § 774 Abs. 1 Satz 3 BGB die Beweislast (nachf. Rn. 1015). Deshalb dürfte es entgegen der Ansicht des BGH[297] richtig sein, den Hauptschuldner und nicht den Bürgen auch in Bezug auf den Befreiungsanspruch mit dem Beweis zu belasten.

961 *bb)* Der Bürge wird unter den Voraussetzungen von § 776 auch im Außenverhältnis **gegenüber dem Gläubiger befreit**, wenn die Hauptverbindlichkeit noch anderweitig gesichert war und der Gläubiger eine solche andere Sicherheit aufgibt (näher nachf. Rn. 1008).

C. Inanspruchnahme des Bürgen

962 Der Gläubiger bekommt mit dem Bürgen einen zweiten Schuldner (vorst. Rn. 832). Die Anspruchsvoraussetzungen folgen aus §§ 765 bis 767. Die **Verteidigung des Bürgen** gegen die Inanspruchnahme durch den Gläubiger beschränkt sich nicht auf das Bestreiten anspruchsbegründender Voraussetzungen und die Darlegung von Tatsachen, die Einwendungen gegen die Hauptverbindlichkeit begründen (nachf. Rn. 965). Der Bürge kann sich vielmehr auch auf Einreden und Gestaltungsrechte des Hauptschuldners berufen (nachf. Rn. 980) und hat außerdem Einwände aus eigenem Recht (nachf. Rn. 999).

1. Anspruch des Gläubigers

963 Der Anspruch des Gläubigers gegen den Bürgen, für die Verbindlichkeit des Hauptschuldners einzustehen, hat – neben dem wirksam zustandegekommenen Bürgschaftsvertrag (vorst. Rn. 852 ff.) – folgende Voraussetzungen:

---

296 BGHZ 140, 370 = NJW 99, 1182 mit Bspr. *K.* Schmidt, JuS 99, 818; BGH WM 99, 378 zu 2. c.; NJW 2000, 1643 zu II. 1. d.; a.A. MünchKomm./*Habersack*, § 775 BGB Rn. 13.

a) Ausbleiben der Erfüllung durch den Hauptschuldner (Subsidiaritätsgrundsatz)

964 Jedem Kreditsicherungsverhältnis ist eigen, dass die Sicherheit unangetastet bleibt, solange sich der Kreditschuldner vertragsgemäß verhält, also die gesicherte Forderung erfüllt, wenn und sobald er dazu verpflichtet ist. So lange befindet sich das Kreditverhältnis in seiner Latenzphase (oben Rn. 68); es wird erst virulent, wenn der Sicherungsfall eintritt (oben Rn. 61), also der Kreditschuldner trotz Fälligkeit der gesicherten Forderung nicht leistet, jedenfalls wenn er in Verzug gerät. Erst dadurch beginnt die Ausübungsphase (oben Rn. 75), die den Gläubiger berechtigt, den Bürgen in Anspruch zu nehmen. Der Gläubiger hat kein Wahlrecht, den Bürgen oder den Hauptschuldner in Anspruch zu nehmen; vielmehr ist die Bürgschaft insoweit und jenseits der weitergehenden Vorschriften von §§ 770 Abs. 2, 771 (nachf. Rn. 989, 1000) subsidiär, als der Gläubiger vom Bürgen erst dann Leistung verlangen kann, wenn die Erfüllung der gesicherten Forderung durch den Hauptschuldner ausblieb. Den Parteien steht es frei, den Tatbestand des Ausbleibens der Leistung, also den Bürgschafts- oder Sicherungsfall im Bürgschaftsvertrag im Einzelnen zu bestimmen wie etwa im Allgemeinen bei einer Bürgschaft auf Erstes Anfordern (nachf. Rn. 974). Fehlt es an einer Regelung, folgt aus dem Sicherungszweck, dass anspruchsbegründende Voraussetzung der Leistungspflicht des Bürgen der Verzug des Hauptschuldners mit der Erfüllung der gesicherten Forderung ist[298].

b) Bestand der Hauptverbindlichkeit

965 Ist der Sicherungsfall eingetreten, kann der Gläubiger gem. § 765 Abs. 1 vom Bürgen verlangen, ihn mit seinem Anspruch gegen den Hauptschuldner zu befriedigen (vorst. Rn. 832). Voraussetzung dafür ist, dass die Hauptverbindlichkeit in dem Umfang besteht, wie der Gläubiger vom Bürgen Leistung verlangt (§ 767 Abs. 1 Satz 1, Grundsatz der **Akzessorietät**). Die Hauptverbindlichkeit muss – vorbehaltlich anderer Absprache, s. nachf. Rn. 974 – insbesondere fällig sein[299]. Steht ihr eine rechtshindernde oder rechtsvernichtende Einwendung entgegen, ist der Anspruch gegen den Bürgen unbegründet, z.B. wenn der Hauptschuldner die Verbindlichkeit schon erfüllt (§ 362 BGB) oder aufgerechnet[300] hatte (vgl. nachf. Rn. 989) oder Gläubiger und Schuldner einen Verzichtsvertrag (§ 397 BGB) abschließen[301], nach Lage des Einzelfalls auch durch eine Kreditumschuldung, die eine Novation bei Erlöschen des ursprünglichen Anspruchs darstellt[302]. Hatte der Hauptschuldner eine Zinsvorauszahlung (Disagio) geleistet und wurde das Darlehen vertragsgemäß, aber vorzeitig gekündigt (z.B. gem. § 489 BGB), ist der Gläubiger zur Erstattung des

---

297 NJW 2000, 1643 zu II. 1. c. mit zutr. abl. Anm. *Reinicke/Tiedtke*, JZ 2001, 46, aber zust. Komm. *Titz*, EWiR § 775 BGB 1/2000, 621 und Anm. *Pfeiffer*, WuB 1 F 1a. – 17.2000.

298 Der Verzug des Bürgen mit seiner Bürgenschuld ist dagegen selbständig nach Maßgabe von §§ 280 Abs. 2, 286 herbeizuführen, *Bülow*, ZIP 99, 985; OLG Köln BB 2000, 328.

299 BGH WM 90, 1910 zu 2.

300 BGH WM 2002, 1179 zu I. 3.

301 BGH BB 95, 1817.

302 Vgl. BGH NJW 2000, 2580 zu II. 2. mit Anm. Bülow, LM Nr. 38 zu § 767 BGB; keine Novation bei lediglich bankinterner Umschuldung, BGH NJW 99, 3708 zu I. 1. mit Anm. Kaiser, LM Nr. 36 zu § 767 BGB, Komm. *Tiedtke*, EWiR § 767 BGB 1/2000, 171 und Bspr. *K.* Schmidt, JuS 2000, 401; Ablösung und Neuberechnung von Ratenkreditverträgen: OLG Hamm NJW-RR 92, 815.

nicht verbrauchten Anteils der Zinsvorauszahlung verpflichtet[303] in der Weise, dass er von vornherein nur einen um das zu erstattende Disagio gekürzten Anspruch auf Darlehensrückzahlung hat (Saldierung). Folglich hat auch der Bürge nur für den Saldo einzustehen[304]. Im Prozess sind solche Einwendungen von Amts wegen zu berücksichtigen. Freilich trägt der Bürge für die sie begründenden Tatsachen die Beweislast (vorst. Rn. 848).

Ist die Willenserklärung, deren Wirksamkeit Voraussetzung für den Bestand der Hauptverbindlichkeit ist, nichtig (z.B. bei wucherischem Darlehensvertrag), kann die Auslegung des Bürgschaftsvertrags (dessen Wirksamkeit dadurch im Allgemeinen nicht berührt wird) allerdings ergeben, dass sich die Einstandspflicht des Bürgen auf den **Bereicherungsanspruch** des Gläubigers auf Rückgewähr seiner rechtsgrundlos erbrachten Leistungen (z.B. die Darlehensvaluta) beziehen soll[305]; der Anspruch auf das gezahlte Kapital selbst ist bei Sittenwidrigkeit oder Arglist durch § 817 Satz 2 nicht ausgeschlossen[306]. Selbstverständlich ist eine solche Erstreckung der gewollten Einstandspflicht nicht, da nicht lediglich Anspruchsgrundlagen ausgetauscht werden[307], sondern sich der Bereicherungsanspruch auf einen geradezu konträren Lebenssachverhalt im Vergleich zum vertraglichen Anspruch gründet. Beschränkt sich der Wortlaut der Bürgenerklärung auf vertragliche zu sichernde Ansprüche, könnten Bereicherungsansprüche nur im Wege ergänzender Vertragsauslegung einbezogen werden. Der sittenwidrig handelnde Gläubiger kann Treu und Glauben gem. § 157 BGB aber gerade nicht für sich in Anspruch nehmen. Andererseits steht es den Parteien natürlich frei, die Bürgschaft ausdrücklich auf Bereicherungsansprüche zu erstrecken. Gleichgeartete Fragen ergeben sich, wenn sich der Bürge für eine Verbindlichkeit aus einem **Verbraucherkreditvertrag** verbürgt, z.B. der Verkäufer in einem finanzierten Teilzahlungsgeschäft für das vom Verbraucher aufgenommene Darlehen, § 358 Abs. 2 BGB, der Verbraucher aber wirksam gem. §§ 495, 355 BGB widerruft. Die Bürgschaft kann sich nunmehr auf diejenigen Verbindlichkeiten beziehen, die sich aus der Rückgewähr nach §§ 358 Abs. 4, 357, 346 ff. BGB ergeben[308] (zur Sicherungsgrundschuld oben Rn. 159). **966**

c) Änderungen der Hauptverbindlichkeit

aa) Die Einstandspflicht des Bürgen bezieht sich auf die im Bürgschaftsvertrag bestimmte Forderung oder auf die dort festgelegte Mehrzahl, auch zukünftiger (§ 765 Abs. 2 **967**

303 BGHZ 111, 287.

304 BGH NJW 94, 1790 mit Komm. *Olzen*, EWiR § 767 BGB 1/94, 763 und Anm. *Häuser*, WuB I F 1 a. – 9.94.

305 BGH NJW 2001, 1859 zu III. 1. a. bb. mit Komm. *Armbrüster*, EWiR § 765 BGB 3/01, 661; 87, 2076 zu II. 5.; BB 92, 167 zu II. 2. b. bb. mit Anm. *Hammen*, WuB I F 1 a. – 6.92 und zust. Rezension *P. Bydlinski*, WM 92, 1301 (1307); OLG Köln MDR 76, 398; *Berkenbrock*, BB 83, 278 (282); abl. OLG Frankfurt am Main NJW 80, 2201; *Tiedtke*, ZIP 95, 521 (523); jedenfalls bei ausdrücklicher Vereinbarung: OLG Stuttgart WM 85, 349 mit Anm. *Lindacher*, NJW 85, 498; OLG Hamm NJW 87, 2521 mit Bspr. *K. Schmidt*, JuS 88, 312; zu Verjährungsfragen *Kohte*, NJW 84, 2316; im Allgemeinen nicht bei Gefälligkeitsbürgschaft: OLG Schleswig NJW 91, 986 zu I. 2. a.; bei Verpfändung: BGH NJW 68, 1134; Grundpfandrecht: BGH NJW 82, 2767 zu II. 2.

306 RGZ 161, 52 (55 ff.); BGH NJW 62, 1148.

307 So aber *Larenz/Canaris*, Schuldrecht II/2, § 60 III. 1. c. (S. 12).

308 *Bülow*, VerbrKrR, § 495 BGB Rn. 307; BGH NJW 93, 1912 für Schuldbeitritt; OLG Celle WM 2002, 2453 für Grundschuld.

BGB), Forderungen. Aber ein und dieselbe Verbindlichkeit kann sich verändern, z.B. durch Vertragsstrafen[309], Gewährleistungs-[310] oder Schadensersatzansprüche (Pflichtverletzung, Unmöglichkeit, §§ 280 ff., Verzug des Hauptschuldners[311], §§ 286, 280 Abs. 2), durch Verzugszinsen gem. § 288 BGB[312], Eintritt einer Verfallklausel[313], Rechtsverfolgung und Kündigung (§ 767 Abs. 2)[314], auch durch eine aufgrund Vertragsbeendigung entstehende Vorfälligkeitsentschädigung nach § 490 Abs. 2 Satz 3 BGB[315]. Solche Änderungen bewirken die Vergrößerung der Hauptverbindlichkeit, gemessen an dem Umfang, die sie bei Abschluss des Bürgschaftsvertrages hatte. Man könnte daran denken, den Akzessorietätsgrundsatz auf diesen Zeitpunkt zu beschränken. Das Gesetz lässt den Akzessorietätsgrundsatz dagegen ohne eine derartige Beschränkung walten, indem es gem. § 767 Abs. 1 Satz 1 auf den **jeweiligen Bestand der Hauptverbindlichkeit** ankommt, d.h. auf den Zeitpunkt der geschuldeten Erfüllung durch den Bürgen, den Sicherungsfall. Folgerichtig stellt Satz 2 klar, dass sich die Einstandspflicht des Bürgen auch auf Veränderungen durch Verschulden oder Verzug des Hauptschuldners erstreckt. Solche Veränderungen lassen die Identität der Hauptverbindlichkeit unberührt und haben zur Folge, dass sich die Akzessorietät auch zum Nachteil des Bürgen wenden kann[316]. Der Bürge kann sie jederzeit auffangen, indem er an den Gläubiger leistet[317] oder sich die Beschränkung seiner Einstandspflicht auf einen Höchstbetrag ausbedingt[318] (nachf. Rn. 1029). Identitätswahrende Änderungen der Hauptverbindlichkeit können dem Bürgen aber auch zum Vorteil gereichen, z.B. bei Annahmeverzug des Gläubigers (§ 297 BGB)[319].

968 *bb)* Die Einstandspflicht des Bürgen bezieht sich dagegen nicht auf andere, neben die Identität der Hauptverbindlichkeit tretende Forderungen, die der Bürgschaftsvertrag nicht bestimmt hatte[320]. Selbstverständlich können Gläubiger und Hauptschuldner nicht Forderungen zur Hauptverbindlichkeit machen, für die sich der Bürge durch den Bürgschaftsvertrag einzustehen überhaupt nicht verpflichtet hatte. Diese Selbstverständlichkeit stellt § 767 Abs. 1 Satz 3 klar. Dem Bürgschaftsvertrag, dessen Parteien Bürge und Gläubiger sind, ist der Umfang der Hauptverbindlichkeit zu entnehmen, nicht dagegen einem Rechtsgeschäft zwischen Gläubiger und Hauptschuldner. Der dadurch zum Ausdruck kommende **Grundsatz der Kalkulierbarkeit** prägt das Bürgschaftsrecht (vorst. Rn. 847,

309 BGH NJW 82, 2305.

310 BGH NJW 82, 1808; WM 84, 1174.

311 OLG Nürnberg ZIP 91, 1018 mit Anm. *Moritz*, WuB I F 1a. – 19.91, auch, soweit die Insolvenzmasse in der Insolvenz des Hauptschuldners gem. § 63 Satz 1 KO nicht haftet.

312 *Schweizer*, MDR 94, 752.

313 Ratenzahlungsvereinbarung, aber Fälligkeit der gesamten Schuld auf einmal, wenn der Hauptschuldner mit der Zahlung einer Rate in Verzug kommt: BGH NJW 82, 1808; WM 84, 1174.

314 OLG Hamburg MDR 90, 1020; LG Darmstadt WM 93, 1181 mit Anm. *Ringseisen*, WuB I F 1 a. - 13.93; nicht: sonstige Nebenforderungen sowie Zinsen, Provisionen, Gebühren, OLG Celle WiB 96, 358; *Pape*, WiB 96, 340 (342); auch nicht Kosten für zusätzliche Sicherung (vorst. Rn. 923): BGH NJW 89, 1284.

315 OLG Frankfurt ZIP 2002, 567 mit Komm. *Fraune*, EWiR § 767 BGB 1/02, 371.

316 Wohl nicht: wegen Wegfalls der Geschäftsgrundlage (§ 313 BGB), OLG Düsseldorf WM 2001, 2382 mit Anm. *Cartano*, WuB I F 1a. – 5.02.

317 *Medicus*, EWiR § 9 AGBG 1/96, 3 zu BGH WM 95, 2180.

318 BGH WM 2002, 1836 zu II. 3. b.

319 Staudinger/*Horn*, § 767 BGB Rn. 32.

320 Denkbar auch für den Fall einer nachträglichen Stundung, RGZ 59, 223 (231) oder im Falle einer Gewährleistungsbürgschaft (nachf. Rn. 1047) die Änderung von Ausführungsfristen, OLG Hamm, WM 2002, 1509 (1511).

gleichermaßen den Schuldbeitritt[321], unten Rn. 1589), er verhindert die Fremddisposition[322] des Bürgen durch Rechtsgeschäfte zwischen Gläubiger und Hauptschuldner über seinen Kopf hinweg. Das Maß seiner Haftung ist vielmehr sein eigener rechtsgeschäftlicher Wille. Daraus ergibt sich die Kalkulierbarkeit seiner Einstandspflicht. Rechtsgeschäfte zwischen Gläubiger und Hauptschuldner nach Übernahme der Bürgschaft verpflichten den Bürgen nur, wenn er seine Einstandspflicht im Bürgschaftsvertrag gerade auf derartige später entstehende Verbindlichkeiten erstreckt hatte – wie das bei der Bürgschaft für zukünftige Verbindlichkeiten gem. § 765 Abs. 2 und namentlich bei der Kontokorrentbürgschaft der Fall ist – oder wenn er dem Rechtsgeschäft in der Form von § 766 Satz 1, also durch schriftliche Erteilung, zustimmt. Allerdings können im Falle von Formularbürgschaften solchen auch ausdrücklichen Regelungen die Schranken von §§ 307 oder 305c BGB entgegenstehen[323] (vorst. Rn. 908).

cc) Der rechtsgeschäftliche übereinstimmende Wille von Bürgen und Gläubiger ist also das Maß der Einstandspflicht. Deshalb steht es dem Bürgen auch frei, auch dann noch für die Hauptverbindlichkeit einstehen zu wollen, wenn der Hauptschuldner weggefallen und durch einen Rechtsnachfolger ersetzt worden war, z.B. bei der Übernahme des Vermögens einer Personenhandelsgesellschaft durch einen einzigen Gesellschafter, so dass ein Einzelunternehmen entsteht (vgl. § 140 Abs. 1 Satz 2 HGB, vorst. Rn. 843). Der Bürge haftet in diesem Fall für die vom Einzelkaufmann übernommene, von der vormaligen Gesellschaft begründete Verbindlichkeit. Hatte es sich um eine Kontokorrentbürgschaft gehandelt, stellt sich die Frage, ob der Bürge auch für die neubegründeten Verbindlichkeiten des Rechtsnachfolgers einstehen muss. Das kann so vereinbart werden[324]. Bei Zweifeln folgt aber aus der Grundwertung von § 767 Abs. 1 Satz 3 für die Auslegung, dass im Allgemeinen nur Verbindlichkeiten erfasst sind, die der Rechtsvorgänger begründet hatte; für neue Verbindlichkeiten des Rechtsnachfolgers haftet der Bürge demnach nicht. Im Falle einer Formularbürgschaft steht einer haftungserweiternden Klausel § 307 Abs. 2 Nr. 2 BGB entgegen (vorst. Rn. 908)[325]. **969**

dd) Nicht zugute kommt dem Bürgen eine **Kontokorrentabrede** zwischen Gläubiger und Hauptschuldner i.S.v. §§ 355 bis 357 HGB. Beim eigentlichen Kontokorrent (vgl. auch unten Rn. 1509) geht es um folgendes: Stehen Kaufleute in ständiger Geschäftsbeziehung zueinander und entstehen zahlreiche gegenseitige Forderungen, können beide vereinbaren, dass die einzelnen Rechnungsposten ihre Selbständigkeit verlieren und es nur noch einen einzigen Anspruch geben soll, nämlich für denjenigen Vertragspartner, der nach Verrechnung der einzelnen Forderungen einen Überschuss (Abschlusssaldo) hat. Hatte sich der Bürge für einen der Rechnungsposten verbürgt, haftet er gem. § 356 Abs. 1 HGB weiter, obwohl dieser Rechnungsposten in dem Saldo aufgegangen war und als selbständiger Anspruch nicht mehr besteht[326]. **970**

---

321 BGH NJW 97, 2677 zu II. 2.
322 *Horn*, in: Festschr. Merz, S. 217 (224).
323 BGHZ 130, 19.
324 BGHZ 26, 142 (148); RG Warn. 14, Nr. 184.
325 BGH NJW 93, 1917 zu IV. 3. b.
326 BGHZ 36, 142 (150); BGH NJW 85, 3007; *Bülow*, Handelsrecht, S. 122; anders wenn feststeht, dass der Rechnungsposten getilgt ist, OLG Karlsruhe EWiR § 356 HGB 1/88, 691 (*R. Fischer*).

d) Ausnahmsweise bestandsunabhängige Einstandspflicht

971 *aa)* Der die Bürgschaft prägende Akzessorietätsgrundsatz kann ihrem Sicherungszweck gerade entgegenstehen. Gerät der Hauptschuldner in Vermögensverfall und wird über sein Vermögen das Insolvenzverfahren eröffnet (oben Rn. 456), kann es gem. § 254 InsO zu einem **bestätigten Insolvenzplan** kommen, durch den die gesicherte Forderung vermindert wird, also teilweise erlischt. Das würde sich gem. § 767 Abs. 1 Satz 1 BGB zugunsten des Bürgen auswirken, aber dem Sicherungszweck der Bürgschaft zuwiderlaufen, soll doch der Bürge gerade das Insolvenzrisiko tragen und damit auch die Folgen, die aus einer Insolvenz entstehen. In diesem Fall gilt der Akzessorietätsgrundsatz deshalb nicht, vielmehr haftet der Bürge für die gesicherte Forderung in ihrem ursprünglichen Bestand, wie § 254 Abs. 2 InsO bestimmt[327] (gleiche Regelung für die Hypothek, oben Rn. 271). Aus der gleichen Erwägung haftet der Bürge auch nach der Eröffnung des Insolvenzverfahrens auf Verzugszinsen (vorst. Rn. 967), obwohl sie nach § 39 Abs. 1 Nr. 1 InsO im Insolvenzverfahren lediglich Nachrang haben[328].

972 Aus diesem Grunde kann sich der Bürge, wenn der Hauptschuldner stirbt, auch nicht auf die **beschränkte Erbenhaftung** wegen Nachlassverwaltung, Nachlasskonkurs oder Dürftigkeit des Nachlasses (§ 1990) berufen (§ 768 Abs. 1 Satz 2): Auch hier geht es gerade darum, dass die Insolvenz des verstorbenen Hauptschuldners dem Bürgen nicht zugute kommen darf[329]. Hat sich der Bürge für **Unterhaltsleistungen** einzustehen verpflichtet, kann die eingeschränkte Solvenz des Unterhaltsverpflichteten dazu führen, dass sich der Unterhaltsanspruch mindert: §§ 1361, 1581, 1603. Soll der Bürge nach dem Sicherungszweck der Bürgschaft auch für solche Insolvenzrisiken einstehen und für den unverminderten Unterhalt haften? In diesem Fall ist die Verminderung der gesicherten Forderung, des Unterhaltsanspruchs, von vornherein im Anspruchsumfang des Gläubigers (des Unterhaltsberechtigten) angelegt und nicht Folge des der Bürgschaft typischen Insolvenzrisikos, also der tatsächlichen Undurchsetzbarkeit des Anspruchs. Hier kommt die Forderungsverminderung dem Bürgen deshalb zugute[330]. Dagegen bleibt der Bürge verpflichtet, wenn er sich für eine **Schenkungsverpflichtung** verbürgt hatte und der Hauptschuldner als Schenker bedürftig wird: Die Einrede aus § 519 ist Folge eines typischen Insolvenzrisikos[331]. Bei eigenkapitalersetzenden Bürgschaften kommt es auf den Kenntnisstand des Bürgen von der Krise der GmbH an (nachf. Rn. 1054).

973 *bb)* Eine Lockerung des Akzessorietätsgrundsatzes kann nach § 1629a BGB eintreten, wenn der Bürge **minderjährig** gewesen war (§§ 1629 Abs. 1, 1822 Nr. 10 BGB) und der Bürgschaftsfall eintritt, nachdem er volljährig geworden war. Auch wenn die gesicherte Forderung höher ist, beschränkt sich die Haftung des minderjährig gewesenen Bürgen doch auf den Bestand des bei Eintritt der Volljährigkeit vorhandenen Vermögens. Später erworbenes Vermögen ist frei (oben Rn. 274). Hatte sich auf der anderen Seite ein vollge-

---

327 Dazu BGHZ 73, 94 (97); BGH WM 86, 295; anders bei außergerichtlichem Vergleich mit Insolvenzverwalter: BGH NJW 2003, 59 zu II.4.

328 Zur Vorgängervorschrift § 63 Nr. 1 KO OLG Nürnberg NJW-RR 92, 47 mit Besprechung *K. Schmidt*, JuS 92, 434; gem. § 39 Abs. 1 Nr. 1 InsO haben die Zinsen lediglich Nachrang, BR- Drucks. 1/92, S. 123.

329 Gleichermaßen besteht die Bürgschaft fort bei Erlöschen einer zahlungsunfähigen Handelsgesellschaft: BGH NJW 82, 875 zu A II. 2. a.

330 Streitig, wie hier *Larenz/Canaris*, Schuldrecht II/2, § 60 III. d. (S. 12); Staudinger/*Horn*, § 767 BGB Rn. 51; a.A. RGZ 163, 91 (99); RGRK/*Mormann*, § 767 BGB Rn. 8.

331 Staudinger/*Horn*, § 767 BGB Rn. 48 und *Larenz*, Schuldrecht BT (12. Auflage), § 64 I (S. 474); zum Vertragshilfeverfahren nach dem Vertragshilfegesetz vom 26.5.1952 – BGBl I, S. 198 – s. BGHZ 6, 385 (390): Es wirkt zugunsten des Bürgen, nicht dagegen bei grenzüberschreitenden Bürgschaften Devisensperren im Lande des Schuldners, *Kühn/Rotthege*, NJW 83, 1233 (1235 f.).

schäftsfähiger Bürge für die Verbindlichkeit eines Minderjährigen einzustehen verpflichtet, für die der Minderjährige nach § 1629a Abs. 1 BGB beschränkt haftet, bleibt die volle Haftung des Bürgen gegenüber dem Gläubiger gem. § 1629a Abs. 3 doch unberührt. Sein Regress gegenüber dem Hauptschuldner unterliegt aber wiederum der Beschränkung von § 1629a Abs. 1 (nachf. Rn. 1016 und oben Rn. 241).

e) Einstweilige bestandsunabhängige Einstandspflicht (Erstes Anfordern)

Zwar ist der Akzessorietätsgrundsatz, den § 767 wiedergibt, nicht dispositiv (vorst. **974**
Rn. 838). Der zwingende Charakter des Akzessorietätsgrundsatzes hindert den Bürgen aber nicht an einem mit dem Gläubiger vereinbarten Verzicht, anspruchsbegründende Voraussetzungen wie die Fälligkeit der Hauptverbindlichkeit (vorst. Rn. 963) zu bestreiten oder trotz möglicher Einwendungen gegen die Hauptverbindlichkeit einstweilen zu leisten, indem er sich zur **Zahlung auf Erstes Anfordern** verpflichtet[332].

aa) Begriff und Wesen

Inhalt einer solchen Vereinbarung ist es, dass der Bürge zwar auf die Anforderung des **975**
Gläubigers einstweilen leisten muss, seine Leistung aber vom Gläubiger akzessorietätskonform zurückfordern kann, wenn die Einwände des Bürgen begründet sind, z.B. die Einrede der Verjährung[333]. Der Bürgschaftsanspruch ist zeitweilig einem nicht akzessorischen Anspruch gleichgestellt[334]. Welche Voraussetzungen an die Anforderung zu stellen sind, vice versa auf welche Verteidigungsmöglichkeiten der Bürge einstweilen verzichtet, können die Parteien frei vereinbaren und auf diese Weise den sicherungsrechtlichen Subsidiaritätsgrundsatz (oben Rn. 72) einschränken oder ganz, vorbehaltlich der Nachholung, abbedingen. Oft ist vereinbart, dass Voraussetzung der ersten Anforderung der Verzug des Hauptschuldners oder doch die Fälligkeit der Hauptverbindlichkeit ist. Der Sinn einer auf diese Weise ausgestatteten Bürgschaft liegt darin, dem Gläubiger sofort liquide Mittel zu verschaffen, um den Fortgang des zugrundeliegenden Geschäfts zu gewährleisten, z.B. die Löhne der Bauarbeiter zahlen zu können[335]; in einem solchen Fall handelt es sich um eine Vertragserfüllungsbürgschaft, keine Kredit-

332 BGHZ 74, 244; BGH NJW 84, 923; 86, 310 und 1691; 87, 2075; 89, 1324 und 1480 mit Komm. *Alisch*, EWiR § 765 BGB 4/89, 467; WM 87, 129 mit Komm. *Alisch*, EWiR § 765 BGB 2/87, 147; WM 2002, 1415 zu II. 2. a.; OLG Schleswig WM 84, 651; *Horn*, NJW 80, 2153; Staudinger/*Horn*, § 768 BGB Rn. 36; RGRK/*Mormann*, § 768 BGB Rn. 6; *Merz*, NJW 87, 176; *P. Bydlinski*, AcP 190 (1990), 165 (168); *Weth*, AcP 189 (1989), 303 (319); *Michalski*, ZBB 94, 289 (294); Beweislast bei Rückforderung: BGH NJW 89, 1606, krit. dazu *P. Bydlinski*, WM 90, 1401 (1402 f.); Verzicht auf zeitliche Begrenzung der Bürgschaft: BGH NJW 85, 1694 mit Komm. *Blaurock*, EWiR § 765 BGB 2/85, 285; die Anforderungserklärung kann der Zessionar (Rn. 958) abgeben: BGH WM 87, 553 mit Komm. *Klaas*, EWiR § 401 BGB 1/87, 549; zur Unterrichtung des Hauptschuldners vor Zahlung KG NJW 87, 1774 und zur einstweiligen Verfügung des Hauptschuldners gegen die Inanspruchnahme des Bürgen durch den Gläubiger OLG Stuttgart NJW-RR 94, 1204 und LG Kleve ZIP 98, 1632.

333 Trotz §§ 813 Abs. 1 Satz 2, 214 Abs. 2 Satz 1 BGB: OLG Hamm NJW-RR 94, 1073 mit Anm. *Fritzsche*, WuB I E 5. – 3.95.

334 Treffend *Eleftheriadis*, Bürgschaft auf erstes Anfordern, S. 111.

335 BGH NJW 97, 255 zu II. 1. a.; 94, 380 zu II. 2. mit Komm. *Schütze*, EWiR § 765 BGB 2/94, 131, Anm. *Nielsen*, WuB I K 3. – 1.94, Bspr. *K. Schmidt*, JuS 94, 438 und Rezension *Kainz*, BauR 95, 616; NJW 96, 717 mit Anm. *Bülow*, LM § 765 BGB Nr. 103: Ersatzform für das früher gebräuchliche Bardepot (Hinterlegung von Bargeld beim Gläubiger, auf das er notfalls zugreifen durfte).

bürgschaft (vorst. Rn. 833). Die Bürgschaft auf Erstes Anfordern kann zugleich Zeitbürgschaft (§ 777) sein (nachf. Rn. 1037).

bb) Person des Bürgen

976 Grundsätzlich kann jedermann Bürgschaften auf Erstes Anfordern erteilen[336]; der Bürge braucht weder Kreditinstitut noch etwa ein im internationalen Wirtschaftsverkehr tätiges Unternehmen oder Versicherungsunternehmen zu sein[337]. Die verschärfte Haftung aufgrund Erster Anforderung tritt aber nur ein, wenn der Bürge hiermit vertraut ist; andernfalls treffen den Gläubiger umfassende Aufklärungspflichten. Versäumt der Gläubiger die Aufklärung, kommt nur eine gewöhnliche Bürgschaft zustande[338]. Daraus folgt zugleich, dass eine Bürgschaft auf Erstes Anfordern gegenüber einem solchen Personenkreis nicht wirksam durch Allgemeine Geschäftsbedingungen begründet werden kann (vorst. Rn. 930). Auf der anderen Seite ist das Risiko des Hauptschuldners, aus einer Bürgschaft auf Erstes Anfordern vom Hauptschuldner in Regress genommen zu werden, groß. Deshalb hat eine Bürgschaftsbank, die für den Hauptschuldner als ihrem Kunden eine Bürgschaft auf Erstes Anfordern zu übernehmen vorschlägt, ebenfalls über das besondere Risiko aufzuklären. Das gilt auch gegenüber einem unternehmerischen Hauptschuldner, von dem nicht davon auszugehen ist, dass er die besonderen Risiken kennt[339].

cc) Erstprozess – Rückforderungsprozess

977 Aufgrund einer Bürgschaft auf Erstes Anfordern kann demgemäß ein Erstprozess stattfinden, in dem der Gläubiger den Bürgen auf Zahlung verklagt, und ein Rückforderungsprozess[340], in dem der Bürge Kläger und der nach § 812 BGB auf Rückzahlung[341] in Anspruch genommene Gläubiger Beklagter ist. Im Erstprozess ist der Bürge nicht bar aller Verteidigungsmöglichkeiten. Er kann zunächst bestreiten, dass der Gläubiger das Erste Anfordern den Voraussetzungen des Bürgschaftsvertrags entsprechend erklärt hatte[342].

---

336 BGH NJW 97, 1435 mit Anm. *Pfeiffer*, LM Nr. 115 zu § 765 BGB, *Haun*, WuB I F 1 a. – 9.97 und Komm. *v. Stebut*, EWiR § 765 BGB 5/97, 541 sowie Bspr. *K. Schmidt*, JuS 97, 847; NJW 98, 2280 mit Komm. *Nielsen*, EWiR § 765 BGB 7/98, 543, Anm. *P. Bydlinski*; WuB I F 1 a. – 14.98 und Bspr. *K. Schmidt*; JuS 98, 950.

337 So aber noch BGH NJW 92, 1881 II. 2.; NJW-RR 90, 1295; OLG München WM 92, 617.

338 BGH NJW 98, 2280 zu II. 3. b.; WM 99, 895 zu III. 1.; 2002, 1794 zu III. 1. und 1876 zu B. II. b.

339 BGHZ 143, 381 = NJW 2000, 1563 zu III. 2. d. aa. mit Anm. *Bülow*, LM Nr. 145 zu § 765 BGB, *Heermann*, JZ 2000, 575, *Probst*, JR 2001, 241, *Glötzel*, BB 2000, 847, *Beyer/Knaur*, MDR 2000, 1085, *Horn/Wackerbarth*, WuB I F 1a. – 15.2000, Komm. *Büchler*, EWiR § 768 BGB 1/2000, 619 und Bspr. *Löhnig*, JA 2000, 617.

340 In der Regel ist hierfür der Urkundsprozess (§ 592 ZPO) nicht statthaft, BGHZ 148, 283 = NJW 2001, 3549, krit. *Horn*, ZIP 2001, 93 (98).

341 BGHZ 74, 244 (278); BGH WM 2000, 2373 zu II. 2. b. mit Anm. *Hellner*, WuB E 5. – 5.01 und Komm. *Schmitz*, EWiR § 765 BGB 6/2000, 1103; krit. *Eleftheriadis*, Bürgschaft auf erstes Anfordern, S. 152: vertraglicher Anspruch; andeutungsweise auch *Horn*, ZIP 2001, 93 (98); § 717 Abs. 2 ZPO analog? Pflichtverletzung? so OLG Frankfurt BauR 99, 928, krit. *Rigol*, ZIP 2000, 306.

342 BGH NJW 2001, 3616 mit Anm. *Kröll*, WuB I F 1a. – 11.01; z.B. durch sog. Effektivklauseln im Bauvertragsrecht, *J. Schmitt*, WM 99, 308; *Bomhard*, ZBB 98, 255 (257 f.); OLG Frankfurt ZIP 2002, 659 mit Komm. *Wissmann*, EWiR § 765 BGB 9/02, 671; OLG Köln, WM 96, 1679; NJW-RR 97, 1040; *Oettmeier*, Erstes Anfordern, S. 74; ist die Hauptverbindlichkeit öffentlich-rechtlicher Natur und kann der Hauptschuldner Widerspruch erheben, beeinträchtigt die aufschiebende Wirkung gem. § 80 VwGO nicht die Zahlungsaufforderung, so dass der Bürge im Erstprozess zu verurteilen ist, VGH Kassel NVwZ 92, 798 (799).

Gehört hierzu die Fälligkeit der Hauptverbindlichkeit, braucht der Gläubiger – mangels anderer Absprache – die Fälligkeit nur zu behaupten, aber nicht zu beweisen[343]; dieser Beweis ist erst im Rückforderungsprozess zu erheben. Der Bürge kann auch bestreiten, dass die Forderung, für die er einstehen soll, zum Kreis der in der Sicherungszweckerklärung (vorst. Rn. 841) bezeichneten gesicherten Forderungen gehört[344]. Im Erstprozess bleibt außerdem der Einwand des **Rechtsmissbrauchs** erhalten, namentlich wenn die vermeintlich gesicherte Forderung offenkundig – und nur dann – gar nicht besteht[345] (vgl. auch unten Rn. 1574) oder wenn der Gläubiger offensichtlich insolvent ist und im Rückforderungsprozess ausfallen würde[346]. Aus dem Deckungsverhältnis zwischen Bürgen und Hauptschuldner kann der Bürge verpflichtet sein, den Einwand des Rechtsmissbrauchs zu erheben[347], und der Hauptschuldner kann den Gläubiger aus dem Valutaverhältnis auf Unterlassung in Anspruch nehmen, die Bürgschaft gegenüber dem Bürgen geltend zu machen[348]. Erhalten bleiben auch Einwände aus dem Außenverhältnis zwischen Gläubiger und Bürgen, z.B. die Einrede des Zurückbehaltungsrechts, wenn der Bürge Gegenansprüche auf Urkundenaushändigung hat[349]. Dagegen muss der Streit darüber, ob die Hauptverbindlichkeit überhaupt schlüssig dargetan oder erloschen[350] ist, im Rückforderungsprozess geklärt werden[351], gleichermaßen der Einwand des Bürgen, seine Verpflichtung sei zeitlich begrenzt[352]. Gebräuchlicher sind Garantien auf Erste Anforderung (näher unten Rn. 1570 ff.).

Es kann auch der Fall eintreten, dass sich eine Einwendung im Erstprozess zwischen Bür- **978**
gen und Gläubiger auf Vereinbarungen im **Valutaverhältnis** zwischen Gläubiger und Hauptschuldner gründet (vorst. Rn. 858). Aus dem im Valutaverhältnis getroffenen Sicherungsversprechen ergibt sich, ob sich der Hauptschuldner eine Bürgschaft auf Erstes Anfordern oder eine gewöhnliche Bürgschaft beizubringen verpflichtet hat. Hat sich der

---

343 BGH NJW 97, 255 zu II. 1. a., b. mit Komm. *Bayer*, EWiR § 765 BGB 1/97, 155 und Bspr. *K. Schmidt*, JuS 97, 272; BGHZ 147, 99 (103) = WM 2001, 947; WM 2002, 2325; OLG Köln WM 98, 1442 mit Anm. *Blesch*, WuB I E 5. – 4.98; OLG München NJW-RR 98, 989 mit Anm. *Blesch*, WuB I E 5. – 3.98.

344 BGH WM 99, 895 zu II. 1. mit Anm. *Moritz*, WuB I E 5. – 1.2000 und *Hahn*, MDR 99, 817; NJW 97, 1435 zu II. 2. a.; 96, 717 zu II. 4. b mit Anm. *Bülow*, LM § 765 BGB Nr. 103, *Emmerich*, WuB I F 1 a. – 8.96, Bspr. *K. Schmidt*, JuS 96, 555 und *Klanten*, JA 96, 377; Schadensersatz bei fehlerhafter Anforderung: OLG Düsseldorf, BB 96, 1957.

345 BGH NJW 2002, 1493 zu II. 2. a mit Komm. *Büchler*, EWiR § 765 BGB 6/02, 473; 88, 2610 mit Komm. *Lauer*, EWiR § 765 BGB 5/88, 671; ZIP 89, 1108; KG WM 97, 1377 mit Anm. *Jacob*, WuB I F 1 a. – 18.97; OLG Köln NJW-RR 98, 1393 mit Anm. *Nielsen*, WuB I E 5. – 1.98; *Clemm*, BauR 87, 123 (126 f.); *Merz*, WM 88, 241 (243 f.); *Kreft*, in: Bankrecht 2000, 115 (129).

346 BGH WM 2002, 1794 zu II. 5.

347 LG Kleve ZIP 98, 1632 mit Komm. *Wissmann*, EWiR § 765 BGB 10/98, 833; *J. Schmitt*, WM 99, 308.

348 OLG Düsseldorf NJW-RR 98, 776.

349 BGH ZIP 95, 639 mit Komm. *Bülow*, EWiR § 269 BGB 1/95, 55; hiergegen kann der Gläubiger nur beschränkt aufrechnen, BGH NJW 99, 55 zu II. 4. a.; OLG Düsseldorf WM 96, 1856 mit Anm. *Voit*, WuB I F 1 a. – 20.96.

350 OLG Celle NdsRPfl 90, 244 zu 4.

351 BGH NJW 94, 380 zu I. 2.; 84, 923; WM 96, 393 zu II. 1. a. mit Komm. *Nielsen*, EWiR § 133 BGB 1/96, 341, Anm. *Weber-Rey*, WuB I E 5. – 2.96 und *Michel*, WiB 96, 651 für Garantie; OLG München NJW-RR 95, 498 mit Anm. *Nielsen*, WuB I F 1 a. – 2.95 und Komm. *Brink*, EWiR § 765 BGB 8/94, 1181; auch der Streit, ob die gesicherte Forderung abgetreten wurde (vorst. Rn. 943), OLG Düsseldorf ZIP 94, 203; *Weth*, in: Festschr. Schütze, S. 971 (979); *Lukas*, Erstes Anfordern, S. 47.

352 BGH ZIP 85, 470; auch: bei einer Bauhandwerkersicherheit seien die Leistungsvoraussetzungen nach § 648a Abs. 2 Satz 2 BGB (vgl. vorst. Rn. 858 und nachf. Rn. 1047) nicht erfüllt, BGH NJW 2002, 1198 mit Komm. *Siegburg*, EWiR § 648a BGB 1/02, 333.

Hauptschuldner zu letzterem verpflichtet und stellt er einen Bürgen, wird der Bürgschaftsvertrag im Außenverhältnis zwischen diesem Bürgen und dem Gläubiger abgeschlossen (vorst. Rn. 856). In diesem Bürgschaftsvertrag kann sich der Bürge nun – wirksam – zur Zahlung auf Erstes Anfordern verpflichten, ohne dass diese weitergehende Verpflichtung vom Sicherungsauftrag, den ihm der Hauptschuldner erteilt hatte, gedeckt wäre (vorst. Rn. 859), noch eine Grundlage in dem Sicherungsversprechen aus dem Valutaverhältnis fände. Wenn diese Abweichung vom Sicherungsauftrag aus dem **Deckungsverhältnis** offenkundig oder liquide beweisbar ist (vgl. auch unten Rn. 1574), kann der Bürge im Erstprozess mit dem Gläubiger die Zahlung auf Erstes Anfordern verweigern. Dieser Einwand ist dem Bürgen auf der anderen Seite dann versagt[353], wenn er bewusst vom Sicherungsauftrag abgewichen war[354]. Aus dem Valutaverhältnis kann sich auch ergeben, dass die Sicherungsvereinbarung zur Stellung eines Bürgen unwirksam ist, z.B. wegen Treuwidrigkeit i.S.v. § 307 BGB (vorst. Rn. 928); bei Offenkundigkeit der Unwirksamkeit kann der Bürge ebenfalls die Zahlung auf Erstes Anfordern schon im Erstprozess verweigern[355].

979 Stellt sich im Rückforderungsprozess heraus, dass der Gläubiger den Bürgen zu Unrecht in Anspruch genommen hatte, kann es sein, dass der Hauptschuldner dem Bürgen bereits Aufwendungsersatz gem. § 670 BGB geleistet hatte (nachf. Rn. 1014). Die unberechtigte Inanspruchnahme des Bürgen durch den Gläubiger heißt aber nichts anderes, als dass der Sicherungszweck der Bürgschaft in Wahrheit nicht eingetreten war und nicht mehr eintreten kann (vorst. Rn. 949). Deshalb hat der Hauptschuldner gegen den Gläubiger einen eigenen Rückforderungsanspruch[356] aus dem Sicherungsversprechen.

2. Einwände des Bürgen aus dem Recht des Hauptschuldners

980 Erhebt der Schuldner gegenüber dem Gläubiger selbst eine Einrede, haftet der Bürge gem. § 767 Abs. 1 Satz 1 nur nach Maßgabe der einredebehafteten Forderung; übt der Hauptschuldner ein Gestaltungsrecht aus, tritt er z.B. zurück, kommt dem Bürgen die dadurch bewirkte Veränderung der Hauptverbindlichkeit ebenfalls gem. § 767 zugute. Der Bürge kann sich gegenüber dem Gläubiger aber über die Akzessorietät hinaus gem. §§ 768, 776 BGB auch dann verteidigen, wenn der Hauptschuldner untätig bleibt, also weder bestehende Einreden erhebt noch sonstige Gestaltungsrechte ausübt, so dass die gesicherte Forderung unangetastet bleibt.

353 Und nur dann, was *Eleftheriadis*, Bürgschaft auf erstes Anfordern, S. 112, verkennt.

354 BGHZ 143, 381 = NJW 2000, 1563 mit Anm. *Bülow*, LM Nr. 145 zu § 765 BGB, *Heermann*, JZ 2000, 575, *Horn/Wackerbarth*, WuB I F 1a. – 15.2000, *Probst*, JR 2001, 241, *Beyer/Knaur*, MDR 2000, 1085, Komm. *Büchler*, EWiR § 768 1/2000, 619 und Bspr. *Löhnig*, JA 2000, 617; OLG Köln NJW-RR 2002, 1164.

355 BGHZ 147, 99 = NJW 2001, 1857 mit Rezension *Kupisch*, WM 2002, 1626 und Anm. *Bülow*, LM Nr. 152 zu § 765 BGB, *Felke*, WuB I E 5. – 11.01, Komm. *Tiedtke*, EWiR § 765 BGB 2/01, 617 und Bspr. *K. Schmidt*, JuS 2001, 813; BGH WM 2002, 1794 zu II. 4.; OLG Hamm NZBau 2000, 472.

356 BGHZ 139, 325 (328) = NJW 99, 55 zu II. 2. mit Anm. *Pfeiffer*, LM Nr. 130/131 zu § 765 BGB; *Schanbacher* WuB I F 1 a – 3.99, BSpr. *Schmidt*, JuS 99, 497 und Komm. *Nielsen*, EWiR § 765 BGB 2/99, 17; OLG Düsseldorf EWiR § 765 BGB 14/98, 1077 (*Wissmann).*

a) Einreden des Hauptschuldners

Der Bürge kann gem. § 768 Abs. 1 Satz 1 Einreden des Hauptschuldners gegen seine eigene Inanspruchnahme geltend machen, z.B. die Erfüllung seiner Einstandspflicht mit der Begründung verweigern, der Hauptschuldner hätte die Einrede des Zurückbehaltungsrechts gegen die Hauptverbindlichkeit erheben können (wenn der Hauptschuldner Gegenansprüche hat, § 273 BGB), oder die Einrede des nicht erfüllten Vertrages (§ 320), der Stundung (vgl. § 205), aber auch die Einwendung mitwirkenden Verschuldens (§ 254) oder der unzulässigen Rechtsausübung (§ 242); anders als bei der Hypothek (oben Rn. 271) kann sich der Bürge auch auf die Einrede der Verjährung der Hauptverbindlichkeit (§§ 214, 216) berufen[357] (nicht aber auf die Einrede der beschränkten Erbenhaftung, § 768 Abs. 1 Satz 2, vorst. Rn. 972; zur Verjährung des Anspruchs gegen den Bürgen vorst. Rn. 855). Der Gläubiger soll zwar gegen Insolvenz des Hauptschuldners geschützt werden, aber er soll auch nicht bessere Durchsetzungsmöglichkeiten haben als gegenüber dem Hauptschuldner selbst, wäre dieser solvent: Deshalb kann der Bürge die dem Hauptschuldner zustehenden Einreden zu seiner eigenen Verteidigung nutzen. Die in der Erhebung der Einrede liegende Rechtsgestaltung geht dadurch nicht etwa auf den Bürgen über. Vielmehr bedeutet die Geltendmachung einer Einrede des Hauptschuldners durch den Bürgen nur, dass die bloße Gestaltungslage, die aufgrund der vom Hauptschuldner nicht erhobenen Einrede besteht, zur Einrede für den Bürgen gegen seine Einstandsverbindlichkeit aus § 765 Abs. 1 wird (ebenso § 1137 Abs. 1 für die Hypothek, oben Rn. 268 und für das Mobiliarpfandrecht gem. § 1211, oben Rn. 508). Nimmt der Gläubiger deshalb auch den Hauptschuldner in Anspruch, muss dieser die Einrede selbst erheben, um die Leistung verweigern zu können. Die rechtskräftige Verurteilung des Hauptschuldners hindert den Bürgen aus demselben Grunde nicht, bei seiner eigenen Inanspruchnahme die Einrede geltend zu machen[358]. Seine Grenze findet das Einrederecht des Bürgen am Sicherungszweck der Bürgschaft: Wo eine Einrede des Hauptschuldners dem Insolvenzrisiko entspringt, für das der Bürge gerade einstehen soll, kann er sie entgegen § 768 Abs. 1 Satz 1 nicht geltend machen (vorst. Rn. 972). 981

Verzichtet der Hauptschuldner gegenüber dem Gläubiger auf Einreden, so kommt dies einer nachträglichen Erweiterung der Hauptverbindlichkeit gleich (§ 767 Abs. 1 Satz 3, vgl. nachf. Rn. 995) und ist im Verhältnis zum Bürgen unverbindlich, wie § 768 Abs. 2 bestimmt (gleiche Regelung bei den Pfandrechten: § 1137 Abs. 2, oben Rn. 273, § 1211 Abs. 2). 982

Besondere Betrachtung bedarf die Einrede der **Verjährung**. Zunächst ist der Bürge anders als im Falle der Realsicherheiten (§§ 216 Abs. 1, Abs. 2 Satz 1, 214 Abs. 1, oben Rn. 271 und unten Rn. 1162) nicht gehindert, sich auch auf die Verjährung der Hauptverbindlichkeit zu berufen[359]. War er bereits rechtskräftig verurteilt worden, kann er sich mit danach eingetretener Verjährung der Hauptforderung durch Vollstreckungsgegenklage 983

---

357 OLG Hamm WM 95, 2061; LG Neuruppin, NZM 2000, 29.

358 BGHZ 24, 97 (99); 34, 279; OLG Koblenz JR 99, 74; *Lüke/Linsler*, JuS 95, 318 (321); natürlich können beide im selben Prozess verklagt werden, OLG München RPfl 98, 262.

359 BGHZ 139, 215 (219); BGH WM 2000, 1797 zu II. 2. b. bb.; OLG Hamm WM 95, 2061; *Lwowski/Tetzlaff*, WM 2000, 761; nach KG NJW-RR 99, 1206 mit Bspr. *K. Schmidt*, JuS 2000, 295 keine Berufung auf Verjährung bei Amtslöschung des Hauptschuldners gem. § 141a FGG (vgl. vorst. Rn. 844 sowie 855).

(§ 767 ZPO) verteidigen[360]. Dagegen folgt aus der besonderen nicht-subsidiären akzessorischen Haftung der Gesellschafter von Personengesellschaften für Verbindlichkeiten ihrer Gesellschaft, dass der Gesellschafter trotz des scheinbar entgegenstehenden Wortlauts von § 129 Abs. 1 HGB (vgl. auch Rn. 994) sich nicht auf die Verjährung gegenüber der Gesellschaft berufen kann, auch wenn ihm gegenüber die Verbindlichkeit, insbesondere durch Klage, gehemmt worden war (§ 204 Abs. 1 BGB)[361]. Die Bürgschaft kann eine Gewährleistungsbürgschaft (nachf. Rn. 1047) und der gesicherte Gewährleistungsanspruch gem. §§ 634a Abs. 1, 438 Abs. 1 BGB verjährt sein. Dadurch verliert der Besteller resp. Käufer auch gem. § 218 Abs. 1 Satz 1 sein Rücktrittsrecht. Jedoch kann der Gewährleistungsgläubiger, z.B. der Bauherr, trotz Verjährung gem. §§ 634a Abs. 4 Satz 2, 438 Abs. 4 Satz 2 BGB berechtigt sein, den an sich geschuldeten Bauunternehmerlohn einzubehalten, als er auf Grund des Rücktritts dazu berechtigt sein würde. Die Rechtsposition des Bauherrn pflegt dadurch gesichert zu werden, dass von dem Bauunternehmerlohn ein bestimmter Prozentsatz als Sicherheit einbehalten wird. Wird dieser Sicherheitseinbehalt aber durch eine Bürgschaft ersetzt und dafür der volle Lohn an den Unternehmer gezahlt, kann sich der Gewährleistungsgläubiger, der zugleich Schuldner des Bauunternehmerlohns ist, also der Bauherr, trotz Verjährung seiner Gewährleistungsansprüche aus der Bürgschaft wegen der rechtzeitig gerügten Mängel befriedigen[362].

984 Nicht lediglich eine dem Hauptschuldner zustehende Einrede ist der Anspruch auf Herausgabe der Bürgschaftsurkunde bei Fortfall oder Nichteintritt des Sicherungszwecks. Vielmehr fehlt es bereits an einer anspruchsbegründenden Voraussetzung (vorst. Rn. 949).

b) Gestaltungsrechte des Hauptschuldners

985 Der Bestand der Hauptverbindlichkeit bleibt unberührt, wenn dem Hauptschuldner andere Gestaltungsrechte als Einreden (vorst. Rn. 981) zustehen, mit denen er den Bestand verändern könnte, er das Gestaltungsrecht aber nicht ausübt. Die Entscheidung über die Ausübung bleibt dem Hauptschuldner erhalten und wird ebenso wenig wie die Einrede etwa auf den Bürgen übertragen[363]. Gleichwohl ist es Anliegen des Gesetzes, dem Bürgen die Rechtsposition des Hauptschuldners so weit wie möglich zugute kommen zu lassen, auch wenn es sich erst um latente Rechtspositionen handelt.

986 *aa)* Ist der Hauptschuldner zur **Anfechtung** des der gesicherten Forderung zugrundeliegenden Rechtsgeschäfts befugt, ficht er aber nicht an (tut er es, wirkt die Rechtsausübung gem. § 767 Abs. 1 Satz 1 kraft Akzessorietät unmittelbar für den Bürgen, vorst. Rn. 837), kann zwar der Bürge nicht an seiner Stelle anfechten[364], aber er kann die Befriedigung des Gläubigers so lange verweigern, wie der Hauptschuldner anfechten kann: § 770 Abs. 1.

---

360 BGH NJW 99, 278 mit Komm. *Aden*, EWiR § 765 BGB 1/99, 155, Anm. *Brehm*, WuB I 1 F a – 5.99 und BSpr. *Schmidt*, JuS 99, 505; 98, 2972 zu II. 1. und 981.

361 BGHZ 104, 76; 139, 214 mit Anm. *Habersack*, WuB I F 1 a. – 18. 98, *Niedenführ*, LM Nr. 33 zu § 767 BGB, *Wernecke*, JZ 99, 307 und Bspr. *K. Schmidt*, JuS 98, 1063.

362 BGH WM 93, 899 zu III. mit Komm. *Heiermann*, EWiR § 17 VOB/B 2/93, 504 und Anm. *Ringseisen*, WuB I K 3. – 2.93; NJW 93, 1133 mit Komm. *Kniffka*, EWiR § 17 VOB/B 1/93, 507, a.A. *Schwarz*, WM 99, 116 (119); die Verjährung kann gem. § 203 BGB gehemmt sein, OLG Düsseldorf BauR 93, 747; *Finkenauer*, in: Ehmann/Sutschet, S. 289 (303).

363 Parallele im österreichischen Recht: OGH ÖBA 92, 660 mit Anm. *P. Bydlinski.*

364 RG Warn. 1912, S. 338 (Nr. 303).

Die latente Einwendung aus § 142, die Anfechtungslage für den Hauptschuldner, wird also zur Einrede für den Bürgen gegenüber dem Gläubiger. Das Leistungsverweigerungsrecht des Bürgen endet, wenn der Hauptschuldner die Anfechtungsfrist (§§ 121, 124) ungenutzt verstreichen lässt, also keine Anfechtungslage mehr besteht.

Was für die Anfechtung gilt, ist auch auf **andere Gestaltungsrechte** (mit Ausnahme der Aufrechnung) anwendbar, so, wenn der Hauptschuldner mindern oder wegen Mängeln[365] oder sonst zurücktreten[366] kann. Gleiches gilt gem. §§ 1137, 1211 Abs. 1 für die Hypothek und das Mobiliarpfandrecht (oben Rn. 272 und 518). **987**

bb) Besonders geregelt ist durch § 770 Abs. 2 die Frage, wie dem Bürgen die Möglichkeit der **Aufrechnung** gegen die Hauptforderung zugute kommt. **988**

Danach kann der Bürge die Erfüllung seiner Bürgenschuld verweigern, wenn sich der Gläubiger durch Aufrechnung gegen eine fällige Forderung des Hauptschuldners befriedigen kann. Die Aufrechnungslage im Valutaverhältnis Gläubiger – Hauptschuldner wird zur Einrede im Außenverhältnis Gläubiger – Bürge (war die Aufrechnung bereits durch Gläubiger oder Hauptschuldner erklärt worden, erlosch die Hauptverbindlichkeit gem. § 389 und mit ihr gem. § 767 die Bürgenschuld, vorst. Rn. 965). Hinter dieser Vorschrift steht der Gedanke, dass der Gläubiger erst andere Befriedigungsmöglichkeiten ausschöpfen soll, ehe er den Bürgen in Anspruch nimmt (Subsidiarität der Bürgenhaftung[367], nachf. Rn. 999, die den allgemeinen Grundsatz der Subsidiarität im Kreditsicherungsverhältnis qualifiziert, vorst. Rn. 964). **989**

Voraussetzung dieser Bürgeneinrede ist, dass sich der Gläubiger durch Aufrechnung befriedigen kann. Von der Aufrechnungsbefugnis des Hauptschuldners ist in § 770 Abs. 2 dagegen nicht die Rede. Zwar steht die Aufrechnungsbefugnis meistens sowohl dem Gläubiger wie dem Schuldner zu. Es gibt aber auch Fälle, in denen die Aufrechnungsbefugnis nur einer und nicht beiden Parteien zusteht, so bei einer einredebehafteten Forderung gem. § 390, bei Forderungen aus vorsätzlich begangenen unerlaubten Handlungen gem. § 393, bei unpfändbaren Forderungen gem. § 394 BGB[368] sowie gem. § 55 Abs. 1 SGB I, bei vertraglichen Aufrechnungsausschlüssen. Umstritten ist, ob der Bürge die Einrede der Aufrechenbarkeit entgegen dem Wortlaut von § 770 Abs. 2 auch dann hat, wenn zwar der Hauptschuldner, nicht aber der Gläubiger aufrechnen könnte, die Vorschrift auf solche Fälle also analog anwendbar ist. Dafür besteht kein Bedürfnis, wie die nachfolgenden Beispiele zeigen mögen: **990**

Hat der Gläubiger dem Hauptschuldner, weil der nicht zahlt, aus Rache die Reifen von dessen Auto durchstochen, so hat der Hauptschuldner gegen den Gläubiger eine Schadensersatzforderung aus §§ 823 Abs. 1, 249 BGB. Der Gläubiger könnte sich von dieser Forderung nicht durch Aufrechnung mit der Hauptverbindlichkeit befreien, weil § 393 die Aufrechnung verbietet. Nur der Hauptschuldner könnte aufrechnen. Unterbleibt dies, kann der Bürge die Leistung an den Gläubiger also nicht verweigern – zu Recht; das erlittene Delikt soll gegenüber dem Geschädigten, dem Hauptschuldner, wiedergutgemacht werden, aber nicht dem daran unbeteiligten Bürgen zugute kommen. **991**

365 RGZ 66, 332 (334); Staudinger/*Horn*, § 770 BGB, Rn. 20.
366 *Larenz/Canaris*, Schuldrecht II/2, 960 III. 1a. (S. 11).
367 BGH NJW 94, 453 zu II. 5. b.
368 BGH NJW 99, 3264.

992 Allerdings mögen Fallkonstellationen konstruierbar sein, in denen die wortlautgerechte Anwendung von § 770 Abs. 2 fragwürdig erscheint:

Hatte sich der Bürge für eine Forderung des Gläubigers gegen den Hauptschuldner aus vorsätzlicher unerlaubter Handlung verbürgt, könnte der Hauptschuldner gem. § 393 nicht aufrechnen. Dagegen könnte der Gläubiger mit seiner deliktischen Forderung gegen andere Ansprüche des Hauptschuldners aufrechnen. § 770 Abs. 2 ist in dieser Fallkonstellation also anwendbar und ausgerechnet dem vorsätzlich und deliktisch geschädigten Gläubiger würde der Schutz durch die Bürgschaft versagt, den sie doch gerade bieten sollte. Um ihn zu bewahren, wäre daran zu denken, § 770 Abs. 2 einschränkend dahin auszulegen, dass nicht nur dem Gläubiger, sondern auch dem Hauptschuldner die Aufrechnungsbefugnis zustehen muss. Einer solchen, generell wirkenden berichtigenden Auslegung von § 770 Abs. 2 bedarf es jedoch nicht, weil auch die Ausübung dieser Einrede unter den Geboten von Treu und Glauben steht und rechtsmissbräuchlich sein kann[369]; daran mag man in Fällen der beschriebenen Art im Einzelfall denken. Am Einzelfall muss die Beurteilung auch gemessen werden, nicht aber allgemein durch Auslegung gegen den Wortlaut.

993 Von Fällen des Rechtsmissbrauchs abgesehen, kommt es richtigerweise also allein auf die Aufrechnungsbefugnis des Gläubigers, nicht des Hauptschuldners an[370].

994 Eine gleiche Regelung enthält das **Gesellschaftsrecht** im Verhältnis des persönlich haftenden Gesellschafters einer offenen Handelsgesellschaft zu einem Gläubiger, der ihn wegen Verbindlichkeiten der Gesellschaft in Anspruch nimmt (§ 129 Abs. 3 HGB) – allerdings gilt hier der besondere gesellschaftsrechtliche Grundsatz der Akzessorietät der Gesellschafterhaftung, der in der Tat eine berichtigende Auslegung erfordert, nach der es auf die Aufrechnungsbefugnis der OHG, nicht des Gläubigers ankommt. Entsprechendes gilt für die Konzernhaftung der Hauptgesellschaft für die eingegliederte Gesellschaft gem. § 322 Abs. 3 S. 2 AktG[371]. Für die Pfandrechte verweisen §§ 1137, 1211 auf § 770 (vorst. Rn. 272).

995 *cc)* Umstritten ist, ob § 768 Abs. 2 (vorst. Rn. 982) auch für den **Verzicht des Schuldners** auf ein Gestaltungsrecht, z.B. den Rücktritt wegen Mängeln, gilt, die Einrede der Gestaltungslage (vorst. Rn. 985) also unberührt bleibt. Der Verzicht ist eine nachträgliche rechtsgeschäftliche Einwirkung auf die gesicherte Forderung, indem sie deren Beeinträchtigung, die in der Ausübung des Gestaltungsrechts läge, zugunsten des Gläubigers unterbindet. Dadurch wird die Rechtsstellung des Bürgen in gleicher Weise berührt wie bei einem Verzicht auf Einreden, durch den die ungestörte Rechtsausübung des Gläubigers ebenfalls gewährleistet wird. § 768 Abs. 2 ist deshalb in Vollzug des Rechtsgedankens von § 767 Abs. 1 Satz 3 (vorst. Rn. 968) auf den Verzicht des Schuldners auf Gestaltungsrechte, auch wenn sie keine Einreden sind, analog anzuwenden. Die höchstpersönliche Natur der Ausübung von Gestaltungsrechten wird dadurch nicht in Frage gestellt: Der Bürge ist genauso wie ohne den Verzicht des Hauptschuldners außerstande, auf Existenz und Umfang der Hauptverbindlichkeit einzuwirken, und er behält seine Einrede nur so lange, wie der Hauptschuldner ohne den Verzicht von dem Gestaltungsrecht Gebrauch machen könnte[372]. Der Bürge behält eine dilatorische Einrede.

369 BGH NJW 66, 2009 zu 2. d.

370 Wie hier im Ergebnis Staudinger/*Horn*, § 770 BGB Rn. 8; a.A. RGRK/*Mormann*, § 770 BGB Rn. 4; *Enneccerus/Lehmann*, § 193 II. 3. (S. 797); *Esser/Weyers*, Schuldrecht BT I, § 40 III. 5. (S. 306); *Zimmermann*, JR 79, 495 (498); nach Erman/*Seiler*, § 770 BGB Rn. 4 ist dieses Ergebnis schon durch analoge Anwendung von § 770 Abs. 1 auf die Aufrechnung erfasst, demnach hat Abs. 2 keine eigenständige Bedeutung.

371 *Bülow*, ZGR 88, 192 (197, 208); *Schlüter*, in: Festschr. Harry Westermann, S. 511 ff., 517 ff. und *Schulz*, Gruch. Bd. 50, S. 269; BGHZ 42, 396.

372 A.A. RGZ 62, 51 (54); Staudinger/*Horn*, § 770 BGB Rn. 1; RGRK/*Mormann*, § 770 BGB Rn. 7; wie hier im Ergebnis Alt.Komm./*Reich*, § 770 BGB Rn. 1.

c) Verzicht des Bürgen

Zwar wirkt ein Verzicht des Hauptschuldners auf seine Einreden (§ 768 Abs. 2) und andere Gestaltungsrechte (vorst. Rn. 995, 981) nicht im Verhältnis zum Bürgen, aber der Bürge kann selbst durch formgerechte Gestaltung des Bürgschaftsvertrages (§ 766, vorst. Rn. 893) gegen den Gläubiger auf die Einreden (ebenso wie auf solche aus eigenem Recht, nachf. Rn. 1005, 1008) verzichten[373]. Dadurch beschränkt er allerdings seinen Regress gegenüber dem Hauptschuldner für den Fall, dass dieser Verbraucher ist (näher nachf. Rn. 1016). **996**

Dem Gläubiger steht es frei, gegen einen Anspruch des Hauptschuldners mit einer weiteren Forderung aufzurechnen, über die kein Bürgschaftsvertrag abgeschlossen worden war, so dass der Bürge nicht frei wird[374]: Der Gläubiger hat keine allgemeinen Diligenzpflichten gegenüber dem Bürgen (s. vorst. Rn. 863). Im Einzelfall kann das Aufrechnungsgebaren des Gläubigers aber rechtsmissbräuchlich sein[375]. Ein durch **Formular** erklärter Verzicht hält der Inhaltskontrolle gem. § 307 BGB stand[376] (vorst. Rn. 924). **997**

3. Einwände des Bürgen aus eigenem Recht

Der Bürge hat auch Möglichkeiten zur Verteidigung aus eigenem Recht. **998**

a) Einrede der Vorausvollstreckung

Das Gesetz weist dem Bürgen ein bürgschaftsspezifisches Gegenrecht zu: Die so apostrophierte Einrede der Vorausklage gem. § 771 ff. bis 773 BGB. **999**

aa) Danach kann der Bürge die Befriedigung des Gläubigers verweigern, solange nicht der Gläubiger eine Zwangsvollstreckungsmaßnahme gegen den Hauptschuldner ohne Erfolg versucht hat. Der Gläubiger soll sich also erst an den Hauptschuldner halten, gegen ihn prozessieren, einen Titel erwirken (wenn der Gläubiger nicht schon auf andere Weise einen Titel erlangt hatte, z.B. gem. § 794 Abs. 1 Nr. 5 ZPO) und die Zwangsvollstreckung betreiben, ehe er sich bei deren Erfolglosigkeit an den Bürgen hält. Trotz Interzession haftet der Hauptschuldner in erster Linie, der Bürge nur behelfsmäßig und nachgeordnet. Die Einrede der Vorausklage ist eine besondere Ausprägung der **Subsidiarität** der Bürgenhaftung[377], wie sie auch in der Ausgestaltung der Einrede der Aufrechenbarkeit nach § 770 Abs. 2 liegt (vorst. Rn. 989). Diese besonderen Ausprägungen der Subsidiarität treten neben den allgemeinen Subsidiaritätsgrundsatz im Kreditsicherungsverhältnis, wonach der Gläubiger auf die Sicherheit erst zugreifen kann, wenn die Erfüllung der gesicherten Forderung ausbleibt (vorst. Rn. 964, 72). **1000**

---

373 BGH WM 86, 257; OLG Stuttgart WM 86, 736; nicht aber auf das Recht, sich auf die erklärte Anfechtung zu berufen, s.o. Rn. 985; RGRK/*Mormann*, § 770 BGB Rn. 2; Staudinger/*Horn*, § 770 BGB Rn. 16; Alt.Komm./*Reich*, § 770 BGB Rn. 2; dem Verzicht auf die Verjährungseinrede steht allerdings § 225 BGB entgegen, *Walther* NJW 94, 2337 und vorst. Rn. 908.

374 BGH NJW 84, 2455; es können aber Verrechnungsvereinbarungen getroffen werden, BGH WM 99, 787 zu A. III. 2.

375 Darauf erstreckt sich der Verzicht nicht: BGH NJW 91, 2908 zu III.; OLG Hamm WM 85, 1288.

376 BGHZ 95, 350 (357).

377 *Medicus*, JuS 77, 637 (638, 639); Staudinger/*Horn*, § 771 BGB Rn. 1; RGRK/*Mormann*, § 771 Rn. 1.

1001 Im häufigsten Fall, der Bürgschaft für eine Geldforderung, stellt § 772 noch weitere Anforderungen an die Vollstreckung auf: Der Gläubiger muss die Mobiliarzwangsvollstreckung am Wohnsitz des Hauptschuldners versucht haben (§§ 803 ff. ZPO). Die Forderungsvollstreckung (§§ 828 ff. ZPO) genügt also nicht. Andererseits braucht die Immobiliarzwangsvollstreckung nicht versucht worden zu sein[378], wohl aber reicht die Befriedigung aus einem Mobiliarpfand- oder Zurückbehaltungsrecht. Erst dann darf der Gläubiger den Bürgen in Anspruch nehmen; richtigerweise müsste das Recht des Bürgen als Einrede der **Vorausvollstreckung** bezeichnet werden[379].

1002 Mit diesen Maßnahmen, die dem Gläubiger obliegen, kann so viel Zeit vergehen, dass seine Forderung gegen den Bürgen gem. §§ 199 Abs. 1, 195 BGB verjährt ist (vorst. Rn. 855). Jedoch ist die Verjährung gem. § 771 Satz 2 gehemmt (§ 209 BGB). Der Hemmungszeitraum beginnt mit der Erhebung der Einrede der Vorausvollstreckung durch den Bürgen und endet mit dem ersten erfolglosen Vollstreckungsversuch beim Hauptschuldner.

1003 *bb)* Allerdings ist dem Bürgen die Einrede der Vorausvollstreckung nicht zwingend zugewiesen. Gem. § 773 kann der Bürge auf die Einrede in der Schriftform von § 766[380] **verzichten**. Ein solcher Verzicht ist die Regel, wo der Gläubiger eine Bank ist, er findet sich insbesondere in Bankformularen für Bürgschaften; einer Überprüfung an § 307 BGB hält das stand (vorst. Rn. 924). Ob der Bürge den Einredeverzicht erklärt hat, kann Auslegungsfrage und gem. § 773 Abs. 1 Nr. 1 dann zu bejahen sein, wenn der Bürge als Selbstschuldner oder die Bürgschaft als selbstschuldnerisch bezeichnet ist, auch bei einer Bürgschaft „auf Erstes Anfordern“ (vorst. Rn. 974). Im Zweifel kann jedoch nicht angenommen werden, der Bürge verzichte auf seine Einrede. Nur selbstschuldnerische Bürgschaften sind gem. §§ 239 Abs. 2, 232 Abs. 2 sowie gem. § 7 Abs. 2 Satz 3 GmbHG[381] als Sicherheit tauglich.

1004 Die Einrede der Vorausvollstreckung ist gem. § 773 Abs. 1 Nr. 2 bis 4 ferner dann ausgeschlossen, wenn die Vollstreckung gegen den Hauptschuldner ohnehin aussichtslos erscheint: nach Nr. 2 bei erschwerter Rechtsverfolgung wegen Wohnsitzänderung beim Hauptschuldner, nach Nr. 3[382] bei Konkurseröffnung über das Vermögen des Hauptschuldners (dann ist die Zwangsvollstreckung gem. § 89 InsO verboten), nach Nr. 4 bei Vermögenslosigkeit des Hauptschuldners. Besteht allerdings ein Pfand- oder Zurückbehaltungsrecht für den Gläubiger, bleibt die Einrede der Vorausvollstreckung insoweit erhalten, als sich der Gläubiger daraus befriedigen kann. Über § 773 hinaus ist die Einrede ausgeschlossen bei sich verbürgenden Kaufleuten: § 349 HGB, sie sind insoweit nicht schutzbedürftig[383].

1005 Insgesamt kann vermerkt werden, dass die Durchsetzung des Grundsatzes der Subsidiarität durch Vorausvollstreckung in der Wirtschaftspraxis wegen Dispositivität eher die Ausnahme darstellt. Gleichwohl handelt es sich um einen prägenden Grundsatz des Bürgschaftsrechts, der entscheidendes Auslegungskriterium sein kann. So mag man selbstschuldnerischen Bürgen und Hauptschuldner als **Gesamtschuldner** ansehen (oben Rn. 34 f.), weil der Gläubiger nach seinem Belieben von dem einen oder dem anderen

378 Der Gläubiger braucht sich also nicht an Grundschulden zu halten: OLG Hamm WM 84, 829 (832).
379 Staudinger/*Horn*, § 771 BGB Rn. 7; MünchKomm./*Habersack*, § 771 BGB Rn. 3.
380 BGH WM 68, 1200.
381 LG München GmbHR 85, 397.
382 Dazu OLG Köln DB 83, 104; OLG Düsseldorf NJW-RR 92, 1268.
383 Außerdem ist die selbstschuldnerische Bürgschaft angesprochen in §§ 571 Abs. 2 S. 1, 1251 Abs. 2 S. 2 BGB, 36 Abs. 2 S. 2 VerlG, 257 Abs. 2 InsO, Staudinger/*Horn*, § 773 BGB Rn. 1.

Leistung verlangen kann[384]. Die Subsidiarität der Bürgenhaftung zeigt sich dennoch bei der wortgetreuen Anwendung von § 770 Abs. 2 (vorst. Rn. 993), der auch für den selbstschuldnerischen Bürgen gilt[385].

cc) Die Vertragsfreiheit lässt es offen, die sich aus § 771 für den Bürgen ergebende Rechtsposition nicht nur auszuschließen, sondern auch zu steigern: Die Bürgschaft kann als **Ausfallbürgschaft** ausgestaltet sein, nach der der Bürge nicht nur erst nach einmaligem Vollstreckungsversuch des Gläubigers leisten muss, sondern erst dann, wenn endgültig feststeht, dass sich der Gläubiger anderweitig (beim insolventen Hauptschuldner oder aus anderen Sicherheiten[386]) nicht befriedigen kann oder nach der der Bürge als letzter unter mehreren Mitbürgen haften solle[387] (vgl. auch nachf. Rn. 1046). Die Frage, wann der Ausfall anzunehmen ist, kann durch Allgemeine Geschäftsbedingungen geregelt werden[388] (vorst. Rn. 929). Die Ausfallbürgschaft ist der Gegensatz zur Bürgschaft auf Erstes Anfordern (vorst. Rn. 974). Bürgschaftsbanken (vorst. Rn. 857) und der Staat (nachf. Rn. 1046) pflegen nur Ausfallbürgschaften einzugehen. **1006**

Ist eine Ausfallbürgschaft vereinbart, hat der Bürge nicht lediglich eine Einrede, sondern die Haftung des Ausfallbürgen besteht von vornherein nicht, wenn der Gläubiger nicht zuvor ausgefallen ist. Der Ausfall ist Anspruchsvoraussetzung und unterliegt deshalb der Beweislast des Gläubigers[389]. Das ist im Prozess von Amts wegen zu beachten[390]. Im Übrigen richtet sich die Haftung des Bürgen auch hier nach dem Bestand der Hauptverbindlichkeit. **1007**

b) Einwendung der Sicherheitenaufgabe

Das Gesetz weist dem Bürgen durch § 776 eine rechtsvernichtende, also von Amts wegen zu beachtende Einwendung für den Fall zu, dass die Hauptverbindlichkeit noch durch weitere Sicherheiten bestärkt war (Hypotheken, Pfandrechte an beweglichen Sachen oder Rechten, Mitbürgschaften, Rechte gegenüber Sicherungsgesamtschuldnern, insolvenzrechtliche Vorzugsrechte gem. § 53 InsO, auch nicht-akzessorische Sicherheiten, soweit der Bürge Anspruch auf Übertragung hat[391], s. nachf. Rn. 1018), seien sie vor oder nach Abschluss des Bürgschaftsvertrags bestellt worden (§ 776 Satz 2), und der Gläubiger eine solche Sicherheit aufgibt. **1008**

---

384 Umstritten: *Larenz*, Schuldrecht AT, § 37 I (S. 636) ablehnend, *Ehmann*, Gesamtschuld, S. 332, 337; OLG Celle JZ 56, 490 andererseits; jenseits davon werden Hauptschuldner und Bürge im Prozess „als Gesamtschuldner" verurteilt (vgl. oben Rn. 981), § 100 Abs. 4 ZPO, OLG München Rpfl 98, 262.

385 Protokolle II, S. 2517, bei *Mugdan*, Bd. 2, S. 1024/1025.

386 BGH NJW 89, 1855 zu II.; NJW 92, 2629 zu II. 2. b; *Trapp*, WM 99, 301.

387 BGH WM 78, 1267; NJW 86, 3131 zu I. 3. c. cc.; OLG Düsseldorf NJW-RR 91, 435; Staudinger/*Horn*, § 771 BGB Rn. 11 bis 17; RGRK/*Mormann*, § 771 BGB Rn. 2; Alt.Komm./*Reich*, Vor §§ 765 ff. Rn. 22.

388 BGH NJW 98, 2138.

389 BGH WM 99, 173 zu III. 2. mit Komm. *Nielsen*, EWiR § 765 BGB 6/99, 555 und Anm. *P. Bydlinski*, WuB I F 1a. – 7.99; 97, 2034 mit Anm. *Pfeiffer*, WuB I F 1 a. – 11.98.

390 Staudinger/*Horn*, § 771 BGB Rn. 11; RGRK/*Mormann*, § 771 BGB Rn. 2.

391 BGHZ 144, 52 (55) = NJW 2000, 1566; BGH NJW 94, 1796 zu III. 2. b; 66, 2009; WM 67, 213 (Grundschulden); OLG Köln NJW 90, 3214 mit Anm. *Reithmann*, WuB I F 1 a. – 11.91; *Wacke*, AcP 170 (1970), 42 (62); nicht aber: Kündigung einer Kaskoversicherung bei Bürgschaft für Kfz-Leasing, OLG Köln WM 95, 1965 mit Anm. *Blesch*, WuB I F 1 a. – 3.96.

aa) Regressvereitelung durch Aufgabe

1009 „Aufgabe" heißt rechtsgeschäftliches Handeln, namentlich ein Verzicht; die tatsächliche Zerstörung von Sicherungsgut kann allenfalls unter den qualifizierten Voraussetzungen der Treuwidrigkeit (vorst. Rn. 863) zur Befreiung führen[392]. Die Aufgabe kann auch darin liegen, dass andere Sicherheiten, die sich zunächst nur auf die auch durch die Bürgschaft gesicherte Hauptverbindlichkeit bezogen, nachträglich auf die Sicherung anderer Verbindlichkeiten zwischen Gläubiger und Hauptschuldner erstreckt werden[393]. Weitere Voraussetzung der Einwendung ist, dass der Bürge aus dem aufgegebenen Recht gem. § 774 hätte Ersatz erlangen können, dieses also gem. § 401 BGB oder infolge seines Rückübertragungsanspruchs auf ihn übergegangen wäre (im einzelnen nachf. Rn. 1018, zur Mitbürgschaft nachf. Rn. 1010). Sind diese Voraussetzungen erfüllt, wird der Bürge gegenüber dem Gläubiger frei, die Bürgschaftsschuld erlischt also. Jedoch hat der Bürge keinen Rechtsanspruch gegen den Gläubiger, die Aufgabe solcher Sicherheiten zu unterlassen. Der Gläubiger darf andere Sicherheiten aufgeben, tut es aber gegenüber dem Bürgen auf eigenes Risiko. Der Gläubiger hat keine Vertragspflicht, sondern nur eine Obliegenheit[394]. Über die Rechtsfolgen von § 776 hinaus können den Gläubiger deshalb keine Schadensersatzpflichten treffen[395]. Die Vorschrift bevorzugt vielmehr gerade den Bürgen, indem sie die Subsidiarität seiner Haftung gegenüber anderen Sicherheiten gewährleistet, auf die er im Regress nach §§ 774 Abs. 1 Satz 1 zugreifen kann[396] (s. auch vorst. Rn. 989, 1000 sowie 964). Die Vorschrift ist zwar dispositiv (vorst. Rn. 926) und in Bezug auf andere Kreditsicherungsarten nicht verallgemeinerungsfähig (vorst. Rn. 863)[397], bringt aber einen wesentlichen Grundgedanken des Bürgschaftsrechts zum Ausdruck, so dass dem Verzicht durch Allgemeine Geschäftsbedingungen nach § 307 Abs. 2 Nr. 1 BGB Grenzen gesetzt sind (oben Rn. 926).

bb) Insbesondere: Mitbürgschaft

1010 Durch § 776 ist der Bürge auch gegen die Aufgabe einer Mitbürgschaft geschützt. Leistet einer der Mitbürgen, geht zwar die gesicherte Forderung gegen den Hauptschuldner gem. § 774 Abs. 1 auf ihn über, aber nicht auch die Mitbürgschaft, da § 401 nicht anwendbar ist. Vielmehr haften die Mitbürgen einander nur nach § 426, wie § 774 Abs. 2 bestimmt (nachf. Rn. 1024). Über den Gesamtschuldnerausgleich findet also kein darüber hinausgehender bürgenrechtlicher Ausgleich statt. Entlässt der Gläubiger einen der Mitbürgen, werden die anderen Mitbürgen gegenüber dem Gläubiger als Folge dessen nur frei, wenn die Entlassung den Gesamtschuldnerausgleich nach § 426 BGB beeinflusst. Dies richtet sich, da die Entlassung eines Mitbürgen einen Erlass der Einstandspflicht i.S.v. § 397

---

392 BGH WM 60, 51 zu II. 1.: Keine Befreiung allein wegen unterlassener Versicherung des Sicherungsguts gegen Diebstahl.

393 BGH NJW 2000, 1566 zu II. 2. c. cc. a.E. (insoweit in BGHZ 144, 52 nicht abgedruckt); 2000, 2580 zu II. 5. b. mit Anm. *Bülow*, LM Nr. 38 zu § 767 BGB; OLG Stuttgart WM 2002, 439 mit Anm. *Richrath*, WuB I F 1a. – 7.02; nicht, wenn die aufgegebene Sicherheit von vornherein auch anderweitiger Sicherung diente, BGH NJW 2000, 2580 a.a.O. und WM 2002, 919.

394 *Fikentscher*, Schuldrecht, § 8, 4 (S. 29).

395 Staudinger/*Horn*, § 776 BGB Rn. 11; gleiche Regelung für die Hypothek in § 1165, nicht für die Grundschuld: BGH ZIP 87, 764.

396 BGHZ 144, 52 (57): Der Bürge ist nicht der primäre Schuldner.

397 Kritisch *Henssler*, Risiko, S. 350 f.

Abs. 1 BGB darstellt, nach § 423 BGB. Es kommt also darauf an, ob die Vertragsschließenden, also Gläubiger und Mitbürge, das ganze Schuldverhältnis, d.h. alle Mitbürgschaften, aufheben wollten. Davon wird im Allgemeinen nicht auszugehen sein, vielmehr wird der Gläubiger nur einen der Mitbürgen entlassen, die anderen aber an ihrer Einstandspflicht festhalten wollen. Der Gläubiger kann also den entlassenen Mitbürgen nicht mehr in Anspruch nehmen, wohl aber die anderen, die verblieben sind. Ein solcher verbliebener Mitbürge kann, nachdem er vom Gläubiger in Anspruch genommen worden war, bei dem entlassenen Mitbürgern nach §§ 744 Abs. 2, 426 BGB Regress nehmen. Der verbliebene Mitbürge verliert folglich durch die Entlassung keinerlei Ersatzanspruch, so dass er sich nicht gegenüber dem Gläubiger auf § 776 BGB berufen kann, also gegenüber dem Gläubiger trotz Entlassung eines anderen Mitbürgen im Allgemeinen nicht frei wird. Die Entlassung eines Mitbürgen durch den Gläubiger gestaltet also typischerweise (s. aber nachf. Rn. 1027) allein das Außenverhältnis zwischen Gläubiger und Bürge, aber nicht den Binnenregress unter den Mitbürgen. Die Entlassung eines Mitbürgen ist für den Gläubiger deshalb risikolos[398].

cc) Schuldbeitritt

Ein Gesamtschuldverhältnis wird auch durch den Schuldbeitritt (Sicherungsgesamtschuld) begründet (unten Rn. 1580). Mehrere Sicherungsgesamtschuldner untereinander gleichen sich ebenso wie Mitbürgen aus, aber auch Sicherungsgesamtschuldner und Mitbürgen untereinander[399] (nachf. Rn. 1024). Die Entlassung eines Sicherungsgesamtschuldners befreit den Bürgen, resp. einen anderen Sicherungsgesamtschuldner gegenüber dem Gläubiger deshalb ebenso wenig, wie die Entlassung eines Mitbürgen. **1011**

c) Einwände aus bürgschaftsfremden Gründen

Dem Bürgen können nach allgemeinen Grundsätzen Gegenrechte zustehen. So kann er seinerseits eine Forderung gegen den Gläubiger haben und damit gegen den Anspruch aus der Bürgschaft unter den Voraussetzungen von §§ 387 ff. aufrechnen. Die Bürgschaftsforderung selbst kann unabhängig von der Hauptforderung (§ 768 Abs. 1) gem. § 195 BGB verjährt sein (vorst. Rn. 855). Nach Erfüllung durch den Bürgen erlischt sie (§ 362 BGB, vorst. Rn. 946). **1012**

D. Rückgriff des Bürgen nach Leistung

1. Forderungsübergang und Aufwendungsersatzanspruch

Erfüllt der Bürge seine Bürgenschuld gegenüber dem Gläubiger (dazu vorst. Rn. 946), erlischt das Bürgschaftsverhältnis gem. § 362. Aus der Sicht des Gläubigers hat sich damit auch das Schuldverhältnis mit dem Hauptschuldner erledigt. Aber der Bürge tilgt seine eigene Bürgenschuld und nicht etwa als Drittleistender i.S.v. § 267 BGB die Verbindlichkeit **1013**

---

398 BGH NJW 92, 2286 zu II. 2. b, 3. mit im Ergebnis zust. Komm. *Beyer*, EWiR § 774 BGB 1/92, 870, Anm. *Grünewald*, LM Nr. 24 zu § 774 BGB und Bspr. *K. Schmidt*, JuS 92, 1061; MünchKomm./*Habersack*, § 776 BGB Rn. 5.

399 Zutreffend OLG Celle NJW 86, 1761.

des Hauptschuldners (vgl. vorst. Rn. 947). Deshalb erlischt die gesicherte Forderung durch die Leistung des Bürgen nicht, sondern sie bleibt bestehen. Dem Gläubiger kann sie nicht mehr gebühren. Vielmehr geht sie, wie § 774 Abs. 1 Satz 1 bestimmt, auf den Bürgen über. An die Stelle der Erfüllungswirkung gem. § 362 Abs. 1, die durch die Leistung des Hauptschuldners eingetreten wäre, findet also ein Inhaberwechsel an der fortbestehenden Hauptforderung statt[400]. Der Hauptschuldner wird dadurch zum Schuldner des Bürgen, der (nunmehr frühere) Gläubiger scheidet als Legalzedent aus dem Schuldverhältnis aus, und der Bürge kann versuchen, seinerseits beim Hauptschuldner Regress zu nehmen[401].

1014 Der gesetzliche, vom rechtsgeschäftlichen Willen der Beteiligten unabhängige Forderungsübergang (**cessio legis**) braucht nicht die einzige Möglichkeit für den Bürgen zu sein, beim Hauptschuldner Regress zu finden. Die Übernahme der Bürgschaft kann auf verschiedenen Rechtsgründen beruhen (vorst. Rn. 836): Gefälligkeit gegenüber dem Hauptschuldner, oder, was am häufigsten sein wird, ein Auftrag des Hauptschuldners (§ 662), eine Geschäftsbesorgung für ihn (§ 676) oder auch eine Geschäftsführung ohne Auftrag (§ 677). Aus einem solchen Rechtsverhältnis zwischen Bürgen und Hauptschuldner im Deckungsverhältnis (vorst. Rn. 856) kann ein Anspruch des Bürgen auf **Ersatz der Aufwendungen** entstehen, die dieser zum Zwecke der Ausführung des Auftrags gemacht hatte (§§ 670, 683 BGB), und die Aufwendung des Bürgen liegt in eben der Leistung an den Gläubiger. Das Auftragsverhältnis zwischen Bürgen und Hauptschuldner kann freilich vielfältig gestaltet sein, z.B. kann der Bürge auch seinerseits eine Schuld gegenüber dem Hauptschuldner haben und die Bürgschaft nur deshalb übernommen haben, um diese Schuld zu tilgen. Dann hat der Bürge natürlich keinen Aufwendungsersatzanspruch gegenüber dem Hauptschuldner, soweit er seine eigene Schuld tilgte. Entsprechendes gilt, wenn er die Bürgschaft schenkweise (§ 516 BGB) übernommen hatte. Bei Nichtigkeit des Auftragsverhältnisses gründet sich der Regressanspruch des Bürgen gegen den Hauptschuldner auf Geschäftsführung ohne Auftrag resp. ungerechtfertigte Bereicherung[402].

1015 Sofern dem Bürgen aufgrund der Kausalbeziehung zum Hauptschuldner ein Aufwendungsersatzanspruch nicht oder nur teilweise zusteht, führt die cessio legis, der ungeschmälerte Übergang der Forderung, zu einem unrichtigen Ausgleich zwischen Bürgen und Hauptschuldner. Seine Berichtigung bewirkt § 774 Abs. 1 Satz 3: **Einwände** des Hauptschuldners aus einem zwischen ihm und dem Bürgen bestehenden Rechtsverhältnis, also dem **Deckungsverhältnis**, bleiben unberührt[403]. Die **Kausalbeziehungen zwischen Bürgen und Hauptschuldner** werden also im Wege des Einwands berücksichtigt. Das begünstigt die Rechtsposition des Bürgen: Ihm steht eine klare, unproblematisch zu be-

---

400 *Ehmann*, Gesamtschuld, S. 111; AltKomm./*Reich*, § 774 BGB Rn. 1; würde die Hauptforderung ohnehin nicht erlöschen, geht sie auch nicht gem. § 774 über, so, wenn der Bürge nur aufgrund eines Vorbehaltsurteils (§ 599 ZPO) zahlt: BGH NJW 83, 1111.

401 Entsprechendes dürfte für das Verhältnis von Gesellschafter (§ 128 HGB) und Personengesellschaft infolge der akzessorischen Haftung (vgl. oben Rn. 994) gelten, *Habersack*, AcP 198 (1998), 152 (160 f.).

402 *Würthwein*, in: Festschr. Leser, S. 177 (191).

403 BGH NJW-RR 92, 811 mit Anm. *Moritz*, WuB I F 1 a. – 12.92; gesellschaftsrechtliche Treuepflicht: OLG Naumburg DB 95, 723; Einwände nach Auflösung nichtehelicher Lebensgemeinschaft: BGH NJW 83, 1063; OLG Hamm NJW 89, 624; OLG Stuttgart ZIP 94, 200 mit Komm. *Wandt*, EWiR § 774 BGB 1/94, 245 und Bspr. *K. Schmidt*, JuS 94, 887; LG Bamberg NJW 88, 1219; zur einkommenssteuerrechtlichen Behandlung der Aufwendungen als Betriebsausgaben BFH NJW 90, 1380.

weisende Anspruchsgrundlage zur Verfügung, während der Hauptschuldner Tatsachen, welche Einwände aus dem Kausalverhältnis begründen, darzulegen und zu beweisen hat. Das ändert nichts daran, dass außer dem Anspruch, den der Bürge aufgrund des Forderungsübergangs hat, der Aufwendungsersatzanspruch bestehen bleibt, der auf dasselbe geht wie der Anspruch aus dem Forderungsübergang, also den richtigen Ausgleich herbeiführen soll. Nur trifft die Beweislast für die anspruchsbegründenden Voraussetzungen des Aufwendungsersatzes nach allgemeinen Grundsätzen den Bürgen. Daraus kann sich im Prozess ein unterschiedliches Ergebnis zeigen, je nachdem, ob der Bürge sein Begehren auf Forderungsübergang oder auf Aufwendungsersatz stützt. Der Anspruch aus dem Forderungsübergang und der Aufwendungsersatzanspruch sind richtiger Ansicht nach zwei in Konkurrenz stehende und auf dasselbe gehende Ansprüche, die nur rechtstechnisch verschieden ausgeformt sind[404].

Neben den Einwänden aus dem Deckungsverhältnis gem. § 774 Abs. 1 Satz 3 stehen dem Hauptschuldner die **Einwände** gegen die gesicherte Forderung, die er gegenüber dem Gläubiger aus dem **Valutaverhältnis** hatte, nach den allgemeinen Regeln der §§ 412, 404 ff.[405] BGB zu (unten Rn. 1425 ff.). War der Hauptschuldner **minderjährig** gewesen und ist seine Haftung gegenüber dem Gläubiger gem. § 1629a Abs. 1 BGB beschränkt (vorst. Rn. 973), muss der Bürge dennoch unbeschränkt an den Gläubiger leisten, wie § 1629a Abs. 3 bestimmt. Der Regress des Bürgen gegen den vormals minderjährigen Hauptschuldner ist dennoch nach Maßgabe von § 1629a Abs. 1 beschränkt (vorst. Rn. 241). Der Hauptschuldner kann auch **Verbraucher** i.S.v. § 13 BGB sein und die Bürgschaft der Sicherung eines Anspruchs aus einem Verbraucherkreditvertrag (§§ 491, 499 BGB) gedient haben. Ein Verzicht des Bürgen gegenüber dem Gläubiger auf Einreden nach §§ 768, 770 ist zwar wirksam (vorst. Rn. 996), aber der Regress nach § 774 BGB ist beschränkt, wenn und soweit der Bürge die Leistung ohne den Verzicht hätte verweigern können. Dies folgt aus § 496 Abs. 1 BGB, wonach im Verhältnis zum Verbraucher ein Einwendungsverzicht für den Fall des Forderungsübergangs unwirksam ist[406]. **1016**

Ist der Bürge im Innenverhältis zum Hauptschuldner – z.B. aufgrund eines Gesellschaftsvertrages – verpflichtet, die Forderung zu tilgen, tilgt sie aber der Hauptschuldner selbst, so geht nicht etwa auf diesen die Bürgschaftsforderung über, sondern sie erlischt. § 774 ist auf diesen umgekehrten Fall nicht anwendbar, so dass auch Sicherheiten nicht gem. §§ 401, 412 auf den Hauptschuldner übergehen. Doch kann sich aus dem Sicherungsvertrag ein Anspruch auf Abtretung ergeben[407]. Die cessio legis gem. § 774 Abs. 1 ist durch Vertrag zwischen Bürgen und Gläubiger **abdingbar**[408] (vorst. Rn. 925). **1017**

404 RGRK/*Mormann*, § 774 BGB Rn. 5; Staudinger/*Horn*, § 774 BGB Rn. 5; gegen Anspruchskonkurrenz *Larenz*, Schuldrecht BT, 12. Auflage, § 64 III (S. 479).

405 Nicht aber einen Erlaß des Gläubigers mit dem Hauptschuldner, durch den die Inanspruchnahme des Bürgen unberührt bleiben sollte: OLG Hamm WM 95, 153 (155) mit Anm. *Eckert*, WuB I F 1 a. – 3.95.

406 *Bülow*, VerbrKrR, § 496 Rn. 11.

407 BGH GmbHR 86, 85; NJW 87, 1697 mit Komm. *Raeschke-Keßler*, EWiR § 130a HGB 1/87, 495.

408 BGH WM 2001, 1060 mit skept. Komm. *Pfeiffer*, EWiR § 774 BGB 1/01, 575 und Anm. *Felke*, WuB I F 1a. – 9.01; RGZ 148, 65 (66); Staudinger/*Horn*, § 774 BGB Rn. 24.

2. Sicherheitenübergang

a) Gesetz und Rechtsgeschäft

1018 Der Übergang der Forderung auf den Bürgen kraft Gesetzes bewirkt ein weiteres, nämlich gem. §§ 412, 401 den Übergang **akzessorischer Sicherheiten**[409], die für die gesicherte Forderung außer der Bürgschaft bestellt worden waren, auf den Bürgen[410] als neuem Forderungsinhaber. Der Bürge wird also kraft Gesetzes z.B. neuer Hypotheken- oder Faustpfandgläubiger und kann aus dieser Rechtsstellung Befriedigung suchen; wo der Gläubiger solche Sicherungsrechte aufgegeben hatte und der Bürge sonst hätte Ersatz verlangen können, wird er insoweit von der Bürgschaftsverpflichtung gem. § 776 frei (s. vorst. Rn. 1008 ff.). Nur Mitbürgschaften (nachf. Rn. 1023) gehen nicht auf den leistenden Bürgen über, ebenso wenig Ansprüche gegen Sicherungsgesamtschuldner (nachf. Rn. 1024).

1019 Gem. § 774 Abs. 1 Satz 2 kann dieser Forderungsübergang nicht zum **Nachteil des Gläubigers** geltendgemacht werden. Das wird insbesondere bei Teilleistungen des Hauptschuldners bedeutsam: Ein neben der Bürgschaft bestelltes Pfand darf zunächst der Gläubiger für die ihm verbliebene Restforderung verwerten, der Bürge hat Nachrang und muss sich mit dem begnügen, was übrigbleibt[411].

1020 War die Forderung neben der Bürgschaft durch Sicherungsübereignung oder -abtretung gesichert oder durch eine Grundschuld (oben Rn. 343), findet kein Sicherheitenübergang auf den Bürgen ex lege statt (unten Rn. 1183): Es handelt sich um **abstrakte Sicherheiten** und gerade nicht um akzessorische. Sie gehen nur durch dingliches Erwerbsgeschäft (§§ 929 ff., 398) über. Es darf aber „ohne weiteres als Wille der Beteiligten erachtet werden ..., dass der Gläubiger ... das ihm zur Sicherheit übertragene Recht auf den Bürgen, durch den er Befriedigung erhält, übertragen muss und der Hauptschuldner einer solchen Übertragung im voraus zustimmt. In solchem Fall bildet die Übertragungspflicht eine sich von selbst verstehende Folge des Rechtsverhältnisses, das zwischen ... Gläubiger und Sicherungsgeber und dem Bürgen besteht“[412]. An die Stelle des Sicherheitenübergangs kraft Gesetzes tritt also der Übergang kraft Rechtsgeschäfts.

b) Sicherungsgeberausgleich

1021 Der Bürge kann sich seinerseits Ansprüchen Dritter ausgesetzt sehen. Ist für die Forderung neben der Bürgschaft eine Hypothek für den Gläubiger auf dem Grundstück eines Dritten bestellt worden, hat der Grundstückseigentümer das Recht, die Schuld abzulösen und sein Eigentum von der Pfandhaft zu befreien (§ 1142 Abs. 1, oben Rn. 213 ff.; für das Faustpfand § 1223 Abs. 2, oben Rn. 513). Auf den leistenden Eigentümer geht die gesicherte Forderung über (§§ 1143, 1225) und mit ihr gem.

---

409 Hierzu gehören an sich auch Ansprüche aus Schuldbeitritt, BGH NJW 2000, 575 mit krit. Rezension *Bartels*, JZ 2000, 608, der allerdings die fast akzessorische Ausgestaltung des Schuldbeitritts verkennt; jedoch gilt für den Schuldbeitritt § 774 Abs. 2 (nachf. Rn. 1024), BGH NJW 72, 437 zu III. (unten Rn. 1596).

410 Wo die Bürgschaft allerdings kapitalersetzende Funktion hat, kann sich der Bürge aus Sicherheiten nur nach Maßgabe von § 32a GmbHG befriedigen: OLG Hamburg GmbHR 86, 88 und nachf. Rn. 1065.

411 BGHZ 110, 41 (45/46) mit Komm. *Merz*, EWiR 1/90, 247 zu § 774 BGB, Anm. *Rehbein*, JR 91, 195, Bspr. *K. Schmidt*, JuS 90, 581 und *Reinicke/Tiedtke*, DB 90, 1953; 92, 374 (379); RGZ 136, 40 (43).

412 RG DR 41, 2609, ebenso RGZ 89, 193 (195); 91, 277 (280); BGHZ 80, 228 (232); 104, 26 (29); 110, 41 (43); BGH NJW 97, 3372 zu II. 3. b.; 94, 511 mit Komm. *Stadler*, EWiR § 249 BGB 1/94, 229; WM 86, 670; OLG Stuttgart NJW-RR 90, 945 mit Komm. *Almendinger*, EWiR 2/90, 885 zu § 774 BGB; *Boemke-Albrecht*, JuS 91, 309 (312).

§§ 412, 401 die Bürgschaft. Der Eigentümer müsste sich nun am Bürgen schadlos halten können. Jedoch mag man daran denken, den Konflikt durch einen aus § 776 (oben Rn. 1008) herzuleitenden Vorrang des Bürgen zu lösen[413]. In der Tat ist dieser Vorschrift, die es vergleichbar für andere Sicherungsgeber nicht gibt, zu entnehmen, dass es der Bürge ist, der alle Sicherungsmöglichkeiten soll ausschöpfen können, nicht ein anderer Sicherungsgeber. Indessen – § 776 regelt das Rechtsverhältnis zwischen Gläubiger und Bürgen und stellt den Bürgen im Vergleich zu anderen Sicherungsgebern im Verhältnis zum Gläubiger besser, aber eine Regelung über den Ausgleich unter mehreren Sicherungsgebern ist § 776 nicht zu entnehmen. Die Vorschrift bestimmt vielmehr nur das Außenverhältnis zwischen Bürgen und Gläubiger, aber nicht das Innenverhältnis unter mehreren Sicherungsgebern. Der Schluss, der Bürge sei auch im Innenverhältnis unter mehreren Sicherungsgebern diesen gegenüber bevorzugt, ist durch § 776 also nicht belegbar. Auch die Erwägung, der Bürge hafte unbeschränkt mit seinem gesamten Vermögen, die anderen Sicherungsgeber aber nur beschränkt mit der Sachsicherheit[414], wäre zwar de lege ferenda beachtbar, findet aber keine rechtliche Entsprechung im Gesetz, aber auch nicht in der ökonomischen Wirklichkeit, da die Werthaltigkeit einer Realsicherheit meistens höher eingeschätzt wird als die einer Personalsicherheit[415]. Dem Gesetz ist jedenfalls nicht zu entnehmen, dass der Bürge im Sicherungsgeberausgleich gegenüber anderen Sicherungsgebern bevorzugt sein solle. Überwiegend wird vielmehr ein **gesamtschuldnerischer Ausgleich** unter mehreren Sicherungsgebern als richtige Lösung angesehen (näher oben Rn. 242).

E. Erscheinungsformen der Bürgschaft und ähnliche Rechtsverhältnisse

Der Grundtypus der Bürgschaft kann mannigfach modifiziert werden. Teilweise regelt das Gesetz besondere Ausprägungen, teilweise ergeben sich solche aus privatautonomer Anwendung des Grundtypus. Darüber hinaus gibt es kautelarische Personalsicherheiten, die den Grundtypus verlassen (unten Rn. 1541 ff.). **1022**

1. Mitbürgschaft

a) Gesamtschuldverhältnis

Mitbürgen sind mehrere Bürgen, die sich für dieselbe Hauptverbindlichkeit einzustehen **1023** verpflichten. Sie haften dem Gläubiger gegenüber gem. § 769 als Gesamtschuldner, auch dann, wenn sie sich nicht gemeinschaftlich verbürgt hatten, sondern unabhängig voneinander, vielleicht sogar in Unkenntnis voneinander und zu verschiedenen Zeitpunkten, vor oder nach Entstehung der Hauptverbindlichkeit, unabhängig auch von der Wirksamkeit des jeweils anderen Bürgschaftsvertrages[416]. Gem. § 421 BGB kann der Gläubiger die Leistung nach seinem Belieben von dem einen oder einem anderen Mitbürgen verlangen. Erfüllung, Erlass und Gläubigerverzug in der Person eines Mitbürgen können sich im Ver-

413 *Schlechtriem*, in: Festschr. v. Caemmerer, S. 1013 (1038); Staudinger/*Horn*, § 774 BGB Rn. 68; abl. BGHZ 108, 179 (183) mit krit. Rezension *Bülow*, WM 89, 1877; WM 92, 1893 zu II. 2.; MünchKomm./ *Habersack*, § 774 BGB Rn. 30; *Mertens/Schröder*, Jura 92, 305 (306); *Rüssmann/Britz*, JuS – Lernbogen 94, L 59 (62); *Weintraut*, Haftungsausgleich, S. 155 ff.

414 *Larenz*, Schuldrecht BT, 12. Auflage, § 64 III. (S. 481); anders jetzt *Larenz/Canaris*, § 60 IV. 3. a. (S. 16).

415 Auch kann der Realsicherungsgeber dadurch sein Vermögen aufbrauchen, dass er zur Rettung der Sicherheit, z.B. eines Grundstücks, die gesicherte Forderung ablöst, oben Rn. 163; vgl. auch *Tiedtke*, ZIP 97, 1949 (1953).

416 OLG Köln BB 99, 758.

hältnis zum Gläubiger nach weiterer Maßgabe von §§ 422 bis 424 auch zugunsten der anderen Mitbürgen auswirken, andere Tatsachen wie der Verzug gem. § 425 nur für und gegen denjenigen Mitbürgen, in dessen Person sie eintreten, soweit sich nicht aus dem Schuldverhältnis ein anderes ergibt (vgl. unten Rn. 1580).

b) Gesamtschuldnerausgleich

1024 Das Innenverhältnis unter den Mitbürgen richtet sich nach § 426: Leistet einer der Mitbürgen, kann er bei den anderen Ausgleich suchen (Abs. 1). Die Forderung des vormaligen Gläubigers gegen die anderen Mitbürgen geht nur insoweit kraft Gesetzes auf ihn über (Abs. 2), wie er im Innenverhältnis zu den anderen Mitbürgen Ausgleich verlangen kann. Die Hauptforderung gegen den Hauptschuldner, zu deren Sicherung die Mitbürgschaften bestellt worden waren, geht gem. § 774 Abs. 1 in voller Höhe der Leistung des Mitbürgen auf diesen über. Die gem. § 774 Abs. 1 auf den leistenden Mitbürgen übergegangene Hauptforderung und die gem. § 426 Abs. 2 BGB teilweise übergegangene Gesamtschuldforderung sind miteinander akzessorisch verbunden; leistet also der Hauptschuldner an den Mitbürgen, geht die Gesamtschuldforderung unter. Dem Gesamtschuldverhältnis unter den Mitbürgen ist die Pflicht regressberechtigter Mitbürgen zu entnehmen, den Ausgleich zunächst beim Hauptschuldner und anderweitigen, gem. § 401 BGB übergegangenen Sicherheiten (oben Rn. 1018) zu versuchen[417]; andernfalls hat der andere Mitbürge ein Zurückbehaltungsrecht (§ 273 BGB).

1025 Die anderen Mitbürgen sind nicht ihrerseits wieder Gesamtschuldner des Bürgen, der an den Gläubiger geleistet hatte, sondern nunmehr dessen Teilschuldner (vgl. § 420 BGB)[418]. Als Folge dessen kann er die anderen Mitbürgen zu deren jeweiligem Anteil, aber nicht wegen des gesamten, von ihm an den Gläubiger geleisteten Betrages – abzüglich des auf ihn selbst entfallenden Anteils – in Anspruch nehmen. Der Hinweis in § 774 Abs. 2, der gesamtschuldnerische Ausgleich richte sich nur nach § 426, hat klarstellende Bedeutung: Der Forderungsübergang gem. § 774 Abs. 1 bewirkt nicht auch den Übergang der Mitbürgschaften auf den leistenden Mitbürgen gem. § 401 (vorst. Rn. 1021)[419]. Indem der Mitbürgenausgleich in den Gesamtschuldnerausgleich mündet, ist auch der Ausgleich zwischen Bürgen und Sicherungsgesamtschuldner (**Schuldbeitritt**, unten Rn. 1598) unmittelbar nach § 426, also ohne Anwendung von § 401 (vorst. Rn. 1018) zu vollziehen[420].

1026 Der Ausgleichsanspruch des an den Gläubiger leistenden Bürgen gegen den (oder die) Mitbürgen entsteht schon vor der Leistung, nämlich mit der Entstehung des Gesamtschuldverhältnisses[421], und ist solange auf **Freistellung** von der Inanspruchnahme durch den Gläubiger gerichtet[422]. Sofern die

417 MünchKomm./*Habersack*, § 769 BGB Rn. 25.

418 Dazu BGHZ 23, 361; BGH NJW 82, 2306; 84, 482; 86, 3131; ZIP 86, 432 mit Komm. *Heinrichs*, EWiR § 426 BGB 1/86, 343; BAG NJW 86, 3104; OLG Hamburg GmbHR 86, 121 (Gesellschafter-Bürge); *Knütel*, JR 86, 6; *Merz*, WM 84, 1141 (1143).

419 *Bülow*, Gedächtnisschrift Schultz, S. 51; *Kanka*, IherJb Bd. 87 (1937/38), 123 (170 f.).

420 OLG Celle NJW 86, 1761; MünchKomm./*Habersack*, § 774 BGB Rn. 28; *Schmitz*, in: Festschr. Merz, S. 552; a.A. OLG Koblenz KTS 88, 204 (§§ 426 Abs. 2 Satz 1, 401).

421 BGHZ 114, 117 (122) = NJW 91, 1733; BGH NJW 2000, 1034 zu I. 2. a. mit Anm. *Rimmelspacher*, WuB I F 1a. – 11.2000.

422 BGH NJW 86, 3131 zu I. 1.; NJW 90, 1366 mit Komm. *Tiedtke*, EWiR § 304 ZPO 1/90, 199; 92, 2286 zu II. 2. a. mit Anm. *Grunewald*, LM Nr. 24 zu § 774 BGB; MünchKomm./*Habersack*, § 774 BGB Rn. 25; in anderen Gesamtschuldverhältnissen: BGH NJW 86, 978.

Leistung des Bürgen nur als Sicherheitsleistung bestimmt ist (vorst. Rn. 946), geht auch der Ausgleichsanspruch des leistenden Bürgen gegen den Mitbürgen nur auf Sicherheitsausgleichung. Zahlt später der Hauptschuldner doch noch an den Gläubiger und erstattet dieser deshalb die Sicherheit dem Bürgen zurück, muss er auch die vom Mitbürgen erhaltene Sicherheit wieder zurückgewähren[423].

Die gesamtschuldnerische Haftung gegenüber dem Gläubiger[424] ist **abdingbar**: So können Gläubiger und ein Mitbürge vereinbaren, dass der Gläubiger zuerst die anderen Mitbürgen in Anspruch nehmen muss (ungleichstufige Mitbürgschaft, die dadurch zur Ausfallbürgschaft wird, vorst. Rn. 1006). Das heißt nicht, dass deshalb im Innenverhältnis auch der gesamtschuldnerische Ausgleich unter den Mitbürgen ausgeschlossen sein müsste; aber auch das kann vereinbart werden[425]. Gleichermaßen bleibt im Allgemeinen die Entlassung eines Mitbürgen durch den Gläubiger (§ 776) ohne Einfluss auf den Mitbürgenausgleich (vorst. Rn. 1010). In welchem Umfang sich die Mitbürgen untereinander ausgleichen, richtet sich nach der Struktur des Innenverhältnisses. Meist sind sie zu gleichen Anteilen verpflichtet[426]; sind die Mitbürgen aber z.B. gleichzeitig Gesellschafter einer Personengesellschaft (vorst. Rn. 955), kann sich der interne Ausgleich nach den Anteilen an der Gesellschaft richten[427] (s. auch nachf. Rn. 1030). Aufgrund der Modalitäten des Innenverhältnisses kann es auch sein, dass ein Mitbürge den ganzen Ausfall tragen soll[428]. Gleichermaßen findet gesamtschuldnerischer Ausgleich zwischen Bürgen und Schuldmitübernehmer (unten Rn. 1598) statt[429]. **1027**

c) Verhältnis zu Teil- und Höchstbetragsbürgschaft

Verbürgen sich mehrere für einen bestimmten Teil der Hauptverbindlichkeit, z.B. für einzelne Raten eines Darlehens, die zu unterschiedlichen Zeitpunkten fällig werden, so steht jeder Teilbürge nur für seinen Teil ein. Befriedigt der Hauptschuldner den Gläubiger mit diesem Teil, erlischt die Bürgschaft; der Teilbürge hat nicht für den Rest einzustehen. Mehrere Teilbürgen sind also gerade nicht Mitbürgen und haften weder gegenüber dem Gläubiger noch im Innenverhältnis (vorbehaltlich anderer Vereinbarung) gesamtschuldnerisch[430]. Natürlich können sich mehrere Bürgen für ein und denselben Teil der Hauptverbindlichkeit als Mitbürgen verpflichten. **1028**

---

423 BGH NJW 87, 374 mit Anm. *Bülow*, WuB I F 1 a. – 2.87.

424 BGHZ 88, 185; BGH NJW 87, 3126 zu II. 1.; 86, 3131 zu I. 3. c. cc.; 83, 2442; OLG Köln BB 99, 758; OLG München ZIP 98, 731 mit Komm. *Büchler*, EWiR § 767 BGB 1/98, 545; *M. Wolf*, NJW 87, 2472 und *Horn*, DZWIR 97, 265 (266) sprechen von Nebenbürgschaft; durch AGB: *Tiedtke*, ZIP 86, 150.

425 BGH NJW 2000, 1034 zu I. 2. b. mit Anm. *Rimmelspacher*, WuB I F 1a. – 11.2000; BGHZ 88, 185 (188), dazu *Weitzel*, JZ 85, 824; BGH NJW 84, 482; RGZ 81, 414 (419); RG Recht 1912, Nr. 2032; LG Stuttgart NJW-RR 2000, 623.

426 OLG Köln WM 91, 1718.

427 BGH WM 75, 100; OLG Hamburg GmbHR 86, 121; *Bülow*, WuB I F 1 a. – 2.87 zu 3.; Ausscheiden aus einer GmbH: BGH BB 73, 1326; Treuhändergesellschafter: BGH ZIP 89, 431 mit Komm. *Bülow*, EWiR § 765 BGB 1/89, 469; eine Teilleistung des zu mehr verpflichteten Mitbürgen ist zunächst auf den von ihm allein geschuldeten Spitzenbetrag zu verrechnen (§ 366 Abs. 2 BGB analog), OLG Düsseldorf NJW 95, 2565.

428 BGH NJW 92, 2286 zu II. 4.; 86, 3131 zu I. 5; WM 75, 100; OLG Köln WM 95, 249 mit krit. Anm. *Tiedtke*, WuB IV. A. – 1.95.

429 BGH NJW 72, 437 zu III.; BFH NJW-RR 2001, 1398 zu III. 2. d.; OLG Celle NJW 86, 1761; OLG Hamm MDR 90, 920 mit Komm. *Selb*, EWiR § 426 BGB 1/90, 27 und Anm. *Bülow*, WuB I K 3. – 3.90; anders natürlich bei Bürgschaft für gleichgründige Gesamtschuld, BGH WM 90, 1887 zu 3.; OLG Koblenz BB 88, 91 und unten Rn. 1589, wo die Bürgschaft gem. § 426 Abs. 1 auf den leistenden Gesamtschuldner übergeht.

430 BGHZ 95, 105; *Weber*, JuS 71, 553 (558).

1029 Ein Bürge kann sich verpflichten, für die Hauptverbindlichkeit nicht als **Vollbürge** in voller Höhe einzustehen, sondern nur bis zu einem bestimmten Höchstbetrag (**Höchstbetragsbürgschaft**, dazu bereits vorst. Rn. 952)[431]. Anders als die Teilbürgschaft erlischt die Höchstbetragsbürgschaft nicht, wenn der Gläubiger vom Hauptschuldner bis zum Höchstbetrag befriedigt worden war. Er hat für den noch offenen Rest – bis zum Höchstbetrag – einzustehen. Aufgrund der Akzessorietät kann die Haftung der Bürgen aber auch geringer als der Höchstbetrag sein, nämlich dann, wenn die gesicherte Forderung geringer als der Höchstbetrag geworden ist, z.B. aufgrund Tilgungsleistungen in der Vergangenheit. Der Höchstbetrag begrenzt auch die Einstandspflicht für Erweiterungen der Hauptschuld nach § 767 Abs. 1 Satz 2, z.B. durch Verzug[432] (vorst. Rn. 967).

1030 Auf einen Höchstbetrag für dieselbe Hauptverbindlichkeit können sich mehrere Bürgen als Mitbürgen verpflichten. Ihre jeweiligen Höchstbeträge können unterschiedlich sein. In diesem Fall sind sie nur insoweit Gesamtschuldner, als sich die Bürgschaftsbeträge decken, also nur in Höhe des niedrigsten Bürgschaftsbetrages[433] (sog. **Stufenmodell**). In dieser Höhe findet dann der Ausgleich unter Mitbürgen statt. Nach dem von der Rechtsprechung vertretenen **Quotenmodell**[434] findet eine Aufteilung entsprechend dem jeweiligen Ausmaß der im Verhältnis zum Gläubiger übernommenen Haftung statt. Es ergibt sich also eine auf jeden Mitbürgen entfallende Quote, nach der der von den Mitbürgen an den Gläubiger geleistete Betrag aufzuteilen ist. Ein drittes Ausgleichsmodell liegt darin, dass die Bürgschaftssumme durch die Anzahl der Bürgen geteilt wird, die Haftung jedes einzelnen aber durch den jeweiligen Höchstbetrag begrenzt ist[435].

2. Nach- und Rückbürgschaft

a) Insolvenz des Hauptbürgen

1031 Die Tauglichkeit der Bürgschaft als Kreditsicherungsmittel hängt von der Solvenz des Bürgen ab. Kann der Bürge ebenso wenig leisten wie der Hauptschuldner, geht die Kreditsicherung ins Leere (vorst. Rn. 828). Der Gläubiger kann versuchen, das Risiko der Insolvenz des Bürgen durch eine zusätzliche Sicherheit zu mindern (z.B. durch eine Hypothek des Bürgen, s. vorst. Rn. 923). Er kann sich aber auch einen weiteren Bürgen suchen, der nur für den Fall haftet, dass der Bürge nicht leistet. Wer sich für die Nichtleistung des Bürgen (Vor- oder Hauptbürge) einzustehen verpflichtet, ist Nachbürge. Wie der Hauptbürge für die Verbindlichkeit des Hauptschuldners, so haftet der Nachbürge dem Gläubiger für die Verbindlichkeit des Hauptbürgen. In der Nachbürgschaft ist Sicherungsfall die

---

431 BGH WM 56, 885 und 889; unwirksame Relativierung durch AGB: OLG Nürnberg NJW 91, 232 mit Anm. *Moritz*, WuB I F 1 a. – 13.91, krit. *Derleder/Beining*, ZBB 2001, 1 (5); KG JW 34, 1292; zur Einbeziehung von Zinsen: OLG Hamm WM 84, 829 (832); mehrere Höchstbetragsbürgschaften eines einzigen Bürgen: OLG Düsseldorf NJW-RR 89, 1397.

432 BGH WM 2002, 1836 zu II. 3. b. mit Anm. *Weiler*, BKR 2002, 814.

433 RGZ 81, 414 (421); Staudinger/*Horn*, § 774 BGB Rn. 55.

434 BGHZ 137, 292 (294 ff.) = NJW 98, 84 mit Rezension *Oepen*, ZBB 99, 233, Bspr. *K. Schmidt*, JuS 98, 555 und Komm. *Tiedtke*, EWiR § 769 BGB 6/98, 347, ebenso Vorinstanz OLG Hamm WM 97, 711 zu III. 2.; BGH NJW 2000, 1034 zu I. 2. c. mit Anm. *Rimmelspacher*, WuB I F 1a. – 11.2000; OLG Hamm WM 90, 1238 mit Anm. *Bülow*, WuB I K 3. – 3.90, Komm. *Selb*, EWiR § 769 BGB 2/90, 1079 und Bspr. *K. Schmidt*, JuS 91, 239; OLG Köln NJW 91, 298 mit Bspr. *K. Schmidt*, ebda. sowie Anm. *Gößmann*, WuB I F 1 a. – 4.92; OLG Stuttgart ZIP 90, 445 mit Komm. *Bayer*, EWiR § 769 BGB 1/90, 147; *Georgiades*, Höchstbetragsbürgschaft, S. 69 ff.; MünchKomm./*Habersack*, § 774 BGB Rn. 23.

435 *Bayer*, ZIP 90, 1523.

Nichtleistung des Hauptbürgen. Seine Einstandspflicht ist gegenüber derjenigen des Hauptbürgen subsidiär (vgl. oben Rn. 999), er haftet also nicht wie die Mitbürgen gesamtschuldnerisch. Leistet der Nachbürge, so geht auf ihn gem. § 774 Abs. 1 die Forderung des Gläubigers gegen den Hauptbürgen und damit die Forderung gegen den Hauptschuldner über[436].

Leistet dagegen der Hauptbürge, hat er keinen Rückgriffsanspruch gegen den Nachbürgen, sofern Derartiges nicht besonders vereinbart ist. Der Gläubiger kann den Nachbürgen auch aus der Haftung entlassen, ohne dass der Hauptbürge von der Bürgschaftsverpflichtung frei würde. § 776 ist nicht anwendbar, weil der Nachbürge nicht gleichzeitig mit dem Hauptbürgen haftet, sondern nach ihm – anders im Verhältnis von Mitbürgen zueinander (vorst. Rn. 1010, 1031). Ein selbstschuldnerischer Nachbürge ist in Wahrheit Mitbürge. Entlässt der Gläubiger den Hauptbürgen aus der Haftung, gibt es keine Bürgschaftsverbindlichkeit mehr, für die der Nachbürge einstehen könnte. Er wird gem. § 767 Abs. 1 Satz 1 frei, ohne dass er sich auf § 776 berufen müsste und könnte[437]. **1032**

b) Insolvenz des Hauptschuldners nach cessio legis

Dagegen sichert der Rückbürge den Rückgriffsanspruch des Hauptbürgen aus § 774 gegen den Hauptschuldner, also die spätere Gläubigerstellung des Bürgen. Gläubiger des Rückbürgen ist also der Hauptbürge. Sicherungsfall ist die ausbleibende Erfüllung des Hauptschuldners, der schon an den ursprünglichen Gläubiger nicht geleistet hatte und auch an den Hauptbürgen als Legalzessionar nicht leistet (vorst. Rn. 1013). Der Gläubiger der gesicherten Forderung ist an der Rückbürgschaft nicht beteiligt, zwischen ihm und dem Rückbürgen ist allenfalls an Bereicherungsansprüche zu denken[438]. Leistet der Rückbürge an den Hauptbürgen, geht die Forderung gegen den Hauptschuldner gem. § 774 auf ihn über[439]. Eine dem Rückbürgen ähnliche Stellung haben die Gesellschafter einer OHG nach § 128 HGB[440] in Bezug auf die Verbindlichkeiten der OHG, für die sich ein Dritter verbürgt hatte. **1033**

3. Kreditauftrag und Aval; Pfandzession

Der **Kreditauftraggeber** haftet gem. § 778 als Bürge, d.h. in gleicher Weise wie ein Bürge. Demgemäß ist der Kreditauftrag selbst keine Bürgschaft und formfrei. Es geht dabei um einen Auftrag (§ 662), nach dem der Beauftragte – meist ein Kreditinstitut – einem Dritten im eigenen Namen und für eigene Rechnung Kredit zu gewähren hat. Wird der Kredit notleidend, kann sich der Beauftragte, das Kreditinstitut, am Auftraggeber schadlos halten[441]. Der Auftraggeber veranlasst die Kreditgewährung durch das Kreditinstitut **1034**

436 OLG Köln WM 95, 1224; RGRK/*Mormann*, § 765 BGB, Rn. 22; Soergel/*R. Schmidt*, Vor § 765 BGB Rn. 25; *Tiedtke*, WM 76, 174.

437 *Tiedtke*, WM 76, 174 (177), unklar Staudinger/*Horn*, vor §§ 765 BGB Rn. 26.

438 OLG Karlsruhe WM 95, 445.

439 BGHZ 73, 94 (96 f.); BGH NJW 89, 1484 zu 2. c. mit Bspr. *K. Schmidt*, JuS 89, 755.

440 BGH NJW-RR 93, 1377 mit Bspr. *K. Schmidt*, JuS 94, 171 und Anm. *Michalski*, WuB I F 1 a. – 16.93; aus dem Gesellschaftsvertrag kann ein modifizierter Regress folgen bis hin zum Anspruch des Gesellschafter-Bürgen gegen die Gesellschaft auf Befreiung, *H.P. Westermann*, in: Festschr. Rowedder, S. 529, (533).

441 *Koziol*, in: Festschr. Kastner, S. 241 (246) für das österreichische Recht; Kredit zum Zwecke der Wechseleinlösung: BGH WM 84, 422 (423).

typischerweise in seinem eigenen Interesse. Daraus erklärt sich die Formfreiheit des Kreditauftrags unabhängig von der Kaufmannseigenschaft (vorst. Rn. 893, 943).

1035 Durch den **Avalvertrag** wird die Verpflichtung begründet, sich zugunsten eines anderen gegenüber dessen Gläubigern, regelmäßig gegen Avalprovision, zu verbürgen. Der Avalvertrag selbst ist also noch nicht Bürgschaft, sondern begründet nur den Anspruch auf spätere Abgabe eines Bürgschaftsversprechens gegenüber einem Gläubiger des Begünstigten; es gibt darauf spezialisierte Bürgschaftsbanken (vorst. Rn. 857). Er ist ein formfreier Geschäftsbesorgungsvertrag gem. § 675 BGB[442]. Er kann auch mit dem Gläubiger selbst abgeschlossen werden[443] (Kausalvertrag im Außenverhältnis, vorst. Rn. 857).

1036 Ein Pfandgläubiger kann sein Faustpfandrecht auf einen Zessionar durch Abtretung der gesicherten Forderung übertragen. Der Zessionar tritt in die Verpflichtungen des Zedenten gegenüber dem Verpfänder ein (oben Rn. 524). Hierfür hat der Zedent gem. § 1251 Abs. 2 Satz 2 BGB kraft Gesetzes einzustehen. Die Einstandspflicht ist wie diejenige eines selbstschuldnerischen Bürgen ausgestaltet.

4. Zeitbürgschaft

a) Fortdauer der Bürgenhaftung

1037 Den Parteien des Bürgschaftsvertrages steht es frei, die Verpflichtung des Bürgen unter Bedingungen zu stellen (vorst. Rn. 954). Sie können die Bürgschaft auch befristen (§ 163)[444]. Die Einstandspflicht des Bürgen endet in diesem Fall wie bei einer auflösenden Bedingung an sich mit Termineintritt (§§ 158 Abs. 2, 163). Dennoch wird der Bürge bei einer derartigen Zeitbürgschaft mit Zeitablauf nicht ohne weiteres frei: Das Gesetz eröffnet durch § 777 dem Gläubiger die Möglichkeit, die Haftung des Bürgen über den Endtermin hinaus fortdauern zu lassen, so dass er die Zeit bis zu diesem Termin ausschöpfen kann, um dem Hauptschuldner Kredit zu gewähren[445]. Auch Bürgschaften auf Erstes Anfordern[446] (vorst. Rn. 974) oder Ausfallbürgschaften[447] (vorst. Rn. 1006) können Zeitbürgschaften sein.

1038 Versucht der Gläubiger, die Hauptverbindlichkeit in gebotener Weise (§ 772) unverzüglich (§ 121) nach Fristablauf beim Hauptschuldner einzutreiben und zeigt er dem Bürgen wiederum unverzüglich danach an, dass er ihn in Anspruch nehmen werde[448], bleibt die Haftung über den Termin hinaus bestehen. Bei der selbstschuldnerischen Bürgschaft bedarf es nur der Anzeige über die Inanspruchnahme (nicht der Vorausvollstreckung, § 777 Abs. 1 Satz 2). Die Einstandspflicht des Bürgen dauert also noch fort wie bei einer unbefristeten Bürgschaft, gem. Abs. 2 jedoch mit der Maßgabe, dass der Bürge nach dem Bestand der Hauptverbindlichkeit haftet, den diese bei dem Termin bzw. bei Beendigung der Vollstreckung beim Kreditschuldner hat; spätere Erhöhungen der Hauptverbindlichkeit

442 *Rieder*, Bankbürgschaft, S. 24.

443 OLG München WM 90, 1327; im Allgemeinen kein Vertrag zugunsten eines Dritten, des Gläubigers (vorst. Rn. 852 Fn. 36): BGH NJW 84, 2088.

444 BGHZ 76, 81; BGH BB 87, 507; der Termin braucht nicht kalendermäßig bestimmbar zu sein: RGZ 107, 194.

445 Protokolle II, S. 2543, bei *Mugdan* S. 1031.

446 OLG München NJW-RR 95, 498.

447 BGH WM 2002, 1645 zu II. 2. mit Komm. Nielsen, EWiR § 777 BGB 1/02, 867; OLG Köln VuR 2001, 117.

448 Die Anzeige braucht keine Bezifferung zu enthalten, OLG Karlsruhe WM 85, 770 (771); OLG Köln VuR 2001, 117 mit Anm. *S. Kaiser.*

(s. vorst. Rn. 967), z.B. durch Ausschöpfung eines Kreditrahmens, treffen den Bürgen also nicht mehr[449]. Auch muss die Hauptforderung schon spätestens mit Eintritt des Termins fällig gewesen sein[450].

Der Gläubiger kann auf die Rechtsstellung aus § 777, der Bürge nachträglich auf die Zeitbestimmung (in der Form von § 766) **verzichten**[451]. **1039**

b) Abgrenzung zur Kontokorrentbürgschaft

Wird die Bürgschaft für einen Zeitraum übernommen, so brauchen die Parteien nicht immer eine Zeitbürgschaft gemeint zu haben. Die Auslegung des Bürgschaftsvertrages[452] kann auch ergeben, dass die Parteien eine Bürgschaft für alle solche Verbindlichkeiten begründen wollten, die bis zu dem vereinbarten Termin entstehen, wie dies bei der Bürgschaft für einen Kontokorrentkredit (vorst. Rn. 843) vorkommt. Dann haftet der Bürge für diese Forderungen unbefristet. Eine solche Bürgschaft ist gegenständlich beschränkt, nämlich auf die im Rahmen des Kontokorrents bis zu dem vereinbarten Termin entstehenden Forderungen[453]. Die unbefristete Kontokorrentbürgschaft ist kündbar (vorst. Rn. 951). **1040**

5. Bürgschaft zur Sicherheitsleistung

Verschiedentlich bestimmt das Gesetz (oder eine Vereinbarung[454]), dass Rechtshandlungen von einer Sicherheitsleistung abhängig sind. Die Sicherheit kann im Allgemeinen (nicht aber zum Zwecke der Abwendung des Zurückbehaltungsrechts gem. § 273 Abs. 3 Satz 2 BGB resp. § 369 Abs. 4 Satz 2 HGB) durch selbstschuldnerische Bürgschaft (vorst. Rn. 1003) erbracht werden (§§ 239 Abs. 2, 232 Abs. 2). Wichtige Fälle sind: **1041**

---

449 BGH NJW 83, 750; BGHZ 99, 288 (auch zur Fristberechnung) mit Komm. *Heinrichs*, EWiR § 193 BGB 1/87, 22; WM 83, 33 zu II. 2.; OLG Köln MDR 86, 409; *Häuser* in Anm. zu LG Frankfurt ZIP 82, 831.

450 BGH NJW 2000, 3137 zu I. 1. mit Komm. *Wissmann*, EWiR § 777 BGB 1/01, 223 und Anm. *Klanten*, WuB I F 1a. – 10.01; 84, 2461 = BGHZ 91, 349; 139, 325 (328/329); BGH NJW 89, 1856 mit Komm. *Tiedtke*, EWiR § 277 BGB 1/90 mit Stellungnahme *Gerth*, WM 88, 317 sowie *Wintterlin*, WM 88, 1185; OLG Frankfurt am Main NJW-RR 95, 1388 zu 4.; OLG München NJW-RR 95, 498; eine Zeitbürgschaft ist aber nicht schon deshalb anzunehmen, weil die Hauptschuld an einem bestimmten Termin fällig wird: OLG München WM 84, 469 (472).

451 *Michalski*, ZBB 94, 289 (300); BGH NJW 82, 172 zu I. 2.; OLG Karlsruhe ZIP 2001, 2043 mit Komm. *Aden*, EWiR § 768 BGB 1/02, 63; in der Zwangsversteigerung: OLG Hamm WM 87, 787; sofern aber eine Zeitbürgschaft vereinbart bleibt, kann der Bürge nicht zugleich auf die Anzeigeobliegenheit verzichten: OLG Köln NJW 85, 2722 mit Komm. *Damrau*, EWiR § 777 BGB 1/86, 259; OLG Hamm NJW 90, 54; WM 86, 14; *Tiedtke*, DB 90, 411.

452 BGH NJW 97, 2233 mit Anm. *Eckert*, WuB I F 1 a. – 13.97, Komm. *Tiedtke*, EWiR § 765 BGB 6/97, 743, Bspr. *K. Schmidt*, JuS 97, 1041 und *Tegebauer*, JA 98, 4.

453 BGH NJW 66, 275; 88, 908; WM 88, 1301 mit Komm. *Bülow*, EWiR § 765 BGB 6/88, 981; OLG Köln, WM 96, 1677 mit Anm. *Krumwiede*; WuB I F 1 a. – 19.96; OLG Frankfurt am Main WM 92, 2086 (2088); KG WM 95, 1439 mit Anm. *Krumwiede*, WuB I F 1 a. – 11.95; OLG Zweibrücken WM 94, 788; *Blaurock* in Kommentar zu OLG Köln, EWiR § 777 BGB 1/87, 579; *Damrau* in Kommentar zu OLG Köln, EWiR 1/86, 259; *Voss*, MDR 90, 495 zu OLG Hamm NJW 90/54; *Stötter/Stötter*, DB 88, 899; MünchKomm/*Habersack*, § 777 Rn. 4; *Michalski*, ZBB 94, 289 (300).

454 BGH NJW 86, 1038.

a) Prozessbürgschaft

1042 Hat eine Partei im Prozess einen Vollstreckungstitel erwirkt, kann es sein, dass dieser Titel nur vorläufiger Natur ist (Arrest und Einstweilige Verfügung), oder der Gegner kann noch die Möglichkeit haben, ein Rechtsmittel einzulegen, um die Aufhebung des Titels zu erwirken. Aus solchen Titeln kann die Zwangsvollstreckung oft nur gegen Sicherheitsleistung nach Maßgabe von §§ 709 ff. ZPO betrieben, oder sie kann gem. §§ 719, 707 ZPO gegen Sicherheitsleistung eingestellt[455] werden, oder der Gegner erhält die Möglichkeit, die Zwangsvollstreckung durch Sicherheitsleistung abzuwenden (§§ 923, 939, 711 ZPO). Gem. § 108 Abs. 1 Satz 2 ZPO kann die Sicherheit durch Bankbürgschaft (Prozessbürgschaft) erbracht werden, die gem. § 751 Abs. 2 ZPO zuzustellen ist[456] und unbedingt und unbefristet sein muss[457]. Nach § 108 Abs. 1 Satz 1 ZPO setzt das Gericht die Höhe der Sicherheit fest. Bis zu diesem festgesetzten Betrag haftet der Bürge[458] für die Forderungen des Vollstreckungsschuldners[459], die aus der Vollstreckung entstehen, falls sich die Vollstreckung nachträglich wegen Aufhebung des Titels als ungerechtfertigt herausstellt. Nach Eintritt der Rechtskraft erlischt die Bürgschaft gem. § 715 Abs. 1 Satz 2 ZPO. Entsprechendes gilt für die Sicherheitsleistung in der Zwangsversteigerung nach § 69 Abs. 2 ZVG.

1043 Taugliche Bürgen sind vor allem Großbanken und Sparkassen[460], Kreditgenossenschaften (§ 1 GenG) nach Lage des Einzelfalls[461]. Nach § 239 Abs. 1 BGB muss der Bürge seinen allgemeinen Gerichtsstand im Inland haben. Im Hinblick auf den freien Dienstleitungsverkehr in der **Europäischen Union** gem. Art. 449 EGV sind aber auch Großbanken aus Mitgliedstaaten zuzulassen[462] (vgl. hierzu § 69 Abs. 1 Satz 3 ZVG).

---

455 OLG Düsseldorf NJW-RR 98, 1455; OLG Köln WM 92, 1364 mit Anm. *Pohle/Groeschke*, WuB VII A. – 1.94; OLG München WM 94, 1899 mit Komm. *Herget*, EWiR § 765 BGB 1/94, 39 und Anm. *Münzberg*, WuB VI E. – 1.95; LG München I WM 93, 751 mit Anm. *Pecher*, WuB VI E. – 1.93.

456 OLG Koblenz WM 93, 1431 mit Anm. *Brehm*, WuB VI E. – 1.93; LG Augsburg NJW-RR 98, 1368.

457 OLG Hamm WM 93, 2050 mit Komm. *Pecher*, WuB VI E. – 1.94; OLG Koblenz WM 95, 1223 mit Anm. *Brehm*, WuB I E 4. – 1.95.

458 OLG Nürnberg WM 86, 214; LG Bielefeld ZIP 82, 678; vgl. auch AG Gütersloh ZIP 82, 1250; OLG Hamburg WM 82, 915; OLG Köln WM 82, 994, NJW-RR 89, 1396 sowie 92, 237; OLG Düsseldorf WM 82, 248; OLG Koblenz NJW-RR 92, 107; Pflicht des Anwalts zur Rückforderung der Urkunde nach Erledigung: BGH NJW 90, 2128; Austausch einer Prozessbürgschaft durch Beschluss nach § 109 ZPO: BGH NJW 94, 1351 mit Komm. *Vortmann*, EWiR § 108 ZPO 1/94, 511; *Schelske*, Sparkasse 90, 425.

459 Problematisch ist, wie die Einstandspflicht des Bürgen gegenüber dem Sicherungsberechtigten zustande kommt (Zwangsvertrag durch die gerichtliche Anordnung nach § 108 ZPO?), *Thönnissen*, Sicherheitsleistung, S. 25 ff.

460 BGH NJW 97, 2601 mit Anm. *Probst*, JR 98, 282, Bspr. *K. Schmidt*, JuS 98, 83 und Komm. *Walker*; § 717 ZPO 1/97, 863; OLG Koblenz WM 98, 1392 mit Anm. *Benckendorff*, WuB VII A. – 1.98; OLG Köln, WM 87, 421; Wegfall der Veranlassung zur Sicherheitsleistung: *Deubner*, JuS 88, 726.

461 Streitig, abl. OLG Köln WM 93, 1111 mit Anm. *Leptien*, WuB VII A. – 1.93, bejahend *Beuthin/Jöstingmeier*, NJW 94, 2070 im Hinblick auf die Sicherungseinrichtungen des Bundesverbandes der deutschen Volksbanken und Raiffeisenbanken.

462 EuGH NJW 98, 2127 mit Rezension *Rützel*, NJW 98, 2086; 96, 3407 mit Rezension *Jäger*, NJW 97, 1220; *dies.*, EWS 97, 37; OLG Düsseldorf WM 95, 1993 mit Komm. *Zeller*, § 108 ZPO 2/95, 1139; OLG Hamburg EWS 95, 280; *Fuchs*, RIW 96, 280 (283 ff.); *Foerste*, ZBB 2001, 483; *Reich*, ZBB 2000, 177; *Ehricke*, EWS 94, 259.

b) Steuer- oder Zollbürgschaft

Wer Steuern, Zölle oder sonstige Abgaben schuldet, kann die Finanz- oder Zollbehörde um Stundung ersuchen; die Stundung soll jedoch nur gegen Sicherheitsleistung gewährt werden, wie § 222 der Abgabenordung (AO) bestimmt. Sicherheit kann der Steuerschuldner gem. §§ 241 Abs. 1 Nr. 7, 244 AO dadurch leisten, dass er einen selbstschuldnerischen Bürgen beibringt; dieser haftet gegenüber der Finanz- oder Zollbehörde zivilrechtlich (§ 192 AO). Die Steuer- oder Zollbürgschaft[463] unterscheidet sich von einer gewöhnlichen also nur durch die Person des Gläubigers. **1044**

c) Stammeinlagenbürgschaft, Verschmelzung

Wer eine Einmann-GmbH gründet, hat für die noch nicht geleistete Stammeinlage gem. § 7 Abs. 2 Satz 3 GmbHG Sicherheit zu leisten, die in einem tauglichen Bürgen (§ 239 BGB) liegen kann[464]. Auf der anderen Seite kann ein Kommanditist seine Pflichteinlage (§§ 171 Abs. 1, 172 HGB) durch Übernahme einer Bürgschaft für Verbindlichkeiten der Gesellschaft leisten[465]. Im Falle der **Verschmelzung** von Unternehmen (§ 2 UmwG) können Gläubiger der bisherigen Rechtsträger gem. § 22 Abs. 1 UmwG die Bestellung von Sicherheiten verlangen. **1045**

6. Staatsbürgschaft

Die Staatsbürgschaft kennzeichnet sich durch die Person des Bürgen: Bürge ist der Staat, also der Bund, ein Land[466], eine Gemeinde. Der Staat verbürgt sich für privatrechtliche Verbindlichkeiten, wenn die Kreditgewährung im öffentlichen Interesse liegt, z.B. der Schaffung von Arbeitsplätzen dient. Allerdings kann sich die Staatsbürgschaft als wettbewerbsverzerrende Beihilfe darstellen, die gem. Art. 87 EGV mit dem Gemeinsamen Markt der Europäischen Union unvereinbar ist[467]. Längerfristige Bürgschaften bedürfen zu ihrer Zulässigkeit eines Bundesgesetzes gem. Art. 115 GG, entsprechende Regelungen finden sich in den Landesverfassungen. Der Staat haftet zivilrechtlich gem. §§ 765 ff. BGB; regelmäßig ist die Staatsbürgschaft als Ausfallbürgschaft (vorst. Rn. 1006) ausgestaltet[468]. Soweit der Staat zum Zwecke der Exportförderung interzediert, bedient er sich der Hermes KreditversicherungsAG[469], die im Namen und für Rechnung des Bundes den Bürgschaftsvertrag abschließt. **1046**

463 *Mösbauer*, BB 88, 671.
464 BayObLG BB 88, 1772.
465 BGH WM 94, 2242 mit Komm. *Bork*, EWiR § 161HGB 1/95, 159 und Bspr. *K. Schmidt*, JuS 95, 268.
466 Beispiel Nordrhein-Westfalen: OLG Düsseldorf WM 92, 1895 mit Anm. *Rehbein*, WuB I F 1 a. – 10.93.
467 *Steindorff*, EuZW 97, 7; *Habersack*, ZHR 159 (1995), 663 (672); *Tollmann*, WM 2000, 2030; *R. Fischer*, WM 2001, 277; *Frisinger/Behr*, RIW 95, 708; *Hopt/Mestmäcker*, WM 96, 753 (755) und 801.
468 BGHZ 95, 374 (379 f.); EuGH EuZW 91, 444; *Lenz*, DB 90, Beil. 14, S. 17; Amtshaftung: BGH NJW 86, 2939.
469 BGH NJW 97, 328; *Horn*, Bürgschaften und Garantien, Rn. 661 ff.; *v. Kageneck*, Hermes-Deckungen, S. 49 ff.; *Stewing*, EWS 94, 228; *Klanten*, ZIP 95, 535.

7. Bau- und Mietrecht

1047 Nach der Art der gesicherten Forderung unterscheidet man **Gewährleistungsbürgschaften**, die im privaten Baurecht zur Sicherung von Gewährleistungsansprüchen des Bauherren abgegeben zu werden pflegen und an die Stelle von Sicherheitseinbehalten (vgl. oben Rn. 983, 975) treten[470] (§§ 633 ff. BGB, 13, 17 Nr. 4 VOB/B)[471] und Vertragserfüllungsbürgschaften zur Sicherung darüber hinausgehender Schadensersatzansprüche statt der Leistung und von Ansprüchen auf vollständige und rechtzeitige Erfüllung[472], die keine Kreditbürgschaften sind (vorst. Rn. 833). Gebräuchlich sind außerdem **Abschlagsbürgschaften** zur Sicherung von Ansprüchen des Bauherrn auf etwaige Rückforderung gezahlter Abschläge nach Baufortschritt[473] oder auch der Vorauszahlung des Kaufpreises eines zu errichtenden Gebäudes nach § 7 der Makler- und BauträgerVO (MaBVO)[474] oder auch des Vorschussanspruchs aus § 637 Abs. 3 BGB[475] oder des Rückzahlungsanspruchs nach Kündigung des Bauvertrages. Sie sind oft Bürgschaften auf Erstes Anfordern (vorst. Rn. 974), nicht jedoch, wenn die Geltung der VOB/B vereinbart ist: Nach § 17 Nr. 4 kann der Auftraggeber keine Bürgschaft auf Erstes Anfordern verlangen (vorst. Rn. 928). Aufgrund von § 17 Nr. 2 VOB/B sind solche Bürgschaften zugleich Bankbürgschaften[476]. Auf der anderen Seite hat der Bauunternehmer für die von ihm zu erbringenden Vorleistungen (§ 641 BGB, oben Rn. 7) Anspruch gegen den Besteller (Bauherrn) auf Sicherheitsleistung wegen seines Werklohns (**Bauhandwerkersicherung** nach § 648a BGB, oben Rn. 361). Diese Sicherheit kann gem. § 648a Abs. 2 durch Bankbürgschaft erbracht wer-

---

470 Abgrenzung beider Formen durch OLG Karlsruhe MDR 98, 770.

471 BGH WM 2002, 1508 (unwirksam nach § 307 BGB bei Geltung von § 17 VOB/B, BGHZ 136, 27 = WM 97, 1675); BGHZ 148, 151 = NJW 2001, 3629 mit Anm. *Pfeiffer*, WuB I E 5. – 3.02 und Komm. *Siegburg*, EWiR § 17 VOB/B 3/01, 1165; NJW-RR 2001, 1331; WM 2000, 1299 mit Anm. *Nielsen*, WuB IV C. – 11.2000; WM 2000, 1907 mit Anm. *Fritzsche*, WuB I E 5. – 1.01 und Komm. *Siegburg*, EWiR § 17 VOB/B 1/2000, 841; NJW 98, 1140 mit Anm. *Peters*, LM Nr. 123 zu § 765 BGB, *Jacob*, WuB I E 5. – 2.98 und Komm. *Siegburg*, EWiR § 765 BGB 5/98, 307; BGHZ 95, 374 (387); 74, 244; BGH WM 92, 773; NJW-RR 90, 811; 85, 1694; 82, 1808; 88, 907; WM 80, 951; OLG Brandenburg WM 99, 1083; OLG Köln NJW-RR 93, 1494; OLG Hamburg WM 92, 1349 mit Anm. *Moritz*, WuB I F 1 a. – 7.92; OLG Karlsruhe BB 89, 1643; OLG Nürnberg NJW-RR 89, 1296; OLG Hamburg NJW-RR 91, 1304; Verstoß gegen § 9 AGBG: OLG München NJW-RR 92, 218; *Quack*, BauR 97, 754; *Clemm*, BauR 87, 123; *Steinbach/Becker*, WM 88, 809; aus der Alternativität beider Sicherungsformen folgt, dass der Gläubiger nicht gleichzeitig Bareinbehalt und Bürgschaft behalten darf, BGH NJW 98, 2057 mit Komm. *Siegburg*, EWiR § 17 VOB/B 1/98, 669; WM 97, 1906 mit Anm. *Benckendorff*, WuB IV A. – 1.97 und Komm. *Kniffka*, § 17 VOB/B 1/97, 1005.

472 *Thode*, ZfIR 2000, 165 (176 f.).

473 BGH WM 92, 1365; 88, 212 mit Komm. *Brink*, EWiR § 765 BGB 4/88, 253; NJW-RR 2002, 485 mit Anm. *Lindacher*, WuB I F 1a. – 14.01; KG WM 2001, 1335 mit Komm. *Nielsen*, EWiR § 765 BGB 4/01, 663; OLG Frankfurt am Main WM 95, 794; *Korbion*, in: Festschr. Heiermann, S. 217 (221 ff.).

474 BGH WM 2002, 1655 zu II, mit Anm. *Banicke*, LM Nr. 10 zu § 7 MaBV und *Pause*, BKR 2002, 772 sowie Komm. *Rösler*, EWiR § 7 MaBV 1/02, 927; BKR 2002, 633 mit Anm. Wagner (Vorlage an EuGH); NJW 99, 1105, krit. *Ewenz*, ZfIR 2000, 8 (11) sowie *Basty*, DNotZ 99, 487; BGH NJW 2001, 3329 mit Anm. *Thode*, WuB I E 5. – 1.02; ZIP 2002, 1197 (Vorlage an EuGH gem. Art. 234 EGV) mit Komm. *Vogel*, EWiR Art. 3 RL 93/13/EWG 1/02, 591 und Anm. *Wagner*, BKR 2002, 635; KG WM 2001, 406 mit Anm. *Thode*, WuB I E 5. – 6.01; OLG Karlsruhe WM 2001, 729; *Basty*, WM 95, 1525; *Grziwotz*, NJW 94, 2745; die Kosten der Bürgschaft hat der Bauträger zu tragen: LG Bremen WM 94, 1582 mit Anm. *Ringseisen*, WuB I E 5. – 1.95; *Blank*, ZfIR 2001, 785 (786).

475 BGH NJW 92, 1881 zu I. 2.; 86, 1681; 84, 2456; KG BB 85, 2177; WM 87, 129 mit Komm. *Alisch*, EWiR § 765 BGB 2/87, 147; OLG Köln MDR 86, 409.

476 BGH NJW 94, 380; OLG München NJW-RR 95, 498; OLG Brandenburg EWiR § 17 VOB/B 2/98, 1049 (*C. Schmitz*); *Schwärzel-Peters*, Die Bürgschaft im Bauvertrag, S. 40 ff.; *Rieder*, Bankbürgschaft, S. 30 ff.

den. Eine solche Bürgschaft ist **Vertragserfüllungsbürgschaft**[477] und zugleich Kreditbürgschaft (vorst. Rn. 833) insoweit, als in der gesicherten Vorleistung des Bauunternehmers der Kredit liegt (oben Rn. 7).

Zur Sicherung des Mietzinses kommen **Mietbürgschaften** vor[478]; statt einer Mietkaution kann der Mieter[479] einen Bürgen zu stellen berechtigt sein[480] (vgl. auch vorst. Rn. 864). Hierbei gilt § 551 Abs. 1 BGB, so dass sich die Bürgschaftsverpflichtung auf höchstens drei Monatsmieten beschränkt[481]. Auf der anderen Seite haftet der Vermieter bei Veräußerung des Grundstücks dem Mieter gem. § 566 Abs. 2 Satz 1 BGB wie ein selbstschuldnerischer Bürge dafür, dass der Erwerber seinen Pflichten aus dem Mietvertrag, in die er gem. § 566 Abs. 1 BGB eingetreten ist, nachkommt[482]. Hatte der Veräußerer eine Mietbürgschaft hereingenommen, bleibt er nach Wegfall des Sicherungszwecks zur Herausgabe der Bürgschaftsurkunde verpflichtet[483]. **1048**

8. Kapitalersetzende Bürgschaft

Gesellschaftsrechtliche Problemlagen hat die kapitalersetzende Bürgschaft hervorgebracht: **1049**

a) Bürgschaft für Darlehen eines Dritten

aa) Eine Gesellschaft mit beschränkter Haftung hat als juristische Person eigenes Vermögen, mit dem sie unbeschränkt für ihre Verbindlichkeiten haftet (Der Name trügt also!). Das Gesetz versucht, eine Haftungsmasse nicht nur durch Aufbringung eines Mindeststammkapitals von 25 000,– Euro zu gewährleisten (§ 5 Abs. 1 GmbHG), sondern auch durch Vorschriften über dessen Erhaltung. Gem. § 30 Abs. 1 GmbHG darf das zur Erhaltung des Stammkapitals erforderliche Vermögen der Gesellschaft nicht an Gesellschafter ausgezahlt werden, so dass eine **Rückzahlungssperre** besteht. Geschieht das doch, kann die Gesellschaft gem. § 31 GmbHG Rückzahlung verlangen (oben Rn. 135). **1050**

§§ 30, 31 GmbHG erfassen auch mittelbare Auszahlungen von Kapital an Gesellschafter: Ist das Stammkapital ganz oder teilweise verbraucht, kann ein Gesellschafter seiner GmbH ein Darlehen gewähren, das an die Stelle des verlorenen Stammkapitals tritt. Dem Rückzahlungsanspruch aus § 488 Abs. 1 Satz 2 BGB steht aber die Rückzahlungssperre nach §§ 30, 31 GmbHG entgegen, wenn und soweit das Darlehen in Wahrheit als Kapitalzuführung anzusehen ist[484]. Gleiches gilt **1051**

---

477 BGH NJW 2002, 1198 mit Komm. *Siegburg*, EWiR § 648a BGB 1/02, 333; WM 2000, 1796 mit Anm. *Klanten*, WuB I F 1a. – 10.01; BGHZ 146, 24.

478 BGH NJW 98, 981 mit Rez. *Durst*, NZM 99, 64, Anm. *Ott*, WuB I F 1a. – 9.98, Bspr. *Emmerich*, JuS 98, 656 und Komm. *Eckert*, EWiR § 768 BGB 1/98, 257; BGHZ 95, 88 (98); 107, 210; 111, 361, dazu *Tiedtke*, ZMR 90, 401 und *Schmitz*, MDR 90, 893; OLG Hamm NJW-RR 92, 1036; 95, 2061; LG Kiel NJW-RR 91, 1291; LG Gießen NJW-RR 95, 586; LG Kassel NJW-RR 98, 661.

479 Sozialamt: LG Aachen NJW-RR 2001, 234.

480 LG Bonn MDR 94, 1116; *Kinne*, NZM 98, 968; im Prozess gegen den Bürgen gilt § 29a ZPO (besonderer Gerichtsstand) nicht, BayObLG NJW-RR 2000, 1734.

481 OLG Hamburg NZM 2001, 373; OLG Düsseldorf NJW-RR 98, 81; LG Kassel NJW-RR 98, 661; AG München NZM 99, 1096; zur Verzinszung nach § 551 Abs. 3 BGB s. LG Berlin NZM 2001, 618.

482 *Thiel*, ZMR 94, 307; *Kandelhard*, NZM 2001, 696.

483 BGH NJW 99, 1857 mit Anm. *Emmerich*, LM Nr. 3 zu § 572 a.F. und *Haase*, JR 2000, 242.

484 BGHZ 67, 171 (175 f.); 75, 334 (336); OLG Celle GmbHR 83, 17; *K. Schmidt*, ZHR 147 (1983), 165 und Gesellschaftsrecht, § 37 IV. (S. 956 ff.); *Dostal*, DB 97, 613; dabei bleibt es auch dann, wenn das Stammkapital später wiederhergestellt wird, BGH NJW 2000, 2577 („Balsam/Procedo") mit Anm. *Heidenheim*, LM Nr. 69 zu § 30 GmbHG und *Sänger*, WuB II C.- 1.2000; NZG 2000, 888.

gem. § 172a HGB für die GmbH & Co. KG[485] und gem. § 129a HGB für die GmbH & Co. OHG sowie für Bürgschaften im Konzernverbund[486].

1052 Unabhängig von der Begrenzung durch den Betrag des Stammkapitals kann der Rückzahlungsanspruch aus § 488 BGB durch den das Darlehen gewährenden Gesellschafter gem. § 32a Abs. 1 GmbHG nicht als Insolvenzforderung geltend gemacht werden, wenn das Darlehen kapitalersetzenden Charakter hat, vorausgesetzt, er ist nicht lediglich ein Minderheitsgesellschafter (näher § 32a Abs. 3 Satz 2 GmbHG).

1053 *bb)* Auch die Bürgschaft eines Gesellschafters für den Kredit eines Dritten (einer Bank) braucht nichts anderes als ein Weg zu sein, der notleidenden Gesellschaft anstelle der Kapitalerhöhung neue Mittel zuzuführen[487]. Gleiches gilt für einen Kreditauftrag des Gesellschafters nach § 778 (vorst. Rn. 1034) an einen Dritten[488]. Wird später der Gesellschafter-Bürge mit Zahlung der Hauptverbindlichkeit durch die GmbH von seiner Bürgenhaftung frei, steht er wirtschaftlich gesehen ebenso dar, wie wenn ein Darlehen an ihn zurückgezahlt worden wäre, und er ist gem. § 31 Abs. 1 GmbHG zur Zahlung des vollen Betrages an die GmbH verpflichtet, für den er sich verbürgt hatte[489]. Erfüllt die Gesellschaft ihre Darlehensverbindlichkeit gegenüber der Bank nicht und wird der Gesellschafter-Bürge vom Gläubiger in Anspruch genommen, geht der Anspruch aus § 488 Abs. 1 Satz 2 BGB zwar auf den Bürgen über, aber gem. § 774 Abs. 1 Satz 3 (vorst. Rn. 1015) kann und muss die Gesellschaft ihre Rückzahlungssperre dem Bürgen entgegenhalten. Auf der anderen Seite muss der bürgende Gesellschafter gem. § 32b GmbHG der Gesellschaft den Betrag der Hauptforderung erstatten, den diese an den Gläubiger zurückgezahlt hatte[490]. Verbürgt sich anstelle des Gesellschafters ein Treuhänder als Strohmann[491] oder ein mit dem Gesellschafter verbundenes Unternehmen[492] für den Kredit an die Gesellschaft, ist der Gesellschafter gleichermaßen verpflichtet (§ 32a Abs. 3 Satz 1 GmbHG). Verbürgt sich um-

---

485 Beispielsfälle BGH NJW 92, 2891; OLG Hamm NJW-RR 95, 489; GmbHR 95, 384.

486 *Oetker*, KTS 91, 521 (536 f.); *Messer*, ZHR 159 (1995), 375 (383); *Sonnenhol/Groß*, ZHR 159 (1995), 388 (402 ff.); *Schön*, ZHR 159 (1995), 351 (356 ff.); *Maier-Reimer*, in: Festschr. Rowedder, S. 245 (250 ff.).

487 BGH NJW 96, 722; WM 96, 256 mit Rezension *Pape*, ZIP 96, 1409 und Komm. *Fleck*, EWiR § 32b GmbHG 2/96, 217; NJW 92, 1764; BB 92, 593; 90, 728; BGHZ 67, 171 (181); 81, 252 (256); BFH NJW-RR 2001, 1398 Zu II. 5.; OLG München NJW-RR 2001, 968; OLG Hamburg ZIP 85, 1390 mit Komm. *Meister*, EWiR § 31 GmbHG 1/86, 65; OLG Naumburg NZG 99, 30 für Schuldbeitritt; LG Kiel ZIP 2001, 978; LG Frankenthal WM 96, 726; *Merz*, WM 82, 174 (180); *K. Schmidt*, Gesellschaftsrecht, § 37 IV. 2. (S. 958); *Saenger*, GmbHR 99, 837; *Mincke*, ZGR 87, 521 (537 ff.).

488 BGH WM 2000, 1697 mit Anm. *Gößmann*, WuB II C. – 2.01.

489 BGH WM 96, 259 mit Rezension *Pape*, ZIP 96, 1409 und Komm. *v. Gerkan*, EWiR § 32b GmbHG 1/96, 171; 94, 2280 mit Komm. *H.P. Westermann*, EWiR § 32a GmbHG 1/95, 157; ZIP 95, 646 mit Komm. *v. Gerkan*, EWiR § 32a GmbHG 4/95, 475; BB 92, 593; WM 90, 502 mit Komm. *Joost*, EWiR 1/90, 481 zu § 130 GmbHG; NJW 90, 2260 mit Komm. *Gehling*, EWiR § 32b GmbHG 1/90, 907; NJW-RR 90, 230; WM 86, 447; BGHZ 81, 252 (256); 60, 324 (331/332); OLG Düsseldorf ZIP 95, 465 mit Komm. *Dreher*, EWiR § 31 GmbHG 1/95, 155; OLG Hamburg NJW-RR 91, 105; *K. Schmidt*, ZIP 99, 1821 (1824); zur Ausdehnung auf Personengesellschaften (vgl. vorst. Rn. 955) *K. Schmidt*, ZIP 91, 1.

490 Auch: Ausgleich eines Geschäftsgirokontos der GmbH, OLG Düsseldorf EWiR § 32b GmbHG 1/99, 175 (*Eckart*, abl.).

491 BGH NJW 91, 744 zu 1.; ZIP 2000, 1489 mit Komm. *v. Gerkan*, EWiR § 30 GmbHG 1/01, 19; Hachenburg/*Ulmer*, § 32a, b GmbHG Rn. 118 ff.; *Rupprecht*, Persönlicher Anwendungsbereich, S. 120; *Meister*, WM 80, 390 (395); *Brandner*, in: Festschr. Merz, S. 3 (14); *Bülow*, Jura 85, 263 (268); dazu auch §§ 89 Abs. 3, 115 Abs. 2 AktG und BGH GmbHR 82, 181.

492 BGH WM 2001, 202 zu II. 1.; 99, 1621; BGHZ 81, 311; *Hachenburg/Ulmer*, §§ 32a, b GmbHG Rn. 121; *Noack*, GmbHR 96, 153 und *Rupprecht*, a.a.O. S. 67.

gekehrt die GmbH für einen Kredit an ihren Gesellschafter, kann darin eine verdeckte mittelbare Einlagenrückgewähr liegen[493].

b) Bürgschaft für Gesellschafterdarlehen

aa) Ist Darlehensgeber nicht ein Dritter, z.B. eine Bank, sondern ein Gesellschafter, und zahlt die GmbH als Hauptschuldnerin das Darlehen wegen der Rückzahlungssperre aus §§ 30, 31 GmbHG nicht zurück, fragt sich, ob dem Bürgen – sei er selbst ebenfalls Gesellschafter oder ein Dritter – in Vollzug des Akzessorietätsgrundsatzes die fehlende Durchsetzbarkeit des Rückzahlungsanspruchs gegenüber dem Gläubiger, also einem Gesellschafter, zugute kommt. Kann der Bürge die Leistung an den Gesellschafter-Gläubiger gem. § 767 Abs. 1 Satz 1 BGB mit Fug verweigern, weil die Gesellschaft die Leistung aufgrund der Rückzahlungssperre verweigern kann? Dem könnte der Sicherungszweck der Bürgschaft, gegen das Risiko der Insolvenz des Hauptschuldners abzusichern, entgegenstehen. Aufgrunddessen kann der Bürge auch nicht die Einrede der beschränkten Erbenhaftung (§ 768 Abs. 1 Satz 2) und des Notbedarfs bei der Schenkung erheben (§ 519, vorst. Rn. 972), ein bestätigter Insolvenzplan kommt ihm gem. § 254 Abs. 2 InsO aus diesem Grunde nicht zugute (vorst. Rn. 971). Auch für die Bewertung einer Bürgschaft für ein eigenkapitalersetzendes Darlehen gibt der **Sicherungszweck** der Bürgschaft Maß. Sollte der Bürge nach dem Willen von Gesellschafter-Gläubiger und Bürgen das **Kapitalersatzrisiko** abdecken, liegt der Sicherungszweck in der Einstandspflicht für den Fall, dass die Gesellschaft pflichtgemäß von der Rückzahlungssperre gegenüber dem Gläubiger Gebrauch macht. Infolgedessen muss der Bürge leisten, wenn sich die Gesellschaft dementsprechend verhält. Das Bürgschaftsrisiko verwirklicht sich nur dann nicht, wenn die Gesellschaft das Darlehen verbotswidrig an den Gesellschafter zurückzahlt. Lag der Sicherungszweck der Bürgschaft dagegen nicht darin, das Kapitalersatzrisiko abzudecken, durfte der Bürge damit rechnen, dass die GmbH das Darlehen zurückführen würde und daran nicht aus Rechtsgründen von vornherein gehindert war. Wollte man ihm die Berufung auf die Rückzahlungssperre aus §§ 30, 31 GmbHG verweigern, wäre er in Wahrheit nicht ein Risiko eingegangen, vielmehr wäre die Verwirklichung seiner Einstandspflicht aufgrund des Eigenkapitalcharakters der gesicherten Forderung sicher gewesen. Ist das Kapitalersatzrisiko deshalb nicht als Sicherungszweck anzusehen, ist der Anspruch aus der Bürgschaft unbegründet. **1054**

Problematisch ist nur noch, wann von einem in dieser Weise bestimmten Sicherungszweck der Bürgschaft auszugehen ist. Bürge und Gesellschafter-Gläubiger können das Kapitalersatzrisiko ausdrücklich zum Sicherungszweck erheben. Andernfalls ist der Bürgschaftsvertrag gem. §§ 133, 157 BGB auszulegen. Auslegungskriterium ist der Kenntnisstand der Parteien, Gesellschafter-Gläubiger und Bürge. Ist der Bürge nicht zugleich Gesellschafter, sondern ein Dritter, dürfte die Kenntnis von der finanziellen Krise der Gesellschaft allein noch nicht notwendig den Schluss auf die eigenkapitalersetzende Funktion des Darlehens und damit nicht den Schluss auf einen dahingehenden Vertrags- **1055**

493 *Mülbert*, ZGR 95, 578 (599); *Peltzer/Bell*, ZIP 93, 1757; *Peltzer*, GmbHR 95, 15; *Groß/Sonnenhol*, GmbHR 95, 561; *Sotiropoulos*, Kredite und Kreditsicherheiten, S. 96 ff.; *Wenzel*, WiB 96, 10; *Schön*, ZHR 159 (1995), 351.

willen des Bürgen zulassen[494]. Finanzielle Krise braucht noch nicht Gefährdung des Stammkapitals und die Notwendigkeit zum Eigenkapitalersatz zu bedeuten. Ob der Bürge die finanzielle Krise der Gesellschaft hätte erkennen können, kann für die Vertragsauslegung, also die Feststellung des Sicherungszwecks, keine Rolle spielen. Deshalb würde dem Bürgen die Einrede der Rückzahlungssperre zustehen. Ist der Bürge dagegen seinerseits Gesellschafter, mag seine Kenntnis von der finanziellen Krise der Gesellschaft den Schluss auf die Kapitalersatzfunktion des Darlehens und damit die Einbeziehung des Kapitalersatzrisikos in den Sicherungszweck schon eher zulassen, so dass er seiner Einstandspflicht nachkommen muss. Die fahrlässige Unkenntnis der finanziellen Krise führt aber auch bei einem Gesellschafter-Bürgen noch nicht zur Bestimmung des Sicherungszwecks.

1056 Demgemäß kann der Fall eintreten, dass ein Gesellschafter-Bürge leisten muss, obwohl die gesicherte Forderung gegen die Hauptschuldnerin, also die GmbH, aufgrund der Rückzahlungssperre nicht durchsetzbar war. Musste der Gesellschafter-Bürge an den darlehensgebenden Gesellschafter leisten, heißt das nichts anderes, als das er es und letztendlich nicht der Gläubiger-Gesellschafter ist, der seiner Gesellschaft das Eigenkapital zuführt. Es liegt in diesem Fall nahe, den Willen der beiden Gesellschafter als Parteien des Bürgschaftsvertrages dahin zu erforschen, ob dem Bürgen gegen den Gläubiger aus dem Gesellschaftsverhältnis nicht eine Einwendung in der Weise zustehen soll, dass die Last der Kapitalzuführung unter beiden aufgeteilt werden soll[495], vielleicht nach den Anteilen am Stammkaptital. Sofern auf der anderen Seite nach Lage des Einzelfalls feststehen sollte, dass Gläubiger-Gesellschafter und Bürge-Gesellschafter das Kapitalersatzrisiko nicht zum Sicherungszweck erhoben hatten, also dem Bürgen-Gesellschafter gem. § 767 Abs. 1 Satz 1 die Rückzahlunssperre aus §§ 30, 31 GmbHG zugute kommen würde, wäre daran zu denken, ob sich der Bürge gem. § 242 BGB treuwidrig verhält, wenn er die Leistung an den Gläubiger-Gesellschafter aus der Bürgschaft verweigert, obwohl er selbst als Gesellschafter auch Eigenkapital nachschießen muss.

1057 *bb)* Sich gegen das Kapitalersatzrisiko absichern zu wollen, ist legitimes ökonomisches Verhalten. Bürgschaften für kapitalersetzende Gesellschafterdarlehen verstoßen deshalb **nicht gegen die guten Sitten** (§ 138 Abs. 1 BGB) und sind wirksam[496].

F. Realisierung der Bürgschaft

1. Verwertung und Zwangsvollstreckung

1058 Will der Gläubiger seine Sicherheit, die Bürgschaft, verwerten, muss er den Bürgen in Anspruch nehmen (oben Rn. 1013 ff.), notfalls einen Prozess gegen ihn führen. Der Erfül-

494 So auch BGH NJW 96, 1341 zu II. 2. b. mit Komm. *v. Gerkan*, EWiR § 767 BGB 2/96, 501, Anm. *Steinmeyer*, WiB 96, 430 und *Ebbing*, WuB I F 1 a. – 2.97; WM 98, 1626 mit Anm. *Jedzig*, WuB II. C – 2.99; *Weisang*, WM 97, 197 (201); a.A. OLG Hamm BB 98, 1655 mit abl. Komm. *v. Gerkan*, EWiR § 32a GmbHG 3/98, 419 und Anm. *Michalski/Barth*, WuB I F 1 c – 2.99.

495 In dieser Richtung *Bange*, DB 97, 1755 (1757).

496 BGH NJW 96, 1341 zu II. 4. b mit Komm. *v. Gerkan*, EWiR § 767 BGB 2/96, 501 und Anm. *Steinmeyer*, WiB 96, 430 gegen OLG Köln NJW 94, 2553 mit abl. Komm. *Weipert*, EWiR § 138 BGB 6/94, 743 und Erläuterung *Eckhardt*, WiB 94, 821; *Oetker*, KTS 91, 521 (531).

lungsort richtet sich nach § 269 BGB (Wohn- resp. Geschäftssitz), der Gerichtsstand nach §§ 12, 29 ZPO[497]. Erwirkt der Gläubiger einen Titel gegen den Bürgen, ist er gegenüber anderen Gläubigern in der Zwangsvollstreckung nicht bevorzugt (vorst. Rn. 850).

Steht dem Bürgen die Einrede der Vorausvollstreckung gem. § 771 BGB zu, muss der Gläubiger, **1059** wenn er nicht auf andere Weise (§ 794 Abs. 1 Nr. 5 ZPO) zu einem Titel kommt, vorher den Hauptschuldner verklagen. Er kann Bürgen und Hauptschuldner als einfache Streitgenossen (§ 59 ZPO) in Anspruch nehmen, den Bürgen jedoch nur eingeschränkt dahin, dass der Vollstreckungsversuch beim Hauptschuldner erfolglos war[498].

Das Urteil gegen den Hauptschuldner entfaltet keine Rechtskraft gegen den Bürgen (§§ 322, 325 **1060** ZPO)[499]. Wird jedoch die Klage gegen den Hauptschuldner ganz oder teilweise rechtskräftig abgewiesen, steht fest, dass der Gläubiger den Hauptschuldner insoweit nicht mehr in Anspruch nehmen kann. Aufgrund der Akzessorietät der Bürgschaftsverpflichtung ist deshalb der Anspruch des Gläubigers gegen den Bürgen unbegründet[500]. Auf der anderen Seite kann rechtskräftig feststehen, dass dem Hauptschuldner gegenüber dem Gläubiger eine aufrechenbare Forderung nicht zusteht; als Folge dessen könnte sich der Gläubiger gegenüber dem Hauptschuldner nicht durch Aufrechnung befriedigen. Deshalb kann der Bürge nicht die Einrede der Aufrechenbarkeit gem. § 770 Abs. 2 BGB erheben (vorst. Rn. 988)[501]. Dagegen berührt ein stattgebendes Urteil gegen den Hauptschuldner nicht die Einrede der Aufrechenbarkeit[502].

2. Insolvenz

a) Insolvenz des Hauptschuldners

aa) Hatte der Bürge in der Insolvenz des Hauptschuldners **vor** Verfahrenseröffnung **1061** (oben Rn. 456) voll geleistet, nimmt nur er, nicht der Gläubiger, am Verfahren teil, weil der Gläubiger keine Forderung mehr gegen den Gemeinschuldner hat. Soweit der Bürge aber nur teilweise geleistet hatte, nehmen beide am Verfahren teil, der Bürge wegen der übergegangenen Forderung gem. § 774 Abs. 1 bzw. gem. § 670 BGB (vorst. Rn. 1014), der Gläubiger wegen des Restes. Fällt der Gläubiger mit seiner Restforderung aus, hat er außerhalb des Insolvenzverfahrens gegen den Bürgen Anspruch auf Leistung dieses Ausfalls[503]. Die Teilnahme des Bürgen in der Insolvenz kann von vornherein dadurch vermieden werden, dass Zahlungen des Bürgen nur als Sicherheitsleistung, nicht als Erfüllung gelten (s. vorst. Rn. 946).

Für teilweise Zahlungen **nach** Verfahrenseröffnung müsste der Bürge eigentlich auch in **1062** der Insolvenz teilnehmen dürfen, soweit die Hauptverbindlichkeit gem. § 774 Abs. 1 BGB auf ihn übergeht. Dem steht jedoch § 44 InsO entgegen. Nach dieser Vorschrift nimmt der Gläubiger mit dem ganzen Betrag seiner Forderung am Insolvenzverfahren teil, solange er von Mithaftenden des Gemeinschuldners – wie einem Bürgen[504] – nicht

497 BGH NJW 95, 1546 mit Komm. *Bülow*, EWiR § 269 BGB 1/95, 435; vgl. auch vorst. Fn. 480.
498 RGZ 90, 180.
499 BGHZ 24, 97 (99/100); RG JW 09, 419 (Nr. 13); OLG Koblenz WM 98, 1992 mit Anm. *Hertel*, WuB I F 1a. – 6.99.
500 BGH NJW 70, 279; Staudinger/*Horn*, Vorbemerkung §§ 765 ff. BGB Rn. 166.
501 OLG Frankfurt NJW-RR 88, 206.
502 Offen BGHZ 24, 97 (99); *Bülow/Schumann*, JuS 88, 794 (796).
503 RGZ 83, 401 (406); abl. *Reinicke/Tiedtke*, Kreditsicherung, S. 104.
504 BGH NJW 69, 796; 97, 1014 mit Komm. *Gerhardt*, EWiR § 68 KO 1/97, 269 betr. Schuldbeitritt; auch im Falle harter Patronatserklärungen (unten Rn. 1623): BGH BB 92, 600.

volle Leistung erhält. Der Gläubiger kann also die Insolvenzquote für die gesamte Hauptverbindlichkeit beanspruchen und trotzdem den Bürgen in Anspruch nehmen, solange der Gesamtbetrag der Hauptverbindlichkeit nicht überschritten ist.

1063 Diese Grundsätze gelten auch für die Bürgschaft des Gesellschafters einer Personenhandelsgesellschaft[505] (oben Rn. 955). Seine persönliche Haftung gem. § 128 HGB kann dagegen nur der Insolvenzverwalter geltend machen, wie § 93 InsO bestimmt.

1064 *bb)* Wurde ein Insolvenzplan[506] (§§ 235 bis 268 InsO) durch das Insolvenzgericht gem. § 248 InsO bestätigt, kann sich die Verbindlichkeit des Hauptschuldners vermindern, so dass sich die akzessorische Einstandspflicht des Bürgen nach § 767 Abs. 1 Satz 1 BGB gleichermaßen vermindern würde. Dem Sicherungszweck der Bürgschaft entsprechend ist der Akzessorietätsgrundsatz jedoch durchbrochen, indem die Verbindlichkeit des Bürgen gem. § 254 Abs. 2 InsO unberührt bleibt (vorst. Rn. 971). Leistet der Bürge und nimmt er beim Hauptschuldner Regress, kann ihm dieser die befreiende Wirkung gem. § 254 Abs. 2 Satz 2 InsO entgegensetzen, so dass die Last beim Bürgen verbleibt. Hatte der insolvente Hauptschuldner seinerseits eine Forderung gegen den Bürgen, wäre an eine Insolvenzaufrechnung nach §§ 94 ff. InsO mit dem Regressanspruch aus § 774 BGB zu denken[507], der als aufschiebend bedingter Anspruch i.S.v. § 95 Abs. 1 Satz 1 InsO bereits mit Abschluss des Bürgschaftsvertrags entsteht. War die Forderung des Hauptschuldners jedoch bereits unbedingt und fällig gewesen, ist die Aufrechnung gem. § 95 Abs. 1 Satz 3 InsO ausgeschlossen[508].

1065 *cc)* Im Falle der **kapitalersetzenden Bürgschaft** für ein Bankdarlehen (vorst. Rn. 1049) könnte die Bank in der Insolvenz der Gesellschaft an sich § 44 InsO (vorst. Rn. 1062) für sich in Anspruch nehmen. Das schließt § 32a Abs. 2 GmbHG aber aus[509]. Der Gläubiger nimmt am Insolvenzverfahren überhaupt nicht teil, solange er den Gesellschafter-Bürgen noch nicht in Anspruch genommen hatte, und erst wenn er dabei ausfällt, kann er in Höhe des Ausfalls Befriedigung nach Maßgabe der Insolvenzquote verlangen. Der leistende Gesellschafter-Bürge kann mit seinem aufgrund von § 774 BGB erlangten Anspruch nicht gegen eine Forderung aufrechnen, die die insolvente GmbH gegen ihn hat; § 32a GmbHG stellt einen über §§ 55 KO, 96 InsO hinausgehenden Aufrechnungsausschluss dar[510].

1066 Hat die Gesellschaft ein kapitalersetzendes Darlehen im letzten Jahr vor der Verfahrenseröffnung zurückgezahlt, muss der Gesellschafter-Bürge diesen Betrag gem. § 32b GmbHG bis zur Höhe seiner Bürgenverpflichtung zur Insolvenzmasse leisten, so dass die Rückzahlungssperre (vorst. Rn. 1050) doch noch gegen ihn wirkt. §§ 32a und 32b GmbHG sind sinngemäß anwendbar auf die GmbH & Co. KG (§ 172a HGB) und die OHG ohne natürliche Personen (§ 129a HGB)[511].

---

505 *Theisen*, ZIP 98, 1625; der Gläubiger bleibt hinsichtlich der Bürgschaft also aktiv legitimiert, LG Bayreuth ZIP 2001, 1782 mit Komm. *Fuchs*, EWiR § 93 InsO 2/02, 163.

506 *Balz*, ZIP 88, 273 (284).

507 So noch § 55 KO, BGH NJW 74, 2000; 60, 1295; BGHZ 15, 333; 56, 111 (115); OLG München WM 88, 1896 mit Anm. *Bülow*, WuB VI B. – 1.89; Gesellschafter-Bürge: BGH NJW 90, 1301.

508 *V. Olshausen*, KTS 2000, 1 (4 ff.); vgl. auch BGH KTS 99, 217.

509 Dazu BGH WM 90, 222 zu B. III. 3. a. bb.; GmbHR 86, 85; OLG München NJW-RR 99, 477; OLG Hamburg WM 86, 130 mit Komm. *Fleck*, EWiR 1/86, 9 zu § 3b AnfG; OLG München WM 88, 1896 mit Anm. *Bülow*, WuB VI B. – 1.89; LG Köln BB 91, 504 mit Anm. *Schade*; *Müller*, GmbHR 82, 33, auch *Fastrich*, NJW 83, 260; *K. Schmidt*, Gesellschaftsrecht, § 37 IV. 3. c. (S. 964); *Th. Raiser*, Recht der Kapitalgesellschaften, § 38 II. (S. 272).

510 OLG Köln BB 95, 1870; OLG Hamm NJW-RR 95, 489 zu II. 1., dort im konkreten Fall verneint.

511 BGH WM 87, 468; OLG Stuttgart ZIP 84, 992; LG Essen EWiR 1/86, 909 zu § 172a HGB (Komm. *v. Gerkan*); *K. Schmidt*, Gesellschaftsrecht, § 56 V. 1. c (S. 1387).

Besteht danach ein gesellschaftsrechtlicher Rückforderungsanspruch, haben in der Insolvenz der Gesellschaft auch Sicherheiten keinen Bestand, die sich ein Gesellschafter für seinen nur vermeintlichen Anspruch bestellen ließ. Gem. § 135 InsO unterliegt die Bestellung einer solchen Sicherheit der **Insolvenzanfechtung** durch den Verwalter[512]. Das gilt auch für eine Nachbürgschaft (vorst. Rn. 1031), die sich der Gesellschafter-Bürge geben ließ. 1067

b) Insolvenz des Gläubigers

Wird der Gläubiger insolvent, macht der Verwalter die Bürgschaftsforderung zugunsten der Masse geltend. Hat der Bürge seinerseits eine Forderung gegen den Gläubiger, kann er gem. § 94 InsO aufrechnen. Durch die Aufrechnung befriedigt der Bürge den Gläubiger als Gemeinschuldner mit der Folge, dass die gesicherte Forderung auf ihn gem. § 774 Abs. 1 BGB übergeht und der Bürge sich beim Hauptschuldner schadlos halten kann. Dadurch wird die Masse geschmälert; die Hauptverbindlichkeit wird der Masse entzogen. Ohne die Aufrechnung würde die Hauptverbindlichkeit voll in die Masse fallen, während der Bürge wegen seiner Gegenforderung nur Anspruch auf Befriedigung nach Maßgabe der Insolvenzquote hätte. Gleichwohl ist für ein Widerspruchsrecht des Verwalters kein Raum[513]. 1068

c) Insolvenz des Bürgen

Der Gläubiger kann seine Bürgschaftsforderung aus § 765 BGB als Insolvenzforderung anmelden (§ 174 InsO). Dies gilt auch, wenn die Einrede der Vorausvollstreckung nach § 771 BGB nicht ausgeschlossen ist (vorst. Rn. 1003), es sich also nicht um eine selbstschuldnerische Bürgschaft handelt, da entsprechend § 41 Abs. 1 InsO die Forderung als einredefrei gilt[514]. § 103 InsO betreffend das Wahlrecht des Verwalters (vorst. Rn. 824) ist nicht anwendbar, da die Bürgschaft gerade kein gegenseitiger Vertrag ist (vorst. Rn. 864). 1069

II. Andere gesetzliche Personalsicherheiten

A. Wechsel und Scheck

1. Aussteller- und Indossantenhaftung

Das Wertpapierrecht kennt eine Erweiterung des Kreises der Haftenden über die Haftung des primären Schuldners aus dem Wertpapier hinaus: Neben dem Akzeptanten eines Wechsels (Art. 28 WG) kann der Inhaber den Aussteller (Art. 9 WG) und die Indossanten, also diejenigen, die die Rechte aus dem Wechsel übertragen hatten, in Anspruch nehmen (Art. 15 WG), wenn bestimmte Formalien eingehalten sind (insbesondere Protest, Art. 43 ff. WG). Auch Aussteller und Indossanten von Schecks haften (Art. 12, 18, 40 ff. ScheckG), nicht jedoch bei den kaufmännischen Orderpapieren nach §§ 363 ff. HGB[515]. Daneben gibt es als eigenständige und von der Bürgschaft gem. § 765 BGB strukturell zu 1070

---

512 BGHZ 133, 298 (306) mit Anm. *Fleischer*, JR 97, 293, *Wilken*, WiB 96, 1101 und Komm. *Fleck*, EWiR § 32a GmbHG 2/96, 1087; die GmbH & Co KG ist nunmehr auch vom Wortlaut der Vorschrift erfasst, BR-Drucks. 1/92, S. 161 und vorst. Rn. 1066; *Noack*, in: Festschr. Claussen, s. 307 (312).

513 RGZ 53, 403 (405); a.A. Staudinger/*Horn*, § 774 BGB Rn. 18.

514 Staudinger/*Horn*, Vorbemerkung §§ 765 ff. BGB Rn. 181.

515 Näher *Bülow*, Handelsrecht, S. 141.

unterscheidende[516], nämlich nicht-akzessorische Interzessionsformen: Die Wechselbürgschaft (Art. 30 bis 32 WG) und die Scheckbürgschaft (Art. 25 bis 28 ScheckG). Auf der anderen Seite kann die Hauptverbindlichkeit i.S.v. § 765 BGB (s. vorst. Rn. 1047) auch eine Verbindlichkeit aus Wechsel oder Scheck sein. Die Verpfändung von Wechseln durch Pfandindossament sieht Art. 19 WG vor[517]. Schließlich können Wechsel oder Scheck von vornherein zu Sicherungszwecken begeben werden (sog. Kautionswechsel)[518].

2. Zwangsvollstreckungs- und Insolvenzfragen

1071 Hat der Wechsel- oder Scheckgläubiger seine Rechte gegen Aussteller oder Indossanten, namentlich durch ordnungsgemäßen Protest i.S.v. Art. 44 WG, 40 Nr. 1 ScheckG, gewahrt, muss er notfalls Klage erheben, die ihm durch eine besondere Form des Urkundsprozesses erleichtert wird (§§ 602, 605 ZPO). Es kann gem. § 599 ZPO Vorbehaltsurteil ergehen, das gem. § 708 Nr. 4 ZPO ohne Sicherheitsleistung vorläufig vollstreckbar ist. In einer nachfolgenden Zwangsvollstreckung hat der Gläubiger jedoch keinerlei Vorrechte gegenüber anderen Vollstreckungsgläubigern (vgl. vorst. Rn. 1058).

1072 Will auf der anderen Seite ein Vollstreckungsgläubiger gegen seinen Schuldner vollstrecken und ist der Vollstreckungsschuldner seinerseits Inhaber einer im Wechsel oder Orderscheck verbrieften Forderung gegen Indossanten und Aussteller, bestimmt § 831 ZPO Besonderheiten. Es findet keine Forderungspfändung nach § 829 ZPO statt, sondern Wechsel oder Scheck sind Gegenstand einer Sachpfändung, indem der Gerichtsvollzieher das Papier gem. § 808 ZPO in Besitz nimmt. Der Besitz ist Voraussetzung dafür, dass Wechsel oder Scheck dem Schuldner vorgelegt werden können (Art. 38 WG, 28 ScheckG), was wiederum Voraussetzung des Protests ist. Die wertpapierrechtliche Legitimation des Vollstreckungsgläubigers wird dadurch hergestellt, dass ihm auf seinen Antrag, nunmehr wie im gewöhnlichen Falle der Forderungspfändung, der Anspruch aus dem Papier durch Beschluss gem. § 835 ZPO überwiesen wird. Andere Wertpapiere können gem. § 821 ZPO durch freihändigen Verkauf verwertet werden.

1073 Für die Insolvenz ist die Einschränkung der Anfechtung von Rechtshandlungen durch den Verwalter gem. § 137 InsO zu erwähnen. Befriedigt der spätere Gemeinschuldner einen Wechselgläubiger bevorzugt vor anderen Gläubigern, käme an sich eine Anfechtung gem. § 130 InsO in Betracht. Bedient er in gleicher Weise einen Wechselgläubiger, gibt es im Allgemeinen keine Anfechtung. Der Grund dafür liegt darin, dass ein Wechselberechtigter keinen Rückgriff mangels Zahlung nehmen kann, wenn ihm die Zahlung angeboten wurde. Deshalb mutet es ihm das Gesetz nicht zu, die Zahlung durch den Gemeinschuldner zurückzuweisen. Die Erhaltung des Wechselrücklaufs geht also der Gleichbehandlung aller Insolvenzgläubiger vor. Wo es aber ohnehin keinen Rückgriff gibt, bleibt es bei der Anfechtbarkeit nach § 130 InsO, nämlich dann, wenn an den letzten Wechselregress-

516 Im einzelnen *Bülow*, WG, ScheckG, AGB, Art. 30 WG Rn. 1 ff., Art. 25 ScheckG Rn. 1; BGH WM 59, 881 zu I. 5. Ein weiterer Unterschied liegt darin, dass der Begebungsvertrag zwischen Bürgen und Hauptschuldner, nicht notwendig mit dem Gläubiger (vgl. vorst. 751), abgeschlossen wird.

517 Im einzelnen *Bülow*, WG, ScheckG, AGB, Art. 19 WG Rn. 3 ff. sowie zu weiteren Verpfändungsformen oben Rn. 641.

518 *Bülow*, WM 89, 1877, nicht jedoch für Verbraucherkreditgeschäfte: § 496 Abs. 2 Sätze 1 und 2 BGB, näher *Bülow*, Verbraucherkreditrecht, § 496 BGB Rn. 18; *ders.*, Art. 17 WG Rn. 82 ff.

schuldner geleistet wird: § 137 Abs. 2 InsO. Auch eine Zahlung auf einen Wechsel kann aber unter § 131 InsO fallen, d.h. sie kann eine Befriedigung darstellen, auf die der Gläubiger keinen Anspruch hatte, z.B. bei einer Zahlung vor Verfall gem. Art. 40 WG. Für diesen Fall gilt § 137 InsO nicht[519]. Mit der Bezahlung des Wechsels erlischt auch die Forderung aus dem Kausalgeschäft, z.B. einem Kaufvertrag. Insoweit kann die in der Zahlung liegende Rechtshandlung gem. § 131 InsO trotz der Sonderregelung von § 137 InsO anfechtbar sein. Gem. § 137 Abs. 3 InsO gilt die Regelung für Scheckzahlungen entsprechend.

B. Gesellschaften, Konzern

Gesetzliche Kreditsicherungsformen treten im Gesellschafts- und Konzernrecht auf. **1074**

1. Befunde

Die Haftung für Gesellschaftsverbindlichkeiten prägt das **Personengesellschaftsrecht**, wie §§ 719 **1075**
BGB, 128, 130, 171, 173, 176 HGB, 421 ff. BGB Maß geben. Diese Haftung ist aber keine Bestärkung fremder Schuld und damit nicht Kreditsicherung im eigentlichen Sinne (oben Rn. 1), sondern primäre und nicht subsidiäre, eigene Schuld der Gesellschafter, die sie zusammen mit der Gesellschaft gegenüber den Gesellschaftsgläubigern begründen[520]. Anders ist es aber beim Gesellschafter, der in eine bestehende Gesellschaft eintritt. Er haftet gem. § 130 HGB für Altschulden (ebenso der eintretende Kommanditist gem. § 173 HGB) und bestärkt diese mithin durch seine Haftung mit seinem gesamten Vermögen (Schuldbeitritt, unten Rn. 1580) kraft Gesetzes.

Bilden mehrere Unternehmen einen **Konzern**, indem ein Unternehmen von einem anderen in der **1076**
Weise abhängig im Sinne von § 18 Abs. 1 Satz 2 AktG geworden ist, dass es mit diesem einen Beherrschungs- oder Gewinnabführungsvertrag gem. § 291 AktG abgeschlossen hat (und das andere Unternehmen dadurch herrschend im Sinne von § 17 AktG geworden ist), so hat das herrschende Unternehmen dem abhängigen Unternehmen gem. § 302 AktG die Verluste auszugleichen, solange der Vertrag besteht. Endet er, hat das herrschende Unternehmen den Gläubigern des abhängigen Unternehmens gem. § 303 AktG Sicherheit zu leisten, also für Verbindlichkeiten, die bis dahin entstanden waren (nicht für Verbindlichkeiten, die danach entstehen).

Ist eine Aktiengesellschaft in eine andere Aktiengesellschaft (Hauptgesellschaft) gem. § 319 AktG **1077**
eingegliedert worden, haftet die Hauptgesellschaft den Gläubigern der eingegliederten Gesellschaft gem. § 322 Abs. 2 Satz 1 AktG für vorher begründete Verbindlichkeiten (Altschulden) als Gesamtschuldner, gleichermaßen für solche, die nach der Eingliederung entstehen (Neuschulden, § 323 Abs. 1 Satz 2 AktG). Dadurch wird die Forderung der Gläubiger gegenüber der abhängigen oder eingegliederten Gesellschaft durch einen neuen Schuldner kraft gesetzlichen Schuldbeitritts (unten Rn. 1580 ff.) bestärkt.

519 BGH NJW 74, 57.

520 Siehe nur *K. Schmidt*, Gesellschaftsrecht § 49 II. 1., 2. (S. 1041 ff.): Gesellschaftsschuld und Gesellschafterhaftung sind identisch.

2. Bürgenähnliche Haftung

1078 Das Schuldverhältnis zwischen Gläubiger und neueintretendem Gesellschafter sowie zwischen Gläubiger und Hauptgesellschaft ist an die Haftungsstruktur des Bürgschaftsrechts angelehnt:

1079 Der **Gesellschafter** und die **Hauptgesellschaft** können Einwendungen aus eigenem Recht ohne weiteres geltend machen, z.B. mit eigenen Gegenforderungen aufrechnen. Einreden der Personengesellschaft bzw. der eingegliederten Gesellschaft können sie in dem Umfang erheben, wie jene dazu befugt ist (§§ 130, 129 Abs. 1 HGB, 322 Abs. 2 AktG, vgl. § 768 BGB, vorst. Rn. 981). Sie können die Leistung gem. §§ 129 Abs. 2, Abs. 3 HGB, 322 Abs. 3 AktG verweigern bei Anfechtungs- und Aufrechnungslagen[521] (vgl. § 770 BGB, vorst. Rn. 985 ff.). Zur Vollstreckung ist gem. §§ 129 Abs. 4 HGB, 322 Abs. 4 AktG ein Titel gegen den Gesellschafter oder die Hauptgesellschaft nötig. Sie müssen also gegebenenfalls verklagt werden, auch wenn ein Titel gegen die Personengesellschaft oder die eingegliederte Aktiengesellschaft schon erwirkt worden war.

1080 Im **Vertragskonzern** hat die herrschende Gesellschaft Sicherheit zu leisten, z.B. ein Pfandrecht zu bestellen oder einen Bürgen zu stellen[522]. Sie kann sich selbst verbürgen, jedoch, obwohl sie stets Kaufmann gem. § 6 HGB ist, trotz § 349 HGB nicht notwendig selbstschuldnerisch (§ 303 Abs. 3 Satz 2 AktG). Das Schuldverhältnis zwischen herrschender Gesellschaft und Gläubiger richtet sich nach der jeweils gestellten Art der Sicherheit. In gleicher Weise hat die Hauptgesellschaft für Altschulden der eingegliederten Gesellschaft neben ihrer persönlichen Haftung Sicherheit zu leisten (§ 321 AktG).

1081 Gesellschafter- und Konzernhaftung sind also keine eigenständig ausgeformten Kreditsicherungstypen, sondern die Begründung vorgegebener Typen kraft Gesetzes statt kraft Rechtsgeschäfts (§§ 130 HGB, 322 AktG) bzw. die Verpflichtung zur Begründung von Sicherheiten kraft Gesetzes (§§ 303, 321 AktG).

3. Gesetzeslücke: Faktischer und GmbH-Konzern

1082 Problematisch ist die Erstreckung der Konzernhaftung auf den faktischen Konzern und den GmbH-Konzern.

1083 Ein faktischer Konzern kann dadurch entstehen, dass eine Aktiengesellschaft Geschäftsanteile (also Aktien) an einer anderen Aktiengesellschaft erwirbt. Kann die erwerbende Aktiengesellschaft daraufhin in der anderen Aktiengesellschaft über Hauptversammlung, Aufsichtsrat und schließlich die Bestellung des Vorstands sowie über das geschäftliche Geschehen überhaupt herrschenden Einfluss ausüben und wird dadurch das Eigeninteresse der abhängigen Gesellschaft nachhaltig beeinträchtigt, spricht man vom qualifizierten faktischen Konzern[523].

1084 Sind die Bestimmungen zur Konzernhaftung auf den qualifizierten faktischen Konzern, insbesondere in der Form des GmbH-Konzerns sowie im GmbH-Vertragskonzern anwendbar, d.h.: Ist die **Analogie** möglich? Voraussetzung ist eine Regelungslücke bei gleicher Interessenlage, wobei zunächst anerkannt ist, dass das Konzernrecht der Aktiengesellschaft in seinen Grundzügen auf den GmbH-Konzern anwendbar ist. Daraus folgt z.B., dass ein Organschaftsvertrag zu seiner Wirksamkeit der Eintragung im Handelsregister bedarf[524].

---

521 *Emmerich/Habersack*, § 10 IV. 2. e. (S. 147/148); *Bülow*, ZGR 88, 192 (204 ff.).

522 *Lwowski/Groeschke*, WM 94, 613 (618); *Hattstein*, Gläubigersicherung, S. 19 ff.

523 *K. Schmidt*, Gesellschaftsrecht, § 31 IV. 4.; eine andere Frage ist, ob die derartige Qualifizierung des Konzerns zulässig ist, dazu verneinend OLG Hamm NJW 87, 1030 mit Bspr. *K. Schmidt*, JuS 87, 496 sowie *Emmerich*, GmbHR 87, 213 (215 f.), dieses abl. *Timm*, NJW 87, 977.

524 BGHZ 105, 324 – Supermarkt – mit Analyse *Emmerich*, JuS 92, 102; BGH NJW 92, 505 zu II. 1.

Im Gesetz ist der faktische Konzern in § 16 AktG zwar erkannt, dessen Rechtsverhältnisse sind aber nur durch §§ 311 ff. AktG mit Binnenausgleich nach § 317 AktG geregelt. Ein kodifiziertes GmbH-Konzernrecht fehlt ganz (wenngleich Gesetzesentwürfe dazu verfasst wurden[525]). Zweifellos gibt es aber derartige Konzerne, und es besteht ein Regelungsbedürfnis zur Frage, ob und wie Gläubiger zu schützen sind, denen durch den Verlust der Eigenständigkeit ihres Schuldners Schaden zu entstehen droht. **1085**

Man mag sich fragen, ob bestehende Regelungen zur Durchgriffshaftung und zu § 826 BGB[526] und anderen deliktischen Tatbeständen[527] ausreichen. Andererseits sind die Haftungsschwellen im Vertrags- und Eingliederungskonzern im Verhältnis dazu niedriger, erzeugt dieser doch aufgrund Handelsregisters (§§ 294, 319 Abs. 3 AktG, vorst. Rn. 1084) Publizität, so dass ein Gläubiger auf die drohende Gefahr hin wenigstens disponieren kann. Im faktischen Konzern gibt es solche Publizität nicht (von kartellrechtsrelevanten Fällen gem. §§ 23 Abs. 1, 10 Abs. 1 Nr. 4 GWB einmal abgesehen), so dass sich ein Gläubiger auf ihn nicht einstellen kann. Zwar kann das Maß der Beherrschung im faktischen Konzern unterschiedlich sein, insbesondere von der Satzung des beherrschten Unternehmens abhängen, aber unterschiedliche Beherrschungsintensitäten gibt es auch im Vertragskonzern, und danach differenziert das Gesetz für die Frage der Haftung nicht. **1086**

Der GmbH-Konzern, sei er faktisch oder vertraglich errichtet, mag tiefgreifende Unterschiede zum Aktiengesellschaftskonzern aufweisen, aus der Sicht von Gläubigern darf es für ihre Anspruchsverwirklichung aber keinen Unterschied machen, ob ihr Schuldner einem GmbH- oder AG-Konzern angehört. Zwar kann sich ein Gläubiger schützen, indem er sich auf einen GmbH-Schuldner von vornherein nicht einlässt, aber das ist kein Kriterium für eine gesetzliche Differenzierung. **1087**

Der Gläubiger, der Forderungen gegen ein abhängiges Unternehmen im faktischen oder im GmbH-Konzern hat, ist also nicht weniger schutzbedürftig als ein Gläubiger, dessen Schuldner in einen AG-Vertragskonzern integriert oder eingegliedert ist. §§ 303, 322 AktG sind deshalb analog anwendbar. Das heißt: **1088**

Das Gesetz gestaltet die persönliche Haftung des herrschenden Unternehmens unterschiedlich nach Eingliederung oder Beherrschungs- und Gewinnabführungsvertrag aus. Im ersten Fall entsteht die persönliche Haftung sowohl für Altschulden wie für Neuschulden. Im zweiten Fall entsteht Verlustausgleichspflicht und zunächst gar keine persönliche Haftung. Sie entsteht erst nach Vertragsende für Schulden, die bis zur Beendigung des Beherrschungs- oder Gewinnabführungsvertrags entstanden sind. Es ist also zu fragen, wie sich die Qualifizierung der Faktizität in dem Konzern auswirkt: Sind die faktischen Verhältnisse in der Weise qualifiziert, dass das abhängige Unternehmen seine Eigenständigkeit (obwohl es als Rechtsperson bestehen bleibt) ebenso verloren hat wie bei einer Verschmelzung[528], sind die Vorschriften über die Eingliederung anwendbar, und das herrschende Unternehmen haftet persönlich für Alt- und Neuschulden. Sind die faktischen Verhältnisse ebenso, wie wenn ein Beherrschungs- oder Gewinnabführungsvertrag abgeschlossen worden wäre, entsteht die persönliche Haftung nur bei Beendigung dieser faktischen Verhältnisse. Bis dahin besteht Verlustausgleichspflicht im Konzernbinnenverhältnis. Freilich soll eine Außenhaftung aufgrund von § 303 Abs. 1 AktG dann entstehen, wenn feststeht, dass der Gläubiger mit seiner Forderung gegen die abhängige Gesellschaft ausfällt[529]. Der faktische Einmann-Konzern mag nach Lage **1089**

---

525 *Arbeitskreis GmbH-Reform*, Thesen und Vorschläge zur GmbH-Reform II, 1975; Referentenentwurf eines Gesetzes über Gesellschaften mit beschränkter Haftung; Regierungsentwürfe BT-Drucks. VI/3088 und VII/753.

526 *K. Schmidt*, Gesellschaftsrecht, § 9 IV., § 39 III. 3. b.

527 BGH NJW 2001, 3622 – Bremer Vulkan – mit Rezension *Altmeppen*, NJW 2002, 321.

528 Zum Verhältnis Verschmelzung/Eingliederung *Würdinger*, § 69 I (S. 313); *Emmerich/Sonnenschein*, § 7 I. (S. 122).

529 BGHZ 122, 123 – TBB – mit Rezension *Bruns*, WM 2001, 1497; 115, 187 – Video – mit Bspr. *Emmerich*, JuS 92, 157; 92, 505 zu I. 3. – Strombezug –; BGHZ 107, 7 – Tiefbau –; BGH NJW 2001, 370; 97, 943 mit Anm. *Noack*, LM Nr. 10 zu §§ 302, 303 AktG; 95, 1544 zu I. 2., dort verneint; BAG NJW 93, 954 mit

des Einzelfalls der Eingliederung gleichkommen[530], die Beherrschung einer mehrgliedrigen GmbH eher dem Vertragskonzern[531], deren Vermögenslosigkeit der Beendigung des Konzernverhältnisses[532]. Auf den GmbH-Vertragskonzern sind, was die Haftung gegenüber Gläubigern des abhängigen Unternehmens sowie die Verlustausgleichspflicht angeht, §§ 303, 302 AktG analog anzuwenden. Alle diese Fragen sind sehr umstritten[533].

Komm. *Junkei*, EWiR § 302 AktG 1/93, 217; 96, 1491 mit krit. Rezension *Bitter/Bitter*, BB 96, 2153; OLG Dresden NZG 2000, 598 zu 3.; *Stimpel*, ZGR 91, 144; *Stodolkowitz*, ZIP 92, 1517.

530 BGHZ 95, 330 (348) – Autokran –, BGH WM 97, 316.

531 BGHZ 95, 330 (345); OLG Köln BB 97, 169.

532 BGHZ 95, 330 (348); *Schwark*, JuS 87, 443 (449).

533 *K. Schmidt*, BB 85, 2074 und Gesellschaftsrecht, § 39 III. 3. m.w.N.; *Lutter*, ZIP 85, 1425; *P. Ulmer*, NJW 86, 1579.

2. Kapitel

Kautelarische Kreditsicherungen

An die Stelle von Pfandrecht und Bürgschaft hat die Kautelarpraxis (oben Rn. 21) einerseits die Sicherungstreuhand mittels Vollrechtsübertragung gesetzt (1. Abschnitt), zu der auch Erstreckungsformen des Eigentumsvorbehalts gehören (2. Abschnitt), andererseits vielfältige Formen von Personalsicherheiten, namentlich Garantie und Schuldbeitritt (3. Abschnitt). **1090**

1. Abschnitt

Sicherungstreuhand

I. Gemeinsame Grundlagen

Literatur: *Adam*, Die Forderungsabtretung und das Wahlrecht des § 103 InsO, DZWIR 98, 227; *Altvater*, Zur Zulässigkeit der geltungserhaltenden Reduktion formularmäßiger Sicherungsabreden, WiB 96, 374; *Arens/Lüke*, Einwand der Vermögensübernahme gegen Drittwiderspruchsklage, JuS 84, 263; *Armspach*, Bankhaftung bei drittgläubigerschädigender Kreditvergabe, 1997; *Bähr*, Akzessorietät bei der Sicherungszession, NJW 83, 1473; *Bales*, Zur Wirksamkeit unbeschränkter Lohnzessionen, Sparkasse 91, 428; *Ball*, Die Sicherheitenfreigabe in der höchstrichterlichen Rechtsprechung, in: Schriftenreihe der Bankrechtlichen Vereinigung, Band 6, 1995, S. 57; *Baudrexl*, Grundzüge des Insolvenzrechts, JuS 96, 691; *Chr. Becker*, Maßvolle Kreditsicherung, 1999; *Becker-Eberhard*, Zur Anwendung des § 419 BGB auf die Sicherungsübereignung, AcP 185 (1985), 429; *Behrens*, Die Rückabwicklung der Sicherungsübereignung bei Erledigung oder Nichterreichung des Sicherungszwecks, 1989; *Berger*, Zur Neuregelung der Zession anwaltlicher Gebührenforderungen in § 49b IV BRAO, NJW 95, 1406; *ders.*, Die Abtretung ärztlicher Honorarforderungen, NJW 95, 1584; *ders.*, Zur Anwendung des § 161 BGB bei bedingter Forderungsabtretung, KTS 97, 393; *Bötticher*, Die Intervention des Sicherungseigentümers – § 771 oder § 805 ZPO?, MDR 50, 705; *Bork*, Die Verbindung, Vermischung und Verarbeitung von Sicherungsgut durch den Insolvenzverwalter, in: Festschr. Gaul, 1997, S. 71; *Brehm*, Die Klage des Zedenten nach der Sicherungsabtretung, KTS 85, 1; *Brehm/Brößke*, Rechtskraftwirkungen bei Vermögens- und Firmenübernahme, JuS 90, 209; *Buchholz*, Können Sicherungszession und Sicherungsübereignung akzessorisch gestaltet werden?, Jura 90, 300; *Bülow*, Der Begriff der guten Sitten, in: Wirtschaftsrecht 74, 250; *ders.*, Anwendbarkeit der Pfandrechtsbestimmungen auf die Sicherungstreuhand, WM 85, 373 und 405; *ders.*, Grundfragen der Erfüllung und ihrer Surrogate, JuS 91, 529; *ders.*, Sicherungstreuhand und Inkassogeschäft nach AGB-Banken und AGB-Sparkassen, BB 95, 2485; *ders.*, Die These von der Doppelcausa im Kreditsicherungsrecht – ein Holzweg, NJW 97, 641; *ders.*, Mehrfachübertragung von Kreditsicherheiten – Konvaleszenz und Insolvenz –, WM 98, 845; *ders.*, Der erweiterte Eigentumsvorbehalt nach der Insolvenzrechtsreform, DB 99, 2196; *Canaris*, Gesetzliches Verbot und Rechtsgeschäft, 1983; *Christiansen*, Forderungsrecht und Leistungszeit, 1998; *Coing*, Die Treuhand kraft privaten Rechtsgeschäfts, 1973; *Dempewolf*, Zur Konkurrenz von verlängertem Eigentumsvorbehalt und Globalzession, NJW 56, 851; *Deubner*, Von verfehlter und richtiger Anwendung des § 139 BGB, JuS 96, 106; *Diederichsen*, Der Schuldnerverzug („mora debitoris"), JuS 85, 825; *Dieckmann*, Zur Reform des Ersatzaussonderungsrechts, in: Festschr. Henckel, 1995, S. 95; *Eckardt*, Die Ausübung von Mobiliarsicherheiten in der Unternehmenskrise, ZIP 99, 1734; *Einsele*, Inhalt, Schranken und Bedeutung des Offenkundigkeitsprinzips, JZ 90, 1005; *Eisenhardt*, Die Entwicklung des Abstraktionsprinzips im 20. Jahrhundert, in: Festschr. Kroeschell, 1997, S. 215; *Esser*, § 138 BGB und die Bankenpraxis der Globalzession, ZHR 135 (1971), 320; *Th. Fischer*, Widerspruchsrecht des Markenrechtsinhabers bei der Verwertung von sicherungsübereigneter Markenware? WM 97, 597; *Fischer/Uthoff*, Das Recht der formularmäßigen Einwilligung des Privatpatienten bei externer Abrechnung, MedR 96, 115; *Frank*, Die Verschiebung von Prozeßrechtsverhältnissen mit Hilfe der gewillkürten Prozeßstandschaft, ZZP 92 (1979), 321; *Fuchs*, Das gesamte Vermögen als Gegenstand von Rechtsgeschäften, JA 91, 313; *Gaul*, Lex commissoria und Sicherungsübereignung, AcP 168 (1968), 351; *Gawaz*, Bankenhaftung für Sanierungskredite, 1997; *Gerhardt*, Vorausabtretung und Konkurseröffnung, in: Festschr. Knobbe-Keuk, 1997, S. 169; *Gernhuber*, Die fiduziarische Treuhand, JuS 88, 355; *Gienapp/v.Hugo*, Wirksamkeitsprobleme bei der Übertragung von Steuerberatungs- und Rechtsanwaltskanzleien, BB 97, 2229; *Gierlach*, Die Pfändung dem Schuldner derzeit nicht zustehender Forderungen, 1998; *Grundmann*, Der Treuhandvertrag, insbesondere die werbende Treuhand, 1997; *Gundlach*, „Die Veräußerung" im Sinne des § 46 KO, KTS 96, 505; *Haferkamp*, „Fehleridentität" – zur Frage der Anfechtung von Grund- und Erfüllungsgeschäft, Jura 98, 511; *S. Harder*, Ersatzabsonderung und dingliche Surrogation, KTS 2001, 97; *Heinrichs*, Die Entwicklung des Rechts der Allgemeinen Geschäftsbedingungen im Jahre 1994, NJW 95, 1395; *ders.*, Die Entwicklung des Rechts der Allgemeinen Geschäftsbedingungen im Jahre 1995, NJW 96, 1381; *Henckel*, Zur Dogmatik der besitzlosen Mobiliarsicherheiten, in: Festschr. Zeuner, 1994, S. 193; *Henssler*, Treuhandgeschäft – Dogmatik und Wirklichkeit, AcP 196 (1996), 37; *Hess*, Kreditsicherheiten in der Insolvenz, in: Schriften der Bankrechtlichen Vereinigung, Band 16, 2000, S. 101; *Hilgers*, Besitzlose Mobiliarsicherheiten im Absonderungsverfahren unter besonderer Berücksichtigung der Verwertungsprobleme, 1994; *ders.*, Die Verwertung von Kreditsicherheiten nach der neuen Insolvenzordnung, DZWIR 97, 303; *Horn*, Die Neufassung 1984 der AGB der Banken, WM 84, 449; *U. Huber*, Typenzwang, Vertragsfreiheit und Gesetzesumgehung, Jur. Analysen 70, 784; *Jauernig*, Die Akzessorietät bei der Sicherungsübertragung, NJW 82, 268; *Kaduk*, Verlängerter Eigentumsvorbehalt und Globalzession als konkurrierende Gläubigerrechte, in: Festschr. Larenz, 1973, S. 683; *Klauninger*, Der Widerruf von Sicherungsgeschäften nach deutschem und europäischem Recht, 2001; *Koch, Harald*, Über die Entbehrlichkeit der „gewillkürten Prozeßstandschaft", JZ 84, 809; *Koch, Robert*, Zu den Auswirkungen des Urteils des BGH in Sachen Heininger/Hypovereinsbank auf die Rückabwicklung von Realkreditverträgen und die Verwertung von Sicherheiten, WM 2002, 1593; *Körner/Dammann*, Weitergabe von Patientendaten an ärztliche Verrechnungsstellen, NJW 92, 729; *Kohte*, Die vorformulierte Abtretung von Arbeitsentgelt und Sozialleistungen, ZIP 88, 1225; *ders.*, dto., BB 89, 2257; *Koller*, Sittenwidrigkeit der Gläubigergefährdung und Gläubigerbenachteiligung, JZ 85, 1013; *Koppensteiner*, Abtretungsverbote gegenüber dem Kreditnehmer im Spannungsfeld zwischen Globalzession und verlängertem Eigentumsvorbehalt – BGHZ 51, 113 und 56, 173, Jus 72, 373; *Koziol*, Verpflichtung des Gläubigers zur Verwertung von Sicherheiten?, in: Festschr. Schimansky, 1999, S. 355; *Künzl*, Sicherungsübereignung und Allgemeine Geschäftsbedingungen, BB 85, 1884; *Lange*, Lage und Zukunft der Sicherungsübertragung, NJW 50, 565; *Lindacher*, Grundsätzliches zu § 138 BGB, AcP 173 (1973), 124; *Löwe*, Unangebrachte Panikmache wegen der AGBG-Rechtsprechung des BGH, BB 95, 1810; *Luig*, Richter secundum, praeter oder contra BGB? Das Beispiel der Sicherungsübereignung, in: Das Bürgerliche Gesetzbuch und seine Richter, 2000, S. 383; *Marotzke*, Gegenseitige Verträge im neuen Insolvenzrecht, 2. Aufl. 1998; *Mayer-Maly*, Was leisten die guten Sitten?, AcP 194 (1994), 105; *ders.*, Die guten Sitten des Bundesgerichtshofs, in: 50 Jahre Bundesgerichtshof, Band I, 2000, S. 69; *Medicus*, Die Akzessorietät im Zivilrecht, JuS 71, 497; *ders.*, „Geld muss man haben" – Unvermögen und Schuldnerverzug bei Geldmangel, AcP 188 (1988), 489; *ders.*, Kreditsicherung durch Verfügung über künftiges Recht, JuS 67, 385; *Mertens*, Die Einmann-GmbH & Co.KG und das Problem der rechtsgeschäftlichen Grundtypenvermischung, NJW 66, 1049; *Mette*, Zur Problematik von vollstreckungserweiternden, -beschränkenden und -ausschließenden Vereinbarungen, Diss. Passau 1991; *Michalski/Römermann*, Verkauf einer Anwaltskanzlei, NJW 96, 1305; *Michel*, Überschießende Rechtsmacht als Problem abstrakter und nicht-akzessorischer Konstruktionen, 2000; *Mühl*, Der Geschäftsanteil in einer Gesellschaft mit beschränkter Haftung als Kreditsicherheit, in: Gesellschaftsanteile als Kreditsicherheit, 1979, S. 129; *Neuhof*, Drittwirkung der AGB-Gesetzwidrigkeit zugunsten Vertragsfremder und Rückwirkung des Unwirksamkeitsverdikts auf Sicherheitenverträge, NJW 94, 1763; *ders.*, Inhaltskontrolle formularmäßig bestellter Kreditsicherheiten, NJW 94, 841; *ders.*, Unwirksamwerden von AGB durch Änderung der Rechtsprechung – Privatautonomie hat ihren Preis, ZIP 95, 883; *ders.*, Sanierungsrisiken der Banken: Die Vor-Sanierungsphase, NJW 98, 3225; *Neuhof/Richrath*, Rückabwicklung nichtiger Kreditsicherungsverträge nach der Lehre von der Doppelcausa, NJW 96, 2894; *Nobbe*, Aktuelle Entwicklungen zu Sicherungsübereignung und Globalzession, ZIP 96, 657; *Obermüller*, Insolvenzrechtsreform und Kreditgeschäft, ZBB 92, 202; *ders.*, Eingriffe in die Kreditsicherheiten durch Insolvenzplan und Verbraucherinsolvenzverfahren, WM 98, 483; *Oesterle*, Pfandrückgabe und Zurückbehaltungsrecht des Schuldner-Verpfänders, JZ 79, 643; *Osterloh*, Banksicherheiten und die Rechtseinheit beim BGH, in: Festschr. Brandner, 1996, S. 555; *Ott*, Die Zulässigkeit von Vollmachts- und Lohnabtretungsklauseln vor allem beim Verbraucherkredit, FLF 90, 78; *Paulus*, Die Behelfe des Sicherungseigentümers gegen den Vollstreckungszugriff, ZZP 64 (1951), 169; *Petri*, Akzessorietät bei der Sicherungsübereignung, 1991; *Prechtel*, Zulässigkeit der Abtretung anwaltlicher Honorarforderungen an Rechtsanwälte angesichts § 49b IV BRAO, NJW 97, 1813; *Pulina*, Gleichbehandlung von Sicherungseigentum und akzessorischen Sicherheiten im Sicherungsfall?, NJW 84, 2872; *Raape*, Die Verfallklausel bei Pfand und Sicherungsübereignung, 1913; *Radke*, Bedingungsrecht und Typenzwang, 2001; *Raiser*, Rechtsschutz und Institutionenschutz im Privatrecht, in: summum ius summa iniuria, S. 145; *Rehbein*, Sicherung und Sicherungszweck, in: Festschr. Heinsius, 1991, S. 659; *Reich*, Funktionsanalyse und Dogmatik bei der Sicherungsübereignung, AcP 169 (1969), 245; *ders.*, Die Sicherungsübereignung, 1970; *Reimker*, Kreditsicherung durch Sicherungsabtretung oder Verpfändung von Kommanditanteilen, WM 73, 626; *Reinhardt/Erlinghagen/Schuler*, Die rechtsgeschäftliche Treuhand – ein Problem der Rechtsfortbildung, JuS 62, 41; *Reinicke*, Verwaltungsbeschränkungen im gesetzlichem Güterstand der Zugewinngemeinschaft, BB 57, 564; *Riegger*, Das Auseinandersetzungsguthaben in einer Personalgesellschaft als Kreditsicherung, BB 72, 115; *Ring*, Honorarzession und Verschwiegenheitspflicht, BB 94, 373; *Schindler*, Kausale oder abstrakte Übereignung, in: Festschr. Kroeschell, 1997, S. 1033; *K. Schmidt*, Was wird aus der Haftung nach § 419 BGB?, ZIP 89, 1025; *ders.*, Die Rechtsfolgen der „eigenkapitalersetzenden Sicherheiten", ZIP 99, 1821; *Scholz*, Die Lohnabtretung als Sicherungsmittel im Konsumentenkredit, MDR 90, 193; *Schmoeckel*, Der maßgebliche Zeitpunkt der Sittenwidrigkeit nach § 138 I BGB, AcP 197 (1997), 1; *Schreiber*, Das Sicherungseigentum und seine Verwertung, JR 84, 485; *Schricker*, Probleme der Haftung aus Vermögensübernahme (§ 419 BGB), JZ 70, 265; *Schroeder*, Grundprobleme der Vermögensübernahme nach § 419 BGB, JuS 91, 793; *Serick*, Erweiterter Eigentumsvorbehalt und Kontokorrentvorbehalt im Konkurs des Vorbehaltsverkäufers, BB 78, 1477; *ders.*, Zur sicherungsrechtlichen Vorausabtretung der Schlußsaldoforderung – eine grundsätzliche und überfällige konkursrechtliche Erörterung, BB 78, 873; *W. Schultz*, Abschied vom Durchgangserwerb und der „logischen" Sekunde bei § 185 Abs. 2 Satz Alternative 2 BGB im Steuerrecht, BB 98, 75; *Simitis*, Das besitzlose Pfandrecht, AcP 171 (1971), 94; *Simon*, Die Verwertung sicherungsübereigneter Gegenstände durch den Sicherungsnehmer, BB 57, 600; *Smid*, Probleme der Verwertungsbefugnis des Insolvenzverwalters am Absonderungsgut, WM 99, 1141; *Spieß*, Tendenzwende der Rechtsprechung zu § 419 BGB, JuS 77, 578; *Steder*, Einzelzwangsvollstreckung im Konkurs, ZIP 96, 1072; *Steppeler*, Die neuen Rechtsprechungsgrundsätze zur Lohnabtretung, WM 89, 1913; *Teichmann*, Die Gesetzesumgehung, 1962; *Thoma*, Die Akzessorietät bei der Sicherungsübereignung, NJW 84, 1162; *Tiedtke*, Der Einfluß einer unwirksamen Sicherungsübereignung auf die Bestellung eines vertraglichen Pfandrechts, WiB 95, 582; *ders.*, Die Bedeutung der Vermögensübernahme im Steuerrecht, BB 86, 1830; *ders.*, Sicherungsabtretung bei Fehlen des zu sichernden Anspruchs, DB 82, 1709; *Trinkner*, Verwertung sicherungsübereigneter Gegenstände, BB 62, 80; *Wacke*, Die Konvaleszenz der Verfügung eines Nichtberechtigten, Savigny Rom Abt.

114 (1997), 197; *Wahl*, Schuldnerverzug: Bürgerliches Gesetzbuch, Rechtssystematik und Schuldrechtsreform, 1998; *ders.*, Eigentumserwerb des Käufers durch schlichten Konsens oder erst mit Übergabe?, ZEuP 2000, 254; *Weitnauer*, Einige Bemerkungen zu den Verwertungsgemeinschaften („Pools") – Der Sicherungsgläubiger im Unternehmenskonkurs, in: Festschr. Baur, 1981, S. 709; *Wenzel*, Bankrechtstag 1994 der Bankrechtlichen Vereinigung e.V. am 24. Juni 1994 in Schwerin, ZBB 94, 278; *ders.*, Der Anspruch des Kreditgebers auf Verstärkung von Sicherheiten, WiB 94, 596; *ders.*, Keine Anwendung des Haustürwiderrufgesetzes auf Bürgschaften, NJW 1993, 2781; *Wiegand*, Treuhand und Vertrauen, in: Festschr. Fikentscher, 1998, S. 329; *Wieling*, Das Abstraktionsprinzip für Europa!, ZEuP 2001, 302; *Wilburg*, Abschied von § 419 BGB, in: Festschr. Larenz, 1973, S. 661; *E. Wolf*, Die Rechtsprechung des Bundesgerichtshofs zum Kaufrecht, WM 98, Beilage 2; *Wolf/Ungeheuer*, Zum Recht der allgemeinen Geschäftsbedingungen, JZ 95, 176; *Wollny*, Unternehmens- und Praxisübertragungen, 2. Aufl. 1990.

Insbesondere: Sicherheitenfreigabe: *Aden*, Ständige Rechtsprechung und Gewohnheitsrecht, JZ 94, 1109; *Becker*, Maßvolle Kreditsicherung, 1999; *Berger*, Aktuelle Rechtsprobleme bei Globalsicherheiten, in: Horn (Hrsg.), Bankrecht 1998, S. 191; *Blaurock*, Die Sicherheitenfreigabe nach deutschem Recht, in: Schriftenreihe der Bankrechtlichen Vereinigung, Band 6, 1995, S. 3; *Bruchner*, Recht und Praxis der Sicherheitenbewertung und Freigabe, in: Schriftenreihe der Bankrechtlichen Vereinigung, Band 6, 1995, S. 35; *ders.*, Entscheidung des Großen Senats des BGH für Zivilsachen über die Freigabeklauseln bei Globalsicherheiten, WM 98, 2185; *Bülow*, Globalabtretung und Freigabe, ZBB 90, 29; *ders.*, Qualifizierte Freigabeklauseln in der Sicherheitstreuhand: Die Diskussion ist offen, JZ 97, 500; *Canaris*, Die Problematik der Sicherheitenfreigabeklauseln im Hinblick auf § 9 AGBG und § 138 BGB, ZIP 96, 1109; *ders.*, Deckungsgrenze und Bewertungsmaßstab beim Anspruch auf Freigabe von Sicherheiten gemäß § 242 BGB, ZIP 96, 1577; *ders.*, Voraussetzungen und Inhalt des Anspruchs auf Freigabe von Globalsicherheiten gemäß § 242 BGB, ZIP 97, 813; *Claussen*, Freigabepflicht von Kreditsicherheiten, in: Festschr. Brandner, 1996, S. 527; *Friedel*, Übersicherung und Teilfreigabe von Sicherheiten, 1995; *Früh*, Zur Notwendigkeit von Freigabeklauseln in vorformulierten Sicherheitenverträgen, DB 94, 1860; *Ganter*, Die nachträgliche Übersicherung eines Kredites, ZIP 94, 257; *ders.*, Aktuelle Probleme der Kreditsicherheiten in der Rechtsprechung des Bundesgerichtshofes, WM 96, 1705; *ders.*, Rechtsprechung des Bundesgerichtshofs zum Kreditsicherungsrecht, WM 98, 2045, 2081; *ders.*, Die ursprüngliche Übersicherung, WM 2001, 1; *Göbel*, Übersicherung und Freigabeklauseln in vorformulierten Kreditsicherungsverträgen, 1993; *Klanten*, Freigabe- und Verwertungsregeln in Kreditsicherungsverträgen, Sparkasse 95, 439; *Liebelt-Westphal*, Die gesetzliche Deckungsgrenze bei der Gewährung von Sicherheiten, ZIP 97, 230; *Lwowski*, Die anfängliche Übersicherung als Grund für die Unwirksamkeit von Sicherheitenbestellungen (§ 138 BGB), in: Festschr. Schimansky, 1999, S. 389; *Neuhof*, „Aktuelle Rechtsfragen der Sicherheitenfreigabe" und „Die Rolle der Kreditinstitute bei der Sanierung von Unternehmen", WM 94, 1705; *ders.*, Drittwirkung der AGB-Gesetzwidrigkeit Vertragsfremder und Rückwirkung des Unwirksamkeitsverdikts auf Sicherheitenverträge, NJW 94, 1763; *ders.*, Rechtsprechung zur Freigabe von Sicherheiten am Scheideweg, NJW 95, 1068; *Nobbe*, Konsequenzen aus dem Beschluss des Großen Senats für Zivilsachen des Bundesgerichtshofs zur Sicherheitenfreigabe, in: Festschr. Schimansky, 1999, S. 433; *Pfeiffer*, Übersicherung, Freigabeanspruch, Freigabeklauseln, WM 95, 1565; *ders.*, Der gesetzliche Inhalt des allgemeinen Freigabeanspruchs, ZIP 97, 49; *Prütting*, Deckungsgrenze und Freigabeklausel im Kreditsicherungsrecht, in: Festschr. Gaul, 1997, S. 525; *Reinicke*, Übersicherung und Freigabeklauseln bei der Sicherungsübereignung, WiB 94, 497; *Rellermeyer*, Objektive Bezugsgrößen für die Bewertung von Kreditsicherheiten, WM 94, 1009 und 1053; *Richrath*, Die Übersicherungsproblematik bei nichtakzessorischen Kreditsicherheiten, 1995; *Rodewald/Schröter*, Freigabeklausel in Allgemeinen Geschäftbedingungen, WiB 95, 1022; *Rombach*, Die anfängliche und nachträgliche Übersicherung bei revolvierenden Globalsicherheiten, 2001; *Scholz*, Aktuelle Probleme bei der Lohnabtretung als Sicherung von Verbraucherkrediten, MDR 93, 599; *Schroeter*, Die Freigabe von Globalsicherheiten, WM 97, 2193; *Seeker*, Die Übersicherung des Geldkreditgebers bei Sicherungsübertragungen, 1995; *Serick*, Bundesgerichtshof und Mobiliarsicherheiten in Formularverträgen: Vereinbartes Gewohnheits- oder kautelarisches

Kreditsicherungsrecht?, in: Festschr. Trinkner, 1995, S. 407; *ders.*, Nachträgliche Übersicherung eines Kredites, ZIP 95, 789; *ders.*, Formularverträge und Mobiliarsicherheiten mit Freigabeklauseln in höchstrichterlicher Rechtsprechung, BB 95, 2013; *ders.*, Nachträgliche Übersicherung durch fiduziarische Kreditsicherheiten, WM 95, 2017; *ders.*, Neues zur formularmäßigen Globalzession, zugleich zur Unentbehrlichkeit eines Spruchs des großen Senats für Zivilsachen oder des Bundesverfassungsgerichts zum Gewohnheitsrecht, BB 96, 857; *ders.*, BGH, 16.4.1996 – Ein neuer Anfrage-Beschluss und totgeschwiegenes geltendes Recht mit Gesetzesrang, BB 96, 1777; *ders.*, Gewohnheitsrecht und fehlende vertragliche Deckungsgrenze bei fiduziarischen Kreditsicherheiten, WM 97, 345; *ders.*, Freigabeklauseln, Deckungsgrenze und Haftobergrenze, NJW 97, 1529; *ders.*, Das normative Leitbild der gewohnheitsrechtlichen Sicherungstreuhand und ihrer Haftobergrenze auf der Waage des Großen Senats für Zivilsachen, WM 97, 2053; *ders.*, Beunruhigendes aus Karlsruhe, BB 98, Heft 4, S. 1; *ders.*, Der Beschluss des Großen Senats vom 27.11.1997 am Pranger höchstrichterlicher Rechtsfortbildungsblockade, BB 98, 801; *Tigges*, Ende der Verunsicherung im Recht der Sicherungsgeschäfte?, DStR 98, 724; *Trapp*, Praktische Auswirkungen des Abschieds von der qualifizierten Freigabeklausel bei Globalzessionen, NJW 96, 2914; *Treffer*, Eigentumsvorbehalt von Warenlieferanten und Kostenbeitrag bei Käuferkonkurs, MDR 98, 1394; *Vetter*, Der aktuelle Stand der Rechtsprechung zu Freigabe- und Verwertungsklauseln in Sicherungsverträgen, WiB 95, 986; *Weber/Ahrend*, Aktuelle BGH-Rechtsprechung zur Sicherheitenfreigabe und -verwertung, Die Bank 97, 101; *Weber, Hj.*, Die Rechtsprechung des Bundesgerichtshofs zu Freigabeklauseln bei Kreditsicherheiten, WM 94, 1549; *Westermann, H.-P.*, Der Fortschrittsgedanke im Privatrecht, NJW 97, 1; *ders.*, Entbehrlichkeit von Regelungen über Freigabepflicht und Deckungsgrenze in Sicherungsverträgen?, in: Festschr. Claussen, 1997, S. 561; *Wiegand/Brunner*, Übersicherung und Freigabeanspruch, NJW 95, 2513; *M. Wolf*, Inhaltskontrolle von Sicherungsgeschäften, in: Festschr. Baur, 1981, S. 147; *Wollny*, Die Freigabeklausel im Kreditsicherungsvertrag, 1995

A. Vollrechtsübertragung statt Einräumung beschränkten dinglichen Rechts (Verwertungsbefugnis)

Mit der Sicherungstreuhand werden kautelarische Realsicherheiten (oben Rn. 13, 23) be- **1091** gründet, die an die Stelle von Faustpfandrecht und Rechts-, insbesondere Forderungsverpfändung treten. Während die Verpfändung von Grundstücken den Bedürfnissen der Wirtschaftspraxis entspricht, bereiten die Verpfändung von beweglichen Sachen und von Forderungen oder anderer Rechte Probleme, die so schwer wiegen, dass in der Kautelarpraxis Auswege gesucht wurden. Die Auswege gründen sich auf die Sicherungstreuhand.

1. Die Probleme: Publizität, Nutzungsmöglichkeit

Publizität der Verpfändung einer Forderung durch Anzeige an den Drittschuldner gem. **1092** § 1280 bedeutet für den Kreditschuldner, dass er die Tatsache der Kreditaufnahme publik machen muss, Kreditsicherung heißt Kreditpublizität (oben Rn. 415 f.). Zwar ist Fremdfinanzierung nichts Außergewöhnliches und braucht an sich Publizität nicht zu scheuen, aber bei wem und wie man sich finanziert, gehört zu betrieblichen Dispositionen, deren Kenntnis durch andere, insbesondere den Geschäftspartner, unternehmerisches Handeln stört. Bei der Verpfändung beweglicher Sachen braucht die in der Besitzübertragung liegende Publizität (oben Rn. 468) zwar nicht Publizität der Kreditaufnahme zu bedeuten, aber aufgegebener unmittelbarer Besitz nimmt dem Kreditschuldner die Möglichkeit zur Nutzung der verpfändeten Sache, so dass Sachen, die der Kreditschuldner nutzen muss, als Sicherungsobjekte ausfallen wie Maschinen oder Autos, namentlich dann, wenn sie mit Hilfe des Kredits überhaupt erst angeschafft werden sollen (Betriebsmittelkredit); bei beweglichen Sachen gibt es anders als bei Grundstücken, von den besonderen Gegebenheiten beim Eigentumsvorbehalt abgesehen (oben Rn. 722), kein rechtsgeschäftlich bestelltes besitzloses Pfand[1] (oben Rn. 468). Publizität der Verpfändung, ob durch Besitz oder Anzeige, stört die Dispositionen des Kreditschuldners.

1093 Die Praktiker in der Kreditwirtschaft und ihre Juristen haben über rechtliche Möglichkeiten nachgedacht, befriedigende Kreditsicherung ohne Publizität zu erreichen, also Maßregeln zu finden, durch die Sicherungsobjekte nutzbar gemacht werden können, die auf dem Weg gesetzlicher Kreditsicherungstypen ausfallen würden, mit anderen Worten, statt ihrer kautelarische Kreditsicherungen zu ersinnen (von *cautela*, Vorsichtsmaßregel).

1094 Die Suche nach Kreditsicherungsformen ohne Publizitätserfordernis dient demgemäß zunächst dem Interesse des Kreditschuldners, aber auch dem des Kreditgläubigers insofern, als dadurch überhaupt Sicherungsobjekte zur Verfügung stehen, die ihrerseits Voraussetzung für das Kreditgeschäft sind (siehe allerdings oben Rn. 1), während das Ausmaß der Kreditsicherung bei der Verpfändung von beweglichen Sachen und Forderungen dem Interesse des Kreditgläubigers durchaus genügen würde. Es geht also darum, Formen der Kreditsicherung zu finden mit möglichst gleichem Sicherungsausmaß wie bei der Verpfändung, nur ohne Publizität. Der von der Kautelarjurisprudenz eingeschlagene Weg zur Erreichung dieses Zwecks ist die Vollrechtsübertragung statt der bloßen Einräumung der Verwertungsbefugnis (oben Rn. 19). Vollrechtsübertragung heißt, dass dem Kreditgläubiger das Eigentum an der beweglichen Sache, die als Sicherungsobjekt dienen soll, gem. § 929 BGB übertragen (Sicherungsübereignung, unten Rn. 1277 ff.) oder das Recht gem. §§ 398, 413 abgetreten wird (Sicherungsabtretung oder -zession, unten Rn. 1366 ff.). Der Kreditgläubiger erhält infolgedessen mehr als die bloße Verwertungsbefugnis, eben das volle Recht. Diese dingliche Rechtsstellung ist in ihrem unmittelbaren Bestand losgelöst vom Sicherungszweck, d.h. der Sicherungsnehmer bleibt Vollrechtsinhaber, auch wenn der Kredit zurückgeführt worden war. Seine Rechtsstellung kann im Verhältnis zur gesicherten Forderung, dem Kredit, nur abstrakt, aber nicht wie im Falle der Verpfändung akzessorisch verbunden sein, weil Akzessorietät nur durch Gesetz hergestellt werden kann (oben Rn. 27 ff.). Die durch Kreditrückführung eintretende Steigerung des Ausmaßes der Sicherung kann durch obligatorische Bindungen des Kreditgläubigers als Vollrechtsinhaber, durch den Sicherungsvertrag, abgeschwächt, aber nicht vermieden werden: Der Kreditgläubiger wird alleiniger Eigentümer oder Forderungsinhaber; er kann mit der Sache nach Belieben als Berechtigter[2] verfahren (§ 903), sie insbesondere veräußern, ohne dass ihn schuldrechtliche Bindungen daran hindern könnten (§ 137), gleichermaßen kann er – vorbehaltlich einer Einziehungsermächtigung, unten Rn. 1448 – die Forderung einziehen, auch wenn er es aufgrund des Sicherungsvertrages nicht darf. Dem Kreditschuldner bleiben, wenn solche Handlungen des Kreditgläubigers Verstöße gegen zugrundeliegende schuldrechtliche Bindungen sind, nur Schadensersatzansprüche oder auch Einwände gegen den Erwerber (unten Rn. 1182 ff.), aber rückgängig machen kann er die Handlungen des Kreditgläubigers nicht. Er ist vielmehr auf die Vertragstreue des Kreditgebers angewiesen, dem er das volle Recht zu treuen Händen übertragen hatte. Dieses Risiko ist der

1 Anders z.B. im italienischen Recht: Autohypothek, BGH NJW 91, 1415.
2 BGH WM 99, 23 zu II. 2. c.; pointiert *Wieling*, ZEuP 2001, 301 (34) gegen *Wacke*, ZEuP 2000, 257.

Preis für die vermiedene Publizität der Kreditsicherung, es folgt aus dem Wesen der Treuhand[3].

Andererseits läuft der Kreditgläubiger Gefahr, die Vergrößerung seiner Handlungsmöglichkeiten mit dem Verlust des Sicherungsobjekts zu bezahlen: Bleibt der unmittelbare Besitz am Sicherungsgut beim Kreditschuldner, kann dieser den Eigentumsverlust des Kreditgläubigers durch Veräußerung an einen gutgläubigen Dritten bewirken; der Schuldner einer Forderung, die zu Sicherungszwecken an den Kreditgläubiger abgetreten wurde, genießt Schutz vor Rechtsverlust, solange er von der Abtretung keine Kenntnis hat, insbesondere dann, wenn der Sicherungsgeber die Forderung einzieht, obwohl er nurmehr Zedent ist (§ 407 BGB). **1095**

Für die Erarbeitung von Kreditsicherungsformen gilt es, diese Interessen und Risiken, so gut es geht, auszugleichen und zu harmonisieren. Weil die sachenrechtlichen Folgen der Vollrechtsübertragung feststehender Ausgangspunkt sind, ist der Ort des zu regelnden Ausgleichs die schuldrechtliche Grundlage, der Sicherungsvertrag (nachf. Rn. 1146 ff.). **1096**

Man könnte auch das Eigentum an einem Grundstück zur Sicherung übereignen. Allerdings würde aufgrund von § 925 Abs. 2 BGB die Gestaltungsmöglichkeit ausscheiden, die Übertragung unter auflösende Bedingung zu stellen (unten Rn. 1180). Aber die Sicherungsübereignung an Grundstücken kommt kaum[4] vor. Die gesetzlichen Kreditsicherungstypen, also die Grundpfandrechte, genügen vor allem wegen ihrer Besitzlosigkeit den praktischen Bedürfnissen, so dass sich die Suche nach kautelarischen Ersatzformen erübrigt. **1097**

Zur Terminologie: Wird jemandem eine dingliche Rechtsstellung eingeräumt, die er im Interesse des früheren Rechtsinhabers ausüben soll, so spricht man von einem Treuhandgeschäft: Der Gegenstand wird zu treuen Händen des neuen Rechtsinhabers übertragen. Dieser ist der Treuhänder und Sicherungsnehmer (oben Rn. 43), der frühere Rechtsinhaber ist der Treugeber (Sicherungsgeber) und, wenn man so will, wirtschaftlicher Inhaber. Ist Zweck der Rechtseinräumung die Sicherung eines Kredits, spricht man von Sicherungstreuhand. Der Treuhänder kann mit der Rechtseinräumung eigene Zwecke erreichen wollen oder Zwecke des Treugebers. Im ersten Fall ist die Treuhand eigennützig, im zweiten uneigennützig. Mit der Sicherungstreuhand will der Treuhänder (der Kreditgläubiger) eigene Zwecke, eben die Sicherung seines Kredits, erreichen. Deshalb ist die Sicherungstreuhand eigennützige Treuhand. Beispiel für eine uneigennützige Treuhand ist die Inkassozession (unten Rn. 1447). **1098**

2. Umgehung und Institutionsmissbrauch

Die Suche nach Interessenausgleich zwischen Kreditgläubiger und Kreditschuldner würde sich erübrigen, wenn die Rechtsordnung der von den Parteien gewollten Vollrechtsübertragung die Wirksamkeit versagen müsste. Im Gesetz sind Kreditsicherungstypen ausgeformt und vorgegeben. Dürfen die Beteiligten des Kredits davon überhaupt abwei- **1099**

3 *Coing*, Treuhand, S. 2; *Wiegand*, in: Festschr. Fikentscher, S. 329 (344); *Serick*, Neue Rechtsentwicklungen, S. 40 ff.; *Reinhardt/Erlinghagen/Schuler*, JuS 62, 41; *Einsele*, JZ 90, 1005 (1010 ff.); *Henssler*, AcP 196 (1996), 36 (48 ff.); *Grundmann*, Treuhandvertrag, S. 20, stellt den Treuhandcharakter aufgrund der Eigennützigkeit, nach Rn. 1073, in Frage.

4 Beispielfall RGZ 45, 80.

chen oder sind ihrer Privatautonomie Grenzen gesetzt? Ist vielleicht gerade Publizität unabdingbar, richtet sie sich eben doch an die Öffentlichkeit, des Schutzes Dritter wegen?

1100 Die Vollrechtsübertragung würde scheitern, wenn die Willenserklärungen der Beteiligten in Wahrheit als Abschluss eines Verpfändungsvertrages anzusehen wären[5], der jedoch dem Publizitätserfordernis nicht genügen würde. Indessen – die Parteien wollen wirklich die Vollrechtsübertragung und nicht nur die Teilrechtsabspaltung. Man mag sich darüber hinaus die Frage stellen, ob die Benutzung der Regeln über die Vollrechtsübertragung einen Institutionsmissbrauch darstellt, eben der Institution „Vollrechtsübertragung“. Doch ist die Übertragung durch Einigung und Übergabe oder Übergabesurrogate ebenso wenig wie die Abtretung eine Rechtsform, die bestimmten Zwecken zu dienen hätte: Von den Zwecken, die sich aus dem Kausalgeschäft ergeben, ist die Übereignung gerade getrennt und abstrahiert, und sofern ihre Voraussetzungen vollständig eingehalten werden, haben die Handelnden Anspruch auf Anerkennung durch die Rechtsordnung, jedenfalls wenn sie gesetzes- und sittengemäß handeln. Das Institut der Vollrechtsübertragung wird infolgedessen aus dem Grunde nicht missbraucht, weil ihm ein bestimmter Gebrauch nicht vorgegeben ist[6]. Hat das Gesetz also das besitzlose oder sonst publizitätslose Pfandrecht nicht vorgesehen, so hat es damit doch nicht ausgeschlossen, andere Rechtsformen für Kreditsicherungszwecke zu verwenden, wenn nur deren Anforderungen erfüllt sind. Auch Drittinteressen sind gewahrt, weil der gute Glaube des Erwerbers an das Eigentum des Besitzers und des Schuldners der Forderung an die Gläubigerschaft des Zedenten geschützt sind. Die Sicherungstreuhand ist also zulässig[7].

1101 Die Wirksamkeitskontrolle der dinglichen Vollrechtsübertragung folgt daher allgemeinen Regeln, insbesondere §§ 138, auch 134 und 307 BGB sind anwendbar. Ist zwar die dingliche Vollrechtsübertragung wirksam, aber die causa, nämlich der Sicherungsvertrag, nichtig (näher nachf. Rn. 1149), entsteht eine Kondiktionslage (nachf. Rn. 1143).

3. Verstoß gegen die guten Sitten und Benachteiligung entgegen den Geboten von Treu und Glauben resp. überraschende Klauseln

a) Das dingliche Geschäft als Bezugsort

1102 Die Nichtigkeit eines Rechtsgeschäfts wegen Sittenverstoßes setzt voraus, dass es einer sittlichen Bewertung überhaupt zugänglich ist. In erster Linie ist das obligatorische Geschäft der rechtliche Ort, an dem sich der Unwert des Verhaltens zeigt, so dass zunächst der Sicherungsvertrag der Sittenwidrigkeitskontrolle zu unterziehen ist. Sachenrechtliche Übertragungsakte – die Übereignung des Sicherungsguts, die Abtretung der Forderung – sind dagegen oft wertneutral, können also trotz der Nichtigkeit des Verpflichtungsgeschäfts wirksam bleiben, so dass eine Kondiktionslage entsteht. Tritt der von der Rechts-

5 Zum Problem Umgehung – Auslegung: *Teichmann*, Die Gesetzesumgehung, S. 62 f., 67 ff.; *U. Huber*, JurA 70, 784 (796 ff.); *Medicus*, AT, Rn. 660; *Bülow*, Verbraucherkreditrecht, § 506 BGB, Rn. 21; BGHZ 110, 47 (64); 51, 255 (262); 56, 285 (286); zweifelnd MünchKomm./*Mayer-Maly*, 1. Aufl. 1978, § 134 BGB Rn. 17 f.

6 Dazu *Mertens*, NJW 66, 1049; *Raiser*, in: summum ius summa iniuria, S. 152; *Luig*, in: Das Bürgerliche Gesetzbuch und seine Richter, 2000, S. 383 (404 f.); deshalb erscheint die besondere Bezeichnung des Verfügungsvertrags (dingliche Einigung, Abtretung) als „Sicherstellungsvertrag“ (BGH NJW 98, 2047 zu II. 1.; *Scholz/Lwowski*, Rn. 3) fragwürdig.

7 RGZ 49, 170; 122, 327 (332).

ordnung missbilligte Erfolg aber gerade durch den dinglichen Vollzug ein, ist auch das abstrakte dingliche Rechtsgeschäft nichtig[8], der Wuchertatbestand in § 138 Abs. 2 ist ein Beispiel dafür. Auch die Sittenwidrigkeitskontrolle der Sicherungstreuhand erstreckt sich auf das dingliche Rechtsgeschäft und beschränkt sich nicht lediglich auf seine obligatorische Grundlage, den Sicherungsvertrag. Sofern die Übertragung danach als nichtig zu werten ist, weil sich der von der Rechtsordnung missbilligte Erfolg gerade auch in der Vollrechtsübertragung selbst äußert, tritt die gewollte Rechtsänderung nicht ein. Der Veräußerer (Kreditschuldner oder ein Dritter, nachf. Rn. 1161) bleibt Eigentümer, er ist nicht auf Kondiktion des Eigentums beim Kreditgläubiger gem. § 812 angewiesen; der Zedent bleibt Forderungsinhaber.

Sicherungsgeschäfte, seien daran Kreditinstitute beteiligt oder etwa auch Händler – man **1103**
denke nur an den verlängerten Eigentumsvorbehalt als besondere Ausprägung der Sicherungsabtretung (unten Rn. 1461) –, werden überwiegend nicht durch Individualverträge, sondern im Wege des Formularvertrags (§ 305 Abs. 1 BGB) abgeschlossen, so dass die Sittenwidrigkeitskontrolle von der Frage überlagert wird, ob vom Verwender (dem Kreditinstitut, dem Händler) gestellte Vertragsbedingungen gem. § 307 oder auch § 305c (überraschende Klausel) BGB unwirksam sind, weil sie den Vertragspartner (Kreditschuldner, Sicherungsgeber) entgegen den Geboten von Treu und Glauben unangemessen benachteiligen resp. ihn überraschen. Trotz Treueverstoßes bei einzelnen Vertragsbedingungen braucht das Geschäft als Ganzes nicht sittenwidrig zu sein, so dass der Sicherungsvertrag resp. das Übertragungsgeschäft nicht schlechthin unwirksam ist, sondern gem. § 306 Abs. 1 BGB nur die einzelne Vertragsklausel, die gem. § 306 Abs. 2 durch dispositives Recht ersetzt wird. Nur im Ausnahmefall einer unzumutbaren Härte i.S.v. § 306 Abs. 3 BGB ist der Vertrag insgesamt unwirksam, so dass sich die Rechtsfolgen der Treuwidrigkeit mit denjenigen der Sittenwidrigkeit decken. Wie sich die Unwirksamkeit des Sicherungsgeschäfts auf das zugrundeliegende Kreditgeschäft, z.B. den Darlehensvertrag, auswirkt, bestimmt sich nach § 139 BGB (nachf. Rn. 1147).

Wie immer man den Begriff des Verstoßes gegen die guten Sitten oder gegen Treu und **1104**
Glauben definiert[9] und ob er nicht nur objektive, sondern auch subjektive Komponenten aufweist (nachf. Rn. 1135), bei vielen Sachverhalten besteht Einigkeit über das Ergebnis. Für die Sicherungstreuhand (und das heißt auch: für den verlängerten Eigentumsvorbehalt[10], unten Rn. 1461) haben besondere Bedeutung gewonnen die Fallgruppen[11]

- Übersicherung (nachf. b),
- Knebelung (c),
- Gläubigerbenachteiligung (Gläubigergefährdung, d),
- Insolvenzverschleppung (e) und
- Verleitung zum Vertragsbruch (f).

---

8 Pointiert BGH WM 62, 818, gleichermaßen OVG Münster NJW 97, 2901und abgrenzend, aber zweifelhaft BGH NJW 2002, 429 zu III.

9 *Mayer-Maly*, AcP 194 (1994), 105 (150); *ders.*, in: 50 Jahre Bundesgerichtshof, Bd. I, S. 69 (74); *M. Wolf*, Festschr. Baur, S. 147 (163 ff.); RGRK/*Krüger-Nieland*, § 138 BGB Rn. 25 ff.; *Emmerich*, Wettbewerbsrecht, § 5 (S. 42 ff.); *Bülow*, Wirtschaftsrecht 74, 250. Maßgeblicher Zeitpunkt ist im Allgemeinen die Vornahme des Rechtsgeschäfts, *Schmoeckel*, AcP 197 (1997), 1 (55).

10 BGH NJW 87, 487 zu II. 1. d.; OLG Düsseldorf WM 93, 2183 mit Anm. *Bülow* WuB VI B. – 1.94.

11 Exemplarisch, ja lehrbuchhaft BGH NJW 95, 1668; Fallgruppen nach RGZ 136, 247 (253 f.): Aussaugung des Schuldners, Stille Teilhaberschaft, Konkursverzögerung, Kreditbetrug und Gläubigergefährdung.

1105 Keine Treuwidrigkeit liegt allein darin, dass die Vollrechtsübertragung nicht unter auflösende Bedingung gestellt wird[12].

b) Übersicherung

1106 Übersicherung heißt, dass der Wert der übertragenen Gegenstände den Wert der gesicherten Forderung (Kredit) in einem erheblichen Maße übersteigt; dieses Maß kann bereits aufgrund von Mehrfachsicherungen (oben Rn. 14, z.B. Sicherungsübereignung und Lohnzession[13]) überschritten sein. Die Gefahr der Übersicherung ist der Preis dafür, dass sich die Parteien von den gesetzlichen Kreditsicherungstypen abwenden und sich selber Kreditformen zusammenkonstruieren. Bei fast allen gesetzlichen Typen (mit Ausnahme der Grundschuld) ist der Gleichklang von Sicherheit und gesicherter Forderung durch das Akzessorietätsprinzip gewahrt (oben Rn. 27). Kautelarisch kann nur Abstraktheit der Sicherheit von der gesicherten Forderung erreicht werden, die allenfalls durch Vereinbarung von Bedingungen auflockerbar ist (nachf. Rn. 1180). Abstraktheit meint in diesem Zusammenhang nicht Kausalunabhängigkeit der Verfügung in Bezug auf das zugrundeliegende Verpflichtungsgeschäft (die causa), sondern heißt, dass die Vollrechtsinhaberschaft als nicht-akzessorische Sicherung unberührt bleibt, wenn der Kredit zurückgeführt wird, sich also die gesicherte Forderung verringert: Weil es weniger oder gar nichts mehr zu sichern gibt, die Sicherheit aber gleich bleibt, hat der Sicherungsnehmer mehr Sicherheiten als er braucht[14].

aa) Das virulente Problem: revolvierende Globalsicherheiten

1107 Die Gefahr der Übersicherung tritt aber vor allem auch dann ein, wenn sich bei unveränderter oder sogar verringerter gesicherter Forderung der Bestand der zur Sicherheit übertragenen Gegenstände und damit ihr Gesamtwert vergrößert. Der Wert des Sicherheitenbestandes kann sich zugunsten des Sicherungsnehmers in Fällen verschieben, in denen Sicherungsobjekt nicht lediglich ein einzelner Gegenstand, sondern eine Gesamtheit von Gegenständen ist, deren Umfang sich laufend verändert, z.B. ein Warenlager oder ein Bestand von Kundenforderungen des Sicherungsgebers; man spricht von Globalsicherheiten mit revolvierendem Bestand. Sicherheiten können schon im voraus an den Sicherungsnehmer übertragen werden, nämlich im Wege der antizipierten Übertragung (unten Rn. 1291, 1417), so dass z.B. jede neue Forderung, die der Kreditnehmer durch Geschäfte mit seinen Kunden begründet, sogleich an den Kreditgläubiger zum Zwecke der Sicherung fällt, ebenso jede neue Sache, die in ein Warenlager aufgenommen wird. Das ist ein an sich legitimes Verfahren, da auf der anderen Seite ja auch dadurch Forderungen aus dem Sicherheitenbestand herausfallen, dass sie von den Kunden des Sicherungsgebers bezahlt werden, also gem. § 362 BGB durch Tilgung erlöschen (unten Rn. 1448). Gleichermaßen können Sachen aus dem Bestand der Sicherheiten herausfallen, wenn sie das Wa-

12 BGH WM 84, 357 (359); *Künzl*, BB 85, 1884.

13 OLG Frankfurt am Main NJW 86, 2712 mit Anm. *F. Scholz*, BB 87, 1139; nicht: Grundschuld nebst Abtretung von Mietzinsforderungen (§ 1123 BGB, oben Rn. 132): OLG Köln ZIP 96, 828 mit Komm. *Johlke*, EWiR § 9 AGBG 13/96, 579.

14 BGH NJW 98, 2592 zu B. I. 1. d.; keine Verringerung bei nicht ausgenutzten Kreditzusagen, der Kreditrahmen bestimmt den Sicherungsumfang und damit den Sicherungszweck, nachf. Rn. 1147, BGH BB 96, 344 zu II. 3. a.; a.A. LG Mönchengladbach WM 93, 992 mit Anm. *Eckert*, WuB I F 4. – 5.93.

renlager im ordnungsgemäßen Geschäftsverkehr verlassen (unten Rn. 1291). Aber indem durch die antizipierte Abtretung oder Eigentumsübertragung der Kreditgläubiger ständig und je nach Geschäftsgang des Sicherungsgebers Gläubiger von Forderungen und Eigentümer beweglicher Sachen wird, kann der Sicherheitenbestand außer Kontrolle geraten, also: Übersicherung eintreten. Allerdings hat der Sicherungsgeber Anspruch auf Rückübertragung des Sicherungsguts, wenn der Sicherungszweck erledigt ist (oben Rn. 69). Tritt Übersicherung durch veränderliche Globalsicherheiten ein, ist der neu hinzutretende Bestand an Sicherheiten, der die Übersicherung begründet, von vornherein nicht vom Sicherungsinteresse des Gläubigers gedeckt. Diesen Sicherheitenbestand hat der Gläubiger unabhängig von der Fälligkeit der gesicherten Forderung freizugeben, also zurückzuübertragen. Der Vollzug der Freigabe beseitigt die Übersicherung, so dass ein interessengerechter, die Sitten- oder Treuwidrigkeit ausschließender Ausgleich stattfinden kann. Problematisch ist nur noch, wie die Pflicht zur Freigabe im einzelnen zu bestimmen ist (nachf. Rn. 1108 ff.). Der im Falle **nachträglicher Übersicherung** durch Freigabe bewirkte Interessenausgleich versagt, wenn der Sicherungsgeber bereits durch den Sicherungsvertrag zu einer Sicherheitenbestellung verpflichtet wird, deren Vollzug von Anfang an zu Übersicherung führt. Begründen die Parteien die Vertragspflicht des Sicherungsgebers zur Sicherheitenbestellung im Übermaß, kann derselbe Sicherungsvertrag nicht zugleich die Pflicht des Sicherungsnehmers enthalten, gerade bestellte Sicherheiten wieder freizugeben[15]. Der Sicherungsvertrag begründet vielmehr allein die Pflicht zur Rückübertragung von Sicherungsgegenständen bei späterer Erledigung des Sicherungszwecks, also dem Wegfall der gesicherten Forderung. Die einmal vereinbarte und vollzogene Übersicherung soll vielmehr nach dem Willen der Parteien bestehenbleiben, so dass sich die Frage stellt, ob die Übersicherung ein Maß erreicht, das im Hinblick auf § 138 resp. § 307 BGB unerträglich erscheint. Aufgrunddessen ist vorgezeichnet, dass sich unterschiedliche Beurteilungskriterien ergeben für den Fall der nachträglichen und für den Fall der anfänglichen oder **ursprünglichen Übersicherung**.

bb) Sicherungswert und Deckungsgrenze

Wenn Übersicherung, bestehe sie von Anfang an oder trete sie nachträglich ein, heißt, **1108**
dass der Gläubiger als Sicherungsnehmer mehr Sicherheiten hat als er braucht, um sich im Sicherungsfall wegen seiner gesicherten, aber ungetilgten Forderung zu befriedigen, ist Ausgangspunkt der Vergleich von zwei Bezugsgrößen, nämlich Sicherheit und gesicherter Forderung. Vor der Frage, wann von einem Übermaß gesprochen werden muss, steht die Bezifferung der Bezugsgrößen, um sie zueinander in Beziehung setzen zu können. Die Bezifferung der gesicherten Forderung ergibt sich von selbst; die Bezifferung der Sicherheit ist dagegen problematisch, weil erst nach durchgeführter Verwertung (unten Rn. 1220 ff.) der zur Sicherheit übereigneten Sachen oder der zur Sicherung abgetretenen Forderungen feststeht, welchen Erlös sie erbracht hatten. Aber niemand kann mit letzter Exaktheit voraussagen, welcher Verwertungserlös herauskommen wird. Vielmehr kann nur eine **Prognose über den Verwertungserlös** abgegeben werden. Diese Prognose hängt von der Bewertung der Sicherungsgegenstände, bezogen auf den Zeitpunkt der Verwertung, ab. In dem früheren Zeitpunkt, in dem der Sicherungsvertrag abgeschlossen wird, ist also der im späteren Zeitpunkt anzunehmende Wert zu ermitteln.

15 Dies verkennt *Terlau*, BB 98, 1498, zutr. *Becker*, Maßvolle Kreditsicherung, S. 620.

1109 Es kann für ein und dasselbe Sicherungsgut mehrere Werte geben. Man kann versuchen, den Wert zu objektivieren und ihn nach den im Allgemeinen erzielbaren Marktpreisen messen oder, vielleicht wenn Schmuck oder Kunstwerke als Sicherungsgut dienen, nach dem im besonderen durch sorgfältige und fachmännische Suche nach Interessenten zu realisierenden Erlös. Solche Werte brauchen mit dem Erlös, der im Sicherungsfall, typischerweise in der Krise des Sicherungsgebers, erzielt werden kann, nicht übereinzustimmen. Vielmehr kann der Verwertungserlös gerade im Sicherungsfall niedriger sein, denn, so beschreibt der Bundesgerichtshof[16] die tatsächlichen Verhältnisse, „selbst soweit für Waren ein Marktpreis besteht, ist dieser insbesondere bei Marktverhältnissen mit geringer Nachfrage häufig nicht zu erzielen. Einkaufspreise oder Herstellungskosten von Waren lassen sich aus ganz unterschiedlichen Gründen meist nicht verwirklichen, etwa weil die Waren beschädigt, technisch veraltet oder unmodern sind oder weil sich die Marktverhältnisse grundlegend verschlechtert haben. Halbfertigfabrikate können häufig nur zum Schrottwert verkauft werden, weil sie auf den nicht mehr fortgeführten Betrieb des insolventen Schuldners zugeschnitten sind. Fertigprodukte lassen sich oftmals nicht zum Herstellungspreis verwerten, weil bei insolventen Unternehmen häufig nicht kostendeckend produziert wurde oder weil für den Käufer weder die Gewährleistung noch die Ersatzteillieferung noch der notwendige Service sichergestellt sind". Wenn Forderungen zur Sicherheit abgetreten sind, ist deren erzielbarer Verwertungserlös mit ihren Nennwerten nicht identisch, „sondern erfahrungsgemäß fast immer wesentlich niedriger. Gegen abgetretene Forderungen von Schuldnern in der Krise bestehen häufig durchgreifende Einwendungen. Drittschuldner machen erfolgreich Gewährleistungs- oder Zurückbehaltungsrechte geltend oder rechnen mit Gegenforderungen auf. Der Wert einer abgetretenen Forderung hängt entscheidend von der Bonität des Drittschuldners ab. Diese ist im Nennwert nicht berücksichtigt"[17].

1110 Für den Wert, der als Bezugsgröße für die Ermittlung eines Übermaßes und damit der Übersicherung heranzuziehen ist, kann es nur auf denjenigen Wert ankommen, der dem Sicherungsinteresse des Gläubigers entspricht. Dieser Wert ist nicht der an den Marktverhältnissen im Allgemeinen oder im besonderen ausgerichtete Wert, sondern der tatsächliche im Sicherungsfall erzielbare Wert. Diesen Wert nennt man **Sicherungswert** oder **realisierbaren Wert**. Nimmt der Gläubiger Sicherheiten herein, die nach der Prognose im Zeitpunkt des Vertragsabschlusses dem Sicherungswert entsprechen, gibt es keine Übersicherung. In diesem Fall decken sich der Wert der gesicherten Forderung und der Sicherungswert, anders gewendet: Eine **Deckungsgrenze** von 100% bedeutet fehlende Übersicherung und zugleich gebotene Sicherung.

1111 Aber das Sicherungsinteresse des Gläubigers ist auch durch eine Deckungsgrenze von 100% noch nicht gewahrt. Vielmehr entstehen durch das Verfahren der Verwertung selbst Kosten, wie Kosten für eine Versteigerung, zur sachverständigen Schätzung des Werts in Vorbereitung der Verwertung, zur Rechtsverfolgung. Als Richtmaß für diese Kosten kann § 171 Abs. 1 Satz 2 und Abs. 2 Satz 1 InsO dienen, wonach an Feststellungskosten 4% und an Verwertungskosten 5% des dann später tatsächlich erzielten Verwertungserlöses anzusetzen sind[18]; rechnet man diesen 9% noch 1% an pauschalierten Rechtsverfolgungs-

16 Großer Senat in BGHZ 137, 212 zu II. 3. b. bb. (1), S. 227.
17 BGH, Großer Senat für Zivilsachen a.a.O.
18 *Treffer*, MDR 98, 1394 (1395).

kosten hinzu, kommt man zu einem Risikozuschlag von 10%, den der Gläubiger aus dem Verwertungserlös zu bestreiten hat und folglich zu einer Deckungsgrenze von 110%[19]. Ein Sicherungswert des gesamten Sicherungsguts von 110% der gesicherten Forderung bedeutet fehlende Übersicherung. Erst wenn der Bestand an Sicherheiten über die Deckungsgrenze von 110% hinausgeht, ist der objektive Tatbestand der Übersicherung eingetreten. Jetzt sind unterschiedliche rechtliche Folgerungen für die Bewertung der anfänglichen und der nachträglichen Übersicherung zu ziehen.

cc) Anfängliche Übersicherung

Bei Abschluss des Sicherungsvertrages, durch den sich der Kreditschuldner und zukünftige Sicherungsgeber verpflichtet, Sicherheiten zu stellen, darf der Sicherheitenbestand die Deckungsgrenze von 110% (vorst. Rn. 1111) bei Meidung anfänglicher Übersicherung nicht übersteigen. Der Sicherungsnehmer und Kreditgläubiger darf vom Schuldner nicht mehr Sicherheiten verlangen, als es diesem Maß entspricht. Die Parteien müssen infolgedessen den Sicherungswert aufgrund Prognose, die sich auf den ungewissen Fall der Verwertung bezieht, ermitteln. Für die Bewertung gibt es keine allgemeingültigen Regeln, vielmehr hängt sie von den Besonderheiten des jeweiligen Einzelfalls ab[20]. Die Prognose muss ökonomischer Vernunft entsprechen und betriebswirtschaftlich nachvollziehbar sein. Der in § 237 BGB liegende Richtwert (dazu im einzelnen nachf. Rn. 1124) kann in dem einen Fall den Sicherungswert zu niedrig bemessen, in dem anderen zu objektiver Übersicherung führen, vermag also für die Beurteilung des anfänglichen Übermaßes nichts beizutragen; dieser Richtwert gewinnt seine Eignung erst für den Freigabeanspruch aufgrund nachträglicher Übersicherung. Sofern die Nichtigkeitsfolge nach § 138 Abs. 1 BGB nur eintritt, wenn das Geschäft nicht nur objektiv gegen die guten Sitten verstößt, sondern auch als subjektiv verwerflich zu bewerten ist (nachf. Rn. 1135), braucht deshalb eine fehlerhafte Bemessung der Deckungsgrenze von 100%, also eine ausbedungene Verpflichtung zur Stellung überschießender Sicherheiten, die Sittenwidrigkeit noch nicht zu begründen. Bewertungsrisiken und Bewertungsunschärfen, die sich innerhalb vernünftiger Prognose halten, können ex ante gegen die Übersicherung sprechen. Ist das Maß von § 237 BGB eingehalten, mag, selbst wenn objektive Übersicherung festzustellen ist, die verwerfliche Gesinnung des Sicherungsnehmers auszuschließen sein. Hält sich der dem Sicherungsnehmer übertragene Bestand an Sicherheiten in diesem Rahmen, sind Sicherungsvertrag und Verfügungsgeschäft wirksam, so dass der Sicherungsgeber Vollrechtsinhaber wird. **1112**

Die **Beweislast** für Tatsachen, die in objektiver und subjektiver Hinsicht die anfängliche Übersicherung begründen, trägt nach allgemeinen Grundsätzen, wer sich auf die Nichtigkeit beruft[21], meist der Sicherungsgeber. **1113**

---

19 BGH, Großer Senat, a.a.O. zu (2).

20 BGH NJW 98, 2047 mit Anm. *Bülow*, LM Nr. 87 zu § 138 (B.b.) BGB, Komm. *Medicus*, EWiR § 138 BGB 4/98, 627, Anm. *Rimmelspacher*, WuB I F 4. – 1.98 und *Terlau*, BB 98, 1498; BGH WM 66, 14 zu II. 2. c.; *Ganter*, WM 2001, 1 (5); dies verkennt *Tigges*, DStR 98, 724 (729); relativierend *Lwowski*, in: Festschr. Schimansky, S. 388 (412); krit. *Nobbe*, in: Festschr. Schimansky, S. 433 (455 f.).

21 Baumgärtel/*Laumen*, Beweislast, Band 1, § 138 BGB Rn. 1; *Bülow*, LM Nr. 87 zu § 138 (B. b.) BGB (2. b.); *Ganter*, WM 2001, 1 (5).

1114 Eine **Grundschuld** kann für sich allein Übersicherung nicht begründen. Der Verwertungserlös steht dem Sicherungsnehmer immer nur insoweit zu, als die Grundschuld valutiert ist. Die anfängliche Übersicherung kann sich aber daraus ergeben, dass neben der Grundschuld noch andere Sicherheiten bestellt werden[22]. Die **Mehrfachsicherung** durch **akzessorische Sicherheiten** kann Übersicherung zwar nicht begründen (vorst. Rn. 1106), aber das Sittenwidrigkeitsmoment kann nach Lage des Einzelfalls darin liegen, dass der Sicherungsgeber alle ihm zur Verfügung stehenden Sicherungsmöglichkeiten für einen einzigen Sicherungsnehmer ausgeschöpft hat und für anderweitige Kredite keine Sicherheiten mehr herbeischaffen kann, z.B. jeder, der aus dem privaten und geschäftlichen Bereich in Frage kommt, schon die Bürgschaft abgegeben hat. Das Sittenwidrigskeitsmoment liegt in dem knebelnden Charakter (nachf. Rn. 1131).

dd) Nachträgliche Übersicherung

1115 Begründen Sicherungsvertrag und Vollrechtsübertragung keine ursprüngliche Übersicherung, weil die Deckungsgrenze von 110% nach der Prognose der Parteien nicht überschritten ist, war der Sicherungsnehmer Vollrechtsinhaber geworden. Durch Veränderung der gesicherten Forderung und des Bestandes an Sicherheiten (vorst. Rn. 1107) kann jedoch nachträgliche Übersicherung eintreten, insbesondere durch Vorausabtretung von Sicherungsforderungen oder durch neu in ein zur Sicherheit übereignetes Warenlager hinzukommende Sachen. Bis zur Entscheidung des Großen Senats für Zivilsachen vom 27.11.1997 ist es in der Rechtsprechung, namentlich unter Zivilsenaten des Bundesgerichtshofs, und Literatur umstritten gewesen, ob Nichtigkeit von Sicherungsvertrag und Verfügungsgeschäft gem. § 138 resp. §§ 307, 306 Abs. 2 oder 3 BGB eintritt, wenn die Parteien nicht hinreichende vertragliche Vorkehrungen gegen die Beseitigung der Übersicherung treffen.

aaa) Die Entwicklung der Rechtsprechung

1116 Der dogmatische Streit fand sich im Folgenden, dem ein gemeinsamer Ausgangspunkt zugrundelag: Die die Sitten- resp. Treuwidrigkeit vermeidende vertragliche Vorkehrung liegt darin, dass sich der Sicherungsnehmer im Sicherungsvertrag (oben Rn. 49 und nachf. Rn. 1169) verpflichtet, die ihm übertragenen Sicherheiten wieder freizugeben, wenn der Sicherungszweck weggefallen ist. Das ist wesenseigener Inhalt eines Sicherungsvertrages. Die Freigabeverpflichtung ist ihm immanent. Der Sicherungszweck fällt weg, wenn und soweit Übersicherung eintritt. Freigabe heißt, dass der Sicherungsnehmer die Gegenstände gem. §§ 929 ff. resp. 398 BGB wieder auf den Sicherungsgeber zurückübertragen muss. Im Allgemeinen ist die dingliche Einigung, verbunden mit einer Freigabeklausel im Sicherungsvertrag, wirksam und damit die Sicherungstreuhand insgesamt.

1117 Für den Fall der Sicherungstreuhand, die – wie meist – mittels Formularvertrags begründet wird, war es die ständige Rechtsprechung des VII., VIII. und IX. Zivilsenats des Bundesgerichtshofs[23] ge-

22 So die Fallgestaltung in BGH NJW 98, 2047.

23 NJW-RR 90, 1459 mit Komm. *Weber*, EWiR § 138 BGB 13/90, 863; 91, 625 (VII.); BGHZ 94, 105; 98, 303; 109, 240 mit Rezension *Bülow*, ZBB 90, 29, Anm. *H.J. Weber*, JZ 90, 493; *Rehbein*, JR 91, 325 und Komm. *Wolf*, EWiR § 9 AGBG 5/90, 215 sowie *Göbel*, Übersicherung, S. 156 ff., skeptisch *Steppeler*, Sparkasse 90, 132; *Steiner*, ZKW 91, 292; *Rehbein*, JR 91, 325 sowie *H.J. Weber*, JZ 90, 493; BGHZ 120, 300; 125, 83 (87 f.); BGH NJW 91, 2768 (VIII.); BGHZ 117, 374; 124, 371 und 380 (IX.); LG Hamburg WM 95, 1443 mit Anm. *Nielsen*, WuB I F 5. – 7.95; OLG Düsseldorf EWiR § 9 AGBG 3/94, 107 (Komm. *Uhlenbruck*); OLG Hamm WM 93, 1673 mit Anm. *Vortmann*, WuB VI B. – 1.93; OLG Braunschweig NJW-RR 91, 669 (Globalsicherungsübereignung) mit krit. Anm. *Lwowski*, WuB I F 5. – 1.92; LG Bad Kreuznach WM 92, 52;

wesen (nachf. Rn. 1115), dass im Rahmen von § 307 BGB weitere Erfordernisse hinzukommen müssen. Sie liegen darin, dass eine einfache, schon aus dem Wesen des Sicherungsvertrags folgende[24] Freigabeklausel nicht genügt, sondern dass die AGB eine **qualifizierte Freigabeklausel** enthalten müssen. Das Erfordernis einer Qualifizierung der Freigabeklausel stand auf der Grundlage, dass die Parteien einerseits selbst Bewertungsmaßstäbe bestimmen können (nachf. Rn. 1119) und dass die Deckungsgrenze, je nach der Verwertbarkeit des Sicherungsguts, unterschiedlich sein kann[25], so dass ein Richtwert von 120% für die Deckungsgrenze anzulegen war. Qualifizierung der Freigabeklausel sollte heißen, dass die Deckungsgrenze bestimmt festgelegt wird. Fehlt die Deckungsgrenze, **scheitert** nach dieser Sicht die Sicherungstreuhand **insgesamt gem. § 306 Abs. 3 BGB**.

Ist zwar eine konkrete Deckungsgrenze bestimmt, macht die Klausel aber die Freigabe vom Ermessen des Sicherungsnehmers abhängig[26], ist sie selbst als unwirksam angesehen worden, aber hinsichtlich des Sicherungsgeschäfts im Übrigen sollte es jedenfalls bei der Grundregel von § 306 Abs. 1 und Abs. 2 BGB bleiben, es war also ohne die Klausel wirksam[27]. Gleiches gilt, wenn sich der Sicherungsnehmer ausbedingt, ohne vorherige Androhung verwerten zu dürfen[28]; Anderes gilt bei Lohnzessionen (nachf. Rn. 1129). **1118**

Festlegung einer Deckungsgrenze heißt **Bewertung** des Sicherungsguts[29]. Während der Wert der gesicherten Forderung feststeht, kann man den Wert des Sicherungsgegenstandes meist nur schätzen. Das gilt auch für abgetretene Forderungen, deren Wert von der Solvenz des Forderungsschuldners abhängt (vorst. Rn. 1109). Bewertungsmaß muss der prognostizierte Verwertungserlös (realisierbarer Wert, Sicherungswert) ohne den Risikozuschlag sein, wobei die bestmögliche und zumutbare Verwertungsart, z.B. freihändiger Verkauf (unten Rn. 1215), zugrundezulegen ist. Daraus folgte für die frühere Rechtsprechung ein weiteres Erfordernis zur Wirksamkeit der Sicherungstreuhand: Die AGB mussten eine Bezugsgröße für die Berechnung des Sicherungswerts enthalten, die es dem Sicherungsgeber ermöglichte, eine Überschreitung der Deckungsgrenze unschwer festzustellen[30], ohne dass an die Bestimmung dieser Bezugsgröße übertriebene Anforderungen zu stellen **1119**

LG Hamburg WM 95, 1443 mit Anm. *Nielsen*, WuB I F 5. – 7.95; keine Freigabeklausel erforderlich bei Sicherung einer titulierten Forderung: LG Heilbronn WM 91, 2058; Sonderfall OLG Saarbrücken NJW-RR 96, 374; LG Mönchengladbach WM 93, 992; LG Stuttgart ZIP 95, 1406.

24 Weil das so ist, bedarf die Freigabeverpflichtung als solche nicht der besonderen Aufnahme in die AGB, so auch der IX. Zivilsenat des BGH NJW 96, 253 zu 1. b. mit Komm. *Tiedtke*, EWiR § 9 AGBG 14/96, 147 und Anm. *Horstkotte*, WuB I F 4. – 1.96.

25 *Wiegand/Brunner*, NJW 95, 2513 (2517); *Pfeiffer*, WM 95, 1565 (1566); *Friedel*, Übersicherung, S. 171; OLG Köln BB 97, 697; OLG München WM 97, 312 (315); zum Beispiel höherer Zuschlag bei Modeartikeln (Bekleidung): LG Essen WM 95, 1835 (1837) mit Anm. *Ott*, WuB I F 5. – 2.96; Autohandel: OLG Hamm WM 95, 1834 mit Anm. *Ott*, WuB I F 5. – 1.96.

26 So die frühere Nr. 20 Abs. 2 AGB-Banken 1986, BGH NJW 95, 2221 zu II. 2. b., Vorinstanz OLG Stuttgart WM 94, 626; BGH NJW 96, 847 zu II. 2. b. mit Komm. *Kothe*, EWiR § 9 AGBG 6/96, 241 und Anm. *Sonnenhol*, WuB I F 4. – 3.96; OLG Hamm WM 93, 2046 mit Komm. *Nasall*, EWiR § 9 AGBG 2/94, 7; LG Osnabrück WM 93, 1628. Anders jetzt Nr. 16 Abs. 2 AGB-Banken, 22 Abs. 2 AGB-Sparkassen, wo bei der Auswahl freizugebender Gegenstände auf die Belange des Sicherungsgebers Rücksicht zu nehmen ist, mit anderen Worten ein Deckungsgesamtplan zu erstellen ist, OLG Hamm ZIP 93, 1301.

27 BGH NJW 96, 253 zu I. b. mit Komm. *Tiedtke*, EWiR § 9 AGBG 4/96, 147, a.A. für § 20 Abs. 2 AGB-Banken OLG Karlsruhe BB 95, 1157 (4. Zivilsenat); wie BGH der 15. Zivilsenat des OLG Karlsruhe, EWiR § 9 AGBG 11/95, 1045 (*Witkowsky*).

28 BGHZ 124, 380 (390 ff.) mit Komm. *Serick*, EWiR § 9 AGBG 5/94, 209, Anm. *Eckert*, WuB I F 4. – 3.94 und Besprechung *Wenzel*, WiB 94, 240; OLG Hamm EWiR § 9 AGBG 1/92, 1 (*Reifner*); LG Stuttgart WM 96, 154.

29 *Rellermeyer*, WM 94, 1009 (1012 ff.).

30 BGHZ 117, 374 (379) mit Anm. *Weber*, WuB I F 5. – 7.92; BGH NJW-RR 95, 748; *Reinicke/Tiedtke*, WiB 94, 497.

waren[31]. Bei einer Sicherungsabtretung ist unter „Wert der Forderungen" der Nenn- oder Nominalwert der abgetretenen Forderungen gemeint[32], nicht der realisierbare Wert. Geht eine Klausel bei der Berechnung der Deckungsgrenze vom Einkaufspreis des Sicherungsgebers für das Sicherungsgut aus, wäre die Übersicherung an sich nicht vermieden, weil es naturgemäßes Ziel kaufmännischen Handelns ist, einen höheren Verkaufspreis als den Einkaufspreis zu erzielen. Der Sicherungsnehmer würde also mit weniger Sicherungsgut auskommen. Gerade im Sicherungs-, d.h. Verwertungsfall zeigt aber die Erfahrung, dass sogar die Einkaufspreise häufig nicht mehr realisierbar sind (oben Rn. 1109): „Fallierende Unternehmen haben häufig zu teuer oder am Markt vorbei produziert. Das Sicherungsgut ist (technisch) veraltet oder weist (erhebliche) Mängel auf. Die Einkaufspreise sind aufgrund einer Konjunktur- oder Strukturkrise verfallen oder bedingt durch die Notsituation des Sicherungsgebers nicht erzielbar. Abnehmer für Halbfertigprodukte fehlen. Für Fertigerzeugnisse besteht de facto keine Gewährleistung und erst recht kein Service"[33]. Gleiches gilt für den Gestehungswert, das ist bei bearbeiteten oder neu hergestellten Sachen der Einkaufspreis der zu bearbeitenden Waren zuzüglich Arbeitswert. Diese Bezugsgrößen können folglich die erforderliche problemlose Wertberechnung gewährleisten, an der es andererseits im Allgemeinen fehlt, wenn die AGB allein auf den Zeitwert oder Sicherungswert verweisen; erstgenannte Klauseln (Einkaufspreis resp. Gestaltungswert) waren also unbedenklich[34]. Umgekehrt kann bei einer Sicherungsabtretung die Bestimmung der Deckungsgrenze auf das Doppelte des Nenn-(Nominal-)Werts der abgetretenen Forderung geeignet sein, die Übersicherung zu vermeiden, wenn die Durchsetzbarkeit der Forderung zweifelhaft ist, also nur das Bonitätsrisiko des Forderungsschuldners ausgeglichen werden soll[35].

1120 Dieser Lösung des VII., VIII. und IX. Zivilsenats des BGH war der für das Bankrecht zuständige XI. Zivilsenat entgegengetreten: Der Rückgewähranspruch ist dem Sicherungsvertrag immanent, eine ausdrückliche Verankerung in AGB lediglich deklaratorischer Natur. § 307 BGB schützt den Vertragspartner des Verwenders, also den Kreditnehmer vor dem Sicherungsnehmer, meist einem Kreditinstitut. Aber man darf nicht vergessen, dass Übersicherung niemals zu einer Bereicherung der Bank führt, indem sie etwa einen Übererlös behalten dürfte, der den Wert ihrer gesicherten Forderung übersteigt: Übersicherung steigert nur die Verwertungsaussichten, aber ein Übererlös fließt an den Sicherungsgeber und nicht an den Sicherungsnehmer (nachf. Rn. 1215). Andere Gläubiger des Sicherungsgebers sind es vielmehr, die ihre Forderung gefährdet sehen, weil die Übersicherung bewirkt, dass für sie keine Sicherungsobjekte übrigbleiben. Die anderen Gläubiger profitieren deshalb auch von der Unwirksamkeit der Sicherungstreuhand, die der erste Gläubiger begründen wollte. Aber der Schutz Dritter ist nicht das Regelungsziel von § 307 BGB[36]. Treuwidrig sind nur

---

31 BGH NJW 95, 2348 zu II. 1. a. mit Komm. *Kothe*, EWiR § 9 AGBG 6/95, 837 und Anm. *Eckert*, WuB I F 5. – 6.95.

32 BGH NJW 94, 445 mit Erl. *Hoeren*, WiB 94, 161 und Komm. *Wissmann*, EWiR § 5 AGBG 1/94, 729 sowie Anm. *Merkel*, WuB I F 4. – 2.94; OLG Düsseldorf WM 93, 2183 mit Komm. *Bülow*, WuB VI B. – 1.94; unzureichend nach OLG Karlsruhe WM 93, 942 mit ausf. Anm. *Pfeiffer*, WuB I F 4. – 4.93: „Nach banküblichen Bewertungsgrundsätzen"; unwirksam nach OLG Schleswig ZIP 95, 759, wenn der realisierbare Wert mit 75% des Nennwerts bestimmt wird, ähnlich LG Siegen ZIP 93, 215.

33 BGH NJW 95, 2221 zu II. 3. c. bb. mit Komm. *Tiedtke*, EWiR § 930 BGB 1/95, 737, Bspr. *K. Schmidt*, JuS 95, 1034, Anm. *Richrath*, WuB I F 4. – 6.95 und *H.J. Weber*, JZ 95, 1181.

34 BGH NJW 95, 2348 zu II. 1. b. mit Anm. *Eckert*, WuB I F 5. – 6.95; NJW-RR 95, 748 mit Anm. *Pfeiffer*, WuB I F 5. – 4.95; OLG Hamm WM 95, 1834; OLG Stuttgart WM 94, 626 mit Anm. *Schebesta*, WuB I F 4. – 3.94.

35 BGH NJW 96, 388 mit Komm. *Wissmann*, EWiR § 9 AGBG 5/96, 193 und Anm. *Ott*, WuB I F 4. – 2.96; NJW 95, 2348 zu II. 1. b.

36 BGH WM 94, 1283 mit Komm. *Bülow*, EWiR § 9 AGBG 10/94, 731 und Bspr. *Ball*, in: Schriftenreihe der Bankenrechtlichen Vereinigung Bd. 6, S. 57 (70); WM 95, 375 zu II. 1.; NJW 95, 2219 zu II. 3. a. mit Anm. *Bülow*, WuB I F 4. – 5.95 und Bspr. *K. Schmidt*, JuS 95, 1036; BB 96, 344 zu II 2. b.; OLG Hamm WM 93, 1590 mit Anm. *Merkel*, WuB I F 5. – 5.93 sowie WM 93, 2046; LG Chemnitz NJW 94, 1806; *Neuhof*, NJW 94, 1763 und 95, 1068; *H.J. Weber*, WM 94, 1549 (1557); *Klanten*, Sparkasse 95, 439; *Heinrichs*, NJW 96, 1381 (1387); *Nobbe*, ZIP 96, 657; *Claussen*, in: Festschr. Brandner, S. 527 (532); *Osterloh*, daselbst,

verschleiernde oder ungemessene Klauseln[37]. Darüber hinaus sind nach Ansicht des XI. Senats die Voraussetzungen einer Gesamtnichtigkeit nach § 306 Abs. 3 BGB nicht erfüllt (vorst. Rn. 1112).

Angesichts dieser Abweichungen stand eine Entscheidung des Großen Senats für Zivilsachen beim BGH (§ 132 GVG) im Raum[38]. Der XI. Senat richtete die gem. § 132 Abs. 3 Satz 1 GVG vorgesehene Anfrage an die anderen Senate[39]. Einige teilten mit, an ihrer Rechtsauffassung nicht festzuhalten, so dass sich der XI. Senat zunächst nicht mehr gehindert sah, in seinem Sinne zu entscheiden: Freigabeklauseln in AGB seien entbehrlich[40]. Mit seinem Beschluss vom 10.10.1997 blieb der VII. Zivilsenat[41] jedoch bei seiner Auffassung. Nunmehr legten sowohl der IX. Zivilsenat[42] wie der XI. Zivilsenat[43] die Rechtsfragen dem Großen Senat für Zivilsachen vor, der mit Beschluss vom 27.11.1997[44] entschied. **1121**

bbb) Der Abschluss der Entwicklung durch die Entscheidung des Großen Senats für Zivilsachen

Die Lösung des Großen Senats nimmt den Freigabeanspruch, der dem Sicherungsverhältnis immanent ist (oben Rn. 69, 71), zum Ausgangspunkt und findet Wege, diesen An- **1122**

S. 555 (560); *Bruchner*, in: Schriftenreihe der Bankrechtlichen Vereinigung, Bd. 6, S. 35 (54); *H.P. Westermann*, NJW 97, 1 (9) und Festschr. Claussen, S. 561 (563).

37 BGH NJW 98, 2206 mit Komm. *Pfeiffer*, EWiR § 242 BGB 2/98, 629 und Anm. *Richrath*, WuB I F 4. – 3.98; jetzt auch VIII. Senat, BGH NJW-RR 98, 1123; *Ganter*, ZIP 94, 257 (260); *Westermann*, in: Festschr. Claussen, S. 561 (573).

38 *Serick*, ZIP 95, 789; WM 95, 2017; BB 95, 2013 sowie Festschr. Trinkner, S. 407; *Wiegand/Brunner*, NJW 95, 2513; *Wolf/Ungeheuer*, JZ 95, 176; *Ganter*, ZIP 94, 257; *Früh*, DB 94, 1866; *Blaurock*, in: Schriftenreihe der bankrechtlichen Vereinigung, Band 6, 1995, S. 3; *Bruchner*, ebda. S. 35, *Ball*, ebda. S. 57; *Pfeiffer*, WM 95, 1565; *Seeker*, Übersicherung, S. 93 ff.; NJW 94, 1763 sowie ZIP 95, 883 (Kolumne) und Erwiderung *Löwe*, BB 95, 1810; *Heinrichs*, NJW 95, 1395 (1400); *H.J. Weber*, WM 94, 1549 (1557); *Rettermeyer*, WM 94, 1009 und 1053; *Vetter*, WiB 95, 986; *Wolters*, Freigabeklausel, S. 220 f.; *Rodewald/Schröter*, WiB 95, 1022 (Vertragsmuster); *Lwowski*, Recht der Kreditsicherung, Rn. 148d bis 148o.

39 NJW 96, 1213 v. 23.1.1996 zum Verfahren XI ZR 257/94 mit unzutreffendem Komm. *Tiedtke*, EWiR § 9 AGBG 10/96, 339: In der Tat ist es das Konzept von § 6 Abs. 2 AGBG, dass dem Verwender dispositive Normen aufgezwungen werden. Ein weiterer Anfragebeschluß v. 16.4.1996 zum Verfahren XI ZR 234/75 (ZIP 96, 957 mit Rezension *Serick*, BB 96, 1777 und Anm. *Imping*, WiB 96, 1014) bezieht sich auf die Frage, ob die Abtretung (§ 398 BGB) trotz fehlender Deckungsgrenze (vorst. Rn. 1115) wirksam ist. Antwort des IX. Senats v. 11.7.1996 NJW 96, 2790 und seinerseitige Anfrage v. 11.7.1996 im Verfahren IX ZR 74/95 an den VII. Senat (WM 96, 1439 mit Rezension *Schröter*, WM 97, 2193 und Anm. *Wolf*, LM Nr. 51d § 138 (A.a.) BGB, auch *A. Weber*, Die Bank 97, 102), die zwar nicht im Ergebnis, aber in der Begründung vom XI. Senat abweichen, *Canaris*, ZIP 96, 1577: Im Zweifel betrage die Deckungsgrenze 100% (entgegen vorst. Rn. 1110), krit. dazu *Ganter*, WM 96, 1705 (1708). Überblick zu den Anfragen und Antworten bei *Bülow*, JZ 97, 500.

40 BGHZ 133, 25 (29) mit Anm. *Schmidt-Lademann*, LM Nr. 27 zu § 6 AGBG, *Eckert*, WuB I F 4. – 3.97 und Komm. *Rehbein*, EWiR § 9 AGBG 20/96, 1009.

41 NJW 97, 651 mit Rezension *Liebelt-Westphal*, ZIP 97, 230, Komm. *Bülow*, EWiR § 138 BGB 3/97, 205, Anm. *Pfeiffer*, LM Nr. 3 zu § 138 (B) BGB und *Richrarth*, WuB I F 4. – 6.97, eine eher überraschende Entscheidung, siehe etwa *Prütting*, in: Festschr. Gaul, S. 525 (537).

42 NJW 97, 1570 mit Anm. *A. Weber*, WuB I F 4. – 9.97 und Komm. *Pfeiffer*, EWiR § 9 AGBG 7/97, 483.

43 WM 97, 1197 mit Anm. *Rellermeyer*, WuB I F 4. – 10.97 und Komm. *Pfeiffer*, EWiR § 9 AGBG 12/97, 725.

44 BGHZ 137, 212 = NJW 98, 671 mit Rezensionen *Nobbe*, in: Festschr. Schimansky, S. 433, *Saenger*, ZBB 98, 174, *Bruchner*, WM 98, 2185, *Serick*, BB 98, 801 sowie WM 98, 2053, *M. Schwab*, JuS 99, 740 sowie ZIP 2000, 609, *Glöckner*, DZWIR 99, 492, *Kindl*, Jura 2001, 92 und *Tigges*, DStR 98, 724, Anm. *Stürner*, LM Nr. 86 zu § 138 (B. b.) BGB, *Roth*, JZ 98, 462, *Imping*, MDR 98, 501, *Eckert*, WuB I F 4. – 2.98, *Berger*, DZWIR 98, 205, *Grönwoldt*, DB 98, 364, *C. Steiner*, ZKW 98, 572, Bspr. *Klanten*, JA 98, 737, *Ganter*, WM 98, 2045 (2046) und Komm. *Medicus*, EWiR § 138 BGB 2/98, 155.

spruch für den Sicherungsgeber durchsetzbar zu machen, ohne die Wirksamkeit von Sicherungsvertrag und Verfügungsgeschäft in Frage zu stellen. Aus der Immanenz des Anspruchs folgt, dass eine **Freigabeklausel** im Sicherungsvertrag **entbehrlich** ist, auf der anderen Seite aber auch nicht in das Ermessen des Sicherungsnehmers gestellt werden darf[45]; eine gleichwohl so formulierte Klausel ist zwar gem. §§ 138 Abs. 1, 306 Abs. 1, 307 BGB unwirksam, berührt aber die Wirksamkeit des Sicherungsgeschäfts gem. §§ 306 Abs. 2, 139 BGB im Übrigen nicht. Die gänzliche Entbehrlichkeit der Freigabeklausel bedeutet zugleich, dass es keiner Qualifizierung hinsichtlich Deckungsgrenze und Bewertung (oben Rn. 1117) bedarf[46]. Die **Deckungsgrenze** ist ihrerseits vertragsimmanent[47], entspricht nämlich dem Sicherungswert (realisierbarer Wert, vorst. Rn. 1110) zuzüglich einem Risikozuschlag von 10%, so dass die Deckungsgrenze 110%, bezogen auf den Sicherheitenbestand, ausmacht[48] (oben Rn. 1111).

1123 Ermessensunabhängig ist nur, **ob** der Sicherungsnehmer Sicherheiten freizugeben hat, aber nicht, **welche** der freizugebenden Gegenstände er auswählt. Vielmehr hat der Sicherungsnehmer als Schuldner des Freigabeanspruchs ein Wahlrecht i.S.v. § 262 BGB[49]. Deshalb bedarf es zur Wirksamkeit der Vollrechtsübertragung **keines Deckungsgesamtplans**[50], der festlegen müsste, unter welchen Voraussetzungen der Sicherungsgeber Anspruch auf Freigabe bestimmter Sicherheiten hätte. Auf der anderen Seite steht auch die Wahlausübung unter dem allgemeinen Rücksichtnahmegebot von § 242 BGB, das durch Nr. 16 Abs. 2 AGB-Banken, 22 Abs. 2 AGB-Sparkassen bekräftigt ist[51].

1124 Die **Bewertung** des Sicherheitenbestands als Voraussetzung für die Feststellung der Deckungsgrenze, deren Überschreitung den Freigabeanspruch auslöst, d.h. die aufschiebende Bedingung, unter der er steht, eintreten lässt (oben Rn. 69), kann durch den in § 237 BGB niedergelegten Rechtsgedanken herbeigeführt werden[52]. Diese Vorschrift befasst sich mit der gesetzlichen Pflicht zur Sicherheitsleistung, beispielsweise zugunsten des Bürgen gegen Hauptschuldner gem. § 775 Abs. 2 BGB, wenn sich dessen Vermögensverhältnisse wesentlich verschlechtert haben (oben Rn. 958). Wird Sicherheit durch eine bewegliche Sache geleistet, ist sie hierfür nur in Höhe von zwei Drittteilen des Schätzwerts tauglich,

---

45 Obwohl Ermessen ja nicht Willkür bedeutet, sondern gem. § 315 Abs. 3 BGB gerichtliche Nachprüfung erlaubt, BGH, XI. Senat ZIP 96, 957 zu III. 1. b. bb.; OLG Hamm WM 95, 129 zu II. 4.; *Bülow*, JZ 97, 500 (503), *Becker*, Maßvolle Kreditsicherung, S. 597, wie Großer Senat *Canaris*, ZIP 96, 1109 (1117 f.); *Schwab*, WM 97, 1883 (1892).

46 BGH, Großer Senat BGHZ 137, 212 (218/222) zu II. 1., 2. sowie II. Senat WM 98, 1778 mit Anm. *Ebbing*, WuB II G. – 1.98.

47 Nach *Serick*, ZIP 95, 789 (793) sowie Festschr. Trinkner, S. 407 (419 ff.); BB 96, 857 und 1777; 98, 801 und NJW 97, 1529 (1531), auch *Pfeiffer*, ZIP 97, 49 (51), *Trapp*, NJW 96, 2914, *Aden*, JZ 94, 1109, *Berger*, Bankrecht 1998, S. 191 (221 ff.) folgen Freigabeanspruch und Deckungsgrenze sogar aus Gesetz im materiellen Sinn, nämlich Gewohnheitsrecht; gegen diesen Ansatz Großer Senat BGHZ 137, 212 (226) zu II. 3. b. aa. (2) sowie *Canaris*, ZIP 97, 813 (829); *Bülow*, JZ 97, 500 (503) und WM 89, 363 in Rezension zu *Serick*, Aufriss und Grundgedanken.

48 Großer Senat, a.a.O., zu B. II. 3.

49 BGH ZIP 2002, 1390 mit Komm. *R. Weber/Madaus*, EWiR § 262 BGB 1/02, 849; WM 83, 928; 95, 1264 mit Anm. *Richrath*, WuB I F 4. – 6.95; BGH, Urt. v. 3.7.2002, IV ZR 227/01; Jauernig/*Vollkommer*, § 262 BGB Rn. 2.

50 BGH WM 94, 1161 zu III. 2. c.; ZIP 95, 1973; OLG Stuttgart WM 94, 626 mit Anm. *Schebesta*, WuB I F 4. – 3.94 und WM 97, 105 mit Anm. *Hertel*, WuB I F 4. – 5.97; OLG Hamm WM 94, 1840; offen OLG Karlsruhe WM 96, 1443 mit Anm. *Sonnenhohl*, WuB I F 4. – 2.97.

51 OLG Hamm, ZIP 93, 1301.

52 Diese vom Großen Senat aufgegriffene Idee stammt von *Liebelt-Westphal*, ZIP 97, 230.

anders gewendet: Bewegliche Sachen müssen einen Schätzwert haben, der 50% über der gesicherten Forderung des Gläubigers liegt. Dieser Rechtsgedanke auf revolvierende Globalsicherheiten, z.B. ein Warenlager resp. die Kundenforderungen des Sicherungsgebers, übertragen bedeutet, dass der Gläubiger keinerlei Sicherheiten freizugeben braucht, wenn diese einen Schätzwert haben, der die gesicherte Forderung um nicht mehr als die Hälfte übersteigt, also 150% des Betrags der gesicherten Forderung ausmacht.

Stellt sich die nächste Frage, was unter **Schätzwert** zu verstehen ist. Dieser richtet sich **1125**
nach den Marktverhältnissen, dessen Korrektur für die Besonderheiten des Sicherungsfalls gerade durch den Zuschlag von 50% berücksichtigt werden. Schätzwert ist danach der Marktpreis, bei dessen Fehlen der Einkaufspreis resp. der Herstellungspreis. Bei Forderungen, die zur Sicherheit abgetreten werden, ist der Nominalwert zugleich der Schätzwert.

Der Sicherungsgeber, der Freigabe verlangt, trägt die **Darlegungs- und Beweislast** für **1126**
den Schätzwert und die sich daraus ergebende Überschreitung der Deckungsgrenze. Diesen Beweis kann er leicht führen, weil er seine eigenen Verkaufspreise für die Gegenstände seines Warenlagers kennt, im gegebenen Falle die Einkaufs- oder Herstellungspreise. Auf der anderen Seite kann es aber sein, dass der Sicherungsnehmer aufgrund der tatsächlichen Verhältnisse wegen seiner gesicherten Forderung nicht voll befriedigt würde, obwohl der Schätzwert des Sicherheitenbestandes über 50% der gesicherten Forderung liegt. Das Sicherungsinteresse des Sicherungsgebers besteht also fort, weil Deckungsgrenze und Schätzwert im konkreten Fall nicht kongruent sind, und infolgedessen wird der Freigabeanspruch nicht ausgelöst. Die in § 237 BGB niedergelegten Erfahrungssätze und die wirklichen Verhältnisse stimmen nicht überein. Dem trägt die Beweislast Rechnung. Die Anwendung von § 237 BGB bedeutet nichts anderes, als dass zugunsten des Sicherungsgebers der Beweis als geführt angesehen wird, das Sicherungsinteresse des Sicherungsnehmers sei erschöpft. Diesen aufgrund von Erfahrungssätzen, die § 237 zugrundeliegen, geführten Beweis kann der Sicherungsnehmer erschüttern, indem er seinerseits beweist, dass aufgrund der tatsächlichen Verhältnisse ein Sicherheitenbestand von 150% des Schätzwerts die Befriedigung für die gesicherte Forderung nicht gewährleistet[53].

Die nachträgliche Übersicherung, die im Falle revolvierender Globalsicherheiten entste- **1127**
hen kann, ist nach dieser Lösung zu bewältigen ohne die Notwendigkeit qualifizierter Freigabeklauseln und ohne die Wirksamkeit von Sicherungsvertrag und Sicherstellungsvertrag nach §§ 307, 138 BGB in Frage zu stellen. Ebenso wenig bedarf es einer Freigabeklausel bei **Globalsicherheiten mit festem Bestand** (also ohne Antizipation)[54] und bei **Singularsicherheiten**[55] (z.B. einer Grundschuld, oben Rn. 174) oder etwa im Falle des Wechsel- oder Scheckinkasso, bei dem die Kausalforderung des Papiers gem. Nr. 15

53 BGH, Großer Senat BGHZ 137, 212 (236) zu II. 3. c. bb. (4) sowie *Bülow*, LM Nr. 87 zu § 138 (B. b.) BGB zu 2. b.; krit. *Rombach*, Übersicherung, S. 116.

54 BGHZ 124, 371 (378 ff.).

55 Sehr lehrreich und abgrenzend BGH WM 95, 1219 (XI. Zivilsenat) mit Anm. *Bülow*, WuB I F 4. – 5.95 und *C. Steiner*, ZKW 95, 1120 für Ansprüche aus Kapitallebensversicherung und für Ansprüche des Sicherungsgebers gegen Kassenärztliche Vereinigung; BGHZ 96, 324; OLG Stuttgart WM 94, 110; OLG Celle MDR 94, 447; OLG Düsseldorf WM 93, 784; LG Fulda WM 94, 1070; BGH WM 94, 1161 für Grundschuld, dies verkennend LG Bielefeld WM 93, 1084 (21. Kammer), zutr. WM 93, 988 (6. Kammer); *Neuhof*, NJW 94, 841.

Abs. 2 AGB-Banken, 16 Abs. 2 AGB-Postbank, 25 Abs. 2 AGB-Sparkassen zur Sicherheit an das Kreditinstitut abgetreten wird[56] und wo die Übersichtlichkeit der Sicherheitenlage für den Sicherungsgeber nicht in Frage steht.

ee) Insbesondere: Arbeitnehmerentgelte

1128 Besonderer Beurteilung bedarf allerdings die Sicherungsabtretung von Lohn- und Gehaltsansprüchen. Der Zugriff des Kreditgläubigers auf den pfändungsfreien Betrag (§§ 400 BGB, 850 ff. ZPO) hat für den Arbeitnehmer als Sicherungsgeber unmittelbare Auswirkung auf seine Lebensgrundlagen. Deshalb muss der Sicherungsgeber genau feststellen können, unter welchen Voraussetzungen der Kreditgläubiger zugreifen darf, und diese Voraussetzungen müssen dem existentiellen Gewicht der Arbeitnehmerinteressen Rechnung tragen. Danach muss sich der Kreditgläubiger und AGB-Verwender verpflichten, die Verwertung – d.h. Offenlegung der zuvor stillen Abtretung (unten Rn. 1425) und Einziehung beim Schuldner, also dem Arbeitgeber – vorher gegenüber dem Sicherungsgeber bei Einhaltung von Fristen anzudrohen, wie das auch im Falle der Verpfändung einer Forderung gem. §§ 1234, 1273 Abs. 2 BGB (oben Rn. 582) vorgeschrieben ist, sogar im kaufmännischen Bereich gem. § 368 HGB[57]. Fehlt eine derartige Verwertungsregelung bei Lohn- und Gehaltszessionen, ist die Klausel gem. § 307 Abs. 1 BGB unwirksam. Die Unwirksamkeit erfasst wegen ihrer existentiellen Tragweite gem. § 306 Abs. 3 BGB ausnahmsweise (vgl. vorst. Rn. 1122) die gesamte Sicherungsübertragung[58], so dass der Sicherungsnehmer nicht Forderungsinhaber wird.

ff) Alternativkonzept: Vollrechtsübertragung nur zum Teil

1129 Die Probleme des Schutzziels von § 307 BGB und der Bewertungsnotwendigkeit für die Sicherungsobjekte (vorst. Rn. 1114) können von den Parteien des Sicherungsgeschäfts durch Vertragsgestaltungen vermieden werden, die eine Übersicherung von vornherein ausschließen. Die Vertragsgestaltung liegt darin, dass die Vollrechtsübertragung nicht den

---

56 BGHZ 95, 149 (151); OLG Oldenburg NJW 87, 655; *Horn*, WM 84, 449 (464) zur Vorgängervorschrift Nr. 44 AGB-Banken, 47 Abs. 7 AGB-Sparkassen; *Bülow*, WG, ScheckG, AGB, Nr. 25 AGB-Sparkassen Rn. 14 ff.; *ders.*, BB 95, 2485 (2487 f.).

57 *Bülow*, Handelsrecht, S. 132.

58 So im Falle der früheren Verwertungsregelung in Nr. 20 Abs. 2 AGB-Banken 1986, vorst. Rn. 1113, BGH NJW 92, 2626 zu II. 4. mit Komm. *Kothe*, EWiR § 9 AGBG 12/92, 835; BGHZ 108, 98 (105 ff.) mit Anm. *Bruchner*, WuB I F 4. – 4.89; abgrenzend BGHZ 124, 380 (391 f.); NJW 94, 2754 mit Anm. *Wenzel*, WiB 94, 831, *Neuhof*, WuB I F 4. – 1.95 und Komm. *Häuser*, EWiR § 276 BGB 1/95, 25; BGHZ 130, 60 (68) mit Anm. *Bülow*, WuB I F 4. – 5.95 und *C. Steiner*, ZKW 95, 1120; NJW 95, 2289 mit Anm. *Pfeiffer*, WuB I F 4. – 7.95; außerdem NJW 89, 2383 zu II. 3. und 4. mit zust. Komm. *Wolf*, EWiR 19/89, 837 zu § 9 AGBG, Anm. *Bruchner*, WuB I F 4. – 4.89 und Stellungnahme *Bales*, Sparkasse 91, 428; *Scholz*, MDR 90, 193 und 93, 599; *Ott*, FLF 90, 78; *Steppeler*, WM 89, 2913; *Kothe*, BB 89, 2257; Vorinstanzen: OLG Nürnberg NJW 88, 1220 mit Komm. *Wolf*, EWiR § 9 AGBG 9/88, 525 und Anm. *Weber*, WuB I F 4. – 2.88; LG Nürnberg-Fürth BB 87, 1559; außerdem OLG Nürnberg NJW-RR 90, 1461; OLG Stuttgart BB 96, 1240; OLG Frankfurt am Main NJW 86, 2712; OLG München NJW-RR 92, 812 mit Komm. *Hj. Weber*, EWiR § 138 BGB 4/92, 433; LG Münster ZIP 91, 1282 mit krit. Komm. *Rehbein*, EWiR 26/91, 1043 zu § 9 AGBG; LG Heilbronn NJW-RR 91, 951; LG Landshut WM 91, 632; LG Hannover WM 61, 68 mit Anm. *Gößmann*, WuB I F 4. – 7.91; LG Hagen NJW-RR 88, 1232; AG München WM 91, 634; BAG NJW 91, 2038; BB 89, 1059; SG Hamburg ZIP 89, 1476 sowie *Kothe*, ZIP 88, 1225; Übersicherung durch Verpflichtung des Kreditnehmers, ein Gehaltskonto beim Kreditgläubiger einzurichten: OLG Hamburg VuR 95, 197; *Göbel*, Übersicherung, S. 165 ff.

ganzen Sicherungsgegenstand erfasst, sondern nur denjenigen Teil, den der Sicherungsnehmer zur Sicherung benötigt[59]. Über den verbleibenden Teil kann der Sicherungsgeber verfügen, so dass Teileigentum an Sachen und Mitgläubigerschaft an Forderungen entstehen kann. Neue Probleme entstehen freilich später, nämlich in der Phase, in der sich die Mitinhaber über die Höhe ihrer Anteile am Sicherungsgegenstand bzw. am Verwertungserlös streiten. Es entsteht ein Sicherungskonflikt, der jedoch in klarer Weise zu lösen ist, indem der prioritätsältere Sicherungsnehmer in voller Höhe seiner gesicherten Forderung befriedigt wird und der Rest dem Anteil des prioritätsjüngeren Sicherungsnehmers entspricht. Der Erlös wird in gleicher Weise verteilt wie bei einer Verpfändung (oben Rn. 599) und damit Gleichheit von akzessorischen und abstrakten Sicherheiten in der Befriedigungsphase[60] hergestellt. Die Probleme zur Wirksamkeit von Sicherungsgeschäften bleiben, wenn ihre Parteien den aufgezeigten rechtsgeschäftlichen Weg nicht einschlagen.

c) Knebelung

Der Tatbestand der Knebelung kennzeichnet sich dadurch, dass der Kreditgläubiger und **1130**
Sicherungsnehmer den Veräußerer (Sicherungsgeber, der zugleich Kreditschuldner oder auch ein Dritter sein kann) jenseits einer Übersicherung in seiner wirtschaftlichen Bewegungsfreiheit übermäßig einengt[61]. Der Umstand allein, dass der Kreditschuldner sein letztes freies Vermögensstück zur Sicherheit hergibt, begründet den Vorwurf des Sittenverstoßes noch nicht[62]. Geht mit der Kreditsicherung aber das durch den Sicherungsvertrag begründete Recht des Kreditgläubigers einher, in die Unternehmensführung des Kreditschuldners einzugreifen, so dass dieser seine Selbständigkeit aufgibt[63], kann die Sittenwidrigkeit in dieser Freiheitsbeschränkung liegen. Das braucht aber dann noch nicht der Fall zu sein, wenn sich der Kreditgläubiger solche Rechte nur für den Fall vorbehält, dass der Kredit notleidend wird[64].

Mehrfachsicherungen, die nicht zur Übersicherung führen, nämlich durch akzessorische **1131**
Sicherheiten (vorst. Rn. 1114), können doch knebelnden Charakter haben, wenn sich der Sicherungsgeber dadurch jeglicher Möglichkeit begibt, für anderweitige Kredite Sicherheiten zu stellen.

---

59 So *Hj. Weber*, WM 94, 1549 (1558 ff.); *Rellermeyer*, WM 94, 1009, 1053 (1062).

60 *Becker-Eberhard*, Forderungsgebundenheit der Sicherungsrechte, S. 675 ff.

61 BGH NJW 93, 1587; 87, 487 zu II. 2. b.; 52, 1169; BGH NJW-RR 88, 1012; BGHZ 19, 12 (17); RGZ 130, 143 (145); nach OLG Köln ZIP 85, 1472 sollen objektive Indizien sein: Übertragung nahezu des gesamten freien Vermögens des Kreditnehmers auf den Kreditgeber, Belassung solcher Vermögenswerte, die im wirtschaftlichen Verkehr nicht als Haftungsobjekt dienen, Nichterkennbarkeit des Umfangs der Sicherungsübertragungen für Außenstehende, Verbot anderweitiger Kreditaufnahme, Verbot freier Verfügung über die Geschäftseinnahmen, faktische Entscheidungsmacht des Kreditgebers über den Fortbestand des Unternehmens, bei Vertragsschluss sich abzeichnende Zahlungsunfähigkeit des Kreditnehmers, Finanzierung laufender Geschäfte im sog. Scheck-Wechsel-Verfahren (fragwürdig), dazu im Übrigen *Bülow*, WG, ScheckG, AGB, Art. 17 WG Rn. 45.

62 BGHZ 20, 43 (49/50); BGH WM 64, 395 zu II.; OLG Hamm WM 2000, 518 mit Anm. *Lwowski/Tetzlaff*, WuB IV. A. – 2.2000; OLG Dresden WM 2000, 1690; OLG Köln ZIP 2002, 521.

63 Vgl. BGH NJW 93, 1587 zu II. 1.

64 BGH NJW 62, 102.

d) Gläubigergefährdung

1132 Die Sicherungstreuhand kann die Vermögensinteressen von gegenwärtigen und zukünftigen Gläubigern des Sicherungsgebers gefährden, wenn falscher Eindruck über dessen Vermögenslage und damit Kreditwürdigkeit herbeigeführt wird. Bei der Übereignung beweglicher Sachen zum Zwecke der Kreditsicherung kann der Kreditschuldner aufgrund seines unmittelbaren Besitzes an den Sachen den Anschein erwecken, als gehörten sie ihm; man sieht es den Sachen in der Regel nicht an, dass sie gar nicht im Eigentum des Kreditschuldners sind. Entsprechendes gilt für Forderungen. Führt der falsche Anschein dazu, dass andere Gläubiger des Kreditschuldners diesen für kreditwürdig halten und sind sie deshalb bereit, ihm Kredit (z.B. Warenkredit) zu geben, ist Gläubigergefährdung (Gläubigerbenachteiligung) eingetreten[65], sofern die Tilgung dieses Kredits zweifelhaft ist. Die Übertragung des gesamten noch freien Vermögens zur Sicherheit an den Kreditgläubiger genügt für sich allein also auch unter diesem Gesichtspunkt (vorst. Rn. 1130) nicht für die Sittenwidrigkeitsbewertung[66]. Das Unternehmen des Kreditschuldners kann durchaus gesund sein, und an der Tilgung von Krediten Dritter brauchen keine Zweifel zu bestehen. Auch muss der Anschein des Eigentums aufgrund Besitzes nicht ursächlich für die Kreditgewährung Dritter sein. Die Übertragung zur Sicherung muss vielmehr gerade die Täuschung über die Vermögenslage des Kreditschuldners herbeiführen und gerade zur Kreditgewährung verleiten[67]. In subjektiver Hinsicht (nachf. Rn. 1135) muss für die Bewertung als Verstoß gegen die guten Sitten hinzukommen, dass Sicherungsnehmer und Sicherungsgeber bei der Täuschung der Gläubiger zusammengewirkt haben, wobei es genügt, dass die Vertragspartner nur mit der Möglichkeit gerechnet hatten, dass andere Gläubiger geschädigt werden[68]. Hiervon ist allerdings nicht allein aus dem Grunde auszugehen, dass die Sicherung einen Verstoß gegen die **Kapitalerhaltungsvorschriften** von §§ 30 ff. GmbHG (oben Rn. 1049) darstellt, wenn Sicherungsgeber eine GmbH für den von der Konzernmutter genommenen Kredit ist[69].

e) Insolvenzverschleppung

1133 Unter dem Gesichtspunkt der Insolvenzverfahrensverschleppung kann die Vollrechtsübertragung unwirksam sein, „wenn ein Kreditgeber um eigener Vorteile willen den letztlich unvermeidlichen Konkurs eines Unternehmens nur hinausschiebt, indem er Kredite gewährt, die nicht zur Sanierung, sondern nur dazu ausreichen, den Zusammenbruch zu

65 BGH BB 96, 344 zu II. 3. b. mit Anm. *Sonnenhol*, WuB I F 4. – 3.96; NJW 95, 1668 zu II. 1. a. mit Komm. *Gerhardt*, EWiR § 138 BGB 2/95, 429; WM 62, 740 und 962 zu B. 2. a.; BGHZ 10, 228 (232 f.); RG JW 31, 515; OLG Köln WM 97, 762 mit Anm. *Seeker*, WuB I F 4. – 8.97; OLG Hamm WM 2000, 518; *Neuhof*, NJW 98, 3225 (3230); krit. zu dieser Fallgruppe *Becker*, Maßvolle Kreditsicherung, S. 209; *Armspach*, Bankhaftung, S. 76 ff.; *Gawaz*, Sanierungskredite, Rn. 276 ff.

66 BGH LM Nr. 7a zu § 930 BGB.

67 RGZ 143, 48 (51 f.); BGHZ 7, 111 (115); 10, 228 (233); BGH WM 56, 527; *Koller*, JZ 85, 1013 (1017 ff.); zur Täuschung über dingliche Sicherheiten durch den Kreditnehmer (Kreditbetrug): BGH BB 86, 2018; zur Sicherungsübereignung unpfändbarer Sachen (§ 811 ZPO): *Mette*, S. 36 ff. m.w.N.

68 BGH NJW 95, 1668 zu II. 1. a. aa. mit Komm. *Gerhardt*, EWiR § 138 BGB 2/95, 429; OLG München WM 99, 1113 zu 2.

69 BGH WM 98, 968 mit Rezension *Früh*, GmbHR 2000, 105, Anm. *Wittig*, WuB I F 4. – 4.98, *Becker-Eberhard*, DZWIR 98, 376, *Huber*, LM Nr. 36/37/38 zu § 10 GesO und Komm. *Eckardt*, EWiR § 30 GmbHG 1/98, 699; OLG München NJW-RR 99, 260.

verzögern, wenn hierdurch andere Gläubiger über die Kreditfähigkeit des Schuldners getäuscht und geschädigt werden sowie der Kreditgeber sich dieser Erkenntnis mindestens leichtfertig verschließt"[70] und er sich aus den Sicherheiten außerhalb des Insolvenzverfahrens vor anderen Gläubigern befriedigen kann[71].

f) Verleitung zum Vertragsbruch

Die Sittenwidrigkeit des dinglichen Geschäfts kann in einer Verleitung zum Vertragsbruch begründet sein, wenn sich die Bank Forderungen abtreten lässt, die später Gegenstand eines verlängerten Eigentumsvorbehalts sein werden (unten Rn. 1461 ff.), d.h. Forderungen aus dem Verkauf von Sachen, die ein Verkäufer unter Eigentumsvorbehalt geliefert hatte. Der Vorbehaltskäufer, der zugleich Kreditnehmer der Bank ist, verspricht dem Lieferanten die Abtretung der Forderung aus dem Weiterverkauf, obwohl diese Forderung bereits an die Bank abgetreten worden war, so dass der Vorbehaltskäufer sein Versprechen gegenüber dem Vorbehaltslieferanten nicht einhalten kann. Indem die Bank den Vorbehaltskäufer dergestalt zum Vertragsbruch verleitet, handelt sie sittenwidrig (im einzelnen unten Rn. 1653 ff.). Gleiches gilt nach umstrittener Ansicht des Bundesgerichtshofs bei Globalabtretungen im Zuge des sog. unechten Factoring (unten Rn. 1680 ff.). **1134**

g) Subjektive Voraussetzungen des Sittenverstoßes

Sofern Voraussetzung der Nichtigkeit, wenn nicht das Bewusstsein des Sittenverstoßes, so doch **Kenntnis der die Sittenwidrigkeit begründenden Tatsachen** sein soll[72], müssen die Parteien die Gefährdung anderer Gläubiger (vorst. Rn. 1132) kennen und gleichwohl Vollrechtsübertragung vollziehen. Im Falle von Übersicherung, Knebelung und Verleitung zum Vertragsbruch (vorst. Rn. 1105, 1130, 1134) genügt die Kenntnis des Sicherungsnehmers, nicht auch das Wissen des ausgebeuteten Sicherungsgebers ist Tatbestandvoraussetzung. Sittenwidrigkeitsbegründende Kenntnis kann ausgeschlossen werden, wenn der Kreditgläubiger die wirtschaftlichen Verhältnisse des Kreditschuldners prüft und danach nicht vom Übermaß auszugehen braucht, auch wenn dies objektiv der Fall ist[73] oder wenn der in § 237 BGB niedergelegte Rahmen eingehalten ist (vorst. Rn. 1112) oder wenn der Globalzessionar nicht mit kollidierenden Eigentumsvorbehalten zu rechnen hat (vorst. Rn. 1134); die Umstände des Einzelfalls entscheiden, wobei typisierte Formen durchaus Anhaltspunkte bieten können[74]. **1135**

---

70 BGH NJW 95, 1668 zu II. 1. a. ee.

71 BGHZ 10, 228 (233); Staudinger/*Wiegand*, Anh. zu §§ 929-931 BGB Rn. 163.

72 Zur Gegenmeinung insbesondere *Lindacher*, AcP 173 (1973), 124; *Esser*, ZHR 135 (1971), 320 (337); *Koppensteiner*, JuS 72, 374 sowie Motive I, S. 211, bei *Mugdan* S. 469; schwankend der Bundesgerichtshof: bejahend BGHZ 10, 228 (232) und dezidiert NJW 98, 2047 zu II. 1. mit Anm. *Bülow*, LM § 138 (B.b.) BGB Nr. 87; WM 98, 513 zu II. mit Anm. *Moritz*, WuB IV A. – 5.98 einerseits, relativierend BGHZ 94, 268 (272) andererseits.

73 BGH NJW 95, 1668 zu II. 1. a. aa.; 56, 585; WM 56, 283 zu 3., 66, 14 zu II. 2. d.; BGHZ 20, 43 (50/51).

74 RGRK/*Krüger-Nieland*, § 138 BGB Rn. 84, 85 m.w.N.

4. Gesetzwidrigkeit

1136 Die geschäftsmäßige[75] Abtretung von Forderungen zu Einziehungszwecken kann gegen das **Rechtsberatungsgesetz** verstoßen, deshalb gesetzwidrig sein und die Nichtigkeitsvermutung nach § 134 BGB auslösen[76], wenn der Zessionar auf diesem Weg Rechtsangelegenheiten des Zedenten geschäftsmäßig besorgen will. Das ist der Fall, wenn der Zessionar den Anspruch klageweise für den Zedenten durchzusetzen versucht[77], ohne eine Inkassoerlaubnis zu haben[78]. Entsprechendes gilt gem. § 4 SteuerberatungsG für die Abtretung zum Zwecke der geschäftsmäßigen Hilfe in Steuerangelegenheiten[79]. Die Abtretung zu Sicherungszwecken ist kein solcher Verstoß, weil der Sicherungszessionar eigene Angelegenheiten, nicht aber fremde (die des Sicherungsgebers) wahrnimmt[80]. Das Verbot für den Abschluss von Geschäften im Reisegewerbe gem. §§ 55, 56 Nr. 6 GewO betrifft nur die Vermittlung von Darlehen im Reisegewerbe, nicht damit zusammenhängende Kreditsicherungsgeschäfte[81].

1137 Die Abtretung einer **ärztlichen Honorarforderung** kann, da der Zedent gem. § 402 BGB dem Zessionar zu Auskunft und Urkundenaushändigung verpflichtet ist[82], die ärztliche Schweigepflicht verletzen und ist in diesem Fall ohne Einwilligung des Patienten gem. §§ 134 BGB, 203 Abs. 1 Nr. 1 StGB nichtig[83]; Gleiches gilt für andere Forderungen, die eine Auskunftspflicht des ärztlichen Zedenten über Umstände auslösen, die der Verschwiegenheitspflicht unterliegen, z.B. Schadensersatzforderungen wegen Gewinneinbußen aus einer ärztlichen Praxis[84]. Nach Lage des Einzelfalls kann allerdings von still-

75 Zu diesem Tatbestandsmerkmal BGH NJW 2002, 2104; 2001, 756.

76 *Canaris*, Gesetzliches Verbot, S. 15.

77 BGH NJW 96, 1954; ZIP 93, 1708 mit Komm. *Rennen*, EWiR § 134 BGB 1/94, 21; BGH EWiR § 134 BGB 1/97, 11 (*Chemnitz*); BGHZ 47, 364; 61, 317; OLG Frankfurt am Main NJW-RR 95, 631; OLG München NJW-RR 96, 378; AG Nidda NJW-RR 94, 1212; 95, 630; nicht: Inkassounternehmen im Ausland, das für ausländische Gläubiger tätig wird, OLG Stuttgart MDR 97, 285; Vereinbarkeit mit Art. 59 EGV (Dienstleistungsfreiheit): EuGH WM 97, 164 mit Komm. *Deckert*, EWiR Art. 59 EGV 1/97, 453. Die Werbung mit unerlaubter Rechtsberatung ist im Allgemeinen unlauter gem. § 1 UWG, OLG München WRP 95, 1046, BGH WRP 99, 98 (dort in concreto verneint) oder irreführend gem. § 3 UWG, KG NJW-RR 95, 631.

78 BVerfG NJW 2002, 1190 gegen BGH WM 2000, 2423 mit krit. Komm. *Caliebe*, EWiR Art. 1 § 1 RBerG 2/01, 441.

79 Vgl. OLG Frankfurt am Main NJW-RR 95, 633; keine Abtretung von Steuererstattungsansprüchen erfüllungshalber (§ 46 IV, V AO): FG Berlin WM 98, 1017.

80 BGHZ 47, 364 (366); BGH NJW-RR 94, 1087 zu II. 1. mit Anm. *Rennen*, JZ 95, 259; NJW 74, 1244; 85, 1223; AG Kassel NJW-RR 95, 629; OLG Frankfurt am Main OLGZ 79, 56 (59); für Factoring-Abtretungen (unten Rn. 1716): BGH NJW 72, 1715; 80, 1395.

81 BGHZ 105, 362 (364) für Bürgschaft.

82 BGH NJW 96, 775; *Ring*, BB 94, 373.

83 BGHZ 115, 123 mit Bspr. *Bongen/Cremer*, MDR 91, 1031, *Röver*, MedR 94, 365 und Rezension *Fischer/Uthoff*, MedR 96, 115; BGH WM 93, 1560; OLG Oldenburg NJW 92, 758 mit Stellungnahme *Körner-Dammann*, NJW 92, 379 und Bspr. *Emmerich*, JuS 92, 153; OLG Köln NJW 91, 753 und MedR 96, 396; OLG Bremen NJW 92, 757; LG Köln NJW 90, 2944 und VersR 90, 313; LG Berlin NJW 91, 757; LG Kleve NJW 91, 756; LG Oldenburg NJW 92, 1563; LG Bonn NJW 95, 2419; AG Neuss MDR 91, 153; AG Hamburg-Blankenese NJW-RR 91, 998; a.A. OLG Karlsruhe CR 91, 472 mit Anm. *König*; AG Grevenbroich NJW 90, 1535; *Berger*, NJW 95, 1584 (1585); gleiche Probleme treten bei der **Übernahme einer Arztpraxis** auf, BGHZ 116, 268; BGH NJW 96, 773 zu II. 2. a., oder einer Steuerberaterpraxis: BGH NJW 96, 2087; KG NJW-RR 96, 431; OLG Naumburg NJW-RR 2002, 1285; die Nichtigkeit tritt auch ein für eine Abtretung zum Zwecke der Aufrechnung gegen eine ärztliche Honorarforderung, BGH WM 96, 928; die Verpachtung einer **Apotheke** ist gem. §§ 12, 8 Satz 2 ApothekenG nichtig, BGH NZM 98, 192.

84 BGH WM 96, 928.

schweigender Einwilligung des Patienten auszugehen sein[85]. Die Nichtigkeit des Verfügungsgeschäfts tritt auch ein, wenn der Zessionar Arzt ist, da dieser dadurch nicht zum Schuldner der Verschwiegenheitspflicht wird[86]. Für die Abtretung tierärztlicher Forderungen gelten diese Grundsätze naturgemäß nicht[87], in gleicher Weise wie für ärztliche Honorarforderungen aber für **anwaltliche Honorarforderungen**[88], solche von Rechtsbeiständen[89] und Steuerberatern[90]. Für Rechtsanwälte und Patentanwälte gilt seit dem 2.9.1994 die besondere Regelung von §§ 43b Abs. 4 BRAO, 43a Abs. 3 PatentanwaltsO, nach der auf den anwaltlichen Zessionar die Verschwiegenheitspflicht übertragen wird, so dass die Abtretung wirksam ist[91]; es bleibt bei der Unwirksamkeit der Abtretung an Nichtanwälte[92]. Nach Lage des Einzelfalls mag die Abtretung von Vergütungsansprüchen des Geschäftsführers einer GmbH im Hinblick auf die in § 85 GmbHG niedergelegte Verschwiegenheitspflicht gem. § 134 BGB nichtig sein[93], ebenso die Abtretung von Kundenforderungen eines Mobilfunkanbieters im Hinblick auf das Fernmeldegeheimnis[94].

Die Unabtretbarkeit einer Forderung aufgrund von § 134 BGB bedeutet andererseits **1138**
nicht, dass sie zugleich der Zwangsvollstreckung entzogen wäre[95] (§ 851 ZPO, oben Rn. 628 und unten Rn. 1412).

5. Scheingeschäft

Man mag sich fragen, ob die Parteien der Sicherungstreuhand, also Kreditgläubiger und **1139**
Kreditschuldner, überhaupt ernsthaft wollen, dass der Kreditgläubiger Vollrechtsinhaber wird, wenn in betriebswirtschaftlicher Sicht nur das Ziel der Verpfändung, der Einräumung eines Befriedigungsrechts, erreicht werden soll oder ob sie nur ein Scheingeschäft

---

85 BGH NJW 92, 2348; OLG Karlsruhe NJW 98, 831; LG Stuttgart NJW-RR 97, 1068, dort verneint für ärztliche Verrechnungsstelle.

86 BGH NJW 93, 1912 für Rechtsanwalt; hier käme aber eine wirksame Einziehungsermächtigung (unten Rn. 1553) nebst entsprechendem Auftrag in Betracht, der den ermächtigten Rechtsanwalt zur Verschwiegenheit verpflichtete.

87 OLG Celle NJW 95, 786.

88 BGHZ 122, 115 mit Komm. *Ackmann*, EWiR § 134 BGB 1/93, 649 und Anm. *Mankowski*, JZ 94, 16; BGH NJW 93, 1912; *Ring*, BB 94, 373; *Berger*, NJW 95, 1584; das Problem tritt auch hier (vorst. Fn. 62) bei Kanzleiübernahmeverträgen auf, BGH NJW 2001, 2462 zu II. 1. mit Bspr. *Emmerich*, JuS 2001, 1226, Anm. *Strunz*, LM Nr. 174 zu § 134 BGB und Komm. *Kleine-Cosack*, EWiR § 134 BGB 2/01, 1083; 95, 2026 mit Rezension *Michalski/Römermann*, NJW 96, 1305 und Komm. *Ring*, EWiR § 134 BGB 1/95, 1059; NJW 95, 2915 mit Komm. *Zuck*, EWiR 1/95, 1215 zu § 203 StGB; OLG München NJW 2000, 2592; LG Karlsruhe NJW-RR 2002, 706; LG Baden-Baden NJW-RR 98, 202; *Gienapp/v. Hugo*, BB 97, 2229.

89 LG München II NJW-RR 94, 437 mit Komm. *Mankowski*, EWiR § 134 BGB 2/94, 741.

90 § 64 Abs. 2 Satz 2 SteuerberatungsG, BGH WM 99, 787 zu A. III. 2.6.; OLG München NJW-RR 2001, 1145; LG Konstanz NJW 92, 1241; AG Schleiden NJW-RR 99, 502.

91 BGH NJW 97, 188; nicht: Abtretung an amtlich bestellten Vertreter, der selbst nicht Rechtsanwalt ist, BGH WM 95, 1357; *Wolf*, WM 98, Beilage 2, S. 11; nach *Prechtel*, NJW 97, 1813 bleibt es beim Zustimmungserfordernis durch den Mandanten, ebenso OLG Düsseldorf NJW-RR 99, 1583 zu 5.; AG München NJW-RR 97, 1559.

92 *Berger*, NJW 95, 1406, a.A. *Gienapp/v.Hugo*, BB 97, 2229 (2231).

93 BGH WM 96, 1399 mit Komm. *Bork*, EWiR § 85 GmbHG 1/86, 745; OLG Frankfurt am Main NJW-RR 95, 1506 mit skept. Komm. *Mankowski*, EWiR § 134 BGB 1/96, 55; OLG Düsseldorf MDR 93, 1175.

94 §§ 10 Fernmeldegesetz, 85 Telekommunikationsgesetz, OLG München NJW-RR 98, 758 zu III.

95 BGH WM 99, 787 zu B. II. 2.; OLG Stuttgart WM 94, 1256 mit Komm. *Mankowski*, EWiR § 851 ZPO 1/94, 1045.

abschließen. Im Allgemeinen handeln Kreditgläubiger und Kreditschuldner nicht nur zum Schein: Spätestens bei der Verwertung zeigt sich, wie ernst die Beteiligten die Vollrechtsübertragung nehmen[96]. Im Einzelfall mag aber eine Abtretung zu Sicherungszwecken gem. § 117 Abs. 1 nichtig sein, so z.B. wenn dem Kreditschuldner das Recht verbleiben soll, weiterhin nach Gutdünken über die Forderung zu verfügen[97], die Übertragung „nur intern" gelten soll[98] oder der Kreditgläubiger dauernd und bedingungslos nicht befugt sein soll, die Forderung im eigenen Namen geltendzumachen[99].

6. Formwidrigkeit

1140 Die Vollrechtsübertragung, die sich nach §§ 398, 413, 929 bis 931 richtet, bedarf keiner Form, so dass Nichtigkeit aufgrund von § 125 BGB nicht eintreten kann. Jedoch können die Parteien Schriftform (§ 127) vereinbaren. Ist das dingliche Geschäft auch im Allgemeinen formlos wirksam, kann doch seine causa, der Sicherungsvertrag, formgebunden sein (nachf. Rn. 1151).

7. Schwebende Unwirksamkeit durch Widerruflichkeit

1141 Haustürgeschäfte sind unter ihren persönlichen (§ 13 BGB) und situativen (§ 312 Abs. 1 Nr. 1 bis 3 BGB) Voraussetzungen widerruflich (§ 355 BGB) und bis dahin nur schwebend wirksam, sofern die auf den Abschluss des Vertrages gerichtete Willenserklärung unter den sachlichen Anwendungsbereich des Gesetzes fällt. Das ist nur der Fall, wenn sich der Vertrag auf eine Leistung bezieht, will sagen die Verpflichtung zu einer Leistung. Sachlich ist das Recht der Haustürgeschäfte nach § 312 BGB also nur auf Verpflichtungsgeschäfte, nicht auf Verfügungsgeschäfte anwendbar; der übertragene Gegenstand unterliegt bei wirksam ausgeübtem Widerruf der Rückabwicklung (§ 357 BGB). Gleichermaßen ist ein Verbraucherkredit im Sinne von § 491, 499 BGB ein obligatorischer Vertrag, der bei Widerruf gem. §§ 355, 495 BGB ebenfalls nur die Rückabwicklung (§ 357 BGB) auslösen kann. Die Vollrechtsübertragung fällt also nicht unter den sachlichen Anwendungsbereich beider Rechtsbereiche, allenfalls der Sicherungsvertrag (nachf. Rn. 1152).

8. Mehrfachübertragungen

1142 Will der Kreditschuldner einen Gegenstand übertragen, der ihm gar nicht gehört, scheitert der Erwerb des Gläubigers nur dann nicht, wenn dieser gutgläubig war oder wenn der Schuldner gem. § 185 Abs. 1 BGB zur Verfügung befugt war. Ausgeschlossen ist im Allgemeinen der gutgläubige Erwerb von Rechten (unten Rn. 1378). Handelt es sich aller-

96 RGZ 45, 80 (82); für Darlehen: BGH WM 96, 2272 zu II. 2. mit Komm. *H.P. Westermann*, EWiR § 117 BGB 1/97, 103.

97 RG JW 36, 1953 (Nr. 10).

98 RG Seuff. A. 89, 327 (Nr. 157).

99 RG JW 38, 1329 (Nr. 34); RG DR 39, 865; RGZ 92, 105 (108); RGRK/*Weber*, § 398 BGB Rn. 12; zur Auslegung einer Vereinbarung, von der Abtretung bis zum Eintritt eines bestimmten Ereignisses keinen Gebrauch zu machen: BGH WM 60, 259.

dings um einen Gegenstand, der dem Schuldner gehört hatte und den er schon früher auf einen anderen Sicherungsnehmer übertragen hatte, kann der spätere Gläubiger doch noch Rechtsinhaber werden. Der Schuldner hat gegenüber dem ersten Sicherungsnehmer nämlich Anspruch auf Rückübertragung, wenn der Sicherungszweck in diesem Rechtsverhältnis, insbesondere durch Tilgung der gesicherten Forderung, wegfällt (oben Rn. 69, nachf. Rn. 1169). Wird dementsprechend die Rückübertragung vollzogen, greift die Konvaleszenzregelung von § 185 Abs. 2 Satz 1, 2. Alt. BGB ein. Danach wird die Verfügung gegenüber dem späteren Gläubiger wirksam, wenn der Schuldner den Gegenstand erwirbt. Eben dieses wäre aufgrund der Durchführung des Rückübertragungsanspruchs der Fall gewesen. Die Rechtsinhaberschaft geht ohne Zwischenerwerb beim Schuldner unmittelbar auf den späteren Gläubiger über, der folglich doch noch Sicherungsnehmer geworden ist[100].

9. Nichtigkeitsfolgen

Bei Nichtigkeit der Vollrechtsübertragung ändert sich die dingliche Rechtslage nicht, so **1143** dass der Sicherungsgeber Eigentümer bleibt und die Sache, sollte er sie – untypischerweise, unten Rn. 1331 ff. – herausgegeben haben, vindizieren und den Besitz kondizieren kann. Eine Forderung kann er beim Schuldner als der richtige Gläubiger einziehen. Hatte aber der Sicherungsnehmer die Sache wirksam an einen Gutgläubigen veräußert, kann der Sicherungsgeber Herausgabe des Erlangten gem. § 816 Abs. 1 Satz 1 BGB verlangen. Zieht der Sicherungsnehmer, obwohl in Wahrheit nicht Gläubiger, die Forderung ein, kann der Schuldner aufgrund von § 409 BGB von seiner Schuld befreit sein, wenn der Sicherungsnehmer eine Abtretungsurkunde vorlegen kann[101] (unten Rn. 1428); auch die Hinterlegung nach § 372 Satz 2 BGB kommt in Frage (vgl. näher unten Rn. 1675). Der Ausgleichsanspruch des Sicherungsgebers gegen den Sicherungsnehmer folgt aus § 816 Abs. 2 BGB (vgl. unten Rn. 1430); in der Geltendmachung dieses Anspruchs kann zugleich die Genehmigung der Einziehung durch den Sicherungsnehmer liegen (§ 185 Abs. 2 Satz 1 BGB)[102], so dass der Schuldner aufgrund dessen frei wird. Der Umfang der Haftung wird sich meist nach § 819 BGB richten, jedenfalls wenn die Kenntnis der die Sittenwidrigkeit begründenden Tatsachen Voraussetzung der Nichtigkeit nach § 138 Abs. 1 BGB sein soll (vorst. Rn. 1135), so dass der Sicherungsnehmer zugleich den Mangel des rechtlichen Grundes kennen wird[103]. Für die Unwirksamkeit nach § 307 BGB kommt es dagegen auf einen überindividuellen, generalisierenden Maßstab ohne Rücksicht auf subjektive Vorwerfbarkeit an, so dass die verschärfte Bereicherungshaftung aus § 819 nicht notwendigerweise eingreift. Danach können zugunsten des Sicherungsnehmers bereicherungsschmälernde Aufwendungen aus § 818 Abs. 3 anzusetzen sein, z.B. für den Einzug der Forderung[104].

---

100 BGH WM 74, 1406 zu I.; *Bülow*, WM 98, 845; *W. Schultz*, BB 98, 75; *Becker*, Maßvolle Kreditsicherung, S. 598; für Durchgangserwerb *Wacke*, Savigny Rom. Abt. 114 (1997), 197 (198), a.A. OLG Köln NJW-RR 97, 1478; kein Wirksamwerden einer vor Rückabtretung ausgebrachten Forderungspfändung: BGHZ 56, 339 (350/351).

101 Hk-BGB/*Schulze*, § 409 Rn. 2.

102 BGH NJW 95, 1668 zu II. 2.

103 Vgl. BGH NJW 96, 2652: Positive Kenntnis i.S.v. § 819 Abs. 1 BGB, wenn sich der Kondiktionsschuldner der Einsicht in die Nichtigkeit bewusst verschließt.

104 OLG Düsseldorf BB 94, 1579 zu C. II.

1144 Der an einen Gutgläubigen veräußernde Sicherungsnehmer vernichtet das Eigentum des Sicherungsgebers und haftet unter den weiteren Voraussetzungen von § 823 Abs. 1 BGB auf Schadensersatz. Offenbart der Sicherungsnehmer trotz Nichtigkeit der stillen Sicherungszession die vermeintliche Abtretung dem Forderungsschuldner gegenüber, macht er sich unter dem Gesichtspunkt der Pflichtverletzung (§ 280 Abs. 1 BGB) schadensersatzpflichtig. Die Pflichtverletzung liegt darin, dass der Kreditgläubiger eine Schädigung des Kreditnehmers vermeiden muss[105]. Die Fahrlässigkeit kann bei unverschuldetem Rechtsirrtum des Sicherungsnehmers entfallen. Erhebt der Sicherungsnehmer als vermeintlicher Zessionar Klage gegen den Forderungsschuldner, wird die Verjährung dadurch nicht gem. § 204 Abs. 1 Nr. 1 BGB gehemmt, so dass der Sicherungsgeber als wahrer Gläubiger das Nachsehen haben kann[106].

1145 Sofern die Sicherungstreuhand nichtig ist, braucht der Sicherungsnehmer doch nicht leer auszugehen. So begründet Nr. 14 AGB-Banken (Nr. 21 AGB-Sparkassen, Nr. 14 AGB-Postbank) ein Pfandrecht an Gegenständen des Bankkunden, die in die Verfügungsgewalt des Kreditinstituts gelangen. Scheitert die Sicherungsübereignung, entsteht dafür dieses Pfandrecht[107].

B. Interessenausgleich durch Sicherungsvertrag

1. Causa der Sicherheitenbestellung und ihr Verhältnis zum Kredit

1146 Causa der Vollrechtsübertragung ist der Sicherungsvertrag.

a) Sicherungszweck und Abstraktheit

1147 Der Sinn eines Sicherungsgeschäfts liegt in dem Zweck, eine oder auch mehrere Forderungen zu sichern. Ohne zu sichernde Forderung fehlt es an diesem Zweck. Der Sicherungszweck prägt den Inhalt des Sicherungsvertrages (oben Rn. 59). Der Sicherungszweck begründet das Recht zur Verwertung des Sicherungsgegenstandes, wenn der Kredit notleidend wird, also der **Sicherungsfall** eingetreten ist. Ausgangspunkt ist die Abstraktheit der Vollrechtsübertragung (oben Rn. 61, 1094). Wenn sich der Bestand der gesicherten Forderung durch die Rückführung des Kredits mindert, wird die dingliche Rechtsstellung des Sicherungsnehmers infolgedessen nicht unmittelbar berührt: Das zur Sicherheit übertragene Recht ist mit dem gesicherten Recht eben **nicht akzessorisch** verbunden. Aber der Sicherungsgeber hat bei Fortfall des Sicherungszwecks aus dem Sicherungsvertrag Anspruch auf Rückübertragung des Sicherungsgegenstandes (oben Rn. 69 und nachf. Rn. 1169), durch dessen Vollzug die Vollrechtsinhaberschaft des Sicherungsnehmers endet. Trotz der in der Vollrechtsübertragung liegenden Gefahren (oben Rn. 1094, 1095) wird durch Rechtsgeschäft das gleiche wirtschaftliche Ergebnis erreicht, wie es kraft Gesetzes mittels Akzessorietät eintritt. Aber die Gleichheit des Regelungsergebnisses bedeu-

---

105 BGH WM 94, 1613 II. 3.

106 OLG Düsseldorf NJW 94, 2423.

107 BGHZ 128, 295 mit skeptischem Komm. *Gerhardt*, EWiR Nr. 19 AGB-Bk 1/95, 313; BGH WM 98, 2463 mit Anm. *Becker-Eberhard*, WuB I A 3 – 1.99; *Bülow*, BB 95, 2485 sowie Komm. zum WG, ScheckG, AGB, Nr. 25 AGB-Sparkassen Rn. 8; a.A. *Tiedtke*, WiB 95, 582.

tet notwendigerweise Ungleichheit der Rechtskonstruktion. Die Akzessorietät bewirkt unmittelbare Rechtsänderungen, die nur das Gesetz anordnen kann. Wünschen die Parteien Akzessorietät, müssen sie sich gesetzlicher akzessorischer Kreditsicherungstypen bedienen. Wählen sie andere Formen, müssen sie sich mit den Rechtsfolgen abfinden, die das Gesetz für diese Rechtsformen vorsieht. Die abstrakte Vollrechtsübertragung können sie deshalb nicht durch Rechtsgeschäft akzessorisch machen. Deshalb ist es falsch, wenn der Bundesgerichtshof feststellt, eine Sicherungsübertragung entfalte keine Rechtswirkung, wenn die gesicherte Forderung nicht bestehe[108]: Der Bestand des Verfügungsgeschäfts ist vom Bestand der gesicherten Forderung abstrahiert und entfaltet volle Rechtswirkung, indem der Sicherungsnehmer Vollrechtsinhaber wird (wovon das Gesetz für die Sicherungstreuhand auch in § 216 Abs. 2 Satz 1 ausgeht), freilich obligatorischen Rückgewähransprüchen – aus Bereicherung oder Sicherungsvertrag – ausgesetzt ist. Eine andere Frage ist, ob durch Rechtsgeschäft Akzessorietätsersatz[109] geschaffen werden kann, indem die Parteien die dingliche Einigung unter die aufschiebende Bedingung der Entstehung der gesicherten Forderung stellen (§ 158 Abs. 1) oder unter die auflösende Bedingung des Erlöschens der gesicherten Forderung (§ 158 Abs. 2): Das ist, wie auch sonst die Verknüpfung von obligatorischem und dinglichem Geschäft, ohne weiteres möglich[110], und man mag sich fragen, ob solche Vertragsgestaltungen typisiertem, im Zweifel anzunehmendem Parteiwillen entsprechen (nachf. Rn. 1180). Aber die bedingte Verfügung begründet keine Akzessorietät[111]. Vielmehr ist die Sicherheit im Verhältnis zum Kredit abstrakt, und es entsteht im Allgemeinen die Notwendigkeit, die Sicherheit auf den Sicherungsgeber bei Wegfall des Sicherungszwecks zurückzuübertragen.

Ob der Sicherungszweck wegfällt, richtet sich nach der Zweckbestimmung durch die Parteien. Kredittilgung muss den Sicherungszweck nicht notwendig beseitigen. Er bleibt bestehen, wenn der Sicherungsgegenstand (Sache oder Recht) nach dem Willen der Parteien auch andere, vielleicht zukünftig entstehende Verbindlichkeiten sichern soll (z.B. durch Ausschöpfung eines dem Kreditnehmer eingeräumten Kreditrahmens[112], oben Rn. 58, 158) oder einen auf der Nichtigkeit des Darlehens beruhenden Bereicherungsanspruch (gleiche Problemlage bei der Bürgschaft, oben Rn. 963). Der Sicherungszweck wird bestimmt durch den **Sicherungsumfang**, den die Parteien festlegen, also durch Erfassung derjenigen Forderungen, die gesichert werden sollen. Liegt der Sicherungszweck darin, dass alle Forderungen aus einer laufenden Geschäftsverbindung gesichert werden sollen (Kontokorrentsicherheit, oben Rn. 58) spricht man ebenso wie bei Grundschuld (oben **1148**

---

108 BGH NJW 82, 275.

109 Grundlegend *Becker-Eberhard*, Forderungsgebundenheit, S. 77 f., 337 ff.; keinesfalls kann dies durch die Anwendung von § 139 BGB (nach Rn. 1154) geschehen, zutr. *Deubner*, JuS 96, 106 (108).

110 *Medicus*, AT, Rn. 239; *Chr. Berger*, KTS 97, 393 (408).

111 Zutreffend und pointiert *Jauernig*, NJW 82, 268 (zugleich Anm. zu BGH NJW 82, 275); *Medicus*, JuS 71, 497 (503 f.); *K. Simitis*, AcP 171 (1971), 94 (95); *Tiedtke*, DB 82, 1709; *Bähr*, NJW 83, 1473; *Buchholz*, Jura 90, 300 (305); *Behrens*, Rückabwicklung, S. 125; *Radke*, Typenzwang, S. 112; in BGH WM 84, 357 und NJW 91, 353 zu I. 3. b. mit Bspr. *K. Schmidt*, JuS 91, 432 und Anm. *Gerhardt*, JZ 91, 726, ist am Abstraktionsprinzip festgehalten; krit. zum gesetzgeberischen Konzept in rechtshistorischer Analyse *Schindler*, in: Festschr. Kroeschell, S. 1033 (1039 f.) sowie *Eisenhardt*, ebda., S. 215; a.A. *Petri*, Akzessorietät, S. 124 ff.; *Haferkamp*, Jura 98, 511 (514); *Thoma*, NJW 84, 1162, gegen diesen zutr. *Pulina*, NJW 84, 2872.

112 BGH BB 96, 344 zu II. 3.

Rn. 158) und Bürgschaft (oben Rn. 913) von **weiter Zweckerklärung**[113]. Privatautonomie stellt es den Parteien frei, den Sicherungsumfang zu bestimmen. Kontrahieren sie allerdings mittels AGB, ist ihre Gestaltungsfreiheit eingeschränkt (nachf. Rn. 1150).

1149 Auf der anderen Seite kann der Fall eintreten, dass sich der Sicherheitenbestand verringert, obwohl die gesicherte Forderung unverändert valutiert, z.B. durch Werteinbußen oder Ausscheiden der Sicherheit aus dem Sicherheitenbestand (erlaubte Einziehung einer Forderung durch den Sicherungsgeber, unten Rn. 1448, erlaubte Veräußerung von Sicherungsgut durch den Sicherungsgeber, unten Rn. 1291). Die Parteien können zur Abhilfe vereinbaren, dass der Kreditnehmer neue Sicherheiten zu stellen hat, wenn die zuvor begründeten zur hinreichenden Sicherung des Kredits nicht mehr taugen, so Nr. 13 AGB-Banken, 22 AGB-Sparkassen, 15 AGB-Postbank (sog. **Nachsicherung**)[114].

1150 Eher zur Ausnahme ist es geworden, dass Sicherungsgeschäfte im Wege des Individualvertrages abgeschlossen werden. Meist liegen dem Sicherungsvertrag, wie auch im Falle der Grundschuld (oben Rn. 158), **Allgemeine Geschäftsbedingungen** zugrunde, die der Sicherungsnehmer, meist ein Kreditinstitut, als Verwender i.S.v. § 305 Abs. 1 Satz 1 BGB gestellt hatte, so dass die Kontrollmechanismen des Rechts der Allgemeinen Geschäftsbedingungen gleichermaßen wie zur Übersicherungsfrage (vorst. Rn. 1106 ff.) eingreifen. Namentlich weite Zweckerklärungen (vorst. Rn. 158, 1148) können als treuwidrige Klauseln gem. § 307 BGB unwirksam sein oder gem. § 305c Abs. 1 BGB bereits mangels wirksamer Einbeziehung in den Vertrag (§ 305 Abs. 2 BGB) scheitern, indem sie nicht Vertragsbestandteil werden, wenn Forderungen mit einbezogen sein sollen, die über den Anlass der Sicherheitenbestellung, der etwa in einem bestimmten Darlehen liegen kann, hinausgehen[115]. Dadurch wird die Wirksamkeit des Sicherungsvertrages im Übrigen gem. § 306 Abs. 2 BGB im Allgemeinen (vgl. § 306 Abs. 3) nicht berührt.

b) Form

1151 Der Sicherungsvertrag als im Gesetz nicht ausgeformter Schuldvertrag sui generis ist im Allgemeinen ebenso wenig wie das dingliche Übertragungsgeschäft (vorst. Rn. 1140) formgebunden. Eine Besonderheit gilt für Verbraucherkreditgeschäfte (vgl. oben Rn. 727). Gemäß § 492 Abs. 1 Nr. 7, § 502 Abs. 1 Nr. 6 BGB sind zu bestellende Sicherheiten in schriftlicher Form anzugeben, d.h. zusammen mit dem Verbraucherkreditvertrag wird die Verpflichtung des Verbrauchers begründet, die Sicherheit zu bestellen. Das bedeutet nichts anderes, als dass neben dem Verbraucherkreditvertrag ein Sicherungsvertrag abgeschlossen wird (oben Rn. 49), der Sicherungsvertrag also formgebunden ist[116]. Der Sicherungsgeber kann trotz Formmangels übertragene Gegenstände, da der Sicherungsvertrag gem. §§ 494 Abs. 1, 502 Abs. 3 Satz 1, 125 BGB nichtig ist, kondizieren (Ausnahme bei Großkrediten, § 494 Abs. 2 Satz 6 BGB)[117]. Verpflichtet sich der Kreditschuldner, sein gesamtes gegenwärtiges Vermögen oder einen Bruchteil davon auf den Kreditgläubiger zur

---

113 *Rehbein*, in: Festschr. Heinsius, S. 659.
114 *Wenzel*, WiB 94, 596; OLG Hamm WM 2001, 2438 mit Anm. *Edelmann*, WuB I A 2. – 1.02.
115 OLG Oldenburg WM 93, 2162 mit Komm. *Hj. Weber*, EWiR § 3 AGBG 1/03, 1149; *Altvater*, WiB 96, 374, der Gesamtunwirksamkeit des Sicherungsvertrags mangels Teilbarkeit der Zweckerklärung annimmt.
116 *Bülow*, Verbraucherkreditrecht, § 492 BGB Rn. 130, § 494 BGB Rn. 67, § 502 Rn. 54.
117 Str., a.A. OLG Dresden WM 2001, 1854.

Sicherung zu übertragen, ist auf einen solchen Sicherungsvertrag § 311b Abs. 3 BGB anzuwenden[118] (zur Anwendbarkeit von § 419 a.F. BGB nachf. Rn. 1207 ff.); der Vertrag bedarf in diesem Falle also der notariellen Beurkundung nach Maßgabe des BeurkG und § 128 BGB. Nach Lage des Einzelfalls mag man daran denken, ob ein mit der Verpflichtung, ein Grundstück zu übertragen oder zu erwerben in rechtlichem Zusammenhang stehender Sicherungsvertrag gem. § 311b Abs. 1 Satz 1 der notariellen Beurkundung bedarf, z.B. wenn zur Sicherung des Kaufpreises neben oder statt einer Auflassungsvormerkung eine Sicherungstreuhand begründet werden soll. Dies hängt vom Parteiwillen ab. Soll das Sicherungsgeschäft wesentlicher Bestandteil des Grundstückskaufvertrages sein, ist die Formbedürftigkeit aus § 311b Abs. 1 Satz 1 BGB zu bejahen[119], andernfalls nicht[120].

c) Widerruflichkeit

Die Widerruflichkeit des Sicherungsvertrags nach §§ 355 i.V.m. 312 oder 495 BGB hat **1152** wenig praktische Bedeutung, wenn der dem Kredit zugrundeliegende Vertrag, das ist der Darlehensvertrag, widerruflich, also der Kreditschuldner als privater Verbraucher zugleich Sicherungsgeber und Partei des Sicherungsvertrages ist. In diesem Fall wird die Unwirksamkeit des Darlehensvertrages gem. § 139 BGB auch den Sicherungsvertrag ergreifen (nachf. Rn. 1154). Sicherungsgeber kann aber auch ein Dritter sein, so dass wie im Falle der Bürgschaft ein Interzessionsverhältnis entsteht (oben Rn. 54, 852). Interzession bei Realsicherheiten bedeutet noch nicht, dass der Dritte als Sicherungsgeber zugleich Partei des Sicherungsvertrags ist; das kann trotz der Interzession auch der Kreditschuldner sein (nachf. Rn. 1157). Ist der Dritte als Interzessionar aber zugleich Partei des Sicherungsvertrages und handelt er als Verbraucher, muss der Sicherungsvertrag in gleicher Weise wie bei Bürgschaft und Schuldbeitritt (oben Rn. 936)[121] als Kreditvertrag i.S.v. §§ 491 Abs. 1, 499 BGB behandelt werden. Folgerichtigerweise ist der Sicherungsvertrag deshalb gem. § 495 BGB als widerruflich anzusehen, so dass sich aufgrund der Vorrangsregelung von § 312a BGB die Frage nach der Widerruflichkeit gem. § 312 Abs. 1 nicht mehr stellt.

Der Bundesgerichtshof dagegen sieht den Sicherungsvertrag unter den situativen und per- **1153** sönlichen Voraussetzungen von § 312 Abs. 1 zwar als Haustürgeschäft an[122], verneint aber mit lapidarer Begründung die Anwendbarkeit von Verbraucherkreditrecht[123]. Nach Ansicht des BGH ist der interzedierende Verbraucher deshalb an den Sicherungsvertrag gebunden.

118 RGRK/*Pikart*, § 930 BGB Rn. 52.

119 BGH NJW 62, 586 zu II. 1. b. für Bürgschaft.

120 BGH WM 94, 1711 mit Komm. *Bülow*, EWiR 2/94, 959 zu § 139 BGB und Bspr. *Neuhof*, WiB 94, 832: Nur eine den Grundstückskaufvertrag begleitende Zahlungsverpflichtung, nicht aber eine dafür begründete Sicherungsübereignung ist formbedürftig.

121 *Bülow*, NJW 96, 2889 ff.; für HWiG: *Ganter*, WM 96, 1709 (1718 f.); für Gleichbehandlung aller Sicherungsgeber, aber die Anwendung von Verbraucherkreditrecht ablehnend *Klauninger*, Sicherungsgeschäfte, S. 108/109.

122 NJW 96, 55 mit Anm. *Wolf*, LM Nr. 18/19 zu § 1 HWiG, *Schanbacher*, WuB I F 3. – 2.96 und *Huff*, EWiR § 1 HWiG 3/95, 1107; NJW 96, 191.

123 WM 97, 663 zu 3. mit Komm. *Vortmann*, EWiR § 1 VerbrKrG 1/97, 621 und Anm. *Drescher*, WuB I E 2. – 1.97, gleichermaßen OLG Frankfurt am Main MDR 98, 848.

d) Nichtigkeitsfolgen

1154 Ist der Sicherungsvertrag nichtig, kann der Sicherungsgeber den übertragenen Gegenstand kondizieren (§ 812); das ist bei einer Verpfändung nicht anders, wenn deren obligatorische Grundlage, ebenfalls der Sicherungsvertrag, nichtig ist. Die Nichtigkeitsgründe, bezogen auf das Verfügungsgeschäft (oben Rn. 1102 ff.), ergreifen allemal auch deren obligatorische Grundlage, den Sicherungsvertrag. Zwar ist das Rechtsgeschäft, das die Pflicht zur Kreditgewährung begründet, z.B. ein Darlehensvertrag, nicht causa des Verfügungsgeschäfts; es gibt keine Doppelcausa[124] (oben Rn. 50). Ist der Darlehensvertrag nichtig – z.B. wegen Sittenwidrigkeit aufgrund ausbeuterischer Vertragsbedingungen gegenüber einem geschäftsungewandten Darlehensnehmer[125] –, wird aber meistens nicht anzunehmen sein, dass der Sicherungsvertrag auch ohne den Darlehensvertrag abgeschlossen worden wäre, so dass auch er gem. § 139 BGB nichtig ist und der Sicherungsgeber kondizieren kann[126]. Im Falle des Widerrufs nach § 312 BGB (vorst. Rn. 1152) kann die Verfügung bereits vollzogen gewesen sein. Es entsteht ein Rückabwicklungsverhältnis, durch das der Sicherungsnehmer dem Sicherungsgeber gem. § 357 Abs. 1 Satz 1, 346 Abs. 1 BGB die Rechtsinhaberschaft zurückzuübertragen hat (§§ 398, 929 BGB)[127].

2. Parteien des Sicherungsvertrages

1155 Stellt der Kreditnehmer selbst die Sicherheit, sind die Parteien des Kreditvertrages und die Parteien des Sicherungsvertrages identisch: Der Kreditgeber ist Sicherungsnehmer, der Kreditnehmer ist Sicherungsgeber. Jedoch können sowohl auf der Seite des Kreditgebers wie auf der Seite des Kreditnehmers Dritte auftreten.

a) Dritter als Sicherungsnehmer

1156 Denkbar ist, dass der Kreditgeber für die Verwaltung von Sicherungsgut eine konzernverbundene selbständige Tochtergesellschaft oder ein selbständiges Gemeinschaftsunternehmen zusammen mit anderen Kreditgebern einsetzt und dieses Unternehmen Vollrechtsinhaber sein soll. In diesem Fall können die Parteien ihr Sicherungsverhältnis so ausgestalten, dass der Sicherungsvertrag unter Kreditnehmer und Verwaltungsunternehmen abgeschlossen wird und folglich aus der Sicht der Parteien des Sicherungsvertrages eine fremde Forderung – die des Kreditgebers als Drittem – gesichert wird. Möglich ist in diesem Fall aber auch, dass nur der Verfügungsvertrag zwischen Kreditnehmer (Sicherungsgeber) und Verwaltungsunternehmen abgeschlossen wird, der Sicherungsvertrag aber zwischen Kreditgeber und Kreditnehmer. Causa ist mithin ein Vertrag unter Dritten (Kreditnehmer und Kreditgeber), der Sicherungsvertrag verpflichtet den Sicherungsgeber zur Vollrechtsübertragung auf einen Dritten (das Verwaltungsunternehmen); zur Rückgewähr nachf. Rn. 1173.

---

124 *Bülow*, NJW 97, 641; a.A. *Richrath*, Übersicherungsproblematik, S. 39; *Neuhof/Richrath*, NJW 96, 2894.
125 Dazu etwa BGHZ 110, 536 m.w.N. sowie *Bülow*, Konsumentenkredit, Rn. 13 ff.
126 BGH WM 94, 1711 mit Komm. *Bülow*, EWiR 2/94, 959 zu § 139 BGB; *Michel*, Überschießende Rechtsmacht, S. 154.
127 *Koch*, WM 2002, 1593 (1601).

b) Dritter als Sicherungsgeber

Auf der Seite des Kreditnehmers kann ebenfalls ein Dritter auftreten. Der Dritte kann eine Sache oder ein Recht zur Sicherung der Verbindlichkeit des Kreditschuldners zur Verfügung stellen, d.h. gem. §§ 929 ff. resp. 398 BGB auf den Kreditgläubiger übertragen. Er sichert dadurch von seinem Standpunkt aus eine Drittschuld und nicht eine eigene Schuld, weil er nicht zugleich persönlicher Schuldner ist. Fraglich ist, ob der Dritte zugleich Partei des Sicherungsvertrages ist (oben Rn. 54). Das ist möglich, aber im Allgemeinen nicht anzunehmen: Der Grund für die Verfügung des Dritten liegt typischerweise in seinen Rechtsbeziehungen zum Kreditschuldner, in einem Auftrag, in Gefälligkeit (Deckungsverhältnis). Dagegen steht er mit dem Kreditgläubiger oft gar nicht in Geschäftsverbindung. Der Sicherungsgeber ist in einem solchen Fall typischerweise nicht zugleich Partei des Sicherungsvertrags[128] mit dem Kreditgläubiger. Grundlage und causa der Verfügung über den Sicherungsgegenstand ist vielmehr ein Vertrag unter Dritten, nämlich der Sicherungsvertrag zwischen Kreditgläubiger und Kreditschuldner. Deshalb ist der Kreditschuldner zugleich Gläubiger des Anspruchs auf Rückübertragung des Sicherungsgegenstandes, aber nicht der Dritte als Sicherungsgeber (nachf. Rn. 1172). Ist der Sicherungsvertrag nichtig, kann der Kreditschuldner und nicht der Sicherungsgeber den Sicherungsgegenstand beim Kreditgläubiger kondizieren (§ 812). Der Rechtsgrund für das Handeln des Sicherungsgebers, also die Bestellung der Sicherheit für den Kreditgläubiger, liegt in dem vom Kreditschuldner an den Dritten im Deckungsverhältnis erteilten Sicherungsauftrag (§ 662 BGB, oben Rn. 55). Der Sicherungsauftrag bildet die causa für die Befreiung von der Verbindlichkeit, die der Kreditschuldner durch den Sicherungsvertrag gegenüber dem Kreditgläubiger eingegangen war, nämlich die Verbindlichkeit, eine Sicherheit zu beschaffen. Ist deshalb der Sicherungsauftrag nichtig, fehlt es an der causa für die Befreiung des Kreditschuldners von dieser Verbindlichkeit. Die Kondiktion des Dritten als Sicherungsgeber gegenüber dem Kreditschuldner liegt darin, dass dieser ihn von seiner Inanspruchnahme durch den Kreditgläubiger, d.h. von der Verwertung des Sicherungsgegenstandes, freistellt. Den Bereicherungsanspruch des Dritten auf Freistellung kann der Kreditschuldner dadurch bewirken, dass er den Kreditgläubiger überredet, die Sicherheit wieder auf den Dritten zurückzuübertragen, dass er die gesicherte Forderung tilgt oder, wenn sie noch nicht fällig ist, dem Dritten Sicherheit leistet (vgl. § 775 Abs. 2, oben Rn. 959, §§ 232 ff. BGB). Der Kreditgläubiger ist im Verhältnis zum Dritten aber nicht gehindert, sich aus der Sicherheit zu befriedigen, wenn der Sicherungsfall im Verhältnis zum Kreditschuldner eingetreten ist (vgl. auch oben Rn. 836). Sofern sowohl der Sicherungsvertrag im Valutaverhältnis wie der Sicherungsauftrag im Deckungsverhältnis nichtig sind, also ein Doppelmangel besteht, kann der Kreditschuldner den Bereicherungsanspruch des Dritten dadurch erfüllen, dass er seinen eigenen Bereicherungsanspruch gegenüber dem Kreditgläubiger auf Herausgabe des Sicherungsgegenstandes an den Dritten abtritt. **1157**

Ist nach Lage des Einzelfalls anzunehmen, dass der Dritte als Sicherungsgeber den Sicherungsvertrag mit dem Gläubiger abschloss und nicht der Kreditschuldner, bedarf der Klärung, welche Rolle der Kreditschuldner bei der Sicherheitenbestellung spielt. Er verpflichtet sich dem Gläubiger gegenüber, einen Sicherungsgeber beizuschaffen, der den Si- **1158**

128 BGH WM 69, 209 (210); NJW 89, 1732 mit Anm. *Bülow*, WuB I F 3. – 6.89 und Komm. *Clemente*, EWiR § 1191 BGB 2/89, 157.

cherungsvertrag abschließt und die dingliche Einigung mit dem Gläubiger vollzieht. Auch dieses Verpflichtungsgeschäft ist eine Art von Sicherungsvertrag (oben Rn. 56).

3. Inhalt des Sicherungsvertrages

1159 Die Vertragspflichten der Parteien richten sich nach dem Sicherungszweck.

a) Pflichten des Sicherungsgebers

1160 Der Sicherungsgeber ist verpflichtet, dem Kreditgläubiger das Eigentum an der beweglichen Sache zu übertragen, also eine dingliche Einigung i.S.v. § 929 S. 1 mit dem Kreditgläubiger nach Maßgabe von §§ 145 ff. BGB herbeizuführen und die Sache zu übergeben bzw. ein Übergabesurrogat zu begründen oder ihm das Recht gem. §§ 398, 413 abzutreten. Einigung oder Abtretungsvertrag können gem. § 158 Abs. 2 unter die auflösende Bedingung der vertragsgemäßen Rückzahlung des Kredits gestellt werden (nachf. Rn. 1180 f.). Der Zeitpunkt der Übertragung richtet sich nach der Vereinbarung; meist wird sich der Sicherungsgeber zur Übertragung vor der Valutierung des Kredits und nicht Zug-um-Zug verpflichten, ist also aus dem Sicherungsvertrag in Beziehung zum Kreditvertrag vorleistungspflichtig.

b) Pflichten des Sicherungsnehmers

1161 Der Kreditgläubiger als Sicherungsnehmer hat aus dem Sicherungsvertrag in der Begründungsphase (oben Rn. 59) keine Hauptpflichten; solche treffen ihn nur aus dem Kreditvertrag. Der Sicherungsvertrag ist deshalb kein gegenseitiger Vertrag i.S.v. §§ 320 ff., sondern ein unvollkommen zweiseitiger Vertrag[129] (oben Rn. 63). Der Kreditgläubiger hat aber Nebenpflichten. Sie ergeben sich aus dem Sicherungszweck[130], der den Inhalt des Sicherungsvertrags, und sei es stillschweigend, prägt.

1162 *aa)* Der Sicherungsnehmer darf sein aus dem Vollrecht fließendes umfassendes Herrschaftsrecht (siehe für Sachen § 903) zur Wahrung des Sicherungszwecks nur beschränkt ausüben. Namentlich darf er den Sicherungsgegenstand aufgrund des Sicherungsvertrags nur verwerten, wenn der Kreditschuldner seinen Verpflichtungen aus dem Kreditvertrag nicht nachkommt, also z.B. fällige Tilgungsraten oder Zinsen nicht zahlt und infolgedessen der **Sicherungsfall** (oben Rn. 61) eingetreten ist. Indem das Maß des Verwertungsrechts der Sicherungszweck ist und sich der Sicherungszweck durch den Schutz des Kreditgläubigers vor der Krise oder der Leistungsunwilligkeit des Kreditschuldners kennzeichnet (oben Rn. 1), genügt das Ausbleiben der Leistung durch den Kreditschuldner als solches nicht, vielmehr ist im Allgemeinen (oben Rn. 74) weitere Voraussetzung für die Auslösung des Verwertungsrechts, dass der Kreditschuldner in **Verzug** geraten war. Ver-

129 RG JW 14, 76; *Reich*, Sicherungsübereignung, S. 64; unzutreffend *Weber*, Kreditsicherung, S. 8: einseitig verpflichtender Vertrag.

130 RGZ 109, 181; RG JW 14, 76; BGH WM 66, 653, z.B. muss die Bank als Sicherungseigentümerin im drittfinanzierten Geschäft (vgl. § 358 BGB) am mangelbedingten Rücktritt (vgl. § 437 Nr. 2 BGB) des finanzierten Kaufvertrags mitwirken, etwa durch Freigabe gegen Ersatzsicherheit, OLG Brandenburg NJW-RR 99, 276.

zug tritt gem. § 286 Abs. 4 BGB nur ein, wenn der Schuldner die Verzögerung zu vertreten hat, was bei Geldschulden freilich wohl immer anzunehmen ist[131]. Verzug kann aber auch dadurch ausgeschlossen sein, dass der Schuldner eine Einrede gegen die Forderung hat: Einrede heißt, die Leistung verweigern zu dürfen, aber der Verzug setzt die Pflicht zur Leistung voraus. Fraglich ist, ob die bloße Existenz der Einrede den Verzug hindert bzw. den einmal eingetretenen Verzug wieder beendet[132] oder ob der Schuldner die Einrede erheben, sein in ihr liegendes Gestaltungsrecht[133] ausüben muss. Man wird an den Rechtfertigungsgehalt der Einrede für die Leistungsverzögerung anzuknüpfen haben[134], der zu einer Differenzierung führt: Die dauernden oder peremptorischen Einreden aus § 853 BGB – z.B. wegen Betrugs – oder aus § 821 BGB – z.B. wegen Sittenwidrigkeit, siehe auch Rn. 1169 – stehen den Einwendungen im engeren Sinne, die von Amts wegen zu berücksichtigen sind, nahe: Der Verzug tritt nicht ein, auch wenn der Schuldner die Einrede nicht erhebt. Ist dagegen lediglich Zeit verstrichen, wird man den Schuldner eher um so nachdrücklicher zur Leistung angehalten sehen müssen; die peremptorische Einrede der Verjährung hindert den Verzug deshalb nur, wenn der Schuldner sich darauf beruft. Die zeitweilige und nur aufschiebende (dilatorische) Einrede der Stundung wiederum trägt das Recht zur Unterlassung der Leistung in sich, während das allgemeine Zurückbehaltungsrecht aus § 273 BGB überhaupt nur durch seine Ausübung eine Abhängigkeit der beiderseitigen Leistungen herbeiführt, die die Leistungsverweigerung rechtfertigt; ohne Erhebung dieser Einrede tritt Verzug nicht ein[135]. In jedem Falle einer Einrede kommt es nicht zum Verzug oder der Verzug endet – und zwar mit rückwirkender Kraft[136] – wenn der Schuldner die Einrede erhebt. Fehlt es demgemäß trotz ausbleibender Leistung des Kreditschuldners am Verzug, darf der Kreditgläubiger und Sicherungsnehmer nicht verwerten. Hiervon macht das Gesetz nur für die Verjährung eine Ausnahme: Gemäß § 216 Abs. 2 Satz 1 BGB ist der Sicherungsnehmer nicht gehindert, trotz Verjährung Befriedigung aus dem verhafteten Gegenstand zu suchen (vgl. Abs. 1). Der Sicherungsnehmer hat in anderen Fällen gem. § 986 gegenüber dem Sicherungsgeber, sofern dieser unmittelbarer Besitzer der zur Sicherung übereigneten Sache geblieben ist (§ 930, unten Rn. 1281), keinen Anspruch auf Herausgabe. Die zur Sicherheit abgetretene Forderung darf er nur unter denselben Voraussetzungen einziehen (und dadurch zugleich den Schuldner der Forderung informieren), weiter abtreten oder auch verpfänden[137]. Die Sicherung kann an die Mitgliedschaft in einer Gesellschaft gebunden sein und entfallen, wenn der Sicherungsgeber als Gesellschafter ausscheidet[138] (oben Rn. 74).

131 *Medicus*, AcP 188 (1988), 489 (492, 501).

132 BGHZ 104, 6 (11); 48, 299.

133 *Jahr*, JuS 64, 125, 293 (302).

134 *Diederichsen*, JuS 85, 825 (829 f.), dagegen *Wahl*, Schuldnerverzug, S. 41 ff.: grundsätzlich Geltendmachung.

135 Vgl. BGH EWiR § 288 BGB 1/99, 105 (*Reinking*); entgegengesetzt ist bei gegenseitigen Verträgen für das Zurückbehaltungsrecht aus § 320 BGB zu werten, BGHZ 84, 42 (44); 116, 244 (249); BGH NJW 91, 1048 mit Bspr. *Emmerich*, JuS 91, 600; 99, 53 zu II. 1. mit Komm. *Lorenz*, EWiR § 320 BGB 1/98, 1069 und Anm. *Voit*, WuB IV A – 1.99; NJW-RR 99, 2110; *Larenz*, Schuldrecht AT, § 23 I. c. (S. 351).

136 *Jahr*, JuS 64, 293 (302).

137 Dazu BGH NJW 83, 1735: Die Bank darf bestellte Sicherheiten nicht ohne eigenes Interesse in Anspruch nehmen.

138 RGZ 132, 29 (32): Rückübertragung im Rahmen der Auseinandersetzung unter Gesellschaftern nach § 738 BGB.

1163 Eine andere Frage ist, ob bei Sicherung einer **Drittschuld** der Interzessionar sich, der Regelung für die Bürgschaft in §§ 768, 770 entsprechend (oben Rn. 980 ff.), mit Einreden und anderen Gestaltungsrechten des Schuldners verteidigen kann, die dieser nicht ausgeübt hatte. Das ist zu verneinen, weil der Sicherungszweck allein als rechtsgeschäftliche Grundlage des Sicherungsverhältnisses die Berücksichtigung einer bloßen Gestaltungslage nicht fordert (näher unten Rn. 1602).

1164 War der Kreditschuldner **minderjährig** gewesen, ist seine Haftung zwar gem. § 1629a Abs. 1 BGB beschränkt, aber die Haftung des Interzessionars mit dem Sicherungsgegenstand bleibt gem. Abs. 3 unberührt. Die Frage der Haftungsbeschränkung stellt sich von vornherein nicht, wenn der Gegenstand dem Minderjährigen gehört hatte (oben Rn. 274 sowie unten Rn. 1195 a.E.).

1165 *bb)* Da der Gläubiger mit der Kreditsicherung legitimerweise seine eigenen Interessen wahrt, hat er im Allgemeinen **keine Obhuts- und Aufklärungspflichten** (Diligenzpflichten, oben Rn. 864) gegenüber dem Sicherungsgeber. Beispielsweise braucht der Gläubiger den Schuldner nicht über steuerrechtliche Veränderungen, die mit der Sicherheit zusammenhängen, zu unterrichten[139]. Den Interzessionar (oben Rn. 14) braucht er nicht über das Risiko aufzuklären, tatsächlich aus der Sicherheit in die Haftung genommen zu werden[140]. Der Gläubiger haftet dem einen Sicherungsgeber nicht für die Werthaltigkeit einer weiteren, von einem anderen gestellten Sicherheit[141]. Bei erneuter Kreditvergabe braucht er auf die Interessen des Interzessionars keine Rücksicht zu nehmen; Vereinbarungen zwischen Gläubiger und Schuldner über die Verrechnung von Teilleistungen, die sich zu Lasten des Interzessionars auswirken, muss dieser hinnehmen[142]. Nur wenn der Gläubiger einen Irrtum des Sicherungsgebers erkennt, ist er zur Aufklärung darüber verpflichtet[143]; er darf einen Irrtum nicht veranlassen[144]. In Ausnahmefällen hat der Gläubiger dem Sicherungsgeber einen konkreten Wissensvorsprung zugute kommen zu lassen, z.B. wenn eine Bank selbst Initiatorin eines von ihr finanzierten Anlagemodells ist[145].

1166 *cc)* Die Besonderheiten des Kredit- und Sicherungsverhältnisses können es geboten erscheinen lassen, dass der Kreditgläubiger dem Sicherungsgeber aus seinem Vollrecht dingliche Befugnisse wieder zurückgibt.

1167 So ist im Falle der sicherungsweisen Übereignung eines Warenlagers (unten Rn. 1283) die **Erteilung von Verfügungsbefugnis** (§ 185 Abs. 1) regelmäßiger Inhalt des Sicherungsvertrages, so dass der Sicherungsgeber trotz Eigentumsverlusts die übereigneten Waren umsetzen kann, wie es dem Zweck seines Betriebes entspricht. Seine Abnehmer werden neue Eigentümer, der Kreditgläubiger verliert seine Sicherheit wieder, das Vollrecht stand ihm nur vorübergehend zu. Der Verkaufserlös tritt nicht von selbst an die

---

139 BGH WM 97, 2301; 92, 977 mit Anm. *v.Heymann*, WuB I E 1. – 9.92.

140 BGHZ 125, 206 (218) mit Anm. *P. Bydlinski*, WuB I F 1a. – 5.94 und Komm. *Honsell*, EWiR § 765 BGB 4/94, 555; BGH WM 94, 1064 mit Anm. *Tiedtke*, WuB I F 1a. – 8.94; 96, 475 mit Anm. *Batereau*, WuB I F 1c. – 2.96; 97, 1045 mit Anm. *Medicus*, EWiR § 276 BGB 5/97, 877 und Anm. *Moritz*, WuB I F 1a. – 16.97.

141 BGH WM 94, 1064.

142 BGH WM 93, 1078 mit Komm. *C. Steiner*, EWiR § 366 BGB 1/93, 653.

143 BGH WM 96, 475; 91, 315 mit Anm. *Hadding*, WuB I E 1. – 4.91.

144 BGH WM 97, 1045.

145 BGH WM 92, 901 mit Anm. *v. Heymann*, WuB I G 7. – 9.92; *Ganter*, WM 98, 2045 (2051).

Stelle der Sicherheit, sondern steht dem Sicherungsgeber zu. Der Sicherungsgeber kann die Forderung auf den Verkaufserlös aber an den Kreditgläubiger abtreten, so dass dieser einen Ersatz für das verlorene Vollrecht erhält, so im Falle des verlängerten Eigentumsvorbehalts (unten Rn. 1461 ff.). Außerdem können Kreditgläubiger und Sicherungsgeber vereinbaren, dass andere, später in dessen Besitz kommende Sachen auf den Kreditgläubiger zu übertragen sind, insbesondere durch antizipiertes Besitzkonstitut (unten Rn. 1291 ff.), und auch, dass der Sicherungszweck nicht schon durch Erlöschen der zugrundeliegenden Forderung, sondern erst dann wegfällt, wenn auch andere Forderungen erfüllt sind (erweiterter Eigentumsvorbehalt, unten Rn. 1501 ff.).

Gegenstand eines verlängerten Eigentumsvorbehalts ist typischerweise die Erteilung einer **Einziehungsermächtigung** in Bezug auf die abgetretene Forderung aus dem Weiterverkauf (unten Rn. 1448 ff.). **1168**

dd) Die Vollrechtsinhaberschaft des Kreditgläubigers und Sicherungsnehmers rechtfertigt sich allein aus dem im Sicherungsvertrag bestimmten Sicherungszweck. Fällt der Sicherungszweck fort, muss der Sicherungsgeber (ggf. auch ein anderer, nachf. Rn. 1170) wieder Rechtsinhaber werden[146]. Er hat gegenüber dem Sicherungsnehmer **Anspruch auf Rückübertragung des Sicherungsgegenstandes (Rückgewähranspruch)**. Dieser Anspruch entsteht bereits mit der Übertragung des Sicherungsgegenstandes auf den Gläubiger, aber aufschiebend bedingt durch den Fortfall des Sicherungszwecks (oben Rn. 69, 175). In erster Linie fällt der Sicherungszweck durch Erfüllung der resp. aller gesicherten Forderungen weg, so dass dem Anspruch aus dem Kreditvertrag die – von Amts wegen zu berücksichtigende – rechtsvernichtende Einwendung des Erlöschens gem. § 362 BGB entgegensteht. Die gesicherte Forderung kann auch von vornherein wegen Sittenwidrigkeit (§ 138 BGB) oder Gesetzwidrigkeit (§ 134 BGB) an ihrer Entstehung gehindert worden oder aufgrund Anfechtung als von Anfang an als nichtig zu fingieren sein (§ 142 BGB). Gibt es keine Forderung, die zu sichern ist, kann der Sicherungsvertrag gleichfalls, insbesondere gem. § 139 BGB, nichtig sein; ist er nach Lage des Einzelfalls als wirksam anzusehen (vorst. Rn. 1154), kann der in ihm bestimmte Sicherungszweck so ausgestaltet sein, dass der Sicherungsgegenstand den aus der Nichtigkeit folgenden Bereicherungsanspruch des Kreditgläubigers, der den Kredit auszahlte, sichern soll (für die Bürgschaft oben Rn. 966); in diesem Fall war der Sicherungszweck nicht fortgefallen. Aber auch im Falle peremptorischer Einreden kann es am Sicherungszweck fehlen: Kam der Kreditvertrag durch Betrug des Kreditgebers zustande, kann der Kreditnehmer die Leistung auf die durch Betrug entstandene Forderung[147] von vornherein und für immer verweigern, wie § 853 voraussetzt. Das bedeutet nichts anderes, als dass es insoweit auch von vornherein am Sicherungszweck fehlte. Diese Sicht entspricht der grundpfandrechtlichen Regelung aus §§ 1169, 1168, nach welcher der Grundstückseigentümer vom Gläubiger im Falle einer peremptorischen Einrede verlangen kann, dass dieser auf das Grundpfandrecht verzichtet, so dass ein Eigentümergrundpfandrecht entsteht (oben Rn. 328). Nur für den Fall der Verjährung, die gleichfalls eine dauernde Einrede begründet, bestimmt das Gesetz, **1169**

146 *Becker-Eberhard*, Forderungsgebundenheit, S. 606 spricht treffend von der Rückabwicklungsphase des Sicherungsverhältnisses, an dessen Stelle bei Eintritt des Sicherungsfalls die Ausübungsphase (S. 637 ff.) mit anschließender Befriedigungsphase (S. 675 ff.) tritt.

147 Der Betrug begründet gem. §§ 123, 124 BGB Anfechtbarkeit, also gerade nicht Unwirksamkeit; der Kreditnehmer hat die erhaltene Valuta zurückzugewähren, RGZ 130, 215, so dass sich die Einwendung auf die Zinsen bezieht.

dass der Sicherungszweck, anders als bei der Bürgschaft (oben Rn. 981), nicht wegfällt: Aus der Hypothek kann gem. § 216 Abs. 1 BGB dennoch die Zwangsversteigerung betrieben werden, ein Rückübertragungsanspruch ist gem. Abs. 2 Satz 1 ausgeschlossen[148]. Dilatorische Einreden führen nicht zum Wegfall des Sicherungszwecks, können im Gegenteil verzugsausschließend wirken (vorst. Rn. 1162).

1170 Fehlt es demgemäß am Sicherungszweck, ist der Kreditgläubiger aus dem Sicherungsvertrag zur Rückübertragung des Sicherungsgegenstandes verpflichtet, muss also die Sache dem Sicherungsgeber zurückübereignen oder das Recht wieder abtreten[149]. Bis dahin wird das Recht des Sicherungsgebers zum Besitz am Sicherungsgut (unten Rn. 1277) zu einem dauernden, das er gem. § 986 Abs. 1 der Vindikation des Sicherungsnehmers entgegensetzen kann. Es besteht für die Rechtsinhaberschaft des Kreditgläubigers kein Anlass mehr, so dass die Rückübertragungspflicht dem Willen verständiger Vertragsparteien (§§ 133, 157, 242) und der Natur des Vertrages (siehe § 307 Abs. 2 Nr. 2 BGB), wie sie auch in der kurzen Erwähnung des Gesetzes in § 216 Abs. 2 BGB zum Ausdruck kommt, entspricht und nicht ausdrücklich vereinbart zu werden braucht (oben Rn. 227 ff., vorst. Rn. 1122). Mit dem obligatorischen Anspruch auf Rückübertragung des Sicherungsgegenstandes wird bei den abstrakten Sicherheiten, z.B. auch bei der Grundschuld (oben Rn. 227), ein ökonomisches Ziel erreicht, das bei den akzessorischen Sicherheiten kraft Gesetzes eintritt (§ 1163, oben Rn. 446).

1171 Urkunden, in denen das Verwertungsrecht des Sicherungsnehmers niedergelegt ist wie Sicherungsvertrag, Sicherungsübereignungs- und Sicherungsabtretungsverträge, sind gem. § 371 BGB an den Sicherungsgeber herauszugeben[150].

1172 **Gläubiger des Rückübertragungsanspruchs** ist bei der Sicherung einer eigenen Schuld der Kreditschuldner als Sicherungsgeber. Im Falle der Sicherung für eine Drittschuld (vorst. Rn. 1157) kann der Dritte zugleich Partei des Sicherungsvertrags und Gläubiger des Rückübertragungsanspruchs sein. Partei des Sicherungsvertrages kann aber auch der persönliche Schuldner sein und nicht der frühere Rechtsinhaber als Sicherungsgeber (oben Rn. 54), so dass der Rückübertragungsanspruch von jenem geltend gemacht werden muss. Dem Sicherungsvertrag ist zu entnehmen, ob der Sicherungsgegenstand auf den persönlichen Schuldner oder auf den früheren Rechtsinhaber zurückzuübertragen ist. Hat der persönliche Schuldner im Innenverhältnis mit dem Dritten als Sicherungsgeber (Deckungsverhältnis) einen Ersatzanspruch, wird der Sicherungsvertrag mangels anderer ausdrücklicher Regelung entsprechend § 1164 (oben Rn. 333) so auszulegen sein, dass die Rückübertragung auf den persönlichen Schuldner und nicht auf den Sicherungsgeber stattzufinden hat. Im anderen Falle kann der Sicherungsgeber dadurch in den Stand gesetzt werden, den Rückübertragungsanspruch selbst geltend zu machen, dass der Kreditschuldner als Partei des Sicherungsvertrags und Inhaber des Rückübertragungsanspruchs diesen an den Sicherungsgeber abtritt. Hierzu wird der Kreditschuldner aus dem Sicherungsauftrag (vorst. Rn. 1157) verpflichtet sein.

---

148 *Reich*, Sicherungsübereignung, S. 70; *Serick*, Bd. III, § 38 II. 1. a. (S. 462); Staudinger/*Peters*, § 223 BGB Rn. 2; MünchKomm./*v. Feldmann*, § 223 BGB Rn 1.

149 RGZ 102, 385 (386); BGHZ 100, 95 (105); BGH WM 87, 539 mit Komm. *Serick*, EWiR 1/87, 369 zu § 647 BGB; OLG Hamm NJW-RR 92, 540 zu I. 2.; RGRK/*Weber*, § 398 BGB Rn. 136; Alt.Komm./*Ott*, § 398 BGB Rn. 15; *Behrens*, S. 118 ff., 124.

150 AG Mönchengladbach, NJW-RR 97, 997.

Ist Sicherungsnehmer ein Dritter (vorst. Rn. 1156) und zugleich Partei des Sicherungsvertrages, ist er Schuldner des Rückübertragungsanspruchs. Der Dritte kann aber auch ausschließlich Partei des Verfügungsgeschäfts und braucht damit nicht Partei des Sicherungsvertrages sein, sondern der Kreditgläubiger. In diesem Fall geht die Vertragspflicht des Kreditgläubigers dahin, alles ihm Zumutbare zu unternehmen, damit der Dritte als Sicherungsnehmer die Rückübertragung vollzieht, insbesondere von entsprechenden Weisungsrechten gegenüber dem Sicherungsnehmer Gebrauch zu machen. Scheitert dennoch die Rückübertragung (Weigerung, Vernichtung oder Veräußerung des Sicherungsguts), ist der Kreditgläubiger aus dem Sicherungsvertrag gem. § 280 BGB wegen schuldhafter Pflichtverletzung schadensersatzpflichtig. Das Verschulden kann zu bejahen sein, wenn der Kreditgeber die gebotenen organisatorischen Vorkehrungen unterlassen hat, um die Erfüllung des Rückübertragungsanspruchs zu gewährleisten. **1173**

Im Falle revolvierender Globalsicherheiten kann der Rückübertragungsanspruch schon vor Fälligkeit der gesicherten Forderung ausgelöst werden, wenn ohne Freigabe Übersicherung eintreten würde (oben Rn. 71, vorst. Rn. 1122 ff.). Soweit dem Sicherungsvertrag die Allgemeinen Geschäftsbedingungen von Kreditinstituten zugrundeliegen, enthalten Nr. 15 Abs. 2 **AGB-Banken** bzw. Nr. 22 Abs. 2 AGB-Sparkassen bzw. Nr. 15 Abs. 2 AGB-Postbank eine ausdrückliche Regelung. Die Bank ist verpflichtet, auf Verlangen des Kunden Sicherungsgegenstände nach ihrer Wahl freizugeben, soweit der Wert des Sicherungsgutes die Deckungsgrenze (vorst. Rn. 1110 f.) nicht nur vorübergehend überschreitet. **1174**

Indem der Sicherungsgeber vom Kreditgläubiger Rückübertragung des Sicherungsgegenstandes verlangen kann, hat er einen Anspruch gegen den Kreditgläubiger aus demselben rechtlichen Verhältnis, so dass er gem. § 273 die **Einrede des Zurückbehaltungsrechts** gegen die fällig gewordene Kreditforderung, ggf. gegen die letzte Rate, erheben kann. **1175**

Dabei entsteht ein konstruktives Problem: § 273 BGB setzt beiderseitige Fälligkeit der Ansprüche von Gläubiger und Schuldner voraus. Der Rückübertragungsanspruch wird aber erst fällig, wenn der Sicherungszweck weggefallen, die Kreditforderung also bereits getilgt ist. Forderung und Gegenforderung können also nicht gleichzeitig fällig sein, sondern nur nacheinander. Aber der aus Treu und Glauben folgende Zweck von § 273 lässt sinnvollerweise nur die Auslegung zu, dass die Entstehung der Gegenforderung mit, nicht schon vor der Leistung genügt: Der Schuldner soll davor geschützt werden, einseitig leisten zu müssen auf die Gefahr hin, die Gegenleistung nicht zu erhalten[151]. Der Sicherungsgeber braucht die Kreditforderung also nur Zug-um-Zug gegen Rückübertragung des Sicherungsguts zu erfüllen[152]. Durch seine befugte Leistungsverweigerung, d.h. die Geltendmachung der Einrede, kommt der Sicherungsgeber nicht in Verzug (vorst. Rn. 1162). Auf der anderen Seite kann der Sicherungsnehmer weitere, nicht in der gesicherten Forderung liegende Forderungen haben, die er dem Rückübertragungsanspruch entgegensetzt[153]. **1176**

Bei Nichtigkeit des Sicherungsvertrages folgt der Rückübertragungsanspruch aus § 812 BGB[154]. Die jeweilige Partei des gescheiterten Sicherungsvertrags – Kreditschuldner oder Dritter (vorst. Rn. 1157) – ist zugleich Bereicherungsgläubiger. **1177**

Beim verbundenen Geschäft (**finanzierten Abzahlungsgeschäft**) kann die finanzierende Bank das Darlehen durch Sicherungstreuhand sichern. Gem. § 359 BGB kann der Käufer als Darlehensschuldner (Verbraucher i.S.v. § 13 BGB) Einwände aus dem Kaufvertrag nicht nur dem Kauf- **1178**

151 BGHZ 73, 317, dazu *Gursky*, JZ 84, 604 (612/613); Staudinger/*Selb*, § 273 BGB Rn. 10.

152 BGHZ 58, 327 (330 f.); 64, 122 (126); 73, 317 zu § 1223 BGB, dagegen mit begriffsjuristischer Argumentation *Oesterle*, JZ 79, 634; wie hier MünchKomm./*Damrau*, § 1223 BGB Rn. 13.

153 BGH NJW 68, 2139: Es kann sich aus dem Schuldverhältnis „ein anderes" (§ 273 Abs. 1 BGB) ergeben.

preisanspruch, sondern auch dem Anspruch aus dem Darlehensvertrag entgegensetzen. Ergibt sich danach, dass der Verbraucher (z.B. Abzahlungskäufer) nichts mehr schuldet, etwa bei mangelbedingtem Rücktritt (vgl. § 437 Nr. 2 BGB), ist dem Sicherungsvertrag typischerweise der Inhalt zu entnehmen, dass der Sicherungsgegenstand zurückzuübertragen ist[155]. Ist der Verbraucher dagegen nur teilweise von seiner Schuld befreit, so im Falle der Minderung, besteht der Sicherungszweck insoweit noch, so dass die Bank den Sicherungsgegenstand nicht zurückzuübertragen braucht; wenn möglich hat sie Sicherheiten teilweise freizugeben. Es kann der Tatbestand der Übersicherung eintreten (Rn. 1106).

1179 *ee)* Der Kreditgläubiger hat mit dem Sicherungsgeber bei Wegfall des Sicherungszwecks einen **dinglichen Vertrag** abzuschließen, durch den dieser wieder Eigentümer der Sache oder Inhaber des Rechts wird, also eine Einigung i.S.v. § 929 Satz 1[156] oder einen Abtretungsvertrag gem. §§ 398, 413. Im Falle der Sicherungsübereignung bedarf es der Übergabe oder eines Übergabeersatzes gem. § 929 Satz 2 nicht, wenn der Sicherungsgeber aufgrund Besitzkonstituts (§ 930) schon unmittelbarer Besitzer ist. Nach Lage des Einzelfalls kann von stillschweigendem Vollzug der Rückübertragung auszugehen sein[157]. War der Sicherungsnehmer nur aufgrund gutgläubigen Erwerbs Eigentümer geworden, fällt das Eigentum durch das Rückübertragungsgeschäft – ebenso wie im Falle des verlängerten Eigentumsvorbehalts (unten Rn. 1485) – auf den Altberechtigten und nicht auf den Sicherungsgeber zurück.

1180 *ff)* Der Sicherungsgeber kann den Rückfall des Eigentums oder der Inhaberschaft dadurch sichern, dass die Einigung gem. §§ 929 Satz 1 bzw. 398 unter die **auflösende Bedingung** der Beendigung des Sicherungszwecks gestellt wird (§ 158 Abs. 2)[158]. Mit Wegfall des Sicherungszwecks tritt der frühere Zustand – Eigentum an der beweglichen Sache oder Inhaberschaft am Recht durch den Kreditschuldner – wieder ein, so dass es keiner erneuten Einigung zum Vollzug der Rückübertragung bedarf. Diese dingliche Rechtsfolge knüpft an den dinglichen Teil des Sicherungsgeschäfts, muss also Inhalt der dinglichen Einigung oder des Abtretungsvertrages sein, nicht lediglich Gegenstand des – obligatorischen – Sicherungsvertrags (aus ihm folgte bereits der Anspruch auf Rückübertragung). Ohne solche Bedingung fällt der Sicherungsgegenstand aber nicht von selbst an den Kreditschuldner zurück. Anders als das Pfandrecht ist die Sicherungsübertragung in Bezug auf die gesicherte Forderung eben nicht akzessorisch (vorst. Rn. 1146), erlischt also nicht bei Wegfall der gesicherten Forderung.

1181 Überträgt der Sicherungsgeber den Sicherungsgegenstand an den Kreditgläubiger in dieser Weise auflösend bedingt durch die vereinbarungsgemäße Tilgung des Kredits, hängt es allein vom Verhalten des Sicherungsgebers ab, wie sich die Eigentumsverhältnisse an der Sache oder die Inhaberschaft an der Forderung gestalten werden. Der Kreditgläubiger kann den Rückfall des Sicherungsgegenstandes nicht beeinflussen, vor allem nicht durch Zwischenverfügungen (§ 161 Abs. 2). Die Rechtslage ist wie im Falle des Eigentumsvorbehalts[159]: Dem Sicherungsgeber und Kreditschuldner

---

154 BGH NJW 85, 800 zu II. 1. für Grundschuld.

155 *Bülow*, Verbraucherkreditrecht, § 495 BGB Rn. 346.

156 BGH WM 66, 653 zur Grundschuld; WM 67, 566; 72, 760; Schlegelberger/*Hefermehl*, Anh. § 382 HGB Rn. 193; *Serick*, Bd. I § 4 II. 2. (S. 57) und Bd. III., § 37 II. 2. (S. 408 f.).

157 BGH NJW 86, 977 zu II. 2. b. mit Komm. *Heinrichs*, EWiR 2/86 (S. 135) zu § 398 BGB.

158 RGZ 102, 385 (386); BGH WM 60, 1407; im Zweifel ist die auflösende Bedingung nicht anzunehmen: BGH WM 84, 357; 60, 1407, dagegen freilich BGH NJW 82, 275.

159 *Reich*, AcP 169 (1969), 247 (260 f.); BGH WM 84, 357 zu II. 2. a.; *Thoma*, NJW 84, 1162 (1163), auch *Lange*, NJW 50, 565 (569); *Wolff/Raiser*, Sachenrecht, § 180 II. 2. (S. 740); *Schultz*, HdWW, S. 606; *Künzl*, BB 85, 1884.

erwächst ein **Anwartschaftsrecht** am Sicherungsgegenstand (oben Rn. 771 ff.), er kann darüber verfügen und ist gegen Beeinträchtigungen durch Dritte geschützt (kann sein Recht freilich an einen Gutgläubigen verlieren, §§ 161 Abs. 3, 936 Abs. 3, oben Rn. 801).

4. Verfügungen des Sicherungsnehmers über den Sicherungsgegenstand

Vollrechtsinhaberschaft durch Sicherungstreuhand hat das im Sicherungszweck begründete Ziel, dem Sicherungsnehmer in der Krise des Kreditschuldners Befriedigung zu verschaffen, nämlich durch Verwertung des Sicherungsguts, die in der Verfügung hierüber liegen kann (unten Rn. 1215). Vollrechtsinhaberschaft bedeutet aber auch das rechtliche Können des Sicherungsnehmers, unabhängig vom Sicherungszweck über den Sicherungsgegenstand als Berechtigter[160] zu verfügen, vielleicht unter Bruch des Sicherungsvertrages, also ohne verfügen zu dürfen (oben Rn. 68). Solche Verfügungen des Sicherungsnehmers sind wirksam und können durch Rechtsgeschäft nicht vereitelt werden, wie § 137 Satz 1 BGB bestimmt: Ein rechtsgeschäftliches Verfügungsverbot ist zwar wirksam, seine Missachtung führt aber nur zu Ersatzansprüchen und berührt die Wirksamkeit der Verfügung nicht. Ein dinglich wirkendes Verfügungsverbot ist im Falle der Sicherungsabtretung gem. § 399 nur durch Vereinbarung mit dem Schuldner der Sicherungsforderung möglich, aber nicht zwischen Zedent und Zessionar, also zwischen dem Sicherungsgeber als bisherigem Gläubiger der Sicherungsforderung und dem Sicherungsnehmer als neuem Gläubiger (unten Rn. 1375). Die **Abtretung der Kreditforderung**, also der gesicherten Forderung, deren Schuldner der Kreditnehmer ist, durch den Kreditgläubiger ist ebenfalls ohne weiteres wirksam (siehe gleich nachf.), er ist ja ursprünglicher Gläubiger; hier kommt allerdings die Vereinbarung eines Abtretungsverbots (§ 399) mit dem Kreditschuldner in Betracht. Zunächst ist die Rechtslage für die häufigere Fallgestaltung zu untersuchen, in der der Kreditschuldner zugleich der Sicherungsgeber ist, anschließend die Besonderheiten bei Sicherheitenstellung durch einen Dritten (unten 5., Rn. 1194 ff.). **1182**

a) Sicherheitenübergang

Tritt der Kreditgläubiger die Forderung aus dem Kredit wirksam an einen Dritten ab (also die gesicherte Forderung, nicht die Sicherungsforderung!), geht der Sicherungsgegenstand nicht gem. § 401 auf den Zessionar über: Sicherungsgut fällt nicht unter die dort aufgezählten akzessorischen Sicherheiten[161], die notwendig mit der gesicherten Forderung verknüpft bleiben. Vielmehr bedarf der Sicherheitenübergang eines eigenen, darauf gerichteten Verfügungsgeschäfts mit dem Dritten. Der Sicherungsvertrag zwischen Kreditgläubiger und Sicherungsgeber wird im Regelfall den Inhalt haben, ggf. so auszulegen sein (§§ 133, 157 BGB), dass der Kreditgläubiger den Sicherungsgegenstand nur in der Weise auf den Zessionar übertragen darf, dass diesen dieselben Pflichten treffen wie den Kreditgläubiger aus dem Sicherungsvertrag, insbesondere die Rückübertragungspflicht[162]. Aber auch das ist **1183**

160 BGH WM 99, 23 zu I. 2. c.

161 *Serick*, Bd. III, § 37 III. 2. (S. 426); Schlegelberger/*Hefermehl*, Anh. § 382 HGB Rn. 203, anders *Thoma*, NJW 84, 1162, dagegen *Pulina*, NJW 84, 2872.

162 BGH NJW 97, 461 zu III. 1. c.; *Reich*, Sicherungsübereignung S. 72.

eine gem. § 137 nur obligatorisch wirkende Verfügungsbeschränkung[163]. Verstößt der Sicherungsnehmer dagegen, ist der Erwerber ungebunden, und das Eigentum an der Sache oder die Forderung sind für den Sicherungsgeber endgültig verloren. Eine Pflicht zur Übertragung des Sicherungsgegenstandes wird in der Regel auch dem Sicherungsvertrag zu entnehmen sein, wenn ein **Bürge** auf die durch Sicherungstreuhand gesicherte Forderung leistet und sie gem. § 774 erwirbt (oben Rn. 1018).

b) Keine doppelte Inanspruchnahme

1184 Der Kreditgläubiger kann die Kreditforderung also abtreten, ohne den Sicherungsgegenstand mitzuübertragen oder nur den Sicherungsgegenstand übertragen und die Kreditforderung behalten oder beides auf verschiedene Personen übertragen. Inhaber der gesicherten Forderung und Inhaber des Sicherungsgegenstandes sind infolgedessen nicht identisch. Dadurch entsteht das Problem, ob der Inhaber der Forderung (Kreditgläubiger oder Zessionar) Erfüllung verlangen und der Eigentümer des Sicherungsguts oder Inhaber der Sicherungsforderung gleichzeitig die Verwertung betreiben könnte, folglich für den Kreditschuldner die Gefahr der Doppelleistung auftritt. Aber diese Gefahr ist ausgeschlossen, wenn der Kreditschuldner die ihm aus dem Sicherungsvertrag zustehenden Rechte wahrnimmt.

1185 *aa)* Der Sicherungsgeber braucht die Kreditforderung nur Zug um Zug gegen Rückübertragung des Sicherungsgegenstandes zu erfüllen (vorst. Rn. 1175). Verlangt der **Gläubiger** resp. der **Zessionar** der gesicherten Forderung, der nicht zugleich Eigentümer der zur Sicherheit übereigneten Sache oder Inhaber der Sicherungsforderung ist, **Erfüllung**, kann ihm der Kreditschuldner die Einrede des Zurückbehaltungsrechts gem. § 273, ggf. i.V.m. § 404 BGB entgegenhalten. Der Zessionar kann seine Forderung nur durchsetzen, wenn er für die Rückübertragung der Sache durch den Eigentümer oder des Rechts durch den Inhaber sorgt. Meist wird dem Zessionar keine rechtliche Handhabe zur Verfügung stehen, um dieses Ziel zu erreichen, so dass seine Forderung entwertet ist. Er hätte sich vor dem Forderungserwerb überzeugen müssen, dass keine Sicherheit bestellt ist. Aus dem der Abtretung zugrundeliegenden obligatorischen Geschäft (z.B. einem Kauf, §§ 453 Abs. 1 i.V.m. 433 Abs. 1 Satz 1) muss er sich um Ersatzansprüche gegen den Zedenten bemühen. Sollte der Sicherungsvertrag nichtig sein, folgt die dem Sicherungsgeber zustehende Einrede aus § 812 Abs. 1 Satz 2[164]. Der Kreditschuldner und Sicherungsgeber muss also nicht doppelt leisten. Er braucht die gesicherte Forderung nicht zu erfüllen, solange ihm der Sicherungsgegenstand nicht übertragen wird. Die gleiche Rechtslage tritt ein im Falle der Grundschuld (oben Rn. 229) und der „forderungslosen Hypothek" (oben Rn. 305).

1186 *bb)* Der Sicherungsgeber kann sich auf der anderen Seite der Rechtsverfolgung durch den Inhaber des Sicherungsgegenstandes ausgesetzt sehen, der nicht zugleich Inhaber der gesicherten Forderung ist. Soll demgemäß das Sicherungsgut **verwertet** oder die Sicherungsforderung eingezogen werden, gilt folgendes:

163 RGZ 153, 366 (369); BGHZ 11, 34 (43); BGH WM 68, 649; 82, 482 zu II. 3. b.
164 BGH NJW 85, 800 zu II. 1. für die Grundschuld.

Es kann sich bei dem Eigentümer des Sicherungsguts resp. dem Inhaber der Sicherungsforderung um den ursprünglichen Sicherungsnehmer und Kreditgläubiger handeln, der die gesicherte Forderung isoliert abgetreten hatte. In diesem Fall bestehen die Bindungen des Sicherungsvertrages fort. Der Inhaber des Sicherungsgegenstandes darf deshalb nur verwerten, wenn der gesicherten Kreditforderung keine Einrede entgegensteht, die der Kreditschuldner erhebt. Wie aufgezeigt, steht der Kreditforderung aber die Einrede des Zurückbehaltungsrechts entgegen, wobei der Gegenanspruch des Kreditschuldners der Rückübertragungsanspruch ist (§§ 273, 404, vorst. Rn. 1185). Da also der Sicherungsgegenstand nur verwertet werden darf, wenn der Sicherungsfall eingetreten ist, der Sicherungsfall aber durch die Einrede des Schuldners nicht eintreten kann (vorst. Rn. 1169), blockieren sich Kreditforderung und Sicherungsgegenstand gegenseitig. Durch die isolierte Abtretung der Kreditforderung ist die Sicherungstreuhand entwertet. Gleiches gilt, wenn der Kreditgläubiger den Sicherungsgegenstand auf einen Dritten übertragen hatte und der Dritte in die Verpflichtungen aus dem Sicherungsvertrag eingetreten war (vorst. Rn. 1183).

Verhielt sich der Kreditgläubiger aber vertragswidrig und übertrug er den Sicherungsgegenstand, ohne dass der Erwerber zugleich in die Bindungen des Sicherungsvertrages eintrat, bleibt es zwar beim Zurückbehaltungsrecht gegen den Zessionar der gesicherten Forderung, aber es gibt Fälle, in denen der Kreditschuldner den Verlust des Sicherungsgegenstandes nicht verhindern kann, die Blockierungssituation also nicht eintritt: **1187**

Hatte nämlich der Sicherungsnehmer und Kreditgläubiger nicht nur die Kreditforderung (die gesicherte Forderung) an einen Zessionar abgetreten, sondern auch die **Sicherungsforderung** vorbehaltslos an einen anderen Zessionar, war der Sicherungsgeber (Kreditschuldner) selbst Gläubiger der Sicherungsforderung gewesen, so dass es für ihn anders als im Verhältnis zur Kreditforderung keinerlei Schutzbestimmungen gibt. Namentlich ist die Verfügung über die Sicherungsforderung gem. § 137 Satz 1 BGB wirksam; §§ 404 ff. könnten nur dem Schuldner der Sicherungsforderung zugute kommen. Der Sicherungsgeber kann also nicht verhindern, dass der Zessionar der Sicherungsforderung diese als Berechtigter einzieht, ohne Beschränkungen ausgesetzt zu sein; der Schuldner muss an ihn leisten, ohne dass er sich auf den Sicherungsvertrag, an dem er überhaupt nicht beteiligt ist, berufen könnte. Der Schuldner der Sicherungsforderung könnte allenfalls durch Vereinbarung mit dem Sicherungsgeber gem. § 399 – unten Rn. 1375 – die Abtretbarkeit ausschließen. Die Sicherungsforderung ist also verloren, aber der Kreditschuldner muss trotzdem nicht doppelt leisten: Gegen den Zessionar der gesicherten Forderung hat er das Zurückbehaltungsrecht (vorst. Rn. 1186), das der Zessionar nicht erfüllen kann, so dass die im Allgemeinen dilatorische Einrede des Zurückbehaltungsrechts zur peremptorischen wird. **1188**

Ist Sicherungsgegenstand eine **bewegliche Sache** und war der Kreditgläubiger, wie regelmäßig, Eigentümer durch Einigung und Vereinbarung eines Besitzkonstituts gem. §§ 929, 930 geworden, kann der Sicherungsgeber dagegen den Verlust des Sicherungsguts verhindern. Der Sicherungsnehmer hat drei Möglichkeiten, das Sicherungsgut zu veräußern: **1189**

– Er kann seinerseits mit dem Erwerber ein Besitzkonstitut vereinbaren; der Sicherungsnehmer ist mittelbarer Eigenbesitzer und kann diesen mittelbaren Besitz auf den Erwerber übertragen, so dass mehrstufiger mittelbarer Besitz (§ 871) entsteht (nachf. Rn. 1321). Das heißt aber auch, dass das aus dem Sicherungsvertrag hergeleitete Besitz- **1190** mittlungsverhältnis bestehenbleibt und der Sicherungsgeber als unmittelbarer Besitzer dem Erwerber gegenüber nach Maßgabe des Sicherungsvertrages zum Besitz berechtigt ist. Gem. § 986 Abs. 1 Satz 1 kann der Erwerber nicht Herausgabe verlangen und folglich nicht verwerten, weil der gesicherten Forderung gem. § 273 der Rückübertragungsanspruch entgegensteht. Wiederum blockieren sich gesicherte Forderung und Sicherungsgut gegenseitig.

1191 – Der Sicherungsnehmer kann den aus dem Sicherungsvertrag folgenden Herausgabeanspruch zum Zwecke der Verwertung (auch wenn dieser Anspruch noch nicht fällig ist, solange die Voraussetzungen der Verwertung noch nicht erfüllt sind, vorst. Rn. 1162) an den Erwerber abtreten und sich mit ihm über den Eigentumsübergang einigen (§§ 929, 931, nachf. Rn. 1339 f.). Verlangt der Erwerber vom Sicherungsgeber Herausgabe aus dem gem. § 931 BGB abgetretenen, dem Sicherungsvertrag entnommenen obligatorischen Anspruch, wird er nicht durchdringen: Die Fälligkeit des Herausgabeanspruchs richtet sich nach dem Sicherungszweck (vorst. Rn. 1162). Der Sicherungsgeber muss danach in Verzug mit der gesicherten Forderung, dem Kredit, geraten sein – ohne Verzug kann Herausgabe des Sicherungsguts zum Zwecke der Verwertung im Allgemeinen nicht verlangt werden. Der Sicherungsgeber ist aber nicht in Verzug, wenn er die Einrede des Zurückbehaltungsrechts (§ 273 BGB) im Hinblick auf seinen Rückübertragungsanspruch erhebt (vorst. Rn. 1175). Der obligatorische Herausgabeanspruch des Erwerbers ist nicht fällig. Will der Erwerber als Eigentümer des Sicherungsguts vindizieren (§ 985 BGB), kann der Sicherungsgeber gem. § 986 Abs. 2 gleichermaßen einwenden, dass der Vindikation der Sicherungszweck entgegensteht, der das Recht des Sicherungsgebers zum Besitz ohne Verzug unangetastet lässt.

1192 – Die Eigentumsübertragung gem. § 929 Satz 1 ist auch möglich durch Einigung und Verschaffung des mittelbaren Besitzes für den Erwerber (nachf. Rn. 1337), indem der Sicherungsnehmer den Sicherungsgeber als unmittelbaren Besitzer beauftragt, von nun an für den Erwerber zu besitzen, der Sicherungsgeber damit einverstanden ist und sich Sicherungsnehmer und Erwerber über den Eigentumsübergang einigen – diese Übertragungsform ist also überhaupt nur möglich durch Eintritt des Erwerbers in die Verpflichtungen des Sicherungsvertrages. Der Sicherungsgeber braucht danach das Sicherungsgut nicht herauszugeben, weil die gesicherte Forderung, deren Inhaber der Kreditgläubiger noch ist oder die er an einen anderen als den Erwerber des Sicherungsguts abgetreten hatte, gem. § 273 im Hinblick auf den Rückübertragungsanspruch einredebehaftet ist.

1193 Kann der Sicherungsgeber auch die Herausgabe des Sicherungsguts zum Zwecke der Verwertung verhindern, so kann er auf der anderen Seite gegenüber dem Erwerber des Sicherungsguts seinen Rückübertragungsanspruch, also die Wiedererlangung seines vormaligen Eigentums, doch nur im letztgenannten Fall durchsetzen.

5. Besonderheiten bei der Sicherung einer Drittschuld (Interzession)

1194 Oft wird der Kreditschuldner Gegenstände zur Sicherung an den Kreditgläubiger übertragen, die ihm gehören. Er kann aber auch versuchen, einen Dritten zu bewegen, für ihn Sicherungsgegenstände zu stellen, also Forderungen für den Kreditschuldner an den Kreditgläubiger abzutreten oder bewegliche Sachen an diesen zu übereignen. Dieser Dritte ist als Interzessionar der Sicherungsgeber, die Vollrechtsübertragung dient aus seiner Sicht der Sicherung einer Drittschuld, eben derjenigen des Kreditschuldners.

Das Innenverhältnis zwischen Drittem und Kreditschuldner (Deckungsverhältnis), durch **1195** das die Verpflichtung zur Sicherheitenbestellung durch den Dritten begründet wird, ist in der Regel ein Auftrag gem. § 662 (oben Rn. 55). Daraus folgt, dass der Dritte gegenüber dem Kreditschuldner Rückgriff nehmen kann, wenn der Kreditgläubiger die Sicherheit verwertet; der Dritte macht Aufwendungen i.S.v. § 670[165] (gleichermaßen im Falle von Grundpfandrechten, oben Rn. 239, und Bürgschaften, oben Rn. 1014). War der Kreditschuldner **minderjährig** gewesen, ist seine Haftung zwar gem. § 1629a Abs. 1 BGB auf das bei Eintritt der Volljährigkeit vorhandene Vermögen beschränkt. Trotzdem kann der zur Sicherheit übertragene Gegenstand des Zessionars gem. Abs. 3 in voller Höhe beansprucht werden. Der Regress des Interzessionars gegen den vormals Minderjährigen unterliegt aber der Haftungsbeschränkung (oben Rn. 241).

Die Gestaltung des **Außenverhältnisses** (oben Rn. 11) **zwischen Drittem und Kredit-** **1196** **gläubiger** richtet sich nach den Parteien des Sicherungsvertrages. Fast immer (vorst. Rn. 1156) steht der Sicherungsnehmer fest, der zugleich Kreditgläubiger ist. Der Dritte als Sicherungsgeber kann zugleich Partei des Sicherungsvertrags sein, aber notwendig ist das nicht: Eher typischerweise ist es der Kreditschuldner, der den Sicherungsvertrag mit dem Kreditgläubiger und Sicherungsnehmer im Valutaverhältnis, in dem auch die gesicherte Forderung begründet ist, abschließt (vorst. Rn. 1157).

a) Dritter als Partei des Sicherungsvertrags

aa) Schließt der Dritte als Sicherungsgeber den Sicherungsvertrag mit dem Kreditgläubi- **1197** ger und Sicherungsnehmer ab (oben Rn. 56), ist er Gläubiger des **Anspruchs auf Rückübertragung** (vorst. Rn. 1172), den er dem Verwertungsanspruch des Kreditgläubigers gem. § 273 BGB einredeweise entgegensetzen (vorst. Rn. 1175) oder selbständig geltend machen kann. Das ist regelmäßiger – ggf. durch Auslegung zu ermittelnder, §§ 133, 157 – Inhalt des Sicherungsvertrags (vorst. Rn. 1169). Unberührt bleiben Einwände aus den unmittelbaren Rechtsbeziehungen zwischen Drittem und Kreditgläubiger: Der Dritte kann z.B. Forderungen aus anderen Verträgen mit dem Kreditgläubiger geltend machen (so bei der Aufrechnung zum Zwecke der Ablösung, nachf. Rn. 1198). Einwände aus dem Auftrags- und Deckungsverhältnis zwischen ihm und dem Kreditschuldner kann der Dritte dem Kreditgläubiger dagegen nicht entgegensetzen – sinnhafter Inhalt des Sicherungsvertrags ist es gerade, dem Kreditgläubiger eine davon abstrakte Sicherheit zu geben. Er kann sich auch nicht mit Gestaltungsrechten verteidigen, die der Schuldner zwar hat, aber nicht ausübte (vorst. Rn. 1163).

bb) Verpfänder dürfen die Drittschuld gem. §§ 1142, 1223 Abs. 2 ablösen (oben Rn. 213, **1198** 513), der Verwertung ihrer Sache also zuvorkommen. Auch dem Sicherungsgeber steht die **Ablösung** der gesicherten Forderung nach der allgemeinen Vorschrift von § 267 Abs. 1 frei, allerdings mit Widerspruchsrecht des Kreditschuldners gem. § 267 Abs. 2, das das Ablehnungsrecht des Gläubigers auslöst. Die Ausübung des Widerspruchsrechts durch den Schuldner würde aber dem Sinn des zugrundeliegenden Innenverhältnisses

---

165 *Reich*, Sicherungsübereignung, S. 77.

zwischen Kreditschuldner und Drittem widersprechen, nach dem der Sicherungsgeber nur notfalls, also subsidiär (oben Rn. 72), leisten soll; Dritter und Kreditschuldner gehen typischerweise davon aus, dass der Kreditschuldner den Kredit vertragsgemäß zurückzahlen wird und es nicht zur Verwertung des Sicherungsgegenstandes kommt; das weiß auch der Kreditgläubiger. Sowohl die Ausübung des Widerspruchsrechts durch den Kreditschuldner im Deckungsverhältnis, aber auch die Zurückweisung der Leistung durch den Kreditgläubiger im Außenverhältnis erscheinen daher in aller Regel treuwidrig gem. § 242 und damit unbeachtlich. Der Dritte darf ablösen und steht insoweit einem Verpfänder gleich[166], er kann beim Kreditschuldner Regress nehmen (vorst. Rn. 1195).

1199 Eine den Vorschriften von §§ 774, 1143, 1225 für Bürgen und Verpfänder vergleichbare Regelung, nach der die Forderung aus dem Kredit, wenn die Sicherheit des Dritten in Anspruch genommen wird, auf diesen überginge, besteht für den Dritten, der seine Sachen zur Sicherung übereignet oder seine Forderung zur Sicherung abtritt, dagegen nicht. Im Allgemeinen erlischt die Kreditforderung, wenn sie erfüllt wird, und der Dritte hat nur den Regressanspruch gegen den Kreditschuldner. Gibt es auch keinen gesetzlichen Forderungsübergang, so kann der Sicherungsgeber doch durch Rechtsgeschäft Inhaber der gesicherten Forderung werden, indem er gegenüber dem Kreditgläubiger die Absicht erklärt, gegen Abtretung der gesicherten Forderung leisten zu wollen. Durch eine derartige Leistungsbestimmung (oben Rn. 946) ist seine Leistung keine Drittilgung i.S.v. § 267 BGB mit Erlöschenswirkung[167]. Der Gläubiger und Sicherungsnehmer, der die Abtretung verweigert, obwohl sein legitimes Interesse, nämlich die Befriedigung für seine Forderung aus dem Kredit, erreicht ist, verstößt gegen seine allgemeine Nebenpflicht aus dem Sicherungsvertrag, die Verwertung des Sicherungsgegenstandes nach Möglichkeit zu vermeiden. Daraus folgt der Anspruch des Interzessionars gegen den Kreditgläubiger auf **Abtretung der gesicherten Forderung an sich** selbst[168]. An die Stelle der cessio legis tritt also die rechtsgeschäftliche Übertragung der Forderung, so dass der Dritte wie ein Bürge (oben Rn. 1014) sowohl aus § 670 wie aus übergegangenem Recht beim Kreditschuldner Regress nehmen kann; der Dritte kann seine Rechtsstellung durch richtige Leistungsbestimmung gestalten.

1200 Nimmt der Kreditgläubiger den Kreditschuldner, der nicht Partei des Sicherungsvertrags ist, aus der Kreditforderung in Anspruch, hat dieser natürlich keinen Anspruch auf Rückübertragung des Sicherungsgegenstandes auf sich selbst, den er der Kreditforderung zurückbehaltend entgegensetzen könnte. Aber auch er kann sich dem Kreditgläubiger gegenüber sicherungshalber verpflichtet haben, nämlich einen Sicherungsgeber beizuschaffen (vorst. Rn. 1152). Aus dem so gearteten Verpflichtungstatbestand, dem Sicherungsversprechen (vgl. oben Rn. 55), folgt zugleich für den Kreditgeber eine Vertragspflicht gegenüber dem Kreditschuldner, nämlich den Sicherungsgegenstand auf den Sicherungsgeber (also nicht den Kreditschuldner) auf Verlangen zurückzuübertragen, wenn die Kreditforderung getilgt wird. Der Kreditschuldner hat also gegenüber dem Gläubiger Anspruch auf Rückübertragung an einen Dritten, den Sicherungsgeber. Diesen Anspruch

166 *Bülow*, WM 85, 373 (379).
167 Staudinger/*Selb*, § 267 BGB Rn. 9; *Dempewolf*, NJW 56, 851 (853); RGZ 167, 298 (301).
168 *Bülow*, WM 85, 373 (380); *Reinicke/Tiedtke*, Kreditsicherung, S. 159/160; dies übersieht AG Pinneberg NJW 99, 1721 („Regreßanspruch analog §§ 774 Abs. 1, 268 Abs. 3, 1225 BGB").
169 *Bülow*, WuB I F 3. – 6.89 zu II. 2.

kann er zum Gegenstand seines Zurückbehaltungsrechts gegenüber der Kreditforderung machen[169].

b) Kreditschuldner als Partei des Sicherungsvertrags

aa) Schließt der Kreditschuldner, obwohl er selbst die Sicherheit nicht stellt, den Siche- **1201**
rungsvertrag mit dem Gläubiger ab (oben Rn. 54, vorst. Rn. 1172), hat er Anspruch auf Übertragung des Sicherungsgegenstandes, wenn die Kreditforderung erlischt; damit kann er sein Zurückbehaltungsrecht gegenüber der Kreditforderung begründen (vorst. Rn. 1175). Ob der Anspruch auf Rückübertragung vom Sicherungsnehmer dadurch zu erfüllen ist, dass die Rechtsinhaberschaft des Sicherungsgegenstandes wiederhergestellt wird, also das Verfügungsgeschäft (§§ 929, 398) mit dem Dritten als Sicherungsgeber abzuschließen ist, oder dass dem Kreditschuldner, der vorher gar nicht Rechtsinhaber war, der Sicherungsgegenstand übertragen werden muss, ist dem Sicherungsvertrag, auch durch Auslegung (§§ 133, 157 BGB), zu entnehmen. Als Partei des Sicherungsvertrags wird der Kreditnehmer im Allgemeinen auch Partei des Erfüllungsgeschäfts (§§ 929, 398 BGB) sein sollen, namentlich dann, wenn er einen Ersatzanspruch gegen den Sicherungsgeber hat. Dies entspricht der Regelung von § 1164 für Grundpfandrechte (vorst. Rn. 1172, oben Rn. 333). Der Anspruch des Kreditnehmers auf Rückübertragung kann aber auch auf Vollzug gegenüber dem Sicherungsgeber durch den Sicherungsnehmer gerichtet sein. Wird der Kreditschuldner neuer Inhaber des Sicherungsgegenstandes, kann er aus dem zugrundeliegenden Auftrags- resp. Gefälligkeitsverhältnis, dem Deckungsverhältnis mit dem Sicherungsgeber, nämlich verpflichtet sein, den Sicherungsgegenstand auf den Sicherungsgeber gem. §§ 929 resp. 398 BGB weiterzuübertragen oder auch schon im Vorfeld den Rückübertragungsanspruch an den Sicherungsgeber abzutreten (vorst. Rn. 1172). Wenn Kreditschuldner und Kreditgläubiger als Parteien des Sicherungsvertrages es nicht besonders vereinbaren, darf der Kreditgläubiger den Sicherungsgegenstand allerdings nicht ohne Einverständnis unmittelbar auf den Sicherungsgeber, der nicht Partei des Sicherungsvertrages ist, übertragen[170]; andernfalls macht er sich gegenüber dem Kreditschuldner gem. § 280 BGB schadensersatzpflichtig.

bb) Der Dritte kann, auch wenn er nicht Partei des Sicherungsvertrages ist, die Kreditfor- **1202**
derung gem. § 267 tilgen (vorst. Rn. 1198). Aus dem zugrundeliegenden Auftrags- resp. Gefälligkeitsverhältnis mag sich ergeben, dass ein Widerspruch des Kreditschuldners treuwidrig ist, aber der Kreditgläubiger ist daran nicht beteiligt, sondern hat nur Rücksichtspflichten aus § 242 gegenüber dem Kreditschuldner als Partei des Sicherungsvertrages. Ihm steht kein Urteil über die Berechtigung des Widerspruchs zu. Deshalb ist seine Ablehnung der Leistung des Dritten aus § 267 Abs. 2 im Allgemeinen nicht treuwidrig (vgl. vorst. Rn. 1198). Auch kann der Dritte nicht Abtretung der Kreditforderung gegen Leistung auf diese verlangen.

170 BGH WM 89, 210.

C. Außenhaftung

1. Vorsätzliche sittenwidrige Schädigung

1203 Ist die Sicherungstreuhand wegen Verstoßes gegen die guten Sitten nichtig (vorst. Rn. 1102 ff.), bedeutet dies zunächst die Nichtigkeit von Sicherungsvertrag und dinglichem Übertragungsgeschäft selbst, so dass der Eigentums- bzw. Rechtsübergang auf den Sicherungsnehmer nicht stattfindet. Infolgedessen können Ausgleichsansprüche unter den Parteien des Sicherungsgeschäfts entstehen (vorst. Rn. 1143). Aber auch außenstehende Dritte können Schäden erleiden. Trotz der Nichtigkeit der Sicherungstreuhand kann die Gefährdung von Gläubigerinteressen nämlich schon eingetreten sein, z.B. durch Kreditgewährung eines Dritten, demgegenüber verschleiert wurde, dass das Unternehmen des Kreditschuldners schon insolvenzreif war (vorst. Rn. 1132). In solchen Fällen kann der tatsächliche Vollzug einer unwirksamen Sicherungsübertragung zugleich eine vorsätzliche sittenwidrige Schädigung des Dritten darstellen, die sowohl Kreditschuldner (der in einem solchen Fall meist insolvent ist) wie Kreditgläubiger gem. § 826 zum Schadensersatz verpflichten[171], bei Betrug oder einem Insolvenzdelikt auch gem. §§ 823 Abs. 2 BGB, 263, 283 ff. StGB, die Schutzgesetze sind[172].

1204 Andererseits braucht dieselbe Sicherungsübertragung nicht stets zugleich die Tatbestände von §§ 138 Abs. 1 und 826 BGB zu erfüllen: Bei § 138 liegt die sittenwidrige Zielrichtung gerade in dem in Aussicht genommenen Rechtsgeschäft, bei § 826 in dem schädigenden Verhalten. So mag eine wegen Übersicherung nichtige Sicherungsübereignung keine Zielrichtung auf Drittschädigung haben; eine Unternehmenssanierung mittels Sicherungsübereignung mag wirksam sein und trotzdem Schadensersatzansprüche aus § 826 auslösen[173]. Dagegen dürfte in der Fallgruppe der Gläubigergefährdung (vorst. Rn. 1132) im Allgemeinen die Sittenwidrigkeit des deliktischen Handelns nach § 826 BGB begründet sein.

1205 In der haftungsbegründenden Kausalität ist die Verbindung zwischen dem sittenwidrigen Verhalten der Parteien des Sicherungsgeschäfts und dem Schadenseintritt zu suchen. Im Falle einer Gläubigergefährdung etwa muss der Anschein noch vorhandener Kreditwürdigkeit geeignet sein, das Geschäftsgebaren der außenstehenden Gläubiger zu beeinflussen, z.B. die Gefahr bestehen, dass sie entweder neue Kredite geben – z.B. neue Waren auf Ziel liefern – oder dass sie von der rechtzeitigen Beitreibung ihrer Forderungen abgehalten werden[174]. Dies ist für Vorbehaltslieferanten denkbar, die auf ihre Vorbehaltsware noch rechtzeitig zugegriffen, also die Weiterveräußerung im Zuge der Verwertung unterbunden hätten. Zu ersetzen ist jeder Nachteil, der mit dem schädigenden Ereignis in adäquatem Ursachenzusammenhang steht und sich innerhalb des Schutzbereichs der verletzten Norm verwirklicht (Rechtswidrigkeitszusammenhang)[175]; das sind alle Nachteile, die

---

171 BGH WM 2001, 1458 und 2632; 56, 283; 58, 895; 65, 475; OLG Köln ZIP 2000, 742 mit Komm. *C. Steiner*, EWiR § 826 BGB 3/2000, 767; OLG Brandenburg WM 99, 267 (dort im konkreten Fall abgelehnt) mit Anm. *Lwowski/Peters*, WuB I F 4. – 3.99; zur Parallele bei § 613a BGB (Betriebsübergang) BAG NJW 86, 448 zu II. 3. d.

172 BGH WM 61, 1103 zu IV.; zu § 823 Abs. 1 BGB (Eingriff in den eingerichteten und ausgeübten Gewerbebetrieb): BGH WM 58, 895; RGRK/*Steffen*, § 823 BGB Rn. 551; BGH WM 62, 962 zu B. 2. b.; RGRK/*Steffen*, § 826 BGB Rn. 11; *Serick*, Bd. III, § 31 I. 2. (S. 105).

173 *Serick*, Bd. III, § 31 I. 2. (S. 105); MünchKomm./*Mertens*, § 826 BGB Rn. 92.

174 BGH WM 62, 962 zu B. II. a., auch BGHZ 10, 228 (233); BGH WM 62, 1220 zu II. 1.; 64, 671 zu II. 2. d.; 61, 1103 zu IV.; 58, 895 zu II. 1. b.

175 BGHZ 37, 311 (315); BGH WM 64, 671 zu II. 2. d.

darauf beruhen, dass der Dritte auf das Fehlen der Sicherungsübertragung vertraut, mag sie gem. § 138 sittenwidrig und nichtig sein oder nicht[176]. Der geschädigte außenstehende Gläubiger ist also so zu stellen, wie er stünde, wenn er nicht getäuscht worden wäre[177]. Hätte ein Vorbehaltslieferant ohne die Täuschung noch rechtzeitig auf seine später veräußerte Vorbehaltsware zugegriffen, liegt im Wert dieser Vorbehaltsware sein Schaden, abzüglich einer etwaigen Insolvenzdividende. Zu ersetzen ist also das negative Interesse, der gesamte **Vertrauensschaden**[178], der auch höher als der Wert des Sicherungsguts sein kann.

Der subjektive Tatbestand bezieht sich zunächst auf den Sittenverstoß (vgl. vorst. **1206**
Rn. 1135). Soweit der Sicherungsnehmer die Tatsachen kannte, die den darauf folgenden Zusammenbruch des Kreditschuldners bewirkten, ist die Sittenwidrigkeit schon dann begründet, wenn sich die Parteien des Sicherungsvertrages über diese Erkenntnis grob fahrlässig hinwegsetzen[179]. Zur subjektiven Seite gehört außerdem der Schädigungsvorsatz im Hinblick auf die ausgeschlossenen Gläubiger. Hierfür genügt bedingter Vorsatz; es reicht also aus, wenn der Sicherungsnehmer die Schädigung außenstehender Gläubiger zumindest billigend in Kauf nahm[180], indem kein Vermögen mehr für ihren Zugriff vorhanden war.

2. Vermögensübernahme

Sicherungsübertragungen, die bis zum 31.12.1998 vollzogen worden waren (Art. 223a **1207**
EGBGB), können die Haftung des Sicherungsnehmers gegenüber Gläubigern des Sicherungsgebers begründen, wenn die Voraussetzungen einer Vermögensübernahme i.S.v. § 419 BGB a.F. erfüllt sind. Die Vorschrift wurde durch Art. 33 Nr. 16, Art. 110 Abs. 1 EGInsO aufgehoben, weil sie nach Ansicht der Gesetzesverfasser geeignet war, Unternehmenssanierungen im Zuge von Insolvenzverfahren zu behindern, die in der Übertragung des Unternehmens auf einen neuen Unternehmensträger liegen[181].

Die Haftung tritt für Altfälle ein, wenn der Sicherungsgeber sein gesamtes Vermögen zur Sicherheit **1208**
auf den Sicherungsnehmer übertragen hatte. Die Haftung liegt darin, dass die Gläubiger des Kreditschuldners ihre Ansprüche auch gegenüber dem Vermögensübernehmer, dem Kreditgläubiger und Sicherungsnehmer, geltend machen können, wobei sich dessen Haftung nach Maßgabe von § 419 Abs. 2 BGB a.F. auf das Sicherungsgut, also das übernommene Vermögen, beschränkt. Prozessual kann diese Haftungsbeschränkung durch § 786 ZPO im Wege der Vollstreckungsabwehrklage (§ 767 ZPO) durchgesetzt werden[182].

176 Zweifelnd noch RGZ 136, 247 (254), aufgegeben in RGZ 143, 48 (53/54).

177 *Serick*, Eigentumsvorbehalt und Sicherungsübertragung, Bd. III, § 31 III. 3. (S. 121); BGH ZIP 98, 918 mit Komm. *Martinek*, EWiR § 823 BGB 2/98, 547.

178 RGZ 143, 48 (54); *Serick*, Bd. III, § 31 III. 3. (S. 118 f.); RGRK/*Pikart*, § 930 BGB Rn. 103; *Reich*, Sicherungsübereignung, S. 144.

179 BGH NJW 95, 1668 zu A. II. 1. a. aa.

180 BGH NJW-RR 95, 936 zu II. 2.; WM 62, 527 II. b.; 56, 283 zu III. c.

181 BR-Drucks. 511/92, S. 77.

182 BGHZ 80, 296 (302); OLG Frankfurt, NJW-RR 92, 31.

a) Rückgewähranspruch als verbleibender Vermögensgegenstand

1209 Der in § 419 BGB a.F. liegende gesetzliche Schuldbeitritt des Übernehmers setzt nicht notwendig die Übertragung des gesamten Schuldnervermögens voraus, sondern tritt auch dann ein, wenn der Schuldner nahezu sein ganzes Vermögen überträgt. Die Übertragung eines einzelnen Gegenstandes kann die Voraussetzungen von § 419 erfüllen, wenn dieser Gegenstand das einzige Gut des Schuldners darstellt[183]. Die Haftung tritt nur ein, wenn der Übernehmer die Tatsachen kennt, aus denen sich die Übertragung des ganzen oder nahezu ganzen Vermögens ergibt (subjektive Theorie[184]). Maßgeblicher Zeitpunkt ist derjenige des schuldrechtlichen Vertrags, nicht erst des dinglichen Vollzugs[185], spätere Kenntniserlangung schadet dem Kreditgläubiger also nicht. Der schuldrechtliche Vertrag muss wirksam, z.B. im gegebenen Falle von der Vertretungsmacht des Handelnden gedeckt sein. Bei Unwirksamkeit des Verpflichtungsgeschäfts tritt die Haftung dennoch ein, wenn die Vermögensübertragung durch dingliches Geschäft vollzogen wurde[186]. Aber auch dem dinglichen Übertragungsgeschäft können Nichtigkeitsgründe entgegenstehen, so dass es mangels übergegangenen Vermögens nicht zu einer Haftung kommen kann[187].

1210 Zum Vermögen gehören nicht nur Sachen (etwa diejenigen, die zur Sicherung übereignet wurden) sondern auch Rechte[188]. Die Sicherungstreuhand kennzeichnet sich dadurch, dass der Kreditschuldner gegen den Kreditgläubiger durch den Abschluss des Sicherungsvertrags Anspruch auf Rückübertragung des Sicherungsgegenstandes hat, wenn der Sicherungszweck erledigt ist (vorst. Rn. 1169). Soweit der Sicherungsgegenstand auf den Kreditgläubiger überhaupt nur auflösend bedingt übertragen wurde, hat der Kreditschuldner ein Anwartschaftsrecht (vorst. Rn. 1181). Umstritten ist, ob dieser Anspruch auf Rückübertragung oder das Anwartschaftsrecht ein nennenswerter, dem Kreditschuldner verbleibender Vermögenswert ist, der die Anwendbarkeit von § 419 BGB a.F. ausschließt[189]. Die Frage dürfte zu verneinen sein. Das gesetzgeberische Anliegen von § 419 BGB a.F. war es gewesen, den Gläubigern die ihnen bei Begründung der Verbindlichkeit bekannte **Vollstreckungsmasse** zu erhalten, wenn diese vollständig ausgewechselt zu werden droht[190]. Die Vorschrift ist also gerade nicht obsolet, wenn anstelle des ursprünglichen Vermögens andere Vermögenswerte treten: Das ist vielmehr in § 419 BGB a.F. immer dann vorausgesetzt, wenn die Vermögensübernahme entgeltlich ist[191], weil der Kreditschuldner in diesem Fall Inhaber der Gegenleistung

183 BGHZ 111, 14 (15/16); 66, 217 (220); BVerwG NJW 90, 590 zu 2.; OLG Dresden OLG-NL 97, 220; *Spieß*, JuS 77, 578, insbesondere zur Frage der Berechnung; § 311 ist in diesen Fällen nicht anwendbar, *Jahr/Kropf*, JuS 62, 437 (438); *Wollny*, Unternehmensübertragungen, S. 243.

184 BGHZ 55, 107.

185 Sehr str., a.A. BGHZ 66, 217 (226); BGH BB 86, 1315 zu III. 2. mit Komm. *Lambsdorff*, EWiR 2/86, 457 zu § 419 BGB; wie hier *Serick*, Bd. III, § 33 II. 4. b. (S. 182) und wohl auch BFH NJW 86, 2729 für die Frage, wann die Verbindlichkeit entstanden sein muß, kommt es jedenfalls auf das Verpflichtungsgeschäft an, BGH NJW 87, 2865 zu IV.

186 BGH NJW 95, 596 mit Komm. *Kirsch*, EWiR 1/95, 483 zu § 185 HGB und Bspr. *K. Schmidt*, JuS 95, 553; BGH NJW 96, 659: keine Haftung nach § 419 BGB bei nichtiger Verschmelzung (§§ 2 ff. UmwG).

187 So für landwirtschaftliche Produktionsgenossenschaften, BGH WM 98, 1650 mit Komm. *Löhlein*, EWiR § 419 BGB 1/98, 777.

188 Auch Firmenwert, good will, know how, zutr. OLG Brandenburg NJW-RR 99, 59; auch in diesem Fall greift die Haftungsbeschränkung aus Abs. 2 (vorst. Rn. 1207) ein.

189 So *Reich*, Sicherungsübertragung, S. 157; *Larenz*, Schuldrecht AT, § 35 II. (S. 614); *Schricker*, JZ 70, 265 (266, 270); abl. BGHZ 111, 14 (16 f.), wohl auch 80, 296 (300) mit zust. Anm. *Linke*, JR 82, 17.

190 BGHZ 122, 297 (301) mit Komm. *Mohrbutter*, EWiR § 419 BGB 2/93, 1063; 80, 296 (301); BGHZ 108, 320 (322): § 419 ist nicht anwendbar, wenn der Gläubiger selbst an der Übertragung maßgeblich mitwirkt. Gleicher Gesetzeszweck in **§ 28 HGB**, *Bülow*, Handelsrecht, S. 68.

191 Für eine teleologische Reduktion auf Schenkungen freilich *Wilburg*, in: Festschr. *Larenz*, S. 661 (668), a.A. *Scheyhing*, Handbuch des Schuldrechts, Bd. II, § 29 VII. (S. 359 ff.); in den Motiven zum (damaligen) § 319 BGB (II, S. 152, bei *Mugdan* S. 83) heißt es dagegen ausdrücklich, es liege kein Grund vor, die Bestimmung auf gewisse Verträge zu beschränken; die Regelung wird als eine Art Universalsukzession inter vivos angesehen, dazu auch *Tiedtke*, BB 86, 1830; *Fuchs*, JA 91, 313 (314); zur Parallele in § 28 HGB

oder des Anspruchs darauf wird. Ebenso wenig wie mit der Gegenleistung brauchen sich Altgläubiger also mit dem Rückübertragungsanspruch abzufinden: Gerade seine Verwirklichung ist unsicher, nämlich von der Erledigung des Sicherungszwecks abhängig. Darin zeigt sich auch der Unterschied zur Verpfändung, auf die § 419 nicht anwendbar ist[192]. Hier ist die ursprüngliche Vollstreckungsmasse nach wie vor vorhanden.

b) Vorrang des Sicherungsnehmers

Kann die Vorschrift von § 419 BGB a.F. auf die Sicherungstreuhand, wenn sie bis zum 31.12.1998 **1211** vollzogen worden war, danach auch anwendbar sein[193], laufen die Gläubiger des Kreditschuldners gleichwohl Gefahr, leer auszugehen: Der Sicherungstreuhand liegt ein Kredit zugrunde, so dass der **Kreditgläubiger zugleich Altgläubiger** wie die übrigen Gläubiger des Kreditschuldners, die Leistung aus dem gesetzlichen Schuldbeitritt verlangen, ist. Auch er kann sich an den Sicherungsgegenstand als Vollstreckungsmasse halten.

Den Altgläubigern ist der Kreditgläubiger aber nicht nur gleichgestellt, sondern ihnen gegenüber so- **1212** gar bevorzugt: Gem. § 419 Abs. 2 Satz 2 BGB a.F. hat er die Rechtsstellung wie ein Erbe, dem die Einrede der Dürftigkeit des Nachlasses gem. § 1990 BGB zusteht. Dieser Erbe hat gem. § 1991 Abs. 3 solche Gläubiger vorweg zu befriedigen, die einen rechtskräftigen Titel gegen ihn, den Erben, erwirkt haben. Übertragen auf den Kreditgläubiger als Vermögensübernehmer hieße das, er müsste gegen sich selbst einen Titel erwirken. Das ist nicht möglich, und deshalb ist der Übernehmer einem Gläubiger gem. § 1991 Abs. 3 gleichzustellen[194], hat also im Falle von § 419 ohne weiteres das Vorwegbefriedigungsrecht gegenüber anderen Gläubigern des Kreditschuldners, d.h. in voller Höhe, nicht etwa nur quotenmäßig wie in der Insolvenz[195]. Für die anderen Gläubiger steht also nur noch ein Überschuss zur Verfügung. Voraussetzung für das Vorwegbefriedigungsrecht des Kreditgläubigers ist freilich, dass seine Forderung gegen den Kreditschuldner vor der Sicherungsübertragung entstand[196], was aber regelmäßig der Fall ist.

Bülow, Handelsrecht, S. 69, a.A. *K. Schmidt*, ZIP 89, 1025 (1027); bei Geschäftsübernahme durch einen Erben tritt, wenn § 27 HGB nicht anwendbar ist, die Haftung im Umfang von § 419 Abs. 2 ein, BGHZ 113, 132 (138); bei Übernahme des Vermögens einer OHG oder KG haftet der Übernehmer für Geschäftsverbindlichkeiten, aber nicht für private Verbindlichkeiten der persönlich haftenden Gesellschafter, BGH NJW 91, 2564 zu I. 2.; die Übertragung des Geschäftswerts (Firmenwerts, good will) kann keine Haftung aus § 419 begründen, weil dieser keine Vollstreckungsmasse darstellt, BGH ebda. zu I. 3.

192 BGH NJW 70, 1413; WM 85, 866; BGH LM § 419 BGB Nr. 22 mit Anm. *Braxmayer* sowie *Schricker* in JZ 71, 26; BFH NJW 90, 2581 mit Bspr. *Forschhammer*, JA 91, 62; LG München II, NJW-RR 91, 685; auch nicht anwendbar auf Bestellung eines dinglichen Wohnrechts gem. §§ 1090, 1093: BGH BB 88, 1278; wohl aber, entgegen LG München WM 92, 322, bei überschuldetem Vermögen, BGH NJW 93, 2441 mit Komm. *Möschel/Rohr*, EWiR 1/94, 43 zu § 1365 BGB.

193 So RGZ 139, 199; RG JW 12, 347; BGH WM 59, 87; 62, 962; 85, 866; BB 86, 1315, anders im Falle des Meistbietenden, dessen einziges Vermögen im Anspruch aus dem Meistgebot besteht, den er aber gem. § 81 Abs. 2 ZVG an einen anderen abgetreten hatte, BGHZ 111, 14 (19) sowie OLG Düsseldorf, WM 85, 1187, dem im Ergebnis zustimmend *H.P. Westermann*, EWiR 2/85, 461 zu § 419 BGB; *Paulus*, JZ 51, 687 (688); ZZP 64 (1951), 169 (186 ff.); *Becker-Eberhard*, AcP 185 (1985), 429; *Kölsch*, KTS 85, 602; *Arens/Lüke*, JuS 84, 263 (265 ff.); *Schroeder*, JuS 91, 793 (797); *Gernhuber*, JuS 88, 365 (362); § 419 BGB ist nicht anwendbar beim Erwerb vom Nachlaßverwalter: BGH NJW 87, 1019, vom Konkursverwalter, BGHZ 122, 297 (304); 66, 217 (228), wohl aber beim Erwerb vom Sequester, BGHZ 104, 151 (155 ff.); offen für Vergleichsverwalter, BGHZ 122, 297 (305).

194 BGH NJW 95, 596 zu II. mit Komm. *Kirsch*, EWiR 1/95, 483 zu § 125 BGB; RGZ 139, 199 (202); BGH NJW 56, 283; 61, 671; RGRK/*Weber*, § 419 BGB Rn. 87.

195 RGZ 139, 199 (202); BGH JZ 54, 387 mit Anm. *Böhle-Stammschräder*; BGH WM 62, 962; *Henssler*, AcP 196 (1996), 37 (75).

196 RGZ 139, 199 (202); BGH WM 58, 895 zu I.; NJW 95, 596 zu II.; OLG Karlsruhe NJW-RR 98, 1674; VG Berlin NVwZ 90, 692; der Übernehmer ist unter Vorbehalt zu verurteilen, BGH NJW 91, 2564 zu II.; OLG Frankfurt v. 4.6.91 – 8 U 238/89; *Brehm/Brößle*, JuS 90, 209 (212); die Forderung braucht aber nicht fällig zu sein, *Christiansen*, Leistungszeit, S. 241.

3. Eheliches Güterrecht

1213 Die Sicherungsübertragung des gesamten Vermögens, das dem gesetzlichen Ehegüterstand der Zugewinngemeinschaft unterliegt, ist gem. §§ 1365 Abs. 1, 1366 BGB nur wirksam[197], wenn der andere Ehegatte zustimmt. Ratio legis ist die Erhaltung des der ehelichen Lebensgemeinschaft und der Familie dienenden Vermögens, auch der Sicherung eines Zugewinnausgleichs in der Person des anderen Ehegatten[198]. Der Zustimmung bedarf es auch, wenn der Ehegatte als Sicherungsgeber nahezu sein gesamtes Vermögen überträgt[199]. Die Zustimmungsgrenze beginnt bei 90% des zu übertragenden Vermögens[200]. Verfügung über das gesamte Vermögen kann nach Lage des Einzelfalls und im Gegensatz zu § 419 BGB a.F. (vorst. Rn. 1210 a.E.) auch die wertaufzehrende Belastung eines Grundstücks sein[201]. Der Sicherungsnehmer muss im Zeitpunkt des Verpflichtungsgeschäfts wie im Falle von § 419 BGB a.F. (vorst. Rn. 1209) die Vermögensverhältnisse kennen[202]. Die **Unkenntnis über den Ehestand** des Kreditschuldners schützt den Kreditgläubiger aber **nicht**[203]. Ist das Verpflichtungsgeschäft mangels Kenntnis ohne Zustimmung wirksam, schadet vor Abschluss des Erfüllungsgeschäfts eingetretene Kenntnis nicht, so dass auch das Erfüllungsgeschäft ohne Zustimmung des Ehegatten wirksam ist[204] (s. auch oben Rn. 780 und 866).

1214 Ein Wirksamkeitshemmnis steht der Sicherungsübereignung von Haushaltsgegenständen gem. § 1369 Abs. 1 entgegen, für das im wesentlichen die Voraussetzungen von § 1365 gelten[205].

D. Realisierung der Sicherungstreuhand

1. Überblick

1215 Ist der Sicherungszweck erledigt, weil der Kredit getilgt wurde, tritt das Sicherungsverhältnis in die Rückabwicklungsphase[206], indem der zur Sicherheit übertragene Gegenstand auf den Sicherungsgeber zurückzuübertragen ist (oben Rn. 69, vorst. Rn. 1169). Er-

---

197 MünchKomm./*Gernhuber*, § 1365 BGB Rn. 6: Der Erwerbstatbestand ist ohne Zustimmung des Ehegatten nicht abgeschlossen; nach a.A. bei Verstoß absolute Unwirksamkeit: Erman/*Heckelmann*, § 1365 BGB Rn. 20; RGRK/*Finke*, § 1365 BGB Rn. 1 i.V.m. Rn. 6, 13; maßgebender Zeitpunkt für die Bemessung des Vermögens ist der des Verpflichtungsgeschäfts, BGHZ 106, 253; BGH MDR 90, 1004.

198 BGH WM 2000, 864 zu II. 1. mit Anm. *Kroppenberg*, WuB I E 4. – 1.2000.

199 BGHZ 35, 135 (143); 123, 93 (95); das Vermögen kann in einer Anwartschaft bestehen, BGH NJW 96, 1740 zu II. 1. a. mit Komm. *Gernhuber*, EWiR § 1365 BGB 1/96, 653; zum Vermögen gehört aber nicht die Erwartung künftigen Arbeitseinkommens, BGH WM 87, 1177 mit Anm. *Müller-Graff*, WuB IV A. – 2.87; 74, 215.

200 BGH NJW 91, 1739 mit Bspr. *Hohloch*, JuS 91, 780 bei größeren Vermögen, sonst erst bei 85%, BGHZ 77, 293 (299); OLG Celle NJW-RR 94, 646.

201 BGH NJW 93, 2441 mit Komm. *Möschel/Rohe*, EWiR 1/94, 43 zu § 1365 BGB für dingliches Wohnrecht.

202 Subjektive Theorie, BGHZ 43, 174 (177); BGH NJW 89, 1609 zu III. 2. b.; NJW 93, 2441 mit Komm. *Möschel/Rohe*, EWiR 1/94, 43 zu § 1365 BGB; RGRK/*Finke*, § 1365 BGB Rn. 12; MünchKomm./*Gernhuber*, § 1365 BGB Rn. 25-27; Soergel/*Lange*, § 1365 BGB Rn. 12.

203 *Reinicke*, BB 57, 566.

204 BGH NJW 89, 1609 III. 2. b.

205 Zur Differenzierung hinsichtlich der subjektiven Theorie, RGRK/*Finke*, § 1369 BGB Rn. 30 f.: Erwerber muß Erkundigungen über die Herkunft der Sache anstellen; zur Vorfrage des Erwerbs von Miteigentum des Ehegatten (im Hinblick auf § 1357 BGB): BGH NJW 91, 2283.

206 *Becker-Eberhard*, Forderungsgebundenheit, S. 606 ff.

ledigt sich der Sicherungszweck aber nicht, obwohl der Kredit zur Tilgung fällig war, beginnt die mit Eintritt des Verzuges verbundene pathologische Phase oder Krise des Kreditschuldners, die den Sicherungsfall auslöst, man mag von Ausübungsphase sprechen[207] (oben Rn. 75). Die Ausübung liegt darin, dass der Kreditgläubiger zur Verwertung des Sicherungsgegenstands schreitet. Ziel der Verwertung ist es, einen möglichst hohen Verwertungserlös zu erwirtschaften (nachf. Rn. 1223), aus dem sich der Kreditgläubiger in Höhe der gesicherten Forderung, die auch Aufwendungen für die Verwertung und Kosten etwaiger vorangegangener Zwangsvollstreckungsversuche erfasst, befriedigt (Verwertungsphase, oben Rn. 79, Befriedigungsphase[208]). Sollte der Verwertungserlös höher als die gesicherte Forderung nebst Kosten sein, gebührt der **Mehr- oder Übererlös** dem Gläubiger nicht. Inhalt des Sicherungsvertrages ist es, diesen Mehrerlös dem Sicherungsgeber zu erstatten[209].

Befriedigung des Kreditgläubigers heißt im Allgemeinen Erlöschen der gesicherten Forderung. Im Falle der Sicherung einer Drittschuld kann allerdings Inhalt des Sicherungsvertrages sein, dass der Kreditgläubiger die gesicherte Forderung an den Dritten als Sicherungsgeber im Zuge der Verwertung abtritt, so dass der Dritte beim Kreditschuldner entsprechend der cessio legis aus §§ 774, 1143, 1225 BGB Regress nehmen kann (näher vorst. Rn. 1199). **1216**

Der Sicherungsvertrag berechtigt den Kreditgläubiger, den Sicherungsgegenstand zu verwerten, wenn der Kreditschuldner den Kredit abredewidrig nicht zurückzahlt. Ihn trifft aber grundsätzlich[210] **keine Verwertungspflicht**. Er kann vielmehr die Forderung aus dem Kredit einklagen und die Verwertung des Sicherungsgegenstandes unterlassen wie auch der Hypothekengläubiger zwischen persönlicher und dinglicher Klage wählen kann (oben Rn. 410). Hat der Kreditgeber einen vollstreckbaren Titel, kann er in den Sicherungsgegenstand vollstrecken[211]. **1217**

Kreditsicherung heißt u.a. auch gegen die Insolvenz des Kreditschuldners Vorsorge zu treffen. Das Insolvenzverfahren nimmt dem Sicherungsnehmer Verwertung und Befriedigung aus der Hand und überträgt die Abwicklung dem Insolvenzverwalter. Hierbei erfährt die Sicherungstreuhand besondere rechtliche Behandlung (nachf. Rn. 1246). **1218**

Vor der Fälligkeit des Kredits und einer etwaigen Krise des Kreditschuldners, in der die Kreditsicherheit gleichsam im Hintergrund ruht (oben Rn. 1, Latenzphase, oben Rn. 68, Sicherungsphase[212]), können Dritte die Ruhe stören, wenn sie Vollstreckungstitel gegen den Sicherungsnehmer einerseits oder gegen den Sicherungsgeber andererseits haben und auf den Sicherungsgegenstand zugreifen wollen. Auch in den vollstreckungsrechtlichen Instrumentarien erfährt die Sicherungstreuhand besondere Behandlung (nachf. Rn. 1269). **1219**

---

207 *Becker-Eberhard*, a.a.O., S. 637 ff.

208 *Becker-Eberhard*, a.a.O., S. 675 ff.

209 BGH NJW 92, 1620 zu II. a. mit Anm. *Bruchner/Ott*, WuB I F 3. – 9.92; NJW-RR 96, 234; dieser Anspruch des Sicherungsgebers ist pfändbar, OLG Stuttgart ZIP 94, 222 mit Komm. *Kebekus*, EWiR § 15 KO 1/94, 167.

210 Eine entsprechende Obliegenheit des Gläubigers mag zu erwägen sein, wenn der Schuldner zur Tilgung außerstande ist, *Koziol*, in: Festschr. Schimansky, S. 355 (363).

211 BGHZ 26, 185 (194).

212 *Becker-Eberhard*, Forderungsgebundenheit., S. 427 ff.

2. Verwertung des Sicherungsgegenstandes

a) Anwendung der Pfandrechtsbestimmungen?

1220 Die Sicherungstreuhand ist eine kautelarische Ersatzform für den gesetzlichen Kreditsicherungstypus der Verpfändung, welche ins einzelne gehende verbindliche Regelungen zur Verwertung enthält (oben Rn. 568 ff., 688 ff.). Es liegt die Frage nahe, ob dem Sicherungsvertrag die Verpflichtung zu entnehmen ist, dieses gesetzliche Verwertungsreglement auch in der Sicherungstreuhand einzuhalten. In ihrer Allgemeinheit ist die Frage jedoch zu verneinen, was die Verbindlichkeit einzelner Regelungen in besonderen Lagen nicht ausschließt:

1221 *aa)* Bis zu Grenzen von Sitten- und Gesetzwidrigkeit resp. Treuwidrigkeit obliegt der Inhalt des Sicherungsvertrages der Gestaltungsfreiheit der Parteien, des Kreditgläubigers und Kreditschuldners oder dritten Sicherungsgebers. Ihnen steht es deshalb frei, die Anwendbarkeit der Pfandrechtsbestimmungen zu vereinbaren oder andere Verwertungsregelungen zu wählen. Ist dem Sicherungsvertrag eine Verwertungsregelung ausdrücklich oder konkludent nicht zu entnehmen, ist der Wille der Parteien durch Auslegung (§§ 133, 157 BGB) zu ermitteln, also zu fragen, was die Parteien bei vernünftiger Interessenabwägung nach **Treu und Glauben** vereinbart hätten, wenn das Problem der Anwendbarkeit von Pfandrechtsbestimmungen von ihnen bedacht worden wäre[213]. Nun dürfte die problemlose und an einem möglichst hohen Verwertungserlös ausgerichtete Abwicklung dem Interesse beider Parteien entsprechen, die es als nicht gewollt erscheinen lässt, das umständliche, formalisierte und kostenträchtige Versteigerungsverfahren nach §§ 1235 ff. anzuwenden und den **freihändigen Verkauf** ohne besondere Vereinbarung auszuschließen (§ 1245 BGB) oder auch, dass der Kreditgläubiger Sicherungsgut endgültig behält, wenn er dafür dessen Wert auf den Kredit anrechnet (siehe auch nachf. Rn. 1228). Die Anwendbarkeit der Pfandrechtsbestimmungen insgesamt dürfte dem Parteiwillen deshalb nicht entsprechen.

1222 *bb)* Wo freilich einzelne Vorschriften des Vertragspfandrechts Konkretisierungen der Grundsätze von Treu und Glauben darstellen, werden sie verbindlicher Inhalt des Sicherungsvertrages[214], z.B. die Benachrichtigungsobliegenheit des Pfandgläubigers gem. § 1241 BGB[215] und vor allem die Androhung der Verwertung gem. § 1234 Abs. 1 Satz 1 (oben Rn. 582)[216], durch die der Sicherungsgeber Gelegenheit erhält, die Verwertung durch Befriedigung des Kreditgläubigers abzuwenden. Soweit ein Formularvertrag diese Obliegenheiten ausschließt, ist die dahingehende Klausel gem. § 307 Abs. 1 BGB unwirksam, lässt den Vertrag aber im Übrigen gem. § 306 Abs. 1 und 2 BGB unberührt (vorst. Rn. 1113). Nur für Lohn- und Gehaltszessionen ist die vorherige Androhung so existentiell wichtig, dass ihre Derogation durch AGB gem. § 306 Abs. 3 BGB zur Unwirksamkeit des Sicherungsvertrages insgesamt und der Abtretung selbst führt (vorst. Rn. 1128).

---

213 BGH NJW 70, 468; 75, 1116; 78, 695; RG JW 14, 76; *Bülow*, WM 85, 373; *Kaduk*, in: Festschr. Larenz, S. 683 (700 f.); *Schreiber* JR 84, 485 (488).

214 Schlegelberger/*Hefermehl*, Anh. § 382 HGB Rn. 209.

215 *Serick*, Band III, § 28 II. 2. c. (S. 468 f.); BB 70, 541 (542 f.); *Bülow*, WM 85, 373, 405 (410); OLG Dresden OLGE 35 (1917, 327).

216 BGHZ 108, 98 (105 ff.).

cc) Entspricht es mithin im Allgemeinen dem Willen der Parteien, dass nach Eintritt der Krise der freihändige Verkauf des Sicherungsgegenstandes erlaubt ist, so heißt das nicht, der Kreditgläubiger dürfe beim Verkauf nach Belieben verfahren. Vielmehr steht die vertragsgemäße Verwertung wiederum unter dem Gebot von Treu und Glauben, das Rücksicht auf die Interessen des Kreditschuldners fordert. Diese liegen nicht nur darin, aufgrund der Verwertung von der Kreditschuld befreit zu werden, sondern nach Möglichkeit auch einen **Mehrerlös** zurückzubekommen (vgl. vorst. Rn. 1215). Der Kreditgläubiger ist daher verpflichtet, für einen möglichst hohen Erlös Sorge zu tragen; er darf den Sicherungsgegenstand nicht verschleudern, sondern ist zur bestmöglichen Verwertung verpflichtet[217]. Aus diesem Gebot der bestmöglichen Verwertung folgt, dass der Kreditgläubiger dann zur öffentlichen Versteigerung verpflichtet sein kann, wenn hierbei ein höherer Erlös als durch freihändigen Verkauf zu erwarten ist[219]. Diese Verpflichtung folgt aus der Anwendung der Grundsätze von Treu und Glauben gem. §§ 133, 157 BGB, nicht aus entsprechender Anwendung von §§ 1235 ff.[219] Unberührt bleibt die Freiheit zur einverständlichen Einigung von Sicherungsnehmer und Sicherungsgeber über die Art der Verwertung[220]. **1223**

Welche Verwertungsart die bestmögliche ist, kann nur ex ante beurteilt werden. Der Kreditgläubiger verletzt seine Vertragspflicht nicht, wenn sich ex post herausstellt, dass die Erwartung enttäuscht wurde, der Verwertungserlös also gering ausfällt. Die Vertragspflicht beschränkt sich auf eine nachvollziehbare **Prognose**. **1224**

Ausprägungen dieser Gebote sind die allgemeinen Geschäftsbedingungen der Kreditinstitute, wo (Nr. 21 Abs. 5 AGB-Sparkassen, Nr. 14 Abs. 5 AGB-Postbank) auf § 1234 BGB Bezug genommen wird[221]. Unter mehreren Sicherungsgegenständen hat das Kreditinstitut die Wahl, wobei es auf die berechtigten Belange des Kreditschuldners und eines dritten Sicherungsgebers Rücksicht nimmt (Nr. 17 Abs. 1 AGB-Banken, 22 Abs. 2 AGB-Sparkassen). Im Übrigen gilt im Verhältnis zu anderen Sicherungsgebern, die für dieselbe Schuld interzediert hatten, lediglich der allgemeine, auf § 242 BGB gegründete Rechtssatz, dass der Sicherungsnehmer nicht willkürlich zum Schaden der anderen Sicherungsgeber bei Meidung eines Schadensersatzanspruchs nach § 826 BGB handeln darf[222] (vgl. auch oben Rn. 182). Nur der Bürge ist nach Maßgabe von § 776 BGB privilegiert (oben Rn. 1008). **1225**

dd) Das Vertragspfandrecht kann gem. § 1213 BGB so ausgestaltet werden, dass der Sicherungsnehmer berechtigt ist, die **Nutzungen** aus dem Sicherungsgegenstand unter An- **1226**

---

217 BGH NJW 2000, 352 mit Anm. *Schmidt-Lademann*, LM Nr. 55 zu § 276 (Ci) BGB, *Ebbing*, WuB I F 5. – 2.2000 und Komm. *Vortmann*, EWiR § 276 BGB 8/2000, 845.

218 BGH NJW 97, 2672 zu II. 1. (für Grundschuld); WM 56, 1091; 59, 1002; 61, 243; 62, 673; 67, 397; NJW 66, 2009; 97, 1063 mit Komm. *Gerhardt*, EWiR § 30 KO 4/97, 899; OLG Bremen BB 71, 1173; *Reich*, Sicherungsübereignung, S. 152 f.; *Trinkner*, BB 62, 80; *Bülow*, WM 85, 373, 405 (409).

219 Weitergehend RGRK/*Pikart*, § 930 BGB Rn. 71: Pfandrechtsverkauf in der Regel, ebenso *Simon*, BB 57, 600; *Reich*, Sicherungsübereignung, S. 155.

220 BGH NJW 97, 1063 zu II. 2. mit Anm. *Paulus*, WuB VI B. – 3.97.

221 Unwirksam aber die Vorgängervorschrift Nr. 20 Abs. 2 AGB-Banken 1986, BGHZ 130, 115 (120) und oben Rn. 1118. Zum Wahlrecht BGH ZIP 2002, 1390 mit Komm. *R. Weber//Madaus*, EWiR § 262 BGB 1/02, 849.

222 BGH NJW 2000, 3273 zu III. 1. mit Anm. *Rimmelspacher*, WuB I F 3. – 11.2000 und Komm. *Joswig*, EwiR § 242 BGB 5/2000, 1001; BGHZ 137, 212.

rechnung auf die gesicherte Forderung zu ziehen (oben Rn. 509). Bei der Sicherungstreuhand kann die Frage nach den Nutzungen auftreten, wenn der Kreditschuldner die zur Sicherung übereignete Sache beispielsweise an einen Dritten, befugtermaßen oder nicht, weitervermietet hatte. Die Beantwortung der Frage ist wiederum dem Inhalt des Sicherungsvertrages zu entnehmen. Danach hat der Kreditgläubiger den Kreditschuldner nach Möglichkeit zu schonen. Kann der Kredit durch Anrechnung der Nutzungen abgetragen werden, darf der Kreditschuldner das Sicherungsgut behalten (und sei es als mittelbarer Besitzer). Dies kommt seinem Interesse entgegen. Andererseits würde die Beanspruchung der Nutzungen durch den Kreditgläubiger einen Eingriff in die Dispositionen des Kreditschuldners darstellen, wenn dies gegen seinen Willen geschieht. Die Gebote von Treu und Glauben verlangen es dem Kreditschuldner nicht ab, sich darauf einzulassen. Mithin hat der Kreditgläubiger aus dem Sicherungsvertrag keinen Anspruch auf die vom Kreditschuldner gezogenen Nutzungen, kann zur Schonung des Kreditschuldners im Einzelfall aber verpflichtet sein, sich mit ihnen zu begnügen, wenn es für ihn zumutbar ist[223] und der Kreditschuldner zustimmt[224].

1227 *ee)* Die **Kontokorrentgebundenheit** der gesicherten Forderung hindert nicht die Pfandverwertung, wie § 356 Abs. 1 HGB zu entnehmen ist[225], allerdings nur in Höhe des zugunsten des Sicherungsnehmers entstandenen Saldos. Gleiches gilt für die Sicherung in anderer Weise, also auch für die Sicherungstreuhand.

1228 *ff)* Besonderer Betrachtung bedarf die häufig vorkommende Regelung in Sicherungsverträgen, nach der der Sicherungsgegenstand nach Eintritt des Sicherungsfalls nicht zu verwerten ist, sondern ins endgültige und ungebundene Eigentum des Kreditgläubigers fallen soll (**Verfallklausel**). Im Gegensatz zum Recht des Kreditgläubigers, den Sicherungsgegenstand gleichsam an sich selbst zu veräußern, den Kaufpreis auf den Kredit anzurechnen und ggf. einen Mehrerlös an den Kreditschuldner abzuführen (**Selbsteintrittsrecht**)[226], wird der Kreditgläubiger durch die Verfallklausel ohne weiteres, also ohne Ausgleichsrecht des Sicherungsgebers, endgültig Eigentümer. Bei den Pfandrechten sind solche Klauseln unter den weiteren Voraussetzungen von §§ 1149, 1229 BGB nichtig (oben Rn. 403, 593). Ist diese Bestimmung auf die Verwertung von Sicherungsgut entsprechend anwendbar? Zutreffenderweise[227] wird man im Verbot von Verfallklauseln im Recht der Verpfändung eine Regelung über die Art und Weise der Pfandverwertung sehen müssen, die den Pfandgläubiger zwingt, zum Schutz des Verpfänders den Weg der öffentlichen Versteigerung zu wählen. Dieses Schutzes bedarf es nach Eintritt der Verkaufsberechtigung nicht mehr, weshalb gem. §§ 1149, 1229 auch nachträglich vereinbarte Verfallklauseln wirksam sind. Wo es der öffentlichen Versteigerung ohnehin nicht bedarf, entfällt überhaupt die Notwendigkeit des Verbots von Verfallklauseln. Sie sind bei der Sicherungstreuhand also als solche zulässig[228], können aber aufgrund des allgemeinen Maß-

223 BGH NJW 80, 226 zu III. 2. b., ihm folgend Schlegelberger/*Hefermehl*, Anh. § 382 HGB Rn. 209.

224 *Bülow*, WM 85, 373 (375).

225 Näher *Bülow*, Handelsrecht, S. 122; *ders.*, WM 85, 373, 405 (410).

226 BGH WM 60, 171; RGZ 83, 50 (53).

227 BGH NJW 95, 2635 zu II. 2. mit Anm. *Bülow*, LM § 1149 BGB Nr. 1 und *Rimmelspacher*, WuB I F 1 a. – 14.95; *Serick*, Band III, § 38 III. 3. e. (S. 486/487).

228 BGH WM 60, 171; *Raape*, Verfallklausel, S. 50 ff.; RGRK/*Pikart*, § 930 BGB Rn. 72; Staudinger/*Wiegand*, § 1229 BGB Rn. 15; Schlegelberger/*Hefermehl*, Anh. § 382 HGB Rn. 211; a.A. *Gaul*, AcP 168 (1968), 351 (374); *Reich*, Sicherungsübereignung, S. 158.

stabs von § 138 BGB, insbesondere beim Missverhältnis zwischen Kredithöhe und Wert des Sicherungsguts, nichtig sein[229].

gg) Die Verwertung von Sicherungsgegenständen kann **wettbewerbsrechtliche** Aspekte haben. Die sicherungsvertragsrechtliche Pflicht, für bestmögliche Verwertung zu sorgen, wird gefördert, wenn die Nachfrage gesteigert wird. Das kann dadurch geschehen, dass der Sicherungsnehmer für den Verkauf, vielleicht im Wege privater Versteigerung[230], Werbung treibt. Sie kann gem. § 1 UWG gegen die guten Sitten im Wettbewerb verstoßen, in Bezug auf die potentiellen Käufer als Verbraucher unter dem Gesichtspunkt des sog. übertriebenen Anlockens, aber auch unter dem Gesichtspunkt der übermäßigen Behinderung gewerbsmäßiger Händler[231]. Außerdem kommt eine nach § 7 UWG zu unterlassende Sonderveranstaltung in Betracht[232]. 1229

Fraglich ist, ob der Verwertung von Markenware **markenrechtlicher** Schutz entgegenstehen kann. Markenschutz entsteht gem. § 4 Nr. 1 MarkenG durch Eintragung der Marke in das Markenregister (§ 17 MarkenVO) und kann gem. § 14 Abs. 5 MarkenG Unterlassungsansprüche begründen, wenn ein Dritter ohne Zustimmung des Markeninhabers Verletzungshandlungen an der Marke begeht, die in der Verwertung liegen mögen. Die Zustimmung liegt jedoch im Sicherungsvertrag. Ist der Sicherungsgeber selbst nicht Markeninhaber, sondern sein Lieferant, ist das Markenrecht gem. § 24 MarkenG durch die Lieferung erschöpft. Das Markenrecht hindert die Verwertung folglich nicht[233]. 1230

b) Besonderheiten der Verwertung von Sicherungsgut

Die Verwertung des Sicherungsguts durch den Kreditgläubiger und Sicherungsnehmer setzt im Regelfall voraus, dass er den unmittelbaren Besitz an der Sache erlangt. Beim Grundfall der Sicherungsübereignung gem. § 930 BGB ist aber der Kreditschuldner unmittelbarer Besitzer. Aus dem Verwertungsrecht des Kreditgläubigers folgt deshalb, dass er Anspruch auf Herausgabe des Sicherungsguts gegenüber dem Kreditschuldner hat. Dieser Anspruch folgt aus dem Eigentum des Kreditgläubigers gem. § 985 BGB, dem mit der Krise des Kreditschuldners, also dem Sicherungsfall, nicht mehr dessen Recht zum Besitz aus dem Sicherungsvertrag gem. § 986 Abs. 1 BGB entgegensteht. Verweigert der Kreditschuldner die Herausgabe, wird er unberechtigter Besitzer i.S.v. §§ 987 ff. BGB und ist zur Herausgabe von Nutzungen gem. § 987 Abs. 1 verpflichtet[234], die auf den Kredit anzurechnen sind (vorst. Rn. 1226). Der unmittelbare Besitz des Sicherungsnehmers kann im gegebenen Fall dessen gutgläubigen Erwerb nach § 933 BGB herbeiführen (unten Rn. 1361). 1231

Ist der Wert der zur Sicherung übereigneten Sachen höher als der Kredit, fragt sich – die Wirksamkeit der Sicherungsgeschäfte vorausgesetzt (vorst. Rn. 1110) –, ob der Kreditgläubiger nur so viele Sachen herausverlangen kann, wie zur Deckung des Kredits erforderlich sind. Eine vergleichbare Regelung enthält § 803 Abs. 1 Satz 2 ZPO für den Fall der Zwangsvollstreckung (**Verbot der Überpfändung**), gleichermaßen § 1230 Satz 2 1232

229 BGH NJW 95, 2635 zu III.
230 Wobei § 34b GewO und die VersteigerungsVO zu beachten sind, dazu OLG Frankfurt am Main WRP 93, 364.
231 Zutreffend *Fischer*, WM 97, 597.
232 Gutachterausschuss für Wettbewerbsfragen, WRP 2000, 421.
233 BGH GRUR 85, 975; LG Hamburg, WRP 96, 833; *Koch*, WRP 95, 286.
234 BGH NJW 80, 226.

BGB für die Mobiliarverpfändung. Eine Übertragung dieser Regelung auf die Verwertung von Sicherungsgut hat zu berücksichtigen, dass vor der Verwertung nicht feststeht, wie hoch der Erlös sein wird. Unter dem Vorbehalt der darin liegenden Prognose kann der Kreditgläubiger sämtliche zur Sicherung übereigneten Sachen herausverlangen[235]. Sobald der Kredit aber abgedeckt ist und noch unveräußertes Sicherungsgut vorhanden ist, würde der Kreditgläubiger treuwidrig handeln, wenn er auch dieses Sicherungsgut noch verwertete. Verstößt der Kreditgläubiger gegen diese ihm aus dem Sicherungsvertrag obliegende Treuepflicht, macht er sich nach § 280 BGB gegenüber dem Kreditschuldner schadensersatzpflichtig, hat z.B. schuldhaft entgangene Mehrerlöse zu ersetzen. Die AGB der Kreditinstitute (vorst. Rn. 1225) tragen dieser Interessenlage Rechnung.

c) Besonderheiten der Verwertung von Forderungen und Rechten

1233 *aa)* Forderungen werden meist ohne Unterrichtung des Schuldners dieser Forderung vom Sicherungsgeber – als Gläubiger dieser Forderung – an den Sicherungsnehmer zur Sicherheit abgetreten (stille Zession der Sicherungsforderung, vgl. vorst. Rn. 1092). Die Geheimhaltung der wahren Gläubigerschaft wird oft noch dadurch verstärkt, dass der Sicherungsnehmer dem Sicherungsgeber als vormaligem Gläubiger die Befugnis erteilt, die Forderung beim Schuldner im eigenen Namen einzuziehen (Einziehungsermächtigung, unten Rn. 1448 ff.). Typischer Inhalt des Sicherungsvertrags ist in diesem Fall, dass die Einziehungsermächtigung unter der auflösenden Bedingung der Krise steht, mit diesem Zeitpunkt also von selbst erlischt. Jedenfalls berechtigt die Krise des Kreditschuldners den Kreditgläubiger zum Widerruf der Einziehungsermächtigung (§ 183 BGB). Will und darf der Kreditgläubiger die Forderung aufgrund dessen nunmehr selbst einziehen, muss er dem Schuldner gegenüber die bis dahin stille Zession offenlegen[236]. Die Krise führt mithin zu **Publizität**, indem sich der Kreditgläubiger dem Schuldner gegenüber als Gläubiger der Forderung zu erkennen geben darf. Ist die zur Sicherung abgetretene Forderung höher als der Kredit (wie regelmäßig im Falle der Sicherungsabtretung durch verlängerten Eigentumsvorbehalt, unten Rn. 1463), ist der Kreditgläubiger als alleiniger Inhaber dinglich befugt, die gesamte Forderung einzuziehen. Aus dem Sicherungsvertrag kann sich aber ergeben, dass der Kreditgläubiger die Forderung auch in der Krise nur teilweise, nämlich nur in Höhe des Kredits, einziehen darf und den Restbetrag dem Kreditschuldner auch dann noch zur Einziehung überlassen muss. In diesem Falle führt die Krise also nur zum teilweisen Entzug der Einziehungsermächtigung. Darf der Kreditgläubiger die gesamte Forderung einziehen, ist zumindest stillschweigender Inhalt des Sicherungsvertrags, dass er den Mehrerlös an den Kreditschuldner abzuführen hat (vorst. Rn. 1215). Sofern die Abtretung unwirksam sein sollte (Lohnzession: vorst. Rn. 1152), darf der Kreditgläubiger nicht selbst einziehen und die – vermeintliche – Abtretung auch nicht offenbaren. Es kommen Schadensersatzansprüche gem. § 824 Abs. 1, gem. § 823 Abs. 1 unter dem Gesichtspunkt der Persönlichkeitsrechtsverletzung und bei Vorsatz auch gem. § 826 BGB (vorst. Rn. 1203 ff.) in Betracht.

1234 Der Kreditgläubiger wird **Eigentümer** des eingezogenen Geldes und bei Überweisung Gläubiger des Anspruchs aus seinem Bankkonto. In der Insolvenz des Kreditgläubigers

235 BGH WM 61, 243; *Bülow*, WM 85, 373, 405 (409).
236 OLG Hamm, EWiR § 242 BGB 3/99, 341 (*Aden*).

fallen diese Beträge also in die Masse. Zahlt der Forderungsschuldner durch Scheck oder Wechsel, wird der Kreditgläubiger Eigentümer des Papiers und damit Inhaber der verbrieften Forderung.

Ist die zur Sicherheit abgetretene Forderung **vor** dem Kredit **fällig**, ist bei Einziehungser- **1235**
mächtigung für den Kreditschuldner kein Raum für eine Einziehung durch den Kreditgläubiger. Gelingt ihm dennoch unter Verstoß gegen den Sicherungsvertrag und unter Offenlegung der Abtretung gegenüber dem Schuldner der Forderung die Einziehung, erlangt er den Betrag der Sicherungsforderung, obwohl er noch gar keinen Anspruch auf Kreditrückzahlung hatte. Er hat ungerechtfertigten Zinsgewinn aus dem eingezogenen Geld. In diesem Falle wird man den Sicherungsvertrag ergänzend dahin auszulegen haben, dass dem Kreditschuldner entsprechende Zinsen zustehen. Die Höhe der Zinsen bemisst sich nach entgangenen Anlagemöglichkeiten des Kreditschuldners, beispielsweise nach den erzielbaren Zinsen durch Festgeld. Die Verpflichtung, das Geld nach Maßgabe von § 1288 BGB mündelsicher gem. §§ 1806 ff. BGB anzulegen, dürfte für die Sicherungsabtretung nicht anzunehmen sein[237]: Die Umständlichkeit dieses Verfahrens steht im Interesse der Parteien damit ihrem gem. §§ 133, 157 BGB maßgeblichen Willen an problemloser Abwicklung entgegen[238] (vorst. Rn. 1221).

bb) Soweit der Sicherungsgeber Einziehungsermächtigung hat (vorst. Rn. 1233), kann er **1236**
die Forderung auch im Wege der Klage einziehen, weil der Sicherungsvertrag in aller Regel so auszulegen ist, dass der Zedent aufgrund **gewillkürter Prozessstandschaft** klagebefugt ist (unten Rn. 1451). Allerdings muss der klagende Zedent die Tatsache der Abtretung im Prozess offenlegen[239]. Aber auch nach Entzug der Einziehungsermächtigung kann der Kreditgläubiger Interesse haben, den Kreditschuldner klagen zu lassen, zumal die Klage auf Leistung an den Zessionar gerichtet sein muss. Indessen erscheint die durch die Zulassung der gewillkürten Prozessstandschaft entstehende Verschiebung der Parteirollen ohne Einziehungsermächtigung nicht gerechtfertigt; sie ist an diese geknüpft. Richtigerweise[240] muss der Zessionar also selbst klagen[241].

cc) Als Alleininhaber der zur Sicherheit abgetretenen Forderung kann der Kreditgläubi- **1237**
ger über sie auch dadurch verfügen, dass er sie seinerseits an einen Dritten abtritt. Dieser **Weiterabtretung** wird als Verpflichtungsgeschäft in aller Regel ein Kaufvertrag (§§ 453 Abs. 1 i.V.m. 433 Abs. 1 Satz 1 BGB) zugrundeliegen. Aus dem Kaufpreis für die abgetretene Forderung kann sich der Sicherungsnehmer befriedigen. Vor der Krise des Kreditschuldners darf der Kreditgläubiger die Sicherungsforderung nicht abtreten (wenn er es auch kann, § 137 Satz 1 BGB, vorst. Rn. 1188), weil der Kreditschuldner, wenn er sich vertragstreu verhält, Anspruch auf Rückabtretung der Forderung hat; dieser Anspruch würde vereitelt. War die Sicherungsforderung unter der auflösenden Bedingung der Vertragstreue des Kreditschuldners abgetreten, wäre eine vorherige Abtretung durch den Kreditgläubiger gem. § 161 Abs. 2 BGB unwirksam. Da der Kreditgläubiger auch bei der Verwertung die Grundsätze von Treu und Glauben zu beachten hat, darf der Kreditschuld-

237 So aber BGH WM 61, 25.
238 Ebenso im Ergebnis Schlegelberger/*Hefermehl*, Anh. § 382 HGB Rn. 291; *Bülow*, WM 85, 373, 405 (411).
239 *Frank*, ZZP 92 (1979), 321 (344/345); *Koch*, JZ 84, 809 (812); *Brehm*, KTS 85, 1 (5 ff.); zur Vollstreckungsstandschaft BGH ZIP 85, 247.
240 Anderer Ansicht BGHZ 30, 162 (166); 32, 67 (71); 92, 347 (349); BGH NJW-RR 87, 57.
241 *Bülow*, WuB VII A. – 1.86 zu BGH WM 86, 57.

ner durch die Abtretung nicht schlechter gestellt werden, als wenn der Kreditgläubiger die Forderung eingezogen hätte. Erzielt der Kreditgläubiger durch die Abtretung einen niedrigeren Kaufpreis als es dem Betrag der Einziehung entsprochen hätte, geht dies deshalb zu Lasten des Kreditgläubigers. Im gegebenen Falle ist er nach Treu und Glauben verpflichtet, dem Kreditschuldner einen durch den Verkauf nicht erzielten, aber erzielbaren Mehrerlös zu erstatten[242]. Einen tatsächlich erzielten Mehrerlös hat er ohnehin auszukehren (vorst. Rn. 1215). Innerhalb des Rahmens von Treu und Glauben bewegt sich der Kreditgläubiger aber noch, wenn er dem Käufer und Zessionar der Forderung einen Nachlass gewährt mit der Folge, dass er dadurch sogleich und nicht erst später befriedigt wird[243]. In diesem Falle besteht kein Anspruch auf Erstattung des Betrages, der diesem Nachlass entspricht. Hängt die Fälligkeit der abgetretenen Forderung von einer Kündigung ab (§ 488 Abs. 3 BGB), kann es der Sicherungszweck gebieten, vom Kündigungsrecht Gebrauch zu machen (ebenso § 1286 für die Verpfändung[244]). Es ist freilich an die Einziehungsermächtigung gebunden.

1238 Die Rechtsstellung des Zessionars der Sicherungsforderung ist nur dann durch den Sicherungsvertrag zwischen Sicherungsnehmer und Sicherungsgeber beeinflusst, wenn er in die Verpflichtungen aus dem Sicherungsvertrag eintritt; zu einer solchen Vertragsgestaltung ist der Sicherungsnehmer gegenüber dem Sicherungsgeber verpflichtet (vorst. Rn. 1183). Unterbleibt dies aber, treffen ihn Beschränkungen und Pflichten aus dem Sicherungsvertrag (z.B. die Abtretung noch nicht zu offenbaren), nicht – solche wären rechtsgeschäftliche Verfügungsbeschränkungen, die gem. § 137 Satz 1 BGB keine dingliche Wirkung haben.

1239 *dd)* Gegenstand der Sicherungsabtretung können außer Forderungen alle sonst **übertragbaren Rechte** sein (unten Rn. 1367). Die Verwertung nach Zwangsvollstreckungsrecht, wie sie für die Verpfändung von Rechten gem. § 1277 vorgeschrieben ist (oben Rn. 689), ist für die Sicherungsabtretung nicht möglich: Zwar gibt es die Zwangsvollstreckung in eigene Sachen, aber nicht in eigene Rechte; der Sicherungsnehmer kann nicht sein eigener Drittschuldner oder Schuldner (§ 857 Abs. 2 ZPO) sein. Das Recht ist also durch Privatrechtsgeschäft gem. §§ 413, 398 ff. BGB zu veräußern. Ist das Recht durch **Order- oder Inhaberpapiere** verbrieft, ist der Sicherungsnehmer entsprechend § 1294 BGB (oben Rn. 714) zur Einziehung und ggf. Kündigung vor Fälligkeit der gesicherten Forderung berechtigt, da z.B. für Wechsel Vorlegungstermine vorgeschrieben sind (Art. 38 Abs. 1 WG) oder etwa Aktien im Kurs fallen können. Andernfalls könnte die Realisierung des der Sicherung dienenden Rechts vereitelt oder erschwert werden. Die Möglichkeit freihändigen Verkaufs, wie sie im Falle der Verpfändung gem. § 1295 BGB vorgesehen ist, gilt für die Sicherungstreuhand ohnehin (oben Rn. 715, 1221).

1240 Die Verwertung von **Gesellschaftsanteilen**, die zur Sicherheit übertragen worden waren (unten Rn. 1439 ff.), geschieht dadurch, dass der Kreditgläubiger entweder den Anteil veräußert und den Veräußerungserlös auf den Kredit anrechnet (vorausgesetzt, der Gesellschaftsvertrag lässt eine solche Veräußerung zu) oder dass er das Gesellschaftsverhältnis

242 Schlegelberger/*Hefermehl*, Anh. § 382 HGB Rn. 293; RGZ 76, 345 (348 f.).
243 BGH WM 56, 1353.
244 *Bülow*, WM 85, 373, 405 (411).

kündigt (soweit ihm ein solches Recht eingeräumt ist) und das damit entstehende Auseinandersetzungsguthaben zur Tilgung verwendet[245].

d) Besonderheiten der Verwertung im Falle erstreckter Eigentumsvorbehalte

aa) Die **Verlängerung des Eigentumsvorbehalts** liegt in der Abtretung der Forderung aus dem Weiterverkauf der Vorbehaltsware und sichert den Kaufpreisanspruch des Vorbehaltslieferanten (unten Rn. 1461). Es handelt sich um eine Sicherungsabtretung, für welche die allgemeinen Verwertungsregeln (vorst. Rn. 1233 ff.) gelten. 1241

bb) Die **Erweiterung des Eigentumsvorbehalts** liegt darin, dass die Vorbehaltsware nicht nur der Sicherung des Kaufpreises dient, sondern darüber hinaus der Sicherung anderer Forderungen aus der Geschäftsverbindung, so dass die Vorbehaltsware insoweit Sicherungsgut ist (unten Rn. 1508). Der Vorbehaltslieferant hat das Rücktrittsrecht aus § 449 BGB und das Recht zur Ausübung des Eigentumsvorbehalts (oben Rn. 746) auch dann, wenn der Vorbehaltskäufer solche anderen Forderungen nicht fristgerecht tilgt. Gemäß § 346 Abs. 1 BGB hat der Vorbehaltskäufer die empfangene Leistung zurückzugewähren, also den unmittelbaren Besitz an der Vorbehaltsware. Er selbst hat aber seinerseits Anspruch auf Rückzahlung des geleisteten Kaufpreises für die Vorbehaltsware, den er dem Herausgabeanspruch des Verkäufers zunächst einredeweise entgegensetzen kann (§ 348 BGB). Den Rückzahlungsanspruch und damit das Zurückbehaltungsrecht des Vorbehaltskäufers kann der Verkäufer aber vernichten, indem er die Aufrechnung mit den noch offenen sonstigen Forderungen erklärt (§ 389 BGB), deren Sicherung der erweiterte Eigentumsvorbehalt ja gerade dient. Daraus folgt, dass der Rücktritt beim erweiterten Eigentumsvorbehalt im wirtschaftlichen Ergebnis einer Verfallklausel (§§ 1149, 1229, vorst. Rn. 1228) gleichkommt – der Lieferant als Kreditgläubiger bleibt endgültig Eigentümer der Vorbehaltsware. Ein Sittenwidrigkeitsmoment liegt darin nicht, weil die Anwendung der Rücktrittsbestimmungen nur sicherstellt, dass der Wert der Vorbehaltsware und offene Rechnungen des Lieferanten in richtigem Verhältnis zueinander stehen. Auch der erweiterte Eigentumsvorbehalt kann dem Verkäufer also nicht zu höherem Wertererwerb bei der Verwertung verhelfen als es seinen offenen und gesicherten Forderungen gegenüber dem Vorbehaltskäufer entspricht. 1242

Beim **Konzernvorbehalt** soll die Vorbehaltsware auch Forderungen sichern, deren Schuldner der Vorbehaltskäufer gegenüber konzernverbundenen Unternehmen des Vorbehaltslieferanten ist (unten Rn. 1513). Bis zum 31.12.1998 waren solche Vorbehalte möglich, da § 449 Abs. 3 BGB (oben Rn. 739) erst danach in Kraft trat. Für **Altfälle** tritt folgendes Problem auf: Wegen der rechtlichen Selbständigkeit der konzernverbundenen Unternehmen fehlt es an der Aufrechnungsvoraussetzung (vorst. Rn. 1242) der personenbezogenen Gleichartigkeit: Der Lieferant als Vorbehaltsverkäufer ist zwar Schuldner des Rückgewähranspruchs auf den Kaufpreis, den der Vorbehaltskäufer geltend machen kann; die offene und gesicherte Forderung, mit der der Lieferant aufrechnen will, steht im Konzernvorbehalt aber nicht ihm, sondern einem anderen Konzernunternehmen zu, also rechtlich (wenn auch nicht wirtschaftlich) einem Dritten. Die Privatautonomie gestattet es aber, die im erweiterten Eigentumsvorbehalt liegende Aufrechnungsvereinbarung so auszugestalten, dass auch die Aufrech- 1243

245 *John*, Gesellschaftsanteile als Kreditsicherheit, S. 98; *Mühl*, Gesellschaftsanteile als Kreditsicherheit, S. 154; *Rümker*, WM 73, 626 (628 f.); *Riegger*, BB 72, 115.

nung mit Forderungen Dritter (anderer Konzernunternehmen) zulässig sein soll[246]. In **Neufällen** ergreift die Nichtigkeitsfolge von § 449 Abs. 3 BGB auch derartige Aufrechnungsvereinbarungen[247].

1244 Von der Nichtigkeitsfolge aus § 449 Abs. 3 nicht erfasst ist der **Konzernvorbehalt auf der Käuferseite** (unten Rn. 1519), bei dem die aufschiebende Bedingung aus § 449 Abs. 1 erst eintritt, wenn nicht nur der Käufer, sondern auch mit ihm verbundene Konzernunternehmen ihre Verbindlichkeiten beim Verkäufer getilgt haben (unten Rn. 1513). Hierfür gilt: Der Lieferant kann den Rücktritt oder den Eigentumsvorbehalt auch dann ausüben, wenn der Vorbehaltskäufer überhaupt nicht mehr sein Schuldner ist, sondern nur noch ein dem Vorbehaltskäufer verbundenes Unternehmen in die Krise gerät. Dem Rückgewähranspruch des Vorbehaltskäufers muss der Lieferant dann aufrechnungsweise eine Forderung entgegensetzen, die ihm nicht gegen den Vorbehaltskäufer, sondern gegen einen Dritten (das Konzernunternehmen des Vorbehaltskäufers) zusteht. Auch solche Aufrechnungsvereinbarungen lässt die Vertragsfreiheit zu[248]. Der konzernverbundene Vorbehaltskäufer muss die Sache also an den Verkäufer herausgeben, obwohl er keine Verbindlichkeit mehr bei ihm hat. Der Konzernvorbehalt kann mithin, und sei es konkludent, Aufrechnungsvereinbarungen in zweierlei Richtung enthalten: Dass der Verkäufer mit Forderungen Dritter und mit Forderungen gegenüber Dritten aufrechnen darf, nämlich mit Forderungen, die nicht ihm, sondern nur mit ihm verbundenen Konzernunternehmen zustehen (Altfälle vor Inkrafttreten von §§ 449 Abs. 3 BGB resp. 455 Abs. 2 BGB a.F., vorst. Rn. 1243), und mit Forderungen, die zwar ihm zustehen, aber nicht gegen den Vorbehaltskäufer, sondern gegen Konzernunternehmen bestehen, die mit diesem verbunden sind.

1245 *cc)* Beim **nachgeschalteten Eigentumsvorbehalt** (unten Rn. 1535) veräußert der Vorbehaltskäufer die Sache an seinen Abnehmer seinerseits unter Eigentumsvorbehalt weiter. Schuldrechtliche Beziehungen gibt es zwischen Lieferanten und dem Vorbehaltsabnehmer nicht, sondern nur zwischen Lieferant und Vorbehaltskäufer. Den nachgeschalteten Eigentumsvorbehalt muss der Vorbehaltskäufer in seiner Eigenschaft als Kaufvertragspartei seines Abnehmers ausüben. Gerät nicht dieser Abnehmer in die Krise, sondern der Vorbehaltskäufer, kann der Lieferant zurücktreten resp. den Vorbehalt ausüben (oben Rn. 757). Aber die Sache ist beim Abnehmer des Vorbehaltskäufers. Will der Lieferant gegenüber dem Abnehmer des Vorbehaltskäufers vindizieren (§ 985), steht diesem aufgrund seines Anwartschaftsrechts ein Recht zum Besitz gem. § 986 Abs. 1 Satz 1 zu. Dieses Anwartschaftsrecht ist als Folge der Veräußerung im ordnungsgemäßen Geschäftsverkehr wirksam begründet worden (§ 185 Abs. 1, unten Rn. 1477) und könnte, sollte der Abnehmer den Kaufpreis nicht vertragsgemäß leisten, nur durch den Vorbehaltskäufer als Kaufvertragspartei beseitigt werden, aber nicht durch den Lieferanten. Dieser kann nur vindizieren, wenn sowohl der Vorbehaltskäufer wie der Abnehmer in die Krise geraten und sowohl das ursprüngliche Anwartschaftsrecht wie das nachgeschaltete beseitigt werden. Aus dem Kaufvertrag zwischen Lieferanten und Vorbehaltskäufer ist dieser verpflichtet, seine Rechte gegenüber dem Abnehmer auszuüben.

---

246 RGZ 132, 218 (221); *Bülow*, JuS 91, 529 (536).
247 *Bülow*, DB 99, 2196 (2198).
248 RGRK/*Weber*, § 387 BGB Rn. 3.

3. Insolvenz

Durch die am 1.1.1999 in Kraft getretene Insolvenzordnung (InsO) sind die Grundfragen der insolvenzrechtlichen Behandlung von Sicherungsübereignung und Sicherungsabtretung beantwortet und damit zugleich Streitfragen unter der Geltung von KO, VerglO und GesamtvollstreckungsO (dazu 2. Aufl. Rn. 1437 ff.) obsolet geworden. **1246**

a) Insolvenz des Sicherungsgebers

aa) Der Insolvenzfall ist immer auch der Sicherungsfall. Der Kreditgläubiger hat keine Aussicht auf vertragsgemäße Tilgung des Kredits, sondern allenfalls auf eine Insolvenzquote. An der Verwertung des Sicherungsgegenstandes sieht sich der Kreditgläubiger und Sicherungsnehmer durch die Eröffnung des Insolvenzverfahrens gehindert. Das volle ihm aufgrund Sicherungstreuhand übertragene Recht erlaubt es ihm auch nicht, Herausgabe vom Verwalter, also Aussonderung (§ 47 InsO) zu verlangen. Vielmehr verwirklicht sich der bloße Sicherungscharakter der vollen Rechtsinhaberschaft: Der Sicherungsnehmer wird ebenso wie ein Pfandgläubiger behandelt und kann nur **abgesonderte Befriedigung** i.S.v. §§ 50, 51 Nr. 1 InsO verlangen. Der Gegenstand wird also verwertet und der Sicherungsnehmer aus dem Verwertungserlös vorweg befriedigt. Die Verwertung liegt in der Hand des Insolvenzverwalters: Sicherungsgut, das er in Besitz hat[249], darf er gem. § 166 Abs. 1 InsO freihändig verwerten, aber auch gem. § 170 Abs. 2 InsO zu diesem Zwecke dem Sicherungsnehmer überlassen[250]. Nach Lage des Einzelfalls kann der Verwalter das Sicherungsgut nutzen (§ 170 Abs. 1 InsO) und sogar verbinden, vermischen oder verarbeiten (§ 170 Abs. 2 InsO, §§ 946 ff. BGB)[251]. Abweichungen können aufgrund eines Insolvenzplans (§ 217 InsO) auftreten[252]. Eine Sicherungsforderung darf der Verwalter gem. § 166 Abs. 2 InsO einziehen, sei die Abtretung still oder offen gewesen[253]. Die Abtretung von Arbeitnehmerentgelten (vgl. vorst. Rn. 1128) wirkt gem. § 114 Abs. 1 InsO nur für einen Zeitraum von drei Jahren[254]. **1247**

Es kann vorkommen, dass der Sicherungsnehmer mit seinem Absonderungsrecht zu spät kommt, sei es, dass der Kreditschuldner und spätere Gemeinschuldner den Sicherungsgegenstand noch vor Verfahrenseröffnung veräußert oder die Sicherungsforderung eingezogen oder[255] der Verwalter nach Eröffnung in dieser, d.h. unberechtigten Weise gehandelt hatte. Dem Aussonderungsberechtigten gewährt § 48 InsO einen Ersatzanspruch auf die noch ausstehende Gegenleistung für die Veräußerung (Satz 1) oder, wenn diese schon erbracht worden war, einen Anspruch gegen die Masse (vorausgesetzt die Gegenleistung ist dort noch unterscheidbar vorhanden, z.B. die Kontobewegung noch feststellbar). In ana- **1248**

249 *Eckhardt*, ZIP 99, 1734 (1735); *Smid*, WM 99, 1141 (1153).

250 *Obermüller*, Schriften der bankrechtlichen Vereinigung, Band 6, S. 127 (131); *ders.*, ZBB 92, 202 (211); *Hilgers*, Besitzlose Mobiliarsicherheiten, S. 105 ff.; *ders.*, DZWIR 97, 303; *Hess*, Schriften der bankrechtlichen Vereinigung, Band 16, S. 101 (122); nach § 127 Abs. 2 KO war die Verwertung vom Sicherungsnehmer durchzuführen, der vom Konkursverwalter Herausgabe verlangen konnte, *Henckel*, in: Festschr. Zeuner, S. 193 (211); *Steder*, ZIP 96, 1072 (1078); *Baudrexl*, JuS 96, 691 (694).

251 *Bork*, in: Festschr. Gaul, S. 71.

252 *Obermüller*, WM 98, 483 (486).

253 BGH WM 2002, 1797; BGHZ 147, 233 (239).

254 *Becker*, Maßvolle Kreditsicherung, S. 195.

255 Die Einziehung ist „Veräußerung" i.S. der Vorschrift von § 48, *Gundlach*, KTS 96, 505 (512).

loger Anwendung von § 48 InsO entsteht auch ein **Ersatzabsonderungsrecht**[256]. War die Gegenleistung allerdings vor Verfahrenseröffnung erbracht worden, geht der Sicherungsnehmer leer aus[257].

1249 *bb)* Gegenstand der Sicherungstreuhand kann ein erst **in der Zukunft entstehender Gegenstand** sein, der antizipiert übertragen worden war (unten Rn. 1291, 1417). Tritt die Verfahrensöffnung nach dem Zeitpunkt des Übertragungsgeschäfts (Einigung § 929, Abtretung § 398 BGB), aber vor Entstehung des Gegenstandes ein, kann der Sicherungsnehmer aufgrund von § 91 Abs. 1 InsO den Gegenstand nicht mehr erwerben, erlangt mithin auch kein Absonderungsrecht[258] (zum verlängerten Eigentumsvorbehalt nachf. Rn. 1255). Die antizipierte Übertragung ist also nicht insolvenzfest. Besonderes gilt für die Vorausabtretung des kausalen Schlusssaldos aus einer **Kontokorrentbindung** (§ 355 HGB) des Sicherungsgebers mit einem Dritten. Durch die Einstellung in das Kontokorrent verlieren die einzelnen Forderungen, die später in den Saldo münden, zwar ihre Selbständigkeit und können gem. § 357 HGB nicht einzeln gepfändet werden[259], waren aber doch schon entstanden und lediglich nicht einzeln durchsetzbar und nicht abtretbar[260]. Man mag daran denken, die Berechtigung des Sicherungsnehmers an der einzelnen, aber unselbständigen Kontokorrentforderung als Anwartschaftsrecht des Zessionars zu sehen, das in den später entstehenden Schlusssaldo als Vollrecht aufgeht[261]. Folgt man dem, steht § 91 InsO einem Absonderungsrecht nicht entgegen[262].

1250 *cc)* Der aus dem Sicherungsvertrag folgende **Rückübertragungsanspruch** gehört in der Insolvenz des Sicherungsgebers zur Masse. Verlangt der Verwalter aus dem Sicherungsvertrag Rückübertragung des zur Sicherheit auf den Sicherungsnehmer übertragenen Gegenstandes (vorst. Rn. 1169), liegt hierin nicht etwa eine Ausübung des Wahlrechts aus § 103 InsO, weil es sich bei dem Sicherungsvertrag nicht um einen gegenseitigen Vertrag handelt (vorst. Rn. 1161). Deshalb wird der Anspruch des Sicherungsnehmers aus dem Kredit, der gesicherten Forderung, keine Masseschuld (§ 55 Abs. 1 Nr. 2 InsO)[263], sondern ist gewöhnliche Insolvenzforderung.

1251 Hatte der Sicherungsgeber den **Anspruch auf Rückübertragung** des Sicherungsgegenstandes vor Verfahrenseröffnung **abgetreten**, war der Zessionar Inhaber des Anspruchs geworden, dem § 91 Abs. 1 InsO nicht entgegensteht. Der Rückübertragungsanspruch ist nämlich kein zukünftiger, sondern ein bereits mit Übertragung des Gegenstandes auf den Sicherungsnehmer aufschiebend bedingt entstandener Anspruch (vorst. Rn. 1169). Der Bedingungseintritt nach Verfahrenseröffnung hindert den Erwerb nicht[264]. Führt der Zes-

---

256 BGHZ 139, 399 = WM 98, 2160 mit Anm. *Hess*, WuB VI G. – 1.99 und Komm. *Marotzke*, EWiR § 48 InsO 1/99, 27; WM 2000, 262 zu II. 1. b. mit Anm. *Urbanczyk*, WuB VI G. – 1.2000; BT-Drucks. 12/7302, S. 160; *Harder*, KTS 2001, 97 (102).

257 OLG Düsseldorf WM 93, 2183 zu II. mit Anm. *Bülow*, WuB VI B. – 1.94; *Dieckmann*, Festschr. Henkel, S. 95 (114); für Scheckzahlung BGH WM 90, 1883 zu I. 2.

258 BGH NJW 55, 544; BGHZ 30, 238; *Medicus*, JuS 67, 385 (388).

259 BGHZ 80, 172; OLG Stuttgart ZIP 94, 222 mit Komm. *Kebekus*, EWiR § 15 KO 1/94, 167.

260 Die Kontokorrentbindung enthält ein Abtretungsverbot i.S.v. § 399 BGB: *Bülow*, Handelsrecht, S. 119.

261 *Serick*, BB 78, 873 (880).

262 BGHZ 70, 86; *Bülow*, Handelsrecht, S. 123/124 f.; a.A. dezidiert *Canaris*, Handelsrecht, § 25 VI. 2. c. (S. 389).

263 BGH NJW 80, 226 zu IV. 2. b.; Schlegelberger/*Hefermehl*, Anh. § 382 HGB Rn. 251.

264 BGH NJW 77, 247 zu II.

sionar deshalb den Bedingungseintritt herbei, indem er die noch ausstehende gesicherte Forderung des Kreditgläubigers erfüllt, ist er absonderungsberechtigt. Kein Absonderungsrecht erlangt dagegen ein Gläubiger, der den Gegenstand, den der Schuldner schon an einen anderen übertragen hatte, erst aufgrund Konvaleszenz nach § 185 Abs. 2 Satz 1, 2. Alt. BGB (vorst. 968a) hätte erwerben können. Dieser Erwerb ist nicht weniger ungewiss als der Erwerb eines antizipiert übertragenen Rechts (vorst. Rn. 1250)[265].

Gegenstand der Abtretung kann eine Forderung aus einem gegenseitigen Vertrag sein, die **1252** bei Verfahrenseröffnung noch nicht vollständig erfüllt war. Dem Verwalter erwächst das Wahlrecht aus § 103 InsO (oben Rn. 824). Nach Ansicht des BGH[266] entstehen solche Forderungen mit Verfahrenseröffnung neu, so dass dem Erwerb durch den Zessionar § 91 InsO entgegensteht. Jedenfalls erlischt die Forderung, wenn der Verwalter Nichterfüllung wählt, so dass der Zessionar leer ausgeht[267].

dd) Darlehen an eine **Gesellschaft mit beschränkter Haftung**, die die Funktion haben, **1253** erforderliches **Stammkapital zu ersetzen**, können nach Maßgabe von §§ 30, 31 GmbHG bis zur Höhe des Kapitalanteils nicht zurückgefordert werden (oben Rn. 1049) und begründen infolgedessen auch keine Insolvenzforderung des Gesellschafter-Darlehensgebers. Darüber hinaus können Gesellschafter-Darlehen, die über das Stammkapital hinausgehen, vom Darlehensgeber in der Insolvenz der Gesellschaft gem. § 32a Abs. 1 GmbHG nur beschränkt geltend gemacht werden, nämlich nur nachrangig gegenüber anderen Insolvenzgläubigern (§ 39 Abs. 1 Nr. 5 InsO), wenn das Darlehen die Funktion des Eigenkapitalersatzes, also einer Kapitalerhöhung, hatte. Hat nicht ein Gesellschafter, sondern ein Dritter das Darlehen gewährt und sich von einem Gesellschafter eine Sicherheit bestellen lassen, muss er sich gem. § 32a Abs. 2 GmbHG zunächst an die Sicherheit halten und kann nur denjenigen Betrag als Insolvenzforderung geltend machen, mit dem er ausgefallen ist[268]. Zahlt die Gesellschaft das Darlehen an den Dritten im letzten Jahr vor Verfahreneröffnung zurück, muss der die Sicherheit gebende Gesellschafter – wenn er nicht Kleingesellschafter ist, § 32a Abs. 3 Satz 2 – das Darlehen in Höhe der Sicherheit gem. § 32b GmbHG an die insolvent gewordene GmbH erstatten[269]. Darüber hinaus unterliegen die Sicherungsgeschäfte gem. § 135 InsO der insolvenzrechtlichen Anfechtung (s. auch oben Rn. 1067).

b) Insolvenz des Sicherungsnehmers

In der Insolvenz des Sicherungsnehmers als Vollrechtsinhaber stellt sich die Frage, ob der **1254** Sicherungsgegenstand in die Masse einzuverleiben ist oder ob der Sicherungsgeber, der seine Rechtsinhaberschaft dem Sicherungsnehmer als jetzigem Gemeinschuldner nur zu treuen Händen überlassen hatte, Anspruch auf Aussonderung (§ 47 InsO) hat. Für den Sicherungsgeber stellt sich die Frage nach einem Absonderungsrecht (§ 51 Nr. 1 InsO) nicht, hat er doch gar kein Verwertungsrecht, sondern im Gegenteil die Pflicht, die Ver-

265 *Bülow*, WM 98, 845 (848).
266 BGHZ 106, 236.
267 *Gerhardt*, in: Festschr. Knobbe-Keuk, S. 169 (172 ff.); krit. *Adam*, DZWIR 98, 227.
268 *K. Schmidt*, ZIP 99, 1821 (1824).
269 BGH WM 86, 17 mit Komm. *Schmidt*, EWiR 1/86 zu § 32 GmbHG; BGH WM 87, 468; LG Kiel WM 84, 805.

wertung zu dulden. Die nur treuhänderische Bindung bedeutet, dass der Sicherungsgegenstand bei vertragsgemäßem Verhalten des Kreditschuldners nicht endgültig beim Sicherungsnehmer verbleibt, sondern nur zeitweise. Die Einverleibung eines Gegenstandes in die Insolvenzmasse des Sicherungsnehmers würde dagegen ihre Verwertung und damit endgültiges Verbleiben in der Masse bedeuten, was bei vertragsgemäßem Verhalten des Kreditschuldners nach Maßgabe des Sicherungsvertrages gerade ausgeschlossen ist. Im Sinne von § 47 InsO gehört der Sicherungsgegenstand deshalb nicht zur Masse, der Sicherungsgeber ist **aussonderungsberechtigt**[270]. Allerdings erlangt der Sicherungsgeber nicht mehr Rechte als ohne Insolvenz des Sicherungsnehmers. Vielmehr bleibt die treuhänderische Bindung auch gegenüber der Masse bestehen. Führt der Kreditschuldner den Kredit nicht vertragsgemäß zurück, fällt der Sicherungsgegenstand deshalb endgültig in die Masse.

c) Besonderheiten für den verlängerten Eigentumsvorbehalt

1255 *aa)* Ist in der **Insolvenz des Vorbehaltskäufers** die Vorbehaltsware schon vor Verfahrenseröffnung weiterveräußert worden, also die antizipiert zur Sicherheit abgetretene Forderung entstanden (unten Rn. 1461), hat der Vorbehaltslieferant wie jeder andere Sicherungszessionar das Absonderungsrecht aus § 51 Nr. 1 InsO[271] (vorst. Rn. 1247). Allerdings scheitert der verlängerte Eigentumsvorbehalt, wenn die Forderung aus dem Weiterverkauf kontokorrentgebunden war (unten Rn. 1477). Der Vorbehaltslieferant kann sich sichern, indem er sich den Anspruch des Vorbehaltskäufers auf den kausalen Schlusssaldo abtreten lässt. § 91 Abs. 1 InsO stehen nicht entgegen (vorst. Rn. 1249).

1256 War die Vorbehaltsware bei Verfahrenseröffnung noch beim Vorbehaltskäufer, dem jetzigen Gemeinschuldner, und war der Kaufpreis noch nicht geleistet worden, hat der Verwalter das Wahlrecht aus § 103 InsO wie im Falle des einfachen Eigentumsvorbehalts (oben Rn. 824). Wählt er Erfüllung, muss er den vollen Kaufpreis aus der Masse an den Vorbehaltslieferanten leisten (§§ 59 Abs. 1 Nr. 2 KO, 55 Abs. 1 Nr. 2 InsO).

1257 Liegt die Verlängerung des Eigentumsvorbehalts im Eigentumserwerb an der neuen Sache nach **Verarbeitung** der Vorbehaltsware (Verarbeitungsklausel, unten Rn. 1486), stellt sich die Frage nach Absonderungs- oder Aussonderungsrecht ebenso wie beim Sicherungseigentum, das aufgrund von Verarbeitungsklauseln dem Wesen nach ja auch entsteht. Der Vorbehaltslieferant hat infolgedessen gem. § 51 Nr. 1 InsO Anspruch auf abgesonderte Befriedigung (vorst. Rn. 1247).

1258 *bb)* In der **Insolvenz des Vorbehaltslieferanten** hat der Verwalter kein Wahlrecht; der Vorbehaltskäufer kann gem. § 107 Abs. 1 InsO Erfüllung verlangen (oben Rn. 825). Er darf also die Vorbehaltsware behalten und muss den Kaufpreis in der mit dem Gemeinschuldner vereinbarten Fälligkeit an die Masse leisten. Veräußert er die Vorbehaltsware vorher vertragsgemäß weiter, fällt die zur Sicherheit abgetretene Forderung aus diesem Weiterverkauf in die Masse (vorst. Rn. 1249).

---

270 BGH WM 92, 180; Serick, Band III, § 35 II. 2. a. (S. 294 f.); für Gesellschaftsanteile: *Mühl*, Gesellschaftsanteile als Kreditsicherheit, S. 129 (155).

271 *Hess*, Schriften der bankrechtlichen Vereinigung, Band 16, S. 101 (140); LG Lübeck DZWIR 2000, 302 mit Anm. *Gundlach*.

d) Besonderheiten für den erweiterten Eigentumsvorbehalt

1259 *aa)* In der Insolvenz des Käufers würde das Wahlrecht des Verwalters gem. §§ 103, 107 Abs. 2 InsO voraussetzen, dass der Vorbehalt durch Tilgung der Kaufpreisforderung wegfallen könnte. Beim **eigentlichen Kontokorrentvorbehalt** ist diese Kaufpreisforderung aber im Kontokorrent gem. § 355 HGB aufgegangen, so dass der Vorbehalt allein den Schlusssaldo sichert (unten Rn. 1509). Die Tilgung des Kaufpreises lässt den Eigentumsvorbehalt deshalb gerade nicht erlöschen. Folglich könnte der Verwalter die Erfüllung, nämlich den Eigentumsübergang, nicht erreichen, so dass § 103 InsO nicht anwendbar ist, auch und gerade dann, wenn der Kaufpreis ganz oder teilweise offen ist[272]. Es bleibt vielmehr beim Eigentum des Vorbehaltsverkäufers. Dem Charakter des erweiterten Eigentumsvorbehalts als Sicherungsübereignung folgend hat der Verkäufer aber kein Aussonderungsrecht wie beim einfachen Eigentumsvorbehalt (oben Rn. 824), sondern nur ein Absonderungsrecht[273].

1260 *bb)* Beim **uneigentlichen Kontokorrentvorbehalt** besteht die Kontokorrentbindung i.S.v. § 355 HGB nicht, vielmehr behalten die einzelnen Forderungen uneingeschränkt ihre Selbständigkeit. Wird der Käufer insolvent, bevor der Kaufpreis für die Vorbehaltsware getilgt ist, so dass der Erweiterungsfall noch nicht eingetreten war[274], könnte der Verwalter das Wahlrecht gem. §§ 103, 107 Abs. 2 InsO ausüben und seinerseits durch Kaufpreiszahlung den Vertrag erfüllen, um den Eigentumsübergang für die Masse zu erreichen. Zwar bedeutet die Erweiterung, dass der Eigentumsvorbehalt fortbestehen und die Vorbehaltsware zum Sicherungsgut machen soll. Das aber würde ein nach der Verfahreneröffnung entstehendes Vorzugsrecht begründen, welches gem. § 91 Abs. 2 InsO den Gläubigern gegenüber unwirksam ist[275]. Der Verkäufer verliert deshalb sein Eigentum, wenn der Verwalter Erfüllung wählt. Folglich hat der Verkäufer trotz noch offener Forderungen aus der Geschäftsverbindung weder ein Absonderungs- noch ein Aussonderungsrecht. Dafür hat er den Kaufpreis.

1261 Wählt der Verwalter dagegen Nichterfüllung, hat der Verkäufer wie beim einfachen Eigentumsvorbehalt das Aussonderungsrecht gem. § 48 InsO (oben Rn. 824). War der Erweiterungsfall aber schon vor Verfahrenseröffnung eingetreten, d.h. war der Kaufpreis schon getilgt, gibt es kein Wahlrecht. Der Verkäufer als Sicherungseigentümer hat an der Ware deshalb nur ein Absonderungsrecht, kein Aussonderungsrecht[276].

1262 *cc)* In der **Käuferinsolvenz** gelten in Altfällen des **Konzernvorbehalts** (vorst. Rn. 1243) dieselben Grundsätze wie in anderen Fällen des erweiterten Eigentumsvorbehalts: Solange der Kaufpreis noch nicht getilgt ist und der Vorbehalt deshalb noch besteht, ist der Verkäufer in derselben Lage wie beim einfachen Eigentumsvorbehalt, so dass § 103 InsO anwendbar ist mit Anspruch auf vollen Kaufpreis bzw. mit Aussonderungsrecht. Ist der Kaufpreis schon getilgt, steht der Verkäufer wie ein Sicherungseigentümer mit Absonderungsrecht da. Beim Konzernvorbehalt auf der Käuferseite, der von § 449 Abs. 3 BGB nicht erfasst ist (vorst. Rn. 1244 und unten Rn. 1519), und Insolvenz eines

---

272 Schlegelberger/*Hefermehl*, Anh. § 382 HGB Rn. 176; *Serick*, BB 78, 1477 (1484).

273 BGH NJW 92, 2483 zu II. 2.; NJW-RR 91, 357 zu II. 2. b.; NJW 71, 799; BR-Drucksache 1/92, S. 125 zu § 58; *Marotzke*, Gegenseitige Verträge, Rn. 4.170, 172 (S. 169/170).

274 Schlegelberger/*Hefermehl*, Anh. § 382 HGB Rn. 177.

275 *Serick*, BB 78, 1477 (1483).

276 BGH NJW 78, 632; 86, 2948 zu II. 4. mit Bspr. *Goebeler*, JA 87, 44 und Komm. *Marotzke*, EWiR 4/86 zu § 17 KO; *Serick*, BB 78, 1477 (1481); *Bülow*, DB 99, 2196 (2199).

Vorbehaltskäufers, der ja gar keine Verbindlichkeiten mehr beim Verkäufer hat, sondern nur andere Konzernmitglieder, hat der Verkäufer die wirtschaftliche Stellung eines Pfandgläubigers, für dessen Forderungen eine schuldnerfremde Sache haftet (vgl. § 1210 Abs. 1 Satz 2 BGB). Der Verkäufer ist demgemäß absonderungsberechtigt gem. § 51 Nr. 1 InsO.

1263 In der **Insolvenz des Verkäufers** (Lieferanten) ist Raum für das Wahlrecht des Verwalters gem. §§ 103, 107 Abs. 2 InsO dann, wenn der Erweiterungsfall vor Insolvenzeröffnung noch nicht eingetreten war. Der Verwalter kann die Erfüllung ablehnen und Herausgabe der Vorbehaltsware verlangen. Er kann auch den Kaufpreis verlangen und damit den Vorbehalt erlöschen lassen. War der Erweiterungsfall bereits eingetreten, ist der Vorbehaltskäufer als Sicherungsgeber aussonderungsberechtigt, wenn er den Kaufpreis zahlt.

e) Poolverträge

1264 *aa)* In der **Insolvenz des Vorbehaltskäufers** stellt sich die Frage eines Wahlrechts des Verwalters auf Vertragserfüllung gem. § 103 Abs. 2 InsO nicht mehr, wenn der Verkäufer bereits gem. § 323 BGB zurückgetreten war resp. den Vorbehalt ausgeübt hatte (vgl. § 449 Abs. 2, oben Rn. 748). Der Verkäufer kann Aussonderung der verkauften Sache verlangen (oben Rn. 824). Tatsächliche Schwierigkeiten treten aber auf, wenn mehrere Verkäufer Sachen gleicher Art geliefert hatten, die der Verwalter zwar vorfindet (§ 148 InsO), bei denen aber nicht mehr festgestellt werden kann, welchem der Verkäufer welche Sache gehört: Der Käufer und nunmehrige Gemeinschuldner hatte die Vorbehaltswaren untrennbar miteinander vermengt (§ 948 BGB), so dass gem. § 947 Miteigentum entsteht. Die Aussonderung richtet sich auf das Miteigentum. Aber es kommt vor, dass auch die Höhe der Anteile, die den einzelnen Verkäufern zustehen, nicht ermittelt werden können, weil der jetzt vorhandene Bestand an Waren nur das Ergebnis laufender Veränderungen eines Warenlagers war (vgl. auch unten Rn. 1291). Die auf § 985 BGB gestützte Aussonderung setzt aber voraus, dass das Eigentum substantiiert dargelegt wird. Das können die Lieferanten nicht. Es kann namentlich nicht angenommen werden, dass ihnen nach Maßgabe von § 742 BGB gleiche Anteile zustehen, weil gem. § 741 die Regelung von § 948 Vorrang hat[277]. Die gleichen Probleme treten auf, wenn Sachen bei verlängertem Eigentumsvorbehalt vom Käufer weiterveräußert worden waren und die Lieferanten nicht angeben können, in welcher Höhe ihnen die Forderungen aus den Weiterverkäufen zustehen.

1265 Hier kann ein Zusammenschluss der Lieferanten helfen, mit dem sie gemeinsam ihren Anspruch auf Aussonderung als Miteigentümer geltend machen. Hat der Verwalter die Sache erst einmal herausgegeben, können sie sich untereinander einigen, wie die weitere Auseinandersetzung stattfindet. Die Insolvenzmasse und andere Insolvenzgläubiger sind nicht beeinträchtigt, weil feststeht, dass die Sachen nicht zur Masse gehören[278]; nur die Höhe der Anteile steht nicht fest. Der Zusammenschluss der Insolvenzgläubiger, der Pool, ist meist eine Gesellschaft bürgerlichen Rechts (§ 705 BGB)[279].

1266 *bb)* Waren sämtliche Verkäufer zurückgetreten, hatte der Käufer keinerlei Rechte an den Sachen erlangt, insbesondere seine Anwartschaftsrechte verloren. Es steht fest, dass sämt-

---

277 BGH NJW 58, 1534 mit zust. Anm. *Hoche; Weitnauer*, in: Festschr. Baur, S. 709 (712).

278 BGH WM 82, 482; 88, 1784 zu I. 1.; Abgrenzung BGH NJW 98, 2592 zu IV mit Anm. *Becker-Eberhard*, DZWIR 98, 376, *M. Huber*, LM Nr. 36/37/38 zu § 10 GesO und Komm. *Eckardt*, EWiR § 30 GmbHG 1/98, 699; *Weitnauer*, in: Festschr. Baur, S. 709 (713).

279 BGH NJW 92, 1501; LG Oldenburg EWiR § 85 KO 1/98, 205 (*Holzer*).

liche Sachen den Verkäufern, die ihre Rechte durch den Pool wahrnehmen, zustehen. Als Miteigentümer können sie gem. § 1011 BGB vom Verwalter Herausgabe an alle gemeinschaftlich verlangen. In der anschließenden Auseinandersetzung mögen sie von gleichen Anteilen (§ 742) ausgehen. Das gilt auch für die abgetretenen Forderungen aus den Zweitverkäufen[280].

cc) Anders ist es, wenn der Käufer seinerseits Miteigentümer geworden war, z.B. weil er einen Teil der Kaufpreise getilgt hatte. Es ist Miteigentum von Lieferanten einerseits und Käufer andererseits entstanden, ohne dass wiederum die Anteile bemessen werden könnten. § 1011 ist nicht anwendbar, weil der Beklagte, nämlich der für den Käufer stehende Verwalter, selbst für den Eigentümer auftritt, also zugleich Anspruchsberechtigter ist. Im Verhältnis von Käufer und Verkäufern kann wiederum § 742 BGB nicht angewandt werden[281]. Die Verkäufer können ihre an sich bestehenden Aussonderungsrechte nicht durchsetzen, der Pool scheitert. **1267**

dd) Sofern ein Teil der Verkäufer gem. § 323 BGB zurückgetreten ist, der Käufer aus anderen Kaufverträgen aber noch die Anwartschaftsrechte hat, kann der Verwalter das Wahlrecht aus § 103 Abs. 2 InsO ausüben. Lehnt er die Erfüllung ab, werden sämtliche Verkäufer Miteigentümer und können ihm als Pool zur Durchsetzung ihres Herausgabeanspruchs aus § 1011 entgegentreten (vorst. Rn. 1266). Leistet er die Kaufpreise aus der Masse, erstarken die Anwartschaftsrechte zum Volleigentum, und es tritt wiederum Miteigentum von Verkäufern und dem Käufer ein (vorst. Rn. 1267). Der Pool scheitert. **1268**

4. Zwangsvollstreckung

Zwangsvollstreckung in Sicherungsgegenstände bedeutet, dass ein Dritter, nicht an der Sicherungstreuhand Beteiligter durch Pfändung zugreift. Der Zugriff kann von einem Vollstreckungsgläubiger des Sicherungsnehmers oder von einem Vollstreckungsgläubiger des Sicherungsgebers ausgehen. Greift ein Vollstreckungsgläubiger des Sicherungsnehmers zu, sieht der Sicherungsgeber den Sicherungsgegenstand in Gefahr, den er doch zurück haben möchte, wenn sich der Sicherungszweck erledigt, z.B. das gesicherte Darlehen getilgt ist. Allerdings kann der Vollstreckungszugriff in eine Zeit fallen, in der der Sicherungsgeber schon in die Krise geraten war und das Verwertungsrecht des Sicherungsnehmers ausgelöst hatte. Greift andererseits ein Vollstreckungsgläubiger des Sicherungsgebers zu, sieht der Sicherungsnehmer den Sicherungsgegenstand in Gefahr, den er braucht, um gegen die Krise des Sicherungsgebers gesichert zu sein. **1269**

a) Zwangsvollstreckung gegen den Sicherungsnehmer

aa) Befand sich der Sicherungsgeber noch **nicht in der Krise**, kann er aufgrund der treuhänderischen Bindung der auf den Sicherungsnehmer übertragenen Vollrechtsinhaberschaft den vollstreckungsrechtlichen Rechtsbehelf der Drittwiderspruchsklage gem. § 771 ZPO erheben. Die treuhänderische Bindung begründet ein die Veräußerung hin- **1270**

280 BGH WM 88, 1784, wenn man nicht die Vorausabtretungen am Bestimmtheitsgrundsatz scheitern läßt, unten Rn. 1381.
281 BGH NJW 58, 1534.

derndes Recht im Sinne der Vorschrift[282]. Während der Sicherungsphase reicht die lediglich rechtsformale Inhaberschaft des Sicherungsnehmers nicht aus, um den Sicherungsgegenstand ganz seinem Vermögen und damit als Vollstreckungsobjekt für seine Gläubiger zuzurechnen.

1271 *bb)* War der Sicherungsnehmer aufgrund des Sicherungsvertrages bereits zur Verwertung berechtigt, also der Sicherungsfall und die Ausübungsphase[283] eingetreten, besteht die treuhänderische Bindung allenfalls im Hinblick auf einen etwaigen Mehrerlös, den der Sicherungsnehmer dem Sicherungsgeber auszukehren hätte (vorst. Rn. 1215). Deshalb kann der Sicherungsgeber in dieser Phase nicht mehr der Zwangsvollstreckung widersprechen. Hinsichtlich eines Mehrerlöses bleibt es aber dabei, dass der Sicherungsgegenstand insoweit nicht dem Vermögen des Sicherungsnehmers zuzurechnen und die Befriedigung des Vollstreckungsgläubigers deshalb unberechtigt war. Der Sicherungsgeber hat folglich insoweit Anspruch gegen den Vollstreckungsgläubiger aus Eingriffskondiktion gem. § 812 Abs. 1 Satz 1, 2. Alt. BGB[284].

b) Zwangsvollstreckung gegen den Sicherungsgeber

1272 *aa)* Die Vollrechtsübertragung auf den Sicherungsnehmer zielt über das Sicherungsziel hinaus, welches darin liegt, ihm eine Rechtsstellung zu geben, wie sie einem besitzlosen Pfandrecht entsprechen würde (vorst. Rn. 1102). Dem Interesse des Sicherungsnehmers könnte deshalb statt einer Drittwiderspruchsklage gem. § 771 ZPO auch mit einer Klage auf vorzugsweise Befriedigung gem. § 805 ZPO gedient sein, wie sie einem Pfandgläubiger zusteht. Vorzugsweise Befriedigung heißt jedoch Versteigerung nach Zwangsvollstreckungsrecht gem. §§ 814 ff. ZPO. Dagegen heißt Sicherungstreuhand auch die Befugnis zur freihändigen Verwertung ohne Bindung an das Erfordernis öffentlicher Versteigerung (vorst. Rn. 1038). Dieses Interesse des Sicherungsnehmers unterscheidet ihn vom Pfandgläubiger, der gem. §§ 1248 ff. BGB ebenfalls an die öffentliche Versteigerung gebunden wäre. Deshalb hat der Sicherungsnehmer die Drittwiderspruchsklage, nicht lediglich die Vorzugsklage, gleich, ob der Sicherungsgeber im Verhältnis zum Sicherungsnehmer bereits in die Krise geraten war[285].

1273 Der Vollstreckungsgläubiger kann die Widerspruchsklage des Sicherungsnehmers vermeiden, indem er den Anspruch des Sicherungsgebers gegen den Sicherungsnehmer auf Rückübertragung des Sicherungsgegenstandes gem. §§ 828 ff. ZPO pfändet[286]. Auch kann er den Anspruch des Sicherungsgebers auf den Mehrerlös (vgl. vorst. Rn. 1084 sowie 1035) pfänden lassen[287].

---

282 RGZ 144, 236 (241); BGHZ 12, 232 (234); 100, 95 (105).

283 *Becker-Eberhard*, Forderungsgebundenheit, S. 637.

284 RGZ 156, 399.

285 So im Ergebnis *Serick*, Band III § 34 I. 2. (S. 206 f.); *Lange*, NJW 50, 565 (569); *Bötticher*, MDR 50, 795; RGZ 124, 73; BGHZ 12, 232 (234); 20, 88; 72, 141 (145); gleichermaßen und erst recht im Falle fremdnütziger Treuhand, BGH NJW 96, 1543 mit Bspr. *K. Schmidt*, JuS 96, 1036; OLG Hamm NJW-RR 98, 1567.

286 *Gierlach*, Pfändung nicht zustehender Forderungen, S. 381.

287 *Becker*, Maßvolle Kreditsicherung, S. 76/77.

Im Falle einer Sicherungsabtretung geht die Forderungspfändung nach § 829 ZPO ins Leere, weil der Sicherungsgeber als Vollstreckungsschuldner gerade nicht mehr Gläubiger der Forderung ist. Der Pfändungsbeschluss erstreckt sich auch nicht auf die Rückabtretung nach Fortfall des Sicherungszwecks[288]. **1274**

bb) Für Altfälle des **Konzernvorbehalts** (vorst. Rn. 1060) sichert die Vorbehaltsware Forderungen von Konzernunternehmen, die nicht Parteien des Sicherungsvertrages sind (unten Rn. 1310). Fraglich ist, ob solche, in die Erweiterung des Eigentumsvorbehalts einbezogene und rechtlich selbständige Konzernunternehmen der Zwangsvollstreckung widersprechen können. Die Frage ist zu verneinen: Die rechtliche Selbständigkeit des forderungsberechtigten Konzernunternehmens, das nicht Sicherungseigentümer ist, äußert sich gerade in der fehlenden Rechtszuständigkeit. Sie wird durch die wirtschaftliche Einheit des Konzerns nicht hergestellt. **1275**

Bezieht sich der Konzernvorbehalt auf die Seite des Vorbehaltskäufers (oben Rn. 1060a und unten Rn. 1312 a.E.), kann einer der Konzernvorbehaltskäufer schuldenfrei gegenüber dem Lieferanten sein. Die Vorbehaltsware haftet dann für Verbindlichkeiten anderer Konzernunternehmen. Betreibt ein Dritter die Zwangsvollstreckung, hat der Lieferant ohne weiteres die Drittwiderspruchsklage; die fehlende Forderung gegenüber dem Vorbehaltskäufer – Konzernunternehmen als Vollstreckungsschuldner – hindert ihn daran nicht. **1276**

II. Sicherungsübereignung

Literatur: *Baur*, Publizitätsfunktion des Besitzes bei Übereignung von Fahrnis, in: Festschr. Bosch, 1976, S. 1; *Becker*, Maßvolle Kreditsicherung, 1999; *A. Blomeyer* (ohne Titel), NJW 51, 548; *Bosch*, Nochmals: Schützt § 366 HGB auch das Vertrauen auf die Vertretungsmacht im Handelsverkehr?, JuS 88, 439; *Bülow*, Gutgläubiger Erwerb vom Scheinkaufmann, AcP 186 (1986), 576; *ders.*, Zur wechselseitigen Beteiligung bei der GmbH & CoKG, DB 82, 527; *Derleder*, Die Auslegung und Umdeutung defizitärer mobiliarsachenrechtlicher Übereignungsabreden, JZ 99, 176; *Dönhoff*, Sicherungsübereignung durch Raumsicherungsvertrag, BB 56, 827; *Dorndorf/Frank*, Reform des Rechts der Mobiliarsicherheiten – unter besonderer Berücksichtigung der ökonomischen Analyse der Sicherungsrechte, ZIP 85, 65; *Erath*, Bestimmtheit des Leistungsgegenstands bei der Sicherungsübereignung von Sachgesamtheiten, AcP 128 (1928), 344; *Ernst*, Eigenbesitz und Mobiliarerwerb, 1992; *ders.*, Ist der gutgläubige Erwerb eine Rechtsscheinwirkung?, in: Festschr. Gernhuber 1993, S. 95; *Flume*, Der Eigentumserwerb bei Leistungen im Dreiecksverhältnis, in: Festschr. E. Wolf, 1985, S. 61; *Ganter*, Die Sicherungsübereignung von Windkraftanlagen als Scheinbestandteil eines fremden Grundstücks, WM 2002, 105; *Gehrlein*, Sicherungsübereignung von Wohnungsgegenständen – genügt der Begriff „Inventar" dem Bestimmtheitsgrundsatz?, MDR 2001, 911; *Gernhuber*, Die fiduziarische Treuhand, JuS 88, 355; *Gursky*, Die neuere höchstrichterliche Rechtsprechung zum Mobiliarsachenrecht, JZ 84, 604; *J. Hager*, Verkehrsschutz durch redlichen Erwerb, 1990; *Holler*, Die Besitzveränderung als tatbestandliche Voraussetzung der Übertragung beweglicher Sachen, 1994; *Joost*, Besitzbegriff und tatsächliche Sachherrschaft, Gedächtnisschrift für Dietrich Schultz 1987, S. 167; *Kollhosser*, Grundfälle zu Besitz und Besitzschutz, JuS 92, 215; *Leßmann*, Teleologische Reduktion des § 181 BGB beim Handeln des Gesellschafter-Geschäftsführers der Einmann-GmbH, BB 76, 1377; *Lorenz*, Fahrnisübereignung und Leistungswille, 1990; *Luig*, Richter secundum praeter oder contra BGB? Das Beispiel der Sicherungsübereignung, in: Das Bürgerliche Gesetzbuch und seine Richter, 2000, S. 383; *Lwowski/Tetzlaff*, Zivilrechtliche Umwelthaftung und Insolvenz, WM 98, 1509; *dies.*, Banken und Umweltschäden, WM 2001, 400 und 437; *Martinek*, Traditionsprinzip und Geheißerwerb, AcP 188 (1988), 573; *Menke*, Mehrfache

288 BGH NJW 2002, 755 zu II. 3. a.

Sicherungsübereignung eines Warenlagers mit wechselndem Bestand, WM 97, 405; *Mette*, Zur Problematik von vollstreckungserweiternden, -beschränkenden und -ausschließenden Vereinbarungen, Diss. Passau 1991; *Paulus*, Probleme und Möglichkeiten der institutionellen Ausformung der Sicherungsübereignung, JZ 57, 7; *ders.*, Kreditsicherung durch Übertragung von Eigentum und Anwartschaft, JZ 57, 41; *Picker*, Mittelbarer Besitz, Nebenbesitz und Eigentumsvermutung für den Gutglaubenserwerb, AcP 188 (1988), 511; *Plander*, Geschäfte des Gesellschafter-Geschäftsführers mit sich selbst, 1969; *Pudill*, Umwelthaftung des Kreditgebers, ZKW 95, 258; *Reich*, Die Sicherungsübereignung, 1970; *Reinicke*, Schützt § 366 Abs. 1 HGB den guten Glauben an die Vertretungsmacht?, AcP 189 (1989), 79; *Reinicke/Tiedtke*, Begründung des Sicherungseigentums, DB 94, 2173; *dies.*, Sonderfälle des Sicherungseigentums, Zwangsvollstreckung und Verwertung, DB 94, 2601; *Riggert*, Die Raumsicherungsübereignung, NZI 2000, 241; *Roussos*, Zurückbehaltungseinrede und Besitzrecht nach § 986 BGB, JuS 87, 606; *K. Schmidt*, Schützt § 366 HGB auch das Vertrauen auf die Vertretungsmacht im Handelsverkehr?, JuS 87, 936; *ders.*, Gutgläubiger Erwerb trotz Abtretungsverbots in AGB – Zur Bedeutung des § 354a HGB für die Praxis zu § 366 HGB, NJW 99, 400; *ders.*, Zur Rechtsfolgenseite des § 354a HGB, in: Festschr. Schimansky 1999, S. 503; *Schneider/Eichholz*, Die umweltrechtliche Verantwortlichkeit des Sicherungsnehmers, ZIP 90, 18; *Schöllmann/Schmidt-Burgk*, Flugzeuge als Kreditsicherheit, WM 90, 1137; *Schubert*, Die Einschränkung des Anwendungsbereichs des § 181 BGB bei Insichgeschäften, WM 78, 290; *Simitis*, Das besitzlose Pfandrecht, AcP 171 (1971), 94; *Thümmel*, Überlegungen zum Übergabebegriff des Mobiliarsachenrechts, Diss. Trier 1986; *Tiedtke*, Bestimmtheit der zu übereignenden Sachen bei teilweiser Sicherungsübereignung von Sachgesamtheiten, WiB 95, 197; *Ulmer*, Die Einmanngründung der GmbH – ein Danaergeschenk, BB 80, 1001; *Urbanczyk*, Zum Gutglaubenserwerb bei mittelbarem Besitz, in: Festschr. K.H. Schwab, 1990, S. 23; *Wacke*, Die Sicherungsübereignung unpfändbarer Sachen, in: Festschr. Pleyer, 1986, S. 585; *Wadle*, Die Übergabe auf Geheiß und der rechtsgeschäftliche Erwerb des Mobiliareigentums, JZ 74, 689; *ders.*, Die Übertragung des Eigentums nach § 929, 2 BGB, JuS 96, L 25; *Wank/Kamanabrou*, Zur Widerruflichkeit der Einigung bei den §§ 929 S. 1, 930, 931 BGB, Jura 2000, 154; *Westermann*, Probleme der Sicherungsübereignung von Warenlagern, NJW 56, 1297; *Wiegand*, Die Entwicklung der Übereignungstatbestände einschließlich der Sicherungsübereignung, in: 50 Jahre Bundesgerichtshof, 2000, S. 753; *Wieling*, Voraussetzungen, Übertragung und Schutz des mittelbaren Besitzes, AcP 184 (1984), 439; *M. Wolf*, Beständigkeit und Wandel im Sachenrecht, NJW 87, 2647; *Zeranski*, Prinzipien und Systematik des gutgläubigen Erwerbs beweglicher Sachen, JuS 2002, 340; *Zunft*, Die Übertragung der Eigentumsanwartschaft gem. § 930 BGB, NJW 57, 445.

Fälle:

1. *Zur Sicherung eines Darlehens hatte sich eine Bank von ihrem Darlehensschuldner eine Sache zur Sicherheit übereignen lassen. Es stellt sich heraus, dass das Darlehen wegen Wuchers nichtig ist. Der Darlehensschuldner verlangt seine Sache heraus. Die Bank will dem erst Folge leisten, wenn der ausgezahlte Darlehensbetrag zurückgezahlt ist. Wer hat Recht?*
(Lösung: oben Rn. 1169)

2. *Eine Bank lässt sich zur Sicherung eines Kredits von ihrem Darlehensschuldner den Bestand eines Warenlagers übereignen, ausgenommen diejenigen Sachen, die unter dem Eigentumsvorbehalt Dritter stehen. Als der Kredit notleidend wird, möchte die Bank die ihr übereigneten Sachen verwerten und verlangt Herausgabe. Der Darlehensnehmer weigert sich. Ist der Anspruch der Bank begründet?*
(Lösung: Rn. 1283 ff.)

3. *Eine Bank gewährt einem Bauunternehmer Kredit. Dem Bauunternehmer gehört ein Kran, den er vermietet hat. Er beauftragt seinen Mieter, fortan nicht mehr für ihn, sondern für die Bank Mieter zu sein. Der Mietvertrag wird auf die Bank umgeschrieben. Nach Ablauf des Mietvertrages und nachdem der Kredit notleidend geworden war, verlangt die Bank vom Mieter Herausgabe des Krans. Mit Recht?*
(Lösung: Rn. 1337 f.)

4. *Ein Hehler gab Diebesgut einem Lagerhalter, der dafür einen Orderlagerschein ausstellte. Der Hehler ging zur Bank, nahm sich Kredit und indossierte zur Sicherheit den Orderlagerschein auf die Bank. Der Kredit wurde notleidend, die Bank verlangt vom Lagerhalter Herausgabe der Sachen. Inzwischen hatte sich aber der Bestohlene gemeldet und verlangt auch Herausgabe. Der Lieferant will wissen, wessen Herausgabeanspruch begründet ist.*
(Lösung: Rn. 1365 f.)

5. *Das gesamte noch verbliebene Vermögen eines Händlers besteht in seinem Warenlager, das er seiner Bank zur Sicherheit eines vorher ausgezahlten Kredits übereignet hat. Der Händler kann den Kredit nicht zurückzahlen, und die Bank will das Warenlager verwerten. Ein anderer Gläubiger des Händlers verlangt nun von der Bank Befriedigung für seine Forderung. Die Bank will nur zahlen, was bei der Verwertung übrig bleibt. Hat die Bank recht?*
(Lösung: Rn. 1211 f.)

A. Grundlagen

1. Besitzlose Mobiliarsicherheit

Soweit bewegliche Sachen zur Kreditsicherung eingesetzt werden sollen, stellt das Gesetz **1277**
als Typus die Verpfändung nach § 1204 BGB zur Verfügung (oben Rn. 468), die Publizität durch Übergabe der Sache an den Pfandgläubiger gem. § 1205 Abs. 1 verlangt, d.h. Aufgabe des unmittelbaren Besitzes durch den Verpfänder (oder doch Besitzeinschränkung durch sog. Mitverschluss, § 1206). Mit der Besitzaufgabe verliert der Verpfänder die Möglichkeit, die Sache tatsächlich zu nutzen, so dass solche Sachen als Kreditsicherungsmittel ausscheiden, die der Kreditschuldner nutzen muss, um sich unternehmerisch betätigen zu können, z.B. sein Warenlager, seine Maschinen, seine Büroeinrichtung[289], und für deren Anschaffung er vielleicht überhaupt nur das zu sichernde Darlehen braucht (Betriebsmittelkredit). Den Interessen des Kreditschuldners würde ein Pfandrecht gerecht, das keine Besitzverschaffung an den Pfandgläubiger erfordert, also statt des Faustpfandes ein aus der Sicht des Sicherungsnehmers besitzloses Pfandrecht[290]; ein solches stellt das Gesetz für bewegliche Sachen aber nicht zur Verfügung (von Ausnahmen abgesehen, z.B. § 1 PachtkreditG, oben Rn. 493). Das erstrebte Sicherungsziel eines besitzlosen Pfandrechts wird statt dessen erreicht durch die Vollrechtsübertragung (oben Rn. 1092 ff.), also die Eigentumsverschaffung an der beweglichen Sache für den Kreditgläubiger, die ohne Besitzübertragung möglich ist. Diese Übertragungsart, bei welcher der Kreditschuldner Besitzer der Sache ist und bleibt, ist die Einigung gem. § 929 Satz 1 BGB nebst **Vereinbarung eines Besitzmittlungsverhältnisses** gem. § 930: Der Kreditschuldner als Besitzer (z.B. einer Maschine) einigt sich mit dem Kreditgläubiger über den Eigentumsübergang auf diesen und vereinbart mit ihm außerdem, dass er die Sache fortan als Besitzmittler (z.B. als Verwahrer gem. §§ 688 ff. für den Kreditgläubiger) besitzt. Auf diese Weise

---

289 *K. Simitis*, AcP 171 (1971), 94 (95); *Dorndorf/Frank*, ZIP 85, 65 (76); *Wacke*, in: Festschr. Pleyer, S. 583 (602) plädiert für die Unzulässigkeit der Sicherungsübereignung unpfändbarer Sachen, dazu in prozessrechtlicher Sicht, *Mette*, Diss., S. 35 ff.; Flugzeuge: *Schölermann/Schmid-Burgk*, WM 90, 1137 (1146); Schiffe (s. § 929a BGB): BGH NJW 95, 2097.

290 BGH WM 59, 372; NJW 85, 917 zu II. 1. b.; 91, 1415 – Autohypothek nach italienischem Recht; *A. Blomeyer*, NJW 51, 548; Schlegelberger/*Hefermehl*, Anh. § 382 HGB Rn. 178; eine (unwirksame) Vereinbarung eines besitzlosen Pfandrechts kann nach BGH WM 56, 258 nicht als Sicherungsübereignung ausgelegt werden.

bleibt der Kreditschuldner unmittelbarer Besitzer der Sache und kann sie nutzen, trotzdem ist der Kreditgläubiger Eigentümer geworden, ist also gesichert, ohne Publizität durch Besitzverschaffung wie bei der Verpfändung herbeiführen zu müssen. Der Vindikation des Sicherungseigentümers nach § 985 steht das Recht des Sicherungsgebers zum Besitz aus dem Besitzmittlungsverhältnis nach § 986 Abs. 1 entgegen.

2. Kautelarische Risiken

1278 Für den **Kreditschuldner** ergeben sich durch die Eigentumsverschaffung **Gefahren**: Der Kreditgläubiger ist zwar als Treuhänder aufgrund des Kausalgeschäfts, das der Übereignung zugrundeliegt, nämlich des Sicherungsvertrags (oben Rn. 1146 ff.), verpflichtet, die Sache nur dem Sicherungszweck entsprechend zu behandeln, z.B. erst dann zu verwerten, wenn der Kreditschuldner mit der Rückzahlung des Kredits säumig wird. Mit Rechtswirkung gegenüber jedermann ist der Kreditgläubiger aber imstande, über die Sache zu verfügen, sie z.B. weiterzuveräußern, auch wenn er dadurch gegen seine Verpflichtung aus dem Sicherungsvertrag verstößt, der Kreditschuldner also z.B. gar nicht säumig ist. Dadurch kann der Kreditschuldner das Eigentum an der Sache endgültig verlieren und hat allenfalls Schadensersatzansprüche gegen den Kreditgläubiger wegen Verletzung des Sicherungsvertrages (oben Rn. 1094, geschützt ist er aber gegen doppelte Inanspruchnahme, oben Rn. 1189). Das ist kein Problem des gutgläubigen Erwerbs: Überträgt der Kreditgläubiger abredewidrig das Sicherungseigentum, handelt er gerade als dinglich Berechtigter.

1279 Keiner Besitzverschaffung bedarf es, wenn der Erwerber schon Besitzer ist (§ 929 Satz 2) – eine für die Kreditsicherung im Allgemeinen wenig taugliche Eigentumsverschaffungsform, da der Besitz ja gerade beim Übertragenden (Kreditschuldner) bleiben soll. Keiner Übertragung zum Zwecke der Eigentumsverschaffung bedarf es auch im Falle von § 931, wo statt der Übergabe der Sache der Anspruch auf Herausgabe dieser Sache abgetreten wird. Hier ist nicht der übertragende Eigentümer (der Kreditschuldner) Besitzer, sondern ein Dritter, der die Sache z.B. vom Kreditschuldner entliehen hatte. Ist die Sache in diesem Fall also gar nicht beim Kreditschuldner, eignet sich diese Übertragungsform nicht zur Kreditsicherung für Sachen, die der Kreditschuldner selbst nutzen, also besitzen muss; in anderen Fällen ist diese Eigentumsübertragungsform aber zur Kreditsicherung tauglich (nachf. Rn. 1339).

1280 Auch für den **Kreditgläubiger** ergeben sich Gefahren. Die Rechtsordnung misst dem Besitz den Rechtsschein des Eigentums bei – wer Besitzer ist, scheint auch Eigentümer zu sein (§ 1006 Abs. 1 Satz 1). Darauf beruht der gutgläubige Erwerb von Sachen, die dem Besitzer gar nicht gehören und über die er auch nicht verfügen darf: so §§ 932, 933 und auch 934 in seiner 2. Alt. sowie § 366 HGB, wo der Besitz auch den Rechtsschein für Verfügungsbefugnis erzeugt. Belässt der Kreditgläubiger als Eigentümer dem Kreditschuldner gem. § 930 den Besitz, liefert er sich also aus, droht ihm doch Eigentumsverlust, wenn der Kreditschuldner abredewidrig die ihm nicht mehr gehörende Sache veräußert und wenn der Erwerber nicht weiß und auch nicht wissen kann, dass der Kreditschuldner nicht Eigentümer ist, also bei gutem Glauben des Erwerbers. Als Vollrechtsinhaber kann der Kreditgläubiger auch in anderer Sicht verantwortlich sein, nämlich nach umweltrechtlichen Bestimmungen haften[291].

291 *Schneider/Eichholz*, ZIP 90, 18 (23); *Pudill*, ZKW 95, 258; a.A. *Lwowski/Tetzlaff*, WM 98, 1509 (1518) sowie *dies.*, WM 2001, 385, 437 (442) und BuB/*Cartano*, Rn. 4/547.

B. Eigentumsverschaffung durch Besitzkonstitut

Die besitzlose Mobiliarsicherheit wird durch die Rechtsform der Übereignung der zur Sicherheit bestimmten Sache mittels dinglicher Einigung gem. § 929 Satz 1 und Vereinbarung eines Besitzkonstituts gem. §§ 930, 868 erreicht. Die sachenrechtlichen Voraussetzungen des dinglichen Erwerbs durch den Kreditgläubiger als Sicherungsnehmer liegen zunächst darin, dass feststehen muss, welche beweglichen Sachen es sind, die in das Eigentum des Kreditgläubigers übergehen (Bestimmtheitsgrundsatz), insbesondere bei Sachen, die dem Kreditschuldner noch gar nicht gehören (antizipiertes Besitzkonstitut, nachf. Rn. 1291). Weiter muss feststehen, welcher Art das Rechtsverhältnis ist, mit dem der Kreditschuldner den Besitz für den Kreditgläubiger vermittelt (konkretes Besitzmittlungsverhältnis, nachf. Rn. 1314). Schließlich kann die Sicherungsübereignung mit anderen Sicherungen kollidieren (nachf. Rn. 1312, 1364). **1281**

1. Bestimmtheit der Sache

Gegenstand der Sicherungsübereignung können bewegliche Sachen jeglicher Art sein, insbesondere Sachen des Betriebsvermögens. Dazu gehören die wesentlichen Bestandteile (§ 93 BGB)[292] und – je nach Absprache – auch das Zubehör (§ 97)[293] oder Scheinbestandteile eines Grundstücks[294] (§ 95 BGB, oben Rn. 124). **1282**

a) Globalsicherheiten mit festem Bestand

Die Bestimmtheit der zu übereignenden Sachen[295], ihre Individualisierung bei der dinglichen Einigung[296] als Voraussetzung des Eigentumswechsels an ihnen bietet bei einzelnen oder wenigen Sachen keine Schwierigkeiten. Sofern einzelne Sachen des Kreditschuldners aber zur Sicherung des Kredits nicht ausreichen, kann er sich überlegen, ob er eine ihm gehörende Sachgesamtheit als Sicherheit anbieten kann, z.B. sein gesamtes **Warenlager** als Globalsicherheit. Allerdings ist es sachenrechtlich (im Gegensatz etwa zum Erbrecht – § 1922) nicht möglich, eine Sachgesamtheit als solche zu übertragen, vielmehr ist Gegenstand des Übertragungsgeschäfts jede einzelne Sache (Grundsätze der Spezialität und der Singularsukzession[297]). Danach wäre dem Bestimmtheitsgrundsatz genügt, wenn jede einzelne Sache der Sachgesamtheit, jede einzelne Ware des Warenlagers, aufgeführt, z.B. in einer Liste aufgezeichnet würde. Je größer die Anzahl der einzelnen Sachen in der **1283**

292 Sie können nicht Gegenstand besonderer Rechte, also z.B. einer isolierten Sicherungsübereignung sein, wohl aber eines obligatorischen Vertrags, BGH NJW 2000, 504.

293 Nicht: Autotelefon, OLG Köln NJW-RR 94, 51.

294 BGH WM 96, 730 zu II. 1. a.; z.B. Windkraftanlagen: *Ganter*, WM 2002, 105 (106 ff.).

295 Gegenstand der Sicherungsübereignung kann auch ein Wertpapier sein, das nach sachenrechtlichen Regeln übertragen wird (Inhaberpapier), so der Überbringerscheck, nachf. Rn. 1163; BGH WM 84, 1467 zu I. 1.; *Bülow*, WG, ScheckG, AGB, Art. 5 ScheckG Rn. 1; Schecks dürfen nicht zur Sicherung von Verbraucherkreditgeschäften begeben werden, *Bülow*, Verbraucherkreditrecht, § 496 BGB Rn. 18.

296 Das ist der maßgebliche Zeitpunkt, *Erath*, AcP 128 (1928), 344 (347/348); Schlegelberger/*Hefermehl*, Anh. § 382 HGB Rn. 186 f.; *Scholz/Lwowski*, S. 446 ff.; *Reinicke/Tiedtke*, DB 94, 2173; *Tiedtke*, WiB 95, 197.

297 RGZ 103, 151 (154); 132, 183 (187); BGHZ 21, 52 (55); BGH WM 65, 1248; 49, 758; NJW 84, 803; BB 86, 1315.

Sachgesamtheit wäre, um so aufwendiger würde aber ihre Bestimmung und damit ihre Übereignung, man denke etwa an den Warenbestand eines Metallwarenhändlers, bestehend aus Millionen von Schrauben. Hier wäre eine Auflistung, auch eine mündliche, in der Praxis undurchführbar. Dem Anliegen an Rechtsklarheit, d.h. an Individualisierbarkeit übereigneter Sachen, ist aber auch nicht nur durch Benennung jeder einzelnen Sache der Gesamtheit genügt. Welche Sachen es sind, die übereignet werden sollen, kann vielmehr der Auslegung überlassen werden. Es reicht aus, „dass jeder, der den Inhalt des Vertrages kennt, das Sicherungsgut von allen anderen Sachen des Sicherungsgebers oder eines Dritten deutlich unterscheiden kann“[298].

1284 Diesem Erfordernis ist nicht genügt, wenn Bestandslisten nicht zusammen mit Sicherungsvertrag und dinglicher Einigung aus sich selbst heraus verständlich sind, sondern der Nachfrage und Erläuterung bedürfen[299], z.B. aus einer Bibliothek des Sicherungsgebers nur die „Handbibliothek Kunst“ übereignet werden soll[300], wohl auch nicht, wenn Gegenstand der Übereignung das „Inventar“ einer Wohnung ist[301]. Der Bestimmtheitsgrundsatz ist dagegen gewahrt, wenn sich Kreditgläubiger und Kreditschuldner z.B. darüber einigen, dass sämtliche Waren übergeben werden sollen, die sich zum Zeitpunkt der Sicherungsübereignung in einem bestimmten Raum des Kreditschuldners befinden, also z.B. sämtliche Schrauben in einem nach seinem Standort bezeichneten Lagerraum des Kreditschuldners oder alle auf einem bestimmten Lagerplatz lagernden Waren[302], aber auch sämtliche Sachen einer bestimmten Gattung[303] (zu Warenlagern mit wechselndem Bestand s. nachf. Rn. 1285). Bestimmtheit ist auch dann gewahrt, wenn zwar für einen Teil der in einem Raum befindlichen Sachen die Übereignung gewollt, aber ein schuldrechtlicher Rückübertragungsanspruch vereinbart wurde, für den Rest dagegen nicht[304].

b) Insbesondere: Eigentumsvorbehalt

1285 *aa)* Unbestimmt können die zu übereignenden Sachen eines Warenlagers sein und die Übereignung scheitern lassen, wenn ein Teil von ihnen aus der Sicherungsübereignung ausgenommen wird. Soll sich die Sicherungsübereignung nicht auf solche Waren beziehen, die dem Kreditschuldner unter Eigentumsvorbehalt geliefert wurden und werden diese ausgenommenen Waren nicht näher bezeichnet, kann man der dinglichen Einigung zwischen Kreditgläubiger und Kreditschuldner nicht entnehmen, welche einzelnen Sachen aus dem Gesamtbestand übereignet sein sollen[305] und namentlich ob sie dem Verwertungsrecht des Kreditgläubigers (oben Rn. 1215) unterliegen.

---

298 BGH NJW 2000, 2898 zu II. 1.; 95, 2348 zu II. 2.; 92, 1161 zu 2.; *Wiegand*, in: 50 Jahre Bundesgerichtshof, S. 753 (775).

299 BGH NJW 95, 2348 zu II. 2.; BGHZ 73, 253.

300 BGH NJW 92, 1161 zu 2.; NJW-RR 94, 1537.

301 *Gehrlein*, MDR 2001, 911 (913).

302 BGH NJW 84, 803; 86, 1985; 92, 1161; 94, 133 mit Bspr. *Hoeren*, WiB 94, 80 und NJW 94, 864 (insoweit in BGHZ 124, 381 nicht abgedruckt); BGH WM 62, 740; 77, 218; 92, 398; OLG München, NJW 87, 1896; nicht jedoch bei Sammellagerung mehrerer Einlagerer: OLG Frankfurt am Main WM 94, 2121 mit Anm. *Menk*, WuB I F 5. – 2.95 und Komm. *Bydlinski*, EWiR 1/94, 975 zu § 929 BGB; LG Lübeck WM 94, 457.

303 BGH NJW 94, 133 mit Bspr. *K. Schmidt*, JuS 94, 259, Komm. *Serick*, EWiR § 930 BGB 1/94, 137 und Anm. *Ott*, WuB I F 5. – 5.94 (sog. All-Formel).

304 BGH NJW 2000, 2898 zu II. 1. a. mit krit. Rezension *Feuerborn*, ZIP 2001, 600, Bspr. *K. Schmidt*, JuS 2000, 1118, Komm. *Medicus*, EWiR § 929 BGB 1/2000, 1047 und Anm. *Lüke/Wedde*, WuB IV A. – 1.01.

305 BGH WM 62, 740; 59, 52; LM Nr. 8 zu § 930 BGB; NJW-RR 88, 565 mit Bspr. *K. Schmidt*, JuS 88, 654: Sicherungsübereignung von Hausratsgegenständen, „soweit sie nicht unpfändbar sind“; OLG Celle DB

Man könnte dies nur, wenn man die Lieferungsverträge des Kreditschuldners mit seinen Lieferanten hinzuzöge und weiterprüfte, welche der gelieferten Waren schon bezahlt sind und deshalb in das Eigentum des Kreditschuldners gelangt waren. Eine solche Prüfung und Feststellung der Eigentumsverhältnisse zur Zeit der dinglichen Einigung zwischen Kreditgläubiger und Kreditschuldner wäre zwar denkbar und objektiv möglich, aber typischerweise praktisch nicht durchführbar, etwa bei einer Vielzahl von Lieferungsverträgen des Kreditschuldners und Erweiterungen des Eigentumsvorbehalts (unten Rn. 1501 ff.). Hinzu kommt: Streiten sich Kreditgläubiger und Kreditschuldner um die Frage, wer Eigentümer einzelner Sachen ist, z.B. bei der Verwertung, wäre der Kreditgläubiger zum Beweis seines Eigentums auf die Vorlage der Lieferungsverträge mit und durch den Kreditschuldner angewiesen, ohne im Allgemeinen ein Einsichtsrecht nach § 810 BGB zu haben – eine unerfreuliche, zu Lasten nicht nur des Kreditgläubigers, sondern der Rechtsklarheit gehende Beweislage. Aber auch besten Willens braucht der Kreditschuldner in solch einem Zeitpunkt der Verwertung gar nicht zur Feststellung in der Lage zu sein, wie die Eigentumsverhältnisse im früheren Zeitpunkt der dinglichen Einigung anlässlich der Sicherungsübereignung gewesen waren. Daraus folgt: Die Klarheit über sachenrechtliche Verhältnisse, die Zuordnung einzelner Sachen zu einem Eigentümer und im gegebenen Falle zu einer Insolvenzmasse wäre durch derartige dingliche Einigung nicht gewährleistet. Sie bewirkt den erstrebten Eigentumsübergang nicht. Der Kreditschuldner bleibt Eigentümer. **1286**

Anders ist es dagegen, wenn die einzelnen Sachen, auf die sich die Übereignung bezieht, aus der Einigung selbst, wenn auch durch Auslegung oder aus gesonderten, zugehörigen Urkunden (Anlagen, Bestandsmeldungen) zu ersehen sind. In diesem Fall muss nur ein einziger und einheitlicher Vertrag überprüft, nicht aber müssen außerhalb des Vertrages liegende Umstände herangezogen werden[306]. **1287**

bb) Davon zu unterscheiden ist die Frage, ob zur **Sicherheit auch das Anwartschaftsrecht** übertragen werden kann, das an Sachen besteht, die dem Sicherungsgeber unter Eigentumsvorbehalt geliefert wurden[307]. Das ist ohne weiteres möglich (oben Rn. 777 ff.). Dem Bestimmtheitsgrundsatz ist jedenfalls genügt, wenn feststeht, an welchen Sachen das Eigentum und an welchen das Anwartschaftsrecht übertragen wurde, die jeweiligen Sachen also hinreichend genau bezeichnet sind. **1288**

Aber auch dann, wenn sämtliche Sachen eines Warenlagers, unter Eigentumsvorbehalt geliefert oder nicht, zur Sicherheit übereignet werden, ohne dass sie nach ihrem jeweiligen Rechtsverhältnis im einzelnen bezeichnet wurden, ist dem Bestimmtheitsgrundsatz genügt. Hier steht fest, dass jede Sache im Warenlager zur Sicherheit übertragen ist, sei es in der Weise, dass zunächst nur das Anwartschaftsrecht mit späterem Eigentum übergeht oder sogleich das volle Eigentum, wenn die Sachen dem Kreditschuldner schon gehören. In der Regel werden solche dinglichen Einigungen als Kreditsicherung so formuliert, dass in erster Linie das Anwartschaftsrecht, hilfsweise das Eigentum an Sachen, die dem Kreditschuldner schon gehören, übertragen wird[308]. Solcher Vertragsinhalt kann gegebenenfalls durch Auslegung zu ermitteln sein. Gleichermaßen ist dem Bestimmtheitsgrundsatz Genüge getan, wenn die Sachen zwar ganz genau bezeichnet sind, aber dem Sicherungsgeber – ganz oder teilweise – gar nicht gehören. Das ist ein Problem gutgläubigen Erwerbs[309] (nachf. Rn. 1355 ff.). **1289**

70, 582: Unklar war, welche der übergebenen Maschinen nur zur Reparatur an den Kreditschuldner überlassen worden waren; OLG Nürnberg BB 67, 1270; nicht folgerichtig *Dönhoff*, BB 56, 827.

306 RGZ 113, 57 (62); 132, 183 (187); BGHZ 21, 52 (57) und *Johannsen* in Anm. zu BGH LM Nr. 3 zu § 929 BGB; BGH BB 56, 1085; WM 60, 1223 zu II. 2.; DB 75, 146; *Serick*, Bd. II, § 21 II. 4. (S. 160/161); *Reich*, Sicherungsübereignung, S. 21.

307 BGHZ 20, 88, (93 ff.).

308 BGHZ 28, 16 (21); BGH WM 58, 673; 59, 52; 66, 94; *Serick*, Bd. II, § 21 II. 2. c (S. 183).

309 OLG München WM 86, 1521 mit Bspr. *K. Schmidt*, JuS 87, 657.

c) Bestimmtheit der Personen

1290 Wer Veräußerer und Erwerber, Sicherungsgeber und Sicherungsnehmer ist, kann zweifelhaft sein: Tritt ein Kaufmann zugleich als Alleininhaber seines Unternehmens, als Mitinhaber eines anderen Unternehmens und als Alleinvertretungsberechtigter eines weiteren Unternehmens auf, um eine Vielzahl von Sachen zur Sicherheit zu übereignen, können Zweifel zur Frage entstehen, wer Übertragender der einzelnen Sachen ist – der Kaufmann selbst oder das Unternehmen, das er vertritt; entsprechende Zweifel können für die Person des Erwerbers auftreten. Aber diese Zweifel sind nach den allgemeinen Auslegungsregeln von §§ 133, 157 BGB, die natürlich auch für sachenrechtliche Willenserklärungen gelten, auszuräumen. Danach kann festgestellt werden, wer Gläubiger des Rückübertragungsanspruchs aus dem Sicherungsvertrag ist (oben Rn. 1169) oder an wen das Eigentum bei Vereinbarung einer auflösenden Bedingung (§ 158 Abs. 2 BGB, oben Rn. 1180) zurückfällt[310]. Die Sicherungsübereignung scheitert also nicht.

2. Besonderheiten der Globalsicherheiten mit wechselndem Bestand

1291 Sachgesamtheiten können dem Bestimmtheitsgrundsatz genügend übereignet werden, ohne dass jede einzelne Sache bezeichnet werden müsste, wenn sich nur aus der dinglichen Einigung hinreichend klar ergibt, welche Sachen übergehen sollen. Bei der Übereignung von Warenlagern ist dem Interesse der Kreditbeteiligten damit aber oft noch nicht genügt. Der Sicherungsübereignung anstelle der Verpfändung bedarf es ja, damit der Kreditschuldner die zur Sicherheit gegebenen Sachen verwenden und nutzen kann (oben Rn. 1092). Bei einem Warenlager heißt das: Der Kreditschuldner muss die Waren an Dritte verkaufen und übereignen können. Dem Kreditgläubiger kann aber nicht zugemutet werden, dass sein Sicherungsgut auf diese Weise dahinschmilzt. Für ihn muss ein Weg gefunden werden, dass er Zugriff auch auf solche Waren erhält, mit denen der Kreditschuldner das Warenlager wieder auffüllt, so dass der wechselnde Bestand der Sicherheiten den Sicherheitenbestand nicht beeinträchtigt. Die rechtliche Möglichkeit für den Kreditschuldner, zur Sicherung übereignete (also ihm fremde) Waren veräußern zu können, liegt in der gem. § 185 Abs. 1 zu erteilenden Ermächtigung, über die Sachen zu verfügen, sie also an Dritte zu übereignen (Entnahmeklausel[311]). Damit scheiden sie aus dem Sicherheitenbestand aus. An ihre Stelle treten später hinzukommende Sachen, die der Kreditgläubiger als **revolvierende Sicherheiten** haben möchte (vgl. auch oben Rn. 1115 ff.).

a) Antizipiertes Besitzkonstitut

1292 Die Einbeziehung revolvierender Sicherheiten in den Sicherheitenbestand bedeutet die Berücksichtigung des Zeitfaktors. Sicherungsvertrag und Übereignung des Anfangsbestandes eines Warenlagers liegen früher als die Zuführung der neuen Sachen. Im Zeitpunkt der Zuführung ist die Phase des rechtsgeschäftlichen Kontakts längst abgeschlos-

310 *Reich*, Sicherungsübereignung, S. 22; BGH WM 90, 600 zu II. 1.; a.A. OLG Hamburg BB 64, 193; ihm folgend RGRK/*Pikart*, § 930 BGB Rn. 79; ist der Sicherungsvertrag gem. § 155 BGB nicht zustandegekommen, stellt sich dieselbe Frage für die Kondiktion.

311 Bankrechtshandbuch/*Ganter*, § 95, Rn. 82; BuB/*Cartano*, Rn. 4/333; zum Problem der Rückabwicklung des Entnahmegeschäfts unten Rn. 1484.

sen. Die rechtsgeschäftlichen Voraussetzungen für den Eigentumsübergang der neuen Sachen auf den Kreditgläubiger müssen deshalb schon gelegt worden sein, um im Zeitpunkt der Zuführung vollendet zu werden. Die rechtsgeschäftlichen Voraussetzungen sind die dingliche Einigung aus § 929 und die Vereinbarung des Besitzmittlungsverhältnisses aus § 930. Beide Verträge müssen so ausgestaltet werden, dass sie sich auf die neuen Sachen beziehen, die Verträge also, anders gewendet, den Eigentumsübergang der neuen Sachen vorwegnehmen, antizipieren[312]. Mit dem Eintritt der neuen Sachen in das Warenlager steht demgemäß schon fest, dass sie nach dem rechtsgeschäftlichen Willen von Kreditgläubiger und Kreditschuldner, nämlich aufgrund von zwei Verträgen, sicherungshalber Eigentum des Kreditgläubigers werden. Die Wirkungen der jetzt abgeschlossenen dinglichen Einigung und des schuldrechtlichen Besitzmittlungsverhältnisses als Übergabeersatz sollen erst später eintreten. Antizipiert ist mithin nicht nur das Besitzkonstitut, sondern auch die dingliche Einigung. Eine solche rechtsgeschäftliche Gestaltung begegnet an sich keinen Wirksamkeitsschranken, wie ja auch die Einigung ohne weiteres bedingt gem. § 158 BGB gestaltet werden kann, so im Falle des Eigentumsvorbehalts nach § 449 Abs. 1 BGB. Jedoch können Schwierigkeiten entstehen, dem Bestimmtheitsgrundsatz bei der dinglichen Einigung Genüge zu tun. Die erst in der Zukunft zu übereignenden Sachen brauchen in allen Einzelheiten noch gar nicht bekannt zu sein – vielleicht wird das Warenlager mit Waren aufgefüllt, die erst später, nach der dinglichen Einigung, hergestellt, verarbeitet oder überhaupt neu auf den Markt gebracht werden, also bei Vertragsabschluss noch gar nicht existieren[313] –, sie können mithin noch **unbestimmt** sein. Gleichwohl ist es aber möglich, dass sie **bestimmbar** sind, dass also Kreditgläubiger und Kreditschuldner die später hinzukommenden Sachen schon jetzt so genau bezeichnen, dass man im späteren Zeitpunkt ihrer Zuführung und des erstrebten Eigentumsübergangs (dazu nachf. Rn. 1293) weiß, welche Sachen von der früheren abgeschlossenen dinglichen Einigung erfasst sein sollen. Ist das geschehen, gibt es keine Zweifel über die dingliche Zuordnung, und dem sachenrechtlichen Klarheitsgebot ist Genüge getan. Es wirkt sich beispielsweise in der Insolvenz des Sicherungsgebers aus, wo feststeht, welche Sachen dem Absonderungsrecht des Sicherungsnehmers ausgesetzt sind und welche ungeschmälert in die Masse fallen (oben Rn. 1247). Für das antizipierte Besitzkonstitut nebst antizipierter Einigung reicht es also aus, dass die zu übereignenden Sachen bestimmbar sind; nicht ist notwendig, dass sie im Zeitpunkt der dinglichen Einigung schon bestimmt sind. Diese Grundsätze gelten auch, wenn eine zur Sicherheit übereignete Einzelsache durch eine neue ersetzt werden soll, z.B. eine unbrauchbar gewordene oder veraltete Maschine (**Austauschklausel**)[314].

b) Bestimmbarkeit

Die Ausprägung des Bestimmtheitsgrundsatzes im Falle der Antizipation durch Bestimmbarkeit heißt, dass zu übereignende Sachen durch die dingliche Einigung **individualisierbar** sein müssen. Die Einigung muss so beschaffen sein, dass die Beteiligten eine gemein- **1293**

312 Von lat. anticipare, nicht von antecapere (beide vorwegnehmen), s. *Georges*, Ausführliches lateinisch/deutsches Handwörterbuch, 14. Aufl. 1976, Sp. 459, 469.

313 S. BGH WM 63, 504 zu noch nicht gezeugten Tieren; im Übrigen RGZ 56, 52 (54); 135, 366 (367); BGHZ 7, 111 (115); 21, 52 (56).

314 BuB/*Cartano*, Rn. 4/335.

same, auf individuell bestimmbare Sachen gerichtete Vorstellung haben, und dass es ihr Wille ist, dass das Eigentum an diesen Sachen übergehen soll[315]. Für jede einzelne Sache muss feststehen, dass sie in das Eigentum des Sicherungsnehmers gelangen soll.

1294 Trotz des sachenrechtlichen Spezialitätsprinzips, nach dem nur einzelne Sachen, nicht aber Sachgesamtheiten als solche vertraglich zu Eigentum übertragen werden können (vorst. Rn. 1283), reicht es danach aus, wenn sämtliche in einen bestimmten Raum gelangende Sachen übertragen werden sollen[316]. Auf diese Weise kann ohne weiteres ermittelt werden, welche einzelnen Sachen es sind, auf die sich die früher getroffene dingliche Einigung bezog. Dem Bestimmtheitsgrundsatz ist aber dann nicht Genüge getan, wenn nur diejenigen Sachen in einem bestimmten Raume übertragen werden sollen, die Eigentum des Kreditschuldners werden, nicht aber solche, die unter Eigentumsvorbehalt stehen (vorst. Rn. 1285). Auch im folgenden Fall ist dem Bestimmbarkeitsgrundsatz nicht genügt: Zunächst war der Anfangsbestand eines bäuerlichen Hofinventars zur Sicherheit übereignet und im Wege antizipierten Besitzkonstituts diejenigen Ersatzstücke, die an die Stelle von „abgängigen" Stücken getreten waren, nicht aber sonstige Neuanschaffungen. Hier war nicht klar, welche neuen Sachen als Ersatz oder als anderweitige Anschaffung zu gelten hatten[317].

c) Bestimmtheit durch Ausführungshandlung (Raumsicherung, Markierung, Mantelübereignung)

1295 Bestimmbarkeit genügt für den Zeitpunkt des Vertragsabschlusses, der dinglichen Einigung. Sobald die lediglich bestimmbare Sache individualisiert, damit bestimmt ist und in den unmittelbaren Besitz des Kreditschuldners gelangt, geht das Eigentum über (nachf. Rn. 1303).

1296 Sollen alle Neuzugänge Gegenstand der Sicherungsübereignung sein, tritt Bestimmtheit ein, wenn die neuen Sachen zum Kreditschuldner gelangen. Die Parteien können den Sicherheitenbestand aber auch dem Sicherungszweck entsprechend (oben Rn. 1152) auf nur einen Teil der Neuzugänge beschränken. Sind die zu übereignenden Sachen nur mengenmäßig bestimmt und erwirbt der Kreditschuldner eine größere Menge, muss er die zur Sicherungsübereignung bestimmten Sachen räumlich absondern oder kennzeichnen, um sie gegenüber den anderen zu unterscheiden[318]. Darin liegt die Ausführungshandlung, die in solchen Fällen unentbehrlich ist, um die Bestimmtheit der vorher nur bestimmbaren zu übereignenden Sachen zu erreichen (eine andere Frage ist, ob auch das Besitzkonstitut der Ausführungshandlung bedarf, dazu nachf. Rn. 1316). Bei der Sicherungsübereignung von Warenlagern haben sich zwei Formen der Ausführungshandlung herausgebildet, durch die sich der Kreditschuldner im obligatorischen Sicherungsvertrag verpflichtet, die Bestimmtheit herbeizuführen: der Raumsicherungsvertrag und der Markierungsvertrag.

1297 *aa)* Dem Bestimmtheitserfordernis im Zeitpunkt des Eigentumsübergangs durch Ausführungshandlung wird mit dem Abschluss eines **Raumsicherungsvertrages** dadurch Genüge getan, dass die zur Sicherheit übereigneten Sachen getrennt gelagert werden, insbesondere in einem besonderen Raum, und auch die Ersatzsachen dort untergebracht werden (vorst. Rn. 1294). Wird nichts weiter als „getrennte Lagerung" vereinbart, ohne die

315 So BGHZ 21, 52 (55), wo allerdings von „bestimmten" Sachen die Rede ist; auf S. 56 ist klargestellt, dass für das antizipierte Besitzkonstitut Bestimmbarkeit im Zeitpunkt der dinglichen Einigung genügt.

316 BGHZ 21, 52 (56); BGH WM 65, 1248; 83, 1409; OLG Köln WM 85, 49, auch BGH NJW 85, 489.

317 BGH WM 63, 504.

318 So *Serick*, Bd. II, § 20 II. 2. b. (S. 130); Bankrechtshandbuch/*Ganter*, § 95 Rn. 92.

Räumlichkeit zu bezeichnen, kann es aber an der Bestimmtheit fehlen, wenn nicht feststellbar ist, auf welche Sachen sich die getrennte Lagerung bezieht[319]. Folglich schlägt in einem solchen Fall die Sicherungsübereignung mangels Bestimmtheit im Zeitpunkt des geplanten Eigentumsübergangs fehl, der Sicherungsnehmer wird nicht Eigentümer.

Das Sicherungsgut muss so verwahrt werden, dass für jeden, der die Parteiabreden kennt, ohne weiteres klar ist, welche Sachen übereignet sein sollen[320]. An hinreichender Bestimmtheit fehlt es, wenn sich diese Sachen nicht aus dem Sicherungsvertrag selbst, geschweige denn aus der dinglichen Einigung, sondern erst aus Umständen ergeben, die außerhalb des Sicherungsvertrages liegen[321], wie etwa aus Rechnungen und Zahlungsbelegen, denen Fortbestand oder Wegfall von Eigentumsvorbehalten zu entnehmen sein mag (vorst. Rn. 1286). **1298**

bb) Der **Markierungsvertrag** unterscheidet sich vom Raumsicherungsvertrag nur durch die Art der vereinbarten Lagerung. Das Sicherungsgut wird nicht in einem besonderen Raum, sondern zusammen mit anderen Sachen im selben Raum gelagert. Die Ausführungshandlung, die die Bestimmtheit herbeiführt, liegt darin, dass die zur Sicherungsübereignung bestimmten Sachen entsprechend markiert werden, z.B. ein Schild an ihnen oder an einem Regal angebracht wird, das auf die Sicherungsübereignung hinweist. Bestimmtheit kann aber auch dadurch erreicht werden, dass die Sachen vereinbarungsgemäß in eine Bestandsliste aufgenommen werden und sich daraus ergibt, welche ursprünglichen und neuen einzelnen Sachen übereignet sind; die nur mengen- oder wertmäßige Bezeichnung genügt also nicht[322]. **1299**

Es kann vorkommen, dass die Parteien Raumsicherung vereinbart haben, der Kreditschuldner aber nur markiert oder umgekehrt. Hier wird zu unterscheiden sein: Ist die Ausführungshandlung des Kreditschuldners zwar anders als vertraglich vorgesehen gehandhabt worden, sind es aber dieselben Waren, die Gegenstand der Sicherungsübereignung sein sollten, besteht übereinstimmender Erwerbs- bzw. Veräußerungswille bei Kreditgläubiger und Kreditschuldner, und es kommt nur darauf an, ob die Ausführungshandlung trotz ihrer Vertragswidrigkeit als solche erkennbar und die Sachen individualisiert sind. Dadurch ist dem Bestimmtheitserfordernis genügt. Führt die vertragswidrige Ausführungshandlung aber außerdem noch dazu, dass andere als vorgesehene Waren markiert oder getrennt gelagert werden[323], fehlt es am übereinstimmenden Willen zur Eigentumsübertragung gerade an diesen Sachen, und es hat keine Sicherungsübereignung stattgefunden (wohl aber an denjenigen Sachen, die richtig markiert sind). Nicht die Art der Ausführungshandlung[324], sondern der fehlende übereinstimmende Einigungswille gem. § 929 lässt die Sicherungsübereignung also scheitern. **1300**

Zu unterscheiden ist der Markierungsvertrag zur Kennzeichnung der Ausführungshandlung von der Markierung, die – zu Beweiszwecken – zusätzlich vorgenommen wird, obwohl schon aufgrund anderer Tatsachen, z.B. durch Raumsicherung, bestimmt worden war, welche Sachen Sicherungsgut sind. Eine derartige Markierung ist nicht mehr Teil des Übereignungstatbestands. Auch im Übrigen ist die zusätzliche Pflicht des Kreditschuldners zu Bestandsmeldungen und zu sonstigen Berichten **1301**

319 BGH LM Nr. 8 zu § 930 BGB; BGH NJW 84, 803; 91, 2144 zu III. 1.; *Riggert*, NZI 2000, 241 (243); *Reich*, Sicherungsübereignung, S. 52.

320 BGH WM 60, 1223 zu II. 3.; *Serick*, Bd. II, § 21 III. 2. b. (S. 166); *Erath*, AcP 128 (1928), 344 (348); krit. *Dönhoff*, BB 56, 827.

321 BGHZ 21, 52 (56); 28, 16 (20); BGH LM Nr. 8 zu § 930 BGB; OLG Celle OLGZ 71, 40 (42).

322 BGH WM 77, 218; *Reich*, Sicherungsübereignung, S. 53/54.

323 Nur diesen Fall hat offenbar *Serick*, Bd. II, § 21 III. 4. (S. 174) im Auge.

324 Insoweit zutreffend *Reich*, Sicherungsübereignung, S. 54.

nicht Wirksamkeitserfordernis der Sicherungsübereignung. Solche Meldungen können aber Gegenstand eines anderen Vertragstypus' sein: der Mantelsicherungsübereignung.

1302 *cc)* Mit der **Mantelsicherungsübereignung** vereinbaren Kreditgläubiger und Kreditschuldner, auf welche Weise in der Zukunft Sachen übereignet werden sollen. Die Sachen werden also nicht antizipiert übereignet, sondern das Übereignungsgeschäft einschließlich dinglicher Einigung wird später vorgenommen. Der Mantelsicherungsübereignungsvertrag ist mithin ein obligatorischer Vertrag, gerichtet auf die Pflicht zur späteren Vornahme eines Verfügungsgeschäfts, er ist aber nicht schon selbst dingliches Verfügungsgeschäft, so dass die zu übereignenden Sachen auch nicht bestimmbar bezeichnet zu werden brauchen. Die Parteien vereinbaren nur, dass zukünftige Sachen in der Weise übereignet werden sollen, dass der Kreditschuldner dem Kreditgläubiger eine Liste mit Waren übersendet, die er (inzwischen) besitzt und die übereignet werden[325]. Die Übersendung der Liste ist das Vertragsangebot des Kreditschuldners an den Kreditgläubiger, das Eigentum an den aufgeführten Sachen zu erwerben, das durch Schweigen gem. § 151 BGB angenommen werden kann. Dadurch wird die dingliche Einigung gem. § 929 Satz 1 vollzogen. Gleichzeitig liegt darin das Angebot zum Abschluss eines Vertrages, der das Besitzkonstitut begründet. Hier wird also nichts dinglich antizipiert. Die Bestandsmeldung ist aber im Gegensatz zum Raumsicherungs- oder Markierungsvertrag Wirksamkeitserfordernis für die dinglichen Geschäfte, eben das jeweilige Vertragsangebot.

d) Durchgangs- oder Direkterwerb

1303 Übereignet der Schuldner Sachen, die ihm noch nicht gehören, stellt sich die Frage, welche Personen am Erwerbsvorgang beteiligt sind. Zunächst könnte der Kreditschuldner Eigentümer werden, um das Eigentum sogleich an den Kreditgläubiger weiterzugeben (Durchgangserwerb), oder das Eigentum könnte unmittelbar auf den Kreditgläubiger ohne Zwischenstation beim Sicherungsgeber (Direkterwerb) übergehen. Die praktische Bedeutung ist freilich eher gering. Zwar würde die Sache bei Durchgangserwerb in der Insolvenz des Kreditschuldners an sich in die Masse fallen, bei Direkterwerb würde sie daran vorbeigehen. Aber die Entstehung von Sicherungseigentum scheitert ohnehin an § 91 Abs. 1 InsO (oben Rn. 1250). Beim Vermieterpfandrecht (§ 559, oben Rn. 493) wird die Frage aber virulent, auch für die Zubehörhaftung bei Grundpfandrechten gem. § 1120 (oben Rn. 1086 und nachf. Rn. 1310). Die Antwort auf die Frage hängt davon ab, ob die zu übereignende Sache schon existiert, aber einem anderen gehört oder ob sie erst noch hergestellt werden muss.

1304 *aa)* Die bereits **existierende Sache**, deren Eigentümer der Kreditgläubiger als Sicherungsnehmer durch antizipiertes Besitzkonstitut werden soll, ist einem anderen zugeordnet, der andere ist bereits Eigentümer, und von diesem erwirbt der Kreditschuldner. Die Frage, ob der Kreditschuldner dem Kreditgläubiger direkt das Eigentum verschaffen kann, richtet sich nach den sachenrechtlichen Übertragungsregeln: Notwendig ist (zu den Besonderheiten des Anwartschaftsrechtserwerbs oben Rn. 777 ff.) Einigsein zwischen Veräußerer und Erwerber über den Eigentumsübergang, wobei sich der Inhalt der Einigungserklärung nach allgemeinen Auslegungsregeln richtet. Gibt nun der Kreditschuldner gegenüber dem veräußernden Eigentümer nicht zu erkennen, dass in Wahrheit der Kreditgläubiger und nicht er selbst das Eigentum erwerben soll, ergibt sich folgendes: Die Erklärung des Veräußerers ist darauf gerichtet, dass der Kreditschuldner Eigentümer werden soll; derselbe Inhalt kommt der Erklärung des Kreditschuldners vom Standpunkt eines ob-

325 *Serick*, Bd. II, § 21 III. 2. d. (S. 169); Bankrechtshandbuch/*Ganter*, Bd. II, § 95 Rn. 118; *Reich*, Sicherungsübereignung, S. 54.

jektiven und verständigen, mit den Umständen vertrauten Erklärungsempfängers (Veräußerer) zu, so dass schon deshalb ein dinglicher Einigungsvertrag mit dem Kreditschuldner auf Eigentumsübertragung an ihn zustande kommt, mag dieser in Wahrheit auch die Eigentumsübertragung an den Kreditgläubiger gewollt haben. Hatte der Kreditschuldner den Willen, die dingliche Einigung im Namen des Kreditgläubigers (also als Vertreter) abzuschließen, trat dieser Wille aber nicht erkennbar hervor, stellt § 164 Abs. 2 die Rechtsfolge klar. Die Willenserklärung ist im eigenen Namen abgegeben worden[326]. Das ist auch der Grund, aus dem die mittelbare Stellvertretung, sollte sie vom Kreditschuldner gewollt sein, nicht zum unmittelbaren Rechtserwerb des Vertretenen führt. Der Kreditschuldner erwirbt also zunächst das Eigentum vom Veräußerer, um es dann sogleich[327] kraft der vorweg mit dem Kreditgläubiger abgeschlossenen Einigung nebst Besitzkonstitut auf diesen weiterzuübertragen: Durchgangserwerb und nicht Direkterwerb[328] (anders bei der antizipierten Abtretung, unten Rn. 1419).

Natürlich steht es den Beteiligten frei, durch Offenlegung der Rechtsverhältnisse und entsprechende, möglichst ausdrückliche Willenserklärungen Direkterwerb beim Kreditgläubiger eintreten zu lassen, nämlich durch offene Stellvertretung gem. § 164 Abs. 1: Der Kreditschuldner gibt die Einigungserklärung in fremdem Namen (für den Kreditgläubiger) ab, und wenn die Sache an ihn gem. § 929 Satz 1 übergeben werden soll, ist er für diese tatsächliche Handlung Geheißperson des Kreditgläubigers[329]. Hier wird das Eigentum gar nicht durch antizipiertes Besitzkonstitut übertragen. **1305**

Ein anderer sachenrechtlicher Weg des Direkterwerbs ist für das antizipierte Besitzkonstitut in der Regel verschlossen: Das **Geschäft für den, den es angeht**[330]. Danach kann zwar ein dem Veräußerer unbekannter Dritter unmittelbar Eigentum erwerben, auch wenn sich ein entsprechender Wille des Vertragspartners der Einigung nicht entnehmen lässt, doch gilt diese Ausnahme nur bei Bargeschäften des Alltags, bei denen es dem Veräußerer gleichgültig sein kann, wer das Eigentum erwirbt. Das kann im Einzelfall zwar bei Sachen, die Sicherungsgut werden sollen, der Fall sein, in der Regel aber wohl nicht: Auch sie werden meist auf Kredit, oft unter Eigentumsvorbehalt geliefert. **1306**

bb) Existiert die Sache noch gar nicht, sondern ist Gegenstand der Sicherungsübereignung eine vom Kreditschuldner erst noch **zu erschaffende Sache**, kann – richtiger Ansicht nach – originärer Eigentumserwerb beim Kreditgläubiger gem. § 950 BGB eintreten (unten Rn. 1490). Es kommt darauf an, dass der Kreditschuldner die Sache für den Kreditgläubiger herstellen will. Dadurch wird dieser ohne Zwischenerwerb des Kreditschuldners Eigentümer (Direkterwerb). Ist der Gegenstand der Übereignung dagegen eine Sache, die nicht der Kreditschuldner, sondern ein Dritter herstellen wird, ist ein Verarbeitungserwerb gem. § 950 nur denkbar, wenn dem Dritten als Hersteller die Sicherungsverhältnisse offenbart werden, damit er den Willen bilden kann, für den Kreditgläubiger herzustellen – das ist ebenso wenig typisch wie unmittelbare Stellvertretung (vorst. Rn. 1305). Stellt ein Dritter die Sache, die dem Kreditgläubiger als Sicherheit dienen soll, her, wird also entweder der Dritte selbst Eigentümer und überträgt das Eigentum später **1307**

326 *Enneccerus/Nipperdey*, § 179 III. 3. b. (S. 1100).

327 Schief ist das oft gebrauchte Gleichnis von der juristischen oder logischen Sekunde, z.B. *Baur/Stürner*, § 51 E. II. 5. (Rn. 32, S. 582), gemeint ist ein unendlich kurzer Zeitraum, s. auch unten Rn. 1419.

328 *Baur/Stürner*, Sachenrecht, § 51 E. II. 5. (Rn. 32, S. 582); *Serick*, Bd. II, § 20 III. 1. (S. 133); RGZ 140, 223 (230).

329 Dazu insbesondere *Wadle*, JZ 74, 689 und nachf. Rn. 1143.

330 *Enneccerus/Nipperdey*, § 179 III. 3. c. (S. 1101); *Reich*, Sicherungsübereignung, S. 31.

auf den Kreditschuldner oder er stellt sie für diesen her, so dass der Kreditschuldner originär gem. § 950 Eigentümer wird – Durchgangserwerb beim Kreditschuldner, kein Direkterwerb des Kreditgläubigers.

1308 Soll das Sicherungseigentum an einen wesentlichen Bestandteil einer anderen Sache nach der Trennung verschafft werden (vgl. vorst. Rn. 1282), wird der Sicherungsgeber gem. § 953 BGB Eigentümer. Ein Aneignungsrecht des Sicherungsnehmers nach § 956 BGB scheidet im Allgemeinen aus, weil dieser nicht den Besitz an der Hauptsache erlangt. Es findet also auch in diesem Fall kein Direkterwerb statt.

1309 *cc)* Vertreten wird, dass im Zeitpunkt der geplanten Erlangung des Eigentums beim Kreditgläubiger (sogleich nach Zwischenerwerb beim Kreditschuldner oder direkt bei der Herstellung durch diesen) der **Eigentumsverschaffungswille** fortbestehen müsse[331] (andere Lage beim Eigentumsvorbehalt, wo die Sache ja schon existiert und übergeben wird, s. oben Rn. 771[332]; Widerruflichkeit aber bei Ausübung des Eigentumsvorbehalts, oben Rn. 748). Hat sich der Wille einer der Parteien bis zum Zeitpunkt des geplanten Eigentumsübergangs geändert, scheitert danach der Eigentumswechsel (resp. die Eigentumsentstehung). Bis dahin ist der Eigentumsverschaffungswille gem. § 929 Satz 1 (anders im Liegenschaftsrecht in den Fällen von § 873 Abs. 2 BGB) nach dieser Ansicht also unverbindlich, so dass ein einzelner der Beteiligten den Eigentumserwerb scheitern lassen kann[333]. Aus dem obligatorischen Sicherungsvertrag verbleibt freilich der Anspruch auf Durchführung des Verfügungsgeschäfts.

1310 Besondere praktische Bedeutung gewinnt das Erfordernis des fortbestehenden Eigentumsverschaffungswillens für den Erwerb des Kreditgläubigers im Falle von **Warenlagern mit wechselndem Bestand** (oben Rn. 1291). Wird das Warenlager durch neuangeschaffte Sachen aufgefüllt, erwirbt der Kreditgläubiger das Eigentum daran nur, wenn der Kreditschuldner bei der Anschaffung der neuen Sachen die Eigentumsverschaffung noch wollte. Daran kann es fehlen, wenn der Kreditschuldner, sei er redlich oder handele er irrtumsbeeinflusst, mit einem anderen seiner Gläubiger die Sicherungsübereignung an seinem Warenlager vereinbart hatte, ein und dasselbe Warenlager also mehrfach übertragen wollte. Hinsichtlich der neuen Sachen löst sich der Konflikt (nachf. Rn. 1312) zwischen erstem und nachfolgendem Kreditgläubiger, indem der erste Gläubiger nicht mehr Eigentümer der neuen Sachen werden kann, weil es inzwischen am Eigentumsverschaffungswillen des Kreditschuldners fehlt; dieser will dem zweiten Gläubiger das Eigentum verschaffen, was auch gelingt, wenn die weiteren Voraussetzungen des Eigentumserwerbs erfüllt sind. Zwar wird der zweite Gläubiger nicht Eigentümer des Altbestandes, weil der erste Gläubiger hieran schon Eigentum erworben hatte und ein gutgläubiger Erwerb an § 933 BGB scheitert (unten Rn. 1361), aber er wird Eigentümer des Neubestandes: die Eigentumsverhältnisse am Warenlager sind geteilt[334]. Hält man dagegen die dingliche Einigung für bindend, entscheidet das Prioritätsprinzip mit der Folge, dass der erste Gläubiger Eigentümer auch des Neubestandes wird.

---

331 Abl. *Wieling*, Sachenrecht, § 1 III 2 b (S. 33) m.w.N.; *Wank/Kamanabrou*, Jura 2000, 154.

332 Dazu *Paulus*, JZ 57, 7 (9/10).

333 BGHZ 7, 111 (115); *Reich*, Sicherungsübereignung, S. 29/30.

334 *Menke*, WM 98, 405 (408).

e) Zur Abgrenzung: Insichgeschäft

Kein Fall des antizipierten Besitzkonstituts ist die Übereignung durch Insichgeschäft (§ 181 BGB): Erwirbt der Kreditschuldner neue Sachen, kann er sich absprachegemäß als Vertreter des Kreditgläubigers und zugleich mit sich selbst über den Eigentumsübergang einigen und in gleicher Weise das Besitzkonstitut vereinbaren, womit er seine Verbindlichkeit gegenüber dem Kreditgläubiger aus dem Sicherungsvertrag erfüllt. Drittinteressen, insbesondere Gläubigerinteressen, werden durch § 181 nicht geschützt[335]. Auch hier ist das Besitzkonstitut nicht antizipiert, also vor dem Besitzerwerb des Kreditschuldners vorgenommen worden, sondern danach. Der Eigentumsübergang bedarf einer Ausführungshandlung, durch die offenkundig wird, der Kreditschuldner wolle nicht Eigenbesitzer, sondern Fremdbesitzer sein[336]: Der Fremdbesitz von Anfang an bedarf keiner Offenkundigkeit, wohl aber der Wechsel der Besitzart, damit der rechtsgeschäftliche Wille überhaupt wirksam werden kann, nämlich durch seine Äußerung (vgl. nachf. Rn. 1316). Geschehen kann das wie sonst z.B. durch gesonderte Lagerung oder Markierung. 1311

f) Sicherungskonflikte

Hat der Kreditschuldner von mehreren Gläubigern Kredit erhalten – sei es Geld- oder Warenkredit – und hat er allen Kreditgläubigern das Alleineigentum an der Sache verschaffen wollen, schließen sich diese Übereignungen gegenseitig aus, ihre Verwirklichung ist unmöglich. Es entstehen Sicherungskonflikte (s. unten 3. Kapitel Rn. 1647 ff.). 1312

Die zur Sicherheit übereignete bewegliche Sache kann Zubehör oder nicht wesentlicher Bestandteil eines Grundstücks sein, das mit einem Grundpfandrecht belastet ist. Für diesen Fall bestimmt § 1120, ob der Sicherungsnehmer oder der Grundpfandgläubiger den Vorrang bei der Verwertung hat (oben Rn. 126). Nicht erfasst von der Grundpfandhaftung sind Scheinbestandteile (§ 95). Sie können ohne weiteres Gegenstand der Sicherungsübereignung sein. 1313

3. Bestimmtheit des Besitzkonstituts

Nicht nur die zu übereignende bewegliche Sache muss spätestens zum Zeitpunkt des Eigentumsübergangs bestimmt sein, um die Eigentumsverhältnisse feststellen zu können, sondern auch das Übergabesurrogat, also das Rechtsverhältnis im Sinne von § 930 (das Besitzkonstitut, Besitzmittlungsverhältnis), vermöge dessen der Erwerber (Sicherungsnehmer) den mittelbaren Besitz als Oberbesitzer vom Veräußerer (Sicherungsgeber) erlangt, muss sachenrechtlichen Anforderungen entsprechen, also die Besitzverhältnisse deutlich bestimmen. 1314

a) Typisierte und ähnliche Verhältnisse

aa) Was ein Besitzkonstitut ist, erläutert zunächst § 868, wo Rechtsverhältnisse, die mittelbaren Besitz begründen, aufgezählt sind: Nießbrauch, Verpfändung, Pacht, Miete, Verwahrung; es sind Rechtsverhältnisse auf Zeit (vgl. oben Rn. 722), die, solange die Zeit nicht abgelaufen ist[337], ein Recht zum Besitz nach § 986 begründen und einem Herausga- 1315

335 So *Plander*, Geschäfte des Gesellschafter-Geschäftsführers mit sich selbst, S. 58; *P. Ulmer*, BB 80, 1001 (1006); *Bülow*, DB 82, 527 (528) m.w.N.; KG NJW-RR 99, 168 gegen *Leßmann*, BB 76, 1377 (1379); *Schubert*, WM 78, 290 (295 ff.).

336 *Enneccerus/Nipperdey*, § 179 III. 3. a. (S. 1099); *Serick*, Bd. II, § 20 II. 4. (S. 131/132).

337 Eine andere Frage ist, ob der Herausgabeanspruch Tatbestandsvoraussetzung für den mittelbaren Besitz ist, abl. *Wieling*, Sachenrecht I, § 6 II. 3. b. (S. 218/219) und nachf. Rn. 1320.

beanspruch des Oberbesitzers aus Vindikation oder Vertrag gegen den unmittelbaren Besitzer als Besitzmittler (Unterbesitzer) entgegenstehen. Vereinbaren Kreditgläubiger (Oberbesitzer) und Kreditschuldner (Besitzmittler) also beispielsweise, dass der Kreditschuldner zur Sicherheit übereignete Sachen als Verwahrer für den Kreditgläubiger besitzen solle, ist den Anforderungen an die Bestimmtheit des Konstituts genügt, jedenfalls dann, wenn das so bezeichnete Besitzkonstitut ernstlich gewollt und nicht nur zum Schein erklärt worden war (im Einzelfall können aber Auslegung oder Umdeutung zum wirksamen Besitzkonstitut führen[338]). Einigung und Vereinbarung eines solchen Besitzkonstituts bewirken den Eigentumsübergang.

1316 *bb)* Gem. § 868 kann mittelbarer Besitz aber auch durch ein „ähnliches Verhältnis" begründet werden. Fraglich ist, ob der **Sicherungsvertrag** als causa der Eigentumsübertragung zugleich als „ähnliches Verhältnis" das Besitzkonstitut darstellen kann, also Doppelfunktion hätte. Ausgangspunkt der Antwort ist, dass gem. § 930 BGB nur Eigentümer werden kann, wer Besitzer wird, indem er mittelbaren Besitz erlangt. Vom Eigentümer ausgeübt, ist dieser mittelbare Besitz Eigenbesitz und folglich der unmittelbare Besitz des Veräußerers Fremdbesitz[339]. § 930 bestimmt mithin, dass der Eigentumsübergang nur dadurch vollzogen werden kann, dass der Veräußerer nicht mehr Eigenbesitzer sein darf, die Sache also nicht, wie es § 872 formuliert, als ihm gehörend, sondern als einem anderen gehörend besitzt[340]. Die vollständige Loslösung der Sache von ihrer Zuordnung zum Veräußerer durch Aufgabe des Eigenbesitzes ist Anknüpfungspunkt für den Eigentumswechsel (gleichermaßen in der nachf. zu Rn. 1337 beschriebenen Konstellation) und damit zugleich für das „ähnliche Verhältnis" i.S.v. § 868. Besitzt der Veräußerer nicht für den Erwerber als Fremdbesitzer, sondern anstelle des Erwerbers als Eigenbesitzer, kann das Eigentum nicht gem. § 930 übergehen. Ob jemand eine Sache als ihm oder einem anderen gehörend besitzt, richtet sich nach seinem natürlichen, also nicht notwendig rechtsgeschäftlichen Willen[341]; Voraussetzung des Eigentumsübergangs ist nach § 930 BGB gleichwohl, dass die Parteien des Besitzkonstituts die Änderung des Besitzwillens aber rechtsgeschäftlich, wirksam oder nicht (nachf. Rn. 1319), vereinbaren. Allein an diesem Rechtsgeschäft misst sich der Wechsel vom Eigenbesitzwillen zum Fremdbesitzwillen. Sofern der Sicherungsvertrag eine solche Änderung des Besitzwillens begründet, steht seiner Eignung, ein „ähnliches Verhältnis" i.S.v. § 868 BGB zu sein, nichts entgegen. Der Sicherungsvertrag ist deshalb nicht nur causa der Sicherheitenbestellung, sondern zugleich das Besitzkonstitut, wenn der Sicherungsgeber gegenüber dem Sicherungsnehmer gewisse typische Pflichten übernimmt, die sich aus dem Wesen des Fremdbesitzes ergeben, z.B. Sorgfaltspflichten bei der Behandlung der Sache und insbesondere die Pflicht, die Sache nach Maßgabe des Sicherungszwecks an den mittelbaren Eigenbesitzer (den Kreditgläubiger) herauszugeben[342]. Äußert sich der Fremdbesitzwille in dieser Weise, ist er genügend **konkretisiert** und nicht lediglich ein leeres Versprechen, das nicht erkennen

---

338 Dazu BGH WM 59, 52 sowie *Luig*, in: Das Bürgerliche Gesetzbuch und seine Richter, S. 383 (389).

339 *Wieling*, AcP 184 (1984), 439 (452); BGH NJW 89, 2542 zu II. 5.

340 *Ernst*, Eigenbesitz und Mobiliarerwerb, S. 125 ff.; *Holler*, Besitzveränderung, S. 96; BGH WM 98, 2294 zu II. 2. mit Komm. *Medicus*, EWiR § 930 BGB 1/99, 57, Anm. *Rimmelspacher*, WuB IV A. – 1.99 und Bspr. *K. Schmidt*, JuS 99, 500.

341 *Wieling*, Sachenrecht I, § 4 I. 4. (S. 144); § 9 III. 2. b. dd. (S. 300).

342 Nämlich wenn der Kredit notleidend wird, *Serick*, Bd. II, § 20 I. 5. (S. 123); *Gernhuber*, JuS 88, 355 (357), wohl auch RGRK/*Pikart*, § 930 BGB Rn. 22-24.

lässt, worin denn der Fremdbesitzwille liegen soll. Ein solches leeres Versprechen wäre ein **abstrakter Besitzvorbehalt**[343], der zum Eigentumsübergang gem. § 930 nicht ausreicht. Die den Fremdbesitzwillen in seinen rechtlichen Auswirkungen beschreibende Kundbarmachung ist dagegen das konkrete Besitzmittlungsverhältnis, das Voraussetzung des wirksamen Eigentumsübergangs ist.

Die den Fremdbesitzwillen konkretisierende Erklärung braucht nicht ausdrücklich zu sein, geschweige denn schriftlich, und kann sich aus den gesamten Umständen des Kreditverhältnisses ergeben. So begründet zwar die Tatsache, dass überhaupt ein Sicherungsvertrag abgeschlossen wurde (also die Verpflichtung begründet, dass Sachen zur Sicherung zu übereignen seien, oben Rn. 49), für sich allein noch kein konkretes Besitzkonstitut, doch kann – und wird sich oft – aus den weiteren Umständen ergeben, dass ein solches zugleich stillschweigend mit dem Sicherungsvertrag verbunden war. Auch die Abrede „Für den restlichen Darlehensbetrag haften die von dem Gelde gekauften ... Maschinen ... in voller Höhe des Betrages" konkretisiert allein das Besitzkonstitut nicht, aber die weiteren Umstände können die Konkretisierung, eine besitzrechtliche Regelung, durchaus ergeben[344]. **1317**

b) Ausführungshandlung?

In früheren höchstrichterlichen Entscheidungen[345] wurde eine weitere Wirksamkeitsvoraussetzung für den Eigentumsübergang gefordert, um sachenrechtliche Offenkundigkeit zu gewährleisten. Sie sollte in einer Ausführungshandlung liegen, d.h. in einem einfachen, nach außen erkennbaren Geschehen, welches das Besitzkonstitut für jeden, der die Parteiabrede kennt, ersichtlich macht. Jedoch kennzeichnet sich das Besitzmittlungsverhältnis durch den Fremdbesitzwillen des unmittelbaren Besitzers. Offenkundig ist der unmittelbare Besitz, aber der Besitzwille spielt sich nur in den Köpfen der Parteien ab, ist also gerade publizitätslos. Durch die Zulassung des Eigentumserwerbs mittels Besitzkonstituts verzichtet das Sachenrecht auf Publizität und stellt nicht das Erfordernis eines zusätzlichen, publizitäterzeugenden Aktes auf. Daran ändert nichts, dass sich die Vermutungswirkung für das Eigentum gem. § 1006 Abs. 3 BGB auch auf den mittelbaren Besitz bezieht: Die Vermutung greift erst ein, wenn dieser mittelbare Besitz feststeht, ggf. bewiesen ist[346]. Eine Ausführungshandlung ist für den Eigentumsübergang also nur da unentbehrlich[347], wo andernfalls nicht bestimmt werden könnte, welche Sachen Gegenstand des Eigentumsübergangs sein sollten (vorst. Rn. 1296). **1318**

c) Rechtsgeschäftliche Wirksamkeit

aa) Ein ganz anderes Problem ist, ob die das Besitzmittlungsverhältnis begründenden Willenserklärungen wirksam sein müssen, um den Eigentumsübergang gem. § 930 begründen zu können. Dessen Grundlage ist die Aufgabe des Eigenbesitzes, welche lediglich natürlichen Willen voraussetzt; wo die Willensänderung ohne wirksame Willenserklärung eintritt, der Sicherungsgeber als Fremdbesitzer also dennoch für den Sicherungs- **1319**

343 RGZ 49, 170 (173); 54, 396 (398/399); RG JW 13, 429; 27, 669; BGH NJW 58, 302; 79, 2308.

344 RGZ 98, 131 (133); 118, 361 (364); 132, 183 (186); RG JW 13, 492; DR 43, 298; BGH NJW 53, 217; 79, 2308; WM 58, 70; 59, 52 und 1313; 61, 1046; OLG Celle MDR 66, 760 (Nr. 55); *Reich*, Sicherungsübereignung, S. 26; Nutzungsrecht des Arbeitnehmers am Dienst-PKW: OLG Düsseldorf NJW 86, 2513 mit Komm. *Gravenhorst*, EWiR 1/86, 363 zu § 986 BGB.

345 So etwa BGH WM 63, 504; BGHZ 21, 52 (56).

346 *Wieling*, Sachenrecht I, § 12 VIII. 2. d. (S. 621); es erscheint schwer nachvollziehbar, dem mittelbaren Besitz Publizitätsfunktion beizumessen, so aber *Wolf*, Sachenrecht, Rn. 145 (S. 79).

347 Der BGH stellt dieses Erfordernis seit BGHZ 73, 253 nicht mehr auf; Bankrechtshandbuch/*Ganter*, § 95 Rn. 47.

nehmer besitzt, tritt der Eigentumsübergang deshalb ein[348]; auch ein unwirksamer Verwahrungsvertrag begründet ein wirksames Besitzkonstitut, wenn der unmittelbare Besitzer tatsächlich Fremdbesitzwillen hat. Unberührt bleibt das Erfordernis der wirksamen dinglichen Einigung aus § 929 Satz 1 BGB.

1320 *bb)* Umstritten ist, ob der Eigentumsübergang nach §§ 929, 930 auch dann eintritt, wenn das Besitzmittlungsverhältnis im Sicherungsvertrag liegt (vorst. Rn. 1316) und der **Sicherungsvertrag nichtig** ist (oben Rn. 1102 ff.). Auch bei nichtigem Sicherungsvertrag hat der Sicherungsgeber als unmittelbarer Besitzer zwar Fremdbesitzwillen und ist bei Eintritt des Sicherungsfalls zur Herausgabe bereit, aber der Sicherungsnehmer hat keinen Herausgabeanspruch, weder einen aus dem Sicherungsvertrag folgenden noch einen Bereicherungsanspruch, weil der Sicherungsgeber den Besitz überhaupt nicht vom Sicherungsnehmer erlangt hatte. Es kommt demgemäß darauf an, ob das Besitzkonstitut nicht nur Fremdbesitz, sondern auch einen Herausgabeanspruch, sei er auch nur ein Bereicherungsanspruch, voraussetzt. Bejaht man dies, scheitert bei Nichtigkeit des Sicherungsvertrags das Besitzkonstitut und damit der Eigentumsübergang; vielmehr bleibt der Sicherungsgeber Eigentümer[349] und der Kreditgläubiger ungesichert. Jedoch ergibt der Gesetzeszweck, dass ein Herausgabeanspruch nicht Voraussetzung eines Besitzkonstituts ist. Zweck der Rechtsfigur des mittelbaren Besitzes ist es, einerseits dem mittelbaren Besitzer possessorische Ansprüche nach §§ 869, 861 ff. BGB zukommen zu lassen und andererseits die Übertragung der Sache auf Dritte zu ermöglichen. Beides ist ohne Herausgabeanspruch möglich[350]. Deshalb ist nicht der Herausgabeanspruch Voraussetzung des Besitzkonstituts, sondern es genügt die Herausgabebereitschaft des unmittelbaren Besitzers[351]. Die Nichtigkeit des Sicherungsvertrags lässt das Besitzkonstitut deshalb nicht scheitern, wenn im Übrigen das Verfügungsgeschäft nicht mit Nichtigkeitsgründen behaftet ist (oben Rn. 1102).

4. Eigenbesitz des Sicherungsnehmers

1321 Der mittelbare Eigenbesitz des Erwerbers (§ 872 BGB) kann mehrere Stufen aufweisen. Sie bilden sich namentlich bei der Sicherungstreuhand an Vorbehaltsware.

a) Besitzstufen

1322 Der Sicherungsnehmer (Kreditgläubiger) kann dadurch mittelbarer Besitzer werden, dass der Sicherungsgeber (Kreditschuldner) als bisheriger Eigentümer nunmehr als unmittelbarer Fremdbesitzer für den Kreditgläubiger besitzt (**einstufiger mittelbarer Besitz**). Mittelbarer Besitzer kann aber auch werden, wer mit einem mittelbaren Besitzer ein Besitzmittlungsverhältnis begründet: Dadurch entsteht gem. § 871 **mehrstufiger** mittelbarer

348 *Wieling*, Sachenrecht I, § 6 II. 1. (S. 216/217); RGZ 98, 131 (133); JW 15, 1015 (Nr. 20).

349 So Jauernig/*Jauernig*, § 930 BGB Rn. 39.

350 *Wieling*, Sachenrecht I, § 6 II. 3. b. (S. 217/218); *ders.*, AcP 184 (1984), 439 (450); im Ergebnis auch Staudinger/*Wiegand*, § 930 BGB Rn. 22 sowie jetzt *Baur/Stürner*, Sachenrecht, § 57 B. III. 1. (Rn. 15, S. 714).

351 So auch BGHZ 85, 263 (265), auf den sich Jauernig/*Jauernig*, § 868 BGB Rn. 4, bezieht: Voraussetzung ist danach, „dass der unmittelbare Besitzer eine Verpflichtung zur Herausgabe *anerkennt*" (Hervorhebung durch Verf.); letztlich wohl auch *Becker*, Maßvolle Kreditsicherung, S. 213/214.

Besitz. Auch dieser kann für die Übereignung nach §§ 929 Satz 1, 930 nutzbar gemacht werden. Mehrstufiger mittelbarer Besitz kann zunächst dadurch entstehen, dass der unmittelbare Besitzer – etwa ein Mieter – die Sache an einen Dritten weitergibt und mit ihm ebenfalls ein Besitzmittlungsverhältnis begründet, die Sache z.B. verleiht[352]. Dadurch wird der Mieter als Verleiher mittelbarer Fremdbesitzer, der Vermieter bleibt mittelbarer Eigenbesitzer gem. § 871. Mehrstufiger mittelbarer Besitz kann aber auch durch Handlungen des mittelbaren Besitzers entstehen und den unmittelbaren Besitz unberührt lassen wie in nachfolgenden Beispielen: Der Vermieter als Kreditschuldner überträgt mittelbaren Besitz auf den Kreditgläubiger dadurch, dass er für ihn Entleiher ist (der nicht unmittelbarer Besitzer zu sein braucht, § 603 Satz 2 BGB) oder: Der Kreditschuldner überträgt dem Kreditgläubiger Waren, die bei einem Frachtführer auf dem Transportwege sind[353] – dann sind sowohl Kreditschuldner wie Kreditgläubiger mittelbare Besitzer. Der mehrstufige mittelbare Besitz ist nicht davon abhängig, dass der unmittelbare Besitzer – Mieter, Frachtführer – davon unterrichtet wird, also Kenntnis von seinem neu hinzugetretenen Oberbesitzer und den daraus folgenden neuen Eigentumsverhältnissen erhält.

b) Eigentumsvorbehalt

Bei der Sicherungsübereignung von Sachen, die unter Eigentumsvorbehalt stehen, kann der Eigentumsübergang in ähnlicher Weise vollzogen werden: Der Kreditschuldner als Vorbehaltskäufer ist zwar nicht Eigentümer der vom Vorbehaltsverkäufer gelieferten Sachen, er hat aber bereits ein Anwartschaftsrecht an ihnen erworben. Wie oben (Rn. 779 f.) dargestellt, ist auch das Anwartschaftsrecht übertragbar, nämlich nach den Regeln, wie sie für das Vollrecht gelten. Will der Vorbehaltskäufer also den Besitz der Sache behalten, kann er das Anwartschaftsrecht gem. § 930 beispielsweise dadurch auf den Kreditgläubiger übertragen, dass er die Sachen für ihn verwahrt (§ 688). Dadurch wird der Kreditgläubiger als Sicherungsnehmer mittelbarer Besitzer, während der mittelbare Besitz des Lieferanten, der auf dem Eigentumsvorbehalt beruht (oben Rn. 722), unberührt bleibt. Der Vorbehaltskäufer mittelt den Besitz in diesem Fall sowohl für den Kreditgläubiger wie für den Lieferanten. **1323**

Problematisch ist, wie in diesem Falle die Rechtsbeziehungen zwischen Kreditgläubiger (Sicherungsnehmer des Anwartschaftsrechts) und Lieferant (Eigentümer der Vorbehaltsware) zu werten sind, die nun beide mittelbare Besitzer wurden, wovon der Lieferant aber noch nicht einmal etwas zu wissen, geschweige denn an den Besitzverhältnissen mitgewirkt zu haben braucht. **1324**

Am Wissen brauchen die Besitzmittlungsverhältnisse nicht zu scheitern: So braucht der unmittelbare Besitzer, z.B. der Frachtführer (vorst. Rn. 1322), nicht über die Personen der Besitzmittler unterrichtet zu sein. Ist es dem unmittelbaren Besitzer erlaubt, die Sache weiterzugeben, z.B. weiterzuverleihen, braucht der mittelbare Besitzer (Verleiher) nicht zu wissen, dass dadurch mehrstufiger mittelbarer Besitz entstanden ist, dass er also zum mittelbaren Besitzer der zweiten Stufe geworden ist. Bei der Sicherungsübertragung des Anwartschaftsrechts gem. § 930 an Sachen, die unter Eigentumsvorbehalt geliefert wurden, spricht deshalb nichts dagegen, dass der Kreditgläubiger Besitzmittler für den Lieferanten ist, den mittelbaren Besitz also für ihn innehaben will, ohne dass der Lieferant davon etwas weiß. **1325**

---

352 BGH WM 58, 891 zu 4.
353 BGH WM 63, 1339, auch RGZ 118, 250 (254).

1326 Feststehender Ausgangspunkt ist, dass der Kreditschuldner als Vorbehaltskäufer für den Kreditgläubiger und für den Lieferanten Fremdbesitzer ist. Der Kreditgläubiger ist gleichfalls nicht Eigenbesitzer, weil er nur das Anwartschaftsrecht, nicht aber das Eigentum an der Sache erworben hat. Er mittelt den Besitz für den Lieferanten, dem die Sache bis zum Bedingungseintritt (§§ 455, 158 Abs. 1 BGB) gehört. Der mehrstufige mittelbare Besitz gem. § 871 sieht dann wie folgt aus: Der Lieferant ist mittelbarer Eigenbesitzer der höheren Stufe (zweiten Grades), der Kreditgläubiger ist mittelbarer Fremdbesitzer ersten Grades (also zugleich Besitzmittler des Lieferanten), und der Vorbehaltskäufer ist unmittelbarer Fremdbesitzer für die beiden Oberbesitzer (Kreditgläubiger und Lieferant)[354].

1327 Ein Bedenken gegen diese Lösung ist freilich noch auszuräumen: In § 871 ist vorausgesetzt, dass zwischen den Besitzmittlern ein Rechtsverhältnis der in § 868 bezeichneten Art besteht, also ein Besitzkonstitut. Kreditgläubiger und Lieferant stehen aber in keinen schuldrechtlichen Beziehungen zueinander, ja, der Kreditgläubiger ist dem Lieferanten als Eigentümer gegenüber gar nicht zum Besitz berechtigt. Indessen – § 871 bestimmt nicht, dass mehrstufiger Besitz ausschließlich dann eintreten kann, wenn Besitzkonstitute vereinbart sind, sondern lässt auch andere Möglichkeiten durchaus offen[355]. Gerade zum Schutz des mittelbaren Eigenbesitzers muss mehrstufiger mittelbarer Besitz ohne Besitzkonstitut möglich sein, weil dieser sonst nicht in besitzrechtlichen Rechtsbeziehungen zum zwischengeschalteten Besitzmittler stünde und keine possessorischen Ansprüche (§ 869) gegen ihn hätte. Da der Kreditgläubiger gegenüber dem Lieferanten nicht zum Besitz berechtigt ist, kann er Herausgabe der Sache an sich selbst (also Verschaffung des unmittelbaren Besitzes) erst verlangen, wenn der Eigentumsvorbehalt des Lieferanten erloschen ist[356].

1328 Mit der Konstruktion mehrstufigen mittelbaren Besitzes in dieser Weise braucht nicht angenommen zu werden, die Sache stehe sowohl dem Lieferanten wie dem Kreditgläubiger im **Nebenbesitz**[357] zu. Vom mehrstufigen mittelbaren Besitz zu unterscheiden ist der **Mitbesitz** auf gleicher Stufe. Er reicht zur Verschaffung von Alleineigentum nicht aus, nur zur Verschaffung von Miteigentum[358]. Ist jenes gewollt, liegt darin nicht auch zugleich der Wille zu diesem[359].

c) Wechsel der Besitzverhältnisse

1329 Die Rolle mittelbaren und unmittelbaren Besitzes bei Kreditgläubiger und Kreditschuldner kann sich ändern, wenn der Kreditgläubiger das Sicherungsgut an sich nimmt. Geschieht das zum Zwecke der Verwertung, wird der Kreditgläubiger unter Beendigung des Besitzmittlungsverhältnisses Eigenbesitzer. Geht es aber nicht um Verwertung, sondern um die zusätzliche Sicherung des Kreditgläubigers durch den unmittelbaren Besitz, wird er nunmehr Besitzmittler für den Kreditschuldner, dieser ist also mittelbarer Besitzer[360].

---

354 BGHZ 28, 16 (27 f.).

355 *Zunft*, NJW 57, 445 (447).

356 BGHZ 28, 16 (28).

357 So *Westermann*, NJW 56, 1297 (1298); *Pohle*, MDR 56, 732; *Paulus*, JZ 57, 45; abl. *Kollhosser*, JuS 92, 215 (219).

358 BGH WM 62, 818; OLG Celle BB 56, 1164; OLG München NJW 70, 667.

359 BGH WM 62, 818, jedoch kann jemand zugleich mittelbarer Eigenbesitzer und unmittelbarer Fremdbesitzer sein: Der Eigentümer bestellt einen Nießbrauch und mietet die Sache vom Nießbraucher zurück, *Wieling*, Sachenrecht I, § 4 I. 4. (S. 145).

360 BGH WM 61, 150.

5. Form

Ebenso wenig wie der Sicherungsvertrag (s. vorst. Rn. 1197, 1201) ist die Sicherungsübereignung selbst (dingliche Einigung, Vereinbarung eines Besitzkonstituts, vorst. Rn. 1320) formbedürftig, kann also mündlich oder stillschweigend vereinbart werden oder auch gemischt mit Schriftform[361]. 1330

C. Andere Formen der Sicherungsübereignung

Ihre hervorragende Bedeutung hat die Sicherungsübereignung als – im erstrebten Sicherungsinteresse gesehen – besitzloses Pfandrecht. Den Parteien stehen aber Formen der Sicherungsübereignung frei, durch die der Kreditschuldner nicht unmittelbarer Besitzer bleibt. So kann der unmittelbare Besitz wie bei der Verpfändung auf den Kreditgläubiger übertragen werden, er kann auch bei einem Dritten sein. Möglich ist auch die Abtretung eines Herausgabeanspruchs auf die Sache, die der Kreditschuldner gegenüber einem Dritten hat, sowie die Sicherungsübereignung von Wertpapieren. 1331

1. Einigung und Übergabe

Ist der Sicherungsgeber nicht auf Besitz und Nutzung des Sicherungsguts angewiesen, steht einer Verwendung des gesetzlichen Typus der Mobiliarverpfändung gem. §§ 1204 ff. nichts entgegen (oben Rn. 468). Dennoch sind die Parteien auch in diesem Fall nicht gehindert, zum Zwecke der Sicherung das volle Eigentum durch Einigung und Übergabe gem. § 929 auf den Sicherungsnehmer zu übertragen. Übergabe nach § 929 Satz 1 bedeutet[362], dass der Veräußerer – also der Sicherungsgeber – jeglichen Besitz verliert und der Erwerber (Sicherungsnehmer) Besitzer wird. Dadurch erlangt der Erwerber die Sachherrschaft, die der Veräußerer aufgibt. 1332

a) Unmittelbarer Besitz

Die Übergabe kann in der Verschaffung des unmittelbaren Besitzes liegen. 1333

Der Sicherungsgeber kann selbst unmittelbarer Besitzer gewesen sein. Er kann den unmittelbaren Besitz aber auch dann auf den Sicherungsnehmer übertragen, wenn er mittelbarer Besitzer war, wie nachfolgendes Beispiel zeigt: Hatte er die Sache vermietet (und ist der Mietvertrag abgelaufen), so kann er den Mieter anweisen, die Sache auf **Geheiß**[363] dem Sicherungsnehmer zu übergeben, also 1334

---

361 BGH BB 56, 1085; jedoch Anwendung von § 311b Abs. 1 BGB, wenn der Kreditschuldner dem Kreditgläubiger ein Verkaufsangebot über ein Grundstück macht, um damit vereinbarungsgemäß den Kredit abzusichern: BGH NJW 83, 565 sowie oben Rn. 1140.

362 BGHZ 67, 207 (209) mit Anm. *Berg*, JR 78, 156 sowie *Thümmel*, Diss. Trier 1986, S. 95 ff., *Joost*, in: Gedächtnisschrift *Schultz*, S. 172 ff. und *Lorenz*, Fahrnisübereignung, S. 56; zur Übereignung gem. § 929 Satz 2: BGH MDR 87, 318 und *Wadle*, JuS 96, L 25; bei der Sicherungsübereignung eines nicht eingetragenen Seeschiffs ist gem. § 929a BGB neben der Einigung nach § 929 Satz 1 die zusätzliche Einigung über den sofortigen, übergabelosen Eigentumsübergang erforderlich (doppelte Einigung), BGH WM 95, 1060 zu II. 1. a.

363 Dazu *Martinek*, AcP 188 (1988), 573 (586 ff., 601 ff.); *Wadle*, JZ 74, 689; OLG Frankfurt am Main NJW-RR 86, 470.

den unmittelbaren Besitz zu verschaffen. Ebenso und gleichzeitig kann der Erwerber, also der Sicherungsnehmer, eine Geheißperson einschalten, die den unmittelbaren Besitz für den Kreditgläubiger empfängt[364]. Im Handelsverkehr wird so der dingliche Teil des sogenannten **Direktgeschäfts** vollzogen: Verkauft ein Händler seinem Abnehmer eine Sache, die ein Fabrikant hergestellt hat und die noch bei diesem lagert, kann der Abnehmer dadurch gem. § 929 Satz 1 Eigentümer werden, dass der Fabrikant die Sache direkt an den Abnehmer liefert. Liegt dem nicht ein Kaufvertrag, sondern ein Sicherungsvertrag zugrunde, kann der Kreditgläubiger in gleicher Weise wie der Abnehmer Sicherungseigentümer werden[365]. Die Verschaffung des unmittelbaren Besitzes kann darin liegen, dass der Veräußerer (Sicherungsgeber) nunmehr Besitzdiener des Sicherungsnehmers wird, also nicht mehr im eigenen Interesse besitzt, sondern für den Kreditgläubiger und dessen Belange wahrnimmt. Gerade daran fehlt es freilich typischerweise. Der Sicherungsnehmer kann nicht dadurch Alleineigentümer werden, dass er nur Mitbesitzer wird (s. vorst. Rn. 1328).

1335 Keine Verschaffung des unmittelbaren Besitzes und damit keine Möglichkeit zum Eigentumserwerb gem. § 929 stellt die Übergabe der Sache nur zum Schein dar: Das Sicherungsgut wird, gleichsam symbolisch[366], dem Kreditgläubiger übergeben und sofort anschließend dem Kreditschuldner zurückgegeben, der von nun an Besitzmittler für den Kreditgläubiger sein soll (die Motivation eines solchen Vorgehens ist der leichtere gutgläubige Erwerb gem. § 932 Abs. 1 als nach § 933 – s. nachf. Rn. 1355 ff.)[367].

1336 Übergabe braucht nicht notwendig Verschaffung des unmittelbaren Besitzes an den Kreditgläubiger zu bedeuten. Es genügt, dass der Veräußerer im Einverständnis mit dem Erwerber die Sache einem **Dritten** übergibt[368]. Veräußerer braucht nicht der Sicherungsgeber zu sein: Bei der Finanzierung eines Kraftfahrzeugkaufs kann der Autohersteller das Fahrzeug auf Geheiß der Bank an den Autokäufer (und Kreditschuldner) liefern. Der Kreditschuldner erhält Besitz und Nutzungsmöglichkeit. Er ist aus dem mit der Bank abgeschlossenen Sicherungsvertrag Gläubiger des Rückübertragungsanspruchs (oben Rn. 1169).

b) Mittelbarer Besitz

1337 Die Übergabe kann in der Verschaffung des mittelbaren Besitzes liegen, indem der unmittelbare Besitzer, der bislang Fremdbesitzer des Sicherungsgebers war, nunmehr Fremdbesitzer für den Sicherungsnehmer wird:

1338 Der Sicherungsgeber war Eigentümer eines Krans, den er vermietet hatte. Er war also dessen mittelbarer Eigenbesitzer; entsprechend einer Vereinbarung mit seinem Kreditgläubiger beauftragt er den Mieter, fortan nicht mehr für ihn, sondern für den Kreditgläubiger Mieter und damit unmittelbarer Fremdbesitzer zu sein, und der Mieter verfährt in dieser Weise, so dass der unmittelbare Besitzer (Mieter) und der Kreditgläubiger Parteien des Mietvertrages werden. Auch in diesem Fall verliert der Sicherungsgeber als Veräußerer jeglichen Besitz. Darauf kommt es für den Begriff der Übergabe an, d.h. darin liegt die für den Eigentumswechsel nach § 929 Satz 1 notwendige Publizität. Weder auf früheren unmittelbaren Besitz des Veräußerers (s. vorst. Rn. 1332) noch auf neu entstehenden unmittelbaren Besitz des Erwerbers (s. vorst. Rn. 1336) kommt es an[369].

---

364 BGH NJW 99, 425 zu I.; 73, 141.

365 BGH WM 69, 186; *Flume*, in: Festschr. E. Wolf, S. 65 ff.; *Gursky*, JZ 84, 604 (605).

366 BGH WM 70, 251; OLG München NJW 70, 667.

367 *Serick*, Bd. II, § 20 I. 2. (S. 114).

368 BGH WM 69, 831 zu 3. c.

369 BGH NJW 59, 1536 zu II.; 85, 376 zu A. II. 2.; RGZ 103, 151 (153); *Baur/Stürner*, § 51 C. II. 1. (Rn. 14, S. 573); Staudinger/*Wiegand*, § 929 BGB Rn. 63; *Derleder*, JZ 99, 176 (181); a.A. *Wieling*, Sachenrecht I, § 9 I. 2. b. (S. 287): Es liege ein Fall von § 931 vor.

2. Einigung und Abtretung

Gem. §§ 931, 929 Satz 1 kann das Eigentum dadurch verschafft werden, dass sich Veräußerer und Erwerber über den Eigentumsübergang einig sind und einen Herausgabeanspruch, den der Veräußerer hat, an den Erwerber abtritt. Dadurch können Sachen zu Sicherungszwecken nutzbar gemacht werden, deren unmittelbarer Besitzer der Sicherungsgeber nicht ist, sei er mittelbarer Besitzer, sei er bestohlen worden oder habe er die Sache verloren. **1339**

a) Anspruch auf Herausgabe

Der Herausgabeanspruch kann sich auf ein Besitzmittlungsverhältnis zwischen Veräußerer und unmittelbarem Besitzer gründen[370] und schuldrechtlicher Natur sein. Hat der Sicherungsgeber z.B. eine Sache vermietet, kann er den Anspruch auf Herausgabe aus § 546 Abs. 1 BGB[371] an den Kreditgläubiger abtreten. Der Herausgabeanspruch kann sich auf ungerechtfertigte Bereicherung gem. §§ 812 ff. gründen. Ist der Sicherungsgeber Käufer der Sache, kann Gegenstand der Abtretung der aus § 433 Abs. 1 Satz 1 folgende Herausgabeanspruch sein; der Sicherungsgeber ist in diesen Fällen nicht Eigentümer des Sicherungsguts, der Eigentumsübergang wird also antizipiert (s. vorst. Rn. 1291). **1340**

Umstritten ist, ob der Eigentumsübergang gem. § 931 dadurch vollzogen werden kann, dass der Sicherungsgeber seinen **Herausgabeanspruch als Eigentümer** gem. § 985 an den Sicherungsnehmer abtritt, z.B. auf eine abhanden gekommene Sache (vgl. § 935 BGB). Dagegen könnte sprechen, dass der Herausgabeanspruch aus § 985 nicht für sich allein abtretbar, sondern mit dem Eigentum verbunden ist, diesem folgt und deshalb nur mit der Übertragung des Eigentums übergehen kann, um die es bei § 931 BGB ja gerade geht[372]. Richtigerweise wird man sagen können, dass bereits in der Einigung über den Eigentumsübergang der Wille liegt, der Erwerber dürfe die Sache auch herausverlangen, so dass der Übergang des Herausgabeanspruchs denknotwendig in der dinglichen Einigung enthalten ist[373]. **1341**

Der Sicherungsgeber kann den unmittelbaren Besitz später erwerben, indem er sich trotz der gem. § 931 vollzogenen Eigentumsübertragung den unmittelbaren Besitz an der Sache übertragen lässt (der frühere unmittelbare Besitzer braucht vom Eigentumsübergang nichts erfahren zu haben, vorst. Rn. 1321); Sicherungsgeber und Sicherungsnehmer können nunmehr ein Besitzkonstitut vereinbaren, und der Sicherungsgeber kann die Sache nutzen, obwohl er sie dem Sicherungsnehmer – mittels Sicherungsübereignung gem. § 931 – schon übertragen hatte. Das Besitzkonstitut hat hier anders als im Falle von § 930 (s. vorst. Rn. 1281 ff.) nichts mehr mit dem Eigentumsübergang zu tun. **1342**

Ist der Kreditschuldner mittelbarer Besitzer, kann er durch Begründung mehrstufigen mittelbaren Besitzes auch den Eigentumsübergang gem. § 930 bewirken (s. vorst. Rn. 1321), die Parteien können zwischen §§ 930 und 931 wählen, um dasselbe Ziel zu erreichen. **1343**

b) Abtretung

Die Abtretung des Herausgabeanspruchs richtet sich nach §§ 398 ff. BGB. Deshalb kann Eigentum gem. § 931 nur dann übertragen werden, wenn der Herausgabeanspruch abtretbar ist, also nicht, wenn der Schuldner des Herausgabeanspruchs (Mieter, Käufer) ein **Ab-** **1344**

370 Jauernig/*Jauernig*, § 931 BGB Rn. 4; Staudinger/*Wiegand*, § 931 BGB Rn. 11.

371 Dieser Anspruch geht noch weiter, ist nämlich auch auf Räumung gerichtet, BGH WM 2001, 1574 mit Anm. *Wenzel*, WuB VI C. – 1.02.

372 Umdeutung in Ermächtigung für den Erwerber, den Anspruch im eigenen Namen geltendzumachen: BGH WM 64, 426; LG Berlin WM 67, 1295; RGRK/*Pikart*, § 931 BGB Rn. 11.

373 *Baur/Stürner*, § 51 F. II. 2. (Rn. 37, S. 586); *Wolff/Raiser*, Sachenrecht, § 67 II. 2. (S. 246).

tretungsverbot gem. § 399 vereinbart hatte, das absolut, also gegenüber Dritten, wirkt (oben Rn. 1169 ff. und unten Rn. 1403).

1345 Ein Abtretungsverbot kann auch stillschweigend vereinbart oder durch Auslegung gem. §§ 133, 157 zu ermitteln sein[374]. Ist der Kreditschuldner **seinerseits lediglich Sicherungseigentümer** im Verhältnis zu einem Dritten aufgrund Besitzkonstituts und will der Kreditschuldner die Sache – wiederum zur Sicherung – an seinen Kreditgläubiger durch Abtretung seines Anspruchs aus dem Besitzkonstitut mit dem Dritten weiterübertragen, kann dies dem Zweck des Sicherungsvertrages zwischen Kreditschuldner und dem Dritten zuwiderlaufen: Der neue Sicherungseigentümer (der Kreditgläubiger) ist an die Pflichten aus dem Sicherungsvertrag zwischen Kreditschuldner und Drittem nicht gebunden (oben Rn. 1183), so dass die Bindung an den Sicherungszweck gefährdet ist, da der neue Kreditgläubiger trotz Einwendungserhalts nach § 404 nicht Partei des Sicherungsvertrags mit dem Dritten wird – das bleibt der Kreditschuldner –, sondern er wird nur der Gläubiger des Herausgabeanspruchs aus dem Besitzkonstitut (das im Sicherungsvertrag liegen kann, s. vorst. Rn. 1201). Zur Wahrung des Sicherungszwecks kann der Sicherungsabrede deshalb ein Abtretungsverbot gem. § 399 zu entnehmen sein, das den Eigentumsübergang gem. § 931 scheitern lässt[375]. Ist davon nicht auszugehen, ist der Dritte durch § 986 Abs. 2 geschützt (nachf. Rn. 1347).

1346 Der unmittelbare Besitzer kann dem neuen Eigentümer, der vindiziert (§ 985), gem. § 986 Abs. 2 die Einwendungen entgegensetzen, die ihm gegen den abgetretenen Herausgabeanspruch zustehen. Ist z.B. der Herausgabeanspruch aus einer verliehenen Sache (§ 604) im Rahmen von § 931 abgetreten worden, kann der Entleiher zurückbehaltend (§ 273) Schadensersatzansprüche aus § 600 entgegensetzen und die Herausgabe verweigern. Der Besitzer erlangt bei der Vindikation infolgedessen eine gleiche Rechtsstellung wie der Schuldner bei der Abtretung gem. §§ 404 ff. (s. unten Rn. 1425). Entsprechend § 407 kann der Besitzer auch Einwendungen erheben, die erst nach Abtretung des Herausgabeanspruchs entstanden sind[376] (z.B. Verlängerung eines Mietvertrages).

1347 Einwendungen gegen den Herausgabeanspruch entstehen auch dann, wenn der Sicherungsgeber eine Sache übereignet, die er seinerseits nur zur Sicherheit erworben hatte (vorst. Rn. 1345). Der Herausgabeanspruch, der sich auf das zu Sicherungszwecken vereinbarte Besitzkonstitut gründet, ist nur fällig, wenn der Kredit notleidend geworden war[377]. Das ist nicht der Fall, solange die Kreditforderung ihrerseits noch nicht fällig ist; es fehlt an einer anspruchsbegründenden Voraussetzung. Ist die Kreditforderung fällig geworden, braucht der Herausgabeanspruch, der nur zum Zwecke der Verwertung geltendgemacht werden kann, dennoch nicht fällig zu sein, nämlich wenn der Dritte als ursprünglicher Sicherungsgeber Einwendungen gegen die Kreditforderung hat (vorst. Rn. 1162). Eine solche kann in einem Zurückbehaltungsrecht liegen: Der Dritte braucht die Kreditforderung nur Zug um Zug gegen Rückübereignung des Sicherungsguts zu erfüllen (vorst. Rn. 1175, 1185). Der abgetretene Herausgabeanspruch ist also nicht durchsetzbar.

3. Verbriefte und verbriefende Sachen

1348 Auch verbriefte Sachen und Wertpapiere, die wie Sachen übertragen werden, können Gegenstand der Sicherungsübertragung sein.

---

374 BGH WM 59, 561 zu A. II. 1. c.

375 *Bülow*, JuS 82, 687 (689).

376 BGHZ 64, 122 (127); *Wieling*, Sachenrecht I, § 12 I. 3. a. aa. (S. 531).

377 BGHZ 111, 142 (146) mit Bspr. *K. Schmidt*, JuS 90, 936; OLG Düsseldorf NJW 86, 2513; *Wolf*, NJW 87, 2647 (2650); *Roussos*, JuS 87, 606 (610).

a) Traditionspapiere

Im Handelsverkehr können der Frachtführer, Lagerhalter oder Seeverfrachter über das eingelagerte oder transportierte Gut ein Wertpapier ausstellen (Ladeschein, Orderlagerschein, Konnossement, letzteres ist gem. § 642 HGB nicht freigestellt). Die Papiere haben Traditionswirkung: Die Übergabe des Papiers hat dieselben Wirkungen wie die Übergabe der Sache (§§ 448, 475g, 650 HGB, 26 BinnenschiffahrtsG). Damit ist gemeint, dass mit der Übergabe des Papiers durch den legitimierten Inhaber die Verschaffung des unmittelbaren Besitzes, den in Wahrheit der Lagerhalter (bzw. Frachtführer, Verfrachter) behält, fingiert wird[378]. Durch die Übergabe des Traditionspapiers können die Übereignungstatbestände von §§ 929 bis 930 BGB bewirkt werden, sofern die weiteren Voraussetzungen dieser Vorschriften erfüllt sind. Folglich ist auch die Vollrechtsübertragung zu Sicherungszwecken möglich. 1349

Für andere Übereignungsarten bleibt nach wie vor Raum, auch wenn ein Traditionspapier über das Gut ausgestellt worden war, also für die Übergabe der Sache selbst gem. § 929 Satz 1 oder für die Vereinbarung eines Besitzkonstituts gem. § 930, etwa durch die Begründung mehrstufigen Besitzes gem. § 871 BGB (Kreditgläubiger als mittelbarer Besitzer 2. Grades, Kreditschuldner als mittelbarer Besitzer 1. Grades, Frachtführer als unmittelbarer Besitzer, vorst. Rn. 1322). Die Übereignung gem. § 931 kann nach der Repräsentationstheorie allerdings nicht ohne Übergabe des Traditionspapiers vollzogen werden, weil Rechtswirkung eines Traditionspapiers auch ist, dass der Herausgabeanspruch in ihm verkörpert, mit ihm untrennbar verbunden ist[379]. 1350

Wird das Papier übergeben, haben Kreditgläubiger und Kreditschuldner folglich die **Wahl**, ob sie gem. § 929 oder gem. § 931 BGB übereignen. Bei einem indossierten Traditionspapier bewirkt das Indossament die Übergabe gem. § 929 BGB und die Einwendungsbegrenzung gem. § 364 Abs. 2 HGB. Der gutgläubige Erwerb richtet sich nach § 932 BGB. Die Abtretung des Herausgabeanspruchs mit Papierübergabe gem. § 931 BGB lässt Rechte Dritter nach § 936 Abs. 3 BGB bestehen[380], der gutgläubige Erwerb richtet sich nach § 934 BGB. Insgesamt ist die Übereignung gem. § 929 BGB für den Kreditgläubiger als Erwerber in diesen Fällen günstiger. 1351

Bei **anderen Urkunden**, die in Zusammenhang mit dem Sicherungsgut ausgestellt werden (auch beim Lagerschein, der nicht an Order gestellt ist, § 475c HGB[381]), ist es Frage der Auslegung des Einzelfalls, ob die Übergabe des Papiers als Abtretung des Herausgabeanspruchs gem. § 931 BGB zu werten ist. 1352

So kann in der Übergabe des **Frachtbriefs** (§ 408 HGB) nach kaufmännischer Auffassung die Abtretung des Herausgabeanspruchs liegen[382], dagegen nicht allein in der Übergabe eines **Lieferscheins**[383]. Lassen dies die Umstände des Einzelfalls zu, kann auch in der Übergabe des **Kraftfahrzeugbriefs** die Abtretung des Herausgabeanspruchs liegen, aber auch die Vereinbarung eines Besitzkonstituts[384]. 1353

---

378 Repräsentationstheorie, Schlegelberger/*Hefermehl*, § 363 HGB Rn. 50; *Zöllner*, Wertpapierrecht, § 25 IV. (S. 152 ff.); zur absoluten und relativen Theorie, *Bülow*, Handelsrecht, S. 135 ff.

379 BGHZ 49, 160 (163); BGH LM § 931 BGB Nr. 1; *Zöllner*, Wertpapierrecht, § 25 IV. 3. a. und V (S. 153, 157).

380 Schlegelberger/*Hefermehl*, § 363 HGB Rn. 59.

381 BGH WM 69, 242; LG Hamburg WM 80, 205; *Bülow*, Handelsrecht, S. 195.

382 RGZ 102, 96; RG Warn. 1922, 93 (77); BGH NJW 71, 1608; OLG München NJW 58, 424 zum Doppel des Frachtbriefs im Eisenbahnfrachtverkehr nach §§ 55 Abs. 1, 57 Abs. 11 EVO a.F.

383 RG Warn. 1922, S. 93 (Nr. 77).

384 BGH WM 62, 1194; 70, 251.

b) Inhaber- und Orderpapiere

1354 Forderungen können in Inhaberpapieren verkörpert sein, die wie bewegliche Sachen gem. § 929 übertragen werden, z.B. Schecks. Sie sind als Wertpapiere Forderungen verbriefende Sachen. Folglich ist auf diese Weise die Übertragung zur Sicherheit möglich[385]. Der zugrundeliegende Sicherungsvertrag ist allerdings gem. §§ 134, 496 Abs. 2 Satz 2 BGB nichtig, wenn die gesicherte Forderung in einem Verbraucherkreditvertrag begründet ist (§§ 491, 499 BGB)[386]. Orderpapiere wie z.B. Wechsel können zur Sicherung auf den Sicherungsnehmer durch Vollindossament übertragen werden[387] (zum Pfandindossament oben Rn. 1070). Wird eine Forderung durch ein Wertpapier verbrieft, ist ihre Abtretung auf gewöhnlichem Wege gem. §§ 398 ff. BGB nicht gehindert (wobei nur umstritten ist, ob gleichwohl das Wertpapier zu übergeben ist[388]). Die Sicherungstreuhand über die im Wertpapier verkörperte Forderung kann also auch als Sicherungsabtretung ausgestaltet werden. Rekta- oder Namenspapiere wie z.B. Namensschecks (Art. 5 Abs. 1 ScheckG) oder auch Hypothekenbriefe können dagegen nicht selbständig übertragen werden. Das Eigentum an ihnen geht vielmehr gem. § 952 Abs. 2 BGB mit der Übertragung der Forderung über, sicherungshalber wiederum im Wege der Sicherungsabtretung (vgl. § 1154, oben Rn. 278).

D. Gutgläubiger Erwerb

1355 Besondere Problemlagen können eintreten, wenn der Sicherungsgeber Sachen an den Sicherungsnehmer veräußert, die ihm gar nicht gehören, so dass nur der Erwerb vom Nichtberechtigten gem. §§ 932, 933, 934 BGB bzw. 366 HGB in Frage kommt. Wer das Sicherungsgut vom Kreditgläubiger als Sicherungsnehmer erwirbt, bekommt es vom Berechtigten, auch wenn der Kreditgläubiger dadurch gegen die obligatorischen Bindungen aus dem Sicherungsvertrag verstoßen sollte (oben Rn. 1212). Das ist also keine Frage gutgläubigen Erwerbs, ebenso wenig die dem Sicherungsgeber gem. § 185 Abs. 1 BGB gestattete Verfügung über das Sicherungsgut als Nichtberechtigter, aber Verfügungsberechtigter (vgl. unten Rn. 1473 und nachf. Rn. 1356).

1. Guter Glaube

a) Vorbehaltsware

1356 Der Erwerb vom Nichtberechtigten setzt guten Glauben des Erwerbers (Sicherungsnehmers) an das Eigentum des Veräußerers voraus. Bei der Übereignung beweglicher Sachen an den Kreditgläubiger zur Sicherheit kann es, vor allem soweit sie sich im gewerblichen Handel abspielt, am Eigentum des Kreditschuldners oftmals aus dem Grund fehlen, dass

385 Scheckeinreichung zum Einzug durch eine Bank: BGH WM 90, 6 mit Komm. *E. Schmidt*, EWiR 3/90, 143 zu § 675 BGB.

386 *Becker*, Maßvolle Kreditsicherung, S. 200 f.; *Bülow*, Verbraucherkreditrecht, § 496 BGB Rn. 19.

387 Einzelheiten *Bülow*, WG, ScheckG, AGB, Art. 19 WG Rn. 15 ff.

388 So BGH NJW 58, 302, dagegen *Zöllner*, Wertpapierrecht, § 2 II. 1. b. (S. 10); *Bülow*, WG, ScheckG, AGB, Art. 11 WG Rn. 2 – das Papiereigentum geht gem. § 952 Abs. 2 BGB über, OLG Oldenburg WM 98, 2239 mit Anm. *Seeker*, WuB I C 2. – 2.99.

das Sicherungsgut noch unter Eigentumsvorbehalt steht. Beim gewöhnlichen Kauf einer unter Eigentumsvorbehalt stehenden Sache braucht sich der Käufer darum nicht zu scheren, weil sein Vertragspartner als Verkäufer, der die Sache als Vorbehaltskäufer vom Lieferanten erworben hatte, in aller Regel ermächtigt ist (§ 185 Abs. 1), über die Sache im ordnungsgemäßen Geschäftsverkehr zu verfügen (s. oben Rn. 1167). Die Eigentumsverschaffung durch Sicherungsübereignung ist aber gerade kein Fall des ordnungsgemäßen Geschäftsgangs (dazu in weiteren Einzelheiten unten Rn. 1474 ff.), vielmehr wird sich der Lieferant hüten, dem Vorbehaltskäufer die Befugnis zu Verfügungen ausgerechnet zugunsten eines Sicherungskonkurrenten, dem potentiellen Prätendenten bei der Sicherungskollision (s. unten Rn. 1638), zu erteilen. Beschränkt sich der Kreditgläubiger nicht darauf, sich lediglich das Anwartschaftsrecht des Kreditschuldners auf die unter Eigentumsvorbehalt stehende Sache übertragen zu lassen (s. vorst. Rn. 1288), kann er solche Sachen deshalb nur zu Eigentum erwerben, wenn er in der Weise gutgläubig ist, dass ihm das fehlende Eigentum des Kreditschuldners unbekannt ist oder diese Unkenntnis doch nicht auf grober Fahrlässigkeit beruht.

Da der Eigentumsvorbehalt sowohl für den privaten wie den kaufmännischen Bereich ein so gut wie überall (insbesondere durch Allgemeine Geschäftsbedingungen) verwendetes Kreditsicherungsmittel ist, muss ein Sicherungsnehmer bei jeder beweglichen Sache damit rechnen, dass sie dem Sicherungsgeber unter Eigentumsvorbehalt geliefert worden sein könnte. Daraus folgt, dass der Sicherungsnehmer den Sicherungsgeber nur dann guten Glaubens für den Eigentümer des Sicherungsguts halten darf, wenn er mit Fug von der vollständigen Tilgung des Kaufpreises ausgeht, also von dem Eintritt der gem. § 449 Abs. 1 BGB vereinbarten Bedingung. Deshalb handelt der Kreditgläubiger nur dann nicht grob fahrlässig, wenn er **Nachforschungen über die Eigentumsverhältnisse** am Sicherungsgut unter dem Gesichtspunkt möglichen Eigentumsvorbehalts anstellt. Je nach den Umständen des Einzelfalls (z.B. besondere wirtschaftliche Lage des Kreditschuldners, allgemeine Konjunkturlage) wird die bloße Zusicherung des Sicherungsgebers über sein (vermeintliches) Eigentum nicht ausreichen, vielmehr wird dem Kreditgläubiger im Allgemeinen anzusinnen sein, die Art des Eigentumsvorbehalts und Zahlungen auf das Sicherungsgut anhand der Unterlagen des Kreditschuldners zu überprüfen[389]. Zu weit ginge es andererseits, eine Freigabeerklärung des Vorbehaltslieferanten zu fordern: So würde das Publizitätserfordernis doch wieder eingeführt[390]. Hat sich der Kreditgläubiger hilfsweise, wie es oft formuliert wird (s. vorst. Rn. 1289), das Anwartschaftsrecht an der Sache übertragen lassen, steht dem Erwerb dieses Anwartschaftsrechts nichts im Wege, nur das Eigentum selbst kann nicht gutgläubig erworben werden. Der **Kraftfahrzeugbrief** hat negative Gutglaubenswirkung insoweit, als ohne seine Vorlage guter Glaube im Allgemeinen[391] ausgeschlossen ist. Da im Brief eingetragener Halter und Eigentümer verschiedene Personen sein können, braucht seine Vorlage aber nicht immer guten Glauben zu begründen. So kann es sein, dass ein Gebrauchtwagenhändler trotz Vorlage des Kraftfahrzeugbriefes nicht zur sicherungsweisen Übereignung befugt ist, auch wenn er im Rahmen eines Verkaufs übereignen darf[392]. 1357

389 BGH WM 98, 2532 zu II. 2. b.; NJW 58, 1485; OLG Düsseldorf MDR 93, 473; RGZ 141, 129 (132); 147, 321 (331); Leasinggut: LG Schwerin DB 99, 277.

390 So zutr. *Reich*, Sicherungsübereignung, S. 37; *Serick*, Bd. II. § 23 I. 5. (S. 235); BGH WM 63, 1186; a.A. OLG Nürnberg WM 62, 95 (96).

391 Sonderfall bei Erwerb vom autorisierten Vertragshändler: OLG Düsseldorf NJW-RR 92, 381; anders beim Erwerb vom Privatmann: BGH NJW 96, 314 mit Komm. *Reinking*, EWiR § 932 BGB 1/96, 63; 94, 2022 mit Komm. *Reinking*, EWiR § 932 BGB 1/94, 767 und Bspr. *K. Schmidt*, JuS 94, 799 oder bei Leasingautos, BGH NJW 96, 2226; LG Darmstadt NJW-RR 2002, 417.

392 BGH NJW 92, 310 zu 1. c.; NJW-RR 87, 1456 zu II. 3. b. mit Bspr. *K. Schmidt*, JuS 88, 484; OLG Karlsruhe NJW-RR 89, 1461 mit Bspr. *K. Schmidt*, JuS 90, 232; WM 70, 251; 63, 1186; OLG Stuttgart NJW-RR 90, 635; OLG Hamburg NJW-RR 87, 1266 mit Bspr. *K. Schmidt*, JuS 88, 74; im Allgemeinen ist im

b) Sicherungsgut

1358 Was für den Eigentumsvorbehalt gilt, braucht nicht für andere Formen von Dritteigentum zu gelten, insbesondere nicht für das Sicherungseigentum: Es besteht kein Erfahrungssatz, nach dem Sicherungsgut schon vorher zur Sicherheit übereignet worden wäre, so dass der Erwerber in der Regel nicht nachprüfen muss, ob die Sache schon vorher zu Sicherungszwecken an einen anderen übertragen worden war[393]. Der gutgläubige Wegerwerb von Sicherungsgut ist also leichter möglich als der Wegerwerb von Sachen, die unter Eigentumsvorbehalt stehen.

c) Verfügungsbefugnis

1359 Veräußert ein Kaufmann[394] im Betrieb seines Handelsgewerbes eine fremde Sache, ist der Erwerber (der nicht Kaufmann zu sein braucht) in seinem guten Glauben auch dann geschützt, wenn er zwar weiß oder wissen muss, dass der Veräußerer nicht Eigentümer ist, aber annimmt und annehmen darf, der Veräußerer dürfe über die Sache verfügen, also an die Verfügungsbefugnis des Veräußerers glaubt (§§ 366 Abs. 1 HGB, 185 Abs. 1 BGB, oben Rn. 1280)[395]. §§ 366 HGB und 932 ff. BGB können nebeneinander anwendbar sein[396]. Aufgrund dessen ist der gutgläubige Erwerb vom Kaufmann möglich, auch wenn der Erwerber das fehlende Eigentum kennt, ihn aber irrtümlich für einen Kommissionär hält (§§ 387 ff. HGB). Bei Vorbehaltswaren gilt das zuvor Gesagte (Rn. 1355 ff.): Der Vorbehaltskäufer ist zwar zur Verfügung befugt, aber nicht zur Verfügung an einen Kreditgläubiger als Sicherungsnehmer. Der Erwerber darf sich also nicht darauf verlassen, dass die Verfügungsbefugnis unbeschränkt ist. Wer von einem Verkäufer erwirbt, der die Sache seinerseits unter verlängertem Eigentumsvorbehalt erworben hatte, beseitigt die Verfügungsbefugnis, wenn er selbst ein Abtretungsverbot (§ 399 BGB, unten Rn. 1397 ff.) mit dem Verkäufer durchsetzt, und infolgedessen zugleich seinen guten Glauben[397]; handelt es sich bei dem Kauf allerdings um ein beiderseitiges Handelsgeschäft, bleibt die Verfügungsbefugnis des Verkäufers gem. § 354a HGB erhalten[398].

2. Besitzerwerb

1360 Neben wirksamer Einigung und gutem Glauben stellen § 933 weitere Voraussetzungen für den Erwerb durch Besitzkonstitut, § 934 für den Erwerb durch Abtretung eines Herausgabeanspruchs auf. Voraussetzung für den gutgläubigen Erwerb gem. §§ 929, 932 ist, dass der Nichtberechtigte unmit-

---

Gebrauchtautohandel der gute Glaube an die Verfügungsbefugnis (nachf. Rn. 1168) nicht etwa ausgeschlossen, OLG Hamburg EWiR 1/95, 1105 zu § 366 HGB (Komm. *Eggert*).

393 BGH NJW 66, 1959; *Serick*, Bd. II, § 23 III. 2. (S. 255 ff.); zur Frage, inwieweit Tatsachenkenntnis über mangelndes Eigentum bei rechtsirriger Beurteilung der Gutgläubigkeit schadet: BGH WM 61, 150.

394 Zur fehlenden Anwendbarkeit von § 366 HGB auf den Erwerb vom Scheinkaufmann *Bülow*, AcP 186 (1986), 576 (588); offen BGH WM 98, 2532 zu II. 1.; wie hier OLG Düsseldorf NJW-RR 99, 615.

395 Nicht: guter Glaube an die Vertretungsmacht, sehr str., wie hier *Canaris*, Handelsrecht, § 29 I. 3. d. (Rn. 16, S. 504); *Hofmann*, Handelsrecht, H. III. 9. (S. 190); *Bosch*, JuS 88, 439; *Reinicke*, AcP 189 (1989), 79, dagegen *K. Schmidt*, Handelsrecht, S. 692 und JuS 87, 936.

396 BGH WM 96, 1256 mit Komm. *Quack*, EWiR § 933 BGB 1/96, 789; NJW 80, 2245 zu 6. a.; OLG Hamburg NJW-RR 87, 1266 zu 3.

397 BGH NJW 99, 425 zu III. 2. b. mit Bspr. *K. Schmidt*, JuS 99, 502; BGHZ 77, 274 (278).

398 *K. Schmidt*, NJW 99, 400; *ders.*, in: Festschr. Schimansky, S. 503 (520); *Bülow*, Handelsrecht, S. 129/130.

telbarer Besitzer war oder im Falle der Verschaffung mittelbaren Besitzes (vorst. Rn. 1337), dass er wirklich mittelbarer Besitzer war, also ein Besitzmittlungsverhältnis mit dem unmittelbaren Besitzer bestand.

a) Besitzkonstitut

Bei der Übereignung mittels Besitzkonstituts durch den Nichtberechtigten nach § 930 ist **1361** gem. § 933 zusätzliche Voraussetzung des gutgläubigen Erwerbs die Übergabe der Sache, also in der Regel die Verschaffung des unmittelbaren Besitzes und Besitzaufgabe beim Übereignenden[399] – Voraussetzungen, die im Regelfall der Sicherungsübereignung mittels Besitzkonstituts gerade nicht erfüllt sind, soll der Sicherungsgeber doch unmittelbarer Besitzer sein und bleiben, der Sicherungsnehmer nur mittelbarer Besitzer werden. Erst wenn Verwertungsreife eintritt und der Sicherungsnehmer das Sicherungsgut an sich nimmt, könnte er Eigentum erlangen (wenn er dann noch gutgläubig ist, § 933 letzer Halbsatz[400]; oben Rn. 1231). Lässt sich der Sicherungsnehmer das Sicherungsgut gleichsam nur symbolisch übergeben, um es dem Sicherungsgeber sogleich wieder zurückzugeben, liegt darin keine Verschaffung unmittelbaren Besitzes (s. vorst. Rn. 1335), so dass auf diese Weise gutgläubiger Erwerb nicht eintritt[401]. Ob die Übergabe freilich nur Scheingeschäft oder ernst gemeint war, bedarf der genaueren Analyse des Einzelfalls. Die Verschaffung des unmittelbaren Besitzes (vorst. Rn. 1337) kommt bei der Sicherungsübereignung durch Besitzkonstitut im Allgemeinen nicht in Betracht, weil der Sicherungsgeber den unmittelbaren Besitz nicht aufgibt; gutgläubiger Erwerb gem. § 933 wäre denkbar, wenn der Sicherungsgeber das Sicherungsgut vermietet und den Mieter im allseitigen Einverständnis anweist, nunmehr Mieter des Sicherungsnehmers zu sein.

Wird ein **Warenlager mit wechselndem Bestand** mehrfach übertragen, kommt es auf die **1362** Frage an, ob der Eigentumsverschaffungswille nach § 929 Satz 1 BGB im Zeitpunkt der geplanten Erlangung des Eigentums fortbestehen muss (vorst. Rn. 1309). Folgt man dem, können sich die Eigentumsverhältnisse teilen, indem der erste Sicherungsnehmer Eigentümer des Altbestandes bleibt und der zweite Sicherungsnehmer Eigentümer des Neubestandes wird (vorst. Rn. 1310). Gibt der Kreditschuldner als Sicherungsgeber aber den gesamten Warenbestand an den zweiten Sicherungsnehmer zum Zwecke der Verwertung heraus, erwirbt dieser gem. §§ 929, 932, 933 BGB auch das Eigentum an den Sachen des Altbestandes. Dagegen kann der erste Sicherungsnehmer bei dieser Sicht nicht Eigentümer des Neubestandes werden, weil es am fortbestehenden Eigentumsverschaffungswillen des Sicherungsgebers fehlt (vorst. Rn. 1309). Verwertet der erste Sicherungsnehmer den Neubestand, ist er gem. § 816 Abs. 1 Satz 1 BGB zur Erlösherausgabe an den zweiten Sicherungsnehmer verpflichtet[402]. Hält man dagegen die dingliche Einigung über bewegliche Sachen für bindend, kann der erste Sicherungsnehmer Eigentümer auch des Neubestandes werden, so dass er als Berechtigter verfügte und den Verwertungserlös – bis auf einen Mehrerlös (oben Rn. 1215) – behalten kann.

---

399 BGH NJW 96, 2654 mit Komm. *Quack*, EWiR § 933 BGB 1/96, 789 und Anm. *Baumann*, WuB I F 5. – 4.96; JZ 78, 104, gleichermaßen bei der Übereignung eines Seeschiffs gem § 929a BGB, wie § 932a bestimmt, dazu BGH WM 95, 1060 zu II. 1.

400 Dazu BGH WM 56, 527; *Bülow*, JuS 82, 687.

401 BGH WM 70, 251; OLG München NJW 70, 667.

402 *Menke*, WM 97, 405 (407).

b) Abtretung eines Herausgabeanspruchs

1363 Bei der Sicherungsübereignung mittels Abtretung eines Herausgabeanspruchs gem. § 931 muss der Sicherungsnehmer nicht notwendig den Besitz an der Sache erlangen, um gutgläubig zu erwerben. § 934 sieht vielmehr zwei Alternativen vor: Ist der Sicherungsgeber zwar nicht Eigentümer, aber wirklicher mittelbarer Besitzer (z.B. Verleiher einer fremden Sache), wird der Erwerber mit der Abtretung des Herausgabeanspruchs Eigentümer, also mit Abschluss des Übereignungstatbestands gem. §§ 929, 931. Bestand zwischen dem Sicherungsgeber und dem unmittelbaren Besitzer kein Besitzmittlungsverhältnis, behauptet der Sicherungsgeber z.B., allein den Vindikationsanspruch aus § 985 gegen den Finder zu haben (vorst. Rn. 1341, oder auch: Das angestrebte Besitzmittlungsverhältnis kam doch nicht zustande), muss der Sicherungsnehmer Besitzer der Sache werden, um gutgläubig erwerben zu können (freilich nicht notwendig unmittelbarer Besitzer; auch mittelbarer Besitz, z.B. durch Abschluss eines Verwahrungsvertrages mit dem Dritten, der unmittelbarer Besitzer ist, z.B. dem Finder, genügt[403]). Da vorausgesetzt ist, dass der Veräußerer nicht Eigentümer ist und nach der zweiten Alternative von § 934 kein Besitzkonstitut zwischen Sicherungsgeber und Drittem nötig ist, kann gutgläubiger Erwerb eintreten, auch wenn der behauptete Herausgabeanspruch, den der Kreditschuldner abzutreten vorgibt, in Wahrheit nicht besteht[404].

1364 Das ist auch dann der Fall, wenn ein Herausgabeanspruch schon vorher vom Sicherungsgeber an einen anderen abgetreten worden war. Im Falle einer solchen **Doppelabtretung** des Herausgabeanspruchs, bei der nach dem Prioritätsprinzip (s. unten Rn. 1648) nur die erste wirksam ist, ergibt sich: Verschafft Sicherungsgeber dem prioritätsjüngeren Sicherungsnehmer (der an sich zurücksteht) unter Einschaltung des unmittelbaren Besitzers den mittelbaren Besitz, kann gutgläubiger Erwerb des Eigentums eintreten, das der prioritätsältere Sicherungsnehmer gerade zuvor wirksam vom Sicherungsgeber erworben hatte. Dieser entzieht ihm das Eigentum wieder. Das folgt aus dem Publizitätsverzicht bei §§ 934, 931, den das Gesetz bei den anderen Übereignungsarten nicht anlegt[405].

c) Traditionspapiere

1365 Bei Sachen, die durch Traditionspapiere verbrieft sind, wird nach der Repräsentationstheorie (vorst. Rn. 1349) die Übergabe der Sache nach § 929 durch Übergabe des Papiers ersetzt[406]. Gutgläubiger Erwerb ist deshalb möglich, soweit er durch Übergabe der Sache eintreten kann, aber auch nicht darüber hinaus: Wo die Übergabe der Sache trotz guten Glaubens nicht zum Eigentumserwerb führt, kann auch nicht mittels Traditionspapiers Eigentum erworben werden, nämlich dann nicht, wenn die Sache abhanden gekommen war (§ 935 Abs. 1)[407]. Daraus folgt, dass das Eigentum an der Sache einerseits und am Traditionspapier andererseits dann auseinanderfallen könnte, wenn der gutgläubige Erwerb des abhandengekommenen Papiers gem. § 935 Abs. 2 BGB bzw. § 365 Abs. 1 HGB i.V.m. Art. 16 Abs. 2 WG möglich war. In diesem Falle ist der wertpapierrechtliche, an sich im Allgemeinen[408] für Traditionspapiere geltende Satz, das Recht aus dem Papier folge dem Recht am Papier, also das Eigentum am Papier bewirke den Übergang des Rechts, das es verbrieft, durchbrochen. Ein

---

403 BGH WM 59, 813; 69, 242; NJW 78, 696.

404 BGH NJW 78, 696, a.A. *Baur*, in: Festschr. Bosch, S. 8 (21); anders nach der 1. Alt. von § 934, BGH WM 69, 242.

405 *Reich*, Sicherungsübereignung, S. 42; *Zeranski*, JuS 2002, 340 (348); zur Problematik dieser gesetzgeberischen Entscheidung *Wolff/Raiser*, § 69 II. 2. c. (S. 255/256); *Picker*, AcP 188 (1988), 511 (515 ff.); *J. Hager*, Verkehrsschutz, S. 244; *Urbanczyk*, in: Festschr. Schwab, S. 23 (29 ff.); *Reinicke/Tiedtke*, DB 94, 2601 (2602); *Ernst*, in: Festschr. Gernhuber, S. 95 (104/105); RGZ 135, 75 (80 ff.); 138, 265 (267); Protokolle III, S. 8606/8607, bei *Mugdan* S. 634.

406 Zum gutgläubigen Erwerb gem. §§ 931, 934 durch Namenslagerschein: BGH WM 69, 242; OLG Hamburg JW 35, 440.

407 *Zöllner*, Wertpapierrecht, § 25 IV. 3. e. (S. 155); Schlegelberger/*Hefermehl*, § 366 HGB Rn. 55 ff.

408 Nur didaktische Regel: *Zöllner*, Wertpapierrecht, § 2 II. 1. b. (S. 10/11).

Parallelismus zwischen Recht am Papier und Eigentum an den verbrieften Sachen besteht in diesem Falle nicht[409].

III. Sicherungsabtretung

Literatur: *Ahcin/Armbrüster*, Grundfälle zum Zessionsrecht, JuS 2000, 450, 549, 658, 865, 965; *Akademie für Deutsches Recht*, Protokolle der Ausschüsse, Ausschuss für Personen-, Vereins- und Schuldrecht Band III/3, 1934 bis 1936, Nachdruck 1980 (Hrsg. W. Schubert); *Altmeppen*, Disponibilität des Rechtsscheins, 1993; *Bacher*, Aufrechnung gegenüber abgetretenen Forderungen (Teil 1), JA 92, 200; *ders.*, Aufrechnung gegenüber abgetretenen Forderungen (Teil 2), JA 92, 234; *Barkhausen*, Die Unwirksamkeit des verlängerten Eigentumsvorbehalts nach der Rechtsprechung des Reichsgerichts, NJW 49, 845; *Bauer*, „Guter Glaube" und Rechtsirrtum, Gedächtnisschrift Schultz, 1987; *Bayer*, Bereicherungsausgleich nach Zession einer unwirksamen Forderung – BGHZ 105, 365, JuS 90, 883; *ders.*, Die Sicherungszession der Rechte aus einer Lebensversicherung und ihre Auswirkungen auf die Bezugsberechtigung, VersR 1989, 17; *Christoph Becker*, Maßvolle Kreditsicherung, 1999; *Beeser*, Abtretung des Bruchteils einer Mehrheit wechselnder Forderungen, AcP 156 (1957), 414; *Behr*, Inkassounternehmen und Rechtsberatungsgesetz, BB 90, 795; *Chr. Berger*, Rechtsgeschäftliche Verfügungsbeschränkungen, 1997; *Bernstorff, Graf von*, Die Forderungsabtretung in den EU-Staaten, RIW 94, 542; *Bette*, Vertraglicher Abtretungsausschluss im deutschen und grenzüberschreitenden Geschäftsverkehr, WM 94, 1909; *Blaum*, Das Abtretungsverbot nach § 399, 2. Alt. BGB und seine Auswirkungen auf den Rechtsverkehr, 1983; *Blomeyer*, Zum relativen Verbot der Verfügung über Forderungen, in: Festschr. Hirsch, 1968, S. 25; *Boecken/Krause*, Globalzession und gewillkürte Prozeßstandschaft bei nachfolgender Vermögenslosigkeit des Sicherungsgebers, NJW 87, 420; *A. Braun*, Voraussetzungen und Gefahren der Sicherungszession als Mittel der Kreditsicherung, DStR 95, 1592; *J. Braun*, Forderungspfändung und Mehrfachzahlung, JuS 97, 1005; *Brink*, Zum Ende des Abtretungsverbots, FLF 94, 212; *Bülow*, Der praktische Fall – Bürgerliches Recht: Ärger mit dem Lieferanten, JuS 94, 766; *ders.*, Grundprobleme des Schuldnerschutzes bei der Forderungsabtretung, JA 83, 7; *ders.*, Grundfragen der Erfüllung und ihrer Surrogate, JuS 91, 529; *ders.*, Verzugsschadensberechnung mit 5 % über dem jeweiligen Diskontsatz, ZIP 96, 8; *ders.*, Zu den Vorstellungen des historischen Gesetzgebers über die absolute Wirkung rechtsgeschäftlicher Abtretungsverbote, NJW 93, 901; *Buß/Honert*, Die „prozeßtaktische" Zession, JZ 97, 694; *Caliebe*, Forderungseinziehung durch Inkassounternehmen unter Inanspruchnahme gerichtlicher Hilfe, NJW 91, 1721; *v. Caemmerer*, Verlängerter Eigentumsvorbehalt und Bundesgerichtshof, JZ 53, 97; *Canaris*, Der Bereicherungsausgleich bei Zahlung des Haftpflichtversicherers an einen Scheingläubiger, NJW 92, 868; *ders.*, Der Bereicherungsausgleich im Dreipersonenverhältnis, in: Festschr. Larenz, 1983, S. 799; *ders.*, Die Rechtsfolgen rechtsgeschäftlicher Abtretungsverbote, in: Festschr. Serick, 1992, S. 9; *ders.*, Verlängerter Eigentumsvorbehalt und Forderungseinziehung durch Banken, NJW 81, 249; *Christiansen*, Forderungsrecht und Leistungszeit, 1998; *Denck*, Vorausabtretung und Aufrechnung, DB 77, 1493; *Derleder*, Teilzession und Schuldnerrechte, AcP 169 (1969), 97; *ders.*, Zession und Gesamtschuld, in: Festschr. Heinrichs 1998, S. 155; *Deubner*, Aktuelles Zivilprozeßrecht, JuS 98, 1132; *Dörner*, Kondiktion gegen den Zedenten oder gegen den Zessionar, NJW 90, 473; *Eccius*, Abtretung künftiger Forderungen, Gruch. Bd. 53 (1909), 1; *Eckert*, Teilweise Unwirksamkeit von Abtretungsverboten: der neue § 354a HGB, DStR 95, 851; *Esser*, § 138 BGB und die Bankpraxis der Globalzession, ZHR 135 (1971), 320; *Fezer*, Die Nichtakzessorietät der Marke und ihre rechtliche Konnexität zu einem Unternehmen, in: Festschr. Vieregge, 1995, S. 229; *Fischer*, Der verlängerte Eigentumsvorbehalt in der Krise, NJW 59, 366; *Flume*, Der verlängerte und erweiterte Eigentumsvorbehalt, NJW 50, 841; *ders.*, Der Bereicherungsausgleich in Mehrpersonenverhältnissen, AcP 99 (1999), 1; *Hadding*, Schuldverhältnis, Forderung, rechtlicher Grund, in: Festschr. Kroeschell 1997, S. 293; *Hadding/van Look*, Vertraglicher Abtretungsausschluss – Überlegun-

409 Schlegelberger/*Hefermehl*, § 366 HGB Rn. 55/56.

gen de lege lata und de lege ferenda, WM 88, Beilage 7; *Hammen*; Vorausabtretung versus Inrechnungstellung, JZ 98 1095; *Henckel*, Einziehungsermächtigung und Inkassozession, in: Festschr. Larenz, S. 643; *Henschel*, DR 40, 583; *Henseler*, Die Neuregelung des Abtretungsverbots, BB 95, 5; *Heupgen/Ischebeck*, Vertragliche Abtretungsverbote: pro und contra, WM 93, 1707; *Hey/Hermeier*, Entgeltforderungen für Telekommunikationsdienstleistungen – Taugliches Sicherungsmittel?, WM 2002, 213; *Hoenicke*, Die Anzeige der Forderungsabtretung nach § 409 BGB, 1993; *v. Hoffmann*, Die Forderungsübertragung, insbesondere zur Kreditsicherung, im internationalen Privatrecht, in: Hadding/Schneider (Hrsg.), Die Forderungsabtretung, insbesondere zur Kreditsicherung, in ausländischen Rechtsordnungen, 1999; *Hoffmann*, Abtretung der Hauptforderung und Verzugsschaden, WM 94, 1464; *Holzner*, Zu Martin Karollus, Bereicherungsausgleich bei Zahlung an den Zessionar – Die Rechtsprechung des BGH als Vorbild?, Jbl 1994, 573; Jbl 95, 401; *Jacob*, Zur Aufrechnung des Schuldners gegen eine vorausabgetretene Forderung gem. § 406 BGB, WM 91, 1581; *Jakobs*, Die Verlängerung des Eigentumsvorbehalts und der Ausschluss der Abtretung der Weiterveräußerungsforderung – BGHZ 56, 228, JuS 73, 152; *Jahr*, Romanistische Beiträge zur Zivilrechtswissenschaft, AcP 168 (1968), 9; *John*, Die treuhänderische Übertragung von Anteilen an einer handelsrechtlichen Personengesellschaft als Kreditsicherheit, in: Gesellschaftsanteile als Kreditsicherheit, 1979, S. 83; *Karollus*, Bereicherungsausgleich bei Zahlung an den Zessionar – Die Rechtsprechung des BGH als Vorbild?, Jbl 94, 573; *Köhler*, Die kommerzielle Verwertung der Firma durch Verkauf und Lizenzvergabe, DStR 96, 510; *Kohler*, Bereicherungshaftung in Zessionsfällen, WM 89, 1629; *Koppensteiner*, Abtretungsverbote gegenüber dem Kreditnehmer im Spannungsfeld zwischen Globalzession und verlängertem Eigentumsvorbehalt – BGHZ 51, 113 und 56, 173; JuS 72, 373; *Kornblum*, Schuldnerschutz bei der Forderungsabtretung, BB 81, 1296; *Koziol*, Abtretung künftiger Forderungen und Konkurs des Zedenten, ÖBA 98, 745; *Kupisch*, Durchgangserwerb oder Direkterwerb, JZ 76, 417; *Lempenau*, Direkterwerb oder Durchgangserwerb bei Übertragung künftiger Rechte, 1968; *Leverenz*, Die Gestaltungsrechte des Bürgerlichen Rechts, Jura 96, 1; *Löbl*, Geltendmachung fremder Forderungsrechte im eigenen Namen, AcP 129 (1928), 257 und 130 (1929), 1; *Lorenz*, Abtretung einer Forderung aus mangelhaftem Kausalverhältnis: Von wem kondiziert der Schuldner? AcP 191 (1991), 279; *Lüke*, Das rechtsgeschäftliche Abtretungsverbot, JuS 92, 114; *Mankowski*, Zum Bereicherungsausgleich bei der Zession einer nicht bestehenden Forderung, ZIP 93, 1214; *Marotzke*, Die logische Sekunde – ein Nullum mit Dauerwirkung?, AcP 191 (1991), 177; *Medicus*, Kreditsicherung durch Verfügung über künftige Rechte, JuS 67, 385; *Michalski*, Die Befugnis von Inkassounternehmen zur gerichtlichen Durchsetzung von Forderungen, BB 95, 1361; *ders*, Zustimmungserfordernisse bei der Sicherungsabtretung eines Teilgeschäftsanteils, GmbHR 91, 89; *Mink*, Abtretung von Steuererstattungs- und Vergütungsansprüchen nach § 46 AO, DB 94, 702; *Müller*, Gesellschaftsanteile als Kreditsicherheit; *ders.*, Sicherungsübertragung von GmbH-Anteilen, Köln, 1969; *Mummenhoff*, Vertragliches Abtretungsverbot und Sicherungszession im deutschen, österreichischen und US-amerikanischen Recht, JZ 79, 425; *Oefner*, Abtretungsverbote in Allgemeinen Geschäftsbedingungen, Diss. Frankfurt 1987; *Olshausen, von*, Konkursrechtliche Probleme um den neuen § 354a HGB, ZIP 95, 1950; *Paulus*, Grundfragen des Kreditsicherungsrechts, JuS 95, 185; *Peters*, Beweislast und Anspruchsgrundlagen im Streit der Forderungsprätendenten, NJW 96, 1246; Die Schadensberechnung bei der Verletzung zedierter Forderungen, JZ 77, 119; *Rehmann*, Zur Abgrenzung der Einziehungsermächtigung von der Inkassozession, WM 87, 225; *Reifner*, Lohnvorausabtretungsausschluss und Schuldbeitreibung – zum Verhältnis von § 399 BGB und Insolvenzordnung, VuR 99, 118; *Reimker*, Kreditsicherung durch Sicherungsabtretung oder Verpfändung von Kommanditanteilen, WM 73, 626; *Repenn/Spitz*, Die Marke als selbständiges Wirtschaftsgut, WM 94, 1653; *Rohnke*, Warenzeichen als Kreditsicherheit, NJW 93, 561; *Roth/Fritz*, Stille Zession, Inkassozession, Einziehungsermächtigung, JuS 85, 188; *Rüßmann*, Die Einziehungsermächtigung im Bürgerlichen Recht – ein Institut richterlicher Rechtsschöpfung, JuS 72, 169; *ders.*, Einziehungsermächtigung und Klagebefugnis, AcP 172 (1972), 520; *Schaub*, Treuhand an GmbH-Anteilen – Treuhandgefahren für den Treugeber, DStR 96, 65; *Schlechtriem*, Rechtsprechungsbericht zum Bereicherungsrecht, JZ 93, 24; *Schmid-Burgk*, Ausfuhrerstattungsansprüche als Kreditsicherheit im Lichte der neueren Rechtsprechung, DB 93, 2369; *Schmidt, Kirsten*, Vollstreckung im eigenen Namen durch Rechtsfremde, 2001; *U.H. Schneider/*

Dreibus, Die Kettenabtretung, in: Festschr. Schimansky 1999, S. 521; *Schnepp*, Nochmals: Zur Wirkung der nicht angezeigten Abtretung von Lebensversicherungsforderungen, VersR 91, 949; *Schomaker*, Aufrechnung des Schuldners bei verlängertem Eigentumsvorbehalt, BB 69, 940; *Schopp*, Verzugszinsen und Verzugsschaden (§ 288 BGB) bei Zession, MDR 90, 11; *Schultz*, Verjährung und Fälligkeit, JZ 73, 718; *Schwenzer*, Zession und sekundäre Gläubigerrechte, AcP 182 (1982), 215; *Schwerdtner*, Globalzession und verlängerter Eigentumsvorbehalt, NJW 74, 1785; *Seer/Drüen*, Zur Rückforderung von Steuererstattungen oder -vergünstigungen vom Sicherungszessionar, NJW 99, 265; *Seetzen*, Sekundäre Gläubigerrechte nach Abtretung des Hauptanspruchs aus einem gegenseitigen Vertrag, AcP 169 (1969), 353; *Serick*, Aufrechnungsprobleme bei sicherungsrechtlichen Vorausabtretungen, BB 82, 873; *Sitzmann*, Die Verteilung der Folgerechte nach der Zession und nach der Übertragung der Anwartschaft, 1998; *Starck*, Marken und sonstige Kennzeichenrechte als verkehrsfähige Wirtschaftsgüter – Anmerkungen zum neuen Markenrecht, WRP 94, 698; *Steinbeck*, Die Übertragbarkeit von Gestaltungsrechten, 1994; *Summer*, Cui bono – oder: Kritische Überlegungen zum Vorschlag einer Streichung des § 411 BGB, ZRP 95, 402; *v. Thur*, Verfügung über künftige Forderungen, DJZ 04, 426; *Tiedtke*, Bereicherungsschuldner bei der Sicherungsabtretung einer nur vermeintlich bestehenden Forderung, WM 99, 517; *Traub*, Die Bindung von Marke und Firma an den Geschäftsbetrieb, in: Festschr. Trinkner 1995, S. 431; *P. Ulmer*, Zur Treuhand an GmbH-Anteilen, in: Festschr. Odersky 1996, S. 873; *Wächter*, Verfügungsverbot und Privatisierung, DWiR 91, 265; *E. Wagner*, Absolute Wirkung vertraglicher Abtretungsverbote gleich absolute Unwirksamkeit verbotswidriger Abtretung?, JZ 94, 227; *ders.*, Materiell-rechtliche prozessuale Probleme des § 354a HGB, WM 96, Beilage 1; *ders.*, Neue Rechtslage bei vertraglichen Abtretungsverboten im kaufmännischen Geschäftsverkehr, WM 94, 2093; *ders.*, Rechtsgeschäftliche Unübertragbarkeit und § 137 S. 1 BGB, AcP 194 (1994), 451; *ders.*, Vertragliche Abtretungsverbote im System zivilrechtlicher Verfügungshindernisse, 1993; *ders.*, Zur Wirkung der nicht angezeigten Abtretung von Lebensversicherungsforderungen, VersR 91, 622; *Waltermann*, Forderungsübergang auf Sozialleistungsträger, NJW 96, 1644; *Weimar*, Zweifelsfragen bei Leistung eines gutgläubigen Schuldners an den Zedenten, JR 66, 461; *Weitnauer*, Altes und Neues zur Leistungskondiktion, in: Festschr. Schippel 1996, S. 275; *Wertheimer*, Bereicherungsanspruch des Haftpflichtversicherers wegen Zahlung an vermeintlichen Zessionar – BGH, NJW 1991, 919, JuS 92, 284; *Westphalen, Graf von*, Inkasso-AGB – einige Erwägungen zum AGB-Gesetz und zum VerbrKrG, BB 94, 1722; *Wieacker*, Die juristische Sekunde, in: Festschr. E. Wolff 1962, S. 421.

Fälle:

1. *S hat Schulden bei G. Zur Sicherung lässt sich G eine Forderung abtreten, die S gegenüber dem Bauunternehmer D hat. Freilich hatte sich D ausbedungen, dass die Abtretung ausgeschlossen sein solle. S erreicht aber bei D, dass diese Klausel wieder aufgehoben wird. G verlangt Zahlung von D. Mit Recht?*
(Lösung: Rn. 1411 ff.)

2. *Die Werbeagentur S erhält Kredit von einer Bank und tritt zur Sicherheit alle Honorarforderungen für Werbeleistungen ab. S kann derzeit aber weder sagen, wer ihre Kunden sein noch welche Höhe ihre Forderungen haben werden. Später schließt S einen Werbevertrag mit dem Kunden K ab und vereinbart ein Honorar von 10 000 DM. Als S mit der Rückzahlung des Kredits in Verzug kommt, will B die Honorarforderung bei K einziehen. Mit Recht?*
(Lösung: Rn. 1417 ff.)

3. *S arbeitet bei D. Zur Sicherung eines Ratenkredits bei seiner Bank tritt S seine Gehaltsforderungen gegen D an die Bank bis zur Höhe des jeweiligen Schuldsaldos ab. Als S mit den Raten in Verzug kommt, verlangt die Bank von D Auszahlung des Gehalts, soweit es die Pfändungsfreigrenzen übersteigt. Muss D an B zahlen?*
(Lösung: Rn. 1417 ff.)

4. *S und die Bank G schließen zur Sicherung eines Darlehens einen Vertrag ab, durch den sich S verpflichtet, zu späterer Zeit Forderungen, die aus seinen Geschäften entstehen, unter näherer Be-*

zeichnung abzutreten. In der Krise von S verlangt G Zahlung durch einen Kunden von S. Mit Recht?
(Lösung: Rn. 1396)

5. V *hat von K noch den Kaufpreis für eine gelieferte Sache zu bekommen. Diese Forderung tritt er an seine Bank ab, ohne dass K davon erfährt. Die Bank erlaubt V, das Geld bei K einzufordern. Als V in Verzug gerät, nimmt die Bank diese Erlaubnis zurück. K zahlt trotzdem an V, weil er von allem nicht weiß. Die Bank verlangt von K Zahlung des Kaufpreises. Muss K nochmals an die Bank zahlen?*
(Lösung: Rn. 1454)

1366 Ist der für die Kreditsicherung vorgesehene Gegenstand ein Recht, können die Parteien den gesetzlichen Typus der Rechtsverpfändung wählen (§§ 1273 ff.), der freilich im Falle verpfändeter Forderungen Publizität, nämlich durch Anzeige an den Schuldner dieser Forderung gem. § 1280, erfordert, außerdem zu komplizierten Verwertungsbestimmungen führt (§§ 1281 bis 1290). Den Parteien steht es frei, stattdessen den Weg der Vollrechtsübertragung zu gehen (oben Rn. 1092, 1098), die in der Abtretung des Rechts (§§ 413, 398 ff.) liegt.

1367 Gegenstand der Sicherungsabtretung können übertragbare Rechte aller Art wie Patentrechte (§ 15 PatG)[410], auch aus einer europäischen Patentanmeldung[411], Marken (§ 27 MarkenG)[412] – die kaufmännische Firma jedoch nur zusammen mit dem Unternehmen, § 23 HGB – urheberrechtliche Nutzungsrechte (§§ 31 ff. UrhG), Verlagsrechte (§ 28 VerlG), wohl auch Computersoftware[413], Grundpfandrechte[414], Gesellschaftsanteile (nachf. Rn. 1439), Erbschaften[415], Pflichtteilsansprüche (§ 2317 Abs. 2 BGB), erbrechtliche und andere[416] Auskunftsansprüche (§ 2314)[417], Rechte aus einer Lebensversicherung[418], Forderungen, seien sie auf Geld, seien sie auf eine andere Leistung gerichtet[419]

410 RGRK/*Kregel*, § 1273 BGB Rn. 4; OLG Köln BB 87, 1141.

411 BGH GRUR 2001, 823.

412 Auch EG-Gemeinschaftsmarken gem. Art. 17, 19 VO 40/94; anders das Warenzeichen nach dem durch das MarkenG abgelösten WZG, welches gem. § 8 WZG nur zusammen mit dem Geschäftsbetrieb übertragen werden konnte, OLG Hamm, GRUR 88, 697; *Rohnke*, NJW 93, 561; *Starck*, WRP 94, 698; *Repenn/Spitz*, WM 94, 1645; *Fezer*, in: Festschr. Vieregge, S. 229; dagegen kann die Firma eines Kaufmanns (§ 17 HGB) nur zusammen mit dem Handelsgeschäft übertragen werden, wie § 23 HGB bestimmt (Verbot der Leerübertragung), *Traub*, in: Festschr. Trinkner, S. 431; *Köhler*, DStR 96, 510; *Bülow*, Handelsrecht, S. 56/57.

413 Noch ungeklärt, BGH WM 94, 1170 zu II. 3. b. mit Anm. *zur Megede*, WuB I F 5. – 7.94; *Fritzsche*, JuS 95, 497 (498 f.); *Paulus*, JuS 95, 185 (191 f.); dagegen spricht nicht, dass das Gewährleistungsrecht für Sachmängel (§ 434, früher § 459 BGB) angewandt wird, BGHZ 102, 135.

414 KG JW 36, 1136; RG Warn. 14, 86 (Nr. 48).

415 Miterbenanteil: BGHZ 52, 99.

416 BGH WM 2000, 2555 betr. Abfindungsanspruch nach dem Landwirtschaftsanpassungsgesetz (LwAnpG).

417 BGH NJW 89, 1607 zu 3.

418 BGH NJW 91, 559 mit Komm. *Bauckelmann*, EWiR § 399 BGB 1/91, 133, Anm. *Weber*, WuB I F 4. – 6.91 und Stellungnahme *Wagner*, VersR 91, 622 sowie *Schnepp*, VersR 91, 949; Erforderlichkeit einer Abtretungsanzeige; BGHZ 109, 67; OLG Oldenburg, NJW-RR 91, 26; LG Hannover, WM 92, 186; *Bayer*, VersR 89, 17; Vollkaskoversicherung an Kfz-Leasinggeber, BGH NJW 92, 683. Ein Widerruf des Bezugsrechts ist durch den Sicherungszweck beschränkt, BGHZ 109, 67 (71); BGH NJW 96, 2230 zu 3. a.; WM 2001, 1513 mit Anm. *Bülow*, WuB I F 4. – 4.01; 2002, 335 mit Anm. *Bülow*, WuB I F 4. – 3.02. und Komm. *Bühren*, EWiR § 166 VVG 1/02, 731.

419 Durch Auflassungsvormerkung gesicherter Eigentumsverschaffungsanspruch: BayObLG WM 91, 1587 mit Anm. *Hegmanns*, WuB I F 3. – 1.92; Sozialleistungen: BGH NJW 88, 2670 (§ 55 SGB I); 89, 829; BAG NJW 92, 855; LG München I, Rpfl 90, 375 einerseits, LG Frankfurt am Main, Rpfl 90, 375 andererseits. Entgeldforderungen aus Telekommunikationsleistungen haben datenschutzrechtliche Relevanz, § 3 BDSG, *Hey/Hermeier*, WM 2002, 213.

(auch öffentlich-rechtlicher Natur wie Steuererstattungsansprüche[420], Subventionen[421]), sein (zu Nebenforderungen, z.B. aus Verzug, nachf. Rn 1373). Abtretbar ist auch die Forderung gegen nur einen von mehreren Gesamtschuldnern, ohne dass es der Zustimmung der anderen Gesamtschuldner bedürfte[422]. Dagegen muss der Schuldner zustimmen, wenn im Zuge der Abtretung eine Gesamtgläubigerschaft (vgl. § 428 BGB) begründet werden soll[423] (nachf. Rn. 1371). Ist eine Forderung in einem Wertpapier verbrieft, steht der alternativen Abtretung nach § 398 BGB doch nichts entgegen (oben Rn. 1354). Da die weitaus größte praktische Bedeutung der Sicherungsabtretung von Geldforderungen zukommt, sind im folgenden, wenn nichts anderes vermerkt ist, solche als Abtretungsobjekt behandelt.

A. Rechtsverschaffung durch Abtretung

1. Abtretungsvertrag und Sicherungsvertrag

a) Trennungs- und Abstraktionsgrundsatz

Gem. § 398 Satz 1 BGB ist die Abtretung ein Vertrag[424], durch den die Forderung von ihrem Gläubiger auf einen anderen übertragen wird. Die Rechtswirkungen dieses Vertrages bezeichnet § 398 Satz 2: Mit dem Abschluss des Vertrages tritt der andere als neuer Gläubiger (**Zessionar**) an die Stelle des bisherigen, alten, früheren Gläubigers (**Zedenten**). Die Abtretung bewirkt also unmittelbar die Rechtsänderung, nämlich den Übergang der Forderung. Die Abtretung ist daher ein Verfügungsvertrag ebenso wie etwa die Einigung gem. § 929 Satz 1 bei der Übereignung beweglicher Sachen. Die Rechtsänderung, die die Abtretung als dinglicher Vertrag bewirkt, hat folglich auch wie die dingliche Einigung in § 929 nur endgültigen rechtlichen Bestand, wenn sie mit rechtlichem Grund bewirkt wurde. Causa kann ein Kaufvertrag sein, wie er Gegenstand von § 433 Abs. 1 Satz 2 ist (aber auch Schenkung, Verfügung von Todes wegen, Geschäftsbesorgung etc.[425]). Rechtsgrund der Sicherungsabtretung ist der Sicherungsvertrag (oben Rn. 1146 ff.), der den Kreditgläubiger und Sicherungszessionar an den Sicherungszweck bindet, nicht aber der Kreditvertrag. Dieser ist für die Abtretung zwar ursächlich, begründet aber nicht die Verpflichtung zur Abtretung; freilich können Kreditvertrag und Sicherungsvertrag einheitlich, z.B. in einer Urkunde, oder dieser konkludent und jener schriftlich, abgeschlossen werden. Bei Unwirksamkeit des einen stellt sich die Frage nach der Anwendbarkeit von § 139 BGB auf den anderen Vertrag (oben Rn. 1147). Die Wirksamkeit des Abtretungsvertrags ist abstrakt von der Wirksamkeit des Sicherungsvertrags und dem bloß kausalen Kreditvertrag zu würdigen (oben Rn. 31). **1368**

420 BFHE 173, 1; BFH NJW 95, 278; WM 95, 1139; *Mink*, DB 94, 702.

421 Z.B. Ausfuhrerstattungsansprüche bei Agrarerzeugnissen, *Schmid-Burgk*, DB 93, 2369.

422 OLG Schleswig WM 98, 2057 mit Anm. *Bode*, WuB I C 1. – 3.98; *Derleder*, in: Festschr. Heinrichs, S. 155 (163 ff.).

423 BGHZ 64, 67; BGH WM 99, 289 zu 1.a.

424 Dessen Zustandekommen richtet sich nach allgemeinen Vorschriften, insb. nach §§ 145 ff. BGB, vgl. BGH NJW-RR 2001, 422; DB 99, 1595 resp. §§ 305 ff. BGB bei Formularabtretungen, vgl. BGH NJW 99, 3776.

425 RGRK/*Weber*, § 398 BGB Rn. 5; RGZ 53, 416 (418).

1369 Unterliegt die Forderung einer ausländischen Rechtsordnung, namentlich kraft Rechtswahl gem. Art. 27 EGBGB, bestimmt sich danach auch ihre Übertragbarkeit (**Forderungsstatut**, Art. 33 Abs. 2 EGBGB). Für den Sicherungsvertrag zwischen Zedent und Zessionar ist ebenfalls das nach Art. 27 ff. EGBGB auf diesen Vertrag maßgebliche Recht anwendbar (**Verpflichtungsstatut**, Art. 33 Abs. 1 EGBGB)[426]

b) Die Rolle des Schuldners

1370 Nicht beteiligt am Abtretungsvertrag, geschweige denn Partei ist der Schuldner der abgetretenen Forderung. Der Schuldner braucht, anders als im Falle der Verpfändung gem. § 1280 (oben Rn. 633)[427], noch nicht einmal von der Abtretung unterrichtet zu werden (**stille Zession**)[428]. Ausgleich gewähren die Schuldnerschutzbestimmungen von §§ 404 ff. BGB (nachf. Rn. 1425 ff.). Auf der anderen Seite kann sich der Zessionar aus dem zugrundeliegenden Sicherungsvertrag dem Zedenten gegenüber sogar verpflichten, die Abtretung gegenüber dem Schuldner nicht offenzulegen, so dass er sich bei Verstoß wegen Pflichtverletzung schadensersatzpflichtig machen kann (§ 280 BGB). Eine solche Verschwiegenheitspflicht ist im Falle der Sicherungsabtretung anzunehmen, solange der Sicherungsfall nicht eingetreten ist (oben Rn. 1147, 1162)[429]. Ist die Abtretung gem. §§ 138, 307 BGB unwirksam (oben Rn. 1102 ff.), war in aller Regel auch der Sicherungsvertrag gescheitert (oben Rn. 1154), so dass vertragliche Ansprüche ausscheiden. Die Offenlegung kann aber nach Lage des Einzelfalls eine vorsätzliche sittenwidrige Schädigung nach § 826 BGB oder einen Eingriff in den eingerichteten und ausgeübten Gewerbebetrieb oder in die unberührt gebliebene Forderungszuständigkeit des vermeintlichen Zedenten darstellen[430]. Mangels wirksamer Abtretung kann es keinen Sicherungsfall geben, so dass eine Offenlegung gegenüber dem Schuldner für immer ausgeschlossen ist. Pflichtverletzung resp. Delikt können aber in subjektiver Hinsicht scheitern, wenn der vermeintliche Zessionar in einem entschuldbaren Rechtsirrtum über die Wirksamkeit der Abtretung (z.B. aufgrund noch nicht veröffentlichter neuer Rechtsprechung) handelte[431].

1371 Durch die Abtretung kann der Zessionar die Leistung vom Schuldner anstelle des Zedenten verlangen. Dieses Recht gilt der Leistungsverpflichtung des Schuldners jenseits ihrer rechtlichen Begründung, d.h. der Anspruchsgrundlage. Die Abtretung erfasst daher alle in Betracht kommenden Anspruchsgrundlagen. Den Parteien bleibt es aber unbenommen, die Abtretung auf bestimmte Anspruchsgrundlagen zu beschränken und andere unberührt zu lassen; das kann im Hinblick auf Beweis- und Beweisführungslast praktisch bedeutsam werden. Infolgedessen entsteht Gesamtgläubigerschaft zwischen Zessionar und Zedent. Diese indessen ist zu ihrer Wirksamkeit von der Zustimmung des Schuldners abhängig[432]. Ausnahmsweise bedarf die **auf Anspruchsgrundlagen bezogene Teilabtretung** – anders als die auf einen bestimmten Betrag bezogene Teilabtretung (nachf. Rn. 1390) – also der Mitwirkung des Schuldners.

---

426 *V. Hoffmann*, in: Die Forderungsabtretung, S. 3 (5, 10).

427 *Ahcin/Armbrüster*, JuS 2000, 768, 865 (867); Abtretungsanzeige an den Schuldner auch bei der Abtretung nach französischem, belgischem, italienischem, portugiesischem, skandinavischen Rechten, im angloamerikanischen Recht im Falle des legal assignment, *Bernstorff*, RIW 94, 542.

428 BGH NJW 99, 2110 zu II. 1. a. aa.

429 BGH NJW-RR 95, 1369 zu II. 1.; OLG Frankfurt am Main WM 92, 1018 (1022).

430 *Larenz/Canaris*, Schuldrecht BT II, § 76 II. 4. g. (S. 397).

431 BGH NJW 94, 2756 zu II. 3. mit Anm. *Neuhof*, WuB I F 4. – 1.95, Komm. *Häuser*, EWiR § 276 BGB 1/95, 25 und Erl. *Wenzel*, WiB 94, 831.

432 BGHZ 140, 175 = NJW 99, 715 mit Komm. *Kohte*, EWiR § 398 BGB 1/99, 343, Anm. *Glöckner*, JR 2000, 158, *Ernst*, LM Nr. 103 zu § 398 BGB und *Meder*, WuB I F 4 – 2.99; BGHZ 64, 67.

c) Rechtsstellung des Zessionars

aa) Bindung an den Sicherungszweck

Der Zessionar als neuer Gläubiger kann die Forderung beim Schuldner einziehen. Erfüllungswirkung (§ 362 Abs. 1 BGB) tritt grundsätzlich (s. aber § 407, nachf. Rn. 1428) nur durch Leistung an den Zessionar ein. Bei der Abtretung zu Sicherungszwecken ist der Zessionar in der Wahrnehmung seines Einziehungsrechts jedoch durch den Sicherungszweck gebunden. Ist der Sicherungsfall nicht eingetreten – verhält sich der Sicherungszedent im Hinblick auf die gesicherte Forderung, den Kredit, also vertragsgemäß –, steht dem Sicherungszessionar die Leistung des Schuldners nicht zu (oben Rn. 1235). Die richtige Zuordnung kann dadurch gewährleistet werden, dass dem Zedenten als Nichtgläubiger Einziehungsermächtigung erteilt wird (nachf. Rn. 1448). **1372**

bb) Gestaltungsrechte und Nebenforderungen, insbesondere aus Verzug

Fraglich ist, wem Nebenforderungen und Gestaltungsrechte zustehen. Die Zuordnung kann der Parteiendisposition überlassen[433] und mangels ausdrücklicher Regelung an den Parteieninteressen und denen des Schuldners gemessen werden. Für die Sicherungsabtretung gebietet der Sicherungszweck, dass Gestaltungsrechte, z.B. ein Kündigungsrecht, jedenfalls bis zum Eintritt des Sicherungsfalls beim Zedenten bleiben und dieser der Adressat von Gestaltungserklärungen des Schuldners ist[434]; Entsprechendes gilt für vorbereitende Erklärungen wie die Aufforderung zur Leistung nach §§ 281 Abs. 1 Satz 1, 323 Abs. 1 BGB[435]. In der Zeit danach wird nach dem Rechtsgedanken von § 1283 Abs. 3 für die Forderungsverpfändung (oben Rn. 704, 699) der Sicherungszessionar als Inhaber des Gestaltungsrechts anzusehen sein. **1373**

Nebenforderungen können aufgrund von Leistungsstörungen entstehen. Wichtigster Fall ist, dass der Schuldner der zur Sicherheit abgetretenen Forderung mit der Leistung gem. § 286 BGB in **Verzug** gerät. War der Verzug schon vor der Abtretung entstanden, wird im Allgemeinen anzunehmen sein, dass auch der Anspruch auf Ersatz des Verzugsschadens (§§ 280 Abs. 2, 288, 289 ff. BGB) von der Abtretung erfasst ist. Die Höhe des Verzugsschadens richtet sich nach der Vermögenseinbuße, die der Zedent hatte (§§ 249 ff. BGB). Für die Zeit nach der Abtretung ist der Zessionar im Allgemeinen Verzugsgläubiger, und für die Höhe des Verzugsschadens kommt es auf die Person des Zessionars an[436]. Dies folgt aus dem in der Abtretung liegenden Wechsel in der Zuordnung der Forderung vom Zedenten auf den Zessionar. Die Liquidation des Verzugsschadens muss sich aber anders gestalten, wenn die Zuordnung aufgrund ihres treuhänderischen Charakters eine nur vor- **1374**

---

433 *Schwenzer*, AcP 182 (1982), 214 (221); für Gestaltungsrechte: BGH WM 98, 461 mit Bspr. *Ann*, JA 98, 740; *Steinbeck*, Übertragbarkeit von Gestaltungsrechten, S. 95 ff.; *Leverenz*, Jura 96, 1 (3/4); a.A. *Sitzmann*, Folgerechte, S. 149; verneint für Rücktritt durch Leasingnehmer gegenüber dem Lieferanten des Leasinggebers: OLG Köln NJW-RR 96, 559.

434 OLG Brandenburg NJW-RR 98, 1584: Ausnahmsweise Erklärung gegenüber Zessionar, wenn der Zedent – z.B. gelöschte Kapitalgesellschaft – nicht mehr existiert, vgl. § 141a FGG.

435 BGH NJW 2002, 1568 mit Komm. *Kohler*, EWiR § 413 BGB 1/02, 423 und Anm. *Batereau*, WuB I.F.4.-4.02; 85, 2640; 91, 2552 zu II. 2. a. mit Komm. *Wiedemann*, EWiR § 326 BGB 2/91, 769 für Ablehnungsandrohung nach § 326 BGB a.F.; 99, 2110 für Verjährungsunterbrechung nach § 209 BGB a.F. (jetzt: Neubeginn nach § 212 BGB).

436 BGH WM 91, 2036 mit Komm. *Ackmann*, EWiR § 398 BGB 1/91, 1173; RG Recht 1924, Sp. 266 Nr. 1115; *Schop*, MDR 90, 11; *Peters*, JZ 77, 119 (121); *Ahcin/Armbrüster*, JuS 2000, 450 (456).

übergehende ist (oben Rn. 1169) und solange der Sicherungsfall nicht eingetreten ist. Das wird deutlich, wenn, wie typisch, Sicherungsnehmer ein Kreditinstitut (Bank, Sparkasse, Genossenschaftsbank) ist. Es kann seinen Schaden abstrakt nach Maßgabe von § 252 BGB berechnen und demgemäß über den gesetzlichen Zinssatz aus § 288 Abs. 4 BGB hinaus als Verzugsschaden den Wiederanlagezins liquidieren, d.h. den Zinssatz zugrundelegen, den es erzielt hätte, wenn es den aufgrund des Verzuges vorenthaltenen Geldbetrag am Markt als Kredit vergeben hätte. Liquidationsfähig ist der Marktzins[437] oder nach Lage des Einzelfalls auch der jeweilige Basiszinssatz (§ 247 BGB) zuzüglich 5% resp. 8% nach Maßgabe von § 288 Abs. 1 resp. 2 resp. § 497 BGB[438]. Diese Schadensberechnung setzt voraus, dass die Wiederanlage am Kreditmarkt rechtmäßigerweise möglich war. Das aber ist nicht der Fall, solange der Sicherungsfall nicht eingetreten ist. Das Kreditinstitut darf den vom Schuldner vorenthaltenen Geldbetrag nicht anlegen, sondern muss ihn in den meisten Fällen, nämlich nach den im Sicherungsvertrag vereinbarten Regelungen, an den Sicherungsgeber herausgeben; bei der stillen Zession (vorst. Rn. 1370) darf der Sicherungsgeber die Forderung aufgrund ihm erteilter Einziehungsermächtigung (nachf. Rn. 1448) sogar selbst beim Schuldner einziehen, obwohl er als Zedent gar nicht Gläubiger ist. Selbst nach Eintritt des Sicherungsfalls darf der Sicherungsnehmer die Sicherungsforderung nicht immer in voller Höhe behalten, nämlich dann nicht, wenn die Sicherungsforderung höher als die gesicherte Forderung ist, insoweit also Übersicherung besteht: Den Betrag der Übersicherung hat der Sicherungsnehmer allemal an den Sicherungsgeber herauszugeben. Ein Kreditinstitut als Sicherungsnehmer darf diesen Betrag folglich nicht wieder anlegen und hat keinen Zessionarsschaden. Bei der Sicherungsabtretung kommt es in diesen Fällen – der Sicherungsfall ist nicht, resp. Übersicherung ist eingetreten – vielmehr auf denjenigen Schaden an, den der Zedent durch den Verzug des Schuldners erlitt[439].

1375 Allerdings ist der Zedent nicht mehr Gläubiger des Schuldners der Forderung; der Zessionar ist zwar Gläubiger, aber er hat keinen Schaden – die treuhänderische Abtretung hat eine Verlagerung des Schadens vom Gläubiger auf einen Dritten, nämlich den früheren Gläubiger, hervorgerufen. In solchen Fällen der Schadensverlagerung darf der Gläubiger den Schaden des Dritten im Wege der **Drittschadensliquidation** vom Schuldner verlangen[440].

c) Legalzession

1376 Forderungen können auch ohne darauf gerichteten rechtsgeschäftlichen Willen der Beteiligten kraft Gesetzes übergehen (Legalzession), beispielsweise im Kreditsicherungsrecht die gesicherte Forderung nach Leistung durch den Bürgen gem. § 774 BGB (oben Rn. 1014), gleichermaßen im Falle der Drittverpfändung gem. §§ 1143 (oben Rn. 240), 1225 (oben Rn. 517), im Übrigen sind zu nennen § 61 VVG oder § 116 SGB X[441], § 81a

---

437 Einzelheiten BGHZ 103, 337.

438 Näher *Bülow*, ZIP 96, 8.

439 Grundlegend BGHZ 128, 371 (376 ff.) = NJW 95, 1282 zu II. 3.; BGH NJW-RR 97, 663 zu II. 1.; *Ganter*, WM 98, 2081 (2090).

440 BGHZ 128, 371 (377); OLG Frankfurt am Main VersR 96, 90; BGH WM 97, 2171 mit Anm. *Heinrich*, WuB IV A. – 1.98; *Schwenzer*, AcP 182 (1982), 214 (239); *Seetzen*, AcP 169 (1969), 352 (355); *U. Hoffmann*, WM 94, 1464 (1466); Abgrenzung BGH WM 96, 1618 zu III. 1. (falsche Bankauskunft).

BundesversorgungsG. Die auf diese Weise übergegangene Forderung kann der Zessionar wiederum zum Zwecke der Kreditsicherung abtreten. Wichtige Vorschriften des rechtsgeschäftlichen Forderungsübergangs sind gem. § 412 BGB auf die cessio legis anwendbar.

2. Wirksamkeitsvoraussetzungen

Der Sicherungsnehmer wird nur dadurch Inhaber des Rechts, insbesondere als Zessionar **1377**
Gläubiger der Forderung, wenn

- das Recht überhaupt besteht,
- es dem Zedenten zugestanden hatte (nachf. a, Rn. 1378),
- die Abtretung dem Bestimmtheitsgrundsatz genügt (nachf. b, Rn. 1381),
- der Zedent Verfügungsbefugnis hat (nachf. c, Rn. 1400) und
- keine Unwirksamkeitsgründe entgegenstehen[442] (oben Rn. 1102 ff.).

a) Existenz des Rechts und Inhaberschaft des Zedenten; Kondiktionslagen

Die Abtretung als Verfügungsgeschäft bedarf, um eine Rechtsänderung herbeiführen zu **1378**
können, zunächst eines Verfügungsobjekts; besteht die Forderung überhaupt nicht, kann der Zessionar nichts, auch nicht gutgläubig (nachf. Rn. 1412 a.E.), erwerben, es gibt gar keinen Schuldner, die Abtretung geht ins Leere. Keine Rechtsänderung tritt auch ein, wenn die Forderung zwar besteht, aber der Abtretende überhaupt nicht Gläubiger ist und auch keine Verfügungsbefugnis hat. Ausnahmsweise in Fällen verkörperter Forderungen kann gutgläubiger Erwerb stattfinden (§ 405 BGB, Art. 16 Abs. 2 WG, 21 ScheckG), außerdem bei der Abtretung eines Grundpfandrechts nach §§ 1155, 892 BGB (oben Rn. 285, 288). Im allgemeinen Fall der Abtretung einer Forderung von dem einen auf den anderen Erwerber (Kettenabtretung) ist der jeweilige Zessionar nicht vor dem Scheitern des Erwerbs geschützt, der auf der mangelnden Gläubigerstellung seines Vormanns (Zedenten) beruht, der vielleicht seinerseits an einen Nichtgläubiger geraten war. Jeder gescheiterte frühere Erwerbsvorgang vereitelt nachfolgende Erwerbsvorgänge. Rettung ist möglich, wenn der letzte wirklich berechtigte Zedent spätere Verfügungen gem. § 185 Abs. 2 BGB genehmigt[443].

Trotz Wirkungslosigkeit der Abtretung kann aber der Fall eintreten, dass der vermeintli- **1379**
che Schuldner (Putativschuldner) an den Scheinzessionar leistet, z.B. der Versicherer, der auf einen Versicherungsbetrug hereingefallen ist (§ 61 VVG). Es entsteht eine **Kondiktionslage**. Sicher ist, dass der Scheinzessionar das Geleistete auf die nichtexistente Forderung nicht behalten darf, fraglich aber, wem er zur Herausgabe des Erlangten verpflichtet ist: dem Putativschuldner oder dem Scheinzedenten, und wie sich diese beiden in der einen oder der anderen Variante ausgleichen. In Anlehnung an bereicherungsrechtliche Anweisungsfälle[444] mag man daran denken, die Leistung an den Scheinzessionar als Leistung

441 BGHZ 127, 120; BGH NJW 96, 726 und 1674; *Waltermann*, NJW 96, 1644.

442 Z.B. nach Lage des Einzelfalls kollusive sittenwidrige Abtretung zu dem Zweck, eine Aufrechnung zu vereiteln, OLG Düsseldorf NJW-RR 2001, 1025.

443 *Schneider/Dreibus*, in: Festschr. Schimansky, S. 521 (526).

444 BGHZ 61, 289; gleichermaßen Drittleistungsfälle gem. § 267 BGB nach *Canaris*, NJW 92, 868, für diesen Fall anders, BGHZ 113, 62 (69): Kondiktion beim Scheinzessionar mit im Ergebnis zustimmender, in der Begründung krit. Rezension *Wertheimer*, JuS 92, 284 und zust. Anm. *Nicolai*, JZ 93, 1118.

an den vermeintlichen bisherigen Gläubiger zu werten, also z.B. als Erbringung der – in Wahrheit gar nicht geschuldeten – Versicherungsleistung an den Scheingläubiger (im Beispielsfall: an den Versicherungsbetrüger), die durch Leistung an den Scheinzessionar vollzogen wird[445]. Kondiktionsschuldner wäre demnach der Scheinzedent und der Putativschuldner (im Beispielfall: der Versicherer) sein Kondiktionsgläubiger. Der Scheinzessionar wäre bei dieser Sicht Kondiktionsschuldner des Scheinzedenten (des Versicherungsbetrügers) und dieser der Regressgläubiger[446]. Aber Abtretung bedeutet gerade, dass der Zedent aus dem Leistungsverhältnis ausgeschieden ist; es ist schwer vorstellbar, dass der Leistende – z.B. der Versicherer – an den Zedenten, der eben gar nicht mehr Gläubiger ist, die Zuwendung erbringen will, wenn er an den neuen und an sich richtigen, wenn auch nur vermeintlichen Gläubiger, den Scheinzessionar, zahlt. Dem entspricht auch das Verständnis des Empfängers, also des Scheinzessionars. Der vermeintliche bisherige Gläubiger ist aus dem Leistungsverhältnis ausgeschieden. Richtigerweise dürfte der Scheinzessionar und nicht der Scheinzedent richtiger Kondiktionsschuldner des Putativschuldners als Kondiktionsgläubiger sein[447].

1380 Von diesen als richtig erachteten Grundsätzen dürfte aber gerade im Fall der **Sicherungsabtretung eine Ausnahme** zu machen sein. Die Abtretung einer – wenn auch nur vermeintlichen – Forderung zum Zwecke der Kreditsicherung kennzeichnet sich durch die besondere Ausgestaltung ihrer causa, des Sicherungsvertrages (oben Rn. 1146), nach der die Gläubigerstellung des Sicherungsnehmers nur eine vorübergehende sein, nämlich enden soll, wenn sich der Sicherungszweck erledigt hat. Leistet deshalb der Putativschuldner an den Sicherungszessionar – d.h. bei offengelegter Abtretung, vorst. Rn. 1370 –, bezieht er seinen – vermeintlichen – bisherigen Gläubiger in seine Tilgungsbestimmung mit ein, indem er sich diesem gegenüber von seiner Schuld befreien will[448]. Deshalb ist im Falle der Sicherungszession ausnahmsweise die Leistung des Putativschuldners beim Sicherungsgeber (Scheinzedenten, hier: dem Versicherungsbetrüger) und nicht beim Sicherungsnehmer (Scheinzessionar) zu kondizieren.

b) Bestimmtheitsgrundsatz

1381 Der sachenrechtliche Bestimmtheitsgrundsatz (oben Rn. 1283) gilt auch, wenn Verfügungsobjekt ein Recht, insbesondere eine Forderung ist. Die Abtretung führt zu einem Gläubigerwechsel, also zu einer neuen Zuordnung, nämlich vom alten auf den neuen

---

445 BGHZ 105, 365 (369/370); 122, 46 (50) im Anschluss an *Canaris*, in: Festschr. Larenz, S. 836; *Ganter*, WM 98, 2081 (2090); *Lorenz*, AcP 191, (1991), 279 (311); LG Dresden, EWiR § 812 BGB 2/96, 737 (*Kast*); krit. *Weitnauer*, in: Festschr. Schippel, S. 275 (280) sowie *Hadding*, in: Festschr. Kroeschell, S. 283 (299).

446 Ausnahmsweise Kondiktion beim Scheinzessionar im Falle einer Überzahlung sowie dann, wenn die Leistungserbringung gerade auf dem Verhalten des Scheinzessionars (z.B. Klagedrohung) beruht: BGH NJW 89, 161 zu 2. b. und c.

447 *Flume*, AcP 99 (1999), 1 (23); *Dörner*, NJW 90, 473 (476); *Bayer*, JuS 90, 883; *Karollus*, öst. Jbl 94, 573, dagegen *Holzner*, öst. Jbl 95, 401; *Mankowski*, ZIP 93, 1214; *Medicus*, Bürgerliches Recht, Rn. 685a, entsprechend wird die Rückforderung ungerechtfertigter Steuererstattungen gehandhabt, BFH WM 98, 1482, krit. freilich *Seer/Drüen*, NJW 99, 265, aber zust. *Tiedtke*, WM 99, 517; zur Nichtigkeit der Abtretung nach §§ 134 BGB, 46 IV, V AO (oben Rn. 963) FG Berlin WM 98, 1017.

448 *Kohler*, WM 89, 1629 (1635); *Schlechtriem*, JZ 93, 24; Jauernig/*Schlechtriem*, § 812 BGB Anm. I. 5. c. ee. (Rn. 45); a.A. *Tiedtke*, WM 99, 517 (520).

Gläubiger. Zu diesem Zwecke muss die Forderung, die Gegenstand der Abtretung ist, in einer Weise bestimmt bezeichnet sein, dass im Zeitpunkt ihrer Zuordnung beim Zessionar feststellbar ist, um welche Forderung es sich handelt.

aa) Die Forderung muss, damit man sie zuordnen kann, vor allem in Bezug auf ihren Schuldner[449] individualisierbar sein, z.B. durch genaue Bezeichnung: „Kaufpreisforderung gegen die X-GmbH aus dem Verkauf des Tintenstrahldruckers Marke Y Nr. 3547“. In vielen praxisrelevanten Fällen ist aber weder dem Kreditschuldner noch dem Kreditgläubiger bekannt, wem gegenüber, wann, in welcher Höhe und aufgrund welchen rechtlichen Umstandes die zu übertragende Forderung entsteht, vor allem im Falle von Globalzessionen (nachf. Rn. 1423) verbunden mit Antizipation (nachf. Rn. 1417). Die Forderung kann aus dem Verkauf einer Sache entstehen, aber auch aufgrund Verarbeitung zu einer neuen Sache und Verkauf dieser neuen Sache, oder sie kann Gegenstand eines Werkvertrages sein, etwa beim Hausbau. Kreditgläubiger und Kreditschuldner werden versuchen, durch entsprechende Formulierungen der Vertragsklauseln im Abtretungsvertrag möglichst alle denkbaren Fälle der Forderungsentstehung zu erfassen, oft durch Allgemeine Geschäftsbedingungen oder Formularverträge. Im Übrigen ist die Bestimmbarkeit eine Frage der **Auslegung** nach §§ 133, 157 BGB. Lässt sich die Forderung aufgrund dessen nicht individualisieren, geht sie nicht über. **1382**

bb) Es gibt aber Fälle, in denen die Vertragsklausel zwar im konkreten Fall die Individualisierung und Zuordnung der vom Zessionar in Anspruch genommenen Forderung gewährleistet, jedoch andere, denkbare Fälle offenlässt, in denen nicht klar genug wäre, ob der Kreditgläubiger wirklich auch Forderungsgläubiger geworden ist. Heißt es z.B. im Abtretungsvertrag, dass Forderungsrechte, die aus der Weiterveräußerung einschließlich der Verarbeitung herrühren, abgetreten werden[450], so können zwar Forderungen aus dem Weiterverkauf eindeutig bestimmbar sein; bei Forderungen aus der Verarbeitung kann aber unklar sein, ob sich die Abtretung auf den gesamten Wert der Sache oder nur auf einen Teil bezieht und wenn ja, wie dieser Teil zu bemessen ist (unten Rn. 1731). Ist die Abtretung mangels hinreichender Bestimmbarkeit dadurch insgesamt unwirksam, auch wenn bei der konkret in Anspruch genommenen Forderung keine Unklarheiten bestehen? Das war der Standpunkt des Reichsgerichts[451] gewesen, das mit dieser Rechtsprechung den – an sich für zulässig gehaltenen – verlängerten Eigentumsvorbehalt offensichtlich zu Fall bringen wollte[452]. Richterliche Aufgabe ist es indessen, den vorgelegten Fall zu entscheiden, nicht aber die anderen nur denkbaren Fälle: „Wenn in einem denkbaren Fall die Klausel nicht zum Zuge kommen würde, so berührt das … nicht die Entscheidung des wirklichen Falls“[453]. Ist die konkrete Forderung danach also hinreichend bestimmt, ist ihre Abtretung wirksam, auch wenn die Klausel für andere, nicht zur Entscheidung anstehende Fälle nicht bestimmt genug sein mag. Das ändert nichts daran, dass eine typisierte Vertragsklausel objektiv und unabhängig von den Besonderheiten des Einzelfalls auszulegen ist[454]; diese Auslegung muss **konkrete Bestimmbarkeit** gewährleisten. **1383**

cc) **Maßgeblicher Zeitpunkt** der Bestimmtheit ist der Zeitpunkt des Forderungsübergangs. Das ist bei schon entstandenen Forderungen der Zeitpunkt, in dem der Abtretungs- **1384**

---

449 OLG Düsseldorf WM 95, 1112.

450 RGZ 155, 26 (32).

451 RGZ 155, 26, außerdem JW 36, 3111.

452 *Herschel*, DR 40, 583; *Barkhausen*, NJW 49, 845 (847); *Flume*, NJW 50, 841 (846); s. auch Akademie für Deutsches Recht, Ausschuss für Personen-, Vereins- und Schuldrecht, 1934 bis 1936, S. 31 ff.

453 *Flume*, NJW 50, 841 (845/846), gleichermaßen BGHZ 7, 365 (369); BGH WM 61, 350.

454 RGZ 149, 96 (100); 81, 117 (118/119); 25, 26 (28); BGHZ 7, 365 (368); BGH NJW 99, 3776 mit Komm. *R. Fischer*, EWiR § 398 BGB 1/2000, 565 und Anm. *Pfeiffer*, WuB I F 4. – 1.2000.

vertrag abgeschlossen wird; auf den Zeitpunkt für den obligatorischen Sicherungsvertrag kommt es nicht an. Bei Vorausabtretungen (nachf. Rn. 1417) muss die Forderung dagegen erst im späteren Zeitpunkt der Forderungsentstehung bestimmt sein[455]. Für den Zeitpunkt, in dem der Abtretungsvertrag geschlossen wird, genügt, dass die im voraus abgetretene Forderung lediglich **bestimmbar** ist. Durch den Abtretungsvertrag müssen also Kriterien feststehen, aufgrund derer im späteren Zeitpunkt der Forderungsentstehung ermittelt werden kann, dass eine einzelne Forderung von der Abtretung erfasst, insbesondere wer ihr Schuldner ist. Der Bestimmtheit schon im Zeitpunkt des antizipierten Abtretungsvertrages bedarf es dagegen nicht.

1385 Das folgt daraus, dass vor Forderungsentstehung die Abtretung noch keine Wirkung entfalten kann[456]: Ein Nichts kann gegenwärtig niemandem zustehen, sondern erst, wenn es zu etwas wird. Ob die Forderung vorher bestimmt oder unbestimmt ist, eine Rechtsänderung kann jedenfalls nicht eintreten. Ist die Forderung aber mit ihrer Entstehung bestimmt (der Höhe und der Person des Schuldners nach), kann sie dem Zessionar ohne jegliche Beeinträchtigung der Rechtsklarheit zugeordnet werden. Im vorherigen Zeitpunkt des Abschlusses des Abtretungsvertrages mag diese Rechtsklarheit nicht bestanden haben; in diesem Zeitpunkt war die Forderung, weil es sie ja nicht gab, aber auch noch niemandem zugeordnet. Der Ansicht, die Forderung müsse vor ihrer Entstehung, nämlich bei Abschluss des Abtretungsvertrages, nach Rechtsgrund und Schuldner feststehen[457], kann daher nicht gefolgt werden, vielmehr genügt der Zeitpunkt der Forderungsentstehung. Dem steht auch nicht entgegen, dass im Falle der Zwangsvollstreckung durch Pfändung und Überweisung gem. §§ 829, 835 ZPO die Person des Schuldners bekannt sein muss: Zweifellos ist sonst die Zustellung des Pfändungs- und Überweisungsbeschlusses nicht möglich (§ 829 Abs. 2 S. 2 ZPO), und ohne Zustellung kann die Forderung nicht wirksam gepfändet werden (§ 829 Abs. 3 ZPO). Die nur bestimmbare Forderung ist damit zwar nicht pfändbar, und gem. § 400 BGB können Forderungen nicht abgetreten werden, die der Pfändung nicht unterworfen sind, aber es geht dabei nur um Forderungen, die ihres Wesens wegen unpfändbar sind, z.B. Mindestanteile des Einkommens (§§ 850 ff. ZPO), aber nicht ihres Entstehungszeitpunktes wegen. Es bleibt also bei der Abtretbarkeit. Im Insolvenzfalle wird die Masse durch Vorausabtretungen nicht geschmälert, weil § 91 InsO den Konflikt löst (oben Rn. 1250). Besondere Anforderungen an den Bestimmtheitsgrundsatz lassen sich mit der Insolvenz nicht begründen[458].

1386 Das Bestimmbarkeitserfordernis bezieht sich auf das dingliche Rechtsgeschäft, also den Abtretungsvertrag. Ergibt sich die Unbestimmtheit aus dem Verpflichtungsgeschäft, dem Sicherungsvertrag, braucht die Abtretung nicht an mangelnder Bestimmtheit zu scheitern.

1387 So kann sich der Zedent verpflichten, Forderungen bis zu festgelegter Höhe abzutreten. Werden nach dieser Maßgabe spätere Abtretungsverträge über einzelne bestimmte Forderungen abgeschlossen, sind die Abtretungen wirksam[459]. Verbreitete, die Bestimmbarkeit der Abtretung gewährleistende Verfahren sind Zessionslisten, in denen die abgetretenen Forderungen aufgeführt sind und die für bestimmte Zeitabschnitte aufgestellt werden können, oder die Bezeichnung nach den Anfangsbuchstaben der Schuldner des Zedenten oder nach ihrem Standort in festgelegten Bezirken.

1388 *dd)* **Adressaten des Bestimmtheitsgrundsatzes** sind die Parteien des Abtretungsvertrages, also Zedent und Zessionar, nicht aber der Forderungsschuldner.

---

455 BGH WM 61, 350 zu I.; RAG DR 41, 1765; *M. Wolf*, NJW 66, 107; BGHZ 7, 365; 53, 60 (63); RGRK/*Weber*, § 398 BGB Rn. 66; MünchKomm./*Roth*, § 398 BGB Rn. 61; Alt.Komm./*Ott*, § 398 BGB Rn. 9.

456 *Esser*, ZHR 135 (1971), 320 (326).

457 *Schwerdtner*, NJW 74, 1785 (1788); *N. Fischer*, NJW 59, 366 (369).

458 So aber *Schwerdtner*, NJW 74, 1785 (1787/88).

459 BGH WM 66, 13.

Der Schuldner kann über Bestand und Umfang der Abtretung im unklaren sein, wenn die Abtretung von einer Bedingung abhängig gemacht wurde und der Schuldner die Bedingung nicht kennt. Dieser Fall kann eintreten, wenn die Sicherungsforderung nur für den Fall abgetreten wird, dass eine zu sichernde Forderung überhaupt besteht, z.B. ein Schuldsaldo bei einer Bank. Bei einer so gearteten Abtretung gibt es ohne Schuldsaldo keinen Übergang der Sicherungsforderung, und der Schuldner kann außerstande sein, die Existenz eines Schuldsaldos festzustellen. Diese Unkenntnis schadet dem Schuldner aber nicht: Gem. § 407 Abs. 1 kann er mit befreiender Wirkung leisten, wenn er die Abtretung nicht kennt (nachf. Rn. 1428), und er kennt sie nicht, wenn er den Bedingungseintritt, d.h. Existenz und Umfang des Schuldsaldos, nicht kennt. Entgegen der Ansicht des Bundesgerichtshofs kommt es für die Einhaltung des Bestimmtheitsgrundsatzes deshalb nicht darauf an, ob der Schuldner den Bedingungseintritt – Entstehung, Umfang und Fortbestand des Schuldsaldos – kennt[460]. **1389**

ee) Übersteigt eine Sicherungsforderung den Betrag der gesicherten Forderung, können die Parteien so verfahren, dass der Zedent lediglich einen Teil der Sicherungsforderung an den Zessionar abtritt. Die **Teilabtretung** von Forderungen begegnet keinen Zulässigkeitsbedenken (zur Beschränkung auf Anspruchsgrundlagen vorst. Rn. 1371). Solange eine Leistung, wie eine Geldforderung, teilbar ist, spricht nichts dagegen, solche Teile auf verschiedene Gläubiger zu übertragen. In besonderen Ausnahmefällen kann § 242 BGB eine Grenze setzen unter dem Gesichtspunkt der Unzumutbarkeit für den Schuldner[461]. Keinesfalls folgt die Unzumutbarkeit allein daraus, dass dem Schuldner Mehrarbeit durch Berechnungen und eine Ausweitung des Zahlungsverkehrs entsteht, wie das bei einer Abtretung des unpfändbaren Teils von Gehaltsbezügen (§§ 400 BGB, 850 ff. ZPO) der Fall ist[462]. Deshalb kann sich die Abtretung auch auf diejenigen Teile der Forderungen des Zedenten beziehen, die der jeweiligen Höhe der Forderung des Kreditgläubigers und Sicherungszessionars gegen den Kreditschuldner und Zedenten entsprechen[463], wenn nur die Höhe genau feststellbar ist. Im Allgemeinen kann der Zedent also von mehreren Forderungen je einen bestimmten Teil oder die mehreren Forderungen je mit einer bestimmten Quote abtreten, wenn der Umfang der Abtretung nur bestimmt oder bestimmbar ist[464]. **1390**

An der hinreichenden Bestimmbarkeit kann es aber fehlen, wenn für einen festen Betrag mehrere Forderungen abgetreten wurden und ungeregelt bleibt, auf welche Forderungen und in welcher Höhe sich die Abtretung bezieht[465]. **1391**

460 BGH NJW 65, 2197; WM 68, 1047, auch RGZ 92, 238 (239); 98, 200, 203; dagegen zutr. *M. Wolf*, NJW 66, 107.

461 OLG Düsseldorf, MDR 81, 669: Über die Forderung war bereits ein Rechtsstreit anhängig, und der Schuldner wäre genötigt gewesen, den Streit in einem weiteren Prozess mit dem Zessionar auszufechten, verbunden mit der Unsicherheit über den Bestand eines diesbezüglichen Vergleichs sowie notwendig werdender Beweissicherungsverfahren.

462 Entgegen OLG Dresden NJW-RR 97, 1070.

463 BGHZ 23, 53 (56).

464 BGH NJW 2000, 276 zu III. mit Anm. *Kohler*, WuB IV A. – 1.2000; 81, 816; OLG Hamburg ZIP 99, 1628 mit Komm. *Zeller*, EWiR § 256 ZPO 1/2000, 151; RGRK/*Weber* § 398 BGB Rn. 63; zweifelnd jedoch *Kogel*, NJW 75, 2063; bei Lebensversicherungen: OLG Karlsruhe, EWiR § 398 BGB 1/87, 353 (Komm. *Gnamm*); *A. Braun*, DStR 95, 1592. Keine abtretbare Forderung ist ein Rechnungsposten in der Schlussabrechnung nach § 16 VOB/B; abtretbar ist nur der Saldo („Guthaben"), BGH NJW 99, 417.

465 RGZ 98, 200 (202), dazu *Beeser*, AcP 156 (1957), 414 (416); BGH WM 65, 1175, der die Auslegung eines Abtretungsvertrages danach ausrichtet, dass sich aus ihm die Bestimmbarkeit und Wirksamkeit ergibt – die Auslegung hat aber umgekehrt zu erfolgen: Insoweit zutreffend RGZ 90, 248; 92, 238; BGH WM 65, 562; 68, 1054; 70, 848.

1392 Die Höhe des abgetretenen Teils einer Forderung dürfte auch nicht hinreichend bestimmt sein, wenn die in einem Bauwerk „steckenden Gewinne und anderweitigen Gegenwerte" abgetreten werden, denn diesen Betrag „kann selbst ein Sachverständiger nur mit großer Mühe annähernd schätzen"[466]. Werden „alle Geschäftsaußenstände" abgetreten, kann unklar sein, was als Forderung aus dem Geschäftsbetrieb und was als Forderung außerhalb anzusehen ist[467], gleichermaßen die Abtretung von Schadensersatzansprüchen aus Verkehrsunfall „in Höhe der Gutachterkosten"[468].

1393 Gegenstand der Sicherungsabtretung kann auch sein, dass zwar mehrere Forderungen bis zu bestimmter Höhe in der Weise übertragen werden, dass sie zunächst in voller Höhe auf den Zessionar übertragen werden, aber der Zedent Anspruch auf Rückabtretung desjenigen Teils der Forderungen hat, die über den zu sichernden Betrag hinausgehen[469] (s. oben Rn. 1104). Dieser Betrag ist mit Bestimmtheit feststellbar.

1394 Wird eine Forderung in mehreren Teilen an mehrere Gläubiger abgetreten, haben alle Teilforderungen **gleichen Rang** unabhängig vom Zeitpunkt des Abtretungsvertrages[470]; insoweit gibt es keinen Prioritätsgrundsatz (unten Rn. 1648). Nimmt der Zedent aber mehrere Teilabtretungen vor, die den Gesamtbetrag der Forderung übersteigen, gehen diejenigen Abtretungen mangels Abtretungsobjekts ins Leere, die den Gesamtbetrag übersteigen (vgl. oben Rn. 1378). Erfüllt der Schuldner der an mehrere Teilzessionare abgetretenen Forderung mit einer nicht ausreichenden Zahlung, kann die Tilgungsanrechnung nach § 366 Abs. 2 BGB, letzte Alt., herangezogen werden[471]. Demgemäß ist im Zweifel eine Verteilung der Zahlung auf die Teilzessionare nach dem Anteil ihrer Teilabtretungen an der Gesamtforderung anzunehmen. Für den nicht gezahlten Rest bleiben sie Gläubiger.

1395 *ff)* Die Abtretung kann unter die **auflösende Bedingung** des Fortfalls des Sicherungszwecks gestellt werden (oben Rn. 1180).

1396 *gg)* Der Mantelsicherungsübereignung (oben Rn. 1194) entspricht die **Mantelzession**: Sie ist, anders als ihr Name sagt, ein schuldrechtlicher Vertrag, durch den sich der Kreditschuldner verpflichtet, zu späterer Zeit Forderungen bestimmter Art und Höhe abzutreten. Es handelt sich also um einen Sicherungsvertrag (Rn. 1146), der einer Übersicherung entgegenwirkt (Rn. 1104) und die Bestimmbarkeit der Sicherungsforderung gewährleisten soll.

c) Abtretungsverbote

1397 Existiert die Forderung, ist der Zedent auch ihr Inhaber und ist sie bestimmt oder doch bestimmbar (vorst. Rn. 1384), ist die Abtretung nur wirksam, wenn der Zedent, also der Kreditnehmer, verfügungsbefugt ist.

1398 *aa)* Im Allgemeinen decken sich Verfügungsbefugnis und Rechtsinhaberschaft. Es gibt jedoch Rechte, denen die Veräußerungsfähigkeit fehlt, so dass der Inhaber darüber nicht verfügen kann[472]. Nicht Gegenstand der Sicherungstreuhand können deshalb gem. § 29 Satz 2 UrhG Urheberrechte sein, sondern allenfalls Nutzungsrechte an Urheberrechten (vorst. Rn. 1367). Gem. § 400 BGB kann eine Forderung nicht abgetreten werden, wenn

466 RGZ 155, 26 (32), insoweit zutreffend; auch RGZ 142, 139 (142).

467 RG JW 11, 576 (Nr. 10).

468 AG Essen VersR 97, 16.

469 BGH WM 60, 858.

470 BGHZ 46, 242 (244); RGZ 149, 96 (98); *Serick*, Bd. II, § 24 II. 3. (S. 279); *Nörr/Scheyhing*, Handbuch des Schuldrechts, Bd. 2, § 8 II. 1. (S. 127).

471 BGHZ 47, 168 (170/171); NJW 83, 1902; OLG Karlsruhe WM 84, 875; *Derleder*, AcP 169 (1969), 97 (108 ff.).

472 *Bülow*, JuS 94, 1.

und soweit die Forderung nach Maßgabe von §§ 850 ff. ZPO nicht der Zwangsvollstreckung unterliegt[473].

Die Veräußerungsfähigkeit fehlt gem. § 399 Alt. 1 BGB auch bei Forderungen, deren Inhalt durch die Abtretung verändert würde, d.h. wenn die Leistungshandlung des Schuldners geändert wird, also anders als ursprünglich geschuldet zu leisten wäre, z.B. der Anspruch des Dienstberechtigten auf Dienstleistung (§ 613 Satz 2 BGB), der Anspruch auf Ausführung des Auftrags (§ 664 Abs. 2 BGB), der Anspruch des Kontoinhabers gegen seine Bank auf Berichtigung[474] der Anspruch der Gesellschafter gegeneinander aus dem Gesellschaftsverhältnis (§ 717 Satz 1 BGB) u.ä.[475]. 1399

Schuldner der Forderung und Zedent können der Forderung aber auch durch Vereinbarung die Veräußerungsfähigkeit nehmen, nämlich durch ein vertragliches Abtretungsverbot gem. § 399 Satz 2, welches von gleichermaßen großer praktischer wie dogmatischer Bedeutung ist. 1400

bb) Durch ein vertragliches Abtretungsverbot unter Schuldner und Gläubiger entsteht die Forderung von vornherein als nicht veräußerliches Recht bzw. sie verliert die Veräußerungsfähigkeit bei nachträglichem Abschluss der Vereinbarung. Das Verbot wirkt auf die Eigenschaft der Forderung ein, nimmt ihr eben die Eigenschaft der Veräußerungsfähigkeit[476]. Daraus folgt, dass eine Forderung, anders als eine bewegliche private Sache, nicht von selbst die Eigenschaft der Verkehrsfähigkeit haben muss. 1401

Ein Abtretungsverbot kann auch in der Weise vereinbart werden, dass die Abtretung der **Zustimmung des Schuldners** bedürfe oder die Abtretung zu ihrer Wirksamkeit dem Schuldner anzuzeigen ist, wie dies für Ansprüche aus Versicherungsverträgen § 13 Abs. 4 der Allgemeinen Versicherungsbedingungen (AVB) vorsieht[477]. Danach sind Abtretungsverträge des Zedenten nach dem Parteiwil- 1402

473 BAG NJW 2001, 1443; 98, 99 zu 4.; OLG Köln NJW-RR 98, 1689; Ansprüche aus vertraglicher Berufsunfähigkeitsversicherung: OLG Oldenburg NJW-RR 94, 479; OLG Saarbrücken VersR 95, 1227; Anspruch nach dem früheren BeamtenheimstättenG: BGH WM 94, 882; nicht: das insolvenzrechtliche Vollstreckungsverbot aus §§ 14 Abs. 1 KO, 89 InsO: BGH WM 94, 509 mit Komm. *Henckel*, EWiR 1/94, 337 zu § 400 BGB.

474 BGH NJW 2001, 3190 (3192).

475 RGZ 58, 71 (73) – Pfandleihe; 74, 78 (81) – Zinsen; BGH WM 70, 253 – Beihilfeforderung; BGH 96, 146 (149) und BGH NJW 72, 2036: Werkvertraglicher Nachbesserungsanspruch; BGHZ 95, 250 (254): Minderungsanspruch; BGHZ 96, 324 (326): Ansprüche gegen Kassenärztliche Vereinigung; Anspruch auf Darlehensrückzahlung, wenn Darlehensgeber das Geld „benötige", OLG Köln NJW 2000, 295; BGH NJW 95, 323 zu II. 3.: abtretbar ist Rückforderungsanspruch des Schenkers aus § 528 BGB; OLG Düsseldorf NJW-RR 94, 438: Abtretungsausschluss wegen vertraglicher Verschwiegenheitspflicht – soweit § 203 StGB anwendbar ist (oben Rn. 1137 und nachf. Rn. 1415), ist der Abtretungsvertrag gem. § 134 BGB unwirksam; BGH NJW-RR 94, 558: Exklusivrecht für Werbung; zweifelhaft: Rückzahlung einer Sicherheit nach § 123 Abs. 2 StPO, *Deubner*, JuS 98, 1132 (1135) gegen OLG München NJW-RR 98, 1372.

476 Anders noch RGZ 136, 395 (399); 148, 105 (110 ff.) sowie der Erklärungsversuch von *Chr. Berger*, Rechtsgeschäftliche Verfügungsverbote, S. 241: Die Abtretung setze – anders als im Falle des Eigentums – nicht nur die Rechtsinhaberschaft, sondern auch die Ermächtigung durch den Schuldner voraus, die kraft Gesetzes bestehe, aber durch § 399 Satz 2 BGB entzogen werde (Doppelnatur der Forderung); aber das müsste beispielsweise auch für das Pfandrecht in Bezug auf den Pfandschuldner gelten; wie hier BGH WM 68, 195; BGHZ 27, 306; 40, 156; BGH NJW 91, 559 mit Komm. *Bauckelmann*, EWiR § 399 BGB 9/91, 133, Anm. *Weber*, WuB I J 4. – 6.91 sowie *Hammen*, JZ 98, 1095 (1097) und *Wagner*, VersR 91, 622: Abtretungsanzeige bei Lebensversicherung; RGRK/*Weber*, § 399 BGB, Rn. 31; zurückzuübertragende, durch die DDR enteignete Vermögenswerte unterliegen gem. § 3 Abs. 3 VermögensG nur einem schuldrechtlichen Verfügungsverbot, *Wächter*, DWiR 91, 265 (271).

477 Die zeitliche Reihenfolge von Abtretungsvertrag und Anzeige ist gleichgültig, BGH WM 2001, 1513 zu III. 1. mit Anm. *Bülow*, WuB I F 4. – 4.01; WM 2002, 335 mit Anm. *Bülow*, WuB I F 4. – 3.02 und Komm. *Bühren*, EWiR § 166 VVG 1/02, 731; WM 2002, 1797 zu II. 1. c. bb.; OLG Köln NJW-RR 96, 672.

len schwebend unwirksam und werden endgültig – ex nunc, nachf. Rn. 1406 – wirksam, wenn die Zustimmung erteilt wird[478]; hierzu kann der Schuldner nach Treu und Glauben (§ 242 BGB) verpflichtet sein[479]. Ein Zustimmungsvorbehalt kann aber auch so auszulegen sein, dass der Zedent gegenüber dem Schuldner nur schuldrechtlich verpflichtet sein soll, nicht ohne Erlaubnis des Schuldners abzutreten, dass die Wirksamkeit der Abtretung davon aber unberührt sein soll und allenfalls Schadensersatzansprüche entstehen[480].

1403 *cc)* Während ein Verfügungsverbot, das zwischen dem Gläubiger der Forderung und einem Dritten vereinbart wurde, gem. § 137 Satz 2 BGB nur unter den Parteien dieser Vereinbarung wirkt, entfaltet ein zwischen Gläubiger und Schuldner der Forderung vereinbartes Abtretungsverbot Wirkung gegenüber jedermann. Verstößt der Gläubiger im ersten Falle gegen das vertragliche Abtretungsverbot, ist die vertragswidrig vollzogene Abtretung gem. § 137 Satz 1 BGB dennoch wirksam, so dass dem Dritten die Forderung entgeht[481], beispielsweise im Falle einer Sicherungsabtretung mit der Maßgabe, der Sicherungszessionar dürfe über die Sicherungsforderung nicht verfügen. Der Zedent hat allenfalls die Möglichkeit, gegen die drohende vertragswidrige Abtretung durch den Gläubiger, seinen Vertragspartner, eine Einstweilige Verfügung gem. § 935 ZPO zu erwirken, durch die dem Gläubiger die geplante Abtretung verboten wird. Vollzieht der Gläubiger die Abtretung dennoch, ist sie nunmehr gem. §§ 136, 135 Abs. 1 Satz 1 BGB unwirksam, aber nur dem Dritten als Antragsteller der Einstweiligen Verfügung gegenüber, während die Abtretung allen übrigen Personen gegenüber wirksam, der Abtretungsempfänger (§ 398 BGB) also wirklicher Zessionar ist[482]. Die Einstweilige Verfügung nutzt nichts, wenn der Gläubiger die Abtretung schon vollzogen hatte.

1404 Verstößt dagegen der Gläubiger gegen ein mit dem Schuldner der Forderung, nicht mit einem Dritten vereinbartes Abtretungsverbot, ist die verbotswidrige Verfügung unwirksam[483] und führt nicht etwa nur zu Schadensersatzansprüchen unter den Parteien wie im Falle von § 137 (vorst. Rn. 1403). Das vertragliche Abtretungsverbot ergreift also das Verfügungsgeschäft. § 399 Satz 2 bestimmt, dass die Forderung nicht abgetreten werden kann, die gewollte Rechtsänderung also nicht eintritt, womit der Abtretungsvertrag gem. § 398 Satz 1 gemeint ist. Allerdings ist mit dieser Feststellung noch offen, welche Rechtsfolgen durch die verbotswidrige und deshalb unwirksame Abtretung eintreten. Denkbar mag sein, dass die Abtretung nur dem Schuldner als Partei des Abtretungsverbots gegenüber unwirksam ist oder jedermann gegenüber, anders gewendet: ob die verbotswidrige Abtretung nur relativ unwirksam (nämlich dem Schuldner gegenüber wie im Falle von § 135 Abs. 1 BGB, vorst. Rn. 1403) oder absolut unwirksam ist.

---

478 BGHZ 102, 293 (300); 108, 172 (176) mit Komm. *Bülow*, EWiR § 399 BGB 1/89, 861; BGH WM 59, 854; NJW 82, 2768 zu I. 2.; BB 89, 1442; WM 90, 464 zu II. 2. mit Komm. *Serick*, EWiR § 399 BGB 2/90, 341; NJW-RR 2000, 1220; OLG Celle NJW-RR 99, 618; GmbH-Anteile: OLG Nürnberg, GmbHR 90, 166 mit krit. Stellungnahme *Michalski*, GmbHR 91, 89 (91 f.).

479 BGH NJW-RR 2000, 1220 mit krit. Anm. *Lindacher*, WuB IV A. – 2.2000 und zust. Komm. *Hensen*, EWiR § 242 BGB 2/2000, 267 für AGB-Verwender.

480 So Nr. 21 Abs. 3 Satz 2 AGB-Banken, 22 Abs. 5 Satz 2 AGB-Sparkassen in der Fassung von 1988, BGH NJW 82, 2768 zu I. 2., so auch in der Regel hinsichtlich der durch Sicherungsgrundschuld gesicherten Forderung, BGH NJW-RR 91, 305 zu II. 2. a. mit Komm. *Gaberdiel*, EWiR § 1191 BGB 1/91, 53, oben Rn. 174.

481 *E. Wagner*, AcP 194 (1994), 451 (468 f.); BGH WM 93, 738 mit Anm. *Zoller*, WuB I F 4. – 3.93.

482 *Bülow*, JuS 94, 1 (8).

483 Siehe etwa BGH WM 68, 195; NJW 82, 2768.

Die Gesetzesformulierung und die Materialien zum BGB sprechen für die absolute Unwirksamkeit verbotswidriger Verfügungen[484], wobei man über die Praktikabilität dieser gesetzgeberischen Entscheidung streiten mag; aber das sind Erwägungen de lege ferenda. Relative Unwirksamkeit der verbotswidrigen Abtretung würde bedeuten, dass im Verhältnis zum Schuldner allein der Zedent als Gläubiger anzusehen ist und sich der Schuldner nur mit diesem auseinandersetzen, insbesondere an ihn leisten muss, aber nicht der Zessionar. Im Verhältnis zu Dritten wäre aber der Zessionar wahrer Gläubiger. Insbesondere Abtretungen im Rahmen von verlängerten Eigentumsvorbehalten[485] und im Factoring-Geschäft (unten Rn. 1677) wären nicht blockiert. In der Insolvenz des Zedenten fiele die Forderung nicht in die Masse, sondern der Zessionar könnte ab- bzw. aussondern (oben Rn. 1247)[486]. Wird die Forderung mehrfach abgetreten, erlangt das Prioritätsprinzip Geltung (unten Rn. 1648), und der Schuldner kann nicht durch eine ex nunc wirkende Aufhebung des Abtretungsverbots (nachf. Rn. 1411) nach seinem Belieben die eine oder die andere spätere und verbotswidrige Abtretung wirksam machen[487]. 1405

Allerdings birgt die Annahme nur relativer Unwirksamkeit auch Probleme[488]: In der Zwangsvollstreckung gegen den Zessionar, durch die der Vollstreckungsgläubiger die Forderung pfändet, könnte der Forderungsschuldner, also vollstreckungsrechtlich: der Drittschuldner, die Leistung wegen der relativen Unwirksamkeit der Abtretung ihm gegenüber verweigern. Gläubiger des Zedenten können andererseits in die Forderung nicht vollstrecken, weil ihnen gegenüber die Abtretung ja wirksam ist. § 851 Abs. 2 ZPO (nachf. Rn. 1412) hilft nicht weiter, weil danach gerade vorausgesetzt ist, dass die Forderung – mit Wirkung gegenüber jedermann – beim Zedenten verblieben ist. Die relative Unwirksamkeit würde es dem Vollstreckungsgläubiger des Zessionars an sich erlauben, die Forderung beim Zedenten zu pfänden, um die Leistungsverweigerung beim Forderungsschuldner zu umschiffen, wenn er denn einen Titel gegen diesen hätte. Aber er ist Gläubiger des Zessionars und nicht des Zedenten, hat also keinen Titel gegen diesen. Auch bringt die Annahme relativer Unwirksamkeit dem wichtigsten Ziel gerade nicht näher, nämlich dass der Zessionar die Forderung beim Schuldner einziehen könnte, also diesem und nicht nur dem Zedenten gegenüber als richtiger Gläubiger anzusehen wäre. Dagegen besteht keine Notwendigkeit, § 80 Abs. 2 Satz 1 InsO, wonach relative Verfügungsverbote in der Insolvenz ohne Wirkung bleiben, auf ein einmal unterstellt nur relativ wirkendes Abtretungsverbot anzuwenden, weil der Verwalter in der Insolvenz des Zedenten gerade befugt ist, die Forderung einzuziehen[489]. 1406

Eher de lege ferenda könnte auch nach der Ausgestaltung des Abtretungsverbots differenziert werden, das die Abtretung entweder ganz ausschließt oder aber nur beschränkt, z.B. von der Zustimmung des Schuldners abhängig macht (vorst. Rn. 1402). Im ersten Fall könnte absolute Unwirksamkeit der Abtretung, im zweiten relative angenommen werden[490]. 1407

Es ist auch versucht worden, die Unübertragbarkeit gerade gegenüber Sicherungszessionen nicht gelten zu lassen, so dass danach ein vertragliches Abtretungsverbot zwar an sich absolut unwirksam ist, indessen nur relativ, wenn die sonst unübertragbare Forderung zu Sicherungszwecken übertra- 1408

484 Mot. II, S. 122 bei *Mugdan*, S. 67; Prot. II, S. 771, bei *Mugdan*, S. 573; *Bülow*, NJW 93, 901.

485 *Mummenhoff*, JZ 79, 425 (429).

486 Aussonderung bei Abtretung ohne Sicherungscharakter, RGZ 124, 73 (76); 145, 188 (193); BGH WM 71, 71.

487 *Canaris*, in: Festschr. Serick, S. 12, 23 ff.; BGHZ 40, 56 (163).

488 Treffend *Hadding/van Look*, WM 88, Beilage 7, S. 14; *Chr. Berger*, Rechtsgeschäftliche Verfügungsbeschränkungen, S. 291 ff.; *Blaum*, Abtretungsverbot, S. 85 ff.

489 *Canaris*, in: Festschr. Serick, S. 9 (23); *Hadding/van Look*, WM 88, Beilage 7, S. 13; *Jakobs*, JuS 73, 156; *A. Blomeyer*, in: Festschr. Hirsch, S. 25 (35); BGHZ 56, 228 (231).

490 *Wagner*, Abtretungsverbote, S. 468 ff. sowie JZ 94, 227 (231); abl. *Chr. Berger*, Rechtsgeschäftliche Verfügungsbeschränkungen, S. 287 ff.

gen wurde[491] mit der Folge, dass die verbotswidrige Abtretung gegenüber Dritten wirksam sei. Diese Ansicht ist unhaltbar. Zwar mag es sein, dass diese oder jene Interessenbewertung für eine solche Lösung sprechen könnte. Auch bei restriktiver Auslegung von § 399 geben Wortlaut, Wortsinn und Materialien zum Gesetz aber keine Anhaltspunkte dafür her, dass für die relative oder absolute Wirkung der Unveräußerlichkeit danach zu differenzieren sei, welcher Art die der Unveräußerlichkeit widersprechende Abtretung, welcher Art also das hier zugrundeliegende Kausalgeschäft – Sicherungsvertrag oder nicht – sei. Eine Lösung des Interessenkonflikts zwischen Sicherungszessionar und Schuldner der Forderung, der die Abtretbarkeit durch Vereinbarung mit dem Zedenten ausschließt, mag im angedeuteten Sinne denkbar sein; eine solche Lösung kann aber nur durch Gesetz, nicht durch Interessenabwägungen des Rechtsanwenders erreicht werden, mit anderen Worten: Nur de lege ferenda[492]. Dies ist für einen Teilbereich gem. § 354a HGB auch geschehen (nachf. Rn. 1415), im Übrigen bleibt es bei den allgemeinen Grundsätzen.

1409 Das Abtretungsverbot verhindert auch den Rechtsübergang durch **antizipierte Abtretung** (s. nachf. Rn. 1417 ff.). Das gilt selbst dann, wenn der Abtretungsvertrag zwischen Zedent und Zessionar vor dem Abtretungsverbot zwischen Zedent und Schuldner vereinbart worden war (nachf. Rn. 1421).

1410 Stehen der Zedent und sein Schuldner in einem **Kontokorrentverhältnis** i.S.v. § 355 HGB, liegt darin zugleich die Vereinbarung eines Abtretungsverbots hinsichtlich der in das Kontokorrent gestellten Forderungen[493].

1411 *dd)* Die Abtretung, auch die Sicherungsabtretung einer gem. § 399 unveräußerlichen Forderung, ist also richtigerweise als **absolut** unwirksam anzusehen und geht ins Leere. Der Kreditgläubiger wird nicht Inhaber der Forderung. Fraglich ist aber, ob und wie ein Abtretungsvertrag, der trotzdem abgeschlossen wurde, nachträglich wirksam gemacht werden kann. Da der Abtretungsausschluss auf einem Rechtsgeschäft beruht, können Gläubiger der Forderung und ihr Schuldner durch Abänderung des Rechtsgeschäfts, d.h. durch **Aufhebung des Abtretungsverbots**, die Veräußerlichkeit wiederherstellen. Fraglich ist nur, für welchen Zeitpunkt der Änderungsvertrag wirken kann: Wirkt die Aufhebung der Unabtretbarkeit auf den Zeitpunkt der Forderungsentstehung zurück (Wirkung **ex tunc**) oder wird die Forderung, beginnend mit dem Zeitpunkt der Aufhebung, abtretbar (Wirkung **ex nunc**)?

1412 Die Unveräußerlichkeit ist eine Eigenschaft der Forderung, die ihr anhaftet. Würde man die Rückwirkung des Änderungsvertrages annehmen, müsste man die Forderung so behandeln, als habe ihr die Unveräußerlichkeit nicht angehaftet. Das kann Schwierigkeiten begegnen. War die Forderung trotz Abtretungsverbots abgetreten worden, ist sie später durch Erfüllung erloschen (§ 362) und wird nun die Aufhebung der Unabtretbarkeit vereinbart, kann die Forderung nicht wieder zum Leben erweckt und die frühere, dem Abtretungsverbot zuwiderlaufende Abtretung nicht rückwirkend wirksam gemacht werden[494]. Man kann eine Abtretung vor Abschluss des Änderungsvertrages auch

---

491 So *Mummenhoff*, JZ 79, 425 (429); abl. *Chr. Berger*, Rechtsgeschäftliche Verfügungsbeschränkungen, S. 275.

492 Hierzu Vorschlag *Heupgen/Ischebeck*, WM 93, 1707 (1709): Eine solche Vereinbarung sei nur möglich (gemeint: wirksam?), wenn sie durch ein besonderes Interesse des Schuldners gerechtfertigt sei – aber dieses Interesse (nachf. Rn. 1414) erkennt das Gesetz generell an.

493 RGZ 105, 233 (234); BGHZ 70, 86; BGH NJW 70, 560; WM 2002, 1845 zu II. 2.; Schlegelberger/*Hefermehl*, § 355 HGB Rn. 33, 101, 50; *Hammen*, JZ 98, 1095 (1096 f.); *Bülow*, Handelsrecht S. 119, 126.

494 Dazu BGHZ 102, 293 (301); 40, 156 (163); BGH MDR 59, 749; *Ahcin/Armbrüster*, JuS 2000, 450, 549 (551); dagegen *Chr. Berger*, Rechtsgeschäftliche Verfügungsbeschränkungen, S. 300: Konvaleszenz in analoger Anwendung von § 185 Abs. 2 Satz 1, 2. Alt. (vgl. dazu oben Rn. 1142).

nicht als eine Vorausabtretung ansehen (dazu nachf. Rn. 1417) in dem Sinne, dass die Abtretung erst wirksam wird, wenn die Unveräußerlichkeit entfällt: Auch dann findet eine Verfügung über ein unveräußerliches Recht statt, während bei der Vorausabtretung das Recht zwar noch nicht entstanden, aber gleichwohl veräußerlich war. Auch eine Abtretung unter der aufschiebenden Bedingung, dass die Forderung erst übergehe, wenn die Unveräußerlichkeit entfalle, ist gem. § 399 unwirksam, weil auch das aufschiebend bedingte Rechtsgeschäft tatbestandlich mit seiner Vornahme beendet ist und es ihm nur an einer Wirksamkeitsvoraussetzung fehlt. Folglich handelt es sich auch hier um eine Verfügung während der Unveräußerlichkeit. All das spricht für die Wirkung der Aufhebung der Unabtretbarkeit ex nunc. Soll eine trotzdem vereinbarte Abtretung des Gläubigers, der auf diese Weise Schulden bei seiner Bank sichern soll, Rechtswirkungen entfalten, müsste der Abtretungsvertrag zwischen Bank und Erwerber der Forderung noch einmal neu abgeschlossen werden. Dieser umständliche Weg wäre unvermeidbar, auch wenn das Einverständnis aller Beteiligten mit der Abtretung feststeht. Würde sich die Bank weigern, die Abtretung zu wiederholen, ginge der Zessionar leer aus. Er hätte nur einen obligatorischen Anspruch auf Abtretung, der ihm wenig nützt, wenn sein Zedent **insolvent** wird. Hätte danach ein Dritter in die Forderung vollstreckt, was er trotz Abtretungsverbots gem. § 851 Abs. 2 ZPO kann, könnte ihm mit der Anwendung des Rechtsgedankens von § 184 Abs. 2 BGB geholfen werden: Die Vollstreckung bleibt wirksam. Ist es also begriffsjuristischer Selbstzweck, die Rückwirkung zu verneinen? Wohl nicht. Die insolvenzrechtliche Konsequenz zeigt, dass latent immer Drittinteressen berührt sind. Ihnen muss der Erwerber weichen, weil sein Vertrauen auf die Erwerbsmöglichkeit, die es wegen des Abtretungsverbots nicht gibt, ungeschützt ist. Es gibt im Allgemeinen keinen gutgläubigen Forderungserwerb[495] (oben Rn. 1378).

Die Aufhebung der Abtretung wirkt also ex nunc, nicht ex tunc. Zur Aufhebung der Un- **1413**
veräußerlichkeit mit Wirkung ex nunc bedarf es eines **Vertrages** zwischen Schuldner und Gläubiger; es ist kein konstruktiver Weg ersichtlich, wie die vertraglich vereinbarte Unveräußerlichkeit durch einseitige Handlung des Schuldners aufgehoben werden könnte[496]. Das gilt auch dann, wenn der Gläubiger die Forderung trotz Abtretungsverbots abgetreten hatte und der Schuldner die einseitige Zustimmung zur Abtretung erteilt. Allenfalls kann die vom Gläubiger begehrte Zustimmung als Annahme des Antrags auf Abschluss eines Änderungsvertrages auszulegen sein. Ist dieser Weg nach Lage des Einzelfalls nicht gangbar, liegt in der danach an sich wirkungslosen Zustimmung des Schuldners, sofern sie gegenüber dem Gläubiger (und nicht dem Zessionar) erklärt wird, allerdings im Allgemeinen zugleich, wie § 140 zu entnehmen ist, das Angebot des Schuldners zum Abschluss eines Aufhebungsvertrages. Aus dem Sicherungsvertrag mit dem Zessionar wird der Zedent meist nach Treu und Glauben (§ 242) verpflichtet sein, dieses Angebot, und sei es konkludent, anzunehmen. Unterlässt der Zedent dennoch die Annahme, erlischt der Antrag freilich gem. §§ 146, 147; der Zessionar hat nur Schadensersatzansprüche aus dem Treueverstoß, die ihm nichts nützen, wenn der Zedent insolvent ist.

ee) Das vertragliche Abtretungsverbot ist ein Rechtsgeschäft, das der **Sittenwidrigkeits-** **1414**
kontrolle gem. § 138 Abs. 1 unterliegt. Es hindert den Gläubiger, die Forderung als Kreditsicherheit zu benutzen, also als Kreditschuldner zur Sicherheit an einen Kreditgläubiger und Sicherungsnehmer abzutreten. Der Kreditschuldner kann dadurch in Zwangslagen geraten. Es kann z.B. ein Bauunternehmer sein, der Baumaterial von einem Lieferan-

495 Dazu BGHZ 70, 299 (302) m. Anm. *D. Schultz*, ZfgG 29 (1979), 180; OLG Hamm WM 84, 1404; a.A. OLG Celle NJW 68, 652; OLG Nürnberg BB 68, 562; offen in RGZ 136, 395 (399).

496 *Larenz*, Schuldrecht AT, § 34 II. 1. (S. 581); *Blaum*, Abtretungsverbot, S. 143; *Chr. Berger*, Rechtsgeschäftliche Verfügungsbeschränkungen, S. 299 f.; a.A. BGH NJW 58, 1915; 99, 1331; NJW-RR 91, 763 zu II. 1.; OLG Koblenz WM 92, 73.

ten bezieht und es für einen Bauherrn verwendet. Er hat nun eine Forderung gegen den Bauherrn. Verlangt der Lieferant, dass der Bauunternehmer seine Forderung gegen den Bauherrn aus dem Bauvertrag (§ 631 BGB) an ihn zur Sicherung des Kaufpreises für die Lieferung abtritt, hatte sich der Bauherr als Schuldner der Forderung aber ein Abtretungsverbot ausbedungen, kann der Bauunternehmer dem Sicherungsverlangen des Lieferanten nicht nachkommen (verlängerter Eigentumsvorbehalt, s. unten Rn. 1461 ff.). Der Bauunternehmer mag in die Versuchung geraten, dem Lieferanten das Abtretungsverbot zu verschweigen, um nur beliefert zu werden und den Lieferanten auf diese Weise betrügen. Anders als bei der Kollision von Globalzessionen mit verlängertem Eigentumsvorbehalt (unten Rn. 1503 ff.) hat die Rechtsprechung diese Zwangslage aber nicht für ausreichend angesehen, dass sie den Vorwurf des Sittenverstoßes tragen könnte. Der Bauunternehmer sei gehalten, dem Lieferanten das Abtretungsverbot zu offenbaren; der Bauherr habe berechtigtes Interesse daran, durch das Abtretungsverbot „den Abrechnungsverkehr klar und übersichtlich zu gestalten und es zu verhindern, dass ihm eine im voraus unübersehbare Vielzahl von Gläubigern gegenübertritt“[497]. Notfalls müsse der Kreditschuldner (Bauunternehmer) den Forderungsschuldner um Aufhebung des Abtretungsverbots ersuchen[498] (vorst. Rn. 1411 ff.). Man mag so denken; zwingende Unterscheidungskriterien zur Zwangslage bei der Kollision von Globalzession mit verlängertem Eigentumsvorbehalt sind aber kaum ersichtlich. Auf der anderen Seite beeinflusst ein Abtretungsverbot die Weiterveräußerungsbefugnis des Vorbehaltskäufers im verlängerten Eigentumsvorbehalt (unten Rn. 1474, 1477); hieraus ist in § 354a HGB für den Handelsverkehr die Konsequenz gezogen worden (nachf. Rn. 1415). Werden unter Eigentumsvorbehalt gelieferte Baustoffe in ein Haus eingebaut, wird der Eigentümer gem. § 946 auch Eigentümer der Baustoffe und ist im Allgemeinen nicht bösgläubiger Bereicherungsschuldner i.S.v. § 951 i.V.m. §§ 819 ff.[499]

1415 *ff)* Im **kaufmännischen Verkehr** sind die Wirkungen vertraglicher Abtretungsverbote, insbesondere zur Wahrung verlängerter Eigentumsvorbehalte und des Factoringgeschäfts (unten Rn. 1677)[500], eingeschränkt. Gem. § 354a Satz 1 HGB ist die vertragswidrige Abtretung wirksam[501] wenn die Forderung aus einem beiderseitigen Handelsgeschäft stammt (§ 345 HGB), also sowohl Gläubiger wie Schuldner Kaufleute sind. Schuldnerschutz tritt zugunsten des kaufmännischen Gläubigers zurück[502]. Der Gläubigerwechsel nach § 398 Satz 1 BGB findet trotz Abtretungsverbots statt, der Zessionar hat beispielsweise bei Pfändung seiner Forderung durch einen Gläubiger des Zedenten (§ 829 ZPO) die Drittwi-

497 BGHZ 108, 172 (177) mit Komm. *Bülow*, EWiR § 399 BGB 1/89, 861; 110, 241 (245) mit Komm. *Serick*, EWiR § 399 BGB 2/90, 341; 51, 113 (116); ebenso 56, 173 (175); 55, 34, dazu *Koppensteiner*, JuS 72, 373 (375); BGH NJW-RR 2000, 1220 mit krit. Anm. *Lindacher*, WuB IV A. – 2.2000 und zust. Komm. *Hensen*, EWiR §242 BGB 2/2000, 267; ZIP 97, 739 mit Anm. *E. Wagner*, JZ 98, 258, *Oechsler*, WuB IV C. – 7.97 und Komm. *Voß*, EWiR § 399 BGB 1/97, 739; OLG Düsseldorf NJW-RR 97, 1526; *Hadding/van Look*, WM 88, Beilage 7, S. 4; *Oefner*, Abtretungsverbote, S. 157 ff.; *Reifner*, VuR 99, 118 (121).

498 Andernfalls macht er sich schadensersatzpflichtig, BGH NJW 90, 976; *Lüke*, JuS 92, 114 (116).

499 BGHZ 56, 228 (237 ff.); BGH NJW-RR 91, 343 zu II. 1. c. mit Komm. *Quack*, EWiR § 932 BGB 1/91, 49.

500 *E. Wagner*, WM 96, Beil. 1, S. 1.

501 Zeitlicher Geltungsbereich: ab 1.8.1994, OLG Köln WM 98, 859, LG Bonn WM 96, 930, bezogen auf die Vereinbarung; nach OLG Braunschweig WM 97, 1214 und OLG Hamm NJW-RR 98, 1248 bezogen auf den Zeitpunkt der Forderungsentstehung im Falle der Antizipation.

502 Während das Konzept des HGB eher in der strengeren Behandlung des Kaufmanns gegenüber dem nichtkaufmännischen Rechtsgenossen liegt, *Canaris*, Handelsrecht, S. 363; *E. Wagner*, WM 96, Beil. 1, S. 8.

derspruchsklage gem. § 771 ZPO, resp. das Aussonderungsrecht in der Insolvenz, § 47 InsO[503]. Die Abtretung ist absolut wirksam, nicht lediglich relativ unwirksam gegenüber dem Schuldner[504]. Nur der Zessionar und nicht der Zedent kann auch vom Schuldner Leistung verlangen. Allerdings entfaltet das Abtretungsverbot hierbei noch Wirkung[505]: Gem. § 354a Satz 2 HGB hat der Schuldner die Wahl[506], ob er an seinen wirklichen Gläubiger, den Zessionar, oder an den früheren Gläubiger, den Zedenten, leistet. Entgegen § 362 Abs. 1 BGB hat die Leistung an den falschen Gläubiger also befreiende Wirkung. Gleiches gilt nach der allgemeinen Regel von § 407 Abs. 1 BGB, wenn der Schuldner die Abtretung nicht kannte (nachf. Rn. 1428). Die Befreiung nach § 354a Satz 2 HGB tritt dagegen gerade auch bei Kenntnis des Schuldners von der Abtretung ein[507]. Das mit einem Abtretungsverbot verbundene Interesse des Schuldners, den Abrechnungsverkehr klar und übersichtlich zu gestalten, bleibt also geschützt; außerdem ist er nicht mit der Unsicherheit über die Wirksamkeit der Abtretung aus anderen Gründen – etwa wegen Sittenwidrigkeit gem. § 138 BGB (oben Rn. 1101) – belastet, die eine Hinterlegung gem. § 372 BGB geboten erscheinen lassen könnte[508]. Auch im kaufmännischen Verkehr ist ein vertragliches Abtretungsverbot also keineswegs nichtig, seine durch das Gesetz beschränkte Wirkung aber nicht abdingbar (§ 354a Satz 3 HGB).

gg) Jenseits einer Vereinbarung kann sich das **Verbot** einer Abtretung **aus Gesetz** ergeben, so dass die verbotswidrige Abtretung gem § 134 nichtig ist, so im Falle ärztlicher und anwaltlicher Honorarforderungen (näher oben Rn. 1137)[509]. Trotz Unabtretbarkeit ist die Forderung aber entsprechend § 851 Abs. 2 ZPO pfändbar (vgl. vorst. Rn. 1412), dabei die Auskunftspflicht aus § 836 Abs. 3 ZPO zur Wahrung der Verschwiegenheitspflicht eingeschränkt[510]. 1416

3. Vorausabtretung

Reicht das gegenwärtige Vermögen des Kreditschuldners nicht aus, als Sicherheit für den Kredit zu dienen, fragt sich, ob und wie zukünfiges Vermögen zur Kreditsicherung verwendet werden kann. Dass erst zukünftig entstehende Sachen oder Rechte überhaupt Gegenstand von Rechtsgeschäften sein können, ist der Rechtsordnung vertraut. So liegt es etwa im Wesen des Werkvertrags, dass sein Gegenstand, das Werk, erst nach Vertragsabschluss geschaffen wird; ebenso können Sachen verkauft werden, die erst noch hergestellt 1417

503 *E. Wagner*, WM 96, Beil. 1, S. 23; *v. Olshausen*, ZIP 95, 1950; OLG Celle NJW-RR 99, 618.
504 *E. Wagner*, WM 96, Beil. 1, S. 9.
505 *E. Wagner*, WM 96, Beil. 1, S. 10; *Henseler*, BB 95, 5 (7); *Brink*, FLF 94, 212; *Bülow*, Handelsrecht, S. 125; fehlerhaft *Eckert*, DStR 95, 851 zu 3.
506 A.A. *Chr. Berger*, Rechtsgeschäftliche Verfügungsbeschränkungen, S. 282: Der Schuldner könne nur die bereits erbrachte Leistung an den Zedenten einwenden, aber nicht, die Leistung lieber an den Zedenten zu erbringen.
507 *E. Wagner*, WM 94, 2093 (2097) und WM 96, Beil. 1, S. 11; *Bette*, WM 94, 1909 (1918); LG Hamburg WM 99, 428 mit Anm. *E. Wagner*, WuB IV E – 1.99.
508 BGH NJW 97, 1501 mit Komm. *Hintzen*, EWiR § 372 BGB 1/97, 349; *Bülow*, JuS 94, 766 (768); zum Streit des Forderungsprätendenten um Auszahlung des hinterlegten Betrages: BGHZ 109, 240; BGH NJW-RR 97, 495 mit Komm. *Mankowski*, EWiR § 372 BGB 2/97, 393; *Peters*, NJW 96, 1246 und unten Rn. 1675.
509 Z.B. auch § 20b Parteiengesetz, LG Berlin VIZ 95, 370 zu 6.
510 OLG Stuttgart WM 94, 1256 mit Komm. *Mankowski*, EWiR § 851 ZPO 1/94, 1045.

werden müssen; man denke auch an das Rechtsgeschäft über Früchte auf dem Halm (vgl. § 956 BGB). So kann sich auch ein Kreditschuldner verpflichten, ein erst in der Zukunft entstehendes Recht an den Kreditgläubiger abzutreten, z.B. sogleich nach seiner Entstehung. Der zukünftige Rechtsgegenstand ist in diesem Fall Inhalt des Sicherungsvertrags, des Verpflichtungsgeschäfts. Dem Kreditgläubiger würde eine solche Vereinbarung folglich nur einen obligatorischen Anspruch auf Abtretung geben. Doch kann die dingliche Zuordnung des erst in der Zukunft entstehenden Rechts im Wege der Vorausabtretung auch vorweggenommen werden (**Antizipation**[511], vorst. Rn. 1291), so dass die durch das Rechtsgeschäft, den Abtretungsvertrag, gewollte Rechtsänderung mit der Entstehung der Forderung eintritt, also zwar nicht schon im Zeitpunkt der Erklärung, aber doch in der Zukunft[512]. Scheitert die Entstehung, geht die Vorausabtretung natürlich ins Leere[513]. Gleichermaßen handelt es sich um eine Antizipation, wenn die Forderung zwar schon besteht, aber dem Zedenten noch nicht zusteht, er sie vielmehr seinerseits erst noch durch Abtretung vom jetzigen Gläubiger erwerben muss.

a) Zulässigkeit

1418 Zulässigkeitshindernisse stehen der Antizipation, der Vorausabtretung, als solcher nicht entgegen[514]. Künftige Forderungen sind Gegenstand des Kreditsicherungsrechts in §§ 765 Abs. 2, 1113 Abs. 2, 1204 Abs. 2, freilich bezogen auf die zu sichernde Forderung. Die Regelung zur Verfügung über gar nicht zustehende Rechte gem. § 185 Abs. 2 spricht eher für die Zulässigkeit von Vorausverfügungen: Wird die Verfügung über ein fremdes Recht gültig, wenn der Verfügende das Recht später erwirbt, so muss das Geschäft von vornherein für diesen Fall abgeschlossen werden können[515]. „Gegenstand der Übertragung können Forderungen jeder Art und jeden Ursprungs sein“[516], dazu gehören auch zukünftige Forderungen.

b) Durchgangs- oder Direkterwerb

1419 Fraglich ist, in wessen Person die Forderung entsteht: unmittelbar in der Person des Zessionars – dann war der Zedent nie Gläubiger, auch nicht „bisheriger Gläubiger“ i.S.v. § 398 Satz 2 (Direkterwerb) – oder erst in der Person des Zedenten, um dann sogleich[517]

---

511 Abgeleitet von dem lat. Verb anticipare, nicht von antecapere (beide „vorwegnehmen“), s. *Georges*, Ausführliches lateinisch-deutsches Handwörterbuch, 14. Aufl. 1976, Sp. 459 und 469.

512 RGZ 67, 166 (167); RG JW 32, 3174 mit Anm. *Isele*; RAG DR 41, 1795; BGH WM 69, 527; 83, 1235; *v. Tuhr*, AT Bd. II/1, § 60 V. (S. 389) und DJZ 04, 426, dagegen *Eccius*, Gruch. Bd. 53 S. 1 sowie *Schwerdtner*, NJW 74, 1785 (1788); *Esser*, ZHR 135 (1971), 320 (326); Entstehungszeitpunkt ist der Vertragsabschluss über die Forderung, nicht erst die Fälligkeit (wohingegen es für den Verjährungsbeginn gem. § 200 im Allgemeinen auf diesen Zeitpunkt ankommt, *D. Schultz*, JZ 73, 718).

513 BGH WM 97, 1709 zu 3. a. sowie 2001, 81 mit Anm. *Reusch*, WuB II.H.-1.02 für gesellschaftsrechtlichen Auseinandersetzungsanspruch.

514 Die Gesetzesverfasser, Motive II, S. 118, bei *Mugdan* S. 65 bekennen sich zur Doktrin des gemeinen Rechts, das die Vorausabtretung kannte; s. den Hinweis in RGZ 55, 334 (335).

515 *Enneccerus/Lehmann*, § 78 III. 3. (S. 312) im Anschluss an *v. Tuhr*, AT Bd. II/1, § 60 V. (S. 385); ähnlich auch RGZ 149, 19 (22); fraglich ist freilich, ob die Voraussetzungen einer Analogie vorliegen: *v. Caemmerer*, JZ 53, 97 (98); *N. Fischer*, NJW 59, 366 (367).

516 Motive II, S. 121, bei *Mugdan* S. 66

517 Der oft gebrauchte Begriff der „juristischen Sekunde“ beschreibt das Problem falsch, weil es nicht um eine noch so kurze Zeitspanne, sondern um einen unendlich kleinen Zeitraum geht, dazu *Marotzke*, AcP 191 (1991), 177, im Übrigen *Wieacker*, in: Festschr. E. Wolf, S. 421 (437).

auf den Zessionar überzugehen (Durchgangserwerb)? Die Antwort fällt anders als für antizipiert übereignete bewegliche Sachen aus (oben Rn. 1303). Die Forderung ist das Recht des Gläubigers, vom Schuldner ein Tun oder ein Unterlassen zu verlangen (§ 194 Abs. 1). Bewirkt die Abtretung, dass der Zessionar und nicht der Zedent etwas verlangen kann, widerspricht es ihrem definitionsgemäßen Inhalt, dem Zedenten trotzdem das Recht auf Leistung durch den Schuldner zunächst einmal zuzubilligen. Dieses Recht soll und will der Zedent nach dem Inhalt des Abtretungsvertrages nicht haben, vielmehr gibt er die erst zukünftige dingliche Beziehung zur Forderung schon im voraus auf[518].

Welche Prinzipien dinglicher Zuordnung der doch zwanglos erscheinenden Annahme des Direkterwerbs entgegenstehen sollten, ist nicht ersichtlich. Dass es bei der Vorausabtretung einen „bisherigen Gläubiger" im eigentlichen Sinne gar nicht geben kann, wäre eine allzu begriffliche Denkweise: Dann aber gibt es entgegen a.A.[519] auch keinen Unterschied danach, ob die künftige Forderung, obwohl sie noch nicht entstanden ist, schon zu einer Anwartschaft geführt hat, die dem Zessionar schon mit der Antizipation übertragen werde – dann Direkterwerb – oder noch keinerlei Rechtspositionen (wie im Regelfall) begründet würden – dann Durchgangserwerb. Entgegen dieser Ansicht entsteht jedwede im voraus abgetretene Forderung vielmehr direkt beim Zessionar. Anders als im Falle der antizipierten Sicherungsübereignung (oben Rn. 1303 ff.) findet also Direkterwerb der antizipiert abgetretenen Forderung beim Zessionar statt. 1420

c) Abtretungsverbot

Auch ein Abtretungsverbot (vorst. Rn. 1375) kann zwischen Zedent und Schuldner vor Entstehung der Forderung vereinbart werden, z.B. bei laufender Geschäftsverbindung. Dadurch werden auch antizipierte Abtretungen ausgeschlossen, allerdings nicht im kaufmännischen Verkehr (§ 354a HGB, vorst. Rn. 1415). Das gilt auch dann, wenn der Abtretungsvertrag zeitlich vor dem Abtretungsverbot abgeschlossen wurde[520]. 1421

d) Mehrfachabtretung

Besondere Probleme treten auf, wenn der Zedent dieselbe Forderung mehrmals abtritt. Handelt es sich um eine schon bestehende Forderung, geht die zeitlich nachfolgende Abtretung ins Leere, weil der Zedent über etwas verfügt, was gar nicht mehr in seinem Vermögen ist und wofür er auch keine Verfügungsbefugnis hat. Demgemäß ist nur die frühere Abtretung wirksam, so dass nur der erste Zessionar Forderungsinhaber wird, während der nachfolgende Zessionar bestenfalls obligatorische Regressansprüche gegen den Zedenten erlangt (Prioritäts- oder Präventionsprinzip, unten Rn. 1648); die Auslegung des Abtretungsvertrags kann auch ergeben, dass nicht die Forderung selbst, sondern der sicherungsrechtliche Rückübertragungsanspruch (oben Rn. 1169) übertragen werden sollte (vgl. oben Rn. 1142). Wird ein und dieselbe, aber noch nicht bestehende oder dem Zedenten noch nicht zustehende (vorst. Rn. 1417 a.E.) Forderung an mehrere Zessionare antizipiert abgetreten, so dass die Verfügungswirkung erst mit der Entstehung der Forderung eintritt, hat kein Zessionar Priorität: Mögen auch die Abtretungsverträge zu verschiedenen Zeitpunkten abgeschlossen worden sein, die Verfügungswirkung müsste, dem Wesen der Antizipation entsprechend, gleich- 1422

518 Zu diesem Problem *Medicus*, JuS 67, 385 (387); *Kupisch*, JZ 76, 417 (423 ff.); *Koziol*, ÖBA 98, 745/747; *Lempenau*, S. 39 ff.; RGZ 98, 318 (320); offen in BGH NJW 69, 276.

519 *Larenz*, Schuldrecht AT, § 34 III. (S. 585), ebenso RGRK/*Weber*, § 398 BGB Rn. 72 und *Becker*, Maßvolle Kreditsicherung, S. 96; wie hier MünchKomm./*Roth*, § 398 BGB, Rn. 64; Alt.Komm./*Ott*, § 398 BGB Rn. 7.

520 BGHZ 27, 306; BGH WM 59, 854; BGHZ 51, 113; 55, 34; 77, 274 (276); *Hammen*, JZ 98, 1095 (1097); für den Fall der Abtretungsanzeige vorst. Rn. 1402.

zeitig eintreten und, soll der Abtretungsvertrag seinem gewollten Inhalt nach verwirklicht werden, für beide Zessionare vollständig, jeder müsse also alleiniger Vollrechtsinhaber werden. Das ist unmöglich. Beide Abtretungsverträge widersprechen sich, weil sie einander ausschließenden Inhalts sind. Es bedarf einer Konfliktslösung: unten Rn. 1651 ff.

4. Globalzession

1423 Eine einzelne Forderung wird dem Sicherungsinteresse des Kreditgläubigers oftmals nicht genügen. Die Kreditforderung kann erheblich höher als eine einzige Sicherungsforderung sein. Ist der Kreditschuldner beispielsweise ein Einzelhändler, der etwa Haushaltsgeräte oder Waren des täglichen Bedarfs verkauft, so ist eine einzelne Forderung gegenüber einem Kunden im Vergleich zu einem Kredit, der dem Aufbau seines Unternehmens dient, gering. Der Kreditgläubiger muss aber nicht nur zu erreichen versuchen, dass die Sicherheiten ebenso hoch wie der Kredit sind, sondern eher höher, weil Sicherheiten ausfallen können, z.B. wenn einer der Forderungsschuldner zahlungsunfähig wird (oben Rn. 1104). Dem Sicherungsinteresse des Kreditgläubigers kann in solchen Fällen dadurch genügt werden, dass er sich nicht nur eine, sondern mehrere Forderungen abtreten lässt. Gerade im Falle der Unternehmensgründung wird es aber nicht ausreichen, dass sich der Kreditgläubiger alle gegenwärtigen Forderungen des Kreditschuldners abtreten lässt, weil es davon noch gar keine oder zu wenig gibt. Aber selbst wenn gegenwärtig bestehende Forderungen der Höhe nach als Sicherheit ausreichen würden, schmilzt die Sicherheit nach und nach zusammen, wenn die Forderungen durch Erfüllung seitens der Schuldner erlöschen (§ 362). Ein Ausweg ist, dass sich der Kreditgläubiger nicht nur alle gegenwärtigen, sondern auch alle erst in der Zukunft entstehenden Kundenforderungen des Kreditschuldners abtreten lässt. Die Abtretung mehrerer Sicherungsforderungen – antizipiert oder nicht – bezeichnet man als Unterfall der Globalsicherheiten (vgl. für die Sicherungsübereignung oben Rn. 1283) als Globalzession.

1424 Globalzessionen müssen in vierfacher Hinsicht besonderen Anforderungen an das Recht genügen. Zunächst wird der **Bestimmtheitsgrundsatz** gerade bei Globalzessionen virulent (vorst. Rn. 1381 ff.). Ihre eigentliche wirtschaftliche Bedeutung erlangen Globalzessionen auf künftige Forderungen, sind also regelmäßig mit **Antizipation** verbunden (vorst. Rn. 1417). Wer sich sämtliche Forderungen seines Kreditschuldners oder doch eine Vielzahl davon abtreten lässt, kann sich dem Vorwurf aussetzen, den Zedenten in **sittenwidriger** oder unangemessen benachteiligender Weise in seiner wirtschaftlichen Bewegungsfreiheit einzuengen, insbesondere durch Übersicherung (oben Rn. 1106 ff.), oder andere Gläubiger zu gefährden (oben Rn. 1132). Zur Vermeidung dessen ist ein Weg zu suchen, durch den dem Kreditgläubiger immer nur ein der Höhe nach bestimmter Bestand an Sicherungsforderungen gebührt (Freigabeverpflichtung, oben Rn. 1122). Schließlich kann sich der Zessionar in Konflikt mit anderen Sicherungsnehmern bringen (**Sicherungskollision**, vorst. Rn. 1422 und unten Rn. 1649 ff.).

5. Schuldnerschutz

1425 Der Schuldner der Sicherungsforderung ist an dem Abtretungsvertrag, durch den die Forderung vom Kreditschuldner (Zedent) auf den Kreditgläubiger (Zessionar) übergeht, nicht beteiligt, ja, er braucht anders als im Falle der Verpfändung (§ 1280) von der Verfügung noch nicht einmal unterrichtet zu werden (stille Zession, vorst. Rn. 1370), kann sich also unerwartet einem unbekannten Gläubiger gegenübersehen. Um so mehr muss das Gesetz dafür Sorge tragen, dass die Rechte des Schuldners nicht geschmälert werden, muss ihm Schuldnerschutz angedeihen lassen, wenn sich der Schuldner nicht selbst durch ein Abtretungsverbot nach § 399 geschützt hatte (vorst. Rn. 1397 ff.). Das gilt für die Sicherungsabtretung wie für andere Abtretungen.

a) Bestandsschutz und Vertrauensschutz

1426 Ausgangspunkt des Schuldnerschutzes ist, dass die Forderung nur in dem rechtlichen Zustand übergehen kann, wie sie der Zedent innehat, d.h. mit den Rechtspositionen des Schuldners behaftet. Mit dieser Behaftung gibt der Zedent die Forderung an den Zessionar weiter. Darin liegt das Prinzip der **Sondernachfolge**, das sich in der Abtretung verkörpert:

> „Nach dem richtig verstandenen Prinzip der Sondernachfolge kann die Forderung auf den neuen Gläubiger nur so, mit denjenigen Mängeln behaftet, übergehen, wie sie dem bisherigen Gläubiger zustand, also mit allen dem Schuldner gegen die Forderung zustehenden Einwendungen, gleichviel, ob sie in Einreden im eigentlichen (materiellen) Sinne oder sich in rechtshindernden oder rechtsvernichtenden Tatsachen gründen“[521].

1427 *aa)* In dem Prinzip der Sondernachfolge verwirklicht sich der Grundsatz, dass niemand mehr Rechte abtreten kann, als er selbst hat[522], *nemo plus iuris ad alium transferre potest quam ipse haberet*. Das Prinzip der Sondernachfolge ist in § 404 niedergelegt. Danach kann der Schuldner dem Zessionar diejenigen Einwände entgegensetzen, die zur Zeit der Abtretung gegen den Zedenten begründet waren. Der Schuldner erhält Bestandsschutz, für den es gleichgültig ist, ob er die Abtretung kennt. Wird eine Forderung aus einem Verbraucherkreditvertrag abgetreten (§§ 491, 499 BGB), kann der Schutz des Verbrauchers, der zugleich Schuldner ist, aus § 404, gleichermaßen aus § 406 BGB (nachf. Rn. 1431) nicht abbedungen werden, wie § 496 Abs. 1 BGB bestimmt[523]. Richtigerweise dürfte die Regelung von § 407 BGB (nachf. Rn. 1428) als grundlegende Wertentscheidung und „unerlässlicher Schutz des Schuldners“[524] auch in anderen Fällen nicht abdingbar sein, aufgrund von § 307 Abs. 2 Nr. 1 BGB schon gar nicht durch Allgemeine Geschäftsbedingungen. Unberührt bleibt die Möglichkeit eines deklaratorischen oder abstrakten Schuldanerkenntnisses oder -versprechens nach §§ 780, 781, wodurch die Erhebung von Einwänden nur erschwert, aber nicht vereitelt wird[525].

1428 Darin erschöpft sich der Schutz des Schuldners der abgetretenen Forderung nicht. Vielmehr muss im Falle der stillen Zession das Vertrauen des Schuldners in die scheinbar fort-

521 Motive II, S. 129, bei *Mugdan* S. 70.

522 RGZ 170, 285 (290), ihm folgend BGHZ 32, 35 (42); *Bülow*, JA 83, 7; es gibt also keinen gutgläubigen Erwerb von Forderungen, von Fällen der Verkörperung abgesehen (§ 405 BGB, Art. 16 Abs. 2 WG, Art. 21 ScheckG). Umgekehrt kann der Zedent die Forderung nach Abtretung nicht mehr verändern, BGHZ 111, 84 (91); oben Rn. 785 und vorst. Rn. 1374.

523 Richtigerweise dürfte die Regelung von § 407 BGB (nachf. Rn. 1428) als grundlegende Wertentscheidung und „unerlässlicher Schutz des Schuldners“ (Motive II, S. 132, bei *Mugdan*, S. 73) auch in anderen Fällen nicht abdingbar sein, aufgrund von § 307 Abs. 2 Nr. 1 BGB schon gar nicht durch AGB.

524 Motive II, S. 132, bei *Mugdan* S. 73.

525 OLG Karlsruhe WM 95, 920; *Bülow*, Verbraucherkreditrecht, § 496 BGB Rn. 13; a.A. OLG Dresden NJW-RR 96, 444.

bestehende Gläubigerstellung des Zedenten geschützt werden: Neben Vertrauensschutz tritt Bestandsschutz. Keinen Vertrauensschutz genießt er, wenn er die Abtretung kennt[526], von ihr also trotz fehlender Anzeige auf andere Weise erfuhr. Fahrlässige Unkenntnis nimmt ihm den Schutz nicht. Es kommt auf die Kenntnis der tatsächlichen Umstände an, welche die Abtretung begründen, nicht auf die zutreffende rechtliche Würdigung[527]. Maßgeblicher Zeitpunkt ist die Vornahme der Leistung oder des Rechtsgeschäfts[528]. Der Schuldner wird danach von seiner Leistungspflicht gegenüber seinem wirklichen Gläubiger (Zessionar) frei, wenn er an den scheinbaren Gläubiger (Zedenten) leistet[529], z.B. dadurch, dass er dem Zedenten gegenüber die Aufrechnung erklärt (§ 407)[530] oder dem Zedenten einen Scheck hingibt[531]. Das gilt entsprechend, wenn der Zedent die Forderung nochmals an einen Dritten abtritt, der nicht mehr Gläubiger werden konnte und folglich nur Scheinzessionar ist (§ 408 BGB): Der Schuldner wird durch die Leistung an den Scheinzessionar frei. Umgekehrt wird der Schuldner nach Maßgabe von § 409 geschützt, wenn er davon ausgehen durfte, die Forderung sei abgetreten und Sondernachfolge eingetreten, obwohl das in Wahrheit nicht der Fall war. Zeigt deshalb der Gläubiger dem Schuldner die Abtretung an oder stellt er dem Zessionar eine Abtretungsurkunde (vgl. § 403 BGB)[532] aus, die dieser dem Schuldner vorlegt, sind Rechtshandlungen dem Zedenten gegenüber wirksam, die der Schuldner gegenüber dem vermeintlichen Zessionar vorgenommen hatte, d.h. wenn die Abtretung gar nicht erfolgt war oder unwirksam ist[533]; andererseits kann der Schuldner die Leistung ohne Urkundenaushändigung gem. § 410 verweigern. Darin liegt der Vertrauensschutz.

1429 Ist die Forderung allerdings in einem **Wertpapier** verbrieft, das Namens- oder Rektapapier ist, hängt die Befreiungswirkung von der Vorlage an den Schuldner ab. Rektapapier ist beispielsweise

526 Hieran stellt die Rechtsprechung freilich keine hohen Anforderungen, insbesondere nicht beim gesetzlichen Forderungsübergang (§ 412 BGB) gem. § 116 Abs. 1 SGB X, vorst. 944a, BGH NJW 96, 726 zu II. 1. a., krit. *Bauer*, in: Gedächtnisschrift Schultz, S. 21 (insbesondere S. 38); die Handelsklausel „Kasse gegen Dokumente" schränkt das Tatbestandsmerkmal der Kenntnis nicht ein, BGHZ 135, 39. Keine Kenntnis aufgrund Bitte um „Anerkennung der Abtretung": OLG Rostock MDR 2000, 444; OLG Dresden BB 99, 1237 mit Anm. *Hübsch*, WuB I J 2. – 3.99.

527 RGZ 102, 385 (387).

528 BGH WM 98, 2074.

529 Das gilt auch bei der Sicherungsabtretung eines Anspruchs aus einer Lebensversicherung, die mit entsprechendem Widerruf des Bezugsrechts zugunsten des Sicherungsnehmers verbunden ist, aber dem Versicherer als Schuldner unbekannt ist (§ 166 VVG), BGH WM 2002, 335 zu 4. mit Anm. *Bülow*, WuB I F 4. – 3.02.

530 BGH NJW-RR 98, 1744; vorausgesetzt ist, dass im Verhältnis von Schuldner und Zedent kein Aufrechnungshindernis entgegensteht, oben Rn. 837, *Bülow*, JuS 91, 529 (536), z.B. nach § 390 BGB, BGH NJW 2001, 287 zu 3. oder nach Nr. 4 AGB-Banken, 11 Abs. 1 AGB Sparkassen, BGH WM 2002, 1654 mit Komm. *Mues*, EWiR § 309 BGB 1/02, 985 oder aus den Besonderheiten einer uneigennützigen Treuhand (oben Rn. 1098), BGHZ 14, 342 (346); 71, 380 (383); BGH NJW 93, 2041 zu III. 2.; DB 99, 1850 mit Anm. *Gehrlein*; OLG Hamm NJW-RR 94, 158 oder z.B. eine Barzahlungsabrede, OLG Düsseldorf NJW-RR 96, 115 oder aus einem Gesellschaftsverhältnis, BGH ZIP 2001, 157; OLG Koblenz NZG 2000, 653 oder nach § 394 BGB: BVerwG DöV 97, 875 mit Bspr. *Wack*, JA 98, 78, LAG Hamm NZA 2000, 231.

531 Dieser Zeitpunkt gibt für die Redlichkeit Maß, nicht erst der Zeitpunkt der Einlösung, BGH WM 90, 1883 (1885/1886), obwohl Schecks gem. § 364 Abs. 2 BGB nur erfüllungshalber begeben werden; Verschaffung eines Garantieanspruchs erfüllungshalber: OLG Schleswig NJW-RR 97, 1415.

532 Hierzu LG Potsdam EWiR § 403 BGB 1/01, 523 (*Koch/Ahrendt*).

533 BGHZ 135, 39; z.B. Aufrechnung gegen den Scheinzessionar, *Hoenicke*, Anzeige der Forderungsabtretung, S. 140 ff.; weiterer Beispielsfall: LG Hechingen, BB 86, 902; noch weiter geht der Schutz öffentlich-rechtlicher Arbeitgeber bei Lohn- und Gehaltszessionen gem. § 411 BGB, *Summer*, ZRP 95, 402.

ein Wechsel mit negativer Orderklausel nach Art. 11 Abs. 2 WG. Tritt der Wechselinhaber als Zedent die verbriefte Forderung ab und verlangt er vom Akzeptanten als Schuldner, der die Abtretung nicht kennt, Leistung, kann sich der Akzeptant nur gem. § 407 Abs. 1 BGB befreien, wenn er sich den Wechsel vorlegen lässt. Zahlt er ohne Vorlage an den Zedenten, wird er trotz aller Gutgläubigkeit nicht frei, sondern muss an den Zessionar, der den Wechsel vorlegt, nochmals leisten[534].

bb) Die Befreiung von der Schuld gründet sich darauf, dass der Zedent zum Schutz des Schuldners als der richtige Gläubiger angesehen, also die inzwischen vollzogene Abtretung von Gesetzes wegen nicht beachtet wird. Das ändert nichts daran, dass richtiger Gläubiger in Wahrheit der Zessionar ist. Daraus folgt, dass die in der Erfüllung liegende Wirkung des Erlöschens (§ 362 Abs. 1 BGB) nicht eintritt[535], sondern fortbesteht, aber belastet mit dem Einwand des Schuldners, befreiend an den Zedenten geleistet zu haben. Indem der Bestand der Forderung unberührt bleibt, handelt es sich bei dem Einwand um eine **Einrede** des Schuldners, deren Ausübung ihm freisteht (gleichwohl im Fall von § 496 Abs. 1 – vorst. Rn. 1427 – unverzichtbar ist). Der Schuldner hat infolgedessen die **Wahl**, den durch das Gesetz eingeräumten Vertrauensschutz nicht wahrzunehmen, sondern beim Zedenten zu kondizieren und an den Zessionar nochmals zu leisten, z.B. durch Aufrechnung mit einer Forderung, die er gegen den Zessionar hat[536]. Der Ausgleich zwischen Zessionar und Zedent findet durch § 816 Abs. 2 BGB statt: Dieser hat jenem das vom Schuldner Erlangte herauszugeben (vgl. auch oben Rn. 1143). Allerdings kann der Zessionar die Leistung des Schuldners an den nichtberechtigten Zedenten gem. § 185 Abs. 2 Satz 1 genehmigen und dadurch das Wahlrecht des Schuldners beseitigen[537]. Als Folge dessen bleibt der Anspruch aus §§ 816 Abs. 2, 185 Abs. 2 unangetastet, was in der Insolvenz des Schuldners Bedeutung gewinnen kann. 1430

b) Erweiterter Vertrauensschutz bei der Aufrechnung

Über den durch §§ 407, 408 eingeräumten Vertrauensschutz gedeiht das Gesetz dem Schuldner der abgetretenen Forderung, soweit er die Abtretung nicht kennt, den Schutz seiner Dispositionen an, die darin liegen, dass er mit einer Gegenforderung[538] die Aufrechnung plant. 1431

aa) Der Schuldner kann nicht nur gem. § 407 schuldbefreiend gegenüber dem Zedenten die Aufrechnung erklären (§ 388, vorst. Rn. 1428), sondern gem. § 406 auch **gegenüber dem Zessionar**. Der gutgläubige Schuldner kann außerdem solche Forderungen gegen die abgetretene Forderung aufrechnen, welche er erst nach der Abtretung erworben 1432

---

534 *Zöllner*, Wertpapierrecht, § 3 IV 2 (S. 20); *Bülow*, Art. 11 WG Rn. 4.

535 So freilich RGZ 111, 298 (303); BGHZ 26, 185 (193); wäre die Forderung aber durch Leistung an den Zedenten erloschen, bliebe kein Raum für eine Wahlausübung, also die Leistung an den Zessionar mehr.

536 RGZ 83, 184 (188); RG HRR 1932, Nr. 1001; BGHZ 52, 150 (154); 102, 68 (71/72); *Weimar*, JR 66, 461; *Altmeppen*, Disponibilität des Rechtsscheins, S. 38 m.w.N.; *Bülow*, JuS 94, 766 zu II. 1. d. m.w.N.

537 *Zwalve*, ZEuP 99, 5709 (580); *Larenz/Canaris*, Schuldrecht II/2, § 69 II 3 d (S. 187); krit. dagegen *Esser/Weyers*, Schuldrecht II/2, § 50 II 4 (S. 87).

538 Hatte der Schuldner die Gegenforderung seinerseits, vielleicht zur Sicherheit, abgetreten, fehlt es an der Gegenseitigkeit; aber es kann nach Lage des Einzelfalls sein, dass der Schuldner gegen den Zedenten Anspruch auf Leistung an den Gläubiger der Gegenforderung hat; diesen Anspruch kann er dem Zedenten zurückbehaltend gem. § 273 BGB entgegensetzen, BGH NJW 2000, 278 zu II. 2. a., dem Zessionar nach § 404 BGB (vorst. Rn. 1427).

hatte[539], so dass es zwischen ihm und dem Zedenten überhaupt keine Aufrechnungslage gegeben hatte, weil der Zedent nicht mehr Gläubiger war, als der Schuldner Gläubiger der Gegenforderung wurde[540].

1433 *bb)* Besondere Aufrechnungsprobleme treten im **Kommissionsgeschäft** auf. Kommissionär ist gem. § 383 Abs. 1 HGB, wer es gewerbsmäßig unternimmt, Waren oder Wertpapiere im eigenen Namen, aber für Rechnung eines anderen zu kaufen oder zu verkaufen. Dieser andere, der Aufraggeber, heißt Kommittent. Der Vertragspartner des Kommissionärs, der ihm den Kaufpreis schuldet, kann nun eine Gegenforderung gegen den Kommissionär haben. Kann er aufrechnen? Dem scheint § 392 Abs. 2 HGB entgegenzustehen. Nach dieser Vorschrift gilt die Kaufpreisforderung als Forderung des Kommittenten. Trotzdem fehlt es nicht an der Gegenseitigkeit der Forderungen. § 392 Abs. 2 HGB ist eine Fiktion, die die wirkliche Rechtslage unberührt lässt. Der Kommissionär ist nach wie vor wirklicher Forderungsinhaber. Diese Fiktion dient der reibungslosen Abrechnung zwischen Kommissionär und Kommittenten, regelt also deren Innenverhältnis. Sie schützt den Kommittenten nicht gegen den Verlust der Forderung aufgrund Tilgung (§ 362 Abs. 1 BGB). Im Außenverhältnis zum Vertragspartner des Kommissionärs bestimmt dagegen § 392 Abs. 1 HGB, dass der Kommittent Forderungen erst nach (wirklicher und nicht nur fingierter) Abtretung an ihn geltend machen kann. Richtigerweise ist die Fiktion des § 392 Abs. 2 HGB also nicht im Verhältnis zum Vertragspartner des Kommissionärsgeschäfts anwendbar, er kann aufrechnen[541].

1434 *cc)* Umstritten ist, wie Gegenforderungen des Schuldners im Falle der **Antizipation** wirken. Kraft Direkterwerbs (s. vorst. Rn. 1419) wird der Zessionar mit Entstehung der abgetretenen Forderung ohne Zwischenerwerb beim Zedenten Gläubiger. Der Zedent ist nie Gläubiger gewesen, so dass nur die analoge Anwendung der Schuldnerschutzbestimmungen in Frage kommt. Die Gegenforderung des Schuldners kann entstehen, bevor der Zessionar Gläubiger der abgetretenen Forderung wird. Gem. § 406 wäre die Aufrechnung ausgeschlossen, wenn der Schuldner bei Erwerb der Gegenforderung Kenntnis von der Abtretung hatte. Jedoch ist die abgetretene Forderung schon im Zeitpunkt ihrer Entstehung mit der Aufrechnungslage behaftet, wird gleichsam in eine Aufrechnungslage hineingeboren. Nach dem Prinzip der Sondernachfolge (vorst. Rn. 1426) ist das eine Rechtsposition, deren Bestand das Gesetz schützt, ohne dass es auf das Vertrauen des Schuldners

539 Nach Lage des Einzelfalls kann diese Abtretung ihrerseits nichtig sein, insbesondere, wenn es sich um eine ärztliche Honorar- oder sonstige Forderung handelt, bei der Auskünfte über Umstände zu erteilen sind (§ 402 BGB), die der Verschwiegenheitspflicht unterliegen, BGH WM 96, 928 und oben Rn. 964. Die Rechtshängigkeit der erworbenen Forderung (§ 261 ZPO) hindert die Aufrechnung nicht, BGH ZIP 99, 446. Es genügt, wenn die Gegenforderung im Zeitpunkt der Kenntnis des Schuldners ihrem Rechtsgrund nach bereits entstanden war, OLG Hamburg MDR 2000, 1186.

540 Dazu exemplarisch BGH NJW 90, 2544 mit Anm. *Bülow*, WuB I F 4. – 4.90; OLG Düsseldorf ZIP 98, 1790 (1792) mit Komm. *Demharter*, EWiR § 406 BGB 1/98, 1071; OLG Bamberg NJW-RR 2000, 650; *Christiansen*, Forderungsrecht und Leistungszeit, S. 133 ff.; soweit es danach auf die Fälligkeit ankommt, kann der Schuldner mit Forderungen aufrechnen, die ihrerseits während des Bestands einer Einrede, z.B. einem Zurückbehaltungsrecht, fällig wurde, weil die Einrede zugleich die Fälligkeit der abgetretenen Forderung hindert (oben Rn. 1176), BGH NJW 96, 1056 zu II. 4. b. bb. mit Komm. *Voß*, EWiR § 406 BGB 1/96, 343; NJW-RR 94, 880, zu II. 2. b. Hatten Schuldner und Zedent über die Gegenforderung prozessiert, wirkt die materielle Rechtskraft dieses Urteils nicht gegen den Zessionar, weil § 407 Abs. 2 BGB, vorst. Rn. 1435, auf diesen Fall nicht anwendbar ist, BGH NJW 94, 252 mit Komm. *v. Feldmann*, EWiR § 407 BGB 1/94, 123, vielmehr nur auf Prozesse über die abgetretene Forderung.

541 BGH NJW 69, 276; zum Streitstand *Bülow*, Handelsrecht, S. 159 f., sowie unten Rn. 1744.

in die Fortgeltung einer zwar nicht mehr bestehenden, aber anzunehmenden Rechtslage, nämlich die Gläubigerstellung des Zedenten, ankommen könnte[542]. Der Schuldner kann also richtigerweise aufrechnen, selbst wenn er die Vorausabtretung kennt, z.B. der Abkäufer des Vorbehaltskäufers, der seine eigene Forderung gegen die im Wege des verlängerten Eigentumsvorbehalts an den Lieferanten abgetretene Kaufpreisforderung aufrechnet (s. unten Rn. 1461).

c) Prozessualer Schutz

Erhebt der Zedent, obwohl er nicht mehr Gläubiger ist, Klage gegen den Schuldner und wird der Schuldner verurteilt, könnte der Zedent die Zwangsvollstreckung gegen ihn betreiben. Erfährt der Schuldner nun von der Abtretung, hat er die Einrede gegen den Zessionar aus § 407 Abs. 1 nicht mehr. Zu seinem Schutz bestimmt § 407 Abs. 2 aber, dass sich die **Rechtskraft** des Urteils auf den Zessionar erstreckt, der Zedent also auch ihm gegenüber als richtiger Gläubiger gilt. Hatte der Schuldner schon bei Zustellung der Klage (Rechtshängigkeit) Kenntnis von der Abtretung, muss er sich im Prozess mit der fehlenden Aktivlegitimation des Zedenten verteidigen. Folgt die Abtretung der Klageerhebung nach, bleibt der Prozess gem. § 265 ZPO unbeeinflusst. Die Rechtskrafterstreckung auf den Zessionar folgt in diesem Fall aus § 325 Abs. 1 ZPO[543]. Betreibt andererseits der Zedent aus dem von ihm gegen den Schuldner erwirkten Urteil die Zwangsvollstreckung, kann sich der redliche Schuldner dagegen nicht mit der Vollstreckungsabwehrklage verteidigen mit der Begründung, sich gegenüber dem Zessionar nicht mehr nach § 407 Abs. 1 BGB verteidigen zu können; diese Einwendung ist nach § 767 Abs. 2 ZPO präkludiert, wenn die Abtretung, also der Gläubigerwechsel, vor der letzten mündlichen Verhandlung und nach Rechtshängigkeit stattgefunden hatte. § 407 Abs. 2 BGB bezieht sich nur auf die Abtretung vor Rechtshängigkeit. Der Schuldner bedarf des Schutzes durch die Vollstreckungsabwehrklage trotzdem nicht, weil er, wenn sowohl Zedent wie Zessionar von ihm Zahlung verlangen, nach §§ 372 Satz 2, 378 BGB hinterlegen kann[544] (vgl. unten Rn. 1675). **1435**

Vollstreckt ein Gläubiger des Zedenten, der zugleich Sicherungsgeber sein kann, gem. §§ 828, 829, 835 ZPO in die Forderung, obwohl ihr Inhaber bereits der Zessionar (ein Kreditgläubiger und Sicherungsnehmer) geworden war, also in einen schuldnerfremden Vermögensgegenstand, und leistet der Forderungsschuldner (Drittschuldner) aufgrund dessen an den Vollstreckungsgläubiger, ohne die vorangegangene Abtretung zu kennen, muss der Zessionar diese Leistung gem. § 408 Abs. 2 BGB ebenso gegen sich gelten lassen wie die Leistung an einen Scheinzessionar nach § 408 Abs. 1 (vorst. Rn. 1232). Entsprechendes tritt ein, wenn ein und dieselbe Forderung mehrfach nach Maßgabe von **1436**

542 So zutreffend *Denck*, DB 77, 1493; *Serick*, BB 82, 873 (876); *Jacob*, WM 91, 1581 (1584); OLG Köln WM 2001, 1431 mit Rezension *Schwarz*, WM 2001, 2185 und Komm. *Emde*, § 406 BGB 1/01, 415 im Gegensatz zu BGH WM 2002, 1845 zu II. 1. c. mit zust. Komm. *Westermann*, EWiR § 406 BGB 1/02, 897; NJW 82, 2371; BGHZ 66, 384 = NJW 76, 1351, der *Schomaker*, BB 69, 940 (943) folgt; wie dieser *Kornblum*, BB 81, 1296 (1303); *Bacher*, JA 92, 200, 234 (236); *Ahcin/Armbrüster*, JuS 2000, 658 (661) und auch schon *v. Tuhr*, AT Bd. II/1, S. 394; Beispielsfall *Bülow*, JuS 94, 766 zu I. 2. b.

543 OLG Koblenz NJW-RR 90, 1023; OLG Frankfurt am Main NJW-RR 91, 1318.

544 Str., BGH NJW 2001, 231 mit Rezensionen *Brand/Fett*, JuS 2002, 637, *Rensen*, MDR 2001, 856, Bspr. *Schmidt*, JuS 2001, 402, Anm. *Mankowski*, WuB VI E 1. – 01 und Komm. *Walker*, EWiR § 767 ZPO 1/2000, 1179; a.A. RGZ 84, 286 (292).

§ 835 ZPO überwiesen worden war[545]. Leistet der Drittschuldner aber an seinen Gläubiger, obwohl die Forderung bereits gepfändet und überwiesen worden war, ist § 407 Abs. 1 BGB analog anwendbar[546].

d) Einziehungsermächtigung

1437 War dem Zedenten – wie z.B. im Falle des verlängerten Eigentumsvorbehalts (unten Rn. 1467) – Einziehungsermächtigung (nachf. Rn. 1448) erteilt, diese später aber wirksam widerrufen worden, gilt folgendes: Wusste der Schuldner – beim verlängerten Eigentumsvorbehalt der Letztkäufer – nicht, dass eine Abtretung stattgefunden hatte, ist § 407 Abs. 1 anwendbar. Der Schuldner kann aber den verlängerten Eigentumsvorbehalt und folglich auch die Abtretung kennen und aufgrund dessen annehmen, dass die Einziehungsermächtigung besteht. Der Zessionar hat den Rechtsschein einer fortbestehenden Einziehungsermächtigung zurechenbar veranlasst. Der Schuldner darf darauf redlicherweise vertrauen und wird folglich unter dem Gesichtspunkt des Einziehungsermächtigungsanscheins im Verhältnis zum Zessionar befreit, wenn er an den Zedenten leistet (unten Rn. 1454, 1483). Die Redlichkeit des Schuldners entfällt nicht nur bei positiver Kenntnis, sondern schon bei grob fahrlässiger Unkenntnis vom Wegfall der Einziehungsermächtigung.

1438 Wird die Forderung nicht abgetreten, sondern unabhängig davon von einem Dritten Einziehungsermächtigung erteilt, z.B. einem Inkassounternehmen (nachf. Rn. 1448), fand kein Gläubigerwechsel statt[547], aber der Gläubiger ist trotzdem seiner Einziehungszuständigkeit ledig. Kennt der Schuldner die Erteilung der Einziehungsermächtigung nicht und leistet er an den Gläubiger statt an den zur Einziehung Ermächtigten, wird er in analoger Anwendung von § 407 Abs. 1 frei (nachf. Rn. 1450). Fahrlässige Unkenntnis schadet ihm also nicht.

6. Insbesondere: Unternehmen und Unternehmensanteile

1439 Gegenstand der Sicherungsabtretung können Rechte an Unternehmen und Unternehmensanteilen sein. Die Parteien können vereinbaren, dass der Kreditschuldner, welcher Unternehmensinhaber oder Gesellschafter ist, diese Rechtsstellung auf den Kreditgläubiger überträgt, so dass der Kreditgläubiger selbst Gesellschafter oder Unternehmer wird (Vollrechtstreuhand). Was durch Verpfändung nicht möglich ist (oben Rn. 572), kann durch Sicherungsabtretung erreicht werden. Unberührt bleibt die Sicherungsabtretung von Einzelansprüchen aus dem Gesellschaftsverhältnis (oben Rn. 661) z.B. auf Gewinnanteile oder Auseinandersetzungsguthaben[548].

a) Gesellschaften

1440 Die Übertragung der Gesellschafterstellung als dinglicher Teil des Geschäfts selbst richtet sich nach den Bestimmungen des Gesellschaftsvertrags. Die Übertragung der Gesellschafterstellung an **Personengesellschaften** (Gesellschaft Bürgerlichen Rechts, OHG oder KG) ist danach eine Änderung

545 *Braun*, JuS 97, 1005 (1007).
546 BGHZ 105, 358 mit Anm. *Brehm*, JZ 89, 299, fehlende Kenntnis denkbar bei Ersatzzustellung.
547 *Roth/Fitz*, Jus 85, 188 (190).
548 BGH WM 97, 1709; 2001, 81 zu 1.

des Gesellschaftsvertrages[549], der sämtliche Gesellschafter zustimmen müssen. Diese Zustimmung kann freilich im Gesellschaftsvertrag schon vorweg erteilt worden sein.

Anteile an **GmbH** sind gem. § 15 GmbHG veräußerlich. Ihre Übertragung bedarf also im Allgemeinen nicht der Zustimmung der übrigen Gesellschafter oder der Gesellschaft, die Veräußerung muss ihr gegenüber aber mitgeteilt werden, § 16 Abs. 1 GmbHG. Die Satzung der GmbH kann die Veräußerlichkeit von Anteilen aber von weiteren Voraussetzungen wie der Genehmigung der Gesellschaft abhängig machen. Solche Satzungsbestimmungen sind Abtretungsverbote i.S.v. § 399 BGB (vorst. Rn. 1400), durch welche das Treuhandverhältnis zu einem offenen, qualifizierten wird[550]. Die fehlende Zustimmung der anderen Gesellschafter oder der Gesellschaft kann die Sicherungsabtretung von Gesellschaftsanteilen demgemäß scheitern lassen. Auch dürfen Formvorschriften nach Maßgabe des Gesellschaftsvertrages oder von § 15 Abs. 3 (notarielle Beurkundung der Abtretung) oder Abs. 4 GmbHG (notarielle Beurkundung des Sicherungsvertrags[551]) nicht außer acht gelassen werden. **1441**

Nach Maßgabe solcher Regelungen erhält der Kreditgläubiger die volle Gesellschafterstellung mit allen Herrschafts- und Mitwirkungsrechten, insbesondere dem **Stimmrecht** und gegebenenfalls **Geschäftsführungs- und Vertretungsrechten**. Mit Wirkung gegenüber der Gesellschaft und Dritten kann der Kreditgläubiger seine Gesellschafterstellung nach Belieben ausüben. Aus dem Sicherungsvertrag ist der Kreditgläubiger, der nun Gesellschafter ist, aber gegenüber dem Kreditschuldner verpflichtet, die Gesellschafterrechte nur mit Rücksicht auf den Sicherungszweck wahrzunehmen[552]. Das bedeutet vor allem, dass der Kreditgläubiger dem Kreditschuldner gegenüber verpflichtet ist, die Gesellschafterrechte nur im Hinblick auf ihre zeitliche Begrenzung in der Person des Kreditgläubigers auszuüben (oben Rn. 67). Der Kreditschuldner soll ja, wenn der Sicherungszweck weggefallen ist, wieder Gesellschafter werden, sei es durch Rückübertragung[553], sei es, dass dem Kreditgläubiger die Gesellschafterstellung auflösend bedingt durch den Wegfall des Sicherungszwecks (Tilgung des Kredits) übertragen wurde (oben Rn. 1180). **1442**

Der Kreditgläubiger darf nicht Maßnahmen zustimmen, die die zukünftige Gesellschafterstellung des Kreditnehmers beeinträchtigen, etwa eine ungünstigere Verteilung des Gewinns, die Einschränkung von Mitwirkungsrechten. Tut der Kreditgläubiger das doch, ist seine Stimmabgabe zwar wirksam, aber er verletzt seine Rücksichtnahmepflicht aus dem Sicherungsvertrag und macht sich gem. § 280 BGB gegenüber dem Kreditschuldner **schadensersatzpflichtig**. **1443**

Sofern der Gesellschaftsvertrag die Abtretung des Gesellschaftsanteils ungehindert zulässt, ist der Kreditgläubiger als Vollrechtsinhaber in der Lage, den Anteil an einen Dritten zu veräußern, wenn auch unter Verstoß gegen den Sicherungsvertrag (oben Rn. 67). Diesem wird zwar ein Veräußerungsverbot zu entnehmen sein, solange sich der Kreditschuldner vertragstreu verhält (nach Eintritt des Sicherungsfalls ist die Veräußerung zulässige Verwertungsmaßnahme[554]), es berührt aber gem. § 137 Satz 1 BGB nicht die Wirksamkeit der Veräußerung[555] (absolut wirkt nur eine Bestimmung des Gesellschaftsvertrags, vorst. Rn. 1441, nicht des Sicherungsvertrags!). Für den Kreditschuldner ist der Gesellschafts- **1444**

549 BGH DB 80, 1982; BB 83, 1118, *John*, in: Gesellschaftsanteile als Kreditsicherheit, S. 88.
550 *Ulmer*, in: Festschr. Odersky, S. 873 (878).
551 BGH NJW 99, 1118 zu II. 2. d.
552 *John*, in: Gesellschaftsanteile als Kreditsicherheit, S. 90; *Müller*, Sicherungsübertragung, S. 30.
553 *John*, a.a.O., S. 88; RG DR 41, 2609; *Rümker*, WM 73, 626 (629).
554 *John*, a.a.O., S. 98.
555 *Schaub*, DStR 96, 65.

anteil also verloren, er hat nur Schadensersatzansprüche gegen den Kreditgläubiger (allenfalls bei Kollusion mit dem Dritten könnte aus § 826 ein Rückübertragungsanspruch herzuleiten sein, im Einzelfall die Sittenwidrigkeit auch des dinglichen Übertragungsgeschäfts ergreifen).

b) Einzelunternehmen

1445 Bei der sicherungsweisen Übertragung eines Einzelunternehmens gibt es keinen Gesellschaftsvertrag, nach dem sich der Kreditgläubiger richten müsste. Bei der Führung des Unternehmens hat der Kreditgläubiger als neuer Unternehmer aber gleichermaßen die Belange des Kreditschuldners zu wahren (oben Rn. 67). Dazu ist er aber nur schuldrechtlich aus dem Sicherungsvertrag verpflichtet, jedoch dinglich nicht gehindert, dagegen zu verstoßen. Im Übrigen gilt auch hier der Spezialitätsgrundsatz (oben Rn. 681). Kreditgläubiger und Kreditschuldner können auch den Weg wählen, dass der Kreditgläubiger zu Sicherungszwecken in das Unternehmen des Kreditschuldners als Mitgesellschafter eintritt.

c) Außenhaftung

1446 Was **Haftung und Handelsregister** betrifft, so wirkt sich auch hier die volle Gesellschafterstellung aus: Der Kreditgläubiger als Gesellschafter einer Personengesellschaft haftet gem. §§ 128, 171, 176, 25 HGB, er ist ins Handelsregister einzutragen, die Eintragung für den Kreditschuldner ist zu löschen (vgl. § 15 HGB), der GmbH-Treuhänder haftet für Kapitalaufbringung und -erhaltung (§§ 30 ff. GmbHG)[556]. Die Mitgliedschaft an einer Genossenschaft ist auch insgesamt nicht übertragbar, kann also auch nicht Gegenstand einer Sicherungsabtretung sein[557].

B. Abgrenzung zu anderen Übertragungsformen

1. Inkassozession

1447 Durch die Inkassozession übernimmt der Zessionar die Einziehung der Forderung als Rechtsinhaber im eigenen Namen für den Zedenten und führt das eingetriebene Geld abzüglich seiner Provision an den Zedenten ab. Kausalgeschäft der Abtretung ist nicht ein Sicherungsvertrag, sondern eine Geschäftsbesorgung (§ 675 BGB) des Zessionars, der als uneigennütziger Treuhänder (oben Rn. 1098) für den Zedenten tätig wird. Der Auftrag kann grundsätzlich jederzeit widerrufen werden[558] – § 671 – und begründet für diesen Fall einen Anspruch auf Rückübertragung der Forderung. Auch hier ist die Abtretung unter auflösender Bedingung möglich (oben Rn. 1181). Zulässigkeitsbedenken gibt es im Allgemeinen nicht[559], die Abtretung kann aber wegen Verstoßes gegen das Rechtsberatungs-

556 Eine Haftung des Treugebers (Kreditschuldner und Sicherungsgeber), BGHZ 118, 107 (116), kommt jedoch nur in einer Verwaltungstreuhand, oben Rn. 1094, 1098, in Betracht, *Ulmer*, in: Festschr. Odersky, S. 873 (877).

557 *Müller*, in: Gesellschaftsanteile als Kreditsicherheit, S. 218.

558 Anwendung von §§ 627, 628 BGB: LG Bonn NJW-RR 98, 1744.

559 RGZ 99, 142 (143); 102, 132 (134); 123, 378 (381); 132, 364; BGHZ 4, 153 (162); 25, 360 (367); Umfang: OLG Köln NJW-RR 91, 1396; Inkasso-AGB: *v. Westphalen*, BB 94, 1721.

gesetz gem. § 134 BGB nichtig sein, wenn Einziehungen geschäftsmäßig betrieben werden[560] und keine behördliche Erlaubnis erteilt ist[561] (oben Rn. 1136).

2. Einziehungsermächtigung

Der wirtschaftliche Erfolg der Inkassozession, die Einziehung der Forderung für den Zedenten, kann auch durch eine Einziehungsermächtigung erreicht werden. Durch sie erhält der zur Eintreibung der Forderung Beauftragte die Befugnis, über die Forderung im Wege der Einziehung zu verfügen[562], aber eine Abtretung und folglich ein Gläubigerwechsel findet nicht statt. **1448**

a) Dogmatische Begründung

aa) Die dingliche Zuordnung der Forderung bleibt durch die Einziehungsermächtigung also anders als im Falle der Abtretung unverändert. Der Ermächtigte handelt, anders als ein Vertreter, im eigenen Namen, verfügt aber für Rechnung des Forderungsinhabers über dessen, also über ein fremdes Recht. Nach dem Willen der Parteien soll der Schuldner an den Ermächtigten **leisten müssen** und nicht mehr an den Forderungsinhaber (Gläubiger) leisten dürfen, also nicht lediglich eine zusätzliche Zahlstelle erhalten. Die Leistung an den Gläubiger befreit den Schuldner nicht. Der Ermächtigte wird Eigentümer des eingezogenen Geldes[563]. Die Einziehungsermächtigung wird oft mit der Sicherungsabtretung in der Weise verbunden, dass der Zedent (Kreditschuldner) die zur Sicherheit abgetretene Forderung bis auf Widerruf (nachf. Rn. 1454) selbst einziehen darf, so regelmäßig im Falle des verlängerten Eigentumsvorbehalts (unten Rn. 1566). Die Publizitätslosigkeit der Sicherungsabtretung wird auf diese Weise noch ergänzt. **1449**

bb) Fraglich ist, auf welcher Rechtsgrundlage solche Rechtswirkungen eintreten können. Die Antwort kann nicht allein die Privatautonomie geben, weil das Verhalten eines Dritten, nämlich des Schuldners miterfasst werden soll. Die Möglichkeit, im eigenen Namen über fremde Rechte zu verfügen, sieht das Gesetz durch Einwilligung oder Genehmigung (Zustimmung) gem. § 185 BGB vor. Für die Erfüllung einer Forderung ist die Zustimmungsmöglichkeit in § 362 Abs. 2 besonders vorgesehen. Freilich ist mit dieser Vor- **1450**

560 BGHZ 47, 364 (369); BVerwG NJW 71, 58 mit krit. Stellungnahme *Caliebe*, NJW 91, 1721; OLG Nürnberg NJW-RR 90, 1261; OLG Karlsruhe BB 87, 1767; AG Kassel NJW-RR 90, 1259, WM 91, 1484; AG Lünen NJW-RR 90, 510; LG Köln NJW-RR 90, 1260; *Behr*, BB 90, 795; Abtretung an ärztliche Verrechnungsstelle: s. oben Rn. 966; wirksam sind Abtretungen im Rahmen des Factoring-Geschäfts: BGHZ 58, 367; 76, 125.

561 BVerfG NJW 2002, 1190 mit Komm. *Kleine-Cosack*, EWiR Art. 1 § 1 RBerG 4/02, 449 gegen BGH WM 2000, 2423 mit krit. Komm. *Caliebe*, EWiR Art. 1 § 1 RBerG 2/01, 441; BGH NJW-RR 91, 1343; KG NJW-RR 90, 429; OLG Bamberg NJW 96, 854; die Erlaubnis erstreckt sich im Allgemeinen auf die gerichtliche Geltendmachung, aber nur durch einen Rechtsanwalt, BVerwG EWiR Art. 1 § 1 RBerG 1/99, 33 (*Chemnitz*); BGH WM 96, 22 mit Komm. *Chemnitz*, EWiR Art. 1 RBerG 1/96, 83; OLG Köln NJW-RR 92, 757; OLG Schleswig NJW-RR 95, 1207; *Michalski*, BB 95, 1361, a.A. LG Köln ZIP 94, 1351 mit Komm. *Michalski*, EWiR Art. 1 RBerG 3/94, 1219.

562 Zur Abgrenzung der Inkassozession von der Einziehungsermächtigung, BGH WM 85, 613 zu 2. a. sowie *Henckel*, in: Festschr. Larenz, S. 643; *Rehmann*, WM 87, 225.

563 BGHZ 4, 153 (165); BGH NJW 90, 1913 mit Bspr. *K. Schmidt*, JuS 90, 846; LG Köln, NJW-RR 91, 3868 mit Bspr. *K. Schmidt*, JuS 91, 855.

schrift noch nicht erklärt, warum der Schuldner an den Ermächtigten nicht nur soll leisten dürfen, sondern leisten müssen[564]. Zweifelhaft ist ferner, ob die Erfüllung einer Forderung und damit auch ihre Einziehung überhaupt eine Verfügung ist[565]. Jedoch bedarf es gar nicht der dogmatischen Begründung durch § 185 BGB. Vielmehr ist die Einziehungsermächtigung ein zwar nicht kodifiziertes, aber gleichwohl dem deutschen Privatrecht vertrautes und gepflegtes, also Geltung beanspruchendes Rechtsinstitut. Es ist nachgewiesen worden[566], dass es die Einziehungsermächtigung als **mandatum ad agendum** im römischen und gemeinen Recht gab, sie nur durch die Vollabtretung als überholt angesehen wurde – ein Trugschluss, wie die tatsächliche Verwendung der Einziehungsermächtigung durch die Wirtschaftspraxis erwies. Die Einziehungsermächtigung als Rechtsinstitut ist durch den Geltungsanspruch des BGB nicht beseitigt worden, steht vielmehr im Einklang mit seinen Interessenbewertungen und dem Funktionieren seiner Konstruktionsmechanismen. Zwar wird gegen die Einziehungsermächtigung vorgebracht[567], sie gefährde Schuldnerinteressen, weil sich der Schuldner zwei Anspruchsberechtigten gegenübersehe, nämlich dem zur Einziehung Ermächtigten und dem Forderungsinhaber, der diese Rechtsstellung ja gerade behält, also wirklicher Gläubiger ist. Ohne weiteres sind für die Einziehungsermächtigung aber die Voraussetzungen für eine Analogie der Schuldnerschutzbestimmungen der Abtretung, insbesondere § 407 anzunehmen[568], so dass der Schuldner durch Leistung an den Gläubiger befreit wird[569] (s. schon vorst. Rn. 1437). Als den Verfassern des BGB bekanntes, keinen seiner Wertungen entgegenstehendes Rechtsinstitut ist die Einziehungsermächtigung also zulässig, ohne dass zu ihrer Begründung richterliche Rechtsfortbildung bemüht werden müsste[570].

b) Prozessstandschaft

1451 Gem. §§ 133, 157 BGB ist der Sicherungsvertrag regelmäßig[571] in der Weise auszulegen, dass dem zur Einziehung Ermächtigten die Befugnis erteilt ist, die Forderung, deren Rechtsinhaber er nicht ist, im eigenen Namen klageweise geltendzumachen (gewillkürte Prozessstandschaft). Sie ist die notwendige prozessuale Ergänzung zur Einziehungsermächtigung, ohne dass es darüberhinaus auf ein eigenes, schutzwürdiges Interesse des Er-

564 Darauf weist zutreffend *Rüßmann*, JuS 72, 169 (170), ebenso *Gernhuber*, Handbuch des Schuldrechts, Bd. III § 24 I. 1. (S. 464) hin; s. auch BGH WM 60, 1407 zu I. 2. b.

565 Abl. *Bülow*, JuS 91, 529 zu I. 1. b. bb. m.w.N.: Lehre von der Erfüllungszweckvereinbarung.

566 BGHZ 144, 192 (194) = NJW 2000, 1950 mit Anm. *Lwowski*, WuB I F 4. – 3.2000; *Jahr*, AcP 168 (1968), 9 (12); s. auch *Enneccerus/Lehmann*, Schuldrecht, § 79 (S. 322).

567 *Larenz*, Schuldrecht AT, § 34 V. (S. 597 f.); auch *Esser*, Schuldrecht, 4. Aufl. S. 413.

568 *Jahr*, AcP 168 (1968), 9 (12); *Löbl*, AcP 129 (1928), 257; 130 (1929), 1 (24 ff.); *Roth/Fitz*, JuS 85, 188 (190).

569 Positive Kenntnis der Einziehungsermächtigung schadet, der Ermächtigte trägt die Beweislast, *Baumgärtel/Strieder*, Handbuch der Beweislast, Bd. 1, § 407 BGB Rn. 1. Gelingt ihm der Beweis, wird der Schuldner nach Lage des Einzelfalls die Einrede des Rechtsmissbrauchs (§ 242 BGB) entgegensetzen können, nicht aber, wenn die Ermächtigung dem Sicherungszedenten erteilt wurde, jedenfalls nicht vor Eintritt des Sicherungsfalls.

570 So aber *Rüßmann*, JuS 72, 169 (172 f.); ihm folgend *Esser/Schmidt*, Schuldrecht AT, § 37 I. 5. (S. 296).

571 Möglich ist aber auch ihr Ausschluss, BGH NJW 96, 3275 zu II. 2. a., OLG Köln NJW-RR 97, 1072; der Ausschluss liegt im Allgemeinen zugleich in einem Abtretungsverbot nach § 399, BGHZ 56, 228 (236 zu c.).

mächtigten als Kläger ankäme[572]. In prozessualer Hinsicht findet Schuldnerschutz durch Erstreckung der Wirkungen von Rechtshängigkeit und Rechtskraft in analoger Anwendung von §§ 325 Abs. 1, 265 ZPO statt. Die Verjährung wird gem. § 204 Abs. 1 Nr. 1[573] oder Nr. 4[574] BGB gehemmt. Endet die Prozessstandschaft durch Widerruf der Einziehungsermächtigung, kann der Gläubiger in analoger Anwendung von § 263 ZPO (Einwilligung des Beklagten oder Sachdienlichkeit des Parteiwechsels) in den Prozess eintreten[575]. Der einziehungsermächtigte Standschafter darf sein Prozessführungsrecht im Allgemeinen nicht auf einen Dritten übertragen[576]. Dagegen ist der Forderungsinhaber nicht gehindert, über die Forderung durch die Abtretung zu verfügen[577]. Die Einziehungsermächtigung erlischt nach Maßgabe von §§ 115, 116 InsO durch Insolvenz des Zessionars[578].

Dagegen besteht keine Notwendigkeit für eine **Vollstreckungsstandschaft** in der Weise, dass der Zedent nach Abtretung der bereits titulierten Sicherungsforderung die Zwangsvollstreckung für den Zessionar betreibt[579]. Wenn der Ermächtigte als Partei und Vollstreckungsgläubiger die Zwangsvollstreckung nicht betreibt, z.B. wegen Insolvenz, kommt eine Titelumschreibung gem. § 727 Abs. 1, 2. Alt. ZPO in Betracht[580]. **1452**

Allerdings steht die Zulässigkeit der gewillkürten Prozessstandschaft vor den allgemeinen Schranken des **Missbrauchs**, der darin liegen kann, dass das Prozessrisiko auf einen vermögenslosen Standschafter verlagert wird und damit mögliche Kostenerstattungsansprüche der beklagten Partei vereitelt werden[581]. Aber auch die Einziehungsermächtigung selbst kann der Missbrauchsbewertung unterliegen und ihr Grenzen setzen. So ist die Krise des Ermächtigten in aller Regel Anlass für den Widerruf der Einziehungsermächtigung (unten Rn. 1482 f.): Der Zugriff auf die eingezogene Leistung durch Zuordnung in die Insolvenzmasse droht. Wenn zur Vermeidung dieser Gefahr die Einziehungsermächtigung bestehenbleibt oder überhaupt erst erteilt wird und die Klage auf Leistung an den Ermächtigenden geht, so ist gerade diese Leistungsrichtung im Klageantrag ein Hinweis auf die **1453**

572 *Rüßmann*, AcP 172 (1972), 520 (531 ff.); *Esser/E. Schmidt*, Schuldrecht AT, § 37 I. 5.c. (S. 296); *Bülow*, WuB VII A. – 1.86 sowie VII A. – 1.90, ähnlich OLG Frankfurt am Main BB 84, 2225; OLG Celle NJW 87, 783 und 3121; 88, 1585; 89, 1932; NJW-RR 87, 57 mit Bspr. *K. Schmidt*, JuS 87, 323; **a.A**. BGH NJW-RR 2002, 20 zu II. 1. b.; WM 85, 613; 90, 655 und 657; 99, 676 zu II. 2.; BGHZ 96, 151 m.w.N.; 100, 217; 102, 293 (296); 125, 196 (199) = NJW 94, 2549; OLG Schleswig WM 98, 2372 mit Anm. *v. Hoffmann*, WuB VIII A – 1.99; OLG Saarbrücken NJW-RR 97, 1605; Auslandsberührung (vgl. Art. 33 Abs. 2 EGBGB): BGH NJW 94, 2549 zu II. 2. a. aa.; 98, 3205 zu II. 1. c.; differenzierend *Henckel*, in: Festschr. Larenz, S. 643 (654), der ein schutzwürdiges Motiv des Ermächtigenden voraussetzt mit der Folge, dass der Ermächtigte auch ohne eigenes Interesse klagen kann, wenn dieses Motiv vorliegt; s. auch RGZ 73, 306; seinen eigenen Verzugsschaden, vorst. Rn. 1374, kann der Sicherungszedent auch ohne Einziehungsermächtigung einklagen, jedenfalls bei Antrag auf Leistung an den Zessionar, BGHZ 128, 371 (379).

573 BGH NJW 99, 2110 zu II. 2.

574 BGH WM 2000, 77 mit krit. Anm. *Heinrich*, WuB IV A. – 1.2000.

575 BGHZ 123, 132 (134) m. Bspr. *K. Schmidt*, JuS 94, 173.

576 BGH NJW 98, 3205 zu II. 1. c. mit Bspr. *K. Schmidt*, JuS 99, 83.

577 KG ZIP 97, 2043 mit Komm. *Schuschke*, EWiR § 50 ZPO 1/98, 331.

578 BGH WM 2000, 183 zu II. 2. a. mit Anm. *Mohrbutter*, WuB VII A. – 1.2000 und Komm. *Marotzke*, EWiR § 23 KO 1/2000, 405.

579 BGH NJW-RR 92, 61 mit Bspr. *K. Schmidt*, JuS 92, 260; *Schmidt*, Vollstreckung, S. 99 f.

580 OLG Köln EWiR § 727 ZPO 1/93, 1247 (Komm. *Becht*).

581 BGHZ 96, 151 mit Anm. *Bülow*, WuB VII A. – 1.86 und Komm. *Crezelius*, EWiR 86, 203; OLG Saarbrükken NJW-RR 97, 1605 mit Bspr. *Deubner*, JuS 97, 1110; *Boecken/Krause*, NJW 87, 420; *Olzen*, JR 86, 289; *K. Schmidt*, JuS 86, 318; Verdeckung einer Einlagenerstattung nach §§ 30, 31 GmbHG: BGH NJW 65, 1962; OLG Hamm NJW 90, 1053; 87, 420; OLG Karlsruhe NJW-RR 90, 753 zu 1.

Missbräuchlichkeit der Verschiebung der Parteirollen[582]. Sie kann die gewillkürte Prozessstandschaft und damit die im eigenen Namen erhobene Klage des Standschafters unzulässig machen, der Zessionar muss selbst klagen.

c) Causa

1454 Die obligatorische Grundlage für die Einziehungsermächtigung ist ähnlich der Inkassozession ein Auftrag, eben mit dem Inhalt, die Forderung für ihren Inhaber einzuziehen (dieser Auftrag kann im Sicherungsvertrag oder etwa im verlängerten Eigentumsvorbehalt mitenthalten sein, unten Rn. 1467). Im Zweifel sind sowohl der Auftrag (§ 673 BGB) wie die Einziehungsermächtigung selbst (§ 183 Satz 1 BGB) frei **widerruflich**[583] (s. auch unten Rn. 1478, 1482); der Auftrag selbst oder der Sicherungsvertrag können weitere Modalitäten bestimmen[584]. Der Widerruf ist wirksam, wenn er dem Einziehungsermächtigten gegenüber erklärt wird (§§ 671, 183 Satz 2 BGB). Der Schuldner braucht vom Widerruf also nichts zu erfahren. Leistet er trotzdem an den – nicht mehr – Einzugsermächtigten, wird er nach dem für die Vertretung in §§ 170, 171 Abs. 2, 172 Abs. 2, 173 zum Ausdruck kommenden Rechtsgedanken unter dem Gesichtspunkt des Einziehungsermächtigungsanscheins befreit[585] (s. auch oben Rn. 704 und vorst. Rn. 1437). Einwände aus dem Rechtsverhältnis mit dem Gläubiger kann er dem Einzugsermächtigten ohne Beschränkung entgegensetzen, z.B. aufrechnen, ohne dass irgendwelche Kenntnis eine Rolle spielte, aber auch Einwände aus dem Innenverhältnis zwischen Gläubiger und Einziehungsermächtigtem, insbesondere, dass Auftrag und Ermächtigung widerrufen seien[586]. Einwände aus dem Deckungsverhältnis mit dem Ermächtigten kann der Schuldner dem Anspruch aber nicht entgegensetzen – es sei denn, die Einziehungsermächtigung ist wie beim verlängerten Eigentumsvorbehalt von einer Abtretung überlagert (vorst. Rn. 1448, unten 1467), so dass dem Schuldner der Schutz der §§ 404 ff. zugute kommt.

3. Einziehungsvertretung

1455 Unberührt von der Zulässigkeit der Einziehungsermächtigung bleibt die im Gesetz vorgesehene Möglichkeit, einen Vertreter mit der Einziehung der Forderung zu beauftragen, der gem. § 164 Abs. 1 Satz 1 BGB nicht in eigenem Namen, sondern im Namen des Forderungsinhabers als Vertretenem handelt (Einziehungsvertretung). Ein solches Verfahren erfordert Publizität und ist deshalb im Rahmen der Kreditsicherung wenig verbreitet. Als Vertreter des Forderungsinhabers wird der Einziehende nicht Eigentümer des an ihn gezahlten Geldes: Gem. §§ 929 Satz 1, 164 erwirbt es der Forderungsinhaber, bei der Übereignung als Realakt tritt der Vertreter als Geheißperson des Forderungsinhabers auf (oben Rn. 1332). Erst durch Vermischung mit eigenem Geld kann er gem. § 948 Eigentümer, gegebenenfalls Miteigentümer, werden.

---

582 BGHZ 30, 162 (166); 32, 67 (71); 92, 347 (349); BGH NJW-RR 87, 57; *Bülow*, WuB IV A. – 1.86 zu BGHZ 96, 151. Im Allgemeinen wirksam ist die Abtretung zum Zwecke der Prozessführung, OLG Brandenburg WM 97, 1282 sowie ZIP 2002, 1144, a.A. AG Bad Homburg NJW-RR 98, 1530; Ausgleich bietet die Beweiswürdigung der Zeugenaussage des Zedenten, krit. *Buß/Honert*, JZ 97, 694 (697).

583 RGZ 53, 416 (418); 99, 142 (143).

584 BGHZ 144, 192 (197) = NJW 2000, 1950 mit Anm. *Lwowski*, WuB I F 4. – 3.2000.

585 *Canaris*, Vertrauenshaftung, S. 72 sowie NJW 81, 249 (254); BGH NJW 2002, 1417 mit Anm. *Rohe/Winter*, WuB IV A. – 2.02.

586 RGZ 53, 416 (418).

2. Abschnitt

Besondere Formen der Sicherungstreuhand – Erstreckungen des Eigentumsvorbehalts

Literatur: *Akademie für Deutsches Recht*, Protokolle der Ausschüsse, Ausschuß für Personen-, Vereins- und Schuldrecht Band III/3, 1934 bis 1936, Nachdruck 1980 (Hrsg. W. Schubert); *Braun*, Die Rückabwicklung der Verfügung eines Nichtberechtigten nach § 185 I BGB, ZIP 98, 1469; *Bunte*, Erfahrungen mit dem AGB-Gesetz, AcP 181 (1981), 31; *Canaris*, Verlängerter Eigentumsvorbehalt und Forderungseinzug durch Banken, NJW 81, 249; *Dolezalek*, Plädoyer für Einschränkung des § 950 (Verarbeitung), AcP 195 (1995), 393; *Flume*, Der verlängerte und erweiterte Eigentumsvorbehalt, NJW 50, 841; *ders.*, Zur Problematik des verlängerten Eigentumsvorbehalts, NJW 59, 913; *Gehrlein*, Gutgläubiger Erwerb von Sachen trotz Verbindung mit gestohlenen oder abhandengekommenen Gegenständen, MDR 95, 16; *Habersack/Teichmann*, Der Eigentumsvorbehalt nach der Schuldrechtsreform, JuS 2002, 833; *Hammen*, Vorausabtretung versus Inrechnungstellung, JZ 98, 1095; *Knütel*, Zur duplex interpretario von Allgemeinen Geschäftsbedingungen, JR 81, 221; *Laufke*, Zum Eigentumserwerb nach § 950 BGB, in: Festschr. Hueck, 1959, S. 69; *Leible/Sosnitza*, Grundfälle zum Recht des Eigentumsvorbehalts, JuS 2001, 244, 341, 499, 556; *Lindacher*, Reduktion oder Kassation übermäßiger Klauseln?, BB 83, 154; *Lousanoff de*, Neues zur Wirksamkeit des Eigentumsvorbehalts bei kollidierenden Allgemeinen Geschäftsbedingungen, NJW 85, 2921; *Meffert*, Kostenrechnung und Kostenrechnungssysteme, in: HdWW, Bd. IV, S. 573; *Muscheler*, Verlängerter Eigentumsvorbehalt und Wechseldiskont, NJW 81, 657; *Musielak*, Zum Rückerwerb des Eigentums durch den nichtberechtigten Veräußerer, liber amicorum Kegel 2002, S. 125; *Neumann-Duesberg*, Verlängerter Eigentumsvorbehalt des Baustofflieferanten an eingebauten Baustoffen, DB 65, 1845; *Nierwetberg*, Die Rechtspositionen von Lieferanten und Produzent nach Bearbeitung im verlängerten Eigentumsvorbehalt, NJW 83, 2235; *Obermüller*, Der umgekehrte Konzernvorbehalt, in: Festschr. Schimansky 1999, S. 457; *Peters/Lwowski*, Das Kreditinstitut als Zahlstelle und Sicherungsnehmer, WM 99, 258; *Reich*, Reform der Kreditsicherung, JZ 76, 463; *Reiners*, Konzerneigentumsvorbehalt und Konzernverrechnungsklausel als Sicherheiten des konzerngebundenen Warenlieferanten, Diss. Münster 1987; *Reitz*, Der Tatbestand der Verarbeitung im § 950 BGB in rechtshistorischer und rechtsdogmatischer Sicht, 1996; *K. Schmidt*, Factoring, Globalzession und verlängerter Eigentumsvorbehalt, DB 77, 65; *Schnorbus*, Der Konzernvorbehalt in Vertrag und Geschäftsbedingungen, BB 95, 2225; *Martina Schulz*, Der Eigentumsvorbehalt in europäischen Rechtsordnungen, 1998; *Serick*, Bemerkungen zum Konzernvorbehalt, Festgabe für Weitnauer, 1980, S. 145; *ders.*, Der erweiterte Eigentumsvorbehalt in Formularverträgen ohne zureichende Freigabeklausel bei unverhältnismäßigen Übersicherungen und § 9 AGBG, JZ 94, 714; *ders.*, Kollisionsfälle im Bereiche der Verarbeitungsklauseln, BB 75, 381; *Thamm*, Eigentumsvorbehalt und AGB-Gesetz, BB 78, 20; *Tiedtke*, Schadensersatzansprüche des Vorbehaltskäufers gegen den bösgläubigen Abnehmer des Käufers, JZ 89, 179; *ders.*, Der erweiterte Eigentumsvorbehalt, in: 50 Jahre Bundesgerichtshof, 2000, S. 829; *Ulmer*, Teilunwirksamkeit von teilweise unangemessenen AGB-Klauseln, NJW 81, 2025; *Wadle*, Das Problem der fremdwirkenden Verarbeitung, JuS 82, 477; *Wagner*, Teilbarkeit der Herstellereigenschaft in § 950 BGB?, AcP 184 (1984), 14; *ders.*, Zur Kollision von verlängertem Eigentumsvorbehalt und eingeschränktem Abtretungsverbot, JZ 88, 698; *Weber*, Erweiterter Eigentums- und Konzernvorbehalt in allgemeinen Lieferbedingungen, BB 89, 1768; *v. Westphalen*, Die Haftung des Leasinggebers beim „sale-and-lease-back", BB 91, 149; *ders.*, Eigentumsvorbehaltsklauseln unter dem Blickwinkel des AGB-Gesetzes, DB 77, 1637 und 1685; *ders.*, Klauseln des verlängerten und erweiterten Eigentumsvorbehalts – § 9 AGBG: Inhalt und Grenzen, DB 85, 425 und 475; *Wiegand*, Die Entwicklung der Übereignungstatbestände einschließlich der Sicherungsübereignung, in: 50 Jahre Bundesgerichtshof, 2000, 753; *Zeuner*, Die fremdwirkende Verarbeitung als Zurechnungsproblem, JZ 55, 195.

Fälle:

1. V *verkauft dem Händler K Waren unter Eigentumsvorbehalt. V gestattet die Weiterveräußerung seiner Waren durch K an Dritte im Rahmen ordnungsgemäßen Geschäftsverkehrs und lässt sich die daraus entstehenden Weiterverkaufsforderungen abtreten. K verkauft einen Teil der Waren an D. Dieser bedingt sich mit K aus, dass die noch offene Kaufpreisforderung nicht an Dritte abgetreten werden dürfe. Als K in die Krise gerät, verlangt V von D Zahlung des Preises aus dem Weiterverkauf an sich. Mit Recht?*
(Lösung: Rn. 1477)

2. V *verkauft dem Händler K Waren unter verlängertem Eigentumsvorbehalt. Als K mit seinen Zahlungen in Rückstand gerät, verbietet ihm V die Veräußerung seiner Vorbehaltsware. K verkauft trotzdem noch einen Posten Ware an D und zieht später den Kaufpreis ein. V verlangt von D Zahlung dieses Kaufpreises an sich. Mit Recht?*
(Lösung: Rn. 1482)

3. *Im Fall Nr. 2 hatte D bereits an K gezahlt. V verlangt von D nochmalige Zahlung. Mit Recht?*
(Lösung: Rn. 1483)

4. V *liefert Holz an K, der Möbel daraus macht. Beide vereinbaren, dass V bis zur Zahlung des Kaufpreises für die Holzlieferung Eigentümer der Möbel sein solle. Vorher wird K insolvent. V verlangt vom Insolvenzverwalter Herausgabe der Möbel. Mit Recht?*
(Lösung: Rn. 1488 ff.)

5. V *verkauft einen LKW an K. V behält sich in seinen Allgemeinen Geschäftsbedingungen, die K kennt, das Eigentum an dem LKW solange vor, bis K alle sonstigen gegenwärtigen und zukünftigen Schulden bei V bezahlt hat. Als K sein Schuldkonto bei V vollständig ausgeglichen hat, übereignet er den LKW zur Sicherung an seine Bank, indem er deren Verwahrer wird. Als K bei V neue Schulden macht und mit deren Rückzahlung in Verzug gerät, verlangt V von K Herausgabe des LKWs. Mit Recht?*
(Lösung: Rn. 1529 ff.)

1456 Der einfache Eigentumsvorbehalt nach § 449 (oben Rn. 721 ff.) mag dem Lieferanten als Warenkreditgläubiger genügend Sicherheit bieten, wo er an einen Letztabnehmer verkauft. Liefert er aber an einen Händler, der die Ware nur kauft, um sie weiterzuverkaufen, dadurch sein Gewerbe zu betreiben und den gestundeten Kaufpreis zuzüglich seines Gewinns zu verdienen, ist der Lieferant nur unzureichend geschützt. Will er die Weiterveräußerung seiner Ware im Geschäftsbetrieb des Vorbehaltskäufers verbieten, wird es erst gar nicht zum Kaufabschluss kommen, weil sich der Vorbehaltskäufer darauf nicht einlassen kann. Erlaubt der Lieferant dem Vorbehaltskäufer aber, die Sache weiterzuveräußern, also darüber im eigenen Namen zu verfügen (§ 185), geht ihm das vorbehaltene Eigentum verloren, und seine Forderung auf den Kaufpreis, die er gegen den Vorbehaltskäufer hat, ist ungesichert. Dem Interesse des Lieferanten, auch über den Weiterverkauf der Vorbehaltsware hinaus gesichert zu sein, dient der **verlängerte Eigentumsvorbehalt** (nachf. I., Rn. 1461 ff.).

1457 Der Lieferant überlegt sich auch, wie er sich darüber hinaus sichern kann, wenn er weitere Forderungen gegen den Vorbehaltskäufer hat, die mit dem Kaufvertrag, durch den der verlängerte Eigentumsvorbehalt vereinbart wurde, rechtlich nichts zu tun haben. Der Eigentumsvorbehalt, auch der verlängerte, erlischt ja, wenn die zugrundeliegende Kaufpreisforderung getilgt wurde. Hat der Lieferant aber noch andere offene Forderungen aus der Geschäftsverbindung mit dem Vorbehaltskäufer, muss er mit ansehen, wie seine Sicherung dennoch verloren geht. Dem Schutz dagegen dient der **erweiterte Eigentumsvorbehalt** (nachf. III., Rn. 1501 ff.).

Der Eigentumsverlust kann durch rechtsgeschäftlichen Eigentumserwerb des Dritten eintreten, aber auch den Eigentumsverlust durch Verbindung, Vermischung oder Verarbeitung (§§ 946 ff.) muss der Lieferant in seine Überlegungen einbeziehen. Wie kann er sein Recht wahren, wenn z.B. unter Eigentumsvorbehalt geliefertes Material in eine Maschine eingebaut wurde und der Verarbeiter gem. § 950 auch Eigentümer dieses Materials wird, das in der Maschine aufgegangen ist? Die Lösung liegt in **Verarbeitungsklauseln** (nachf. II., Rn. 1486 ff.). **1458**

Der Lieferant (Vorbehaltsverkäufer) leistet seine Ware vor, er ist Warenkreditgläubiger. **1459** Der Vorbehaltskäufer erhält die Ware, ohne schon den Kaufpreis zu zahlen, er ist Kreditschuldner. Der Abnehmer des Vorbehaltskäufers, an den die Vorbehaltsware weiterverkauft wird, ist Schuldner der Kaufpreisforderung, die durch den Weiterverkauf entsteht. Wird diese Weiterverkaufsforderung an den Lieferanten als Kreditgläubiger abgetreten, ist er Zessionar, der Vorbehaltskäufer als Kreditschuldner ist Zedent (oben Rn. 1368).

I. Verlängerter Eigentumsvorbehalt

1. Abtretung der Forderung aus dem Weiterverkauf

Die Verlängerung des Eigentumsvorbehalts liegt darin, dass die Kaufpreisforderung, die **1460** der Vorbehaltskäufer aus der Weiterveräußerung der Vorbehaltsware an seinen Abkäufer erlangt, im voraus an den Lieferanten abgetreten wird.

a) Sicherungszweck

Kann der Lieferant nicht umhin, dem Vorbehaltskäufer die Weiterveräußerung der unter **1461** Vorbehalt gelieferten Ware zu gestatten, geht das Eigentum der Ware zwar auf den Dritten (den Abnehmer des Käufers) über, doch entsteht dafür ein Surrogat[1], nämlich die Kaufpreisforderung, die dem Vorbehaltskäufer durch den Kaufvertrag mit dem Dritten, seinem Abnehmer, erwächst. Diese neu entstandene Forderung aus dem Weiterverkauf ist ihrerseits als Sicherungsmittel tauglich. Lieferant und Vorbehaltskäufer können nämlich einen Abtretungsvertrag über diese Forderung abschließen, durch die der Lieferant neuer Forderungsinhaber (Zessionar) ohne Durchgangserwerb beim Vorbehaltskäufer (oben Rn. 1419) wird, zum Zwecke der Sicherung derjenigen Kaufpreisforderung, die der Lieferant gegenüber dem Vorbehaltskäufer hat, und um derentwillen der Eigentumsvorbehalt vereinbart wurde. Die Abtretung dieser neu entstandenen Kaufpreisforderung (Anschlusszession[2]) ist demzufolge eine Sicherungsabtretung[3], für die die dazu (oben

1 *Flume*, NJW 50, 841 (842); 59, 913 (917); *K. Schmidt*, DB 77, 65 (67).
2 BuB/*Cartano*, Rn. 4/401.
3 BGH WM 71, 71 (72/73).

Rn. 1092 ff., 1366 ff.) dargestellten Regeln gelten. Typischerweise ist sie eine **Vorausabtretung** (oben Rn. 1417 ff.): Wenn Lieferant und Vorbehaltskäufer den Eigentumsvorbehalt nebst Sicherungsabtretung vereinbaren, ist die neue Forderung des Vorbehaltskäufers in der Regel noch gar nicht entstanden, weil der Kaufvertrag zwischen Vorbehaltskäufer und seinem Abnehmer noch aussteht.

b) Wirksamkeit

1462 Typischerweise wird ein verlängerter Eigentumsvorbehalt durch Allgemeine Geschäftsbedingungen zum Vertragsinhalt erhoben, die wirksam einbezogen werden müssen. Hierfür genügt im unternehmerischen[4] Verkehr (§ 310 Abs. 1 BGB) die stillschweigende Unterwerfung des Vertragspartners des Verwenders (also des Vorbehaltskäufers gegenüber dem Lieferanten) unter die AGB, sofern sie branchenüblich sind; der unternehmerische Vorbehaltskäufer müsste der Einbeziehung seinerseits widersprechen, wenn er sie nicht will[5]. Das ist dann der Fall, wenn er seinerseits AGB verwendet, die den verlängerten Eigentumsvorbehalt ausschließen[6] (Abwehrklausel, oben Rn. 731). Die Erwähnung des verlängerten Eigentumsvorbehalts in einer dem Vertragsschluss nachfolgenden bloßen Auftragsbestätigung genügt nicht[7], wohl aber in einem konstitutiven kaufmännischen Bestätigungsschreiben[8] und auch dann, wenn in der Auftragsbestätigung ein neuer Antrag im Sinne von § 150 Abs. 2 BGB zu sehen ist, den der Vorbehaltskäufer konkludent – zum Beispiel durch widerspruchslose Entgegennahme der Ware – annimmt[9]. Lässt der Vorbehaltskäufer einen Vertreter für sich handeln, muss die Einbeziehung durch die Vertretungsmacht gedeckt sein[10].

1463 Der Kaufpreis, auf den der Vorbehaltskäufer gegenüber seinem Abnehmer Anspruch hat und den er sicherungshalber an den Lieferanten abtritt, ist typischerweise höher als der Kaufpreisanspruch des Lieferanten gegen seinen Vorbehaltskäufer, also höher als die gesicherte Forderung. In der Differenz beider Kaufpreise liegt der Gewinn des Vorbehaltskäufers, dessen Erzielung Anlass und Sinn gewerblichen Strebens ist. Je nach der Verdienstspanne des Vorbehaltskäufers kann die Differenz größere Ausmaße einnehmen, so dass sich wie in anderen Formen der Sicherungstreuhand das Problem der **Übersicherung** stellt (oben Rn. 1106 ff., wenngleich die Teilabtretung, oben Rn. 1390, auf den Rechnungsbetrag der Vorbehaltswaren möglich ist[11]). Typischerweise beschränkt sich die Geschäftsbeziehung zwischen Lieferant und kaufmännischem Vorbehaltskäufer nicht auf eine einzige Lieferung, sondern aus ihr ergibt sich eine Vielzahl von Lieferungen, so dass eine Globalsicherheit, verbunden mit Antizipation, entsteht, deren Bestand wechselt, in-

---

4 Nichtkaufmännischer Gewerbetreibender (vgl. § 2 Satz 1 HGB), Freiberufler oder Kaufmann, auch Scheinkaufmann, BGHZ 84, 112, nicht aber derjenige, der erst durch den Vertragsabschluss zum Kaufmann wird, OLG Koblenz NJW 87, 74; a.A. OLG Oldenburg NJW-RR 89, 1081, also nicht der Existenzgründer.

5 BGH NJW 71, 2127 zu III. 1. mit abl. Anm. *Schmidt-Salzer.*

6 BGHZ 81, 282 (288); BGH NJW 77, 451 zu II. 4. b.; 86, 643 zu 1.; NJW-RR 91, 357 zu III.; OLG Düsseldorf NJW-RR 97, 946 mit Rezension *Köster*, JuS 2000, 22 (25).

7 OLG Köln BB 94, 1740.

8 *Bülow*, Handelsrecht, S. 106 ff.

9 BGH WM 95, 844 zu II. 2. b. bb. mit Komm. *E.A. Kramer*, EWiR § 150 BGB 1/95, 639 I. 3.; NJW-RR 2000, 1154 zu II. 2. b. bb.

10 Alleinhandeln eines Gesamtprokuristen, § 48 Abs. 2 HGB: BGH NJW-RR 91, 357 zu III.

11 OLG Karlsruhe ZIP 84, 609.

dem Sicherungen wegfallen, wenn Abnehmer des Vorbehaltskäufers geschuldete Kaufpreise tilgen. Andererseits kommen mit jeder neuen Lieferung neue Sicherheiten, nämlich die bei Weiterverkauf entstehenden Kaufpreise, hinzu. Die Grundsätze über die Behandlung von Globalsicherheiten mit wechselndem Bestand sind in solchen Fällen deshalb auch auf verlängerte Eigentumsvorbehalte anwendbar[12]. Danach ist die Formulierung einer Freigabeklausel, weil vertragsimmanent, nicht notwendig; der Lieferant hat Forderungen aus Weiterverkäufen des Vorbehaltskäufers freizugeben, wenn deren Gesamtbetrag mehr als 110% ihres realisierbaren Werts (Sicherungswerts) ausmacht. Für die Bewertung des Forderungsbestandes können die in § 237 BGB niedergelegten Erfahrungswerte herangezogen werden, so dass der Lieferant nicht zur Freigabe verpflichtet ist, solange der Nominalwert der Sicherungsforderungen aus den Weiterverkäufen nicht 150% der gesicherten Forderungen aus den Erstverkäufen überschreitet. Dem Lieferanten steht der Beweis offen, dass der realisierbare Wert der Sicherungsforderungen im konkreten Einzelfall trotz Überschreitung der Grenze von 150% nicht erreicht ist (oben Rn. 1122 ff.).

Abtretungsverbote, die den verlängerten Vorbehalt vereiteln, halten sowohl der Kontrolle **1464** gem. § 138 BGB (oben Rn. 1414) wie derjenigen gem. § 307 BGB[13] im Allgemeinen[14] stand. Im Falle kaufmännischer Abkäufer ist diese Frage durch § 354a HGB (oben Rn. 1415) freilich obsolet geworden. Dagegen wird der Vorbehaltskäufer unangemessen benachteiligt, wenn Weiterveräußerungsbefugnis und Einziehungsermächtigung[15] frei widerruflich und nicht an sachliche Gründe (nachf. Rn. 1478) gebunden sein sollen.

Wird die Weiterverkaufsforderung durch **Scheck** beglichen, können die Parteien die Sicherungsübereignung des Schecks, wenn es sich um einen Inhaberscheck handelt, vereinbaren, beim **Wechsel** **1465** die Abtretung der Wechselforderung oder die sicherungsweise Indossierung[16].

c) Causa

Rechtlicher Grund der in der Sicherungsabtretung liegenden Verfügung ist der Kaufver- **1466** trag zwischen Vorbehaltskäufer und Lieferant, der zugleich Elemente eines **Sicherungsvertrages** (oben Rn. 1146 ff.) enthält. Gleichermaßen wie der Lieferant den Rücktritt resp. den Vorbehalt (oben Rn. 746) gem. § 449 nur unter den dort vorgesehenen Voraussetzungen ausüben darf, ist er auch in der Rechtsausübung über die ihm abgetretene Forderung aus dem Weiterverkauf beschränkt. Zwar ist der Lieferant als Zessionar der alleinige dinglich Berechtigte und hat gem. § 137 Satz 1 die Rechtsmacht, über die Forderung in erdenklicher Weise zu verfügen (wenn kein Abtretungsverbot gem. § 399 vereinbart wurde, oben Rn. 1269 und vorst. Rn. 1464). Durch den Sicherungsvertrag verpflichtet sich der Lieferant gegenüber dem Vorbehaltskäufer aber, sein Vollrecht an der Forderung

12 Entscheidungen aus Anlass verlängerter Eigentumsvorbehalte: BGH DZWIR 2000, 68 mit Anm. *Glöckner*; BGHZ 120, 300 mit Komm. *Hensen*, EWiR 12/93, 625 zu § 9 AGBG; 98, 303; 94, 105 mit Komm. *v. Westphalen*, EWiR § 9 AGBG 8/85, 523 sowie DB 85, 425 (430); OLG Brandenburg ZIP 98, 952; OLG Düsseldorf NJW-RR 97, 946; erweiterter Eigentumsvorbehalt: BGH NJW 87, 487 zu II. 3. b. mit Komm. *Meyer/Cording*, EWiR § 9 AGBG 1/87, 5; BGHZ 125, 83 mit Anm. *A. Weber*, WuB I F 6. – 4.94, nachf. Rn. 1501 ff.; *Serick*, JZ 94, 714.

13 BGH NJW 80, 2245 zu II. 4.

14 Sonderfall im Transportversicherungsrecht aber BGHZ 65, 364 (365/366).

15 BGH BB 79, 774; WM 62, 37; *v. Westphalen*, DB 85, 425 (428).

16 Dazu BGHZ 95, 149 (153/154); BGH NJW 86, 1174 zu II. 1. a.; WM 84, 1467 zu I. 1.; 70, 245; NJW 58, 302; 69, 1484; *Bülow*, WG, ScheckG, AGB, Art. 19 WG Rn. 15; Art. 23 ScheckG Rn. 1.

nur in bestimmter Weise, nämlich nur unter den vereinbarten Voraussetzungen, auszuüben. Diese Voraussetzungen ergeben sich aus dem Sicherungszweck. Kreditsicherung heißt Sicherung gegen den Fall, dass der Kredit notleidend wird, und Kreditsicherung aktualisiert sich nicht, solange sich der Kreditschuldner (der Vorbehaltskäufer) vertragstreu verhält (oben Rn. 1). Solange deshalb der Vorbehaltskäufer die Kaufpreisforderung des Lieferanten innerhalb der ihm eingeräumten Zahlungsfristen tilgt, also der Sicherungsfall nicht eintritt, darf der Lieferant von der Rechtsmacht, die ihm durch die Abtretung eingeräumt ist, keinen Gebrauch machen, obwohl er es könnte (oben Rn. 67, 58, 1094). Hat der Vorbehaltskäufer die Kaufpreisforderung des Lieferanten getilgt, wird der Rückübertragungsanspruch wegen Fortfalls des Sicherungszwecks ausgelöst (vorst. Rn. 1170). Der Sicherungszweck begründet außerdem die Notwendigkeit, die Befugnis zur Weiterveräußerung der Vorbehaltsware zu erteilen (nachf. Rn. 1473). Dem folgt das Bedürfnis zu einer Einziehungsermächtigung für den Vorbehaltskäufer (nachf. Rn. 1467), in Sonderfällen die Zustimmung zur anderweitigen Abtretung (nachf. Rn. 1472).

d) Einziehungsermächtigung

1467 Wenn Lieferant und Vorbehaltskäufer im konkreten Einzelfall nichts anderes vereinbart haben, darf der Lieferant dem Abnehmer des Vorbehaltskäufers gegenüber nicht offenlegen, dass die Forderung gegen ihn abgetreten wurde (oben Rn. 1370) – Publizität soll ja gerade vermieden werden. Aus dem Sicherungszweck folgt weiter, dass der Lieferant die Forderung nicht einziehen darf, obwohl sie ihm zugeordnet ist. Vielmehr soll es nach dem Willen der Parteien der Vorbehaltskäufer als Kreditschuldner und Zedent sein, der die Forderung einzieht. Er ist aufgrund der Sicherungsabtretung zwar nicht ihr Inhaber, aber er ist Partei des Vertrages, auf dem die Entstehung der Forderung beruht, nämlich des Kaufvertrages mit seinem Abnehmer. Die im verlängerten Eigentumsvorbehalt liegende Sicherungsabtretung ist demgemäß typischerweise mit Einziehungsermächtigung (oben Rn. 1448 ff.) verknüpft, die nicht nur ausdrücklich, z.B. durch Allgemeine Geschäftsbedingungen erklärt werden kann, sondern auch stillschweigend zusammen mit der Befugnis zur Weiterveräußerung der Ware (nachf. Rn. 1473 ff.), und auch diese Weiterveräußerungsbefugnis selbst kann stillschweigend erteilt worden sein.

1468 Durch die Einziehungsermächtigung wird dem Vorbehaltskäufer das Recht übertragen, die Forderung aus dem Weiterverkauf bei seinem Abnehmer einzuziehen. Aus dem Sicherungsvertrag ist er dem Lieferanten gegenüber zur Einziehung zugleich verpflichtet. Mit dem eingezogenen Geld hat er den Lieferanten zu befriedigen. Der Vorbehaltskäufer ist also gleichzeitig Zedent der Forderung und Einziehungsermächtigter (vorst. Rn. 1448). Folglich kann der Abnehmer des Vorbehaltskäufers als Schuldner die Schuldnerschutzbestimmungen der §§ 404 ff. für sich in Anspruch nehmen, also Einwände aus seinen Rechtsbeziehungen zum Vorbehaltskäufer geltend machen (vorst. Rn. 1426 ff.). Er kann ohne Einschränkung auch Einwände aus den Rechtsbeziehungen zu seinem Gläubiger, dem Vorbehaltslieferanten als Zessionar, erheben. Freilich – seinen wirklichen Gläubiger kennt der Schuldner im Regelfalle des verlängerten Eigentumsvorbehalts gar nicht, weil ihm die Abtretung nicht angezeigt wird. Die Publizitätsscheu des Vorbehaltskäufers muss in der Regel erst dann zurücktreten, wenn er mit seinen Verbindlichkeiten gegenüber dem Lieferanten in Verzug oder überhaupt in die wirtschaftliche Krise gerät, also der Sicherungsfall eintritt: Dann folgt aus dem zugrundeliegenden Rechtsverhältnis (§ 183 Satz 1

BGB, oben Rn. 1454), dem Kaufvertrag mit Sicherungscharakter, dass der Lieferant die Einziehungsermächtigung **widerrufen** und die Forderung beim Abnehmer des Vorbehaltskäufers unter Offenlegung der Abtretung selbst einziehen, also die Sicherheit verwerten darf (mit Anspruch des Vorbehaltskäufers auf Erstattung von Beträgen, die die Forderung des Lieferanten überschreiten – Mehrerlös –, oben Rn. 1215). Erst aufgrund dieses Widerrufs realisiert der Lieferant also seine Sicherheit (s. nachf. Rn. 1479). Oft wird die Befugnis zum Widerruf durch Allgemeine Geschäftsbedingungen, aber auch nur konkludent, vereinbart. Sie liegt regelmäßig zugleich in der Veräußerungsermächtigung.

Tilgt der Vorbehaltskäufer den Kaufpreis für (möglicherweise inzwischen weiterveräußerte) Vorbe- **1469** haltsware, hat er Anspruch auf Rückabtretung der Weiterverkaufsforderung (oben Rn. 1167), sofern die Vorausabtretung nicht ohnehin auflösend bedingt (oben Rn. 1181) gestaltet worden war. Fraglich kann sein, welche Tilgungswirkung eine Leistung des Vorbehaltskäufers hat, wenn Lieferant und Vorbehaltskäufer eine Vielzahl von Kaufverträgen abgeschlossen haben und der Vorbehaltskäufer einen Teilbetrag leistet, der nicht zur Tilgung aller offenen Kaufpreise ausreicht. Gem. § 366 Abs. 1 kommt es auf eine Leistungsbestimmung des Vorbehaltskäufers (Schuldners) an, mangels dessen greift die Tilgungsregel von § 366 Abs. 2 ein. Ist der Lieferant aber seinerseits Zwischenhändler und hatte er einen Teil der Kaufpreisforderung aus dem Kaufvertrag mit dem Vorbehaltskäufer an seine Lieferanten abgetreten, den anderen Teil behalten, ist § 366 entsprechend anwendbar, obwohl die Forderungen verschiedene Gläubiger haben[17] (vgl. aber oben Rn. 1394).

e) Tilgung durch Wertpapier

Lässt sich der Vorbehaltskäufer die Forderung aus dem Weiterverkauf nicht mittels Über- **1470** weisung oder bar begleichen, sondern durch Wechsel oder Scheck, fragt sich, wer Eigentümer des Papiers wird. Da der Eigentümer des Papiers auch Forderungsinhaber ist[18], würde die Abtretung im verlängerten Eigentumsvorbehalt zunächst ins Leere gehen, wenn der Vorbehaltskäufer und nicht der Lieferant Eigentümer des Papiers würde.

Trotzdem lässt sich dieses Ergebnis nicht vermeiden, will der Vorbehaltskäufer nicht als Vertreter **1471** des Lieferanten auftreten (s. Art. 8 WG, 11 ScheckG) und dadurch Publizität herstellen: Der wertpapierrechtliche Begebungsvertrag, der zum Eigentumsübergang am Papier führt, wird eben mit dem Vorbehaltskäufer und nicht mit dem Lieferanten abgeschlossen; dass der Vorbehaltskäufer etwa das Papier auf Geheiß des Lieferanten erwürbe, hilft nicht weiter, da er dann immer noch die zum Begebungsvertrag führende Willenserklärung als Vertreter des Lieferanten abgeben müsste. Die Voraussetzungen für ein Geschäft für den, den es angeht (Gleichgültigkeit der Person des Erwerbers[19]), liegen bei einem wertpapierrechtlichen Begebungsvertrag gerade nicht vor. Der Vorbehaltskäufer wird also trotz Abtretung der zugrundeliegenden Forderung aus dem Weiterverkauf Eigentümer des Wertpapiers, ist aus Sinn und Zweck des verlängerten Eigentumsvorbehalts aber verpflichtet, Wechsel resp. Scheck auf den Lieferanten bei Eintritt des Sicherungsfalls zu übertragen – eine schwache Sicherung. Freilich kann sich der Lieferant auch gegen nachteilige Folgen aus dieser Rechtslage schützen. Er kann sich nämlich nicht nur die Forderung aus dem Weiterverkauf, sondern auch die Wechsel- oder Scheckforderung im voraus abtreten lassen[20]. Dadurch wird der Lieferant Eigentümer des Papiers nach Maßgabe von § 952 Abs. 2 BGB. Diese Lösung setzt freilich ent-

---

17 BGHZ 47, 168 (171 f.); BGH NJW 91, 2629; mit Anm. *Rimmelspacher*, WuB I F 6. – 1.92.

18 Das kennzeichnet Inhaber- und Orderpapiere: *Zöllner*, Wertpapierrecht, § 14 I. 2. (S. 86).

19 *Westermann/Westermann*, Sachenrecht, § 43 IV. 3. (S. 337); *Enneccerus/Nipperdey*, § 179 III. 3. c. (S. 1101).

20 So Nr. 15 Abs. 2 AGB-Banken, 25 Abs. 1 S. 2 AGB-Sparkassen, 16 Abs. 2 AGB-Postbank, zur Vorgängervorschrift (Nr. 44 AGB-Banken) BGH WM 85, 1057 zu 1.

gegen der Rechtsprechung[21] voraus, die Abtretung der Wertpapierforderung bedürfe nicht auch zu ihrer Wirksamkeit der Übergabe des Papiers[22]. Auch dann gibt es für den Lieferanten aber einen Ausweg: Hinsichtlich des Eigentums am Papier vereinbart er mit dem Vorbehaltskäufer ein antizipiertes Besitzkonstitut (oben Rn. 1292), nach dem der Vorbehaltskäufer das Papier für ihn bei Besitzerwerb – z.B. – verwahrt[23]. Dadurch wird der Lieferant gem. § 930 BGB Eigentümer des Papiers und kann auch nach dieser Ansicht Inhaber der Wechselforderung werden.

f) Kollisionen

1472 Sofern sich der Vorbehaltskäufer durch Abschluss von **Factoring-Verträgen** finanziert, in deren Rahmen Forderungen abzutreten sind, kann auch die gerade an den Lieferanten abgetretene Forderung aus dem Weiterverkauf erfasst, also eine Doppelabtretung gegeben sein. Jedoch kann der Lieferant nach Lage des Einzelfalls dem Käufer die Zustimmung (§ 182) erteilen, die Forderung im eigenen Namen an die Factor-Bank abzutreten (im einzelnen unten Rn. 1686, 1691, 1712). Im Allgemeinen hat die Globalzession eines Kreditinstituts gegenüber dem verlängerten Eigentumsvorbehalt keinen Bestand (unten Rn. 1649 ff.).

2. Gestattung zur Weiterveräußerung der Vorbehaltsware

1473 Sowohl Einziehungsermächtigung wie Abtretungsbefugnis (vorst. Rn. 1472, mag sie ausdrücklich erklärt oder durch Auslegung zu ermitteln sein) gründen sich auf die Voraussetzung, dass es dem Vorbehaltskäufer vom Lieferanten gestattet ist, die Vorbehaltsware an den Abnehmer zu übereignen: Sonst würde gar keine Forderung aus einem Weiterverkauf entstehen, die der Vorbehaltskäufer einzuziehen ermächtigt wäre, und es gäbe nichts, was abgetreten werden könnte. Ohne Weiterveräußerungsbefugnis ist ein verlängerter Eigentumsvorbehalt nicht sinnvoll vorstellbar. Sie ist die im voraus erteilte Zustimmung (Einwilligung, § 183 Satz 1 BGB) des Lieferanten als Eigentümer der Vorbehaltsware, also Berechtigtem, an den Vorbehaltskäufer als Nichteigentümer, also Nichtberechtigtem, über eben diese Vorbehaltsware eine Verfügung im eigenen Namen des Vorbehaltskäufers zu treffen (§ 185 Abs. 1). Die Verfügung ist die Übereignung der Vorbehaltsware an den Abkäufer in Erfüllung des zwischen diesem und dem Vorbehaltskäufer abgeschlossenen Kaufvertrages (§ 433 Abs. 1 Satz 1, Zweitvertrag), aus dem zugleich die abgetretene Kaufpreisforderung entsteht.

a) Ordnungsgemäßer Geschäftsverkehr

1474 Die Einwilligung ist eine einseitige, empfangsbedürftige (§ 182 Abs. 1) Willenserklärung, deren Umfang vom Erteilenden, also dem Lieferanten, bestimmt wird (vgl. nachf. Rn. 1480). Die Bestimmung dieses Umfangs ergibt sich aus der Bindung an den Sicherungszweck. Danach reicht die Verfügungsbefugnis des Vorbehaltskäufers nur so weit, wie die Vorbehaltsware im ordnungsgemäßen Geschäftsverkehr veräußert wird. Veräußert der Vorbehaltskäufer die Vorbehaltsware außerhalb ordnungsgemäßen Geschäftsverkehrs, ist sein Handeln durch die Einwilligung des Lieferanten nicht gedeckt. Der Vorbehalts-

21 BGH NJW 58, 302; 69, 1484; WM 70, 245.
22 So *Zöllner*, Wertpapierrecht, § 14 I. 2. (S. 86); *Bülow*, WG, ScheckG, AGB, Art. 11 WG Rn. 2; *Muscheler*, NJW 81, 657.
23 BGH NJW 58, 302.

käufer handelt als Nichtberechtigter und als Nichtverfügungsberechtigter. Was Weiterveräußerung im ordnungsgemäßen Geschäftsverkehr bedeutet, ist durch Auslegung gem. §§ 133, 157 BGB zu ermitteln. Es liegt im Sicherungsinteresse des Lieferanten, dass der Vorbehaltskäufer einen möglichst hohen Wiederverkaufspreis erzielt, von dem er seine Schuld gegenüber dem Lieferanten abtragen kann[24].

Danach fehlt es an der Ordnungsgemäßheit des Geschäftsverkehrs, wenn der Vorbehaltskäufer die Vorbehaltsware **verschleudert**, insbesondere unter Einstandspreis (das ist die Verbindlichkeit gegenüber dem Lieferanten) weiterverkauft[25]. Im Übrigen ist der Vorbehaltskäufer aber in seiner Preisgestaltung beim Weiterverkauf frei, ebenso in der Auswahl seiner Vertriebswege. Solange deshalb nicht von Verschleudern gesprochen werden kann, steht es im Belieben eines Einzelhändlers, die Vorbehaltsware an Wiederverkäufer statt an Letztverbraucher zu veräußern[26]. Sinnhafterweise darf auch die individuelle schlechte Geschäftslage des Vorbehaltskäufers keine Rolle für die Beurteilung der Ordnungsgemäßheit spielen: Gerade in der **Krise** muss der Vorbehaltskäufer Umsatz machen, um die Krise beenden zu können. Andernfalls würde man dem Vorbehaltskäufer letztlich ansinnen, das Insolvenzverfahren zu betreiben, was dem Sicherungsinteresse des Lieferanten gerade nicht dienen würde. **1475**

Dem Sicherungsinteresse eines verständigen Lieferanten muss es widersprechen, wenn dem Vorbehaltskäufer die Möglichkeit genommen ist, den erzielten Kaufpreis an den Lieferanten weiterzuleiten. Das ist der Fall, wenn der Vorbehaltskäufer den Erlös aus dem Weiterverkauf von seinem Abnehmer nicht ausgezahlt erhalten, sondern mit Gegenforderungen des Abnehmers verrechnen soll[27]. Dagegen liegt die Überweisung der Erlöse auf ein **Bankkonto** mit Sollsaldo noch innerhalb ordnungsgemäßen Geschäftsverkehrs. In diesem Falle ist der Vorbehaltskäufer nicht gehindert, Zahlungen an den Lieferanten weiterzuleiten. Etwas anderes gilt, wenn das Konto gesperrt zu werden droht und die Überweisung nur den Zweck hat, die Bankschulden zu tilgen (also den Passivsaldo abzutragen[28]). **1476**

Außerhalb des ordnungsgemäßen Geschäftsverkehrs, weil den Sicherungsinteressen des Lieferanten zuwiderlaufend, sind **Sicherungsübereignung** und **Verpfändung** der Vorbehaltsware[29]: Dem Lieferanten kann nicht angesonnen werden, seine Vorbehaltsware den Gläubigerkonkurrenten zur Verfügung zu stellen. Der Käufer darf die Ware auch nicht im Wege des **sale-and-lease-back-Verfahrens** (verkaufe und miete zurück) veräußern[30]. Aus Gründen der Finanzierung veräußert der Vorbehaltskäufer dabei die Vorbehaltsware an ein Leasing-Unternehmen, behält aber den Besitz, indem er über die Vorbehaltsware einen Leasing-Vertrag mit dem Leasing-Unternehmen abschließt (§ 930 BGB, oben Rn. 1281): Dieses wird zum konkurrierenden Gläubiger des Lieferanten. Dagegen handelt der Vorbehaltskäufer natürlich im Rahmen ordnungsgemäßen Geschäftsverkehrs, wenn er die Vorbehaltssache seinerseits dem Abkäufer **unter Eigentumsvorbehalt** veräußert und auf diese **1477**

24 BGHZ 27, 306 (308/309); BGH WM 69, 1452; NJW 77, 901; OLG Celle NJW 59, 1686.

25 BGH WM 69, 1452.

26 MünchKomm./*Westermann*, § 455 BGB Rn. 63, anders aber OLG Celle NJW 59, 1686.

27 BGHZ 56, 173; BGH WM 66, 924 (925); 68, 1145.

28 BGHZ 32, 357 (360); BGH WM 63, 1187; auf der anderen Seite kann sich die Bank treuwidrig verhalten, OLG Brandenburg ZIP 98, 952 (955) mit Komm. *Martinek*, EWiR § 816 BGB 1/98, 689; *Peters/Lwowski*, WM 99, 258 (262); *Hammen*, JZ 98, 1095.

29 BGHZ 104, 129 (132); BGH WM 66, 1327; OLG Celle NJW 59, 1186; a.A. noch OLG Hamburg JW 35, 440 wegen allgemeiner Bedenken gegen den verlängerten Eigentumsvorbehalt als solchen; zu den Reformbestrebungen in jener Zeit s. Akademie für Deutsches Recht, Protokolle 1934 bis 1936, Bd. III/3, S. 31 ff., 430 ff.

30 BGHZ 104, 129 (134) mit Komm. *Serick*, EWiR § 185 BGB 1/88, 547; *v. Westphalen*, BB 91, 149.

Weise das Vorbehaltseigentum des Lieferanten wahrt (nachgeschalteter Eigentumsvorbehalt, unten Rn. 1535). Innerhalb ordnungsgemäßen Geschäftsverkehrs liegt die Veräußerung auch dann noch, wenn der Vorbehaltskäufer mit seinem Abnehmer in einem **Kontokorrentverhältnis** steht (§ 355 HGB)[31], obwohl daraus die Unabtretbarkeit der Weiterverkaufsforderung folgt; der Verkäufer muss sich den Anspruch auf den Schlusssaldo abtreten lassen. In anderen Fällen verhindert aber ein mit dem Abkäufer ausbedungenes **Abtretungsverbot** nach § 399 im Allgemeinen die Veräußerungsbefugnis[32]. Ist der Abkäufer allerdings ebenso wie der Vorbehaltskäufer ein Kaufmann (§§ 1, 2 HGB), ist die Abtretung gem. § 354a Abs. 1 HGB dennoch wirksam (oben Rn. 1415) und deckt die Weiterveräußerungsbefugnis.

b) Widerruf

1478 Die Befugnis zur Weiterveräußerung fällt weg, wenn der Lieferant seine Einwilligung wirksam widerruft. Adressat des Widerrufs ist der Vorbehaltskäufer oder sein Abnehmer, § 183 Satz 2 BGB. Die Voraussetzungen für das Recht des Lieferanten zum Widerruf bestimmt § 183 Satz 1 BGB. Danach ist die Einwilligung in die Verfügung über die Vorbehaltsware durch Weiterveräußerung widerruflich, soweit sich nicht aus dem Rechtsgeschäft, das der Weiterveräußerungsbefugnis zugrundeliegt, etwas anderes ergibt. Soweit sich etwas anderes ergibt, entfaltet der Widerruf keine Rechtswirkung, die Weiterveräußerungsbefugnis bleibt bestehen. Ob das der Fall ist, richtet sich nach dem der Weiterveräußerungsbefugnis zugrundeliegenden Rechtsgeschäft, also dem Kaufvertrag zwischen Lieferanten und Vorbehaltskäufer, der den verlängerten Eigentumsvorbehalt enthält[33]. Vorbehaltlich anderer Vereinbarungen zwischen Lieferant und Vorbehaltskäufer gilt:

1479 Maß gibt der Sicherungszweck. Dem Wesen des Kaufvertrages mit Sicherungscharakter gemäß muss der Vorbehaltskäufer mit der Vorbehaltsware Umsatz machen können, nicht zuletzt auch den Lieferanten bezahlen. Der Vorbehaltskäufer muss zu diesem Zwecke Dispositionen von einiger Dauer treffen können. Dem würde es widersprechen, wenn der Lieferant die Weiterveräußerungsbefugnis nach freiem Belieben widerrufen könnte. Treu und Glauben und die Verkehrssitte lassen die Dispositionsmöglichkeiten des Vorbehaltskäufers vielmehr solange als geschützt erscheinen, wie er sich selbst vertragstreu verhält und auch keine Anzeichen für bevorstehende Vertragsuntreue erkennbar sind[34], er insbesondere Zahlungsfristen gegenüber dem Lieferanten einhält. So lange ist der Sicherungszweck nicht gefährdet mit der Folge, dass der Lieferant kein Widerrufsrecht hat. Ein trotzdem erklärter Widerruf ist unwirksam und berührt die Weiterveräußerungsbefugnis nicht. Wird der Vorbehaltskäufer vertragsuntreu, besteht das Recht des Lieferanten zum Widerruf so lange fort, bis der Abnehmer des Vorbehaltskäufers Eigentümer geworden ist, also bis zur Einigung und Übergabe der Vorbehaltssache (§ 929) bzw. Vollzug eines Über-

---

31 BGHZ 70, 86 (92 f.); 73, 259 (263 ff.); *Canaris*, Handelsrecht, S. 301.

32 BGHZ 27, 306 (309); 30, 176 (183); 40, 156 (162); 51, 113 (116); 73, 259 (266); 77, 274 (278); 102, 293 (308), skept. dazu *Wagner*, JZ 88, 698 (703); BGH WM 86, 1081 zu 1. b. mit Komm. *Henckel*, EWiR § 455 BGB 1/86, 981, gleichermaßen bei wirksamer Abwehrklausel des Käufers: BGH MDR 87, 134, OLG Düsseldorf NJW-RR 97, 946 zu I. 5. und oben Rn. 731 ff.; BGH NJW 99, 425 zu III. 2. b. mit klarstellender Rezension *K. Schmidt*, NJW 99, 400 betr. § 354a HGB und Komm. *Medicus*, EWiR § 366 HGB 1/99, 215.

33 BGH NJW 69, 1171.

34 BGH NJW 69, 1171; BGHZ 82, 283 (290); missverständlich OLG München BB 85, 2270; die allgemeine Krise des Vorbehaltskäufers dürfte den Widerruf begründen: Dem Lieferanten kann nicht angesonnen werden, sein Eigentum sehenden Auges der Verlustgefahr auszusetzen.

gabeersatzes[35]. Auf der anderen Seite muss der Lieferant den Widerruf erklären; die Verfügungsbefugnis endet also bei Vertragsuntreue des Käufers nicht von selbst[36]. Dagegen besteht die Verfügungsbefugnis von vornherein nicht, wenn der Vorbehaltskäufer außerhalb ordnungsgemäßen Geschäftsverkehrs handelt (vorst. Rn. 1474).

c) Folgen fehlender Veräußerungsbefugnis: Gutgläubiger Erwerb, Einziehungsermächtigungsanschein

Ist der Widerruf danach wirksam oder veräußert der Vorbehaltskäufer außerhalb ordnungsgemäßen Geschäftsverkehrs oder entstand die Veräußerungsbefugnis nicht, weil die Kaufpreisforderung aus dem Weiterverkauf gem. § 399 unabtretbar war (vorst. Rn. 1477 a.E.), ergibt sich folgendes: **1480**

aa) War der Vorbehaltskäufer nicht befugt, über die fremde, weil unter Eigentumsvorbehalt stehende Ware zu verfügen, kann sie von Dritten nur nach den Regeln über den **Gutglaubenserwerb** gem. §§ 932 ff. BGB, 366 HGB erworben werden (unberührt bleibt die Verfügungsbefugnis des Vorbehaltskäufers über das ihm bereits zustehende Anwartschaftsrecht, oben Rn. 777 f.). Der gute Glaube an das Eigentum scheitert, wenn der Erwerber damit rechnen muss, der Veräußerer, also der Vorbehaltskäufer, habe die Ware unter Eigentumsvorbehalt erworben[37]. Ist der Vorbehaltskäufer aber, wie regelmäßig, Kaufmann, ist der Erwerber gem. § 366 Abs. 1 HGB auch in seinem guten Glauben an die Verfügungsbefugnis des Vorbehaltskäufers geschützt (vgl. oben Rn. 1359), und gerade von ihr kann der Erwerber ausgehen, wenn er von einem Widerruf nichts weiß und nichts zu wissen braucht. Verschleudert der Vorbehaltskäufer dagegen ersichtlich die Vorbehaltsware, so kann dem Erwerber die fehlende Ordnungsgemäßheit dieser Verkaufsart und damit die fehlende Veräußerungsbefugnis offenbar sein (vorst. Rn. 1474) und in diesem Falle seinen guten Glauben ausschließen[38]. Er haftet dem Lieferanten als bösgläubiger Besitzer gem. §§ 990, 989 BGB[39]. **1481**

bb) Weitere Folge fehlender Weiterveräußerungsbefugnis ist der **Wegfall der Ermächtigung** für den Vorbehaltskäufer, die Forderung aus dem gleichwohl vereinbarten Weiterverkauf bei seinem Abnehmer **einzuziehen**. Zieht der Vorbehaltskäufer den Kaufpreis trotzdem ein, ist er Nichtberechtigter und muss den empfangenen Kaufpreis gem. § 816 Abs. 2 an den Lieferanten herausgeben. **1482**

Kann sich der Lieferant aber auch an den Abnehmer des Vorbehaltskäufers, der aufgrund der Abtretung im verlängerten Eigentumsvorbehalt der Schuldner des Lieferanten ist, halten, oder hat sich der **Schuldner** durch Zahlung an den Vorbehaltskäufer **befreit**? Hier sind drei Fälle zu unterscheiden: **1483**

(1) Leistete der Abnehmer des Vorbehaltskäufers in Kenntnis der Abtretung oder der nicht bestehenden Einziehungsermächtigung gleichwohl an den Vorbehaltskäufer, muss er nochmals an den Lieferanten leisten (und beim Vorbehaltskäufer kondizieren), wird also nicht befreit; in diesem Fall

35 BGHZ 14, 114 (118 f.).

36 Gl.A. BGHZ 144, 192 (197 ff.) = NJW 2000, 1950 mit abl. Anm. *Gundlach*, DZWIR 2000, 431 und zust. Anm. *Lwowski*, WuB I F 4. – 3.00.

37 BGH WM 62, 95.

38 BGH WM 69, 1452.

39 BGH BB 88, 2340, wo es freilich am Schaden fehlte; krit. dazu *Tiedtke*, JZ 89, 179.

ist die Leistung an den Vorbehaltskäufer dem Lieferanten gegenüber auch nicht wirksam, so dass die Voraussetzungen von § 816 Abs. 2 im Verhältnis zum Vorbehaltskäufer nicht erfüllt sind;

(2) wusste er nicht, dass die Forderung an den Lieferanten abgetreten worden war, leistete er an seinen vermeintlichen, in Wahrheit nur bisherigen Gläubiger (Zedenten). Diesen Fall regelt § 407 Abs. 1 (oben Rn. 1425): Der Schuldner wird befreit, wenn er gutgläubig war, also nicht positive Kenntnis von der Abtretung hatte (fahrlässige Unkenntnis beseitigt den guten Glauben nicht; es kommt also nicht darauf an, ob der Schuldner mit der Abtretung durch den verlängerten Eigentumsvorbehalt rechnen musste); er kann aber davon absehen, die Einrede aus § 407 zu erheben (oben Rn. 1430);

(3) wusste der Abnehmer des Vorbehaltsverkäufers dagegen, dass die Forderung an den Lieferanten abgetreten worden war, durfte er aber vom Fortbestand der Einziehungsermächtigung ausgehen (der Widerruf war ihm z.B. nicht bekannt), wird er unter dem Gesichtspunkt des **Einziehungsermächtigungsanscheins** nach dem Rechtsgedanken der für die Vollmacht geltenden Vorschriften der §§ 170, 171 Abs. 2, 172 Abs. 2, 173 befreit[40] (s. schon oben Rn. 1437). Gleiches gilt, wenn die Einziehungsermächtigung (ausnahmsweise) von vornherein nicht erteilt worden war, der Abnehmer des Vorbehaltskäufers aber hiervon ausgehen durfte und der Rechtsschein dem Lieferanten zuzurechnen ist.

1484 **Folge der Befreiung** des Schuldners ist, dass die Forderung aus dem Weiterverkauf auf Dauer einredebehaftet (oben Rn. 1430)[41] und für den Lieferanten damit verloren ist. Der Lieferant kann sich nur noch an den Vorbehaltskäufer halten. Folglich verliert er den Abnehmer des Vorbehaltskäufers als zusätzlichen Schuldner. Er erhält gem. § 816 Abs. 2 eine Bereicherungsforderung, weil an den Vorbehaltskäufer, obwohl dieser wegen des Wegfalls der Einziehungsermächtigung Nichtberechtigter war, eine Leistung (Zahlung durch den Abnehmer) bewirkt wurde, die dem Lieferanten gegenüber nach dem Gesagten zu (2) und (3) wirksam ist. Außerdem bleibt natürlich die Kaufpreisforderung aus dem Kaufvertrag über die Vorbehaltsware gegenüber dem Vorbehaltskäufer bestehen. Aber die Sicherheiten – zunächst der Eigentumsvorbehalt, dann die Sicherungsforderung – sind dem Lieferanten verloren gegangen. Fehlt es an der Weiterveräußerungsbefugnis freilich, weil die Forderung wegen Abtretungsverbots gem. § 399 nicht abgetreten werden konnte, wird der Lieferant von vornherein nicht Gläubiger, vielmehr bleibt der Vorbehaltskäufer Gläubiger (oben Rn. 1375 ff.), so dass sein Abnehmer an den richtigen Gläubiger zahlt. Die Sicherung war von Anfang an gescheitert, so dass sich Probleme gutgläubiger Leistung nicht stellen.

d) Rückabwicklung des Zweit-Kaufvertrages

1485 Hatte der Vorbehaltskäufer seinem Abkäufer die Vorbehaltssache kraft – nicht widerrufener – Gestattung zur Weiterveräußerung im ordnungsgemäßen Geschäftsverkehr wirksam gem. § 185 Abs. 1 übertragen, kann es doch vorkommen, dass sich der Zweitkaufvertrag aufgrund Rücktritts in ein Rückabwicklungsverhältnis umwandelt, z.B. wegen Mangels gem. §§ 437 Nr. 2, 440, 323 BGB. Rückabwicklung bedeutet gem. § 346 Abs. 1 BGB unter anderem, dass der Abkäufer verpflichtet ist, das Eigentum an der Sache gem. §§ 929 ff. zurückzuübertragen. Problematisch ist, dass der Vorbehaltskäufer als Kaufvertragspartei auf diese Weise das Eigentum erhielte, das er vorher überhaupt nicht gehabt hatte; er konnte nur als Nichtberechtigter, wenngleich verfügungsbefugt, handeln (vorst. Rn. 1473). Im Gesetz fehlt eine Rückabwicklungsregelung, die der Erwerbsregelung von

40 *Canaris*, NJW 81, 249 (254); Vertrauenshaftung, S. 72.
41 RGZ 111, 298 (303); BGHZ 26, 185 (193).

§ 185 Abs. 1 entspräche; Gleiches gilt übrigens für den gutgläubigen Erwerb (vgl. oben Rn. 290). Für eine Analogie fehlt es an einer Vorschrift im Gesetz, die herangezogen werden könnte, um die Lücke zu schließen. Immerhin ähnlich ist die Regelung der Konvaleszenz nach Verfügung durch einen Nichtberechtigten gem. § 185 Abs. 2 Satz 1, 2. Alt. (oben Rn. 1142), wo der spätere dingliche Erwerb am Nichtberechtigten vorbeigeht. Richtigerweise[42] ist die Lücke durch eine Rückabwicklungsregelung zu schließen, die den Erwerbstatbeständen von §§ 185, 932 ff. gleichsam spiegelbildlich entspricht[43]. Die zwischen Abkäufer und Vorbehaltskäufer getroffene dingliche Einigung nebst Übergabe oder Übergabeersatz führt demgemäß nicht zum Eigentumserwerb des Vorbehaltskäufers, obwohl er Subjekt des rechtsgeschäftlichen Willens der Parteien in der dinglichen Einigung ist, sondern zum Eigentumserwerb des Vorbehaltsverkäufers mit Wirkung ex nunc und ohne Durchgangserwerb beim Vorbehaltskäufer. Rechtslogischerweise entsteht auch das Anwartschaftsrecht des Vorbehaltskäufers an der Vorbehaltsware neu[44]. Hatte der Vorbehaltskäufer aber zwischenzeitlich den Kaufpreis aus dem Erstkaufvertrag an den Vorbehaltslieferanten geleistet, erwirbt der Vorbehaltskäufer und nicht der Vorbehaltslieferant das Eigentum[45].

II. Verarbeitungsklauseln

1. Originärer Eigentumserwerb

Der Verlust des Eigentums an der Vorbehaltsware kann durch befugte (§ 185 Abs. 1 BGB, oben Rn. 1474) Übereignung an einen Dritten oder durch den gutgläubigen Erwerb des Dritten eintreten, wobei sich der gute Glaube auf das Eigentum (§§ 932 ff. BGB) oder die Verfügungsbefugnis des Vorbehaltskäufers (§ 366 HGB) beziehen kann (derivativer Eigentumserwerb). Der Eigentumsverlust kann aber auch durch originären Eigentumserwerb eines anderen eintreten, namentlich[46] durch Verarbeitung gem. § 950 BGB[47]. Die Vorbehaltssache braucht z.B. kein Fertigprodukt zu sein, das der Vorbehaltskäufer so, wie es ist, weiterverkauft, sondern er kann daraus eine neue Sache herstellen, z.B. Baumaterialien in ein Haus, ein Einzelteil in eine Maschine einbauen[48], mit der unter Eigentumsvorbehalt gelieferten Ölfarbe ein Bild malen. Der Eigentumserwerb tritt selbst dann ein, wenn die verarbeitete Sache abhandengekommen war: § 935 ist nicht anwendbar[49]. **1486**

42 *Braun*, ZIP 98, 1469 (1472); *Wieling*, Sachenrecht I, § 10 VI. 2. a. (S. 397/398); a.A. Jauernig/*Jauernig*, § 932 BGB Rn. 2; Staudinger/*Wiegand*, § 932 BGB Rn. 120; *Musielak*, liber amicorum Kegel, S. 125 (139): nur schuldrechtlicher Anspruch auf Rückgewähr.

43 *Braun*, a.a.O.

44 Zutreffend *Braun*, ZIP 98, 1469 (1474), a.A. ohne Begründung *Wieling*, Sachenrecht I, § 17 VI. c. (S. 399).

45 Folgerichtig *Braun*, ZIP 98, 1469 (1474).

46 § 950 BGB – Alleineigentum des Verarbeiters – hat Vorrang vor § 947 – Miteigentum bei Verbindung, BGH NJW 95, 2633 zu II. 1. mit Bspr. *K. Schmidt*, JuS 95, 1133.

47 Selbst dann, wenn der Lieferant – z.B. durch AGB – die Verarbeitung verboten hatte, BGHZ 109, 297 (300) mit Bspr. *K. Schmidt*, JuS 90, 237; es stellt sich dann die Frage des Schadensersatzes wegen Eigentumsverletzung nach § 823 Abs. 1 BGB, OLG Stuttgart NJW-RR 98, 740.

48 Ergänzung eines Motorblocks zu einem Komplettmotor: BGH NJW 95, 2633 zu II. 1; Zusammenfügung einzelner Teile: BGH NJW 91, 2570.

49 *Gehrlein*, MDR 95, 16; OLG Köln NJW 97, 2187 mit Bspr. *Schmidt*, JuS 97, 1043; den Ausgleich hierfür bildet die Kondiktion nach §§ 951, 812 auch dann, wenn ein Leistungsverhältnis zwischen Erwerber und Verarbeiter bestand – keine Subsidiarität der Eingriffskondiktion in diesem Fall, BGHZ 55, 176 (177 f.).

1487 Ist die neue Sache Gegenstand eines Vertrages mit einem Dritten, durch die der Vorbehaltskäufer eine Forderung erhalten soll – die Sache wird verkauft, sie ist Werk im Sinne von § 631 BGB – kann sich der Lieferant sichern, indem er sich diese Forderung wie sonst beim verlängerten Eigentumsvorbehalt abtreten lässt. Darüber hinaus kann sich der Lieferant überlegen, ob er Eigentümer der neu entstehenden Sache werden kann. Wird die Vorbehaltsware in das Haus eines Dritten eingebaut, besteht eine solche Möglichkeit durch Vereinbarung zwischen Lieferant und Vorbehaltskäufer nicht: Der Grundstückseigentümer wird gem. §§ 93, 94 Abs. 1 und 2 BGB Eigentümer des Hauses und damit der Vorbehaltsware. Entsteht durch die Verarbeitung der Vorbehaltsware dagegen eine neue **bewegliche Sache**, wird gem. § 950 Abs. 1 Eigentümer dieser neuen Sache, wer sie hergestellt hat. Kann sich der Lieferant durch Vereinbarung mit dem Vorbehaltskäufer zum Hersteller machen und folglich originär Eigentum an der neuen Sache erwerben?

2. Person des Verarbeiters (Herstellers)

1488 Der absoluten Wirkung des Eigentumserwerbs wegen und des daraus folgenden Gebots der Rechtsklarheit, um möglichen Prätendenten einen voraussehbaren Weg zu gewährleisten und Rechte und Pflichten aus dem Eigentum deutlich zuordnen zu können, erscheinen die sachenrechtlichen Erwerbsvorschriften abweichenden Parteivereinbarungen nicht frei zugänglich zu sein, sowenig für den derivativen wie für den originären Erwerb, also auch nicht für § 950. Das scheint für den **zwingenden** und gegen einen **dispositiven** Charakter des Verarbeitungserwerbs zu sprechen.

a) Unmöglichkeit objektiver Bestimmung

1489 Der Rechtsanwendung stellen sich trotz dieser einmal vorausgesetzten Annahme aber weitere Hindernisse entgegen. Wie bestimmt sich nämlich der Begriff dessen, der Verarbeiter ist? Ist es derjenige, der die körperliche Verarbeitungsleistung erbringt oder derjenige, auf dessen Verantwortung hin verarbeitet wird? Auch diese Frage lässt sich zunächst nach objektiven Kriterien bestimmen, dem immer noch unterstellten zwingenden Charakter des Verarbeitungserwerbs entsprechend. Das zeigt das Beispiel des Arbeiters, der die neue Sache im Betrieb des Unternehmers herstellt. Es bedarf schlechterdings keiner näheren Erläuterung, dass nach gesetzgeberischer Vorstellung nicht der Arbeiter, sondern der Unternehmer Eigentümer gem. § 950 wird, obwohl die körperlichen Herstellungshandlungen vom Arbeiter geleistet werden[50]. Auf die körperliche Arbeit kann es für den Begriff des Herstellers also nicht ankommen. Hersteller ist vielmehr, wer **Herr des Herstellungsvorgangs** ist. Es muss folglich festgestellt werden, wer das ist. Ihn mag man beschreiben als denjenigen, der das Produktions- und Absatzrisiko, das Risiko der werteschaffenden Arbeit trägt[51]. Das ist im Falle eines Kaufvertrags, auch unter verlängertem Eigentumsvorbehalt, der Vorbehaltskäufer: Er verarbeitet im eigenen Interesse und auf eigenes Risiko, während der Lieferant lediglich daran interessiert ist, den Kaufpreis zu er-

50 „Herstellen lässt“: Protokolle III, S. 239, 242 f. bei *Mugdan*, S. 644.

51 Schlegelberger/*Hefermehl*, Anh. § 382 HGB Rn. 73; so auch für den ähnlichen Fall des Bestellers als Stofflieferanten beim Werkvertrag: BGHZ 14, 114 (117); unzutreffend BuB/*Cartano*, Rn. 4/340: Es entscheide die Lebensanschauung, der Lieferant wäre danach gerade nicht Hersteller.

halten. Deshalb wäre der Vorbehaltskäufer Hersteller im Sinne von § 950, wenn man vom zwingenden Charakter der Vorschrift ausgeht, und nur er könnte folglich Eigentümer der neu hergestellten Sache werden. Ist der Begriff des Verarbeiters aber wirklich rein objektiv, d.h. unabhängig vom Willen der Beteiligten, erfassbar? Das ist zu verneinen, weil die Risikozuweisung als Abgrenzungskriterium ihrerseits vom Willen der Beteiligten abhängig ist. Der körperlich Herstellende nämlich, der für einen Unternehmer verarbeitet und dessen Eigentumserwerb herbeiführt, ist in sachenrechtlicher Qualifikation sog. **Geheißperson** (oben Rn. 1332). Wie bei der Verschaffung des unmittelbaren Besitzes ist die Eigenschaft als Geheißperson nicht nur vom Geheiß abhängig, also der Weisung des Geschäftsherrn (des erwerbswilligen Unternehmers), sondern auch von dem Willen der Hilfsperson, nach der Weisung des Erwerbswilligen, also für diesen zu handeln. Ändert die Geheißperson diesen Willen, indem sie objektiv erkennbar[52] nunmehr für sich selbst handeln will, also namentlich von den Vereinbarungen eines Werk- oder Arbeitsvertrags abweicht[53] und sie dadurch verletzt, verliert sie ihre Eigenschaft als Geheißperson[54] und verarbeitet nicht mehr für den Erwerbswilligen, sondern für sich selbst[55]. Die (vormalige) Geheißperson übernimmt das Risiko – zwar kaum vorstellbar im Falle des Arbeitsvertrags, wohl aber beim Werkvertrag – und wird selbst Eigentümer gem. § 950 (gleichermaßen, wenn die Geheißperson im Falle von § 929 eigenen Erwerbswillen begründet, also nicht mehr wie geheißen handelt). Der Eigentumserwerb ist also vom jeweiligen Willensstand der Geheißperson abhängig.

b) Bestimmung durch die Parteien

aa) Lässt sich die Erheblichkeit des Willens Beteiligter für die Bestimmung des Herstellers nicht ausschließen, erscheint § 950 konsequenterweise als **Konfliktslösung**[56] für den Fall, dass die Beteiligten über den Eigentumserwerb nichts geregelt haben. Bei dieser Sicht ist der Fall des Arbeiters und des Unternehmers in Wahrheit gar nicht Gegenstand der Regelung von § 950, weil zwischen beiden unter gewöhnlichen Umständen kein Konflikt auftritt: Natürlich soll allein der Unternehmer Eigentümer werden. Die Parteien haben es danach in der Hand, den Hersteller im Sinne der Regelung von § 950 zu bestimmen[57]. Dafür sprechen auch systematische Zusammenhänge im Gesetz: Beim Werklieferungsvertrag, bei dem der Werkunternehmer Beschaffer des Stoffs ist, wird der Unternehmer Eigentümer des Werks, indem er gem. § 651 Satz 1 i.V.m. § 433 Abs. 1 Satz 1 BGB zu dessen Übereignung auf den Besteller verpflichtet ist. Eine entsprechende **1490**

52 RGRK/*Kregel*, § 855 BGB Rn. 3.

53 BGH NJW 52, 661; a.A. *Wadle*, JuS 82, 477 (481); *Zeuner*, JZ 55, 195 (196).

54 MünchKomm./*Joost*, § 855 BGB Rn. 13; aber sehr streitig: a.A. Westermann/*Westermann*, § 10 II 2 (s. 79); *Baur/Stürner*, § 53 B. III. 1. (Rn. 20, S. 629).

55 *Reitz*, Tatbestand der Verarbeitung, S. 240.

56 *Flume*, NJW 50, 841; Vermutungsregel: *Dolezalek*, AcP 195 (1995), 393 (410 ff.); *Reitz*, Tatbestand der Verarbeitung, S. 235 ff.; *Leible/Sosnitza*, JuS 2001, 449 (455).

57 So auch BGHZ 14, 114 (117); 20, 159 (163 f.); BGH BB 71, 17; 72, 197 (198); *Wolff/Raiser*, Sachenrecht, § 73 I. (S. 271); *Zeuner*, JZ 55, 195 (197); *Hofmann*, NJW 62, 1798 (1802); *Neumann-Duesberg*, DB 65, 1845 (1846); *Wagner*, AcP 184 (1984), 14 (25); noch weitergehend *Flume*, NJW 50, 841 (843); *Laufke*, in: Festschr. Hueck, S. 69 (74); *Heck*, Grundriß des Sachenrechts, § 62 (S. 262); Soergel/*Mühl*, § 950 BGB Rn. 3, nach denen auch Eigentümer werden kann, wer nicht Verarbeiter ist.

Regelung fehlt für den Werkvertrag, bei dem der Besteller den Stoff beschafft[58]. Können der Lieferant der zu verarbeitenden Sachen und ihr Vorbehaltskäufer also vereinbaren, dass der Lieferant Verarbeiter sein soll, haben sie es zugleich in der Hand, den Lieferanten als Eigentümer der neuen Sachen zu bestimmen[59].

1491 Diese Lösung dient der Rechtsklarheit im Konfliktsfall mehr als die Annahme zwingenden Charakters des Verarbeitungserwerbs (die doch gerade im Dienst der Rechtsklarheit stehen soll): Ändert der aufgrund der Herstellervereinbarung für den anderen körperlich Verarbeitende den Verarbeitungswillen, ist diese einseitige und nachträgliche Willensänderung unbeachtlich und ändert nichts am Eigentumserwerb des anderen – im Gegensatz zur willensändernden Geheißperson.

1492 *bb)* Hält man § 950 Abs. 1 entgegen dem Gesagten für zwingend[60], kann sich der Lieferant, auch wenn er nicht Verarbeiter ist, sichern, indem er wie bei der Begründung von Sicherungseigentum vorgeht: Durch **antizipiertes Besitzkonstitut** kann er Eigentümer der neuen Sache gem. § 930 werden, freilich mit der zwingenden Folge des Durchgangserwerbs beim Vorbehaltskäufer (oben Rn. 1303 ff.)[61].

c) Mehrere Lieferanten

1493 Wird die neue Sache aus den Lieferungen mehrerer Lieferanten hergestellt und hat der Vorbehaltskäufer mit jedem dieser Lieferanten verlängerte Eigentumsvorbehalte in der Form der Verarbeitungsklausel vereinbart, kollidieren die Verarbeitungsklauseln: Jeder Lieferant soll Alleineigentum an der neuen Sache erhalten. Das schließt sich gegenseitig aus. Sind alle Erwerbsgeschäfte nichtig, weil sie auf ein unmögliches Ergebnis zielen? Erlangen die Lieferanten Miteigentum? Wie ist es, wenn die neue Sache im Wege antizipierten Besitzkonstituts auf einen Kreditgläubiger zu Alleineigentum übertragen worden war und außerdem Verarbeitungsklauseln mit Lieferanten vereinbart wurden? Und wenn die neue Sache weiterveräußert werden durfte (oben Rn. 1473 ff.) und die Forderung aus dem Weiterverkauf im voraus an alle Lieferanten abgetreten wurde, und gar außerdem an einen Geldkreditgeber – wer wird Inhaber der Forderung? Diese Fragen sind Gegenstand des 3. Kapitels (dort Rn. 1633 ff.).

3. Wert der Verarbeitung

1494 § 950 Abs. 1 löst den Interessenkonflikt zwischen Stofflieferant und Hersteller in der Weise, dass für den Eigentumserwerb an der neuen Sache der Wert der Arbeit ausschlaggebend ist, während der Wert des Stoffes nur zu einem obligatorischen Ausgleichsanspruch des Lieferanten gem. § 951 i.V.m. § 812 führt (**Eingriffskondiktion**)[62]. Diese Konfliktslösung setzt angemessene Wertverhältnisse voraus. Deshalb bestimmt § 950 Abs. 1 Satz 1, 2. Hs., dass der Lieferant entgegen der Grundregel dann Alleineigentümer wird, wenn der Wert der Verarbeitung erheblich geringer ist als der Wert des Stoffes. In diesem Falle bedarf es vom Standpunkt des Lieferanten aus keiner von § 950

58 *Baur/Stürner*, Sachenrecht, § 53 B. I. 3. (Rn. 15, S. 626).

59 Dadurch verändert sich § 950 von einem gesetzlichen Erwerbstatbestand zu einem – unechten – Übertragungstatbestand, wie *Wiegand*, in: 50 Jahre Bundesgerichtshof, 2000, S. 753/775/776).

60 *Wieling*, Sachenrecht I, § 11 II. 4. h. (S. 432); *M. Wolf*, Sachenrecht, Rn. 447 (S. 249 f.); *Serick*, Eigentumsvorbehalt und Sicherungsübertragung – neue Rechtsentwicklungen, S. 108/109; umfassende Darstellung bei Staudinger/*Wiegand*, § 950 BGB Rn. 18-30.

61 So Schlegelberger/*Hefermehl*, Anh. § 382 HGB Rn. 74; Staudinger/*Honsell*, § 455 BGB Rn. 63 und Staudinger/*Wiegand*, § 950 BGB Rn. 41, Bankrechtshandbuch/*Ganter*, § 95 Rn. 121 einerseits, BGH WM 58, 891 andererseits.

62 BGHZ 56, 88 (90); BGH NJW-RR 92, 363.

abweichenden Vereinbarung bzw. keines antizipierten Besitzkonstituts (vorst. Rn. 1492). Was ein Verarbeitungswert ist, der erheblich unter dem Wert des Stoffes liegt, bestimmt die Verkehrsauffassung. Als Richtwert hat die Rechtsprechung einen Verarbeitungsanteil von nur 40% ausgegeben[63].

4. Anwartschaftsrecht des Käufers

Geht man davon aus, dass der Lieferant gem. § 950 Abs. 1 BGB Eigentümer der neuen Sache werden kann, bedarf noch die sachenrechtliche Beziehung des Vorbehaltskäufers zur neuen Sache der Klärung. An der unter Eigentumsvorbehalt zugelieferten und dann verarbeiteten Sache hatte der Vorbehaltskäufer das Anwartschaftsrecht erworben (oben Rn. 762 ff.). Erlangt er auch an der neuen Sache das Anwartschaftsrecht, das zum Volleigentum wird, wenn der Kaufpreis für die zugelieferte Sache bezahlt ist oder erlischt die Anwartschaft daran? Diese Frage regelt § 950 Abs. 2: Mit dem Verarbeitungserwerb erlöschen Rechte, die an der zugelieferten Sache bestanden hatten, also auch das Anwartschaftsrecht (oben Rn. 774). Geht man davon aus, dass gem. § 950 Abs. 1 nur die Herstellerbestimmung der Parteidisposition überlassen ist, nicht aber der Eigentumserwerb des Verarbeiters – wer immer es sei – überhaupt (vorst. Rn. 1490), so soll § 950 Abs. 2 gerade die originäre Entstehung unbelasteten Eigentums gewährleisten; belastetes Eigentum kann danach nicht originär entstehen. Das Anwartschaftsrecht erlischt also. Hält man freilich § 950 insgesamt und nicht zur Frage der Herstellerbestimmung für dispositiv, ist dem Sinn des verlängerten Eigentumsvorbehalts zu entnehmen, dass sich das Anwartschaftsrecht an der neuen Sache fortsetzen soll[64]. **1495**

Lieferant und Vorbehaltskäufer können aber das Anwartschaftsrecht neu begründen: Das bei dem Lieferanten durch Verarbeitung entstandene Eigentum wird auf den Vorbehaltskäufer aufschiebend bedingt durch die Tilgung des Kaufpreises für die zugelieferte Sache übertragen[65], wobei es gem. § 929 Satz 2 keiner Übergabe bedarf, weil der Vorbehaltskäufer schon Besitzer der neuen Sache ist. Mit Tilgung wird der Vorbehaltskäufer Eigentümer der neuen Sache. Diese Übereignung können die Parteien antizipieren. Freilich ist unvermeidbar, dass das unbedingte Eigentum zunächst dem Lieferanten zufällt (oben Rn. 1303 ff.). **1496**

Nach anderer Ansicht ist § 950 (vorst. Rn. 1489) zwingend mit der Folge, dass der Vorbehaltskäufer in aller Regel Verarbeiter wird und damit Eigentümer. Der Lieferant kann sich durch antizipierte Sicherungsübereignung der neuen Sache schützen (vorst. Rn. 1492). Das Anwartschaftsrecht des Vorbehaltskäufers kann in der Weise neu begründet werden, dass die neue Sache dem Lieferanten nur auflösend bedingt übereignet wird, nämlich durch Tilgung des Kaufpreises für die neue Sache[66]. **1497**

63 BGH WM 72, 188 zu 3. b.; NJW 95, 2633 zu II. 2. mit Bspr. *K. Schmidt*, JuS 95, 1133.

64 *Flume*, NJW 50, 841 (844).

65 *Serick*, Bd. IV, § 44 III. 7. (S. 160); *Nierwetberg*, NJW 83, 2235 (2236).

66 Staudinger/*Wiegand*, § 950 BGB Rn. 46; entgegen *Nierwetberg*, NJW 83, 2235 (2236) kann eine so geartete Neuerrichtung des Anwartschaftsrechts nicht einem hypothetischen Parteiwillen entnommen werden, wäre vielmehr Unterstellung.

5. Sittenwidrigkeit, Treuwidrigkeit

1498 Verarbeitungsklauseln werden fast immer mittels Allgemeiner Geschäftsbedingungen Vertragsinhalt. Sie können zu Kollisionen führen (unten Rn. 1730 ff.).

1499 Sofern die Ausnahmeregelung von § 950 Abs. 1, 2. Halbsatz nicht anwendbar ist (vorst. Rn. 1494), bleibt es im Falle der Gleichwertigkeit von Stoff und Arbeit oder nur geringfügigem Unterwert der Arbeit bei der Grundregel von § 950 Abs. 1, also dem Erwerb des Vorbehaltslieferanten (vorst. Rn. 1494). Daraus folgt, dass der Wert der neuen Sache den Wert des Stoffes übersteigt, weil ja der Wert der Arbeit mitenthalten ist. Nach den Umständen des Einzelfalls kann eine daraus folgende anfängliche **Übersicherung** (oben Rn. 1107) für den Lieferanten (sei es mittels antizipierten Besitzkonstituts oder aufgrund originären Erwerbs durch Herstellerbestimmung bei dispositivem § 950, vorst. Rn. 1492) ein so hohes Maß erreichen, dass die Verarbeitungsklausel nach allgemeinen Grundsätzen gem. § 138 BGB nichtig oder gem. § 307 Abs. 1 BGB unwirksam ist[67] (oben Rn. 1106 ff.) und entweder zum Alleineigentum des tatsächlich verarbeitenden Vorbehaltskäufers oder zum teilweisen Erwerb anderer, konkurrierender Stofflieferanten führt (unten Rn. 1639 ff.), während der geplante originäre Eigentumserwerb des Lieferanten scheitert. Auch unter dem Gesichtspunkt der Gläubigergefährdung (oben Rn. 1132) kann ein derartiger Eigentumserwerb sittenwidrig sein, sofern dadurch Gläubiger über die Vermögenslage des Kreditschuldners (Verarbeiters) irregeführt werden.

1500 Um der Gefahr der Nichtigkeit wegen Sittenwidrigkeit resp. der Unwirksamkeit der Klausel gem. § 307 BGB zu entgehen, kann der Lieferant seinen Eigentumserwerb gem. § 950 Abs. 1 (bzw. mittels antizipierten Besitzkonstituts nach Herstellung der neuen Sache) von vornherein einschränken und einerseits den Wert der Arbeit, andererseits den Wert von Stoffen anderer Lieferanten berücksichtigen. Rechtstechnisch kann der nur beschränkte Eigentumserwerb nach **Bruchteilen** am Gesamteigentum begründet werden, wie es § 1008 vorsieht. Nicht möglich ist dagegen ein Eigentumserwerb in der Weise, dass der Lieferant einen Wertanteil – entsprechend dem Wert der verarbeiteten Vorbehaltsware – erhalten soll[68]. Die eingeschränkte Verarbeitungsklausel muss vielmehr so formuliert sein, dass der Lieferant Miteigentum an der neuen Sache zu dem Anteil erwirbt, der sich aus dem Verhältnis des Werts der Vorbehaltsware zum Wert der neuen Sache ergibt[69]. Ist der Wert der Arbeit nicht übermäßig hoch, kann es der Sicherungszweck gebieten, auch diesen Wert dem Lieferanten zuzuschlagen oder, bei mehreren Lieferanten, unter diesen nach dem Wert ihrer Zulieferungen aufzuteilen[70]. Um den Miteigentumsanteil nach Bruchteilen bestimmen zu können, muss Klarheit über die zugrundeliegende Wertberechnung bestehen: Wiederum ist der dem Sachenrecht innewohnende, die Zuordnung gewährleistende Bestimmtheitsgrundsatz zu beachten. In Frage kommt der objektive Wert der Vorbehaltsware (Verkehrswert) oder ihr Kaufpreis; denkbar ist auch, den Wert der Verarbeitung vom Wert der neuen Sache abzuziehen und den Rest dem Lieferanten zuzuschlagen. Sieht man im Eigentumserwerb des Lieferanten einen solchen durch antizipiertes Besitzkonstitut (wenn man § 950 Abs. 1 als zwingend ansieht, vorst. Rn. 1492), steht es der Parteivereinbarung frei, welchen Anteil der Lieferant erhalten soll. Hält man § 950 überhaupt für dispositiv, kann der Anteil ohnehin frei vereinbart werden. Sowohl Verkehrswert wie Kaufpreis können also für die Wertberechnung zugrundegelegt werden. Schwieriger ist der Wert der Arbeit für die Messung der **Miteigentumsanteile** festzustellen. Soll dieser Wert dem Lohnanteil und den anteiligen

67 Exemplarisch LG Bonn WM 93, 1409 mit zust. Anm. *v. Westphalen*, WuB I F 6. – 1. 94; OLG Hamm WM 2002, 451; OLG Koblenz WM 93, 1844 mit Anm. *v. Westphalen*, WuB I F 6. – 2.94.

68 BGH NJW 64, 149.

69 BGHZ 46, 117 (119).

70 Zu den dabei auftretenden Rechenproblemen: *Serick*, BB 75, 381 (385 ff.).

Betriebskosten des Verarbeiters entsprechen, ist nicht mit hinreichender sachenrechtlicher Klarheit zu ermitteln, in welcher Höhe die Betriebskosten anzusetzen sind; die betriebswirtschaftlichen Berechnungsmethoden sind mannigfach und unterschiedlich[71]. Mangels zu fordernder Bestimmtheit ist eine solche Klausel zur Errechnung der Miteigentumsanteile nichtig[72] und führt den Erwerb nicht herbei. Die nichtige Klausel kann aber gem. § 140 BGB so umzudeuten sein, dass sich die Miteigentumsanteile nach dem Wert – Verkehrswert oder Kaufpreis – der Vorbehaltsware richten.

III. Erweiterter Eigentumsvorbehalt

1. Fortbestand des vorbehaltenen Eigentums als Sicherungseigentum

Verlängerter Eigentumsvorbehalt und Verarbeitungsklauseln gründen sich auf einen bestimmten Kaufvertrag und auf diejenigen Sachen, die sein Gegenstand waren. Jedenfalls mit der Tilgung des Kaufpreises aus diesem Kaufvertrag durch den Vorbehaltskäufer an den Lieferanten ist der Eigentumsvorbehalt erledigt mit der Folge, dass der Lieferant dem Vorbehaltskäufer gegenüber obligatorisch verpflichtet ist, die Forderung aus dem Weiterverkauf, wenn sie noch nicht durch Tilgung erloschen ist, zurück zu übertragen (vorst. Rn. 1466). Der Lieferant kann gegenüber dem Vorbehaltskäufer aber noch weitere Forderungen haben, sei es aus Kaufverträgen, sei es aus anderen Rechtsgründen oder seien es auch Forderungen, die gar nicht ihm, sondern einem Unternehmen zustehen, das mit dem Lieferanten durch einen Konzern verbunden ist. Bei **laufender Geschäftsverbindung** können solche Forderungen in der Zukunft entstehen. Der Lieferant kann sich für jede Forderung eine eigene Sicherheit ausbedingen, z.B. jeweils verlängerte Eigentumsvorbehalte vereinbaren. Er kann darüber hinaus aber auch versuchen, Sicherungen, die er in der Hand hat, nicht aus der Hand zu geben, auch wenn sie sich eigentlich erledigt haben, sondern sie zur Sicherung der weiteren Forderungen nutzbar machen. Hier setzt der erweiterte Eigentumsvorbehalt an: Lieferant und Vorbehaltskäufer vereinbaren, dass der Eigentumsvorbehalt selbst nicht erlischt und die Verlängerungsforderung nicht zurückabzutreten ist, bis auch die anderen Forderungen des Lieferanten aus der Geschäftsverbindung erfüllt sind. Der Eigentumsvorbehalt besteht also weiter, auch wenn die ihm zugrundeliegende Kaufpreisforderung längst durch Erfüllung erloschen ist. 1501

Bleibt in diesen Fällen das Eigentum des Lieferanten an der Vorbehaltsware bestehen, obwohl sie bezahlt ist, und sichert es mithin andere, insoweit fremde Forderungen, ist das Kreditsicherungsmittel gar kein Eigentumsvorbehalt im eigentlichen Sinn mehr, sondern Sicherungseigentum, das zunächst als eigentlicher Eigentumsvorbehalt begründet worden war[73]. Sind im Laufe der Geschäftsverbindung mehrere Kaufverträge unter Eigentumsvorbehalt abgeschlossen worden, entsteht eine Globalsicherheit. Sie wechselt in ihrem Bestand, wenn einzelne Sachen, z.B. durch befugte Weiterveräußerung (oben Rn. 1473 ff.) ausscheiden und neue hinzutreten (oben Rn. 1283 ff. sowie Rn. 1122). 1502

71 Siehe etwa *Meffert*, HdWW, Bd. 4, S. 573 (583 ff.).
72 BGHZ 46, 117 (119).
73 BGH NJW 71, 799; 86, 2948 zu II. 4. a. aa.

2. Erscheinungsformen

1503 Erweiterte Eigentumsvorbehalte treten in verschiedenen Formen auf, die sich aus der Art der Geschäftsverbindung ergeben. Nach ihnen richtet sich die Beurteilung ihrer Rechtswirksamkeit (nachf. Rn. 1518 ff.): Lieferant und Vorbehaltskäufer können zueinander in dem besonderen Kontokorrentverhältnis gem. §§ 355 bis 357 HGB stehen, das sich dadurch kennzeichnet, dass beiderseitige Ansprüche aus der Geschäftsverbindung ihre Selbständigkeit verlieren und zu einem einzigen Anspruch für denjenigen zusammenschmelzen, für den sich ein Überschuss (Saldo) ergibt. Einer solchen Geschäftsverbindung muss eine besondere Kontokorrentabrede zugrunde liegen, sonst bleibt es bei der Selbständigkeit der beiderseitigen Ansprüche. Der erweiterte Eigentumsvorbehalt im Rahmen eines Kontokorrents i.S.v. § 355 HGB soll im folgenden als eigentlicher Kontokorrentvorbehalt bezeichnet werden (nachf. Rn. 1509). Wo die besondere Kontokorrentabrede fehlt, aber trotzdem beiderseitige Ansprüche aus laufender Geschäftsverbindung entstehen, soll vom uneigentlichen Kontokorrentvorbehalt[74] die Rede sein (nachf. Rn. 1504). Hinzu kommt die Geschäftsverbindung im Verhältnis zum **Konzern** (nachf. Rn. 1512 ff.).

a) Uneigentlicher Kontokorrentvorbehalt

1504 Im allgemeineren Fall einer nicht getroffenen Kontokorrentabrede, dem uneigentlichen Kontokorrentvorbehalt, haften die bezahlte, die unbezahlte Vorbehaltsware sowie abgetretene Weiterverkaufsforderungen und auch weiterverarbeitete Sachen (oben Rn. 1490 ff.) für sämtliche Forderungen des Lieferanten aus der Geschäftsverbindung. Was mit sämtlichen Forderungen gemeint ist, kann unterschiedlich vereinbart werden.

1505 *aa)* In zeitlicher Hinsicht können diejenigen Forderungen gesichert werden, die an einem **Stichtag** bestanden, nämlich im Zeitpunkt, als der Kaufvertrag über die Vorbehaltsware abgeschlossen wurde, um deren Eigentumsvorbehalt es geht. Von diesem Zeitpunkt aus gesehen haftet die Vorbehaltsware für alle gegenwärtigen Forderungen, nicht aber für später entstehende. Bei einem so gestalteten erweiterten Eigentumsvorbehalt müsste der Lieferant freilich mit ansehen, wie seine Sicherung erlischt, wenn alle Forderungen getilgt sind, die in diesem Zeitpunkt bestanden hatten. Neue Forderungen dagegen, die nach diesen Zeitpunkten aus späteren Geschäftsabschlüssen entstehen, würden durch die früher gelieferte Vorbehaltsware nicht mehr gesichert werden. Diese Art von uneigentlichem Kontokorrentvorbehalt soll **vergangenheitsbezogen** genannt werden.

1506 Will der Lieferant vom Zeitpunkt aus gesehen, in dem der einzelne Eigentumsvorbehalt vereinbart wurde, auch erst zukünftig entstehende Forderungen sichern, muss er mit dem Vorbehaltskäufer vereinbaren, dass der Eigentumsvorbehalt erst erlischt, wenn auch sämtliche später entstehende Forderungen erloschen sind (**zukunftsbezogener** uneigentlicher Kontokorrentvorbehalt). Diese Art erweiterten Eigentumsvorbehalts kann ihrerseits verschieden ausgestaltet sein. Auch bei laufender Geschäftsverbindung kann es ja sein, dass der Vorbehaltskäufer irgendwann alle Forderungen des Lieferanten bezahlt hat und nichts mehr offen ist, so dass neue Forderungen aus der Geschäftsverbindung erst entstehen,

74 Andere Bezeichnungen: einfacher erweiterter Eigentumsvorbehalt – *Serick*, Bd. IV, § 42 I. 2. (S. 53 f.); Globalvorbehalt – *Braun*, BB 81, 633 (634); Geschäftsverbundvorbehalt – Schlegelberger/*Hefermehl*, Anh. § 382 HGB, Rn. 115.

nachdem der Vorbehaltskäufer dem Lieferanten nichts mehr geschuldet hatte. Der zukunftsbezogene Kontokorrentvorbehalt kann so ausgestaltet sein, dass der Eigentumsvorbehalt an den Waren des Lieferanten in dem Zeitpunkt erlischt, in dem der Zustand erreicht ist, dass der Vorbehaltskäufer dem Lieferanten nichts mehr schuldet. Möge dieser erweiterte Eigentumsvorbehalt **eingeschränkt zukunftsbezogen** genannt werden. Der Lieferant braucht sich damit aber nicht zufriedenzugeben und mag sich ausbedingen, dass die Eigentumsvorbehalte an den Sachen, die er jemals an den Vorbehaltskäufer geliefert hat, solange bestehen bleiben, wie die Geschäftsverbindung überhaupt besteht, also selbst dann noch, wenn zwischenzeitlich einmal alle Forderungen des Lieferanten vom Vorbehaltskäufer getilgt gewesen waren. Der Eigentumserwerb des Vorbehaltskäufers ist ins Ungewisse bis zum Ende der Geschäftsverbindung hinausgeschoben. Dieser zukunftsbezogene Kontokorrentvorbehalt wäre **uneingeschränkt zukunftsbezogen** zu nennen.

bb) Der uneigentliche Kontokorrentvorbehalt kann außerdem nach der **Art der zu sichernden Forderungen** eingeteilt werden. Die Forderungen können mit der Vorbehaltsware in sachlichem Zusammenhang stehen, bei einer unter Eigentumsvorbehalt gelieferten Maschine z.B. Forderungen aus Reparaturen, Ersatzteillieferungen und sonstige Forderungen aus Unterhaltungsarbeiten, Wechsel- und Diskontspesen[75]. Der Lieferant kann aber auch die Sicherung solcher Forderungen anstreben, die keinen solchen sachlichen Zusammenhang mit der Vorbehaltsware aufweisen, also auf neuen, vom ursprünglichen Kauf unabhängigen Geschäften beruhen. **1507**

cc) Da Eigentumsvorbehalt in aller Regel Alleineigentum des Lieferanten bedeutet, sein Bestand außerdem nicht von der Höhe der offenen Forderungen abhängt (beim uneingeschränkt zukunftsbezogenen Kontokorrentvorbehalt kann die Sicherung gänzlich ohne offene Forderung weiterbestehen, aber auch beim eingeschränkten kann der Bestand offener Forderungen beliebig gering sein), kann der Lieferant fortwährend Vorbehaltseigentum beim Vorbehaltskäufer ansammeln, ohne dass sich dessen Umfang an den offenen Forderungen ausrichten würde und sich damit, nur durch das Ende der Geschäftsverbindung begrenzt, Sicherung verschaffen. **1508**

b) Eigentlicher Kontokorrentvorbehalt

Bei einer besonderen Kontokorrentabrede gem. § 355 HGB, nach der nicht mehr die einzelnen Forderungen, sondern bei entsprechender Feststellungsabrede[76] nur noch der jeweilige Saldo der beiderseitigen Ansprüche geschuldet wird, enthält § 356 Abs. 1 HGB eine Regelung, die auch für den Eigentumsvorbehalt gilt (Sicherung in anderer Weise als Pfand oder Bürgschaft). Ist danach für einzelne Forderungen, die im Kontokorrentsaldo aufgegangen sind, ein Eigentumsvorbehalt bestellt worden, sichert er nur noch die Saldoforderung (eigentlicher Kontokorrentvorbehalt). **1509**

Der Gläubiger kann aus dem Eigentumsvorbehalt Befriedigung suchen, sobald sich der Saldo und die dem Eigentumsvorbehalt zugrundeliegende Forderung decken. Ist der Saldo höher, sichert der Eigentumsvorbehalt die Saldoforderung nur in Höhe der in ihm aufgegangenen Kaufpreisforde- **1510**

75 *Serick*, Eigentumsvorbehalt und Sicherungsübereignung – Neue Rechtsentwicklungen, S. 126 f.; BGH NJW 78, 632.

76 S. *Bülow*, Handelsrecht, S. 120 f.

rung[77]. Ist das Vorbehaltseigentum aber mehr wert als die ursprüngliche Kaufpreisforderung, steht der Mehrwert dem Vorbehaltskäufer auch dann zu, wenn die Saldoforderung noch nicht abgedeckt ist, so dass sie teilweise ungesichert bleibt. Wird das Kontokorrentverhältnis fortgesetzt, kann der jeweilige Saldo auf die nächste Rechnungsperiode (in der Regel jährlich, § 355 Abs. 2 HGB) übertragen werden. Dann sichert der Eigentumsvorbehalt auch den Saldo der neuen Rechnungsperiode, aber nur in Höhe des alten Saldos und diesen nur in Höhe der ursprünglichen Kaufpreisforderung. Wird der Saldo auf mehrere Rechnungsperioden fortgeschrieben, sichert ein Eigentumsvorbehalt aus einer früheren Rechnungsperiode den jeweiligen Saldo mithin höchstens bis zur Höhe desjenigen Saldos einer Rechnungsperiode, der am niedrigsten war[78] (**niedrigster Zwischensaldo**), auch wenn die in ihm aufgegangene Kaufpreisforderung höher war. Daraus folgt: Ist der Saldo zu Lasten des Vorbehaltskäufers in einer Rechnungsperiode nicht mehr valutiert, schuldete der Vorbehaltskäufer dem Lieferanten also nichts mehr, erlöschen die bis dahin bestehenden Eigentumsvorbehalte, so dass der Vorbehaltskäufer Eigentümer wird. Die Rechtslage ist dann wie beim zukunftsbezogenen und eingeschränkten uneigentlichen Kontokorrentvorbehalt (vorst. Rn. 1504 ff.). Erfüllt der Vorbehaltskäufer gerade diejenige Kaufpreisforderung, die für das Eigentum an der gelieferten Sache vorbehalten ist, erlischt nicht nur diese Forderung, sondern auch der Eigentumsvorbehalt, und der Vorbehaltskäufer wird Eigentümer[79].

1511 Auch beim echten Kontokorrent können die Parteien aber **abweichende Vereinbarungen** treffen, nämlich den Weiterbestand des Eigentumsvorbehalts, bis der Vorbehaltskäufer einen Kontokorrentsaldo getilgt hat. Der Eigentumsvorbehalt würde dann nicht lediglich für den jeweils niedrigsten Zwischensaldo mehrerer Rechnungsperioden haften. Außerdem können Lieferant und Vorbehaltskäufer, auch wenn sie in einem echten Kontokorrentverhältnis zueinander stehen, den Fortbestand des Eigentumsvorbehalts (als Sicherungseigentum, vorst. Rn. 1508) auch für den Fall vereinbaren, dass der Kontokorrentsaldo in einer der Rechnungsperioden erloschen ist. Der eigentliche Kontokorrentvorbehalt hat dadurch die Wirkungen eines zukunftsbezogenen und uneingeschränkt uneigentlichen Vorbehalts.

c) Konzernvorbehalt

1512 Der Lieferant, insbesondere wenn er eine Kapitalgesellschaft ist, kann in einem Konzernverbund stehen (§ 15 AktG), sei es, dass die Mehrheit seiner Anteile (Aktien, GmbH-Anteile) einem anderen Unternehmen gehört oder dass der Lieferant Mehrheitsbeteiligungen an anderen Unternehmen hat (§§ 16, 17 AktG), sei es, dass der Lieferant die Leitung seines Unternehmens vertraglich einem anderen Unternehmen übertragen hat (Beherrschungsvertrag, §§ 291, 18 AktG) oder der Lieferant selbst ein anderes Unternehmen in dieser Weise beherrscht, sei es, dass der Lieferant und ein anderes Unternehmen wechselseitig aneinander beteiligt sind, also jeder Anteile des anderen hält (§§ 328, 19, 20 AktG), sei es, dass der Lieferant persönlich haftender Gesellschafter oder Kommanditist eines anderen Unternehmens ist, dass ein Gewinnabführungsvertrag (§ 291 Abs. 1 AktG) abgeschlossen wurde oder dass der Lieferant in ein anderes Unternehmen eingegliedert ist oder umgekehrt (§ 319 AktG – s. auch oben Rn. 1074).

---

77 Schlegelberger/*Hefermehl*, Anh. § 382 HGB Rn. 114.

78 Schlegelberger/*Hefermehl*, Anh. § 382 HGB Rn. 114, § 356 HGB Rn. 14.

79 *Serick*, Bd. 1, § 15 III. 1. b. (S. 422); Schlegelberger/*Hefermehl*, § 356 HGB Rn. 17; *Canaris*, Handelsrecht, § 25 V. 2. a. (S. 385); a.A. BGHZ 26, 142 (150); 50, 277 (284): keine Möglichkeit der Verrechnung einzelner Kontokorrentforderungen.

aa) Bilden die in dieser Weise verbundenen Unternehmen einen Konzern, so ist ihre rechtliche Selbständigkeit doch unberührt, jedes kann für sich als Partei Verträge mit Dritten schließen, z.B. Kaufverträge unter Eigentumsvorbehalt. Auf der Seite des Vorbehaltskäufers kann die entsprechende Lage bestehen. Aus der rechtlichen Selbständigkeit der Konzernunternehmen folgt, dass Eigentumsvorbehalte, seien es einfache, verlängerte oder erweiterte, erlöschen, soweit die Voraussetzungen dazu bei dem einzelnen Unternehmen im Konzernverbund (Konzernunternehmen) gegeben sind. Es können aber noch offene Forderungen der anderen Konzernunternehmen gegenüber dem Vorbehaltskäufer bestehen; der Vorbehaltskäufer kann Geschäfte nicht nur mit einem, sondern mit mehreren Konzernunternehmen machen, und andererseits kann es der Lieferant mit mehreren Konzernunternehmen auf der Vorbehaltskäuferseite zu tun haben. Diese Rechtsverhältnisse zu berücksichtigen ist Ziel des Konzernvorbehalts, das freilich nur beschränkt verwirklicht werden kann (nachf. Rn. 1519). **1513**

Er soll dem Umstand Rechnung tragen, dass der Konzern eine wirtschaftliche Einheit bildet, wenn auch die Konzernunternehmen rechtlich voneinander getrennte Gläubiger bzw., auf der Vorbehaltskäuferseite, rechtlich getrennte Schuldner sind. Die Erweiterung des Eigentumsvorbehalts bezieht sich beim Konzernvorbehalt nicht (nur) auf andere Forderungen, als sie dem mit Eigentumsvorbehalt gesicherten Kaufvertrag zugrunde liegen, sondern (auch) auf andere Gläubiger. Der Konzernvorbehalt sichert sämtliche Forderungen, die gegenüber den verschiedenen Konzernunternehmen bestehen. Insofern mag man von horizontaler Erweiterung des Eigentumsvorbehalts sprechen, während Kontokorrentvorbehalte vertikale Erweiterungen darstellen[80]. Ein Konzernvorbehalt, verbunden mit einem uneigentlichen Kontokorrentvorbehalt, der zukunftsbezogenen und uneingeschränkt ist, führt dazu, dass das Eigentum auch dann nicht auf den Vorbehaltskäufer übergeht, wenn die Geschäftsverbindung zu einem Konzernunternehmen, für welches das Eigentum vorbehalten wurde, beendet ist, aber noch Geschäftsverbindungen mit anderen Konzernunternehmen bestehen. Bezieht sich der Konzernvorbehalt (auch) auf die Schuldnerseite, die Seite des Vorbehaltskäufers, erwirbt ein Konzernunternehmen, das Vorbehaltskäufer ist, erst dann Eigentum, wenn auch alle anderen Konzernunternehmen ihre Verbindlichkeiten nach Maßgabe des erweiterten Eigentumsvorbehalts abgetragen haben. **1514**

bb) Wer Konzernunternehmen ist, wird zweifelsfrei sein, wenn der Konzern auf einem Unternehmensvertrag gem. § 291 AktG beruht (Vertragskonzern). Gründet sich der Konzern aber auf Beteiligungen (**faktischer Konzern**), kann die Ermittlung, wer Konzernunternehmen ist, schwierig sein, wenn z.B. der Erwerber von Aktien seine Beteiligung nicht offenbart. Der Vorbehaltskäufer weiß zwar, mit welchen Konzernunternehmen er den Kaufvertrag abgeschlossen hatte, wer also Gläubiger der Kaufpreisforderung ist. Er braucht aber nicht zu wissen, wer die anderen Konzernunternehmen sind, für die der mit einem Konzernunternehmen vereinbarte Eigentumsvorbehalt haftet. Er weiß infolgedessen auch nicht, wessen und welche Forderungen durch den Eigentumsvorbehalt mitgesichert werden sollen. **1515**

cc) Die horizontale Erweiterung des Eigentumsvorbehalts auf andere Gläubiger oder Schuldner ist nicht nur unter Konzernunternehmen denkbar. Die Parteien können den Eigentumsvorbehalt zugunsten des Lieferanten (oder zu Lasten des Vorbehaltskäufers) auch für solche Forderungen aufrecht zu erhalten versuchen, die in der Person anderer Unternehmen entstanden sind, z.B. Unternehmen, die ein **Konsortium** zum Bau einer Industrieanlage bilden. **1516**

80 So Schlegelberger/*Hefermehl*, Anh. § 382 HGB, Rn. 120.

d) Kombination mit Verlängerungsformen

1517 Die Erstreckung des Eigentumsvorbehalts durch Erweiterung kann mit der Erstreckung des Eigentumsvorbehalts durch Verlängerung kombiniert werden. In diesem Fall ist der Eigentumsvorbehalt nicht nur erweitert, was das Eigentum an der Vorbehaltsware betrifft, sondern auch erweitert, was das Surrogat, die Kaufpreisforderung aus dem Weiterverkauf der Vorbehaltsware, betrifft. Die Rechtsverhältnisse an dieser Weiterverkaufsforderung sind dann so wie an der Vorbehaltsware, dem zuvor Gesagten entsprechend.

3. Wirksamkeit der Erweiterungsformen

1518 Der Konzernvorbehalt auf der Verkäuferseite kann gem. § 449 Abs. 3 BGB nicht wirksam vereinbart werden (nachf. Rn. 1519). Aber auch die anderen Erweiterungsformen des Eigentumsvorbehalts sind an den Wirksamkeitsschranken der Rechtsordnung zu messen. Gem. § 138 müssen erweiterte Eigentumsvorbehalte den Gesichtspunkten der Knebelung durch Übersicherung, übermäßiger Beschränkung der wirtschaftlichen Betätigungsfreiheit des Vertragspartners oder der Gläubigergefährdung standhalten (oben Rn. 1106 ff., 1132), außerdem dem Grundsatz, dass die zu sichernden Forderungen bestimmbar sein müssen (oben Rn. 1381 ff.). Weiter ist gefragt worden, ob das Rechtsinstitut des Eigentumsvorbehalts durch bestimmte Erweiterungsformen missbraucht wird[81] und ob der Wirksamkeit institutionelle Schranken des Bedingungsrechts entgegenstehen[82]. Ist der erweiterte Eigentumsvorbehalt in Allgemeinen Geschäftsbedingungen enthalten, muss er den Wirksamkeitsanforderungen nach §§ 305 ff. BGB genügen.

a) Konzernvorbehalt auf der Verkäuferseite

1519 Gem. § 449 Abs. 3 BGB ist die Vereinbarung eines Eigentumsvorbehalts nichtig, soweit der Eigentumsübergang davon abhängig gemacht wird, dass der Verkäufer Forderungen eines Dritten, insbesondere eines mit dem Verkäufer verbundenen Unternehmens, erfüllt. Die Vorschrift bezieht sich auf den Konzernvorbehalt auf der Verkäuferseite (vorst. Rn. 1513). Sie ist in die Insolvenzrechtsreform von 1999 eingebettet und soll verhindern, dass in der Insolvenz des Käufers die Masse mit den Absonderungsrechten (oben Rn. 1263) des Verkäufers belastet bleibt, obwohl die Kaufpreisforderung getilgt ist und nur noch offene Forderungen der konzernverbundenen Gläubiger bestehen (oben Rn. 1243). Ein Konzernvorbehalt auf der Käuferseite, bei dem der Eigentumsvorbehalt bestehen bleibt, solange andere konzernverbundene Käufer noch Verbindlichkeiten gegenüber dem Lieferanten haben, begründet dagegen in der Insolvenz des Lieferanten eine Verstärkung der Insolvenzmasse, indem die unter Eigentumsvorbehalt stehenden Sachen der anderen konzernverbundenen Unternehmen an den Insolvenzverwalter des Lieferanten herauszugeben sind. Probleme des Verwalterwahlrechts nach §§ 107 Abs. 1, 103 InsO (oben Rn. 825) stellen sich nicht, weil der Kontokorrentvorbehalt überhaupt erst virulent wird, wenn der konzernverbundene Käufer seine Kaufpreisschuld erfüllt hatte. Der insolvente Lieferant kann also Sicherungseigentümer der Vorbehaltsware werden, die konzern-

81 BGH WM 71, 347; *Serick*, Bd. V, § 58 V. 1. 3. (S. 155, 162).
82 *Serick*, in: Festschr. Weitnauer, S. 145 (146 ff., 152); Bd. V, § 58 IV. 1. (S. 139 ff.).

verbundene Käufer in Besitz haben. Ein Aussonderungsrecht (§ 47 InsO) der Käufer (oben Rn. 1254) besteht nicht, weil gerade vorausgesetzt ist, dass die Vorbehaltsware offene Verbindlichkeiten von Konzernunternehmen gegenüber dem insolventen Lieferanten sichert. Deshalb ist der von § 449 Abs. 3 BGB nicht erfasste Kontokorrentvorbehalt auf der Käuferseite nach wie vor wirksam[83], wenn nicht andere, allgemeine Hemmnisse (nachf. Rn. 1524 ff.) entgegenstehen.

Die Nichtigkeitsfolge tritt sowohl für die dingliche Einigung wie für den Kaufvertrag **1520**
ein[84]. Sie ergreift die Vereinbarung des Eigentumsvorbehalts nicht vollständig, sondern nur *soweit* sie den Konzernvorbehalt auf der Verkäuferseite begründet. Im Übrigen, also bezogen auf den Verkäufer, ist die Vereinbarung wirksam. Unberührt bleibt § 139 BGB (Teilnichtigkeit), so dass ganz nach Lage des Einzelfalls die Vermutung für die Nichtigkeit des gesamten Kaufvertrags resp. der dinglichen Einigung streiten kann[85].

b) Institutionsmissbrauch

Jenseits der Besonderheiten des Konzernvorbehalts und bezogen auf den erweiterten Ei- **1521**
gentumsvorbehalt als solchen knüpft die Frage nach einem Missbrauch der Vertragsfreiheit, der zweckwidrigen Verwendung des Rechtsinstituts Eigentumsvorbehalt, an das Postulat an, es müsse ein sachlicher Zusammenhang zwischen gesicherter Forderung und Vorbehaltsware bestehen. Reparatur- und Ersatzteillieferungen für die Vorbehaltsware stehen in einem solchen Zusammenhang; Missbrauch sei aber dann anzunehmen, wenn außer der Person des Gläubigers kein weiterer Zusammenhang mit der Forderung bestehe[86]. Ein weiterer Missbrauchsgesichtspunkt ist darin gesehen worden, dass der Eigentumserwerb des Vorbehaltskäufers ins Ungewisse hinausgeschoben sei[87]. Nach dieser Ansicht trifft die Unwirksamkeitsfolge vor allem den Konzernvorbehalt, aber auch uneingeschränkte Kontokorrentvorbehalte, ja, jede Erweiterungsform, bei der kein sachlicher Zusammenhang zwischen Vorbehaltsware und gesicherter Forderung besteht.

Es erscheint indessen fraglich, ob solche Erweiterungsformen des Eigentumsvorbehalts überhaupt **1522**
einer eigenständigen Beurteilung bedürfen und ihr überhaupt zugänglich sind. Wie ausgeführt (vorst. Rn. 1502), ist der Eigentumsvorbehalt, wenn er auf Grund einer Erweiterungsform fortbestehen bleibt, nichts anderes als eine Sicherungsübereignung, die sich nur durch ihre Entstehungsart unterscheidet: Das Eigentum des Lieferanten als Kreditgläubiger wird nicht durch Übertragung vom Vorbehaltskäufer auf ihn begründet, sondern das ursprünglich dem Lieferanten zustehende Eigentum bleibt ihm erhalten und geht ihm auch dann nicht verloren, wenn die Voraussetzungen von § 449 Abs. 1 BGB vorliegen. Es ist kein Anhaltspunkt ersichtlich, aus dem gerade für diese Art der Entstehung des Sicherungseigentums eine andere Beurteilung geboten sein sollte als bei einer gewöhnlichen Sicherungsübereignung, die z.B. für ein Kreditinstitut begründet wurde. Der sachliche Zusammenhang zwischen gesicherter Forderung und vorbehaltenem Eigentum ist immerhin noch

83 Gl.A. *Obermüller*, in: Festschr. Schimansky, S. 457 (471); a.A. *Habersack/Teichmann*, JuS 2002, 833 (839); *Leible/Soznitza*, JuS 2001, 556 (558).

84 Gl.A. *Habersack/Teichmann*, JuS 2002, 833 (838).

85 BGH NJW-RR 97, 684 mit Anm. *Bülow*, LM § 139 BGB Nr. 86, die verbleibende Möglichkeit der Anwendung von § 139 BGB scheint in BR-Drucks. 511/92, S. 78 übersehen worden zu sein, *Bülow*, DB 99, 2196 (2197).

86 So die Erwägung in BGH NJW 78, 632 zu I. 3., im konkreten Fall aber nicht gegeben; nachdrücklich *Reinicke/Tiedtke*, Kaufrecht, Rn. 1173 sowie *Tiedtke*, in: 50 Jahre Bundesgerichtshof, S. 829 (830 ff.).

87 Schlegelberger/*Hefermehl*, Anh. § 382 HGB Rn. 122, 118.

insoweit gegeben, als die neue zu sichernde Forderung an die Stelle der getilgten Kaufpreisforderung für die zum Sicherungseigentum gewordene Vorbehaltsware getreten ist. Bei einer Sicherungsübereignung für einen Bankkredit gab es von vornherein keinen sachlichen Zusammenhang in diesem Sinne. Überträgt ein Vorbehaltskäufer, der gerade das Eigentum an der Vorbehaltsware erlangt hatte, dieses zur Sicherung an eine Bank, würde darin niemand ein Missbrauchsmerkmal sehen. Nichts anderes kann gelten, wenn die Sicherungsübereignung aus einem Eigentumsvorbehalt hervorgeht und Kreditgläubiger der Verkäufer ist. Auch der Automatismus, der die Entfaltung des erweiterten Eigentumsvorbehalts für die Zukunft bewirkt, ist ihm nicht spezifisch; er tritt etwa auch beim antizipierten Besitzkonstitut ein, insbesondere im Falle von Warenlagern mit wechselndem Bestand (oben Rn. 1283). Was schließlich institutionelle Schranken des Bedingungsrechts angeht[88], wirkt der erweiterte Eigentumsvorbehalt nicht anders als Sicherungseigentum, das bei Erledigung des Sicherungszwecks (der in der Beendigung der Geschäftsbeziehung zu einem Kreditinstitut liegen kann) an den Kreditschuldner zurückfällt. Die Bedingung wirkt gerade zugunsten des Kreditschuldners, der ihm den Rückfall des Eigentums an Stelle eines nur obligatorischen Anspruchs auf Rückübertragung des Eigentums dinglich sichert.

1523 Erweiterte Eigentumsvorbehalte sind also zur Frage ihrer Wirksamkeit nach denselben Grundsätzen zu beurteilen, wie sie für Sicherungsübereignungen gelten, also nach Sittenwidrigkeit und Bestimmbarkeit. Darüber hinaus gibt es keine besonderen Unwirksamkeitskriterien. Vielmehr ist der erweiterte Eigentumsvorbehalt im Allgemeinen wirksam[89]. Hiervon geht auch die Regelung von § 449 Abs. 3 BGB aus (vorst. Rn. 1519), die nur eine einzige Variante des erweiterten Eigentumsvorbehalts für wirkungslos erklärt.

c) Übersicherung und Gläubigergefährdung

1524 Der Tatbestand der Übersicherung (oben Rn. 1106) kann erfüllt sein[90], wenn sich eine Anzahl von Vorbehaltswaren zugunsten des Lieferanten angesammelt hat, denen gegenüber offene Forderungen unverhältnismäßig gering sind oder überhaupt nicht mehr bestehen, wie im Falle des zukunftsbezogenen und uneingeschränkten Kontokorrentvorbehalts (vorst. Rn. 1506). Infolgedessen ist der Lieferant nach allgemeinen Grundsätzen (oben Rn. 1122 ff.) zur Freigabe verpflichtet. Aber selbst ohne offene Forderungen des Lieferanten braucht noch nicht einmal der Tatbestand der Übersicherung erfüllt zu sein. Die bisherige Entwicklung der Geschäftsverbindung kann es nämlich als sicher erscheinen lassen, dass demnächst wieder offene Forderungen entstehen werden, für die es ausreichender Sicherheiten bedarf. Die Übersicherung ist in solchen Fällen nur vorübergehend eingetreten und fällt demnächst wieder weg, so dass der Freigabeanspruch nicht entsteht. Der Lieferant hält sich in diesem Fall Sicherheiten gleichsam auf Vorrat. Ein derartiges Kreditgebaren als solches ist nicht sittenwidrig.

1525 Der Tatbestand der Gläubigergefährdung (oben Rn. 1132) kann erfüllt sein, wenn die Eigentumsvorbehalte einen Umfang annehmen, dass andere Gläubiger über die Vermögensverhältnisse des Vorbehaltskäufers getäuscht werden. Dadurch können auch die wirtschaftlichen Betätigungsmöglichkeiten des Vorbehaltskäufers in übermäßiger Weise blo-

88 *Serick*, in: Festschr. Weitnauer, S. 145 (152 ff.).

89 So auch die Rechtsprechung, jedenfalls für den kaufmännischen Verkehr, BGHZ 94, 105 (112); 98, 303 (307); 120, 300; 125, 83 (87); BGH ZIP 91, 665 zu III. 2. b.

90 BGHZ 94, 105 (112/113); 120, 300; 125, 83 (87); Schlegelberger/*Hefermehl*, Anh. § 382 HGB Rn. 122, 118; *Serick*, JZ 94, 714; eine Freigabeklausel ist auch hier (vgl. vorst. Rn. 1463) entbehrlich, OLG Köln EWiR § 49 KO 1/99, 31 (*Runkel*).

ckiert sein[91]. In dieser Hinsicht bestehen für den Konzernvorbehalt keine Unterschiede zu anderen Formen des erweiterten Eigentumsvorbehalts (vorst. Rn. 1512, 1519). Der Kontokorrentvorbehalt berücksichtigt vielmehr die gebotene Behandlung der Konzernunternehmen als wirtschaftliche Einheit auch hinsichtlich des Eigentumsvorbehalts.

d) Allgemeine Geschäftsbedingungen: Fehlende Einbeziehung in den Vertrag und Treuwidrigkeit

Ist der erweiterte Eigentumsvorbehalt, wie regelmäßig, nicht durch Individualvereinbarung, sondern durch Allgemeine Geschäftsbedingungen des Lieferanten vereinbart worden, werden diese auch dann Vertragsbestandteil, wenn sie der Vorbehaltskäufer nicht zur Kenntnis genommen hatte (auch wenn er sie zur Kenntnis hätte nehmen können), mit ihrer Geltung aber einverstanden ist[92]; im nicht unternehmerischen Verkehr (§ 310 Abs. 1 BGB), also gegenüber Privatpersonen, muss der Lieferant die weiteren Einbeziehungsvoraussetzungen von § 305 Abs. 2 BGB einhalten. **1526**

aa) Gem. § 305c Abs. 1 BGB werden **überraschende Klauseln** nicht Vertragsbestandteil. Womit der Vorbehaltskäufer rechnen muss, richtet sich nach seinem Erwartungshorizont. Im kaufmännischen Verkehr entspricht der erweiterte Eigentumsvorbehalt den geltenden Gewohnheiten und Gebräuchen[93]. Für den privaten, nach Lage des Einzelfalls auch kleingewerblichen oder freiberuflichen[94] Bereich dürfte dagegen § 305c Abs. 1 BGB anwendbar sein[95], auch unter dem Gesichtspunkt, dass **Anlass** der Begründung des Eigentumsvorbehalts nur die Kaufpreisforderung des Lieferanten war, über den die Einbeziehung der anderen Forderungen hinausgeht[96], so dass von einer weiten Sicherungszweckerklärung gesprochen werden kann (oben Rn. 909 für Bürgschaft, Rn. 161 für Grundschuld). **1527**

bb) Zweifel in der Formulierung der Klausel über die Tragweite des Eigentumsvorbehalts, z.B. eingeschränkt oder uneingeschränkt zukunftsbezogen, führen zu restriktiver Auslegung zugunsten des Vorbehaltskäufers (§ 305c Abs. 2 BGB)[97]; mangelnde Transparenz führt gem. § 307 Abs. 1 Satz 2 BGB zu Unangemessenheit[98]. **1528**

cc) Auch eine Klausel, die den Vorbehaltskäufer, der Unternehmer ist, nicht überrascht, ist unwirksam, wenn sie ihn wider **Treu und Glauben** unangemessen benachteiligt. Hierunter fallen insbesondere Bestimmungen, durch die die Erreichung des Vertragszwecks gefährdet ist, indem wesentliche Rechte und Pflichten eingeschränkt werden, die sich aus der Natur des Vertrages ergeben (§ 307 Abs. 2 Nr. 2 BGB). Fraglich ist, ob danach erwei- **1529**

---

91 BGH WM 61, 336; 69, 1072, dort verneint; *Serick*, Bd. V, § 59 VIII. 2. (S. 241).

92 Im Allgemeinen nicht bei Abwehrklausel des Vorbehaltskäufers: BGH NJW 85, 1838 zu III. 2. a. und oben Rn. 731 ff.; *de Lousanoff*, NJW 85, 2921.

93 BGHZ 98, 303 (307); 94, 105 (111/112); 42, 53 (59); BGH NJW 91, 2285; WM 68, 1145; OLG Frankfurt am Main NJW 81, 130; *M. Schulz*, Eigentumsvorbehalt, S. 44; a.A. – Unwirksamkeit auch im kaufmännischen Bereich – *Tiedtke*, in: 50 Jahre Bundesgerichtshof, S. 829 (832).

94 BGH NJW 77, 195.

95 A.A. *Thamm*, BB 78, 20 (21).

96 *Obermüller*, in: Festschr. Schimansky, S. 457 (475), auch *Habersack/Teichmann*, JuS 2002, 833 (839).

97 Staudinger/*Schlosser*, § 5 AGBG Rn. 12.

98 Für erweiterten Eigentumsvorbehalt: BGH NJW 2001, 292 (297 zu VII. 2.).

terte Eigentumsvorbehalte unwirksam sind, weil sie den Eigentumserwerb des Vorbehaltskäufers als unzweifelhaften Vertragszweck (§ 433 Abs. 1 Satz 1) gefährden[99].

1530 Dazu ist zunächst zu bemerken, dass der Eigentumserwerb durchaus irgendwann einmal eintritt, nämlich jedenfalls bei Beendigung der Geschäftsverbindung (es sei denn, diese dauerte ewig). Übrig bleibt die Ungewissheit über den Zeitpunkt, in dem der Eigentumserwerb eintritt. § 449 zeigt nun einerseits, dass der Eigentumserwerb durchaus an ungewisse zukünftige Ereignisse – eben Bedingungen – geknüpft sein kann, andererseits aber auch, dass es der Vorbehaltskäufer in der Hand hat, diese Bedingungen zu gestalten und damit den Eigentumserwerb zu beeinflussen, indem er leistet. Ein Eigentumsvorbehalt, dessen Erlöschen der Vorbehaltskäufer nicht beeinflussen kann, gefährdet danach in der Tat die Erreichung des Kaufvertragszwecks, wie er sich in §§ 433 Abs. 1 Satz 1, 449 Abs. 1 darstellt. Die Beendigung der gesamten Geschäftsbeziehung, mit der der Vorbehaltskäufer den Eigentumserwerb an der einzelnen Sache erreichen könnte, ist wohl keine ernstzunehmende Beeinflussungsmöglichkeit für ihn[100].

1531 Soweit also der Vorbehaltskäufer das Eigentum nur durch die Beendigung der Geschäftsverbindung erwerben kann, verstößt ein erweiterter Eigentumsvorbehalt, der durch Allgemeine Geschäftsbedingungen begründet werden sollte, gegen § 307 Abs. 2 Nr. 2 BGB und ist unwirksam, also im Falle des zukunftsbezogenen uneingeschränkten und uneigentlichen Kontokorrentvorbehalts (Fortbestand des Eigentumsvorbehalts auch bei Saldoausgleich, vorst. Rn. 1506)[101] sowie des in dieser Weise ausgestalteten eigentlichen Kontokorrentvorbehalts (vorst. Rn. 1511) ohne die Möglichkeit einer geltungserhaltenden Reduktion[102] auf Forderungen, die nach dem Saldoausgleich entstehen. Von solchen Sonderfällen abgesehen sind die Erweiterungsformen des Eigentumsvorbehalts einschließlich des Konzernvorbehalts[103] auf der Käuferseite[104] (oben Rn. 1519) aber **grundsätzlich unbedenklich**[105]. Auf den sachlichen Zusammenhang der gesicherten Forderung mit der Vorbehaltsware kommt es nicht an, auch nicht darauf, wer Gläubiger ist (vorst. Rn. 1513). Noch weniger kann die Rechtsfigur des erweiterten Eigentumsvorbehalts als Missbrauch der Vertragsfreiheit angesehen werden[106].

1532 *dd)* Die Unwirksamkeit über § 307 BGB hinaus könnte sich auch aus dem Gesichtspunkt ergeben, dass dem Vertragspartner des Verwenders, also dem Vorbehaltskäufer, nicht vertragsferne Lasten aufgebürdet werden dürfen (**Unwirksamkeit individualvertragsferner Klauseln**), insbesondere mittels Allgemeiner Geschäftsbedingungen nicht neue, neben den Individualvertrag tretende Vereinbarungen[107].

1533 Die Erweiterung des Eigentumsvorbehalts ist eine neue Vereinbarung, nämlich eine Sicherungsübereignung, dadurch bewirkt, dass der dingliche Teil schon vorweggenommen ist, weil der Lieferant als Kreditgläubiger schon Eigentümer ist. Sprengt diese Sicherungsabrede in Allgemeinen Ge-

99 So *Löwe/v. Westphalen/Trinkner*, § 9 AGBG Rn. 89; wohl auch *Reich*, JZ 76, 463 (466).

100 *Lambsdorff*, Handbuch des Eigentumsvorbehalts, Rn. 259, 261.

101 So im Ergebnis auch *Ulmer/Brandner/Hensen*, Anh. §§ 9-11 AGBG, Rn. 657; *Wolf*, in: *Wolf/Horn/Lindacher*, § 9 AGBG Rn. E 33; *v. Westphalen*, DB 85, 475 (476).

102 BGH BB 82, 1750, dazu umfassend *Lindacher*, BB 83, 154 sowie *Bunte*, AcP 181 (1981), 31 (41 f.); *Ulmer*, NJW 81, 2025 (2029); *v. Westphalen*, DB 77, 1685 (1687); *Knütel*, JR 81, 221 (222).

103 Für Altfälle vor Inkrafttreten von § 449 Abs. 3 (455 Abs. 2 a.F.) BGH NJW 94, 1154 mit zust. Rezension *Schnorbus*, BB 95, 2225, Anm. *A. Weber*, WuB I F 6. – 4.94 und Komm. *Tiedtke*, EWiR § 455 BGB 1/94, 1071.

104 A.A. *Habersack/Teichmann*: Unwirksamkeit nach § 307 Abs. 2 Nr. 2 im Hinblick auf die Einbeziehung Dritter – aber die gesetzliche Regelung bezieht sich eben nur auf die Verkäuferseite.

105 BGHZ 94, 105 (112); 98, 303 (307); BGH NJW 91, 2287 zu III. 2. b.; WM 58, 818; BB 71, 285; ZIP 86, 1059; offen in BGHZ 105, 129 (132); *v. Westphalen*, DB 85, 475 (476); *M. Weber*, BB 89, 1768 (1771); *Reiners*, Diss., S. 100 ff.; abl. *Tiedtke*, in: 50 Jahre Bundesgerichtshof, S. 829 (845).

106 BGH WM 72, 347 zu 1.; zu § 138 BGB: BGHZ 26, 178 und 185.

107 *Wolf*, in: *Wolf/Horn/Lindacher*, § 9 AGBG Rn. E 36.

schäftsbedingungen den Rahmen des zugrundeliegenden Kaufvertrages? Erweiterte Eigentumsvorbehalte sind im kaufmännischen Verkehr nicht überraschend (vorst. Rn. 1527). Sie sind dem individuellen Kaufvertrag nahe, weil dieser im Rahmen der Geschäftsbeziehungen zustandekommt und im Bestand der Geschäftsbeziehung die Voraussetzung für die Erhaltung des erweiterten Eigentumsvorbehalts liegt. Man mag dem Lieferanten als AGB-Verwender nicht Treuwidrigkeit vorwerfen, wenn er Sicherheiten – wie Vorbehaltswaren – nicht aus der Hand geben will, solange der Vorbehaltskäufer noch Schulden bei ihm hat. Ein Grundsatz, dass Allgemeine Geschäftsbedingungen nicht zusätzliche Vereinbarungen enthalten dürften, erscheint deshalb in dieser Allgemeinheit nicht richtig. Die Sicherungsübereignung durch Erweiterung des Eigentumsvorbehalts ist folglich nicht individualvertragsfern. Es ergeben sich keine Wirksamkeitsbeschränkungen für erweiterte Eigentumsvorbehalte in Allgemeinen Geschäftsbedingungen, die über § 307 Abs. 2 Nr. 2 BGB hinausgingen. Anderes gilt für den weitergeleiteten Eigentumsvorbehalt (nachf. Rn. 1539).

IV. Übertragener Eigentumsvorbehalt

Der verlängerte Eigentumsvorbehalt ist Konsequenz aus dem Erlöschen des einfachen Eigentumsvorbehalts durch die Weiterveräußerung. An die Stelle der Vorbehaltsware tritt die Forderung aus dem Weiterverkauf. Daneben bleibt das Interesse des Lieferanten bestehen, sich das Eigentum an der Vorbehaltsware trotz Weiterverkaufs zu erhalten, den Eigentumsvorbehalt also auf den Abnehmer des Vorbehaltskäufers zu übertragen. Das kann auf zwei, freilich wenig vollkommenen Wegen geschehen, dem nachgeschalteten und dem weitergeleiteten Eigentumsvorbehalt. **1534**

1. Nachgeschalteter Eigentumsvorbehalt

Der Vorbehaltskäufer kann sich gegenüber dem Lieferanten verpflichten, die Vorbehaltsware seinerseits nur unter Eigentumsvorbehalt an seinen Abnehmer zu verkaufen, so dass das Eigentum des Lieferanten bis zur vollständigen Kaufpreistilgung durch den Abnehmer des Vorbehaltskäufers erhalten bleibt (nachgeschalteter Eigentumsvorbehalt). **1535**

Was freilich die Einhaltung der Verpflichtung des Vorbehaltskäufers angeht, so ist der Lieferant nur obligatorisch, nicht dinglich gesichert. Veräußert der Vorbehaltskäufer die Vorbehaltsware, ohne sich seinerseits das Eigentum vorzubehalten, wird der Abnehmer Eigentümer, wenn er den Vorbehaltskäufer gutgläubig für den Eigentümer hält (§ 932) bzw. dann, wenn er den Vorbehaltskäufer für verfügungsbefugt halten durfte (§ 366 HGB). Ist der Vereinbarung zwischen Lieferant und Vorbehaltskäufer zu entnehmen, dass die Verfügungsbefugnis des Vorbehaltskäufers insoweit beschränkt war, dass dieser nur unter nachgeschaltetem Eigentumsvorbehalt weiterveräußern durfte, hindert diese Beschränkung den guten Glauben an die Verfügungsbefugnis des Abnehmers nicht, weil und soweit er damit nicht zu rechnen brauchte. Auch insoweit ist der Lieferant also nicht dinglich gesichert. **1536**

Hält sich der Vorbehaltskäufer an die Verpflichtung, den Eigentumsvorbehalt nachzuschalten, verliert der Lieferant das Eigentum, sobald der Abnehmer des Vorbehaltskäufers den Kaufpreis tilgt, also die Bedingung für den Eigentumserwerb gem. § 449 Abs. 1 eintritt: Darin hatte der Lieferant ja eingewilligt[108]; zur Verwertung durch den Lieferanten oben Rn. 1245. Über den Zeitpunkt der Zahlung durch den Abnehmer des Vorbehaltskäufers hinaus kann sich der Lieferant das Eigentum an **1537**

108 BGHZ 56, 34 (36).

der Vorbehaltsware durch nachgeschalteten Eigentumsvorbehalt also nicht erhalten. Möglich ist das aber im Wege des weitergeleiteten Eigentumsvorbehalts.

2. Weitergeleiteter Eigentumsvorbehalt

a) Abgewandelte Bedingung

1538 Der Vorbehaltskäufer kann sich gegenüber dem Lieferanten verpflichten, die Vorbehaltsware in der Weise an seinen Abnehmer zu veräußern, dass dieser nur unter besonderen Bedingungen Eigentümer wird. Die Privatautonomie gestattet dem Vorbehaltskäufer und seinem Abnehmer die Ausgestaltung der Bedingung für den Eigentumserwerb durch den Abnehmer in der Weise, dass die Befriedigung erst des Lieferanten, nicht schon des Vorbehaltskäufers durch seinen Abnehmer, zum Eigentumserwerb führt. Auch wenn also der Abnehmer des Vorbehaltskäufers den Kaufpreis an diesen zahlt, soll er noch nicht Eigentümer werden, sondern erst, wenn auch der Vorbehaltskäufer an den Lieferanten leistet (weitergeleiteter Eigentumsvorbehalt).

1539 Die Vereinbarung einer solchen Bedingung setzt voraus, dass der Vorbehaltskäufer den Eigentumsvorbehalt mit dem Lieferanten offenlegt – solche Publizität soll durch kautelarisches Kreditsicherungsrecht aber gerade vermieden werden. Auch fragt sich, welcher Abnehmer eines Vorbehaltskäufers sich darauf einlassen wird, ist doch der Eigentumserwerb nicht von seiner Willkür – Kaufpreiszahlung an den Vorbehaltskäufer – abhängig, sondern vom Zahlungsgebaren des Vorbehaltskäufers, auf das er keinen Einfluss hat. Gänzlich unsicher wird der Eigentumserwerb des Abnehmers, wenn der Vorbehaltskäufer mit dem Lieferanten Erweiterungsformen des Eigentumsvorbehalts vereinbart hat, auch die Kaufpreiszahlung also nicht zum Eigentumsübergang führt. Wegen dieser Ungewissheit für den Abnehmer des Vorbehaltskäufers, die den Weiterverkauf meist scheitern lassen wird, ist ein weitergeleiteter Eigentumsvorbehalt gem. § 307 Abs. 2 BGB unwirksam, wenn er in Allgemeinen Geschäftsbedingungen des Vorbehaltsverkäufers, die den Käufer zur Weiterleitung des Eigentumsvorbehalts verpflichten sollen, enthalten ist[109]. Das gilt jedenfalls dann, wenn es dem Vorbehaltskäufer im Übrigen erlaubt ist, die Sache schon vor Zahlung des Kaufpreises weiterzuveräußern.

b) Übertragung der Anwartschaft

1540 Die Weiterleitung des Eigentumsvorbehalts auf den Abnehmer des Vorbehaltskäufers ist auch in der Weise möglich, dass der Vorbehaltskäufer nicht bedingtes Eigentum, sondern sein Anwartschaftsrecht an der Vorbehaltsware überträgt (oben Rn. 777 ff.). Hierzu ist der Vorbehaltskäufer sachenrechtlich in der Lage, ohne dass die Zustimmung des Lieferanten nötig wäre, ist er doch alleiniger Inhaber des Anwartschaftsrechts. Dadurch wird der Abnehmer, dem das Anwartschaftsrecht übertragen wurde, mit Bedingungseintritt unmittelbar Eigentümer ohne Durchgangserwerb des Vorbehaltskäufers (oben Rn. 788), anders als in der erstgenannten Variante (Rn. 1538).

---

109 BGH NJW 91, 2285 zu III. 2. b. mit Anm. *Emmerich*, WuB IV A. – 2.91 und Komm. *Tiedtke*, EWiR § 9 AGBG 13/91, 733; OLG Stuttgart BB 75, 1131.

3. Abschnitt

Kautelarische Personalsicherheiten

Literatur: *Ammelung/Sorocean*, Patronatserklärungen zugunsten ausländischer Tochtergesellschaften, RIW 96, 668; *Assmann*, Aufrechnung der Garantiebank mit Gegenforderungen bei Inanspruchnahme einer Zahlungsgarantie auf erstes Anfordern, IPrax 86, 142; *Avancini*, Sicherungslücke für die Einreicherbank bei Bevorschussung eines Dokumenteninkassos?, in: Festschr. Frotz, Wien 1993, S. 469; *Bales*, Bedeutung der Rangrücktrittsvereinbarungen im Rahmen der neuen Insolvenzordnung, Sparkasse 2000, 183; *v. Bar*, Kollisionsrechtliche Aspekte der Vereinbarung und Inanspruchnahme von Dokumentenakkreditiven, ZHR 152 (1988), 38; *ders.*, Zessionsstatut, Verpflichtungsstatut und Gesellschaftsstatut, IPrax 92, 20; *Baroch Castellvi*, Zum Übergang der gesicherten Forderung auf den zahlenden Garanten, WM 95, 868; *Bartels*, Die Sicherungsgesamtschuld als akzessorische Kreditsicherheit?, JZ 2000, 608; *ders.*, Eingriffe in die Vertragbeteiligung durch Auslegung, Typenlehre und Umgehungsverbot, WM 2002, 1905; *Baumann*, Zur Form von Schuldbeitritt und Schuldanerkenntnis, ZBB 93, 171; *K.P. Berger*, Die Auslegung von Dokumentenakkreditiven durch die deutsche Rechtsprechung, in: Festschr. Schütze, 1999, S. 103; *Bülow*, Grundprobleme des euro-Schecks und der Scheckkarte, JA 84, 340; *ders.*, Rechtsnatur der Haftung aus bestätigtem Bundesbankscheck, ZIP 91, 1469; *Bülow/Artz*, Folgeprobleme der Anwendung des Verbraucherkreditgesetzes auf Schuldbeitritt und andere Interzessionen, ZIP 98, 629; *P. Bydlinski*, Die Übertragung der Rechte aus einer Bankgarantie, ZBB 89, 153; *ders.*, Moderne Kreditsicherheiten und zwingende Rechte, AcP190 (1990), 165; *Canaris*, Die Bedeutung des „materiellen" Garantiefalles für den Rückforderungsanspruch bei der Garantie „auf erstes Anfordern", ZIP 98, 493; *Claussen*, Bank- und Börsenrecht, 1996; *Coester*, Die Zahlungszusage auf der Baustelle – OLG Hamm, NJW 1993, 2625, JuS 94, 370; *Coing*, Probleme der internationalen Bankgarantie, ZHR 147 (1983), 125; *Dehn*, Zur Form des Schuldbeitritts zu einem Schuldanerkenntnis gemäß § 781 BGB, WM 93, 2115; *Derleder*, Zession und Gesamtschuld in: Festschr. für Heinrichs, 1998, S. 155; *Diwok*, Der Abruf von Bankgarantien auf erstes Anfordern, in: Festschr. Frotz, Wien 1993, S. 483; *Drebes*, Sicherungsgeberschutz durch das Verbraucherkreditgesetz, DZWIR 98, 75; *Eberth*, Rechtsfragen der Zahlung unter Vorbehalt im Akkreditivgeschäft, WM 83, 1302; *Edenfeld*, Offene Fragen des Beitritts zur Dauerschuld, JZ 97, 1034; *G. Fischer*, Aktuelle höchstrichterliche Rechtsprechung zur Bürgschaft und zum Schuldbeitritt, WM 2001, 1049, 1093; *Fleischer*, Gegenwartsprobleme der Patronatserklärung im deutschen und europäischen Privatrecht, WM 99, 666; *Fried*, Die weiche Patronatserklärung, 1998; *Fülbier*, Besonderheiten bei der Bestellung von Personalsicherheiten mit Berührung des französischen Rechts, RIW 95, 627; *Georgiades*, Das Zustandekommen des Vertrages beim internationalen Kauf und der Grundsatz der Autonomie des Dokumentenakkreditvs, in: Einheit und Folgerichtigkeit im juristischen Denken, Symposion zu Ehren von Canaris, 1998, S. 89; *Gerth*, Organschaftserklärungen als Kreditsicherheit, AG 84, 94; *ders.*, Atypische Kreditsicherheiten, 2. Aufl. 1980; *Gröschler*, Einwendungsausschluß bei der Garantie auf erstes Anfordern und der einfachen Garantie, JZ 99, 822; *Habersack*, Patronatserklärungen ad incertas personas, ZIP 96, 257; *Heidbüchel*, Das UNCITRAL-Übereinkommen über unabhängige Garantien und Standby letters of credit, 1999; *Heinsius*, Zur Frage des Nachweises der rechtsmißbräuchlichen Inanspruchnahme einer Bankgarantie auf erstes Anfordern mit liquiden Beweismitteln, in: Festschr. Werner, 1984, S. 229; *ders.*, Bürgschaft auf erstes Anfordern, in: Festschr. Merz, 1992, S. 177; *Henssler*, Risiko als Vertragsgegenstand, 1994; *Hoes*, Die Überschuldung Privater als Problem von Ungleichgewichten, 1997; *D. Hoffmann*, Die Patronatserklärung im deutschen und österreichischen Recht, 1998; *E.*

Hoffmann, Die Garantie auf erstes Anfordern (garantie à première demande) im belgischen Recht, RIW 96, 389; *J. Hoffmann*, Schuldbeitritt, Bürgschaft und Ehescheidung, JR 2001, 221; *Horn*, Dokumenten-Akkreditive und Bankgarantien im internationalen Zahlungsverkehr, 1977; *ders.*, Bürgschaften und Garantien zur Zahlung auf erstes Anfordern, NJW 80, 2153; *ders.*, Rückforderungsansprüche des Garanten, in: Festschr. Brandner, 1996, S. 623; *Jander*, Die Behandlung von Patronatserklärungen im deutschen und amerikanischen Recht, RIW 95, 730; *Joost*, Der bestätigte Bundesbankscheck und der Nachweis seiner Vorlegung, ZHR 150 (1986), 635; *Klaas*, Formelle Dokumentenstrenge im Recht der Bankgarantie, ZIP 97, 1098; *Köhler*, Patronatserklärungen als Kreditsicherheit: tatsächliche Verbreitung – wirtschaftliche Gründe – rechtliche Bedeutung, WM 78, 1338; *Köndgen*, Die Sicherheitenleihe – Kreditsicherungsinstrument oder Gläubigergefährdung? in: Festschr. Steindorff, 1990, 383; *Kohout*, Patronatserklärungen, Diss. Mainz, 1984; *Kohte*, Die Stellung des Schuldbeitritts zwischen Bürgschaft und Schuldübernahme, JZ 90, 997; *Koller*, Die Dokumentenstrenge im Licht von Treu und Glauben beim Dokumentenakkreditiv, WM 90, 293; *Kreft*, Garantie und Bürgschaft auf erstes Anfordern, in: Bankrecht 2000, S. 115; *Kröll*, Rechtsfragen elektronischer Bankgarantien, WM 2001, 1553; *Küffner*, Patronatserklärungen im Bilanzrecht, DStR 96, 146; *Kümpel*, Die Grundstruktur der Wertpapierleihe und ihre rechtlichen Aspekte, WM 90, 909; *Kulke*, Sittenwidrigkeit eines Schuldbeitritts und Teilnichtigkeit, ZIP 2001, 985; *Kupisch*, Bona fides und Bürgschaft auf erstes Anfordern, WM 2002, 1626; *Kurz*, Schuldübernahme, Schuldbeitritt und das Verbraucherkreditgesetz, DNotZ 97, 552; *Lenz*, Akkeditive und weitere Zahlungssicherungen im Außenhandel, EuZW 91, 297; *Lienesch*, Rechtsmissbrauch und einstweiliger Rechtsschutz im internationalen Garantiegeschäft, DZWIR 2000, 492; *Liesecke*, Rechtsfragen der Bankgarantie, WM 68, 22; *ders.*, Neuere Theorie und Praxis des Dokumenten-Akkreditivs, WM 76, 258; *ders.*, Die Stellung der kreditgebenden Bank beim Dokumenten-Inkasso und Dokumenten-Akkreditiv, in: Festschr. Fischer, 1979, S. 397; *Limmer*, „Harte" und „weiche" Patronatserklärungen in der Konzernpraxis, DStR 93, 1750; *Masing*, Die Delkrederevereinbarung nach § 86b Abs. 3 HGB, BB 95, 2589; *Maslaton*, Rechtsfolgen kommunaler Patronatserklärungen, NVwZ 2000, 1351; *Menkhaus*, Sicherungsrechte der kreditgebenden Einreicherbank am Inkassoerlös im Konkurs des Dokumenteneinreichers beim Dokumenteninkasso, ZIP 85, 1309; *Michalski*, Die Patronatserklärung, WM 94, 1229; *Möser*, Patronatserklärung und Kreditwürdigkeit, DB 79, 1469; *Mormann*, Die Rechtsprechung des Bundesgerichtshofs zur Bürgschaft, WM 63, 930; *Mosch*, Patronatserklärungen deutscher Konzernmuttergesellschaften und ihre Bedeutung für die Rechnungslegung, 1978; *Mülbert*, Neueste Entwicklungen des materiellen Rechts der Garantien „auf erstes Anfordern", ZIP 85, 1101; *ders.*, Mißbrauch von Bankgarantien und einstweiliger Rechtsschutz, 1985; *Münch*, Die Sicherungsdienstbarkeit zwischen Gewerberecht und Kartellrecht, ZHR 157 (1993), 559; *Nielsen*, Das Risiko der Wiedererlangung der Akkreditivsumme bei fehlerhafter Auszahlung durch die akkreditivbestätigende (Zweit-)Bank; WM 85, 149; *ders.*, Ausgestaltung internationaler Bankgarantien unter dem Gesichtspunkt etwaigen Rechtsmißbrauchs, ZHR 147 (1983), 145; *Nobbe/Kirchhof*, Bürgschaften und Mithaftungsübernahmen finanziell überforderter Personen, BKR 2001, 5; *Obermüller*, Ersatzsicherheiten im Kreditgeschäft, 1987; *Pesch*, Patronatserklärungen im Geschäftsbericht von Banken, ZIP 98, 1609; *Peters*, Der vertragliche Rücktritt von Forderungen, WM 88, 641 und 685; *Plagemann*, Rechtsprobleme bei der Arrestierung des Auszahlungsanspruchs aus einem deferred payment-Akkreditiv, RIW 87, 27; *Pleyer*, Die Bankgarantie im zwischenstaatlichen Handel, WM 73, Beilage 2; *Pöggeler*, Die Akzessorietät im Zivilrecht: Irrtümer und Wahrheiten, JA 2001, 65; *Reinicke*, Bürgschaft und Gesamtschuld, NJW 66, 2141; *Reifner*, Die Mithaftung der Ehefrau im Bankkredit – Bürgschaft und Gesamtschuld im Kreditsicherungsrecht, ZIP 90, 427; *Reinicke/Tiedtke*, Formbedürftigkeit des Schuldbeitritts zu einem Kreditvertrag, WiB 97, 449; *Rümker*, Probleme der Patronatserklärung in der Kreditsicherungspraxis, WM 74, 990; *Rüßmann/Britz*, Die Auswirkungen des Grundsatzes der formellen Garantiestrenge auf die Geltendmachung einer befristeten Garantie auf erstes Anfordern, WM 95, 1825; *Schäfer*, Die harte Patronatserklärung – vergebliches Streben nach Sicherheit?, WM 99, 153; *Schefold*, Zum IPR des Dokumenten-Akkreditivs, IPrax 90, 20; *Schlechtriem*, Rechtsnachfolge in auf erstes Anfordern zahlbare Garantien, in: Festschr. Stoll, 2001, S. 361; *Schmitz*, Der Ausgleich zwischen Bürgschaft und Schuldbeitritt, in: Festschr. Merz, 1992, S. 553; *Schnauder*, Zahlungsversprechen auf erstes Anfordern im System des

Schuldrechts, WM 2000, 2073; *U.H. Schneider*, Kollektive konzernexterne und konzerninterne Patronatserklärungen, in: Festschr. Krümmel, 1988, S. 351; *ders.*, Patronatserklärungen gegenüber der Allgemeinheit, ZIP 89, 619; *Schönle*, Mißbrauch von Akkreditiven und Bankgarantien, Schweiz JZ 83, 53; *Schütze*, Bankgarantien, 1994; *ders.*, Das Dokumentenakkreditiv im Internationalen Handelsverkehr, 5. Aufl. 1999; *Seiler*, Die Patronatserklärung im internationalen Wirtschaftsverkehr, Diss. Münster, 1981; *Shingleton/Wilmer*, Einstweiliger Rechtsschutz im internationalen Dokumentenakkreditivgeschäft nach amerikanischem und deutschem Recht, RiW 91, 793; *Stapel*, Die einheitlichen Richtlinien und Gebräuche für Dokumentenakkreditive der Internationalen Handelskammer in der Fassung von 1993, 1998; *Stürner*, Dienstbarkeit heute, AcP 194 (1994), 265; *Vollmer*, Haftungsrisiken aus konzerninternen Patronatserklärungen mit Managementklauseln, ZBB 93, 89; *v. Westphalen*, AGB-rechtliche Erwägungen zu den neuen Einheitlichen Richtlinien und Gebräuchen für Dokumenten-Akkreditive – Revision 1993, RIW 94, 453; *Weth*, Bürgschaft und Garantie auf erstes Anfordern, AcP 189 (1989), 303; *Wilhelm*, Die Kondiktion der Zahlung des Bürgen oder Garanten „auf erstes Anfordern" im Vergleich zur Zession, NJW 99, 3519; *Yang*, Rechtsvergleichende Untersuchungen über den Eigentumsvorbehalt im deutschen und koreanischen Recht unter besonderer Berücksichtigung des einfachen Eigentumsvorbehalts, 1999; *Zahn*, Anmerkungen zu einigen Kontroversen im Bereich der Akkreditive und Bankgarantien, in: Festschr. Pleyer, 1986, S. 153; *Zeller*, Probleme bei der Abtretung einer Garantie „auf erstes Anfordern", BB 90, 363; siehe im Übrigen die Literaturübersicht zur Bürgschaft, 1. Kap. III.; *Zimdars*, Bauhandwerkersicherheit gem. § 648a BGB: Zulässigkeit der Garantie auf erstes Anfordern und der Befristung der Garantie, DB 97, 614.

Fälle:

1. *Die S-GmbH will bei einer Bank einen Kredit aufnehmen. Ihr Geschäftsführer D erklärt der Bank gegenüber mündlich die Garantie. Der Kredit wird notleidend. Als die Bank D in Anspruch nimmt, will dieser nicht zahlen und wendet außerdem ein, es sei Stundung vereinbart worden, darüberhinaus rechne er mit Ansprüchen auf, die zum Teil S, zum Teil ihm gegen die Bank zustehen. Muss D zahlen?*
(Lösung: Rn. 1543 ff.)

2. *B lässt sich ein Haus bauen. Der Maurer arbeitet nicht mehr weiter, weil er vom Baustofflieferanten L keinen Mörtel mehr bekommt. B telefoniert mit L und erklärt, er stehe mit dem Maurer für die Bestellung gerade. L liefert, der Maurer zahlt nicht. L hält sich deshalb an B. Mit Recht?*
(Lösung: Rn. 1580 ff.)

3. *M nimmt bei der Bank B ein Darlehen auf. B besteht auf der Mithaftung der Ehefrau von M. Diese, F, unterschreibt als „Mitdarlehensnehmerin". Im Zuge ihrer Refinanzierung tritt B ihre Forderung gegen F an ein anderes Kreditinstitut, K, ab. Nach dem M insolvent geworden war und das Darlehen nicht an B zurückzahlen kann, verlangt K von F Zahlung. Mit Recht? (Lösung: Rn. 1596, 1583).*

4. *K kauft von V 10 000 Lampen, die in Bremen verschifft und an einen Importeur im Jemen weiterverkauft werden sollen. V verlangt ein unwiderrufliches Dokumenten-Akkreditiv einer Bank. Die Bank erteilt das Akkreditiv, indem sie sich gegenüber K verpflichtet, bei Vorlage des Konnossoments den Kaufpreis an ihn zu zahlen. Als K das Akkreditiv V vorlegt, verweigert dieser die Lieferung. Mit Recht?*
(Lösung: Rn. 1608 ff.)

5. *G will dem Konzernunternehmen S ein Darlehen geben. S bringt eine Erklärung der Muttergesellschaft bei, in der diese erklärt, mit der Kreditaufnahme durch die Tochtergesellschaft einverstanden zu sein. Als S das Darlehen nicht zurückzahlt, verlangt G Leistung von M in voller Höhe, hilfsweise hinsichtlich der Zinsen den erzielbaren Marktzins. Mit Recht?*
(Lösung: Rn. 1620 f.)

Die Bürgschaft ist nur ein Typus der Personalsicherheiten neben anderen, bei dem die Ver- **1541**
fasser des BGB die Notwendigkeit sahen, ihn gesetzlich auszuformen, während andere

Typen ganz der Vertragsfreiheit offengehalten wurden und sich nach den allgemeinen Regeln des Privatrechts richten. Denkbar bleibt die analoge Anwendung bürgschaftsrechtlicher Bestimmungen, z.B. zur Frage, ob die Verpflichtungserklärung des Interzessionars der Schriftform nach § 766 BGB bedarf (nachf. Rn. 1553, 1595 und oben Rn. 893 ff.). Welche Art der Personalsicherheit begründet werden soll, ist dem rechtsgeschäftlichen Willen der Parteien zu entnehmen (nachf. Rn. 1555, 1588).

1542 Personalsicherheiten begründen notwendigerweise ein **Dreipersonenverhältnis** (nachf. Rn. 1551, 1585) und bilden zusammen mit der Drittsicherung bei den Realsicherheiten die Sicherungskonstruktion der Interzessionen[1] (oben Rn. 14), an denen Gläubiger, Schuldner und Interzessionar beteiligt sind. Nicht kodifizierte und kautelarisch auszuformende Grundtypen sind Garantie und Schuldbeitritt (unten Rn. 1580).

I. Forderungsgarantie

1. Begriff und Abgrenzung

1543 Mit Garantie bezeichnet man das selbständige Versprechen, einem anderen gegenüber dafür einzustehen, dass ein bestimmter tatsächlicher oder rechtlicher Erfolg eintritt oder die Gefahr eines bestimmten zukünftigen Schadens sich nicht verwirklicht[2], anders gewendet: Sie ist eine Verpflichtung zur Schadloshaltung, falls der garantierte Erfolg nicht eintritt[3]. Wer durch Vertrag mit dem Gläubiger dafür einsteht, dass die Verbindlichkeit eines Dritten unter den von den Parteien bestimmten Voraussetzungen, dem Garantiefall (nachf. Rn. 1556), erfüllt wird, indem er den Gläubiger befriedigt, wenn und soweit der Schuldner nicht leistet, ist Forderungsgarant (Interzessionsgarantie; zur Ausbietungs- und Ausfallgarantie oben Rn. 428). Durch seine Einstandsbereitschaft sichert der Forderungsgarant den Anspruch, den der Gläubiger gegenüber dem Schuldner hat. Der Garantievertrag hat den Zweck, die Forderung des Gläubigers zu sichern. Der **Sicherungszweck** ist der Grund der Einstandspflicht, der Forderungsgarant ist folglich Sicherungsgeber und Interzessionar. Mit der Einstandspflicht begründet der Garant eine eigene Verbindlichkeit, die neben die gesicherte Forderung, die gegenüber dem Hauptschuldner besteht, tritt. In dieser vertraglichen Grundpflicht stimmen Bürgschaft und Garantie überein (oben Rn. 832). Aber die Garantie ist eine nichtakzessorische Personalsicherheit (nachf. Rn. 1552).

1544 Bestimmen die Parteien den Garantiefall in der Weise, dass für die Verpflichtung des Garanten der jeweilige Bestand der Hauptverbindlichkeit maßgebend sein soll, handelt es sich, wie aus § 767 BGB folgt, in Wahrheit um eine Bürgschaft. Die Interzession ist Garantie, wenn der Garant auch in dem Fall leisten soll, dass die Hauptverbindlichkeit, die gesicherte Forderung, nicht oder nicht so besteht, der Forderung Einwände ihres Schuldners entgegenstehen, die Haftung also namentlich nicht akzessorisch (oben Rn. 837), sondern abstrakt ist, also trotz Einwänden im Grundsatz fortbesteht. Nur im Falle des Rechtsmissbrauchs (nachf. Rn. 1562) sind Einwände des Schuldners ausnahmsweise erheblich oder auch Einwände aus den Rechtsbeziehungen zwischen Garanten und Hauptschuldner (Deckungsverhältnis).

1 Motive II, S. 658, bei *Mugdan*, S. 367.

Dagegen ist die **Anweisung** des Schuldners an einen Dritten – z.B. eine Bank –, die Forderung zu tilgen, keine Garantie, weil der Gläubiger keinen Anspruch gegen den Dritten erhält[4] und weil es an einem Vertragsverhältnis zwischen Gläubiger und Drittem fehlt; jedoch kann eine Anweisung mit einem Garantievertrag verbunden werden (z.B. durch sog. bankbestätigte Zahlungsanweisung[5]). **1545**

Erklärt ein Kreditinstitut, das Bezogene eines **Schecks** ist (Art. 3 ScheckG), einen vom Inhaber eingereichten Scheck einzulösen, kann darin nach Lage des Einzelfalls eine Garantie des Inhalts liegen, dass der Scheck auch dann bezahlt wird, wenn aufgrund des Scheckvertrages zwischen Bezogenem und Scheckaussteller keine Einlösungsverpflichtung bestand, der Scheck z.B. gem. Art. 32 ScheckG widerrufen worden war[6]. Die Erklärung kann aber auch lediglich eine Bestätigung darstellen, den Scheck unter dem banküblichen Vorbehalt der Deckung auf dem Konto des Ausstellers und der Einhaltung der Scheckform (Art. 1 ScheckG) einzulösen; hierin liegt keine Garantie (vgl. nachf. Rn. 1552). **1546**

Durch ein **abstraktes Schuldanerkenntnis** wird eine Hauptverbindlichkeit zwischen Gläubiger und Anerkennendem begründet, deren Bestand unabhängig von dem Verhalten eines dahinterstehenden ursprünglichen Schuldners ist und allenfalls zu Kondiktionslagen führen kann (vgl. § 812 Abs. 2 BGB sowie oben Rn. 193). **1547**

Die **Erfüllungsübernahme** gem. § 329 BGB begründet keinen Anspruch des Gläubigers[7]. **1548**

Ausführliche, wenngleich nicht vollständige Regelwerke stellen die von der Internationalen Handelskammer (ICC – International chamber of commerce in Paris) aufgestellten **Einheitlichen Richtlinien für Vertragsgarantien** und die **Einheitlichen Richtlinien für auf erstes Anfordern zahlbare Garantien** dar, die nicht von selbst gelten, sondern deren Geltung die Parteien vereinbaren müssen[8]. Dem Ziel einer harmonisierten Kodifizierung des Rechts der Garantie in den nationalen Rechtsordnungen dient die Convention on Independent Guarantees and Standby letters of Credit (unten Rn. 1608) der UNCITRAL (United Nations Commission on International Trade Law) aus dem Jahr 1965[9]. **1549**

2. Garantievertrag

Die Garantie ist ein einseitig verpflichtender **Vertrag zwischen Garant und Gläubiger** wie die Bürgschaft, die sich ihrerseits „als ein besonderer Fall des Garantievertrages“[10] auffassen lässt (vorst. Rn. 1543). **1550**

---

2 *Canaris*, Bankvertragsrecht, Rn. 1102; Staudinger/*Horn*, Vor §§ 765 ff. BGB Rn. 194; RGRK/*Mormann*, Vor §§ 765 ff. BGB Rn. 5; MünchKomm./*Habersack*, Vor § 765 BGB Rn. 21.

3 BGH NJW 99, 1542 zu II. 1. a. mit Komm. *Nielsen*, EWiR § 305 BGB 1/2000, 63; WM 2001, 1566 zu II. 1. mit Anm. *Livonius*, WuB I.F.1.b-1.02; 61, 204; NJW 85, 2941 zu II. 1. c. bb.; OLG Frankfurt WM 94, 2106 mit Anm. *Rössner*, WuB I G 1. – 4.95; Bankrechtshandbuch/*Schmitz*, S. 92, Rn. 3.

4 BGH WM 86, 784 zu II. 1.; nur im Falle der Annahme der Anweisung gem. § 784 BGB, Art. 25 WG, auch § 23 Abs. 1 BBankG – *Joost*, ZHR 150 (1986), 635; *Bülow*, ZIP 91, 1469 –, die aber keine fremde Verbindlichkeit voraussetzt, sondern die primäre Haftung des Akzeptanten begründet, *Bülow*, WechselG, ScheckG, AGB, Art. 25 WG Rn. 1.

5 BGH WM 86, 784; nicht: Bankbestätigung, im Falle vertragsgemäßer Leistung eines Bauunternehmers zu zahlen, BGH NJW-RR 94, 1008 zu I. 2. a.

6 BGHZ 110, 263 (265); *Bülow*, WG, ScheckG, AGB, Art. 32 ScheckG, Rn. 2.

7 Beispiels- und Abgrenzungsfall BGH WM 96, 201 zu 5.; 93, 213.

8 *Schütze*, Bankgarantie, S. 4 f., 41; *Fülbier*, RIW 95, 627 (630).

9 Staudinger/*Horn*, Vorbem. §§ 765 ff. BGB Rn. 298; *Lienesch*, DZWIR 2000, 492 (500); *Heidbüchel*, UNCITRAL-Übereinkommen, S. 190.

10 Motive II, S. 658, bei *Mugdan*, S. 367.

a) Dreipersonenverhältnis, Rechtsgrund

1551 Typischerweise kommt es zum Garantievertrag, weil der Gläubiger vom Schuldner Sicherheit für seine Forderung verlangt (**Valutaverhältnis**, oben Rn. 856)[11]. Das daraufhin abgegebene Sicherungsversprechen des Hauptschuldners gegenüber dem Gläubiger ist die bereicherungsrechtliche causa der Garantie (oben Rn. 57). Zur Einlösung des Sicherungsversprechens beauftragt der Hauptschuldner den Garanten, einen Garantievertrag mit dem Gläubiger abzuschließen, so dass im **Deckungsverhältnis** ein Sicherungsauftrag (Avalauftrag[12]) nach § 662 BGB zustande kommt (oben Rn. 55). Ist der Garant ein Kreditinstitut, schuldet der Hauptschuldner Avalprovision. Die Einstandspflicht des Garanten als seine Hauptpflicht entsteht im **Außenverhältnis** zum Gläubiger. Darüber hinaus kann der Garant Nebenpflichten haben. Ist beispielsweise die Inanspruchnahme des Gläubigers von der Vorlage von Dokumenten abhängig (nachf. Rn. 1556) und legt der Gläubiger nicht die richtigen oder unvollständige Dokumente vor, muss ihn der Garant hierauf hinweisen, damit die Ansprüche aus der Garantie, namentlich wegen Fristablaufs, nicht verloren gehen[13]. Der Gläubiger hat gegenüber dem Garanten über die allgemeinen Schutz- und Rücksichtspflichten aus § 241 Abs. 2 BGB dagegen keine Vertragspflichten.

b) Abstraktheit

1552 Kraft Gesetzes (§ 767 Abs. 1 Satz 1) ist die Bürgschaft akzessorisch zur Hauptverbindlichkeit (oben Rn. 837), so dass sich der Gläubiger auf Einwendungen des Hauptschuldners einstellen muss, die auch zugunsten des Bürgen wirken (oben Rn. 963 ff.). Durch den Garantievertrag wird die Rechtstellung des Gläubigers demgegenüber verbessert, indem sich der Garant verpflichtet, in jedem der Vereinbarung entsprechenden Fall, also unabhängig von Einwänden gegen die gesicherte Forderung, einzustehen, d.h. anstelle des Hauptschuldners an den Gläubiger zu leisten. Seine Haftung geht folglich weiter als die bloße vom Hauptschuldner geschuldete und gegen ihn durchsetzbare Verbindlichkeit[14]. Die Garantieforderung des Gläubigers gegen den Garanten ist im Verhältnis zur gesicherten Forderung gegen den Hauptschuldner abstrakt, nämlich von Einwänden losgelöst, aber nicht akzessorisch. Dem Willen der Parteien muss demgemäß entnommen werden, in welcher Weise die Einstandspflicht des Interzessionars ausgestaltet sein soll: Ist der Vertragswille darauf gerichtet, die Leistung für den Gläubiger sicherzustellen, ohne dass er sich mit Einwänden des Schuldners auseinandersetzen müsste, ist der Vertrag ein abstrakter und damit formfreier Garantievertrag, beim Willen zur unmittelbar vom Bestand der Hauptforderung abhängigen, also akzessorischen Haftung ein formbedürftiger Bürgschaftsvertrag.

---

11 Keine Erfüllung dieses Verlangens, wenn der Garant eine Erklärung abgibt, die nicht dem Verlangen im Valutaverhältnis entspricht: BGH ZIP 93, 1853 mit Komm. *Heinrichs*, EWiR § 326 BGB 1/94, 27. Vereinbarung durch AGB: BGH NJW 2002, 3627.

12 OLG Hamburg WM 2002, 1547.

13 BGH WM 96, 393 zu II. 1. a.

14 RGZ 146, 120 (124); BGH NJW 58, 1483; 85, 2941; OLG Koblenz NJW 86, 2511.

15 *Rimmelspacher*, S. 23/24; *Larenz/Canaris*, Schuldrecht II/2, § 64 III. 3. b. (S. 77).

c) Form

aa) Gem. § 125 Satz 1 ist ein Rechtsgeschäft, welches der durch Gesetz vorgeschriebenen Form ermangelt, nichtig. Für die Bürgschaft schreibt das Gesetz gem. § 766 Satz 1 (oben Rn. 893) hinsichtlich der Vertragserklärung des Bürgen Schriftform vor. Für den Garantievertrag fehlt es an einer Vorschrift. Das mag überraschen: Abstrakte Haftung bedeutet ja strengere, nämlich mit geringeren Verteidigungsmöglichkeiten ausgestattete Haftung, so dass der Garant noch eher als der Bürge durch die Schriftform gewarnt werden müsste. Deshalb stellt sich die Frage, ob die Vorschrift über die Schriftform aus § 766 auf die Forderungsgarantie analog anzuwenden ist[15]. Weil der Garantievertrag von den Gesetzesverfassern jedoch durchaus gesehen und erörtert wurde (vorst. Rn. 1541), sie es aber für entbehrlich erklärten, darüber Bestimmungen in das Gesetz aufzunehmen, also auch Formvorschriften nicht, dürfte es an einer Gesetzeslücke als Analogievoraussetzung fehlen, vielmehr die fehlende Formvorschrift gesetzgeberischem Plan entsprechen. Der Garantievertrag dürfte als Folge dessen formlos wirksam sein (sind die Garanten Banken und mithin Kaufleute, besteht gem. § 350 HGB ohnehin kein Formzwang, oben Rn. 894); nur unter den Voraussetzungen eines Verbraucherkreditgeschäfts ist der Vertrag ebenso wie ein Schuldbeitritt (unten Rn. 1595) und richtigerweise wie eine Bürgschaft (oben Rn. 936) gem. § 492 BGB formgebunden. **1553**

Den Parteien steht es aber frei, eine Garantieurkunde zu errichten (vgl. nachf. Rn. 1572). Hiervon wird in den praxisrelevanten Fällen ubiquitär Gebrauch gemacht, so dass die Frage der Form dementsprechend untergeordnete Bedeutung hat. Freilich hat die nicht durch Gesetz vorgeschriebene Form keine Warnfunktion, sondern nur Beweisfunktion. Anders als im Falle der Bürgschaft wahrt deshalb eine Blankourkunde die Form (oben Rn. 900 ff.). Auch kann die elektronische Form (§ 126a BGB) abweichend von § 766 Satz 2 BGB gewählt werden[16]. Die Parteien können auch vereinbaren, dass für den Abruf des Gläubigers (nachf. Rn. 1556) Schriftform einzuhalten ist (§ 127 BGB), wofür Fernschriftlichkeit genügt[17]. **1554**

bb) Ob eine formlose Interzession gem. §§ 766, 125 nichtig oder als Garantievertrag wirksam ist, hängt demgemäß vom **Willen der Parteien** ab, die eine oder andere Art der Personal-Interzession zu begründen. Sind ihre Erklärungen eindeutig, d.h. auf abstrakte, Einwände weitgehend ausschließende Einstandspflicht gerichtet, ist die formfreie Interzession problemlos. Müssen die Erklärungen gem. §§ 133, 157 ausgelegt werden, dürfte im Zweifel vom Willen des Einstandspflichtigen zu einer weniger strengen, nämlich akzessorischen Einstandspflicht, auszugehen sein[18], also von einer Bürgschaft mit der Folge, dass § 766 im Zweifel anwendbar ist. Stimmt der Wille des Gläubigers mit dem Willen des Einstandsbereiten nicht überein, scheitert der Vertrag jenseits von § 766 durch § 155 BGB wegen versteckten Dissenses. Zweifelbeseitigendes Auslegungskriterium kann nach Lage des Einzelfalls die Uneigennützigkeit des Einstehens durch den Interzessionar sein, auf die sich das Schriftformerfordernis aus § 766 gründet und für eine Bürgschaft sprechen mag. Eigennützigkeit als denkbares Auslegungskriterium für die Annahme eines **1555**

16 Hierzu *Kröll*, WM 2001, 1553 (1556).
17 BGH WM 99, 72 zu II. 3. a. mit Komm. *Nielsen*, EWiR § 765 BGB 4/99, 311.
18 BGH NJW 67, 1020; WM 75, 348; *Liesecke*, WM 68, 22 (24/25).

Garantievertrags mag wiederum sein[19], ob der Garant ein eigenes wirtschaftliches Interesse an der Erfüllung der Hauptverbindlichkeit des Schuldners hat, so etwa bei Bankgarantien, die eben zum Bankgeschäft gehören (§ 1 Abs. 1 Nr. 8 KWG, auf der anderen Seite aber gleichermaßen Bankbürgschaften), oder wenn der Garant mit der Garantie seine eigenen Geschäftsbeziehungen zum Hauptschuldner pflegen will oder seinen eigenen geschäftlichen Ruf gefährdet sieht, falls der Hauptschuldner nicht zahlt, denkbar bei Unternehmen im Konzernverbund (dazu auch unten Rn. 1620) oder im Verhältnis von GmbH und ihrem Geschäftsführer als Garanten (wobei sich das Problem der Anwendung verbraucherprivatrechtlicher Normen stellt, oben Rn. 940 und unten Rn. 1594). Notwendiges Auslegungskriterium ist das Eigeninteresse des Interzessionars aber nicht. Vielmehr kann auch unabhängig davon kann ein sachliches, wirtschaftliches Bedürfnis bestehen, über den Umfang der Einstandspflicht nach Bürgschaftsrecht hinaus eine abstrakte Haftung zu begründen, z.B. im Bauvertragsrecht (oben Rn. 974). Besteht ein solches Bedürfnis, kann der Vertrag ein formlos wirksamer Garantievertrag sein.

3. Inanspruchnahme des Garanten

a) Anspruchsvoraussetzungen

1556 Der Gläubiger kann vom Garanten Leistung verlangen, wenn ein Garantievertrag wirksam zustandegekommen, der Garantiefall eingetreten ist und die Leistung des Garanten abgerufen (nachf. Rn. 1558) wurde. Die Voraussetzungen des Garantiefalls bestimmen die Parteien[20]. Dazu gehört allemal, dass die Hauptverbindlichkeit, für die der Garant einstehen soll, überhaupt Gegenstand der Garantie, also von deren **Sicherungszweck** erfasst ist. Diese Frage kann virulent werden, wenn sich die Garantie auf mehrere Forderungen bezieht und festgestellt werden muss, ob die geltendgemachte Forderung zum Kreis der gesicherten Forderungen gehört (vgl. oben Rn. 913)[21]. Meist ist Garantiefall die Fälligkeit der Hauptverbindlichkeit, gerade auch dann, wenn Einwendungen dagegen bestehen; der Garantiefall kann z.B. auch von der Vorlage von Dokumenten abhängig gemacht werden[22]. Im Falle einer **Formulargarantie** können der freien Bestimmung des Garantiefalls allerdings Schranken des Rechts der Allgemeinen Geschäftsbedingungen entgegenstehen. Danach ist gegenüber einem nicht unternehmerisch handelnden Garanten (§ 310 Abs. 1 BGB) die Bestimmung des Garantiefalls gem. § 309 Nr. 2 BGB unwirksam, wenn der Garant unabhängig von Zurückbehaltungsrechten des Schuldners, der privater Bauherr ist, leisten soll[23].

---

19 BGH WM 82, 1324 (Vorinstanz: OLG Hamburg ZIP 82, 1429); 82, 632; Staudinger/*Horn*, Vor § 765 ff. Rn. 367.

20 BGH NJW 96, 1053 zu II. 1. a. mit Komm. *Nielsen*, EWiR § 133 BGB 1/96, 341; BGH WM 96, 771 zu II. 1. a.; rechtlicher Bestand von Aktien: BGH WM 87, 1455 zu 1.; „Werthaltigkeitsgarantie": LG Düsseldorf WM 86, 318 und OLG Düsseldorf DB 87, 40; Mietausfallgarantie: OLG Düsseldorf NJW-RR 94, 11; AG Köln ZMR 88, 66; Ausfall- oder Gebotsgarantie im Zwangsversteigerungsverfahren (oben Rn. 428): BGH NJW 99, 711 mit Anm. *Muth*, WuB I F 1 b – 1.99; OLG Celle NJW-RR 91, 866 Irak-Embargo? bejahend LG Essen WM 99, 178 mit abl. Anm. *Nasall*, WuB I E 5 – 2.99.

21 BGH NJW 95, 2553 für Bürgschaft.

22 BGH WM 96, 771; *Canaris*, Bankvertragsrecht, Rn. 1109.

23 BGH WM 86, 784 zu II. 2. mit Komm. *Niehoff*, EWiR 4/86, 975 zu § 305 BGB; *Coing*, ZHR 147 (1983), 125 (129). Der Begriff des Unternehmers erfasst den – kaufmännischen oder nicht kaufmännischen – Gewerbetreibenden (vgl. §§ 1, 2 Satz 1 HGB) und den nicht gewerblichen Freiberufler, *Bülow*, Handelsrecht, S. 10.

Die Garantie ist – vorbehaltlich abweichender Regelung im Garantievertrag – anders als die Bürgschaft (oben Rn. 989) insofern nicht subsidiär, als der Gläubiger nicht, § 771 BGB entsprechend (oben Rn. 999), zunächst die Durchsetzung seines Anspruchs beim Hauptschuldner versuchen müsste (wenngleich eine Ausfallgarantie, oben Rn. 1006, vereinbart werden kann); die Garantie ist vielmehr typischerweise selbstschuldnerisch. Jedoch unterliegt auch die Garantie dem allgemeinen sicherungsrechtlichen Grundsatz der **Subsidiarität** (oben Rn. 72), der bedeutet, dass der Garant als Sicherungsgeber (oben Rn. 1543) erst leisten muss, wenn der Hauptschuldner den Anspruch des Gläubigers nicht erfüllt. Daraus folgt nicht notwendigerweise, dass der Gläubiger verpflichtet wäre, zunächst Leistung vom Hauptschuldner zu verlangen. Aber wie auch immer die Parteien den Garantiefall vertraglich ausgestalten, muss doch davon auszugehen sein, dass die Leistung durch den Hauptschuldner ausbleibt, zumindest im Fälligkeitszeitpunkt nicht erbracht ist. Als Folge dessen kann der Gläubiger nicht nach seinem Belieben vom Hauptschuldner oder vom Garanten Leistung verlangen (vgl. § 421 Satz 1 BGB und oben Rn. 39). **1557**

Aus dem Wesen der Garantie als Personalsicherheit folgt auch, dass der Garant, anders als der Hauptschuldner, nicht verpflichtet ist, von selbst an den Gläubiger zu leisten, sondern erst auf dessen Anfordern (**Abruf**), also der Erklärung, von der Garantie Gebrauch zu machen. Der Abruf ist anspruchsbegründende Voraussetzung, man wird ihn als Gestaltungsrecht ansehen können[24]. **1558**

b) Verteidigung des Garanten

Abstraktheit der Garantie bedeutet Einwendungsausschluss. Trotzdem verbleiben dem Garanten Verteidigungsmöglichkeiten gegen die Inanspruchnahme des Gläubigers. **1559**

aa) Der Garant kann die anspruchsbegründenden Voraussetzungen in Frage stellen, also bestreiten, dass ein Garantievertrag überhaupt zustandegekommen oder vielleicht als formwidrige Bürgschaft anzusehen ist (vorst. Rn. 1555) oder dass die Forderung, für die er einstehen soll, überhaupt vom Sicherungszweck erfasst ist (vorst. Rn. 1556) oder dass der nach dem Garantievertrag vorausgesetzte Garantiefall eingetreten ist oder auch darlegen, dass die Garantie befristet und der Abruf verfristet war[25] (sog. inhaltliche Einwendungen)[26], so dass der Gläubiger Beweis anzutreten hat[27]. Der Garant kann Einwände rechtshindernder Art gegen die Wirksamkeit des Garantievertrages erheben, z.B. gem. §§ 138, 134 BGB (vgl. oben Rn. 867 ff.), im Falle einer Formulargarantie gem. §§ 307, 305c BGB[28], oder solche, die sich aus den unmittelbaren Rechtsbeziehungen zwischen Gläubiger und Garanten im Außenverhältnis ergeben; so kann der Garant mit Gegenansprüchen, die er gegenüber dem Gläubiger hat, aufrechnen oder die Einrede des Zurück- **1560**

---

24 *Mülbert*, Missbrauch von Bankgarantien, S. 156; *P. Bydlinski*, ZBB 89, 153 (154); *Diwok*, in: Festschr. Frotz, S. 483.

25 Vgl. OLG Frankfurt NJW-RR 2000, 531; OLG Düsseldorf NJW-RR 2002, 1018 zu 3.; Vorbehalt der Bedürftigkeit bei sozialhilferechtlicher Mietübernahmegarantie: LG Berlin NJW-RR 2001, 1090.

26 *Canaris*, Bankvertragsrecht, Rn. 1135, *Heinsius*, in: Festschr. Merz, S. 177 (193); *Horn*, Bürgschaften und Garantien, Rn. 526 ff.; OLG Saarbrücken WM 2001, 2055 (2061).

27 Z.B. auch für das wirtschaftliche Bedürfnis, eine abstrakte und nicht eine akzessorische Einstandspflicht zu begründen, vorst. Rn. 1555, *Mormann*, WM 63, 930 (932).

28 Vgl. dazu OLG Düsseldorf WM 2001, 2294 mit Anm. *Thöne*, WuB I E 5. – 4.02.

behaltungsrechts (§ 273) erheben. Ist die Garantie zugleich Haustür- oder Verbraucherkreditgeschäft (näher unten Rn. 1594 und oben Rn. 936), hat der Garant als Verbraucher richtigerweise das Widerrufsrecht aus §§ 312, 495, 355 BGB.

1561 *bb)* Dagegen kann der Garant dem Gläubiger im Grundsatz **keine Einwände** aus dessen Rechtsbeziehungen zum Schuldner (Valutaverhältnis), namentlich rechtshindernde und rechtsvernichtende Einwendungen gegen die gesicherte Forderung[29], z.B. nach § 362 BGB, oder aus seinen eigenen Rechtsbeziehungen zum Schuldner (Deckungsverhältnis) entgegensetzen: Die Garantie ist ja gerade abstrakt und präkludiert solche Einwände. Mangels Anhaltspunkten im Garantievertrag kann der Garant auch nicht die Aufgabe anderer Sicherheiten durch den Gläubiger entsprechend § 776 BGB (oben Rn. 1008) einwenden[30].

1562 *cc)* Wie jede Rechtsausübung steht aber auch die Inanspruchnahme des Garanten (z.B. einer Bank) durch den Gläubiger unter dem Vorbehalt von Treu und Glauben[31]. Die Rechtsausübung kann unzulässig sein, wenn die Hauptverbindlichkeit, für die der Garant einzustehen sich verpflichtet hatte, wegen Sitten- oder Gesetzwidrigkeit (§§ 138, 134) oder weil sie eine Naturalobligation darstellt[32], nicht entstanden oder der Anspruch im Prozess zwischen Gläubiger und Hauptschuldner rechtskräftig abgewiesen worden war[33]. Aber auch dann, wenn der gesicherte Anspruch aus anderen Gründen, z.B. aufgrund Aufrechnung, offensichtlich nicht besteht oder dies liquide beweisbar ist, die Mängel des Valutaverhältnisses sich also aufdrängen, wäre das Verlangen des Gläubigers nach Leistung durch den Garanten treuwidrig. Auch auf das Deckungsverhältnis kann sich die Treuwidrigkeit gründen: Hatte der Hauptschuldner den Interzessionar zur Abgabe einer Bürgschaft beauftragt, überredet der Gläubiger den Interzessionar aber zur Abgabe einer Garantie, kann der Gläubiger den Garanten nur nach den Regeln des Bürgschaftsrechts in Anspruch nehmen, wenn die Abweichung vom Auftrag offensichtlich und auch nicht vom Sicherungsversprechen im Valutaverhältnis gedeckt ist (oben Rn. 978). Die Abstraktheit findet ihre Grenze also am **Rechtsmissbrauch**, so dass der Garant die Leistung verweigern kann. In Fällen offensichtlich schweren Rechtsmissbrauchs **darf** der Garant mit Rücksicht auf die Regressnotwendigkeit des Schuldners (nachf. Rn. 1564) nicht leisten[34], folgerichtig kann der Schuldner aus dem Deckungsverhältnis vom Garanten Unterlassung der Leistung an den Gläubiger, gegebenenfalls durch Einstweilige Verfügung[35], verlangen (oben Rn. 859).

1563 *dd)* Weiter gehen die Verteidigungsmöglichkeiten des Garanten nicht. Er muss leisten, auch wenn der Gläubiger in Wahrheit gar nichts zu bekommen hätte. Die Abstraktheit der Garantie wird ausgeglichen durch die **Garantiestrenge.** Sie bedeutet für den Gläubiger,

29 Informativ District Court New York, RIW 2000, 876.

30 A.A. *Henssler*, Risiko als Vertragsgegenstand, S. 387 f.; *Canaris*, Bankvertragsrecht, Rn. 1158; *Larenz/Canaris*, Schuldrecht II/2, § 64 III. 3. c. (S. 77).

31 Staudinger/*Horn*, Vor §§ 765 BGB Rn. 204; *Coing*, ZHR 147 (1983), 125 (130 ff.); *Nielsen*, ZHR 147 (1983), 145; LG Frankfurt WM 81, 284 (286).

32 BGH NJW 84, 2037 zu III.

33 Schiedsurteil: LG Düsseldorf WM 85, 92.

34 *P. Bydlinski*, AcP 190 (1990), 165 (176); *Zahn*, in: Festschr. Pleyer, S. 153 (159 f.).

35 OLG Frankfurt ZIP 90, 1393 mit Komm. *Bülow*, EWiR § 765 BGB 1/91, 43; LG Frankfurt WM 81, 284 (286); *Coing*, ZHR 147 (1983), 125 (137); *Shingleton/Wilmer*, RIW 91, 793; *E. Hoffmann*, RIW 96, 389 (392); *Lienesch*, DZWIR 2000, 492 (495); *Heidbüchel*, UNCITRAL-Übereinkommen, S. 208.

dass sein Abruf (vorst. Rn. 1556) den Garanten nur verpflichtet, wenn die im Garantievertrag festgelegten Voraussetzungen genau eingehalten sind[36]. Wurde, wie üblich, eine Garantieurkunde errichtet (vorst. Rn. 1554), muss sich das Verteidigungsvorbringen auf die Urkunde stützen (vgl. nachf. Rn. 1572). Dem Garanten bleibt im Übrigen nur der Regress gegen den Hauptschuldner.

4. Rückgriff nach Leistung des Garanten an den Gläubiger

a) Aufwendungsersatzanspruch gegen den Hauptschuldner

aa) Leistet der Garant seiner Garantieverpflichtung entsprechend an den Gläubiger und stellt die Garantieübernahme einen Auftrag, vielleicht eine Geschäftsbesorgung für den Schuldner dar, kann der Garant Aufwendungsersatz gem. §§ 670, 675 BGB vom Schuldner verlangen, also wie ein leistender Bürge Ersatz für den an den Gläubiger geleisteten Betrag (oben Rn. 1014), unabhängig von etwa vereinbarten Provisionen. Andernfalls kann sich der Anspruch aus berechtigter Geschäftsführung ohne Auftrag gem. §§ 683, 670 ergeben[37]. Freilich wird die Inanspruchnahme des Garanten typischerweise erst dadurch ausgelöst, dass die Leistung durch den Hauptschuldner wegen mangelnder Solvenz ausbleibt, so dass auch der Rückgriff scheitert. Es ist also der Garant, der das Risiko der Zahlungsunfähigkeit des Hauptschuldners[38] trägt. **1564**

bb) Der Garant kann jedoch beim Gläubiger nicht kondizieren, gerade auch dann nicht, wenn Einwände gegen die gesicherte Forderung, also im Valutaverhältnis, bestanden hatten[39] (nachf. Rn. 1567). Anderes gilt jedoch, wenn der Garant geleistet hatte, obwohl der Garantiefall in Wahrheit nicht eingetreten war (vorst. Rn. 1543): Er hatte geleistet, obwohl der rechtliche Grund dafür, eben der Garantiefall, nicht bestand. Deshalb kann der Garant beim Gläubiger in einem solchen Fall nach § 812 Abs. 1 Satz 1, 1. Alt. BGB kondizieren[40]. **1565**

b) Kein Forderungsübergang

Mit der Leistung erlischt die Forderung und geht nicht wie im Falle der Bürgschaft (§ 774 Abs. 1, oben Rn. 1013) oder des Schuldbeitritts (§ 426 Abs. 2, unten Rn. 1606) auf den **1566**

---

36 Was nicht notwendig wörtliche Übereinstimmung bedeutet, BGHZ 145, 286 (293) = NJW 2001, 282 mit Komm. *Tiedtke*, EWiR § 305 BGB 1/01, Anm. *Moritz*, WuB I E 5. – 14.01 und Bspr. *Schmidt*, JuS 2001, 394 sowie *Hahn*, NJW 2001, 2449; BGH NJW 97, 1435 mit Anm. *Pfeiffer*, LM Nr. 115 zu § 765 BGB, *Haun*, WuB I F 1a. – 9.97, Komm. *v. Stebut*, EWiR § 765 BGB 5/97, 541 und Bspr. *K. Schmidt*, JuS 97, 847; BGH WM 96, 770 zu II. 1. a. mit Anm. *Ott*, WuB I F 1b. – 1.96; 96, 193 und 393; 94, 106; OLG Düsseldorf NJW-RR 97, 1410; zur Sprache: OLG Frankfurt WM 2001, 1108 mit Anm. *Schütze*, WuB I E 5. – 10.01; *Klaas*, ZIP 97, 1098 (1102).

37 *Canaris*, Bankvertragsrecht Rn. 1112.

38 *Rüßmann/Britz*, WM 95, 1825; *Horn*, in: Festschr. Brandner, S. 623 (624); das vernachlässigt *Henssler*, Risiko als Vertragsgegenstand, S. 366 f.

39 BGH NJW 99, 570 zu II. 2. b. mit Anm. *Habersack*, WuB I E 5 – 1.99, BSpr. *Schmidt*, JuS 99, 604 und Komm. *Nölle/Bähr*, EWiR § 812 BGB 1/99, 253 sowie *Koziol*, ÖBA 99, 249; dagegen *Gröschler*, JZ 99, 822 (825).

40 Staudinger/*Horn*, Vorbem. §§ 765 ff. BGB Rn. 346.

Garanten über[41]. Der Garant ist nichts weiter als ein Dritter, der gem. § 267 BGB die Leistung für den Schuldner bewirkt; für diesen allgemeinen Fall sieht das Gesetz den Forderungsübergang aber gerade nicht vor, sondern nur im Sonderfall des Ablösungsrechts gem. § 268 Abs. 1 und 2[42]. Allerdings kann der Garant seine Leistung auch anders als eine Drittleistung gem. § 267 bestimmen, nämlich ausschließlich als Erfüllung seiner Garantenpflicht gegen Abtretung der gesicherten Forderung. Eine solche Leistungsbestimmung erscheint ebenso wie bei der Grundschuld ohne weiteres möglich (oben Rn. 244 bis 247). Natürlich muss sich der Gläubiger auf den Abschluss des Abtretungsvertrages (§ 398 BGB) einlassen.

c) Kondiktion des Hauptschuldners beim Gläubiger

1567 Weil die Garantieforderung gegenüber der gesicherten Forderung abstrakt ist, kann der Fall eintreten, dass der Gläubiger Leistungen erhält, auf die er wegen präkludierter Einwände keinen Anspruch hat (vorst. Rn. 1556, 1562). Dennoch schuldet der Hauptschuldner dem Garanten vollen Aufwendungsersatz (vorst. Rn. 1564). Der Hauptschuldner ist es, der das aus der Garantiestrenge folgende Risiko trägt (vorst. Rn. 1563). Unbeschadet vertraglicher Rückforderungsansprüche aus dem Valutaverhältnis ist der Gläubiger durch die vom Garanten vollzogene Zuwendung, die sich als Leistung des Schuldners darstellt, als Folge dessen gem. §§ 812 Abs. 1 Satz 2, 813 ungerechtfertigt bereichert, so dass der Schuldner beim Gläubiger (nicht aber der Garant) kondizieren kann[43]. Der Garant kann sich diesen Bereicherungsanspruch vom Schuldner – auch antizipiert (oben Rn. 1417) – abtreten lassen[44]. Der Schuldner trägt das Risiko der Insolvenz des Bereicherungsschuldners, seines vormaligen Gläubigers. Bei offenkundiger Unbegründetheit des Anspruchs braucht der Garant von vornherein nicht zu leisten (vorst. Rn. 1562).

5. Übertragung

1568 Der Gläubiger als Begünstigter der Garantie kann seinen Anspruch gegen den Garanten **abtreten**, falls sich dieser nicht ein Abtretungsverbot gem. § 399 ausbedungen hatte (oben Rn. 1375). Wird die gesicherte Forderung, die der Gläubiger gegen den Hauptschuldner hat, abgetreten, geht der Anspruch aus der Garantie nicht von selbst mit über; § 401 ist nicht anwendbar (oben Rn. 768). Vielmehr bedarf es hierfür eines besonderen Abtretungsvertrages.

---

41 BGHZ 140, 49 = NJW 99, 570 zu II. 2. b. mit Rezensionen *Wilhelm*, NJW 99, 3519 und *Schnauder*, WM 2000, 2073 sowie Anm. *Schmidt-Lademann*, LM Nr. 71 zu § 305 BGB; BGHZ 90, 287 (294); 94, 167 (170); LG Frankfurt am Main NJW-RR 97, 627; *Canaris*, ZIP 98, 493 (496); *Liesecke*, in: Festschr. Fischer, S. 397; *Mülbert*, Missbrauch von Bankgarantien, S. 42 ff.; a.A. *Horn*, in: Festschr. Brandner, S. 623 (630) und OLG Frankfurt am Main NJW-RR 98, 774 mit krit. Komm. *Welter*, EWiR § 812 BGB 2/98, 259.

42 *Zahn*, in: Festschr. Pleyer, S. 153 (170).

43 A.A. *Pleyer*, WM 73, Beilage 2, S. 22; *Castellvi*, WM 95, 868.

44 So zutreffend Staudinger/*Horn*, § 774 BGB Rn. 61; *Koziol*, ÖBA 99, 249 (253); *Canaris*, Bankvertragsrecht, Rn. 1112; *Liesecke*, WM 68, 28.

Mit der Abtretung des Garantieanspruchs geht auch das Recht zum Abruf (vorst. Rn. 1556) auf den Zessionar über[45], da man dem Abruf kaum höchstpersönliche Natur beimessen kann[46] (s. auch oben Rn. 1373); jedenfalls kann die Abtretbarkeit vereinbart werden[47]. Die Unübertragbarkeit (§ 399 BGB) sieht freilich Art. 4 Abs. 1 der Einheitlichen Richtlinien für auf Anfordern zahlbare Garantien sowie Art. 9 der UNCITRAL-Konvention[48] (vorst. Rn. 1549) vor. **1569**

6. Insbesondere: Garantie auf erstes Anfordern

Eine besondere, weitverbreitete Form der Forderungsgarantie ist als Gegenstück zur Bürgschaft auf erstes Anfordern (oben Rn. 974) die Garantie auf erstes Anfordern. Im Falle einer gewöhnlichen Forderungsgarantie hindert die Abstraktheit den Garanten nicht, die Voraussetzungen seiner Inanspruchnahme aus dem Garantievertrag zu bestreiten (vorst. Rn. 1557) oder Einwände aus den unmittelbaren Rechtsbeziehungen zwischen ihm und dem Gläubiger zu erheben (vorst. Rn. 1560). Dadurch kann der Fall eintreten, dass der begünstigte Gläubiger die gewünschten liquiden Mittel trotz der Garantie nicht erhält, obwohl er sie braucht, um z.B. Arbeitslöhne termingerecht auszuzahlen. **1570**

a) Formeller Garantiefall

aa) Zweck der Garantie auf ersten Anfordern ist es, eben diese schnelle Liquidität des Begünstigten herbeizuführen[49]. Der Garant muss auf Abruf des Gläubigers unverzüglich leisten, wenn der formelle Garantiefall eingetreten ist, wobei ihm eine Prüfungsfrist zusteht[50]. Was der Garantiefall ist, bestimmen die Parteien wiederum (vorst. Rn. 1556) im Garantievertrag. Grundlegende Voraussetzung ist, dass die Hauptverbindlichkeit, für die der Garant einstehen soll, wirklich die gesicherte Forderung und nicht eine andere, außerhalb der Garantie stehende Forderung ist (vorst. Rn. 1556). Im Übrigen können die Parteien einen bloßen Zeitpunkt festlegen, ab dem der Abruf erklärt werden kann, und sie können ihn auch befristen[51]. Meist ist Voraussetzung des Garantiefalls, dass der Hauptschuldner die Leistung verweigert. Nach Maßgabe dieser vertraglichen Festlegung kann der Gläubiger vom Garanten Leistung verlangen, wenn er die Voraussetzungen des Garantiefalls schlüssig und substantiiert darlegt. Allein aufgrund dieser Darlegung muss der Garant im Allgemeinen leisten. Die Aufforderung zur Leistung aufgrund der Erfüllung der anspruchsbegründenden Voraussetzungen ist das „erste Anfordern“, welche die Zah- **1571**

45 BGH NJW 87, 2075 mit Bspr. *K. Schmidt*, JuS 87, 990; *P. Bydlinski*, ZBB 89, 153 (166); Öst. OGH in: ÖBA 89, 818 mit Anm. *P. Bydlinski*, S. 820; *Kreft*, in: Bankrecht 2000, S. 115 (123/124); das gilt auch für die Garantie auf erstes Anfordern (nachf. Rn. 1570), *Zeller*, BB 90, 363, anders nach Lage des Einzelfalls: LG Frankfurt WM 78, 442 (443).

46 OLG Frankfurt am Main WM 84, 1021; a.A. *Mülbert* ZIP 85, 1101 (1105); *Diwok*, in: Festschr. Frotz, S. 483 (490).

47 BGH WM 99, 72 zu II. 2. mit Komm. *Kohler*, WuB IV A – 1.99; 97, 13.

48 *Schlechtriem*, in: Festschr. Stoll, S. 361 (367).

49 Sie ersetzt das früher gebräuchliche Bardepot, d.h. die Hinterlegung liquider Werte, BGH NJW 96, 717 zu II. 4. a. mit Anm. *Bülow*, LM § 765 BGB Nr. 103; ZIP 84, 32 und oben Rn. 974.

50 Staudinger/*Horn*, Vor § 765 BGB Rn. 235: drei Werktage bis eine Woche je nach Umständen; vorher kommt der Garant nicht in Verzug.

51 BGH NJW 96, 1052 mit Anm. *Weber-Rey*, WuB I E 5. – 2.96 und *Michel*, WiB 96, 651.

lungspflicht des Garanten auslöst. Das bedeutet anders gewendet, dass dem Garanten nicht nur Einwände aus dem Valutaverhältnis oder dem Deckungsverhältnis wie im gewöhnlichen Fall der Garantie (vorst. Rn. 1560) versagt sind. Er muss vielmehr auch leisten, wenn er die Voraussetzungen des Garantiefalles bestreitet, obwohl der Gläubiger dafür an sich die Darlegungs- und Beweislast trägt (vorst. Rn. 1556); die Leistungspflicht besteht sogar dann, wenn der Garant den Gegenbeweis führen könnte; die Grenze wird erst durch den Rechtsmissbrauch (nachf. Rn. 1574) gezogen. Selbst Einwendungen gegen die Wirksamkeit des Garantievertrages (vorst. Rn. 1556) berechtigen den Garanten unter diesen Voraussetzungen nicht zur Leistungsverweigerung.

1572 *bb)* Dem Garanten bleibt die Verteidigung, dass die Hauptverbindlichkeit, für die er in Anspruch genommen werden soll, gar nicht zum Kreis der gesicherten Forderungen gehört (vorst. Rn. 1556). Die bei der Garantie auf erstes Anfordern noch gesteigerte Garantiestrenge (vorst. Rn. 1563) schränkt aber auch diese Verteidigungsmöglichkeit ein: Er hat den begrenzten Sicherungszweck nicht nur substantiiert darzulegen, sondern darf im Falle einer – trotz Formfreiheit, vorst. Rn. 1553 – errichteten Garantieurkunde nur solche Umstände für sein Vorbringen heranziehen, die der Urkunde selbst entnommen werden können. Unstreitige oder durch andere Urkunden belegte Tatsachen dürfen ergänzend berücksichtigt werden[52]. Nach Lage des Einzelfalls kann er auch bestreiten, dass die Klausel „Erstes Anfordern" wirksam vereinbart wurde mit der Begründung, hiermit nicht vertraut und aufklärungsbedürftig gewesen zu sein[53] (oben Rn. 976).

1573 *cc)* Ob Einwendungen aus den unmittelbaren Rechtsbeziehungen zwischen Garant und Schuldner (**Außenverhältnis**), insbesondere die **Aufrechnung**, ausgeschlossen sind, richtet sich nach der Auslegung des vereinbarten Garantiefalls im zu beurteilenden Einzelfall. Wo Sinn der Garantie auf erstes Anfordern – wie typischerweise – gerade die Versorgung des begünstigten Gläubigers mit Barmitteln ist, muss die Garantie notwendig mit einem Aufrechnungsverbot verbunden sein. Es gibt aber auch Fälle, in denen trotz Leistungspflicht auf erstes Anfordern die Versorgung mit liquiden Mitteln nicht vorrangiges Handlungsmotiv ist, sondern lediglich die Sicherung der Forderung, z.B. eines Kaufpreises. Soll nach dem Parteiwillen der Garant dem begünstigten Gläubiger in solchen Fällen nicht mehr Recht verschaffen als bei ordnungsgemäßer Erfüllung des Kaufpreises, steht auch der Erfüllung durch Aufrechnung nichts im Wege: Der Garant darf aufrechnen. Die Aufrechnungsbefugnis erleidet allerdings zwei Einschränkungen: Es bleibt dabei, dass Einwendungen aus dem Valutaverhältnis ausgeschlossen sind, also auch die Einwendung, der Schuldner könne aufrechnen. Lässt sich nun der Garant vom Schuldner eine Forderung gegen den Gläubiger abtreten, könnte der Garant an sich, da diese Forderung aus dem Valutaverhältnis in das Außenverhältnis gelangt ist, aufrechnen; aber in Wahrheit macht der Garant doch nur einen Einwand aus dem Valutaverhältnis geltend. Die Aufrechnung mit derartigen, durch Abtretung vom Hauptschuldner erworbenen Gegenforderungen ist ihm also versagt. Die Gegenforderung darf also nicht in Zusammenhang mit dem Grundge-

52 BGH WM 99, 895 zu II. 1. b.; NJW 96, 717 zu II. 4. c. mit Anm. *Bülow*, LM § 765 BGB Nr. 103 für Bürgschaft auf erstes Anfordern, wo an sich die Auslegung auf die Urkunde beschränkt ist; erst recht gilt dies für die Garantieurkunde, die keine Warnfunktion hat, sondern mit ihrer Beweisfunktion nur die Durchsetzung erleichtern soll (vorst. Rn. 1554).

53 BGH NJW 97, 1435 zu II. 2., auch zur Sicherung der Ansprüche von Bauhandwerkern gem. § 648a Abs. 2 BGB, *Zimdars*, DB 97, 614.

schäft aus dem Valutaverhältnis stehen. Davon abgesehen ist Voraussetzung der Aufrechnungsbefugnis des Garanten, dass der Gegenanspruch liquide, also entweder unbestritten, rechtskräftig festgestellt oder durch Urkunden beweisbar ist. Das fordert der Zweck der Garantie auf erstes Anfordern, dem Gläubiger möglichst problemlos zu seinem Anspruch zu verhelfen[54].

b) Rechtsmissbrauch

Allerdings unterliegt der Einwendungsausschluss auch hier (vorst. Rn. 1562 ff.) den Maß- **1574**
stäben von Treu und Glauben[55]. Der Zahlungsanspruch aus der Garantie scheitert daher am Einwand des Rechtsmissbrauchs. Dieser Einwand ist erheblich, wenn der gesicherte Anspruch offensichtlich nicht besteht oder dies liquide beweisbar ist, also zwar der formelle, aber offenkundig nicht der **materielle Garantiefall** eingetreten ist.

Wann der materielle Garantiefall offensichtlich nicht eingetreten ist, also Mängel im Va- **1575**
lutaverhältnis bestehen, und deshalb die Aufforderung des begünstigten Gläubigers zur Zahlung als missbräuchlich erscheint, kann sich auf die Beweislage gründen, z.B. das Erlöschen der gesicherten Forderung unstreitig sein. Keinesfalls ist es Aufgabe des Gläubigers, den materiellen Garantiefall nachzuweisen.

Der materielle Garantiefall kann aber auch aus einer Auslegung der Willenserklärungen derjenigen **1576**
folgen, die am Valutaverhältnis beteiligt sind. Ist danach eine Auslegung möglich, nach der der materielle Garantiefall an besondere Voraussetzungen geknüpft ist und diese offensichtlich nicht eingetreten sind, ist eine solche Auslegung jedoch nicht zwingend, kann von einer offensichtlich missbräuchlichen Inanspruchnahme der Garantie nicht die Rede sein. So kann die Auslegung ergeben, die Garantiepflicht sei auf den Fall beschränkt, dass Werkunternehmer selbst gewährleistungspflichtig seien. Ist diese Auslegung aber nicht zwingend, ist der Einwand des Rechtsmissbrauchs unerheblich[56]. Andererseits kann der Mangel des Valutaverhältnisses aus Rechtsgründen offensichtlich sein, z.B. wegen Verstoßes gegen Schriftformerfordernisse[57]. Ob der Garant im Deckungsverhältnis zum Schuldner verpflichtet ist, den Einwand des Rechtsmissbrauchs zu erheben, also in die Prüfung des materiellen Garantiefalls einzutreten, ist der Parteivereinbarung vorbehalten[58]. Jedenfalls darf der Garant nicht in Kenntnis dieses Einwands leisten (vorst. Rn. 1562).

---

54 BGHZ 94, 167 (173) mit Komm. *Köndgen*, EWiR § 387 BGB 2/85, 365; 28, 129 für Akkreditiv; BGH WM 87, 367 mit Komm. *Grunsky*, EWiR § 765 BGB 1/87, 145; WM 87, 129 mit Komm. *Alisch*, EWiR § 765 BGB 2/87, 147; *Assmann*, IPrax 86, 142; *Rümker*, ZGR 86, 332 (337 ff.); *Kreft*, in: Bankrecht 2000, S. 115 (122).

55 BGHZ 145, 286 (292) = NJW 2001, 282 mit Komm. *Tiedtke*, EWiR § 305 BGB 1/01, 59, Anm. *Moritz*, WuB I E 5. – 14.01, *Hahn*, NJW 2001, 2449 und Bspr. *K. Schmidt*, JuS 2001, 394; BGH NJW 88, 2610 zu II. 1.; 84, 2030; OLG Frankfurt WM 97, 1893 mit Anm. *Soehring*, WuB I H 2. – 4.97, *K.P. Berger*, DZWIR 97, 426 und Komm. *Nielsen*, EWiR § 242 BGB 9/97, 925; OLG Saarbrücken WM 2001, 2055 (2061) mit Anm. *Nielsen*, WuB I E 5. – 2.02 und Komm. *Zeller*, EWiR § 242 BGB 10/01, 987; OLG Oldenburg WM 2001, 732 mit Anm. *Nielsen*, WuB I E 5. – 7.01 unf. Komm. *Zeller*, EWiR § 242 BGB 5/01, 515; *Horn*, NJW 80, 2133 (2136); *Heinsius*, in: Festschr. Werner, S. 229 (236 ff.); *Canaris*, Bankvertragsrecht Rn. 1138; *Weth*, AcP 189, (1989), 303 (329 ff.); *Kupisch*, WM 2002, 1626 (1631).

56 BGH WM 86, 1429 mit Komm. *Bülow*, EWiR § 765 BGB 8/86, 1193.

57 § 313 BGB für Gebotsgarantie im Zwangsversteigerungsverfahren (oben Rn. 428): OLG Celle, NJW-RR 91, 866; BGH NJW-RR 89, 1324 zu 3. b.

58 BGH NJW 89, 1480 zu II. 1. a. mit Komm. *Fischer*, EWiR § 765 BGB 4/89, 467.

c) Rückforderung vom Gläubiger

1577 Gerade auch (vorst. Rn. 1567) die aufgrund der Garantie auf erstes Anfordern geleistete Zahlung kann gem. § 812 BGB zurückgefordert werden mit der Begründung, das Valutaverhältnis weise Mängel auf, mit anderen Worten: Der materielle Garantiefall sei nicht eingetreten, allerdings mit umgekehrter Prozess- und Beweislage[59]. Parteien des Rückforderungsprozesses sind der Garantieauftraggeber (Hauptschuldner) und der begünstigte – vormalige – Gläubiger, nicht aber der Garant, der sich gem. §§ 670, 683 beim Hauptschuldner aus dem Deckungsverhältnis schadlos halten kann und muss (s. vorst. Rn. 1564). Der Garant hatte an den Gläubiger mit Rechtsgrund geleistet, der im formellen Garantiefall liegt[60]. Dagegen ist bei der Bürgschaft auf erstes Anfordern der Bürge Kläger im Rückforderungsprozess (oben Rn. 977); die Rechtsgrundlosigkeit seiner Leistung liegt darin, dass er sich für eine bestehende Hauptverbindlichkeit einzustehen verpflichtet, die Hauptverbindlichkeit aber in Wahrheit nicht bestand. Deshalb ist der Bürge Kondiktionsgläubiger[61].

1578 Hatte der Garant allerdings an den Gläubiger geleistet, obwohl er den Einwand des Rechtsmissbrauchs hätte erheben können, fehlt der Rechtsgrund für die Leistung, so dass der Garant ebenso wie bei nicht eingetretenem Garantiefall (vorst. Rn. 1565) selbst kondizieren kann[62].

II. Schuldbeitritt (Sicherungsgesamtschuld)

1. Begriff und Abgrenzung

1579 Während Garant und Bürge durch Vertrag mit dem Gläubiger eine eigene, neben die gesicherte Forderung tretende neue Verbindlichkeit gegenüber dem Gläubiger begründen, wird der Beitretende zusätzlicher Schuldner der schon bestehenden gesicherten Forderung neben dem Hauptschuldner durch Begründung eines Gesamtschuldverhältnisses (§§ 421 ff. BGB). Hat der Beitritt den Zweck, die schon bestehende Forderung zu sichern (oben Rn. 59), ist dieses Gesamtschuldverhältnis eine Sicherungsgesamtschuld (näher nachf. Rn. 1582), die schon bestehende Forderung ist zugleich gesicherte Forderung geworden.

a) Nutzbarmachung der Gesamtschuldregeln

1580 *aa)* Die Regelungen über die privative Schuldübernahme nach §§ 414 ff. BGB sehen vor, dass ein Dritter an die Stelle des früheren Schuldners treten kann. Die Vertragsfreiheit lässt es aber auch zu, dass der Dritte nicht an die Stelle des Schuldners, sondern neben ihn tritt, so dass nun beide Schuldner der Verbindlichkeit sind (kumulative Schuldübernahme,

---

59 BGHZ 145, 286 (291) = NJW 2001, 282; 90, 287 (294); BGH NJW 89, 1606; *Mülbert*, ZIP 85, 1101 (1102); a.A. *Gröschler*, JZ 99, 822 (826).

60 *Wilhelm*, NJW 99, 3519 (3525); *Schnauder*, WM 2000, 2073 (2080 f.).

61 *Wilhelm*, NJW 99, 3519 (3524); *Schnauder*, WM 2000, 2073 (2081).

62 *Canaris*, ZIP 98, 495 f.; Staudinger/*Horn*, Vorbem. § 765 ff. BGB Rn. 358; krit. *Wilhelm*, NJW 99, 3519 (3525).

Schuldmitübernahme oder Schuldbeitritt)[63]. Hauptschuldner und Beitretender sind Gesamtschuldner. Das Binnenverhältnis unter Gesamtschuldnern regeln die Vorschriften von §§ 422 bis 425 BGB. Danach haben Einwirkungen auf die Forderung in Bezug auf nur einen der Gesamtschuldner teils Einzelwirkung, teils Gesamtwirkung, so dass die Verbindlichkeit des einen Gesamtschuldners zu derjenigen des anderen Gesamtschuldners nur **teilweise akzessorisch** ist: Gem. § 425 wirken andere Tatsachen als Erfüllung, Erlass[64] und Gläubigerverzug nur für und gegen den Gesamtschuldner, in dessen Person sie eintreten. Einreden des einen Gesamtschuldners kommen dem anderen Gesamtschuldner also nicht zugute[65], ebenso wie bei der Bürgschaft (oben Rn. 981) findet eine Rechtskrafterstreckung nicht statt[66], wenn der Gläubiger nur einen der beiden Gesamtschuldner klageweise in Anspruch genommen hatte; wird eine gesamtschuldnerische Forderung gem. § 829 ZPO von einem Vollstreckungsgläubiger des Gläubigers der gesicherten Forderung gepfändet, wirkt die Zustellung an den einen Gesamtschuldner nicht gegen den anderen[67]. Es kann vorkommen, dass gegenüber dem einen Gesamtschuldner Verjährung eingetreten ist, gegenüber dem anderen nicht[68], Entsprechendes gilt für die Verwirkung[69]. Doch muss die Hauptverbindlichkeit überhaupt erst einmal entstanden sein (nachf. Rn. 1601). Von akzessorischer Verbindung zwischen Hauptschuld und Bürgenschuld unterscheidet sich die Gesamtschuld mithin dadurch, dass die Haftungen der einzelnen Gesamtschuldner nicht in vollem Umfang akzessorisch miteinander verbunden sind, sondern nur teilweise, nämlich Gesamtwirkung nur hinsichtlich Erfüllung, Erlass und Gläubigerverzug eintritt. Für andere Tatsachen tritt Einzelwirkung ein, so dass die Haftungen abstrakt sind wie bei der Garantie. Doch gelten diese Grundsätze über Einzelwirkung oder Gesamtwirkung[70] nur, wie § 425 Abs. 1 bestimmt, soweit sich **aus dem Schuldverhältnis nicht ein anderes ergibt**. Für eine Sicherungsgesamtschuld, einen Schuldbeitritt zu Sicherungszwecken, ist es aber gerade der Sicherungszweck, der Gesamtwirkung statt Einzelwirkung, also „ein anderes" nach § 425 Abs. 1 BGB fordert. Deshalb gestaltet sich der Sicherungsschuldbeitritt als akzessorische Personalsicherheit (nachf. Rn. 1596, 1600, 1602).

bb) Wenn der Schuldbeitritt zur Bürgschaft dadurch in Vergleich gesetzt wird, dass diese eine angelehnte, jener aber eine selbständige Schuld begründe[71], so soll damit der unterschiedliche Grad der Abhängigkeit beider Sicherungsformen von der Hauptverbindlich- **1581**

63 Im Zweifel ist kumulative, nicht privative Schuldübernahme anzunehmen, RGZ 59, 232; OLG Nürnberg ZIP 82, 1064; Abgrenzung zur bloßen Festschreibungs- oder Vergleichsvereinbarung: BGH NJW-RR 96, 1458.

64 Abhängig vom Willen der Parteien des Erlassvertrages, das sind der Gläubiger und einer der Gesamtschuldner, § 423 BGB: BGH WM 2000, 1003 zu II. 1. a. mit Komm. *Büchler*, EWiR § 423 BGB 1/2000, 713; OLG Hamm NJW-RR 98, 486 (Nr. 43); OLG Bremen ZBB 2002, 395; LG Stuttgart NJW-RR 94, 504.

65 RGZ 64, 318 (320).

66 BGH NJW-RR 93, 1266 mit Komm. *Kowalski*, EWiR § 129 HGB 1/94, 71, anders im Gesellschaftsrecht nach der Sonderregel von § 129 Abs. 1 HGB.

67 BGH NJW 98, 2904 zu I. 2.

68 BGH NJW2001, 964 mit Komm. *Foerste*, EWiR § 31 BGB 1/01, 299; WM 2000, 1302 mit Komm. *Peters*, EWiR § 196 BGB 2/2000, 511; 93, 1039 zu III. mit Anm. *Benckendorff*, WuB IV A. – 1.93; die Verjährungsfrist für die ursprüngliche Schuld bleibt aber unverändert; Unterbrechung und Hemmung können sich unterschiedlich gestalten.

69 BGH NJW-RR 2002, 478 zu II. 4. b.

70 Erman/*Ehmann*, § 425 BGB Rn. 4.

71 RGZ 90, 415 (417); BGHZ 6, 385 (397); BGH NJW 86, 580 zu I. 1. mit Bspr. *K. Schmidt*, JuS 86, 311 und Komm. *Tiedtke*, EWiR § 414 BGB 1/85, 953; OLG Hamm NJW-RR 96, 286 zu II. 1.; KG JW 27, 1009; *Reinicke/Tiedtke*, Bürgschaftsrecht, S. 15.

keit beschrieben werden: streng akzessorisch oder nur teilweise akzessorisch und gesamtschuldnerisch. In beiden Fällen begründet die Interzession eine eigene, zur Hauptschuld hinzutretende Verbindlichkeit, so dass der Gläubiger nunmehr zwei Schuldner hat. Eine selbständige Schuld begründet auch die Bürgschaft durch den Bürgschaftsvertrag, und die Schuld des Beitretenden ist an die Schuld des Hauptschuldners aufgrund der Gesamtschuldbestimmungen angelehnt[72]. Die Unterscheidung – angelehnte oder selbständige Schuld – hat mithin wenig Aussagekraft.

b) Gleichgründige Gesamtschuld und Sicherungsgesamtschuld; Rechtsgrund

1582 *aa)* Im Allgemeinen kann jeder, insbesondere gegenseitige Vertrag auf der Schuldnerseite (aber auch auf der Gläubigerseite, vgl. §§ 428 bis 430, 432 BGB) mehrere Personen haben, die in aller Regel Gesamtschuldner sind, die aber zugleich auch Gläubiger der vom anderen Vertragsteil zu erbringenden Leistung sind. Man denke an Ehegatten, die ein Haus bauen und beide als Bauherren Vertragspartner des Bauunternehmers sind und zur Finanzierung ein Darlehen aufnehmen, auf dessen Valuta sie beide Anspruch gegenüber der Bank haben[73]. Beide Gesamtschuldner haben als **Mitdarlehensnehmer** die gleichen vertraglichen Rechte und Pflichten. Solche, treffend als **gleichgründige Gesamtschulden** apostrophierte[74] Vertragsverhältnisse haben keinen Bezug zum Kreditsicherungsrecht. Als Personalsicherheit kennzeichnet sich eine Gesamtschuld erst dadurch, dass nur einer der Gesamtschuldner das Synallagma mit dem Gläubiger begründet, der andere Gesamtschuldner aber nicht zugleich in die rechtliche Stellung eines Gläubigers in das Vertragsverhältnis tritt, sondern nur teilnimmt, um die Verbindlichkeit aus dem Vertrag für den Fall zu erfüllen, dass der erste Gesamtschuldner nicht leistet. Die beiden Gesamtschuldner haben unterschiedliche vertragliche Rechte und Pflichten, indem, das Darlehen als Beispiel genommen, nur der erste Gesamtschuldner Auszahlung der Valuta verlangen kann. Der beitretende Gesamtschuldner nimmt mithin nicht am Synallagma teil, sondern verpflichtet sich einseitig gegenüber dem Gläubiger[75]. Er ist als **Mithaftender**[76] lediglich Sicherungsgeber, aber nicht auch Mitdarlehensnehmer (oben Rn. 43). Dadurch wird die Gesamtschuld zur **Sicherungsgesamtschuld** als besondere Form einer Personalsicherheit. Der Schuldbeitritt begründet als Folge dessen ebenso wie die Bürgschaft eine **Eventualverbindlichkeit**, der Beitretende ist nicht gleichrangiger Schuldner zusammen mit dem Hauptschuldner[77]. Da die Gesamtschuldregeln aus §§ 421 ff. auf die gleichgründige Gesamtschuld ausgerichtet und von Gesetzes wegen nicht als Kreditsicherheit gedacht sind, stellt der Schuldbeitritt, durch den die Gesamtschuldregeln für Sicherungszwecke nutzbar gemacht werden, eine kautelarische Personalsicherheit dar. Daraus folgt, dass die

---

72 „Keine nennenswerten Unterschiede in den Haftungsrisiken“: BGH (XI. Zivilsenat) NJW 97, 2677 zu II. 2.

73 BGH ZIP 90, 103 zu II. 2. a.

74 *Ehmann*, Gesamtschuld, S. 358 f.

75 Umgekehrt wird beim Schuldbeitritt zu der Steuerschuld eines Dritten der Beitretende nicht selbst zum Steuerschuldner, OLG Karlsruhe EWiR § 61 KO 2/94, 379 (*Waltz*).

76 Die Dichotomie der Begrifflichkeiten Mitdarlehensnehmer – Mithaftender verwendet der BGH zur Kennzeichnung von gleichgründigen und Sicherungsgesamtschulden, BGHZ 146, 37 = NJW 2001, 815; BGH NJW 2002, 744 und 2705; *Nobbe*, Bankrecht, Rn. 1328 und *Nobbe/Kirchhof*, BKR 2001, 5 (6).

77 Dies vernachlässigt BGH NJW 98, 1939 zu II. 2. c. mit abl. Anm. *Bülow*, ZIP 98, 1187 sowie *Pöggeler*, JA 2001, 65 (70).

Vorschriften über die Gesamtschuld aus §§ 421 ff. BGB, die dispositiv sind, dem Sicherungszweck gehorchend angewandt werden müssen (nachf. Rn. 1598).

bb) Ob beide Gesamtschuldner im Synallagma zugleich Gläubiger des Darlehensgebers **1583**
sind oder ob das Gesamtschuldverhältnis lediglich zu Sicherungszwecken begründet wurde, kann sich aus den eindeutigen Willenserklärungen der Beteiligten ergeben. Trotz Eindeutigkeit kann die Auslegung aber zu einem anderen Ergebnis führen, wenn eine Gesamtwürdigung der Verhältnisse auf Seiten der Gesamtschuldner ergibt, dass in Wahrheit anderes gewollt war. Mitdarlehensnehmer, also gleichgründige Gesamtschuldner, sind die Beteiligten nur, wenn sie als im wesentlichen gleichberechtigte Partner über Auszahlung und Verwendung der Valuta mitentscheiden können; dies wiederum hängt vom eigenen persönlichen oder sachlichen Interesse beider ab. Die internen Verhältnisse unter den Mitdarlehensnehmern geben also Maß[78] und bestimmen den Vertragsinhalt, wenn diese für den Darlehensgeber erkennbar[79] sind. Danach kann trotz der – zumal formularmäßigen – Bezeichnung der Gesamtschuldner als Mitdarlehensnehmer, Mitantragsteller, Mitschuldner oder dergleichen die Gesamtwürdigung ergeben[80], dass die Gesamtschuld lediglich zu Sicherungszwecken begründet worden war. Das kann selbst dann anzunehmen sein, wenn dem Beitretenden eine Gläubigerstellung eingeräumt wird, diese aber nach den Gesamtumständen nur formaler Art ist und keine wirkliche Mitentscheidungsbefugnis begründet[81]. Der Beitretende ist in einem solchen Fall nur Mithaftender und nicht Mitdarlehensnehmer. Die Unterscheidung gewinnt besondere Bedeutung bei der Überprüfung der Erklärungen am Maßstab der guten Sitten nach § 138 BGB; während die finanzielle Leistungsunfähigkeit, die krasse Überforderung des Darlehensschuldners, also auch des Mitdarlehensnehmers, hierfür nur untergeordnete Bedeutung hat und es vielmehr auf die extreme Überschreitung des Vertragszinses gegenüber dem Marktzins sowie weitere belastende Vertragsbedingungen ankommt[82], gründet sich der Sittenverstoß bei Mithaftung, Bürgschaft und anderen Interzessionen vor allem hierauf (näher oben Rn. 872).

Auf die **zeitliche Reihenfolge** von Schuldbegründung und Beitritt hierzu kommt es nicht **1584**
an. Beide Erklärungen können gleichzeitig, z.B. in einem einheitlichen Vertragsformular abgegeben werden. Auch eine gleichgründige, paritätische Gesamtschuld kann nachträglich begründet werden, durch die der Beitretende eine echte Gläubigerstellung erlangt. Ein solcher Schuldbeitritt begründet keine Personalsicherheit und führt nicht zur Anwendung sicherungsrechtlicher Grundsätze[83]. Denkbar ist auch ein vorweggenommener Sicherungs-Schuldbeitritt[84].

cc) Indem der Sicherungsgesamtschuldner dem Kreditvertrag zwischen Hauptgesamt- **1585**
schuldner und Gläubiger als Sicherungsgeber hinzutritt und die Verpflichtungen daraus mit übernimmt, entsteht ein sicherungsrechtliches **Dreipersonenverhältnis**, das die Inter-

78 BGH NJW 2002, 744 mit Anm. *Bülow*, LM Nr. 101 zu § 138 (Bb) BGB; *G. Fischer*, WM 2001, 1049 (1059).
79 Klarstellend BGH NJW 2002, 2705; *Reifner*, ZIP 90, 427 (429).
80 Abl. *Bartels*, WM 2002, 1905 (1909).
81 BGHZ 146, 37 = NJW 2001, 815 mit abl. Rezension *Bartels*, WM 2002, 1905 und Anm. *H. Roth*, JZ 2001, 1039; vgl. auch OLG Hamm NZM 2001, 709.
82 *Bülow*, Sittenwidriger Konsumentenkredit, Rn. 19 ff. m.w.N.
83 Z.B. nicht zur Anwendung von § 401 BGB (nachf. Rn. 1596), *Bartels*, JZ 2000, 608 (611).
84 Vgl. BGH WM 94, 302 zu II. 5., dort in casu verneint.

zession ausmacht (oben Rn. 11, 14, 852). Der Sicherungsgesamtschuldner ist wie der Bürge oder der Garant aufgrund Vertrages mit dem Gläubiger (nachf. Rn. 1589) im **Außenverhältnis** Interzessionar, um die Hauptverbindlichkeit im **Valutaverhältnis** unter Gläubiger und Hauptschuldner zu sichern; seine Bereitschaft hierzu nimmt der Beitretende aus seinen Rechtsbeziehungen zum Hauptschuldner im **Deckungsverhältnis,** dem typischerweise ein Sicherungsauftrag (oben Rn. 55) zugrunde liegen wird[85]. Im Allgemeinen verspricht der Hauptschuldner dem Gläubiger im Valutaverhältnis, einen Sicherungsgesamtschuldner zu stellen; dieses Sicherungsversprechen (oben Rn. 57) ist, ebenso wie im Falle von Bürgschaft (oben Rn. 835) und Garantie (oben Rn. 1551), zugleich **causa** des Schuldbeitritts.

c) Zulässigkeit und Auslegung

1586 Hat die Auslegung ergeben, dass die Beteiligten nicht eine gleichgründige Gesamtschuld begründen wollten, sondern ein Sicherungsgeschäft abgeschlossen hatten (vorst. Rn. 1582), ist in einem nächsten Auslegungsschritt zu prüfen, welcher Art die so begründete Interzession ist.

1587 Man mag sich zunächst fragen, ob, insbesondere im Hinblick auf die Formvorschrift von § 766, ein Schuldbeitritt zu Sicherungszwecken neben der Bürgschaft überhaupt zulässig ist. Aber das Gesetz will die Personalsicherheiten keineswegs abschließend erfassen; Privatautonomie lässt die Bestärkung einer Schuld durch Gesamtschuld ebenso wie durch Garantie (vorst. Rn. 1553) zu.

1588 Der Unterschied zur Bürgschaft liegt also in den Rechtsfolgen. Das Problem des Schuldbeitritts liegt in der Frage, wann die einen oder die anderen Rechtsfolgen – teilweise oder volle Akzessorietät – dem Interzessionar zuzuordnen sind. Das ist ein Problem der Vertragsauslegung und mithin des Parteiwillens. Wo dem Vertrag zweifelsfrei der Wille zu entnehmen ist, dass der Beitretende gesamtschuldnerisch haften soll, ist der Vertrag ein Schuldbeitritt. Sind die Erklärungen der Parteien auslegungsbedürftig, kann für die Feststellung der Vertragsart den Ausschlag geben, ob charakteristische Merkmale vereinbart wurden: Soll der Interzessionar erst haften, nachdem der Hauptschuldner vergeblich aufgrund Zwangsvollstreckung in Anspruch genommen worden war, ist der durch § 771 ausgeprägte Subsidiaritätsgedanke (s. auch nachf. Rn. 1598) Vertragsinhalt geworden (oben Rn. 999) und die Annahme einer Bürgschaft gerechtfertigt[86], auf der anderen Seite aber auch die Verwendung des Begriffs „selbstschuldnerisch“[87]. Andererseits spricht für einen Schuldbeitritt, wenn die Parteien bei Vertragsabschluss nicht mit der Erfüllung durch den Hauptschuldner rechnen[88]. Zweifelbeseitigendes Auslegungskriterium für einen Schuldbeitritt kann wiederum (vorst. Rn. 1555) das eigene Interesse des Beitretenden an der Erfüllung des Hauptvertrages zwischen Gläubiger und erstem Schuldner sein[89], z.B. eines

85 Dem Sicherungsauftrag wird ein Befreiungsanspruch nach § 775 BGB analog (oben Rn. 958) zu entnehmen sein, *Hoffmann*, JR 2001, 221 (223).

86 BGH NJW 87, 2076 II. 3., *Reinicke/Tiedtke*, Bürgschaftsrecht, S. 96; *Kohte*, JZ 90, 997 (1001).

87 LG Gießen NJW-RR 95, 586.

88 BGH NJW 86, 580 zu I. 3. mit Komm. *Tiedtke*, EWiR § 414 BGB 1/85, 953.

89 BGH WM 62, 550; NJW 86, 580 zu I. 2.; WM 68, 1200; RGZ 64, 318 (320); 71, 113 (117); RG JW 09, 459; KG JW 27, 1109.

Bauherrn an der Fertigstellung seines Hauses, indem er den Forderungen der Bauhandwerker gegen den Bauunternehmer beitritt[90] oder eines Gesellschafters, der die Verbindlichkeit seiner GmbH mitübernimmt[91]. Fehlt es zwar am eigenen Interesse, ist der Vertrag aber dennoch als Schuldbeitritt auszulegen, wird er dadurch aber nicht formbedürftig[92] (s. allerdings nachf. Rn. 1595); vielmehr hängt diese Frage von der vorhergehenden Qualifizierung als Bürgschaft oder Schuldbeitritt ab. Gibt der Vertrag solche Anhaltspunkte nicht her, sondern kann nur festgestellt werden, dass sich der Interzessionar gegenüber dem Gläubiger verpflichtet, für die Erfüllung der Verbindlichkeiten des Hauptschuldners einzustehen, sind die Parteien vom dispositiven Recht nicht abgewichen[93], und der Vertrag ist gem. § 765 Bürgschaft. Denkbar ist auch eine Kombination von Schuldbeitritt und Bürgschaft: Der Bürge tritt zugleich der gesicherten Schuld als Gesamtschuldner zusammen mit dem Hauptschuldner bei[94].

2. Schuldbeitrittsvertrag

a) Verhältnis zum Kreditvertrag

Ausgangspunkt der gesamtschuldnerischen Verpflichtung des Beitretenden ist ein Vertrag **1589** zwischen Gläubiger und Hauptschuldner (vgl. vorst. Rn. 1585). Ziel des Schuldbeitritts ist die Sicherung des in diesem Vertrag begründeten Anspruchs des Gläubigers, z.B. des Darlehensrückzahlungsanspruchs der Bank aus § 488 BGB. Diese im Valutaverhältnis (oben Rn. 856) begründete Verbindlichkeit wird dadurch gesichert, dass der Vertrag auf der Schuldnerseite erweitert wird, indem ein zusätzlicher Schuldner als Sicherungsgesamtschuldner hinzutritt. Die Erweiterung auf der Schuldnerseite setzt einen rechtsgeschäftlichen Tatbestand voraus, nämlich die Willenserklärung des Beitretenden, zusätzlicher Schuldner im Vertrag zu sein, und die Annahmeerklärung des Gläubigers[95]. Demgemäß ist der Beitritt ein **einseitig verpflichtender Vertrag**[96], in dem der Beitretende nur haftet, aber, anders als die ursprüngliche Vertragspartei, seinerseits keinen Anspruch gegen den Gläubiger hat (vorst. Rn. 1582). Der Beitretende wird Partei im Valutaverhältnis durch Vertrag mit dem Gläubiger im Außenverhältnis. Darin liegt die Gemeinsamkeit mit der Bürgschaft; im Unterschied zu ihr wird aber keine neue, neben die gesicherte Forderung tretende Verbindlichkeit im Außenverhältnis begründet (oben Rn. 832), sondern der Beitretende wird Schuldner der bereits bestehenden Verbindlichkeit im Valutaverhältnis; neu begründet wird nur diese Mithaftung des Beitretenden zur bereits bestehenden Ver-

---

90 RGZ 68, 126 (128); OLG Hamm NJW 93, 2625 mit Rezension *Coester*, JuS 94, 370.

91 BGH NJW 86, 252, 580 und 1097.

92 So aber *Baumann*, ZBB 93, 171 (177).

93 BGH NJW 86, 580 zu I. 1.; 67, 1020; WM 62, 576; OLG Hamm NJW-RR 96, 286 zu II. 1.; NJW 88, 3022 mit Bspr. *K. Schmidt*, JuS 89, 230 und Komm. *Bülow*, EWiR § 766 BGB 1/88, 889; RGZ 90, 415 (417).

94 Üblich im koreanischen Recht als sog. „gesamtschuldnerische Bürgschaft“, *Yang*, Eigentumsvorbehalt, S. 110 f.

95 BGH WM 94, 303 zu II. 4. b.: auch gem. § 151 BGB; im Gegensatz dazu bedarf der Vertragsbeitritt, durch den der Beitretende zusätzliche Vertragspartei mit allen Rechten und Pflichten wird, der rechtsgeschäftlichen Mitwirkung auch der ursprünglichen Partei, BGH MDR 98, 522.

96 Für sein Zustandekommen gelten keine Besonderheiten, so dass § 151 BGB anwendbar sein kann, BGH WM 94, 303 zu II. 5. b. bb.; Vertretung aufgrund Architektenvollmacht: OLG Düsseldorf NJW-RR 95, 592 zu 2. a.

bindlichkeit. Der Vertrag zwischen Gläubiger und Hauptschuldner im Valutaverhältnis und der Beitrittsvertrag zwischen Gläubiger und Beitretendem im Außenverhältnis können zeitgleich abgeschlossen werden, so dass von Anfang an ein Vertrag mit zwei Schuldnern besteht (vorst. Rn. 1583). Aber die beiden Schuldner sind, anders als in einer gleichgründigen Gesamtschuld (vorst. Rn. 1582), nicht gleichrangig[97], sondern der Beitretende kann nur dann vom Gläubiger in Anspruch genommen werden, wenn der Hauptschuldner nicht leistet, obwohl er leisten müsste; die Haftung des Beitretenden ist subsidiär (oben Rn. 72; um so weniger ist die Charakterisierung des Schuldbeitritts als selbständige Verbindlichkeit, vorst. Rn. 1581, hilfreich). Im Deckungsverhältnis zwischen beiden Gesamtschuldnern wird es wie in anderen Interzessionsfällen einen Sicherungsauftrag geben (vgl. oben Rn. 858 und Rn. 56), Rechtsgrund ist im Allgemeinen das Sicherungsversprechen des Hauptschuldners gegenüber dem Gläubiger im Valutaverhältnis (vorst. Rn. 1585 und oben Rn. 835). Typisch sind aber auch Gefälligkeitsverhältnisse, die sich auf die eheliche Lebensgemeinschaft (§ 1353 BGB) gründen. Gibt der Gläubiger eine Sicherheit auf, die von einem der Gesamtschuldner bestellt wurde, ist zwar § 776 BGB nicht anwendbar (oben Rn. 1008), aber ein Befreiungsanspruch kann sich unter dem Gesichtspunkt des Treueverstoßes gem. § 242 BGB dann ergeben, wenn der andere Gesamtschuldner gem. § 426 ausgleichsberechtigt ist (nachf. Rn. 1598) und die Sicherheit auf ihn übergegangen wäre[98].

1590 Als einseitiger, den Sicherungsgesamtschuldner verpflichtender Vertrag legt der Schuldbeitritt dem Gläubiger nur im Rahmen von §§ 241 Abs. 2 und 242 BGB Nebenpflichten auf (oben Rn. 67). Im Allgemeinen hat der Gläubiger nicht die Pflicht zur Aufklärung über das Risiko der Interzession (oben Rn. 66). Etwas anderes gilt nur, wenn der Gläubiger einen Irrtum des Beitretenden über die Tragweite seiner Erklärung erkennt[99]. Ist der Schuldbeitritt für einen Kontokorrentkredit erklärt worden, hat der Beitretende unter den gleichen Voraussetzungen wie bei einer Kontokorrentbürgschaft (oben Rn. 951) das Recht zur Kündigung[100].

b) Wirksamkeit

1591 *aa)* Der **Bestimmtheitsgrundsatz** (oben Rn. 840) in Bezug auf die gesicherte Forderung, welcher der Sicherungsgesamtschuldner beitritt, ist notwendige Voraussetzung auch für den Schuldbeitritt als Personalsicherheit (vgl. auch nachf. Rn. 1601).

1592 *bb)* Aus denselben Gründen, unter denen eine Familienbürgschaft gem. § 138 sittenwidrig und nichtig ist (oben Rn. 867 ff.), kann auch ein Schuldbeitrittsvertrag unverbindlich sein[101], so dass das Gesamtschuldverhältnis nicht zustandekommt, der Gläubiger ungesichert bleibt und nur einen einzigen, nämlich den Hauptschuldner hat.

97 So aber BGH NJW 98, 1939 zu II. 2. c. mit abl. Anm. *Bülow*, ZIP 98, 1187.

98 BGH NJW 83, 1423 zu II. 2.; OLG Hamm NJW-RR 93, 1071 mit Komm. *Alisch*, EWiR § 421 BGB 1/93, 355.

99 BGH NJW 96, 1206 zu II. 2. mit Anm. *Baterau*, WuB I F 1 c. – 2.96 und Komm. *Allmendinger*, EWiR § 276 BGB 5/96, 639; BGH BB 90, 96 mit Komm. *Honsell*, EWiR § 138 BGB 2/90, 129; BGH WM 89, 665 mit Anm. *Münstermann*, WuB I E 1. – 8.89; LG Oldenburg WM 89, 1329 mit Anm. *Münstermann*, WuB I E 2 b. – 14.89.

100 BGH WM 85, 1059 zu II. 3. a.

101 BGHZ 146, 37 (42) = NJW 2001, 815 mit Anm. *Bülow*, LM Nr. 99 zu § 138 (Bb) BGB, *Roth*, JZ 2001, 1039; *Volmer*, DNotZ 2001, 691, *Michalski/Arends*, WuB I F 1 c. – 1.01, Rezension *Kulke*, ZIP 2001, 985, Komm. *Tiedtke*, EWiR § 138 BGB 1/01, 301, Bspr. *Emmerich*, JuS 2001, 606 und *Görtz-Leible/Leible*, JA

cc) **Formularschuldbeitritte** unterliegen der Inhaltskontrolle gem. § 307 BGB. In gleicher Weise wie für die Bürgschaft[102] (§ 767 Abs. 1 Satz 3 BGB, oben Rn. 913) bestimmt sich der Umfang der Schuld des Beitretenden nach Inhalt und Beschaffenheit der Hauptschuld im Zeitpunkt des Beitritts, die Anlass für den Beitritt war, so dass die Erstreckung auf zukünftige Verbindlichkeiten aus der Geschäftsverbindung des Gläubigers mit dem Hauptschuldner unwirksam ist. Die Erstreckung auf sämtliche gegenwärtige Verbindlichkeiten kann eine überraschende Klausel i.S.v. § 305c Abs. 1 BGB darstellen[103]. 1593

dd) Da der Beitretende anders als ein Bürge (oben Rn. 832) oder als ein Garant (oben Rn. 1543) dieselbe Verpflichtung wie der Hauptschuldner übernimmt (vorst. Rn. 1589), hat er allemal die Widerrufsrechte aus §§ 312, 495, 355 BGB[104], wenn deren persönlicher Anwendungsbereich (§§ 13, 14 BGB) erfüllt ist. Gegenstand der verbraucherprivatrechtlichen Bewertung ist der Schuldbeitrittsvertrag, den der Gläubiger mit dem Beitretenden im Außenverhältnis abschließt (vorst. Rn. 1589). Erfüllt der Beitretende die Voraussetzungen eines Verbrauchers nach § 13 BGB, sind Haustürgeschäfterecht oder Verbraucherkreditrecht anwendbar, wenn der zu sichernde Vertrag, den der Gläubiger mit dem Hauptschuldner im Valutaverhältnis abschließt, in den *sachlichen* Anwendungsbereich fällt, also beispielsweise einen Kreditvertrag i.S.v. §§ 491, 499 BGB darstellt. Dagegen kommt es nicht darauf an, ob der Hauptschuldner ebenfalls die persönlichen Voraussetzungen eines Verbrauchers erfüllt; es findet eine Einzelbetrachtung in Bezug auf den Beitrittsvertrag, keine Gesamtbetrachtung unter Einbeziehung des zu sichernden Vertrags im Valutaverhältnis statt. Ganz anders ist die **europarechtliche Bewertung** nach der Haustürgeschäfterichtlinie resp. der Verbraucherkreditrichtlinie (oben Rn. 934, 936), wo allein der rein private Bereich erfasst ist und nach der Rechtsprechung des EuGH[105] deshalb nicht die Einzelbetrachtung, sondern die Gesamtbetrachtung zugrundezulegen ist. Demgemäß sind die Richtlinien nur dann anwendbar, wenn der Vertragspartner des Gläubigers im Valutaverhältnis ebenfalls Verbraucher ist, wozu andererseits – anders als nach § 507 BGB – 1594

2001, 737; BGH NJW 2002, 744 mit Anm. *Bülow*, LM Nr. 101 zu § 138 (Bb) BGB, *Foerste*, JZ 2002, 562, *Schanbacher*, WuB I F 1c. – 3.02 und Komm. *Tiedtke*, § 138 BGB 3/02, 417; NJW 2002, 746 mit Komm. *Keil*, EWiR § 765 BGB 4/02, 279; NJW 2002, 2705; BGH NJW 99, 135 mit Komm. *P. Bydlinski*, EWiR § 138 BGB 5/98, 1115 und Anm. Michalski, LM Nr. 90 § 138 (Bb) BGB; 94, 1726 zu II. 2. mit Anm. *Medicus*, WuB IV C. – 1.94 und Komm. *Honsell*, EWiR § 138 BGB 5/94, 531; 91, 923 zu 4. d.; WM 97, 1010 mit krit. Anm. *Medicus*, JZ 99, 576; OLG Bamberg NJW-RR 98, 772; OLG Celle BB 95, 219; OLG Hamm NJW 2001, 1797 und WM 95, 332; OLG Köln WM 2002, 123 und 1549, NJW-RR 95, 1197, BB 95, 2081 und WM 97, 1095; OLG Hamburg FamRZ 93, 956; OLG Bremen MDR 2002, 44; LG Frankfurt am Main WM 92, 489 mit Anm. *v. Rottenburg*, WuB I E 1. – 8.92; *Hoes*, Überschuldung, S. 202; *Kulke*, ZIP 2001, 985.

102 BGH NJW 97, 2677 zu II. 2.

103 BGH NJW 96, 249, insb. zu 2. b. aa. mit Komm. *Medicus*, EWiR § 9 AGBG 1/96, 3 und Anm. *Schröter*, WuB I F 1 c. – 1.96; OLG Düsseldorf NJW-RR 94, 1015; WM 98, 1875; nicht: Beitritt eines GmbH-Geschäftsführers zu Forderung aus Leasingvertrag, OLG Celle EWiR § 9 AGBG 17/96, 865 (*v. Westphalen*).

104 BGHZ 133, 71 mit Komm. *Bülow*, EWiR § 1 VerbrKrG 3/96, 814, Anm. *Seeker*, WuB I E 2. – 2.96, *Pfeiffer*, LM Nr. 5 zu § 1c AbzG, *Rebmann*, DZWIR 96, 459 und Bspr. *Emmerich*, JuS 96, 1035; 134, 94 mit Rezension *Reinicke/Tiedtke*, WiB 97, 449, Anm. *Bülow*, JZ 97, 471, *Hadding*, WuB I E 2. – 1.97, *v. Westphalen*, DNotZ 98, 33, Komm. *Habersack*, EWiR § 6 VerbrKrG 237 und Bspr. *Emmerich*, JuS 97, 469; BGH ZIP 96, 1657 mit Anm. *Schmid-Burgk*, DB 97, 513; NJW 97, 1443 mit Anm. *Bülow*, EWiR § 6 VerbrKrG 2/97, 427; OLG Hamm MDR 98, 1210; zum AbzG BGHZ 109, 314 (317); BGH NJW 94, 1726 zu I., bei dem sich Differenzierungen zum Verbraucherkreditrecht ergaben; OLG Stuttgart WM 94, 977; *Bülow*, NJW 96, 2889.

105 NJW 98, 1295 *„Dietzinger"*.

nicht ein Existenzgründer gehört[106]. Die weitergehende Grenzziehung für den Begriff des Verbrauchers im deutschen Recht ist durch Art. 8 Haustürgeschäfterichtlinie, Art. 15 Verbraucherkreditrichtlinie gedeckt. Jedoch treten dadurch Probleme bei der Behandlung der Bürgschaft auf, die oben zu Rn. 936 ff. im einzelnen erörtert sind.

1595 *ee)* Der Schuldbeitritt ist, wenngleich in den praxisbedeutsamen Fällen fast immer schriftlich niedergelegt, nicht formgebunden[107], § 766 BGB ist nicht anwendbar[108]. Es gelten dieselben Überlegungen wie zur Garantie (vorst. Rn. 1553). Sofern jedoch Verbraucherkreditrecht anwendbar ist, folgt die Formbedürftigkeit aus §§ 492 Abs. 1, 502 Abs. 1 BGB (oben Rn. 936). Richtigerweise erstreckt sich die verbraucherkreditrechtliche Form auch auf die Pflichtangaben nach §§ 492 Abs. 1 Satz 5 Nr. 1 bis 7, 502 Abs. 1 Satz 1 Nr. 1 bis 6 BGB[109], d.h. bei einem Schuldbeitritt zu einem Darlehensvertrag nach § 492, bei einem Schuldbeitritt zu einem Lieferungs- oder Leistungsvertrag nach § 502 BGB. Ist ein Verbraucherkreditvertrag danach gem. §§ 125, 494 Abs. 1, 502 Abs. 3 Satz 1 BGB formnichtig, wird er nach weiterer Maßgabe von §§ 494 Abs. 2, 502 Abs. 3 Satz 2 ff. BGB geheilt, wenn der Kreditgeber trotz der Nichtigkeit erfüllt; Grund dieser Regelung ist es, dem Verbraucher eine Kondiktionslage zu ersparen. Für den nichtigen Schuldbeitritt kommt eine Kondiktionslage dagegen nicht in Betracht. Deshalb gibt es keine Heilung, so dass der Schuldbeitrittsvertrag nichtig bleibt, auch wenn das Vertragsverhältnis im Valutaverhältnis erfüllt wird[110].

3. Übertragung

1596 Tritt der Gläubiger die Forderung aus dem Kreditvertrag ab, stellt sich die Frage der Anwendung von § 401 BGB (vgl. oben Rn. 943). Danach würde die Forderung aus dem Schuldbeitritt gegen den Beitretenden auf den Zessionar kraft Gesetzes übergehen[111]. Es bedürfte also keines auch darauf gerichteten Abtretungsvertrags. Die Anwendung von § 401 BGB auf den Schuldbeitritt ist jedoch nicht unproblematisch. Der gesetzliche Sicherheitenübergang gründet sich auf die Unselbständigkeit akzessorischer Sicherheiten,

---

106 Vgl. BGH WM 97, 663 zu 2.

107 Ebenso im österreichischen Recht, Öst. OGH ÖBA 93, 819 mit abl. Anm. *P. Bydlinski*.

108 Das gilt auch für den Schuldbeitritt zu einem formbedürftigen Geschäft, sofern die Form nicht gerade auch den Beitretenden schützen soll, BGH WM 93, 287 für § 781 BGB mit Anm. *Baumann*, WuB I F 1 c. – 1.94 und Rezension *Baumann*, ZBB 93, 171 sowie abl. *Dehm*, WM 93, 2115.

109 So zutreffend XI. Zivilsenat des BGH, NJW 2000, 3496; ZIP 96, 197 und 643 zu 2.; OLG Naumburg NZG 99, 30; bloße Schriftform genügt dagegen dem VIII. Zivilsenat, BGHZ 133, 71 und 220; *Ulmer/Timmann*, in: Festschr. Rowedder, S. 503 (517), zust. *Kurz*, DNotZ 97, 552 (556) halten die Angaben über den Nettodarlehensbetrag (§ 491 Abs. 1 Nr. 1) resp. Barzahlungspreis (§ 502 Abs. 1 Nr. 1), effektiven Jahreszins (§§ 492 Abs. 1 Nr. 5, 502 Abs. 1 Nr. 4) und Sicherheiten (§§ 491 Nr. 7, 502 Nr. 6) für verzichtbar; sie sind jedoch geeignet, die Entscheidung über den Beitrittsvertrag zu beeinflussen, und sind deshalb nicht entbehrlich, *Bülow/Artz*, ZIP 98, 624 (631); gl. A. *Reinicke/Tiedtke*, WiB 97, 449; *Drebes*, DZWIR 98, 75 (82).

110 BGH WM 97, 158 zu II. 2. c. bb. mit Anm. *Bülow*, JZ 97, 471 und *v. Westphalen*, DNotZ 98, 33; ZIP 97, 642 mit Komm. *Bülow*, EWiR § 6 VerbrKrG 2/97, 427 und Anm. *B. Peters*, WuB I E 2. – 1.98; ZIP 97, 1694 zu II. 2. c.; OLG Düsseldorf OLG-Report 97, 223; zust. *Artz*, VuR 97, 227 (232); *Edenfeld*, JZ 97, 1034 (1039); a.A. OLG Naumburg NZG 99, 30.

111 BGH WM 2000, 126 mit abl. Rezenzion *Bartels*, JZ 2000, 608, Anm. *Rimmelspacher*, WuB I F 1c. – 1.2000 und Komm. *Medicus*, EWiR § 401 BGB 1/2000, 379; diese erweiternde Auslegung folgt aus der Gesetzgebungsgeschichte, s. den Nachweis in BGH NJW 72, 437 zu III.; RGZ 65, 164 (170/171).

während nichtakzessorische-abstrakte Sicherheiten wie eine Grundschuld (oben Rn. 336) oder eine Garantie (oben Rn. 1568) gesondert abzutreten sind. Die Gesamtschuld begründet zwar teilweise Akzessorietät, ist aber im Rahmen von § 425 BGB abstrakt, woraus auf die Selbständigkeit des Schuldbeitritts und die Unanwendbarkeit von § 401 BGB geschlossen werden könnte[112]. § 425 begründet Abstraktheit, m.a.W.: Einzelwirkung[113], jedoch nur, soweit sich aus dem Schuldverhältnis nicht ein anderes ergibt (vorst. Rn. 1580, nachf. 1600, 1602); eben dieses ist aufgrund des Sicherungszwecks der Fall, so dass im Falle des Sicherungs-Schuldbeitritts nicht Einzelwirkung, sondern Gesamtwirkung eintritt. Deshalb ist der Schuldbeitritt zu Sicherungszwecken – anders als ein gleichgründiger Beitritt[114] – eine akzessorische Personalsicherheit, die von der gesicherten Forderung nicht getrennt werden kann. Deshalb ist die Anwendung von § 401 BGB geboten.

Im Allgemeinen kann der Gläubiger seine Forderung gegen einen der Gesamtschuldner 1597
isoliert abtreten[115] und Gläubiger des anderen Gesamtschuldners bleiben, wodurch sich an den Voraussetzungen der Inanspruchnahme durch den Zessionar und dem Regress des einen Gesamtschuldners gegenüber dem anderen (nachf. Rn. 1598 ff.) nichts ändert[116]. Im Besonderen einer Sicherungsgesamtschuld bedeutet die Anwendung von § 401 BGB aber zugleich, dass die isolierte Abtretung der Forderung gegen den zur Sicherheit Beitretenden nicht in Frage kommt, vielmehr nur die Forderung gegen den Hauptschuldner abtretbar ist. Schließen Zedent und Zessionar die Anwendung von § 401 BGB aus, kommt eine Gesamtgläubigerschaft von Zedent und Zessionar an der Forderung gegen den Beitretenden nach § 428 BGB in Betracht[117].

4. Inanspruchnahme des Sicherungsgesamtschuldners und Regress

a) Anspruchsbegründende Voraussetzungen

Aus dem Sicherungszweck des Schuldbeitritts folgt, dass das Rechtsverhältnis zwischen 1598
Gläubiger und Beitretendem in der Latenzphase (oben Rn. 68) bleibt, solange der Hauptschuldner vertragsgemäß leistet, z.B. Darlehensraten zahlt. Erst wenn der Hauptschuldner nicht leistet, obwohl er leisten müsste, wird der Schuldbeitritt virulent, indem der Gläubiger nunmehr vom Beitretenden Leistung verlangen kann. Das bedeutet zugleich, dass in der Sicherungsgesamtschuld die auf gleichgründige Gesamtschulden zugeschnittene Ausgangsregel von § 421 BGB nicht gilt, nach der der Gläubiger die Leistung nach seinem Belieben von jedem der Schuldner fordern darf. Die dem Sicherungszweck zu entnehmende Auslegung des Beitrittsvertrages ergibt vielmehr, dass der Gläubiger seine beiden Gesamtschuldner nur nacheinander in Anspruch nehmen darf, eben zuerst den Hauptschuldner und den Beitretenden erst dann und **subsidiär** (vorst. Rn. 1589), wenn der Hauptschuldner nicht leistet. Die unterbliebene Leistung des Hauptschuldners begründet den Sicherungsfall (oben Rn. 61), der im Allgemeinen mit dem Verzug des Hauptschuld-

112 *Bartels*, JZ 2000, 608.
113 Erman/*Ehmann*, § 425 BGB Rn. 4.
114 *Bartels*, JZ 2000, 608 (611).
115 Wogegen allerdings eine tatsächliche Vermutung streitet, OLG Hamm NJW-RR 98, 486, so dass besondere Anhaltspunkte gegeben sein müssen.
116 *Derleder*, in: Festschr. Heinrichs, S. 155 (178 f.).
117 *Rimmelspacher*, WuB I F 1c. – 1.2000 zu I. 2. betr. BGH WM 2000, 126.

ners einhergeht, da in der Aufforderung zur Leistung zugleich die Mahnung (§ 286 Abs. 1 BGB) liegen wird. Ist für die Leistung eine Zeit nach dem Kalender bestimmt wie typischerweise im Falle von Darlehensraten (§ 286 Abs. 2 Nr. 1 BGB), muss der Gläubiger abwarten, ob die Leistung trotz Eintritts der Kalenderzeit ausbleibt, ehe er den Beitretenden in Anspruch nehmen kann; das Ausbleiben der Leistung ist anspruchsbegründende Voraussetzung und deshalb vom Gläubiger darzulegen und zu beweisen. Sobald die Voraussetzungen für die Inanspruchnahme des Beitretenden erfüllt sind, steht es, § 421 BGB entsprechend, im Belieben des Gläubigers, ob er trotzdem noch den Hauptschuldner zur Leistung heranzieht und ganze oder nur teilweise Leistung verlangt (oben Rn. 72). Jetzt kann der Beitretende gem. §§ 422 Abs. 1 Satz 1, 362 BGB einwenden, der Hauptschuldner habe später doch noch erfüllt.

1599 Die Kündigung eines Darlehens nach § 488 Satz 1 BGB gegenüber dem Hauptschuldner kann Voraussetzung für den Eintritt des Sicherungsfalls sein; nur der Hauptschuldner, nicht auch der Beitretende ist im Allgemeinen Kündigungsadressat[118]. Bei einem Schuldbeitritt zu einem Ratenzahlungsdarlehen kann der Beitretende jedoch die persönlichen Voraussetzungen eines Verbrauchers gem. § 13 BGB erfüllen mit der Folge, dass der Gläubiger die in § 498 Abs. 1 BGB vorgesehenen Erklärungen dem Verbraucher gegenüber abgeben muss, ehe er ihn in Anspruch nehmen kann[119].

1600 Auf der anderen Seite bestimmt der Verzug des Hauptschuldners den Umfang der Leistungspflicht des Beitretenden. Aus dem Sicherungszweck folgt, dass der Gläubiger das bekommen soll, was er vom Hauptschuldner verlangen kann. Zwar wirkt der Schuldnerverzug gem. § 425 Abs. 2 BGB nur gegen denjenigen Gesamtschuldner, in dessen Person der Verzug eingetreten war; das würde zunächst heißen, dass der Verzug des Hauptschuldners nicht gegen den Beitretenden wirkt. Jedoch gilt dies gem. § 425 Abs. 1 BGB nur, soweit sich **nicht aus dem Schuldverhältnis ein anderes ergibt**. Eben dieses ist der Fall[120]: Aus dem Sicherungszweck folgt die Belastung des Beitretenden mit den Verzugsfolgen, die der Hauptschuldner ausgelöst hatte. Insoweit ist die Haftung des Beitretenden der des Bürgen gleich (§ 767 Abs. 1 Satz 2 BGB, oben Rn. 967), ebenso im Hinblick auf einen minderjährigen Hauptschuldner (näher oben Rn. 973).

b) Verteidigung des Sicherungsgesamtschuldners

1601 *aa)* Der Beitretende kann sich gegen die Inanspruchnahme durch den Gläubiger neben dem Bestreiten der anspruchsbegründenden Tatsachen[121] verteidigen mit der Unwirksamkeit des Schuldbeitrittsvertrags (vorst. Rn. 1589), z.B. wegen Widerrufs nach §§ 495, 355

---

118 Anders bei gleichgründiger Darlehens-Gesamtschuld (vgl. vorst. Rn. 1582, 1583), wo die Kündigung gegenüber allen Mitdarlehensnehmern zu erklären ist: BGH NJW 2002, 2866; OLG Karlsruhe NJW 89, 2136. Umgekehrt müssen bei einer Mehrheit von Gläubigern alle – auch in Vollmacht – kündigen, LG Heidelberg NJW-RR 2001, 155.

119 OLG Hamm NJW-RR 2000, 714; *Bülow/Artz*, ZIP 98, 629 (635); *Bülow*, Verbraucherkreditrecht, § 498 BGB Rn. 31; OLG Hamm NJW-RR 98, 1672: nicht bei fristloser Kündigung.

120 *Bülow/Artz*, ZIP 98, 629 (634).

121 Hierzu gehört auch die Zugehörigkeit der geltend gemachten in den Kreis der gesicherten Forderungen, vgl. vorst. Rn. 1556, OLG Nürnberg ZIP 2000, 1975 mit Komm. *Vortmann*, EWiR § 675 BGB 1/2000, 1145; vgl. auch BGH WM 2002, 1229 mit Komm. *Kothe*, EWiR § 415 BGB 1/02, 659 betr. privative Schuldübernahme.

BGB (vorst. Rn. 1594), mit rechtshindernden oder rechtsvernichtenden Einwendungen gegen die gesicherte Forderung[122], z.B. wegen Sittenverstoßes nach § 138 BGB (vgl. vorst. Rn. 1583) oder wegen Widerrufs durch den Hauptschuldner und mit Einwendungen aus seinen unmittelbaren Rechtsbeziehungen zum Gläubiger im Außenverhältnis, z.B. durch Aufrechnung mit einer Gegenforderung.

bb) Ein Bürge kann sich nach Maßgabe von §§ 768, 770 aus dem Recht des Hauptschuldners verteidigen (oben Rn. 981, 988). Für den Schuldbeitritt ist Ausgangspunkt wiederum die Nichtakzessorietätsregelung (vorst. Rn. 1580) von § 425 BGB. Der Sicherungszweck bestimmt auch hier, dass sich der Beitretende mit Einreden des Hauptschuldners, die dieser erhebt, z.B. die Verjährung[123], und anderen Gestaltungsrechten, die der Hauptschuldner ausübt, verteidigen kann: Aus dem Sicherungszweck ergibt sich „ein anderes" nach § 425 Abs. 1 BGB. **1602**

Fraglich ist jedoch, ob der Beitretende die Leistung auch dann verweigern kann, wenn der Hauptschuldner die Einrede nicht erhoben hatte (vgl. § 768 BGB, oben Rn. 981) oder wenn der Gläubiger aufrechnen könnte, aber die Aufrechnung nicht erklärt (§ 388 BGB; vgl. für die Bürgschaft § 770 Abs. 2, oben Rn. 988 ff.). Soweit es sich um Einreden handelt, die bereits den Verzugseintritt verhindern, wie die Einrede der Stundung (oben Rn. 1162), kann der Gläubiger den Beitretenden schon aufgrund der sicherungsrechtlichen Subsidiarität nicht in Anspruch nehmen (vorst. Rn. 1598). Für andere Fälle gibt § 425 BGB darauf keine Antwort, weil sich die Vorschrift auf Tatsachen bezieht, die nicht erhobene Einrede oder das sonst nicht ausgeübte Gestaltungsrecht aber gerade noch keine rechtlich relevante Tatsache begründet. Die bloße Gestaltungslage bewirkt nur aufgrund gesetzlicher Vorschriften, nämlich §§ 768, 770 BGB, 129 Abs. 2, 3 HGB, 322 Abs. 2, 3 AktG in Bezug auf den Bürgen oder den Gesellschafter oder die Hauptgesellschaft ein Leistungsverweigerungsrecht für den Begünstigten. Der Sicherungszweck allein als rechtsgeschäftliche Grundlage des Sicherungsverhältnisses fordert die Berücksichtigung der bloßen Gestaltungslage aber nicht. Ohne eine sich aus der Gestaltungslage ergebende besondere Einrede muss der Sicherungsgeber vielmehr auf die gesicherte Forderung in ihrem Zustand leisten, in welchem sie sich wirklich befindet. Deshalb kommen dem Beitretenden Einreden, die §§ 768, 770 BGB entsprechen, nicht zugute. **1603**

Die Haftung des Beitretenden endet durch Erlassvertrag (§ 397 BGB) mit dem Gläubiger, unbeschadet des Problems, ob dieser Erlass gem. § 423 BGB auch zugunsten des anderen Gesamtschuldners wirkt (vorst. Rn. 1580), was im Falle der Sicherungsgesamtschuld gerade nicht anzunehmen ist. Eine stillschweigende Entlassung kann anzunehmen sein, wenn der Beitretende zugleich Gesellschafter war und aus der Gesellschaft ausscheidet[124]. Gibt der Gläubiger eine anderweitige Sicherheit auf, ist § 776 BGB (oben Rn. 1010) nicht analog anwendbar[125]. Der Beitretende muss es also hinnehmen, dass ein Sicherungsgeberausgleich nicht stattfindet bzw. sich die Aussichten verschlechtern (oben Rn. 1021). **1604**

---

122 BGH ZIP 87, 699 mit Anm. *Loewe*, EWiR § 1b AbzG 1/87, 399.

123 So kommt beispielsweise eine Hemmung nach § 205 BGB in der Person des Hauptschuldners dem Sicherungsgesamtschuldner zugute; nach altem Recht galt die längere Verjährungsfrist gegen Gewerbetreibende gem. § 196 Abs. 2 BGB a.F. auch gegenüber dem nichtgewerblichen Beitretenden, BGH NJW 93, 1914 zu III.

124 OLG Köln EWiR § 765 BGB 7/94, 1085 (*H.P. Westermann/Mutter*).

125 BGH WM 92, 1293; Staudinger/*Horn*, § 776 BGB Rn. 23.

c) Ausgleichung unter den Gesamtschuldnern

1605 *aa)* Gem. § 426 Abs. 1 kann der Leistende vom anderen Gesamtschuldner **Ausgleichung** verlangen. Beide sind zu gleichen Anteilen verpflichtet, jedoch nur, soweit nicht ein anderes bestimmt ist. Im Falle der Sicherungsgesamtschuld dürften typischerweise die Anteile nicht gleich, sondern anders bestimmt sein, der Hauptschuldner also im Innenverhältnis allein haften[126]. Daraus folgt zugleich ein Freistellungsanspruch des Beitretenden gegenüber dem Hauptschuldner (oben Rn. 1026)[127].

1606 *bb)* Durch die Leistung des Beitretenden erlischt die gesicherte Forderung nicht, sondern geht, soweit der Ausgleichsanspruch aus § 426 Abs. 1 besteht, auf den Beitretenden gem. § 426 Abs. 2 in gleicher Weise wie auf den Bürgen gem. § 774 (oben Rn. 1013) über. Soweit der Leistende je nach Ausgestaltung des Innenverhältnisses keinen Ausgleich verlangen kann, erlischt sie. In Anspruchskonkurrenz steht ein Aufwendungsersatzanspruch aus § 670 BGB, wenn der Beitretende aufgrund eines vom Hauptschuldner erteilten Sicherungsauftrags im Deckungsverhältnis (oben Rn. 1589) handelte.

1607 *cc)* Ist die Schuld nicht nur durch Schuldbeitritt, sondern außerdem durch Bürgschaft gesichert, könnte der Forderungsübergang gem. § 426 Abs. 2 auch den Übergang der Bürgschaft auf den Beitretenden bedeuten, wenn § 401 anwendbar wäre, und umgekehrt bei früherer Leistung des Bürgen gem. § 774 Abs. 1 den Übergang der Forderung des Gläubigers gegen den Beitretenden auf den Bürgen zur Folge haben (oben Rn. 1021). Jenseits der Frage einer Anwendung von § 401 BGB schlechthin (vorst. Rn. 1596) dürfte aber wegen der Ähnlichkeit von Schuldbeitritt und Bürgschaft die Regelung von § 774 Abs. 2 analog anwendbar sein: Beitretender und Bürge haften einander nur gem. § 426, ein Sicherheitenübergang findet nicht statt[128]. Hat sich ein Bürge ausschließlich für die Schuld nur eines von mehreren Gesamtschuldnern verbürgt (vergleichbar einem Nachbürgen, oben Rn. 1031), geht die Forderung gegen die anderen Gesamtschuldner nur insoweit auf den Bürgen über, als der erste der Gesamtschuldner, für den er sich verbürgt hatte, von den anderen Ausgleichung verlangen könnte[129].

III. Dokumenten-Akkreditiv

1. Begriff

1608 Durch ein Dokumenten-Akkreditiv (l/c, letter of credit) verpflichtet sich ein Kreditinstitut (im folgenden: Bank), gegen Übergabe vereinbarter Dokumente die Verbindlichkeit des Hauptschuldners gegenüber dem Gläubiger zu tilgen[130]. Das Dokumenten-Akkreditiv ist ein Mittel der Exportfinanzierung: Ein Exporteur will einem Importeur in einem anderen Land, der den Kaufpreis schuldet, Waren liefern (Valutaverhältnis). Der Exporteur weiß nicht, ob er der Zahlungsfähigkeit und -willigkeit des Importeurs trauen kann. Er möchte einen sicheren Schuldner, am liebsten eine Bank. Deshalb kommt er mit dem Importeur

126 *Ehmann*, Gesamtschuld, S. 359; ebenso nach Lage des Einzelfalls bei Beendigung einer Gesellschafterstellung des Mithaftenden: OLG Köln NJW-RR 95, 549.

127 OLG Schleswig MDR 98, 1493.

128 OLG Celle NJW 86, 1761 mit Bspr. *K. Schmidt*, JuS 86, 731; *Medicus*, Bürgerliches Recht, Rn. 942 ff. (S. 685); *Schmitz*, in: Festschr. Merz, S. 553; a.A. OLG Koblenz KTS 88, 204.

129 BGHZ 46, 14 (16); BGH NJW-RR 91, 97 zu 3., a.A. *Reinicke*, NJW 66, 2141.

130 *Claussen*, Bank- und Börsenrecht, § 7 Rn. 71; *Eberth*, WM 83, 1302; *Schütze*, Dokumenten-Akkreditiv, Rn. 59 ff.

überein, dass dieser eine Bank beauftragt, den Kaufpreis an den Exporteur als Warenkreditgläubiger zu zahlen (Akkreditivauftrag im Deckungsverhältnis[131]). Die Bank verpflichtet sich gegenüber dem Exporteur im Außenverhältnis (vgl. oben Rn. 856), anstelle des Importeurs den Kaufpreis zu zahlen.

Vertragsmuster für Dokumenten-Akkreditive wurden von der Internationalen Handelskammer in Paris (ICC, vgl. auch oben Rn. 1556) in Form der Einheitlichen Richtlinien und Gebräuchen für Dokumenten-Akkreditive (ERG, auch: ERA, letzte Revision 1993)[132] erarbeitet, die Allgemeine Geschäftsbedingungen sind[133]; es ist auch Gegenstand des UNCITRAL-Abkommens aus dem Jahre 1995 (oben Rn. 1549). Etwas anderes ist das Dokumenten-Inkasso, bei dem die Bank versucht, den Kaufpreis beim Käufer für den Verkäufer gegen Vorlage von Dokumenten hereinzuholen[134]. **1609**

2. Anspruch des Gläubigers gegen die Akkreditivbank

Die Verpflichtungserklärung der Akkreditivbank, den zugrundeliegenden Anspruch des Gläubigers (Exporteurs) zu erfüllen, ist die **Bestätigung** (wobei die Akkreditivbank zur technischen Abwicklung meist eine Partnerbank im Land des Importeurs beauftragt, sog. Avisbank[135]). **1610**

a) Anspruchsbegründende Voraussetzungen

aa) Die Akkreditivbank bestätigt das Akkreditiv auf Anweisung des Importeurs (vgl. § 783 BGB). Der Exporteur wird unmittelbar dadurch berechtigt, dass er die Akkreditiveröffnung der Bank annimmt. Mit der Annahme kommt ein abstraktes Schuldversprechen gem. § 780 BGB zwischen Gläubiger (Exporteur) und Bank zustande[136], das gem. § 350 HGB nicht formbedürftig ist, aber in aller Regel schriftlich erteilt wird. Der Urkundeninhalt ist nach allgemeinen Regeln (§§ 133, 157 BGB) der Auslegung zugänglich[137]. Der Gläubiger ist der Begünstigte des Akkreditivs. Im Gegensatz zum Garantievertrag wird die Akkreditivbank primäre Schuldnerin anstelle des Importeurs, der selbst nicht leisten soll. Der Exporteur erwartet von vornherein nur die Leistung der Akkreditivbank, so dass es auch keines Abrufs bedarf (vorst. Rn. 1556). Aufgrund der Akkreditivabrede **1611**

131 *Liesecke*, WM 76, 258 (260); Georgiades, Symposion *Canaris*, S. 89 (93) sieht die Akkreditiveröffnung als Voraussetzung für das Zustandekommen des Kaufvertrages an, wohl eher eine Frage von § 139 BGB.

132 Abgedruckt u.a. bei *Claussen*, Bank- und Börsenrecht, S. 500; Baumbach/*Hopt*, 2. Teil, IV. (11).

133 *Canaris*, Bankvertragsrecht, Rn. 927; *v. Westphalen*, RIW 94, 453; *Stapel*, Einheitliche Richtlinien, S. 286; Handelsbrauch: *Liesecke*, WM 76, 258; Staudinger/*Horn*, Vor §§ 765 ff. BGB Rn. 381; LG Frankfurt am Main WM 96, 153.

134 *Canaris*, Bankvertragsrecht, Rn. 1088, dazu Einheitliche Richtlinien für Inkassi (ERI), WM 96, 229; Baumbach/*Hopt*, 2. Teil, IV. (12) sowie BGHZ 95, 149; sie ist oft mit Sicherungsabtretung der zugrundeliegenden Forderung verbunden, Nr. 15 Abs. 2 AGB-Banken, 25 Abs. 2 AGB-Sparkassen, *Bülow*, WG, ScheckG, AGB, Nr. 25 AGB-Sparkassen, Rn. 14; *Avancini*, in: Festschr. Frotz, S. 469; OLG Frankfurt WM 2000, 1636; OLG Köln WM 94, 1877.

135 Zu den Pflichten der Banken untereinander BGHZ 101, 84; BGH WM 84, 1214 und 1443; OLG Frankfurt RIW 88, 133; *Horn*, Dokumenten-Akkreditiv, S. 15; *Nielsen*, WM 85, 149.

136 BGH NJW 90, 255 zu II. 1.; BGHZ 60, 262; OLG Frankfurt am Main WM 96, 58; *Canaris*, Bankvertragsrecht, Rn. 984; *Claussen*, Bank- und Börsenrecht, § 7 Rn. 80; *Berger*, in: Festschr. Schütze, S. 103 (107).

137 BGH NJW 94, 2018 mit Anm. *Berger*, DZWIR 94, 506; krit. *Berger*, in: Festschr. Schütze, S. 103 (112 f.).

kann der Gläubiger vom Schuldner (Importeur) nicht Leistung auf die zugrundeliegende Kaufpreisforderung verlangen; dieser Forderung steht die Einrede des Akkreditivs entgegen, ein der Stundung und der Einrede der Wechsel- oder Scheckhingabe ähnliches Leistungsverweigerungsrecht[138]. Das Akkreditiv geht folglich über den Sicherungszweck hinaus (oben Rn. 1), indem es auch **Zahlungsfunktion** hat. Daraus erklärt sich, dass der sicherungsrechtliche Subsidiaritätsgrundsatz (oben Rn. 72) nicht gilt.

1612 *bb)* Anspruchsbegründende Voraussetzung für die Inanspruchnahme der Bank ist, dass ihr **Dokumente**, die die vertragsgemäße Leistung beurkunden, vorgelegt werden. Das sind vor allem Dokumente, mit der die Bank Zugriff auf die Ware nehmen könnte, nämlich Transportpapiere, insbesondere Traditionspapiere, die den Besitz an der Ware verkörpern: der Orderlagerschein, (§ 475g HGB), der Ladeschein (§ 448 HGB) und das Konossement (§ 642 HGB), aber, je nach Vereinbarung, auch Rechnungen, Verlade-, Dispositions- und ähnliche Papiere[139]. Bekommt die Bank die Dokumente, zahlt sie an den Exporteur. Aus dem Akkreditivauftrag mit dem Importeur ist sie verpflichtet, die Echtheit und Ordnungsgemäßheit der Dokumente zu prüfen[140] (nachf. Rn. 1614). Es kommt vor, dass die Akkreditivbank den Kaufpreis nicht schon bei Vorlage der Dokumente, sondern erst zu bestimmtem späteren Zeitpunkt zahlen soll, worin eine Stundung liegt (deferred payment)[141]; sofern die Bank dennoch vorher zahlt (Vorschuss), liegt darin ein Kredit der Akkreditivbank an den Verkäufer, der nicht die Erfüllung des Akkreditivs darstellt; die Bank handelt auf eigenes Risiko.

b) Einwände der Akkreditivbank

1613 Einwände aus dem Kaufvertrag zwischen Importeur und Exporteur (Valutaverhältnis)[142] sowie aus dem Akkreditivauftrag (vorst. Rn. 1608) zwischen ihr und dem Importeur (Deckungsverhältnis) kann die Bank nicht erheben[143], ihre Zahlungspflicht ist, unter dem Vorbehalt des Rechtsmissbrauchs (oben Rn. 1562)[144], abstrakt. Sie hat nur Einwände, die sich gegen die Gültigkeit des Akkreditivs, der Bestätigung (vorst. Rn. 1610) richten[145] oder gegen seine Voraussetzungen (sog. inhaltiche Einwendungen, oben Rn. 1560, insbesondere fehlende Ordnungsgemäßheit der Dokumente) oder in ihren unmittelbaren Rechtsbezie-

138 *Canaris*, Bankvertragsrecht, Rn. 1058; *Liesecke*, WM 76, 258 (259); *Bülow*, WG, ScheckG, AGB, Art. 17 WG Rn. 59; BGH WM 96, 1037.

139 BGHZ 95, 149 (151); *Menkhaus*, ZIP 85, 1309 (1310); *Lenz*, EuZW 91, 297 (298).

140 Hiervon kann sich die Bank freizeichnen, BGHZ 90, 255; andererseits kann der Vorlegende bei falschen Dokumenten der Bank haften (z.B. nach § 826 BGB), LG Hamburg WM 2001, 1250 mit Komm. *Schütze*, WuB I H 2. – 1.01.

141 BGHZ 101, 84 (89); OLG Frankfurt WM 81, 445; *Plagemann*, RIW 87, 27 (29).

142 BGHZ 132, 313 (316) mit Komm. *Schütze*, EWiR § 780 BGB 1/96, 647 und Bspr. *K. Schmidt*, JuS 96, 934; BGHZ 28, 129 (131).

143 Court of Appeal London, AWD/BB 58, 59 mit Anm. *Eisemann/Liesecke*, WM 76, 258 (267); Staudinger/*Horn*, Vor §§ 765 ff. BGB Rn. 401.

144 BGHZ 132, 313 (317); 101, 84 (93/94); BGH NJW 89, 159; OLG Frankfurt am Main WM 97, 609 und 1893 mit Komm. *Nielsen*, § 242 BGB 9/97, 925, Anm. *Soehring*, WuB I H 2. – 4.97 und *K. P. Berger*, DZWIR 97, 426; *Schönle*, SchweizJZ, 85 (74); in diesem Fall kann der Akkreditivauftraggeber die Leistung der Akkreditivbank untersagen, LG Aachen NJW-RR 87, 1207, s. auch oben Rn. 1575 a.E.

145 „Dokumentenstrenge", BGH WM 84, 1443; OLG München BB 98, 125 mit Anm. *Nielsen*, EWiR § 675 BGB 2/98, 211 sowie WM 96, 2335 mit Anm. *Koller*, WuB I H 2. – 1.97 und *Nielsen*, WM 85, 149 sowie Festschr. Werner, S. 73 ff.

hungen zum Exporteur begründet sind (er kann z.B. unabhängig vom Akkreditiv Verbindlichkeiten bei der Bank haben[146]). Insoweit haftet die Bank dem Exporteur als Garant.

3. Rückgriff der Akkreditivbank beim Auftraggeber

Leistet die Bank den Akkreditivbedingungen entsprechend[147], insbesondere nach sorgfäl- **1614**
tiger Prüfung der Dokumente (vorst. Rn. 1608), kann sie von ihrem Auftraggeber, dem Käufer und Importeur, Aufwendungsersatz gem. § 670 BGB verlangen[148] (also nicht schon bei einem Vorschuss im Falle von deferred payment, vorst. Rn. 1612 a.E.). Bei Mängeln im Valutaverhältnis unter den Parteien des Kaufvertrages kann der Importeur vom Exporteur (dem Begünstigten) direkt kondizieren (vorst. Rn. 1565). Die Kausalforderung, für die das Akkreditiv bestimmt worden war, erlischt durch Leistung der Akkreditivbank; jedoch kann die Bank mit dem Begünstigten die Leistung gegen Abtretung der Kausalforderung vereinbaren (oben Rn. 247). In diesem Fall kann sich die Bank wegen ihres Regresses gegen den Schuldner und Akkreditivauftraggeber auf zwei Anspruchsgrundlagen, aus eigenem (§ 670) und abgetretenem Recht, stützen und steht ebenso wie ein Bürge da (oben Rn. 1015). Eine andere Frage ist, ob sich die Bank zur Akkreditiveröffnung überhaupt nur bereit erklärt, wenn der Akkreditivauftraggeber Sicherheiten stellt oder auf seinem Konto bei der Akkreditivbank einen entsprechenden Habensaldo unterhält.

4. Übertragung

Zur Übertragbarkeit von Ansprüchen aus Akkreditiven ist zu unterscheiden zwischen dem **1615**
Anspruch gegen die Bank, das abstrakte Schuldversprechen abzugeben und Zahlungsansprüchen gegen die Bank, nachdem das Schuldversprechen gegenüber dem Begünstigten abgegeben worden war. Der Zahlungsanspruch ist, wenn nichts Entgegenstehendes vereinbart wurde[149], frei übertragbar (so Art. 49 ERA), nicht aber der Anspruch auf das Schuldversprechen (Art. 48 ERA), dessen Übertragbarkeit ausdrücklich bestimmt werden muss[150]. Die Bank verpflichtet sich gegenüber dem Zweitbegünstigten erneut (vorst. Rn. 1611), so dass Einwände aus dem Verhältnis zum Erstbegünstigten ausgeschlossen sind (vgl. § 784 Abs. 1, 2. Hs. BGB)[151]. Wenn sich der Zahlungsanspruch gegen eine aus-

146 Nicht jedoch Forderungen, die vom Importeur an die Bank abgetreten wurden: BGHZ 28, 129 (130) und oben Rn. 1571.

147 Und nur dann, *Koller*, WM 90, 293 (301).

148 Z.B. auch Prozesskosten aufgrund unberechtigter gerichtlicher Inanspruchnahme, BGH WM 98, 1769 mit Komm. *Meincke*, EWiR § 670 BGB 1/98, 1021 und Anm. *v. Westphalen*, WuB I H 2. – 1.98; LG Hamburg WM 97, 258.

149 *Schütze*, Dokumentenakkreditiv, Rn. 357, es gibt dafür aber keinen Anlagemarkt, LG Hamburg WM 96, 1814 mit Anm. *Dach*, WuB I H 2 – 1.99.

150 *Stapel*, Einheitliche Richtlinien, S. 259.

151 BGHZ 132, 313 (316); LG Frankfurt am Main WM 96, 153; *Horn*, Dokumenten-Akkreditive, S. 18 f.; *Liesecke*, WM 56, 258 (261); *Schütze*, Dokumenten-Akkreditiv, Rn. 352; *Canaris*, Bankvertragsrecht, Rn. 1036.

ländische Bank richtet, bestimmen sich die Modalitäten der Abtretung nach dem ausländischen Recht (Forderungsstatut im Internationalen Privatrecht, oben Rn. 1369)[152].

IV. Delkredere

1616 **Handelsvertreter** (§§ 84 ff. HGB) und **Kommissionäre** (§§ 383 ff. HGB) schließen Rechtsgeschäfte im eigenen oder im Namen und für Rechnung anderer (Unternehmer oder Kommittent) ab. Das Vertrauen des anderen in die für ihn geschlossenen Geschäfte können Handelsvertreter und Kommissionär dadurch sichern, dass sie sich ihm gegenüber verpflichten, für die Erfüllung durch den Vertragspartner einzustehen: §§ 86b, 394 HGB.

1617 Welcher Art diese Einstandspflicht, die Delkredere-Übernahme, ist, regeln §§ 86b, 394 HGB nicht. Delkredere bezeichnet folglich keinen Kreditsicherungstypus, sondern die Verpflichtung, eine der bestehenden und dem Sicherungsbedürfnis von Unternehmer oder Kommittenten genügenden Personalsicherheiten zu begründen. Für Garantievertrag oder Schuldbeitritt ist das eigene wirtschaftliche Interesse von Handelsvertreter oder Kommissionär gegeben (oben Rn. 1555, 1588). Beim Handelsvertreter bedarf die Übernahme des Delkredere gem. § 86b Abs. 1 Satz 3 HGB der Schriftform, gem. Abs. 3 aber nicht bei Auslandsbezug[153].

1618 Die Bürgschaft kommt für die Delkredere-Übernahme des Kommissionärs nicht in Frage, weil der Kommittent gar nicht Gläubiger des Dritten ist: Der Kommissionär handelt zwar für Rechnung des Kommittenten, aber im eigenen Namen, er ist selbst Gläubiger des Dritten (§ 383 HGB). Allerdings ist der Kommittent, wie aus § 392 Abs. 2 HGB folgt, im Innenverhältnis bereits als Gläubiger anzusehen. Der Kommissionär kann deshalb seine Einstandspflicht bürgschaftsähnlich ausgestalten, diese also vom Bestand der Verbindlichkeiten gegen den Dritten unmittelbar, d.h. akzessorisch, abhängig machen. Dennoch handelt es sich nicht um eine Bürgschaft, so dass § 766 BGB nicht anwendbar ist[154] (was bei einem kaufmännischen Kommissionär – vgl. § 383 Abs. 2 HGB – gem. § 350 HGB ohnehin keine Rolle spielt). Im Übrigen können Vorschriften des bürgerlichen Rechts analog anwendbar sein. Im Falle einer Verkaufskommission braucht der Kommissionär die Forderung nicht an den Kommittenten gem. § 392 Abs. 1 HGB abzutreten, wenn er die Kaufpreisforderung gegen den Käufer delkredere an den Kommittenten gezahlt hatte – der Forderungsübergang aus § 774 Abs. 1 BGB erledigt sich dadurch. Vorbehaltenes Eigentum geht zwar nicht auf den Kommissionär gem. § 401 BGB über, aber er hat Anspruch auf Übertragung wie ein Bürge (oben Rn. 1018)[155]. Hatte der Kommissionär die Forderung gem. § 392 Abs. 1 HGB an den Kommittenten abgetreten, steht einer echten Bürgschaftsübernahme durch den Kommissionär nichts im Wege.

V. Ersatzsicherheiten

1619 Durch eine Personalsicherheit gewährleistet eine vom Hauptschuldner verschiedene Person die Erfüllung des zu sichernden Anspruchs. Aber nicht immer kann oder will der Kreditnehmer eine solche Sicherheit stellen, und der zur Kreditgewährung Willige steht vor

152 BGHZ 95, 149 (151/152); BGHZ 111, 376, z.B. § 9-302 Abs. 1 des US-amerikanischen Uniform Commercial Code (UCC): Eintragung in ein öffentliches Register; für den Zahlungsanspruch kommt es auf das Recht des Sitzes der eröffnenden Bank an, *Schefold*, IPrax 90, 20, *v. Bar*, IPrax 92, 20, für den Einwand des Rechtsmissbrauchs auf die lex fori, *v. Bar*, ZHR 152 (1988), 38 (54); zum Einstweiligen Rechtsschutz (vorst. Rn. 1513), *Shingleton/Wilmer*, RIW 91, 783.

153 Näher *Masing*, BB 95, 2589 (2594); *Bülow*, Handelsrecht, S. 165.

154 Staub/*Koller*, § 394 HGB Rn. 3; Schlegelberger/*Hefermehl*, § 394 HGB Rn. 7.

155 Vgl. BGHZ 42, 53 (57).

der Wahl, sich das Kreditgeschäft entgehen zu lassen oder den Kredit ohne Sicherheit zu gewähren. In diesem Fall bedarf es umso mehr der Suche nach Ersatzformen für Sicherheiten, die wenigstens die Wahrscheinlichkeit der Anspruchserfüllung erhöhen.

1. Patronatserklärung

Mit der Patronatserklärung soll Kredit sicherer gemacht werden, der an einzelne Unternehmen in einem Konzern gewährt wird[156]; auch Kommunen machen hiervon, z.B. in Bezug auf Eigengesellschaften, Gebrauch[157]. Der Konzern kennzeichnet sich gerade dadurch, dass die Konzernunternehmen rechtlich selbständig sind und die anderen Konzernunternehmen nicht für Verbindlichkeiten des einen Konzernunternehmens haften (zur Besonderheit beim Konzernvorbehalt oben Rn. 1512). Deshalb wäre Raum für eine Bürgschaft, einen Schuldbeitritt oder eine Garantie des einen Konzernunternehmens für das andere. Typische Patronatserklärungen – soweit sie nicht nach Lage des Einzelfalls als Bürgschaft, Schuldbeitritt oder Garantie auszulegen sind – haben andere, ganz verschiedenartige Inhalte; es handelt sich um einen Sammelbegriff[158]. Man unterscheidet sogenannte weiche und harte Patronatserklärungen. Sie sind als Formularerklärungen denkbar, so dass sie der Klauselkontrolle nach § 307 BGB zugänglich sind[159]. **1620**

a) Weiche Patronatserklärung

aa) Die Muttergesellschaft kann sich darauf beschränken, gegenüber dem Gläubiger ihres Tochterunternehmens – aber auch gegenüber der Allgemeinheit, z.B. in Geschäftsberichten „ad incertas personas"[160] – zu erkennen zu geben, dass nach ihrer Einschätzung die Schuldnerin, also das Tochterunternehmen, die Verbindlichkeit erfüllen werde. Darin liegt im Allgemeinen nicht die Erklärung der Muttergesellschaft, dass sie selbst für die Verbindlichkeit des Konzernunternehmens einstehen wolle. Die erklärte Einschätzung der Muttergesellschaft braucht als Folge dessen keinerlei durchsetzbare Ansprüche des Kreditgebers zu begründen, sondern kann allein auf Ansehen und Finanzkraft des Konzerns beruhen[161], z.B. Erklärungen wie: die Muttergesellschaft habe von der Kreditaufnahme Kenntnis genommen; sie sei mit der Kreditaufnahme durch die Tochtergesellschaft einverstanden; die Leitung der Tochtergesellschaft genieße ihr volles Vertrauen; sie kontrolliere die Tochtergesellschaft in allen wesentlichen Angelegenheiten und mache ihren Einfluss als Kapitaleignerin dahin geltend, dass die Tochtergesellschaft ihren Verpflichtungen gegenüber dem Gläubiger nachkomme (sog. **einfache Managementklausel**)[162]; es sei **1621**

---

156 *Mosch*, Patronatserklärungen, S. 1; Abhängigkeitslagen i.S.v. 17 AktG können aber auch ohne Konzern bestehen und das Bedürfnis zu Patronatserklärungen begründen, *Schneider*, in: Festschr. Krümmel, S. 351 (353) und ZIP 89, 619 (620).

157 OLG Dresden NVwZ 2001, 836; LG Berlin WM 2000, 1060 mit Anm. *Gerth*, WuB I F 1c. – 2.2000; *Maslaton*, NVwZ 2000, 1351; solche Erklärungen stehen unter dem Genehmigungsvorbehalt der Aufsichtsbehörden.

158 *U.H. Schneider*, ZIP 89, 619 (620); *Michalski*, WM 94, 1229; *Küffner*, DStR 96, 146.

159 LG München ZIP 98, 1956 mit Rezension *Bernuth*, ZIP 99, 1501.

160 *Habersack*, ZIP 96, 257 (259); *Fried*, Patronatserklärung, S. 201.

161 *Rümker*, WM 74, 990 (991); *Mosch*, Patronatserklärungen, S. 116; *Limmer*, DStR 93, 1750; gleiche Beurteilung im US-amerikanischen Recht („letter of comfort"), *Jander/Hess*, RIW 95, 730 (736); *Ammelung/Sorocean*, RIW 96, 668.

162 *Vollmer*, ZBB 93, 89 (90); OLG Karlsruhe ZIP 92, 1394.

ihre Absicht, ihre derzeitige Beteiligung an der Tochtergesellschaft während der Laufzeit des Kredits nicht aufzugeben (sog. **Beteiligungsklausel**) u.ä.[163]. Solche Erklärungen begründen weder Ansprüche des Kreditgebers gegen die Muttergesellschaft aus einer Einstandspflicht noch unter dem Gesichtspunkt einer vertraglich begründeten Vertrauenshaftung, falls die Tochtergesellschaft nicht erfüllt.

1622 *bb)* Allerdings kommt eine außervertragliche Haftung der Konzernmutter unter dem Gesichtspunkt der **Schutzpflichtverletzung** in Betracht[164], wenn die wirtschaftliche Krise der kreditnehmenden Tochter bekannt war oder hätte bekannt sein müssen oder wenn sich trotz Beteiligungsklausel abzeichnete, dass es nicht bei der Beteiligung bleibt; aus Treu und Glauben wird sich darüber hinaus eine Mitteilungspflicht an den Gläubiger über die Veräußerung der Beteiligung ergeben. Die Haftung wird auch für Erklärungen anzunehmen sein, die nicht gegenüber einem bestimmten Kreditgeber, sondern gegenüber der Allgemeinheit abgegeben werden, z.B. in Geschäftsberichten (konzernexterne kollektive Patronatserklärungen[165]).

b) Harte Patronatserklärung

1623 Wenn auch nicht Erfüllungsansprüche, so doch Ersatzansprüche entstehen dagegen durch die Erklärung der Muttergesellschaft, sie verpflichte sich dafür zu sorgen, dass die Tochtergesellschaft während der Laufzeit des Kredits in der Weise geleitet und finanziell ausgestattet werde, dass diese ihren Verbindlichkeiten stets fristgemäß nachkommen könne[166]; die Erklärung kann sich auch auf künftige Verbindlichkeiten beziehen[167]. Darin liegt nämlich die einseitige, vertragliche Verpflichtung[168] der Muttergesellschaft, die Tochtergesellschaft mit Geld zu versorgen, das diese für die Tilgung der Verbindlichkeit gegenüber dem Kreditgeber verwenden soll. Bei Erklärung an die Öffentlichkeit, z.B. in einem Geschäftsbericht, mag daran zu denken sein, wie im Falle einer Auslobung (§ 657 BGB) eine Annahme durch den potentiellen Gläubiger für entbehrlich zu halten[169]; sonst bedarf es einer Annahme, die in Fällen von § 151 BGB nicht ausdrücklich erklärt zu werden braucht[170]. Der Kreditgeber kann folglich von der Muttergesellschaft Leistung an die Tochtergesellschaft – nicht aber an sich selbst – verlangen. Verwendet die Tochtergesellschaft erhaltenes Geld anderweitig, kann der Kreditgeber von der Muttergesellschaft – Verschulden vorausgesetzt – Schadensersatz statt der Leistung aus Pflichtverletzung verlangen, ohne abwarten zu müssen, ob er bei der Tochtergesellschaft mit seiner Forderung

---

163 *Obermüller*, Ersatzsicherheiten, Rn. 11 bis 20.

164 Zutreffend *Larenz/Canaris*, Schuldrecht II/2, § 64 V. 2. b. (S. 83/84); Anspruchsgrundlage ist Pflichtverletzung (§ 280 BGB) im Hinblick auf einen konkludenten Auskunftsvertrag resp. gesetzliches Schuldverhältnis aufgrund in Anspruch genommenen Vertrauens (§ 242 BGB).

165 *U. H. Schneider*, ZIP 89, 619 (623); *Habersack*, ZIP 96, 257 (263).

166 *Obermüller*, Ersatzsicherheiten, Rn. 21; *Köhler*, WM 78, 1338; *Möser*, DB 79, 1469; *Gerth*, Atypische Kreditsicherheiten, S. 141; *Kohout*, Diss., S. 125 ff.

167 KG WM 2002, 1190.

168 OLG Nürnberg EWiR § 305 BGB 1/99, 305 (*Fleischer*); *Michalski*, WM 94, 1229 (1232); Sittenwidrigkeit ist entgegen LG München I ZIP 98, 1956 (aufgehoben durch Versäumnisurteil OLG München WM 99, 686) mit abl. Rezension *C. Schäfer*, WM 99, 153 und abl. Komm. *Fleischer*, EWiR § 9 AGBG 13/98, 1107; *ders.*, WM 99, 666 (669) sowie Anm. *Schröter*, WuB I F 1 c. – 1.98 kaum ersichtlich.

169 *U. H. Schneider*, ZIP 89, 619 (624).

170 *Habersack*, ZIP 96, 257 (263); *Pesch*, WM 98, 1609 (1613); *Fried*, Patronatserklärung, S. 205.

ausfällt[171]. Einen ähnlichen Inhalt haben **Liquiditätshilfegarantien, Finanzierungsbestätigungen** (Versprechen, dem Schuldner Kredit zu geben)[172] oder **qualifizierte Managementklauseln**, durch die die Konzernmutter sich verpflichtet sicherzustellen, dass das Tochterunternehmen in der Weise ordnungsgemäß geleitet wird, dass es den Gläubiger zu befriedigen imstande ist[173].

2. Organschaft

Hinreichende Sicherheit mag allein die Tatsache begründen, dass der Schuldner in einem konzernrechtlichen Organschaftsverhältnis steht, d.h. ein Unternehmensvertrag (Beherrschungs- oder Gewinnabführungsvertrag gem. § 291 AktG) abgeschlossen wurde oder ein Eingliederungskonzern gem. § 319 AktG besteht (s. oben Rn. 1074). Er begründet Verlustausgleichs- bzw. Sicherheitsleistungspflichten der Muttergesellschaft gem. §§ 302, 303 AktG sowie die Haftung der Hauptgesellschaft gem. § 322 AktG[174]. **1624**

3. Kommanditrevers

Mit einem Kommanditrevers bezeichnet man die Erklärung des Kommanditisten einer KG, die zugleich Schuldnerin ist, die Kommanditeinlage nicht zu vermindern, Gewinne stehen zu lassen und etwaige Darlehen an die Gesellschaft nicht zurückzufordern (vgl. § 172 HGB). Die Erklärung des Kommanditisten begründet Unterlassungsansprüche des Kreditgebers[175]. **1625**

4. Sicherheitenleihe

Von Sicherheitenleihe wird gesprochen, wenn der Sicherungsnehmer, meist ein kreditsuchendes Unternehmen, zur Verbesserung seines Bilanzbildes Sicherheiten hereinnimmt, die durch z.B. dubiose Forderungen scheinbar werthaltig gemacht werden; ein Kreditgläubiger ist an diesem Geschäft überhaupt nicht beteiligt[176]. **1626**

5. Sicherungsnießbrauch

Erwähnt sei auch der kaum noch gebräuchliche Sicherungsnießbrauch (§ 1030) als Realsicherheit, durch den die gezogenen Nutzungen auf den Kredit angerechnet werden, der auf diese Weise getilgt wird (vgl. auch § 1214 – antichresis – sowie oben Rn. 85)[177]. **1627**

---

171 BGHZ 117, 127 (130) mit Anm. *Obermüller*, WuB I F 1 c – 1.92; OLG Stuttgart WM 85, 455 mit Komm. *Horn*, EWiR 4/85, 669 zu § 765 BGB; deshalb ist auch § 44 InsO (oben Rn. 1062) anwendbar.

172 OLG Naumburg WM 2001, 1334 mit Anm. *Drescher*, WuB I B 3. – 3.01; *Obermüller*, Ersatzsicherheiten, Rn. 28 bis 31, ähnlich: Verpflichtung zur Sicherheitsleistung, *Seiler*, Patronatserklärung, S. 43.

173 *Vollmer*, ZBB 93, 89 (91).

174 *Gerth*, AG 84, 94; *Bülow*, ZBB 89, 211.

175 *Obermüller*, Ersatzsicherheiten, Rn. 200.

176 *Köndgen*, in: Festschr. Steindorff, S. 383 (393); OLG Düsseldorf ZIP 87, 44, insbesondere zu II. 3. mit Komm. *Fleck*, EWiR § 57 AktG 1/87, 325; Vorinstanz LG Düsseldorf WM 86, 318 (320) mit Komm. *v. Stebut*, EWiR § 124 KO 1/86, 185: Bilanzverschleierung gem. § 400 AktG; OLG Hamburg ZIP 89, 777: Grundschuld zur Wertberichtigung; etwas anderes ist die Wertpapierleihe bei Börsentermingeschäften, *Kümpel*, WM 90, 909.

177 Staudinger/*Promberger*, § 1030 BGB Rn. 44 und Vorauflage (2. Aufl. 1988) Rn. 1268 bis 1291. Etwas anderes ist die Sicherungsdienstbarkeit, mit der kartellrechtliche Bindungen durchgesetzt werden, *Münch*, ZHR 157 (1993), 559; *Stürner*, AcP 194 (1994), 265 (271).

6. Andere Ersatzsicherheiten

1628 Weitere Formen von Ersatzsicherheiten sind: Zurücktreten mit Forderungen (Verpflichtung, eine Forderung erst geltendzumachen, wenn der Kreditgeber mit seiner Forderung befriedigt ist)[178], Negativerklärungen (Unterlassung der Belastung des Schuldnervermögens)[179], Gleichstellungsverpflichtungen (Vereinbarung, gleichwertige Sicherheiten wie einem Dritten zu verschaffen).

VI. Realisierung kautelarischer Personalsicherheiten

1629 Für Verwertung, Zwangsvollstreckung und Insolvenz gelten keine anderen Grundsätze als zur Bürgschaft (oben Rn. 1058 ff.). Namentlich gilt die Regelung aus §§ 43, 44 InsO, nach der nur der Gläubiger am Verfahren teilnimmt (oben Rn. 1062), bis hin zur harten Patronatserklärung[180] (vorst. Rn. 1623).

VII. Kautelarisches Wertpapierrecht

1630 Obwohl das Wechsel- und Scheckrecht durch zwingende Normen geprägt ist, bleibt doch Raum zu privatautonomer inhaltlicher Gestaltung.

1. Garantieindossament

1631 Das Indossament überträgt nicht nur die Rechte aus Wechsel oder Scheck auf den Erwerber (Art. 14 WG, 17 ScheckG), sondern es legitimiert auch den Inhaber des Papiers als Berechtigten (Art. 16 Abs. 1 WG, 19 Satz 1 ScheckG) und begründet die Garantiehaftung des Indossanten (Art. 15 WG, 18 ScheckG). Ein Zeichner kann auch ein Indossament auf Wechsel oder Scheck setzen, ohne Rechte aus dem Papier erwerben zu wollen, sondern nur um die dort verbriefte Schuld zu bestärken. Ein solches, außerhalb der fortlaufenden Kette von Indossamenten stehendes Garantieindossament hat ausschließlich Garantiefunktion, ohne dass der Indossant Rückgriffsgläubiger gem. Art. 47 WG, 46 ScheckG würde[181].

2. Euroscheckverfahren

1632 Ein Scheck kann – anders als ein Wechsel, Art. 25 WG – nicht akzeptiert werden (Art. 4 ScheckG), die bezogene Bank haftet also nicht (Ausnahme: Der bestätigte Bundesbankscheck gem. § 23 BBankG[182]), und der Schecknehmer muss auf die Solvenz des Scheckausstellers vertrauen. Trotz Akzeptsverbots kann die Bank aber für die Einlösung des Scheckbetrages garantieren (vorst.

178 OLG Frankfurt WM 99, 1709 mit Anm. *v. Kuhlberg*, WuB I E 1. – 7.99; LG Dessau WM 99, 1711 mit Komm. *Mankowski*, WuB IV A. – 1.99; vgl. auch BFH NJW 94, 406; *Bales*, Sparkasse 2000, 183; *Peters*, WM 88, 641.

179 Positiverklärungen sind nichts anderes als Sicherungsverträge, durch die sich Schuldner oder Dritte verpflichten, Sicherheiten zu stellen, *Obermüller*, Ersatzsicherheiten, Rn. 460 ff.

180 BGHZ 117, 127.

181 A.A. BGH WM 98, 1277 zu II. 1. mit Anm. *Koller*, WuB I D 4. – 4.98 und Komm. *Steiner*, EWiR Art 17 WG 1/98, 623; wie hier *Reinicke/Tiedtke*, WM 98, 2175; *Bülow*, WG, ScheckG, AGB, Art. 15 WG Rn. 11, 47 WG Rn. 14 m.w.N.

182 Str., *Joost*, ZHR 150 (1986), 635.

Rn. 1543 ff.). Sie tat es durch das bis Ende 2001 gebräuchliche Euroscheckverfahren, durch welches sie dem Schecknehmer bis zu einem Betrage von damals 400,– DM haftete, sofern die Voraussetzungen des Verfahrens, die sich im einzelnen aus den „Sonderbedingungen für den ec-Service" (1996 – Banken, 1997 – Sparkassen und Postbank) ergeben, erfüllt waren. Die Sonderbedingungen wurden von den Kreditinstituten dem Scheckkartenvertrag mit ihren Kunden als Allgemeine Geschäftsbedingungen zugrundegelegt[183].

183 *Bülow*, JA 84, 340 sowie WG, ScheckG, AGB, ec-Bedingungen Rn. 1, 47 ff.

3. Kapitel

Sicherungskollisionen

Literatur: *Bähr*, Verlängerter Eigentumsvorbehalt und Factoring-Globalzession, NJW 79, 1281; *ders.*, Factoring-Zession gefährdet verlängerten Eigentumsvorbehalt, DB 81, 1759; *Barbier*, Konkurrierende vorweggenommene Sicherungsübereignungen: Bewältigung einer unbefriedigenden Rechtslage, ZIP 85, 520; *Basedow*, Internationales Factoring zwischen Kollisionsrecht und Unidroit-Konvention, ZEuP 97, 615; *Baur*, Buchbesprechung Serick, Eigentumsvorbehalt und Sicherungsübertragung, BB 78, 1371; *Bazinas*, Die Arbeit von UNCITRAL im Bereich der Forderungsabtretung zur Kreditfinanzierung, in: Die Forderungsabtretung, insbesondere zur Kreditsicherung, in ausländischen Rechtsordnungen, 1999, S. 99; *Berghaus*, Kollision zwischen Factoring-Globalzession und verlängertem Eigentumsvorbehalt, 1989; *Bette*, Rechtsprobleme des Factoring, insbesondere des modifizierten Verfahrens, DB 72, 1766; *ders.*, Das Factoring-Geschäft, 1973; *Bette/Marwede*, Die Ermächtigung zur deckungsgleichen Verfügung, BB 79, 121, *ders.*, Neuere Entwicklungen der Kollisionsproblematik bei Mehrfachabtretungen, BB 80, 23; *Beuthien*, Verlängerter Eigentumsvorbehalt und Globalabtretung, BB 71, 375; *Blaurock*, Die Factoring-Zession – Überlegungen zum Abtretungsverbot und zur Kollision mit anderen Vorausabtretungen –, ZHR 142 (1978), 325; *ders.*, Die Factoring-Zession, ZHR 143 (1979), 71; *Bülow*, Factoring und verlängerter Eigentumsvorbehalt, JA 82, 58; *ders.*, Grundprobleme des Schuldnerschutzes bei der Forderungsabtretung, JA 83, 7; *ders.*, Gutgläubiger Erwerb vom Scheinkaufmann, AcP 186 (1986), 576; *ders.;* Grundfragen der Erfüllung und ihrer Surrogate, JuS 91, 529**;** *v. Caemmerer*, Verlängerter Eigentumsvorbehalt und Bundesgerichtshof, JZ 53, 97; *Canaris*, Verlängerter Eigentumsvorbehalt und Forderungseinziehung durch Banken, NJW 81, 249; *ders.*, Befremdliches zur Barvorschusstheorie!, NJW 81, 13, 47; *Clarotti*, Entwicklung der Factoring-Regelungen im EG-Binnenmarkt, FLF 90, 152; *Coester*, Die dreifach gesicherte Kreditbank, NJW 84, 2548; *Dempewolf*, Zur Konkurrenz von verlängertem Eigentumsvorbehalt und Globalzession, NJW 56, 851; *ders.*, Berechtigt das Einziehungsrecht des Zedenten zur Doppelabtretung?, NJW 60, 2035; *Erman*, Verlängerter Eigentumsvorbehalt und Globalzession, BB 59, 1109; *Ernst*, Zur Präzisierung der sogenannten Nachrangklausel im Konflikt mit dem verlängerten Eigentumsvorbehalt, in: Festschr. Serick, 1997, S. 87; *Esser*, § 138 BGB und die Bankpraxis der Globalzession, ZHR 135 (1971), 320; *v. Falkenhayn*, Das Verhältnis von Factor und Debitor beim Factoring, 1999; *Finger*, Die Forfaitierung, ihre Erscheinungsformen in der Praxis und ihre rechtliche Behandlung, BB 69, 765; *ders.*, Verlängerter Eigentumsvorbehalt und Globalzession, JZ 70, 642; *G. Fischer*, Vorrang des Vermieterpfandrechts vor dem Sicherungseigentum?, JuS 63, 542; *Flume*, Der verlängerte und erweiterte Eigentumsvorbehalt, NJW 50, 841; *ders.*, Zur Problematik des verlängerten Eigentumsvorbehalts, NJW 59, 913; *Franke*, Konflikt zwischen Sicherungsglobalzession und verlängertem Eigentumsvorbehalt, JuS 78, 373; *Gast*, Zusammentreffen von verlängertem Eigentumsvorbehalt und Globalzession, DB 58, 1235; *Glomb*, Finanzierung durch Factoring, 1969; *Haertlein*, Kollision zwischen Factoring und Globalzession, JA 2001, 808; *Hammen*, KWG-rechtliche und EG-rechtliche Aspekte des Kreditgeschäfts, WM 98, 741; *Heidland*, Insolvenzrechtliche Probleme beim Factoring, KTS 31 (1970), 465; *Henckel*, Empfehlen sich gesetzliche Maßnahmen zur Reform der Mobiliarsicherheiten?, Sitzungsbericht 50. und 51. DJT, 1976; *Hennrichs*, Raumsicherungsübereignung und Vermieterpfandrecht, DB 93, 1707; *Henseler*, Verlängerter Eigentumsvorbehalt und Diskontierung von Kundenwechseln des Vorbehaltskäufers durch die Bank, BB 79, 1261, Anmerkung zu BGH BB 79, 956; *Hübner/Goerke*, Kollisionsprobleme bei mehrfacher Forderungsabtretung, JA 84, 265; *Hiemsch*, Die Kollision von Vorausabtretungen bei Globalzession, verlängertem Eigentumsvorbehalt und Factoring, Diss. Gießen, 1991; *Hill*, Interessenkollisionen beim Vertrag über echtes und unechtes Factoring, 1994; *Hüffer*, Vorrang des Kommittenten bei Mehrfachabtretung durch den Kommissionär, JuS 91, 195; *Iro*, Die Übertragung des vorbehaltenen Eigentums beim drittfinanzierten Kauf und beim Factoring, in: Festschr. Frotz, Wien 1997, S. 101; *Jork*, Factoring, verlängerter Eigentumsvorbehalt und Sicherungsglobalzession in Kollisionsfällen, JuS 94, 1019; *Kaduk*, Unsichere Sicherungen durch Globalzession und verlängerten Eigentumsvorbehalt, JR 71, 221; *ders.*, Verlängerter Eigentumsvorbehalt und Globalzession als konkurrierende Gläubigerrechte, in: Festschr. Larenz, 1973, 683; *Klaas*, Die Risikoverteilung bei neueren Finanzierungsmethoden, NJW 68, 1502; *Krüger*, Das Anwartschaftsrecht – ein Faszinosum, JuS 94, 905; *Kuhnt*, Zur (echten) Globalzession im unechten Factoring, BB 81, 334; *Lambsdorff/Skora*, Globalzession und Lieferantenvorausabtretung – kein Ende, NJW 77, 701; *Lange*, Lage und Zukunft der Sicherungsübertragung, NJW 50, 565; *Lempenau*, Direkterwerb oder Durchgangserwerb bei Übertragung zukünftiger Rechte, 1968; *Löhr*, Finanzwirtschaftliche Aspekte des Factoring, in: Beilage 14/1976 zu DB; *Lopau*, Die höchstrichterliche Rechtsprechung zur Forderungsabtretung beim verlängerten Eigentumsvorbehalt, DB 73, 1537; *Lwowski/Tetzlaff*, Zivilrechtliche Umwelthaftung und Insolvenz, WM 98, 1509; *Martinek*, Moderne Vertragstypen, Bd. I: Leasing und Factoring, 1991; *Medicus*, Entscheidungen des BGH als Marksteine für die Entwicklung des allgemeinen Zivilrechts, NJW 2000, 2921; *Messer*, Verlängerter Eigentumsvorbehalt und Forderungsabtretung an die Factoring-Bank, NJW 76, 925; *Michels*, Das Zusammentreffen von Factoring und Eigentumsvorbehalten der Warenlieferanten im Insolvenzfall, DB 76, 325; *Möhring*, Konkurrenz von Verarbeitungsklauseln, NJW 60, 697; *Münzel*, Eigentumsvorbehalt und Sicherungsübereignung, MDR 51, 129; *Muscheler*, Anmerkung zu BB 80, 281 auf S. 490; *ders.*, Verlängerter Eigentumsvorbehalt und Wechseldiskont, NJW 81, 657; *Nicklaus*, Die Kollision von verlängertem Eigentumsvorbehalt und Factorzession im deutschen und englischen Recht, 1997; *Nicolai*, Vermieterpfandrecht und (Raum-) Sicherungsübereignung, JZ 96, 219; *Nielsen*, Factoring und Datenverarbeitung, in: Factoring-Handbuch 1983, S. 87; *Nirk*, Interessenwiderstreit der Waren- und Geldkreditgeber, NJW 71, 1913; *Nordhues*, Globalzession und Prioritätsprinzip, 1994; *Obst/Hintner/von Stein/Kirschner*, Geld-, Bank- und Börsenwesen, 38. Aufl. 1988; *Peters/Wiechmann*, Verlängerter Eigentumsvorbehalt und Abtretungsermächtigung beim echten Factoring, ZIP 82, 1406; *dies.*, Die Sicherung des Eigentumsvorbehaltslieferanten gegen Benachteiligung druch echtes Factoring, NJW 85, 2932; *Picker*, Die Schlacht der Kreditoren, JuS 88, 375; *Reeb*, Recht der Kreditfinanzierung, 1994; *Rödl*, Rechtsfragen des Factoring-Vertrages, BB 67, 1301; *Rühl*, Eigentumsvorbehalt und Abzahlungsgeschäft 1930; *Schindewolf*, Factoring in der Buchführung, in: Factoring-Handbuch, 1983, S. 75; *K. Schmidt*, Factoring-Globalzession und verlängerter Eigentumsvorbehalt, DB 77, 65; *E. Schmitz*, Globalabtretung an Factoring-Gesellschaft bei unechtem Factoring, NJW 78, 201; *Schmitz-Weckauf*, Der Schutz des Eigentumsvorbehaltslieferanten beim echten Factoring, NJW 85, 466; *Schultz*, HdWW, Bd. 4, S. 607; *Schwerdtner*, Globalzession und verlängerter Eigentumsvorbehalt, NJW 74, 1785; *Serick*, Abschied von fragwürdigen Kommissionsklauseln, BB 74, 285; *ders.*, Rechtsprobleme des Factoring-Geschäfts, BB 76, 425; *ders.*, Die Factoring-Zession, ZHR 143 (1979), 68, Bemerkungen zu dem Aufsatz von Blaurock, in: ZHR 142 (1978), 325; *ders.*, Neuere Entwicklungen im Factoring-Geschäft, BB 79, 845; *ders.*, Befremdliches zur Barvorschusstheorie?, NJW 81, 794; *ders.*, Nochmals: Befremdliches zur Barvorschusstheorie?, NJW 81, 1715; *Stathopoulos*, Sicherungsrechte an Forderungen und Konflikte zwischen den Sicherungsnehmern, Symposion Canaris 1998, S. 103; *Vortmann*, Raumsicherungsübereignung und Vermieterpfandrecht, ZIP 88, 626; *Wagner*, Teilbarkeit der Herstellereigenschaft in § 950 BGB?, AcP 184 (1984), 14; *Wassermann*, Factoring in Deutschland 1989, FLF 90, 143; *Weber/Rauscher*, Die Kollision von Vermieterpfandrechten und Sicherungseigentum im Konkurs des Mieters, NJW 88, 1571; *Weitnauer*, Zum Stand von Lehre und Rechtsprechung zur Leistungskondiktion, NJW 79, 2008; *Westermann*, Interessenkollisionen und ihre richterliche Wertung bei den Sicherungsrechten an Fahrnis und Forderungen, 1954; *v. Westphalen*, Rechtsprobleme des Factoring des Forfait von Exportforderungen, RIW/AWD 77, 80; *ders.*, Kollision zwischen verlängertem Eigentumsvorbehalt und Bankenglobalzession – Lösungsversuch aufgrund des AGB-Gesetzes, DB 78, 68; *M. Wolf/Haas*, Das Prioritätsprinzip im Konflikt zwischen Waren- und Geldkreditgebern, ZHR 154 (1990), 64.

Einführung: Konkurrenz und Konflikt

1633 Ein Sicherungsobjekt kann mehreren Kreditgläubigern als Sicherheit dienstbar gemacht worden sein. Dann stellt sich die Frage, ob und in welcher Weise die Kreditgläubiger an dem Sicherungsobjekt berechtigt sind. Die Frage, in welcher Weise die Kreditgläubiger an dem Sicherungsobjekt berechtigt sind, zielt auf seine Aufteilung für mehrere Berechtigte. Die Frage, ob die Kreditgläubiger an dem Sicherungsobjekt berechtigt sind, zielt auf den Ausschluss des einen Kreditgläubigers am Sicherungsobjekt und die vollständige Zuweisung auf den anderen. Die erste Fragestellung ist die nach der Sicherungskonkurrenz, die zweite die nach dem Sicherungskonflikt[1]. Sowohl die Frage nach der Sicherungskonkurrenz wie nach dem Sicherungskonflikt tritt nicht bei den Personalsicherheiten, sondern nur bei den Realsicherheiten auf. Bürge, Garant, Gesamtschuldner, Wertpapierverpflichteter haften für die gesicherte Forderung mit ihrem gesamten Vermögen, gleichgültig, wann, wofür und gegenüber wem sie sich verpflichtet haben. Tatsächliche Grenzen ihrer Haftung treten erst ein, wenn ihr Vermögen zur Befriedigung aller Gläubiger nicht mehr ausreicht; das ist dann ein Zwangsvollstreckungsproblem und richtet sich danach, wer zuerst Vermögensgegenstände hat pfänden lassen, oder ein Insolvenzproblem, aber kein Problem der Sicherungskonkurrenz. Offen bleibt allerdings die Möglichkeit des obligatorischen Rangrücktritts (oben Rn. 1298).

1. Abschnitt

Sicherungskonkurrenzen

Fälle:

1. *Zur Begründung eines Pfandrechts hat ein Schuldner seine Brosche dem Gläubiger übergeben. Später räumt er einem weiteren Gläubiger ein Pfandrecht an der Brosche ein, indem er ihm den Anspruch auf Herausgabe gegen den ersten Gläubiger abtritt, was diesem mitgeteilt wird. Als der Schuldner nicht zahlt, verlangt der weitere Gläubiger vom ersten Gläubiger Herausgabe der Brosche zum Zwecke der Versteigerung. Mit Recht?*
(Lösung: Rn. 1635)

2. *Ein Möbelhersteller bezog von verschiedenen Lieferanten Material unter Eigentumsvorbehalt und der weiteren Klausel, dass die Lieferanten jeweils Alleineigentümer der neu hergestellten Möbel sein sollten. Als der Möbelhändler den Kaufpreis für die Zulieferungen nicht zahlt, verlangt einer der Lieferanten Herausgabe der Möbel an sich. Mit Recht?*
(Lösung: Rn. 1640 f.)

3. *Ändert sich etwas gegenüber Fall 2, wenn der Hersteller und die Zulieferer vereinbart haben, dass das Alleineigentum an den Möbeln im voraus auf die Lieferanten übertragen werden sollte?*
(Lösung: Rn. 1643 f.)

1 *Schultz*, HdWW, Bd. 4, S. 607.

4. *Der Möbelhersteller hatte mit den Zulieferern vereinbart, dass diese Miteigentümer der neuen Sachen zu einem Bruchteil nach Maßgabe ihrer Lieferungen werden sollten. Der Möbelhersteller wird insolvent. Die Zulieferer verlangen vom Insolvenzverwalter Herausgabe der Möbel. Mit Recht? (Lösung: Rn. 1643 ff.)*

5. *Ein Schuldner übereignet sein Warenlager an eine Bank, wobei neu hinzukommende Sachen im voraus übertragen wurden. Die Bank veräussert das gesamte Warenlager an einen Dritten. Als der Schuldner insolvent wird, verlangt der Dritte vom Insolvenzverwalter Aussonderung. Mit Recht? (Lösung: Rn. 1645)*

Die Konkurrenz unter mehreren Sicherungsnehmern am selben Sicherungsgegenstand **1634** kann dadurch gelöst werden, dass sie in ein Rangverhältnis treten oder dass der Sicherungsgegenstand selbst oder sein Erlös auf die Sicherungsnehmer aufgeteilt wird – vertikale oder horizontale Aufteilung.

I. Rangbestimmung (vertikale Aufteilung)

1. Pfandrechte untereinander

Bei den Pfandrechten bestimmt sich der Umfang der Berechtigung eines Kreditgläubigers **1635** gegenüber anderen nach dem Rang, und dieser wiederum bestimmt sich nach der Priorität (§§ 1147, 1209 BGB, 44, 52 ZVG). Das bedeutet: Wer sich als erster ein Pfandrecht hat bestellen lassen, kann so lange aus dem Pfandobjekt Befriedigung suchen, bis sein Kredit getilgt ist. Was übrig bleibt, also den überschießenden Verwertungserlös, kann der prioritätsjüngere Pfandgläubiger für sich beanspruchen und, wenn dann noch etwas übrig ist, der nächste Pfandgläubiger etc. Der überschießende Verwertungserlös tritt an die Stelle des Pfandes, wird Gegenstand der Verpfändung und gebührt dem Eigentümer (Sicherungsgeber), aber die prioritätsjüngeren Pfandrechte setzen sich daran fort (§ 92 Abs. 1 ZVG und oben Rn. 427). Um diese Pfandrechte zu erhalten, haben die Pfandgläubiger das Ablösungsrecht der §§ 1150, 1249 BGB: Zur Vermeidung der Verwertung sind sie berechtigt, den prioritätsälteren Pfandgläubiger zu befriedigen. Will der prioritätsjüngere Kreditgläubiger eine bewegliche Pfandsache verwerten, der prioritätsältere nicht, braucht dieser das Pfand nicht an jenen herauszugeben (§ 1232). Jeder Grundpfandgläubiger kann die Zwangsversteigerung betreiben, die Rechte der vorrangigen Gläubiger werden durch das Übernahmeprinzip gem. § 52 Abs. 1 ZVG gewahrt (oben Rn. 427). Den prioritätsälteren Pfandgläubiger treffen keine Rücksichtnahmepflichten gegenüber dem prioritätsjüngeren.

2. Pfandrechte und Sicherungstreuhand oder Anwartschaftsrecht

Konkurrenz zwischen Pfandgläubiger und Sicherungseigentümer kann dadurch eintreten, **1636** dass sich die Pfandhaftung auf zusätzliche Sachen erstreckt, die der Sicherungsgeber neben der Verpfändung des eigentlichen Sicherungsgegenstands an einen Dritten zur Sicherung übereignet. So ist in die Grundpfandhaftung nicht nur das Grundstück selbst einbezogen, sondern u.a. auch ein Erzeugnis des Grundstücks und sein Zubehör (oben Rn. 125 f.). Stehen diese Sachen unter Eigentumsvorbehalt bzw. im Sicherungseigentum Dritter, erstreckt sich die Grundpfandhaftung auf das Anwartschaftsrecht (das auch nicht durch Vertrag zwischen Grundeigentümer und Lieferant aufgehoben werden kann, sehr str., oben Rn. 129) und auf die zur Sicherheit übereignete Sache dann, wenn das Grundpfandrecht vorher bestellt wurde, es gilt also der Prioritätsgrundsatz. Das Gleiche gilt für vertragliche Mobiliarpfandrechte hinsichtlich getrennter Erzeugnisse (§ 1212) auch im Verhältnis zu Eigentumsvorbehalten, sowie für gesetzliche Pfandrechte. Die Konkurrenz zwischen Sicherungsübereignung resp. Anwartschaftsrecht und gesetzlichem Pfandrecht entsteht namentlich im Verhältnis zum Vermieterpfandrecht[2], wenn der Mieter unter Eigentumsvorbehalt stehende oder zur Sicherung übereignete Sachen gem. § 562 BGB eingebracht hatte. Wird das Sicherungseigentum erst nach Einbringung begründet, ist es, auch im Falle der Antizipation[3] (oben Rn. 1291), mit dem Vermieterpfandrecht belastet; war die Sache schon vor Einbringung an einen Sicherungsnehmer zur Sicherheit übereignet worden, bleibt die Sache frei. Bringt der Mieter eine Sache ein, die er unter Eigentumsvorbehalt erworben hatte, entsteht das Vermieterpfandrecht an der Anwartschaft (s. auch oben Rn. 128).

1637 Hatte der Mieter sein Anwartschaftsrecht an einen Sicherungseigentümer veräußert, ist das bei Bedingungseintritt erworbene Volleigentum mit dem Vermieterpfandrecht belastet[4] (oben Rn. 779). Der Vermieter hat gegenüber dem Sicherungseigentümer den besseren Rang[5]. Ebenso bleibt ein Pfändungspfandrecht (§§ 804, 829 ZPO) erhalten[6]. Scheinbestandteile unterliegen nicht der Grundpfandhaftung und können Gegenstand der Sicherungsübereignung sein (oben Rn. 1328).

3. Kautelarische Realsicherheiten

1638 Für andere Realsicherheiten gibt es keinen Rang. Mehrere Sicherungsübertragungen am selben Gegenstand schließen sich im Allgemeinen vielmehr aus, so dass ein Sicherungskonflikt entsteht. Nur in Sonderfällen kommt eine anteilige Berechtigung in Betracht (nachf. Rn. 1639 ff. und unten Rn. 1735).

II. Anteilserwerb (horizontale Aufteilung)

1. Miteigentum

1639 Eine einzige Sache kann mehreren Kreditgläubigern nach Maßgabe von §§ 929 ff. BGB zur Sicherheit durch Begründung von Miteigentum übertragen werden. Miteigentum entsteht, wenn sich der Kreditschuldner als Alleineigentümer und die Kreditgläubiger einig sind, dass das Eigentum auf sie als Miteigentümer übergehen soll und der Kreditschuldner als Veräußerer ihnen die Sache zum Mitbesitz übergibt (ggf. einem als Geheißperson der

---

2 *Nicolai*, JZ 96, 219; *Weber/Rauscher*, NJW 88, 1571; *Vortmann*, ZIP 88, 626; *Krüger*, JuS 96, 905 (908); *Hennrichs*, DB 93, 1707.

3 OLG Düsseldorf EwiR § 129 BGB 2/99, 593 (*Muth*); *Nicolai*, JZ 96, 219 (222 f.).

4 BGHZ 117, 200 (205) mit Komm. *Köndgen*, EWiR § 559 BGB 1/92, 443, Bspr. *K. Schmidt*, JuS 92, 695 und krit. Rezension *Hennrichs*, DB 93, 1707; OLG Köln EWiR § 559 BGB 2/95, 753 (*Medicus*).

5 Dagegen *Weber/Rauscher*, NJW 88, 1571 (1573); *Fischer*, JuS 93, 542 (544); *Lwowski/Tetzlaff*, WM 98, 1509 (1520): Gleichrangigkeit nach dem Verhältnis der Forderungen von Vermieter und Sicherungseigentümer.

6 OLG Köln NJW-RR 94, 1517.

anderen, oben Rn. 1332). In diesem Falle ist der rechtsgeschäftliche Wille des Kreditschuldners und aller Kreditgläubiger auf die Begründung von Miteigentum gerichtet. Handeln die Beteiligten aber nicht gemeinschaftlich und will jeder von ihnen Alleineigentümer werden, ergibt sich folgendes: Wenn die Erwerbsvorgänge nacheinander stattfinden, erwirbt der erste Kreditgläubiger Alleineigentum, während bei den nachfolgenden Kreditgläubigern nur gutgläubiger Erwerb nach Maßgabe von §§ 932 bis 934 BGB denkbar ist, und auch dann zu Alleineigentum[7]. Problematisch wird die Frage nach dem Umfang der Berechtigung mehrerer Kreditgläubiger, wo der Erwerbsvorgang ein einheitlicher, also zum selben Zeitpunkt stattfindender ist. Diese Fallkonstellation tritt bei den Verarbeitungsklauseln im Rahmen verlängerter Eigentumsvorbehalte (oben Rn. 1486) sowie im Falle mehrerer antizipierter Sicherungsübereignungen auf (nachf. Rn. 1645).

2. Verarbeitererwerb

a) Ausgangslage

Der Eigentumserwerb an der neuen, durch Verarbeitung entstandenen Sache richtet sich nach § 950 BGB. Danach wird der Verarbeiter Eigentümer. Dazu werden drei Ansichten vertreten (näher oben Rn. 1488): **1640**

- § 950 sei zwingenden Charakters, wer Verarbeiter sei, müsse nach objektiven Kriterien ermittelt werden;
- § 950 sei zwar zwingenden Charakters, die Frage aber, wer Verarbeiter sei, unterliege der Parteivereinbarung und
- § 950 sei dispositiv, auch ein anderer als der Verarbeiter könne Eigentümer werden.

Können die Parteien den Verarbeiter bestimmen, sind sie dadurch zugleich im Stande, auch den Eigentumserwerb regeln. Sofern das nicht möglich sein sollte, kann sich der Lieferant des Materials das Eigentum an der neuen Sache dadurch sichern, dass er sich vom (objektiv bestimmten) Verarbeiter das Eigentum im voraus übertragen läßt (antizipierte Sicherungsübereignung). In diesem Falle tritt freilich Durchgangserwerb beim Vorbehaltskäufer des Materials (Verarbeiter) ein, sonst ist Direkterwerb des (durch den Parteiwillen bestimmten) Lieferanten als Verarbeiter anzunehmen (oben Rn. 1303).

Wollte der Vorbehaltskäufer nicht nur für einen, sondern für mehrere Lieferanten das Alleineigentum an der neuen Sache durch Verarbeitung verschaffen, schließen sich diese Eigentumsverschaffungen gegenseitig aus. Der Prioritätsgrundsatz (dazu auch näher nachf. Rn. 1648 ff.) ist an sich nicht anwendbar, weil der Eigentumserwerb gleichzeitig, nämlich mit Entstehung der neuen Sache bei allen Lieferanten, eintreten sollte und nicht nacheinander. Wollte man es auf den Zeitpunkt des Vertragsabschlusses (hinsichtlich der Verarbeitungsklauseln) ankommen lassen, wäre eine abschließende Zuordnung trotzdem nicht erreicht: Ein Lieferant, der die Verarbeitungsklausel später vereinbart hat, könnte kraft guten Glaubens Eigentümer werden. **1641**

7 *Barbier*, ZIP 85, 520.

b) Hypothese: Dispositivität von § 950 BGB

1642 § 950 regelt den Fall einer Mehrheit von Herstellern nicht, nur den Fall eines einzigen Herstellers. Folgt man der Ansicht, der Verarbeiter im Sinne von § 950 könne durch den Parteiwillen bestimmt werden, sei also dispositiv, muss versucht werden, die kollidierenden Willen der Lieferanten und des Vorbehaltskäufers bestmöglich in Einklang zu bringen. Es ist also das erstrebte Alleineigentum auf das Maß einzugrenzen, das übrigbleibt, wenn der Wille jedes einzelnen soweit wie möglich zur Geltung kommt. Eine solche Lösung hat das Gesetz an anderer Stelle, nämlich in § 947 Abs. 1 BGB bei der Verbindung beweglicher Sachen angeordnet: Anteile nach dem Verhältnis des Werts der gelieferten Vorbehaltssachen, das ist der größtmögliche Anteil. Der Fall einer Herstellergemeinschaft bei der Verarbeitung ist, obwohl regelungsbedürftig, durch § 950 nicht erfaßt. Das Gesetz weist vielmehr eine Lücke auf, die durch analoge Anwendung einer Bestimmung geschlossen werden kann, die einen gleichgelagerten Interessenkonflikt regelt. Als eine solche Bestimmung bietet sich § 947 Abs. 1 an. Haben die Beteiligten nichts anderes vereinbart, ist § 947 Abs. 1 also analog anwendbar, so dass Miteigentumsanteile der Hersteller nach dem Verhältnis des Werts der verarbeiteten Sachen[8] entstehen. Ein Durchgangserwerb beim Vorbehaltskäufer findet nicht statt.

c) Hypothese: § 950 BGB ist zwingend

1643 Folgt man der anderen Ansicht und hält § 950 für zwingend, so dass der Vorbehaltskäufer zugleich Verarbeiter ist, könnte jeder der Lieferanten durch antizipiertes Besitzkonstitut Alleineigentum zu erwerben versuchen (oben Rn. 1492). Zunächst erwirbt der Vorbehaltskäufer gem. § 950 das Eigentum an der neuen Sache (Durchgangserwerb), von dem es auf die Prätendenten, die Lieferanten, überginge, dann aber notwendigerweise gleichzeitig[9]. § 947, der Miteigentum bei Verbindung mehrerer beweglicher Sachen anordnet, ist auf der Grundlage zwingenden Charakters von § 950 schon deshalb nicht anwendbar, weil er die Frage des originären Eigentumserwerbs regelt (originärer Erwerber ist gem. § 950 aber nur einer, eben der Vorbehaltskäufer), es aber um den späteren derivativen Eigentumserwerb der Lieferanten als Sicherungserwerber gem. § 930 geht. Die erstrebten Erwerbe zu Alleineigentum der Lieferanten richten sich auf ein unmögliches Ergebnis. Daraus könnte man den Schluss ziehen, dass alle Sicherungsübereignungen nichtig sind und der Vorbehaltskäufer Alleineigentümer bleibt. Man könnte sich auch fragen, ob der Prioritätsgrundsatz (dazu näher unten Rn. 1648) die Kollision zu beseitigen geeignet ist. Zwar ist der Prioritätsgrundsatz wegen der Gleichzeitigkeit der Eigentumserwerbe kraft Antizipation nicht anwendbar. Man könnte ihn aber – wie im Falle kollidierender Forderungsabtretungen – erweitern: Wer durch eine antizipierte Übereignung die zukünftige neue Sache jemandem zuordnet, hat eine zukünftige Rechtsposition aus seinem Vermögen ausgeschieden und sich der Möglichkeit begeben, die Sache später nochmals und wiederum antizipiert zuzuordnen. Die zeitlich nachfolgende Übereignung über dieselbe neue Sache ginge damit ins Leere, nur der erste Erwerber würde Eigentümer. Indessen – im Gegensatz zur Konfliktslösung bei Forderungen (nachf. Rn. 1651) steht der Anwendbarkeit des Prioritätsgrundsatzes bei Sachen entgegen, dass die Zuordnungsmöglichkeit über

8 *Flume*, NJW 50, 841 (844).
9 *Möhring*, NJW 60, 697 (701).

fremde Sachen nicht ausgeschlossen ist (also auch nicht über Sachen, die der frühere Eigentümer bereits veräußert hatte). Sofern der spätere Erwerber nämlich gutgläubig ist, kann er trotz mangelnden Eigentums des Veräußerers Eigentum erwerben. Die zeitlich nachfolgende Übereignung über dieselbe Sache braucht also nicht ins Leere zu gehen. Der Prioritätsgrundsatz beseitigt die Kollision nicht.

Die Nichtigkeit der kollidierenden Verarbeitungsklausel wäre auch vermieden, wenn die uneingeschränkten Verarbeitungsklauseln – auf Alleineigentum gerichtet – gem. §§ 133, 157 so auszulegen wären, dass wenigstens Miteigentumserwerb gewollt ist, wenn Erwerb zu Alleineigentum nicht möglich ist[10]. Bei der Auslegung gem. §§ 133, 157 geht es indessen um die Erforschung des wirklichen, aktuellen Willens, dagegen um die Erforschung des hypothetischen Willens nur dann, wenn Verträge unvollständig sind und die Lücken ergänzt werden müssen. Wer sich aber Alleineigentum ausbedingt, hat den wirklichen Willen eben dazu und nicht lediglich zu Teileigentum, und der Vertrag ist in sich vollständig, weist also keine Lücke auf. Ist die Verarbeitungsklausel danach nicht gem. §§ 133, 157 auslegungsfähig, kommt die Berücksichtigung hypothetischen Parteiwillens nur durch **Umdeutung** nach Maßgabe von § 140 BGB in Frage. Umdeutungsfähig sind nichtige Rechtsgeschäfte[11]. Nichtigkeit heißt, dass die erstrebten Rechtsfolgen nicht eintreten. Kann das Verfügungsgeschäft die erstrebte Rechtsänderung nicht bewirken, ist es aufgrund dessen ipso iure nichtig. Für die Umdeutung gem. § 140 ist also Raum. In seinem Rahmen ist der hypothetische Parteiwille zu erforschen. Hier liegt nun in der Tat die Annahme nahe, die Parteien – Vorbehaltskäufer und jeweiliger Lieferant – hätten die Sicherungsübereignung von Teileigentum gewollt, wenn sie gewusst hätten, dass die Sicherungsübereignung von Alleineigentum unmöglich ist. Nun stellt sich die weitere Frage, in welcher Höhe der Anteil der jeweiligen Lieferanten gewollt ist, und man gelangt wiederum (aber auf anderem Wege) zur Regelung von § 947 Abs. 1. Dieser gesetzlichen Regelung entspricht auch der hypothetische Parteiwille. Daraus folgt, dass der Wert, der in der Verarbeitung selbst liegt, auch Stoffe, die der Vorbehaltskäufer selbst beigesteuert hat, nicht berücksichtigt werden. Der Vorbehaltskäufer erhält also keinen Miteigentumsanteil: Bei einer wirksamen Alleinerwerbsklausel eines einzelnen Lieferanten hätte er ja auch keinen Miteigentumsanteil erworben[12]. Die Ergebnisse sind also gleich (vgl. vorst. Rn. 1642 a.E.), jedoch findet Durchgangserwerb beim Vorbehaltskäufer statt. **1644**

3. Antizipation

Will ein Sicherungsgeber eine noch nicht existierende **Sache** nicht nur an einen, sondern an mehrere Kreditgläubiger durch Antizipation zu Alleineigentum übereignen, findet anteiliger Eigentumserwerb der Prätendenten durch Umdeutung (§ 140 BGB) ihrer nichtigen Willenserklärungen nach Maßgabe von § 947 Abs. 1 wie im Falle des Verarbeitungserwerbs (vorst. Rn. 1644) statt. **1645**

10 So *Serick*, Bd. IV, § 46 II. 1. b. (S. 235 ff.); BB 75, 381 (384).

11 Die Nichtigkeitsfolge ergibt sich nicht aus § 306 BGB, der nur obligatorische Verträge meinen kann: nur sie sind auf eine Leistung gerichtet, der Eigentumsübergang selbst ist die Leistung, Staudinger/*Löwisch*, § 306 BGB Rn. 12.

12 So zutreffend *Serick*, Bd. IV, § 46 II. 1. b. (S. 236); BB 75, 381 (384); *Wagner*, AcP 184 (1984), 14 (35).

1646 Will der Sicherungsgeber eine zukünftige **Forderung** durch Antizipation nicht nur einem, sondern an mehrere Kreditgläubiger als Alleininhaber übertragen, könnte man ebenfalls an eine Aufteilung unter die Prätendenten denken (s. unten Rn. 1666 ff.). Jedoch sind nur Konfliktslösungen durchführbar, die auf dem Prioritätsgrundsatz beruhen (unten Rn. 1648).

2. Abschnitt

Sicherungskonflikte

Fälle:

1. *G hat von S noch 1000,– € zu bekommen. Er tritt diese Forderung an Z1 ab. Später erscheint Z 2 bei G und verlangt Begleichung von Schulden, die G bei ihm hat. G wiederum tritt die Forderung gegen S an Z2 ab und teilt dies S mit. Z2 verlangt von S Zahlung.*

Muss S an Z2 zahlen? (Lösung: Rn. 1648)

Darf S an Z2 zahlen? (Lösung: Rn. 1662 f.)

2. *S hat Schulden bei der Bank A und der Bank B. Zur Sicherheit überträgt er beiden dieselben ihm zustehenden gegenwärtigen und zukünftigen Forderungen, zuerst an A, dann an B. Als S seine Schulden nicht vereinbarungsgemäß zurückzahlt, verlangt B von einem Schuldner des S Zahlung an sich. Mit Recht?*
(Lösung: Rn. 1664)

Macht es einen Unterschied, ob die Forderung später auch durch verlängerten Eigentumsvorbehalt abgetreten worden war und B sich verpflichtet hatte, solche Forderungen zurückzuübertragen?
(Lösung: Rn. 1661)

3. *K hat seiner Factoring-Bank eine Forderung abgetreten, die später Gegenstand eines verlängerten Eigentumsvorbehalts ist. K gerät mit der Kaufpreiszahlung gegenüber seinem Verkäufer in Verzug. Dieser will die Weiterverkaufsforderung selbst einziehen und legt den Sachverhalt allen Beteiligten offen. Der Abkäufer von K will wissen, ob er an den Verkäufer von K zahlen muss.*
(Lösung: Rn. 1708 ff., 1719 ff.)

Kommt es darauf an, ob K von F Geld für die abgetretene Forderung bekommen hat? Kommt es darauf an, ob K dieses erhaltene Geld an F zurückzahlen muss, wenn beim Abkäufer nichts zu holen ist?
(Lösung: Rn. 1687 ff.)

4. V *ist Maschinenhersteller und wird von verschiedenen Lieferanten mit Halbfertigfabrikaten und Einzelteilen beliefert. Die Lieferanten vereinbaren mit V nicht nur, dass sie jeder für sich, als Hersteller der Maschinen anzusehen seien, sie lassen sich auch die Forderungen aus dem Weiterverkauf der Maschinen abtreten, und zwar jeder die ganze Forderung. Einer der Lieferanten verlangt von dem Abkäufer einer Maschine Zahlung des Kaufpreises an sich. Mit Recht?*
(Lösung: Rn. 1731 ff.)

5. *Eine Bank sichert sich für ihre Kredite gegenüber ihrem Schuldner mittels uneingeschränkter Globalzession. Sie hat sich außerdem Sachen (bzw. das Anwartschaftsrecht daran) zur Sicherheit übereignen lassen, die zum Weiterverkauf bestimmt sind. Die Bank vereinbart mit ihrem Schuldner,*

dass dieser die Sachen für sie als Kommissionär veräußern solle. Eine der zur Sicherheit übereigneten Sachen war unter verlängertem Eigentumsvorbehalt geliefert worden. Der Lieferant verlangt vom Abkäufer des Schuldners Zahlung an sich. Mit Recht?
(Lösung: Rn. 1743)

Wo kollidierende Übereignungen einer beweglichen Sache nicht zu Miteigentum führen **1647**
(oben Rn. 1639 f.), wird derjenige Alleineigentümer, der vom Berechtigten erwirbt, sonst der Gutgläubige (Rn. 1641). Darin liegt die Konfliktslösung. Bei kollidierenden Abtretungen kommt nur der Erwerb vom Berechtigten in Betracht, was die Konfliktslösung aber gerade vor besondere Probleme stellt.

I. Prioritätsgrundsatz

Sind über dieselbe Forderung mehrere Abtretungsverträge vom Forderungsinhaber (Ze- **1648**
denten) mit mehreren Kreditgläubigern (Zessionaren) abgeschlossen worden, bietet das Gesetz, anders als bei den gesetzlichen Kreditsicherungstypen, keine Ranglösung für die Prätendenten an. Für den gewöhnlichen Fall, dass ein Gläubiger dieselbe Forderung nacheinander an verschiedene Zessionare abtritt, bietet aber die Sachlogik[1] eine Konfliktlösung, durch die die Forderung einem der Zessionare in vollem Umfang zugewiesen wird: Die Wirkung der Abtretung, nämlich der Gläubigerwechsel vom Zedenten auf den Zessionar (§ 398 Satz 2), tritt nur ein, wenn der Gläubiger einen Abtretungsvertrag mit dem Zessionar abschließt (§ 398 Satz 1). Der Abtretungsvertrag eines Nichtgläubigers führt dagegen zu keiner Rechtsänderung (Forderungserwerb vom Nichtberechtigten gibt es nicht, von Sonderfällen der Verkörperung der Forderung durch eine Urkunde abgesehen, so im Fall von § 405 und im Wertpapierrecht – Art. 16 Abs. 2 WG, 19 ScheckG –, und abgesehen auch von der Möglichkeit einer Konvaleszenz gem. § 185 Abs. 2 Satz 1, 2. Alt. BGB, näher oben Rn. 1142). Überträgt ein Gläubiger als Zedent seine Forderung auf den Zessionar, verliert er dadurch zugleich seine Gläubigereigenschaft; neuer und alleiniger Gläubiger ist der Zessionar. Schließt der Zedent später mit einem Dritten noch einen weiteren Abtretungsvertrag ab, so ist er überhaupt nicht mehr Gläubiger der Forderung, sondern schließt den Vertrag als Nichtgläubiger ab; die Forderung ist nicht mehr in seinem Vermögen, *nemo dat quod non habet*[2]. Der Abtretungsvertrag eines Nichtgläubigers führt aber eben zu keiner Rechtsänderung. Mithin geht die spätere Abtretung des Zedenten ins Leere, die frühere allein führt zur Rechtsänderung, der erste Zessionar wird alleiniger Gläubiger und bleibt es: Darin liegt das Prioritätsprinzip. Um es zu begründen, bedarf es keines Hinweises auf § 185 Abs. 2 Satz 2, wo es für bestimmte Fälle ausdrücklich angeordnet ist (man könnte sogar daran denken, aus dieser Sonderschrift den Umkehrschluss zu ziehen), vielmehr ergibt es sich, wie dargestellt, aus der Sachlogik. So richtig nun das Prioritätsprinzip für gewöhnliche Fälle mehrfacher Abtretungen derselben Forderung sein mag, so unbefriedigend sind die Ergebnisse des Prioritätsprinzips in Sonderfällen, die freilich gerade große praktische Bedeutung haben. Es geht um die Abtretung derselben Forderung einerseits durch Globalzession und andererseits durch verlängerten Eigen-

1 *Canaris*, NJW 81, 249; *Scheyhing*, in: Handbuch des Schuldrechts, Bd. 2, § 10 II. 3. (S. 152); *M. Wolf/Haas*, ZHR 154 (1990), 86: grundgesetzliche Verankerung. *Esser*, ZHR 135 (1971), 320 (323); *Lange*, NJW 50, 565 (567), dazu *Serick*, Bd. IV, § 48 V. 2. (S. 375).
2 *Bazinas*, in: Die Forderungsabtretung, S. 99 (122).

tumsvorbehalt, um die besondere Ausformung dieses Konflikts im Factoring-Geschäft und andere kollidierende Vorausabtretungen.

II. Globalzession und verlängerter Eigentumsvorbehalt

1. Priorität der Bank

1649 Oftmals wird eine einzige Forderung zur Sicherung eines Bankkredits nicht ausreichen, so dass der Kreditschuldner mehrere Forderungen zur Sicherheit stellen muss. Sind dann der Höhe nach genügend Forderungen zusammengekommen, ist die Bank meist trotzdem nicht ausreichend gesichert. Sofern nämlich die zur Sicherung abgetretenen Forderungen solche sind, die durch Geschäfte des Kreditschuldners mit seinen Kunden entstehen (z.B. aus Kaufverträgen), wird selten in der Weise verfahren, dass die Bank diese ihr abgetretenen Forderungen selbst einzieht. Zu diesem Zweck müsste sie nämlich die Tatsache der Abtretung beim Schuldner der Forderung (dem Kunden des Kreditschuldners) offenlegen, und gerade Publizität soll ja vermieden werden (oben Rn. 1092 f.). Der Forderungsschuldner soll nach Möglichkeit nichts von der Abtretung erfahren, die Zession ist still. Auch kann die Einziehung der Forderung durch die Bank den Bestimmungen des Darlehensvertrages zuwiderlaufen: Der Kredit braucht ja noch nicht zur Rückzahlung fällig zu sein, dann hat die Bank keinen Anspruch auf Tilgung durch Forderungseinziehung. Der Kreditschuldner darf die abgetretene Forderung deshalb selbst einziehen, die Bank erteilt ihm Einziehungsermächtigung (oben Rn. 1448 ff., 1482). Zieht der Kreditschuldner als Zedent danach gem. §§ 362, 185 im eigenen Namen die Forderung ein, erlischt sie und mit ihr die Sicherheit für die Bank. Um Ersatz für diese erloschenen Sicherheiten zu erhalten, kann sich die Bank deshalb erst zukünftig entstehende Forderungen ihres Kreditschuldners zusätzlich abtreten lassen, nämlich im Wege vorweggenommenen Abtretungsvertrages (Antizipation – oben Rn. 1417 ff.). Bis zur Sittenwidrigkeitsgrenze der Knebelung oder Gläubigergefährdung (oben Rn. 1135 ff.) kann sich die Bank auf diese Weise beliebig viele gegenwärtige und zukünftige Forderungen abtreten lassen (Globalzession, oben Rn. 1423).

1650 Soweit der Kreditgläubiger ein Händler ist, kommt es durch solche Antizipationen aber oft zwangsläufig zu Sicherungskonflikten. Der Händler muss sich nämlich, um Ware verkaufen zu können, diese erst einmal vom Lieferanten selbst besorgen. Der Lieferant verkauft an den Händler seinerseits meist nur unter Eigentumsvorbehalt. Die Kaufverträge zwischen dem Lieferanten und dem Kreditschuldner der Bank pflegen aber in aller Regel – sei es durch Individualvereinbarung oder durch Allgemeine Geschäftsbedingungen – nicht nur einfache Eigentumsvorbehalte zu enthalten, sondern auch die Vereinbarung, dass die Kaufpreisforderung, die für den Vorbehaltskäufer durch den Weiterverkauf der Vorbehaltsware an seinen Abnehmer entsteht, bis zur vollständigen Tilgung des Kaufpreises an den Lieferanten im voraus abgetreten ist. Diese Sicherungskonstruktion ist der verlängerte Eigentumsvorbehalt (oben Rn. 1461 ff.). Die Forderung aus dem Weiterverkauf der Vorbehaltsware ist als Folge dessen **Gegenstand zweier Abtretungen**, nämlich der Globalzession an die Bank und der Abtretung an den Lieferanten, die in der Vereinbarung des verlängerten Eigentumsvorbehalts liegt. Dadurch ist der Sicherungskonflikt eingetreten, und seine Lösung nach dem Prioritätsprinzip bietet sich an: War der verlängerte Eigentumsvorbehalt früher als die Globalzession vereinbart worden, stünde die Forderung allein dem Lieferanten zu; war die Globalzession früher abgeschlossen worden, stünde die Forderung allein der Bank zu.

Allerdings berücksichtigt dieses Zwischenergebnis noch nicht den Umstand, dass es sich um eine Antizipation der Abtretungen handelt, was zur Folge hat, dass mit dem Abschluss des Abtretungsvertrages die dingliche Rechtsänderung noch nicht eintritt, sondern erst mit Forderungsentstehung (oben Rn. 1419, 1422). Wenn die Forderung aber gleichzeitig und vollständig bei mehreren Zessionaren entstehen soll, schließen sich diese Rechtswirkungen gegenseitig aus. Bezogen auf den Zeitpunkt der Forderungsentstehung kann es auf Priorität also gar nicht ankommen. Um den Prioritätsgrundsatz anwenden zu können und die Alternative zu vermeiden, sämtliche sich gegenseitig ausschließende Abtretungen als nichtig zu erachten[3], muss man ihn deshalb erweitern: Wer durch einen Abtretungsvertrag die zukünftige Forderung einem neuen Gläubiger zuordnet, hat eine zukünftige Rechtsposition aus seinem Vermögen ausgeschieden und sich der Möglichkeit begeben, die Forderung später nochmals zuzuordnen. Die zeitlich nachfolgende Abtretung über dieselbe zukünftige Forderung geht dadurch ins Leere, so dass nur der erste Zessionar mit Forderungsentstehung Forderungsinhaber wird. **1651**

Allein – zu diesen Alternativen wird es in der Praxis höchst selten kommen. Meist werden durch Globalzessionen Kredite gesichert, die der Unternehmensgründung dienen oder laufende Überziehungskredite sind, welche über Jahre bestehen. Daraus folgt, dass fast immer der Globalabtretungsvertrag früher abgeschlossen wurde als die Abtretung im verlängerten Eigentumsvorbehalt, der meist ein kurzfristig abgewickeltes Geschäft ist. In aller Regel hat deshalb die Globalzession Priorität mit der Folge, dass die Sicherung des Lieferanten durch verlängerten Eigentumsvorbehalt meistens ins Leere geht. In der Krise des Kreditschuldners, der zugleich Vorbehaltskäufer des Lieferanten ist, hat der Lieferant das Nachsehen, wenn er auf die Sicherungsforderung zugreifen will. Da Globalzessionen der Banken nicht weniger allgegenwärtig als verlängerte Eigentumsvorbehalte sind, wäre der verlängerte Eigentumsvorbehalt als Kreditsicherungsmittel insgesamt entwertet. Der Prioritätsgrundsatz führt fast immer zum Sieg des einen Forderungsprätendenten, der andere geht fast immer leer aus und hat kaum eine Chance auf die Forderung. Rechtsprechung und Schrifttum haben sich vor diesem Hintergrund Gedanken gemacht, ob der Rechtsordnung Möglichkeiten einer gerechteren Zuordnung zu entnehmen sind. **1652**

2. Konfliktvermeidung durch Nichtigkeit der Erstabtretung: Vertragsbruchlehre

Durch den Prioritätsgrundsatz wird derjenige Zessionar, der den Abtretungsvertrag mit dem Zedenten früher abgeschlossen hatte, nur dann Forderungsinhaber, wenn dieser frühere Abtretungsvertrag wirksam ist. Durch einen unwirksamen Abtretungsvertrag geht eine Forderung nicht über. Sie ist vielmehr frei für den nächsten Zessionar, und wenn der einen wirksamen Abtretungsvertrag abschließt, wird er Forderungsinhaber. Mit einer solchen Lösung wird das Prioritätsprinzip nicht angetastet, es braucht überhaupt nicht bemüht zu werden: Wenn eine von zwei Abtretungen nichtig ist, gibt es in Wahrheit nur eine Abtretung und keine Kollision. Zum Zwecke solcher Konfliktvermeidung ist nach Wegen gesucht worden, die Wirksamkeitshemmnisse für eine der Abtretungen aufspüren. **1653**

3 *Esser*, ZHR 135 (1971), 320 (323); *Lange*, NJW 50, 565 (567), dazu *Serick*, Bd. IV, § 48 V. 2. (S. 375).

a) Sitten- und gesetzwidriges Handeln des Globalzessionars

1654 Man muss also fragen, ob der eine oder der andere Abtretungsvertrag unter eine Nichtigkeitsvorschrift subsumiert werden kann. In Frage kommen §§ 138 und 134 BGB. Und in der Tat ist die Globalzession der Bank mit dem Kreditschuldner und Vorbehaltskäufer, der meist frühere Abtretungsvertrag, als sittenwidrig und gesetzwidrig angesehen worden. Ist das so, fällt die Globalzession weg, und übrig bleibt nur noch ein einziger Abtretungsvertrag, nämlich derjenige im verlängerten Eigentumsvorbehalt. Die Sittenwidrigkeit und Gesetzwidrigkeit der Globalzession ist wie folgt begründet worden:

1655 *aa)* Der Vorbehaltskäufer habe gar keine Wahl, als Waren unter Eigentumsvorbehalt einzukaufen, wenn er nicht sofort bezahlen wolle, weil Lieferanten in der Regel nur zu dieser Kondition lieferten. Der Kaufvertrag zwischen Vorbehaltskäufer und Lieferant enthalte also die Verpflichtung des Vorbehaltskäufers, „nur so zu verkaufen, dass die Kaufpreisforderung aus dem Weiterverkauf mit ihrer Entstehung auf den Lieferanten übergeht"[4]. Habe der Vorbehaltskäufer die Forderung aber schon an die Bank abgetreten, sei er zu der vereinbarten Abtretung der ihm demnächst gegen seine Abnehmer entstehenden Kaufpreisforderung überhaupt nicht in der Lage, weil er diese Forderung schon abgetreten hatte[5]. Der Vorbehaltskäufer müsste gegenüber dem Lieferanten also Vertragsverletzungen, ja sogar strafbare Handlungen (Betrug, Unterschlagung, Untreue) begehen. Mit der Vereinbarung der Globalzession verleite die Bank den Vorbehaltskäufer deshalb zum Vertragsbruch und zu strafbaren Handlungen, und damit verstoße die Globalzession gegen das Gesetz und gegen die guten Sitten und sei nach §§ 134, 138 Abs. 1 BGB nichtig (**Vertragsbruchslehre**). Allerdings ist – so die Rechtsprechung – ein Verstoß gegen die guten Sitten „nicht schon dann gegeben, wenn nur **objektiv** die Möglichkeit besteht, dass die zugunsten der Bank vereinbarte Sicherungszession einmal mit einem verlängerten Eigentumsvorbehalt konkurriert. § 138 BGB ist nur anwendbar, wenn die am Rechtsgeschäft Beteiligten auch **subjektiv** in zu missbilligender Gesinnung handeln, wenn ihnen ihre persönliche Einstellung zum sittlichen Vorwurf gemacht werden muss. Ebenso kommt eine Nichtigkeit nach § 134 BGB nicht schon wegen der bloßen Möglichkeit des Zusammenstoßes mit einem verlängerten Eigentumsvorbehalt in Betracht"[6]. Für die Frage, ob der Bank ein solcher sittlicher Vorwurf gemacht werden muss, ist wichtiges Indiz, ob der kollidierende verlängerte Eigentumsvorbehalt bei den Lieferanten **branchenüblich** ist, so dass sich die Kollisionsgefahr aufdrängt[7]. Ist auch das subjektive Tatbestandsmerkmal der Sittenwidrigkeit erfüllt und liegt die Kollisionsmöglichkeit nahe, verbleibt es danach allein bei der Wirksamkeit der Abtretung an den Lieferanten, ihm steht die Kaufpreisforderung zu, und die vorangegangene Erstzession findet ihre Schranke an dem verlängerten Eigentumsvorbehalt.

---

4 *Flume*, NJW 50, 841 (847), auch 59, 913 (919), dagegen *Dempewolf*, NJW 56, 851 (852) und 57, 858.

5 BGHZ 30, 149 (153) = NJW 59, 1533, zuletzt bestätigt in WM 99, 126 mit Anm. *Kieninger* JZ 99, 405 und *Schanbacher*, WuB I F 4 – 1.99, außerdem NJW 95, 1668 zu A II. 1. b. aa.; 91, 2144 zu IV. 1. a.; 83, 2502 III. 2. b. mit Bspr. *Coester*, NJW 84, 2548; zum Wechseldiskontkredit nachf. Rn. 1572; zum Kriterium der „Verleitung zum Vertragsbruch" auch BGH WM 70, 245; zu wettbewerbsrechtlichen Fragestellungen bei Vertriebsbindungen, BGH NJW 60, 1853.

6 BGHZ 32, 361 (366) = NJW 60, 1716 – Hervorhebung durch Verf.; 54, 34 (35), dazu *Kaduk*, JR 71, 221 (223); zum subjektiven Tatbestand der Sittenwidrigkeit oben Rn. 949.

7 Schlegelberger/*Hefermehl*, Anh. § 382 HGB Rn. 100; kein Sittenverstoß bei Kollision mit Sicherungsabtretung für Vermieter von Baumaschinen: OLG Brandenburg WM 2002, 71 mit Anm. *Thöne*, WuB I F 4. – 2.02

bb) Man mag sich streiten, ob die in dieser Weise aufgezeigte Kollisionsmöglichkeit das Sittenwidrigkeitsverdikt zu tragen vermag. Handeln nicht Lieferant und Vorbehaltskäufer ebenso vorwerfbar, müssen nicht auch sie sich darüber im klaren sein, dass ihr verlängerter Eigentumsvorbehalt mit der vorherigen Globalzession kollidieren muss? Und sind denn betrügerische Verträge von vornherein gem. § 134 nichtig und nicht vielmehr wirksam, aber gem. § 123 anfechtbar? Verfolgt ein Kreditgläubiger nicht sein legitimes und damit sittengemäßes Interesse, wenn er seinen Kredit genügend, also ohne Übermaß absichert? Muss in einer von den Einzelegoismen der Wirtschaftssubjekte gesteuerten Marktwirtschaft ein Kreditgläubiger die Sicherungsinteressen eines anderen Kreditgläubigers in seine Fürsorge nehmen? Gegen die Vertragsbruchslehre und ihre Begründung mögen also Zweifel angebracht sein[8]; gleichwohl hat sie zu Rechtssicherheit geführt, die Kreditwirtschaft hat sich ihr angepasst, und sie prägt die **Rechtswirklichkeit**. **1656**

cc) Unberührt bleibt der Forderungserwerb des Vorbehaltslieferanten, wenn die Abtretung an die Bank aus anderen Gründen nichtig war, z.B. wegen Übersicherung[9] (oben Rn. 1112). **1657**

b) Rettung durch Vertragsgestaltung

Um mit der Globalzession dem Vorwurf der Sittenwidrigkeit standhalten zu können, muss diese so ausgestaltet sein, dass die Kollision mit Abtretungen aus verlängerten Eigentumsvorbehalten vermieden wird. Die Kautelarpraxis hat dazu mehrere Wege ersonnen. **1658**

Kollisionsvermeidung kann man dadurch erreichen, dass die Globalzession solche zukünftigen Forderungen nicht erfasst, die Gegenstand verlängerter Eigentumsvorbehalte sind; über diese Forderungen wird von vornherein kein Abtretungsvertrag mit der Bank abgeschlossen, sie sind für Abtretung durch verlängerte Eigentumsvorbehalte frei. Darauf gründet sich die **dingliche Teilverzichtsklausel**. Sie rettet die Globalzession vor dem Sittenwidrigkeitsvorwurf nach der Vertragsbruchslehre[10]. Aber die Globalzession ist nicht umfassend, indem sie kollisionsgeeignete Forderungen ausnimmt. **1659**

Der Verzicht kann auch in der Weise eingeschränkt sein, dass die Forderung aus dem Weiterverkauf der Vorbehaltsware erst dann von der Globalzession erfasst wird, wenn der Eigentumsvorbehalt erloschen ist, der Lieferant also vom Vorbehaltskäufer den Kaufpreis für seine Lieferung erhalten hat. Dadurch gibt die Bank die Weiterverkaufsforderung nur dem Lieferanten, nicht aber anderen Kreditgläubigern frei; das lässt die Vertragsbruchslehre zu. Mit einem so gestalteten Teilverzicht erfasst die Globalzession also auch die Weiterverkaufsforderung, doch **aufschiebend bedingt** durch das Erlöschen des Eigentumsvorbehalts[11]. Dadurch wird der Lieferant mit der Vereinbarung des verlängerten Eigentumsvorbehalts ohne weiteres Inhaber der Weiterverkaufsforderung, in der Insolvenz des Vorbehaltskäufers ist er aussonderungsberechtigt gem. § 47 InsO. Der Vorbehaltskäufer ist in der Lage, den Vertrag, der den verlängerten Eigentumsvorbehalt enthält, vollständig zu erfüllen, so dass es keinen Vertragsbruch gibt. Die Beschränkung auf branchenübliche Eigentumsvorbehalte hält der Sittenwidrigkeitskontrolle stand[12] (s. vorst. Rn. 1655). **1660**

---

und Komm. *C. Schmitz*, EWiR § 138 BGB 2/02, 325; zum sittenwidrigkeitsausschließenden Fall des Speditionsgeschäfts: OLG Zweibrücken BB 79, 758; *Lambsdorff/Skora*, NJW 77, 701 (705).

8 *M. Wolf/Haas*, ZHR 154 (1990), 64 (70 ff.); *Schwerdtner*, NJW 74, 1785 (1787); *Serick*, Bd. IV, § 50 I. 2., 3. (S. 429 ff.); *Franke*, JuS 78, 373; *Hiemsch*, Kollision, S. 126.

9 BGH NJW-RR 98, 1123.

10 BGH NJW 74, 942 (943); 83, 487 zu 2. b.; NJW-RR 88, 1012; 91, 2144 zu IV. 1. a. aa.; *Ernst*, in: Festschr. Serick, S. 87.

11 Banküblich Formulierung: „Falls die der Bank abgetretenen Forderungen von Lieferanten des Sicherungsgebers aufgrund verlängertem Eigentumsvorbehalt berechtigterweise in Anspruch genommen werden können, soll die Abtretung erst mit dem Erlöschen des verlängerten Eigentumsvorbehalts wirksam werden", *Lambsdorff/Skora*, NJW 77, 701 (702); BGH NJW 2002, 2316 zu II. 2.

12 BGH NJW 87, 487 zu II. 3. a.; WM 2001, 1458 mit Anm. *Schanbacher*, WuB I B 4. – 2.01.

1661 Anders ist es, wenn die Bank die Weiterverkaufsforderung nicht von der Globalzession ausnimmt oder nur aufschiebend bedingt hereinnimmt, sondern sich lediglich schuldrechtlich im Wege berechtigenden Vertrags zugunsten Dritter[13], eben des Lieferanten, verpflichtet, diesem die Weiterverkaufsforderung zu überlassen, sie freizugeben und an ihn weiter abzutreten (**schuldrechtliche Teilverzichtsklausel**). Dieser Anspruch auf Abtretung schafft dem Lieferanten in der Insolvenz des Vorbehaltskäufers keinerlei bevorzugte Rechtsstellung. Um zu seinem Recht zu kommen, müsste er die Bank notfalls klageweise auf Abtretung in Anspruch nehmen, wobei er die Bank in aller Regel gar nicht kennt. Es bleibt beim Vertragsbruch, weil der Vorbehaltskäufer eine Forderung abzutreten vorgibt, die der Lieferant von ihm nicht erlangen kann, sondern allenfalls von einem Dritten, der Bank. Deshalb bewahren schuldrechtliche Teilverzichtsklauseln nicht vor der Nichtigkeit der Globalzession[14].

c) Ausgleich durch Kondiktion

1662 Hat die Bank aufgrund der danach sittenwidrigen und nichtigen Globalzession die Weiterverkaufsforderung gleichwohl eingezogen, ist an sie vom Abnehmer des Vorbehaltskäufers eine Leistung bewirkt worden, die nicht ihr zustand, weil nicht sie, sondern der Lieferant aufgrund der allein als wirksam verbleibenden Abtretung im verlängerten Eigentumsvorbehalt Inhaber, also Berechtigter ist. Der Abnehmer des Vorbehaltskäufers leistet seinerseits an die Bank mit befreiender Wirkung im Verhältnis zum Lieferanten (dem wahren Berechtigten), durfte der Abnehmer doch darauf vertrauen, dass die ihm gegenüber behauptete Globalzession wirksam ist (Rechtsgedanke §§ 407, 408, nachf. Rn. 1729). Ihm kann man die Nachprüfung der Wirksamkeit von Globalzession oder Zession durch verlängerten Eigentumsvorbehalt nicht zumuten[15]. Die Leistung des Abnehmers des Vorbehaltskäufers ist also gegenüber dem Lieferanten wirksam. Damit sind die Voraussetzungen einer Eingriffskondiktion des Lieferanten gegenüber der Bank gem. § 816 Abs. 2 gegeben, so dass der Lieferant von der Bank Auszahlung der eingezogenen Forderung verlangen kann. Ein denkbarer Schadensersatzanspruch gegen die Bank aus §§ 826 oder 823 Abs. 2 BGB i.V.m. 263, 26 StGB scheitert, soweit der Lieferant wegen seines Bereicherungsanspruchs keinen Schaden erleidet.

1663 Leistet der Abnehmer des Vorbehaltskäufers den Kaufpreis auf ein Konto, das bei der kreditgebenden Bank für den Vorbehaltskäufers geführt wird und will die Bank diese Zahlung auf die Schuld des Vorbehaltskäufers als ihrem Kreditschuldner anrechnen, ist § 816 Abs. 2 nicht anwendbar: Der Abnehmer leistet nicht an die Bank, sondern an den Vorbehaltskäufer, wenn er die Globalzession nicht kennt (kennt er sie und will er die Leistung an die Bank bewirken, bleibt § 816 Abs. 2 anwendbar); die Bank ist nur **Zahlstelle**[16], aber nicht Empfänger des Geldes[17] (zur Frage der Leistungsbestimmung oben Rn. 221). Der Anspruch des Vorbehaltskäufers gegen die Bank ist trotzdem begrün-

---

13 *Lambsdorff/Skora*, NJW 77, 701 (702); *Lambsdorff*, BB 78, 636; BGH NJW 74, 942.

14 BGH WM 99, 1216 zu II. 1. b. bb.; BGHZ 98, 305 (315); 72, 308 (314); 32, 361; OLG Stuttgart NJW 76, 150; a.A. OLG München BB 78, 635; OLG Düsseldorf WM 77, 404 und BB 89, 1646; LG Berlin WM 76, 1021; die Sittenwidrigkeitsbewertung ist damit objektiviert (vorst. Rn. 1329), so zutr. *Rimmelspacher*, Kreditsicherung, S. 107, wegen Freigabeklauseln zur Verhinderung der Übersicherung.

15 *Bülow*, JA 83, 7 (10).

16 BGHZ 26, 185 (188); 32, 357 (359); 53, 139 (142); OLG Dresden EWiR § 816 BGB 1/99, 209 (*D. Assmann*); *Bette*, DB 72, 1760 (1761); *Canaris*, NJW 81, 249 (257 f.) und Großkommentar HGB, Anh. § 357 HGB, Rn. 606; *Lopau*, DB 73, 1537 (1541) gegen *Serick* Bd. IV, § 54 II. 3. a. (S. 659 ff.).

17 BGHZ 58, 184 (188).

det, nämlich in analoger Anwendung von § 816 Abs. 2[18]; andernfalls wären die zuvor aufgestellten Anforderungen an die Wirksamkeit von Globalzessionen relativiert.

d) Grenzen der Vertragsbruchslehre

1664 Die Vertragsbruchslehre ist nicht anwendbar, wenn die Globalzession der einen Bank mit der Globalzession einer anderen Bank kollidiert, auch dann nicht, wenn die eine Bank die Herstellung bestimmter Sachen finanzierte und sich die Forderung aus dem Verkauf dieser Sachen sichern wollte[19]. Eine zeitlich vorangehende Globalzession einer Bank, die einen allgemeinen, nicht auf diese Sachen bezogenen Kredit gewährte, ist also wirksam und lässt die nachfolgende Abtretung der anderen Bank ins Leere gehen. Die Kollisionsgefahr liegt hier nicht so nahe, dass der ersten Bank Verleitung zum Vertragsbruch vorgeworfen werden könnte. Gleiches gilt, wenn der Schuldner der durch verlängerten Eigentumsvorbehalt abgetretenen Forderung erfüllungshalber durch Wechselakzept leistet und eine Bank des Käufers den Wechsel in Vollzug eines Wechseldiskontkredits erwirbt. Hier ist der Käufer nicht faktisch gezwungen, die dem Lieferanten zustehende Wechselforderung an die Bank weiterzugeben[20].

3. Näheprinzip

1665 In andere Richtung der Konfliktlösung geht die Zuordnung nach der Nähe der Prätendenten zur Forderung, indem erwogen wurde, dass der Lieferant der Forderung aus dem Weiterverkauf näher stehe als die Bank, ist die Forderung doch das Surrogat für die Vorbehaltsware, deren Eigentum auf den Abnehmer des Vorbehaltskäufers übergegangen ist[21] (**Näheprinzip**). Man mag so denken – zur Konfliktvermeidung sind solche Erwägungen nicht geeignet. Vergeblich ist nämlich die Suche im Recht nach einem Nichtigkeitsgrund für die Globalzession, der sich auf die mangelnde Nähe zur Forderung gründen soll; de lege ferenda mögen solche Erwägungen fruchtbar sein. Man mag auch andererseits erwägen, dass ohne den Bankkredit der Kreditschuldner sein Unternehmen überhaupt nicht hätte betreiben und der Lieferant keine Geschäfte mit ihm machen können – ohne Bankkredite funktioniert eine Marktwirtschaft nicht[22]. Und schließlich wird der Lieferant seinen Warenkredit ebenfalls durch eine Bank finanzieren: Dann bleibt der Konflikt der Bank des Lieferanten mit der Bank des Vorbehaltskäufers übrig[23].

4. Teilungslehre

1666 Der Prioritätsgrundsatz bei antizipierten Abtretungen ist Folge der Annahme, dass mit Abschluss des Abtretungsvertrages die Verfügung über die noch gar nicht entstandene

18 BGHZ 72, 316 (320 f.); *Picker*, JuS 88, 375 (384), *Rimmelspacher*, Kreditsicherungsrecht, S. 110.

19 BGH NJW 80, 772 mit Anm. *Muscheler*, BB 80, 490; BGH WM 60, 1223.

20 BGH NJW 79, 1704 zu I. 4.; *Bülow*, WG, ScheckG, AGB, Art. 11 WG, Rn. 24.

21 Zum Surrogationsgedanken *Flume*, NJW 50, 841 (842); 59, 913 (919); AcP 154 (1955), 560 (561); *Gast*, DB 58, 1235; *Neubeck*, NJW 59, 581; *Kaduk*, in: Festschr. Larenz, 1973, S. 683 (692); *Messer*, NJW 76, 925 (927), dagegen *v. Caemmerer*, JZ 53, 97 (100); *Enneccerus/Nipperdey*, § 132 II. 3. (S. 847); *Harry Westermann*, Interessenkollisionen, S. 17; *Rühl*, Eigentumsvorbehalt und Abzahlungsgeschäft, S. 42; BGHZ 30, 149 (152).

22 BGHZ 30, 149 (153); BGH DB 70, 1429; *Stathopoulos*, Symposion Canaris, S. 103 (115); *Medicus*, NJW 2000, 2921 (2925).

23 Zutreffend *Henckel*, Sitzungsbericht O, S. 16/17; i.d.S. auch *Münzel*, MDR 51, 129 (132).

Forderung abgeschlossen ist, also eine Verfügung ohne Verfügungsobjekt überhaupt möglich ist (oben Rn. 1417 und vorst. Rn. 1651). Das mag zweifelhaft sein. Fordert man, dass ein Verfügungstatbestand erst mit Entstehung des Verfügungsobjekts vollendet sein könne, also mit Forderungsentstehung, würden sich in diesem Zeitpunkt der Forderungsentstehung widersprechende und einander ausschließende Verfügungserklärungen (nämlich die Abtretungserklärungen der Zessionare) im Raum stehen, die im selben Zeitpunkt vollendet werden. Trotz Möglichkeit des Durchgangserwerbs bei antizipiert abgetretenen Forderungen wäre eine Lage wie bei mehreren antizipiert vollzogenen Sicherungsübereignungen gegeben mit der Konsequenz, dass die sich widersprechenden Erklärungen insgesamt als unwirksam zu behandeln wären[24] (oben Rn. 1643). Sofern man sich diesen Ausgangspunkt zu eigen macht (dazu nachf. Rn. 1670, 1671), ist er Basis für eine Konkurrenzlösung durch horizontale Aufteilung (oben Rn. 1639), durch die die mehrfach abgetretenen Forderungen nicht einem Prätendenten ganz zugeschlagen, sondern unter allen Prätendenten aufgeteilt werden, also die Abtretungserklärungen, die so wie gewollt nichtig sind, auf ein wirksames Maß zurückgeführt werden (Teilungslehre)[25]. Diesen Weg eröffnet § 139 BGB über die Rechtsfolgen bei Teilnichtigkeit. Dabei ist vorausgesetzt, dass man die sich widersprechenden Abtretungserklärungen nicht als sittenwidrig ansieht, weil „die Aufrechterhaltung eines quantitativen Teils von rechtsgeschäftlichen Inhalten … in § 138 BGB bei sittenwidrigen Geschäften nicht vorgesehen“[26] ist. Es geht dann nur noch darum, die richtigen Anteile für die Prätendenten herauszufinden.

a) Feststellung der Teilungsquoten

1667 Ausgangspunkt der Quotenermittlung ist, dass die Sicherungsforderung im Verhältnis der gesicherten Forderungen aufzuteilen ist. Beträgt z.B. der Warenkredit, das ist der Kaufpreis für die Vorbehaltsware, 5000 €, der Bankkredit 10 000 € und die Sicherungsforderung (Weiterverkaufspreis) 9000 €, so ist die Sicherungsforderung im Verhältnis 5 : 10 oder 1 : 2 aufzuteilen: Der Lieferant erhält demgemäß 3000 €, die Bank 6000 €. Anders soll es sein, wenn die Sicherungsforderung Gegenstand einer Globalzession ist, den Kredit also nur teilweise sichert. Hierzu ist folgendes Rechenbeispiel aufgemacht worden[27]:

1668 Ein Kreditschuldner und Vorbehaltskäufer hat von drei Lieferanten Waren unter Eigentumsvorbehalt bezogen, und aus den Weiterverkäufen entstehen drei Kaufpreisforderungen gegen die Abnehmer des Kreditschuldners (Vorbehaltskäufers), nämlich in Höhe von 4000 €, 6000 € und 10 000 €. Alle drei Forderungen sind Gegenstand einer Globalzession für einen Kredit in Höhe von 30 000 €. Die drei Forderungen könnten wie folgt aufgeteilt werden: Beträgt die durch den verlängerten Eigentumsvorbehalt gesicherte Forderung des **ersten Lieferanten** 2000 € und der durch Globalabtretung gesicherte Kredit 30 000 €, so ist die umstrittene Kundenforderung in Höhe von 4000 € nicht im Verhältnis 2000 : 30 000 aufzuteilen. Vielmehr ist festzustellen, was der Bank im Teilungszeitpunkt aufgrund der Globalzession zugleich an Sicherheitsquoten aus anderen, in gleicher Weise doppelt zur Sicherheit abgetretenen Kundenforderungen zufließt, hier in Höhe von 6000 € und 10 000 €. Dazu ist zu klären, wie sich die Einzelsicherheit (4000 €) zur Gesamtsicherheitenmasse in Höhe von 20 000 € verhält (4000 + 6000 + 10 000). Es ergibt sich ein Sicherheitenverhältnis von 4000 : 20 000 = 1/5. Das ist das Wertverhältnis, zu dem die Bank die Berechnung ihrer Quote ver-

24 *Lange*, NJW 50, 565 (567); *Esser*, ZHR 135 (1971), 320 (326), zur Unterscheidung der Zeitpunkte der Verfügung und der Forderungsentstehung dezidiert BGH WM 83, 1235.

25 *Beuthien*, BB 71, 375; *Erman*, BB 59, 1109 (1111); *Finger*, JZ 70, 642 (644); *Bähr*, DB 81, 1759 (1766 f.).

26 *Esser*, ZHR 135 (1971), 320 (328).

27 *Beuthien*, BB 71, 375 (380).

langen kann. Sie kann dem Warenkredit von 2000 € ihren Geldkredit von 30 000 € also nur in Höhe von 1/5 von 30 000 € = 6000 € entgegensetzen. Infolgedessen ist die Einzelsicherheit von 4000 € im Kreditleistungsverhältnis 2000 : 6000 = 2 zu 6 aufzuteilen, d.h. die Kaufpreisforderung von 4000 € ist in acht Teile zu zerlegen, von denen der Lieferant zwei erhält und die Bank sechs. Folglich beträgt der Sicherheitsanteil des ersten Lieferanten 2/8 von 4000 € = 1000 €. Dessen Warenkredit von 2000 € ist also in Höhe von 50% gesichert. Auf die Bank entfällt ein Sicherheitsanteil von 6/8 von 4000 € = 3000 €. Die Bank ist mit ihrem Geldkredit von 30 000 € im Teilungsverhältnis zum ersten Lieferanten in Höhe von 10% gesichert.

Zwischen der Bank und dem **zweiten Lieferanten** ist die nächste Weiterverkaufsforderung von 10 000 € im Verhältnis 10 000 : 20 000 (Gesamtsicherheitenmasse) = 1/2 aufzuteilen. Die Bank darf ihren Geldkredit von 30 000 € in die Sicherungsquotenberechnung nur in Höhe der Hälfte von 30 000 € = 15 000 € einstellen. Die Forderung des zweiten Lieferanten gegen den Vorbehaltskäufer beträgt 3000 €, so dass sich ein Verteilungsschlüssel von 3000 : 15 000 = 1 zu 5 ergibt. Der Sicherheitsanteil des zweiten Lieferanten beträgt somit 1/6 von 10 000 € = 1666,66 €. Die Bank erhält eine Sicherungsquote von 5/6 von 10 000 € = 8333,34 €.

Zwischen der Bank und dem **dritten Lieferanten** verhält sich die jetzt zu betrachtende Kundenforderung von 6000 € zur Gesamtsicherheitsmasse wie 6000 : 20 000 = 3/10. Der Bank gebührt insoweit Sicherheit für einen Geldkredit von 3/10 von 30 000 € = 9000 €. Die Forderung des dritten Lieferanten gegen den Vorbehaltskäufer beträgt 5000 €. Die beiden Einzelkreditleistungen stehen also im Verhältnis von 5000 : 9000 = 5 zu 9. Der dritte Lieferant erhält einen Sicherheitsanteil von 5/14 von 6000 € = 2142,86 €. Die Bank bekommt eine Sicherungsquote von 9/14 von 6000 € = 3857,14 €.

Komplizierter wird es, wenn mehrere Materiallieferanten für eine vom Vorbehaltskäufer neu herzu- **1669**
stellende Sache sich nicht nur kollidierende Verarbeitungsklauseln ausbedungen haben (oben Rn. 1641 ff.), sondern sich auch den Kaufpreis aus dem Weiterverkauf der neuen Sache abtreten ließen (nachf. Rn. 1730 ff.), und alle diese Abtretungen mit einer Globalzession kollidieren. Dann stellt sich wiederum die Frage, ob man die Anteile aus der Weiterverkaufsforderung, die dem Wert des von den einzelnen Lieferanten gelieferten Materials entsprechen, vorab diesen zuschlägt und den überschießenden Betrag auf alle nach dem Verhältnis ihrer Kredite zur Sicherungsforderung verteilt oder den Vorwegzuschlag weglässt.

b) Beliebigkeit der Berechnungsarten

Welche der aufgezeigten Berechnungsmethoden findet im Gesetz ihre Grundlage? Und ist es Sache **1670**
der Rechtsprechung, „eigene Rechenexempel zu veranstalten“[28], und gilt nicht der Satz: Iudex non calculat[29]? Immerhin mag man sich der Hoffnung hingeben, dass die Rechtsprechung einen verbindlichen Berechnungsmodus erarbeiten könnte. Der Konsens über einen Berechnungsmodus löst das Problem indessen nicht. Wenn man die richtigen, jedem Prätendenten zustehenden Anteile ermitteln will, muss man sämtliche Prätendenten kennen. Das braucht aber selbst in den einfachen, zuvor angeführten Rechenbeispielen nicht der Fall zu sein: Ein Warenlieferant etwa, der die Weiterverkaufsforderung beansprucht, kennt in aller Regel weder Bank noch andere Lieferanten oder gar alle Zulieferer einer neu hergestellten Sache, oft weiß er nicht, ob sie alle verlängerte Eigentumsvorbehalte vereinbart hatten. Sobald aber auch nur einer der Prätendenten bei der Berechnung der Quote herausfällt, ist die Quote falsch. Wer aber – notfalls im Klagewege – einen Geldbetrag beansprucht, muss ihn genau beziffern (§ 253 Abs. 2 Nr. 2 ZPO) und begründen. Das kann er nicht, wenn er nicht darlegen und gegebenenfalls beweisen kann, dass er auch nicht einen einzigen Prätendenten aus der Quotenberechnung ausgelassen hat. Mit Recht ist die Anwendung des Teilungsprinzips als **Sicher-**

28 *Lempenau*, S. 72/73.
29 *Esser*, ZHR 135 (1971), 320 (330).

heitenkonkurs bezeichnet worden[30]. In der Insolvenz gibt es eine gesetzlich angeordnete Verfahrensregelung, nach der Insolvenzforderungen innerhalb bestimmter Fristen anzumelden sind (§§ 174 ff. InsO). Wer zu spät kommt, wird im Insolvenzverfahren nicht mehr berücksichtigt (vgl. §§ 196, 177 InsO). Dadurch gibt es einen Stichtag, an dem alle zu berücksichtigenden Insolvenzforderungen feststehen, und danach kann die Insolvenzquote verbindlich errechnet werden, auch wenn die wahre Quote anders wäre, weil in Wahrheit noch mehr Gläubiger da sind. Für den „Sicherheitenkonkurs" gibt es ein solches gesetzliches Verfahren, das eine problemmindernde Abwicklung zu Lasten materieller Richtigkeit zulässt, nicht. Nur die wahre Quote kann maßgeblich sein. Ein Rechtsprinzip, dem die Verfehlung des richtigen Ergebnisses aus tatsächlichen Gründen immanent ist und zur Regel wird, ist untauglich, auch wenn es im Einzelfall gelingen mag, sämtliche Prätendenten einzubeziehen[31]. Dieser Einwand gilt auch gegen eine Lösung, nach der die Abtretungserklärungen so auszulegen sind, dass die abgetretene Forderung von vornherein nur zum Teil – eben kollisionsvermeidend – abgetreten sein soll[32]. Auch hier kann die Höhe der abgetretenen Teilforderungen nicht mit hinreichender Sicherheit bestimmt werden[33].

c) Priorität bei Antizipation

1671 Mit der Ablehnung des Teilungsprinzips bleibt die Frage offen, ob ihr Ausgangspunkt richtig ist, dass nämlich mehrere antizipierte Abtretungen nicht zu Priorität einer der Abtretungen führen, weil die Entstehung des Verfügungsobjekts, der Weiterverkaufsforderung, nicht vorweggenommen werden könne.

1672 Was ist eine Verfügung? Sie ist eine Änderung der Zuordnung eines Verfügungsobjekts, hier eine Änderung der Forderungszuständigkeit. Solange eine Forderung aber noch nicht besteht, kann ihre Zuständigkeit noch nicht geändert werden, sondern eben erst mit ihrer Entstehung. Die Verfügungswirkung tritt also für alle Abtretungserklärungen ein, in welchen Zeitpunkten sie immer abgeschlossen sein mögen[34]. Die Konsequenzen daraus sind in drei Alternativen denkbar: Nichtigkeit sämtlicher Verfügungen, Teilung oder Wirksamkeit nur einer Verfügung und Nichtigkeit der übrigen. Man mag sich fragen, ob es wirklich ein untragbares Ergebnis wäre, von der Nichtigkeit sämtlicher Vorausabtretungen auszugehen; die Insolvenzverwalter würden sich über die Konsolidierung der Insolvenzmassen freuen. Gleichwohl – das „Vertrauen in die Kontinuität der Rechtsprechung"[35] und der Zustand der Rechtssicherheit, der durch die Anwendung der Vertragsbruchslehre und die Reaktion der Kreditwirtschaft daraus entstanden ist, verdienen geachtet zu werden. Änderungen können nur de lege ferenda gefunden werden[36].

1673 Widersprechen sich also Verfügungen aus Globalzessionen und verlängerten Eigentumsvorbehalten, ist allein die Verfügung aus dem verlängerten Eigentumsvorbehalt wirksam. Es gibt keine sich widersprechenden Verfügungen mehr, auf ihre Priorität kommt es nicht an.

5. Vertragsbruchslehre und erweiterter Eigentumsvorbehalt

1674 Die Vertragsbruchslehre kann auch bei der Kollision von Globalzession und erweitertem Eigentumsvorbehalt anwendbar sein. Der Eigentumsvorbehalt ist erweitert, sofern das vorbe-

30 *Beuthien*, BB 71, 375 (379).
31 So im Ergebnis auch BGHZ 32, 361 (364).
32 So *Serick*, Bd. IV, § 50 III. 3. (S. 458 ff.).
33 In diesem Sinne auch RGZ 142, 139 (142); BGH NJW 65, 2197; OLG Celle NJW 52, 306.
34 *Beuthien*, BB 71, 375 (378).
35 *Esser*, ZHR 135 (1971), 320 (327).
36 So auch *Henckel*, Sitzungsbericht O, S. 17.

haltene Eigentum nicht schon erlischt, wenn der zugrundeliegende Kaufpreis für die Vorbehaltsware gezahlt ist, sondern erst dann, wenn sämtliche andere Verbindlichkeiten aus der Geschäftsverbindung mit dem Lieferanten beglichen sind oder gar erst zukünftige Verbindlichkeiten (oben Rn. 1504). Die Sicherung der anderen Verbindlichkeiten kann sich auch auf diejenigen Forderungen erstrecken, die aus dem Weiterverkauf der Vorbehaltsware entstehen. Soweit die Erweiterung nicht ihrerseits sittenwidrig und nichtig ist, andererseits in dieser Form branchenüblich ist, so dass der Globalzessionar damit und mit den daraus folgenden Zwangslagen für den Vorbehaltskäufer rechnen musste, ist die Globalzession nach der Vertragsbruchslehre nichtig, und der Lieferant wird Forderungsinhaber[37].

6. Hinterlegungsrecht des Zweitkäufers

Der Abnehmer des Vorbehaltskäufers, also der Zweitkäufer, kann sich der Inanspruchnahme von Lieferant und Bank als Prätendenten der Kaufpreisforderung aus dem Vertrag zwischen ihm und dem Vorbehaltskäufer ausgesetzt sehen, ohne Einblick in die zugrundeliegenden Rechtsbeziehungen oder auch nur Auskunftsansprüche zu haben, so dass er in Ungewissheit darüber gerät, welcher der Forderungsprädendenten wirklicher Gläubiger ist. An dieser Ungewissheit ändert nichts, dass er an den falschen Gläubiger mit befreiender Wirkung leisten könnte (Rechtsgedanke §§ 407, 408 BGB, vorst. Rn. 1662). Deshalb hat er das Recht, den Kaufpreis gem. § 372 Satz 2 BGB beim örtlich zuständigen Amtsgericht als Hinterlegungsstelle (§§ 374 BGB, 1 Abs. 2 HinterlegungsO) zu hinterlegen. Dadurch tritt gem. § 378 BGB Erfüllungswirkung ein, wenn er auf die Rücknahme verzichtet[38]. Lieferant und Bank mögen sich um die Auszahlung des hinterlegten Betrages streiten. Der richtige Gläubiger hat gegen den falschen Prätendenten Anspruch auf Zustimmung zur Auszahlung an ihn. Anspruchsgrundlage ist § 812 Abs. 1 Satz 1, 2. Alt. BGB[39]. 1675

III. Factoring und verlängerter Eigentumsvorbehalt

Die Kollision mehrerer Vorausabtretungen spielt nicht nur im Konflikt der kreditgebenden Bank mit dem Lieferanten eine erhebliche wirtschaftliche Rolle, sondern auch im Konflikt von Factoring-Instituten und Lieferanten, die den verlängerten Eigentumsvorbehalt ausbedungen haben. Die rechtliche Beurteilung ist kontrovers und hat seinerzeit zu einem Disput in der Literatur geführt, der in ungewöhnlicher Heftigkeit zwischen zwei Exponenten des Kreditsicherungsrechts, *Serick* und *Canaris*, ausgetragen wurde[40]. 1676

Worum geht es?

37 BGH DB 70, 1429 zu II. 2. a.

38 *Bülow*, JuS 91, 529 (535); zur rechtgeschäftlichen Ersetzungsbefugnis durch Hinterlegung OLG Köln NZ-Bau 2000, 569.

39 BGH WM 97, 513 zu II. 1.; 84, 1466 mit Komm. *Bundschuh*, EWiR § 372 BGB 1/85; NJW 2001, 231 mit Rezension *Brand/Fett*, JuS 2002, 637, Bspr. *K. Schmidt*, JuS 2001, 402, Anm. *Mankowski*, WuB VI E. -1.01 und Komm. *Walker*, EWiR § 767 ZPO 1/2000, 1179; BGHZ 35, 165 (170); 109, 240 (244); RGZ 84, 286; *Bülow*, JuS 94, 766 (769).

40 *Canaris*, Verlängerter Eigentumsvorbehalt und Forderungseinzug durch Banken, NJW 81, 249 – *Serick*, Befremdliches zur Barvorschußtheorie?, NJW 81, 794 – *Canaris*, Befremdliches zur Barvorschußtheorie!, NJW 81, 1347 – *Serick*, Nochmals: Befremdliches zur Barvorschußtheorie, NJW 81, 1715; außerdem *Larenz/Canaris*, Schuldrecht II/2, § 65 III. (S. 90 ff.); *Jork*, JuS 94, 1019; Examensfall: *Bülow*, JuS 94, 766.

1. Das Konfliktpotential

1677 Durch Factoring übernimmt die Factor-Bank die Verwaltung der Außenstände ihres Vertragspartners, des sog. Anschlusskunden, insbesondere deren Buchführung und Einziehung[41]. Zu diesem Zweck kauft der Factor dem Anschlusskunden dessen Forderungen gem. §§ 453, 433 BGB ab, zahlt ihm den Kaufpreis, nämlich den Forderungsbetrag abzüglich Provision, den sog. **Barvorschuss** aus, und lässt sich die Forderung abtreten, um sie sodann als eigene einzuziehen; der Forderung darf natürlich kein wirksames Abtretungsverbot nach § 399 BGB (oben Rn. 1397 ff.) entgegenstehen (vgl. § 354a HGB und nachf. Rn. 1749)[42]. Bleibt die Einziehung beim Schuldner erfolglos[43], ist, um eine Konfliktlösung finden zu können (nachf. Rn. 1687), zu klären, wer das Risiko der Uneinbringlichkeit, das sog. Delkredere, trägt. Beim sog. **echten** Factoring wird im Factoring-Vertrag vereinbart, dass das Delkredere zu Lasten des Factors geht; beim **unechten** Factoring trägt es der Anschlusskunde mit der Folge, dass er den Betrag des Barvorschusses an den Factor wieder zurückzahlen muss; dafür ist der Preis für die Dienste des Factors, seine Provision, niedriger[44]. Die Abtretung der aufgekauften Forderungen des Anschlusskunden wird oft so gestaltet, dass dem Factor sämtliche Forderungen des Anschlusskunden im voraus abgetreten werden, also durch antizipierte Globalzession, wobei der spätere Kauf der einzelnen Forderungen aufschiebende Bedingung für die Wirksamkeit der Abtretung ist[45]. Erst wenn die Forderung vom Factor abgerufen wird, tritt also die Wirksamkeit der Abtretung endgültig ein. Die Vereinbarung der Bedingung ändert aber nichts daran, dass die Abtretung an den Factor zeitliche Priorität vor anderen späteren Abtretungen hat, weil spätere Zwischenverfügungen gem. § 161 Abs. 1 BGB unwirksam sind.

1678 Durch den verlängerten Eigentumsvorbehalt tritt der Vorbehaltskäufer dem Lieferanten im voraus die Kaufpreisforderung ab, die aus dem vom Lieferanten erlaubten Weiterverkauf der unter Eigentumsvorbehalt gelieferten Ware entsteht. Der Lieferant könnte die Kaufpreisforderung beim Schuldner des Vorbehaltskäufers, seinem Abnehmer, nun selbst einziehen. Zu diesem Zwecke müsste die Abtretung durch verlängerten Eigentumsvorbehalt offengelegt werden. Nicht zuletzt um das zu vermeiden, wird mit der Weiterveräußerungsbefugnis meist zugleich die Ermächtigung an den Vorbehaltskäufer erteilt, die dem

---

41 Es handelt sich nicht um Bankgeschäfte gem. § 1 Abs. 1 KWG, jedoch ist der Factor Finanzunternehmen i.S.v. § 1 Abs. 3 Nr. 2 KWG, vgl. *Hammen*, WM 98, (741/746); zur Finanzierungs- und Dienstleistungsfunktion des Factoring s. etwa *Martinek*, Moderne Vertragstypen, S. 222 ff.; *Glomb*, Finanzierung durch Factoring, S. 23; *Rödl*, BB 67, 1301; *Finger*, BB 69, 765 (767); *Löhr*, Beilage 14/1976 zu DB; *Schindewolf*, Factoring-Handbuch, S. 75; *Nielsen*, Factoring-Handbuch, S. 87; *Wassermann*, FLF 90, 143; *Clarotti*, FLF 90, 152; der Rechtsharmonisierung grenzüberschreitender Factoring-Verhältnisse dient die von Unidroit erarbeitete Konvention über Internationales Factoring, die bislang von Frankreich, Italien, Nigeria und Ungarn ratifiziert wurde, *Basedow*, ZEuP 97, 615; die Befugnis zur gerichtlichen Geltendmachung unterliegt dem RBerG (oben Rn. 1136), AG Reutlingen NJW-RR 94, 241.

42 *V.Falkenhayn*, Factor und Debitor, S. 104 ff.

43 Die auf die Kaufpreisforderung zu leistende Umsatzsteuer trägt der Vorbehaltskäufer, deshalb ist er und nicht der Factor Gläubiger des durch die Uneinbringlichkeit entstehenden Rückerstattungsanspruchs gem. § 17 Abs. 2 Nr. 1 UStG, BGH NJW-RR 97, 1054 mit krit. Anm. *Loritz*, WuB I J 1. – 1.97.

44 Eine andere Frage ist, ob sich der Factor im echten Factoring Rechte an der Vorbehaltsware sichern kann, die ja nicht in das Eigentum des Zweitkäufers übergeht, *Iro*, in: Festschr. Frotz, S. 101 (119).

45 *Canaris*, NJW 81, 249 (252) sieht im unterlassenen Forderungskauf eine auflösende Bedingung für die vorherige Abtretung, dazu *Bülow*, JA 82, 58, Fn. 2; natürlich muss die Abtretung nach allgemeinen Grundsätzen wirksam sein, darf z.B. nicht gegen ein gesetzliches Verbot mit der Nichtigkeitsfolge von § 134 BGB verstoßen (oben Rn. 1137), OLG Köln MedR 96, 369.

Lieferanten abgetretene Kaufpreisforderung beim Schuldner selbst einzuziehen, also als befugter Nichtberechtigter gem. §§ 185 Abs. 1 i.V.m. 362 Abs. 2 über die Kaufpreisforderung zu verfügen (**Einziehungsermächtigung**, oben Rn. 1448 ff., 1468). Unberührt bleibt mangels entgegenstehender Vereinbarung das Recht des Lieferanten, die Einziehungsermächtigung zu **widerrufen** (oben Rn. 1478) und seine Kaufpreisforderung selbst einzuziehen, z.B. wenn der Vorbehaltskäufer Verbindlichkeiten gegenüber dem Lieferanten aus früheren Geschäften nicht begleicht oder gar in die wirtschaftliche Krise gerät[46].

Hat ein Vorbehaltskäufer als Anschlusskunde einem Factor Forderungen abgetreten, die **1679** er auch dem Lieferanten im Rahmen des verlängerten Eigentumsvorbehalts abtritt, kollidieren diese Abtretungen und lösen einen Konflikt zwischen Factor und Lieferanten aus. Insbesondere im Fall der früheren Globalzession an den Factor drohen verlängerte Eigentumsvorbehalte ins Leere zu gehen; andererseits setzen verlängerte Eigentumsvorbehalte den Factor etwa dem Bereicherungsanspruch des Lieferanten gem. § 816 Abs. 2 BGB aus (dazu vorst. Rn. 1662), wenn die Kaufpreisforderung vom Factor eingezogen worden war.

2. Anwendbarkeit der Vertragsbruchslehre

Ist die Abtretungskollision zwischen Kreditgeber und Lieferant auf dem Boden der **Vertragsbruchslehre** ebenso zu entscheiden wie der Konflikt zwischen Bank und Lieferant? **1680**

a) Die Lage des Lieferanten nach und ohne Abtretung an den Factor

aa) Legt man dem Konflikt zwischen Factor und Lieferant die Vertragsbruchslehre zugrunde, fragt sich, ob sich der Vorbehaltskäufer für den Factor erkennbar mit Vertragspflichten gegenüber dem Lieferanten in Widerspruch setzt, wenn er mittels verlängerten Eigentumsvorbehalts die Abtretung der Weiterverkaufsforderung verspricht, die er bereits an den Factor abgetreten hatte (vorst. Rn. 1654). **1681**

Die Antwort suchen *Serick* und *Canaris* in einem **Lagevergleich** und fragen, wie sich die **1682** Lage des Lieferanten bei der Factoring-Abtretung im Vergleich zu derjenigen Lage darstellt, die für den Lieferanten bei vertragsgemäßem Handeln des Vorbehaltskäufers entsteht: Sei die Lage des Lieferanten im Factoring-Falle nicht merklich ungünstiger, obwohl die versprochene Abtretung der Forderung aus dem Weiterverkauf scheitere, könne eine Vertragsverletzung verneint werden mit der Folge, dass die Factor-Zession wirksam sei und es bei ihrem Vorrang bleibe[47].

Ansatzpunkt für den Lagevergleich ist die typischerweise erteilte **Einziehungsermächtigung** (oben Rn. 1467, 1448), die den Vorbehaltskäufer befugt, die dem Lieferanten abge- **1683**

46 BGH NJW 53, 217; *Serick*, BB 79, 845 (850 f.); *Canaris*, NJW 81, 249 (253); *Flume*, NJW 59, 913 (921); Staudinger/*Honsell*, § 455 BGB Rn. 61.

47 *Canaris*, NJW 81, 249 (252) und Großkommentar HGB, Anh. nach § 357 HGB Rn. 605; *Serick*, Bd. IV § 52 (S. 575); NJW 81, 794 (797), ihm folgend BGHZ 69, 254 (258 ff.); 72, 15 (20 ff.); 82, 50 (60 ff.) mit Anm. *Bülow*, BB 82, 9, ebenso OLG Frankfurt NJW 77, 906 (10. Senat) mit Anm. *K. Schmidt* auf S. 1152, dagegen OLG Frankfurt NJW 76, 1944 (5. Senat). Vorinstanz zu BGHZ 82, 50: OLG Bremen BB 80, 803 mit Anm. *Lambsdorff*, ZIP 80, 543 und *Kübler*, S. 546; *Jork*, JuS 94, 1019. Das RG hielt die Abtretungsbefugnis in der Weise für unzulässig, dass die gesamte Abtretung zwischen Lieferant und Vorbehaltskäufer unwirksam sei: RG JW 36, 1953.

tretene Kaufpreisforderung selbst einzuziehen. Mit der Einziehung erlischt die Kaufpreisforderung gegenüber dem Schuldner, und damit verliert der Lieferant seine Sicherheit. Stattdessen ist das Geld beim Vorbehaltskäufer, der es an den Lieferanten zur Erfüllung seiner Verbindlichkeit aus der Lieferung weiterleiten kann und dazu ja auch verpflichtet ist. Die gleiche Lage trete durch Factoring ein: Der Vorbehaltskäufer erhalte vom Factor den Wert der Kaufpreisforderung in Form des Barvorschusses, der wie beim Selbsteinzug durch den Vorbehaltskäufer an den Lieferanten weitergeleitet werden könne und solle. Aus dieser Ausgangssituation haben *Serick* und *Canaris* teils übereinstimmende, teils unterschiedliche Folgerungen gezogen.

1684 *bb) Canaris* meint, die Rechtsstellung des Lieferanten könne „nicht gut nur deshalb ungünstiger sein, weil der Vorbehaltskäufer das Inkasso seiner Forderung nicht selbst vornimmt, sondern stattdessen ein Factoring-Geschäft abschließt“[48]. Wenn und soweit der Factor den Barvorschuss an den Vorbehaltskäufer zahle, sei die Vertragsbruchslehre im Falle früherer antizipierter Globalzession an den Factor daher nicht anwendbar, die Factoring-Zession also wirksam, ja, es wird darüberhinaus die weitere Frage gestellt, ob sie selbst dann, wenn der Lieferant die Factoring-Zession ausdrücklich untersagt hat, die Untersagung nicht ihrerseits gem. § 138 Abs. 1 BGB sittenwidrig ist bzw., wenn das Verbot in den Allgemeinen Geschäftsbedingungen des Lieferanten ausgesprochen ist, gem. § 307 BGB gegen Treu und Glauben verstößt. Da die Abtretung aber durch ihr Kausalgeschäft, den Kauf, auflösend bedingt sei, entfalle die Factoring-Zession, wenn auf die Kaufpreisforderung der Barvorschuss gezahlt werde (**Barvorschusslehre**), auch etwa im Falle der Verrechnung der Kaufpreisforderung mit anderen Ansprüchen des Factors an den Vorbehaltskäufer. Gem. § 158 Abs. 2, 2. Halbsatz fällt die Forderung also danach wieder dem Lieferanten mit Wirkung ex nunc zu, wenn feststeht, dass der Barvorschuss nicht gezahlt wird.

1685 *Serick* misst die Kollisionsproblematik ebenfalls an der Einziehungsermächtigung, die dem Vorbehaltskäufer mit der Weiterverkaufsbefugnis erteilt sei und fragt, wann vom **Einverständnis** des Lieferanten in die Factoring-Abtretung ausgegangen werden könne. Sei die wirtschaftliche Lage des Lieferanten ebenso wie im Falle des Selbsteinzugs durch den Vorbehaltskäufer, decke die Einziehungsermächtigung auch ein Factoring-Geschäft[49]. Sei die Lage des Lieferanten bei der Factoring-Abtretung aber merklich ungünstiger als im Falle der Einziehung beim Weiterverkauf, sei vom generellen Einverständnis des Vorbehaltskäufers nicht auszugehen und in der Factoring-Globalabtretung Verleitung zum Vertragsbruch im Verhältnis zwischen Vorbehaltskäufer und Lieferant durch den Factor zu sehen[50].

1686 Im einzelnen ist zum Lagevergleich erwogen worden:

– **Risiko der anderweitigen Verwendung**: Was die Gewähr für den Lieferanten betreffe, das vom Factor an den Vorbehaltskäufer gezahlte Geld auch zu erhalten, sei ein Unterschied zur Selbsteinziehung durch den Vorbehaltskäufer nicht zu erkennen[51]. Auch beim Selbsteinzug habe der Liefe-

---

48 Großkommentar HGB, Anh. nach § 357 HGB Rn. 605.

49 NJW 81, 794 (797) sowie Neue Rechtsentwicklungen, S. 172 ff.; BGHZ 69, 254 (258).

50 *Serick*, Bd. IV, § 52 (S. 580 ff.); NJW 81, 734 (738); BB 79, 845 (849 f.).

51 *Canaris*, Großkommentar HGB, Anh. § 357 HGB Rn. 605; NJW 81, 249 (250); *Blaurock*, NJW 78, 1974; *Dempewolf*, NJW 60, 2035 (2036); *Hill*, Interessenkollisionen, S. 173; LG Frankfurt BB 67, 1309 und LG Mainz BB 60, 1038 (1039).

rant nämlich keine Gewähr dafür, den an den Vorbehaltskäufer gezahlten Kaufpreis aus dem Weiterverkauf zu erhalten. Auch sei es wie bei der Factoring-Zahlung in der Macht des Vorbehaltskäufers, den Kaufpreis anderweitig zu verwenden[52].

– **Factor-Provision**: Der Lagevergleich führe auch zur Gleichartigkeit zwischen Selbsteinzug und Factor-Einzug hinsichtlich des an den Vorbehaltskäufer gezahlten Betrages[53]. Zwar erhalte der Vorbehaltskäufer nicht den Gesamtbetrag aus der Kaufpreisforderung, da der Factor seine Provision abziehe. Diese sei aber in der Regel nur so hoch, dass zwar der Gewinn aus dem Weiterverkauf durch den Vorbehaltskäufer geschmälert werde, aber der ausgezahlte Betrag übersteige doch die Kaufpreisschuld gegenüber dem Lieferanten. Anders ist es, wenn die Forderung, die an den Factor abgetreten wird, bereits vorher zum Zwecke der Kreditsicherung abgetreten worden war: Hier hat die Bank nämlich Anspruch auf die gesamte Forderung und die Factor-Provision mindert ihr Recht, so dass in diesem Fall nicht vom Einverständnis der Bank ausgegangen werden könne[54].

– **Widerruf der Einziehungsermächtigung**: Der Lagevergleich bezüglich des Rechts des Lieferanten, die Einziehungsbefugnis des Vorbehaltskäufers zu widerrufen, zeige zwar Unterschiede für Factor-Abtretung und Selbsteinzug für den Fall, dass die Kaufpreisforderung vom Factor vor Fälligkeit an den Anschlusskunden (den Vorbehaltskäufer) ausgezahlt wurde[55]. Führe der Vorbehaltskäufer den Barvorvorschuss nicht ab und gerate er vor Fälligkeit der Kaufpreisforderung in die Krise, könnte der Lieferant die Einziehungsermächtigung widerrufen und die Kaufpreisforderung selbst einziehen, was bei wirksamer Factoring-Abtretung vereitelt würde[56]. Dies sei jedoch regelmäßig zu vernachlässigen.

Insoweit stimmen *Serick* und *Canaris* in den Ergebnissen überein.

b) Die Unterschiedlichkeit der Lage bei echtem und unechtem Factoring

aa) Kontrovers sind die Folgerungen bei der rechtlichen Einordnung und den Rechtsfolgen von echtem Factoring einerseits und unechtem Factoring andererseits. Bei unechtem Factoring bleibt der Vorbehaltskäufer bis zum erfolgreichen Einzug der Kaufpreisforderung Schuldner des Factors[57] wegen des möglicherweise zurückzuzahlenden Barvorschusses. Bei Insolvenz des Vorbehaltskäufers wird der Factor Insolvenzgläubiger zusammen mit dem Lieferanten, wenn dieser vom Vorbehaltskäufer noch nicht befriedigt wurde, und entsprechend verringert sich die Insolvenzquote[58]. Ohne die Factoring-Abtretung wäre der Lieferant nicht nur Inhaber der Kaufpreisforderung, sondern auch Insolvenzgläubiger ohne die Konkurrenz des Factors und also mit höherer Insolvenzquote. Trägt der Factor dagegen das Risiko der Uneinbringlichkeit der Weiterverkaufsforderung, indem er in diesem Falle den Vorbehaltskäufer nicht mehr belasten darf, nämlich bei echtem Factoring, ist er mit Forderungskauf und -abtretung nicht mehr Gläubiger des Vorbehaltskäufers und nimmt nicht am Insolvenzverfahren teil. Durch echtes Factoring verschlech- **1687**

52 Das leugnet *Baur*, BB 78, 1371.

53 BGHZ 69, 254 (258); 72, 15 (21).

54 BGH NJW 80, 772 mit Anm. *Muscheler*, BB 80, 490 – auch der Vorbehaltskäufer kann freilich, ohne das Handeln innerhalb ordnungsgemäßen Geschäftsverkehrs aufzugeben, sogar unter Einstandspreis verkaufen, Staudinger/*Honsell*, § 455 HGB Rn. 57.

55 *Canaris*, NJW 81, 249 (250); auch *K. Schmidt*, DB 77, 65 (66).

56 *Serick*, Bd. IV, § 52 (S. 581); BB 79, 845 (849 f.); NJW 81, 794 (797); *Glomb*, Finanzierung durch Factoring, S. 85, 89 f., dagegen *Canaris*, NJW 81, 249 (251); 1347 (1349); OLG Bremen BB 80, 803; *Blaurock*, ZHR 142 (1978), 325 (339).

57 Zurückbelastungsmöglichkeit bei Wechseln *Muscheler*, NJW 81, 657 zu BGH NJW 79, 1704 mit Anm. *Henseler*, BB 79, 1261; *Bette/Marwede*, BB 80, 23; zur Rechtsnatur des unechten Factoring (Forderungskauf – Darlehen), BGH NJW 72, 1715; 80, 44; *Serick*, BB 76, 425 (427 f.); 79, 845 (848).

58 *Serick*, Bd. IV § 52 (S. 581); BB 79, 845 (849 f.); NJW 81, 794 (797).

tere sich die Insolvenzlage des Lieferanten also nicht, nur durch unechtes Factoring. Damit taucht die Frage auf, ob die rechtliche Bewertung von Factoring nach echtem oder unechtem Factoring zu differenzieren sei, ob also auch im letzteren Falle die Verfügung des Vorbehaltskäufers über die Kaufpreisforderung vom generellen Einverständnis des Lieferanten zum Weiterverkauf nebst Einzug der Kaufpreisforderung gedeckt ist oder ob diese Folgerungen im Insolvenzfall vernachlässigt werden können.

1688 *Serick* lehrt, die Vertragsbruchslehre sei am Fall der Kollision von zwei Abtretungen entwickelt worden, die Sicherungszwecken dienten, und sie löse den Konflikt der beiden Sicherungsgeber[59]. Auch die dem unechten Factoring zugrundeliegende Abtretung habe den Zweck der Sicherung. Deshalb sei die Vertragsbruchslehre auf unechtes Factoring anwendbar mit der Folge, dass die frühere Globalzession an den Factor sittenwidrig und nichtig sei.

1689 *Canaris* trägt demgegenüber vor: Auch beim echten Factoring gebe es ein Rückbelastungsrecht des Factors, wenn auch nicht im Falle mangelnder Bonität, so im Falle mangelnder Verität[60], wenn der abgetretenen Forderung also Rechtsgründe entgegenstehen[61]. Im Zeitpunkt der Factor-Globalzession brauche aber noch gar nicht festzustehen, ob die Bedingung, der Forderungskauf, mit oder ohne Rückbelastungsrecht bei mangelnder Bonität vereinbart werde, und deshalb sei bestenfalls das Kausalgeschäft, der jeweilige Forderungskauf, nichtig, während das Verfügungsgeschäft, die Abtretung, in ihrer Wirksamkeit unberührt bleibe[62]. Bei Nichtigkeit der einzelnen Factoring-Kausalgeschäfte belastet der Rückforderungsanspruch des Factors aus § 812 BGB zwar die Insolvenzmasse, aber dafür sei das Vermögen des Gemeinschuldners durch die Zahlung des Barvorschusses zuvor vermehrt worden. Der Konflikt entstehe nur bei Zusammenballung ungünstiger Umstände: Der Vertragspartner des Vorbehaltskäufers müsse illiquide sein, der Barvorschuss dürfe entgegen seiner Bestimmung nicht an den Vorbehaltskäufer weitergeleitet und nicht zur Minderung anderer Gläubigerforderungen verwendet worden sein. Schließlich habe der Lieferant kein legitimes Interesse daran, dass der Vorbehaltskäufer nicht zusätzliche Schulden mache und so die Zahl der potentiellen Insolvenzgläubiger vermehre[63]. Aus all diesen Gründen sei die denkbare schlechtere Stellung des Lieferanten in der Insolvenz zu vernachlässigen mit der Folge, dass die Vertragsbruchslehre auch auf unechtes Factoring nicht anwendbar sei, echtes wie unechtes Factoring also Vorrang vor dem verlängerten Eigentumsvorbehalt hätten.

1690 *bb)* Der **Bundesgerichtshof** ist *Serick* gefolgt[64]: Auf echtes Factoring sei die Vertragsbruchslehre nicht anwendbar; obligatorische Grundlage sei ein Kaufgeschäft, bei dem vom Einverständnis des Lieferanten zur Abtretung an den Factor auszugehen sei. Unechtes Factoring sei dagegen ein Kreditgeschäft, das nach der Vertragsbruchslehre zu beurteilen sei.

---

59 NJW 81, 794 (798) sowie 1715; BB 79, 845 (848 f.); Neue Rechtsentwicklungen, S. 169; *Heidland*, KTS 70, 165 (178); *Michels*, BB 76, 325 (327); *Rödl*, DB 67, 1301 (1303); auch der BGH bezeichnet unechtes Factoring als Kreditgeschäft: NJW 80, 44 und BGHZ 82, 50 (61); a.A. *Bette*, Factoring-Geschäft, S. 86; *Canaris*, NJW 81, 249 (250); *Nordhues*, Globalzession, S. 81 ff., 157 f.

60 NJW 81, 249 (251) sowie *Larenz/Canaris*, Schuldrecht II/2, § 65 III. 2. b. (S. 92 ff.), auch *Hill*, Interessenkollisionen, S. 156; *Finger*, BB 69, 765 (767); *Klaas*, NJW 68, 1502 (1506); *Blaurock*, ZHR 142 (1978), 325 (340); vgl. auch die Bemerkungen von *Serick* dazu in ZHR 143 (1979), 68 und die Erwiderung von *Blaurock*, S. 71.

61 *Esser/Weyers*, Schuldrecht BT, § 4 IV. 2. (S. 24).

62 NJW 81, 249 (250/251).

63 So auch OLG Bremen BB 80, 804; *Schmitz*, NJW 78, 201 (202).

64 BGHZ 82, 50 (61); *Reeb*, Kreditfinanzierung, S. 439; *Haertlein*, JA 2001, 808 (812); a.A. OLG München WM 75, 281 (282); *Fikentscher*, Schuldrecht, Rn. 611; differenzierend nach echtem und unechtem Factoring auch *Hiemsch*, Kollision, S. 233; tendenziell Bevorzugung des Factors im englischen Recht, vgl. *Nicklaus*, Kollision, S. 186.

cc) Eine Argumentationsanalyse ergibt: Dem Einwand des Rückbelastungsrechts bei mangelnder Verität kann entgegengehalten werden, dass der Vorbehaltskäufer auch ohne Einschaltung des Factors mit der Rückforderung des von seinem Abnehmer gezahlten Entgelts rechnen muss[65]. Im Übrigen könnte der Einwand statt für echtes Factoring auch dagegen sprechen. Steht im Zeitpunkt der Globalabtretung noch nicht fest, ob im späteren Einzelfall echtes oder unechtes Factoring vereinbart wird, so ist doch der spätere potentielle Vertragsbruch nicht von der Hand zu weisen, der schon mit der Globalabtretung vorbereitet wird und deshalb im Sinne der Vertragsbruchslehre die Sittenwidrigkeitsbewertung zu tragen vermag. Keinen Anhaltspunkt gegen die Anwendbarkeit der Vertragsbruchslehre gibt auch die Überlegung her, das Vermögen des Vorbehaltskäufers sei durch den Barvorschuss zuvor vermehrt worden, gilt sie doch gleichermaßen für den Fall der Auszahlung von Darlehensvaluta durch einen Geldkreditgeber, an dessen Fall die Vertragsbruchslehre gerade entwickelt worden ist[66] (vorst. Rn. 1655). Zweifelhaft erscheint überdies die Vorstellung, der Vorbehaltskäufer leite gerade das aus der Kaufpreisforderung erhaltene Geld in Höhe des Einkaufspreises an den Lieferanten weiter: Bei ordnungsgemäßem Geschäftsgang dürften offene Verbindlichkeiten aus verfügbaren Mitteln, auf welchen Geldeingängen sie immer beruhen, bei Fälligkeit und unabhängig von der Zahlung durch den Abnehmer beglichen werden, richtet sich doch auch die Fälligkeit der Forderung des Lieferanten nicht nach der Fälligkeit der Forderung des Vorbehaltskäufers gegenüber seinem Schuldner. Die Zusammenballung ungünstiger Umstände, die den Konfliktfall erst entstehen lassen mag, nimmt dem Lieferanten nicht das legitime Interesse, sich durch gezielte Rechtsformenwahl mittels verlängerten Eigentumsvorbehalts gerade dagegen zu schützen[67]. Auch mag sich die Insolvenzquote hinsichtlich der einzelnen Forderungen des Lieferanten nur geringfügig verändern, im Blick auf sämtliche rückbelastete Barvorschüsse, deren Berücksichtigung für den Factor als Insolvenzgläubiger im Raum steht, kann dieser im Einzelfall die Masse abschöpfen[68]. Schließlich kann der Lieferant zwar nicht verhindern, dass sich der Vorbehaltskäufer neue Gläubiger schafft. Eine andere Frage ist aber, ob er es geschehen lassen muss, dass seine Sicherheiten beeinträchtigt werden. 1691

Insgesamt ist festzustellen, dass weder die eine noch die andere Argumentation die Lösung zwingend vorzuzeichnen vermag.

3. Rückbesinnung auf die Rechtsgeschäftslehre

a) Kriterien der Vertragsbruchslehre

Vielleicht liegt die mangelnde Überzeugungskraft der gegensätzlichen Positionen daran, dass das Problem einerseits nicht präzise genug an den Kriterien der Vertragsbruchslehre gemessen wird und dass andererseits der Individualwille des Lieferanten vernachlässigt wird, vielmehr mit den Erörterungen zum Lagevergleich dem Lieferanten unabhängig von seinem Willen das zugewiesen wird, was objektiv gleichwertig sein mag. Sein Extrem findet diese Betrachtungsweise in der Lehre, nach der sich der Lieferant mit allem zufrieden geben muss, was an die Stelle der abgetretenen Sicherungsforderung durch „deckungsgleiche Verfügung" des Vorbehaltskäufers getreten ist[69]. Bei der Frage, ob der Lieferant seine Einwilligung in die Abtretung an den Factor erteilt, geht es aber um Willenserforschung und nicht nach dem, was für eine Wirtschaftsordnung zweckmäßig und vernünftig 1692

65 BGHZ 72, 15 (21); *Serick*, NJW 81, 794 (795/796).

66 *Serick*, NJW 81, 294 (298); *Kübler*, ZIP 80, 547; BGHZ 82, 50 (61), wenngleich die Argumentation der Vertragsbruchslehre auf jede Art von Abtretung, nicht nur auf solche zu Sicherungszwecken, passt.

67 *K. Schmidt*, DB 77, 65 (66); *Bähr*, NJW 79, 1281.

68 *Kuhnt*, BB 81, 334 (335).

69 *Bette/Marwede*, BB 79, 121 (123), dagegen BGHZ 82, 15 (62 f.) sowie *Berghaus*, Kollision, S. 165.

sein mag, ja, bis zur Sittenwidrigkeits- und Gesetzwidrigkeitsgrenze kann niemandem verwehrt werden, sich ökonomisch unvernünftig zu verhalten[70]; was unvernünftig erscheint, kann gerade auch aus ökonomischer Sicht innovativ sein. Jedenfalls gründen sich alle Lehren zur Lösung des Konflikts zwischen Factor und Lieferant auf das Einverständnis des Lieferanten in die Abtretung seiner Forderung an den Factor, die er sich gerade hatte selbst abtreten lassen. Dieses Einverständnis ist im deutschen Privatrecht ausschließlich aus der Rechtsgeschäftslehre herleitbar.

1693 Nach der Vertagsbruchslehre ergibt sich die Sittenwidrigkeit gem. § 138 Abs. 1 (vorst. 1137), wenn

- der Zedent mit der antizipierten Abtretung zwangsläufig anderweitige Vereinbarungen bezüglich der Forderung verletzt (objektives Tatbestandselement) und
- die Parteien, also Zedent und Zessionar, in Kenntnis dieser Tatumstände gleichwohl den Abtretungsvertrag abschließen und daher auch das subjektive Tatbestandselement der Sittenwidrigkeit erfüllt ist.

Ein Vertragsbruch scheidet also aus, wenn der Lieferant seine **Zustimmung** zur Factor-Abtretung gibt. Ob und wann davon auszugehen ist, lässt sich leichter an der Fallgestaltung klären, dass die Abtretung durch verlängerten Eigentumsvorbehalt früher liegt als die Factor-Abtretung. Die dabei gefundenen Ergebnisse können dann auf den Fall der früheren antizipierten Factoring-Globalzession angewandt werden.

b) Ausgangspunkt: Priorität der Abtretung an den Lieferanten

1694 Schloss der Vorbehaltskäufer mit dem Lieferanten den Kaufvertrag, der das verlängerte Eigentum vorbehält, früher ab als den Vertrag mit dem Factor, hat die Abtretung derjenigen Kaufpreisforderung, die durch den Weiterverkauf der Vorbehaltsware entsteht, an den Lieferanten zeitliche Priorität vor der Factor-Abtretung.

1695 *aa)* Der Lieferant wird Gläubiger der Kaufpreisforderung. Er verliert sie erst mit der Erfüllung durch den Schuldner, den Abnehmer des Lieferanten. Die Kaufpreisforderung wird erfüllt

- durch Leistung des Schuldners an den Lieferanten als Gläubiger oder
- durch Leistung an den Vorbehaltskäufer als Erfüllung gem. §§ 362 Abs. 2, 185 Abs. 1, wenn der Lieferant dem Vorbehaltskäufer Einziehungsermächtigung erteilt und sie nicht widerrufen hatte.

Im letzten Fall trägt der Lieferant das Risiko, dass der Vorbehaltskäufer mit dem empfangenen Geld den Lieferanten nicht bezahlt und dessen Forderung trotz Verlusts der Sicherung offenbleibt.

1696 Auch wenn der Lieferant die Einziehungsermächtigung widerruft, verliert er dieses Risiko erst, wenn er den Schuldner der Kaufpreisforderung davon benachrichtigt. Andernfalls kann der Schuldner auf den Fortbestand der Einziehungsermächtigung vertrauen. Nach dem in §§ 170, 171 Abs. 2, 172 Abs. 2, 173 BGB zum Ausdruck gekommenen Rechtsgedanken wirkt die Leistung des gutgläubigen Schuldners an den Vorbehaltskäufer

70 Siehe den vergleichbaren Konflikt bei der Auslegung des bereicherungsrechtlichen Leistungsbegriffs, *Weitnauer*, NJW 79, 2008 (2010/2011).

unter dem Gesichtspunkt des Einziehungsermächtigungsanscheins befreiend (oben Rn. 1587), der Lieferant verliert die Forderung[71]. Gleiches gilt, wenn die Einziehungsermächtigung von vornherein nicht erteilt worden war, der Schuldner aber von der Erteilung ausgehen durfte.

bb) Ob die Einwilligung in die Abtretung der Kaufpreisforderung – ausdrücklich oder konkludent in der Einziehungsermächtigung enthalten – erteilt wurde, ergibt sich aus dem Inhalt der Vereinbarung zwischen Lieferant und Vorbehaltskäufer im Rahmen des verlängerten Eigentumsvorbehalts. **1697**

Drei Fallgruppen sind zu unterscheiden:

– **Einwilligung**: Hat der Lieferant in die Factor-Zession eingewilligt, ist die rechtliche Beurteilung problemlos: Der Factor erwirbt die Kaufpreisforderung gem. §§ 398, 182 Abs. 1 BGB. **1698**

– **Ausschluss der Einwilligung**: Hat der Lieferant dagegen die Zustimmung in die Abtretung seiner Kaufpreisforderung nicht erteilt, die Abtretung also ausdrücklich verboten oder eine einmal erteilte Einwilligung widerrufen, handelt der Vorbehaltskäufer mit der Abtretung an den Factor als unbefugter Nichtberechtigter. Der Factor kann nicht Forderungsinhaber werden. **1699**

– **Keine Regelung** zur Frage Der Einwilligung: Der Parteiwille ist durch Auslegung zu ermitteln (nachf. Rn. 1708). **1700**

Allerdings mag zu erwägen sein, ob der Ausschluss des Forderungserwerbs durch Ausschluss der Einwilligung zu verneinen wäre, wenn die Untersagung der Abtretung gem. §§ 138 Abs. 1 bzw. 307 BGB als unwirksam erachtet werden müsste. Es wäre zu fragen, ob die Untersagung der weiteren Abtretung als „übermäßiger Eigennutz" des Lieferanten als „skandalöse Missachtung der Interessen des Vorbehaltskäufers"[72] anzusehen ist, die nicht mehr der dem Lieferanten zugeordneten Sicherungsfunktion der Kaufpreisforderung untersteht, sondern in die dem Vorbehaltskäufer zugeordnete Kapitalherrschafts- und Investitionsfunktion[73] eingreift und ob darauf das Unwerturteil zu stützen ist. Eine derartige rechtliche Konstruktion ist indessen unhaltbar. **1701**

Geht man davon aus, dass die Unwirksamkeit der Unterlassung der Abtretungseinwilligung die Wirksamkeit des verlängerten Eigentumsvorbehalts gem. §§ 139, 306 Abs. 1 BGB im Übrigen unberührt lässt, gibt es zwar keine Untersagung der Abtretung, aber darum auch noch keine Einwilligung zur Abtretung an einen Factor. Diese müsste dem Lieferanten vielmehr trotz erklärtem entgegenstehenden Willen unterstellt werden, um im Wege „sittenkonformer Auslegung gem. § 157 BGB"[74] zur Wirksamkeit der Factor-Abtretung zu gelangen – ein kaum nachvollziehbarer Weg: Wer **1702**

---

71 *Canaris*, NJW 81, 249 (254) und Vertrauenshaftung, S. 72; dazu auch *Bülow*, NJW 82, 630 in Anmerkung zu BGH NJW 82, 571.

72 *Canaris*, NJW 81, 249 (254); ähnlich *Glomb*, Finanzierung durch Factoring, S. 125; *Blaurock*, NJW 78, 1974; *Bette/Marwede*, BB 79, 123 (125); *v. Westphalen*, DB 78, 68 (69 f.); *Serick*, Bd. IV. § 52 (S. 575) hält nicht das Abtretungsverbot, sondern die Einschränkung der Veräußerungsermächtigung für knebelnd (missverständlich *Canaris*, a.a.O., Fn. 44); a.A. BGH NJW 60, 1713; Staudinger/*Honsell*, § 455 BGB Rn. 59; *Nirk*, NJW 71, 1913 (1916 ff.); BGH NJW 80, 2245.

73 *Canaris*, NJW 81, 249 (259); dazu krit. *Bähr*, DB 81, 1759 (1763/1764); *Hübner/Goerke*, JA 84, 269 (272).

74 *Canaris*, NJW 81, 249, 252; auch *Larenz/Canaris*, Schuldrecht II/2, § 65 I. 3. b. (S. 96).

die Abtretung ausdrücklich verbietet, kann nicht den hypothetischen Willen haben, sie doch zu erlauben[75].

1703 Bahnt man sich gleichwohl diesen Weg, bleibt die Tragfähigkeit der Ausgangsthese zu untersuchen. Selbst wenn man nicht anzweifelt, dass dem Lieferanten die Sicherungsfunktion der abgetretenen Forderung, dem Vorbehaltskäufer die Kapitalherrschaftsfunktion daran zugeordnet sein solle und der Vorbehaltskäufer ein billigenswertes Interesse an der Wahrnehmung dieser Funktion habe, hat es ein Vorbehaltskäufer kraft Privatautonomie aber doch in der Hand, sich dieser Funktion zu begeben, also gegenüber dem Interesse an Warenbezug und Warenkredit hintanzustellen zugunsten der Erweiterung der Sicherungsfunktion für den Lieferanten. Dessen Bedürfnis an Sicherung des Warenkredits ist als solches nicht missbilligenswert, vielmehr institutionsgerechte Rechtsformenwahl, für die gute Gründe sprechen können. Kriterien für die Interessen des Lieferanten sind etwa die Dispositionsmöglichkeiten über die Kaufpreisforderung überhaupt, die längere Widerrufsmöglichkeit im Hinblick auf die Einziehungsermächtigung, vielleicht frühere schlechtere Erfahrungen in der Auseinandersetzung mit Factor-Banken, das Interesse an Weiterleitung des eingezogenen Kaufpreises durch den Vorbehaltskäufer an den Lieferanten etwa in folgender Fallgestaltung: Vorbehaltskäufer und Lieferant können vereinbaren, die Abnehmer des Vorbehaltskäufers sollten die Kaufpreisforderung durch Zahlung auf ein Bankkonto befriedigen, dessen Guthaben bis zur Höhe der dem Lieferanten zustehenden Forderung an diesen abgetreten ist und zu dessen Verfügung steht, was durch Factoring, auch durch echtes, vereitelt würde, wenn der Schuldner an den Factor zahlt. Sittenwidrig würde die Berücksichtigung dieser Lieferanteninteressen erst, wenn dadurch die wirtschaftliche Bewegungsfreiheit des Vorbehaltskäufers in einem Ausmaß beengt würde, dass der Tatbestand der Knebelung erfüllt ist (oben Rn. 1130). Im Regelfall wird ein Vorbehaltskäufer aber nicht geknebelt, wenn ihm aufgrund Vereinbarung lediglich eine von vielen Finanzierungsformen, nämlich Factoring, genommen wird. Die guten Sitten stehen dem Unterlassen einer Erlaubnis also nicht entgegen.

1704 Es mögen allerdings Sonderfälle verbleiben, in denen der erklärte Ausschluss der Einwilligung die Abtretung an den Factor nicht hindert. Erklärt der Lieferant nämlich sein **Einverständnis zur Teilnahme** des Vorbehaltskäufers **am Factoring-Verfahren**, so kann das nichts anderes bedeuten, als dass damit auch die Einwilligung in die Abtretung erklärt ist; sonst funktioniert Factoring nicht. Wer trotz dieses Einverständnisses widersprüchlicherweise die Abtretung an den Factor untersagt, kann mit dieser Untersagung sein soeben erklärtes und nach seinem Willen nach wie vor gültiges Einverständnis nicht selbst wieder unterlaufen. In Wahrheit liegt eine Erklärung nach der ersten Fallgruppe vor (Rn. 1698), der Vorbehaltskäufer darf die Forderung an den Factor abtreten[76].

1705 Die Befugnis des Vorbehaltskäufers, die an den Lieferanten abgetretene Kaufpreisforderung an einen Dritten abzutreten, kann also durch Vereinbarung ausgeschlossen werden.

1706 Abschließend ist die Frage des Forderungserwerbs durch den Factor bei Ausschluss der Einwilligung damit aber noch nicht geklärt. Handelt der Vorbehaltskäufer als Nichtberechtigter und ist er auch nicht verfügungsberechtigt, steht die Frage des Rechtsscheinerwerbs der Forderung durch den Factor im Raum dergestalt, dass der Factor gutgläubig und dem Lieferanten zurechenbar von der erteilten Einwilligung in die Abtretung ausgehen dürfe[77]. Auch ein solches Ergebnis erweist sich indessen als nicht haltbar.

---

75 In diesem Fall erklärt der Lieferant entgegen *Martinek*, Moderne Vertragstypen, S. 300, auch nicht sein generelles Einverständnis zur Teilnahme am Factoring-Verfahren; Lösungsmöglichkeiten durch AGB zeigen *Peters/Wiechmann*, ZIP 82, 1406 und NJW 85, 2932 sowie *Schmitz/Weckauf*, NJW 85, 466 auf.

76 Dagegen kann entgegen *Martinek*, Moderne Vertragstypen, S. 300, nicht generell vom Einverständnis des Lieferanten in die Teilnahme am Factoring-Verfahren ausgegangen werden.

77 *Canaris*, NJW 81, 249 (254); *Bülow*, AcP 186 (1986), 576 (589).

Bekanntlich ist dem deutschen Privatrecht, von der besonderen Konstellation in § 405 BGB und vom Wertpapierrecht (Art. 1 WG. Art. 21 ScheckG) abgesehen, der gutgläubige Forderungserwerb fremd, also dann, wenn der vermeintliche Erwerber den vermeintlichen Zedenten gutgläubig für den Forderungsinhaber hält. Reicht also noch nicht einmal der gute Glaube an die Inhaberschaft aus, kann der gute Glaube – nur – an die Verfügungsbefugnis nicht genügen. Nur soweit es um Schuldnerschutz geht, bietet das Gesetz für Verfügungen eine Regelung (§§ 407[78], 408 BGB, Einziehungsermächtigungsanschein, oben Rn. 1428, 1454). Den Schutz des Gläubigers als Erwerber sieht das Gesetz jedoch nicht vor. Deshalb ist der in §§ 170 ff. BGB für Handeln im fremden Namen zum Ausdruck gekommene Rechtsgedanke nicht für das Handeln des unbefugten Nichtberechtigten im eigenen Namen zugunsten des Gläubigers anwendbar. Mag deshalb der Factor auch an die erteilte Einwilligung zur Abtretung glauben, die Forderung erwirbt er nicht. **1707**

cc) Es verbleibt die dritte Fallgruppe (vorst. Rn. 1700). Ist die Frage der Zustimmung zur Abtretung der Kaufpreisforderung weder zugelassen noch ausgeschlossen, enthält der verlängerte Eigentumsvorbehalt hierzu also überhaupt **keine Regelung**, ist der Parteiwille durch **Auslegung** gem. §§ 133, 157 BGB zu ermitteln (diese Fallkonstellation ist Gegenstand der Entscheidungen des Bundesgerichtshofs gewesen[79]). Ansatzpunkt der Auslegung ist die Einziehungsermächtigung. Zu fragen ist also, ob diese auch die Zustimmung zur Abtretung an den Factor erfasst, anders gewendet: Was Lieferant und Vorbehaltskäufer bei vernünftiger Interessenabwägung nach Treu und Glauben vereinbart hätten, wenn der Fall des Factoring-Geschäfts von ihnen bedacht worden wäre. Hier sind zwei Fallgruppen zu unterscheiden: **1708**

– Sofern noch nicht einmal die Einziehungsbefugnis für den Vorbehaltskäufer erteilt war (oder bei ihrem Widerruf), erscheint die Auslegung des Eigentumsvorbehalts problemlos: Der Lieferant will die Kaufpreisforderung selbst einziehen und dies weder dem Vorbehaltskäufer noch anderen überlassen, um dem darin liegenden Risiko zu entgehen (vorst. Rn. 1695). In diesem Fall ist die Auslegung als Einwilligung in die Factor-Zession also ausgeschlossen. **1709**

– In der zweiten Fallgruppe wird die Einziehungsermächtigung ausdrücklich oder konkludent, wie bei verlängertem Eigentumsvorbehalt regelmäßig anzunehmen, erteilt und die Kaufpreisforderung vor dem Widerruf der Einziehungsermächtigung an den Factor abgetreten. Kann in diesem Fall die Verfügung des Vorbehaltskäufers als durch die Einziehungsermächtigung mitgedeckt angesehen werden, so dass die Abtretung gem. § 185 Abs. 1 BGB wirksam ist? **1710**

Für die Feststellung des hypothetischen Parteiwillens berücksichtigen die zuvor (Rn. 1681) dargestellten Erwägungen zum Lagevergleich zwischen Schuldner-Zahlung und Factor-Zahlung nicht genügend, dass der Lieferant, hält man die Factoring-Abtretung für wirksam, seine Sicherungsforderung **früher** verlöre als bei Tilgung durch den Schuldner der Weiterverkaufsforderung, nämlich schon mit dem Zeitpunkt des Gläubigerwechsels, dem Übergang der Forderung vom Vorbehaltskäufer auf den Factor, und nicht erst durch Zahlung selbst gem. § 362 Abs. 1 BGB. Damit verliert der Lieferant seine Dispositionsmöglichkeit über die Weiterverkaufsforderung, insbesondere die Möglichkeit, die Einziehungsermächtigung zu widerrufen (oben Rn. 1478 f.), um den Weiterverkaufspreis **1711**

78 Die Mitteilung an den Schuldner: „Wir nehmen am Factoring teil" bewirkt keine schädliche positive Kenntnis, OLG Bremen NJW 87, 912.

79 BGHZ 69, 254; 72, 15; 82, 50.

selbst einzuziehen. Wieso sollte der Lieferant mit einer derartigen Schwächung seiner Sicherungsstellung einverstanden sein oder gar müssen?

1712 Dem Lieferanten wird es zwar recht sein, wenn der Vorbehaltskäufer vom Factor Geld für die Kaufpreisforderung erhält (den Barvorschuss, vorst. Rn. 1677), das dann an ihn weitergeleitet werden kann. Aber erst, wenn der Barvorschuss tatsächlich ausgezahlt ist, steht der Lieferant ebenso da, wie wenn der Schuldner der Weiterverkaufsforderung gezahlt hätte. Damit fragt sich, ob der hypothetische Wille zur Einwilligung des Lieferanten in die Factoring-Abtretung mit der Maßgabe anzunehmen ist, dass der Vorbehaltskäufer den Barvorschuss erhält. Eine solche in der Laiensphäre gewachsene Vorstellung ist, in juristische Begriffe transformiert[80], eine **aufschiebend bedingte Einwilligung**. Von solchem Willen wird man in der Tat ausgehen können, wenn den Interessen des Lieferanten in gleicher Weise Rechnung getragen wird wie beim vom Käufer und Verkäufer geplanten Einzug durch den Vorbehaltskäufer, wenn der Vorbehaltskäufer also den Kaufpreis erhält. Das ist der Fall: Geht es darum, die Dispositionsbefugnis des Lieferanten der vertraglichen Regelung im verlängerten Eigentumsvorbehalt gemäß zu gestalten, ist dieses Ziel erreicht, wenn die Zustimmung für den Fall des Geldzuflusses erteilt wird, die Wahrung der Lieferanteninteressen also feststeht. Für den hypothetischen Willen des Lieferanten kommt es also darauf an, ob Geld in die Kasse des Vorbehaltskäufers kommt, sei es durch Zahlung des Weiterverkaufspreises seitens des Abnehmers, sei es durch Zahlung des Barvorschusses durch den Factor. Bis zum Eintritt dieses Zeitpunkts kann aber nicht davon ausgegangen werden, dass der Lieferant in eine Schwächung seiner Sicherungsstellung einwilligt (was auch der Fall ist, wenn man mit der Barvorschusslehre von auflösend bedingter Abtretung ausgeht, die gem. § 158 Abs. 2 Satz 2 BGB eben nur ex nunc wirkt, vorst. Rn. 1684).

1713 Auch etwaige Rückzahlungsansprüche des Factors im Falle unechten Factorings ändern nichts[81]. Sie hindern den Vorbehaltskäufer nicht, mit dem Geld gleichwohl den Lieferanten zu befriedigen. Andererseits muss der Lieferant, wenn der Vorbehaltskäufer das Geld nicht an ihn weiterleitet und zahlungsunfähig wird, ohnehin mit einer Vielzahl konkurrierender Gläubiger rechnen, auf deren Beschränkung er keinen Einfluss hat. Konsequenterweise ist das Handeln des Factors als treuwidrig zu werten, wenn er daran mitwirkt, dass der Barvorschuss nicht an den Vorbehaltskäufer gelangt, sondern – insbesondere aufgrund Abtretung des Anspruchs auf den Barvorschuss – an einen Dritten, z.B. die Gläubigerbank des Vorbehaltskäufers. Deshalb kann sich der Factor gegenüber dem Lieferanten auf seinen an sich eingetretenen Vorrang nicht berufen[82].

1714 Richtigerweise ist also zwar von der Einwilligung des Lieferanten in die Abtretung an den Factor auszugehen, aber nur von einer durch die Zahlung des Barvorschusses aufschie-

80 Insoweit verkennt *Martinek*, Moderne Vertragstypen, S. 280, meine These.

81 Die Qualifizierung als Kaufgeschäft oder Kreditgeschäft (vorst. Rn. 1359) ist also kein taugliches Bewertungskriterium, gleichermaßen *M. Wolf/Haas*, ZHR 154 (1990), 64 (68 f.); a.A. *Serick*, Neue Rechtsentwicklungen, S. 92 f.

82 Zutr. BGHZ 100, 353 (361) bei Aufhebung eines vom Factor hinsichtlich des Barvorschusses ausbedungenen Abtretungsverbots gem. § 399 BGB (oben Rn. 1106 ff.) mit Anm. *Kapp*, BB 87, 1761 und *Blaurock*, WuB I J 1. – 1.86, dem der BGH folgt; Vorinstanz OLG Karlsruhe NJW-RR 86, 925 mit Komm. *Roth*, EWiR § 398 BGB 4/86, 1081; OLG Frankfurt BB 88, 232 mit abl. Anm. *Kapp*, BB 88, 864.

bend bedingten[83]. Diese bedingte Einwilligung ist unabhängig von der Frage anzunehmen, ob echtes oder unechtes Factoring vereinbart wird.

dd) **Zusammengefasst** lässt sich feststellen, dass sich die Wirksamkeit der dem verlängerten Eigentumsvorbehalt nachfolgenden Abtretung der Kaufpreisforderung an den Factor allein nach § 185 BGB richtet: **1715**

Ist dem Vorbehaltskäufer die Einwilligung zur Abtretung der Kaufpreisforderung im verlängerten Eigentumsvorbehalt ausdrücklich oder konkludent erteilt, erwirbt der Factor die Forderung gem. §§ 398, 185 Abs. 1 BGB.

Ist die Einwilligung zur Abtretung ausdrücklich oder konkludent versagt, kann der Factor die Forderung nur dann erwerben, wenn der Lieferant die Abtretung durch besondere Erklärung genehmigt, ein Fall, der nicht eben häufig sein dürfte. Der gute Glaube an die Einwilligung führt nicht zum Forderungserwerb.

Enthält der verlängerte Eigentumsvorbehalt keine Regelung zur Abtretung der Kaufpreisforderung an einen Dritten, kann nur davon ausgegangen werden, die Einziehungsermächtigung enthalte **aufschiebend** durch die Zahlung des Barvorschusses an den Vorbehaltskäufer **bedingt** auch die Einwilligung in die Abtretung der Kaufpreisforderung an den Factor.

Zurück zur Ausgangsposition, der Priorität der Globalzession des Factors.

c) Der Ernstfall: Priorität der Abtretung an den Factor

aa) Durch den verlängerten Eigentumsvorbehalt verspricht der Vorbehaltskäufer dem Lieferanten, ihm die Forderung aus dem Weiterverkauf der Vorbehaltsware mit ihrer Entstehung zukommen zu lassen. Hatte der Vorbehaltskäufer die Kaufpreisforderung schon vorher an den Factor abgetreten, also bei Priorität vor der Abtretung im verlängerten Eigentumsvorbehalt, kann er dieses vertragliche Versprechen nicht einhalten, bricht also von vornherein den Vertrag, wenn die vorherige Abtretung an den Factor wirksam ist. Die vorherige Abtretung an den Factor wäre aber unwirksam, wenn sie gem. § 138 Abs. 1 BGB sittenwidrig wäre (geht man nicht überhaupt davon aus, dass sämtliche sich widersprechenden Abtretungserklärungen unwirksam sind, vorst. Rn. 1671). Sittenwidrigkeit gem. § 138 Abs. 1 ergibt sich nach der Vertragsbruchslehre, wie ausgeführt (vorst. Rn. 1654 f.), wenn der Zedent mit der antizipierten Abtretung zwangsläufig anderweitige Vereinbarungen bezüglich der Forderung verletzt (objektives Tatbestandselement) und die Parteien, also Zedent und Zessionar, in Kenntnis dieser Umstände gleichwohl den Abtretungsvertrag abschließen und daher auch das subjektive Tatbestandselement der Sittenwidrigkeit erfüllt ist. **1716**

Das objektive Tatbestandselement der Sittenwidrigkeit wurde gerade festgestellt. Selbst wenn der Lieferant in die Abtretung einwilligt, ist doch vorausgesetzt, dass er die Forderung überhaupt erst einmal erhält, soll seine Einwilligung nicht ins Leere gehen. In der Vorenthaltung der Forderung liegt der Vertragsbruch. **1717**

Der Vorwurf, in Kenntnis des Vertragsbruchs zu handeln (subjektives Tatbestandselement), könnte dann entfallen, wenn Factor und Vorbehaltskäufer redlicherweise davon ausgehen, der Lieferant sei mit der Factoring-Abtretung einverstanden. Ist die Abtretung **1718**

83 Im Gegensatz zur oben dargestellten Konstruktion von *Canaris*, NJW 81, 249 (252) ist die Zahlung des Barvorschusses also Bedingung für die Einwilligung des Lieferanten, nicht nur Bedingung für die Wirksamkeit des Forderungskaufs, der seinerseits Bedingung für die Wirksamkeit der Abtretung sein soll.

aber tatsächlich weder ausdrücklich gestattet noch untersagt, kann die Annahme der Billigung beim verlängerten Eigentumsvorbehalt redlicherweise gerade nicht zugrundegelegt werden, weil auch bei typischerweise zu unterstellender bedingter Einwilligung des Lieferanten die Einwilligungsbereitschaft eben nur für den Fall der Zahlung des Barvorschusses unterstellt werden darf. Bei der Factor-Zession, die vor Zahlung des Barvorschusses vereinbart wurde (also auch bei früherer antizipierter Factoring-Globalzession), können Factor und Vorbehaltskäufer dagegen nicht annehmen, der Lieferant werde in diese Abtretung einwilligen, so dass auch das subjektive Tatbestandselement der Sittenwidrigkeit erfüllt ist[84]. Nach der Vertragsbruchslehre ergibt sich also, dass frühere Factoring-Globalzessionen gem. § 138 Abs. 1 auch in subjektiver Hinsicht nichtig sind, soweit sie Forderungen umfassen, die später durch verlängerten Eigentumsvorbehalt abzutreten sind (auch hier hilft eine dingliche Teilverzichtsklausel, vorst. Rn. 1659), und sofern der Lieferant die Abtretung nicht erlaubt hatte.

1719 *bb)* Allerdings kann der Lieferant, der als Folge der Nichtigkeit der Globalzession alleiniger Forderungsinhaber ist, Verfügungen durch bedingte Einwilligung wirksam machen. Er hat dies auch bereits mit der Vereinbarung des verlängerten Eigentumsvorbehalts getan, wenn nichts Anderes vereinbart wurde. In diesem Fall kann der Factor die Forderung erwerben, wenn die zunächst nichtige Abtretung durch **Umdeutung** gem. § 140 BGB zu einer wirksamen **erneuten Abtretung** anlässlich der Zahlung des Barvorschusses werden kann, was in der Tat dem hypothetischen Parteiwillen (nunmehr von Factor und Vorbehaltskäufer) entsprechen dürfte. Jedenfalls bleibt die frühere Globalzession unwirksam, nur die erneute, auf Konversion beruhende spätere und damit prioritätsjüngere Zession ist wirksam.

1720 Zahlt der Factor den Barvorschuss an den Vorbehaltskäufer, kann die Abtretung also – ex nunc mit dem Zahlungszeitpunkt – wirksam werden. Allerdings dauert die Einwilligungsbereitschaft des Lieferanten nicht unbegrenzt. Die Grenze ist erreicht, wenn der Lieferant fürchten muss, der Vorbehaltskäufer werde den Kaufpreis trotz des erhaltenen Barvorschusses nicht zahlen, also vor allem in der Krise des Vorbehaltskäufers. Dann führt also selbst die Auszahlung des Barvorschusses nicht mehr zum Forderungserwerb des Factors, sie bleibt dem Lieferanten vielmehr als Sicherheit erhalten[85].

1721 *cc)* Jedenfalls bleibt es im Ergebnis beim Vorrang des Lieferanten.

4. Kontroverse im vergleichenden Überblick

1722 Ein Vergleich der Lehren ergibt: Wendet man die Vertragsbruchslehre, wie sie für den Konflikt von Globalzession und Zession durch verlängerten Eigentumsvorbehalt entwickelt wurde, auf den Konflikt von Factor-Zession und Zession durch verlängerten Eigentumsvorbehalt an (so *Serick*, vorst. Rn. 1688 und *Bundesgerichtshof*, vorst. Rn. 1690), sind echtes und unechtes Factoring unterschiedlich zu bewerten. Im Falle echten Factorings ist die Factor-Zession wirksam, der Lieferant verliert die Forderung, gleichgültig, ob der Vorbehaltskäufer den Barvorschuss vom Factor erhalten hatte.

84 Daraus folgt, dass eine „Ermächtigung zur deckungsgleichen Verfügung", *Bette/Marwede*, BB 79, 121 (123 ff.), kein Lösungsprinzip, sondern eine Unterstellung ist, wie hier im Ergebnis auch BGHZ 80, 50 (63) und vorst. Rn. 1361.

85 Das übersehen *Pottschmidt/Rohr*, Rn. 690; BGH NJW 77, 2261.

Zieht der Factor die Forderung beim Schuldner der Weiterverkaufsforderung ein, handelt er als Berechtigter, nämlich als Inhaber der Forderung. Die Wirksamkeit der Abtretung ist unabhängig davon, wann die Factor-Zession stattfand, also vor oder nach Abtretung durch verlängerten Eigentumsvorbehalt. Im Falle unechten Factorings dagegen verleitet der Factor den Vorbehaltskäufer zum Vertragsbruch mit der Folge, dass die Factor-Zession gem. § 138 Abs. 1 sittenwidrig und nichtig ist, gleichgültig, wann die Factor-Zession stattfand. Zieht der Factor die Weiterverkaufsforderung ein, handelt er als Nichtberechtigter (Berechtigter ist der Lieferant). Der Schuldner der Weiterverkaufsforderung (Abkäufer des Vorbehaltskäufers) wird aber, wenn er redlich ist, befreit, seine Leistung an den Factor ist also gegenüber dem Lieferanten wirksam. Damit sind die Voraussetzungen für die Kondiktion des Lieferanten beim Factor gem. § 816 Abs. 2 BGB gegeben.

Nach der Barvorschusslehre (*Canaris*, vorst. Rn. 1689) ist die Factor-Abtretung, wenn auch auflö- **1723**
send bedingt, wirksam, gleichgültig, ob der Barvorschuss tatsächlich gezahlt oder nur versprochen wurde, gleichgültig, wann die Factor-Zession stattfand (vor oder nach der Abtretung durch verlängerten Eigentumsvorbehalt) und gleichgültig, ob echtes oder unechtes Factoring zugrundeliegt. Freilich steht die Abtretung unter der auflösenden Bedingung des Forderungskaufs und der Zahlung des Barvorschusses. Bis dahin ist der Factor aber allein forderungszuständig. Sollte die auflösende Bedingung eintreten (keine Zahlung des Barvorschusses), wird der Lieferant nur für die Zukunft wieder Forderungsinhaber, kann also bis dahin z.B. nicht die Einziehungsermächtigung widerrufen. Eine Kondiktion des Lieferanten beim Factor gem. § 816 Abs. 2 scheitert, wenn der Barvorschuss gezahlt ist. Ist er nicht gezahlt, ist die Einziehung durch den Factor beim Abnehmer des Vorbehaltskäufers unwirksam (§ 161 Abs. 2). Bei Gutgläubigkeit des Abnehmers befreit ihn seine Zahlung an den Factor aber (§§ 407, 408), so dass der Lieferant gem. § 816 Abs. 2 kondizieren kann.

Nimmt man demgegenüber wie hier an, der Lieferant willige in die Factor-Zession aufschiebend be- **1724**
dingt nur durch die tatsächliche Zahlung des Barvorschusses an den Vorbehaltskäufer ein, ist eine Factor-Zession nichtig, die unabhängig hiervon eintreten soll, gleichgültig, wann die Factor-Zession stattfand und gleichgültig, ob echtes oder unechtes Factoring zugrundeliegt. Gestalten Factor und Vorbehaltskäufer die Abtretung aber so, dass diese erst mit Zahlung des Barvorschusses wirksam werden soll (oder ist die Factor-Zession in dieser Weise umzudeuten, vorst. Rn. 1719), so ist die Abtretung wirksam. Zieht der Factor die Forderung vor Zahlung des Barvorschusses ein, kann der Lieferant gem. § 816 Abs. 2 kondizieren, bis dahin auch die Einziehungsermächtigung widerrufen und damit einen späteren Forderungserwerb des Factors verhindern. Andernfalls wird die Factor-Zession in demjenigen Zeitpunkt wirksam, in dem der Barvorschuss ausgezahlt wird (es sei denn, der Vorbehaltskäufer ist in der Krise, vorst. Rn. 1720). Der Factor zieht dann die Forderung als Berechtigter ein und ist nicht der Kondiktion des Lieferanten ausgesetzt. Im Gegensatz zur Barvorschusslehre und der Lösung von *Serick* und dem *Bundesgerichtshof* bleibt der Lieferant Forderungsinhaber, solange der Barvorschuss noch nicht an den Vorbehaltskäufer ausgezahlt wurde. Er kann alle Rechte eines Forderungsinhabers geltend machen und die Einziehungsermächtigung widerrufen. Nach Zahlung des Barvorschusses verliert der Lieferant die Forderung endgültig.

5. Factoring und erweiterter Eigentumsvorbehalt

Der erweiterte Eigentumsvorbehalt (oben Rn. 1501 ff.), der mit der Verlängerung auf die **1725**
Weiterverkaufsforderung kombiniert ist, kennzeichnet sich dadurch, dass die abgetretene Forderung aus dem Weiterverkauf unter Eigentumsvorbehalt gelieferter Sachen nicht nur der Sicherung für den Kaufpreis der Vorbehaltsware dient, sondern auch der Sicherung für weitere Verbindlichkeiten des Vorbehaltskäufers beim Lieferanten. Erhält der Vorbehaltskäufer den Barvorschuss im Rahmen des Factoring, um damit den Kaufpreis für die Vorbehaltsware tilgen zu können, ist der Sicherungszweck noch nicht erledigt. Trotz Zahlung soll der Eigentumsvorbehalt ja gerade bestehen bleiben. Der Einziehungsermächtigung kann daher in diesem Falle nicht die Zustimmung des Lieferanten, der sich den erweiter-

ten Eigentumsvorbehalt ausbedungen hatte, zur Abtretung an den Factor entnommen werden. Der Vorbehaltskäufer müsste vielmehr einen so hohen Barvorschuss erhalten, dass er damit sämtliche Verbindlichkeiten gegenüber dem Lieferanten bezahlen kann. Selbst dann aber könnte die Forderung noch der Sicherung zukünftiger Lieferungen dienen (zukunftsbezogener Kontokorrentvorbehalt, Rn. 1504 ff.). Soweit die Abtretung durch erweiterten Eigentumsvorbehalt der Sittenwidrigkeitskontrolle standhält (oben Rn. 1524 ff.), hält sie deshalb auch der Abtretung durch Factoring stand.

IV. Globalzession durch verlängerten Eigentumsvorbehalt und andere Sicherungsabtretungen

1. Erweiterung des verlängerten Eigentumsvorbehalts durch Globalzession

1726 Durch den verlängerten Eigentumsvorbehalt tritt der Vorbehaltskäufer die Forderung aus dem Weiterverkauf der unter Eigentumsvorbehalt gelieferten Sache ab. Der Lieferant kann aber anstreben, seine Sicherung über die Weiterverkaufsforderung hinaus zu erstrecken. Das kann er durch Abtretung anderer Forderungen des Vorbehaltskäufers erreichen, die mit dem Vorbehaltskauf gar nicht zusammenhängen. Eine solche Erstreckung der Sicherung für den Lieferanten kann durch Globalzession geschehen, die neben den verlängerten Eigentumsvorbehalt tritt[86]. Verfährt ein Lieferant in dieser Weise, erfasst die Globalzession auch diejenigen Forderungen, die Gegenstand späterer verlängerter Eigentumsvorbehalte anderer Lieferanten sind. Der erste Lieferant hat Priorität gegenüber allen späteren verlängerten Eigentumsvorbehalten, sie gehen ins Leere. Dieses Ergebnis tritt aber nur ein, wenn die im verlängerten Eigentumsvorbehalt enthaltene Globalzession wirksam ist. Wäre sie unwirksam, könnte sie keinen Vorrang begründen.

1727 Die Unwirksamkeit richtet sich nach allgemeinen Grundsätzen, also nach § 138 Abs. 1 BGB. Danach kann **Übersicherung, Knebelung und Gläubigergefährdung** zur Nichtigkeit führen (oben Rn. 1101 ff.). Eine solche Globalzession muss aber auch der **Vertragsbruchslehre** (vorst. Rn. 1654 ff.) standhalten. Kann der Vorbehaltskäufer trotz des ersten verlängerten Eigentumsvorbehalts mit Globalzession nicht umhin, später weitere verlängerte Eigentumsvorbehalte zu vereinbaren, deren Weiterverkaufsforderungen schon Gegenstand der Globalzession sind, und mussten der erste Lieferant und der Vorbehaltskäufer dies erkennen (insbesondere wegen Branchenüblichkeit der späteren verlängerten Eigentumsvorbehalte) steht der Anwendbarkeit der Vertragsbruchslehre nichts entgegen[87]. Auch hier kann sich der erste Lieferant durch dingliche Teilverzichtsklauseln (vorst. 1140) schützen, also die Abtretungen aus späteren verlängerten Eigentumsvorbehalten von vornherein ausnehmen (nicht lediglich einen obligatorischen Anspruch auf Rückübertragung zubilligen – schuldrechtliche Teilverzichtsklausel, vorst. Rn. 1661). Dagegen muss unter dem Gesichtspunkt der Verleitung zum Vertragsbruch zugunsten von Sicherungsabtretungen der Banken auf die Globalabtretung im verlängerten Eigentumsvorbehalt wohl nicht verzichtet werden[88], weil man nicht sagen kann, der Vorbehaltskäufer komme nicht umhin, die Bank gerade durch Globalzession zu sichern. Ein derartiger Konflikt ist also nicht zwangsläufig.

86 BGH NJW 77, 2261; daneben kann sich der Lieferant durch Erweiterung des Eigentumsvorbehalts sichern.
87 BGH DB 70, 1429.
88 *Serick*, Bd. IV, § 50 IV. 3. b (S. 468/469) und BB 79, 845 (850 f.).

2. Einschränkung des verlängerten Eigentumsvorbehalts auf Rücktrittsfall

Auch aus anderen Gründen kann die Abtretung an den Lieferanten gegenüber der Abtretung an einen Dritten zurücktreten, wenn nämlich die Abtretung an den Lieferanten nur bedingt für den Fall vereinbart wurde, dass dieser sein Recht aus § 449 Abs. 2 BGB ausübt und zurücktritt[89]. Der Lieferant will sich dann nur für den Fall sichern, dass er trotz Rücktritts die Vorbehaltsware nicht zurückbekommt. Zwar sind bis zum Rücktritt Abtretungen an Dritte gem. § 161 Abs. 1 als Zwischenverfügungen unwirksam. Erklärt der Lieferant aber den Rücktritt und erhält er auch nach §§ 449, 346 Abs. 1 BGB seine Vorbehaltsware trotz des Weiterverkaufs zurück, ist die Abtretung, die ja die Rückgewähr der Vorbehaltsware sichern sollte, gegenstandslos, und die Abtretung an den Dritten ist wirksam. **1728**

3. Schutz des Vorbehaltskäufers

Dem Schuldner des Vorbehaltskäufers, der zahlen soll, kann unklar sein, wer wirklicher Zessionar ist, und es mag geschehen, dass er an den falschen zahlt. Hier ist zu seinen Gunsten die analoge Anwendung von § 408 BGB geboten: Ist, anders als im durch § 408 Abs. 1 geregelten Fall, die erste, prioritätsältere Abtretung unwirksam und deshalb die zweite prioritätsjüngere Abtretung wirksam, und zahlt daraufhin der Schuldner nicht an seinen wirklichen Gläubiger, den prioritätsjüngeren Zessionar (Zweitlieferant), sondern an den prioritätsälteren nur vermeintlichen Zessionar (Erstlieferant), weil er ihn redlicherweise für seinen wirklichen Schuldner hält (also die umgekehrte Konstellation wie in § 408), ist der Schuldner in gleicher Weise schutzwürdig. Die durch die Doppelabtretung entstandene Unklarheit über den wirklichen Gläubiger darf nicht zu seinen Lasten gehen (oben Rn. 1428). Der Schuldner wird demzufolge durch die Leistung an den prioritätsälteren, trotzdem nur vermeintlichen Zessionar befreit. **1729**

V. Verlängerte Verarbeitungsklauseln

Die neu herzustellende Sache, für die der Lieferant Material liefert, kann vom Vorbehaltskäufer zur Weiterveräußerung bestimmt sein. Dem Lieferanten mag da nichts anderes übrig bleiben, als in die Übereignung der neuen Sachen an den Abkäufer des Vorbehaltskäufers einzuwilligen (§ 185 Abs. 1 BGB). Hatte sich der Lieferant durch eine Verarbeitungsklausel (vgl. § 950 BGB, oben Rn. 1486) das Eigentum (oder Miteigentum, oben Rn. 1639) an der neuen Sache gesichert, verliert er diese Sicherung durch die Veräußerung. Der Lieferant muss sich nach anderen Sicherungen umsehen. Wie bei gewöhnlichen verlängerten Eigentumsvorbehalten liegen sie in der Abtretung derjenigen Forderung, die durch den Weiterverkauf der Sache entsteht. Doch auch diese Forderung kann Gegenstand anderer Abtretungen sein: Haben mehrere Lieferanten Material zur neuen Sache beigesteuert, können sie sich alle die ganze Forderung abtreten lassen wollen. Die Weiterverkaufsforderung kann auch Gegenstand einer Abtretung mit einem anderen Sicherungszessionar, z.B. mit einer Bank oder mit einem Factor, sein, sei es durch Globalzession oder Einzelzession. Wem steht die Forderung aus dem Weiterverkauf zu? **1730**

---

89 RGRK/*Mezger*, § 455 BGB Rn. 12 a.E.

1. Kollidierende Abtretungen der Lieferanten

1731 Sehen die verlängerten Verarbeitungsklauseln mehrerer Lieferanten die Abtretung der gesamten Weiterverkaufsforderung an jeden der Materiallieferanten vor, richtet sich die Zuordnung der Forderung zunächst nach dem **Prioritätsprinzip** (vorst. Rn. 1648). Es kommt also darauf an, welcher der Lieferanten den Abtretungsvertrag in der Form der verlängerten Verarbeitungsklausel als erster mit dem Käufer abgeschlossen hatte.

1732 Dieses Ergebnis ist unabhängig von der Frage, wer **Eigentümer** der neu hergestellten Sache geworden ist, also von der Frage, ob § 950 BGB zwingenden oder dispositiven oder doch teilweise dispositiven Rechts (was die Person des Herstellers betrifft) ist (oben Rn. 1640). Auch und gerade wer nicht Eigentümer einer Sache ist, kann sich die Forderung aus ihrem Verkauf abtreten lassen und nicht etwa nur der, für dessen Sache die Forderung Surrogat ist. Auch wenn also keiner der Materiallieferanten Eigentümer der neuen Sache geworden sein sollte, steht der Abtretung der Forderung aus dem Verkauf dieser Sache nichts im Wege. Nach allgemeinen Grundsätzen kann die prioritätsältere Abtretung aber nichtig sein, so dass die nächste prioritätsjüngere Abtretung zum Zuge kommt; ist auch sie nichtig, ist die zeitlich nachfolgende Abtretung an der Reihe. Aber auch alle Abtretungen können nichtig sein.

1733 In aller Regel übersteigt die abgetretene Weiterverkaufsforderung die gesicherte Forderung aus dem Vorbehaltsverkauf, das Problem der **Übersicherung** stellt sich. Übersicherung für sich allein trägt den Sittenwidrigkeitsvorwurf allerdings noch nicht, sondern erst dann, wenn der Vorbehaltskäufer geknebelt wird oder andere Gläubiger gefährdet werden (oben Rn. 1104). Das hängt von dem Verhältnis der Kaufpreishöhe für das zugelieferte Material einerseits und der Höhe der abgetretenen Forderung aus dem Verkauf der neuen Sache andererseits ab. Bei vielen Zulieferern mit kleinem Anteil kann sich danach die Nichtigkeit aller Abtretungen ergeben, sobald sie sich alle auf den gesamten Erlös aus dem Verkauf der neu hergestellten Sache beziehen. Hat sich in diesem Falle ein Zulieferer aber nur einen Teil der Forderung aus dem Verkauf der neuen Sache abtreten lassen, nämlich in angemessenem Verhältnis zu seiner Kaufpreisforderung, bleibt seine Teilabtretung als einzige wirksam übrig[90].

1734 Ergibt sich die Nichtigkeit wegen Übersicherung nicht, bleibt die Anwendbarkeit der **Vertragsbruchslehre** (vorst. Rn. 1654 ff.) zu klären. Mit der Vereinbarung einer uneingeschränkten verlängerten Verarbeitungsklausel hindert der Zessionar (Materiallieferant) den Vorbehaltskäufer, die Forderung aus dem Verkauf der neuen Sache bei anderen Gläubigern als Kreditsicherungsmittel zu verwenden. Bleibt dem Vorbehaltskäufer gegenüber den anderen Gläubigern aber faktisch nichts anderes übrig, als die Weiterverkaufsforderung abzutreten, und tut der Vorbehaltskäufer das trotz der vorherigen Abtretung, macht er sich vertragsbrüchig, und der Materiallieferant hat ihn dazu verleitet. Die objektiven Voraussetzungen für die Anwendbarkeit der Vertragsbruchslehre können also erfüllt sein. In subjektiver Hinsicht müssen Materiallieferant und Vorbehaltskäufer diesen Vertragsbruch trotz Kenntnis der Umstände in Kauf nehmen. Das hängt vor allem davon ab, ob die Sicherungsabtretung bei den späteren Geschäften wahrscheinlich ist, ob derartige Sicherungsabtretungen (hier als verlängerte Verarbeitungsklauseln) branchenüblich sind und allenthalben vereinbart zu werden pflegen, ob ohne sie der Geschäftsabschluss scheitert. Das hängt vom Einzelfall ab. Bei Branchenüblichkeit können sich alle verlängerten Verarbeitungsklauseln gegenseitig blockieren. Dann sind alle Abtretungen durch verlängerte Verarbeitungsklauseln nichtig, und der Vorbehaltskäufer wird Forderungsinhaber. Wiederum (oben Rn. 1644) würde derjenige Materiallieferant wenigstens teilweise Forderungsinhaber, der sich die Forderung aus dem Verkauf der neu hergestellten Sache nur teilweise und in angemessenem Verhältnis zum Wert des von ihm unter Eigentumsvorbehalt gelieferten Materials, abtreten ließ.

---

90 Beschränkung durch Auslegung bei Abschlagszahlung für Bauleistungen: LG Tübingen MDR 91, 248.

Auch **eingeschränkte verlängerte Verarbeitungsklauseln** können freilich zur Kollision führen. Die nur teilweisen Abtretungen kollidieren nur dann, wenn der für die neu hergestellte Sache erzielte Kaufpreis gleich hoch ist wie der Kaufpreis für alle Materiallieferungen (oder höher). Was aber ist, wenn sich der Vorbehaltskäufer verkalkuliert hat und der erzielte Kaufpreis niedriger ist als die Zulieferungen? Dann gibt es Überschneidungen, weil die Summe der auch nur teilweisen Abtretungen der Forderung aus dem Verkauf der neuen Sache höher ist als diese Forderung. Die Überschneidungen sind nichts anderes als Abtretungskollisionen. Mit der Vertragsbruchslehre sind solche Kollisionen nicht zu lösen. Die Vertragsbruchslehre führt zur Nichtigkeit der Abtretung bei Zwangsläufigkeit der Kollision. Mit der hier geschilderten Kollision brauchten die Lieferanten aber gerade nicht zu rechnen, an der Zwangslage fehlt es und damit auch am subjektiven Tatbestand der Sittenwidrigkeit. Übrig bleibt mithin das Prioritätsprinzip, nach dem der meist wohl eher zufällige Zeitpunkt des Vertragsabschlusses über die Materiallieferung und damit meist auch der Vorausabtretung über die teilweise Zuordnung der Forderung entscheidet. Es kann der Fall eintreten, dass für den letzten Zulieferer nichts mehr übrig bleibt. **1735**

Wenn schon das Eigentum an der verarbeiteten Sache selbst nach Maßgabe von § 947 verteilt wird (oben Rn. 1643 f.), mag man sich fragen, ob auch das Surrogat, eben die Forderung, in dieser Weise aufzuteilen ist. Die Berechnungsschwierigkeiten sind aber auch hier, wie im Allgemeinen Falle (vorst. Rn. 1670) systemimmanent. Die Forderung kann Gegenstand weiterer Abtretungen, z.B. von Banken-Globalzessionen, sein. Mit der Aufteilung nach dem Wert des zugelieferten Materials ist es also nicht getan. Das **Teilungsprinzip** versagt auch hier in der praktischen Anwendung[91]. **1736**

2. Kollidierende Abtretungen Dritter

Soll die Forderung aus dem Verkauf der neu hergestellten Sache nicht nur den Kaufpreis für das Material eines oder mehrerer Lieferanten sichern, sondern auch den **Kredit Dritter**, sind der Dritte und die Lieferanten Forderungsprätendenten. Da eine horizontale Aufteilung der Forderung zu Ergebnissen führt, die in der praktischen Anwendung nicht hinreichend sicher sind (vorst. Rn. 1670), bleibt die Anwendung der zum Prioritätsprinzip entwickelten Grundsätze. **1737**

Ein **Globalzessionar** handelt sittenwidrig und wird mithin nicht Forderungsinhaber, wenn der Zedent zwangsläufig Vertragsbrüche mit späteren Zessionaren begeht, denen er die Abtretung der Forderung ebenfalls versprechen muss, und der Globalzessionar dies weiß (vorst. Rn. 1655). Ein solcher Konflikt kann entstehen, wenn der Zedent, der Vorbehaltskäufer ist, später verlängerte Verarbeitungsklauseln mit seinen Materiallieferanten abschließt. Für den subjektiven Tatbestand der Sittenwidrigkeit ist entscheidend, ob verlängerte Verarbeitungsklauseln branchenüblich sind: Nur dann kann man sagen, der Globalzessionar billige die Zwangslage und nehme sie in Kauf. Ist davon auszugehen, steht der Anwendbarkeit der Vertragsbruchslehre nichts im Wege, der prioritätsältere Globalzessionar wird nicht Forderungsinhaber, sondern der prioritätsjüngere Lieferant[92]. **1738**

Sollten freilich uneingeschränkte verlängerte Verarbeitungsklauseln branchenüblich sein, die nach dem Gesagten ihrerseits nichtig sein können (Rn. 1731), tritt die Zwangslage nicht ein. Dem Globalzessionar kann nämlich nicht der Sittenwidrigkeitsvorwurf gemacht werden, wenn er sich um das sittenwidrige Handeln anderer Prätendenten nicht kümmert. Für die Bewertung als Sittenverstoß kommt es natürlich auch nicht darauf an, ob im konkreten Einzelfall eine Kollision der Globalzession mit einer sittenwidrigen verlängerten Verarbeitungsklausel eintritt, sondern darauf, wie die verlängerten Verarbeitungsklauseln im Allgemeinen gehandhabt werden, wie sie eben branchenüblich sind. Auf der anderen Seite kann der Sittenwidrigkeitsvorwurf gegen den Globalzessionar entfallen, **1739**

91 Ebenso im Ergebnis *Serick*, Bd. IV, § 48 IV. 2. (S. 367 ff.).
92 BGH DB 70, 1429; *Serick*, Bd. IV, § 48 III. 2. (S. 357 ff.).

wenn im konkreten Fall überhaupt nur eine einzige Kollision mit einer verlängerten Verarbeitungsklausel in Frage steht und hier aufgrund besonderer Umstände des Einzelfalls eine Zwangslage nicht eintritt[93].

1740 Diese Grundsätze gelten für jeden Globalzessionar, sei er eine Bank für einen Geldkredit oder ein Vorbehaltslieferant, der den Eigentumsvorbehalt auf andere Forderungen des Vorbehaltskäufers verlängerte (vorst. Rn. 1399).

1741 Ist der prioritätsältere Zessionar dagegen eine **Factor-Bank**, ist die Kollision mit der Abtretung aus verlängerten Verarbeitungsklauseln nach den dazu entwickelten Grundsätzen zu lösen (s. vorst. Rn. 1692, 1722 ff.): Lässt man allein die Verpflichtung des Factors zur Zahlung des Barvorschusses entscheiden, mit dem der Vorbehaltskäufer den Materiallieferanten auszuzahlen hat, ist, sofern dem Vorbehaltskäufer Einziehungsermächtigung erteilt war, vom Einverständnis des Lieferanten mit der Abtretung an den Factor auszugehen. Der Factor handelt nicht sittenwidrig und wird selbst dann Forderungsinhaber, wenn er prioritätsjünger ist. Differenziert man nach echtem und unechtem Factoring, wird der Factor nur im ersten Falle Forderungsinhaber, im zweiten wird er wie ein gewöhnlicher Globalzessionar behandelt. Differenziert man dagegen nach der tatsächlichen Auszahlung des Barvorschusses, wird der Factor erst dann Forderungsinhaber, wenn der Barvorschuss an den Vorbehaltskäufer geflossen ist, gleichgültig, ob echtes oder unechtes Factoring zugrundelag. Gegenüber dem verlängerten und erweiterten Eigentumsvorbehalt hält die Factor-Abtretung dagegen nur stand, wenn der erweiterte Eigentumsvorbehalt seinerseits nichtig ist (vorst. Rn. 1725).

3. Verlängerte Sicherungsübereignung

1742 Ein Kreditgläubiger, der sich eine Sache zur Sicherung übereignen ließ, kann die Veräußerung des Sicherungseigentums durch den Kreditgläubiger gestatten und sich als Ersatz die Forderung aus dieser Weiterveräußerung im voraus abtreten lassen, z.B. meist dann, wenn der Bestand eines Warenlagers zur Sicherung übereignet wurde (verlängerte Sicherungsübereignung). War diese Forderung auch Gegenstand anderer Abtretungen, löst sich der Konflikt ebenso wie im Falle verlängerter Verarbeitungsklauseln[94] (vorst. Rn. 1731).

VI. Kommissionsklauseln

1743 Nach Prioritätsprinzip und Vertragsbruchslehre wird der Konflikt mehrerer Abtretungen derselben Forderung dadurch vermieden, dass nur eine der Abtretungen als wirksam und die Rechtsänderung herbeiführend übrig bleibt, während die anderen wegen Nichtigkeit oder verlorener Forderungszuständigkeit des anderen Zessionars ins Leere gehen. Andererseits kann der Wechsel in der Forderungszuständigkeit durch den Schuldner der Forderung im Wege des Abtretungsverbots vereitelt werden. Auch wenn ein Zessionar den Konflikt als Forderungsinhaber übersteht, birgt die Konfliktslösung doch Unsicherheiten für ihn in dem Zeitpunkt in sich, in dem die Abtretung vereinbart wird. Die Unsicherheit könnte für den Zessionar vermieden werden, wenn es einen Weg gäbe, die Forderung jenseits von Priorität und Vertragsbruch für den Zessionar zu sichern. Ein solcher Weg scheint § 392 HGB zu sein.

---

93 BGH DB 70, 1429 (1431) wegen gerichtlichen Vergleichs nach der früheren VerglO.

94 *Serick*, Bd. IV, § 50 IV. 4. (S. 470 ff.).

1. Abtretungsfiktion im Recht der Kommission

§ 392 HGB regelt die Rechtsfolgen in Zusammenhang mit dem Kommissionsgeschäft. Gem. § 383 HGB ist Kommissionär, wer Waren oder Wertpapiere für Rechnung eines anderen (das ist der Kommittent) im eigenen Namen kauft oder verkauft, sei es gewerbsmäßig oder gelegentlich (§ 406 HGB). Der Kommissionär handelt also als – uneigennütziger (oben Rn. 1098) – Treuhänder für den Kommittenten, indem er Vertragspartner des Käufers oder Verkäufers der Sache oder des Wertpapiers ist, dabei aber mit fremden Gegenständen, denen des Kommittenten handelt. Weil der Kommissionär selbst Vertragspartner des Käufers oder Verkäufers ist, wird er auch Gläubiger der Kaufpreisforderung (bzw. der Forderung auf Lieferung der Sache und Eigentumsverschaffung, § 433 Abs. 1 Satz 1 BGB). Daraus erklärt sich die Regelung in § 392 Abs. 1 HGB, nach welcher der Kommittent derartige Forderungen gegenüber dem Vertragspartner des Kommissionärs erst dann geltend machen kann, wenn sie ihm vom Kommissionär gem. § 398 BGB abgetreten worden waren. Dagegen bestimmt § 392 Abs. 2 HGB, dass diese Forderungen im Verhältnis zum Kommissionär oder dessen Gläubigern auch ohne Abtretung als Forderungen des Kommittenten gelten, dieser also wie ein Forderungsinhaber dasteht. Gegenüber diesen Personen – Kommissionär und dessen Gläubigern, nicht gegenüber anderen Personen – wird die Forderung aus dem vom Kommissionär abgeschlossenen Vertrag als zum Vermögen des Kommittenten gehörend angesehen, also im Innenverhältnis. Daraus folgt, dass der Kommissionär die Forderung nicht mit Wirkung gegenüber dem Kommittenten an einen seiner Gläubiger abtreten kann[95]. Hat sich der Schuldner des Kommissionärs, also sein Vertragspartner, ein Abtretungsverbot ausbedungen, könnte dieses an § 392 Abs. 2 HGB scheitern, der Kommittent würde möglicherweise trotzdem Forderungsinhaber. **1744**

2. Übertragung auf Sicherungsgeschäfte

Diese Rechtslage könnte für Kreditsicherungszwecke in der Weise nutzbar gemacht werden, dass der **Kreditgläubiger** als Sicherungsnehmer **Kommittent** und der **Kreditschuldner** als Sicherungsgeber **Kommissionär** ist. Wer sich eine Sache zur Sicherung hat übereignen lassen, dem Kreditschuldner aber gestattet, sie an Dritte zu veräußern (oben Rn. 1473), könnte mit dem Kreditschuldner zugleich vereinbaren, dass dieser das Sicherungsgut für Rechnung des Kreditgläubigers, aber im eigenen Namen verkaufen soll. Der Vorbehaltsverkäufer könnte mit dem Vorbehaltskäufer vereinbaren, dass dieser die Vorbehaltsware für Rechnung des Vorbehaltsverkäufers, aber im eigenen Namen veräußert. Die Factor-Bank könnte zu veräußernde Ware von ihrem Factor-Kunden selbst erwerben und mit diesem so verbleiben, dass er die nunmehr dem Factor gehörende Ware auf dessen Rechnung, aber im eigenen Namen, veräußert. **1745**

Sind Kommissionsklauseln also die Lösung aller Kollisionen? Das dürfte nicht anzunehmen sein. § 392 Abs. 2 HGB bestimmt eine gesetzliche (wenn auch dispositive[96]) Rechtsfolge, die nur eintreten kann, wenn die gesetzlichen Voraussetzungen gegeben sind. Losgelöst von diesen Voraussetzungen ist diese Rechtsfolge nicht erzielbar, werden doch die Interessen Dritter berührt, die nicht Vertragspartner der Vereinbarung sind und die von der Rechtsfolge betroffen sind. Gesetzliche Voraussetzung für die Anwendbarkeit von § 392 HGB ist, dass ein Kommissionsgeschäft zugrundeliegt, also ein wirklicher Kommissionsvertrag zwischen Kommissionär und Kommittenten abgeschlossen wurde. Der in das Ge- **1746**

95 BGHZ 104, 123 mit Bspr. *K. Schmidt*, JuS 89, 409 und Rezension *Hüffer*, JuS 91, 195; *Staub/Koller*, § 392 HGB Rn. 15; *Bülow*, Handelsrecht, S. 158 ff.

96 *Schlegelberger/Hefermehl*, § 392 HGB Rn. 27; *Staub/Koller*, § 392 HGB Rn. 23.

wand des Kommissionsgeschäfts gekleidete Sicherungsvertrag ist aber kein wirkliches Kommissionsgeschäft. Dieses kennzeichnet sich dadurch, dass der Kommittent sein (im Verhältnis zum Kommissionär) ungebundenes Eigentum als Treugeber zur Verfügung stellt, auf dass der Kommissionär als Treuhänder für den Kommittenten damit Geschäfte mache. Das Eigentum des Kreditgläubigers als Sicherungsnehmer ist aber gerade gebundenes Eigentum: Er ist rechtsformal Eigentümer, aber aus dem Sicherungsvertrag schuldrechtlich dem Kreditschuldner gegenüber verpflichtet, die Eigentümerrechte nur nach Maßgabe des Sicherungszwecks auszuüben und das Eigentum im gegebenen Falle auf den Kreditschuldner zurückzuübertragen; wirtschaftlicher Eigentümer ist der Kreditschuldner. Der Kreditschuldner ist der Treugeber, der Kreditgläubiger ist der eigennützige, seine eigenen Sicherungsinteressen verfolgende Treuhänder; beim Kommissionsgeschäft als gesetzlich ausgeformtem Fall eines Treuhandgeschäfts ist es gerade umgekehrt: Der Kreditschuldner als Kommissionär soll treuhänderisch für den Kreditgläubiger handeln. Mit der Kommissionsklausel zu Kreditsicherungszwecken soll der Kreditschuldner also Treuhänder sein und ist doch andererseits aus dem Sicherungsvertrag selbst Treugeber[97]. Sicherungsvertrag und Kommissionsgeschäft sind demzufolge nicht miteinander vereinbar.

1747 Das gilt auch für Vorbehaltskaufvertrag und Kommissionsgeschäft, weil auch das Eigentum des Vorbehaltsverkäufers gebundenes Eigentum ist: Er ist zwar rechtsformal noch Eigentümer, verliert das Eigentum aber nach dem gewöhnlichen Verlauf der Dinge und ohne sein Zutun, wenn sich der Vorbehaltskäufer vertragstreu verhält, also den Kaufpreis bei Fälligkeit zahlt; dieser hat bereits ein Anwartschaftsrecht an der Sache (oben Rn. 771). Der Vorbehaltskäufer, der befugtermaßen den Weiterverkauf der Vorbehaltsware besorgt, ist nicht uneigennütziger Treuhänder des Lieferanten, sondern verfolgt allein seine eigenen Interessen.

1748 In Wahrheit, d.h. bei richtiger Auslegung der beiderseitigen Willenserklärungen, gibt es kein Kommissionsgeschäft zu Kreditsicherungszwecken, die gesetzliche Rechtsfolge aus § 392 Abs. 2 HGB tritt nicht ein; die methodische Figur des Umgehungsgeschäfts braucht nicht bemüht zu werden (s. auch oben Rn. 1100).

1749 Für ein **Abtretungsverbot**, dessen sich ein Factor entledigen möchte, ist die Kommissionsklausel ohnehin weitgehend obsolet geworden, da gem. § 354a HGB Abtretungen trotz Abtretungsverbots wirksam sind und allenfalls die Befreiungsmöglichkeit des Schuldners gem. § 354a Satz 2 HGB übrigbleibt. Nur wenn der Schuldner, also der Letztkäufer, privater Verbraucher und nicht Kaufmann ist, wäre an eine Kommissionsklausel zu denken, aber gleich wieder zu verwerfen: § 392 Abs. 1 HGB begründet die Verpflichtung des Kommissionärs zur Abtretung. Diese Pflicht geht ins Leere, wenn die Forderung nicht abtretbar ist. § 392 Abs. 1 HGB bestimmt also noch keineswegs, dass das Abtretungsverbot aus § 399 BGB ausgeschlossen wäre[98]. Auch § 392 Abs. 2 HGB regelt das nicht: Die Fiktion der Forderungsentstehung beim Kommittenten gilt richtiger Ansicht nach[99] nicht für den Schuldner des Ausführungsgeschäfts mit dem Kommissionär, selbst wenn dieser zugleich Gläubiger ist. Gerade das von diesem ausbedungene Abtretungsverbot soll aber unterlaufen werden. Ist § 392 Abs. 2 HGB in diesem Fall aber nicht anwendbar, bleibt auch das Abtretungserbot gem. § 399 BGB unberührt.

---

97 So überzeugend *Serick*, BB 74, 285 (287/288) soweit Bd. IV, § 55 II. 2. (S. 720).

98 OLG Stuttgart JW 32, 2639; *Schlegelberger/Hefermehl*, § 392 HGB Rn. 8, a.A. Bette, Das Factoring-Geschäft, S. 95; *Glomb*, Finanzierung durch Factoring, S. 103.

99 S. im einzelnen *Bülow*, Handelsrecht, S. 159 und oben Rn. 1433.

Paragraphenregister

Die Fundstellen beziehen sich auf Randnummern des Lehrbuchs

ZVG

Sachregister

(Die Zahlen verweisen auf die Randnummern)

Notizen

Notizen

Notizen

Notizen

Notizen

Notizen

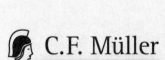